山東大學圖書館
古籍普查登記目録
（下）
附索引

全國古籍普查登記目録

國家圖書館出版社
National Library of China Publishing House

370000－1541－0010001　802.47/762＝2

京音簡字述略不分卷　勞乃宣述　清光緒三十三年(1907)勞氏金陵刻本　一冊

370000－1541－0010002　802.49/273

九經補韻不分卷　(宋)楊伯嵒撰　(清)錢侗考證　清嘉慶四年(1799)嘉定秦氏刻本　一冊

370000－1541－0010003　802.49/430

音韻同異辨八卷　(清)單可琪輯　清嘉慶八年(1803)山左高氏師古堂刻本　四冊

370000－1541－0010004　802.49/485

欽定清漢對音字式不分卷　清乾隆三十八年(1773)武英殿刻本　二冊

370000－1541－0010005　802.49/720

漢魏音四卷　(清)洪亮吉撰　清光緒四年(1878)宏達堂刻本　一冊

370000－1541－0010006　802.5/290

方言藻二卷　(清)李調元撰　清光緒八年(1882)刻函海本　一冊

370000－1541－0010007　802.5/863

遼金元三史語解三種　清光緒四年(1878)江蘇書局刻本　十二冊

370000－1541－0010008　802.5/927＝1

恒言錄六卷　(清)錢大昕撰　清光緒十年(1884)長沙龍氏家塾刻本　二冊

370000－1541－0010009　802.51/212

輶軒使者絕代語釋別國方言十三卷　(清)戴震疏證　清光緒八年(1882)汗青簃刻本　四冊

370000－1541－0010010　802.51/212＝1

輶軒使者絕代語釋別國方言十三卷　(清)戴震疏證　清光緒八年(1882)汗青簃刻本　二冊

370000－1541－0010011　802.51/212＝2

輶軒使者絕代語釋別國方言十三卷　(清)戴震疏證　清光緒八年(1882)汗青簃刻本　三冊　缺五卷(四至八)

370000－1541－0010012　802.51/212＝3

輶軒使者絕代語釋別國方言十三卷　(清)戴震疏證　清光緒八年(1882)汗青簃刻本　一冊

370000－1541－0010013　802.51/212＝4

輶軒使者絕代語釋別國方言十三卷　(清)戴震疏證　清光緒八年(1882)汗青簃刻本　四冊

370000－1541－0010014　802.51/266＝8

輶軒使者絕代語釋別國方言箋疏十三卷　(清)錢繹撰　清光緒十六年(1890)紅蝠山房刻本　二冊

370000－1541－0010015　802.51/266＝9

輶軒使者絕代語釋別國方言箋疏十三卷　(清)錢繹撰　清光緒十六年(1890)紅蝠山房刻本　二冊

370000－1541－0010016　802.51/266＝10

輶軒使者絕代語釋別國方言箋疏十三卷　(清)錢繹撰　清光緒十六年(1890)紅蝠山房刻本　六冊

370000－1541－0010017　802.51/266＝11

輶軒使者絕代語釋別國方言箋疏十三卷　(清)錢繹撰　清光緒十六年(1890)廣雅書局刻本　四冊

370000－1541－0010018　802.51/266＝12

輶軒使者絕代語釋別國方言箋疏十三卷　(清)錢繹撰　清光緒十六年(1890)廣雅書局刻本　四冊

370000－1541－0010019　802.51/266＝13

輶軒使者絕代語釋別國方言箋疏十三卷　(清)錢繹撰　清光緒十六年(1890)廣雅書局刻本　四冊

370000－1541－0010020　802.51/266＝14

輶軒使者絕代語釋別國方言箋疏十三卷　(清)錢繹撰　清光緒十六年(1890)廣雅書局刻本　四冊

370000－1541－0010021　802.51/266＝15

輶軒使者絕代語釋別國方言箋疏十三卷
（清）錢繹撰　清光緒十六年（1890）廣雅書局
刻本　佚名題識　四冊

370000－1541－0010022　802.51/266＝17

輶軒使者絕代語釋別國方言箋疏十三卷
（清）錢繹撰　清光緒十六年（1890）廣雅書局
刻本　二冊

370000－1541－0010023　802.51/278

續方言二卷　（清）杭世駿撰　續方言補一卷
　（清）程際盛補　清光緒十七年（1891）長沙
思賢講舍刻本　一冊

370000－1541－0010024　802.51/290＝2

方言藻二卷諸家藏畫簿十卷　（清）李調元撰
　清光緒八年（1882）樂道齋刻本　一冊　缺
五卷（諸家藏畫簿六至十）

370000－1541－0010025　802.51/299

輶軒使者絕代語釋別國方言十三卷　（漢）揚
雄撰　（晉）郭璞注　續方言二卷　（清）杭世
駿撰　續方言補一卷　（清）程際盛撰　清光
緒十七年（1891）思賢講舍刻本　二冊

370000－1541－0010026　802.51/299＝1

輶軒使者絕代語釋別國方言十三卷　（漢）揚
雄撰　（晉）郭璞注　續方言二卷　（清）杭世
駿撰　續方言補一卷　（清）程際盛撰　清光
緒十七年（1891）思賢講舍刻本　二冊

370000－1541－0010027　802.51/299＝2

輶軒使者絕代語釋別國方言十三卷　（漢）揚
雄撰　（晉）郭璞注　續方言二卷　（清）杭世
駿撰　續方言補一卷　（清）程際盛撰　清光
緒十七年（1891）思賢講舍刻本　四冊

370000－1541－0010028　802.51/627

方言轉注一卷附俗書誤字辨一卷　（清）□□
撰　清抄本　二冊

370000－1541－0010029　802.51/712

方言釋字一卷　（清）汪汲輯　清同治二年
（1863）金雅堂刻本　二冊

370000－1541－0010030　802.51/751

公羊方言疏箋不分卷　（清）淳于鴻恩撰　清
光緒三十四年（1908）金泉精舍刻君錫所著書
本　一冊

370000－1541－0010031　802.51/751＝1

公羊方言疏箋不分卷　（清）淳于鴻恩撰　清
光緒三十四年（1908）金泉精舍刻君錫所著書
本　一冊

370000－1541－0010032　802.51/791

廣續方言四卷　程先甲撰　清光緒二十三年
（1897）鉛印本　一冊

370000－1541－0010033　802.51/791＝1

廣續方言四卷　程先甲撰　清光緒二十三年
（1897）鉛印本　一冊

370000－1541－0010034　802.51/791＝2

廣續方言四卷拾遺一卷　程先甲撰　清宣統
二年（1910）刻千一齋全書本　一冊

370000－1541－0010035　802.51/791＝3

廣續方言四卷拾遺一卷　程先甲撰　清宣統
二年（1910）刻千一齋全書本　一冊

370000－1541－0010036　802.52/739

藝文通覽十二集一百二十卷附補詳字義十四
卷　（清）沙木撰　清嘉慶十一年（1806）刻本
四十八冊

370000－1541－0010037　802.521/653

最新聞省官話捷中捷二卷　郎秀川撰　清宣
統三年（1911）福州宏文閣石印本　三冊

370000－1541－0010038　802.5323/576

越言釋二卷　（清）茹敦和撰　清葛氏嘯園刻
本　二冊

370000－1541－0010039　802.6/112

經傳釋詞補一卷　（清）孫經世撰　清光緒十
四年（1888）長洲蔣氏心矩齋刻本　一冊

370000－1541－0010040　802.6/112＝1

經傳釋詞再補一卷　（清）孫經世撰　清光緒
十一年（1885）長洲蔣氏刻本　九冊

370000－1541－0010041　802.61/112

經傳釋詞十卷　（清）王引之撰　清道光二十

七年(1847)錢氏刻本　二冊

370000－1541－0010042　802.61/112＝1

經傳釋詞十卷　(清)王引之撰　清道光二十七年(1847)錢氏刻本　四冊

370000－1541－0010043　802.61/112＝2

經傳釋詞十卷　(清)王引之撰　清道光二十七年(1847)錢氏刻本　二冊

370000－1541－0010044　802.61/112＝3

經傳釋詞十卷　(清)王引之撰　清道光二十七年(1847)錢氏刻本　六冊

370000－1541－0010045　802.61/112＝4

經傳釋詞十卷　(清)王引之撰　清末抄本　二冊

370000－1541－0010046　802.61/887

文心雕龍十卷　(南朝梁)劉勰撰　(清)黃叔琳輯注　清乾隆六年(1741)北平黃氏養素堂刻本　佚名批　四冊

370000－1541－0010047　802.61/890＝2

助字辨略五卷　(清)劉淇撰　清咸豐五年(1855)刻本　五冊

370000－1541－0010048　802.61/990

古書疑義舉例七卷　(清)俞樾撰　清光緒四年(1878)華陽宏達堂刻宏達堂叢書本　三冊

370000－1541－0010049　802.61/990＝1

古書疑義舉例七卷　(清)俞樾撰　清光緒四年(1878)華陽宏達堂刻宏達堂叢書本　一冊

370000－1541－0010050　802.61/990＝2

古書疑義舉例七卷　(清)俞樾撰　清光緒二十五年(1899)刻春在堂全書本　二冊

370000－1541－0010051　802.616/380

古學鈎玄十卷　(宋)陳騤輯　(明)陳繼儒重校　明崇禎十年(1637)新都潘虎臣刻本　四冊

370000－1541－0010052　802.63/411

馬氏文通六卷　(清)馬建忠撰　清光緒二十四年(1898)上海商務印書館刻本　六冊

370000－1541－0010053　802.63/659

文字發凡四卷　(清)龍志澤編　清光緒三十一年(1905)上海廣智書局鉛印本　二冊

370000－1541－0010054　802.67/444

虛字淺說一卷　(清)呂堅撰　清石經堂刻本　一冊

370000－1541－0010055　802.79/298

某州廳縣志五十四卷　(清)□□撰　清刻本　一冊　存三十二卷(一至三十二)

370000－1541－0010056　802.8/306

皇朝掌故二卷　(清)張一鵬撰　清光緒二十八年(1902)京都廣文書舍刻本　一冊

370000－1541－0010057　802.8/444

東萊先生古文關鍵二卷　(宋)呂祖謙輯評　清光緒二十四年(1898)江蘇書局刻本　二冊

370000－1541－0010058　802.8/482

小學韻語不分卷　(清)羅澤南撰　清光緒二十七年(1901)山東書局刻本　一冊

370000－1541－0010059　802.8/598

古文講授談二卷　尚秉和纂　清宣統二年(1910)京華印書局鉛印本　二冊

370000－1541－0010060　802.80/527

蒙訓不分卷　(清)劉沅撰　清同治元年(1862)福建扶經堂刻本　一冊

370000－1541－0010061　802.81/169

經史蒙求歌略五卷　(清)黃焱撰　清光緒二十四年(1898)石印本　一冊

370000－1541－0010062　802.81/306

小兒書輯八種女兒書輯八種　(清)張承燮輯　清光緒二十七年(1901)膠州聽雨何時軒刻本　七冊

370000－1541－0010063　802.81/309

記事珠十卷　(清)張以謙輯　(清)鄭夢明刪訂　清雍正九年(1731)刻本　十冊

370000－1541－0010064　802.81/352

毘陵左氏識字書五卷　(清)左鎮撰　清光緒十年(1884)嘉興蓋瑞芳刻字店刻本　一冊

370000－1541－0010065　802.81/377

龍文鞭影四卷　（清）蕭良有纂　清光緒十二年(1886)上海江左書林刻本　佚名批　二冊

370000－1541－0010066　802.81/377＝1

龍文鞭影四卷　（清）蕭良有纂　清光緒十一年(1885)南京李光明莊刻本　佚名批　三冊　存三卷(二至四)

370000－1541－0010067　802.81/394

小四書五卷　（明）朱升輯　（清）陸隴其校訂　清雍正十一年(1733)常郡文會堂刻本　四冊

370000－1541－0010068　802.81/423

歐陽外翰點勘記二卷附省堂筆記一卷　（清）歐陽泉撰　清同治九年(1870)皖城刻本　二冊

370000－1541－0010069　802.81/451

寧陵呂氏小兒語五卷　（清）徐榮注　清同治六年(1867)上海大公文藝部刻本　十一冊

370000－1541－0010070　802.81/511

訓蒙四字經讀本二卷二集讀本二卷　（清）楊臣靜訂　（清）李暉吉輯　清光緒十一年(1885)成文堂刻本　四冊

370000－1541－0010071　802.81/511＝1

訓蒙四字經讀本二卷二集讀本二卷　（清）楊臣靜訂　（清）李暉吉輯　清光緒十一年(1885)成文堂刻本　四冊

370000－1541－0010072　802.81/521

三續千字文註一卷　（宋）葛剛正撰　清咸豐聊城楊氏海源閣刻本　一冊

370000－1541－0010073　802.81/627

小四書五卷　（明）朱升輯　（清）陸隴其校訂　清同治十一年(1872)福建潘霨刻本　一冊　存一卷(一)

370000－1541－0010074　802.81/668

萬卷讀餘五卷　（清）康基淵輯纂　清光緒二年(1876)張世準雙魚壘齋刻本　四冊

370000－1541－0010075　802.81/668＝1

萬卷讀餘五卷　（清）康基淵輯纂　清光緒二年(1876)張世準雙魚壘齋刻本　一冊

370000－1541－0010076　802.81/827＝1

小學集解六卷　（清）張伯行輯注　清咸豐元年(1851)刻本　四冊

370000－1541－0010077　802.81/827＝2

小學集解六卷　（清）張伯行輯注　清同治十年(1871)文光堂刻本　四冊

370000－1541－0010078　802.81/827＝3

小學集解六卷　（清）張伯行輯注　清光緒二十七年(1901)廣雅書局刻本　四冊

370000－1541－0010079　802.81/827＝4

御製小學集註六卷　（宋）朱熹撰　（明）陳選集註　清乾隆十年(1745)刻本　四冊

370000－1541－0010080　802.81/827＝5

小學集註六卷　（宋）朱熹撰　（明）陳選集註　清同治六年(1867)金陵書局刻本　二冊

370000－1541－0010081　802.81/827＝6

小學纂註六卷　（宋）朱熹撰　（清）高愈纂註　清光緒十二年(1886)上洋掃葉山房刻本　五冊

370000－1541－0010082　802.81/861

村學俚語不分卷　（清）□□編　清咸豐刻本　一冊

370000－1541－0010083　802.81/925

六藝綱目二卷附錄一卷札記一卷　（元）舒天民撰　（元）舒恭注　（明）趙宜中附注　清光緒七年(1881)汪氏籀書諼刻本　四冊

370000－1541－0010084　802.81/925＝1

六藝綱目二卷附錄一卷札記一卷　（元）舒天民撰　（元）舒恭注　（明）趙宜中附注　清光緒七年(1881)汪氏籀書諼刻本　二冊

370000－1541－0010085　802.81/925＝2

六藝綱目二卷附錄一卷札記一卷　（元）舒天民述　（元）舒恭注　（明）趙宜中附注　清光緒七年(1881)汪氏籀書諼刻本　二冊

370000－1541－0010086　802.81/925＝3

六藝綱目二卷附錄一卷札記一卷　（元）舒天民述　（元）舒恭注　（明）趙宜中附注　清光緒七年(1881)汪氏籀書飴刻本　二冊

370000－1541－0010087　802.81/925 = 4

六藝綱目二卷附六藝發原一卷字原一卷　（元）舒天民撰　（元）舒恭注　清光緒十七年(1891)湖南思賢書局刻本　二冊

370000－1541－0010088　802.81/925 = 5

六藝綱目二卷附字原一卷六藝發原一卷　（元）舒天民撰　（元）舒恭注　清咸豐三年(1853)聊城楊氏海源閣刻本　二冊

370000－1541－0010089　802.81/946

徐氏三種　（清）徐士業輯刊　清光緒十七年(1891)京都成文堂刻本　四冊

370000－1541－0010090　802.81/946 = 1

徐氏三種　（清）徐士業輯刊　清光緒十七年(1891)京都成文堂刻本　四冊

370000－1541－0010091　802.81/969

二千字文不分卷附四聲韻母切音　（明）殷士儋撰　（清）周彤桂注　清光緒十四年(1888)刻本　一冊

370000－1541－0010092　802.82/770

經文讀本不分卷　（清）馮譽驥輯　清光緒十五年(1889)山東尹竹年刻本　一冊

370000－1541－0010093　802.82/820

濟南大學堂備齋古文讀本不分卷　周學熙等編　清光緒二十八年(1902)山東大學堂刻本　三冊

370000－1541－0010094　802.91/292

清文彙書十二卷　（清）李延基編　清京都三槐堂書坊刻本　十二冊

370000－1541－0010095　802.91/298

新刻滿漢全字十二頭　（清）□□編　清咸豐十一年(1861)宏文閣刻本　一冊

370000－1541－0010096　802.91/298 = 1

滿漢六部成語六卷　（清）□□編　清刻本　六冊

370000－1541－0010097　802.91/522

重刻清文虛字指南編二卷　（清）萬福編　清光緒二十年(1894)京都聚珍堂書坊刻本　二冊

370000－1541－0010098　802.91/646

御製繙譯四書六卷　（清）鄂爾泰譯　清乾隆二十年(1755)京都二酉堂刻本　六冊

370000－1541－0010099　802.91/700

清文補彙八卷　（清）宜興撰　清刻本　八冊

370000－1541－0010100　802.91/700 = 1

清文補彙八卷　（清）宜興編　清乾隆五十一年(1786)刻本　八冊

370000－1541－0010101　802.91/808

三合便覽不分卷　（清）明福輯　（清）富俊增補　清乾隆五十七年(1792)富俊紹衣堂刻本　十二冊

370000－1541－0010102　802.91/824

滿漢字清文啟蒙四卷　（清）舞格撰　清三槐堂刻本　四冊

370000－1541－0010103　802.91/824 = 1

滿漢字清文啟蒙四卷　（清）舞格撰　清三槐堂刻本　四冊

370000－1541－0010104　802.911/298

新編清語冊一卷　（清）□□編　清刻本　一冊

370000－1541－0010105　802.92/292

蒙文總彙不分卷　（清）李鉉詳校　清光緒十七年(1891)刻本　十二冊

370000－1541－0010106　802.95/962

隸辨八卷　（清）顧藹吉撰　清康熙五十七年(1718)繡水項絪玉淵堂刻本　八冊

370000－1541－0010107　803.51/658

欽定同文韻統六卷　（清）允祿纂修　清宣統二年(1910)理藩部刻本　五冊

370000－1541－0010108　804.24/341

漢學諧聲二十四卷說文補考一卷　（清）戚學標學　清嘉慶九年(1804)刻本　十六冊

370000－1541－0010109　804.44/824＝2

五方元音五卷　（清）樊騰鳳撰　（清）年希堯增補　清光緒三十二年(1906)北京文成堂鉛印本　四冊

370000－1541－0010110　805.4/414

繆篆分韻五卷補一卷　（清）桂馥編　清光緒歸安姚氏咫進齋刻本　二冊

370000－1541－0010111　808.212/953＝5

說文解字繫傳四十卷附校勘記三卷　（宋）徐鍇撰　（宋）朱翱反切　清道光十九年(1839)祁寯藻刻本　八冊

370000－1541－0010112　810.1/885

藝槩六卷　（清）劉熙載撰　清刻本　一冊

370000－1541－0010113　810.4/426

文科大詞典十二集　國學扶輪社編　清宣統三年(1911)上海中國詞典公司鉛印本　十二冊

370000－1541－0010114　810.4/426＝1

文科大詞典十二集　國學扶輪社編　清宣統三年(1911)上海中國詞典公司鉛印本　十二冊

370000－1541－0010115　812.8/261

文學興國策二卷　（美國）林樂知譯　清光緒二十二年(1896)上海圖書集成局鉛印本　四冊

370000－1541－0010116　812.8/261＝1

文學興國策二卷　（美國）林樂知譯　清光緒二十二年(1896)上海圖書集成局鉛印本　四冊

370000－1541－0010117　815.7/462

短篇小說合璧　時事報館編　清宣統元年(1909)時事報館石印本　八冊

370000－1541－0010118　820/885

藝概六卷　（清）劉熙載撰　清宣統三年(1911)山西兩級師範學堂鉛印本　二冊

370000－1541－0010119　820/897

楊升菴先生批點文心雕龍十卷　（南朝梁）劉勰撰　（明）梅慶生音注　明萬曆三十七年(1609)梅慶生刻天啟二年(1622)重修本　二冊

370000－1541－0010120　820/897＝1

合刻五家言文心雕龍文言十卷　（南朝梁）劉勰撰　（明）楊慎　（明）曹學佺評　**合刻五家言文心雕龍注解十卷**　（明）鍾惺注　明末刻合刻五家言五種本　清濟忠錄明錢允治跋並校補題跋　四冊

370000－1541－0010121　820/897＝2

文心雕龍十卷　（南朝梁）劉勰撰　（明）楊慎批點　（清）張松孫輯注　清乾隆五十六年(1791)長洲張氏刻本　佚名批點　四冊

370000－1541－0010122　820/897＝3

文心雕龍十卷　（南朝梁）劉勰撰　（明）楊慎批點　（清）張松孫輯注　清乾隆五十六年(1791)長洲張氏刻本　四冊

370000－1541－0010123　820/897＝4

文心雕龍十卷　（南朝梁）劉勰撰　（明）楊慎批點　（清）張松孫輯注　清乾隆五十六年(1791)長洲張氏刻本　四冊

370000－1541－0010124　820/897＝5

文心雕龍十卷　（南朝梁）劉勰撰　（清）黃叔琳注　清道光十三年(1833)廣州兩廣節署刻朱墨套印本　四冊

370000－1541－0010125　820/897＝6

文心雕龍十卷　（南朝梁）劉勰撰　（清）黃叔琳注　清道光十三年(1833)廣州兩廣節署刻朱墨套印本　四冊

370000－1541－0010126　820/897＝7

文心雕龍十卷　（南朝梁）劉勰撰　（清）黃叔琳注　清道光十三年(1833)廣州兩廣節署刻朱墨套印本　四冊

370000－1541－0010127　820/897＝8

文心雕龍十卷　（南朝梁）劉勰撰　（清）黃叔琳注　清道光十三年(1833)兩廣節署刻朱墨套印本　四冊

370000 – 1541 – 0010128　820/897 = 9

文心雕龍十卷　（南朝梁）劉勰撰　（清）黃叔琳注　清道光十三年(1833)廣州兩廣節署刻朱墨套印本　二冊

370000 – 1541 – 0010129　820/897 = 10

文心雕龍十卷　（南朝梁）劉勰撰　（清）黃叔琳注　清道光十三年(1833)廣州兩廣節署刻朱墨套印本　四冊

370000 – 1541 – 0010130　820/897 = 11

文心雕龍十卷　（南朝梁）劉勰撰　清刻本　二冊

370000 – 1541 – 0010131　820/897 = 16

文心雕龍十卷　（南朝梁）劉勰撰　清光緒三年(1877)湖北崇文書局刻本　二冊

370000 – 1541 – 0010132　820.78/164

夢陔堂文說十一篇　（清）黃承吉撰　清道光二十一年(1841)江都黃氏刻本　十四冊

370000 – 1541 – 0010133　821/302

詩品一卷　（唐）司空圖撰　清光緒五年(1879)上海崇文閣刻三品彙刊本　一冊

370000 – 1541 – 0010134　821/302 = 1

詩品一卷　（唐）司空圖撰　清光緒五年(1879)上海崇文閣刻三品彙刊本　一冊

370000 – 1541 – 0010135　821.08/827

詩觸不分卷　（清）朱琰輯　清刻本　二冊

370000 – 1541 – 0010136　821.08/827 = 2

漁洋詩話二卷　（清）王士禛撰　**詩觸四卷**（清）賀貽孫撰　清嘉慶三年(1798)刻本　六冊

370000 – 1541 – 0010137　821.1/112 = 1

漁洋山人古詩選三十二卷　（清）王士禛選　**惜抱軒今體詩選十八卷**　（清）姚鼐選　清同治五年(1866)金陵書局刻本　十冊

370000 – 1541 – 0010138　821.1/112 = 2

漁洋山人古詩選三十二卷　（清）王士禛選　**惜抱軒今體詩選十八卷**　（清）姚鼐選　清同治五年(1866)金陵書局刻本　十冊

370000 – 1541 – 0010139　821.1/321

玉溪生詩意八卷　（唐）李商隱撰　（清）朱鶴齡注　（清）屈復箋注　清乾隆四年(1739)揚州藝古堂刻本　二冊

370000 – 1541 – 0010140　821.1/440 = 1

吳詩集覽二十卷　（清）吳偉業撰　（清）靳榮藩輯　清乾隆四十年(1775)凌雲亭刻本　十二冊

370000 – 1541 – 0010141　821.1/563

詩法指南六卷　（清）蔡鈞輯　清乾隆二十三年(1758)匠門刻本　二冊

370000 – 1541 – 0010142　821.11/219

詩藪內編六卷外編四卷雜編六卷　（明）胡應麟撰　清光緒二十二年(1896)廣雅書局刻本　四冊

370000 – 1541 – 0010143　821.11/324

詩地理考略二卷　（清）尹繼美撰　清同治三年(1864)鼎吉堂刻本　一冊

370000 – 1541 – 0010144　821.11/440

聲調譜說二卷　（清）吳紹澯纂　清光緒二十七年(1901)堂邑官廨刻本　弢盦識語　一冊

370000 – 1541 – 0010145　821.114/214

唐音癸籤三十三卷　（明）胡震亨撰　清順治十五年(1658)刻本　二冊

370000 – 1541 – 0010146　821.114/214 = 1

唐音癸籤三十三卷　（明）胡震亨撰　清順治十五年(1658)刻本　四冊

370000 – 1541 – 0010147　821.117/411

詩法火傳十六卷　（清）馬上巘輯　清抄本　四冊

370000 – 1541 – 0010148　821.13/382

佩文詩韻釋要五卷　（清）周兆基輯　清宣統三年(1911)上海商務印書館石印本　二冊

370000 – 1541 – 0010149　821.13/715

詩韻析五卷首一卷　（清）汪烜撰　清光緒九年(1883)紫陽書院刻本　五冊

370000 – 1541 – 0010150　821.14/306

古詩賞析二十二卷　（清）張玉榖選解　清光
緒十三年(1887)刻本　五冊

370000－1541－0010151　821.14/648＝2
青邱高季迪先生詩十八卷首一卷遺詩一卷
附錄一卷扣舷集一卷鳧藻集五卷　（明）高啟
撰　（清）金檀輯注　清雍正六年(1728)桐鄉
金氏文瑞樓刻本　二十四冊

370000－1541－0010152　821.14/738
陶詩彙評四卷　（晉）陶潛撰　（清）溫汝能纂
評　東坡和陶合箋四卷　（宋）蘇軾撰　（清）
溫汝能纂評　清宣統元年(1909)上海掃葉山
房石印本　四冊

370000－1541－0010153　821.14/738＝1
陶詩彙評四卷　（晉）陶潛撰　（清）溫汝能纂
評　東坡和陶合箋四卷　（宋）蘇軾撰　（清）
溫汝能纂評　清宣統二年(1910)上海掃葉山
房石印本　四冊

370000－1541－0010154　821.14/979
分體利試詩法入門十九卷　（清）鄭錫瀛輯評
　清同治元年(1862)書業德記刻本　六冊

370000－1541－0010155　821.144/918
杜詩詳註二十五卷首一卷附錄二卷　（唐）杜
甫撰　（清）仇兆鰲輯註　清康熙三十二年
(1693)刻本　二十四冊

370000－1541－0010156　821.146/940
明宮雜詠二十卷　（清）饒智元撰　清光緒十
九年(1893)長沙湘漊館刻湘漊館叢書本　六
冊

370000－1541－0010157　821.147/112
帶經堂詩話三十卷首一卷　（清）王士禛撰
（清）張宗柟編　清同治十二年(1873)廣州藏
脩堂刻本　十二冊

370000－1541－0010158　821.15/290
西遊錄注不分卷　（元）耶律楚材撰　（清）李
文田注　清光緒二十三年(1897)刻本　一冊

370000－1541－0010159　821.15/935
列朝詩集乾集二卷甲集前編十一卷甲集二十

二卷乙集八卷丙集十六卷丁集十六卷閏集六
卷　（清）錢謙益輯　清順治九年(1652)虞山
毛氏汲古閣刻本　三十二冊

370000－1541－0010160　821.154/144
全唐詩九百卷目錄十二卷　（清）曹寅　（清）
彭定求等輯定　清康熙四十六年(1707)揚州
詩局刻本　一百二十冊

370000－1541－0010161　821.16/380
明詩紀事一百八十七卷　陳田輯　清光緒二
十五年(1899)靈山陳氏聽詩齋刻本　三十八
冊

370000－1541－0010162　821.17/117
聲調三譜四卷　（清）王祖源輯　清光緒八年
(1882)福山王氏天壤閣刻本　一冊

370000－1541－0010163　821.17/117＝1
聲調三譜四卷　（清）王祖源輯　清光緒八年
(1882)福山王氏天壤閣刻本　一冊

370000－1541－0010164　821.17/117＝2
聲調三譜四卷　（清）王祖源輯　然鐙記聞一
卷　（清）王士禛選　（清）何世璂述　律詩定
體一卷　（清）王士禛撰　小石帆亭著錄五卷
　（清）翁方綱撰　清光緒八年(1882)福山王
氏天壤閣刻成都存古書局印本　二冊

370000－1541－0010165　821.17/946
顧亭林先生詩箋注十七卷校補一卷　（清）顧
炎武撰　（清）徐嘉注　清光緒二十三年至二
十七年(1897－1901)山陽徐氏味靜齋刻本
六冊

370000－1541－0010166　821.17/946＝1
顧亭林先生詩箋注十七卷校補一卷　（清）顧
炎武撰　（清）徐嘉注　清光緒二十三年至二
十七年(1897－1901)山陽徐氏味靜齋刻本
六冊

370000－1541－0010167　821.17/946＝2
顧亭林先生詩箋注十七卷校補一卷　（清）顧
炎武撰　（清）徐嘉注　清光緒二十三年至二
十七年(1897－1901)山陽徐氏味靜齋刻本
六冊

370000－1541－0010168　821.174/112

然燈記聞一卷詩律定體一卷 （清）王士禎口授 （清）何世璂述 清乾隆二十二年（1757）新城王兆森刻本 一冊

370000－1541－0010169　821.174/809

劍谿說詩二卷又編一卷 （清）喬億撰 清乾隆十六年（1751）刻本 一冊

370000－1541－0010170　821.18/112＝2

五代詩話十二卷漁洋詩話二卷 （清）王士禎輯撰 清乾隆十三年（1748）黃叔琳養素堂刻本 四冊

370000－1541－0010171　821.18/115

漁洋詩話三卷 （清）王士禎撰 清乾隆二十三年（1758）益都竹西書屋刻本 三冊

370000－1541－0010172　821.18/115＝1

漁洋詩話三卷 （清）王士禎撰 清康熙蔣氏刻雍正三年（1725）俞氏印本 清孫壯跋 二冊

370000－1541－0010173　821.18/128

元遺山詩集箋注十四卷附錄一卷補載一卷 （金）元好問撰 （元）張德輝類次 （清）施國祁箋注 清道光七年（1827）苕溪吳氏醉六堂刻本 六冊

370000－1541－0010174　821.18/311

小滄浪詩話四卷 （清）張變承撰 清咸豐九年（1859）古汲郡賀氏刻本 二冊

370000－1541－0010175　821.18/311＝2

古詩十九首解一卷 （清）張庚撰 清強恕齋刻本 一冊

370000－1541－0010176　821.18/313

眉山詩案廣證六卷 （清）張鑑撰 清光緒十年（1884）江蘇書局刻本 二冊

370000－1541－0010177　821.18/313＝1

詩說滙五卷 （清）張象魏輯 清乾隆五十三年（1788）學古堂刻本 四冊

370000－1541－0010178　821.18/359

眉韻樓詩話八卷 孫雄輯 清光緒三十四年（1908）上海集成圖書公司鉛印本 一冊 存二卷（一至二）

370000－1541－0010179　821.18/377

毛詩國風繹不分卷 （清）陳遷鶴撰 清同治十三年（1874）晉江梅石山房木活字印本 一冊

370000－1541－0010180　821.18/399

全浙詩話五十四卷 （清）陶元藻輯 （清）陶廷珍 （清）陶廷琡編 清嘉慶元年（1796）怡雲閣刻本 十二冊

370000－1541－0010181　821.18/399＝1

全浙詩話五十四卷 （清）陶元藻輯 （清）陶廷珍 （清）陶廷琡編 清嘉慶元年（1796）怡雲閣刻本 十六冊

370000－1541－0010182　821.18/399＝2

全浙詩話五十四卷 （清）陶元藻輯 （清）陶廷珍 （清）陶廷琡編 清嘉慶元年（1796）怡雲閣刻本 十六冊

370000－1541－0010183　821.18/429

滄浪詩話注五卷 （宋）嚴羽撰 （清）胡鑑注 清光緒七年（1881）廣州刻本 二冊

370000－1541－0010184　821.18/438

拜經樓詩話四卷 （清）吳騫輯 清嘉慶三年（1798）刻愚谷叢書本 二冊

370000－1541－0010185　821.18/496

古今詩話選雋二卷 （清）盧衍仁輯 清乾隆抄本 二冊

370000－1541－0010186　821.18/605

詩話二卷 （清）□□撰 清刻本 二冊

370000－1541－0010187　821.18/666

峴傭說詩一卷 （清）施補華撰 清末沈氏上海石印本 一冊

370000－1541－0010188　821.18/668

伯山詩話後集四卷續集二卷再續集二卷四續集二卷 （清）康發祥撰 清道光二十九年至咸豐元年（1849－1851）刻本 五冊

370000－1541－0010189　821.18/732

試律叢話八卷 （清）梁章鉅撰 清同治八年(1869)高安縣署刻本 四冊

370000－1541－0010190 821.18/892
杜工部詩話一卷 （清）劉鳳誥撰 清宣統二年(1910)掃葉山房石印本 一冊

370000－1541－0010191 821.18/901
歷代詩話二十七種五十七卷考索一卷 （清）何文煥編 清乾隆三十五年(1770)刻本 三十二冊

370000－1541－0010192 821.18/908
先考薑露庵詩話不分卷 （清）施山撰 清石印本 一冊

370000－1541－0010193 821.18/910
漁洋山人精華錄會心偶筆六卷 （清）王士禎撰 （清）伊應鼎注 清乾隆刻本 四冊

370000－1541－0010194 821.18/946
三山詩話三卷三山吟草六卷 （清）徐賢杰撰 清刻本 二冊 缺二卷(三山吟草五至六)

370000－1541－0010195 821.18/988
白嶽盦詩話二卷 （清）余楙撰 清宣統三年(1911)上海國學扶輪社鉛印本 一冊

370000－1541－0010196 821.185/504＝1
石林詩話三卷附錄一卷 （宋）葉夢得撰 清道光二十四年(1844)姑蘇青霞齋刻本 一冊

370000－1541－0010197 821.1852/138
冷齋夜話十卷 （宋）釋惠洪撰 明末毛氏汲古閣刻本 二冊

370000－1541－0010198 821.1857/106
蓮堂詩話二卷附校訛一卷續校一卷 （元）祝誠輯 清咸豐三年(1853)仁和胡氏刻本 一冊

370000－1541－0010199 821.186/242
明人詩品一卷 （清）杜蔭棠輯 清同治十三年(1874)虞山顧氏刻本 一冊

370000－1541－0010200 821.187/235
御製用白居易新樂府成五十章並效其體四卷 （清）高宗弘曆撰 清乾隆刻本 一冊

370000－1541－0010201 821.187/411
憨齋詩話四卷 （清）馬桐芳撰 清道光十二年(1832)飲穌堂刻本 二冊

370000－1541－0010202 821.187/440
小匏庵詩話十卷 （清）吳仰賢輯 清光緒八年(1882)刻本 四冊

370000－1541－0010203 821.187/628
峴傭說詩一卷 （清）施補華撰 清光緒十三年(1887)濟南朱氏刻本 一冊

370000－1541－0010204 821.187/754
緝雅堂詩話二卷 （清）潘衍桐撰 清光緒十七年(1891)杭州潘衍桐刻本 一冊

370000－1541－0010205 821.187/754＝1
養一齋詩話十卷養一齋李杜詩話三卷 （清）潘德輿撰 清道光十六年(1836)刻本 二冊

370000－1541－0010206 821.37/985
詩韻集成十九卷 （清）余照輯 清末石印本 一冊

370000－1541－0010207 821.37/985＝1
詩韻集成十卷附詞林典腋一卷 （清）余照輯 清光緒六年(1880)萊州泰和裕刻本 四冊

370000－1541－0010208 821.37/985＝1
詩韻集成十卷附詞林典腋一卷 （清）余照輯 清光緒六年(1880)萊州泰和裕刻本 四冊

370000－1541－0010209 821.37/985＝2
詩韻集成十卷 （清）余照輯 清同治五年(1866)書業德記刻本 六冊

370000－1541－0010210 821.37/985＝3
詩韻集成十卷 （清）余照輯 清道光二十二年(1842)會有堂刻本 四冊

370000－1541－0010211 821.37/985＝4
詩韻集成十卷 （清）余照輯 清刻本 三冊 存八卷(三至十)

370000－1541－0010212 821.372/712
杜韓詩句集韻三卷 （清）汪文柏輯 清康熙四十六年(1707)洞庭麟慶堂刻本 三冊

370000－1541－0010213　821.374/178
詩韻含英題解十卷 （清）甘蘭友輯　清刻本
四冊

370000－1541－0010214　821.4/302
司空詩品注釋一卷 （唐）司空圖撰　（清）
□□注　清同治十年(1871)崇本堂刻本　一
冊

370000－1541－0010215　821.4/601
近體秋陽十七卷 （清）譚宗輯撰　清康熙刻
本　二冊

370000－1541－0010216　821.8/117
談藝珠叢 （清）王啟原輯　清光緒十一年
(1885)長沙玉尺山房刻本　十六冊

370000－1541－0010217　821.8/827
學詩津逮不分卷 （清）朱琰輯　清乾隆二十
五年(1760)海鹽朱氏刻本　二冊

370000－1541－0010218　821.82/288
漢詩十卷 （清）李因篤音評　清康熙二十八
年(1689)萬卷樓刻本　二冊

370000－1541－0010219　821.8353/938
詩品三卷 （南朝梁）鍾嶸撰　**書品三卷**
(南朝梁)庾肩吾撰　明末刻本　一冊

370000－1541－0010220　821.8353/938＝1
詩品三卷 （南朝梁）鍾嶸撰　清光緒江陰繆
氏對雨樓刻對雨樓叢書本　一冊

370000－1541－0010221　821.841/355
全唐詩話六卷 （宋）尤袤撰　明嘉靖二十二
年(1543)華亭王教刻本　六冊

370000－1541－0010222　821.8419/304
二十四詩品淺解一卷 （清）楊廷芝撰　清光
緒二十一年(1895)冷然閣木活字印本　一冊

370000－1541－0010223　821.8419/304＝1
司空詩品注釋一卷 （唐）司空圖撰　（清）
□□注釋　清光緒二十一年(1895)京口善化
書局刻本　一冊

370000－1541－0010224　821.85/337
宋詩紀事一百卷 （清）厲鶚　（清）馬曰琯輯

清乾隆十一年(1746)錢塘厲氏樊榭山房刻
本　二十四冊

370000－1541－0010225　821.851/429
滄浪詩話注五卷 （宋）嚴羽撰　（清）胡鑑注

清光緒七年(1881)廣州刻南昌文德堂印本
二冊

370000－1541－0010226　821.851/429＝1
滄浪詩話一卷附錄一卷 （宋）嚴羽撰　清康
熙刻本　一冊

370000－1541－0010227　821.852/221
漁隱叢話前集六十卷後集四十卷 （宋）胡仔
纂集　清乾隆五年至六年(1740－1741)海鹽
楊佑啓耘經樓刻本　十四冊

370000－1541－0010228　821.852/221＝1
漁隱叢話前集六十卷後集四十卷 （宋）胡仔
纂集　清乾隆五年至六年(1740－1741)海鹽
楊佑啓耘經樓刻本　二十冊

370000－1541－0010229　821.852/221＝2
漁隱叢話前集六十卷後集四十卷 （宋）胡仔
纂集　清乾隆五年至六年(1740－1741)海鹽
楊佑啓耘經樓刻本　二十四冊

370000－1541－0010230　821.852/221＝3
漁隱叢話前集六十卷後集四十卷 （宋）胡仔
纂集　清乾隆五年至六年(1740－1741)海鹽
楊佑啓耘經樓刻本　十冊　存四十卷(後集
四十卷)

370000－1541－0010231　821.8524/803
詩人玉屑二十卷 （宋）魏慶之撰　清初處順
堂刻本　六冊

370000－1541－0010232　821.8524/803＝1
詩人玉屑二十卷 （宋）魏慶之撰　清初處順
堂刻本　六冊

370000－1541－0010233　821.8524/803＝2
詩人玉屑二十卷 （宋）魏慶之撰　清初處順
堂刻本　十冊

370000－1541－0010234　821.8524/803＝3
詩人玉屑二十卷 （宋）魏慶之撰　清光緒三

十年(1904)古松堂刻本　四冊

370000 – 1541 – 0010235　821.857/384＝1

元詩紀事二十四卷　陳衍輯　清光緒石遺室
鉛印本　六冊

370000 – 1541 – 0010236　821.86/219

詩藪內編六卷雜編六卷　(明)胡應麟撰　清
光緒二十二年(1896)廣雅書局刻本　三冊

370000 – 1541 – 0010237　821.86/380

明詩紀事甲籤三十卷　陳田輯　清光緒二十
五年(1899)貴陽陳氏聽詩齋刻本　六冊

370000 – 1541 – 0010238　821.86/380＝1

明詩紀事甲籤三十卷　陳田輯　清光緒二十
五年(1899)貴陽陳氏聽詩齋刻本　六冊

370000 – 1541 – 0010239　821.86/476

四家詩話四種七卷　(清)鮑廷博編　清乾隆
四十年(1775)長塘鮑氏知不足齋刻本　二冊

370000 – 1541 – 0010240　821.86/616

四溟詩話四卷　(明)謝榛撰　清道光二十五
年(1845)刻海山仙館叢書本　六冊

370000 – 1541 – 0010241　821.86/834

靜志居詩話二十四卷　(清)朱彝尊撰　清嘉
慶二十四年(1819)武陵扶荔山房刻本　七冊
　存十一卷(十四至二十四)

370000 – 1541 – 0010242　821.86/834＝1

靜志居詩話二十四卷　(清)朱彝尊撰　清嘉
慶二十四年(1819)武陵扶荔山房刻本　十六
冊

370000 – 1541 – 0010243　821.866/272

詩話補遺三卷　(明)楊慎撰　明嘉靖三十五
年(1556)曹命刻本　三冊

370000 – 1541 – 0010244　821.867/288

竹溪詩話二卷　(清)李少白撰　清光緒三年
(1877)李氏刻本　二冊

370000 – 1541 – 0010245　821.868/201

彈雅十六卷　(明)趙宧光撰　明天啟二年
(1622)刻本　二冊

370000 – 1541 – 0010246　821.87/112

帶經堂詩話三十卷　(清)王士禛撰　清光緒
元年(1875)衡文會刻本　十二冊

370000 – 1541 – 0010247　821.87/112＝1

帶經堂詩話三十卷首一卷　(清)王士禛撰
(清)張宗柟輯　清乾隆刻本　八冊

370000 – 1541 – 0010248　821.87/112＝3

帶經堂詩話三十卷首一卷　(清)王士禛撰
(清)張宗柟輯　清乾隆刻本　八冊

370000 – 1541 – 0010249　821.87/185

隨園詩話十六卷補遺十卷　(清)袁枚撰　清
小倉山房刻本　十冊

370000 – 1541 – 0010250　821.87/185＝1

隨園詩話十六卷補遺十卷　(清)袁枚撰　清
上海文明書局石印本　六冊

370000 – 1541 – 0010251　821.87/185＝3

隨園詩話十六卷補遺十卷　(清)袁枚撰　清
隨園刻本　十冊

370000 – 1541 – 0010252　821.87/185＝4

隨園詩話十六卷補遺十卷　(清)袁枚撰　清
乾隆五十七年(1792)刻本　八冊

370000 – 1541 – 0010253　821.87/196

甌北詩話十二卷　(清)趙翼撰　清嘉慶七年
(1802)刻本　二冊

370000 – 1541 – 0010254　821.87/290

海山詩屋詩話十卷　(清)李文泰輯　清光緒
四年(1878)粵東羊城森寶閣鉛印本　一冊
存六卷(一至四、九至十)

370000 – 1541 – 0010255　821.87/295

初白菴詩評三卷詞綜偶評一卷　(清)查慎行
撰　(清)張載華輯　清上海六藝書局石印本
　八冊

370000 – 1541 – 0010256　821.87/311

蘇亭詩話六卷　(清)張少南撰　清同治五年
(1866)鮑村學舍刻本　二冊

370000 – 1541 – 0010257　821.87/359

餘墨偶談續集八卷　(清)孫橒撰　清光緒二

年(1876)雙峰書屋刻本　四冊　存六卷(一至六)

370000－1541－0010258　821.87/359＝1
眉韻樓詩話八卷續編四卷　孫雄輯　清光緒三十四年(1908)上海集成圖書公司鉛印本六冊

370000－1541－0010259　821.87/414
東泉詩話八卷　(清)馬星翼撰　清道光二十一年(1841)寶漢齋刻本　八冊

370000－1541－0010260　821.87/432
考田詩話八卷　(清)喻文鏊撰　清道光四年(1824)王氏㓟筆山房刻本　一冊　存四卷(一至四)

370000－1541－0010261　821.87/438
漵浦詩話四卷　(清)吳文暉撰　清嘉慶四年(1799)不愠居刻本　一冊

370000－1541－0010262　821.87/504
煮藥漫抄二卷　(清)葉煒撰　清光緒十七年(1891)金陵刻本　一冊

370000－1541－0010263　821.87/526
藝苑名言八卷首一卷　(清)蔣瀾纂　清乾隆四十八年(1783)懷古軒刻本　四冊

370000－1541－0010264　821.87/693
柳亭詩話三十卷　(清)宋長白撰　清光緒八年(1882)懺花盦刻本　八冊

370000－1541－0010265　821.87/720
北江詩話六卷　(清)洪亮吉撰　清光緒三十四年(1908)上海掃葉山房石印本　二冊

370000－1541－0010266　821.87/720＝2
北江詩話六卷　(清)洪亮吉撰　清光緒三年(1877)授經堂刻本　二冊

370000－1541－0010267　821.87/762
春秋詩話五卷　(清)勞孝輿撰　清道光二十五年(1845)南海粵雅堂刻本　一冊

370000－1541－0010268　821.87/899
退菴詩話十二卷　(清)何日愈撰　清光緒九年(1883)刻本　四冊

370000－1541－0010269　821.87/938
養自然齋詩話十卷　(清)鍾駿聲撰　清同治十三年(1874)刻本　十冊

370000－1541－0010270　821.872/112＝1
詩問二卷　(清)王士禛撰　(清)洪楠雲彙輯　清乾隆四十二年(1777)春暉草堂刻本　一冊

370000－1541－0010271　821.872/112＝2
漁洋山人詩問二卷　(清)王士禛撰　清乾隆三十三年(1768)新城王祖肅刻本　一冊

370000－1541－0010272　821.872/112＝3
帶經堂詩話三十卷首一卷　(清)王士禛撰　(清)張宗柟輯　清乾隆二十七年(1762)南曲舊業刻本　八冊

370000－1541－0010273　821.874/115
牧坡詩話四卷　(清)王景祺撰　清抄本　一冊

370000－1541－0010274　821.875/185＝1
隨園三十二種　(清)袁枚撰　清隨園刻本十一冊　存七種三十三卷(小倉山房詩集一至八、三十七,續補詩集一至二,隨園詩話六至十三,隨園詩話補遺六至八,小倉山房外集一至六,小倉山房尺牘一至二、九至十,牘外餘言一)

370000－1541－0010275　821.875/196＝2
甌北詩話十二卷　(清)趙翼撰　清光緒三十四年(1908)上海掃葉山房石印本　四冊

370000－1541－0010276　821.876/282
十二筆舫雜錄十二卷　(清)李兆元撰　清道光二年(1822)刻本　十二冊

370000－1541－0010277　821.876/288
竹溪詩話二卷　(清)李少白撰　清光緒三年(1877)李氏刻本　二冊

370000－1541－0010278　821.876/325
廣陵詩事十卷　(清)阮元撰　清嘉慶六年(1801)浙江節署刻本　三冊

370000－1541－0010279　821.876/325＝1

廣陵詩事十卷　（清）阮元撰　清嘉慶六年(1801)浙江節署刻本　三冊

370000－1541－0010280　821.877/112

淄陽詩話四卷　（清）王雅樹選　清咸豐十年(1860)錦秀堂刻本　四冊

370000－1541－0010281　821.877/257

海天琴思錄八卷　（清）林昌彝輯　清同治三年(1864)刻本　四冊

370000－1541－0010282　821.877/628

峴傭說詩一卷　（清）施補華撰　清光緒十三年(1887)濟南朱氏刻本　一冊

370000－1541－0010283　821.877/754

挹翠樓詩話四卷　（清）潘清撰　清同治二年(1863)武進刻本　二冊

370000－1541－0010284　821.878/112

樵說十二卷　（清）王增祺撰　**昭如女子詩鈔一卷**　（清）王麟書編　清光緒十八年(1892)石泉刻本　四冊

370000－1541－0010285　821.878/132

雪廬詩話一卷　（清）賴學海撰　清光緒十八年(1892)順德邱園刻本　一冊

370000－1541－0010286　821.878/340

崇道堂詩話一卷　（清）盛鍾岐撰　清光緒十九年(1893)刻本　一冊

370000－1541－0010287　821.878/380

嘯雲軒詩話四卷　（清）程畹撰　清抄本　一冊

370000－1541－0010288　821.878/440

圍爐詩話四卷　（清）吳喬撰　清光緒十三年(1887)上海大文書局石印本　一冊

370000－1541－0010289　821.878/621

春草堂詩話八卷　（清）謝堃撰　清光緒甘泉刻本　二冊

370000－1541－0010290　821.878/730

雁蕩詩話二卷　（清）梁章鉅撰　清道光二十八年(1848)福州樹德堂刻本　二冊

370000－1541－0010291　821.878/754

緝雅堂詩話二卷　（清）潘衍桐撰　（清）高保康編　清光緒十七年(1891)杭州潘衍桐刻本　一冊

370000－1541－0010292　821.878/754＝1

緝雅堂詩話二卷　（清）潘衍桐撰　（清）高保康編　清光緒十七年(1891)杭州潘衍桐刻本　一冊

370000－1541－0010293　821.878/925

瓶水齋詩話一卷　（清）舒位撰　清末蘇州振新書社石印本　一冊

370000－1541－0010294　821.878/938

觀我生齋詩話四卷　（清）鍾秀撰　清光緒四年(1878)臨江刻本　二冊

370000－1541－0010295　821.88/311

一蠢室詩話四卷　（清）張麟年撰　清光緒至民國國魂報館鉛印國魂叢編本　一冊

370000－1541－0010296　821.881/730

飲冰室詩話五卷　梁啟超撰　清宣統二年(1910)上海中華圖書館石印本　五冊

370000－1541－0010297　821.881/996

平等閣詩話二卷　狄葆賢撰　清宣統二年(1910)有正書局鉛印本　二冊

370000－1541－0010298　821.881/996＝1

平等閣詩話二卷　狄葆賢撰　清宣統二年(1910)有正書局鉛印本　二冊

370000－1541－0010299　821.882/908＝1

說詩樂趣類編二十卷　（清）伍涵芬撰　清大文堂刻本　六冊

370000－1541－0010300　821.984/302

司空詩品注釋一卷　（唐）司空圖撰　（清）□□注　清光緒十八年(1892)鴻潤書林刻本　一冊

370000－1541－0010301　822/115

屈子六帖　（戰國）屈原撰　（清）王邦采輯　清康熙六十一年(1722)刻本　三冊

370000－1541－0010302　822/124

賦鈔一卷 （清）趙執信輯 清康熙稿本 一冊

370000－1541－0010303 822/290

賦話十卷 （清）李調元撰 清乾隆四十三年(1778)刻本 二冊

370000－1541－0010304 822/290＝1

賦話十卷 （清）李調元撰 清光緒七年(1881)瀹雅齋刻本 三冊

370000－1541－0010305 822/438

賦學指南十卷 （清）余丙照編 清道光二十三年(1843)刻本 四冊

370000－1541－0010306 822.7/827

小萬卷齋文稿二十四卷 （清）朱珔撰 清道光二十一年(1841)刻本 六冊 存十二卷(十三至二十四)

370000－1541－0010307 831.1219/375＝2

三家詩補遺三卷 （清）阮元撰 清末儀徵李氏刻崇惠堂叢書本 一冊

370000－1541－0010308 823.1/295＝1

詞學全書十六卷 （清）查培繼編 清乾隆十一年(1746)世德堂刻本 七冊

370000－1541－0010309 823.1/295＝2

詞學全書十六卷 （清）查培繼編 清致和堂刻本 八冊

370000－1541－0010310 823.1/635

靈芬館詞七卷 （清）郭麐撰 清光緒五年(1879)娛園刻本 二冊

370000－1541－0010311 823.1/719

詞學集成八卷 （清）江順詒輯 清光緒七年(1881)刻本 一冊

370000－1541－0010312 823.11/401

詞林正韻三卷 （清）戈載輯 清同治十二年(1873)刻本 一冊

370000－1541－0010313 823.11/401＝1

詞林正韻三卷 （清）戈載撰 清光緒七年(1881)臨桂王氏四印齋刻本 一冊

370000－1541－0010314 823.11/444

新編南詞定律十三卷首一卷 （清）呂士雄等輯 清康熙五十九年(1720)香芸閣刻朱墨套印本 八冊

370000－1541－0010315 823.11/522

詞律二十卷首一卷 （清）萬樹撰 清康熙二十六年(1687)陽羨萬氏堆絮園刻保滋堂印本 十二冊

370000－1541－0010316 823.11/522＝1

詞律二十卷首一卷 （清）萬樹撰 清康熙二十六年(1687)陽羨萬氏堆絮園刻保滋堂印本 十二冊

370000－1541－0010317 823.11/522＝2

詞律二十卷首一卷 （清）萬樹撰 清康熙二十六年(1687)陽羨萬氏堆絮園刻掃葉山房印本 十冊

370000－1541－0010318 823.11/522＝3

詞律二十卷首一卷 （清）萬樹撰 清康熙二十六年(1687)陽羨萬氏堆絮園刻保滋堂印本 八冊

370000－1541－0010319 823.11/522＝4

詞律二十卷首一卷 （清）萬樹撰 詞律拾遺八卷 （清）徐本立纂 詞律補遺一卷 （清）杜文瀾編 清光緒二年(1876)刻本 十二冊

370000－1541－0010320 823.11/522＝5

詞律二十卷首一卷 （清）萬樹撰 詞律拾遺八卷 （清）徐本立纂 詞律補遺一卷 （清）杜文瀾編 清光緒二年(1876)刻本 十六冊

370000－1541－0010321 823.11/627

香研居詞塵五卷 （清）方成培撰 清光緒二年(1876)上海目耕齋刻本 二冊

370000－1541－0010322 823.11/977

詞源斠律二卷 鄭文焯撰 清光緒書帶草堂刻書帶草堂叢書本 一冊

370000－1541－0010323 823.117/522＝2

詞律校勘記二卷 （清）杜文瀾輯 清咸豐十一年(1861)曼陀羅華閣刻本 二冊

370000 – 1541 – 0010324　823.117/616

碎金詞譜六卷附錄一卷　（清）謝元淮輯　清道光二十四年（1844）刻本　六冊

370000 – 1541 – 0010325　823.117/616 = 1

碎金詞譜六卷附錄一卷　（清）謝元淮輯　清道光二十三年（1843）刻朱墨套印本　五冊

370000 – 1541 – 0010326　823.117/627

詞塵五卷　（清）方成培撰　清道光九年（1829）休陽程氏斜月杏花屋刻本　一冊

370000 – 1541 – 0010327　823.117/925

白香詞譜一卷晚翠軒詞韻一卷　（清）舒夢蘭輯　清嘉慶三年（1798）怡府刻本　二冊

370000 – 1541 – 0010328　823.117/925 = 1

白香詞譜一卷晚翠軒詞韻一卷　（清）舒夢蘭輯　清宣統元年（1909）振始堂石印本　二冊

370000 – 1541 – 0010329　823.117/925 = 2

白香詞譜箋四卷　（清）舒夢蘭輯　（清）謝朝徵箋　清光緒十一年（1885）刻半廠叢書初編本　二冊

370000 – 1541 – 0010330　823.13/953

詞苑叢談十二卷　（清）徐釚編　清道光二十七年（1847）番禺潘氏刻海山仙館叢書本　六冊

370000 – 1541 – 0010331　823.13/953 = 1

詞苑叢談十二卷　（清）徐釚編　清康熙二十七年（1688）蛾術齋刻寶翰樓印本　四冊

370000 – 1541 – 0010332　823.13/953 = 2

詞苑叢談十二卷　（清）徐釚編　清康熙二十七年（1688）蛾術齋刻本　四冊

370000 – 1541 – 0010333　823.13/953 = 3

詞苑叢談十二卷　（清）徐釚編　清康熙二十七年（1688）蛾術齋刻寶翰樓印本　四冊

370000 – 1541 – 0010334　823.13/953 = 4

詞苑叢談十二卷　（清）徐釚編　清康熙二十七年（1688）蛾術齋刻本　劉次簫批　五冊

370000 – 1541 – 0010335　823.1372/912

詞韻二卷　（清）仲恒編　（清）王又華補切

（清）仲瑠訂注　清康熙十八年（1679）刻本　一冊

370000 – 1541 – 0010336　823.14/754

宋四家詞選一卷　（清）周濟輯　清同治十二年（1873）吳縣潘氏滂喜齋刻本　一冊

370000 – 1541 – 0010337　823.147/290

曝書亭集詞注七卷　（清）朱彝尊撰　（清）李富孫注　清嘉慶十九年（1814）嘉興李富孫校經廎刻道光九年（1829）補刻本　四冊

370000 – 1541 – 0010338　823.147/290 = 1

曝書亭集詞注七卷　（清）朱彝尊撰　（清）李富孫注　清嘉慶十九年（1814）嘉興李富孫校經廎刻道光九年（1829）補刻本　四冊

370000 – 1541 – 0010339　823.18/384

皇朝詞林典故六十四卷　（清）陳希曾等纂　清光緒十三年（1887）刻本　三十四冊

370000 – 1541 – 0010340　823.18/440

蓮子居詞話四卷　（清）吳衡照輯　清道光十八年（1838）錢塘汪氏振綺堂刻本　一冊

370000 – 1541 – 0010341　823.18/526

芬陀利室詞話三卷　（清）蔣敦復撰　清光緒十一年（1885）王氏㲋園刻本　三冊

370000 – 1541 – 0010342　823.1852/311

詞源二卷　（宋）張炎撰　清光緒八年（1882）娛園刻本　一冊

370000 – 1541 – 0010343　823.187/292

左庵詞話一卷　（清）李佳繼昌撰　清末刻本　一冊

370000 – 1541 – 0010344　823.187/440

蓮子居詞話四卷　（清）吳衡照輯　清道光十二年（1832）錢塘汪氏振綺堂刻本　二冊

370000 – 1541 – 0010345　823.187/440 = 1

蓮子居詞話四卷　（清）吳衡照輯　清道光十二年（1832）錢塘汪氏振綺堂刻本　二冊

370000 – 1541 – 0010346　823.187/440 = 2

蓮子居詞話四卷　（清）吳衡照輯　清道光十二年（1832）錢塘汪氏振綺堂刻本　二冊

370000 - 1541 - 0010347　823.187/465 = 2

小三吾亭詞話五卷　冒廣生撰　清末集成圖書公司鉛印晨風閣叢書甲集本　二冊　存四卷(一至四)

370000 - 1541 - 0010348　823.187/953 = 1

詞苑叢談十二卷　(清)徐釚編　清道光二十七年(1847)番禺潘氏刻海山仙館叢書本　四冊

370000 - 1541 - 0010349　823.187/953 = 2

詞苑叢談十二卷　(清)徐釚編　清道光二十七年(1847)番禺潘氏刻海山仙館叢書本　五冊

370000 - 1541 - 0010350　823.187/953 = 4

詞苑叢談十二卷　(清)徐釚編　清道光二十七年(1847)番禺潘氏刻海山仙館叢書本　四冊

370000 - 1541 - 0010351　823.2/290

笠翁偶集六卷　(清)李漁撰　清康熙九年(1670)芥子園刻本　八冊

370000 - 1541 - 0010352　823.2/504

納書楹曲譜正集四卷續集四卷外集二卷補遺四卷四夢全譜八卷　(清)葉堂訂譜　清乾隆五十七年至五十九年(1792 - 1794)納書楹刻本　二十二冊

370000 - 1541 - 0010353　823.2/504 = 1

納書楹曲譜正集四卷續集四卷外集二卷補遺四卷四夢全譜八卷　(清)葉堂訂譜　清乾隆五十七年至五十九年(1792 - 1794)納書楹刻本　十四冊

370000 - 1541 - 0010354　823.2/504 = 2

納書楹曲譜正集四卷續集四卷外集二卷補遺四卷四夢全譜八卷　(清)葉堂訂譜　清乾隆五十七年至五十九年(1792 - 1794)納書楹刻本　二十二冊

370000 - 1541 - 0010355　823.2/504 = 3

納書楹補遺曲譜四卷　(清)葉堂訂譜　清乾隆五十九年(1794)納書楹刻本　四冊

370000 - 1541 - 0010356　823.2/732

曲話五卷　(清)梁廷柟撰　清道光十年(1830)刻藤花亭十種本　一冊

370000 - 1541 - 0010357　823.2/927

雅趣藏書不分卷　(清)錢書撰　清康熙四十二年(1703)刻朱墨套印本　一冊　存四十五葉(十六至六十)

370000 - 1541 - 0010358　823.2/938 = 2

新編錄鬼簿二卷　(元)鍾嗣成撰　清康熙四十五年(1706)揚州詩局刻棟亭藏書十二種本　一冊

370000 - 1541 - 0010359　823.216/787

嘯餘譜十一卷　(明)程明善輯　清康熙六十一年(1722)刻本　十八冊

370000 - 1541 - 0010360　823.217/285 = 2

一笠庵北詞廣正譜十八卷　(明)徐于室撰　(清)李玉更定　清康熙青蓮書屋刻本　六冊

370000 - 1541 - 0010361　823.2874/712

樂府標源二卷　(清)汪汲撰　清乾隆至嘉慶刻古愚老人消夏錄本　一冊　存一卷(上)

370000 - 1541 - 0010362　824/151

燕臺鴻爪集一卷　(清)粟海庵居士撰　清道光刻本　一冊

370000 - 1541 - 0010363　824/151 = 1

燕臺鴻爪集一卷　(清)粟海庵居士撰　清道光刻本　一冊

370000 - 1541 - 0010364　824/306

金臺殘淚記三卷　(清)華胥大夫撰　清道光八年(1828)刻本　一冊

370000 - 1541 - 0010365　824/306 = 1

金臺殘淚記三卷　(清)華胥大夫撰　清道光八年(1828)刻本　一冊

370000 - 1541 - 0010366　824/436

燕蘭小譜五卷　(清)吳長元撰　清宣統三年(1911)長沙葉氏刻本　一冊

370000 - 1541 - 0010367　824/436 = 1

燕蘭小譜五卷　(清)吳長元撰　海鷗小譜一

卷　（清）趙執信撰　清光緒三十一年(1905)
刻本　二冊

370000 – 1541 – 0010368　825/112
格致書院課藝三卷　（清）格致書院編　清光
緒十二年至二十年(1886－1894)彀園鉛印本
十五冊

370000 – 1541 – 0010369　825/117
文章練要十卷　（清）王源評訂　清乾隆九年
(1744)居業堂刻本　六冊

370000 – 1541 – 0010370　825/119
文章釋一卷　（清）王兆芳撰　清光緒二十九
年(1903)刻本　一冊

370000 – 1541 – 0010371　825/377
文則二卷　（宋）陳騤撰　清嘉慶二十二年
(1817)臨海宋氏刻台州叢書本　一冊

370000 – 1541 – 0010372　825/377 = 1
文則二卷　（宋）陳騤撰　清嘉慶二十二年
(1817)臨海宋氏刻台州叢書本　一冊

370000 – 1541 – 0010373　825/382 = 1
全唐文紀事一百二十二卷首一卷　（清）陳鴻
墀纂　清同治十二年(1873)刻本　二十四冊

370000 – 1541 – 0010374　825/478
西圃文說三卷　（清）田同之撰　清康熙至乾
隆田氏刻德州田氏叢書本　一冊

370000 – 1541 – 0010375　825.9/183 = 2
宋四六話二十卷　（清）彭元瑞撰　清道光至
咸豐刻海山仙館叢書本　四冊

370000 – 1541 – 0010376　825.9/183 = 3
官台公手書宋四六話不分卷　（清）彭元瑞撰
清稿本　二冊

370000 – 1541 – 0010377　825.9/292
駢體文鈔三十一卷　（清）李兆洛編　清同治
六年(1867)婁江徐氏刻本　孫吳庠跋　十冊

370000 – 1541 – 0010378　825.9/359
四六叢話三十三卷選詩叢話一卷　（清）孫梅
輯　清光緒七年(1881)嶺南許應鑅吳下刻本
十二冊

370000 – 1541 – 0010379　825.9/359 = 1
四六叢話三十三卷選詩叢話一卷　（清）孫梅
輯　清光緒七年(1881)嶺南許應鑅吳下刻本
十冊

370000 – 1541 – 0010380　825.9/359 = 2
四六叢話三十三卷選詩叢話一卷　（清）孫梅
輯　清光緒七年(1881)嶺南許應鑅吳下刻本
十二冊

370000 – 1541 – 0010381　825.9/359 = 3
四六叢話三十三卷選詩叢話一卷　（清）孫梅
輯　清光緒七年(1881)嶺南許應鑅吳下刻本
十二冊

370000 – 1541 – 0010382　825.9/359 = 4
四六叢話三十三卷選詩叢話一卷　（清）孫梅
輯　清光緒七年(1881)嶺南許應鑅吳下刻本
十二冊

370000 – 1541 – 0010383　825.9/394
善卷堂四六十卷　（清）陸繁弨撰　清光緒元
年(1875)漁古山房刻本　八冊

370000 – 1541 – 0010384　826/730
制義叢話二十五卷　（清）梁章鉅撰　清刻本
八冊

370000 – 1541 – 0010385　826/730 = 2
制義叢話二十四卷題名一卷　（清）梁章鉅撰
清刻本　八冊

370000 – 1541 – 0010386　826.526/818
浩然齋雅談三卷　（宋）周密撰　清乾隆武英
殿木活字印武英殿聚珍版書本　一冊

370000 – 1541 – 0010387　826.78/306
瑤華集一卷　（清）張邁輯　清光緒二十八年
(1902)張氏傳是樓木活字印本　一冊

370000 – 1541 – 0010388　827/119
石頭記論贊不分卷　（清）王希廉撰　清同治
十三年(1874)南京刻本　四冊

370000 – 1541 – 0010389　827/119 = 2
石頭記論贊不分卷　（清）王希廉撰　清光緒
二年(1876)上海刻本　六冊

370000－1541－0010390　827/125

紅樓夢廣義二卷　（清）青山山農撰　清光緒
二十八年(1902)味青齋刻本　二冊

370000－1541－0010391　827/311

癡說四種　尊聞閣主(蔡爾康)輯　清光緒三
年(1877)上海申報館鉛印本　二冊

370000－1541－0010392　827/519

夢癡說夢二卷　（清）夢癡學人撰　清光緒十
三年(1887)刻本　二冊

370000－1541－0010393　827/563

紅樓夢後序　（清）蔡保東撰　清光緒六年
(1880)刻本　一冊

370000－1541－0010394　827/756

紅樓夢論贊　（清）徐瀛撰　清道光十六年
(1836)桂林刻本　一冊

370000－1541－0010395　827/853

悟石軒石頭記集評二卷　（清）解盦居士撰
清光緒十三年(1887)毘陵精舍刻本　一冊

370000－1541－0010396　828.18/859

玉臺新詠考異十卷　（清）紀容舒撰　清光緒
五年(1879)定州王氏謙德堂刻畿輔叢書本
二冊

370000－1541－0010397　828.287/946

樂府傳聲　（清）徐大椿撰　清乾隆九年
(1744)洄溪草堂刻本　一冊

370000－1541－0010398　828.287/946＝2

樂府傳聲　（清）徐大椿撰　清乾隆九年
(1744)洄溪草堂刻本　一冊

370000－1541－0010399　830/117

湖海文傳七十五卷　（清）王昶輯　清道光十
七年(1837)經訓堂刻本　十六冊

370000－1541－0010400　830/235

西山先生真文忠公文章正宗二十六卷　（宋）
真德秀輯　（明）唐順之批點　明歸仁齋刻本
十冊

370000－1541－0010401　830/254

古文析義六卷二編八卷　（清）林雲銘評注

清經元堂刻本　十四冊

370000－1541－0010402　830/254＝1

古文析義六卷二編八卷　（清）林雲銘評注
清經元堂刻本　十四冊

370000－1541－0010403　830/254＝2

古文析義六卷二編八卷　（清）林雲銘評注
清光緒金閶小酉山房刻本　十四冊

370000－1541－0010404　830/254＝3

古文析義十六卷　（清）林雲銘評注　清光緒
二十七年(1901)聯墨堂刻本　十六冊

370000－1541－0010405　830/279

古文詞略二十四卷　（清）梅曾亮編　清光緒
三十四年(1908)學部圖書局鉛印本　五冊

370000－1541－0010406　830/279＝2

古文詞略讀本二十四卷　（清）梅曾亮編　清
光緒三十一年(1905)北京宏道學舍鉛印本
四冊

370000－1541－0010407　830/288

文苑英華一千卷　（宋）李昉等輯　明隆慶元
年(1567)胡維新、戚繼光刻本　一百二十冊

370000－1541－0010408　830/288＝1

文苑英華一千卷　（宋）李昉等輯　明隆慶元
年(1567)胡維新、戚繼光刻本　一百四十四
冊

370000－1541－0010409　830/288＝2

文苑英華辨證十卷　（宋）彭叔夏撰　清乾隆
武英殿木活字印武英殿聚珍版書本　一冊

370000－1541－0010410　830/311

漢魏六朝一百三家集　（明）張溥輯　明崇禎
婁東張溥刻本　六十冊

370000－1541－0010411　830/311＝1

漢魏六朝一百三家集　（明）張溥輯　明崇禎
婁東張溥刻本　二冊　存三種三卷(漢蘭臺
令李伯仁集一卷、東漢馬季長集一卷、王寧朔
集一卷)

370000－1541－0010412　830/311＝2

漢魏六朝百三名家集　（明）張溥輯　清光緒

三年(1877)滇南唐氏壽考堂刻本　六十二冊

370000－1541－0010413　830/311＝3

漢魏六朝百三名家集　（明）張溥輯　清光緒十八年(1892)長沙謝氏翰墨山房刻本　九十九冊　缺一卷(梁簡文帝集二)

370000－1541－0010414　830/311＝4

漢魏六朝百三名家集　（明）張溥輯　清光緒十八年(1892)長沙謝氏翰墨山房刻本　一百冊

370000－1541－0010415　830/311＝5

梁三帝集四卷　（明）張溥輯　明崇禎婁東張溥刻本　四冊

370000－1541－0010416　830/313

正誼堂全書　（清）張伯行輯　（清）楊濬重輯　清同治五年(1866)福州正誼書局刻本　一百六十冊

370000－1541－0010417　830/313＝1

正誼堂全書　（清）張伯行輯　（清）楊濬重輯　清同治五年(1866)福州正誼書局刻本　八十八冊

370000－1541－0010418　830/313＝2

古文載道編十八卷　（清）張伯行選評　清康熙正誼堂刻本　十冊

370000－1541－0010419　830/313＝3

正誼堂文集四十卷　（清）張伯行撰　清光緒二年(1876)儀封揚烈堂刻本　二十冊

370000－1541－0010420　830/324

斯文精萃不分卷　（清）尹繼善編　清同治七年(1868)長沙刻本　九冊

370000－1541－0010421　830/362

續古文苑二十卷　（清）孫星衍撰　清光緒十一年(1885)朱氏槐廬家塾刻平津館叢書本　五冊

370000－1541－0010422　830/362＝1

續古文苑二十卷　（清）孫星衍輯　清嘉慶十二年(1807)刻本　六冊

370000－1541－0010423　830/364

古文苑九卷　（唐）□□編　清嘉慶十四年(1809)蘭陵孫氏刻本　四冊

370000－1541－0010424　830/364＝1

古文苑九卷　（唐）□□編　清嘉慶十四年(1809)蘭陵孫氏刻本　四冊

370000－1541－0010425　830/364＝2

古文苑九卷　（唐）□□編　清嘉慶十四年(1809)蘭陵孫氏刻本　六冊

370000－1541－0010426　830/371

文選集腋六卷　（清）胥斌輯　清嘉慶二十一年(1816)聚錦書屋刻本　四冊

370000－1541－0010427　830/379

昭代經濟言十四卷　（明）陳子壯撰　清道光三十年(1850)南海伍氏粵雅堂刻嶺南遺書本　六冊

370000－1541－0010428　830/379＝1

昭代經濟言十四卷　（明）陳子壯撰　清道光三十年(1850)南海伍氏粵雅堂刻嶺南遺書本　六冊

370000－1541－0010429　830/384

文選補遺四十卷　（元）陳仁子編　清道光二十五年(1845)琅嬛館刻本　十二冊

370000－1541－0010430　830/384＝1

文選補遺四十卷　（元）陳仁子編　清道光二十五年(1845)琅嬛館刻本　八冊　存十七卷(一至十七)

370000－1541－0010431　830/384＝2

文選補遺四十卷　（元）陳仁子編　清乾隆二年(1737)陳文煜刻本　十六冊

370000－1541－0010432　830/438

文章辨體五十卷外集五卷總論一卷　（明）吳訥輯　明嘉靖三十四年(1555)刻本　三冊　存五卷(外集五卷)

370000－1541－0010433　830/438＝1

文章辨體五十卷外集五卷總論一卷　（明）吳訥輯　明嘉靖三十四年(1555)刻本　三冊　存五卷(外集五卷)

370000－1541－0010434　830/440

涵芬樓古今文鈔簡編四十卷首一卷　吳曾祺編　清宣統二年(1910)上海商務印書館鉛印本　四十一冊

370000－1541－0010435　830/440＝1

古文觀止十二卷　(清)吳乘權輯　清康熙三十四年(1695)刻本　六冊

370000－1541－0010436　830/458

孫月峰先生評文選三十卷　(南朝梁)蕭統輯　(明)孫鑛評　(明)閔齊華注　明天啓二年(1622)烏程閔氏刻本　十六冊

370000－1541－0010437　830/502

筆記詩文雜鈔不分卷　(清)□□輯　清抄本　一冊

370000－1541－0010438　830/504

石林遺書十三種　(宋)葉夢得撰　清宣統三年(1911)長沙葉氏觀古堂刻本　十三冊　缺一種(石林遺事)

370000－1541－0010439　830/513

文選十二卷　(南朝梁)蕭統輯　(明)張鳳翼纂注　明萬曆刻本　十二冊

370000－1541－0010440　830/513＝1

文選十二卷　(南朝梁)蕭統輯　(明)張鳳翼纂注　明萬曆刻本　十二冊

370000－1541－0010441　830/513＝2

文選十二卷　(南朝梁)蕭統輯　(明)張鳳翼纂注　明萬曆二十九年(1601)三衢舒氏四泉刻本　十二冊

370000－1541－0010442　830/513＝3

文選十二卷　(南朝梁)蕭統輯　(明)張鳳翼纂注　明萬曆十年(1582)書林余碧泉刻本　六冊

370000－1541－0010443　830/513＝4

梁昭明文選十二卷　(南朝梁)蕭統輯　(明)張鳳翼纂注　明萬曆四十二年(1614)武進惲紹龍刻本　十二冊

370000－1541－0010444　830/513＝6

文選六十卷　(南朝梁)蕭統輯　(唐)李善注　清乾隆十六年(1751)文盛堂刻本　十五冊

370000－1541－0010445　830/513＝9

六臣註文選六十卷　(南朝梁)蕭統輯　(唐)李善　(唐)呂延濟等註　明萬曆二年(1574)崔孔昕刻本　六十冊

370000－1541－0010446　830/513＝10

文選六十卷　(南朝梁)蕭統輯　(唐)李善注　明嘉靖元年(1522)金臺汪諒刻本　馮雄跋　三十二冊

370000－1541－0010447　830/513＝12

六家文選六十卷　(南朝梁)蕭統輯　(唐)李善等注　明丁覲刻本　三十二冊

370000－1541－0010448　830/513＝15

文選六十卷　(南朝梁)蕭統輯　(唐)李善注　明成化二十三年(1487)唐藩朱芝址刻本　二十冊

370000－1541－0010449　830/513＝16

新刊文選考注前集十五卷後集十四卷　(南朝梁)蕭統輯　(唐)李善等考注　清康熙二十七年(1688)贈言堂刻本　二十一冊

370000－1541－0010450　830/513＝19

文選六十卷　(南朝梁)蕭統輯　(唐)李善注　**文選考異十卷**　(清)胡克家撰　清嘉慶十四年(1809)鄱陽胡氏刻本　二十四冊

370000－1541－0010451　830/513＝20

昭明文選集成六十卷首二卷　(南朝梁)蕭統輯　(清)方廷珪評點　清乾隆三十二年(1767)傚范軒刻本　二十四冊

370000－1541－0010452　830/513＝21

增訂昭明文選集成詳注六十卷首一卷　(南朝梁)蕭統輯　(清)方廷珪評點　(清)陳雲程補訂　(清)于光華輯評　清乾隆四十八年(1783)吳氏龍江書屋刻本　三十冊

370000－1541－0010453　830/513＝27

文選六十卷　(南朝梁)蕭統輯　(唐)李善注　**文選考異十卷**　(清)胡克家撰　清光緒六

年(1880)四明林氏刻本　二十四冊

370000－1541－0010454　830/513＝28
文選六十卷　（南朝梁）蕭統輯　（唐）李善注
　文選考異十卷　（清）胡克家撰　清光緒六
年(1880)四明林氏刻本　二十四冊

370000－1541－0010455　830/513＝29
文選十二卷　（南朝梁）蕭統輯　（唐）李善注
　明末虞山毛氏汲古閣刻本　十二冊

370000－1541－0010456　830/513＝30
文選六十卷　（南朝梁）蕭統輯　（唐）李善注
　清乾隆三十七年(1772)長洲葉氏海錄軒刻
朱墨套印本　十六冊

370000－1541－0010457　830/513＝31
文選六十卷　（南朝梁）蕭統輯　（唐）李善注
　清乾隆三十七年(1772)長洲葉氏海錄軒刻
朱墨套印本　十六冊

370000－1541－0010458　830/513＝32
文選六十卷　（南朝梁）蕭統輯　（唐）李善注
　清乾隆三十七年(1772)長洲葉氏海錄軒刻
朱墨套印本　十二冊

370000－1541－0010459　830/513＝33
文選六十卷　（南朝梁）蕭統輯　（唐）李善注
　清乾隆三十七年(1772)長洲葉氏海錄軒刻
朱墨套印本　十三冊

370000－1541－0010460　830/513＝34
文選六十卷　（南朝梁）蕭統輯　（唐）李善注
　清乾隆三十七年(1772)長洲葉氏海錄軒刻
朱墨套印本　三十二冊

370000－1541－0010461　830/513＝35
文選六十卷　（南朝梁）蕭統輯　（唐）李善注
　清善化經濟堂刻本　十六冊

370000－1541－0010462　830/513＝36
梁昭明太子文選不分卷　（南朝梁）蕭統輯
（清）□□選　清宣統三年(1911)抄本　七冊

370000－1541－0010463　830/513＝40
文選六十卷　（南朝梁）蕭統輯　（唐）李善注
　文選考異十卷　（清）胡克家撰　清嘉慶十

四年(1809)鄱陽胡氏刻本　二十四冊

370000－1541－0010464　830/513＝41
文選六十卷　（南朝梁）蕭統輯　（唐）李善注
　文選考異十卷　（清）胡克家撰　清嘉慶十
四年(1809)鄱陽胡氏刻本　二十四冊

370000－1541－0010465　830/513＝43
文選六十卷　（南朝梁）蕭統輯　（唐）李善注
　文選考異十卷　（清）胡克家撰　清同治八
年(1869)潯陽萬氏刻本　二十四冊

370000－1541－0010466　830/513＝44
文選六十卷　（南朝梁）蕭統輯　（唐）李善注
　文選考異十卷　（清）胡克家撰　清同治八
年(1869)潯陽萬氏刻本　二十四冊

370000－1541－0010467　830/513＝45
文選六十卷　（南朝梁）蕭統輯　（唐）李善注
　文選考異十卷　（清）胡克家撰　清同治八
年(1869)潯陽萬氏刻本　二十四冊

370000－1541－0010468　830/513＝46
文選六十卷　（南朝梁）蕭統輯　（唐）李善注
　清同治八年(1869)湖北崇文書局刻本　十
二冊　存二十五卷(三十六至六十)

370000－1541－0010469　830/513＝47
文選六十卷　（南朝梁）蕭統輯　（唐）李善注
　清同治八年(1869)湖北崇文書局刻本　二
十冊

370000－1541－0010470　830/513＝48
文選六十卷　（南朝梁）蕭統輯　（唐）李善注
　清同治八年(1869)湖北崇文書局刻本　十
二冊　存三十五卷(一至三十五)

370000－1541－0010471　830/513＝49
文選六十卷　（南朝梁）蕭統輯　（唐）李善注
　清同治八年(1869)金陵書局刻本　佚名批
十冊

370000－1541－0010472　830/513＝50
文選六十卷　（南朝梁）蕭統輯　（唐）李善注
　清同治八年(1869)金陵書局刻本　十冊

370000－1541－0010473　830/513＝51

文選六十卷　（南朝梁）蕭統輯　（唐）李善注
清同治八年(1869)金陵書局刻本　十冊

370000－1541－0010474　830/513＝52

文選六十卷　（南朝梁）蕭統輯　（唐）李善注
清同治八年(1869)金陵書局刻本　十冊

370000－1541－0010475　830/513＝53

文選六十卷　（南朝梁）蕭統輯　（唐）李善注
清乾隆十六年(1751)文盛堂刻本　十二冊

370000－1541－0010476　830/513＝56

文選六十卷　（南朝梁）蕭統輯　（唐）李善注
清宣統三年(1911)上海會文堂粹記石印本
八冊　存三十三卷(一至三十三)

370000－1541－0010477　830/513＝61

文選考異十卷　（清）胡克家撰　清同治八年
(1869)湖北崇文書局刻本　四冊

370000－1541－0010478　830/513＝62

文選考異十卷　（清）胡克家撰　清同治八年
(1869)湖北崇文書局刻本　六冊

370000－1541－0010479　830/513＝66

文選理學權輿八卷　（清）汪師韓撰　**文選理
學權輿補一卷文選考異四卷文選李注補正四
卷**　（清）孫志祖撰　清光緒十五年(1889)番
禺陶敦刻本　八冊

370000－1541－0010480　830/513＝67

文選理學權輿八卷　（清）汪師韓撰　**文選理
學權輿補一卷文選考異四卷文選李注補正四
卷**　（清）孫志祖撰　清光緒十五年(1889)番
禺陶敦刻本　八冊

370000－1541－0010481　830/513＝68

文選理學權輿八卷　（清）汪師韓撰　**文選理
學權輿補一卷文選考異四卷文選李注補正四
卷**　（清）孫志祖撰　清光緒十五年(1889)番
禺陶敦刻本　八冊

370000－1541－0010482　830/513＝69

文選理學權輿八卷　（清）汪師韓撰　**文選理
學權輿補一卷文選考異四卷文選李注補正四
卷**　（清）孫志祖撰　清光緒十五年(1889)番
禺陶敦刻本　八冊

370000－1541－0010483　830/513＝70

文選理學權輿八卷　（清）汪師韓撰　**文選理
學權輿補一卷文選考異四卷文選李注補正四
卷**　（清）孫志祖撰　清光緒十五年(1889)番
禺陶敦刻本　八冊

370000－1541－0010484　830/513＝71

文選音義八卷　（清）余蕭客撰　（清）金旦評
（清）朱燦華參定　清乾隆二十三年(1758)
靜勝堂刻本　二冊

370000－1541－0010485　830/513＝72

文選音義八卷　（清）余蕭客撰　（清）金旦評
（清）朱燦華參定　清乾隆二十三年(1758)
靜勝堂刻本　三冊

370000－1541－0010486　830/513＝73

文選旁證四十六卷　（清）梁章鉅撰　清道光
十四年(1834)刻本　十二冊

370000－1541－0010487　830/513＝74

文選旁證四十六卷　（清）梁章鉅撰　清道光
十四年(1834)刻本　十二冊

370000－1541－0010488　830/513＝75

文選旁證四十六卷　（清）梁章鉅撰　清光緒
八年(1882)吳下刻本　十二冊

370000－1541－0010489　830/513＝76

文選集釋二十四卷　（清）朱珔撰　清光緒元
年(1875)涇川朱氏梅村家塾刻本　十二冊

370000－1541－0010490　830/513＝77

文選補遺四十卷　（元）陳仁子輯　清道光二
十五年(1845)琅嬛館刻本　十一冊

370000－1541－0010491　830/513＝78

文選章句二十八卷　（明）陳與郊撰　明萬曆
二十五年(1597)刻清康熙十四年(1675)陳之
問修補本　十六冊

370000－1541－0010492　830/513＝83

重訂文選集評十五卷首一卷　（清）于光華編
清乾隆四十三年(1778)漁古山房刻本　十
六冊

370000－1541－0010493　830/513＝84

重訂文選集評十五卷首一卷末一卷　（清）于光華編　清乾隆四十六年(1781)晉陵世壽堂刻本　八冊

370000－1541－0010494　830/513＝85

重訂文選集評十五卷首一卷末一卷　（清）于光華編　清乾隆四十六年(1781)晉陵世壽堂刻本　十六冊

370000－1541－0010495　830/513＝86

重訂文選集評十五卷首一卷　（清）于光華編　清光緒十九年(1893)濟南文德堂刻本　十六冊

370000－1541－0010496　830/516

唐宋八大家文鈔八種一百四十四卷　（明）茅坤編　明萬曆七年(1579)茅一桂刻本　二十六冊　存六種一百二十二卷（唐大家韓文公文鈔十六卷、宋大家歐陽文忠公文鈔三十二卷、宋大家蘇文忠公文鈔二十八卷、宋大家蘇文定公文鈔二十卷、宋大家王文公文鈔十六卷、宋大家曾文定公文鈔十卷）

370000－1541－0010497　830/516＝1

唐大家韓文公文鈔十六卷　（唐）韓愈撰　（明）茅坤批評　明萬曆七年(1579)刻唐宋八大家文鈔本　八冊

370000－1541－0010498　830/516＝2

唐宋八大家文鈔八種一百六十六卷　（明）茅坤編　明崇禎四年(1631)歸安茅著刻本　十四冊　存三種四十六卷（宋大家蘇文定公文鈔二十卷、宋大家王文公文鈔十六卷、宋大家曾文定公文鈔十卷）

370000－1541－0010499　830/602

雜鈔一卷　（清）□□輯　清稿本　一冊

370000－1541－0010500　830/603

四忠遺集二十卷首一卷附錄一卷　（清）□□編　清光緒二十三年(1897)湘南書局刻本　十六冊

370000－1541－0010501　830/606

六朝文絜四卷　（清）許槤編　清光緒五年(1879)刻本　佚名批　一冊

370000－1541－0010502　830/609

文館詞林一千卷　（唐）許敬宗等輯　清光緒十年(1884)遵義黎氏日本東京使署刻古逸叢書本（原存卷一百五十六至一百五十八、三百四十七、四百五十二至四百五十三、四百五十七、四百五十九、六百六十五至六百六十七、六百七十、六百九十一、六百九十九）　五冊

370000－1541－0010503　830/627

蕉軒隨錄十二卷續錄二卷　（清）方濬師撰　清同治十一年(1872)退一步齋刻本　十四冊

370000－1541－0010504　830/627＝1

增訂昭明文選集成詳注六十卷首一卷　（南朝梁）蕭統輯　（清）方廷珪評點　（清）陳雲程補訂　（清）于光華輯評　清乾隆四十八年(1783)吳氏龍江書屋刻本　二十冊

370000－1541－0010505　830/667

古文翼八卷　（清）唐德宜纂　清光緒十九年(1893)湖南經國書局刻本　八冊

370000－1541－0010506　830/695

吳風二卷　（清）宋犖選評　清康熙三十三年(1694)刻本　二冊

370000－1541－0010507　830/700

文苑英華選六十卷　（清）宮夢仁選　清康熙四十三年(1704)刻本　二十四冊

370000－1541－0010508　830/730

文選旁證四十六卷　（清）梁章鉅撰　清光緒八年(1882)吳下刻本　十二冊

370000－1541－0010509　830/754

乾坤正氣集五百七十四卷首一卷　（清）潘錫恩輯　清道光二十八年(1848)涇縣潘氏袁江節署刻同治五年(1866)吳坤重修本　二百冊

370000－1541－0010510　830/781＝2

詩詞雜俎十二種二十五卷　（明）毛晉編　明天啓至崇禎海虞毛氏汲古閣刻本　一冊　存四種（河汾諸老詩集、漱玉詞、斷腸詞、女紅餘志）

370000－1541－0010511　830/813

宮閨文選二十六卷　（清）周壽昌輯　清光緒十二年（1886）廣州嶺南集成書局石印本　二冊

370000－1541－0010512　830/813＝2

歷代宮閨文選二十六卷　（清）周壽昌輯　清宣統三年（1911）上海群學社鉛印本　六冊

370000－1541－0010513　830/818

賴古堂文選二十卷　（清）周亮工編　清康熙六年（1667）賴古堂刻本　八冊

370000－1541－0010514　830/832＝1

文字會寶不分卷　（明）朱文治輯　明萬曆三十六年（1608）錢塘朱氏刻本　六冊

370000－1541－0010515　830/832＝2

文字會寶不分卷　（明）朱文治輯　明萬曆三十六年（1608）錢塘朱氏刻本　十冊

370000－1541－0010516　830/885

刪補古今文致十卷　（明）劉士鏻輯　明天啓三年（1623）刻本　二十冊

370000－1541－0010517　830/892＝1

廣文選六十卷　（明）劉節輯　（明）陳蕙增刪　明嘉靖十六年（1537）陳氏刻本　十八冊

370000－1541－0010518　830/892＝2

廣文選刪十四卷　（明）張溥刪評　明崇禎吳門段君定刻本　十一冊

370000－1541－0010519　830/946

古文淵鑒六十四卷　（清）徐乾學等編注　清同治十二年（1873）浙江書局刻本　三十二冊

370000－1541－0010520　830/953

文體明辯六十一卷首一卷目錄六卷附錄十四卷附錄目錄二卷　（明）徐師曾輯　明萬曆十九年（1591）壽檜堂刻本　四十冊

370000－1541－0010521　830/982

經史百家雜鈔二十六卷　（清）曾國藩編　清光緒二年（1876）傳忠書局刻本　八冊　存八卷（十九至二十六）

370000－1541－0010522　830/988

古文釋義新編八卷　（清）余誠評注　清光緒十年（1884）德盛堂刻本　八冊

370000－1541－0010523　830/988＝1

古文釋義新編八卷　（清）余誠評注　清光緒十年（1884）德盛堂刻本　八冊

370000－1541－0010524　830.2/158

漢魏六朝名家集初刻一百七十卷　丁福保輯　清宣統三年（1911）上海文明書局鉛印本　三十冊

370000－1541－0010525　830.2/158＝1

漢魏六朝名家集初刻一百七十卷　丁福保輯　清宣統三年（1911）上海文明書局鉛印本　十九冊　缺十三種六十七卷（阮嗣宗集四卷、嵇叔夜集七卷、左太沖集一卷、潘安仁集五卷、陸士衡集十卷、陸士龍集十卷、陶淵明集八卷、謝康樂集五卷、謝法曹集二卷、謝希逸集三卷、鮑明遠集三卷、顏延年集四卷、謝宣城集五卷）

370000－1541－0010526　830.3/221

六朝四家全集十八卷　（清）胡鳳丹編　清同治九年（1870）胡氏退補齋刻本　六冊　缺一種四卷（庚開府集四卷）

370000－1541－0010527　830.353/513

文選六十卷　（南朝梁）蕭統輯　（唐）李善注　（清）何焯評　清光緒羊城翰墨園刻朱墨套印本　十六冊

370000－1541－0010528　830.4/377

陳太僕批選八家文鈔　（清）陳兆崙批選　清宣統二年（1910）上海石竹山房石印本　六冊

370000－1541－0010529　830.4/377＝1

陳太僕批選八家文鈔　（清）陳兆崙批選　清光緒二十六年（1900）天津文美齋石印本　六冊

370000－1541－0010530　830.4/667

唐四家詩集四種二十八卷　清光緒十年（1884）上海同文書局石印本　八冊

370000－1541－0010531　830.41/102

唐人三家集二十八卷 （清）秦恩復編 清嘉慶二十一年至道光十年(1816－1830)江都秦氏石研齋刻本 六冊

370000－1541－0010532 830.41/102＝1

唐人三家集二十八卷 （清）秦恩復編 清嘉慶二十一年至道光十年(1816－1830)江都秦氏石研齋刻本 四冊

370000－1541－0010533 830.41/161

初唐四傑集三十七卷 （清）項家達輯 清乾隆四十六年(1781)項氏刻本 十冊

370000－1541－0010534 830.41/281＝2

河東先生集四十五卷外集二卷龍城錄二卷附錄二卷集傳一卷 （唐）柳宗元撰 （唐）劉禹錫編 明嘉靖東吳郭雲鵬濟美堂刻本 二十二冊 存四十六卷(河東先生集四十五卷、集傳一卷)

370000－1541－0010535 830.41/719

唐人五十家小集 （清）江標輯 清光緒二十一年(1895)元和江氏靈鶼閣刻本 十六冊

370000－1541－0010536 830.41/719＝1

唐人五十家小集 （清）江標輯 清光緒二十一年(1895)元和江氏靈鶼閣刻本 十六冊

370000－1541－0010537 830.41/719＝2

唐人五十家小集 （清）江標輯 清光緒二十一年(1895)元和江氏靈鶼閣刻本 十六冊

370000－1541－0010538 830.41/994

唐文粹一百卷 （宋）姚鉉輯 明嘉靖三年(1524)蘇州徐焴萬竹山房刻本 十六冊

370000－1541－0010539 830.41/994＝1

唐文粹一百卷 （宋）姚鉉輯 明嘉靖八年(1529)晉府養德書院刻本 二十冊

370000－1541－0010540 830.41/994＝2

唐文粹一百卷 （宋）姚鉉輯 清光緒十六年(1890)杭州刻本 二十冊

370000－1541－0010541 830.41/994＝3

唐文粹一百卷 （宋）姚鉉輯 清光緒九年(1883)江蘇書局刻本 八冊 存四十卷(一

至四十)

370000－1541－0010542 830.41/994＝4

唐文粹一百卷 （宋）姚鉉輯 清光緒九年(1883)江蘇書局刻本 十六冊

370000－1541－0010543 830.415/613

李杜全集四十七卷 （明）許自昌編 明萬曆三十年(1602)許自昌刻本 二十冊

370000－1541－0010544 830.5/444

宋文鑑一百五十卷目錄三卷 （宋）呂祖謙輯 清光緒十二年(1886)江蘇書局刻本 二十三冊

370000－1541－0010545 830.5/444＝1

宋文鑑一百五十卷目錄三卷 （宋）呂祖謙輯 清光緒十二年(1886)江蘇書局刻本 二十四冊

370000－1541－0010546 830.5/444＝2

宋文鑑一百五十卷目錄三卷 （宋）呂祖謙輯 清光緒十二年(1886)江蘇書局刻本 二十四冊

370000－1541－0010547 830.5/444＝3

宋文鑑一百五十卷目錄三卷 （宋）呂祖謙輯 清光緒十二年(1886)江蘇書局刻本 二十四冊

370000－1541－0010548 830.51/627

三宋人集四十五卷 （清）方功惠輯 清光緒七年(1881)巴陵方氏碧琳瑯館刻本 八冊

370000－1541－0010549 830.52/525

南宋文範七十卷 （清）莊仲方輯 清光緒十四年(1888)江蘇書局刻本 十六冊

370000－1541－0010550 830.56/525

金文雅十六卷 （清）莊仲方輯 清光緒十七年(1891)江蘇書局刻本 一冊

370000－1541－0010551 830.56/525＝1

金文雅十六卷 （清）莊仲方輯 清光緒十七年(1891)江蘇書局刻本 四冊

370000－1541－0010552 830.57/554

元文類七十卷 （元）蘇天爵輯 清光緒二十

七年(1901)江蘇書局刻本　十冊

370000－1541－0010553　830.57/554＝1

元文類七十卷　（元）蘇天爵輯　清光緒二十七年(1901)江蘇書局刻本　十冊

370000－1541－0010554　830.57/885

三賢文集十二卷首一卷　（清）張斐然　（清）楊莑編　清康熙十八年(1679)刻本　十二冊

370000－1541－0010555　830.6/285

鐫李卓吾合選皇明三異人集二十二卷　（明）俞允諧編　（明）李贄評　明末刻本　十冊

370000－1541－0010556　830.6/504

疏香閣附集一卷窈聞一卷續窈聞一卷　（明）葉紹袁編　清光緒二十二年(1896)葉氏秋夢盦刻本　一冊

370000－1541－0010557　830.6/522

徐州二遺民集十卷　馮煦輯　清光緒十九年(1893)臨川桂氏刻本　六冊

370000－1541－0010558　830.6/566

明文在一百卷　（清）薛熙編　清光緒十五年(1889)江蘇書局刻本　十冊

370000－1541－0010559　830.6/566＝1

明文在一百卷　（清）薛熙編　清光緒十五年(1889)江蘇書局刻本　十冊

370000－1541－0010560　830.6/566＝2

明文在一百卷　（清）薛熙編　清光緒十五年(1889)江蘇書局刻本　十冊

370000－1541－0010561　830.68/438

貴池二妙集五十一卷　劉世珩輯　清光緒二十六年(1900)貴池劉氏唐石簃刻貴池先哲遺書本　十二冊

370000－1541－0010562　830.68/438＝1

貴池二妙集五十一卷　劉世珩輯　清光緒二十六年(1900)貴池劉氏唐石簃刻貴池先哲遺書本　十二冊

370000－1541－0010563　830.7/112

正氣集三卷　（清）黃宗羲撰　清刻本　一冊

370000－1541－0010564　830.7/117

湖海文傳七十五卷　（清）王昶輯　清道光十七年(1837)經訓堂刻本　十六冊

370000－1541－0010565　830.7/117＝1

湖海文傳七十五卷　（清）王昶輯　清道光十七年(1837)經訓堂刻本　十六冊

370000－1541－0010566　830.7/144

校經堂初集四卷二集九卷　（清）曹鴻勛（清）陸寶忠輯　清光緒十一年(1885)刻本　六冊

370000－1541－0010567　830.7/144＝1

校經堂初集四卷二集九卷　（清）曹鴻勛（清）陸寶忠輯　清光緒十一年(1885)刻本　六冊

370000－1541－0010568　830.7/144＝2

校經堂初集四卷二集九卷　（清）曹鴻勛（清）陸寶忠輯　清光緒十一年(1885)刻本　一冊　存四卷(校經堂初集四卷)

370000－1541－0010569　830.7/171

中州名賢集十卷附名賢講義一卷　（清）黃舒昺撰　清光緒十九年(1893)中州明道書院刻本　十二冊

370000－1541－0010570　830.7/185

隨園續同人集四卷　（清）袁枚輯　清乾隆五十五年(1790)隨園刻本　三冊

370000－1541－0010571　830.7/362

庚寅讌集三編　（清）孫點編　清光緒十六年(1890)鉛印本　三冊

370000－1541－0010572　830.7/362＝1

庚寅讌集三編　（清）孫點編　清光緒十六年(1890)鉛印本　一冊

370000－1541－0010573　830.7/364

永嘉叢書一百五十七卷　（清）孫衣言輯　清同治至光緒瑞安孫氏詒善祠塾刻本　三十一冊

370000－1541－0010574　830.7/370

普天忠憤集十四卷首一卷　（清）孔廣德編

清光緒二十一年(1895)石印本　十二冊

370000－1541－0010575　830.7/370＝1

普天忠憤集十四卷首一卷　（清）孔廣德編
清光緒二十一年(1895)石印本　十二冊

370000－1541－0010576　830.7/375

詁經精舍文集十四卷　（清）阮元編　清嘉慶
六年(1801)揚州阮氏琅嬛仙館刻本　五冊
存八卷(一至八)

370000－1541－0010577　830.7/375＝1

考工記車制圖解二卷　（清）阮元撰　清乾隆
七錄書館刻本　一冊

370000－1541－0010578　830.7/375＝2

詁經精舍文集十四卷　（清）阮元編　清嘉慶
六年(1801)揚州阮氏琅嬛仙館刻本　六冊
存十一卷(一至十一)

370000－1541－0010579　830.7/375＝3

詁經精舍文集十四卷　（清）阮元編　清嘉慶
六年(1801)揚州阮氏琅嬛仙館刻本　六冊

370000－1541－0010580　830.7/375＝4

詁經精舍文集十四卷　（清）阮元編　清嘉慶
六年(1801)揚州阮氏琅嬛仙館刻本　四冊

370000－1541－0010581　830.7/375＝5

李氏遺書十一種十八卷　（清）李銳撰　清道
光三年(1823)儀徵阮氏刻本　一冊　存二種
四卷(召誥日名考一卷、漢三統術三卷)

370000－1541－0010582　830.7/375＝6

**詁經精舍文續集八卷詁經精舍課藝六集十二
卷**　（清）阮元編　清同治十二年(1873)刻光
緒十一年(1885)續刻六集本　八冊

370000－1541－0010583　830.7/392

切問齋文鈔三十卷　（清）陸燿輯　清同治八
年(1869)金陵錢氏刻本　十冊

370000－1541－0010584　830.7/530

問園遺集一卷　（清）范元亨撰　清光緒十七
年(1891)良鄉縣官廨刻本　三冊

370000－1541－0010585　830.7/530＝1

問園遺集一卷　（清）范元亨撰　清光緒十七
年(1891)良鄉縣官廨刻本　三冊

370000－1541－0010586　830.7/611

二許先生集八卷　（清）許新堂（清）許雨田
撰　清光緒十四年(1888)鉛印本　三冊

370000－1541－0010587　830.7/707

清尊集十六卷　（清）汪遠孫纂　清道光十九
年(1839)錢塘汪氏振綺堂刻本　一冊

370000－1541－0010588　830.7/707＝1

清尊集十六卷　（清）汪遠孫纂　清道光十九
年(1839)錢塘汪氏振綺堂刻本　四冊

370000－1541－0010589　830.7/717

列朝詩文集一千二百六十八卷　（清）□□編
清光緒五年(1879)鉛印本　五百四十二冊

370000－1541－0010590　830.7/717＝1

列朝詩文集一千二百六十八卷　（清）□□編
清光緒五年(1879)鉛印本　五百四十二冊

370000－1541－0010591　830.7/896

嶺南即事雜詠　（清）何惠群等撰　清光緒十
三年(1887)文經堂刻本　一冊

370000－1541－0010592　830.7/940

于湖題襟集　（清）饒松輯　清光緒二十一年
(1895)刻本　四冊

370000－1541－0010593　830.7/959

國朝名人著述叢編十三種　（清）□□輯　清
光緒九年(1883)斐然山房刻本　六冊

370000－1541－0010594　830.72/465

同人集十二卷　（清）冒襄輯　清咸豐九年
(1859)水繪庵刻本　十二冊

370000－1541－0010595　830.72/465＝1

同人集十二卷　（清）冒襄輯　清咸豐九年
(1859)水繪庵刻本　十二冊

370000－1541－0010596　830.72/465＝2

同人集十二卷　（清）冒襄輯　清咸豐九年
(1859)水繪庵刻本　十二冊

370000 – 1541 – 0010597　　830.72/504
陸陳二先生詩文鈔二十八卷　　（清）葉裕仁編
清光緒二年(1876)刻本　　八冊

370000 – 1541 – 0010598　　830.72/700
文苑英華選六十卷　　（清）宮夢仁選　　清康熙
四十三年(1704)思敬堂刻本　　二十四冊

370000 – 1541 – 0010599　　830.76/957
學海堂集十六卷　　（清）阮元輯　　清道光五年
(1825)啟秀山房刻本　　六冊

370000 – 1541 – 0010600　　830.76/957 = 1
學海堂集十六卷　　（清）阮元輯　　清道光五年
(1825)啟秀山房刻本　　八冊

370000 – 1541 – 0010601　　830.76/957 = 2
學海堂二集二十二卷　　（清）吳蘭修輯　　清道
光十八年(1838)啟秀山房刻本　　十四冊

370000 – 1541 – 0010602　　830.76/957 = 3
學海堂二集二十二卷　　（清）吳蘭修輯　　清道
光十八年(1838)啟秀山房刻本　　十冊

370000 – 1541 – 0010603　　830.76/957 = 4
學海堂三集二十四卷　　（清）張維屏輯　　清咸
豐九年(1859)啟秀山房刻本　　八冊

370000 – 1541 – 0010604　　830.76/957 = 5
學海堂三集二十四卷　　（清）張維屏輯　　清咸
豐九年(1859)啟秀山房刻本　　八冊

370000 – 1541 – 0010605　　830.76/957 = 6
學海堂四集二十八卷　　（清）金錫齡輯　　清光
緒十二年(1886)啟秀山房刻本　　十六冊

370000 – 1541 – 0010606　　830.76/957 = 7
學海堂四集二十八卷　　（清）金錫齡輯　　清光
緒十二年(1886)啟秀山房刻本　　十八冊

370000 – 1541 – 0010607　　830.76/957 = 8
學海堂集十六卷　　（清）阮元輯　學海堂二集
二十二卷　　（清）吳蘭修輯　　學海堂三集二十
四卷　　（清）張維屏輯　　清道光五年至咸豐九
年(1825 – 1859)啟秀山房刻本　　二十四冊

370000 – 1541 – 0010608　　830.76/957 = 9
學海堂集十六卷　　（清）阮元輯　學海堂二集
二十二卷　　（清）吳蘭修輯　　學海堂三集二十
四卷　　（清）張維屏輯　　學海堂四集二十八卷
　　（清）金錫齡輯　　清道光五年至光緒十二年
(1825 – 1886)啟秀山房刻本　　四十冊

370000 – 1541 – 0010609　　830.77/754
感發集二卷　　（清）潘兆芬等輯　　清光緒二十
五年(1899)刻本　　一冊

370000 – 1541 – 0010610　　830.78/306 = 1
竹居錄存一卷　　張士珩撰　　清光緒二十三年
(1897)合肥冶山竹居刻本　　一冊

370000 – 1541 – 0010611　　830.78/425
國魂叢編　　國魂報館輯　　清光緒至民國國魂
報館鉛印國魂叢編本　　七冊　　存四種(一、
四、二十八至二十九)

370000 – 1541 – 0010612　　830.8/377
瞻麗圖題辭初刊四卷續刊三卷　　（清）陳廼勳
輯　　清同治三年(1864)刻本　　一冊

370000 – 1541 – 0010613　　830.81/119
增廣文選六種六十六卷　　（清）王毓俊輯　　清
光緒二十一年(1895)上海鴻寶齋石印本　　十
二冊

370000 – 1541 – 0010614　　831/112
增註批點七家詩選七卷　　（清）張熙宇輯評
清同治五年(1866)書業德刻本　　一冊　　存二
卷(一至二)

370000 – 1541 – 0010615　　831/112 = 1
漁洋山人古詩選三十二卷　　（清）王士禎輯
清同治五年(1866)金陵書局刻本　　八冊

370000 – 1541 – 0010616　　831.1/271
風雅逸篇十卷　　（明）楊慎輯　　清光緒七年
(1881)刻本　　一冊

370000 – 1541 – 0010617　　831.1/372
詩經繹參四卷　　（清）鄧翔撰　　清同治三年
(1864)刻本　　四冊

370000 – 1541 – 0010618　　831.1/433
詩經申義十卷　　（清）吳士模撰　　清光緒十六
年(1890)刻本　　四冊

370000－1541－0010619　831.1/433 = 1

詩經申義十卷　(清)吳士模撰　清道光十五年(1835)澤古齋刻本　二冊

370000－1541－0010620　831.1/504

葉太史參補古今大方詩經大全十五卷序一卷圖一卷綱領一卷　(明)葉向高編　清康熙五十年(1711)郁郁堂刻本　十冊

370000－1541－0010621　831.1/533

詩經嬋嬛體註大全四卷　(清)范翔訂　清光緒六年(1880)成文信刻本　四冊

370000－1541－0010622　831.1/827 = 1

詩經集注八卷　(宋)朱熹集傳　清末南京李光明莊刻本　六冊

370000－1541－0010623　831.1/827 = 2

詩經八卷　(宋)朱熹集傳　清同治十一年(1872)山東書局刻光緒十七年(1891)補刻本　五冊

370000－1541－0010624　831.1/827 = 3

詩經八卷　(宋)朱熹集傳　清刻本　四冊

370000－1541－0010625　831.1/827 = 4

詩經八卷　(宋)朱熹集傳　清光緒三十二年(1906)天津文美齋刻本　四冊

370000－1541－0010626　831.1/977

詩經補箋二十卷　(漢)鄭玄箋　王闓運補箋　清光緒三十二年(1906)衡陽刻湘綺樓全書本　九冊　缺二卷(一至二)

370000－1541－0010627　831.11/117

毛詩傳箋異義解十六卷　(清)沈鎬撰　清咸豐六年(1856)棣鄂堂刻本　四冊

370000－1541－0010628　831.11/117 = 1

毛詩傳箋異義解十六卷　(清)沈鎬撰　清咸豐六年(1856)棣鄂堂刻本　四冊

370000－1541－0010629　831.11/341

毛詩證讀五卷附讀詩或問一卷　(清)戚學標撰　清光緒精專閣刻本　二冊

370000－1541－0010630　831.11/387 = 1

毛詩草木鳥獸蟲魚疏廣要四卷　(三國吳)陸璣撰　(明)毛晉增補　明毛氏汲古閣刻津逮秘書本　二冊

370000－1541－0010631　831.11/387 = 1

毛詩草木鳥獸蟲魚疏廣要四卷　(三國吳)陸璣撰　(明)毛晉增補　明毛氏汲古閣刻津逮秘書本　二冊

370000－1541－0010632　831.11/387 = 2

毛詩草木鳥獸蟲魚疏廣要二卷　(三國吳)陸璣撰　(明)毛晉增補　清照曠閣刻本　一冊

370000－1541－0010633　831.11/730

詩傳旁通十五卷　(元)梁益撰　清光緒二十二年(1896)江陰繆氏雲自在龕抄本　繆荃孫跋　四冊

370000－1541－0010634　831.11/730 = 1

詩傳旁通十五卷　(元)梁益撰　清四美堂抄本　三冊　存十卷(六至十五)

370000－1541－0010635　831.11/832

毛詩補禮六卷　(清)朱濂撰　清道光十九年(1839)刻本　二冊

370000－1541－0010636　831.11/977

毛詩傳箋二十卷附鄭氏詩譜一卷毛詩音義三卷　(漢)毛亨傳　(漢)鄭玄箋　(唐)陸德明音義　清同治十一年(1872)江南書局刻本　六冊

370000－1541－0010637　831.111/938

詩經四卷小序一卷　(明)鍾惺批點　明萬曆吳興淩氏刻雙色套印本　三冊

370000－1541－0010638　831.112/429

讀詩質疑三十一卷首十五卷　(清)嚴虞惇撰　清乾隆九年(1744)刻本　十冊

370000－1541－0010639　831.1122/780 = 1

毛詩二十卷　(漢)毛亨傳　(漢)鄭玄箋　清末民國鉛印本　四冊

370000－1541－0010640　831.1122/781

毛詩二十卷　(漢)毛亨傳　(漢)鄭玄箋　清乾隆四十八年(1783)武英殿刻本　六冊

370000－1541－0010641　831.1122/923

毛詩馬王微四卷　(清)臧庸撰　清嘉慶刻本
一冊

370000－1541－0010642　831.1122/977

毛詩故訓傳鄭箋三十卷　(漢)毛亨傳　(漢)
鄭玄箋　清同治十一年(1872)五雲堂刻本
七冊

370000－1541－0010643　831.1124/370

附釋音毛詩注疏二十卷　(唐)孔穎達撰　清
嘉慶二十年(1815)江西南昌府學刻本　二十
冊

370000－1541－0010644　831.1124/370＝1

附釋音毛詩注疏二十卷　(唐)孔穎達撰　清
嘉慶二十年(1815)江西南昌府學刻本　三冊

370000－1541－0010645　831.1124/370＝2

毛詩注疏三十卷　(漢)毛亨傳　(漢)鄭玄箋
(唐)陸德明音義　(唐)孔穎達疏　清同治
十年(1871)刻本　九冊

370000－1541－0010646　831.1124/370＝3

毛詩詁訓傳三十卷　(漢)鄭玄箋　(唐)陸德
明音義　清光緒四年(1878)淮南書局刻本
二十冊

370000－1541－0010647　831.1125/119

詩總聞二十卷　(宋)王質撰　清乾隆武英殿
木活字印武英殿聚珍版書本　八冊

370000－1541－0010648　831.1125/219

詩傳大全二十卷綱領一卷圖一卷　(明)胡廣
等輯　詩序辯說一卷　(宋)朱熹撰　明永樂
十三年(1415)內府刻本　十一冊　缺二卷
(五至六)

370000－1541－0010649　831.1125/429

詩緝三十六卷　(宋)嚴粲撰　清光緒三年
(1877)嶺南述古堂刻本　十二冊

370000－1541－0010650　831.1125/429＝1

嚴氏詩緝補義八卷　(清)劉燦編　清嘉慶十
六年(1811)鎮海劉氏墨莊刻本　四冊

370000－1541－0010651　831.1125/449

呂氏家塾讀詩記三十二卷　(宋)呂祖謙撰

清光緒元年(1875)退補齋刻本　十一冊

370000－1541－0010652　831.1125/449＝1

續呂氏家塾讀詩記三卷　(宋)戴溪撰　清乾
隆武英殿木活字印武英殿聚珍版書本　一冊

370000－1541－0010653　831.1125/554

潁濱先生詩集傳十九卷　(宋)蘇轍撰　明萬
曆三十九年(1611)顧氏刻本　四冊

370000－1541－0010654　831.1125/827

詩經八卷　(宋)朱熹集傳　清同治十一年
(1872)山東書局刻本　四冊

370000－1541－0010655　831.1125/827＝1

詩經八卷　(宋)朱熹集傳　清光緒六年
(1880)京都聚珍堂書坊刻本　四冊

370000－1541－0010656　831.1125/827＝2

詩經八卷　(宋)朱熹集傳　清北京八旗官學
刻本　四冊

370000－1541－0010657　831.1125/827＝3

詩八卷　(宋)朱熹輯傳　清光緒三十二年
(1906)成文盛記刻本　四冊

370000－1541－0010658　831.1125/827＝4

詩八卷　(宋)朱熹輯傳　清光緒二十四年
(1898)成文信刻本　四冊

370000－1541－0010659　831.1125/827＝5

詩八卷　(宋)朱熹輯傳　清光緒三十年
(1904)刻本　四冊

370000－1541－0010660　831.1125/827＝6

詩八卷　(宋)朱熹輯傳　清光緒三十年
(1904)刻本　四冊

370000－1541－0010661　831.1125/885

詩說八卷　(宋)劉克撰　清道光八年(1828)
藝芸書舍刻本　四冊

370000－1541－0010662　831.1126/169

詩經娜嬛體註大全四卷　(清)范翔訂　清光
緒六年(1880)成文堂刻本　四冊

370000－1541－0010663　831.1126/964

詩經說約二十八卷　(明)顧夢麟撰　(明)楊

彞參訂　明崇禎十五年(1642)織簾居刻本
佚名批　十冊

370000－1541－0010664　831.1127/112
毛詩讀三十卷　（清）王劼撰　清咸豐四年
(1854)刻本　十一冊

370000－1541－0010665　831.1127/112＝1
毛詩序傳三十卷　（清）王劼撰　清同治三年
(1864)巴縣晚晴樓王氏家塾刻本　四冊

370000－1541－0010666　831.1127/119
欽定詩經傳說彙纂二十一卷首二卷詩序二卷
　（清）王鴻緒等纂　清雍正五年(1727)內府
刻本　二十四冊

370000－1541－0010667　831.1127/119＝1
欽定詩經傳說彙纂二十一卷首二卷詩序二卷
　（清）王鴻緒等纂　清雍正五年(1727)內府
刻本　十冊　存十卷(一至五、十一,首二卷,
詩序二卷)

370000－1541－0010668　831.1127/119＝2
欽定詩經傳說彙纂二十一卷首二卷詩序二卷
　（清）王鴻緒等纂　清雍正五年(1727)內府
刻本　二十四冊

370000－1541－0010669　831.1127/119＝3
欽定詩經傳說彙纂二十一卷首二卷詩序二卷
　（清）王鴻緒等纂　清同治七年(1868)馬新
貽刻本　十五冊　缺一卷(五)

370000－1541－0010670　831.1127/119＝4
欽定詩經傳說彙纂二十一卷首二卷詩序二卷
　（清）王鴻緒等纂　清同治七年(1868)馬新
貽刻本　十六冊

370000－1541－0010671　831.1127/119＝5
欽定詩經傳說彙纂二十一卷首二卷詩序二卷
　（清）王鴻緒等纂　清同治十年(1871)湖北
崇文書局刻本　十五冊　存二十二卷(三至
九、十一至二十一,首二卷,詩序二卷)

370000－1541－0010672　831.1127/119＝6
欽定詩經傳說彙纂二十一卷首二卷詩序二卷
　（清）王鴻緒等纂　清同治十年(1871)湖北

崇文書局刻本　一冊　存二卷(首二卷)

370000－1541－0010673　831.1127/119＝7
欽定詩經傳說彙纂二十一卷首二卷詩序二卷
　（清）王鴻緒等纂　清同治六年(1867)浙江
書局刻本　三冊　存五卷(五至九)

370000－1541－0010674　831.1127/119＝8
欽定詩經傳說彙纂二十一卷首二卷詩序二卷
　（清）王鴻緒等纂　清尊經閣刻本　二十四
冊

370000－1541－0010675　831.1127/119＝9
欽定詩經傳說彙纂二十一卷首二卷詩序二卷
　（清）王鴻緒等纂　清光緒十四年(1888)江
南書局刻本　十六冊

370000－1541－0010676　831.1127/216
毛詩後箋三十卷　（清）胡承珙撰　清道光十
七年(1837)歙縣胡氏刻求是堂全集本　十九
冊

370000－1541－0010677　831.1127/216＝2
毛詩後箋三十卷　（清）胡承珙撰　清光緒十
六年(1890)廣雅書局刻本　十二冊

370000－1541－0010678　831.1127/288
詩所八卷　（清）李光地撰　清雍正六年
(1728)刻本　八冊

370000－1541－0010679　831.1127/372
詩經繹參四卷　（清）鄧翔撰　清同治六年
(1867)廣東孔廣陶等刻朱墨套印本　四冊

370000－1541－0010680　831.1127/372＝1
詩經繹參四卷　（清）鄧翔撰　清同治六年
(1867)廣東孔廣陶等刻朱墨套印本　四冊

370000－1541－0010681　831.1127/372＝2
詩經繹參四卷　（清）鄧翔撰　清同治六年
(1867)廣東孔廣陶等刻朱墨套印本　一冊

370000－1541－0010682　831.1127/384
詩毛氏傳疏三十卷附四種七卷　（清）陳奐撰
　清道光二十七年至咸豐八年(1847－1858)
陳氏掃葉山莊刻本　十二冊

370000－1541－0010683　831.1127/384＝2

詩毛氏傳疏三十卷附四種七卷　（清）陳奐撰
清光緒九年(1883)徐氏刻本　十六冊

370000 – 1541 – 0010684　831.1127/433 = 2
詩經申義十卷　（清）吳士模撰　清光緒十六年(1890)澤古齋刻本　四冊

370000 – 1541 – 0010685　831.1127/627
朱子詩義補正八卷　（清）方苞撰　（清）單作哲編　清乾隆三十二年(1767)單作哲刻本　四冊

370000 – 1541 – 0010686　831.1127/659
毛詩補正一卷　（清）龍起濤撰　清光緒二十五年(1899)刻鵠軒刻本　十二冊

370000 – 1541 – 0010687　831.1127/890
詩經集說不分卷　（清）劉永樹撰　清末稿本　清楊用霖批校題跋　五冊　缺一冊(五)

370000 – 1541 – 0010688　831.1127/906
御纂詩義折中二十卷　（清）傅恒等纂　清乾隆二十年(1755)刻本　八冊

370000 – 1541 – 0010689　831.1127/906 = 1
御纂詩義折中二十卷　（清）傅恒等纂　清乾隆二十年(1755)刻本　十冊

370000 – 1541 – 0010690　831.1127/906 = 2
御纂詩義折中二十卷　（清）傅恒等纂　清經綸堂刻本　八冊

370000 – 1541 – 0010691　831.1127/906 = 3
御纂詩義折中二十卷　（清）傅恒等纂　清同治九年(1870)怡翰齋刻本　六冊

370000 – 1541 – 0010692　831.1127/917
毛詩補疏五卷　（清）焦循撰　清嘉慶二十三年(1818)刻本　二冊

370000 – 1541 – 0010693　831.1127/951
詩經增訂旁訓四卷　（清）徐立綱撰　清墨潤堂刻本　一冊

370000 – 1541 – 0010694　831.1127/966
虞東學詩十二卷首一卷　（清）顧鎮撰　清乾隆三十三年(1768)誦芬堂刻本　六冊

370000 – 1541 – 0010695　831.113/842
御案詩經備旨八卷　（清）鄒聖脉輯　清光緒四年(1878)聚盛堂刻本　六冊

370000 – 1541 – 0010696　831.1137/219
詩疏補遺五卷　（清）胡文英輯　清乾隆五十三年(1788)刻本　五冊

370000 – 1541 – 0010697　831.1137/377
毛詩稽古編三十卷　（清）陳啟源撰　清嘉慶十六年(1811)刻本　十二冊

370000 – 1541 – 0010698　831.1137/411
毛詩傳箋通釋三十二卷　（清）馬瑞辰撰　清光緒十四年(1888)廣雅書局刻本　十二冊

370000 – 1541 – 0010699　831.11426/387
毛詩草木鳥獸蟲魚疏二卷　（三國吳）陸璣撰　清同治十二年(1873)粤東書局刻古經解彙函本　一冊

370000 – 1541 – 0010700　831.1147/840
毛詩禮徵十卷　（清）包世榮撰　清道光八年(1828)小倦游閣刻本　六冊

370000 – 1541 – 0010701　831.1157/483
毛詩品物圖考七卷　（日本）岡元鳳纂　清光緒十二年(1886)上海積山書局石印本　一冊

370000 – 1541 – 0010702　831.1157/494
毛詩名物圖說九卷　（清）徐鼎輯　清乾隆三十六年(1771)徐氏清德堂刻本　四冊

370000 – 1541 – 0010703　831.116/384
詩誦五卷　（清）陳僅撰　清光緒十一年(1885)四明陳氏文則樓刻本　二冊

370000 – 1541 – 0010704　831.1167/433
詩小學三十卷補一卷　（清）吳樹聲撰　清同治十年(1871)壽光官廨刻本　十二冊

370000 – 1541 – 0010705　831.1167/433 = 2
詩小學補一卷　（清）吳樹聲撰　清同治十年(1871)壽光官廨刻本　一冊

370000 – 1541 – 0010706　831.1167/815
詩考異字箋餘十四卷　（清）周邵蓮撰　清嘉慶六年(1801)刻本　四冊

370000－1541－0010707　831.117/112

詩疑二卷　（宋）王柏撰　清同治至光緒胡氏
退補齋刻金華叢書本　一冊

370000－1541－0010708　831.117/117

經學講義不分卷　王曾裕　薛肇基撰　清末
山東高等學堂石印本　一冊

370000－1541－0010709　831.117/209

詩問七卷　（清）郝懿行撰　清光緒八年
(1882)東路廳署刻本　三冊　存三卷(二至
四)

370000－1541－0010710　831.117/252

鄭氏詩箋禮註異義考一卷　（清）桂文燦撰
清咸豐七年(1857)刻經學叢書本　陶方琦批
校　一冊

370000－1541－0010711　831.117/433

毛詩復古錄十二卷　（清）吳懋清撰　清光緒
二十年(1894)仁和徐琪廣州學使者署刻本
六冊

370000－1541－0010712　831.117/433＝1

毛詩復古錄十二卷　（清）吳懋清撰　清光緒
二十年(1894)仁和徐琪廣州學使者署刻本
六冊

370000－1541－0010713　831.117/526

讀詩知柄二卷　（清）蔣紹宗撰　清嘉慶十二
年(1807)刻本　二冊

370000－1541－0010714　831.117/603

毛詩說二卷首一卷　（清）諸錦撰　清乾隆二
十一年(1756)秀水諸氏刻本　一冊

370000－1541－0010715　831.117/606

說詩解頤二卷　（清）徐植之撰　清光緒九年
(1883)刻朱墨套印本　一冊

370000－1541－0010716　831.117/803

詩古微　（清）魏源撰　清光緒十一年(1885)
黃岡學署刻本　八冊

370000－1541－0010717　831.117/803＝1

詩古微　（清）魏源撰　清光緒十一年(1885)
黃岡學署刻本　八冊

370000－1541－0010718　831.117/803＝2

詩古微　（清）魏源撰　清光緒十三年(1887)
梁谿浦氏刻本　八冊

370000－1541－0010719　831.117/803＝3

詩古微　（清）魏源撰　清光緒十三年(1887)
梁谿浦氏刻本　八冊

370000－1541－0010720　831.117/959

毛詩訂詁八卷　（清）顧棟高撰　清光緒二十
二年(1896)江蘇書局刻本　四冊

370000－1541－0010721　831.117/964

學詩詳說三十卷　（清）顧廣譽撰　清光緒三
年(1877)刻本　九冊

370000－1541－0010722　831.1175/190

絜齋毛詩經筵講義四卷　（宋）袁燮撰　清乾
隆武英殿木活字印武英殿聚珍版書本　一冊

370000－1541－0010723　831.1177/261

毛詩通考三十卷　（清）林伯桐撰　清道光二
十四年(1844)番禺林氏刻脩本堂叢書本　一
冊

370000－1541－0010724　831.118/212

讀風臆補二卷　（明）戴君恩撰　（清）陳繼揆
補輯　清光緒六年(1880)寧郡述古堂刻本
二冊

370000－1541－0010725　831.118/482

毛鄭詩斠議　羅振玉撰　清光緒十六年
(1890)刻本　一冊

370000－1541－0010726　831.1186/212

讀風臆補二卷　（明）戴君恩撰　（清）陳繼揆
補輯　清光緒六年(1880)寧郡述古堂刻本
二冊

370000－1541－0010727　831.1187/611

古邠詩義一卷　（清）許晼撰　清同治六年
(1867)刻本　一冊

370000－1541－0010728　831.12/946

詩經廣詁三十卷　（清）徐璈輯　清道光十年
(1830)刻本　八冊

370000－1541－0010729　831.1219/375

三家詩補遺三卷　(清)阮元撰　清光緒二十四年(1898)長沙葉氏郎園刻本　一冊

370000－1541－0010730　831.1219/375 = 1

三家詩補遺三卷　(清)阮元撰　清光緒二十四年(1898)長沙葉氏郎園刻本　一冊

370000－1541－0010731　831.15/238

韓詩外傳十卷　(漢)韓嬰撰　清嘉慶四年(1799)味經堂刻本　二冊

370000－1541－0010732　831.15/238 = 2

韓詩外傳十卷補遺一卷　(漢)韓嬰撰　清同治十二年(1873)粵東書局刻古經解彙函本　一冊

370000－1541－0010733　831.15/238 = 3

韓詩外傳十卷　(漢)韓嬰撰　清光緒十三年(1887)望三益齋刻本　四冊

370000－1541－0010734　831.17/119 = 1

詩總聞二十卷　(宋)王質撰　清乾隆武英殿木活字印武英殿聚珍版書本　八冊

370000－1541－0010735　831.17/209

詩問七卷　(清)郝懿行撰　清光緒八年(1882)東路廳署刻本　六冊

370000－1541－0010736　831.17/306

三頌備說三卷　(清)張承華撰　清同治六年(1867)刻本　一冊

370000－1541－0010737　831.17/375

詩書古訓六卷　(清)阮元撰　清咸豐五年(1855)南海伍氏刻粵雅堂叢書本　八冊

370000－1541－0010738　831.17/382

詩經集解二十卷　(清)陳宗舜編　清光緒三十四年(1908)鉛印本　六冊

370000－1541－0010739　831.17/451

呂氏家塾讀詩記三十二卷　(宋)呂祖謙撰　清嘉慶十六年(1811)谿上聽彝堂刻本　十二冊

370000－1541－0010740　831.17/660

詩本誼一卷　(清)龔橙撰　清光緒十五年(1889)仁和譚氏刻半厂叢書本　一冊

370000－1541－0010741　831.17/697

韓詩內傳徵四卷敘錄二卷補遺一卷疑義一卷　(漢)韓嬰撰　(清)宋綿初輯　清乾隆六十年(1795)刻本　三冊

370000－1541－0010742　831.17/712

詩序辨正八卷　(清)汪大任撰　清光緒十二年(1886)錢塘汪氏長沙刻本　二冊

370000－1541－0010743　831.17/719

詩經四家異文考補一卷說文解字校勘記殘稿一卷　江瀚撰　清宣統元年(1909)番禺沈氏刻晨風閣叢書本　一冊

370000－1541－0010744　831.17/720

毛詩天文考　(清)洪亮吉撰　清道光三十年(1850)淮寧張氏崇素堂刻本　一冊

370000－1541－0010745　831.17/759

詩序廣義二十四卷　(清)姜炳璋輯　清乾隆四十七年(1782)京都尊行堂刻本　六冊

370000－1541－0010746　831.17/825

重訂空山堂詩志八卷讀法一卷　(清)牛運震撰　清道光田氏刻本　四冊

370000－1541－0010747　831.17/842

新增詩經補注備旨精萃八卷首一卷　(清)鄒聖脉纂　清光緒十四年(1888)京都老二酉堂刻本　八冊

370000－1541－0010748　831.17/879

毛詩故訓傳定本三十卷　(漢)鄭玄撰　(清)段玉裁訂　清嘉慶二十一年(1816)刻　二冊

370000－1541－0010749　831.17/879 = 1

毛詩故訓傳定本三十卷　(漢)鄭玄撰　(清)段玉裁訂　清嘉慶二十一年(1816)刻本　一冊　存九卷(二十二至三十)

370000－1541－0010750　831.17/885

讀詩日錄十二卷　(清)劉士毅撰　清光緒六年(1880)刻本　二冊

370000－1541－0010751　831.17/977

鄭氏詩譜考正不分卷　(清)丁晏撰　清光緒

九年(1883)蛟川張氏花雨樓刻本　一冊

370000－1541－0010752　831.18/112

毛詩序傳三十卷　(清)王劼撰　清同治三年
(1864)巴縣晚晴樓王氏家塾刻本　四冊

370000－1541－0010753　831.18/180

御纂詩義折中二十卷　(清)傅恒等撰　清成
文堂刻本　六冊

370000－1541－0010754　831.18/180＝1

御纂詩義折中二十卷　(清)傅恒等撰　清成
文堂刻本　六冊

370000－1541－0010755　831.18/180＝2

御纂詩義折中二十卷　(清)傅恒等撰　清同
治九年(1870)怡翰齋刻本　六冊

370000－1541－0010756　831.18/217

詩經問答九卷　(清)胡嗣運編　清光緒三十
四年(1908)鵬南書屋木活字印本　二冊

370000－1541－0010757　831.18/285

詩經傳注八卷　(清)李塨撰　清光緒二十二
年(1896)四存學會鉛印本　四冊

370000－1541－0010758　831.18/483＝2

毛詩品物圖考七卷　(日本)岡元鳳纂　清宣
統二年(1910)石印本　一冊

370000－1541－0010759　831.18/535

三家詩拾遺五卷　(清)范家相輯　清嘉慶十
五年(1810)古趣亭刻本　一冊

370000－1541－0010760　831.18/566

詩經精華十卷　(清)薛嘉穎纂　清光緒九年
(1883)上海掃葉山房刻本　八冊

370000－1541－0010761　831.18/627

朱子詩義補正八卷　(清)方苞撰　(清)單作
哲編　清乾隆三十二年(1767)單作哲刻本
四冊

370000－1541－0010762　831.18/641

詩經旁訓體註八卷　(清)高朝瓔撰　清光緒
十年(1884)善成堂刻本　四冊

370000－1541－0010763　831.18/641＝1

詩經融註大全體要八卷　(清)高朝瓔撰
(清)沈世楷輯　清同治十一年(1872)經餘厚
刻本　四冊

370000－1541－0010764　831.2/429

全上古三代秦漢三國六朝文七百四十六卷
(清)嚴可均校輯　清光緒十九年(1893)廣雅
書局刻本　八十冊

370000－1541－0010765　831.2/429＝1

全上古三代秦漢三國六朝文七百四十六卷
(清)嚴可均校輯　清光緒十九年(1893)廣雅
書局刻本　一百冊

370000－1541－0010766　831.2/429＝2

全上古三代秦漢三國六朝文七百四十六卷
(清)嚴可均校輯　清光緒二十年(1894)黃岡
王氏刻本　丁山題記　六十六冊

370000－1541－0010767　831.2/429＝3

全上古三代秦漢三國六朝文七百四十六卷
(清)嚴可均校輯　清光緒二十年(1894)黃岡
王氏刻本　一百冊

370000－1541－0010768　831.41/112＝1

新鐫五言千家詩會義直解一卷新鐫五律千家
詩會義直解一卷增補重訂千家詩註解二卷
(清)王相選註　笠翁對韻二卷　(清)李漁撰
　唐司空圖詩品詳註一卷　(唐)司空圖撰
清咸豐四年(1854)德和堂刻本　二冊

370000－1541－0010769　831.6/320

是程堂倡和投贈集二十五卷　(清)屠倬輯
清道光五年(1825)錢塘屠氏刻本　二冊　存
八卷(一至五、二十一至二十三)

370000－1541－0010770　831.76/117

寄圃詩草初集二卷　(清)王庚撰　清道光十
六年(1836)淮陽王氏刻本　一冊　存一卷
(一)

370000－1541－0010771　831.77/754

小浮山人詩集三種　(清)潘曾沂撰　清咸豐
二年(1852)刻本　一冊

370000－1541－0010772　831.8511/157

新定三禮圖二十卷 （宋）聶崇義集注 清同
治巴陵鍾謙鈞刻本 二冊

370000－1541－0010773 831.9/119

漢鏡歌釋文箋正 王先謙箋正 清同治十一
年(1872)長沙王氏虛受堂刻本 一冊

370000－1541－0010774 831.9/235

御製盛京賦一卷 （清）高宗弘曆撰 清乾隆
八年(1743)刻朱墨套印本 一冊

370000－1541－0010775 831.9/827

樂府廣序三十卷 （清）朱嘉徵撰 清康熙十
五年(1676)旌德劉鈇刻本 五冊

370000－1541－0010776 832/169

漢魏別解十六卷 （明）黃澍 （明）葉紹泰輯
明崇禎十一年(1638)香谷山房刻本 十六
冊

370000－1541－0010777 832/285

賦苑八卷 （明）李鴻輯 明萬曆刻本 二十
四冊

370000－1541－0010778 832/306

賦鈔六卷 （清）張惠言輯 清道光元年
(1821)刻本 一冊

370000－1541－0010779 832/306＝1

賦鈔六卷 （清）張惠言輯 清光緒四年
(1878)宏達堂刻本 四冊

370000－1541－0010780 832/306＝2

賦鈔六卷 （清）張惠言輯 清光緒四年
(1878)宏達堂刻本 一冊

370000－1541－0010781 832/850

賦則四卷 （清）鮑桂星評選 清道光二年
(1822)刻本 二冊

370000－1541－0010782 832.1/158

楚辭天問箋一卷 （清）丁晏撰 清光緒廣雅
書局刻本 一冊

370000－1541－0010783 832.1/158＝1

楚辭天問箋一卷 （清）丁晏撰 清光緒廣雅
書局刻本 一冊

370000－1541－0010784 832.1/321＝1

楚辭新註八卷末一卷 （清）屈復撰 清乾隆
三年(1738)刻本 二冊

370000－1541－0010785 832.1/321＝2

楚辭新註八卷末一卷 （清）屈復撰 清乾隆
三年(1738)刻本 四冊

370000－1541－0010786 832.1/321＝3

楚辭新註八卷末一卷 （清）屈復撰 清乾隆
三年(1738)居易堂刻本 二冊

370000－1541－0010787 832.1/359

山曉閣西漢文選七卷東漢文選五卷 （清）孫
琮選 清康熙七年(1668)山曉閣刻本 八冊

370000－1541－0010788 832.1/377

屈辭精義六卷 （清）陳本禮撰 清嘉慶十七
年(1812)江都陳氏裛露軒刻本 二冊

370000－1541－0010789 832.1/377＝1

屈辭精義六卷 （清）陳本禮撰 清嘉慶十七
年(1812)江都陳氏裛露軒刻本 四冊

370000－1541－0010790 832.1/377＝2

屈辭精義六卷 （清）陳本禮撰 清嘉慶十七
年(1812)江都陳氏裛露軒刻本 四冊

370000－1541－0010791 832.1/930

離騷集傳一卷 （清）錢杲之撰 清光緒三十
年(1904)南陵徐氏刻隨盦徐氏叢書本 一冊

370000－1541－0010792 832.12/377

御定歷代賦彙一百四十卷外集二十卷逸句二
卷補遺二十二卷目錄二卷 （清）陳元龍編
清光緒二十年(1894)上海點石齋石印本 十
五冊

370000－1541－0010793 832.122/119

楚辭章句十七卷疑字直音補一卷 （漢）王逸
撰 明隆慶五年(1571)豫章夫容館刻本 六
冊

370000－1541－0010794 832.122/119＝1

楚辭章句十七卷附錄一卷 （漢）王逸撰 明
萬曆十四年(1586)武林馮紹祖觀妙齋刻本
六冊

370000－1541－0010795　832.122/119＝2

楚辭章句十七卷附錄一卷　（漢）王逸撰　明萬曆十四年(1586)武林馮紹祖觀妙齋刻本　六冊

370000－1541－0010796　832.122/119＝3

楚辭章句十七卷　（漢）王逸撰　清光緒成都存古書局刻本　一冊

370000－1541－0010797　832.122/119＝4

楚辭十七卷附錄一卷　（戰國）屈原撰　（漢）王逸注　（宋）洪興祖　（明）劉鳳補注（明）陳深批點　明萬曆吳興淩毓枬刻朱墨套印本　四冊

370000－1541－0010798　832.122/119＝5

楚辭十七卷附錄一卷　（戰國）屈原撰　（漢）王逸注　（宋）洪興祖　（明）劉鳳補注（明）陳深批點　明萬曆吳興淩毓枬刻朱墨套印本　二冊

370000－1541－0010799　832.122/119＝6

楚辭十七卷附錄一卷　（戰國）屈原撰　（漢）王逸注　（宋）洪興祖補注　清初虞山毛氏汲古閣刻吳郡寶翰樓印本　六冊

370000－1541－0010800　832.122/119＝7

楚辭十七卷　（戰國）屈原撰　（漢）王逸注（宋）洪興祖補注　清同治十一年(1872)金陵書局刻本　四冊

370000－1541－0010801　832.122/119＝8

楚辭十七卷　（戰國）屈原撰　（漢）王逸注（宋）洪興祖補注　清同治十一年(1872)金陵書局刻本　四冊

370000－1541－0010802　832.122/119＝9

楚辭十七卷　（戰國）屈原撰　（漢）王逸注（宋）洪興祖補注　清同治十一年(1872)金陵書局刻本　四冊

370000－1541－0010803　832.122/119＝10

楚辭十七卷　（戰國）屈原撰　（漢）王逸注（宋）洪興祖補注　清同治十一年(1872)金陵書局刻本　四冊

370000－1541－0010804　832.122/119＝15

楚辭十七卷　（戰國）屈原撰　（漢）王逸注（宋）洪興祖補注　清光緒九年(1883)長沙書堂山館刻本　四冊

370000－1541－0010805　832.122/119＝16

楚辭十七卷　（戰國）屈原撰　（漢）王逸注（宋）洪興祖補注　清光緒九年(1883)長沙書堂山館刻本　四冊

370000－1541－0010806　832.122/119＝17

楚辭十七卷　（戰國）屈原撰　（漢）王逸注（宋）洪興祖補注　清光緒二十一年(1895)昭陵經畬主人刻本　六冊

370000－1541－0010807　832.122/720

楚辭補注十七卷　（宋）洪興祖撰　清光緒二十二年(1896)長沙惜陰書局刻惜陰軒叢書本　六冊

370000－1541－0010808　832.1252/827

楚辭述註五卷　（明）來欽之撰　明崇禎十一年(1638)刻本　二冊

370000－1541－0010809　832.1252/827＝1

楚辭集注八卷辯證二卷後語八卷總評一卷（宋）朱熹集注　（明）蔣之翹補輯並評校　明天啓六年(1626)蔣之翹刻本　六冊

370000－1541－0010810　832.1252/827＝2

楚辭集注八卷辯證二卷　（宋）朱熹集注　清光緒三年(1877)湖北崇文書局刻本　三冊

370000－1541－0010811　832.1252/827＝3

楚辭集注八卷辯證二卷後語六卷　（宋）朱熹集注　清光緒八年(1882)江蘇書局刻本　四冊

370000－1541－0010812　832.1252/827＝4

楚辭集注八卷辯證二卷後語六卷　（宋）朱熹集注　清光緒八年(1882)江蘇書局刻本　四冊

370000－1541－0010813　832.1252/827＝5

楚辭集注八卷辯證二卷後語六卷　（宋）朱熹集注　清光緒十年(1884)遵義黎氏日本東京

使署刻古逸叢書本　二冊

370000－1541－0010814　832.1252/827＝6

楚辭集注八卷　（宋）朱熹集注　清聽雨齋刻
朱墨套印本　四冊

370000－1541－0010815　832.1252/827＝7

楚辭集注八卷　（宋）朱熹集注　清聽雨齋刻
朱墨套印本　四冊

370000－1541－0010816　832.1268/169

楚辭聽直八卷合論一卷　（明）黃文煥撰　明
崇禎十六年(1643)刻本　八冊

370000－1541－0010817　832.1268/781

屈子七卷　（戰國）屈原撰　（漢）王逸章句
評一卷　（明）毛晉輯　**楚譯二卷參疑一卷**
（明）毛晉參定　明萬曆四十六年(1618)虞山
毛氏綠君亭刻本　三冊

370000－1541－0010818　832.127/212

屈原賦注七卷通釋二卷　（清）戴震撰　**音義
三卷**　（清）汪梧鳳撰　清光緒十七年(1891)
廣雅書局刻本　丁山批校　一冊

370000－1541－0010819　832.127/212＝1

屈原賦注七卷通釋二卷　（清）戴震撰　**音義
三卷**　（清）汪梧鳳撰　清光緒十七年(1891)
廣雅書局刻本　一冊

370000－1541－0010820　832.127/212＝2

屈原賦注七卷通釋二卷　（清）戴震撰　**音義
三卷**　（清）汪梧鳳撰　清刻本　一冊　存五
卷(通釋二卷、音義三卷）

370000－1541－0010821　832.1272/112

**楚辭通釋十四卷末一卷莊子通一卷愚鼓詞一
卷**　（清）王夫之撰　清同治四年(1865)金陵
湘鄉曾氏刻船山遺書本　三冊

370000－1541－0010822　832.1273/526

楚辭六卷首一卷　（戰國）屈原撰　（清）蔣驥
注　**楚辭餘論二卷楚辭說韻一卷**　（清）蔣驥
撰　清康熙五十二年(1713)武進蔣氏山帶閣
刻本　四冊

370000－1541－0010823　832.1273/526＝1

楚辭六卷首一卷　（戰國）屈原撰　（清）蔣驥
注　**楚辭餘論二卷楚辭說韻一卷**　（清）蔣驥
撰　清康熙五十二年(1713)武進蔣氏山帶閣
刻本　四冊

370000－1541－0010824　832.1274/112

楚辭評注十卷　（清）王萌撰　（清）王遠考音
清刻本　四冊

370000－1541－0010825　832.1274/212

屈原賦戴氏注七卷通釋二卷　（清）戴震撰
音義三卷　（清）汪梧鳳撰　清乾隆二十五年
(1760)歙縣汪梧鳳刻本　一冊

370000－1541－0010826　832.1274/377

屈子說志六卷末一卷　（清）陳遠新編　清乾
隆十四年(1749)瑞州慎餘齋刻本　二冊

370000－1541－0010827　832.1278/112

楚辭釋十一卷　（漢）王逸章句　王闓運注
清光緒十二年(1886)成都尊經書院刻本　一
冊

370000－1541－0010828　832.1278/112＝1

楚辭釋十一卷　（漢）王逸章句　王闓運注
清光緒十二年(1886)成都尊經書院刻本　劉
次簫批點　二冊

370000－1541－0010829　832.1278/112＝2

楚辭釋十一卷　（漢）王逸章句　王闓運注
清光緒十二年(1886)成都尊經書院刻本　二
冊

370000－1541－0010830　832.1278/112＝3

楚辭釋十一卷　（漢）王逸章句　王闓運注
清光緒二十一年(1895)儀徵李氏刻崇惠堂叢
書朱印本　一冊

370000－1541－0010831　832.16/576

楚辭二卷　（戰國）屈原　（戰國）宋玉
（漢）賈誼等撰　**屈原傳一卷**　（漢）司馬遷撰
明萬曆六年(1578)茹天成刻本　二冊

370000－1541－0010832　832.17/254

楚辭燈四卷　（清）林雲銘撰　清康熙三十六
年(1697)晉安林氏挹奎樓刻本　二冊

370000 – 1541 – 0010833　832.17/254 = 1

楚辭燈四卷　(清)林雲銘撰　清康熙三十六年(1697)晉安林氏挹奎樓刻本　四冊

370000 – 1541 – 0010834　832.17/254 = 2

楚辭燈四卷　(清)林雲銘撰　清康熙三十六年(1697)晉安林氏挹奎樓刻本　二冊

370000 – 1541 – 0010835　832.17/254 = 3

楚辭燈四卷　(清)林雲銘撰　清令德堂刻本　佚名跋　一冊

370000 – 1541 – 0010836　832.17/888

屈子章句六卷　(清)劉夢鵬撰　清乾隆二十五年(1760)藜青堂刻本　四冊

370000 – 1541 – 0010837　832.17/951

屈辭洗髓五卷　(清)徐煥龍撰　清康熙三十七年(1698)無悶堂刻本　二冊

370000 – 1541 – 0010838　832.18/827 = 6

楚辭集注八卷附楚辭辯證二卷楚辭後語六卷　(宋)朱熹集注　清刻本　六冊

370000 – 1541 – 0010839　832.18/827 – 04

楚辭集注八卷總評一卷　(宋)朱熹集注　清聽雨齋刻套印本　六冊

370000 – 1541 – 0010840　832.181/119

離騷彙訂六卷　(清)王邦采輯　清光緒二十六年(1900)廣雅書局刻本　二冊

370000 – 1541 – 0010841　832.181/119 = 1

離騷彙訂六卷　(清)王邦采輯　清光緒二十六年(1900)廣雅書局刻本　二冊

370000 – 1541 – 0010842　832.181/119 = 2

離騷彙訂六卷　(清)王邦采輯　清光緒二十六年(1900)廣雅書局刻本　二冊

370000 – 1541 – 0010843　832.181/119 = 3

屈子雜文一卷　(戰國)屈原撰　(清)王邦采輯　清光緒二十六年(1900)廣雅書局刻本　一冊

370000 – 1541 – 0010844　832.181/119 = 4

屈子雜文一卷　(戰國)屈原撰　(清)王邦采輯　清光緒二十六年(1900)廣雅書局刻本

二冊

370000 – 1541 – 0010845　832.181/261

離騷中正不分卷　(清)林仲懿撰　清乾隆十年(1745)世錦堂刻本　佚名批校　一冊

370000 – 1541 – 0010846　832.181/660

離騷箋二卷　(清)龔景瀚撰　清光緒三年(1877)湖北崇文書局刻本　一冊

370000 – 1541 – 0010847　832.181/830

離騷辯不分卷　(清)朱冀撰　清康熙四十五年(1706)綠筠堂刻本　一冊

370000 – 1541 – 0010848　832.2/119

歷朝賦楷八卷首一卷　(清)王修玉撰　清康熙文盛堂、致和堂刻本　六冊

370000 – 1541 – 0010849　832.2/171

國朝試賦匯海續編前集六卷後集二卷補編一卷　(清)黃爵滋輯　清同治八年(1869)刻本　八冊

370000 – 1541 – 0010850　832.2/247

文選通叚字會四卷　(清)杜宗玉撰　清光緒二十二年(1896)孝感學署刻本　四冊

370000 – 1541 – 0010851　832.2/285

賦學正鵠十卷　(清)李元度輯　清光緒十一年(1885)文昌書局刻本　六冊

370000 – 1541 – 0010852　832.2/285 = 1

賦學正鵠十卷　(清)李元度輯　清光緒十七年(1891)經綸書局刻本　八冊

370000 – 1541 – 0010853　832.2/436

賦彙錄要箋略二十八卷補遺一卷外集一卷補題注一卷　(清)陳元龍編　(清)吳光昭箋略　清乾隆二十三年(1758)汲古齋刻本　十二冊

370000 – 1541 – 0010854　832.2/714

文選理學權輿八卷　(清)汪師韓撰　文選理學權輿補一卷文選考異四卷文選李注補正四卷　(清)孫志祖撰　清光緒十五年(1889)番禺陶敦刻本　八冊

370000 – 1541 – 0010855　832.2/789

東湖草堂賦鈔初集二卷二集四卷三集四卷四集四卷　（清）程祥棟輯　清光緒三年(1877)安懷山房刻本　十冊

370000－1541－0010856　832.3/366

近九科同館賦鈔四卷　（清）孫欽昂輯　清光緒二年(1876)刻本　二冊

370000－1541－0010857　832.3/418

選注六朝唐賦不分卷　（清）馬傳庚選注　清同治十三年(1874)京都馬氏玉燕書巢刻本　二冊

370000－1541－0010858　832.3/433

八家四六文註八卷首一卷　（清）吳鼐輯（清）許貞幹註　清光緒十七年(1891)刻本　十六冊

370000－1541－0010859　832.35/418

選注六朝唐賦二卷　（清）馬傳庚撰　清同治十三年(1874)京都馬氏玉燕書巢刻本　二冊

370000－1541－0010860　832.7/212

近科館賦約鈔注釋不分卷　（清）戴棠編　清同治元年(1862)文會堂刻本　四冊

370000－1541－0010861　832.7/214

國朝律賦新機續鈔四卷　（清）胡玉樹纂　清嘉慶二十四年(1819)協盛堂刻本　四冊

370000－1541－0010862　832.7/219

國朝賦選同聲集四卷　（清）胡浚評選　清乾隆二十三年(1758)敷文書院刻本　四冊

370000－1541－0010863　832.7/306

得月樓賦鈔四卷　（清）張元灝選評　清光緒七年(1881)江左書林刻本　八冊

370000－1541－0010864　832.7/313

分類賦學雞跖集三十卷附錄一卷　（清）張維城輯　清道光十二年(1832)粲花吟館刻本　八冊

370000－1541－0010865　832.7/364

竹笑軒賦鈔二卷　（清）孫清達輯　清同治六年(1867)緯文堂刻本　四冊

370000－1541－0010866　832.7/387

韻蘭集賦鈔六卷　（清）陸雲槎輯　（清）宋淮三考典　清道光七年(1827)酉山堂刻本　四冊

370000－1541－0010867　832.7/387＝1

韻蘭集賦鈔六卷　（清）陸雲槎輯　（清）宋淮三考典　清道光元年(1821)明經堂刻本　四冊

370000－1541－0010868　832.7/387＝2

韻蘭集賦鈔六卷　（清）陸雲槎輯　（清）宋淮三考典　清嘉慶二十四年(1819)賦梅書屋刻本　六冊

370000－1541－0010869　832.7/466

四家賦鈔四卷　（清）景其濬輯　清咸豐三年(1853)誦芬堂刻本　四冊

370000－1541－0010870　832.7/659

玉堂清課賦鈔四卷　（清）龍瑛輯　清道光二十八年(1848)書業德記刻本　六冊

370000－1541－0010871　832.74/306

味蘭軒百篇賦鈔四卷　（清）張世燾（清）彭克惠編　清乾隆三十八年(1773)刻本　四冊

370000－1541－0010872　832.76/320

註釋韻蘭賦鈔二集八卷　（清）屈塵菴原本（清）余逢瑗補註　清道光二十五年(1845)六吉堂刻本　三冊

370000－1541－0010873　832.9/115

古賦識小錄八卷　（清）王芑孫輯錄　清嘉慶二十一年(1816)彭氏衣言堂刻本　二冊

370000－1541－0010874　832.9/139

宋四六話十二卷　（清）彭元瑞撰　（清）曹振鏞編　清嘉慶八年(1803)刻本　六冊

370000－1541－0010875　832.9/203

歷代賦鈔三十二卷　（清）趙維烈編　清康熙二十四年(1685)玉尺樓刻本　五冊

370000－1541－0010876　832.9/285

賦學正鵠十卷　（清）李元度輯　清同治十年(1871)爽谿書院刻本　四冊

370000－1541－0010877　832.9/334

賦鈔箋略十五卷　（清）雷琳　（清）張杏濱箋
　清乾隆三十一年(1766)刻本　八冊

370000－1541－0010878　832.9/334＝1
賦鈔箋略十五卷　（清）雷琳　（清）張杏濱箋
　清乾隆三十一年(1766)刻本　五冊

370000－1541－0010879　832.9/334＝2
賦鈔箋略十五卷　（清）雷琳　（清）張杏濱箋
　清乾隆三十一年(1766)刻本　十六冊

370000－1541－0010880　832.9/334＝3
賦鈔箋略十五卷　（清）雷琳　（清）張杏濱箋
　清乾隆三十一年(1766)刻本　六冊

370000－1541－0010881　832.9/377
御定歷代賦彙一百四十卷外集二十卷逸句二
卷補遺二十二卷目錄二卷　（清）陳元龍編
　清光緒十二年(1886)雙梧書屋石印本　十七
冊

370000－1541－0010882　832.9/377＝1
御定歷代賦彙一百四十卷外集二十卷逸句二
卷補遺二十二卷目錄二卷　（清）陳元龍編
　清康熙四十五年(1706)內府刻本　六十四冊

370000－1541－0010883　832.9/377＝2
御定歷代賦彙一百四十卷外集二十卷逸句二
卷補遺二十二卷目錄二卷　（清）陳元龍編
　清康熙四十五年(1706)內府刻本　四十八冊

370000－1541－0010884　832.9/377＝3
御定歷代賦彙一百四十卷外集二十卷逸句二
卷補遺二十二卷目錄二卷　（清）陳元龍編
　清康熙四十五年(1706)內府刻本　七十四冊

370000－1541－0010885　832.9/377＝4
御定歷代賦彙一百四十卷外集二十卷逸句二
卷補遺二十二卷目錄二卷　（清）陳元龍編
　清光緒二十年(1894)上海點石齋石印本　十
六冊

370000－1541－0010886　832.9/377＝5
御定歷代賦彙一百四十卷外集二十卷逸句二
卷補遺二十二卷目錄二卷　（清）陳元龍編
　清光緒二十年(1894)上海點石齋石印本　十

六冊

370000－1541－0010887　832.9/504
律賦標準四卷　（清）葉祺昌編　清同治十二
年(1873)書業德刻本　四冊

370000－1541－0010888　834.1/747
唐詩別裁集十卷　（清）沈德潛　（清）陳培脉
選　清康熙五十六年(1717)碧梧書屋刻本
四冊

370000－1541－0010889　834.14/205＝2
竇氏聯珠集五卷　（唐）竇常等撰　（唐）褚藏
言輯　明末虞山毛氏汲古閣刻本　一冊

370000－1541－0010890　835/100
古文發蒙集六卷　（清）王相纂　（清）殷承爵
編　清康熙五十五年(1716)文盛堂刻本　一
冊　存一卷(四)

370000－1541－0010891　835/111
古文分編集評二十二卷　（清）于光華編　清
乾隆四十年(1775)友于堂刻本　二十二冊

370000－1541－0010892　835/112
名世文宗二十二卷　（明）王世貞輯　（明）鍾
惺增訂評點　明末天祿閣刻本　十冊

370000－1541－0010893　835/164
合諸名家點評古文鴻藻十二卷　（明）黃士京
輯　明末武林藏珠館刻本　十九冊　存十一
卷(一至十一)

370000－1541－0010894　835/169＝2
漢魏別解十六卷　（明）黃澍　（明）葉紹泰輯
　明崇禎十一年(1638)香谷山房刻本　八冊

370000－1541－0010895　835/217
名世文宗三十卷談藪一卷　（明）胡時化輯
（明）陳仁錫訂　明崇禎元年(1628)刻本　十
六冊

370000－1541－0010896　835/285
古文講義不分卷　（清）李書田編　清光緒山
東高等學堂石印本　一冊

370000－1541－0010897　835/290
八代文鈔一百六種一百六卷　（明）李賓輯

明末刻本　四十冊

370000 – 1541 – 0010898　835/320
鉅文十二卷　（明）屠隆輯　明刻本　四冊

370000 – 1541 – 0010899　835/332
斯文正統十二卷　（清）刁包撰　清道光五年
(1825)祁陽學署刻本　十二冊

370000 – 1541 – 0010900　835/337
魏晉六朝唐宋文選三卷附皇明文一卷　（明）
□□輯　明紫薇軒抄本　六冊

370000 – 1541 – 0010901　835/362
論策合鈔不分卷　（清）孫葆田編　清光緒二
十八年(1902)問經精舍刻本　一冊

370000 – 1541 – 0010902　835/362 = 1
歷代策論約編不分卷　（清）孫葆田編　清光
緒二十七年(1901)麗澤堂刻本　一冊

370000 – 1541 – 0010903　835/384
古今文統十六卷　（明）張以忠輯　（明）陳仁
錫評　明崇禎二年(1629)刻本　十冊

370000 – 1541 – 0010904　835/384 = 1
古文奇賞二十二卷　（明）陳仁錫輯　明萬曆
四十六年(1618)刻本　十二冊

370000 – 1541 – 0010905　835/384 = 2
古文品外錄二十四卷　（明）陳繼儒輯　明天
啓五年(1625)朱蔚然刻本　六冊　存十二卷
(一至十二)

370000 – 1541 – 0010906　835/429 = 1
全上古三代秦漢三國晉南北朝文編目一百三
卷　（清）蔣鑿撰　清光緒五年(1879)烏程蔣
氏刻本　十六冊

370000 – 1541 – 0010907　835/429 = 2
全上古三代秦漢三國晉南北朝文編目一百三
卷　（清）蔣鑿撰　清光緒五年(1879)烏程蔣
氏刻本　十六冊

370000 – 1541 – 0010908　835/438
古文讀本二卷　（清）吳汝綸評選　清光緒二
十九年(1903)河北書局鉛印本　二冊

370000 – 1541 – 0010909　835/440
古文觀止十二卷　（清）吳乘權　（清）吳大職
評選　清光緒二十四年(1898)膠州成文堂刻
本　六冊

370000 – 1541 – 0010910　835/440 = 1
古文觀止十二卷　（清）吳乘權　（清）吳大職
評選　清刻本　六冊

370000 – 1541 – 0010911　835/440 = 2
涵芬樓古今文鈔一百卷　吳曾祺編　清宣統
二年(1910)上海商務印書館鉛印本　一百冊

370000 – 1541 – 0010912　835/556
古文雅正十四卷　（清）蔡世遠編　清同治七
年(1868)湘鄉曾氏刻本　六冊

370000 – 1541 – 0010913　835/667
文編六十四卷　（明）唐順之選批　明天啓元
年(1621)陳元素刻本　二十冊

370000 – 1541 – 0010914　835/667 = 2
文編十二卷　（明）唐順之選批　明嘉靖四十
四年(1565)馮惟訥官署藍格抄本　明馮惟訥
跋　十二冊

370000 – 1541 – 0010915　835/675
六朝文彙三十八種三十八卷　（明）□□編
明末刻本　三十冊

370000 – 1541 – 0010916　835/718
古文眉詮七十九卷　（清）浦起龍編　清乾隆
九年(1744)靜寄東軒刻本　二十四冊

370000 – 1541 – 0010917　835/823
古文闡秘六卷　（清）殳錫鬯　（清）宋兆斌評
注　清康熙二十六年(1687)錢塘殳氏息園刻
朱墨套印本　十二冊

370000 – 1541 – 0010918　835/851
古文合鈔十六卷　（清）魯超編　清康熙二十
三年(1684)松江魯超刻本　十二冊

370000 – 1541 – 0010919　835/861
二十二史文鈔二十二卷　（清）納蘭常安輯
清乾隆十二年(1747)受宜堂刻本　三十二冊

370000 – 1541 – 0010920　835/890

文章正論二十卷　（明）劉祜輯　明萬曆十九年(1591)徐圖刻本　十冊

370000－1541－0010921　835/917

新鍥焦太史彙選百家評林歷代古文珠璣十九卷　（明）焦竑輯　明萬曆二十一年(1593)刻本　十冊

370000－1541－0010922　835/932

聞式堂古文選釋八卷　（清）臧岳編　清三樂齋刻本　七冊　存七卷(一至七)

370000－1541－0010923　835/946

古文淵鑒六十四卷　（清）徐乾學等編注　清康熙二十四年(1685)刻四色套印本　二十四冊

370000－1541－0010924　835/946＝1

古文淵鑒六十四卷　（清）徐乾學等編注　清康熙四十九年(1710)武英殿刻五色套印本　六十冊　缺四卷(六、三十一、五十七、六十四)

370000－1541－0010925　835/946＝2

古文淵鑒六十四卷　（清）徐乾學等編注　清同治十二年(1873)浙江書局刻本　十六冊

370000－1541－0010926　835/946＝3

古文淵鑒六十四卷　（清）徐乾學等編注　清同治十二年(1873)浙江書局刻本　三十二冊

370000－1541－0010927　835/946＝4

古香齋新刻袖珍御選古文淵鑒六十四卷　（清）徐乾學等編注　清光緒十年(1884)南海孔氏嶽雪樓刻六色套印本　三十冊

370000－1541－0010928　835/982

經史百家雜鈔二十六卷　（清）曾國藩編　清光緒二年(1876)傳忠書局刻本　二十二冊

370000－1541－0010929　835/982＝1

經史百家雜鈔二十六卷　（清）曾國藩編　清光緒二年(1876)傳忠書局刻本　二十五冊

370000－1541－0010930　835/987

評註才子古文二十六卷　（清）王之績評註　清文成堂書坊刻本　十冊

370000－1541－0010931　835/987＝1

評註才子古文二十六卷　（清）王之績評註　清文成堂書坊刻本　十二冊

370000－1541－0010932　835/988

重訂古文釋義新編八卷　（清）余誠評注　清光緒十年(1884)文英堂刻本　佚名批　八冊

370000－1541－0010933　835/988＝1

寶興堂重訂古文釋義新編八卷　（清）余誠評注　清光緒十五年(1889)敬文堂石印本　八冊

370000－1541－0010934　835/988＝3

古文釋義新編八卷　（清）余誠評注　清光緒二十二年(1896)成文信刻本　八冊

370000－1541－0010935　835/988＝4

桂芳齋重訂古文釋義新編八卷　（清）余誠評注　清道光二十八年(1848)崇茂堂刻本　四冊

370000－1541－0010936　835/988＝5

重訂古文釋義新編八卷　（清）余誠評注　清光緒二十年(1894)寶書堂刻本　二冊　存三卷(一至三)

370000－1541－0010937　835/988＝6

重訂古文釋義新編八卷　（清）余誠評注　清嘉慶五年(1800)蘇州掃葉山房刻本　八冊

370000－1541－0010938　835/988＝7

古文釋義新編八卷　（清）余誠評注　清姑蘇步月樓刻本　二冊　存二卷(一、三)

370000－1541－0010939　835/988＝8

書業德重訂古文釋義新編八卷　（清）余誠評注　清同治十三年(1874)刻本　四冊

370000－1541－0010940　835/988＝9

書業德重訂古文釋義新編八卷　（清）余誠評注　清同治十三年(1874)刻本　三冊　存三卷(一至三)

370000－1541－0010941　835/994＝1

古文辭類纂七十五卷　（清）姚鼐編　清道光五年(1825)金陵吳氏刻本　十六冊

370000－1541－0010942　835/994＝3

古文辭類纂七十四卷　（清）姚鼐編　清道光合河康氏家塾刻本　十二冊

370000－1541－0010943　835/994＝6

古文辭類纂七十四卷　（清）姚鼐編　清光緒三十三年(1907)上海商務印書館鉛印本　佚名批　六冊　存六十卷(一至六十)

370000－1541－0010944　835/994＝7

古文辭類纂七十四卷　（清）姚鼐編　**續古文辭類纂三十四卷**　王先謙編　清光緒三十三年(1907)上海商務印書館鉛印本　佚名批　十二冊

370000－1541－0010945　835/994＝8

續古文辭類纂二十八卷　（清）黎庶昌編　清光緒二十一年(1895)金陵狀元閣刻本　十二冊

370000－1541－0010946　835/994＝9

續古文辭類纂二十八卷　（清）黎庶昌編　清光緒二十一年(1895)金陵狀元閣刻本　十二冊

370000－1541－0010947　835/994＝10

續古文辭類纂二十八卷　（清）黎庶昌編　清光緒二十一年(1895)金陵狀元閣刻本　九冊　存二十一卷(一至十九、二十七至二十八)

370000－1541－0010948　835/994＝12

續古文辭類纂三十四卷　王先謙編　清光緒八年(1882)長沙王氏虛受堂刻本　八冊

370000－1541－0010949　835/994＝20

古文斷前集十六卷　（清）姚培謙評注　清康熙六十一年(1722)刻本　八冊

370000－1541－0010950　835.1/982

曾南豐文集四卷　（宋）曾鞏撰　清宣統二年(1910)上海會文堂石印本　二冊

370000－1541－0010951　835.15/938

周文歸二十卷　（明）鍾惺輯　明崇禎十四年(1641)刻本　十冊

370000－1541－0010952　835.18/117

新刊王三楚秦漢魏晉近古文選六卷　（明）王之綱輯　明隆慶四年(1570)嚴丕式刻本　六冊

370000－1541－0010953　835.19/458＝2

秦漢文鈔六卷　（明）閔邁德等輯　明萬曆四十八年(1620)吳興閔氏刻朱墨套印本　四冊

370000－1541－0010954　835.19/765

秦漢文鈔不分卷　（明）馮有翼輯　明萬曆十一年(1583)清音館刻本　六冊

370000－1541－0010955　835.2/311

漢魏名文乘六十一種　（明）張運泰　（明）余元熹輯　明末刻本　二十四冊　存二十九種(史記、褚先生集、大戴禮記、王子淵集、匡稚圭集、法言、馮敬通集、班叔皮集、論衡、漢書、曹大家集、崔亭伯集、忠經、昌言、張平子集、潛夫論、王叔師集、蔡中郎集、申鑒、孔北海集、中論、武侯集、曹孟德集、風俗通義、鹽鐵論、韓詩外傳、孔叢、新語、新序)

370000－1541－0010956　835.2/311＝1

漢魏名文乘六十一種　（明）張運泰　（明）余元熹輯　明末刻本　四冊　存二種(新書、春秋繁露)

370000－1541－0010957　835.2/525

南宋文範七十卷　（清）莊仲方編　清光緒十四年(1888)江蘇書局刻本　十六冊

370000－1541－0010958　835.2/938

漢文歸二十卷　（明）鍾惺輯評　明末古香齋刻本　十八冊

370000－1541－0010959　835.3/611

六朝文絜四卷　（清）許槤評選　清光緒三年(1877)讀有用書齋刻本　四冊

370000－1541－0010960　835.3/611＝1

六朝文絜四卷　（清）許槤評選　清光緒三年(1877)讀有用書齋刻本　二冊

370000－1541－0010961　835.3/611＝2

六朝文絜箋注十二卷　（清）許槤評選　（清）黎經誥箋注　清光緒十五年(1889)枕溢書屋

刻本　一冊　存一卷(一)

370000－1541－0010962　835.3/927
三國兩晉南北朝文選十二卷附輯一卷　（明）
錢士馨　（明）陸上瀾輯評　明來復堂刻本
十二冊

370000－1541－0010963　835.311/313
西晉文二十卷　（明）張采輯　明崇禎十年
(1637)刻本　二十冊

370000－1541－0010964　835.311/387
晉二俊文集二十卷　（晉）陸機　（晉）陸雲撰
　明正德十四年(1519)陸元大刻本　六冊

370000－1541－0010965　835.34/183
南北朝文鈔二卷　（清）彭兆蓀編　清嘉慶四
年(1799)陳氏刻本　二冊

370000－1541－0010966　835.34/183＝1
南北朝文鈔二卷　（清）彭兆蓀編　清光緒二
年(1876)番禺陳起榮刻本　二冊

370000－1541－0010967　835.4/285
唐宋八家文選八卷附唐諸家文選一卷宋元諸
家文選一卷兩朝文要二卷　（清）李元春選評
　清道光十八年(1838)張銘彝等刻本　八冊

370000－1541－0010968　835.41/112
初唐四傑文集二十一卷　（清）項家達輯　清
光緒五年(1879)淮南書局刻本　三冊　存十
六卷(一至十一、十七至二十一)

370000－1541－0010969　835.41/235
御選唐宋文醇五十八卷　（清）高宗弘曆選
清光緒三年(1877)浙江書局刻本　二十四冊

370000－1541－0010970　835.41/235＝1
御選唐宋文醇五十八卷　（清）高宗弘曆選
清光緒三年(1877)浙江書局刻本　十二冊
存二十九卷(三十至五十八)

370000－1541－0010971　835.41/311
唐文粹刪十卷　（明）張溥刪閱　明崇禎吳門
段君定刻本　五冊

370000－1541－0010972　835.41/392
唐文拾遺七十二卷目錄八卷　（清）陸心源輯

清光緒十四年(1888)歸安陸氏十萬卷樓刻
本　十二冊　存四十八卷(一至四十八)

370000－1541－0010973　835.41/392＝1
唐文拾遺七十二卷目錄八卷　（清）陸心源輯
　清光緒十四年(1888)歸安陸氏十萬卷樓刻
本　二十冊

370000－1541－0010974　835.41/392＝2
唐文拾遺七十二卷目錄八卷　（清）陸心源輯
　清光緒十四年(1888)歸安陸氏十萬卷樓刻
本　二十四冊

370000－1541－0010975　835.41/392＝3
唐文續拾十六卷　（清）陸心源輯　清光緒二
十一年(1895)歸安陸氏刻本　六冊

370000－1541－0010976　835.41/392＝4
唐文續拾十六卷　（清）陸心源輯　清光緒二
十一年(1895)歸安陸氏刻本　六冊

370000－1541－0010977　835.41/411
元白長慶集一百四十一卷　（明）馬元調編
明萬曆松江馬元調魚樂軒刻本　二十冊

370000－1541－0010978　835.41/526
韓柳全集一百四卷　（明）蔣之翹編注　明崇
禎六年(1633)蔣氏三徑草堂刻本　二十冊

370000－1541－0010979　835.41/535
欽定全唐文一千卷總目三卷　（清）董誥等編
　清嘉慶十九年(1814)武英殿刻本　五百二
冊

370000－1541－0010980　835.41/535＝1
欽定全唐文一千卷總目三卷　（清）董誥等編
　清嘉慶十九年(1814)武英殿刻本　五百冊

370000－1541－0010981　835.41/535＝2
欽定全唐文一千卷目錄三卷　（清）董誥等編
　清光緒二十七年(1901)廣雅書局刻本　一
百九十冊　缺五十五卷(五百六十九至六百
二十三)

370000－1541－0010982　835.41/750
韓柳文一百卷　（明）游居敬編　明嘉靖十六
年(1537)南平游居敬刻本　十二冊

370000－1541－0010983　835.41/781

三唐人文集三十四卷　（明）毛晉編　清道光二十八年(1848)海虞蘊玉山房刻本　六冊

370000－1541－0010984　835.41/914

唐宋十大家全集錄　（清）儲欣編　清光緒八年(1882)江蘇書局刻本　二十三冊

370000－1541－0010985　835.41/914＝1

唐宋十大家全集錄　（清）儲欣編　清清怡堂刻本　二十四冊

370000－1541－0010986　835.41/914＝2

唐宋八大家類選十四卷　（清）儲欣評選　清乾隆十四年(1749)二南堂刻本　八冊

370000－1541－0010987　835.41/914＝3

唐宋八大家類選十四卷　（清）儲欣評選　清光緒二十八年(1902)翰文堂刻本　十二冊

370000－1541－0010988　835.41/915

唐文舊抄不分卷　（清）任端書輯　清乾隆抄本　四冊

370000－1541－0010989　835.41/938

唐宋十二家文歸十四卷　（明）鍾惺輯評　**國朝大家文歸二卷**　（明）鄭元勳輯評　明末刻本　六冊

370000－1541－0010990　835.5/196

宋大家三蘇曾王文抄不分卷　（清）趙執信選輯　清康熙益都趙念抄本　二冊

370000－1541－0010991　835.5/449

宋文鑑刪十二卷　（明）張溥刪　明崇禎吳門段君定刻本　五冊

370000－1541－0010992　835.515/271

嘉樂齋三蘇文範十八卷首一卷　（宋）蘇洵（宋）蘇軾　（宋）蘇轍撰　（明）楊慎輯　明天啟二年(1622)南城書林翁少麓刻本　佚名批校　八冊

370000－1541－0010993　835.515/285

三蘇文抄二十卷　（明）李贄等輯　明崇禎六年(1633)宜和堂刻本　七冊

370000－1541－0010994　835.515/516

三蘇文匯六十卷　（明）茅坤　（明）錢穀（明）鍾惺等評　明末緝柳齋刻本　十二冊存二種二十卷(合刻三先生老泉文匯一至十、合刻三先生東坡文匯一至十)

370000－1541－0010995　835.515/516＝1

宋大家王文公文抄十六卷　（宋）王安石撰　明崇禎四年(1631)茅著刻唐宋八大家文抄本　五冊

370000－1541－0010996　835.515/516＝2

宋大家蘇文定公文抄二十卷　（宋）蘇轍撰　明崇禎四年(1631)茅著刻唐宋八大家文抄本　四冊

370000－1541－0010997　835.515/554

大宋眉山蘇氏家傳心學文集大全七十卷（宋）蘇洵　（宋）蘇軾　（宋）蘇轍撰　明正德十二年(1517)京兆劉弘毅慎獨齋刻本　十冊

370000－1541－0010998　835.515/927

靜觀室三蘇文選十六卷　（明）錢穀輯批　明刻本　六冊

370000－1541－0010999　835.52/547

南宋文錄二十四卷　（清）董兆熊輯　清光緒十七年(1891)蘇州書局刻本　六冊

370000－1541－0011000　835.52/547＝1

南宋文錄二十四卷　（清）董兆熊輯　清光緒十七年(1891)蘇州書局刻本　六冊

370000－1541－0011001　835.52/611

古文後選不分卷　（清）許鴻磐輯　清嘉慶五年(1800)稿本　一冊

370000－1541－0011002　835.56/290

金元明八大家文選五十三卷　（清）李祖陶編　清道光二十五年(1845)泰和孫氏刻本　十二冊　存四種(歸震川先生文選、宋景濂先生文選、唐荊川先生文選、王陽明先生文選)

370000－1541－0011003　835.56/313

金文最一百二十卷首一卷　（清）張金吾輯　清光緒七年(1881)粵雅堂刻本　二十四冊

370000－1541－0011004　835.56/313＝1

金文最一百二十卷首一卷　（清）張金吾輯
清光緒二十一年(1895)蘇州書局刻本　十六
冊

370000－1541－0011005　835.57/554

元文類刪四卷　（明）張溥刪閱　明崇禎吳門
段君定刻本　二冊

370000－1541－0011006　835.57/890

元明七大家古文選十一卷　（清）劉肇虞輯
清乾隆二十九年(1764)步月樓刻本　八冊

370000－1541－0011007　835.6/112

皇明百家文範八卷　（明）王乾章輯　明萬曆
三年(1575)王氏刻本　十冊

370000－1541－0011008　835.6/190

鼎鑴諸方家彙編皇明名公文雋八卷　（明）袁
宏道輯　（明）丘兆麟補　明末金陵奎壁堂鄭
思鳴刻本　六冊

370000－1541－0011009　835.6/352

左氏雙忠集二種　（清）左輝春輯　清道光二
十六年至二十七年(1846－1847)湘鄉左氏詠
史齋刻本　九冊

370000－1541－0011010　835.6/384

明文奇賞四十卷　（明）陳仁錫輯評　明天啓
三年(1623)蘇州酉西堂刻本　二十冊

370000－1541－0011011　835.6/938

皇明十大家文選二十五卷　（明）陸弘祚批選
（明）鍾惺編　明末刻本　十冊

370000－1541－0011012　835.7/111

皇朝蓄艾文編八十卷目錄一卷　（清）于寶軒
編　清光緒二十九年(1903)上海官書局石印
本　四十冊

370000－1541－0011013　835.7/117

國朝文述不分卷　（清）王塋編　清道光二十
二年(1842)藝海堂刻本　八冊

370000－1541－0011014　835.7/185

國朝文集不分卷　（清）□□編　清稿本　一
冊

370000－1541－0011015　835.7/280

格致書院課藝三卷　（清）格致書院編　清光
緒二十四年(1898)上海集成印書局石印本
三冊

370000－1541－0011016　835.7/283

精選名儒草堂詩餘三卷　（元）鳳林書院輯
清嘉慶十六年(1811)秦氏享帚精舍刻本　二
冊

370000－1541－0011017　835.7/288

山左古文鈔八卷　（清）李景嶧　（清）劉鴻翱
編　清道光八年(1828)刻本　八冊

370000－1541－0011018　835.7/288＝1

山左古文鈔八卷　（清）李景嶧　（清）劉鴻翱
編　清道光八年(1828)刻本　八冊

370000－1541－0011019　835.7/331

皇朝經世文編一百二十卷　（清）賀長齡編
清道光七年(1827)刻本　三十四冊

370000－1541－0011020　835.7/331＝1

皇朝經世文編一百二十卷　（清）賀長齡編
清道光七年(1827)刻本　九十六冊

370000－1541－0011021　835.7/331＝2

皇朝經世文編一百二十卷　（清）賀長齡編
清道光七年(1827)刻本　八冊　存九卷(一
至九)

370000－1541－0011022　835.7/331＝3

皇朝經世文編一百二十卷　（清）賀長齡編
清道光七年(1827)刻本　六冊　存六卷(七
至十二)

370000－1541－0011023　835.7/331＝4

皇朝經世文編一百二十卷　（清）賀長齡編
清道光七年(1827)刻本　六十九冊　缺二十
三卷(二十七至三十五、六十七至八十)

370000－1541－0011024　835.7/331＝5

皇朝經世文編一百二十卷　（清）賀長齡編
清道光七年(1827)刻本　八十冊

370000－1541－0011025　835.7/331＝6

皇朝經世文編一百二十卷　（清）賀長齡編

清道光七年(1827)刻本　六十四冊

370000 – 1541 – 0011026　835.7/331 = 7
皇朝經世文編一百二十卷　（清）賀長齡編
清道光七年(1827)刻本　六十三冊

370000 – 1541 – 0011027　835.7/331 = 8
皇朝經世文編一百二十卷　（清）賀長齡編
清光緒十二年(1886)思補樓石印本　六十冊

370000 – 1541 – 0011028　835.7/331 = 9
皇朝經世文編一百二十卷　（清）賀長齡編
清光緒十三年(1887)上海廣百宋齋鉛印本
二十四冊

370000 – 1541 – 0011029　835.7/331 = 10
皇朝經世文編一百二十卷　（清）賀長齡編
清光緒十四年(1888)上海廣百宋齋鉛印本
二十四冊

370000 – 1541 – 0011030　835.7/331 = 11
皇朝經世文編一百二十卷　（清）賀長齡編
清光緒十五年(1889)上海廣百宋齋鉛印本
二十八冊

370000 – 1541 – 0011031　835.7/331 = 12
皇朝經世文編一百二十卷　（清）賀長齡編
清光緒二十二年(1896)上海掃葉山房鉛印本
六十一冊

370000 – 1541 – 0011032　835.7/331 = 13
皇朝經世文編一百二十卷　（清）賀長齡編
清光緒二十五年(1899)上海中西書局石印本
四十八冊

370000 – 1541 – 0011033　835.7/331 = 14
皇朝經世文續編一百二十卷　（清）葛士濬編
清光緒十四年(1888)圖書集成局鉛印本
三十二冊

370000 – 1541 – 0011034　835.7/331 = 15
皇朝經世文續編一百二十卷　（清）葛士濬編
清光緒十四年(1888)圖書集成局鉛印本
三十二冊

370000 – 1541 – 0011035　835.7/331 = 16
皇朝經世文續編一百二十卷　（清）葛士濬編

清光緒十七年(1891)上海廣百宋齋鉛印本
三十一冊

370000 – 1541 – 0011036　835.7/331 = 17
皇朝經世文續編一百二十卷　（清）葛士濬編
清光緒十七年(1891)上海廣百宋齋鉛印本
九冊　存四十三卷(一至四十三)

370000 – 1541 – 0011037　835.7/331 = 18
皇朝經世文續編一百二十卷　（清）葛士濬編
清光緒二十三年(1897)上海掃葉山房鉛印
本　二十四冊

370000 – 1541 – 0011038　835.7/331 = 19
皇朝經世文續編一百二十卷　（清）葛士濬編
清光緒二十四年(1898)上海書局石印本
三十八冊

370000 – 1541 – 0011039　835.7/331 = 20
皇朝經世文續編一百二十卷　（清）葛士濬編
清光緒二十七年(1901)上海久敬齋鉛印本
二十四冊

370000 – 1541 – 0011040　835.7/331 = 21
皇朝經世文四編五十二卷　（清）何良棟輯
清光緒二十八年(1902)鴻寶書局石印本　十
二冊

370000 – 1541 – 0011041　835.7/331 = 22
**皇朝經世文新增時務續編四十卷時事洋務八
卷**　（清）三畫堂主人輯　清光緒二十三年
(1897)上海掃葉山房鉛印本　六冊

370000 – 1541 – 0011042　835.7/331 = 23
**皇朝經世文新增時務續編四十卷時事洋務八
卷**　（清）三畫堂主人輯　清光緒二十三年
(1897)上海掃葉山房鉛印本　六冊

370000 – 1541 – 0011043　835.7/339
八旗文經六十卷　（清）盛昱輯　清光緒二十
七年(1901)武昌刻本　十二冊

370000 – 1541 – 0011044　835.7/339 = 1
八旗文經六十卷　（清）盛昱輯　清光緒二十
七年(1901)武昌刻本　十二冊

370000 – 1541 – 0011045　835.7/339 = 2

八旗文經六十卷 （清）盛昱輯 清光緒二十七年（1901）武昌刻本 十二冊

370000－1541－0011046 835.7/377

憑山閣增訂留青廣集十四卷 （清）陳枚輯 清康熙四十八年（1709）雲林大盛堂刻本 十四冊

370000－1541－0011047 835.7/392

切問齋文鈔三十卷 （清）陸燿輯 清同治八年（1869）金陵錢氏刻本 十二冊

370000－1541－0011048 835.7/500

直省新墨約選三卷 （清）北洋官報總局輯 清光緒二十九年（1903）北洋官報總局鉛印本 三冊

370000－1541－0011049 835.7/680

直省鄉墨采新不分卷 （清）□□編 清鉛印本 一冊

370000－1541－0011050 835.7/745

國朝文匯二百卷 （清）沈粹芬編 清宣統元年（1909）上海國學扶輪社石印本 一百一冊

370000－1541－0011051 835.7/745＝1

國朝文匯二百卷 （清）沈粹芬編 清宣統元年（1909）上海國學扶輪社石印本 一百一冊

370000－1541－0011052 835.7/745＝2

國朝文匯二百卷 （清）沈粹芬編 清宣統元年（1909）上海國學扶輪社石印本 佚名批 十七冊

370000－1541－0011053 835.7/745＝3

篷窗隨錄十四卷末二卷 （清）沈兆澐編 清咸豐七年（1857）刻本 十四冊

370000－1541－0011054 835.7/994

國朝文錄八十二卷 （清）姚椿輯 清咸豐元年（1851）瑞州鳳儀書院刻本 三十二冊

370000－1541－0011055 835.72/451

晚村天蓋樓偶評不分卷 （清）呂留良輯評 清康熙十七年（1678）刻本 四十八冊

370000－1541－0011056 835.72/695

三家文鈔二十八卷 （清）宋犖 （清）許汝霖

選 清刻本 九冊

370000－1541－0011057 835.78/167

南菁講舍文集六卷 （清）黃以周編 清光緒十五年（1889）刻本 八冊

370000－1541－0011058 835.78/167＝1

南菁文鈔二集六卷 （清）黃以周編 清光緒二十年（1894）刻本 四冊

370000－1541－0011059 835.78/486

湘報文編三卷 （清）湘報館編 清光緒二十八年（1902）上海廣智書局鉛印本 一冊

370000－1541－0011060 835.78/621

致用書院文集不分卷 （清）王元穉編 清光緒十三年（1887）致用堂惟半室刻本 四冊

370000－1541－0011061 835.8/658

章譚合鈔六卷 章炳麟 （清）譚嗣同撰 清宣統二年（1910）上海國學扶輪社鉛印本 五冊

370000－1541－0011062 835.8/658＝1

章譚合鈔六卷 章炳麟 （清）譚嗣同撰 清宣統二年（1910）上海國學扶輪社鉛印本 五冊

370000－1541－0011063 835.81/261

林嚴合鈔四卷 暭暭子輯 清宣統元年（1909）上海國學扶輪社鉛印本 四冊

370000－1541－0011064 835.81/261＝1

林嚴合鈔四卷 暭暭子輯 清宣統元年（1909）上海國學扶輪社鉛印本 四冊

370000－1541－0011065 835.9/139

宋四六選二十四卷 （清）曹振鏞編 清道光二十八年（1848）上海集成圖書公司刻本 十一冊

370000－1541－0011066 835.9/288

四六類編十六卷 （明）李日華輯 （明）魯重民補訂 明崇禎十三年（1640）刻本 八冊

370000－1541－0011067 835.9/290＝1

駢體文鈔三十一卷 （清）李兆洛輯 清同治六年（1867）婁江徐氏刻本 八冊

370000－1541－0011068　835.9/290 = 2

駢體文鈔三十一卷　（清）李兆洛輯　清同治六年(1867)婁江徐氏刻本　三冊　存十二卷（十至十六、二十一至二十二、二十九至三十一）

370000－1541－0011069　835.9/290 = 3

駢體文鈔三十一卷　（清）李兆洛輯　清同治六年(1867)婁江徐氏刻本　十冊

370000－1541－0011070　835.9/290 = 5

駢體文鈔三十一卷　（清）李兆洛輯　清光緒八年(1882)合河康氏刻本　十冊

370000－1541－0011071　835.9/290 = 6

駢體文鈔三十一卷　（清）李兆洛輯　清光緒八年(1882)合河康氏刻本　四冊　存十七卷（一至十、十七至二十、二十三至二十五）

370000－1541－0011072　835.9/290 = 8

四六初徵二十卷　（清）李漁輯　（清）沈心友校釋　清康熙十年(1671)刻本　二十四冊

370000－1541－0011073　835.9/320

國朝常州駢體文錄三十一卷結一宮駢體文一卷　屠寄輯　清光緒十六年(1890)刻本　六冊

370000－1541－0011074　835.9/359

鑄史駢言十二卷　（清）孫玉田編　清光緒二年(1876)四明陳氏銀艭花館刻本　四冊

370000－1541－0011075　835.9/377

唐駢體文鈔十七卷　（清）陳均輯　清光緒二十一年(1895)刻本　六冊

370000－1541－0011076　835.9/433

國朝八家四六文鈔　（清）吳鼒編　清光緒五年(1879)紫文閣刻本　四冊

370000－1541－0011077　835.9/433 = 2

八家四六文鈔八卷　（清）吳鼒編　清光緒五年(1879)京都肆雅堂刻本　四冊

370000－1541－0011078　835.9/433 = 3

八家四六文註八卷首一卷　（清）吳鼒輯（清）許貞幹註　清光緒十七年(1891)刻本

十六冊

370000－1541－0011079　835.9/526

忠雅堂評選四六法海八卷　（清）蔣士銓評選　清光緒十五年(1889)雲林閣刻本　八冊

370000－1541－0011080　835.9/526 = 1

忠雅堂評選四六法海八卷　（清）蔣士銓評選　清光緒元年(1875)寄螺齋刻本　八冊

370000－1541－0011081　835.9/526 = 4

忠雅堂評選四六法海八卷　（清）蔣士銓評選　清光緒二十五年(1899)萃文堂刻本　四冊

370000－1541－0011082　835.9/540

栘華館駢體文四卷　（清）董基誠　（清）董祐誠撰　清光緒十四年(1888)木活字印本　二冊

370000－1541－0011083　835.9/938

駢體文略二十九卷　鍾廣（楊鍾羲）編　清光緒二十年(1894)刻本　二冊

370000－1541－0011084　835.9/982

國朝駢體正宗評本十二卷　（清）曾燠輯（清）姚燮評　清光緒十年(1884)花雨樓刻本　佚名批　六冊

370000－1541－0011085　835.9/994

皇朝駢文類苑十四卷首一卷　（清）姚燮撰（清）張壽榮校刊　清光緒七年(1881)刻本　二十四冊

370000－1541－0011086　835.9/994 = 1

皇朝駢文類苑十四卷首一卷　（清）姚燮撰（清）張壽榮校刊　清光緒七年(1881)刻本　十冊　存九卷(六至十四)

370000－1541－0011087　835.9/994 = 2

皇朝駢文類苑十四卷首一卷　（清）姚燮撰（清）張壽榮校刊　清光緒七年(1881)刻本　十六冊　存八卷(一至八)

370000－1541－0011088　835.97/119

國朝十家四六文鈔　王先謙輯　清光緒十五年(1889)長沙王氏刻本　六冊

370000－1541－0011089　835.97/119 = 1

駢文類纂四十六卷　王先謙輯　清光緒二十
八年(1902)長沙思賢書局刻本　二十五冊

370000－1541－0011090　835.97/119＝2

駢文類纂四十六卷　王先謙輯　清光緒二十
八年(1902)長沙思賢書局刻本　二十三冊

370000－1541－0011091　836/606＝4

六朝文絜四卷　(清)許槤編　清光緒三年
(1877)讀有用書齋刻本　佚名批校　二冊

370000－1541－0011092　837/313

花甲閒談十六卷　(清)張維屏撰　(清)葉夢
草繪　清道光十九年(1839)刻本　四冊

370000－1541－0011093　837/459

西澗草堂集四卷　(清)閻循觀撰　清乾隆三
十七年(1772)昌樂樹滋堂刻本　一冊

370000－1541－0011094　837/556

古文雅正十四卷　(清)蔡世遠選評　清同治
七年(1868)湘鄉曾氏刻本　佚名批　八冊

370000－1541－0011095　837/556＝2

重訂古文雅正十四卷　(清)蔡世遠選評　清
道光八年(1828)崇陽楊氏刻本　佚名批　四
冊

370000－1541－0011096　837/885

唐宋八家文百篇不分卷　(清)劉大櫆選　清
光緒十七年(1891)石印本　二冊

370000－1541－0011097　837/949

國朝二十四家文鈔二十四卷　(清)徐斐然輯
　清乾隆六十年(1795)刻本　佚名批　八冊

370000－1541－0011098　837.6/688

養正書屋全集定本四十卷目錄四卷　(清)宣
宗旻寧撰　清道光二年(1822)內府刻本　二
十四冊

370000－1541－0011099　838/844

八代文萃二百二十卷　(清)陳崇哲　(清)簡
燊編　清光緒十一年(1885)考儁堂刻本　五
十六冊

370000－1541－0011100　839.11/703

三賢文集十二卷首一卷　(清)張斐然　(清)

楊蒁編　清道光十六年(1836)容城正義書院
刻本　十二冊

370000－1541－0011101　839.11/703＝1

三賢文集十二卷首一卷　(清)張斐然　(清)
楊蒁編　清道光十六年(1836)容城正義書院
刻本　十二冊

370000－1541－0011102　839.12/112

濤音集八卷　(清)王士祿　(清)王士禎選輯
　清抄本　二冊

370000－1541－0011103　839.12/317

費邑藝文存三卷　(清)劉寶鼎等編　清光緒
二十五年至二十六年(1899－1900)刻本　三
冊

370000－1541－0011104　839.12/879

益都先正詩叢鈔八卷補編一卷附編一卷
(清)段松苓纂　清光緒十年(1884)段氏古穆
如堂刻本　九冊

370000－1541－0011105　839.13/888

中州名賢文表三十卷　(明)劉昌編　續中州
名賢文表六十八卷　邵松年輯　清光緒三十
年(1904)上海鴻文書局石印本　二十八冊

370000－1541－0011106　839.15/331

原獻文錄四卷詩錄三卷原故文錄一卷詩錄一
卷　(清)賀瑞麟編　清光緒五年(1879)刻本
　八冊

370000－1541－0011107　839.21/102

國朝金陵文鈔十六卷　(清)秦際唐等輯　清
光緒二十三年(1897)江寧張學曾等刻本　十
六冊

370000－1541－0011108　839.21/285

秦淮詩鈔二卷　(清)李鰲輯　清江寧文浩堂
刻本　佚名評校　二冊

370000－1541－0011109　839.21/348

海陵文徵二十卷　(清)夏荃輯　清道光二十
三年(1843)刻本　十冊

370000－1541－0011110　839.21/348＝1

海陵文徵二十卷　(清)夏荃輯　清道光二十

三年(1843)刻本　十册

370000－1541－0011111　839.21/755

淮安藝文志十卷　(清)王琛編　清同治十二年(1873)刻本　八册

370000－1541－0011112　846.8/784

松圓浪淘集十八卷目錄二卷偈庵集二卷
(明)程嘉燧撰　清宣統順德鄧氏風雨樓鉛印本　六册

370000－1541－0011113　839.21/834

國朝金陵詩徵四十八卷續金陵詩徵六卷
(清)朱緒曾輯　(清)朱紹亭等續輯　清光緒十一年至二十年(1885－1894)刻本　二十二册

370000－1541－0011114　839.21/834＝1

金陵詩徵四十四卷　(清)朱緒曾輯　清光緒十八年(1892)刻本　十册

370000－1541－0011115　839.21/946

禊湖詩拾八卷　(清)徐達源輯　清嘉慶二十年(1815)孚遠堂刻本　一册

370000－1541－0011116　839.22/399

貞豐詩萃五卷　(清)陶煦輯　清咸豐十一年至同治三年(1861－1864)儀一堂刻本　一册

370000－1541－0011117　839.22/885

秋浦雙忠錄四十卷　劉世珩輯　清光緒二十八年(1902)劉氏唐石簃彙刻貴池先哲遺書本　六册

370000－1541－0011118　839.23/112

黃巖集三十二卷首一卷續錄二卷　(清)王子莊輯　(清)王蜺補輯　清光緒三年(1877)黃巖王維翰刻六年(1880)李苑西補刻本　十六册

370000－1541－0011119　839.23/117

湖墅叢書三十二卷　(清)王麟輯　清光緒五年(1879)錢塘王氏刻本　六册

370000－1541－0011120　839.23/329

海虞文徵三十卷目錄二卷　邵伯英輯　清光緒三十一年(1905)上海鴻文書局石印本　十

五册

370000－1541－0011121　839.23/329＝1

海虞文徵三十卷目錄二卷　邵伯英輯　清光緒三十一年(1905)上海鴻文書局石印本　十六册

370000－1541－0011122　839.23/429

嚴陵集九卷　(宋)董棻輯　清光緒二十三年(1897)于湖官舍刻本　二册

370000－1541－0011123　839.23/429＝2

嚴陵集九卷　(宋)董棻輯　清抄本　一册

370000－1541－0011124　839.23/653

東甌先正文錄十五卷補遺一卷　(清)陳遇春編　清道光十四年(1834)刻本　十六册

370000－1541－0011125　839.23/987

國朝天台詩存十四卷補遺一卷　(清)金文田編　清光緒三十四年(1908)刻本　四册

370000－1541－0011126　839.24/299

慕萊堂詩文徵存十一卷　(清)李維翰輯　清光緒刻本　四册

370000－1541－0011127　839.24/299＝1

慕萊堂詩文徵存十一卷　(清)李維翰輯　清光緒刻本　二册　存五卷(一至五)

370000－1541－0011128　839.24/674

江右古文選四十卷　(清)應麟評　清乾隆三十一年(1766)宜黃屏山堂刻本　二十册

370000－1541－0011129　839.26/311

湖南校士錄存真不分卷　(清)張亨嘉編　清光緒二十年(1894)湖南刻本　五册

370000－1541－0011130　839.26/482

湖南文徵一百九十卷　(清)羅汝懷編　清同治十年(1871)刻本　佚名批　一百册

370000－1541－0011131　839.27/271

升菴全蜀藝文志六十四卷　(明)楊慎撰　清嘉慶二十二年(1817)樂山張汝杰讀月草堂刻本　十六册

370000－1541－0011132　839.27/271＝1

全蜀藝文志六十四卷 （明）楊慎撰 清光緒
十七年(1891)雨餘山房刻本 十六冊

370000－1541－0011133 839.31/472

閩詩錄甲集六卷乙集四卷丙集二十三卷丁集
一卷戊集七卷 鄭杰輯 陳衍補訂 清宣統
三年(1911)閩縣刻本 八冊

370000－1541－0011134 839.31/472 ＝1

莆風清籟集六十卷 （清）鄭王臣輯 清乾隆
三十七年(1772)長洲刻本 十冊

370000－1541－0011135 839.33/908

粵十三家集一百八十二卷 （清）伍元薇輯
清道光二十年(1840)南海伍元薇刻本 三十
冊

370000－1541－0011136 839.33/984

潮州耆舊集三十七卷 （清）馮奉初輯 清道
光二十九年(1849)潮州趙天水刻本 十六冊

370000－1541－0011137 839.8/117 ＝1

王氏家集 （清）王家璧等撰 清光緒狄雲行
館刻本 四冊

370000－1541－0011138 839.8/119

王氏世德錄不分卷 （清）王衍福輯 清嘉慶
六年(1801)諸城王氏刻本 十冊

370000－1541－0011139 839.8/169

江寧白鷺洲黃氏全集一卷 （清）黃文濤
（清）黃文琛輯 清宣統三年(1911)鉛印本
十冊

370000－1541－0011140 839.8/183

彭氏二文合集十卷 （明）彭篤福輯 清康熙
五年(1666)安成彭志禎刻本 四冊

370000－1541－0011141 839.8/212

瑞芝山房文鈔八卷 （清）戴燮元輯 清光緒
三年(1877)廣陵刻本 六冊

370000－1541－0011142 839.8/345

奏雅世業十一卷 （明）來日昇等撰 清康熙
蕭山來氏倘湖小築刻本 二冊 存三卷(一
至三)

370000－1541－0011143 839.8/370

臨江玉峽三孔文集三十卷 （宋）孔文仲等撰
（清）孔傳勲編 清嘉慶二十二年(1817)孔
傳勲刻本 六冊

370000－1541－0011144 839.8/440

吳氏一家稿四卷 （清）吳清鵬輯 清咸豐五
年(1855)刻本 十六冊

370000－1541－0011145 839.8/440 ＝1

海豐吳氏文存四卷 吳重憙輯 清宣統二年
(1910)大梁刻本 四冊

370000－1541－0011146 839.8/440 ＝2

海豐吳氏文存四卷 吳重憙輯 清宣統二年
(1910)大梁刻朱印本 四冊

370000－1541－0011147 839.8/504 ＝1

午夢堂全集十二種二十三卷 （明）葉紹袁編
明崇禎刻本 三冊 存四種六卷(竊聞一
卷、續一卷，屺雁哀一卷，百旻遺草一卷，彤奩
續些二卷)

370000－1541－0011148 839.8/504 ＝3

午夢堂集十三種十六卷附集五種五卷增附一
種一卷 （明）葉紹袁編 明崇禎九年(1636)
刻本 清楊復吉跋 六冊

370000－1541－0011149 839.8/533

雙雲堂傳集五種 （清）范從律等撰 清光緒
十年(1884)甬上范氏刻本 四冊

370000－1541－0011150 839.8/537 ＝2

宋范文正忠宣二公全集七十三卷 （宋）范仲
淹 （宋）范純仁撰 清宣統二年(1910)刻本
十六冊

370000－1541－0011151 839.8/554

三蘇文全集六十卷 （明）張煥如編 （明）茅
坤 （明）錢穀 （明）鍾惺等評 明末聚錦堂
刻本 二十冊

370000－1541－0011152 839.8/554 ＝2

三蘇全集 （宋）蘇洵等撰 （清）弓翊清編
清道光十二年(1832)眉州三蘇祠刻本 八十
冊

370000－1541－0011153 839.8/569

薛氏五種 （清）薛時雨輯 清同治七年(1868)全椒薛氏刻本 五冊

370000－1541－0011154 839.8/601

碧漪集四卷 譚新嘉纂錄 清宣統三年(1911)刻朱印本 二冊

370000－1541－0011155 839.8/745

吳興長橋沈氏家集五種二十九卷 沈家本輯 清宣統元年(1909)吳興沈氏刻本 十冊

370000－1541－0011156 839.8/787

河南程氏文集十二卷 （宋）程顥 （宋）程頤撰 清刻本 五冊

370000－1541－0011157 839.8/798

寧都三魏全集 （清）林時益輯 清刻本 五十四冊

370000－1541－0011158 839.8/798＝3

寧都三魏全集 （清）林時益輯 清刻本 四十八冊

370000－1541－0011159 839.8/818

五周先生集 （清）周沐潤等撰 清光緒二十二年(1896)水繪盦刻本 一冊

370000－1541－0011160 839.8/834

濟南朱氏詩文彙編 （清）朱絅等撰 清道光二十年(1840)濟南朱汲刻本 八冊

370000－1541－0011161 839.8/885

清芬集十卷 （清）劉寶楠輯 清道光十九年(1839)刻本 八冊

370000－1541－0011162 839.8/888

新喻三劉文集六卷首一卷 （清）暨用其輯 清乾隆十五年(1750)水西劉氏刻本 六冊

370000－1541－0011163 839.8/927

陽湖錢氏家集 錢振鍠輯 清光緒三十三年(1907)木活字印本 二十一冊

370000－1541－0011164 840/795

琱玉集 （唐）□□撰 清光緒十年(1884)遵義黎氏日本東京使署刻古逸叢書本 一冊

370000－1541－0011165 840.24/158

曹集銓評十卷逸文一卷 （三國魏）曹植撰 （清）丁晏纂 魏陳思王年譜一卷 （清）丁晏編 清同治十一年(1872)金陵書局刻本 二冊

370000－1541－0011166 840.24/158＝1

曹集銓評十卷逸文一卷 （三國魏）曹植撰 （清）丁晏纂 魏陳思王年譜一卷 （清）丁晏編 清同治十一年(1872)金陵書局刻本 四冊

370000－1541－0011167 840.29/298

外交報 （清）外交報館編 清光緒三十二年(1906)上海鉛印本 七冊

370000－1541－0011168 841.4/377

讀畫齋重刻南宋群賢小集 （宋）陳起編 （清）顧修重輯 清嘉慶六年(1801)石門顧氏讀畫齋刻本 三十六冊

370000－1541－0011169 842.1/137

東方先生集一卷 （漢）東方朔撰 明萬曆至天啓新安汪氏刻本 一冊

370000－1541－0011170 842.2/563＝2

蔡中郎集六卷 （漢）蔡邕撰 清順治十一年(1654)劉嗣美刻本 四冊

370000－1541－0011171 842.2/563＝4

蔡中郎集十卷外紀一卷外集四卷 （漢）蔡邕撰 清光緒十六年(1890)番禺陶氏愛廬刻本 五冊

370000－1541－0011172 842.2/563＝5

蔡中郎集十卷外集四卷末一卷 （漢）蔡邕撰 清咸豐二年(1852)聊城楊氏海源閣刻本 六冊

370000－1541－0011173 842.3/321

屈賈文合編四種二十三卷 （清）夏獻雲編 清光緒三年(1877)長沙夏獻雲刻本 四冊 存二種(屈大夫文、賈太傅文)

370000－1541－0011174 842.4/139＝1

曹集銓評十卷逸文一卷 （三國魏）曹植撰 （清）丁晏纂 魏陳思王年譜一卷 （清）丁晏

编 清同治十一年(1872)金陵書局刻本 二冊

370000－1541－0011175 842.4/139＝3
曹集銓評十卷逸文一卷 （三國魏）曹植撰 （清）丁晏纂 魏陳思王年譜一卷 （清）丁晏編 清同治十一年(1872)金陵書局刻本 二冊

370000－1541－0011176 842.4/139＝4
曹集銓評十卷逸文一卷 （三國魏）曹植撰 （清）丁晏纂 魏陳思王年譜一卷 （清）丁晏編 清同治十一年(1872)金陵書局刻本 三冊

370000－1541－0011177 842.4/139＝5
曹集銓評十卷逸文一卷 （三國魏）曹植撰 （清）丁晏纂 魏陳思王年譜一卷 （清）丁晏編 清同治十一年(1872)金陵書局刻本 二冊

370000－1541－0011178 842.4/139＝6
曹集銓評十卷逸文一卷 （三國魏）曹植撰 （清）丁晏纂 魏陳思王年譜一卷 （清）丁晏編 清同治十一年(1872)金陵書局刻本 二冊

370000－1541－0011179 842.4/139＝7
曹集銓評十卷逸文一卷 （三國魏）曹植撰 （清）丁晏纂 魏陳思王年譜一卷 （清）丁晏編 清同治十一年(1872)金陵書局刻本 二冊

370000－1541－0011180 842.4/139＝8
陳思王集二卷 （三國魏）曹植撰 （明）張溥評 清同治朝宗書室木活字印本 四冊

370000－1541－0011181 843.11/387＝1
陸士龍集十卷 （晉）陸雲撰 清光緒四年(1878)長沙寄生草堂刻本 二冊

370000－1541－0011182 843.11/906
傅鶉觚集五卷 （晉）傅玄撰 （清）方濬師校集 清光緒二年(1876)廣州書局刻本 二冊

370000－1541－0011183 843.11/906＝2

傅玄集三卷 （晉）傅玄撰 葉德輝輯 清光緒二十八年(1902)長沙葉氏觀古堂刻本 一冊

370000－1541－0011184 843.2/399
陶靖節集十卷總論一卷附錄一卷 （晉）陶潛撰 （宋）湯漢等箋注 明萬曆四年(1576)周敬松刻本 六冊

370000－1541－0011185 843.2/399＝1
陶靖節集十卷總論一卷附錄一卷 （晉）陶潛撰 （宋）湯漢等箋注 明萬曆十五年(1587)休陽程氏刻本 四冊

370000－1541－0011186 843.2/399＝2
陶淵明全集四卷 （晉）陶潛撰 明白鹿齋刻本 二冊

370000－1541－0011187 843.2/399＝3
箋注陶淵明集六卷陶集總論一卷附和陶一卷律陶一卷律陶纂一卷 （晉）陶潛撰 （明）張自烈評注 明崇禎六年(1633)張自烈刻本 六冊

370000－1541－0011188 843.2/399＝4
靖節先生集十卷年譜考異二卷 （晉）陶潛撰 （清）陶澍集注 清道光二十年(1840)刻本 四冊

370000－1541－0011189 843.2/399＝5
靖節先生集十卷年譜考異二卷 （晉）陶潛撰 （清）陶澍集注 清道光二十年(1840)刻本 四冊

370000－1541－0011190 843.2/399＝6
靖節先生集十卷 （晉）陶潛撰 （清）陶澍集注 清光緒九年(1883)江蘇書局刻本 四冊

370000－1541－0011191 843.2/399＝7
靖節先生集十卷 （晉）陶潛撰 （清）陶澍集注 清光緒九年(1883)江蘇書局刻本 四冊

370000－1541－0011192 843.2/399＝8
靖節先生集十卷 （晉）陶潛撰 （清）陶澍集注 清光緒九年(1883)江蘇書局刻本 四冊

370000－1541－0011193 843.2/399＝9

靖節先生集十卷 （晉）陶潛撰　（清）陶澍集注　清光緒九年(1883)江蘇書局刻本　四冊

370000－1541－0011194　843.2/399＝10

靖節先生集十卷 （晉）陶潛撰　（清）陶澍集注　清光緒九年(1883)江蘇書局刻本　四冊

370000－1541－0011195　843.2/399＝11

陶彭澤集六卷 （晉）陶潛撰　清同治永康胡氏退補齋刻本　一冊

370000－1541－0011196　843.2/399＝12

陶淵明詩不分卷 （晉）陶潛撰　清光緒元年(1875)刻本　一冊

370000－1541－0011197　843.2/399＝13

陶淵明集八卷首一卷末一卷 （晉）陶潛撰　清光緒五年(1879)廣州翰墨園刻朱墨套印本　二冊

370000－1541－0011198　843.2/399＝14

陶淵明集八卷首一卷末一卷 （晉）陶潛撰　清光緒六年(1880)刻朱印本　四冊

370000－1541－0011199　843.2/399＝15

陶淵明文集十卷 （晉）陶潛撰　清同治二年(1863)刻本　二冊

370000－1541－0011200　843.2/399＝16

陶淵明文集十卷 （晉）陶潛撰　清同治二年(1863)刻本　二冊

370000－1541－0011201　843.2/399＝17

陶淵明文集十卷 （晉）陶潛撰　（宋）蘇軾書　（清）錢梅仙臨　清嘉慶十二年(1807)丹徒魯銓刻本　二冊

370000－1541－0011202　843.2/399＝18

陶淵明文集十卷 （晉）陶潛撰　（宋）蘇軾書　（清）胡伯薊臨　清光緒五年(1879)番禺俞秀山刻本　三冊

370000－1541－0011203　843.2/399＝19

陶淵明文集十卷 （晉）陶潛撰　（宋）蘇軾書　（清）胡伯薊臨　清光緒五年(1879)番禺俞秀山刻本　三冊

370000－1541－0011204　843.2/399＝20

陶淵明文集十卷 （晉）陶潛撰　（宋）蘇軾書　（清）胡伯薊臨　清光緒五年(1879)番禺俞秀山刻本　三冊

370000－1541－0011205　843.2/399＝21

陶淵明詩集十卷 （晉）陶潛撰　清道光二十二年(1842)十芝堂刻本　四冊

370000－1541－0011206　843.2/399＝22

陶淵明集十卷 （晉）陶潛撰　清光緒二年(1876)刻本　二冊

370000－1541－0011207　843.2/399＝23

陶淵明集十卷 （晉）陶潛撰　清光緒二年(1876)刻本　六冊

370000－1541－0011208　843.2/399＝24

陶淵明集十卷 （晉）陶潛撰　清宣統元年(1909)著易堂石印本　四冊

370000－1541－0011209　843.2/399＝25

陶淵明集十卷 （晉）陶潛撰　清宣統元年(1909)著易堂石印本　四冊

370000－1541－0011210　843.2/399＝26

陶淵明集十卷 （晉）陶潛撰　清宣統元年(1909)著易堂石印本　四冊

370000－1541－0011211　843.5/906

傅光祿集二卷 （南朝宋）傅亮撰　清光緒十九年(1893)演慎齋刻傅氏家書本　一冊

370000－1541－0011212　843.51/616

謝康樂集四卷 （南朝宋）謝靈運撰　明萬曆十一年(1583)刻本　一冊

370000－1541－0011213　843.53/513

梁元帝集八卷 （南朝梁）元帝蕭繹撰　（明）閻光世輯　明末錢塘閻氏刻本　四冊　存六卷(一至六)

370000－1541－0011214　843.53/719＝3

江文通文集十卷 （南朝梁）江淹撰　明萬曆至天啓新安汪士賢刻本　一冊

370000－1541－0011215　843.53/915

任彥升集六卷 （南朝梁）任昉撰　（明）呂兆禧校　明萬曆十八年(1590)河東呂兆禧刻本

一册

370000－1541－0011216　843.54/946
徐孝穆集六卷　（南朝陳）徐陵撰　清光緒二
年(1876)廣東翰墨園刻本　六冊

370000－1541－0011217　843.54/946＝1
徐孝穆集六卷　（南朝陳）徐陵撰　清光緒二
年(1876)廣東翰墨園刻本　六冊

370000－1541－0011218　843.54/946＝3
徐孝穆全集六卷　（南朝陳）徐陵撰　（清）吳
兆宜箋注　清刻本　六冊

370000－1541－0011219　843.54/946＝4
徐孝穆全集六卷　（南朝陳）徐陵撰　（清）吳
兆宜箋注　清揚州藝古堂刻本　二冊

370000－1541－0011220　843.54/946＝5
徐孝穆全集六卷　（南朝陳）徐陵撰　（清）吳
兆宜箋注　清揚州藝古堂刻本　四冊

370000－1541－0011221　843.65/673
庚子山全集十卷　（北周）庚信撰　（清）吳兆
宜箋注　清康熙吳郡寶翰樓刻本　四冊　存
六卷(一至六)

370000－1541－0011222　843.65/673＝1
庚子山全集箋注十卷　（北周）庚信撰　（清）
吳兆宜箋注　清貴文堂刻本　五冊

370000－1541－0011223　843.65/673＝2
庚子山全集箋注十卷　（北周）庚信撰　（清）
吳兆宜箋注　清貴文堂刻本　五冊

370000－1541－0011224　843.65/673＝3
庚子山集十六卷　（北周）庚信撰　（清）倪璠
注釋　**庚子山年譜一卷**　（清）倪璠撰　清康
熙二十六年(1687)崇岫堂刻本　十二冊

370000－1541－0011225　843.65/673＝4
庚子山集十六卷　（北周）庚信撰　（清）倪璠
注釋　**庚子山年譜一卷**　（清）倪璠撰　清康
熙二十六年(1687)崇岫堂刻本　十三冊

370000－1541－0011226　843.65/673＝5
庚子山集十六卷　（北周）庚信撰　（清）倪璠
注釋　**庚子山年譜一卷庚集總釋一卷**　（清）

倪璠撰　清道光十九年(1839)同文堂刻本
十二冊

370000－1541－0011227　843.65/673＝6
庚子山集十六卷　（北周）庚信撰　（清）倪璠
注釋　**庚子山年譜一卷庚集總釋一卷**　（清）
倪璠撰　清道光十九年(1839)善成堂刻本
十二冊

370000－1541－0011228　843.65/673＝7
庚子山集十六卷　（北周）庚信撰　（清）倪璠
注釋　**庚子山年譜一卷庚集總釋一卷**　（清）
倪璠撰　清道光十九年(1839)大文堂刻本
十六冊

370000－1541－0011229　843.65/673＝8
庚子山集十六卷　（北周）庚信撰　（清）倪璠
注釋　**庚子山年譜一卷庚集總釋一卷**　（清）
倪璠撰　清道光十九年(1839)大文堂刻本
十二冊

370000－1541－0011230　843.65/673＝10
庚子山集十六卷　（北周）庚信撰　（清）倪璠
注釋　**庚子山年譜一卷庚集總釋一卷**　（清）
倪璠撰　清光緒十六年(1890)廣州經史閣刻
本　十二冊

370000－1541－0011231　843.65/673＝11
庚開府集四卷　（北周）庚信撰　清同治九年
(1870)永康胡氏退補齋刻本　二冊

370000－1541－0011232　844/311
張說之文集二十五卷補遺五卷　（唐）張說撰
清光緒三十一年(1905)朱氏刻本　四冊

370000－1541－0011233　844/422
駱侍御全集四卷　（唐）駱賓王撰　清道光二
十九年(1849)刻本　四冊

370000－1541－0011234　844.1/119
類箋唐王右丞詩集十卷文集四卷　（唐）王維
撰　（明）顧起經輯并注　明嘉靖三十五年
(1556)顧氏奇字齋刻本　五冊　存十卷(類
箋唐王右丞詩集三至十、文集一至二)

370000－1541－0011235　844.1/119＝1

王右丞集二十八卷首一卷末一卷 （唐）王維
撰 （清）趙殿成箋注 清乾隆二年（1737）仁
和趙氏刻本 十二冊

370000－1541－0011236 844.1/119＝2

王右丞集二十八卷首一卷末一卷 （唐）王維
撰 （清）趙殿成箋注 清乾隆二年（1737）仁
和趙氏刻本 八冊

370000－1541－0011237 844.1/119＝3

王右丞集二十八卷首一卷末一卷 （唐）王維
撰 （清）趙殿成箋注 清乾隆二年（1737）仁
和趙氏刻本 八冊

370000－1541－0011238 844.1/119＝4

王右丞集二十八卷首一卷末一卷 （唐）王維
撰 （清）趙殿成箋注 清乾隆二年（1737）仁
和趙氏刻本 八冊

370000－1541－0011239 844.1/119＝5

王右丞集二十八卷首一卷末一卷 （唐）王維
撰 （清）趙殿成箋注 清乾隆二年（1737）仁
和趙氏刻本 八冊

370000－1541－0011240 844.1/119＝6

王右丞集二十八卷首一卷末一卷 （唐）王維
撰 （清）趙殿成箋注 清乾隆二年（1737）仁
和趙氏刻本 八冊

370000－1541－0011241 844.1/119＝7

王右丞集二十八卷首一卷末一卷 （唐）王維
撰 （清）趙殿成箋注 清乾隆二年（1737）仁
和趙氏刻本 六冊

370000－1541－0011242 844.1/119＝8

王右丞集二十八卷首一卷末一卷 （唐）王維
撰 （清）趙殿成箋注 清乾隆二年（1737）仁
和趙氏刻本 八冊

370000－1541－0011243 844.1/119＝9

王右丞集二十八卷首一卷末一卷 （唐）王維
撰 （清）趙殿成箋注 清乾隆二年（1737）仁
和趙氏刻本 十冊

370000－1541－0011244 844.1/128＝2

元次山集十二卷 （唐）元結撰 清乾隆槐蔭

草堂刻本 四冊

370000－1541－0011245 844.1/232

新刊五百家註音辯昌黎先生文集四十卷
（唐）韓愈撰 （宋）魏仲舉輯註 清乾隆二十
八年（1763）富仁軒刻本 十冊

370000－1541－0011246 844.1/242＝1

杜工部集二十卷 （唐）杜甫撰 （清）錢謙益
箋註 諸家詩話一卷唱酬題詠附錄一卷少陵
先生年譜一卷 清康熙六年（1667）季氏靜思
堂刻本 十冊

370000－1541－0011247 844.1/242＝2

杜工部集二十卷 （唐）杜甫撰 （清）朱鶴齡
輯 清乾隆五十年（1785）鄭澐玉勾草堂刻本
十二冊

370000－1541－0011248 844.1/242＝3

杜工部集二十卷 （唐）杜甫撰 （清）錢謙益
箋註 清光緒十三年（1887）刻本 俞喬雲批
十冊

370000－1541－0011249 844.1/242＝4

杜工部集二十卷 （唐）杜甫撰 （清）錢謙益
箋註 清宣統二年（1910）鉛印本 八冊

370000－1541－0011250 844.1/249

樊川詩集四卷別集一卷外集一卷補遺一卷
（唐）杜牧撰 （清）馮集梧注 清光緒十六年
（1890）湘南書局刻本 五冊

370000－1541－0011251 844.1/281

河東先生文集六卷 （唐）柳宗元撰 清宣統
二年（1910）上海會文堂書局石印本 五冊

370000－1541－0011252 844.1/285

李太白文集三十六卷 （唐）李白撰 （清）王
琦輯注 清乾隆二十五年（1760）寶笏樓刻本
十二冊

370000－1541－0011253 844.1/290＝1

李義山文集十卷 （唐）李商隱撰 （清）徐樹
穀箋 （清）徐炯注 清康熙四十七年（1708）
崑山徐氏花谿草堂刻本 四冊

370000－1541－0011254 844.1/290＝2

李義山文集十卷 （唐）李商隱撰 （清）徐樹
穀箋 （清）徐炯注 清康熙四十七年(1708)
崑山徐氏花谿草堂刻本 六冊

370000－1541－0011255 844.1/290＝3

樊南文集詳注八卷首一卷 （唐）李商隱撰
（清）馮浩注 清乾隆四十五年(1780)德聚堂
刻本 八冊

370000－1541－0011256 844.1/290＝4

玉谿生詩詳注三卷首一卷 （唐）李商隱撰
（清）馮浩箋注 清乾隆四十五年(1780)德聚
堂刻本 八冊

370000－1541－0011257 844.1/290＝5

樊南文集補編十二卷 （唐）李商隱撰 （清）
錢振倫箋 清同治五年(1866)刻本 四冊

370000－1541－0011258 844.1/387

唐陸宣公集二十二卷 （唐）陸贄撰 清雍正
元年(1723)刻本 六冊

370000－1541－0011259 844.1/387＝1

唐陸宣公翰苑集注二十四卷 （唐）陸贄撰
（清）張佩芳注 清光緒九年(1883)刻本 八
冊

370000－1541－0011260 844.1/869

白香山詩長慶集二十卷後集十七卷別集一卷
補遺二卷年譜一卷年譜舊本一卷 （唐）白居
易撰 （清）汪立名編訂 清康熙四十一年至
四十二年(1702－1703)汪氏一隅草堂刻本
十二冊

370000－1541－0011261 844.1/879＝2

酉陽雜俎二十卷續集十卷 （唐）段成式撰
清道光二十九年(1849)小嬛嬛山館刻本 五
冊

370000－1541－0011262 844.1/972

鄭司農集一卷 （漢）鄭玄撰 清乾隆二十一
年(1756)盧氏雅雨堂刻雅雨堂叢書本 一冊

370000－1541－0011263 844.12/112

王子安集注二十卷 （唐）王勃撰 （清）蔣靖
翊注 清光緒九年(1883)吳縣蔣氏雙唐碑館

刻本 六冊

370000－1541－0011264 844.12/112＝1

王子安集注二十卷 （唐）王勃撰 （清）蔣靖
翊注 清光緒九年(1883)吳縣蔣氏雙唐碑館
刻本 六冊

370000－1541－0011265 844.12/112＝3

王子安集十六卷 （唐）王勃撰 清光緒五年
(1879)華陽醉經堂刻本 四冊

370000－1541－0011266 844.13/377＝2

陳伯玉文集三卷詩集二卷 （唐）陳子昂撰
清道光十七年(1837)鐵筆齋刻本 四冊

370000－1541－0011267 844.13/422＝1

駱賓王文集十卷 （唐）駱賓王撰 清嘉慶二
十一年(1816)秦氏石研齋刻本 二冊

370000－1541－0011268 844.13/422＝2

唐駱先生文集六卷 （唐）駱賓王撰 （明）虞
九章 （明）陸弘祚等訂釋 明萬曆十九年
(1591)虞九章刻本 三冊

370000－1541－0011269 844.13/422＝3

駱賓王集二卷 （唐）駱賓王撰 明萬曆三十
一年(1603)長洲許自昌霏玉軒刻本 二冊

370000－1541－0011270 844.13/422＝4

靈隱子六卷 （唐）駱賓王撰 （明）陳魁士注
明萬曆二十四年(1596)維揚陳大科刻本
六冊

370000－1541－0011271 844.13/422＝5

靈隱子六卷 （唐）駱賓王撰 （明）陳魁士注
明萬曆二十四年(1596)維揚陳大科刻本
六冊

370000－1541－0011272 844.14/313＝3

唐丞相曲江張文獻公集十二卷附錄一卷
（唐）張九齡撰 清雍正十二年(1734)張世緯
等刻本 八冊

370000－1541－0011273 844.14/313＝5

唐丞相曲江張文獻公集十二卷 （唐）張九齡
撰 清光緒十六年(1890)張曉如刻本 五冊

370000－1541－0011274 844.15/242

杜工部集二十卷首一卷　（唐）杜甫撰　清光
緒十三年(1887)刻本　十冊

370000－1541－0011275　844.15/242＝1

杜工部集二十卷首一卷　（唐）杜甫撰　清光
緒十三年(1887)刻本　十二冊

370000－1541－0011276　844.15/242＝2

杜工部集二十卷　（唐）杜甫撰　清光緒二年
(1876)粵東翰墨園刻五色套印本　十冊

370000－1541－0011277　844.15/242＝3

杜工部集二十卷　（唐）杜甫撰　清光緒二年
(1876)粵東翰墨園刻本　十二冊

370000－1541－0011278　844.15/242＝4

杜工部集二十卷　（唐）杜甫撰　清光緒二年
(1876)粵東翰墨園刻六色套印本　丁山跋
十冊

370000－1541－0011279　844.15/242＝5

杜工部集二十卷　（唐）杜甫撰　清光緒二年
(1876)粵東翰墨園刻五色套印本　六冊

370000－1541－0011280　844.15/242＝6

杜工部集二十卷　（唐）杜甫撰　清光緒二年
(1876)粵東翰墨園刻五色套印本　十冊

370000－1541－0011281　844.15/242＝7

杜工部集二十卷首一卷　（唐）杜甫撰　（明）
王世貞等評　清道光十四年(1834)芸葉盦刻
五色套印本　八冊

370000－1541－0011282　844.15/242＝8

杜工部集二十卷首一卷　（唐）杜甫撰　（明）
王世貞等評　清道光十四年(1834)芸葉盦刻
五色套印本　八冊

370000－1541－0011283　844.15/242＝9

杜工部集二十卷　（唐）杜甫撰　（清）錢謙益
箋註　諸家詩話一卷唱酬題詠附錄一卷少陵
先生年譜一卷　清康熙六年(1667)季氏靜思
堂刻本　佚名批校　十冊

370000－1541－0011284　844.15/242＝10

杜工部集二十卷　（唐）杜甫撰　（清）錢謙益
箋註　諸家詩話一卷唱酬題詠附錄一卷少陵

先生年譜一卷　清康熙六年(1667)季氏靜思
堂刻本　清王鳴盛跋　十二冊

370000－1541－0011285　844.15/242＝11

杜工部集二十卷　（唐）杜甫撰　（清）錢謙益
箋注　清康熙六年(1667)季氏靜思堂刻本
八冊

370000－1541－0011286　844.15/242＝12

杜工部集二十卷　（唐）杜甫撰　（清）錢謙益
箋注　清宣統三年(1911)時中書局石印本
八冊

370000－1541－0011287　844.15/242＝13

集千家註批點杜工部詩集二十卷文集二卷附
錄一卷　（唐）杜甫撰　（宋）黃鶴補註　明洪
武元年(1368)會文堂刻本　一冊　存三卷
(文集二卷、附錄一卷)

370000－1541－0011288　844.15/242＝14

杜工部文集二卷　（唐）杜甫撰　明刻本　一
冊

370000－1541－0011289　844.15/242＝16

杜工部詩集二十卷　（唐）杜甫撰　（明）毛晉
重訂　明末常熟毛晉汲古閣刻本　佚名批
二十冊

370000－1541－0011290　844.15/242＝17

杜工部集二十卷　（唐）杜甫撰　清同治十一
年(1872)致一齋刻本　六冊

370000－1541－0011291　844.15/292

分類補註李太白詩二十五卷分類編次李太白
文五卷　（唐）李白撰　（宋）楊齊賢集註
(元)蕭士贇補註　明嘉靖二十二年(1543)吳
會郭雲鵬寶善堂刻本　十二冊

370000－1541－0011292　844.15/292＝1

重刊分類補註李詩全集二十五卷重刊分類編
次李太白文集五卷　（唐）李白撰　明霏玉
齋、瑞桃堂刻本　四冊

370000－1541－0011293　844.15/292＝2

李太白文集三十卷　（唐）李白撰　清康熙五
十六年(1717)吳門繆氏家塾刻本　四冊

370000－1541－0011294　844.15/292＝3
李太白文集三十卷　（唐）李白撰　清康熙五十六年(1717)吳門繆氏家塾刻本　六冊

370000－1541－0011295　844.15/292＝4
李太白文集三十六卷　（唐）李白撰　（清）王琦輯注　清乾隆二十四年(1759)刻本　十六冊

370000－1541－0011296　844.15/292＝5
李太白文集三十六卷　（唐）李白撰　（清）王琦輯注　清乾隆二十四年(1759)聚錦堂刻本　十六冊

370000－1541－0011297　844.15/292＝6
李太白文集三十六卷　（唐）李白撰　（清）王琦輯注　清乾隆二十四年(1759)聚錦堂刻本　十六冊

370000－1541－0011298　844.15/292＝7
李太白全集三十六卷　（唐）李白撰　（清）王琦輯注　清乾隆二十四年(1759)寶笏樓刻本　十二冊

370000－1541－0011299　844.15/292＝8
李太白文集三十六卷　（唐）李白撰　（清）王琦輯注　清刻本　八冊

370000－1541－0011300　844.15/292＝9
李太白全集十六卷　（唐）李白撰　（清）李調元等編　清乾隆二十九年(1764)清廉學舍刻本　六冊

370000－1541－0011301　844.15/292＝13
李太白集三十卷　（唐）李白撰　清光緒十四年(1888)湖北官書局刻本　四冊

370000－1541－0011302　844.15/292＝14
李翰林集三十卷札記一卷　（唐）李白撰　清光緒三十四年(1908)貴池劉氏玉海堂刻本　六冊

370000－1541－0011303　844.16/277＝2
權載之文集五十卷　（唐）權德輿撰　清嘉慶十一年(1806)大興朱珪刻本　八冊

370000－1541－0011304　844.16/281

河東先生集四十五卷外集二卷龍城錄二卷附錄二卷集傳一卷　（唐）柳宗元撰　（唐）劉禹錫編　明末刻本　十二冊

370000－1541－0011305　844.16/281＝1
唐大家柳柳州文抄十二卷　（唐）柳宗元撰　（明）茅坤批評　明崇禎刻唐宋八大家文抄本　二冊

370000－1541－0011306　844.16/281＝2
唐大家柳柳州文抄十二卷　（唐）柳宗元撰　（明）茅坤批評　明崇禎刻唐宋八大家文抄本　三冊

370000－1541－0011307　844.16/281＝3
柳子厚集選四卷　（唐）柳宗元撰　（明）陸夢龍評選　明末刻本　十二冊

370000－1541－0011308　844.16/281＝4
增廣註釋音辨唐柳先生集二十卷別集一卷外集一卷附錄一卷　（唐）柳宗元撰　（唐）劉禹錫編　明刻本　二十冊

370000－1541－0011309　844.16/281＝9
增廣註釋音辨唐柳先生集四十三卷別集二卷外集二卷附錄一卷　（唐）柳宗元撰　（宋）童宗說註釋　明正德十年(1515)張景暘、胡韶、劉玉刻本　五冊　存二十一卷（一至二十一）

370000－1541－0011310　844.16/288
李元賓文集六卷　（唐）李觀撰　清嘉慶二十三年(1818)江都秦氏石研齋刻本　一冊

370000－1541－0011311　844.16/377＝2
唐陸宣公集二十二卷　（唐）陸贄撰　清雍正元年(1723)刻本　十二冊

370000－1541－0011312　844.16/377＝3
唐陸宣公集二十二卷　（唐）陸贄撰　清道光四年(1824)刻本　八冊

370000－1541－0011313　844.16/377＝5
唐陸宣公集二十四卷　（唐）陸贄撰　清道光二十七年(1847)刻本　八冊

370000－1541－0011314　844.16/377＝7
唐陸宣公翰苑集二十四卷　（唐）陸贄撰

（清）張佩芳注　清刻本　八冊

370000－1541－0011315　844.16/449 = 2
呂衡州文集十卷　（唐）呂溫撰　清道光七年(1827)江都石研齋刻唐人三家集本　四冊

370000－1541－0011316　844.16/679 = 3
顏魯公文集三十卷補遺一卷年譜一卷世系表一卷　（唐）顏真卿撰　（清）黃本驥編　清道光二十五年(1845)長沙蔣氏三長物齋刻本　十二冊

370000－1541－0011317　844.16/679 = 4
文忠集十六卷　（唐）顏真卿撰　清乾隆四十七年(1782)武英殿木活字印武英殿聚珍版書本　二冊

370000－1541－0011318　844.16/964
顧華陽集三卷　（唐）顧況撰　（明）顧名端輯　清咸豐五年(1855)雙峰堂刻本　四冊

370000－1541－0011319　844.17/128 = 3
元氏長慶集六十卷補遺六卷附錄一卷　（唐）元稹撰　明萬曆三十三年(1605)松江馬元調魚樂軒刻本　六冊

370000－1541－0011320　844.17/232
韓文一卷　（唐）韓愈撰　（明）郭正域選評　明萬曆吳興閔氏刻朱墨套印本　一冊

370000－1541－0011321　844.17/232 = 1
朱文公校昌黎先生文集四十卷外集十卷遺文一卷　（唐）韓愈撰　（唐）李漢編　明萬曆三十三年(1605)朱崇沐刻本　十二冊

370000－1541－0011322　844.17/232 = 2
韓文起十二卷附年譜一卷　（唐）韓愈撰　（清）林雲銘評注　清康熙三十二年(1693)晉安林雲銘刻本　四冊

370000－1541－0011323　844.17/232 = 3
重刊五百家注音辯昌黎先生文集四十卷　（唐）韓愈撰　清乾隆二十八年(1763)江右體仁閣刻本　十二冊

370000－1541－0011324　844.17/232 = 13
昌黎先生集四十卷外集十卷遺文一卷　（唐）

韓愈撰　（唐）李漢編　**韓集點勘四卷**　（清）陳景雲撰　清宣統三年(1911)石印本　十冊

370000－1541－0011325　844.17/232 = 4
昌黎先生集四十卷外集十卷集傳一卷遺文一卷　（唐）韓愈撰　（宋）廖瑩中輯注　**韓集點勘四卷**　（清）陳景雲撰　清同治八年(1869)江蘇書局刻本　十一冊

370000－1541－0011326　844.17/232 = 5
昌黎先生集四十卷外集十卷集傳一卷遺文一卷　（唐）韓愈撰　（宋）廖瑩中輯注　**韓集點勘四卷**　（清）陳景雲撰　清同治八年(1869)江蘇書局刻本　十冊　缺四卷(韓集點勘四卷)

370000－1541－0011327　844.17/232 = 6
昌黎先生集四十卷外集十卷集傳一卷遺文一卷　（唐）韓愈撰　（宋）廖瑩中輯注　**韓集點勘四卷**　（清）陳景雲撰　清同治八年(1869)江蘇書局刻本　三冊　存二十一卷(昌黎先生集二至四、三十四至四十,外集十卷,遺文一卷)

370000－1541－0011328　844.17/232 = 7
昌黎先生集四十卷外集十卷集傳一卷遺文一卷　（唐）韓愈撰　（宋）廖瑩中輯注　**韓集點勘四卷**　（清）陳景雲撰　清同治八年(1869)江蘇書局刻本　一冊　存十二卷(外集十卷、集傳一卷、遺文一卷)

370000－1541－0011329　844.17/232 = 8
昌黎先生集四十卷外集十卷集傳一卷遺文一卷　（唐）韓愈撰　（宋）廖瑩中輯注　**韓集點勘四卷**　（清）陳景雲撰　清同治八年(1869)江蘇書局刻本　十一冊

370000－1541－0011330　844.17/232 = 9
昌黎先生集四十卷外集十卷集傳一卷遺文一卷　（唐）韓愈撰　（宋）廖瑩中輯注　**韓集點勘四卷**　（清）陳景雲撰　清同治八年(1869)江蘇書局刻本　十一冊

370000－1541－0011331　844.17/232 = 10
昌黎先生集四十卷外集十卷集傳一卷遺文一

卷 （唐）韓愈撰 （宋）廖瑩中輯注 **韓集點勘四卷** （清）陳景雲撰 清同治八年（1869）江蘇書局刻本 七冊 存二十九卷（昌黎先生集一至十二、十七至三十三）

370000－1541－0011332 844.17/232＝12
昌黎先生集四十卷外集十卷遺文一卷 （唐）韓愈撰 （唐）李漢編 **韓集點勘四卷** （清）陳景雲撰 清宣統三年（1911）上海鴻文書局、千頃堂書局石印本 十冊

370000－1541－0011333 844.17/232＝15
韓集點勘四卷 （清）陳景雲撰 清同治九年（1870）江蘇書局刻本 一冊

370000－1541－0011334 844.17/232＝16
韓集點勘四卷 （清）陳景雲撰 清同治九年（1870）江蘇書局刻本 一冊

370000－1541－0011335 844.17/740＝2
沈下賢文集十二卷 （唐）沈亞之撰 清光緒二十一年（1895）童光漢刻本 二冊

370000－1541－0011336 844.18/117
麟角集一卷 （唐）王棨撰 清光緒七年（1881）成都瀹雅齋刻本 二冊

370000－1541－0011337 844.18/117＝1
麟角集一卷 （唐）王棨撰 清光緒七年（1881）成都瀹雅齋刻本 二冊

370000－1541－0011338 844.18/249＝2
樊川文集二十卷別集一卷外集一卷 （唐）杜牧撰 清光緒二十二年（1896）成都景蘇園刻本 四冊

370000－1541－0011339 844.18/290
李義山文集十卷 （唐）李商隱撰 （清）徐樹穀箋 （清）徐炯注 清康熙四十七年（1708）崑山徐氏花溪草堂刻本 四冊

370000－1541－0011340 844.18/290＝1
李義山文集十卷 （唐）李商隱撰 清乾隆三十五年（1770）愛日堂刻本 六冊

370000－1541－0011341 844.18/290＝4
樊南文集詳注八卷首一卷 （唐）李商隱撰

（清）馮浩注 清乾隆四十五年（1780）德聚堂刻本 八冊

370000－1541－0011342 844.18/290＝5
樊南文集詳注八卷首一卷 （唐）李商隱撰 （清）馮浩注 清乾隆四十五年（1780）德聚堂刻本 八冊

370000－1541－0011343 844.18/290＝6
樊南文集詳注八卷首一卷 （唐）李商隱撰 （清）馮浩注 清乾隆四十五年（1780）德聚堂刻本 八冊

370000－1541－0011344 844.18/290＝7
樊南文集詳注八卷首一卷 （唐）李商隱撰 （清）馮浩注 清乾隆四十五年（1780）德聚堂刻本 八冊

370000－1541－0011345 844.18/290＝8
玉谿生詩詳注三卷首一卷 （唐）李商隱撰 （清）馮浩箋注 清乾隆四十五年（1780）德聚堂刻嘉慶元年（1796）補刻本 四冊

370000－1541－0011346 844.18/290＝9
玉谿生詩詳注三卷首一卷 （唐）李商隱撰 （清）馮浩箋注 清乾隆四十五年（1780）德聚堂刻嘉慶元年（1796）補刻本 四冊

370000－1541－0011347 844.18/292＝1
李文公集十八卷 （唐）李翱撰 明末虞山毛氏汲古閣刻本 六冊

370000－1541－0011348 844.18/292＝2
李習之先生文讀十卷首一卷 （唐）李翱撰 （清）高澍然評 清同治十年（1871）福州光澤抑快軒刻本 一冊

370000－1541－0011349 844.18/359＝3
孫可之文集二卷 （唐）孫樵撰 清宣統二年（1910）守政書局木活字印本 一冊

370000－1541－0011350 844.18/359＝4
孫可之文集二卷 （唐）孫樵撰 清宣統二年（1910）守政書局木活字印本 二冊

370000－1541－0011351 844.18/888＝2
唐劉蛻集六卷 （唐）劉蛻撰 （明）吳馡編

清寶硯齋抄本　二冊

370000 – 1541 – 0011352　844.19/169 = 1
莆陽黃御史集二卷別錄一卷附錄一卷　（唐）黃滔撰　清光緒十年(1884)福山王氏天壤閣刻天壤閣叢書本　六冊

370000 – 1541 – 0011353　844.19/169 = 2
莆陽黃御史集二卷別錄一卷附錄一卷　（唐）黃滔撰　**麟角集一卷附錄一卷**　（唐）王棨撰　清光緒十年(1884)福山王氏天壤閣刻天壤閣叢書本　三冊

370000 – 1541 – 0011354　844.19/169 = 3
唐黃御史集八卷附錄一卷　（唐）黃滔撰（宋）黃公度等輯　明崇禎十一年(1638)黃鳴喬、黃鳴俊等刻本　六冊

370000 – 1541 – 0011355　844.19/304
司空表聖文集十卷　（唐）司空圖撰　清光緒三十一年(1905)仁和朱澄刻牘餘叢書本　二冊

370000 – 1541 – 0011356　844.19/373 = 1
唐皮日休文藪十卷　（唐）皮日休撰　清光緒八年(1882)郯城于氏刻本　二冊

370000 – 1541 – 0011357　844.19/373 = 2
唐皮日休文藪十卷　（唐）皮日休撰　清光緒八年(1882)郯城于氏刻本　二冊

370000 – 1541 – 0011358　844.19/394
重刊校正笠澤叢書四卷補遺一卷續補遺一卷　（唐）陸龜蒙撰　清光緒歸安姚氏大臺山房刻本　四冊

370000 – 1541 – 0011359　844.19/394 = 1
重刊校正笠澤叢書四卷補遺一卷續補遺一卷　（唐）陸龜蒙撰　清光緒歸安姚氏大臺山房刻本　二冊

370000 – 1541 – 0011360　844.19/394 = 2
重刊校正笠澤叢書四卷補遺一卷續補遺一卷　（唐）陸龜蒙撰　清刻本　三冊

370000 – 1541 – 0011361　844.19/394 = 4
笠澤叢書四卷補遺一卷　（唐）陸龜蒙撰　清

東山草堂刻本　佚名批校　二冊

370000 – 1541 – 0011362　844.19/482
讒書五卷　（唐）羅隱撰　清容與室藍格抄本　佚名校　一冊

370000 – 1541 – 0011363　844.19/482 = 1
羅昭諫集八卷　（唐）羅隱撰　清康熙九年(1670)渤海張瓚瑙榴堂刻本　二冊

370000 – 1541 – 0011364　844.19/482 = 2
讒書五卷附校一卷　（唐）羅隱撰　清末刻本　一冊

370000 – 1541 – 0011365　845/169 = 1
山谷詩集注二十卷外集十七卷別集二卷　（宋）黃庭堅撰　清光緒二十一年(1895)刻本　二十冊

370000 – 1541 – 0011366　845/196
趙清獻公集十卷　（宋）趙抃撰　清南陽趙氏刻本　四冊

370000 – 1541 – 0011367　845/316
祠部集三十五卷　（宋）強至撰　清乾隆刻本　十六冊

370000 – 1541 – 0011368　845/394
陸象山先生文集三十六卷　（宋）陸九淵撰　清同治十年(1871)刻本　十二冊

370000 – 1541 – 0011369　845/504
石林居士建康集八卷　（宋）葉夢得撰　清道光二十四年(1844)吳縣葉廷琯刻本　二冊

370000 – 1541 – 0011370　845/627
馮秋水先生評定存雅堂遺稿十三卷附西塘十景詩一卷　（宋）方鳳撰　（清）馮如京評（明）張燧輯　清順治十一年(1654)刻康熙、嘉慶補刻本　二冊

370000 – 1541 – 0011371　845/759
白石道人歌曲六卷歌詞一卷附錄一卷　（宋）姜夔撰　清宣統二年(1910)遜齋刻本　一冊

370000 – 1541 – 0011372　845.1/102
淮海集十七卷後集二卷淮海詞一卷補遺一卷續補遺一卷　（宋）秦觀撰　**考證一卷**　（清）

王敬之等撰　**年譜節要一卷**　（清）秦瀛撰
清道光二十一年(1841)高郵王敬之等刻本
八冊

370000－1541－0011373　845.1/102＝1
淮海集四十卷後集六卷長短句三卷附錄一卷
　（宋）秦觀撰　清同治十二年(1873)秦氏家
塾刻本　六冊

370000－1541－0011374　845.1/115
王臨川文集四卷　（宋）王安石撰　清宣統二
年(1910)上海會文堂書局石印本　四冊

370000－1541－0011375　845.1/169
**山谷外集詩注十七卷別集注二卷外集補四卷
別集補一卷**　（宋）黃庭堅撰　（宋）史容
(宋)史季溫注　清乾隆刻本　十二冊

370000－1541－0011376　845.1/169＝1
**宋黃文節公文集正集三十二卷首四卷外集二
十四卷別集十九卷**　（宋）黃庭堅撰　清乾隆
三十年(1765)寧州緝香堂刻本　十六冊

370000－1541－0011377　845.1/201
南陽集六卷　（宋）趙湘撰　清刻本　二冊

370000－1541－0011378　845.1/219
文恭集四十卷　（宋）胡宿撰　清乾隆浙江刻
武英殿聚珍版書本　八冊

370000－1541－0011379　845.1/225
安陽集五十卷　（宋）韓琦撰　（清）黃邦寧輯
　忠獻韓魏王家傳十卷　（宋）韓忠彥撰　**忠
獻韓魏王別錄三卷**　（宋）王巖叟撰　**忠獻韓
魏王遺事一卷**　（宋）強至撰　清乾隆四年
(1739)陳氏書錦堂刻三十五年(1770)同安黃
邦寧彰德重修本　十冊

370000－1541－0011380　845.1/225＝1
安陽集五十卷　（宋）韓琦撰　（清）黃邦寧輯
　忠獻韓魏王家傳十卷　（宋）韓忠彥撰　**忠
獻韓魏王別錄三卷**　（宋）王巖叟撰　**忠獻韓
魏王遺事一卷**　（宋）強至撰　清乾隆四年
(1739)陳氏書錦堂刻三十五年(1770)同安黃
邦寧彰德重修本　八冊　存五十五卷(安陽
集五十卷、忠獻韓魏王家傳十、忠獻韓魏王別

錄三卷、忠獻韓魏王遺事一卷)

370000－1541－0011381　845.1/259
東萊集註類編觀瀾文集七十卷附札記　（宋）
林之奇編　清光緒十年(1884)方氏碧琳琅館
刻本　六冊

370000－1541－0011382　845.1/269
楊龜山先生集四十二卷　（宋）楊時撰　清康
熙四十六年(1707)楊氏刻本　十二冊

370000－1541－0011383　845.1/269＝1
楊龜山先生集六卷　（宋）楊時撰　**尹和靖先
生集一卷**　（宋）尹焞撰　清同治五年(1866)
福州正誼堂刻本　二冊

370000－1541－0011384　845.1/279＝4
宛陵先生文集六十卷　（宋）梅堯臣撰　清宣
統二年(1910)上海鉛印本　十冊

370000－1541－0011385　845.1/292
**宋李忠定公奏議選十五卷文集選二十九卷首
四卷**　（宋）李綱撰　（明）左光先選　明崇禎
李嗣玄刻清康熙至乾隆遞修本　十六冊

370000－1541－0011386　845.1/303
司馬溫公文集八十二卷　（宋）司馬光撰　明
末吳時亮刻清康熙四十七年(1708)、同治九
年(1870)遞修民國五年(1916)補刻本　二十
四冊

370000－1541－0011387　845.1/303＝1
司馬文正公傳家集八十卷目錄二卷附錄一卷
　（宋）司馬光撰　（清）陳弘謀輯　清乾隆六
年(1741)桂林陳氏培遠堂刻本　二十二冊

370000－1541－0011388　845.1/303＝2
司馬文正公傳家集八十卷目錄二卷附錄一卷
　（宋）司馬光撰　（清）陳弘謀輯　清乾隆六
年(1741)桂林陳氏培遠堂刻本　十二冊

370000－1541－0011389　845.1/311
乖崖集存六卷　（宋）張詠撰　清光緒十五年
(1889)西安代耕堂刻本　一冊

370000－1541－0011390　845.1/311＝1
乖崖先生文集十二卷末一卷　（宋）張詠撰

清光緒八年(1882)莫祥芝刻本　二冊

370000－1541－0011391　845.1/355

梁谿遺稿二卷補遺一卷附錄一卷　(宋)尤袤
撰　清抄本　佚名批　一冊

370000－1541－0011392　845.1/382

龍川文集三十卷　(宋)陳亮撰　清宣統三年
(1911)掃葉山房石印本　八冊

370000－1541－0011393　845.1/392

陸放翁全集六種一百五十七卷　(宋)陸游撰
　明末虞山毛氏汲古閣刻本　八十六冊

370000－1541－0011394　845.1/392＝1

陸放翁全集六種一百五十七卷　(宋)陸游撰
　明末虞山毛氏汲古閣刻本　佚名批校　三
十七冊　存一百八卷(劍南詩稿八十五卷、放
翁逸稿二卷、南唐書十八卷、南唐書音釋一
卷、家世舊聞一卷、齋居紀事一卷)

370000－1541－0011395　845.1/392＝2

渭南文集五十卷　(宋)陸游撰　明末虞山毛
氏汲古閣刻陸放翁全集本　十一冊

370000－1541－0011396　845.1/394

陸象山先生文集三十六卷　(宋)陸九淵撰
清道光三年(1823)金谿槐堂書屋刻本　二十
四冊

370000－1541－0011397　845.1/394＝1

象山先生全集三十六卷　(宋)陸九淵撰　清
宣統二年(1910)江左書林鉛印本　八冊

370000－1541－0011398　845.1/424＝1

**歐陽文忠公全集一百五十三卷首一卷附錄五
卷**　(宋)歐陽修撰　清光緒十九年(1893)澹
雅書局刻本　二十四冊

370000－1541－0011399　845.1/424＝2

**歐陽文忠公全集一百五十三卷首一卷附錄五
卷**　(宋)歐陽修撰　清乾隆十一年(1746)廬
陵歐陽安世刻本　二十四冊

370000－1541－0011400　845.1/424＝3

居士集五十卷　(宋)歐陽修撰　清嘉慶二十
四年(1819)廬陵歐陽衡刻本　一冊　存五卷

(三十六至四十)

370000－1541－0011401　845.1/438

退菴先生遺集二卷　(宋)吳淵撰　清抱經樓
抄本　一冊

370000－1541－0011402　845.1/449

東萊博議四卷虛字注釋備考六卷　(宋)呂祖
謙撰　(清)張文炳點定　清光緒十三年
(1887)文選樓刻本　四冊

370000－1541－0011403　845.1/449＝1

增批輯注東萊博議四卷　(宋)呂祖謙撰　劉
鍾英輯注　清光緒三十一年(1905)上海寶善
齋書莊鉛印本　四冊

370000－1541－0011404　845.1/537

范文正公全集四十八卷　(宋)范仲淹撰　范
忠宣公全集二十五卷**　(宋)范純仁撰　清康
熙四十六年(1707)歲寒堂刻道光十年(1830)
重修本　十六冊

370000－1541－0011405　845.1/537＝1

宋范文正忠宣二公全集七十三卷　(宋)范仲
淹　(宋)范純仁撰　清宣統二年(1910)刻本
　十六冊

370000－1541－0011406　845.1/554＝1

欒城應詔集十二卷　(宋)蘇轍撰　清道光十
二年(1832)刻本　二冊

370000－1541－0011407　845.1/554＝2

三蘇全集　(宋)蘇洵等撰　(清)弓翊清編
清道光十二年(1832)眉州三蘇祠刻本　六十
四冊

370000－1541－0011408　845.1/554＝3

三蘇文集四十四卷　(宋)蘇洵等撰　(清)邵
希維選輯　清宣統二年(1910)上海會文堂石
印本　八冊

370000－1541－0011409　845.1/982

元豐類稿五十卷　(宋)曾鞏撰　清康熙四十
九年(1710)長嶺西爽堂刻本　十六冊

370000－1541－0011410　845.12/953＝1

徐騎省集三十卷補遺一卷補遺續編一卷校勘

記一卷　(宋)徐鉉撰　清光緒十九年(1893)
黔南李氏刻本　八冊

370000－1541－0011411　845.12/953＝4
徐騎省集三十卷補遺一卷補遺續編一卷校勘
記一卷　(宋)徐鉉撰　清光緒十九年(1893)
黔南李氏刻本　八冊

370000－1541－0011412　845.14/285
盱江先生全集三十七卷外集三卷　(宋)李覯
撰　清康熙四年(1665)李化鰲刻康熙至乾隆
遞修本　八冊

370000－1541－0011413　845.14/285＝3
盱江先生全集三十七卷　(宋)李覯撰　清光
緒十九年(1893)盱江書院刻本　八冊

370000－1541－0011414　845.14/316
祠部集三十五卷　(宋)強至撰　清木活字印
本　八冊

370000－1541－0011415　845.14/350
石祖徠先生集二卷　(宋)石介撰　清康熙四
十六年(1707)刻本　二冊

370000－1541－0011416　845.14/350＝1
新雕祖徠石先生文集二十卷　(宋)石介撰
清光緒四年(1878)濰坊刻本　四冊

370000－1541－0011417　845.14/350＝2
新雕祖徠石先生文集二十卷　(宋)石介撰
清光緒四年(1878)濰坊刻本　四冊

370000－1541－0011418　845.14/350＝3
新雕祖徠石先生文集二十卷　(宋)石介撰
清光緒四年(1878)濰坊刻本　四冊

370000－1541－0011419　845.14/370
會稽掇英總集二十卷　(宋)孔延之編　清道
光元年(1821)山陰杜氏浣花宗塾刻本　四冊

370000－1541－0011420　845.14/537＝2
范文正公集十二卷附范文正公年譜一卷
(宋)范仲淹撰　明萬曆周孔教刻本　六冊

370000－1541－0011421　845.14/554＝3
蘇子美集六卷　(宋)蘇軾撰　清同治六年
(1867)中江賓興會刻本　四冊

370000－1541－0011422　845.14/690
景文集六十二卷　(宋)宋祁撰　清乾隆四十
二年(1777)福建刻本　十二冊

370000－1541－0011423　845.14/690＝1
景文集六十二卷　(宋)宋祁撰　清乾隆四十
二年(1777)福建刻本　十六冊

370000－1541－0011424　845.14/797＝2
河南穆先生文集三卷附穆參軍遺事一卷
(宋)穆修撰　(宋)祖無擇編　清抄本　一冊

370000－1541－0011425　845.15/102
淮海集四十卷後集六卷長短句三卷　(宋)秦
觀撰　明嘉靖二十四年(1545)胡民表刻本
四冊

370000－1541－0011426　845.15/102＝1
淮海集四十卷後集六卷長短句三卷　(宋)秦
觀撰　明萬曆四十六年(1618)李之藻刻本
十二冊

370000－1541－0011427　845.15/102＝2
淮海集四十卷後集六卷長短句三卷　(宋)秦
觀撰　明萬曆四十六年(1618)李之藻刻本
十冊

370000－1541－0011428　845.15/102＝3
淮海集二十卷　(宋)秦觀撰　清道光十七年
(1837)刻本　六冊

370000－1541－0011429　845.15/102＝4
淮海集二十卷　(宋)秦觀撰　清道光十七年
(1837)刻本　六冊

370000－1541－0011430　845.15/102＝7
淮海集四十卷　(宋)秦觀撰　清同治十二年
(1873)秦氏家塾刻本　八冊

370000－1541－0011431　845.15/112
華陽集四十卷　(宋)王珪撰　清乾隆武英殿
木活字印武英殿聚珍版書本　十二冊

370000－1541－0011432　845.15/117
宋大家王文公文抄十六卷　(宋)王安石撰
(明)茅坤批評　明萬曆七年(1579)茅一桂刻
唐宋八大家文抄本　八冊

370000－1541－0011433　845.15/117＝1

宋大家王文公文抄十六卷　（宋）王安石撰
（明）茅坤批評　明崇禎四年（1631）茅著刻唐
宋八大家文抄本　二冊　存七卷（一至七）

370000－1541－0011434　845.15/117＝3

臨川先生文集一百卷目錄二卷　（宋）王安石
撰　明嘉靖二十五年（1546）何遷刻本　二十
五冊

370000－1541－0011435　845.15/117＝5

王臨川文集四卷　（宋）王安石撰　清宣統二
年（1910）上海會文堂書局石印本　四冊

370000－1541－0011436　845.15/225

安陽集五十卷　（宋）韓琦撰　（清）黃邦寧輯
　　忠獻韓魏王家傳十卷　（宋）韓忠彥撰　**忠
獻韓魏王別錄三卷**　（宋）王巖叟撰　**忠獻韓
魏王遺事一卷**　（宋）強至撰　清乾隆四年
（1739）陳氏書錦堂刻三十五年（1770）同安黃
邦寧彰德重修本　十冊

370000－1541－0011437　845.15/225＝1

安陽集五十卷　（宋）韓琦撰　（清）黃邦寧輯
　　忠獻韓魏王家傳十卷　（宋）韓忠彥撰　**忠
獻韓魏王別錄三卷**　（宋）王巖叟撰　**忠獻韓
魏王遺事一卷**　（宋）強至撰　清乾隆四年
（1739）陳氏書錦堂刻三十五年（1770）同安黃
邦寧彰德重修本　十冊

370000－1541－0011438　845.15/225＝2

安陽集五十卷　（宋）韓琦撰　（清）黃邦寧輯
　　忠獻韓魏王家傳十卷　（宋）韓忠彥撰　**忠
獻韓魏王別錄三卷**　（宋）王巖叟撰　**忠獻韓
魏王遺事一卷**　（宋）強至撰　清乾隆四年
（1739）陳氏書錦堂刻三十五年（1770）同安黃
邦寧彰德重修本　十冊

370000－1541－0011439　845.15/303

司馬溫公文集八十二卷　（宋）司馬光撰　明
末吳時亮刻清康熙四十七年（1708）重修本
二十四冊

370000－1541－0011440　845.15/303＝1

司馬溫公文集八十二卷　（宋）司馬光撰　明

末吳時亮刻清康熙四十七年（1708）重修本
二十三冊

370000－1541－0011441　845.15/303＝2

司馬溫公文集八十二卷　（宋）司馬光撰　明
末吳時亮刻清康熙、同治遞修本　二十四冊

370000－1541－0011442　845.15/303＝3

司馬文正公傳家集八十卷目錄二卷附錄一卷
　（宋）司馬光撰　（清）陳弘謀輯　清乾隆六
年（1741）桂林陳氏培遠堂刻本　三十二冊

370000－1541－0011443　845.15/303＝4

司馬溫公稽古錄二十卷　（宋）司馬光撰　清
刻本　四冊

370000－1541－0011444　845.15/424

宋大家歐陽文忠公文抄三十二卷　（宋）歐陽
修撰　（明）茅坤批評　明萬曆七年（1579）茅
一桂刻唐宋八大家文抄本　十二冊

370000－1541－0011445　845.15/424＝1

宋大家歐陽文忠公文抄十六卷　（宋）歐陽修
撰　（明）茅坤批評　明刻本　一冊　存三卷
（十至十二）

370000－1541－0011446　845.15/424＝2

歐陽文忠公全集一百五卷　（宋）歐陽修撰
清康熙十一年（1672）曾弘刻本　二十冊

370000－1541－0011447　845.15/424＝3

歐陽文忠公全集一百五十三卷　（宋）歐陽
撰　清刻本　四冊　存五十八卷（九十一至
一百四十八）

370000－1541－0011448　845.15/424＝4

歐陽文忠公全集一百五十三卷附錄五卷
（宋）歐陽修撰　清刻本　二十五冊　存一百
二卷（一至三十、六十四至一百十五、一百三
十九至一百五十三，附錄五卷）

370000－1541－0011449　845.15/424＝7

歐陽文忠公全集一百五十三卷附錄五卷
（宋）歐陽修撰　清刻本　八冊　存四十二卷
（一百八至一百二十六、一百三十四至一百四
十六、一百四十九至一百五十三，附錄五卷）

370000－1541－0011450　845.15/424 ＝ 8

歐陽文忠公全集一百五十三卷附錄五卷

(宋)歐陽修撰　清刻本　三十二冊　存一百二十五卷(三十一至一百四十三、一百四十七至一百五十三,附錄五卷)

370000－1541－0011451　845.15/424 ＝ 9

歐陽文忠公全集一百五十三卷首一卷附錄五卷　(宋)歐陽修撰　清嘉慶歐陽衡刻本　二十六冊　存一百四卷(一至三十五、七十六至一百十八、一百二十五至一百三十四、一百四十四至一百五十三,首一卷,附錄五卷)

370000－1541－0011452　845.15/471

西臺集二十卷　(宋)畢仲游撰　清乾隆四十二年(1777)福建刻道光至光緒遞修武英殿聚珍版叢書本　六冊

370000－1541－0011453　845.15/554

蘇老泉先生全集二十卷附錄二卷　(宋)蘇洵撰　清康熙三十七年(1698)刻本　清吳廣霈跋　八冊

370000－1541－0011454　845.15/554 ＝ 1

蘇老泉先生全集二十卷附錄二卷　(宋)蘇洵撰　清康熙三十七年(1698)刻本　四冊

370000－1541－0011455　845.15/554 ＝ 2

嘉祐集二十卷　(宋)蘇洵撰　清道光十二年(1832)刻本　一冊　存六卷(一至六)

370000－1541－0011456　845.15/554 ＝ 3

東坡先生全集七十五卷　(宋)蘇軾撰　明末吳門項煜刻本　二十冊

370000－1541－0011457　845.15/554 ＝ 4

蘇文忠公全集一百十一卷　(宋)蘇軾撰　明嘉靖十三年(1534)江西布政司刻本　十冊　存十二卷(東坡續集十二卷)

370000－1541－0011458　845.15/554 ＝ 5

東坡文選二十卷　(宋)蘇軾撰　(明)鍾惺選評　明萬曆刻本　八冊

370000－1541－0011459　845.15/554 ＝ 6

蘇公寓黃集二卷附錄一卷　(宋)蘇軾撰

(明)王同軌編　明萬曆十一年(1583)刻本　三冊

370000－1541－0011460　845.15/554 ＝ 7

宋大家蘇文忠公文抄二十八卷　(宋)蘇軾撰　(明)茅坤批評　明萬曆七年(1579)茅一桂刻唐宋八大家文抄本　十冊

370000－1541－0011461　845.15/554 ＝ 8

宋大家蘇文定公文抄二十卷　(宋)蘇轍撰　(明)茅坤批評　明萬曆七年(1579)茅一桂刻唐宋八大家文抄本　六冊

370000－1541－0011462　845.15/554 ＝ 9

重編東坡先生外集七十六卷附年譜一卷　(宋)蘇軾撰　明萬曆三十六年(1608)康丕揚維揚府署刻本　十六冊

370000－1541－0011463　845.15/554 ＝ 10

坡仙集十六卷　(宋)蘇軾撰　(明)李贄評　明萬曆華亭陳繼儒刻本　六冊

370000－1541－0011464　845.15/554 ＝ 11

坡仙集十六卷　(宋)蘇軾撰　(明)李贄評　明萬曆四十七年(1619)程明善刻本　十二冊

370000－1541－0011465　845.15/554 ＝ 12

坡仙集十六卷　(宋)蘇軾撰　(明)李贄評　明萬曆四十七年(1619)程明善刻本　十二冊

370000－1541－0011466　845.15/554 ＝ 13

東坡集八十四卷　(宋)蘇軾撰　清道光十二年(1832)刻本　三十四冊

370000－1541－0011467　845.15/554 ＝ 15

欒城集四十八卷後集二十四卷三集十卷　(宋)蘇轍撰　清道光十二年(1832)刻本　九冊

370000－1541－0011468　845.15/554 ＝ 16

欒城集四十八卷後集二十四卷三集十卷　(宋)蘇轍撰　清道光十二年(1832)刻本　九冊

370000－1541－0011469　845.15/677

文潞公文集四十卷　(宋)文彥博撰　清末江陰繆氏雲輪閣抄本　四冊

370000－1541－0011470　845.15/720

鄱陽集四卷首一卷末一卷　（宋）洪皓撰　清同治九年(1870)三瑞堂刻本　一冊

370000－1541－0011471　845.15/820

浮沚集九卷　（宋）周行己撰　清乾隆武英殿木活字印武英殿聚珍版書本　三冊

370000－1541－0011472　845.15/953

節孝先生文集三十卷附載一卷節孝先生語錄一卷　（宋）徐積撰　明嘉靖四十四年(1565)劉祐刻本　四冊

370000－1541－0011473　845.15/982

宋大家曾文定公文抄十卷　（宋）曾鞏撰（明）茅坤批評　明崇禎刻本　三冊

370000－1541－0011474　845.15/982＝1

宋大家曾文定公文抄十卷　（宋）曾鞏撰（明）茅坤批評　明萬曆七年(1579)茅一桂刻唐宋八大家文抄本　四冊

370000－1541－0011475　845.15/982＝4

南豐先生元豐類稿五十卷附錄一卷　（宋）曾鞏撰　明萬曆二十五年(1597)曾敏才等刻本　二十四冊

370000－1541－0011476　845.16/169

黃律卮言九卷附一卷山谷老人刀筆二十卷　（宋）黃庭堅撰　清嘉慶古瓦山房刻本　四冊

370000－1541－0011477　845.16/169＝1

重刻黃文節山谷先生文集三十卷　（宋）黃庭堅撰　明萬曆王鳳翔啓光堂刻本　八冊

370000－1541－0011478　845.16/169＝2

重刻黃文節山谷先生文集三十卷　（宋）黃庭堅撰（明）周希令編　明萬曆三十二年(1604)方沆、周希令刻本　六冊　存十五卷(十六至三十)

370000－1541－0011479　845.16/169＝3

豫章先生遺文十二卷　（宋）黃庭堅撰　清乾隆四十五年(1780)婺源汪氏嶰崎山房刻民國十一年(1922)如皋祝氏漢鹿齋補刻本　四冊

370000－1541－0011480　845.16/169＝4

豫章先生遺文十二卷　（宋）黃庭堅撰　清乾隆四十五年(1780)婺源汪氏嶰崎山房刻民國十一年(1922)如皋祝氏漢鹿齋補刻本　四冊

370000－1541－0011481　845.16/384＝2

後山先生集二十四卷　（宋）陳師道撰　清光緒十一年(1885)刻本　六冊

370000－1541－0011482　845.16/394

陶山集十六卷　（宋）陸佃撰　清乾隆武英殿木活字印武英殿聚珍版書本　四冊

370000－1541－0011483　845.16/394＝1

陶山集十六卷　（宋）陸佃撰　清乾隆武英殿木活字印武英殿聚珍版書本　八冊

370000－1541－0011484　845.16/554＝2

斜川集六卷　（宋）蘇過撰　**附錄二卷訂誤一卷**　（清）吳長元撰　清乾隆五十三年(1788)武進趙氏亦有生齋刻本　二冊

370000－1541－0011485　845.16/554＝3

斜川集六卷　（宋）蘇過撰　**附錄二卷訂誤一卷**　（清）吳長元撰　清乾隆五十三年(1788)武進趙氏亦有生齋刻本　二冊

370000－1541－0011486　845.16/555＝4

斜川集六卷　（宋）蘇過撰　清道光十二年(1832)眉州三蘇祠刻本　二冊

370000－1541－0011487　845.16/842＝2

道鄉先生文集四十卷　（宋）鄒浩撰　清道光十一年(1831)刻本　八冊

370000－1541－0011488　845.16/888

學易集八卷　（宋）劉跂撰　清抄本　梅雨田跋　四冊

370000－1541－0011489　845.16/888＝1

學易集八卷　（宋）劉跂撰　清乾隆武英殿木活字印武英殿聚珍版書本　二冊

370000－1541－0011490　845.16/888＝2

學易集八卷　（宋）劉跂撰　清同治十三年(1874)江西書局刻本　二冊

370000－1541－0011491　845.2/311

紹先集二卷　（宋）張浚等撰　（清）張敬效輯

清光緒二十九年(1903)湘南晚香館刻本
二冊

370000－1541－0011492　845.2/482
羅豫章先生集十二卷　(宋)羅從彥撰　清光
緒九年(1883)刻本　四冊

370000－1541－0011493　845.2/573
艮齋先生薛常州浪語集三十五卷　(宋)薛季
宣撰　清同治十年(1871)金陵書局刻本　六
冊

370000－1541－0011494　845.2/820
鄮峰真隱漫錄五十卷　(宋)史浩撰　(宋)周
鑄編　清光緒二十四年(1898)王氏刻本　九
冊

370000－1541－0011495　845.2/888
蒙川先生遺稿四卷補遺一卷　(宋)劉黻撰
清光緒元年(1875)刻本　一冊

370000－1541－0011496　845.2/943
定庵類稿四卷　(宋)衛博撰　清抄本　一冊

370000－1541－0011497　845.21/171
莆陽知稼翁集二卷　(宋)黃公度撰　(宋)黃
沃編　明天啓五年(1625)刻本　二冊

370000－1541－0011498　845.21/171＝1
莆陽知稼翁集二卷　(宋)黃公度撰　清道光
九年(1829)刻本　二冊

370000－1541－0011499　845.21/199
忠正德文集十卷　(宋)趙鼎撰　清道光十一
年(1831)刻本　二冊

370000－1541－0011500　845.21/225
南澗甲乙稿二十二卷　(宋)韓元吉撰　清乾
隆武英殿木活字印武英殿聚珍版書本　十冊

370000－1541－0011501　845.21/225＝1
南澗甲乙稿二十二卷　(宋)韓元吉撰　清乾
隆武英殿木活字印武英殿聚珍版書本　八冊

370000－1541－0011502　845.21/292
梁溪先生文集一百八十卷年譜一卷行狀三卷
附錄一卷　(宋)李綱撰　清刻本　三十冊

370000－1541－0011503　845.21/482
羅豫章先生集十二卷首一卷末一卷　(宋)羅
從彥撰　清光緒九年(1883)延平府署刻本
四冊

370000－1541－0011504　845.21/535＝2
范香溪先生文集二十二卷附范蒙齋先生遺文
一卷范楊溪先生遺文一卷　(宋)范浚撰　清
乾隆八年(1743)范文煥刻本　八冊

370000－1541－0011505　845.21/609
橫塘集二十卷　(宋)許景衡撰　清刻本　四
冊

370000－1541－0011506　845.21/609＝2
橫塘集二十卷　(宋)許景衡撰　清刻本　四
冊

370000－1541－0011507　845.21/684
宋宗忠簡公集七卷　(宋)宗澤撰　清同治四
年(1865)鳩江戎幄刻本　二冊

370000－1541－0011508　845.21/684＝1
宋宗忠簡公集七卷　(宋)宗澤撰　清同治四
年(1865)鳩江戎幄刻本　二冊

370000－1541－0011509　845.21/827＝1
韋齋全集十二卷　(宋)朱松撰　玉瀾集一卷
　(宋)朱槔撰　清雍正六年(1728)考亭書院
刻本　四冊

370000－1541－0011510　845.21/827＝2
韋齋集十二卷　(宋)朱松撰　清康熙四十九
年(1710)朱昌辰等刻本　三冊

370000－1541－0011511　845.21/827＝3
韋齋集十二卷　(宋)朱松撰　清康熙四十九
年(1710)朱昌辰等刻本　二冊

370000－1541－0011512　845.21/883
岳忠武王文集八卷首一卷末一卷　(宋)岳飛
撰　(清)黃邦寧輯　清乾隆三十五年(1770)
刻本　二冊

370000－1541－0011513　845.21/885
劉屏山先生集二十卷　(宋)劉子翬撰　清康
熙三十九年(1700)劉氏刻本　四冊

370000 – 1541 – 0011514　845.21/890

劉給諫文集五卷　(宋)劉安上撰　清康熙朱
彝尊抄本　二冊

370000 – 1541 – 0011515　845.21/975

北山集三十卷　(宋)鄭剛中撰　清同治十二
年(1873)永康胡氏退補齋刻本　八冊

370000 – 1541 – 0011516　845.22/112

**梅溪先生廷試策一卷奏議四卷前集二十卷後
集二十九卷附錄一卷**　(宋)王十朋撰　明正
統五年(1440)劉謙、何濩刻本　十冊

370000 – 1541 – 0011517　845.22/112 = 1

**梅溪先生廷試策一卷奏議四卷前集二十卷後
集二十九卷附錄一卷**　(宋)王十朋撰　明正
統五年(1440)劉謙、何濩刻本　二十冊

370000 – 1541 – 0011518　845.22/112 = 2

宋王忠文公文集五十卷　(宋)王十朋撰
(清)唐傳鉎編　清雍正六年(1728)刻本　十
冊

370000 – 1541 – 0011519　845.22/119

雪山集十六卷　(宋)王質撰　清乾隆四十二
年(1777)福建刻道光至光緒遞修武英殿聚珍
版叢書本　四冊

370000 – 1541 – 0011520　845.22/290

芸庵類稿六卷　(宋)李洪撰　清末劉氏遠碧
樓藍格抄本　二冊

370000 – 1541 – 0011521　845.22/306

南軒先生文集四十四卷　(宋)張栻撰　清康
熙四十五年(1706)無錫華氏刻本　十二冊

370000 – 1541 – 0011522　845.22/380

樂軒集八卷　(宋)陳藻撰　清末劉氏遠碧樓
藍格抄本　三冊

370000 – 1541 – 0011523　845.22/382 = 2

龍川文集三十卷首一卷　(宋)陳亮撰　**辨譌
考異二卷附錄一卷**　(清)胡鳳丹撰　清同治
七年(1868)永康胡氏退補齋刻本　十冊

370000 – 1541 – 0011524　845.22/382 = 4

龍川文集三十卷　(宋)陳亮撰　清光緒元年

(1875)湖北崇文書局刻本　十冊

370000 – 1541 – 0011525　845.22/382 = 6

龍川文集三十卷　(宋)陳亮撰　清同治八年
(1869)應氏刻本　十冊

370000 – 1541 – 0011526　845.22/394

象山先生文集二十八卷外集四卷　(宋)陸九
淵撰　**語錄四卷附錄二卷**　(宋)傅子雲
(宋)嚴松等輯　明正德十六年(1521)刻本
二冊　存十卷(外集四卷、語錄四卷、附錄二
卷)

370000 – 1541 – 0011527　845.22/394 = 1

陸象山先生文集三十六卷　(宋)陸九淵撰
清同治十年(1871)刻本　十冊

370000 – 1541 – 0011528　845.22/394 = 2

陸象山先生文集三十六卷　(宋)陸九淵撰
清同治十年(1871)刻本　八冊

370000 – 1541 – 0011529　845.22/394 = 3

陸象山先生文集三十六卷　(宋)陸九淵撰
清道光三年(1823)金谿槐堂書屋刻本　十六
冊

370000 – 1541 – 0011530　845.22/449

呂東萊先生文集四卷　(宋)呂祖謙撰　(清)
張伯行編　清康熙五十年(1711)正誼堂刻本
四冊

370000 – 1541 – 0011531　845.22/482

羅鄂州小集六卷　(宋)羅願撰　清光緒十九
年(1893)黟縣李氏刻本　二冊

370000 – 1541 – 0011532　845.22/482 = 1

羅鄂州小集六卷　(宋)羅願撰　清光緒十九
年(1893)黟縣李氏刻本　二冊

370000 – 1541 – 0011533　845.22/556

定齋集二十卷　(宋)蔡戡撰　清抄本　八冊

370000 – 1541 – 0011534　845.22/573

艮齋先生薛常州浪語集三十五卷　(宋)薛季
宣撰　清同治十年(1871)金陵書局刻本　六
冊

370000 – 1541 – 0011535　845.22/885

苕溪集五十五卷 （宋）劉一止撰 清宣統三年(1911)刻本 王維言識語 四冊

370000－1541－0011536 845.22/925

舒文靖集二卷 （宋）舒璘撰 清光緒二十二年(1896)刻本 四冊

370000－1541－0011537 845.23/183

止堂集十八卷 （宋）彭龜年撰 清乾隆武英殿木活字印武英殿聚珍版書本 四冊

370000－1541－0011538 845.23/190

絜齋集二十四卷 （宋）袁燮撰 清刻本 十六冊

370000－1541－0011539 845.23/364

燭湖集二十卷末二卷 （宋）孫應時撰 清嘉慶八年(1803)靜遠軒刻本 六冊

370000－1541－0011540 845.23/364＝2

燭湖集十卷附編一卷 （宋）孫應時撰 清抄本 六冊

370000－1541－0011541 845.23/384

江湖長翁文集四十卷 （宋）陳造撰 明萬曆四十六年(1618)李之藻刻本 十冊

370000－1541－0011542 845.23/392＝1

渭南文集五十卷 （宋）陸游撰 明末虞山毛氏汲古閣刻陸放翁全集本 十二冊

370000－1541－0011543 845.23/392＝3

放翁逸稿二卷 （宋）陸游撰 明末虞山毛氏汲古閣刻陸放翁全集本 一冊

370000－1541－0011544 845.23/504

水心文鈔十卷 （宋）葉適撰 （清）方粲如選 清乾隆五十五年(1790)希古堂刻本 六冊

370000－1541－0011545 845.23/504＝1

水心文集二十九卷補遺一卷 （宋）葉適撰 清光緒八年(1882)瑞安孫氏刻本 十二冊

370000－1541－0011546 845.23/504＝4

水心文集二十九卷 （宋）葉適撰 清乾隆二十年(1755)溫州府學刻本 八冊

370000－1541－0011547 845.23/818

周益國文忠公集二百卷首一卷末一卷附錄五卷 （宋）周必大撰 清光緒二十五年(1899)周日新堂刻本 四十冊

370000－1541－0011548 845.23/827＝3

晦庵先生朱文公文集一百卷續集十一卷別集九卷 （宋）朱熹撰 清同治十二年(1873)六安涂氏求我齋刻本 六十四冊

370000－1541－0011549 845.23/827＝5

朱子集一百四十卷補遺一卷 （宋）朱熹撰 清咸豐十年(1860)紫霞洲祠堂刻本 四十冊

370000－1541－0011550 845.23/869

新刻瓊琯白先生集十卷 （宋）葛長庚撰 明萬曆二十二年(1594)泰寧何繼高刻本 四冊

370000－1541－0011551 845.24/235＝2

西山先生真文忠公文集五十五卷 （宋）真德秀撰 明萬曆二十六年(1598)金學曾景賢堂刻本 十九冊

370000－1541－0011552 845.24/249

杜清獻公集十九卷校註一卷首一卷末補遺一卷 （宋）杜範撰 清同治九年(1870)吳縣孫氏九峰書院刻本 五冊

370000－1541－0011553 845.24/249＝1

杜清獻公集十九卷校註一卷首一卷末補遺一卷 （宋）杜範撰 清同治九年(1870)吳縣孫氏九峰書院刻本 四冊

370000－1541－0011554 845.24/292

箋釋梅亭先生四六標準四十卷 （宋）李劉撰 （明）孫雲翼注 明末古吳陳長卿刻本 二十冊 缺一卷(四十)

370000－1541－0011555 845.24/613

獻醜集一卷 （宋）許棐撰 明弘治無錫華氏刻百川學海本 一冊

370000－1541－0011556 845.24/627

秋崖先生小稿四十五卷詩集三十八卷 （宋）方岳撰 明嘉靖五年(1526)祁門方氏刻清光緒二十一年(1895)工部草堂印本 八冊

370000－1541－0011557 845.24/627＝1

秋崖先生小稿四十五卷詩集三十八卷 （宋）
方岳撰　明嘉靖五年(1526)祁門方氏刻清光
緒二十一年(1895)工部草堂印本　十冊

370000－1541－0011558　845.24/720

平齋文集三十二卷拾遺一卷附錄一卷 （宋）
洪咨夔撰　空同詞一卷 （宋）洪璞撰　清同
治十一年(1872)杉直樓清之館刻本　四冊

370000－1541－0011559　845.24/720＝3

平齋文集三十二卷拾遺一卷附錄一卷 （宋）
洪咨夔撰　空同詞一卷 （宋）洪璞撰　清同
治十一年(1872)杉直樓清之館刻本　四冊

370000－1541－0011560　845.24/799

鶴山文鈔三十二卷 （宋）魏了翁撰　清同治
十三年(1874)三益齋刻本　十四冊

370000－1541－0011561　845.24/987

仁山先生金文安公文集五卷 （宋）金履祥撰
　清抄本　三冊

370000－1541－0011562　845.24/987＝1

仁山先生金文安公文集五卷 （宋）金履祥撰
　清同治永康胡氏退補齋刻金華叢書本　二
冊

370000－1541－0011563　845.26/623

晞髮集十卷遺集二卷 （宋）謝翱撰　清嘉慶
二十一年(1816)夢華山房刻本　二冊

370000－1541－0011564　845.26/623＝1

晞髮集十卷遺集二卷 （宋）謝翱撰　清嘉慶
二十一年(1816)夢華山房刻本　二冊

370000－1541－0011565　845.26/623＝2

晞髮集十卷遺集二卷年譜一卷 （宋）謝翱撰
　清光緒國學保存會鉛印本　四冊

370000－1541－0011566　845.26/677＝1

文山別集十四卷 （宋）文天祥撰　清宣統二
年(1910)東雅社鉛印本　三冊　缺四卷(指
南後錄三卷、附一卷)

370000－1541－0011567　845.26/677＝2

宋丞相文山先生全集二十卷 （宋）文天祥撰
　清康熙焉文堂刻本　十冊

370000－1541－0011568　845.26/857

陵陽先生集二十四卷 （宋）牟巘撰　清抄本
四冊

370000－1541－0011569　845.26/975

心史七卷 （宋）鄭思肖撰　明崇禎十二年
(1639)古婺張國維刻本　四冊

370000－1541－0011570　845.57/423

圭齋集十五卷附錄一卷 （元）歐陽玄撰　清
道光十四年(1834)棣餘山房刻本　六冊

370000－1541－0011571　845.6/115

滹南遺老王先生文集四十五卷 （金）王若虛
撰　清光緒十二年(1886)石蓮庵刻本　四冊

370000－1541－0011572　845.6/117

拙軒集六卷 （金）王寂撰　清末盧氏抱經樓
抄本　二冊

370000－1541－0011573　845.6/117＝1

拙軒集六卷 （金）王寂撰　清乾隆武英殿木
活字印武英殿聚珍版書本　二冊

370000－1541－0011574　845.6/117＝2

拙軒集六卷 （金）王寂撰　清乾隆武英殿木
活字印武英殿聚珍版書本　二冊

370000－1541－0011575　845.6/128

元遺山先生集四十卷附錄一卷 （金）元好問
撰　（元）張德輝編　清道光張穆陽泉山莊刻
本　八冊

370000－1541－0011576　845.6/128＝1

元遺山先生集四十卷首一卷附錄一卷補載一
卷年譜三種四卷新樂府四卷續夷堅志四卷
（金）元好問撰　清光緒七年(1881)讀書山房
刻本　十六冊

370000－1541－0011577　845.6/292

莊靖先生遺集十卷 （金）李俊民撰　清光緒
十六年(1890)海豐吳氏刻石蓮庵匯刻九金人
集本　六冊

370000－1541－0011578　845.7/209

郝文忠公陵川文集三十九卷附錄一卷 （元）
郝經撰　（清）王鐟編訂　清乾隆三年(1738)

高都王鏐刻本　十冊

370000－1541－0011579　845.7/239
丹邱生集五卷附錄一卷　（元）柯九思撰　清光緒三十四年（1908）息園刻本　一冊

370000－1541－0011580　845.7/611
白雲先生許文懿公傳集四卷　（元）許謙撰清末沈氏抱經樓抄本　三冊

370000－1541－0011581　845.7/784
楚國文憲公雪樓程先生文集三十卷附錄一卷　（元）程鉅夫撰　（元）程大本輯　楚國文憲公雪樓程先生年譜一卷　（元）程世京編　清宣統二年至民國十四年（1910－1925）陽湖陶氏涉園刻本　十冊

370000－1541－0011582　845.7/784＝1
楚國文憲公雪樓程先生文集三十卷附錄一卷　（元）程鉅夫撰　（元）程大本輯　楚國文憲公雪樓程先生年譜一卷　（元）程世京編　清宣統二年至民國十四年（1910－1925）陽湖陶氏涉園刻本　十冊

370000－1541－0011583　845.7/988
余忠宣公青陽集六卷　（元）余闕撰　清道光四年（1824）棣華堂刻本　二冊

370000－1541－0011584　845.72/155＝2
湛然居士集十四卷　（元）耶律楚材撰　清光緒二十一年（1895）漸西村舍刻本　四冊

370000－1541－0011585　845.73/613
許文正公遺書十二卷附錄一卷　（元）許衡撰清光緒十三年（1887）刻本　四冊

370000－1541－0011586　845.73/613＝1
許文正公遺書十二卷首一卷末二卷　（元）許衡撰　清乾隆五十五年（1790）許氏刻本　八冊

370000－1541－0011587　845.73/613＝2
魯齋遺書十四卷附錄一卷　（元）許衡撰（明）怡愉輯　明萬曆二十四年（1596）怡愉、江學詩刻本　四冊

370000－1541－0011588　845.73/613＝3

許魯齋先生集六卷　（元）許衡撰　（清）張伯行輯訂　清康熙四十七年（1708）榕城正誼堂刻本　佚名跋　一冊

370000－1541－0011589　845.73/888
靜修先生集三十卷　（元）劉因撰　清末祝氏漢鹿齋藍格抄本　十冊

370000－1541－0011590　845.75/459
靜軒集五卷附錄一卷　（元）閻復撰　清光緒二十一年（1895）江陰繆氏藕香簃刻本　一冊

370000－1541－0011591　845.76/128
清河集七卷附錄一卷　（元）元明善撰　繆荃孫輯　清光緒二十一年（1895）江陰繆氏藕香簃刻本　二冊

370000－1541－0011592　845.76/196＝1
松雪齋集十卷外集一卷　（元）趙孟頫撰　清清德堂刻本　六冊

370000－1541－0011593　845.76/196＝2
趙文敏公松雪齋全集十卷外集一卷續集一卷附錄一卷　（元）趙孟頫撰　清康熙五十二年（1713）曹培廉城書室刻本　四冊

370000－1541－0011594　845.76/438
草廬吳文正公集四十九卷首一卷外集三卷　（元）吳澄撰　清乾隆二十一年（1756）萬氏刻本　二十冊

370000－1541－0011595　845.76/869
湛淵遺稿三卷補遺一卷附錄一卷　（元）白珽撰　清光緒二十一年（1895）八千卷樓刻本一冊

370000－1541－0011596　845.77/119
梧溪集七卷　（元）王逢撰　清同治十三年（1874）思補樓木活字印本　八冊

370000－1541－0011597　845.77/119＝1
梧溪集七卷　（元）王逢撰　清同治十三年（1874）思補樓木活字印本　八冊

370000－1541－0011598　845.77/273
楊鐵崖文集五卷史義拾遺二卷西湖竹枝集一卷香奩集一卷　（明）楊維楨撰　明末諸暨陳

子京刻本　三册　缺二卷(西湖竹枝集一卷、香奩集一卷)

370000－1541－0011599　845.77/285
雲陽集四卷　(元)李祁撰　清嘉慶十九年(1814)校書堂刻本　三册

370000－1541－0011600　845.77/299
揭文安公文粹四卷　(元)揭傒斯撰　清同治十一年(1872)敬義齋刻本　一册

370000－1541－0011601　845.77/299＝1
揭文安公文粹一卷　(元)揭傒斯撰　(明)楊士奇選　明天順五年(1461)沈琮廣州府學刻本　一册

370000－1541－0011602　845.77/306
句曲外史貞居先生詩集四卷　(元)張雨撰　(明)張誼編　清清德堂抄本　四册

370000－1541－0011603　845.77/377
陳定宇先生文集十六卷別集一卷　(元)陳櫟撰　清康熙三十五年(1696)雲間陳嘉基刻本　六册

370000－1541－0011604　845.77/377＝1
潛室陳先生木鍾集十一卷　(宋)陳埴撰　清同治六年(1867)東甌郡齋刻本　四册

370000－1541－0011605　845.77/436＝2
存心堂遺集十二卷附錄一卷　(元)吳萊撰　(明)宋濂輯　明萬曆三十九年(1611)吳邦彥刻本　八册

370000－1541－0011606　845.77/472
師山先生遺文五卷附錄一卷濟美錄四卷　(元)鄭玉撰　(明)鄭燭輯　明嘉靖十四年(1535)刻清道光二十三年(1843)善道堂修補本　二册

370000－1541－0011607　845.77/489
翰林羅圭峰先生續集十五卷　(明)羅玘撰　明嘉靖五年(1526)陳洪謨、余載仕刻本　二册

370000－1541－0011608　845.77/890
桂隱文集四卷附錄一卷　(元)劉詵撰　清末

江陰繆氏雲輪閣抄本　二册

370000－1541－0011609　845.77/925
貞素齋集八卷附錄一卷　(元)舒頔撰　清道光十八年(1838)安徽舒畏菴刻本　三册

370000－1541－0011610　845.9/214
十竹齋書畫譜八種　(明)胡正言輯並繪(清)張學畊挍　清光緒五年(1879)刻彩色套印本　八册

370000－1541－0011611　846/106
枝山文集四卷　(明)祝允明撰　清同治十三年(1874)元和祝氏刻本　二册

370000－1541－0011612　846/112
王忠文公集二十卷　(明)王禕撰　清同治九年(1870)永康胡氏退補齋刻金華叢書本　十册

370000－1541－0011613　846/117
遵巖先生文集四十二卷　(明)王慎中撰(清)李光墺　(清)李光型編　清抄本　三十册

370000－1541－0011614　846/254
東莆先生文集六卷　(明)林大欽撰　清光緒十年(1884)刻本　五册

370000－1541－0011615　846/271
楊忠烈公文集十二卷　(明)楊漣撰　清光緒三年(1877)永康胡氏退補齋刻本　八册

370000－1541－0011616　846/272
太史升菴全集八十一卷目錄二卷　(明)楊慎撰　清乾隆六十年(1795)養拙山房刻本　二十九册　缺二卷(四十六至四十七)

370000－1541－0011617　846/272＝1
總纂升菴合集二百四十卷　(明)楊慎撰(清)鄭寶琛纂輯　清光緒八年(1882)新都王鴻文堂刻本　七十五册

370000－1541－0011618　846/285
懷麓堂集一百卷首一卷　(明)李東陽撰　明李文正公年譜七卷　(清)法式善撰　(清)唐仲冕增補　清嘉慶八年(1803)刻隴下學易堂

印本　二十册

370000－1541－0011619　846/313

瑯嬛文集六卷　（明）張岱撰　清光緒三年
(1877)刻本　六册

370000－1541－0011620　846/352

左忠毅公集三卷　（明）左光斗撰　**左忠毅公
年譜二卷**　（清）左宰編　清道光二十九年
(1849)刻本　四册

370000－1541－0011621　846/436

甔甀洞稿五十四卷目録二卷　（明）吳國倫撰
清道光十年(1830)桂芬齋木活字印本　二
十册

370000－1541－0011622　846/438＝2

樓山堂集二十七卷附熹朝忠節死臣列傳一卷
（明）吳應箕撰　清逢原齋木活字印本　六
册

370000－1541－0011623　846/482

羅念菴先生文録十八卷附録一卷　（明）羅洪
先撰　（清）喻震孟編　清光緒十二年(1886)
安齋刻本　十册

370000－1541－0011624　846/556

淡濱蔡先生文集十卷首一卷語録二十卷
（明）蔡鯤撰　清光緒四年(1878)刻本　二册

370000－1541－0011625　846/627

方孩未先生集十六卷　（清）方震孺撰　清同
治七年(1868)樹德堂刻本　六册

370000－1541－0011626　846/667

荆川文集十八卷　（明）唐順之撰　清康熙五
十一年(1712)武進唐執玉刻本　八册

370000－1541－0011627　846/669

北海亭文集四卷詩集四卷　（明）鹿化麟撰
（清）孫奇逢輯　明崇禎十二年(1639)范士楫
刻本　二册

370000－1541－0011628　846/736

玉茗堂全集四十六卷　（明）湯顯祖撰　清康
熙三十三年(1694)阮峴刻本　三十二册

370000－1541－0011629　846/853

解文毅公集十六卷首一卷附録一卷　（明）解
縉撰　清乾隆三十二年(1767)吉水解氏刻本
六册

370000－1541－0011630　846/853＝1

解文毅公集十六卷首一卷附録一卷　（明）解
縉撰　清乾隆三十二年(1767)吉水解氏刻本
六册

370000－1541－0011631　846/856

熊襄愍公集十卷　（明）熊廷弼撰　清同治三
年(1864)刻本　佚名批　十册

370000－1541－0011632　846/868

震川先生集三十卷別集十卷附録一卷　（明）
歸有光撰　（清）錢謙益選定　（清）歸玠編
清康熙十年至十四年(1671－1675)常熟歸
莊、歸玠刻本　佚名批校　十二册

370000－1541－0011633　846/868＝1

震川先生集三十卷別集十卷　（明）歸有光撰
清光緒六年(1880)常熟歸氏刻本　十六册

370000－1541－0011634　846/903

汲古堂集二十八卷　（明）何白撰　清道光十
六年(1836)刻本　十册

370000－1541－0011635　846/972

媚幽閣文娛不分卷　（明）鄭元勳選　清抄本
六册

370000－1541－0011636　846/988

晚聞堂集十六卷　（明）余紹祉撰　清道光十
七年(1837)和源單氏刻本　五册

370000－1541－0011637　846.1/112

王忠文公集二十卷　（明）王褘撰　清同治九
年(1870)永康胡氏退補齋刻金華叢書本　十
册

370000－1541－0011638　846.1/399

陶學士先生文集二十卷附陶學士先生事迹一
卷　（明）陶安撰　明弘治十三年(1500)項經
刻本　十六册

370000－1541－0011639　846.1/477＝2

清江貝先生詩集十卷文集三十卷　（明）貝瓊

撰　清康熙五十八年(1719)金氏燕翼堂刻本
　八冊

370000－1541－0011640　846.1/627
李卓吾評選方正學文集十一卷　(明)方孝孺
撰　明俞氏求古堂刻三異人集本　四冊

370000－1541－0011641　846.1/627＝1
方正學先生遜志齋集七卷　(明)方孝孺撰
清同治三年(1864)新會盧朝安刻本　七冊

370000－1541－0011642　846.1/627＝3
方正學先生遜志齋集二十四卷拾補一卷
(明)方孝孺撰　(明)張紹謙纂定　**外記一卷
年譜一卷**　(明)盧演編　明崇禎十六年
(1643)張紹謙刻本　二十冊　存二十四卷
(方正學先生遜志齋集二十四卷)

370000－1541－0011643　846.1/627＝4
方正學先生遜志齋集二十四卷拾補一卷
(明)方孝孺撰　(明)張紹謙纂定　**外記一卷
年譜一卷**　(明)盧演編　明崇禎十六年
(1643)張紹謙刻本　十二冊

370000－1541－0011644　846.1/627＝5
遜志齋集二十四卷拾補一卷　(明)方孝孺撰
　方正學先生年譜一卷方氏本末紀略一卷
(明)盧演編　清道光二十六年(1846)義烏陳
氏刻本　十六冊

370000－1541－0011645　846.1/627＝6
方正學先生遜志齋集二十四卷拾補一卷
(明)方孝孺撰　**方正學先生年譜一卷方氏本
末紀略一卷**　(明)盧演編　清同治十二年
(1873)武林任有容齋刻本　十六冊

370000－1541－0011646　846.1/641
**青邱高季迪先生詩集十八卷補遺一卷鳧藻集
五卷**　(明)高啟撰　(清)金檀輯注　清刻本
　八冊

370000－1541－0011647　846.1/646＝6
**青邱高季迪先生詩集十八卷首一卷遺詩一卷
附錄一卷扣舷集一卷鳧藻集五卷**　(明)高啟
撰　(清)金檀輯注　清雍正六年(1728)桐鄉
金氏文瑞樓刻本　十二冊

370000－1541－0011648　846.1/695
宋文憲公全集五十三卷首四卷　(明)宋濂撰
　清嘉慶十五年(1810)吳縣嚴榮刻本　二十
六冊

370000－1541－0011649　846.1/695＝1
重刊宋文憲公集三十卷　(明)宋濂撰　清康
熙五十一年(1712)仙華書院刻本　十六冊

370000－1541－0011650　846.1/695＝4
宋學士文集七十五卷　(明)宋濂撰　明正德
九年(1514)刻本　十二冊

370000－1541－0011651　846.1/830
覆瓿集八卷　(明)朱同撰　明萬曆四十四年
(1616)刻本　二冊

370000－1541－0011652　846.1/847
說學齋稿不分卷　(明)危素撰　清抄本　羅
振常跋　二冊

370000－1541－0011653　846.1/885
易齋劉先生遺集二卷　(明)劉璟撰　清光緒
二十七年(1901)刻本　二冊

370000－1541－0011654　846.1/885＝2
太師誠意伯劉文成公集二十卷　(明)劉基撰
　(明)何鐙編　明隆慶六年(1572)刻本　十
冊

370000－1541－0011655　846.1/946
始豐稿十四卷補遺一卷附錄一卷　(明)徐一
夔撰　清光緒二十年(1894)錢塘丁氏嘉惠堂
刻本　四冊

370000－1541－0011656　846.3/111
于忠肅公集十卷　(明)于謙撰　清刻本　二
冊

370000－1541－0011657　846.3/271
楊文敏公集二十五卷附錄一卷　(明)楊榮撰
　明正德十年(1515)刻本　十二冊

370000－1541－0011658　846.3/522
雪坡文集十二卷　(明)萬節撰　清光緒三年
(1877)雍塘萬氏燕翼堂刻本　十二冊

370000－1541－0011659　846.3/566

文清公薛先生文集二十四卷　（明）薛瑄撰
（明）張鼎編　清雍正十二年(1734)薛氏刻本
　清王筠跋　六冊

370000－1541－0011660　846.3/885

兩谿文集二十四卷　（明）劉球撰　清宣統二
年(1910)守政書局木活字印本　四冊

370000－1541－0011661　846.3/885＝1

兩谿文集二十四卷　（明）劉球撰　清宣統二
年(1910)守政書局木活字印本　四冊

370000－1541－0011662　846.3/987

覺非齋文集二十八卷附錄一卷　（明）金實撰
　（明）黃溥選編　明成化元年(1465)薛氏刻
本　十二冊

370000－1541－0011663　846.4/214

文敬胡先生集三卷胡敬齋先生居業錄十二卷
　（明）胡居仁撰　（明）余祐編　清乾隆二十
二年(1757)刻本　六冊

370000－1541－0011664　846.4/311

方洲先生奉使錄二卷　（明）張寧撰　明萬曆
繡水沈氏刻本　一冊

370000－1541－0011665　846.4/667

六如居士全集七卷補遺一卷制義一卷畫譜三
卷外集六卷　（明）唐寅撰　（清）唐仲冕編
清嘉慶六年(1801)長沙唐仲冕刻本　五冊

370000－1541－0011666　846.4/667＝1

六如居士全集七卷補遺一卷制義一卷畫譜三
卷外集六卷　（明）唐寅撰　（清）唐仲冕編
清嘉慶六年(1801)長沙唐仲冕刻本　六冊

370000－1541－0011667　846.4/667＝2

六如居士全集七卷補遺一卷　（明）唐寅撰
（清）唐仲冕編　清光緒十一年(1885)鎮江文
成堂刻本　二冊

370000－1541－0011668　846.4/899

何大復先生集三十八卷附錄一卷　（明）何景
明撰　清乾隆十五年(1750)賜策堂刻本　八
冊

370000－1541－0011669　846.5/112

明儒王心齋先生遺集五卷　（明）王艮撰　明
儒王一庵先生遺集二卷　（明）王棟撰　明儒
王東厓先生遺集二卷首一卷　（明）王襞撰
明儒王東垞東隅東日天真四先生殘稿一卷
袁承業輯　明儒王心齋先生弟子師承表一卷
　袁承業編　清宣統二年(1910)東臺袁氏鉛
印本　六冊

370000－1541－0011670　846.5/112＝1

明儒王心齋先生遺集五卷　（明）王艮撰　明
儒王一庵先生遺集二卷　（明）王棟撰　明儒
王東厓先生遺集二卷首一卷　（明）王襞撰
明儒王東垞東隅東日天真四先生殘稿一卷
袁承業輯　明儒王心齋先生弟子師承表一卷
　袁承業編　清宣統二年(1910)東臺袁氏鉛
印本　六冊

370000－1541－0011671　846.5/117＝1

王文成公全書　（明）王守仁撰　清刻本　二
十四冊

370000－1541－0011672　846.5/117＝2

陽明先生文集十六卷目錄二卷　（明）王守仁
撰　陽明先生年譜二卷　（明）李贄撰　清道
光六年(1826)刻本　十六冊

370000－1541－0011673　846.5/117＝3

王陽明先生文鈔二十卷　（明）王守仁撰
（清）張問達編　清康熙刻本　十冊

370000－1541－0011674　846.5/313

張伎陵集七卷　（明）張鳳翔撰　明刻本　二
冊

370000－1541－0011675　846.5/380＝2

白沙子全集十卷白沙子古詩教解二卷首一卷
末一卷　（明）陳獻章撰　清乾隆三十六年
(1771)碧玉樓刻本　十二冊

370000－1541－0011676　846.5/380＝3

白沙先生文稿六卷附年譜一卷　（明）陳獻章
撰　（明）唐伯元輯　明萬曆十一年(1583)郭
惟賢、汪應蛟刻本　五冊

370000－1541－0011677　846.5/476

學古齋集三卷　（明）瞿俊撰　清嘉慶七年

(1802)虞山瞿青垂刻本　一冊

370000－1541－0011678　846.5/658
楓山章先生文集九卷　（明）章懋撰　（明）章沛編　明嘉靖九年（1530）張大綸刻本　八冊

370000－1541－0011679　846.5/658＝1
楓山章先生集九卷　（明）章懋撰　**楓山章先生實紀八卷**　（明）章接編　**楓山章文懿公[懋]年譜二卷**　（明）阮鶚撰　清同治至光緒永康胡氏退補齋刻金華叢書本　十一冊

370000－1541－0011680　846.5/882
丘海二公文集合編十六卷　（清）焦映漢編　清康熙四十七年（1708）關中焦映漢廣州刻本　八冊

370000－1541－0011681　846.5/899
何大復先生集三十八卷附錄一卷　（明）何景明撰　清乾隆十五年（1750）賜策堂刻本　八冊

370000－1541－0011682　846.5/903
文肅公文集三十四卷外集一卷　（明）何喬新撰　（明）羅圮校正　清康熙三十三年（1694）旴源傳經堂刻本　十六冊

370000－1541－0011683　846.5/914
柴墟文集十五卷　（明）儲巏撰　明嘉靖四年（1525）刻本　五冊

370000－1541－0011684　846.5/920
青谿漫稿二十四卷　（明）倪岳撰　清光緒二十六年（1900）嘉惠堂刻本　六冊

370000－1541－0011685　846.5/951＝2
青藤書屋文集三十卷　（明）徐渭撰　（明）袁宏道評點　清宣統三年（1911）石印本　八冊

370000－1541－0011686　846.6/106
枝山文集四卷　（明）祝允明撰　清同治十三年（1874）元和祝氏刻本　三冊

370000－1541－0011687　846.6/106＝1
枝山文集四卷　（明）祝允明撰　清同治十三年（1874）元和祝氏刻本　四冊

370000－1541－0011688　846.6/112

弇州山人四部稿一百七十四卷目錄十二卷　（明）王世貞撰　明萬曆五年（1577）王氏世經堂刻本　四十二冊　存一百六十三卷（十二至一百七十四）

370000－1541－0011689　846.6/112＝1
弇州山人四部稿一百七十四卷目錄十二卷　（明）王世貞撰　明萬曆五年（1577）王氏世經堂刻本　六十冊

370000－1541－0011690　846.6/112＝2
弇州山人續稿二百七卷目錄十卷附集十一卷　（明）王世貞撰　明崇禎刻本　五十二冊

370000－1541－0011691　846.6/112＝3
王文恪公集三十六卷　（明）王鏊撰　明萬曆震澤王氏三槐堂刻本　八冊

370000－1541－0011692　846.6/112＝4
王文恪公集三十六卷　（明）王鏊撰　明萬曆震澤王氏三槐堂刻本　十六冊

370000－1541－0011693　846.6/115
蒼谷全集十二卷附錄一卷　（明）王尚絅撰　（明）王縱選　清乾隆二十三年（1758）密止堂刻本　六冊

370000－1541－0011694　846.6/115＝1
蒼谷全集十二卷附錄一卷　（明）王尚絅撰　（明）王縱選　清乾隆二十三年（1758）密止堂刻本　六冊

370000－1541－0011695　846.6/115＝2
蒼谷全集十二卷附錄一卷　（明）王尚絅撰　（明）王縱選　清乾隆二十三年（1758）密止堂刻本　六冊

370000－1541－0011696　846.6/117＝5
王遵巖集十卷　（明）王慎中撰　（清）張汝瑚選　清康熙二十一年（1682）刻本　四冊

370000－1541－0011697　846.6/117＝6
陽明先生文集十六卷目錄二卷　（明）王守仁撰　**陽明先生年譜二卷**　（明）李贄撰　清道光六年（1826）刻本　二十冊

370000－1541－0011698　846.6/119

王氏存笥稿二十卷　（明）王維楨撰　（明）孫昇編　明嘉靖三十七年(1558)吳門趙忻刻本　十一冊　存十八卷(一至十五、十八至二十)

370000－1541－0011699　846.6/171

少村漫稿四卷　（明）黃廷用撰　明萬曆刻本　二冊

370000－1541－0011700　846.6/221

鳥鼠山人小集十六卷　（明）胡纘宗撰　（明）歸仁等編　明嘉靖刻本　十冊

370000－1541－0011701　846.6/232

苑洛集二十二卷　（明）韓邦奇撰　清道光八年(1828)朝邑縣西河書院刻本　九冊

370000－1541－0011702　846.6/254

林東城文集二卷末一卷　（明）林春撰　明抄本　四冊

370000－1541－0011703　846.6/254＝1

東莆先生文集二卷　（明）林大欽撰　清光緒十年(1884)刻本　二冊

370000－1541－0011704　846.6/271

太史升菴全集八十一卷目錄二卷　（明）楊慎撰　明萬曆陳大科刻本　六冊

370000－1541－0011705　846.6/271＝2

太史升菴全集八十一卷目錄二卷　（明）楊慎撰　清乾隆六十年(1795)養拙山房刻本　二十冊

370000－1541－0011706　846.6/271＝3

升菴外集一百卷　（明）楊慎撰　（明）焦竑編　清道光二十四年(1844)刻本　二十四冊

370000－1541－0011707　846.6/273

楊忠愍公集四卷　（明）楊繼盛撰　（清）朱永輝輯　清康熙三十三年(1694)朱永輝刻本　四冊

370000－1541－0011708　846.6/273＝1

楊忠愍公全集三卷附錄一卷　（明）楊繼盛撰　清道光二十三年(1843)思補堂刻本　四冊

370000－1541－0011709　846.6/273＝2

楊忠愍公全集三卷附錄一卷　（明）楊繼盛撰　清道光二十三年(1843)思補堂刻本　四冊

370000－1541－0011710　846.6/273＝3

楊忠愍公全集三卷附錄一卷　（明）楊繼盛撰　清光緒二十年(1894)楊定遠木活字印本　四冊

370000－1541－0011711　846.6/273＝4

楊忠愍公遺書一卷　（明）楊繼盛撰　清同治五年(1866)木樨山房刻本　一冊

370000－1541－0011712　846.6/273＝5

楊忠愍公遺書一卷　（明）楊繼盛撰　清同治五年(1866)木樨山房刻本　一冊

370000－1541－0011713　846.6/273＝6

楊忠愍公集五卷首一卷末一卷　（明）楊繼盛撰　清光緒二十三年(1897)湘南書局刻本　二冊

370000－1541－0011714　846.6/285

滄溟先生集三十卷　（明）李攀龍撰　明隆慶刻本　十六冊

370000－1541－0011715　846.6/285＝1

滄溟先生集三十卷附錄一卷　（明）李攀龍撰　清道光二十七年(1847)景福堂刻本　八冊

370000－1541－0011716　846.6/288

空同集六十三卷　（明）李夢陽撰　明嘉靖十一年(1532)曹嘉刻本　廿菴題識　二十冊

370000－1541－0011717　846.6/288＝1

空同集六十三卷　（明）李夢陽撰　明嘉靖十一年(1532)曹嘉刻三十一年(1552)朱睦㮮增修本　十六冊

370000－1541－0011718　846.6/288＝3

空同子集六十六卷目錄三卷附錄一卷　（明）李夢陽撰　明萬曆三十年(1602)鄧雲霄刻本　二十冊

370000－1541－0011719　846.6/295

毅齋查先生闡道集十卷末一卷　（明）查鐸撰　清光緒十六年(1890)涇川查氏濟陽家塾刻本　四冊

370000 – 1541 – 0011720　846.6/306

張文定公廯悔軒集十二卷　（明）張邦奇撰
明刻本　五冊

370000 – 1541 – 0011721　846.6/313

小山類稿選二十卷附張襄惠公輯略一卷
（明）張岳撰　明末刻遞修本　六冊

370000 – 1541 – 0011722　846.6/336

渭厓文集十卷　（明）霍韜撰　明萬曆四年
(1576)霍與瑕刻本　十冊

370000 – 1541 – 0011723　846.6/348

夏桂洲先生文集十八卷附年譜一卷　（明）夏
言撰　（明）林日瑞輯　明崇禎十一年(1638)
吳一麟刻本　四十冊

370000 – 1541 – 0011724　846.6/364

孫文恭公遺書二十三卷附錄一卷　（明）孫應
鼇撰　清宣統二年(1910)南洋官書局鉛印本
八冊

370000 – 1541 – 0011725　846.6/364 = 1

孫文恭公遺書二十三卷附錄一卷　（明）孫應
鼇撰　清宣統二年(1910)南洋官書局鉛印本
八冊

370000 – 1541 – 0011726　846.6/387

陸文裕公集二十四卷　（明）陸深撰　（明）陸
起龍編　明陸起龍刻本　八冊

370000 – 1541 – 0011727　846.6/429

鈐山堂集四十卷　（明）嚴嵩撰　清乾隆二十
三年(1758)二酉堂刻本　十冊

370000 – 1541 – 0011728　846.6/440

東湖集五卷首一卷　（明）吳廷舉撰　清光緒
元年(1875)蒼梧義學刻本　六冊

370000 – 1541 – 0011729　846.6/458

午塘先生集七卷　（明）閔如霖撰　明萬曆二
年(1574)烏程閔世譽刻本　三冊

370000 – 1541 – 0011730　846.6/489

蟻蟓集五卷　（明）盧柟撰　明萬曆二年
(1574)刻本　五冊

370000 – 1541 – 0011731　846.6/556

洨濱蔡先生遺書二種三十卷首一卷　（明）蔡
靉撰　清光緒四年(1878)江陰夏子鎏刻本
四冊

370000 – 1541 – 0011732　846.6/556 = 1

洨濱蔡先生遺書二種三十卷首一卷　（明）蔡
靉撰　清光緒四年(1878)江陰夏子鎏刻本
四冊

370000 – 1541 – 0011733　846.6/590

洹詞十二卷　（明）崔銑撰　明嘉靖趙府味經
堂刻清乾隆三十六年(1771)黃邦寧重修本
三冊

370000 – 1541 – 0011734　846.6/590 = 1

洹詞十二卷　（明）崔銑撰　明嘉靖趙府味經
堂刻清乾隆三十六年(1771)黃邦寧重修本
六冊

370000 – 1541 – 0011735　846.6/667 = 2

荊川文集十八卷　（明）唐順之撰　（清）唐少
游編　清康熙五十一年(1712)唐執玉刻本
十二冊

370000 – 1541 – 0011736　846.6/667 = 3

重刊校正唐荊川先生文集十二卷　（明）唐順
之撰　明嘉靖三十二年(1553)葉氏寶山堂刻
本　十冊

370000 – 1541 – 0011737　846.6/668

康對山先生集四十五卷首一卷　（明）康海撰
清康熙五十一年(1712)古邰馬逸姿貽穀堂
刻本　十二冊

370000 – 1541 – 0011738　846.6/668 = 1

康對山先生文集十卷　（明）康海撰　（清）孫
景烈選　清乾隆二十六年(1761)武功縣刻本
三冊

370000 – 1541 – 0011739　846.6/668 = 2

康對山先生文集十卷　（明）康海撰　（清）孫
景烈選　清乾隆二十六年(1761)武功縣刻本
八冊

370000 – 1541 – 0011740　846.6/677

甫田集三十六卷　（明）文徵明撰　清宣統三

年(1911)鉛印本　十二冊

370000－1541－0011741　846.6/677＝2
甫田集三十六卷　（明）文徵明撰　明刻本
六冊

370000－1541－0011742　846.6/684
宗子相先生集二十五卷　（明）宗臣撰　明常
郡葉孟瞻天華閣刻本　六冊

370000－1541－0011743　846.6/722
湛甘泉先生文集三十二卷　（明）湛若水撰
清刻本　十六冊

370000－1541－0011744　846.6/781
古菴毛先生文集十卷附毘陵正學編一卷
（明）毛憲撰　（明）葉全編　明嘉靖四十一年
(1562)毛欣永思堂刻本　六冊

370000－1541－0011745　846.6/830
山帶閣集三十三卷　（明）朱曰藩撰　清道光
十五年(1835)宜祿堂刻本　八冊

370000－1541－0011746　846.6/832
凌溪先生集十八卷　（明）朱應登撰　明嘉靖
三十三年(1554)緝柳齋刻本　八冊

370000－1541－0011747　846.6/832＝2
凌谿先生集十八卷　（明）朱應登撰　清道光
十五年(1835)宜祿堂刻本　四冊

370000－1541－0011748　846.6/842
念菴羅先生文集二十四卷　（明）羅洪先撰
清雍正元年(1723)刻本　十二冊

370000－1541－0011749　846.6/868
震川先生別集十卷　（明）歸有光撰　清刻本
　一冊　存一卷(一)

370000－1541－0011750　846.6/868＝1
震川先生集三十卷別集十卷　（明）歸有光撰
　清宣統二年(1910)上海集成圖書公司鉛印
本　十冊

370000－1541－0011751　846.6/868＝4
震川先生集三十卷別集十卷　（明）歸有光撰
　清光緒六年(1880)常熟歸氏刻本　十冊
缺六卷(震川先生集一至六)

370000－1541－0011752　846.6/868＝7
震川先生文集二十卷　（明）歸有光撰　（明）
歸道傳編　清乾隆三十七年(1772)懷德堂刻
本　八冊

370000－1541－0011753　846.6/869＝9
震川先生集三十卷別集十卷附錄一卷　（明）
歸有光撰　（清）錢謙益選定　（清）歸珍編
清康熙十年至十四年(1671－1675)常熟歸
莊、歸珍刻本　十五冊

370000－1541－0011754　846.6/875
邊華泉集八卷集稿六卷　（明）邊貢撰　清嘉
慶十年(1805)李肇慶刻本　四冊

370000－1541－0011755　846.6/890
紫巖文集四十八卷　（明）劉龍撰　明嘉靖十
一年(1532)劉龍韓山精舍刻本　十冊

370000－1541－0011756　846.6/896
燕泉何先生遺稿十卷　（明）何孟春撰　清乾
隆二十四年(1759)刻本　四冊

370000－1541－0011757　846.6/899
何大復先生集三十八卷附錄一卷　（明）何景
明撰　清咸豐二年(1852)世守堂刻本　八冊

370000－1541－0011758　846.6/906
傅木虛集二卷　（明）傅汝舟撰　清刻本　二
冊

370000－1541－0011759　846.6/953
徐文敏公集五卷　（明）徐縉撰　明隆慶二年
(1568)吳郡徐氏刻本　四冊

370000－1541－0011760　846.7/119
王龍谿先生全集二十卷　（明）王畿撰　清道
光二年(1822)會稽莫晉刻本　十二冊

370000－1541－0011761　846.7/119＝1
石林先生批評龍谿王先生語錄鈔八卷　（明）
王畿撰　（明）祝世祿評　明崇禎十五年
(1642)刻本　八冊

370000－1541－0011762　846.7/119＝2
龍谿王先生全集二十卷　（明）王畿撰　清光
緒八年(1882)上海明善書局鉛印本　五冊

370000 – 1541 – 0011763　846.7/129

來禽館集二十八卷　（明）邢侗撰　明崇禎十年(1637)樂陵版築居刻本　十冊

370000 – 1541 – 0011764　846.7/169

餘姚黃忠端公集六卷　（明）黃尊素撰　清光緒十三年(1887)姚江黃氏刻本　六冊

370000 – 1541 – 0011765　846.7/190

瀟碧堂集二十七卷敝篋集二卷錦帆集四卷去吳七牘一卷瓶花齋集十卷解脱集四卷　（明）袁宏道撰　明萬曆三十六年至三十八年(1608 – 1610)勾吳袁氏書種堂刻本　吳士冠跋　六冊

370000 – 1541 – 0011766　846.7/190 = 2

梨雲館類定袁中郎全集二十四卷　（明）袁宏道撰　明萬曆書林周文煒大業堂刻本　十六冊

370000 – 1541 – 0011767　846.7/190 = 3

梨雲館類定袁中郎全集二十四卷　（明）袁宏道撰　明萬曆書林周文煒大業堂刻本　二十冊

370000 – 1541 – 0011768　846.7/203

嵋山集十二卷　（明）趙秉忠撰　清光緒九年(1883)益都縣刻本　五冊

370000 – 1541 – 0011769　846.7/203 = 1

嵋山集十二卷　（明）趙秉忠撰　清光緒九年(1883)益都縣刻本　五冊

370000 – 1541 – 0011770　846.7/221

柳堂遺集十三卷　（明）胡胤嘉撰　明萬曆四十三年(1615)刻本　四冊

370000 – 1541 – 0011771　846.7/239

竹巖集十八卷補遺一卷附錄一卷　（明）柯潛撰　清光緒十四年(1888)擢英書院刻本　四冊

370000 – 1541 – 0011772　846.7/285

李文定公貽安堂集十卷　（明）李春芳撰　清同治九年(1870)刻本　八冊

370000 – 1541 – 0011773　846.7/290

落落齋遺集十卷附錄一卷　（明）李應昇撰　清光緒二十二年(1896)武進盛氏思惠齋刻朱印本　六冊

370000 – 1541 – 0011774　846.7/306

新刻張太岳先生文集四十七卷　（明）張居正撰　明萬曆四十年(1612)繡谷唐國達刻本　十二冊

370000 – 1541 – 0011775　846.7/306 = 1

新刻張太岳先生文集四十七卷　（明）張居正撰　清乾隆江陵鄧氏刻本　十六冊

370000 – 1541 – 0011776　846.7/306 = 2

新刻張太岳先生文集四十七卷　（明）張居正撰　清乾隆江陵鄧氏刻本　十六冊

370000 – 1541 – 0011777　846.7/306 = 3

新刻張太岳先生文集四十七卷　（明）張居正撰　清乾隆江陵鄧氏刻本　十六冊

370000 – 1541 – 0011778　846.7/320

白榆集二十八卷　（明）屠隆撰　明萬曆二十八年(1600)太末龔堯惠刻本　二冊　存八卷(詩集八卷)

370000 – 1541 – 0011779　846.7/320 = 2

白榆集二十八卷　（明）屠隆撰　明萬曆二十八年(1600)太末龔堯惠刻本　六冊

370000 – 1541 – 0011780　846.7/341

止止堂集五卷　（明）戚繼光撰　清光緒十四年(1888)山東書局刻本　四冊

370000 – 1541 – 0011781　846.7/344

來瞿唐先生日錄內篇六卷外篇七卷　（明）來知德撰　清道光十一年(1831)刻本　十四冊

370000 – 1541 – 0011782　846.7/444

呂新吾先生去偽齋文集十卷　（明）呂坤撰　清康熙十三年(1674)寧陵呂慎多繩其居刻本　十二冊

370000 – 1541 – 0011783　846.7/444 = 1

呂新吾先生去偽齋文集十卷　（明）呂坤撰　清康熙十三年(1674)寧陵呂慎多繩其居刻本　十冊

370000－1541－0011784　846.7/444＝2

呂新吾先生去偽齋文集十卷　（明）呂坤撰
清康熙十三年(1674)寧陵呂慎多繩其居刻本
　一冊　存一卷(五)

370000－1541－0011785　846.7/471

黃髮翁全集四卷戲筆一卷首一卷末一卷
（明）畢木撰　清康熙抄本　一冊

370000－1541－0011786　846.7/521

葛端肅公集十五卷　（明）葛守禮撰　清嘉慶
七年(1802)樹滋堂刻本　七冊

370000－1541－0011787　846.7/613

許鍾斗文集五卷　（明）許獬撰　明萬曆四十
年(1612)洪夢錫等刻本　五冊

370000－1541－0011788　846.7/630

垂楊館集十一卷　（明）郭孔建撰　經傳正誤
一卷　（明）郭孔太輯　清光緒七年(1881)刻
本　二冊

370000－1541－0011789　846.7/635

鯤溟先生詩集四卷奏疏一卷　（明）郭諫臣撰
清嘉慶七年(1802)蠹溪草堂刻本　二冊

370000－1541－0011790　846.7/641

高文襄公文集四卷本語六卷　（明）高拱撰
清康熙二十五年(1686)籠春堂刻高文襄公十
六種本　七冊

370000－1541－0011791　846.7/664

嶠雅二卷　（明）鄺露撰　清海雪堂刻本　二
冊

370000－1541－0011792　846.7/664＝1

嶠雅二卷　（明）鄺露撰　清海雪堂刻本　二
冊

370000－1541－0011793　846.7/669

鹿忠節公集二十一卷　（明）鹿善繼撰　清刻
本　六冊

370000－1541－0011794　846.7/669＝1

鹿忠節公集二十一卷　（明）鹿善繼撰　清刻
本　四冊

370000－1541－0011795　846.7/712

太函集一百二十卷目錄六卷　（明）汪道昆撰
明萬曆十九年(1591)刻本　四十八冊

370000－1541－0011796　846.7/712＝1

太函集一百二十卷目錄六卷　（明）汪道昆撰
明萬曆十九年(1591)刻本　二十冊

370000－1541－0011797　846.7/736

玉茗堂集選二十四卷　（明）湯顯祖撰　（明）
帥機選　明刻本　六冊

370000－1541－0011798　846.7/736＝1

獨深居點定玉茗堂集三十卷　（明）湯顯祖撰
　（明）沈際飛選　明崇禎九年(1636)刻本
八冊　缺六卷(尺牘六卷)

370000－1541－0011799　846.7/747

亦玉堂稿十卷　（明）沈鯉撰　清康熙二十九
年(1690)劉榛刻本　四冊

370000－1541－0011800　846.7/752

海忠介公集六卷　（明）海瑞撰　（清）焦映漢
編　清康熙四十七年(1708)關中焦映漢廣州
刻丘海二公文集合編本　三冊

370000－1541－0011801　846.7/772

馮少墟集二十二卷　（明）馮從吾撰　明萬曆
四十年(1612)畢懋康刻天啓元年(1621)馮嘉
年增修本　十六冊

370000－1541－0011802　846.7/813

周孟侯先生全書五種　（明）周拱辰撰　清道
光二十七年（1847）檇李周氏刻光緒元年
(1875)補刻本　十二冊

370000－1541－0011803　846.7/834

觀復堂稿略一卷　（明）朱集璜撰　清光緒二
十六年(1900)玉山書院刻玉山朱氏遺書本
一冊

370000－1541－0011804　846.7/834＝1

觀復堂稿略一卷　（明）朱集璜撰　清光緒二
十六年(1900)玉山書院刻玉山朱氏遺書本
一冊

370000－1541－0011805　846.7/856

文直行書詩十三卷詩補一卷文選十七卷首一

卷　（明）熊明遇撰　清順治十七年(1660)熊人霖刻本　十二冊　存二十二卷(文直行書詩十三卷、詩補一卷、文選一至七,首一卷)

370000－1541－0011806　846.7/860

從野堂存稿八卷補遺一卷附錄一卷年譜一卷　（明）繆昌期撰　清光緒二十一年(1895)武進盛氏思惠齋刻本　三冊

370000－1541－0011807　846.7/885

蟋蟀軒草不分卷　（明）劉士驥撰　清光緒二十八年(1902)刻本　八冊

370000－1541－0011808　846.7/890

觀我亭集不分卷　（明）劉必紹撰　六冊

370000－1541－0011809　846.7/907

二谷山人集十卷　（明）侯一元撰　清光緒十七年(1891)浙甌樂東侯氏刻本　六冊

370000－1541－0011810　846.7/907＝1

二谷山人近稿十卷詩餘一卷　（明）侯一元撰　清光緒二十年(1894)浙甌樂東侯氏刻本　六冊

370000－1541－0011811　846.7/951

徐文長文集三十卷四聲猿一卷　（明）徐渭撰　（明）袁宏道評點　明萬曆四十二年(1614)錢塘鍾人傑刻本　錢吳子　吳殘衫跋　六冊　缺一卷(四聲猿一卷)

370000－1541－0011812　846.7/951＝1

徐文長文集三十卷四聲猿一卷　（明）徐渭撰　（明）袁宏道評點　明萬曆四十二年(1614)錢塘鍾人傑刻本　八冊

370000－1541－0011813　846.7/951＝2

徐文長文集三十卷四聲猿一卷　（明）徐渭撰　（明）袁宏道評點　明萬曆四十二年(1614)錢塘鍾人傑刻本　七冊

370000－1541－0011814　846.7/951＝3

徐文長文集三十卷四聲猿一卷　（明）徐渭撰　（明）袁宏道評點　明萬曆四十二年(1614)錢塘鍾人傑刻本　八冊

370000－1541－0011815　846.7/951＝4

徐文長文集三十卷　（明）徐渭撰　（明）袁宏道評點　明萬曆四十二年(1614)錢塘鍾人傑刻後修本　七冊

370000－1541－0011816　846.7/951＝5

徐文長逸稿二十四卷附畸譜一卷　（明）徐渭撰　（明）張汝霖　（明）王思任評選　明天啓三年(1623)武林張維城刻本　六冊

370000－1541－0011817　846.7/964

涇皋藏稿二十二卷　（明）顧憲成撰　明刻本　六冊

370000－1541－0011818　846.7/966

小辨齋偶存八卷　（明）顧允成撰　清光緒十二年(1886)涇里宗祠刻本　二冊

370000－1541－0011819　846.8/271

楊大洪先生文集二卷　（明）楊大洪撰　清光緒十三年(1887)福州正誼書院刻本　二冊

370000－1541－0011820　846.8/273

清江楊忠節公遺集八卷　（明）楊廷麟撰　清光緒五年(1879)蕭江書院刻本　八冊

370000－1541－0011821　846.8/352

左忠貞公剩稿四卷　（明）左懋第撰　（清）左彤九編　清乾隆五十八年(1793)刻本　四冊

370000－1541－0011822　846.8/352＝2

蘿石山房文鈔四卷　（明）左懋第撰　（清）李清編　清乾隆四十六年(1781)左公祠刻本　四冊

370000－1541－0011823　846.8/352＝3

蘿石山房文鈔四卷　（明）左懋第撰　（清）李清編　清乾隆五年(1740)刻本　四冊

370000－1541－0011824　846.8/352＝4

梅花屋詩草一卷　（明）左懋第撰　清乾隆十八年(1753)刻本　一冊

370000－1541－0011825　846.8/352＝5

梅花屋詩稿一卷　（明）左懋第撰　清道光六年(1826)左公祠刻本　一冊

370000－1541－0011826　846.8/359

高陽集十八卷 （明）孫承宗撰 清順治十二年(1655)孫之澎刻本 十二冊

370000－1541－0011827 846.8/359＝1

高陽集二十卷 （明）孫承宗撰 清順治十二年(1655)孫之澎刻嘉慶十二年(1807)修補本 十六冊

370000－1541－0011828 846.8/359＝2

高陽太傅孫文正公[承宗]年譜五卷 （明）孫銓編 （清）孫奇逢訂正 清乾隆高陽孫爾然刻重修本 四冊

370000－1541－0011829 846.8/377

陳忠裕全集三十卷年譜三卷首一卷末一卷 （明）陳子龍撰 清嘉慶八年(1803)簳山草堂刻本 十冊

370000－1541－0011830 846.8/377＝1

陳忠裕全集三十卷年譜三卷首一卷末一卷 （明）陳子龍撰 清嘉慶八年(1803)簳山草堂刻本 十冊

370000－1541－0011831 846.8/377＝2

陳忠裕全集三十卷年譜三卷首一卷末一卷 （明）陳子龍撰 清嘉慶八年(1803)簳山草堂刻本 十冊

370000－1541－0011832 846.8/384＝1

陳眉公先生全集六十卷附年譜一卷 （明）陳繼儒撰 明崇禎吳震元刻本 八冊 存十九卷(一至十九)

370000－1541－0011833 846.8/384＝2

眉公先生晚香堂小品二十四卷 （明）陳繼儒撰 明末湯大節簡綠居刻本 六冊

370000－1541－0011834 846.8/406

明大司馬盧公集十二卷首一卷 （明）盧象昇撰 清光緒元年(1875)刻本 十冊

370000－1541－0011835 846.8/406＝1

明大司馬盧公集十二卷首一卷 （明）盧象昇撰 清光緒元年(1875)刻本 六冊

370000－1541－0011836 846.8/406＝2

明大司馬盧公集十二卷首一卷 （明）盧象昇撰 清光緒元年(1875)刻本 八冊

370000－1541－0011837 846.8/447

呂明德先生文集二十六卷 （明）呂維祺撰 清乾隆四十八年(1783)刻本 十二冊

370000－1541－0011838 846.8/449

吳忠節公遺集四卷 （明）吳麟徵撰 忠節公年譜一卷 （清）吳蕃昌撰 明弘光吳氏刻清修本 四冊

370000－1541－0011839 846.8/521

葛中翰遺集十二卷首一卷 （明）葛麟撰 清光緒十六年(1890)姜瑞麟刻本 六冊

370000－1541－0011840 846.8/522

萬忠貞公遺集三卷 （明）萬燝撰 清道光十七年(1837)春暉樓刻本 二冊

370000－1541－0011841 846.8/561

蔡忠烈公遺集不分卷 （明）蔡道憲撰 （清）鄧顯鶴編 清道光十一年(1831)胡均等刻本 二冊

370000－1541－0011842 846.8/601

新刻譚友夏合集二十三卷 （明）譚元春撰 （明）徐汧 （明）張澤評 明崇禎六年(1633)吳門張澤白斗垣刻本 譚澤闓跋 四冊 存十四卷(一至十四)

370000－1541－0011843 846.8/628

施忠愍公遺集七卷 （明）施邦曜撰 清光緒四年(1878)施衡甫刻本 二冊

370000－1541－0011844 846.8/641

高子文集六卷 （明）高攀龍撰 清乾隆七年(1742)無錫華希閔刻本 五冊

370000－1541－0011845 846.8/641＝1

高子別集八卷 （明）高攀龍撰 清劉作邦刻本 三冊

370000－1541－0011846 846.8/740

即山先生文鈔二卷詩鈔一卷 （明）沈承撰 嫠泣集一卷 （明）薄少君撰 清同治九年(1870)木活字印本 一冊

370000－1541－0011847 846.8/745

鸝吹二卷鸝吹集梅花詩一卷 　(明)沈宜修撰
　明崇禎十二年(1639)午夢堂刻午夢堂集本
　四冊

370000－1541－0011848　846.8/763

湘中草六卷 　(明)湯傳楹撰　清刻本　二冊

370000－1541－0011849　846.8/820 = 1

周文忠公遺集七卷 　(明)周鳳翔撰　清嘉慶
十八年(1813)引碧齋刻本　二冊

370000－1541－0011850　846.8/820 = 2

周忠介公燼餘集三卷 　(明)周順昌撰　忠介
遺事一卷周吏部年譜一卷 　(明)殷獻臣輯
清光緒二十九年(1903)太倉唐文治刻本　三
冊

370000－1541－0011851　846.8/860

從野堂存稿八卷文貞公年譜一卷末一卷
(明)繆昌期撰　清同治十三年(1874)海陵刻
寶園叢書本　四冊

370000－1541－0011852　846.8/903

汲古堂集二十八卷 　(明)何白撰　清道光十
六年(1836)刻本　十冊

370000－1541－0011853　846.8/903 = 1

汲古堂集二十八卷 　(明)何白撰　清道光十
六年(1836)刻本　十二冊

370000－1541－0011854　846.8/920

鴻寶應本十七卷 　(明)倪元璐撰　明崇禎刻
清順治十四年(1657)唐九經重修本　六冊

370000－1541－0011855　846.8/932

牧齋全集 　(清)錢謙益撰　清宣統二年
(1910)邃漢齋鉛印本　四十冊

370000－1541－0011856　846.8/932 = 1

牧齋全集 　(清)錢謙益撰　清宣統二年
(1910)邃漢齋鉛印本　二十八冊

370000－1541－0011857　846.8/949

增訂徐文定公集六卷首二卷 　(明)徐光啟撰
　清宣統元年(1909)上海慈母堂鉛印本　四
冊

370000－1541－0011858　846.8/964

亭林詩文集十二卷 　(清)顧炎武撰　清宣統
元年(1909)上海掃葉山房石印本　四冊

370000－1541－0011859　846.8/987

金忠潔公文集二卷 　(明)金鉉撰　堆山先生
前集一卷 　(明)薛寀撰　清光緒二十二年
(1896)武進盛氏刻本　一冊

370000－1541－0011860　846.9/115

文貞子遺書一卷 　(明)王曦如撰　清末即墨
王氏四勿堂刻本　一冊

370000－1541－0011861　846.9/169

黃漳浦集五十卷首一卷目錄二卷 　(明)黃道
周撰　(清)陳壽祺編　漳浦黃先生年譜二卷
　(明)莊起儔編　(清)陳壽祺補　清道光刻
本　二十四冊

370000－1541－0011862　846.9/169 = 1

黃漳浦集五十卷首一卷目錄二卷 　(明)黃道
周撰　(清)陳壽祺編　漳浦黃先生年譜二卷
　(明)莊起儔編　(清)陳壽祺補　清道光刻
本　三十冊

370000－1541－0011863　846.9/169 = 2

黃漳浦集五十卷首一卷目錄二卷 　(明)黃道
周撰　(清)陳壽祺編　漳浦黃先生年譜二卷
　(明)莊起儔編　(清)陳壽祺補　清道光刻
本　二十四冊

370000－1541－0011864　846.9/169 = 3

黃漳浦集五十卷首一卷目錄二卷 　(明)黃道
周撰　(清)陳壽祺編　漳浦黃先生年譜二卷
　(明)莊起儔編　(清)陳壽祺補　清末鉛印
本　十六冊

370000－1541－0011865　846.9/169 = 4

黃漳浦集五十卷首一卷目錄二卷 　(明)黃道
周撰　(清)陳壽祺編　漳浦黃先生年譜二卷
　(明)莊起儔編　(清)陳壽祺補　清末鉛印
本　十六冊

370000－1541－0011866　846.9/169 = 5

黃漳浦集五十卷首一卷目錄二卷 　(明)黃道
周撰　(清)陳壽祺編　漳浦黃先生年譜二卷
　(明)莊起儔編　(清)陳壽祺補　清末鉛印

本 十六册

370000－1541－0011867 846.9/169＝6
陶菴集二十二卷首一卷末一卷 （明）黃淳耀撰 清光緒五年(1879)刻本 八册

370000－1541－0011868 846.9/169＝7
陶菴文集七卷補遺四卷 （明）黃淳耀撰 清刻本 八册

370000－1541－0011869 846.9/288
天問閣集三卷 （明）李長祥撰 清刻本 二册

370000－1541－0011870 846.9/296
堵文忠公集十卷年譜一卷 （明）堵允錫撰 清光緒十三年(1887)刻本 五册

370000－1541－0011871 846.9/296＝1
堵文忠公集十卷年譜一卷 （明）堵允錫撰 清光緒十三年(1887)刻本 一册 存三卷(八至十)

370000－1541－0011872 846.9/306
楊園先生全集五十四卷年譜一卷 （清）張履祥撰 （清）姚璉輯 清同治十年(1871)江蘇書局刻本 十六册

370000－1541－0011873 846.9/306＝3
楊園先生全集十六卷 （清）張履祥撰 清同治九年(1870)山東尚志堂刻本 六册

370000－1541－0011874 846.9/309
張忠敏公遺集十卷首一卷附錄六卷 （明）張國維撰 清光緒五年(1879)江蘇書局刻本 六册

370000－1541－0011875 846.9/309＝1
張忠敏公遺集十卷首一卷附錄六卷 （明）張國維撰 清光緒五年(1879)江蘇書局刻本 六册

370000－1541－0011876 846.9/329
青門籟稿十六卷 （清）邵長蘅撰 清康熙三十二年(1693)刻本 十二册

370000－1541－0011877 846.9/348
夏節愍全集十卷首一卷末一卷補遺二卷

（明）夏完淳撰 （清）莊師洛輯 清嘉慶十二年(1807)刻同治八年(1869)補刻本 二册

370000－1541－0011878 846.9/352
左忠貞公剩稿四卷 （明）左懋第撰 （清）左彤九編 清乾隆五十八年(1793)刻本 四册

370000－1541－0011879 846.9/377
陳臥子先生安雅堂稿十五卷 （明）陳子龍撰 清宣統二年(1910)上海時中書局鉛印本 六册

370000－1541－0011880 846.9/436
吳長興伯集五卷 （明）吳易撰 （清）陳去病編 清光緒三十三年(1907)國學保存會鉛印國粹叢書本 一册

370000－1541－0011881 846.9/438
樓山堂集二十七卷附熹朝忠節死臣列傳一卷 （明）吳應箕撰 清同治六年(1867)永寧官廨刻本 六册

370000－1541－0011882 846.9/438＝1
吳赤溟先生文集一卷附錄一卷 （清）吳炎撰 清光緒三十二年(1906)國學保存會鉛印國粹叢書本 一册

370000－1541－0011883 846.9/476
瞿忠宣公集十卷 （明）瞿式耜撰 清光緒十三年(1887)刻本 四册

370000－1541－0011884 846.9/578
新刻天傭子全集十卷 （明）艾南英撰 清刻本 十册

370000－1541－0011885 846.9/759
敬亭集十卷補遺一卷 （明）姜埰撰 清光緒十五年(1889)山東書局刻本 四册

370000－1541－0011886 846.9/885
劉文烈公全集十二卷首一卷 （明）劉理順撰 （明）劉聖箴輯 清順治覺于軒刻本 八册

370000－1541－0011887 846.9/890
劉蕺山先生集二十四卷 （明）劉宗周撰 清乾隆十七年(1752)證人堂刻本 二十四册

370000－1541－0011888 846.9/890＝1

劉子全書四十卷首一卷 （明）劉宗周撰 （明）董瑒編 清道光四年至十五年（1824－1835）蕭山王宗炎等刻本 二十冊

370000－1541－0011889 846.9/934

藏山閣文存六卷詩存十四卷尺牘四卷 （明）錢秉鐙撰 清光緒三十四年（1908）桐城蕭氏龍潭室鉛印本 四冊

370000－1541－0011890 846.9/934＝1

藏山閣文存六卷詩存十四卷 （明）錢秉鐙撰 清光緒三十四年（1908）桐城蕭氏龍潭室鉛印本 三冊

370000－1541－0011891 846.9/959

炳燭齋文集初刻一卷續刻一卷 （明）顧大韶撰 清宣統元年（1909）上海國學扶輪社鉛印本 二冊

370000－1541－0011892 846.9/959＝1

炳燭齋文集初刻一卷續刻一卷 （明）顧大韶撰 清宣統元年（1909）上海國學扶輪社鉛印本 二冊

370000－1541－0011893 846.9/987

金忠節公文集八卷 （明）金聲撰 清道光七年（1827）嘉魚官署刻本 八冊

370000－1541－0011894 846.9/987＝1

金忠節公文集八卷 （明）金聲撰 清道光七年（1827）嘉魚官署刻本 八冊

370000－1541－0011895 846.9/987＝2

金忠節公文集八卷 （明）金聲撰 清道光七年（1827）嘉魚官署刻本 八冊

370000－1541－0011896 846.9/987＝3

金忠節公文集八卷 （明）金聲撰 清光緒三年（1877）嘉魚檜蔭山房刻本 四冊

370000－1541－0011897 846.9/987＝3

金忠節公文集八卷 （明）金聲撰 清道光七年（1827）嘉魚官署刻本 四冊

370000－1541－0011898 846.9/987＝4

金忠節公文集八卷 （明）金聲撰 清光緒十四年（1888）黟邑李氏刻本 四冊

370000－1541－0011899 846.9/987＝5

金忠節公文集八卷 （明）金聲撰 清光緒十四年（1888）黟邑李氏刻本 四冊

370000－1541－0011900 847/102

虹橋老屋遺稿文四卷詩五卷 （清）秦緗業撰 清光緒十五年（1889）刻本 三冊

370000－1541－0011901 847/112

蠶尾集十卷續集二卷後集二卷 （清）王士禛撰 清康熙四十七年（1708）刻本 六冊

370000－1541－0011902 847/112＝1

蠶尾集十卷 （清）王士禛撰 清康熙三十五年（1696）刻本 四冊

370000－1541－0011903 847/112＝2

龍璧山房文集六卷 （清）王拯撰 清光緒八年（1882）松雪研齋鉛印本 六冊

370000－1541－0011904 847/112＝3

王文治詩札不分卷 （清）王文治撰 清稿本 一冊

370000－1541－0011905 847/115

湘綺樓全集三十卷 王闓運撰 清光緒三十三年（1907）墨莊劉氏長沙刻本 十六冊

370000－1541－0011906 847/115＝1

湘綺樓全集三十卷 王闓運撰 清宣統二年（1910）上海國學扶輪社石印本 十二冊

370000－1541－0011907 847/117

柳南文鈔六卷 （清）王應奎撰 清光緒十年（1884）魚隱書院刻本 二冊

370000－1541－0011908 847/117＝1

柳南文鈔六卷 （清）王應奎撰 清光緒十年（1884）魚隱書院刻本 一冊

370000－1541－0011909 847/117＝2

椒生隨筆八卷詩草六卷 （清）王之春撰 清光緒七年（1881）上洋文藝齋刻本 六冊

370000－1541－0011910 847/117＝3

春融堂集六十八卷 （清）王昶撰 清嘉慶十二年（1807）塾南書舍刻本 八冊 存四十四卷（二十五至六十八）

370000 – 1541 – 0011911　847/125

綠雪堂古文鈔二卷　（清）敖冊賢撰　清光緒
十三年（1887）刻本　二冊

370000 – 1541 – 0011912　847/164＝1

元穆文鈔二卷　杜俞撰　清光緒三十三年
（1907）蘇省印刷總局鉛印海嶽軒叢刻本　一
冊

370000 – 1541 – 0011913　847/169

梨洲遺著彙刊　（清）黃宗羲撰　清宣統二年
（1910）上海時中書局鉛印本　二十冊

370000 – 1541 – 0011914　847/196

飴山文集十二卷　（清）趙執信撰　清乾隆三
十九年（1774）博山趙氏因園刻本　四冊

370000 – 1541 – 0011915　847/196＝1

飴山詩集二十卷文集十二卷附錄一卷禮俗權
衡二卷談龍錄一卷聲調譜三卷　（清）趙執信
撰　清乾隆三十九年（1774）博山趙氏因園刻
本　十冊

370000 – 1541 – 0011916　847/199

趙恭毅公賸稿八卷　（清）趙申喬撰　（清）趙
侗敦編　清光緒十八年（1892）浙江書局刻本
四冊

370000 – 1541 – 0011917　847/212

風希堂文集四卷　（清）戴殿泗撰　清道光八
年（1828）九靈山房刻本　二冊

370000 – 1541 – 0011918　847/212＝1

味經山館文鈔四卷詩鈔六卷　（清）戴鈞衡撰
清咸豐三年（1853）刻本　三冊

370000 – 1541 – 0011919　847/221

退補齋文存十二卷　（清）胡鳳丹撰　清同治
元年（1862）胡氏退補齋刻本　四冊

370000 – 1541 – 0011920　847/273

蒿園文鈔一卷　（清）楊金監撰　清光緒十六
年（1890）毗陵楊氏世承堂木活字印本　一冊

370000 – 1541 – 0011921　847/283

蘇文忠公海外集二十二卷　（宋）蘇軾撰
（清）樊庶編　清康熙四十五年（1706）江都樊

氏得樹軒刻本　二冊　存一卷（雜著一卷）

370000 – 1541 – 0011922　847/285

恕谷後集十三卷閱史郊視四卷續一卷評乙古
文四卷擬太平策七卷　（清）李塨撰　清光緒
五年（1879）定州王氏謙德堂刻畿輔叢書本
六冊

370000 – 1541 – 0011923　847/285＝1

滄溟先生集三十卷附錄一卷　（明）李攀龍撰
清道光二十七年（1847）景福堂刻本　八冊

370000 – 1541 – 0011924　847/288

鴻桷齋文集初刻一卷　（清）李圖撰　清道光
二十七年（1847）刻本　一冊

370000 – 1541 – 0011925　847/290

笠翁一家言全集十六卷　（清）李漁撰　清刻
本　八冊

370000 – 1541 – 0011926　847/290＝1

笠翁一家言全集十六卷　（清）李漁撰　清雍
正八年（1730）芥子園刻本　二十冊

370000 – 1541 – 0011927　847/290＝2

笠翁一家言全集十六卷　（清）李漁撰　清世
德堂刻本　十六冊

370000 – 1541 – 0011928　847/290＝3

笠翁一家言全集十六卷　（清）李漁撰　清雍
正八年（1730）芥子園刻本　八冊　存八卷
（笠翁別集九至十、笠翁偶集一至六）

370000 – 1541 – 0011929　847/290＝5

石泉書屋全集　（清）李佐賢撰輯　清同治至
光緒利津李氏刻本　四冊　存三種十一卷
（坦室遺文一卷、石泉書屋尺牘二卷、吾廬筆
談八卷）

370000 – 1541 – 0011930　847/290＝6

臥象山房文集一卷　（清）李澄中撰　清康熙
刻本　一冊

370000 – 1541 – 0011931　847/290＝7

童山文集二十卷補遺一卷　（清）李調元撰
清嘉慶四年（1799）萬卷樓刻本　四冊

370000 – 1541 – 0011932　847/290＝8

織齋文集八卷　（清）李煥章撰　清光緒十三年(1887)樂安李氏刻本　二冊

370000－1541－0011933　847/306

知退齋稿七卷　（清）張瑛撰　清光緒二十四年(1898)刻本　三冊

370000－1541－0011934　847/309

篤素堂集鈔三卷　（清）張英撰　清光緒十七年(1891)江蘇書局刻本　一冊

370000－1541－0011935　847/311＝1

張忠烈公集十二卷　（明）張煌言撰　清光緒四年(1878)抄本　六冊

370000－1541－0011936　847/311＝2

覆瓿集　（清）張文虎撰　清同治至光緒刻本　四冊　存五種（鼠壤餘蔬、舒藝室詩續存、舒藝室尺牘偶存、湖樓校書記、夢因錄）

370000－1541－0011937　847/313

西廬文集四卷補錄一卷　（清）張儁撰　清宣統二年(1910)上海國學扶輪社鉛印本　二冊

370000－1541－0011938　847/324

心白日齋集六卷　（清）尹耕雲撰　清光緒二十一年(1895)刻本　四冊

370000－1541－0011939　847/331

清麓文集二十三卷　（清）賀瑞麟撰　清光緒二十五年(1899)傳經堂刻本　二十二冊

370000－1541－0011940　847/331＝1

半巖廬遺集二卷　（清）邵懿辰撰　清光緒三十四年(1908)刻本　二冊

370000－1541－0011941　847/355

西堂全集　（清）尤侗撰　清康熙刻本　十六冊

370000－1541－0011942　847/355＝1

西堂全集　（清）尤侗撰　清兩儀堂刻本　二十二冊

370000－1541－0011943　847/362

芳茂山人文集十二卷　（清）孫星衍撰　清光緒十一年(1885)吳縣朱氏槐廬家塾刻本　八冊

370000－1541－0011944　847/372

扁善齋詩存一卷扁善齋文存二卷　（清）鄧嘉緝撰　清光緒二十七年(1901)刻本　二冊

370000－1541－0011945　847/377

左海全集十種三十一卷　（清）陳壽祺撰　清嘉慶至道光三山陳氏刻本　二十冊

370000－1541－0011946　847/377＝1

左海全集十種三十一卷　（清）陳壽祺撰　清嘉慶至道光三山陳氏刻本　二十四冊

370000－1541－0011947　847/377＝2

左海全集十種三十一卷　（清）陳壽祺撰　清嘉慶至道光三山陳氏刻本　二十八冊

370000－1541－0011948　847/377＝3

卓廬初草不分卷　（清）陳墉撰　清同治刻本　四冊

370000－1541－0011949　847/380

景士堂文集五卷　（清）陳運鎮撰　清道光十六年(1836)刻本　二冊

370000－1541－0011950　847/382

秣陵集六卷　（清）陳文述撰　清光緒十年(1884)淮南書局刻本　三冊

370000－1541－0011951　847/384＝1

午亭文編五十卷　（清）陳廷敬撰　（清）林佶輯錄　清康熙四十七年(1708)侯官林佶刻本　十六冊

370000－1541－0011952　847/384＝2

午亭文編五十卷　（清）陳廷敬撰　（清）林佶輯錄　清康熙四十七年(1708)侯官林佶刻乾隆四十三年(1778)印本　十六冊

370000－1541－0011953　847/384＝3

午亭文編五十卷　（清）陳廷敬撰　（清）林佶輯錄　清康熙四十七年(1708)侯官林佶刻乾隆四十三年(1778)印本　十六冊

370000－1541－0011954　847/384＝4

對策六卷　（清）陳鱣撰　清光緒五年(1879)刻本　一冊

370000－1541－0011955　847/384＝5

太乙舟文集八卷　（清）陳用光撰　清道光二十三年(1843)孝友堂刻本　六冊

370000－1541－0011956　847/411

馬徵君遺集六卷首一卷　（清）馬三俊撰　清同治三年(1864)刻本　二冊

370000－1541－0011957　847/432

惺諰齋初稿十卷　喻長霖撰　清宣統三年(1911)鉛印崧岱山館叢鈔本　六冊

370000－1541－0011958　847/433

吳學士文集四卷　（清）吳蔚撰　清光緒八年(1882)江寧藩署刻本　四冊

370000－1541－0011959　847/440

林蕙堂文集十二卷　（清）吳綺撰　清乾隆三十九年(1774)衷白堂刻本　十冊

370000－1541－0011960　847/440＝1

初月樓遺編四卷　（清）吳德旋撰　清道光二十八年(1848)刻本　二冊

370000－1541－0011961　847/440＝2

柈湖文集十二卷　（清）吳敏樹撰　清光緒十九年(1893)思賢講舍刻本　四冊

370000－1541－0011962　847/440＝3

松厓文稿不分卷　（清）吳鎮撰　（清）楊芳燦選　清乾隆五十五年(1790)蘭山書院刻本　一冊

370000－1541－0011963　847/455

俞俞齋文稿初集四卷詩稿初集二卷　（清）史念祖撰　清光緒三十二年(1906)廣陵刻本　六冊

370000－1541－0011964　847/455＝1

史子樸語十卷　（宋）史彌大撰　清光緒二十六年(1900)四明史氏木活字印本　一冊

370000－1541－0011965　847/458

式古訓齋文集二卷外集一卷　（清）閔萃祥撰　清光緒三十四年(1908)刻本　三冊

370000－1541－0011966　847/471

九水山房文存二卷　（清）畢亨撰　清咸豐二年(1852)聊城楊氏海源閣刻本　佚名批　二冊

370000－1541－0011967　847/471＝1

九水山房文存二卷　（清）畢亨撰　清咸豐二年(1852)聊城楊氏海源閣刻本　一冊

370000－1541－0011968　847/482

羅山遺集八種　（清）羅澤南撰　清咸豐七年至九年(1857－1859)長沙刻本　八冊

370000－1541－0011969　847/489

尊水園集略十二卷補遺二卷　（清）盧世㴶撰　（清）程先貞等輯　清順治見賓堂刻本　六冊

370000－1541－0011970　847/505

袁文註一卷補註一卷　（清）□□撰　清稿本　二冊

370000－1541－0011971　847/519

來雨軒存稿四卷　（清）莫晉撰　清道光十六年(1836)刻本　四冊

370000－1541－0011972　847/521

丹陽集二十四卷　（宋）葛勝仲撰　清光緒二十二年(1896)武進盛氏刻朱印本　四冊

370000－1541－0011973　847/525

虛一齋集五卷　（清）莊培因撰　清光緒九年(1883)刻本　五冊

370000－1541－0011974　847/526＝1

策軒文編六卷　（清）蔣寶誠撰　清宣統元年(1909)刻本　二冊

370000－1541－0011975　847/528

聊齋先生文集二卷　（清）蒲松齡撰　清宣統二年(1910)上海國學扶輪社鉛印本　二冊

370000－1541－0011976　847/529

楓南山館遺集七卷末一卷　（清）莊受祺撰　清光緒元年(1875)刻本　二冊

370000－1541－0011977　847/588

濂墨軒文集一卷　（清）崔炳炎撰　清光緒三十四年(1908)廣東學務公所印刷處鉛印本　一冊

370000 - 1541 - 0011978　847/601

松筠閣貞孝錄不分卷附錄一卷　金武祥輯
清光緒十八年(1892)江陰金氏刻粟香室叢書
本　一冊

370000 - 1541 - 0011979　847/601 = 2

希古堂集八卷　(清)譚宗浚撰　清光緒十六
年(1890)羊城刻本　四冊

370000 - 1541 - 0011980　847/606 = 1

詒煒集五卷侍香集一卷　(清)許振褘輯　清
光緒二十三年(1897)廣州節署刻本　二冊

370000 - 1541 - 0011981　847/627

萬善花室文稿六卷續集一卷　(清)方履籛撰
　清光緒九年(1883)雲自在龕刻雲自在龕叢
書本　二冊

370000 - 1541 - 0011982　847/627 = 1

萬善花室文稿六卷　(清)方履籛撰　清道光
十一年(1831)刻本　二冊

370000 - 1541 - 0011983　847/627 = 2

萬善花室文稿六卷　(清)方履籛撰　清道光
十一年(1831)刻本　四冊

370000 - 1541 - 0011984　847/628

施愚山先生學餘文集二十八卷　(清)施閏章
撰　清康熙四十七年(1708)曹寅棟亭刻本
四冊

370000 - 1541 - 0011985　847/628 = 1

施愚山全集九十四卷　(清)施閏章撰　清康
熙四十七年(1708)曹寅棟亭刻乾隆施企曾等
續刻本　十九冊

370000 - 1541 - 0011986　847/630

竹閒十日話六卷　(清)郭柏蒼輯　清光緒十
二年(1886)刻本　三冊

370000 - 1541 - 0011987　847/660

龔定盦全集　(清)龔自珍撰　清宣統二年
(1910)石印本　佚名批　六冊

370000 - 1541 - 0011988　847/662

寶綸堂詩文鈔十四卷　(清)齊召南撰　清光
緒十三年(1887)鄞縣郭氏金峨山館刻本　四

冊

370000 - 1541 - 0011989　847/667

成山盧稿八卷　(清)唐炯撰　清光緒五年
(1879)刻本　六冊

370000 - 1541 - 0011990　847/668

霞蔭堂文鈔一卷　(清)康基淵撰　清刻本
一冊

370000 - 1541 - 0011991　847/688

留讀齋詩集六卷末一卷　(清)宣昌緒撰　清
宣統元年(1909)木活字印本　二冊

370000 - 1541 - 0011992　847/690

西陂類稿五十卷　(清)宋犖撰　清康熙五十
年(1711)刻本　十六冊

370000 - 1541 - 0011993　847/690 = 1

西陂類稿五十卷　(清)宋犖撰　清康熙五十
年(1711)刻本　十六冊

370000 - 1541 - 0011994　847/690 = 2

安雅堂未刻稿八卷　(清)宋琬撰　清乾隆三
十一年(1766)刻本　八冊

370000 - 1541 - 0011995　847/690 = 3

安雅堂文集二卷詩集一卷未刻稿一卷　(清)
宋琬撰　清刻本　四冊

370000 - 1541 - 0011996　847/704

安靜子集五種附一種　(清)安致遠撰　清同
治二年(1863)自鉏園刻本　六冊

370000 - 1541 - 0011997　847/707

汪梅村先生集十二卷外集一卷　(清)汪士鐸
撰　清光緒七年(1881)刻本　四冊

370000 - 1541 - 0011998　847/710

蓮漪文鈔八卷　(清)汪曰楨輯　清咸豐九年
(1859)烏程汪氏刻本　二冊

370000 - 1541 - 0011999　847/719 = 2

江忠烈公遺集二卷附錄一卷　(清)江忠源撰
　清同治三年(1864)四川藩署刻本　二冊

370000 - 1541 - 0012000　847/720

齊雲山人文集一卷　(清)洪符孫撰　清光緒

九年(1883)雲自在龕影印雲自在龕叢書本
一冊

370000－1541－0012001　847/736
湯子遺書十卷附錄一卷　（清）湯斌撰　清康
熙四十二年(1703)愛日堂刻本　六冊

370000－1541－0012002　847/736＝1
湯子遺書十卷附錄一卷　（清）湯斌撰　清同
治九年(1870)高要蘇廷魁刻湯文正公全集本
六冊

370000－1541－0012003　847/736＝2
潛菴先生遺稿五卷　（清）湯斌撰　清刻本
四冊

370000－1541－0012004　847/736＝3
潛菴先生遺稿五卷　（清）湯斌撰　清刻本
五冊

370000－1541－0012005　847/743
萬物炊累室類稿甲編二種乙編二種外編一種
沈同芳編　清宣統三年(1911)上海中國圖
書公司鉛印本　五冊

370000－1541－0012006　847/747
怡雲堂全集六種　（清）沈保靖撰　清宣統元
年(1909)刻朱印本　五冊

370000－1541－0012007　847/759
湛園未定稿六卷　（清）姜宸英撰　清康熙二
老閣刻本　四冊

370000－1541－0012008　847/765
微尚齋文集一卷　（清）馮志沂撰　清同治十
三年(1874)李翰華刻本　二冊

370000－1541－0012009　847/765＝1
鈍吟老人遺稿九種　（清）馮班撰　清康熙汲
古閣刻本　六冊

370000－1541－0012010　847/775
況太守集十六卷首一卷補遺一卷　（明）況鍾
撰　（清）況廷秀輯　清光緒十年(1884)津河
廣仁堂刻本　四冊

370000－1541－0012011　847/789
澹潭山房古文存稿四卷詩集十七卷附刻一卷

（清）程襄龍撰　清嘉慶二年(1797)刻本
六冊

370000－1541－0012012　847/789＝1
有恒心齋集六種　（清）程鴻詔撰　清同治刻
本　六冊

370000－1541－0012013　847/795
拙尊園叢稿六卷　（清）黎庶昌撰　清光緒二
十三年(1897)石印本　六冊

370000－1541－0012014　847/795＝1
拙尊園叢稿六卷　（清）黎庶昌撰　清光緒二
十三年(1897)石印本　六冊

370000－1541－0012015　847/803
古微堂內集三卷外集七卷　（清）魏源撰　清
光緒四年(1878)淮南書局刻本　四冊

370000－1541－0012016　847/803＝1
古微堂內集三卷外集七卷　（清）魏源撰　清
光緒四年(1878)淮南書局刻本　四冊

370000－1541－0012017　847/803＝2
魏季子文集十六卷　（清）魏禮撰　清宣統三
年(1911)易堂刻本　十二冊

370000－1541－0012018　847/803＝3
魏季子文集十六卷　（清）魏禮撰　清宣統三
年(1911)易堂刻本　十二冊

370000－1541－0012019　847/813
共城從政錄不分卷　（清）周際華撰　清道光
十九年(1839)貴筑周氏家蔭堂刻本　一冊

370000－1541－0012020　847/818
賴古堂集二十四卷　（清）周亮工撰　清道光
九年(1829)翠屏山館刻本　十冊

370000－1541－0012021　847/827
朱杜溪先生集七卷遊歷記存一卷　（清）朱書
撰　清光緒十九年(1893)蔭六山莊刻本　四
冊

370000－1541－0012022　847/834
曝書亭集八十卷附錄一卷　（清）朱彝尊撰
笛漁小稿十卷　（清）朱昆田撰　清光緒十五
年(1889)寒梅館刻本　二十冊

370000－1541－0012023　　847/834 ＝ 1

曝書亭集八十卷附錄一卷　（清）朱彝尊撰

笛漁小稿十卷　（清）朱昆田撰　清康熙五十三年(1714)秀水朱稻孫刻本　二十二冊

370000－1541－0012024　　847/834 ＝ 2

棟垞集四卷首一卷外集三卷　（清）朱啟連撰　清光緒二十六年(1900)刻本　二冊

370000－1541－0012025　　847/845

因寄軒文初集十卷二集六卷　（清）管同撰　清光緒五年(1879)刻本　二冊

370000－1541－0012026　　847/845 ＝ 1

因寄軒文初集十卷二集六卷　（清）管同撰　清光緒五年(1879)刻本　四冊

370000－1541－0012027　　847/845 ＝ 2

韞山堂詩集十六卷文集八卷　（清）管世銘撰　清光緒二十年(1894)讀雪山房刻本　五冊

370000－1541－0012028　　847/845 ＝ 3

韞山堂文集八卷　（清）管世銘撰　清光緒十九年(1893)童氏大鄴山館刻本　四冊

370000－1541－0012029　　847/852

世澤堂遺稿　（清）載澂撰　清光緒十五年(1889)刻本　三冊

370000－1541－0012030　　847/859

紀文達公遺集三十二卷　（清）紀昀撰　（清）紀樹馨編校　清嘉慶十七年(1812)刻本　十六冊

370000－1541－0012031　　847/859 ＝ 1

紀文達公遺集三十二卷　（清）紀昀撰　（清）紀樹馨編校　清嘉慶十七年(1812)刻本　十八冊

370000－1541－0012032　　847/860

藝風堂文集七卷外篇一卷　繆荃孫撰　清光緒二十七年(1901)刻本　四冊

370000－1541－0012033　　847/880

香南居士集六卷　（清）覺羅崇恩撰　清道光二十二年(1842)刻本　二冊

370000－1541－0012034　　847/885

海峰文集八卷詩集六卷　（清）劉大櫆撰　清同治十三年(1874)桐城劉繼刻本　八冊

370000－1541－0012035　　847/885 ＝ 1

海峰先生精選八家文鈔不分卷　（清）劉大櫆選　清光緒二年(1876)刻本　二冊

370000－1541－0012036　　847/892

劉禮部集十二卷　（清）劉逢祿撰　清光緒十八年(1892)延暉承慶堂刻本　六冊

370000－1541－0012037　　847/892 ＝ 1

劉禮部集十二卷　（清）劉逢祿撰　清光緒十八年(1892)延暉承慶堂刻本　六冊

370000－1541－0012038　　847/892 ＝ 2

釣魚篷山館集六卷附錄一卷　（清）劉佳撰　清同治十三年(1874)蘇州刻本　二冊

370000－1541－0012039　　847/915

清芬樓遺稿四卷　（清）任啟運撰　清光緒十四年(1888)刻本　二冊

370000－1541－0012040　　847/927

香樹齋全集八十七卷　（清）錢陳群撰　清乾隆刻本　二十四冊

370000－1541－0012041　　847/934

衍石齋記事稿十卷　（清）錢儀吉撰　清道光十四年(1834)刻本　十二冊

370000－1541－0012042　　847/934 ＝ 1

衍石齋記事續稿十卷　（清）錢儀吉撰　清光緒六年(1880)海昌錢彝甫刻本　一冊

370000－1541－0012043　　847/964 ＝ 1

隱鴻雜箸十三卷　（清）顧沐潤撰　清光緒二十八年(1902)陶氏刻本　一冊

370000－1541－0012044　　847/972 ＝ 1

巢經巢遺文五卷　（清）鄭珍撰　清光緒二十年(1894)貴筑高氏資州官署刻本　四冊

370000－1541－0012045　　847/977 ＝ 2

板橋集五種　（清）鄭燮撰　清西山堂刻本　五冊

370000－1541－0012046　　847/977 ＝ 3

板橋集五種　（清）鄭燮撰　清清暉書屋刻本
　二冊

370000－1541－0012047　847/982

賞雨茅屋詩集二十卷外集一卷　（清）曾燠撰
　清嘉慶二十四年(1819)刻本　六冊

370000－1541－0012048　847/987＝1

豸華堂文鈔八卷　（清）金應麟撰　清道光三
十年(1850)刻本　二冊

370000－1541－0012049　847/990

賓萌集六卷外集四卷　（清）俞樾撰　清同治
九年(1870)刻本　四冊

370000－1541－0012050　847/994

國朝文錄八十二卷　（清）姚椿輯　清咸豐元
年(1851)刻本　三十二冊

370000－1541－0012051　847.1/112＝2

漁洋山人精華錄訓纂十卷　（清）王士禎撰
（清）惠棟訓纂　自撰年譜二卷　（清）王士禎
撰　（清）惠棟注補　金氏精華錄箋注辨譌一
卷　（清）惠棟撰　清乾隆元和惠氏紅豆齋刻
本　十二冊

370000－1541－0012052　847.1/306

白雲集十七卷　（清）張貟撰　清抄本　十冊
　存十卷(一至十)

370000－1541－0012053　847.1/306＝1

蒿菴集三卷附錄一卷　（清）張爾岐撰　清乾
隆三十八年(1773)聽泉齋刻本　二冊

370000－1541－0012054　847.1/306＝2

蒿庵集三卷附錄一卷　（清）張爾岐撰　清乾
隆三十八年(1773)聽泉齋刻本　三冊

370000－1541－0012055　847.1/313

雲隱堂文錄十卷首一卷末一卷　（明）張鏡心
撰　清光緒十六年(1890)磁州張氏刻本　四
冊

370000－1541－0012056　847.1/321

翁山文外十六卷　（清）屈大均撰　清宣統二
年(1910)上海國學扶輪社鉛印本　五冊

370000－1541－0012057　847.1/321＝2

翁山文外十六卷　（清）屈大均撰　清宣統二
年(1910)上海國學扶輪社鉛印本　五冊

370000－1541－0012058　847.1/440

梅村集四十卷目錄二卷　（清）吳偉業撰　清
康熙七年(1668)顧湄刻本　十二冊

370000－1541－0012059　847.1/524

蒿子先生遺稿一卷　（清）芮城撰　清光緒二
十三年(1897)木活字印本　一冊

370000－1541－0012060　847.1/628

施愚山全集九十四卷　（清）施閏章撰　清康
熙四十七年(1708)曹寅刻本　二十四冊

370000－1541－0012061　847.1/628＝2

施愚山先生學餘詩集五十卷文集二十八卷別
集四卷外集二卷年譜四卷施氏家風述略一卷
施氏家風述略續編一卷　（清）施閏章撰　隨
村先生遺集六卷　（清）施琭撰　清宣統二年
至三年(1910－1911)上海國學扶輪社石印本
　二十冊

370000－1541－0012062　847.1/682

不遠堂文集不分卷　（清）惲日初撰　清抄本
　一冊

370000－1541－0012063　847.1/882

楚村詩集四卷文集六卷　（清）丘石常撰　清
康熙五年(1666)諸城丘元武刻本　五冊

370000－1541－0012064　847.1/885

屺思堂全集　（清）劉子壯撰　清道光二十八
年(1848)刻本　八冊

370000－1541－0012065　847.1/907

壯悔堂文集十卷　（清）侯方域撰　清刻本
四冊

370000－1541－0012066　847.1/907＝1

壯悔堂文集十卷　（清）侯方域撰　清乾隆十
四年(1749)刻本　八冊

370000－1541－0012067　847.1/907＝2

壯悔堂文集十卷　（清）侯方域撰　清光緒四
年(1878)舊學山房刻本　十二冊

370000－1541－0012068　847.1/907＝3

壯悔堂文集十卷　（清）侯方域撰　清光緒四年(1878)舊學山房刻本　七冊

370000－1541－0012069　847.1/907＝5

壯悔堂文集十卷　（清）侯方域撰　清嘉慶十七年(1812)刻本　四冊

370000－1541－0012070　847.1/994

休那遺稿十二卷　（清）姚康撰　清光緒十五年(1889)桐城姚氏五桂山房刻本　七冊

370000－1541－0012071　847.14/292

棣懷堂隨筆六卷　（清）李象鵾撰　清道光元年(1821)刻本　一冊

370000－1541－0012072　847.2/112

帶經堂集九十二卷　（清）王士禎撰　清康熙四十九年至五十年(1710－1711)程氏七略書堂刻本　二十冊

370000－1541－0012073　847.2/112＝1

帶經堂集九十二卷　（清）王士禎撰　清康熙四十九年至五十年(1710－1711)程氏七略書堂刻本　三十一冊

370000－1541－0012074　847.2/112＝2

帶經堂集九十二卷　（清）王士禎撰　清康熙四十九年至五十年(1710－1711)程哲七略書堂刻本　十六冊

370000－1541－0012075　847.2/112＝3

帶經堂集九十二卷　（清）王士禎撰　清康熙四十九年至五十年(1710－1711)程哲七略書堂刻乾隆十二年(1747)黃晟修補本　二十冊

370000－1541－0012076　847.2/112＝4

漁洋山人文略十四卷　（清）王士禎撰　清康熙三十四年(1695)刻本　五冊

370000－1541－0012077　847.2/112＝5

漁洋山人文略十四卷　（清）王士禎撰　清康熙三十四年(1695)刻本　三冊　存八卷(四至九、十三至十四)

370000－1541－0012078　847.2/112＝6

王漁洋遺書三十八種　（清）王士禎撰　清刻本　五十五冊　存二十六種一百五十六卷（蜀道驛程記二卷,皇華紀聞四卷,秦蜀驛程後記二卷,歷仕錄一卷,載書圖一卷,漁洋山人詩集二十二卷、續集十六卷、蠶尾集十卷、續集二卷、後集二卷,南海集二卷,雍益集一卷,漁洋山人文略十四卷,漁洋山人精華錄十卷,粵行三志三卷,謚法考一卷,隴蜀餘聞一卷,長白山錄一卷、補遺一卷,居易錄三十四卷,浯溪考二卷,分甘餘話四卷,蕭亭詩選六卷,考功集四卷,二家詩選二卷,華泉先生集選四卷,抱山集選一卷,隴首集一卷,清寤齋心賞編一卷,剪桐載筆一卷）

370000－1541－0012079　847.2/112＝7

漁洋山人精華錄訓纂十卷　（清）王士禎撰　（清）惠棟訓纂　自撰年譜二卷　（清）王士禎撰　（清）惠棟注補　金氏精華錄箋注辨譌一卷　（清）惠棟撰　清乾隆元和惠氏紅豆齋刻本　十二冊

370000－1541－0012080　847.2/112＝8

漁洋山人詩問二卷　（清）王士禎撰　清乾隆三十三年(1768)新城王祖蕭刻本　一冊

370000－1541－0012081　847.2/112＝9

獨善堂文集八卷　（清）王大經撰　清嘉慶二十二年(1817)錢塘周氏春暉堂刻本　四冊

370000－1541－0012082　847.2/115

青箱堂文集十二卷遺稿續刻一卷年譜一卷　（清）王崇簡撰　清康熙十五年(1676)刻本　六冊

370000－1541－0012083　847.2/115＝1

蓼村集四卷　（清）王苹撰　清乾隆三十八年(1773)胡德琳刻本　一冊

370000－1541－0012084　847.2/117

居業堂文集二十卷首一卷　（清）王源撰　清光緒五年(1879)謙德堂刻畿輔叢書本　六冊

370000－1541－0012085　847.2/117＝1

居業堂文集二十卷首一卷　（清）王源撰　清光緒五年(1879)謙德堂刻畿輔叢書本　六冊

370000－1541－0012086　847.2/119

嘯竹堂集十六卷　（清）王錫撰　清刻本　八

册

370000－1541－0012087　847.2/142

曹江集十卷　（清）曹恒吉撰　清康熙三十五
年(1696)願學堂刻本　四册

370000－1541－0012088　847.2/142＝1

香雪文鈔十二卷　（清）曹學詩撰　清乾隆刻
本　十二册

370000－1541－0012089　847.2/169＝1

**黄梨洲先生南雷文約四卷明夷待訪錄一卷思
舊錄一卷**　（清）黄宗羲撰　清刻本　二册

370000－1541－0012090　847.2/169＝2

黄梨洲先生南雷文約四卷　（清）黄宗羲撰
清刻本　十册

370000－1541－0012091　847.2/169＝3

黄梨洲先生南雷文約四卷　（清）黄宗羲撰
清乾隆刻本　二册

370000－1541－0012092　847.2/169＝4

南雷文定二十二卷附錄一卷　（清）黄宗羲撰
清耕餘樓刻本　八册

370000－1541－0012093　847.2/169＝5

南雷文定二十二卷附錄一卷　（清）黄宗羲撰
清刻本　六册

370000－1541－0012094　847.2/183

古愚心言八卷　（清）彭鵬撰　清康熙愚齋刻
本　十六册

370000－1541－0012095　847.2/183＝1

**彭南畇全集三十九卷附南畇老人自訂年譜一
卷**　（清）彭定求撰　清光緒七年(1881)刻本
十二册

370000－1541－0012096　847.2/183＝2

**彭南畇全集三十九卷附南畇老人自訂年譜一
卷**　（清）彭定求撰　清光緒七年(1881)刻本
七册　存十二卷(南畇文稿十二卷)

370000－1541－0012097　847.2/183＝3

松桂堂全集三十七卷　（清）彭孫遹撰　清宣
統三年(1911)掃葉山房石印本　十二册

370000－1541－0012098　847.2/183＝4

樹廬文鈔十卷　（清）彭士望撰　清道光四年
(1824)冠石山房刻本　六册

370000－1541－0012099　847.2/190

袁易齋先生圖民錄四卷　（清）袁守定撰　清
同治十二年(1873)湘鄉楊昌濬刻本　二册

370000－1541－0012100　847.2/196

讀書堂綵衣全集四十六卷　（清）趙士麟撰
清光緒十九年(1893)浙江書局刻本　九册
存三十四卷(一至三十四)

370000－1541－0012101　847.2/212

南山集十四卷補遺三卷年譜一卷　（清）戴名
世撰　清光緒二十六年(1900)張仲沅木活字
印本　八册

370000－1541－0012102　847.2/212＝1

潛虛先生文集十四卷附年譜一卷　（清）戴名
世撰　清光緒十八年(1892)刻本　八册

370000－1541－0012103　847.2/212＝2

戴南山文鈔六卷首一卷　（清）戴名世撰　清
宣統二年(1910)上海國學扶輪社鉛印本　三
册

370000－1541－0012104　847.2/212＝3

南山全集十六卷　（清）戴名世撰　清光緒十
六年(1890)刻本　八册

370000－1541－0012105　847.2/212＝4

半可集四卷　（清）戴廷栻撰　（清）劉飛輯
清刻本　一册

370000－1541－0012106　847.2/228

有懷堂文稿二十二卷詩稿六卷　（清）韓菼撰
清康熙四十二年(1703)刻本　六册

370000－1541－0012107　847.2/228＝1

有懷堂文稿二十二卷　（清）韓菼撰　清康熙
四十二年(1703)刻本　六册

370000－1541－0012108　847.2/247

變雅堂詩集十卷　（清）杜濬撰　清同治九年
(1870)刻本　八册

370000－1541－0012109　847.2/247＝2

變雅堂遺集十八卷附錄二卷 （清）杜濬撰
清光緒二十年(1894)黃岡沈氏刻本 六冊

370000－1541－0012110 847.2/285

寒支初集十卷首一卷二集四卷 （清）李世熊
撰 清同治十三年(1874)刻本 十四冊

370000－1541－0012111 847.2/285＝1

寒支初集十卷首一卷二集四卷 （清）李世熊
撰 清同治十三年(1874)刻本 十四冊

370000－1541－0012112 847.2/285＝2

恕谷後集十三卷 （清）李塨撰 清光緒五年
(1879)定州王氏謙德堂刻畿輔叢書本 四冊

370000－1541－0012113 847.2/285＝3

太白山人槲葉集五卷 （清）李柏撰 清宣統
三年(1911)刻本 六冊

370000－1541－0012114 847.2/285＝4

河濱文選十卷 （清）李楷撰 （清）李元春選
輯 清嘉慶十六年(1811)刻本 八冊

370000－1541－0012115 847.2/288

杲堂文鈔六卷 （清）李鄴嗣撰 （清）黃宗羲
輯 清康熙十七年(1678)刻本 六冊

370000－1541－0012116 847.2/288＝1

杲堂文鈔六卷 （清）李鄴嗣撰 （清）黃宗羲
輯 清康熙十七年(1678)刻本 郭謙益跋
二冊

370000－1541－0012117 847.2/288＝2

二曲集二十八卷首一卷 （清）李顒撰 清光
緒九年(1883)盩署刻本 八冊

370000－1541－0012118 847.2/288＝3

二曲集二十六卷 （清）李顒撰 清康熙三十
二年(1693)鄭重、高爾公刻四十四年(1705)
印本 八冊

370000－1541－0012119 847.2/288＝4

二曲集二十六卷 （清）李顒撰 清同治六年
(1867)牛樹梅刻本 七冊

370000－1541－0012120 847.2/288＝5

二曲全集二十六卷 （清）李顒撰 清光緒九
年(1883)湘陰蔣氏小嫏嬛山館刻本 八冊

370000－1541－0012121 847.2/288＝6

二曲全集二十六卷 （清）李顒撰 清光緒九
年(1883)湘陰蔣氏小嫏嬛山館刻本 八冊

370000－1541－0012122 847.2/288＝7

歷年紀略[李顒]一卷 （清）惠靇嗣撰 清同
治六年(1867)刻本 一冊

370000－1541－0012123 847.2/288＝9

榕村全集四十卷 （清）李光地撰 清乾隆元
年(1736)刻本 十二冊

370000－1541－0012124 847.2/288＝10

榕村全集四十卷 （清）李光地撰 清乾隆元
年(1736)刻本 十二冊

370000－1541－0012125 847.2/288＝11

榕村韻書五卷 （清）李光地撰 清道光九年
(1829)安溪李維迪刻本 一冊

370000－1541－0012126 847.2/290

白雲村文集四卷臥象山房詩正集七卷 （清）
李澄中撰 清康熙四十四年(1705)龐塏刻本
四冊

370000－1541－0012127 847.2/290＝1

白雲村文集四卷臥象山房詩正集七卷 （清）
李澄中撰 清康熙四十四年(1705)龐塏刻本
八冊

370000－1541－0012128 847.2/290＝2

織齋文集八卷 （清）李煥章撰 清光緒十三
年(1887)樂安李氏刻本 一冊

370000－1541－0012129 847.2/292

李穆堂詩文全集一百卷 （清）李紱撰 清道
光十一年(1831)奉國堂刻本 三十六冊

370000－1541－0012130 847.2/292＝1

受祺堂文集四卷續刻四卷 （清）李因篤撰
(清)馮雲杏編 清道光七年(1827)刻本 八
冊

370000－1541－0012131 847.2/306

梅莊集不分卷 （清）張遠撰 清康熙刻本
二冊

370000－1541－0012132 847.2/306＝1

楊園先生全集十六卷　（清）張履祥撰　清同治九年(1870)山東尚志堂刻本　一冊　存六卷(初學備忘一卷、學規一卷、訓子語二卷、答問一卷、門人所見一卷)

370000－1541－0012133　847.2/306＝2

楊園先生全集十六卷　（清）張履祥撰　清同治九年(1870)山東尚志堂刻本　一冊　存三卷(十四至十六)

370000－1541－0012134　847.2/306＝3

楊園先生全集十六卷　（清）張履祥撰　清同治九年(1870)山東尚志堂刻本　六冊

370000－1541－0012135　847.2/306＝4

楊園先生全集五十四卷年譜一卷　（清）張履祥撰　（清）姚璉輯　清同治十年(1871)江蘇書局刻本　十六冊

370000－1541－0012136　847.2/306＝5

楊園先生未刻稿十二卷　（清）張履祥撰　清光緒四年(1878)孫氏望雲仙館刻橋李遺書本　一冊

370000－1541－0012137　847.2/306＝7

張文端公全集五十四卷　（清）張英撰　清光緒二十三年(1897)桐城張氏刻本　二十冊

370000－1541－0012138　847.2/309

渠亭山人半部稿四種附張氏家乘一卷　（清）張貞撰　清康熙二十八年至四十九年(1689－1710)刻雍正印本　四冊

370000－1541－0012139　847.2/309＝1

渠亭山人半部稿四種附張氏家乘一卷　（清）張貞撰　清康熙二十八年至四十九年(1689－1710)刻雍正印本　八冊

370000－1541－0012140　847.2/309＝2

渠亭山人半部稿四種附張氏家乘一卷　（清）張貞撰　清康熙二十八年至四十九年(1689－1710)刻雍正印本　八冊

370000－1541－0012141　847.2/309＝3

杞田集十四卷遺稿一卷　（清）張貞撰　清康熙四十九年(1710)春岑閣刻本　四冊

370000－1541－0012142　847.2/313＝1

西廬文集四卷補錄一卷　（清）張雋撰　清宣統二年(1910)上海國學扶輪社鉛印本　二冊

370000－1541－0012143　847.2/329

邵子湘全集三十卷　（清）邵長蘅撰　清光緒六年(1880)刻本　八冊

370000－1541－0012144　847.2/332

用六集十二卷　（清）刁包撰　清道光二十三年(1843)順積樓刻本　八冊

370000－1541－0012145　847.2/339

咸陟堂文集二十五卷二集八卷賦集一卷　（清）釋成鷲撰　清道光二十五年(1845)刻本　十二冊

370000－1541－0012146　847.2/348

浣玉軒集四卷　（清）夏敬渠撰　清光緒十六年(1890)刻本　一冊

370000－1541－0012147　847.2/355

西堂全集十八種六十卷附湘中草六卷　（清）尤侗撰　清善成堂刻本　二十一冊

370000－1541－0012148　847.2/355＝2

西堂全集　（清）尤侗撰　清兩儀堂刻本　二十冊

370000－1541－0012149　847.2/357

亦園亭全集　（清）孟超然撰　清嘉慶二十年(1815)福州孟氏亦園亭刻本　十冊

370000－1541－0012150　847.2/359＝1

夏峰先生集十六卷　（清）孫奇逢撰　清道光二十五年(1845)大梁書院刻本　十六冊

370000－1541－0012151　847.2/366

沚亭刪定文集二卷沚亭自刪詩一卷琴譜指法省文一卷　（清）孫廷銓纂　清康熙十七年(1678)師儉堂刻本　三冊

370000－1541－0012152　847.2/382

寶綸堂集十卷　（清）陳洪綬撰　（清）陳字購編　清光緒十四年(1888)會稽董氏取斯堂木活字印本　八冊

370000－1541－0012153　847.2/384

陳檢討集十二卷詩鈔十卷詞鈔八卷　（清）陳
維崧撰　（清）蔣景祁等編　清康熙二十三年
(1684)天藜閣刻本　六冊

370000－1541－0012154　847.2/384＝1
陳檢討集二十卷　（清）陳維崧撰　（清）程師
恭注　清道光二年(1822)金閶步月樓刻本
六冊

370000－1541－0012155　847.2/384＝2
陳檢討集二十卷　（清）陳維崧撰　（清）程師
恭注　清道光二年(1822)金閶步月樓刻本
四冊

370000－1541－0012156　847.2/384＝3
湖海樓全集五十一卷　（清）陳維崧撰　清乾
隆六十年(1795)浩然堂刻本　二十四冊

370000－1541－0012157　847.2/384＝4
湖海樓詩集八卷陳迦陵文集六卷　（清）陳維
崧撰　清康熙二十八年(1689)患立堂刻本
四冊

370000－1541－0012158　847.2/384＝5
午亭文編五十卷　（清）陳廷敬撰　（清）林佶
輯錄　清康熙四十七年(1708)侯官林佶刻本
　十六冊

370000－1541－0012159　847.2/384＝6
午亭文編五十卷　（清）陳廷敬撰　（清）林佶
輯錄　清康熙四十七年(1708)侯官林佶刻本
　十五冊　缺三卷(二十七至二十九)

370000－1541－0012160　847.2/384＝7
午亭文編五十卷　（清）陳廷敬撰　（清）林佶
輯錄　清康熙四十七年(1708)侯官林佶刻乾
隆四十三年(1778)印本　十六冊

370000－1541－0012161　847.2/384＝8
蓮窗雜著一卷　（清）陳鶴齡撰　清光緒九年
(1883)刻本　一冊

370000－1541－0012162　847.2/387＝1
三魚堂文集十二卷外集六卷附錄一卷　（清）
陸隴其撰　清康熙四十年(1701)琴川書屋刻
本　孫紹武跋　十二冊

370000－1541－0012163　847.2/387＝2
三魚堂文集十二卷外集六卷附錄一卷　（清）
陸隴其撰　清康熙四十四年(1705)嘉會堂刻
本　八冊

370000－1541－0012164　847.2/387＝3
三魚堂全集　（清）陸隴其撰　清宣統三年
(1911)上海掃葉山房石印本　八冊

370000－1541－0012165　847.2/394
善卷堂四六十卷　（清）陸繁弨撰　清乾隆九
年(1744)鑒茲堂刻本　二冊

370000－1541－0012166　847.2/394＝2
善卷堂四六十卷　（清）陸繁弨撰　清乾隆三
十五年(1770)亦園刻本　一冊

370000－1541－0012167　847.2/394＝3
善卷堂四六十卷　（清）陸繁弨撰　清道光二
年(1822)金閶步月樓刻本　四冊

370000－1541－0012168　847.2/429
嚴太僕先生集十二卷　（清）嚴虞惇撰　清光
緒九年(1883)常熟嚴氏刻本　一冊

370000－1541－0012169　847.2/429＝1
嚴太僕先生集十二卷　（清）嚴虞惇撰　清光
緒十年(1884)常熟嚴氏刻本　一冊

370000－1541－0012170　847.2/440＝1
梅村家藏稿五十八卷補一卷年譜四卷　（清）
吳偉業撰　清宣統三年(1911)武進誦芬室鉛
印本　八冊

370000－1541－0012171　847.2/440＝2
梅村家藏稿五十八卷補一卷年譜四卷　（清）
吳偉業撰　清宣統三年(1911)武進誦芬室鉛
印本　六冊

370000－1541－0012172　847.2/440＝3
梅村家藏稿五十八卷補一卷年譜四卷　（清）
吳偉業撰　清宣統三年(1911)武進誦芬室鉛
印本　四冊

370000－1541－0012173　847.2/440＝4
梅村家藏稿五十八卷補一卷年譜四卷　（清）
吳偉業撰　清宣統三年(1911)武進誦芬室鉛

印本　十冊

370000－1541－0012174　847.2/440＝5
林蕙堂全集二十六卷　（清）吳綺撰　清康熙三十九年(1700)吳壽潛刻本　十冊

370000－1541－0012175　847.2/440＝6
林蕙堂文集六卷　（清）吳綺撰　清康熙四十九年(1710)其椐堂刻本　六冊

370000－1541－0012176　847.2/473
聽山集四種十三卷附二種二卷　（清）申涵光撰　（清）劉佑選　清康熙十六年(1677)刻本　八冊　缺二種二卷(荊園小語一卷、申鳧盟先生年譜一卷)

370000－1541－0012177　847.2/473＝1
忠裕堂文集三卷　（清）申涵昐撰　清道光二十七年(1847)刻本　三冊

370000－1541－0012178　847.2/478
德州田氏叢書　（清）田雯等撰　清康熙至乾隆德州田氏刻本　二十四冊

370000－1541－0012179　847.2/504
葉忠節公遺稿十二卷　（清）葉映榴撰　清乾隆十年(1745)刻宣統元年(1909)葉秉權重印本　四冊

370000－1541－0012180　847.2/504＝1
葉忠節公遺稿十二卷　（清）葉映榴撰　清乾隆十年(1745)刻宣統元年(1909)葉秉權重印本　一冊

370000－1541－0012181　847.2/517
鹿洲初集二十卷　（清）藍鼎元撰　（清）曠敏本評　清刻本　八冊

370000－1541－0012182　847.2/528
聊齋文集二卷　（清）蒲松齡撰　清宣統元年(1909)上海國學扶輪社鉛印本　一冊

370000－1541－0012183　847.2/530
范忠貞公文集五卷首一卷　（清）范承謨撰　清康熙四十七年(1708)刻本　七冊

370000－1541－0012184　847.2/530＝1
范忠貞公文集五卷首一卷　（清）范承謨撰　清康熙四十七年(1708)刻本　四冊

370000－1541－0012185　847.2/530＝2
范忠貞公文集五卷首一卷　（清）范承謨撰　清康熙四十七年(1708)刻本　四冊

370000－1541－0012186　847.2/627＝2
望溪集不分卷　（清）方苞撰　（清）王兆符輯　清乾隆十一年(1746)程崟刻本　十六冊

370000－1541－0012187　847.2/641
棲雲閣文集十五卷附錄一卷　（清）高珩撰　清乾隆四十一年(1776)畏天齋刻本　八冊

370000－1541－0012188　847.2/641＝1
棲雲閣文集十五卷附錄一卷　（清）高珩撰　清乾隆四十一年(1776)畏天齋刻本　八冊

370000－1541－0012189　847.2/641＝2
棲雲閣文集十五卷　（清）高珩撰　清光緒二十三年(1897)任城學海樓刻本　十二冊

370000－1541－0012190　847.2/641＝3
棲雲閣文集十五卷　（清）高珩撰　清光緒二十三年(1897)任城學海樓刻本　八冊

370000－1541－0012191　847.2/641＝4
高給諫駢文一卷詩鈔一卷庚子遺詩一卷　（清）高枬撰　清末刻本　三冊

370000－1541－0012192　847.2/658
思綺堂文集十卷　（清）章藻功撰　清康熙六十一年(1722)刻本　二十冊

370000－1541－0012193　847.2/658＝1
後甲集二卷　（清）章大來撰　清光緒刻本　一冊

370000－1541－0012194　847.2/658＝2
後甲集二卷　（清）章大來撰　清光緒刻本　一冊

370000－1541－0012195　847.2/660
定山堂古文小品六卷　（清）龔鼎孳撰　清光緒十年(1884)刻本　六冊

370000－1541－0012196　847.2/668
御製文集初集四十卷總目五卷二集五十卷總

目六卷三集五十卷總目六卷四集三十六卷總
目四卷　（清）聖祖玄燁撰　（清）蔣陳錫編
清康熙五十三年至雍正十年(1714－1732)內
府刻本　四十冊　缺二卷(御製文集初集二
十九至三十)

370000－1541－0012197　847.2/672

叢碧山房詩初集十四卷二集六卷三集十一卷
四集十卷五集五卷文集八卷雜著三卷　（清）
龐塏撰　清康熙刻本　十冊　缺二卷(三集
六至七)

370000－1541－0012198　847.2/679

習齋記餘十卷　（清）顏元撰　清光緒五年
(1879)王氏謙德堂刻本　四冊

370000－1541－0012199　847.2/682＝2

甌香館集十二卷末一卷　（清）惲格撰　清道
光二十六年(1846)海昌蔣氏別下齋刻本　四
冊

370000－1541－0012200　847.2/690

安雅堂未刻稿八卷入蜀集二卷　（清）宋琬撰
　清乾隆三十一年(1766)刻本　六冊

370000－1541－0012201　847.2/690＝1

安雅堂集　（清）宋琬撰　清康熙三十八年
(1699)本衙刻本　二冊　存二卷(安雅堂文
集一至二)

370000－1541－0012202　847.2/690＝2

安雅堂全集　（清）宋琬撰　清順治至乾隆刻
民國十六年(1927)印本　十六冊

370000－1541－0012203　847.2/690＝3

安雅堂全集　（清）宋琬撰　清順治至乾隆刻
本　七冊　存五種(安雅堂詩、安雅堂文集、
重刻文集、二鄉亭詞、祭皋陶)

370000－1541－0012204　847.2/695

西陂類稿五十卷　（清）宋犖撰　清康熙五十
年(1711)刻本　十六冊

370000－1541－0012205　847.2/704

玉碨集一卷　（清）安致遠撰　清抄本　一冊

370000－1541－0012206　847.2/707

堯峰文鈔四十卷　（清）汪琬撰　（清）林佶輯
　清康熙三十二年(1693)侯官林佶刻本　十
二冊

370000－1541－0012207　847.2/707＝1

鈍翁文錄十六卷　（清）汪琬撰　清光緒十三
年(1887)鋤月種梅室木活字印本　六冊

370000－1541－0012208　847.2/707＝2

鈍翁文錄十六卷　（清）汪琬撰　清光緒十三
年(1887)鋤月種梅室木活字印本　六冊

370000－1541－0012209　847.2/707＝3

汪鈍翁文鈔十二卷　（清）汪琬撰　清康熙三
十三年(1694)東海許氏刻國朝三家文鈔本
八冊

370000－1541－0012210　847.2/736

潛菴先生遺稿五卷　（清）湯斌撰　清康熙刻
本　四冊

370000－1541－0012211　847.2/736＝1

湯文正公全集四種　（清）湯斌撰　清同治九
年(1870)湯氏祠堂刻本　三十五冊

370000－1541－0012212　847.2/736＝2

湯文正公全集四種　（清）湯斌撰　清同治九
年(1870)湯氏祠堂刻本　三十冊

370000－1541－0012213　847.2/736＝3

湯子遺書十卷首一卷　（清）湯斌撰　清同治
九年(1870)湯氏祠堂刻本　八冊　存八卷
(一至七、首一卷)

370000－1541－0012214　847.2/747

沈余遺書三種九卷　（清）趙舒翹輯　清光緒
二十二年(1896)江蘇書局刻本　四冊

370000－1541－0012215　847.2/747＝1

天鑒堂一集二卷首一卷　（清）沈近思撰　清
光緒二十五年(1899)刻本　一冊

370000－1541－0012216　847.2/747＝2

天鑒堂一集二卷首一卷　（清）沈近思撰　清
光緒二十五年(1899)刻本　一冊

370000－1541－0012217　847.2/753

徧行堂集十六卷　（清）釋澹歸撰　清宣統三

年(1911)上海國學扶輪社鉛印本　八冊

370000－1541－0012218　847.2/753＝1

徧行堂集十六卷　（清）釋澹歸撰　清宣統三年(1911)上海國學扶輪社鉛印本　八冊

370000－1541－0012219　847.2/753＝2

徧行堂集十六卷　（清）釋澹歸撰　清宣統三年(1911)上海國學扶輪社鉛印本　三冊

370000－1541－0012220　847.2/759

湛園未定稿六卷　（清）姜宸英撰　清宣統二年(1910)寧波汲綆齋書局石印本　六冊

370000－1541－0012221　847.2/759＝1

姜西溟先生文鈔四卷　（清）姜宸英撰　清康熙五十二年(1713)唐執玉刻本　四冊

370000－1541－0012222　847.2/759＝3

姜先生全集四十三卷　（清）姜宸英撰　清光緒十五年(1889)慈谿毋自欺齋刻本　十八冊

370000－1541－0012223　847.2/768

解春集文鈔十二卷補遺二卷　（清）馮景撰　清乾隆五十七年(1792)盧文弨抱經堂刻本　四冊

370000－1541－0012224　847.2/775

江泠閣文集四卷　（清）冷士嵋撰　清道光二十七年(1847)橫山草堂刻本　一冊

370000－1541－0012225　847.2/782

抱犢山房集六卷　（清）嵇永仁撰　清雍正刻本　二冊

370000－1541－0012226　847.2/782＝2

抱犢山房集六卷　（清）嵇永仁撰　清同治元年(1862)長沙瀛石所刻本　一冊

370000－1541－0012227　847.2/784

海日堂集七卷　（清）程可則撰　清道光五年(1825)一經書室刻本　四冊

370000－1541－0012228　847.2/795

託素齋詩集四卷文集六卷　（清）黎士弘撰　清雍正二年(1724)黎致遠刻本　十冊

370000－1541－0012229　847.2/803

兼濟堂文集選二十卷　（清）魏裔介撰　清光緒十年(1884)龍江書院刻本　二十冊

370000－1541－0012230　847.2/805

寒松堂全集十二卷年譜一卷　（清）魏象樞撰　清嘉慶十六年(1811)刻本　十二冊

370000－1541－0012231　847.2/805＝1

寒松堂全集十二卷年譜一卷　（清）魏象樞撰　清嘉慶十六年(1811)刻本　十三冊

370000－1541－0012232　847.2/805＝2

寒松堂全集十二卷年譜一卷　（清）魏象樞撰　清嘉慶十六年(1811)刻本　十三冊

370000－1541－0012233　847.2/805＝3

寒松堂全集十二卷年譜一卷　（清）魏象樞撰　清嘉慶十六年(1811)刻本　十三冊

370000－1541－0012234　847.2/809

劍溪文略一卷　（清）喬億撰　清同治十三年(1874)刻本　一冊

370000－1541－0012235　847.2/809＝1

歸田集一卷直廬集一卷　（清）喬萊撰　清刻本　一冊

370000－1541－0012236　847.2/813

證山堂集八卷　（清）周斯盛撰　清康熙刻本　四冊

370000－1541－0012237　847.2/818

春酒堂文集一卷　（清）周容撰　清宣統二年(1910)上海國學扶輪社鉛印本　一冊

370000－1541－0012238　847.2/818＝1

春酒堂文集一卷　（清）周容撰　清宣統二年(1910)上海國學扶輪社鉛印本　一冊

370000－1541－0012239　847.2/827

朱秋厓詩集四卷文集一卷　（清）朱克生撰　清同治五年(1866)刻本　八冊

370000－1541－0012240　847.2/827＝1

遊道堂集四卷　（清）朱彬撰　清同治七年(1868)袁浦刻本　二冊

370000－1541－0012241　847.2/830＝3

朱止泉先生外集五卷 （清）朱澤澐撰 清道光二年(1822)桂林呂璜刻本 一冊

370000－1541－0012242 847.2/834
曝書亭集八十卷附錄一卷 （清）朱彝尊撰 清康熙五十三年(1714)秀水朱稻孫刻本 十二冊

370000－1541－0012243 847.2/834＝1
曝書亭集八十卷附錄一卷 （清）朱彝尊撰 笛漁小稿十卷 （清）朱昆田撰 清康熙五十三年(1714)秀水朱稻孫刻本 十六冊

370000－1541－0012244 847.2/834＝2
曝書亭集八十卷 （清）朱彝尊撰 笛漁小稿十卷 （清）朱昆田撰 清康熙四十七年(1708)刻朱印本 二十四冊

370000－1541－0012245 847.2/834＝3
曝書亭集二十三卷 （清）朱彝尊撰 （清）孫銀槎輯注 清嘉慶五年(1800)三有堂刻本 清菱船跋 十二冊

370000－1541－0012246 847.2/834＝4
曝書亭集外詩五卷詞一卷文二卷 （清）朱彝尊撰 （清）馮登府輯 清道光二年(1822)刻本 四冊

370000－1541－0012247 847.2/834＝6
愧訥集十二卷 （清）朱用純撰 清光緒八年(1882)津河廣仁堂刻本 四冊

370000－1541－0012248 847.2/856
熊學士文集三卷 （清）熊伯龍撰 清康熙九年(1670)穀詒堂刻本 三冊

370000－1541－0012249 847.2/868＝1
歸宮詹集四卷 （清）歸允肅撰 清光緒十三年(1887)刻本 四冊

370000－1541－0012250 847.2/868＝2
歸宮詹集四卷 （清）歸允肅撰 清光緒十三年(1887)刻本 一冊

370000－1541－0012251 847.2/882
邱邦士文集十八卷 （清）邱維屏撰 清道光三年(1823)刻本 八冊

370000－1541－0012252 847.2/885＝1
嶧桐文集十卷詩集十卷 （清）劉城撰 清光緒十九年(1893)養雲山莊刻本 八冊

370000－1541－0012253 847.2/892
七頌堂詩集九卷 （清）劉體仁撰 清康熙十七年(1678)刻本 四冊

370000－1541－0012254 847.2/892＝1
九畹續集二卷 （清）劉紹攽撰 清乾隆三原劉氏傳經堂刻本 二冊

370000－1541－0012255 847.2/907
國朝三家文鈔 （清）宋犖輯 清康熙三十三年(1694)東海許氏刻本 十二冊

370000－1541－0012256 847.2/914
儲遯菴文集十二卷附錄一卷 （清）儲方慶撰 清康熙四十一年(1702)宜興儲右文等刻本 二冊

370000－1541－0012257 847.2/914＝1
儲遯菴文集十二卷附錄一卷 （清）儲方慶撰 清光緒二年(1876)宜興儲氏家祠刻本 六冊

370000－1541－0012258 847.2/914＝2
儲遯菴文集十二卷附錄一卷 （清）儲方慶撰 清光緒二年(1876)宜興儲氏家祠刻本 六冊

370000－1541－0012259 847.2/915
鳴鶴堂文集十卷詩集十一卷 （清）任源祥撰 清光緒十五年(1889)刻本 六冊

370000－1541－0012260 847.2/915＝1
鳴鶴堂文集二卷 （清）任源祥撰 清同治十二年(1873)澹和堂刻本 一冊

370000－1541－0012261 847.2/915＝2
鳴鶴堂文集十卷 （清）任源祥撰 清乾隆刻同治十二年(1873)澹和堂補刻本 任卓跋 四冊

370000－1541－0012262 847.2/926
臨野堂集二十九卷 （清）鈕琇撰 清康熙三十八年(1699)鈕氏臨野堂刻本 六冊

370000－1541－0012263　847.2/932

牧齋初學集一百十卷　（清）錢謙益撰　明崇禎十六年(1643)瞿式耜刻本　三十二冊

370000－1541－0012264　847.2/932 ＝ 1

牧齋初學集一百十卷　（清）錢謙益撰　明崇禎十六年(1643)瞿式耜刻本　十二冊

370000－1541－0012265　847.2/932 ＝ 2

牧齋有學集五十卷　（清）錢謙益撰　清康熙刻本　十冊

370000－1541－0012266　847.2/946

憺園文集三十六卷　（清）徐乾學撰　清康熙三十六年(1697)冠山堂刻本　二十四冊

370000－1541－0012267　847.2/946 ＝ 1

憺園全集三十六卷　（清）徐乾學撰　清光緒九年(1883)鉏月唫館刻本　十二冊

370000－1541－0012268　847.2/946 ＝ 2

憺園全集三十六卷　（清）徐乾學撰　清光緒九年(1883)鉏月唫館刻本　十六冊

370000－1541－0012269　847.2/953

南洲草堂集三十卷首一卷　（清）徐釚撰　清抄本　馮雄跋　五冊

370000－1541－0012270　847.2/962

白茅堂集四十六卷　（清）顧景星撰　（清）顧昌輯　清康熙蘄州顧氏刻本　十九冊

370000－1541－0012271　847.2/964

亭林詩集五卷文集六卷　（清）顧炎武撰　清刻本　三冊　存八卷(亭林詩集五卷、文集四至六)

370000－1541－0012272　847.2/975

鄭靜菴先生詩集五卷文集五卷蓉渚別集一卷醒世格言一卷　（清）鄭日奎撰　清木活字印本　四冊

370000－1541－0012273　847.2/987

徧行堂集十六卷　（清）釋澹歸撰　清宣統三年(1911)上海國學扶輪社鉛印本　八冊

370000－1541－0012274　847.2/994

虛直軒文集十卷首一卷　（清）姚文然撰　清道光九年(1829)賢良祠刻本　四冊

370000－1541－0012275　847.2/994 ＝ 1

虛直軒文集十卷首一卷　（清）姚文然撰　清道光九年(1829)賢良祠刻本　四冊

370000－1541－0012276　847.3/278

道古堂文集四十八卷詩集二十六卷　（清）杭世駿撰　清乾隆四十一年(1776)刻本　十五冊

370000－1541－0012277　847.3/278 ＝ 1

道古堂全集七十七卷　（清）杭世駿撰　清光緒十四年(1888)錢塘汪氏振綺堂刻本　十六冊

370000－1541－0012278　847.3/285

蓮龕集十六卷　（清）李來泰撰　清雍正十三年(1735)刻本　六冊

370000－1541－0012279　847.3/288

二水樓文集二十卷首一卷　（清）李茹旻撰　清光緒十七年(1891)味憩廬刻本　十冊

370000－1541－0012280　847.3/364

鶴侶齋文稿四卷詩一卷　（清）孫勷撰　清道光二十三年(1843)延綠吟館刻本　四冊

370000－1541－0012281　847.3/384

道榮堂文集六卷滄州近詩十卷　（清）陳鵬年撰　清乾隆二十七年(1762)刻本　六冊

370000－1541－0012282　847.3/556

二希堂文集十一卷首一卷　（清）蔡世遠撰　清雍正十年(1732)刻本　四冊

370000－1541－0012283　847.3/581

車村遺稿二卷　（清）鄺嵩壽撰　清乾隆三十三年(1768)刻本　一冊

370000－1541－0012284　847.3/877

向惕齋先生集十卷　（清）向璿撰　清刻本　一冊　存五卷(六至十)

370000－1541－0012285　847.3/896

何端簡公集十二卷首一卷　（清）何世璂撰　清道光二十三年(1843)刻本　六冊

370000 - 1541 - 0012286　847.3/953

志寧堂稿不分卷　（清）徐文靖撰　清雍正三年(1725)安徽徐氏志寧堂刻徐位山六種本　一冊

370000 - 1541 - 0012287　847.4/112 = 1

已山先生文集十卷別集四卷　（清）王步青撰　清乾隆敦復堂刻本　三冊

370000 - 1541 - 0012288　847.4/115

王艮齋文集四卷　（清）王峻撰　清乾隆長洲蔣棨刻本　一冊

370000 - 1541 - 0012289　847.4/117

柳南詩鈔十卷文鈔六卷　（清）王應奎撰　清刻本　一冊

370000 - 1541 - 0012290　847.4/117 = 1

古香堂六種　（清）王初桐撰　清乾隆五十八年(1793)刻本　一冊

370000 - 1541 - 0012291　847.4/139

四焉齋詩集六卷文集八卷　（清）曹一士撰
梯仙閣餘課一卷　（清）陸鳳池撰　清宣統二年(1910)新陽趙氏木活字印本　六冊

370000 - 1541 - 0012292　847.4/142

寫韻軒小稿二卷　（清）曹貞秀撰　清乾隆五十六年(1791)刻本　一冊

370000 - 1541 - 0012293　847.4/146

栘晴堂四六二卷　（清）曹秀先撰　清乾隆刻本　二冊

370000 - 1541 - 0012294　847.4/164

大潙山房遺稿八卷外集一卷　（清）黃湘南撰　清道光二十二年(1842)三長物齋刻本　一冊

370000 - 1541 - 0012295　847.4/167 = 1

兩當軒詩鈔十四卷竹眠詞鈔二卷　（清）黃景仁撰　清嘉慶二十二年(1817)刻本　四冊

370000 - 1541 - 0012296　847.4/167 = 2

兩當軒集二十卷考異二卷附錄六卷　（清）黃景仁撰　清咸豐八年(1858)武進黃氏家塾刻本　四冊

370000 - 1541 - 0012297　847.4/167 = 3

兩當軒集二十卷考異二卷附錄六卷　（清）黃景仁撰　清咸豐八年(1858)武進黃氏家塾刻本　二冊　存八卷(考異二卷、附錄六卷)

370000 - 1541 - 0012298　847.4/167 = 4

兩當軒集二十二卷考異二卷附錄四卷　（清）黃景仁撰　清光緒二年(1876)武進黃氏家塾刻本　六冊

370000 - 1541 - 0012299　847.4/167 = 5

兩當軒集二十二卷考異二卷附錄四卷　（清）黃景仁撰　清光緒二年(1876)武進黃氏家塾刻本　六冊

370000 - 1541 - 0012300　847.4/167 = 6

兩當軒集二十二卷考異二卷附錄四卷　（清）黃景仁撰　清光緒二年(1876)武進黃氏家塾刻本　六冊

370000 - 1541 - 0012301　847.4/167 = 7

兩當軒集二十卷考異二卷附錄六卷　（清）黃景仁撰　清同治十二年(1873)集珍齋木活字印本　十二冊

370000 - 1541 - 0012302　847.4/167 = 8

秋盦遺稿一卷　（清）黃易撰　清宣統二年(1910)石印本　一冊

370000 - 1541 - 0012303　847.4/169

啗堂集五十卷補遺二卷續集八卷冬錄一卷　（清）黃之雋撰　清乾隆賜錦堂刻本　十冊

370000 - 1541 - 0012304　847.4/178

甘莊恪公全集十六卷　（清）甘汝來撰　清乾隆甘氏賜福堂刻本　四冊

370000 - 1541 - 0012305　847.4/178 = 1

悅軒文稿不分卷　（清）鞠濂撰　清乾隆山東海陽鞠氏抄本　一冊

370000 - 1541 - 0012306　847.4/178 = 2

悅軒文鈔二卷史席閒話一卷　（清）鞠濂撰　清宣統二年(1910)黃縣丁氏海隅山館刻本　一冊

370000 - 1541 - 0012307　847.4/183

知聖道齋讀書跋尾二卷 （清）彭元瑞撰 清嘉慶刻本 二冊

370000－1541－0012308 847.4/183＝1

芝庭先生集十八卷附錄一卷 （清）彭啟豐撰 清乾隆五十年(1785)刻本 六冊

370000－1541－0012309 847.4/183＝2

芝庭先生集十八卷附錄一卷 （清）彭啟豐撰 清乾隆五十年(1785)刻本 六冊

370000－1541－0012310 847.4/183＝3

秋士先生遺集六卷 （清）彭績撰 清光緒七年(1881)刻本 一冊

370000－1541－0012311 847.4/185

小倉山房詩集三十六卷袁太史稿一卷 （清）袁枚撰 清乾隆五十一年(1786)隨園刻本 七冊 存十七卷(九至十一、二十三至三十六)

370000－1541－0012312 847.4/185＝1

隨園隨筆二十八卷 （清）袁枚撰 紅豆村人詩稿十四卷 （清）袁樹撰 清嘉慶十三年(1808)小倉山房刻本 八冊

370000－1541－0012313 847.4/196

飴山文集十二卷附錄一卷詩集二十卷禮俗權衡二卷聲調譜三卷談龍錄一卷 （清）趙執信撰 清乾隆三十九年(1774)因園刻本 八冊 缺十一卷(詩集一至六、十一至十五)

370000－1541－0012314 847.4/196＝1

飴山文集十二卷附錄一卷詩集二十卷禮俗權衡二卷聲調譜三卷談龍錄一卷 （清）趙執信撰 清乾隆三十九年(1774)因園刻本 十冊

370000－1541－0012315 847.4/199

趙恭毅公剩稿八卷 （清）趙申喬撰 （清）趙侗敔編 清乾隆刻本 四冊 存六卷(一至六)

370000－1541－0012316 847.4/212＝1

戴東原集十二卷年譜一卷附覆校札記一卷 （清）戴震撰 清宣統二年(1910)渭南嚴氏孝義家塾刻本 六冊

110

370000－1541－0012317 847.4/212＝5

戴東原集十二卷年譜一卷附覆校札記一卷 （清）戴震撰 清乾隆五十七年(1792)金壇段氏刻經韻樓叢書本 四冊

370000－1541－0012318 847.4/214

石笥山房全集 （清）胡天游撰 清道光二十六年(1846)博平縣衙刻本 八冊

370000－1541－0012319 847.4/214＝1

石笥山房集 （清）胡天游撰 清咸豐二年(1852)刻本 十冊

370000－1541－0012320 847.4/214＝2

石笥山房集 （清）胡天游撰 清咸豐二年(1852)刻本 八冊

370000－1541－0012321 847.4/214＝3

石笥山房文集五卷補遺一卷 （清）胡天游撰 清宣統元年(1909)上海國學扶輪社鉛印本 四冊

370000－1541－0012322 847.4/214＝4

石笥山房文集五卷補遺一卷 （清）胡天游撰 清宣統元年(1909)上海國學扶輪社鉛印本 四冊

370000－1541－0012323 847.4/219

綠蘿山莊文集二十四卷 （清）胡浚撰 清嘉慶元年(1796)綠蘿山莊刻 十冊

370000－1541－0012324 847.4/232

滑疑集八卷 （清）韓錫胙撰 清同治十三年(1874)浙江處州府署刻本 一冊

370000－1541－0012325 847.4/232＝2

滑疑集八卷 （清）韓錫胙撰 清咸豐五年(1855)石門山房刻本 一冊

370000－1541－0012326 847.4/252

晚學集八卷 （清）桂馥撰 清道光二十一年(1841)刻本 二冊

370000－1541－0012327 847.4/261

林青山先生文集十三卷附錄一卷 （清）林愈蕃撰 清敬義堂刻本 六冊

370000－1541－0012328 847.4/278

道古堂文集四十八卷　（清）杭世駿撰　清乾隆四十一年(1776)刻本　十二冊

370000－1541－0012329　847.4/278＝1

道古堂文集四十八卷　（清）杭世駿撰　清刻本　一冊　存九卷(九至十七)

370000－1541－0012330　847.4/278＝2

道古堂文集四十八卷　（清）杭世駿撰　清乾隆四十一年(1776)刻本　八冊

370000－1541－0012331　847.4/290

揚州畫舫錄十八卷　（清）李斗撰　清乾隆六十年(1795)自然盦刻本　六冊

370000－1541－0012332　847.4/290＝1

笠翁偶集六卷　（清）李漁撰　清芥子園刻本　六冊

370000－1541－0012333　847.4/292

穆堂初稿五十卷　（清）李紱撰　清道光十一年(1831)珊城阜祺堂刻本　十八冊

370000－1541－0012334　847.4/292＝1

穆堂別稿五十卷　（清）李紱撰　清道光十一年(1831)珊城阜祺堂刻本　十八冊

370000－1541－0012335　847.4/295

銅鼓書堂遺稿三十二卷　（清）查禮撰　清乾隆五十七年(1792)松風閣刻本　十六冊

370000－1541－0012336　847.4/306＝1

文貞公集十二卷　（清）張玉書撰　清乾隆五十七年(1792)松蔭堂刻本　六冊

370000－1541－0012337　847.4/306＝2

文貞公集十二卷　（清）張玉書撰　清乾隆五十七年(1792)松蔭堂刻本　四冊

370000－1541－0012338　847.4/313

澄懷園文存十五卷　（清）張廷玉撰　清光緒十七年(1891)雲間官舍刻本　八冊

370000－1541－0012339　847.4/313＝1

笙雅堂全集五種二十一卷　（清）張九鐔撰　清嘉慶十七年(1812)張世浣等刻本　九冊　缺一卷(文集三)

370000－1541－0012340　847.4/329

玉芝堂文集六卷詩集三卷　（清）邵齊燾撰　清光緒五年(1879)湘南節署刻本　四冊

370000－1541－0012341　847.4/329＝1

南江文鈔四卷附札記四卷　（清）邵晉涵撰　清嘉慶八年(1803)面水層軒刻本　二冊

370000－1541－0012342　847.4/337

樊榭山房全集　（清）厲鶚撰　清光緒十年至十五年(1884－1889)錢塘振綺堂刻本　十一冊　缺一種四卷(松聲池館詩存四卷)

370000－1541－0012343　847.4/337＝1

樊榭山房全集　（清）厲鶚撰　清光緒十年至十五年(1884－1889)錢塘振綺堂刻本　十冊　缺二種五卷(振綺堂詩存一卷、松聲池館詩存四卷)

370000－1541－0012344　847.4/337＝2

樊榭山房全集　（清）厲鶚撰　清光緒十年至十五年(1884－1889)錢塘振綺堂刻本　十二冊

370000－1541－0012345　847.4/348

半舫齋古文八卷　（清）夏之蓉撰　清乾隆三十六年(1771)刻本　四冊

370000－1541－0012346　847.4/348＝1

半舫齋古文八卷　（清）夏之蓉撰　清乾隆三十六年(1771)刻本　四冊

370000－1541－0012347　847.4/350

獨學廬初稿八卷　（清）石韞玉撰　清乾隆六十年(1795)石氏刻本　六冊

370000－1541－0012348　847.4/355

艮齋倦稿詩集十一卷文集十五卷　（清）尤侗撰　清乾隆刻本　七冊

370000－1541－0012349　847.4/357

亦園亭全集　（清）孟超然撰　清嘉慶二十年(1815)福州孟氏亦園亭刻本　十四冊　存十八卷(瓶庵居士詩鈔三至四、瓶庵居士文鈔四卷、使粵日記二卷、使蜀日記五卷、焚香錄一卷、求復錄一卷、喪禮輯略一卷、家誡錄二卷)

370000－1541－0012350　847.4/359

一松齋集八卷　（清）孫擴圖撰　清同治十年(1871)濟寧孫毓漢刻本　六冊

370000－1541－0012351　847.4/359＝1

四六叢話三十三卷選詩叢話一卷　（清）孫梅輯　清光緒七年(1881)嶺南許應鑅吳下刻本　十二冊

370000－1541－0012352　847.4/359＝2

孫文定公全集　（清）孫嘉淦撰　清嘉慶十年(1805)敦和堂刻本　十三冊

370000－1541－0012353　847.4/362

問字堂集六卷　（清）孫星衍撰　清光緒十年(1884)四明是亦軒刻本　四冊

370000－1541－0012354　847.4/370

紅櫚書屋雜體文稿七卷　（清）孔繼涵撰　清曲阜孔氏刻微波榭遺書本　一冊　缺一卷（四）

370000－1541－0012355　847.4/370＝1

儀鄭堂文二卷　（清）孔廣森撰　**述學二卷**（清）汪中撰　清嘉慶至道光阮氏刻本　一冊

370000－1541－0012356　847.4/375＝1

揅經室集一集十四卷二集八卷三集五卷四集二卷詩十一卷續集十一卷再續集六卷外集五卷　（清）阮元撰　清道光刻文選樓叢書本　十八冊

370000－1541－0012357　847.4/375＝2

揅經室集一集十四卷二集八卷三集五卷四集二卷詩十一卷續集十一卷再續集六卷外集五卷　（清）阮元撰　清道光刻文選樓叢書本　二十四冊　缺三卷（揅經室集一集三至五）

370000－1541－0012358　847.4/376

德蔭堂集十六卷　（清）阿克敦撰　清嘉慶二十一年(1816)刻本　四冊

370000－1541－0012359　847.4/382

陳司業集四種　（清）陳祖范撰　清乾隆二十九年(1764)日華堂刻本　六冊

370000－1541－0012360　847.4/384

陳學士文集十八卷　（清）陳儀撰　清乾隆五年(1740)蘭雪齋刻本　八冊

370000－1541－0012361　847.4/387

陸鐵莊稿一卷　（清）陸楣撰　清抄本　一冊

370000－1541－0012362　847.4/387＝1

鐵莊文集八卷　（清）陸楣撰　清光緒二十一年(1895)樂善堂刻本　一冊

370000－1541－0012363　847.4/392

切問齋集十二卷首一卷　（清）陸燿撰　清光緒十八年(1892)江蘇書局刻本　四冊

370000－1541－0012364　847.4/392＝1

切問齋集十二卷首一卷　（清）陸燿撰　清光緒十八年(1892)江蘇書局刻本　四冊

370000－1541－0012365　847.4/392＝2

切問齋集十二卷首一卷　（清）陸燿撰　清光緒十八年(1892)江蘇書局刻本　四冊

370000－1541－0012366　847.4/392＝3

切問齋集十二卷首一卷　（清）陸燿撰　清光緒十八年(1892)江蘇書局刻本　四冊

370000－1541－0012367　847.4/394

寶奎堂集十二卷　（清）陸錫熊撰　清嘉慶十五年(1810)松江無求安居刻本　六冊

370000－1541－0012368　847.4/399

南崖集四卷晚聞存稿二卷　（清）陶元淳撰　清雍正刻本　一冊

370000－1541－0012369　847.4/416

力本文集十三卷　（清）馬榮祖撰　清乾隆十七年(1752)江都馬氏石蓮堂刻本　四冊

370000－1541－0012370　847.4/418

馬氏叢刻　（清）馬先登輯　清同治關中馬氏敦倫堂刻本　六冊　存三種六卷（南苑一知集論詩二卷、南苑一知集叢談二卷、爐餘志過錄二卷）

370000－1541－0012371　847.4/440

松花菴全集十二卷　（清）吳鎮撰　清乾隆十四年(1749)刻本　十二冊

370000－1541－0012372　847.4/440 ＝ 1

林蕙堂文集續刻六卷亭皋詩鈔四卷藝香詞鈔四卷　（清）吳綺撰　清乾隆四十一年(1776)衷白堂刻本　六冊

370000－1541－0012373　847.4/459

西澗草堂集四卷　（清）閻循觀撰　清乾隆三十八年(1773)昌樂樹滋堂刻本　一冊

370000－1541－0012374　847.4/468

果能堂集不分卷　（清）易履泰撰　清刻本　四冊

370000－1541－0012375　847.4/482

尊聞居士集八卷　（清）羅有高撰　清道光十八年(1838)謙福堂刻本　二冊

370000－1541－0012376　847.4/492

雅雨堂文集四卷詩集二卷　（清）盧見曾撰　清道光二十年(1840)刻本　六冊

370000－1541－0012377　847.4/502

延綠閣集十二卷　（清）華希閔撰　清光緒二十二年(1896)吉水官廨刻本　六冊

370000－1541－0012378　847.4/521

留耕堂集三卷　（明）葛錫璠撰　清宣統元年(1909)鉛印本　三冊

370000－1541－0012379　847.4/521 ＝ 1

容膝居雜錄六卷　（清）葛芝撰　清宣統元年(1909)鉛印本　一冊

370000－1541－0012380　847.4/525

虛一齋集五卷　（清）莊培因撰　清光緒九年(1883)刻本　二冊

370000－1541－0012381　847.4/627

望溪先生全集　（清）方苞撰　清咸豐元年(1851)刻本　十六冊

370000－1541－0012382　847.4/627 ＝ 1

望溪先生全集　（清）方苞撰　清咸豐元年(1851)刻本　十冊

370000－1541－0012383　847.4/627 ＝ 2

望溪集不分卷　（清）方苞撰　（清）王兆符輯　清乾隆十一年(1746)程崟刻本　十六冊

370000－1541－0012384　847.4/627 ＝ 4

方望溪先生文稿不分卷　（清）方苞撰　清稿本　二冊

370000－1541－0012385　847.4/627 ＝ 6

集虛齋學古文十二卷　（清）方粲如撰　清光緒十年(1884)淳安縣署刻本　四冊

370000－1541－0012386　847.4/660 ＝ 3

龔定盦全集　（清）龔自珍撰　清光緒二十三年(1897)萬本書堂刻本　六冊

370000－1541－0012387　847.4/660 ＝ 4

定盦文集三卷　（清）龔自珍撰　清同治七年(1868)刻本　三冊

370000－1541－0012388　847.4/662 ＝ 1

寶綸堂外集十二卷　（清）齊召南撰　（清）齊毓川輯　清宣統三年(1911)蘇州掃葉山房石印本　二冊

370000－1541－0012389　847.4/662 ＝ 2

雨峰文鈔一卷　（清）齊翀撰　清光緒六年(1880)上海隨安室刻本　一冊

370000－1541－0012390　847.4/705

省吾齋詩賦集十二卷　（清）寶光鼐撰　清嘉慶六年(1801)慎德堂刻本　四冊

370000－1541－0012391　847.4/705 ＝ 1

省吾齋古文集十二卷　（清）寶光鼐撰　清嘉慶六年(1801)慎德堂刻本　四冊

370000－1541－0012392　847.4/710 ＝ 1

述學六卷　（清）汪中撰　清同治八年(1869)揚州書局刻本　二冊

370000－1541－0012393　847.4/710 ＝ 3

述學六卷　（清）汪中撰　清同治八年(1869)揚州書局刻本　二冊

370000－1541－0012394　847.4/710 ＝ 5

述學六卷　（清）汪中撰　清同治八年(1869)揚州書局刻本　二冊

370000－1541－0012395　847.4/710 ＝ 6

述學六卷　（清）汪中撰　清同治八年(1869)揚州書局刻本　二冊

370000－1541－0012396　847.4/714

汪子文錄十卷　（清）汪縉撰　清道光三年(1823)張杓、江沆刻本　二冊

370000－1541－0012397　847.4/714＝1

汪子文錄十卷　（清）汪縉撰　清光緒八年(1882)刻汪子遺書本　四冊

370000－1541－0012398　847.4/723

迂齋學古編四卷　（清）法坤宏撰　清乾隆三十九年(1774)海上廬刻本　二冊

370000－1541－0012399　847.4/732

弼亭遺文四卷　（清）梁泉撰　清道光八年(1828)刻本　二冊

370000－1541－0012400　847.4/743

果堂集十二卷　（清）沈彤撰　清乾隆刻本　二冊

370000－1541－0012401　847.4/747

沈歸愚詩文全集　（清）沈德潛撰　清乾隆沈氏教忠堂刻本　二十冊

370000－1541－0012402　847.4/747＝1

歸愚文鈔二十卷歸愚文鈔餘集七卷歸田集一卷歸愚詩鈔二十卷歸愚詩鈔餘集八卷矢音集四卷　（清）沈德潛撰　清乾隆刻本　二十四冊

370000－1541－0012403　847.4/747＝2

歸愚文鈔二十卷歸愚文鈔餘集七卷歸田集一卷歸愚詩鈔二十卷歸愚詩鈔餘集八卷矢音集四卷　（清）沈德潛撰　清乾隆刻本　十八冊

370000－1541－0012404　847.4/747＝3

頤綵堂全集　（清）沈叔埏撰　清光緒九年(1883)刻本　十冊

370000－1541－0012405　847.4/784＝1

勉行堂詩集二十四卷文集六卷首一卷　（清）程晉芳撰　清嘉慶二十三年至二十五年(1818－1820)刻本　十二冊

370000－1541－0012406　847.4/825

空山堂文集十二卷　（清）牛運震撰　清嘉慶八年(1803)牛氏空山堂刻本　八冊

370000－1541－0012407　847.4/827

游道堂集四卷　（清）朱彬撰　清同治七年(1868)刻本　二冊

370000－1541－0012408　847.4/830

愧訥集十二卷　（清）朱用純撰　清光緒八年(1882)津河廣仁堂刻本　四冊

370000－1541－0012409　847.4/832

說餅庵文集一卷詩集一卷詞集一卷　（清）朱曾傳撰　清抄本　四冊

370000－1541－0012410　847.4/834

延壽集四卷　（清）王詩荃輯　清乾隆五十七年(1792)公忍堂刻本　四冊

370000－1541－0012411　847.4/834＝1

笥河文集十六卷　（清）朱筠撰　清光緒五年(1879)定州王氏謙德堂刻畿輔叢書本　六冊

370000－1541－0012412　847.4/834＝2

笥河文集十六卷　（清）朱筠撰　清光緒五年(1879)定州王氏謙德堂刻畿輔叢書本　六冊

370000－1541－0012413　847.4/834＝3

梅崖居士文集三十八卷外集二卷　（清）朱仕琇撰　清乾隆二十四年(1759)刻本　六冊

370000－1541－0012414　847.4/851

翠巖雜稿三卷　（清）魯九皋撰　清乾隆刻本　一冊

370000－1541－0012415　847.4/887

東山草堂全集　（清）邱嘉穗撰　清光緒八年(1882)漢陽邱氏刻本　八冊　存六種(東山草堂邇言、考定大學經傳解、東山草堂陶詩箋、東山草堂詩集、東山草堂詩集續編、考定大學原傳附錄)

370000－1541－0012416　847.4/888

斯馨堂古文初集二卷詩集二卷　（清）劉暐澤撰　清光緒五年(1879)映藜書屋刻本　四冊

370000－1541－0012417　847.4/888＝1

思補齋文集四卷　（清）劉星煒撰　清光緒二十年(1894)刻本　四冊

370000－1541－0012418　847.4/888＝2

114

思補齋文集四卷　（清）劉星煒撰　清光緒二十年(1894)刻本　四冊

370000－1541－0012419　847.4/892

九畹古文十卷　（清）劉紹攽撰　清乾隆八年(1743)劉氏傳經堂刻本　十冊

370000－1541－0012420　847.4/901

義門先生集十二卷附錄一卷　（清）何焯撰　何義門先生家書四卷　（清）何焯撰　吳蔭培編　清宣統元年(1909)平江吳氏廣州刻朱印本　六冊

370000－1541－0012421　847.4/914

存硯樓文集十六卷二編二卷　（清）儲大文撰　清乾隆九年(1744)張氏刻本　十二冊

370000－1541－0012422　847.4/914＝2

存硯樓二集二十五卷　（清）儲大文撰　清乾隆十九年(1754)刻本　十冊

370000－1541－0012423　847.4/917＝1

雕菰集二十四卷　（清）焦循撰　清道光四年(1824)揚州阮氏嶺南節署刻本　八冊

370000－1541－0012424　847.4/917＝2

雕菰集二十四卷　（清）焦循撰　清道光四年(1824)揚州阮氏嶺南節署刻本　十二冊

370000－1541－0012425　847.4/927

香樹齋全集八十七卷　（清）錢陳群撰　清乾隆刻本　二十四冊

370000－1541－0012426　847.4/927＝1

籜石齋詩集五十卷文集二十六卷　（清）錢載撰　清光緒四年(1878)蘇州府署刻本　十冊

370000－1541－0012427　847.4/932

錢南園先生遺集五卷　（清）錢灃撰　清同治十一年(1872)湖南官書局刻本　二冊

370000－1541－0012428　847.4/932＝1

錢南園先生遺集五卷　（清）錢灃撰　清同治十一年(1872)湖南官書局刻本　二冊

370000－1541－0012429　847.4/932＝2

問棋堂詩文存合刻　（清）錢灃撰　清光緒七年(1881)刻本　四冊

370000－1541－0012430　847.4/932＝3

南園文存一卷　（清）錢灃撰　清道光十五年(1835)玉成書屋刻本　一冊

370000－1541－0012431　847.4/937＝1

潛研堂全集　（清）錢大昕撰　清刻本　六十三冊

370000－1541－0012432　847.4/966

虞東先生文錄八卷　（清）顧鎮撰　清道光十七年(1837)海虞顧氏小石山房刻本　一冊

370000－1541－0012433　847.4/986＝1

鮚埼亭集三十八卷首一卷經史問答十卷　（清）全祖望撰　清嘉慶九年(1804)姚江史夢蛟借樹山房刻同治十一年(1872)印本(經史問答爲清乾隆三十一年董秉純刻本)　十二冊

370000－1541－0012434　847.4/986＝2

鮚埼亭集三十八卷首一卷經史問答十卷　（清）全祖望撰　清嘉慶九年(1804)姚江史夢蛟借樹山房刻同治十一年(1872)印本(經史問答爲清乾隆三十一年董秉純刻本)　八冊

370000－1541－0012435　847.4/986＝3

鮚埼亭集三十八卷首一卷經史問答十卷　（清）全祖望撰　清嘉慶九年(1804)姚江史夢蛟借樹山房刻同治十一年(1872)印本(經史問答爲清乾隆三十一年董秉純刻本)　十二冊

370000－1541－0012436　847.4/986＝4

鮚埼亭集三十八卷首一卷經史問答十卷　（清）全祖望撰　清嘉慶九年(1804)姚江史夢蛟借樹山房刻同治十一年(1872)印本(經史問答爲清乾隆三十一年董秉純刻本)　十冊

370000－1541－0012437　847.4/986＝5

鮚埼亭集外編五十卷　（清）全祖望撰　清嘉慶十六年(1811)刻本　八冊

370000－1541－0012438　847.4/988

存吾文稿不分卷　（清）余廷燦撰　清嘉慶六年(1801)雲香書屋刻本　四冊

370000－1541－0012439　847.5/103

授堂文鈔八卷　（清）武億撰　清嘉慶六年

115

(1801)刻本　一册

370000 - 1541 - 0012440　847.5/103 = 2

授堂遺書八種　（清）武億撰　清道光二十三年(1843)偃師武氏刻本　三册　存十二卷（授堂文鈔續集二卷、附讀畫山房文鈔二卷，授堂詩鈔八卷）

370000 - 1541 - 0012441　847.5/112

葆淳閣集二十四卷首一卷　（清）王杰撰　清嘉慶二十年(1815)刻本　十二册

370000 - 1541 - 0012442　847.5/115

煙霞萬古樓文集六卷詩選二卷　（清）王曇撰　仲瞿詩録一卷　（清）徐渭仁輯　清光緒元年(1875)粤雅堂刻粤雅堂叢書本　四册　缺二卷（煙霞萬古樓文集五至六）

370000 - 1541 - 0012443　847.5/115 = 1

煙霞萬古樓文集六卷　（清）王曇撰　清道光二十年(1840)刻本　二册

370000 - 1541 - 0012444　847.5/115 = 2

煙霞萬古樓文集六卷　（清）王曇撰　清道光二十年(1840)刻本　二册

370000 - 1541 - 0012445　847.5/117

春融堂集六十八卷　（清）王昶撰　清嘉慶十二年(1807)塾南書舍刻本　二十册

370000 - 1541 - 0012446　847.5/117 = 1

洞庭集十二卷　（清）王慶麟撰　清嘉慶二十一年(1816)刻本　一册　存十一卷（一至十一）

370000 - 1541 - 0012447　847.5/119

莘民雜著一卷　（清）王廷佐撰　清嘉慶十一年(1806)聰訓堂刻本　一册

370000 - 1541 - 0012448　847.5/183

恩餘堂經進初稿十二卷續稿二十二卷三稿十一卷知聖道齋讀書跋尾二卷恩餘堂策問存課二卷　（清）彭元瑞撰　清刻本　十八册

370000 - 1541 - 0012449　847.5/183 = 1

二林居集二十四卷　（清）彭紹升撰　清嘉慶四年(1799)味初堂刻本　四册

370000 - 1541 - 0012450　847.5/183 = 3

小謨觴館文注四卷續注二卷　（清）彭兆蓀撰　（清）孫元培　（清）孫長熙注　清光緒二十年(1894)刻本　三册

370000 - 1541 - 0012451　847.5/185

小倉山房文集三十五卷　（清）袁枚撰　清光緒十八年(1892)鉛印本　一册　存四卷（一至四）

370000 - 1541 - 0012452　847.5/185 = 1

小倉山房文集三十二卷　（清）袁枚撰　清刻本　八册

370000 - 1541 - 0012453　847.5/185 = 2

小倉山房文集三十二卷外集七卷　（清）袁枚撰　清刻本　十二册

370000 - 1541 - 0012454　847.5/185 = 5

續同人集十七卷　（清）袁枚撰　清刻本　一册　存二卷（三至四）

370000 - 1541 - 0012455　847.5/185 = 6

袁文箋正十六卷　（清）袁枚撰　（清）石韞玉箋　清嘉慶十七年(1812)鶴壽山堂刻本　八册

370000 - 1541 - 0012456　847.5/185 = 7

袁文箋正十六卷　（清）袁枚撰　（清）石韞玉箋　清嘉慶十七年(1812)鶴壽山堂刻本　八册

370000 - 1541 - 0012457　847.5/185 = 8

袁文箋正十六卷　（清）袁枚撰　（清）石韞玉箋　清道光二十三年(1843)松壽山房刻本　四册

370000 - 1541 - 0012458　847.5/185 = 9

袁文箋正十六卷　（清）袁枚撰　（清）石韞玉箋　清光緒八年(1882)汗青簃刻本　八册

370000 - 1541 - 0012459　847.5/228

理堂文集十卷外集一卷詩集四卷日記八卷　（清）韓夢周撰　清道光三年至四年(1823 - 1824)靜恒書屋刻本　八册

370000 - 1541 - 0012460　847.5/238

裘文達公文集六卷補遺一卷詩集十八卷奏議一卷 （清）裘曰修撰 清嘉慶八年(1803)裘氏刻本 七冊

370000－1541－0012461 847.5/252

晚學集八卷附元魏熒陽鄭文公摩崖碑跋 （清）桂馥撰 清光緒會稽章氏刻式訓堂叢書本 二冊

370000－1541－0012462 847.5/252＝1

晚學集八卷 （清）桂馥撰 清光緒會稽章氏刻式訓堂叢書本 一冊

370000－1541－0012463 847.5/252＝2

晚學集八卷附元魏熒陽鄭文公摩崖碑跋 （清）桂馥撰 清光緒會稽章氏刻式訓堂叢書本 二冊

370000－1541－0012464 847.5/254

平園雜著內編十四卷 （清）林有席撰 清道光六年(1826)刻本 六冊

370000－1541－0012465 847.5/269＝1

芙蓉山館詩鈔八卷詩補鈔一卷詞鈔二卷坿詞鈔一卷文鈔一卷 （清）楊芳燦撰 清嘉慶刻道光補刻本 六冊

370000－1541－0012466 847.5/269＝2

芙蓉山館文鈔八卷 （清）楊芳燦撰 清光緒十七年(1891)刻本 四冊

370000－1541－0012467 847.5/288

歉夫文稿四卷 （清）李夢松撰 清嘉慶四年(1799)刻本 四冊

370000－1541－0012468 847.5/290

李氏五種合刊二十七卷 （清）李兆洛輯 清光緒十四年(1888)掃葉山房刻本 八冊

370000－1541－0012469 847.5/290＝1

李氏五種合刊二十七卷 （清）李兆洛輯 清光緒十四年(1888)掃葉山房刻本 十二冊

370000－1541－0012470 847.5/290＝2

李氏五種合刊二十七卷 （清）李兆洛輯 清光緒十四年(1888)掃葉山房刻本 十二冊

370000－1541－0012471 847.5/306＝1

茗柯文編初編二卷二編一卷三編一卷四編一卷 （清）張惠言撰 清光緒七年(1881)刻本 二冊

370000－1541－0012472 847.5/306＝4

張皋文箋易詮全集 （清）張惠言撰 清嘉慶至道光刻本 二十四冊

370000－1541－0012473 847.5/306＝5

張皋文箋易詮全集 （清）張惠言撰 清嘉慶至道光刻本 二十四冊

370000－1541－0012474 847.5/311

閬楮先生集三十卷 （清）張望撰 清光緒二十年(1894)武寧朱甫之刻本 四冊

370000－1541－0012475 847.5/313

雀硯齋文集八卷 （清）張錫穀撰 清末張氏刻本 四冊

370000－1541－0012476 847.5/320

是程堂集十四卷 （清）屠倬撰 清嘉慶十九年(1814)刻本 八冊

370000－1541－0012477 847.5/320＝1

是程堂二集八卷 （清）屠倬撰 清嘉慶二十五年(1820)刻本 八冊

370000－1541－0012478 847.5/362＝1

平津館文稿二卷 （清）孫星衍撰 清嘉慶十一年(1806)刻本 一冊

370000－1541－0012479 847.5/362＝3

平津館文稿二卷五松園文稿一卷 （清）孫星衍撰 清嘉慶十一年(1806)刻本 二冊

370000－1541－0012480 847.5/382

白雲文集五卷詩集二卷續集八卷 （清）陳斌撰 清嘉慶十二年(1807)刻本 六冊

370000－1541－0012481 847.5/382＝1

南湖詩文集十卷 （清）陳美訓撰 清嘉慶二十一年(1816)刻本 六冊

370000－1541－0012482 847.5/384

簡莊文鈔六卷續編二卷 （清）陳鱣撰 清光緒十四年(1888)粵東羊氏刻本 四冊

370000 – 1541 – 0012483　847.5/399

莫江古文存四卷詩存三卷　（清）陶必銓撰
清嘉慶二十一年(1816)刻本　二冊

370000 – 1541 – 0012484　847.5/422

溪園遺稿五卷　（清）駱則民撰　清嘉慶十年
(1805)刻本　二冊

370000 – 1541 – 0012485　847.5/429

海雲堂詩鈔十四卷詩鈔補遺一卷文鈔一卷金
粟香龕詞鈔二卷　（清）嚴學淦撰　清光緒十
八年(1892)刻本　六冊

370000 – 1541 – 0012486　847.5/429 = 1

悔菴學文八卷　（清）嚴元照撰　清嘉慶十五
年(1810)刻本　三冊

370000 – 1541 – 0012487　847.5/430

竹石居稿四卷　（清）單可基撰　清嘉慶十二
年(1807)鑒古堂刻本　二冊

370000 – 1541 – 0012488　847.5/436

白華前稿六十卷首一卷　（清）吳省欽撰　清
乾隆四十八年(1783)刻本　十冊

370000 – 1541 – 0012489　847.5/436 = 1

白華前稿六十卷首一卷　（清）吳省欽撰　清
乾隆四十八年(1783)刻本(卷一至五係補抄)
十六冊

370000 – 1541 – 0012490　847.5/438

紫石泉山房文集十二卷詩鈔三卷　（清）吳定
撰　清光緒十三年(1887)黟縣李氏刻本　五
冊

370000 – 1541 – 0012491　847.5/438 = 1

紫石泉山房文集十二卷詩鈔三卷　（清）吳定
撰　清光緒十三年(1887)黟縣李氏刻本　五
冊

370000 – 1541 – 0012492　847.5/438 = 2

紫石泉山房文集十二卷　（清）吳定撰　清光
緒十三年(1887)黟縣李氏刻本　四冊

370000 – 1541 – 0012493　847.5/438 = 3

拜經樓詩集十二卷續編四卷　（清）吳騫撰
清嘉慶七年至十七年(1802 – 1812)海寧吳騫

刻本　八冊

370000 – 1541 – 0012494　847.5/440

有正味齋駢體文二十四卷　（清）吳錫麒撰
（清）王廣業箋　清咸豐九年(1859)青箱塾刻
本　六冊

370000 – 1541 – 0012495　847.5/440 = 1

有正味齋駢體文二十四卷　（清）吳錫麒撰
（清）王廣業箋　清咸豐九年(1859)青箱塾刻
本　六冊

370000 – 1541 – 0012496　847.5/522

思不辱齋全集十五卷　（清）萬承風撰　清嘉
慶二十一年(1816)刻本　十二冊

370000 – 1541 – 0012497　847.5/526

敦艮堂文集十二卷　（清）蔣師爚撰　清嘉慶
十二年(1807)刻本　六冊

370000 – 1541 – 0012498　847.5/611

鑑止水齋集二十卷　（清）許宗彥撰　清咸豐
六年(1856)刻本　六冊

370000 – 1541 – 0012499　847.5/611 = 1

鑑止水齋集二十卷　（清）許宗彥撰　清咸豐
六年(1856)刻本　六冊

370000 – 1541 – 0012500　847.5/614

六觀樓文集拾遺不分卷　（清）許鴻磐撰
（清）李福泰編　清同治九年(1870)粵東富文
齋刻本　二冊

370000 – 1541 – 0012501　847.5/621

樹經堂詩文集初集十五卷續集八卷文集四卷
（清）謝啟昆撰　清嘉慶五年(1800)刻本
八冊

370000 – 1541 – 0012502　847.5/628

施樹堂遺稿一卷　（清）施家翰撰　清抄本
一冊

370000 – 1541 – 0012503　847.5/653

詒晉齋集八卷隨筆一卷後集一卷　（清）永瑆
撰　清道光二十八年(1848)載銓刻本　四冊

370000 – 1541 – 0012504　847.5/653 = 1

詒晉齋集八卷隨筆一卷後集一卷　（清）永瑆

撰　清道光二十八年(1848)載鋭刻本　四冊

370000－1541－0012505　847.5/660

滄靜齋全集　(清)龔景瀚撰　清道光二十年(1840)恩錫堂刻本　八冊

370000－1541－0012506　847.5/682

大雲山房文稿初集四卷二集四卷言事二卷補編一卷　(清)惲敬撰　清嘉慶二十年(1815)盧旬宣南昌刻本　十冊

370000－1541－0012507　847.5/682＝1

大雲山房文稿初集四卷二集四卷言事二卷補編一卷　(清)惲敬撰　清嘉慶二十年(1815)盧旬宣南昌刻本　八冊　存八卷(大雲山房文稿初集四卷、二集四卷)

370000－1541－0012508　847.5/714

四一居士文鈔六卷　(清)汪德鉞撰　(清)臧庸編　清嘉慶木活字印本　三冊

370000－1541－0012509　847.5/719

北上偶錄一卷　(清)江濬源撰　清嘉慶九年(1804)友善堂刻本　一冊

370000－1541－0012510　847.5/720＝1

更生齋集文甲集四卷乙集二卷詩集八卷詩餘二卷　(清)洪亮吉撰　清嘉慶七年(1802)洋川書院刻本　八冊

370000－1541－0012511　847.5/720＝3

卷施閣集文甲集十卷乙集八卷詩二十卷(清)洪亮吉撰　清乾隆六十年(1795)貴陽節署刻本　十一冊

370000－1541－0012512　847.5/745

蘭韻堂詩集十二卷文集五卷御覽集六卷經進文稿二卷　(清)沈初撰　清乾隆五十九年(1794)刻本　九冊

370000－1541－0012513　847.5/747

王荊公文集注八卷　(清)沈欽韓注　清刻本　八冊

370000－1541－0012514　847.5/764

校禮堂文集三十六卷　(清)凌廷堪撰　清嘉慶十七年(1812)刻本　六冊

370000－1541－0012515　847.5/827

知足齋詩集二十卷續集四卷文集六卷進呈文稿二卷　(清)朱珪撰　清嘉慶十年(1805)知足齋刻本　四冊　缺二十卷(知足齋詩集二十卷)

370000－1541－0012516　847.5/827＝1

知足齋詩集二十卷續集四卷文集六卷進呈文稿二卷　(清)朱珪撰　清嘉慶十年(1805)知足齋刻本　十二冊　缺十一卷(知足齋詩集一至十一)

370000－1541－0012517　847.5/827＝2

知足齋詩集二十卷續集四卷文集六卷進呈文稿二卷　(清)朱珪撰　清嘉慶十年(1805)知足齋刻本　十四冊

370000－1541－0012518　847.5/832

退思粗訂稿二卷　(清)朱文翰撰　清刻本　二冊

370000－1541－0012519　847.5/845

韞山堂詩集十六卷文集八卷　(清)管世銘撰　清光緒二十年(1894)讀雪山房刻本　六冊

370000－1541－0012520　847.5/845＝1

韞山堂文集八卷　(清)管世銘撰　清光緒十七年(1891)周氏存厚堂刻本　四冊

370000－1541－0012521　847.5/845＝2

韞山堂文集八卷　(清)管世銘撰　清光緒十七年(1891)周氏存厚堂刻本　四冊

370000－1541－0012522　847.5/850

未學堂集八卷　(清)鮑份撰　清道光十八年(1838)刻本　二冊

370000－1541－0012523　847.5/859

紀文達公遺集三十二卷　(清)紀昀撰　(清)紀樹馨編校　清嘉慶十七年(1812)刻本　九冊

370000－1541－0012524　847.5/859＝1

紀文達公遺集三十二卷　(清)紀昀撰　(清)紀樹馨編校　清嘉慶十七年(1812)刻本　十八冊

370000－1541－0012525　847.5/859＝2

紀文達公遺集三十二卷　（清）紀昀撰　（清）紀樹馨編校　清嘉慶十七年(1812)刻本　十冊

370000－1541－0012526　847.5/873

青芝山館駢體文集二卷　（清）樂鈞撰　清光緒十六年(1890)金華山館刻本　一冊

370000－1541－0012527　847.5/879

經韻樓集十二卷　（清）段玉裁撰　清光緒十年(1884)秋樹根齋刻本　六冊

370000－1541－0012528　847.5/888

尚絅堂集五十六卷　（清）劉嗣綰撰　清同治八年(1869)刻本　十冊

370000－1541－0012529　847.5/890

青溪舊屋文集十一卷　（清）劉文淇撰　清光緒九年(1883)刻本　二冊

370000－1541－0012530　847.5/890＝1

青溪舊屋文集十一卷　（清）劉文淇撰　清光緒九年(1883)刻本　二冊

370000－1541－0012531　847.5/890＝2

青溪舊屋文集十一卷　（清）劉文淇撰　清光緒九年(1883)刻本　二冊

370000－1541－0012532　847.5/890＝3

青溪舊屋文集十一卷　（清）劉文淇撰　清光緒九年(1883)刻本　四冊

370000－1541－0012533　847.5/901

何氏學四卷　（清）何治運撰　清嘉慶二十四年(1819)愛日軒刻本　四冊

370000－1541－0012534　847.5/962

響泉集二十卷　（清）顧光旭撰　清宣統二年(1910)無錫顧氏木活字印本　四冊

370000－1541－0012535　847.5/962＝1

響泉集二十卷　（清）顧光旭撰　清宣統二年(1910)無錫顧氏木活字印本　四冊

370000－1541－0012536　847.5/962＝2

響泉集二十卷　（清）顧光旭撰　清宣統二年(1910)無錫顧氏木活字印本　四冊

370000－1541－0012537　847.5/982

復齋文集二十一卷詩集四卷　（清）曾鏞撰　清嘉慶二十五年(1820)刻本　十二冊

370000－1541－0012538　847.5/984

復初齋文集三十五卷　（清）翁方綱撰　清光緒三年(1877)刻本　十冊

370000－1541－0012539　847.5/990

廖莫子集四卷雜識一卷　（清）俞興瑞撰　客窗閒話二卷　（清）吳靖符撰　清咸豐六年(1856)平江三德堂刻本　四冊

370000－1541－0012540　847.5/990＝1

廖莫子集四卷雜識一卷　（清）俞興瑞撰　高辛硯齋雜著一卷　（清）俞承德撰　清咸豐六年(1856)平江三德堂刻本　二冊　缺二卷（廖莫子集三至四）

370000－1541－0012541　847.5/994＝5

惜抱軒文集十六卷　（清）姚鼐撰　清同治五年(1866)省心閣刻本　一冊　存五卷(一至五)

370000－1541－0012542　847.5/994＝7

東溟文集六卷外集四卷文外集二卷文後集十四卷奏稿四卷後湘詩集九卷續集七卷二集五卷　（清）姚瑩撰　清同治刻本　三十五冊

370000－1541－0012543　847.6/102

小峴山人詩文集三十七卷　（清）秦瀛撰　清嘉慶至道光城西草堂刻本　十二冊

370000－1541－0012544　847.6/119

王菉友九種　（清）王筠撰　清道光至咸豐刻本　八冊　缺一種三十卷（說文繫傳校錄三十卷）

370000－1541－0012545　847.6/119＝3

綠雪堂遺集二十卷　（清）王衍梅撰　清道光二十年(1840)刻本　八冊

370000－1541－0012546　847.6/119＝4

綠雪堂遺集二十卷　（清）王衍梅撰　清道光二十年(1840)刻本　八冊

370000－1541－0012547　847.6/152

樸庵四稿五卷　（清）奕譞撰　清刻本　五冊

370000－1541－0012548　847.6/171

木雞書屋文鈔四卷二集六卷三集八卷四集六卷五集六卷　（清）黃金臺撰　清道光至同治刻本　十冊

370000－1541－0012549　847.6/171＝1

第六絃溪文鈔四卷　（清）黃廷鑑撰　清光緒十年(1884)常熟鮑氏後知不足齋刻本　二冊　存三卷(一至三)

370000－1541－0012550　847.6/171＝2

第六絃溪文鈔四卷　（清）黃廷鑑撰　清光緒十年(1884)常熟鮑氏後知不足齋刻本　二冊

370000－1541－0012551　847.6/171＝3

第六絃溪文鈔四卷　（清）黃廷鑑撰　清光緒十年(1884)常熟鮑氏後知不足齋刻本　二冊

370000－1541－0012552　847.6/171＝4

壹齋集四十卷賦一卷二十四畫品一卷畫友錄一卷黃山遊記一卷泛漿錄二卷蕭湯二老遺詩合編二卷奏御集二卷兩朝恩賚記一卷　（清）黃鉞撰　年譜一卷禮部遺集九卷　（清）黃富民撰　清咸豐九年至同治二年(1859－1863)蕪湖許氏刻本　十一冊

370000－1541－0012553　847.6/171＝5

壹齋集四十卷賦一卷二十四畫品一卷畫友錄一卷黃山遊記一卷泛漿錄二卷蕭湯二老遺詩合編二卷奏御集二卷兩朝恩賚記一卷　（清）黃鉞撰　年譜一卷禮部遺集九卷　（清）黃富民撰　清咸豐九年至同治二年(1859－1863)蕪湖許氏刻本　十五冊

370000－1541－0012554　847.6/183

小謨觴館集　（清）彭兆蓀撰　清嘉慶十一年(1806)刻本　四冊

370000－1541－0012555　847.6/196

讀書堂綵衣全集四十六卷　（清）趙士麟撰　清光緒十九年(1893)浙江書局刻本　三冊　存十二卷(三十五至四十六)

370000－1541－0012556　847.6/196＝1

趙恭毅公賸稿八卷　（清）趙申喬撰　（清）趙侗敦編　清光緒十八年(1892)浙江書局刻本　四冊

370000－1541－0012557　847.6/196＝2

趙裘萼公賸稿四卷　（清）趙熊詔撰　（清）趙侗敦編　清光緒二十三年(1897)浙江書局刻本　二冊

370000－1541－0012558　847.6/198

甌北詩鈔三十三卷　（清）趙翼撰　清乾隆五十六年(1791)湛貽堂刻本　八冊

370000－1541－0012559　847.6/202

亦有生齋集詩三十二卷文二十卷詞五卷樂府二卷　（清）趙懷玉撰　清嘉慶刻本　二十冊

370000－1541－0012560　847.6/203

聽潮樓賦鈔一卷　（清）趙銘彝撰　清咸豐元年(1851)文喜堂刻本　一冊

370000－1541－0012561　847.6/203＝1

小松石齋文集五卷　（清）趙允懷撰　清光緒十五年(1889)刻本　二冊

370000－1541－0012562　847.6/214

研六室文鈔十卷　（清）胡培翬撰　清道光十七年(1837)涇川書院刻本　四冊

370000－1541－0012563　847.6/214＝1

研六室文鈔十卷　（清）胡培翬撰　清道光十七年(1837)涇川書院刻本　四冊

370000－1541－0012564　847.6/214＝2

研六室文鈔十卷　（清）胡培翬撰　清光緒四年(1878)世澤樓刻本　五冊

370000－1541－0012565　847.6/217

崇雅堂詩鈔四卷文鈔二卷　（清）胡敬撰　清道光刻本　六冊

370000－1541－0012566　847.6/279

梅氏遺書四卷附錄三卷　（清）梅鍾澍撰　清宣統三年(1911)莓田古屋刻本　二冊

370000－1541－0012567　847.6/288＝2

李文恭公遺集三種　（清）李星沅撰　清同治五年(1866)芋香山館刻本　三十六冊　缺四卷(奏議九、二十至二十二)

370000－1541－0012568　847.6/292

養一齋文集二十卷詩集四卷 （清）李兆洛撰
清光緒四年(1878)刻本　十二冊

370000－1541－0012569　847.6/292＝1

養一齋文集二十卷 （清）李兆洛撰　清光緒
四年(1878)刻本　八冊

370000－1541－0012570　847.6/292＝2

養一齋集二十六卷首一卷 （清）潘德輿撰
清道光二十九年(1849)刻本　十六冊

370000－1541－0012571　847.6/292＝3

常惺惺齋文集十卷詩集十一卷 （清）李炳奎
撰　（清）陳偉勛選　清宣統二年(1910)陳偉
勛鉛印本　四冊

370000－1541－0012572　847.6/292＝4

棣懷堂隨筆六卷 （清）李象鶤撰　清道光元
年(1821)刻本　四冊

370000－1541－0012573　847.6/295

篁谷文鈔十二卷 （清）查揆撰　清道光十五
年(1835)菽原堂刻本　四冊

370000－1541－0012574　847.6/306

張亨甫全集三十三卷首一卷 （清）張際亮撰
清同治六年(1867)刻本　七冊　存二十四
卷(詩集一至十四、十八至二十七)

370000－1541－0012575　847.6/306＝1

張亨甫全集三十三卷首一卷 （清）張際亮撰
清同治六年(1867)刻本　十六冊

370000－1541－0012576　847.6/306＝2

二竹齋文集二卷詩鈔六卷 （清）張井撰　清
道光十五年(1835)刻本　七冊　缺一卷(詩
鈔一)

370000－1541－0012577　847.6/306＝3

嘉樹山房集二十卷 （清）張士元撰　清嘉慶
二十四年(1819)張氏刻本　四冊

370000－1541－0012578　847.6/309

無爲齋續集六卷 （清）張昭潛撰　清光緒郭
恩孚刻果園刊書本　一冊

370000－1541－0012579　847.6/309＝1

無爲齋詩集二卷詞鈔一卷 （清）張昭潛撰
清光緒韓晉昌、毛廣孚刻本　一冊

370000－1541－0012580　847.6/311

小安樂窩文集四卷詩存一卷 （清）張海珊撰
清道光十一年(1831)刻本　二冊

370000－1541－0012581　847.6/311＝1

養素堂文集三十五卷 （清）張澍撰　清道光
十五年(1835)棗華書屋刻本　十六冊

370000－1541－0012582　847.6/313

式訓集十六卷 （清）張柏恒撰　清道光二十
一年(1841)式訓堂刻本　四冊

370000－1541－0012583　847.6/313＝1

冬青館甲集六卷乙集八卷 （清）張鑑撰　清
道光十九年(1839)烏程張氏刻本　一冊　存
八卷(冬青館甲集六卷、乙集一至二)

370000－1541－0012584　847.6/313＝2

白雲山房集十二卷 （清）張象津撰　清道光
十六年(1836)張氏拜經堂刻本　五冊

370000－1541－0012585　847.6/313＝3

月齋文集八卷詩集四卷 （清）張穆撰　清咸
豐八年(1858)刻本　八冊

370000－1541－0012586　847.6/331

耐菴文存六卷詩存三卷 （清）賀長齡撰　清
咸豐十一年(1861)刻本　四冊

370000－1541－0012587　847.6/341

鶴泉文鈔二卷續選九卷 （清）戚學標撰　清
嘉慶五年(1800)刻本　六冊

370000－1541－0012588　847.6/341＝2

鶴泉文鈔二卷 （清）戚學標撰　清嘉慶五年
(1800)刻本　二冊

370000－1541－0012589　847.6/348＝2

遂園遺文四卷 （清）夏味堂撰　（清）夏崑林
輯　清咸豐稿本　清夏子猷批校題跋　一冊

370000－1541－0012590　847.6/357

秋根書室詩文集十四卷 （清）孟傳鑄撰　清
宣統二年(1910)綠野堂鉛印本　八冊

370000－1541－0012591　847.6/357 ＝1

秋根書室詩文集十四卷　（清）孟傳鑄撰　清
宣統二年(1910)綠野堂鉛印本　五冊　存十
二卷(一至十二)

370000－1541－0012592　847.6/358

大小雅堂詩集　（清）承齡撰　清光緒十八年
(1892)刻本　二冊

370000－1541－0012593　847.6/359

延釐堂集九卷　（清）孫玉庭撰　清同治十一
年(1872)刻本　八冊

370000－1541－0012594　847.6/366

泰雲堂集四種二十五卷　（清）孫爾準撰　清
道光十三年(1833)刻本　六冊

370000－1541－0012595　847.6/366 ＝1

泰雲堂集四種二十五卷　（清）孫爾準撰　清
同治九年(1870)刻本　四冊

370000－1541－0012596　847.6/366 ＝2

泰雲堂集四種二十五卷　（清）孫爾準撰　清
同治九年(1870)刻本　四冊

370000－1541－0012597　847.6/375

揅經室集一集十四卷二集八卷三集五卷四集
二卷詩十一卷續集十一卷再續集六卷外集五
卷　（清）阮元撰　清道光刻文選樓叢書本
二十四冊

370000－1541－0012598　847.6/375 ＝1

揅經室集一集十四卷二集八卷三集五卷四集
二卷詩十一卷續集十一卷再續集六卷外集五
卷　（清）阮元撰　清道光刻文選樓叢書本
二十四冊

370000－1541－0012599　847.6/375 ＝2

揅經室集一集十四卷二集八卷三集五卷四集
二卷詩十一卷續集十一卷再續集六卷外集五
卷　（清）阮元撰　清道光刻文選樓叢書本
十七冊

370000－1541－0012600　847.6/375 ＝3

楚中文筆二卷　（清）阮元撰　清咸豐十年
(1860)刻本　三冊

370000－1541－0012601　847.6/377

求志居集三十六卷　（清）陳世鎔撰　清道光
二十五年(1845)刻本　四冊　存二十卷(一
至二十)

370000－1541－0012602　847.6/377 ＝1

敦復齋文集八卷　（清）陳世恩撰　清光緒三
十二年(1906)和悅洲醉墨莊刻本　二冊

370000－1541－0012603　847.6/382

頤道堂文鈔十三卷　（清）陳文述撰　清道光
八年(1828)刻本　五冊

370000－1541－0012604　847.6/382 ＝1

養志居僅存稿十八卷　（清）陳宗起撰　清光
緒十一年(1885)丹徒陳氏刻本　八冊

370000－1541－0012605　847.6/390

雙白燕堂文集二卷外集八卷　（清）陸耀遹撰
清光緒四年(1878)興國州署刻本　四冊

370000－1541－0012606　847.6/394

崇百藥齋文集二十卷續集四卷三集十二卷
（清）陸繼輅撰　五真閣吟稿一卷　（清）錢惠
尊撰　清光緒四年(1878)興國州署刻本　十
二冊

370000－1541－0012607　847.6/394 ＝1

崇百藥齋文集二十卷續集四卷　（清）陸繼輅
撰　清光緒四年(1878)興國州署刻本　八冊

370000－1541－0012608　847.6/399

陶文毅公全集六十四卷　（清）陶澍撰　清道
光十九年(1839)刻本　二十四冊

370000－1541－0012609　847.6/429

鐵橋漫稿八卷　（清）嚴可均撰　清光緒十一
年(1885)長洲蔣氏心矩齋刻本　四冊

370000－1541－0012610　847.6/429 ＝1

鐵橋漫稿八卷　（清）嚴可均撰　清光緒十一
年(1885)長洲蔣氏心矩齋刻本　四冊

370000－1541－0012611　847.6/429 ＝2

鐵橋漫稿八卷　（清）嚴可均撰　清光緒十一
年(1885)長洲蔣氏心矩齋刻本　四冊

370000－1541－0012612　847.6/429 ＝3

鐵橋漫稿八卷　（清）嚴可均撰　清光緒十一年(1885)長洲蔣氏心矩齋刻本　四冊

370000－1541－0012613　847.6/433

澤古齋文鈔三卷　（清）吳士模撰　清光緒十九年(1893)刻本　六冊

370000－1541－0012614　847.6/433＝1

吳學士文集四卷詩集五卷　（清）吳鼐撰　清光緒八年(1882)江寧藩署刻本　六冊

370000－1541－0012615　847.6/433＝2

吳學士文集四卷詩集五卷　（清）吳鼐撰　清光緒八年(1882)江寧藩署刻本　六冊

370000－1541－0012616　847.6/433＝3

吳學士文集四卷　（清）吳鼐撰　清光緒八年(1882)江寧藩署刻本　四冊

370000－1541－0012617　847.6/440＝2

初月樓文鈔十卷詩鈔四卷　（清）吳德旋撰　清光緒十年(1884)刻本　六冊

370000－1541－0012618　847.6/504

二思堂文集四卷　（清）葉世倬撰　清道光十四年(1834)刻本　六冊

370000－1541－0012619　847.6/517

恩福堂詩鈔十卷筆記二卷　（清）英和撰　清道光十七年(1837)刻本　三冊

370000－1541－0012620　847.6/519

貞定先生遺集四卷　（清）莫與儔撰　清光緒莫氏影山草堂刻本　一冊

370000－1541－0012621　847.6/526

忠雅堂文集十二卷　（清）蔣士銓撰　清嘉慶二十一年(1816)刻本　六冊

370000－1541－0012622　847.6/563

西磧山房詩錄二卷文錄二卷　（清）蔡復午撰　清光緒二十八年(1902)石印本　一冊

370000－1541－0012623　847.6/598

持雅堂文鈔四卷　（清）尚鎔撰　清道光十一年(1831)刻本　二冊

370000－1541－0012624　847.6/609

許玉峰先生集三卷　（清）許鼎撰　清同治五年(1866)刻本　二冊

370000－1541－0012625　090/670

今古學考二卷　廖平撰　清光緒十二年(1886)成都刻四益館經學叢書本　一冊

370000－1541－0012626　847.6/627

儀衛軒集十二卷外集一卷詩集五卷遺書一卷大意尊聞三卷附錄一卷　（清）方東樹撰　方儀衛先生年譜一卷　（清）鄭福照編　清同治七年(1868)刻本　九冊

370000－1541－0012627　847.6/627＝1

儀衛軒集十二卷外集一卷大意尊聞三卷附錄一卷　（清）方東樹撰　方儀衛先生年譜一卷　（清）鄭福照編　清同治七年(1868)刻本　五冊

370000－1541－0012628　847.6/627＝2

萬善花室文稿六卷續集一卷　（清）方履籛撰　清光緒九年(1883)雲自在龕刻雲自在龕叢書本　三冊

370000－1541－0012629　847.6/627＝3

萬善花室文稿六卷　（清）方履籛撰　清光緒十二年(1886)小岾山館刻本　三冊

370000－1541－0012630　847.6/627＝4

方學博詩文集七卷　（清）方坰撰　清道光方氏紅格付刻稿本　六冊

370000－1541－0012631　847.6/627＝5

方學博全集七卷　（清）方坰撰　清光緒元年(1875)武昌藩署刻本　六冊

370000－1541－0012632　847.6/627＝6

枕經堂詩鈔二卷駢體文三卷　（清）方朔撰　清道光二十八年(1848)刻本　一冊

370000－1541－0012633　847.6/641

續東軒遺集四卷　（清）高均儒撰　清光緒七年(1881)刻本　三冊

370000－1541－0012634　847.6/654

太鶴山人詩集十三卷　（清）端木國瑚撰　清道光二十年(1840)刻本　六冊

370000 – 1541 – 0012635　847.6/660

龔定盦別集一卷　（清）龔自珍撰　清宣統二年(1910)順德鄧氏鉛印風雨樓叢書本　一冊

370000 – 1541 – 0012636　847.6/660 = 2

龔定盦全集　（清）龔自珍撰　清光緒二十三年(1897)萬本書堂刻本　六冊

370000 – 1541 – 0012637　847.6/660 = 3

定盦全集　（清）龔自珍撰　清光緒二十八年(1902)浙江文彙書局鉛印本　四冊

370000 – 1541 – 0012638　847.6/674

蔚思堂騈語二卷　（清）應曙霞撰　清道光三年(1823)刻本　一冊

370000 – 1541 – 0012639　847.6/681

思元齋全集　（清）裕瑞撰　清嘉慶七年至十七年(1802 – 1812)刻本　八冊

370000 – 1541 – 0012640　847.6/681 = 1

思元齋續刻詩文集　（清）裕瑞撰　清道光八年至十年(1828 – 1830)刻本　三冊

370000 – 1541 – 0012641　847.6/690

碻山騈體文四卷　（清）宋世犖撰　清光緒九年(1883)花雨樓刻本　二冊

370000 – 1541 – 0012642　847.6/693

空石齋文集不分卷詩賸不分卷　（清）汪國撰　清道光二年(1822)少白山房刻本　四冊

370000 – 1541 – 0012643　847.6/714

實事求是齋遺稿四卷　（清）汪廷珍撰　清道光二十九年(1849)刻本　四冊

370000 – 1541 – 0012644　847.6/747

補讀書齋遺稿十卷　（清）沈維鐈撰　清光緒元年(1875)嘉興沈氏廣州刻本　四冊

370000 – 1541 – 0012645　847.6/754

養一齋集二十六卷首一卷　（清）潘德輿撰　清道光二十九年(1849)刻本　八冊

370000 – 1541 – 0012646　847.6/754 = 1

有真意齋文集不分卷　（清）潘世恩撰　清光緒二十四年(1898)刻本　二冊

370000 – 1541 – 0012647　847.6/754 = 2

西圃集十四卷　（清）潘遵祁撰　清同治十一年(1872)刻本　四冊

370000 – 1541 – 0012648　847.6/765

馮侍御遺稿六卷　（清）馮元錫撰　清道光二十年(1840)滄霞閣刻本　二冊

370000 – 1541 – 0012649　847.6/765 = 1

顯志堂稿十二卷　（清）馮桂芬撰　清光緒二年(1876)校邠廬刻本　六冊

370000 – 1541 – 0012650　847.6/787

程侍郎遺集十卷　（清）程恩澤撰　清道光二十六年(1846)跫喜齋刻本　二冊

370000 – 1541 – 0012651　847.6/808

菘耘文鈔四卷　（清）季錫疇撰　清光緒五年(1879)襄弅閣刻本　一冊

370000 – 1541 – 0012652　847.6/808 = 1

菘耘文鈔四卷　（清）季錫疇撰　清光緒五年(1879)襄弅閣刻本　一冊

370000 – 1541 – 0012653　847.6/818

止菴文一卷詩一卷詞一卷　（清）周濟撰　清刻朱印本　二冊

370000 – 1541 – 0012654　847.6/820

二南外集一卷　（清）周樂撰　清道光二十二年(1842)枕湖書屋刻本　一冊

370000 – 1541 – 0012655　847.6/827

小萬卷齋文稿二十四卷　（清）朱琦撰　清光緒十一年(1885)嘉樹山房刻本　十八冊　存十二卷(一至十二)

370000 – 1541 – 0012656　847.6/827 = 1

小萬卷齋經進稿四卷　（清）朱琦撰　清道光六年(1826)刻本　二冊

370000 – 1541 – 0012657　847.6/842

守城善後紀略一卷世忠堂文集家傳一卷　（清）鄒鳴鶴撰　（清）鄒覲颺編　清刻本　二冊

370000 – 1541 – 0012658　847.6/845

因寄軒文初集十卷二集六卷　（清）管同撰

清道光十三年(1833)管氏刻本　四冊

370000－1541－0012659　847.6/845＝1
小鷗波館文鈔一卷詩鈔四卷　(清)管筠撰

小停雲館詩鈔一卷　(清)文靜玉撰　清道光
三年(1823)刻本　一冊

370000－1541－0012660　847.6/850
藏書樓駢文鈔二卷　(清)鮑桂生撰　清咸豐
三年(1853)刻本　二冊

370000－1541－0012661　847.6/851
仲實類稿不分卷　(清)魯賁撰　清同治刻本
一冊

370000－1541－0012662　847.6/859
雙桂堂稿續編九卷　(清)紀大奎撰　清嘉慶
刻本　三冊

370000－1541－0012663　847.6/882
易園集七卷　(清)李林松撰　清道光十七年
(1837)濟寧州署刻光緒二十九年(1903)補修
本　六冊

370000－1541－0012664　847.6/882＝1
聽雪軒古文稿一卷　(清)邱錫珖撰　清道光
二十八年(1848)諸城邱氏刻本　一冊

370000－1541－0012665　847.6/888
劉孟塗集四十四卷　(清)劉開撰　清道光六
年(1826)姚氏欒山草堂刻本　八冊

370000－1541－0012666　847.6/888＝1
劉孟塗集四十四卷　(清)劉開撰　清道光六
年(1826)姚氏欒山草堂刻本　八冊

370000－1541－0012667　847.6/888＝2
劉孟塗集四十四卷　(清)劉開撰　清道光六
年(1826)姚氏欒山草堂刻本　八冊

370000－1541－0012668　847.6/888＝3
劉孟塗集四十四卷　(清)劉開撰　清道光六
年(1826)姚氏欒山草堂刻本　八冊

370000－1541－0012669　847.6/890
娛景堂集三卷　(清)劉寶樹撰　清道光十九
年(1839)刻本　一冊

370000－1541－0012670　847.6/890＝1
月軒詩文不分卷　(清)劉益祿撰　清稿本
一冊

370000－1541－0012671　847.6/890＝2
綠野齋文集四卷　(清)劉鴻翱撰　清道光七
年(1827)同懷堂刻本　四冊

370000－1541－0012672　847.6/890＝3
綠野齋前後合集六卷　(清)劉鴻翱撰　清道
光二十四年(1844)刻本　八冊

370000－1541－0012673　847.6/890＝4
綠野齋前後合集六卷　(清)劉鴻翱撰　清道
光二十四年(1844)刻本　八冊

370000－1541－0012674　847.6/890＝5
雲中集一卷　(清)劉淳撰　清道光十三年
(1833)刻本　一冊

370000－1541－0012675　847.6/890＝6
雲中集一卷　(清)劉淳撰　清道光十三年
(1833)刻本　一冊

370000－1541－0012676　847.6/892
劉禮部集十二卷　(清)劉逢祿撰　清光緒十
八年(1892)延暉承慶堂刻本　六冊

370000－1541－0012677　847.6/892＝1
存悔齋集二十八卷外集四卷　(清)劉鳳誥撰
清道光十年(1830)刻本　八冊

370000－1541－0012678　847.6/927
甘泉鄉人稿二十四卷餘稿二卷　(清)錢泰吉
撰　警石府君年譜一卷　(清)錢應溥撰　邠
農偶吟稿一卷　(清)錢炳森撰　清同治十一
年(1872)嘉興錢氏刻本　六冊

370000－1541－0012679　847.6/934
衍石齋記事稿十卷　(清)錢儀吉撰　清道光
十四年(1834)刻本　五冊

370000－1541－0012680　847.6/934＝1
衍石齋記事稿十卷續稿十卷旅逸小稿二卷刻
楮集四卷　(清)錢儀吉撰　清光緒六年
(1880)海昌錢彝甫刻本　十二冊

370000－1541－0012681　847.6/934＝2

衍石齋記事稿十卷續稿十卷旅逸小稿二卷刻楮集四卷　（清）錢儀吉撰　清光緒六年(1880)海昌錢彝甫刻本　七冊　缺十二卷（衍石齋記事稿十卷、續稿一至二）

370000－1541－0012682　847.6/934＝3

衍石齋記事稿十卷續稿十卷旅逸小稿二卷刻楮集四卷　（清）錢儀吉撰　清光緒六年(1880)海昌錢彝甫刻本　十二冊

370000－1541－0012683　847.6/946

一規八棱硯齋集　（清）徐廷華撰　清光緒九年(1883)武昌寓齋刻本　四冊

370000－1541－0012684　847.6/951

敦艮齋遺書　（清）徐潤第撰　清道光二十八年(1848)五臺徐繼畬刻本　六冊

370000－1541－0012685　847.6/956

求闕齋文鈔八卷　（清）曾國藩撰　清同治十一年(1872)刻本　二冊

370000－1541－0012686　847.6/959

思無邪室遺集四卷　（清）顧純撰　清咸豐六年(1856)刻本　四冊

370000－1541－0012687　847.6/966

思適齋集十八卷　（清）顧廣圻撰　清道光二十九年(1849)上海徐氏刻本　四冊

370000－1541－0012688　847.6/988

秋室學古錄六卷梁園歸櫂錄一卷憶漫菴賸稿一卷　（清）余集撰　清蘇州青霞齋刻本　五冊

370000－1541－0012689　847.6/990

癸巳存稿十五卷　（清）俞正燮撰　清光緒十年(1884)刻本　八冊

370000－1541－0012690　847.6/990＝1

癸巳存稿十五卷　（清）俞正燮撰　清光緒十年(1884)刻本　六冊

370000－1541－0012691　847.6/990＝2

癸巳存稿十五卷　（清）俞正燮撰　清光緒十年(1884)刻本　四冊

370000－1541－0012692　847.6/990＝3

癸巳類稿十五卷　（清）俞正燮撰　清道光十六年(1836)刻本　佚名批　十冊

370000－1541－0012693　847.6/990＝4

癸巳類稿十五卷　（清）俞正燮撰　清光緒五年(1879)會稽章氏刻本　八冊

370000－1541－0012694　847.6/994

晚學齋文集十二卷　（清）姚椿撰　清道光二十年(1840)刻本　三冊

370000－1541－0012695　847.6/994＝1

遜雅堂集十卷續編一卷　（清）姚文田撰　清道光元年至八年(1821－1828)江陰學使署刻蘇州振新書社印本　八冊

370000－1541－0012696　847.6/994＝2

遜雅堂集十卷續編一卷　（清）姚文田撰　清道光元年至八年(1821－1828)江陰學使署刻蘇州振新書社印本　五冊

370000－1541－0012697　847.7/112

龍壁山房文集五卷　（清）王拯撰　清光緒九年(1883)善化向氏刻本　一冊　存二卷(一至二)

370000－1541－0012698　847.7/112＝2

倚雲山房文集二卷試帖二卷南遊吟草四卷　（清）王發越撰　（清）黃琮評選　清咸豐三年(1853)黎城王氏倚雲山房刻本　六冊

370000－1541－0012699　847.7/112＝3

百柱堂全集五十二卷首一卷　（清）王柏心撰　清光緒十九年(1893)刻本　十二冊

370000－1541－0012700　847.7/115

小言集　（清）王敬之撰　清道光二十八年(1848)刻本　八冊

370000－1541－0012701　847.7/115＝1

慎其餘齋文集二十卷末一卷　（清）王贈芳撰　清咸豐四年(1854)留香書屋刻本　六冊

370000－1541－0012702　847.7/115＝2

慎其餘齋文集二十卷末一卷　（清）王贈芳撰　清咸豐四年(1854)留香書屋刻本　四冊

370000－1541－0012703　847.7/117

127

縵雅堂駢體文四卷 （清）王詒壽撰 清光緒六年(1880)娛園刻本 一冊

370000－1541－0012704 847.7/119＝1
王壯武公遺集二十四卷首一卷年譜二卷 （清）王鑫撰 清光緒十八年(1892)湘鄉王氏江寧刻本 十二冊

370000－1541－0012705 847.7/158
睦州存稿八卷 （清）丁壽昌撰 清同治五年(1866)刻本 四冊

370000－1541－0012706 847.7/169
雪竹樓詩稿十四卷文稿一卷 （清）黃道讓撰 清同治六年(1867)刻本 二冊 存八卷（七至十四）

370000－1541－0012707 847.7/169＝1
倚晴樓詩集十二卷續集四卷詩餘四卷傳奇七種 （清）黃燮清撰 清咸豐七年(1857)海鹽黃氏拙宜園刻本 六冊

370000－1541－0012708 847.7/183
彭文敬公集六種 （清）彭蘊章撰 清道光至同治刻本 十六冊

370000－1541－0012709 847.7/183＝1
彭文敬公集六種 （清）彭蘊章撰 清道光至同治刻本 十六冊

370000－1541－0012710 847.7/183＝2
無近名齋文鈔四卷 （清）彭翊撰 清道光二十七年(1847)刻本 二冊

370000－1541－0012711 847.7/183＝3
無近名齋文鈔四卷文鈔二編二卷雜著二卷雜著二編一卷文鈔外編一卷 （清）彭翊撰 清光緒十年(1884)彭祖賢刻本 四冊

370000－1541－0012712 847.7/185
遂懷堂全集 （清）袁翼撰 清光緒十三年(1887)遂懷堂刻本 二十二冊

370000－1541－0012713 847.7/185＝1
遂懷堂全集 （清）袁翼撰 清光緒十三年(1887)遂懷堂刻本 六冊 存七卷（文集四卷、哀忠集三卷）

370000－1541－0012714 847.7/185＝2
遂懷堂駢文箋注十六卷 （清）袁翼撰 （清）朱畇箋注 清光緒十四年(1888)刻本 四冊

370000－1541－0012715 847.7/185＝3
遂懷堂駢文箋注十六卷 （清）袁翼撰 （清）朱畇箋注 清咸豐八年(1858)古懽齋刻本 六冊

370000－1541－0012716 847.7/212
謫麐堂遺集 （清）戴望撰 清光緒元年(1875)刻本 四冊

370000－1541－0012717 847.7/212＝1
謫麐堂遺集 （清）戴望撰 清宣統三年(1911)鉛印本 一冊

370000－1541－0012718 847.7/212＝3
謫麐堂遺集 （清）戴望撰 清宣統三年(1911)鉛印本 一冊

370000－1541－0012719 847.7/212＝4
謫麐堂遺集 （清）戴望撰 清宣統三年(1911)歸安陸氏刻本 二冊

370000－1541－0012720 847.7/214
胡文忠公遺集八十六卷首一卷 （清）胡林翼撰 （清）鄭敦謹 （清）曾國荃編 清同治六年(1867)黃鶴樓刻本 三十二冊

370000－1541－0012721 847.7/214＝1
胡文忠公遺集八十六卷首一卷 （清）胡林翼撰 （清）鄭敦謹 （清）曾國荃編 清同治六年(1867)黃鶴樓刻本 三十二冊

370000－1541－0012722 847.7/214＝3
胡文忠公遺集八十六卷首一卷 （清）胡林翼撰 （清）鄭敦謹 （清）曾國荃編 （清）胡鳳丹重編 清光緒十四年(1888)上海著易堂鉛印本 五冊 存五十六卷（一至六、二十至五十一、六十九至八十六）

370000－1541－0012723 847.7/271
抱山草堂遺稿 （清）楊寶彝撰 清光緒二年(1876)吳門刻本 一冊

370000－1541－0012724 847.7/273

汀鷺文鈔三卷 （清）楊傳第撰 清同治十一年(1872)刻本 一冊

370000－1541－0012725 847.7/273 = 1

蒿園文鈔一卷 （清）楊金監撰 清光緒十六年(1890)毗陵楊氏世承堂木活字印本 一冊

370000－1541－0012726 847.7/279

柏梘山房集三十一卷 （清）梅曾亮撰 清咸豐六年(1856)聊城楊以增刻本 八冊

370000－1541－0012727 847.7/279 = 1

柏梘山房集三十一卷 （清）梅曾亮撰 清咸豐六年(1856)聊城楊以增刻本 六冊

370000－1541－0012728 847.7/279 = 2

柏梘山房集三十一卷 （清）梅曾亮撰 清咸豐六年(1856)聊城楊以增刻本 八冊

370000－1541－0012729 847.7/279 = 4

柏梘山房集三十一卷 （清）梅曾亮撰 清光緒二十七年(1901)朱慶元鉛印本 十四冊

370000－1541－0012730 847.7/279 = 5

梅曾亮雜文不分卷 （清）梅曾亮撰 清抄本 清尹石公跋 二冊

370000－1541－0012731 847.7/288

李文清公遺書八卷 （清）李棠階撰 清光緒八年(1882)河北道署刻本 四冊

370000－1541－0012732 847.7/288 = 1

李文恭公文集十六卷 （清）李星沅撰 清同治四年(1865)刻本 四冊

370000－1541－0012733 847.7/290

邁堂文略四卷 （清）李祖陶撰 清同治七年(1868)尚友樓刻本 四冊

370000－1541－0012734 847.7/290 = 1

李文忠公全集一百六十五卷首一卷 （清）李鴻章撰 （清）吳汝綸輯 清光緒三十四年(1908)刻本 一百冊

370000－1541－0012735 847.7/290 = 2

李文忠公全集一百六十五卷首一卷 （清）李鴻章撰 （清）吳汝綸輯 清光緒三十四年(1908)刻本 一百冊

370000－1541－0012736 847.7/290 = 3

李文忠公全集一百六十五卷首一卷 （清）李鴻章撰 （清）吳汝綸輯 清光緒三十四年(1908)刻本 一百冊

370000－1541－0012737 847.7/290 = 4

李文忠公全集一百六十五卷首一卷 （清）李鴻章撰 （清）吳汝綸輯 清光緒三十四年(1908)刻本 九十冊 存六種一百四十八卷(李文忠公奏稿一至六十三、李文忠公朋僚函稿二十卷、李文忠公譯署函稿二十卷、李文忠公電稿四十卷、李文忠公遷移鼉池口教堂函稿一卷、李文忠公海軍函稿四卷)

370000－1541－0012738 847.7/290 = 5

西漚全集十卷外集八卷 （清）李惺撰 清同治七年(1868)刻本 十六冊

370000－1541－0012739 847.7/290 = 6

西漚全集十卷外集八卷 （清）李惺撰 清同治七年(1868)刻本 八冊 存八卷(外集八卷)

370000－1541－0012740 847.7/306

蒿菴集三卷拾遺一卷附錄一卷蒿菴閒話二卷 （清）張爾岐撰 清光緒十五年(1889)山東書局刻本 三冊

370000－1541－0012741 847.7/306 = 1

積石文稿十八卷 （清）張履撰 清光緒二十年(1894)刻本 六冊

370000－1541－0012742 847.7/309

悔廬文鈔五卷首一卷文補一卷詩鈔四卷 (清）張崇蘭撰 清光緒二十三年(1897)刻本 四冊 缺二卷(悔廬文鈔一、首一卷)

370000－1541－0012743 847.7/309 = 1

悔廬文鈔五卷首一卷文補一卷 （清）張崇蘭撰 清光緒二十三年(1897)刻本 四冊

370000－1541－0012744 847.7/309 = 2

仰蕭樓文集不分卷 （清）張星鑑撰 清光緒六年(1880)中州陳倬刻本 二冊

370000－1541－0012745 847.7/329

半巖廬遺集二卷　（清）邵懿辰撰　清光緒三十四年(1908)刻本　二冊

370000－1541－0012746　847.7/329＝1

半巖廬遺集二卷　（清）邵懿辰撰　清光緒三十四年(1908)刻本　一冊

370000－1541－0012747　847.7/338

御製詩集八卷文集二卷　（清）德宗載湉撰　清光緒刻本　六冊

370000－1541－0012748　847.7/362

蒼筤詩集十卷文集六卷　（清）孫鼎臣撰　清咸豐十年(1860)刻本　四冊

370000－1541－0012749　847.7/372

南村草堂文鈔二十卷　（清）鄧顯鶴撰　清咸豐元年(1851)刻本　八冊

370000－1541－0012750　847.7/411

日損益齋古文八卷古今體詩十八卷時藝全稿一卷時藝補遺一卷試帖四卷　（清）馬疏撰　清咸豐七年至八年(1857－1858)馬氏家塾刻本　十六冊

370000－1541－0012751　847.7/430

奉萱草堂文鈔一卷　（清）單爲鏓撰　清同治刻本　一冊

370000－1541－0012752　847.7/433

求自得之室文鈔十二卷尚絅廬詩存二卷（清）吳嘉賓撰　清同治五年(1866)廣州富文齋刻本　六冊

370000－1541－0012753　847.7/433＝1

小酉腴山館文鈔七卷集外文三卷詩鈔二卷詩補錄一卷詩續編二卷　（清）吳大廷撰　清同治四年(1865)刻本　六冊

370000－1541－0012754　847.7/433＝2

榴實山莊文稿一卷詩鈔六卷詞鈔一卷試律二卷　（清）吳存義撰　清同治刻本　六冊

370000－1541－0012755　847.7/433＝3

榴實山莊文稿一卷詩鈔六卷詞鈔一卷試律二卷　（清）吳存義撰　清同治刻本　六冊

370000－1541－0012756　847.7/436

佩秋閣遺稿三種四卷　（清）吳葆撰　清光緒元年(1875)刻朱墨套印本　一冊

370000－1541－0012757　847.7/436＝1

望三益齋詩文鈔四種　（清）吳棠撰　清同治十三年(1874)成都使署刻本　四冊

370000－1541－0012758　847.7/440

拙修集十卷　（清）吳廷棟撰　清同治十年(1871)六安求我齋刻本　四冊

370000－1541－0012759　847.7/440＝1

拙修集十卷　（清）吳廷棟撰　清同治十年(1871)六安求我齋刻本　四冊

370000－1541－0012760　847.7/440＝2

拙修集十卷　（清）吳廷棟撰　清同治十年(1871)六安求我齋刻本　四冊

370000－1541－0012761　847.7/440＝3

拙修集續編四卷　（清）吳廷棟撰　清光緒九年(1883)六安求我齋刻本　二冊

370000－1541－0012762　847.7/440＝4

柈湖文集十二卷　（清）吳敏樹撰　清光緒十九年(1893)思賢講舍刻本　四冊

370000－1541－0012763　847.7/440＝5

柈湖文集十二卷　（清）吳敏樹撰　清光緒十九年(1893)思賢講舍刻本　四冊

370000－1541－0012764　847.7/440＝6

柈湖文錄八卷　（清）吳敏樹撰　清同治八年(1869)刻本　四冊

370000－1541－0012765　847.7/444

愛吾廬文鈔一卷　（清）呂世宜撰　清光緒三年(1877)刻本　一冊

370000－1541－0012766　847.7/504

桴亭先生詩鈔八卷文鈔六卷　（清）陸世儀撰　（清）葉裕仁編　清光緒二年(1876)安道書院刻本　四冊

370000－1541－0012767　847.7/513

敬孚類稿十六卷　（清）蕭穆撰　清光緒三十三年(1907)刻本　四冊

370000－1541－0012768　847.7/513＝1

敬孚類稿十六卷　（清）蕭穆撰　清光緒三十三年(1907)刻本　四冊

370000－1541－0012769　847.7/519

邵亭遺文八卷　（清）莫友芝撰　清刻本　一冊

370000－1541－0012770　847.7/526

嘯古堂文集八卷　（清）蔣敦復撰　清同治七年(1868)上海道署刻本　二冊

370000－1541－0012771　847.7/526＝1

七經樓文鈔六卷　（清）蔣湘南撰　清道光二十七年(1847)刻本　四冊

370000－1541－0012772　847.7/526＝2

七經樓文鈔六卷　（清）蔣湘南撰　清同治八年(1869)馬氏家塾刻本　四冊

370000－1541－0012773　847.7/526＝3

蔣侑石遺書十六卷　（清）蔣曰豫輯　清光緒三年(1877)蓮池書局刻本　五冊

370000－1541－0012774　847.7/566

學詁齋文集二卷　（清）薛壽撰　清光緒六年(1880)冶城山館刻本　一冊

370000－1541－0012775　847.7/566＝1

學詁齋文集二卷　（清）薛壽撰　清光緒六年(1880)冶城山館刻本　一冊

370000－1541－0012776　847.7/566＝2

學詁齋文集二卷　（清）薛壽撰　清光緒十五年(1889)廣雅書局刻本　一冊

370000－1541－0012777　847.7/566＝3

學詁齋文集二卷　（清）薛壽撰　清光緒十五年(1889)廣雅書局刻本　一冊

370000－1541－0012778　847.7/566＝4

庸盦全集十種　（清）薛福成撰　清光緒刻本　四十冊

370000－1541－0012779　847.7/566＝5

庸盦全集六種　（清）薛福成撰　清光緒二十三年(1897)上海醉六堂石印本　佚名批　十二冊

370000－1541－0012780　847.7/601

樂志堂詩略二卷文略二卷附錄一卷　（清）譚瑩撰　清光緒刻本　二冊

370000－1541－0012781　847.7/606

重桂堂集十一卷　（清）許正綬撰　清光緒十年(1884)刻本　二冊

370000－1541－0012782　847.7/606＝1

重桂堂集十一卷　（清）許正綬撰　清光緒十年(1884)刻本　二冊

370000－1541－0012783　847.7/611

玉井山館文略五卷　（清）許宗衡撰　清同治四年(1865)刻本　二冊

370000－1541－0012784　847.7/611＝1

玉井山館文略五卷　（清）許宗衡撰　清同治四年(1865)刻本　二冊

370000－1541－0012785　847.7/620

餐芍華館遺文三卷　（清）周騰虎撰　清光緒三十一年(1905)長沙刻本　一冊

370000－1541－0012786　847.7/621

會稽山齋全集二十七卷　（清）謝應芝撰　清光緒十四年(1888)陽湖謝紹安刻本　五冊　缺六卷(會稽山齋文七至十二)

370000－1541－0012787　847.7/621＝1

樹經堂文集四卷詩初集十五卷詩續集八卷　（清）謝啟昆撰　清嘉慶七年(1802)刻本　八冊

370000－1541－0012788　847.7/623

轉蕙軒駢文稿一卷　（清）謝質卿撰　清同治十一年(1872)洪洞王軒刻本　二冊

370000－1541－0012789　847.7/641

續東軒遺集四卷　（清）高均儒撰　清光緒七年(1881)刻本　一冊

370000－1541－0012790　847.7/641＝1

續東軒遺集四卷　（清）高均儒撰　清光緒七年(1881)刻本　二冊

370000－1541－0012791　847.7/641＝2

續東軒遺集四卷　（清）高均儒撰　清光緒七

131

年(1881)刻本　三冊

370000－1541－0012792　847.7/659

經德堂文內集四卷外集二卷別集二卷浣月山
房詩集五卷漢南春柳詞鈔一卷 （清）龍啟瑞
撰　**梅神吟館詩草一卷** （清）何慧生撰　**槐**
盧詩學一卷 （清）龍繼棟撰　清光緒四年
(1878)臨桂龍氏刻本　八冊

370000－1541－0012793　847.7/660

汲古錄一卷 （清）龔禮撰　（清）楊玉堂核定
清咸豐五年(1855)刻本　一冊

370000－1541－0012794　847.7/660＝3

龔定盦全集 （清）龔自珍撰　清光緒二十三
年(1897)萬本書堂刻本　六冊

370000－1541－0012795　847.7/684

躬恥齋文鈔二十卷後編六卷 （清）宗稷辰撰
清咸豐六年(1856)越峴山館刻本　十七冊
存二十五卷(躬恥齋文鈔二十卷、後編二至
六)

370000－1541－0012796　847.7/684＝1

躬恥齋詩鈔十四卷後編七卷 （清）宗稷辰撰
清咸豐六年(1856)秋杜軒刻本　八冊

370000－1541－0012797　847.7/719

江忠烈公遺集不分卷 （清）江忠源撰　清光
緒十二年(1886)吳縣行素草堂刻本　五冊

370000－1541－0012798　847.7/719＝1

江忠烈公遺集不分卷 （清）江忠源撰　清光
緒十二年(1886)吳縣行素草堂刻本　六冊

370000－1541－0012799　847.7/720

務時敏齋存稿十卷 （清）洪昌燕撰　清咸豐
稿本　清李壽蓉跋　九冊

370000－1541－0012800　847.7/723

漚羅盦詩稿十六卷文稿一卷 （清）法良撰
清道光二十七年(1847)都門刻咸豐九年
(1859)續刻本　五冊

370000－1541－0012801　847.7/723＝1

漚羅盦文稿一卷 （清）法良撰　清咸豐九年
(1859)刻本　一冊

370000－1541－0012802　847.7/736

寸心知室存稿五種 （清）湯金釗撰　清咸豐
刻本　四冊

370000－1541－0012803　847.7/736＝1

彊識編四卷續一卷 （清）湯金釗撰　清咸豐
十一年(1861)刻本　二冊

370000－1541－0012804　847.7/743

受恒受漸齋集六卷 （清）沈曰富撰　清咸豐
九年(1859)刻本　二冊

370000－1541－0012805　847.7/747

峰抱樓詩四卷雜文一卷楹帖二卷 （清）沈鏗
撰　清光緒三十二年(1906)長沙刻本　二冊

370000－1541－0012806　847.7/747＝1

沈文忠公集十卷自訂年譜一卷 （清）沈兆霖
撰　清同治八年(1869)刻本　四冊

370000－1541－0012807　847.7/750

游定夫先生集六卷首一卷末一卷 （宋）游酢
撰　清同治六年(1867)新化游智開和州官舍
刻本　二冊

370000－1541－0012808　847.7/765

顯志堂稿十二卷 （清）馮桂芬撰　清光緒二
年(1876)校邠廬刻本　六冊

370000－1541－0012809　847.7/765＝1

顯志堂稿十二卷 （清）馮桂芬撰　清光緒二
年(1876)校邠廬刻本　八冊

370000－1541－0012810　847.7/765＝2

顯志堂稿十二卷夢奈詩稿一卷 （清）馮桂芬
撰　清光緒二年(1876)校邠廬刻本　十冊

370000－1541－0012811　847.7/765＝3

顯志堂稿十二卷夢奈詩稿一卷 （清）馮桂芬
撰　清光緒二年(1876)校邠廬刻本　八冊

370000－1541－0012812　847.7/789

有恒心齋駢體文六卷 （清）程鴻詔撰　清同
治十一年(1872)刻本　二冊

370000－1541－0012813　847.7/803

古微堂內集三卷外集七卷 （清）魏源撰　清
光緒四年(1878)淮南書局刻本　四冊

370000 – 1541 – 0012814　847.7/803 = 1

古微堂内集三卷外集七卷　(清)魏源撰　清光緒四年(1878)淮南書局刻本　四冊

370000 – 1541 – 0012815　847.7/803 = 2

魏默深文集内集二卷外集八卷　(清)魏源撰　清宣統元年(1909)國學扶輪社鉛印本　六冊

370000 – 1541 – 0012816　847.7/803 = 3

魏默深文集内集二卷外集八卷　(清)魏源撰　清宣統元年(1909)國學扶輪社鉛印本　六冊

370000 – 1541 – 0012817　847.7/803 = 4

魏默深文集内集二卷外集八卷　(清)魏源撰　清宣統元年(1909)國學扶輪社鉛印本　六冊

370000 – 1541 – 0012818　847.7/808

丹魁堂詩集七卷外集四卷茗韻軒遺詩一卷　(清)季芝昌撰　清同治四年(1865)紫琅寓館刻本　五冊

370000 – 1541 – 0012819　847.7/808 = 1

丹魁堂詩集七卷外集四卷茗韻軒遺詩一卷　(清)季芝昌撰　清同治四年(1865)紫琅寓館刻本　三冊　缺四卷(外集四卷)

370000 – 1541 – 0012820　847.7/813

壯學齋文集十二卷　(清)周樹槐撰　清同治刻本　四冊

370000 – 1541 – 0012821　847.7/820

周犢山稿不分卷　(清)周鎬撰　清同治十三年(1874)四明茹古齋鉛印本　二冊

370000 – 1541 – 0012822　847.7/827 = 1

怡志堂詩初編八卷文初編六卷　(清)朱琦撰　清咸豐七年(1857)刻本　四冊

370000 – 1541 – 0012823　847.7/827 = 3

怡志堂文初編六卷　(清)朱琦撰　清同治七年(1868)刻本　二冊

370000 – 1541 – 0012824　847.7/827 = 4

怡志堂文初編六卷　(清)朱琦撰　清同治七

年(1868)刻本　二冊

370000 – 1541 – 0012825　847.7/832

朱魯存先生遺集十卷　(清)朱道文撰　清末抄本　二冊

370000 – 1541 – 0012826　847.7/834

結一廬遺文二卷　(清)朱學勤撰　清光緒三十四年(1908)刻本　一冊

370000 – 1541 – 0012827　847.7/834 = 1

結一廬遺文二卷　(清)朱學勤撰　清光緒三十四年(1908)刻朱印本　一冊

370000 – 1541 – 0012828　847.7/834 = 2

結一廬遺文二卷　(清)朱學勤撰　清光緒三十四年(1908)刻朱印本　一冊

370000 – 1541 – 0012829　847.7/842

新化鄒氏敦藝齋遺書　(清)鄒漢勛撰　清光緒五年(1879)刻本　八冊

370000 – 1541 – 0012830　847.7/851

通甫類稿四卷續編二卷詩存四卷詩存之餘二卷仲實類稿一卷　(清)魯一同撰　清咸豐九年(1859)刻本　五冊

370000 – 1541 – 0012831　847.7/851 = 1

通甫類稿四卷續編二卷詩存四卷詩存之餘二卷　(清)魯一同撰　清咸豐九年(1859)刻本　四冊

370000 – 1541 – 0012832　847.7/851 = 2

通甫類稿四卷續編二卷詩存四卷詩存之餘二卷　(清)魯一同撰　清咸豐九年(1859)刻本　四冊

370000 – 1541 – 0012833　847.7/851 = 3

通甫類稿四卷　(清)魯一同撰　清咸豐九年(1859)刻本　二冊

370000 – 1541 – 0012834　847.7/885

岇雲樓集　(清)劉存仁撰　清咸豐三年(1853)福州刻本　十冊

370000 – 1541 – 0012835　847.7/888

養晦堂文集十卷詩集二卷　(清)劉蓉撰　清光緒三年(1877)思賢講舍刻本　六冊

370000－1541－0012836　847.7/888＝1

養晦堂文集十卷詩集二卷　（清）劉蓉撰　清光緒三年(1877)思賢講舍刻本　六冊

370000－1541－0012837　847.7/896

悔餘菴文稿七卷詩稿十二卷樂府四卷　（清）何栻撰　清同治四年(1865)鳩江戎幄刻本　八冊

370000－1541－0012838　847.7/896＝1

悔餘菴文稿九卷詩稿十三卷樂府四卷衲蘇集二卷　（清）何栻撰　清同治四年(1865)鳩江戎幄刻本　十冊

370000－1541－0012839　847.7/896＝2

悔餘菴文稿九卷詩稿十三卷樂府四卷衲蘇集二卷　（清）何栻撰　清同治四年(1865)鳩江戎幄刻本　十冊

370000－1541－0012840　847.7/896＝3

悔餘菴文稿九卷詩稿十三卷樂府四卷衲蘇集二卷餘辛集三卷　（清）何栻撰　清同治四年(1865)鳩江戎幄刻本　十二冊

370000－1541－0012841　847.7/899

存誠齋文集十二卷　（清）何日愈撰　清同治五年(1866)皖江藩署刻本　四冊

370000－1541－0012842　847.7/906

梧生文鈔十卷　（清）傅桐撰　清同治三年(1864)刻本　三冊

370000－1541－0012843　847.7/906＝1

梧生詩鈔十卷　（清）傅桐撰　清光緒七年(1881)刻本　三冊

370000－1541－0012844　847.7/915

倭文端公遺書十卷首二卷　（清）倭仁撰　清光緒三年(1877)粵東翰元樓刻本　五冊　存九卷(一至四、六至十)

370000－1541－0012845　847.7/915＝1

倭文端公遺書八卷首二卷末一卷續刊三卷　（清）倭仁撰　清光緒元年(1875)六安求我齋刻本　一冊　存五卷(八、末一卷、續刊三卷)

370000－1541－0012846　847.7/915＝2

370000－1541－0012847　847.7/920

倭文端公遺書十一卷首二卷　（清）倭仁撰　清同治刻本　八冊

370000－1541－0012847　847.7/920

兩彊勉齋文存二卷　（清）倪文蔚撰　清光緒九年(1883)桂林節署刻本　二冊

370000－1541－0012848　847.7/927

樊南文集補編十二卷　（唐）李商隱撰　（清）錢振倫箋　（清）錢振常注　**玉溪生年譜訂誤一卷**　（清）錢振倫撰　清同治五年(1866)望三益齋刻本　四冊

370000－1541－0012849　847.7/927＝1

甘泉鄉人稿二十四卷餘稿二卷　（清）錢泰吉撰　**警石府君年譜一卷**　（清）錢應溥撰　**四水子遺著一卷**　（清）錢友泗撰　**邠農偶吟稿一卷**　（清）錢炳森撰　清光緒十一年(1885)嘉興錢氏刻本　七冊

370000－1541－0012850　847.7/927＝2

甘泉鄉人稿二十四卷餘稿二卷　（清）錢泰吉撰　**警石府君年譜一卷**　（清）錢應溥撰　**邠農偶吟稿一卷**　（清）錢炳森撰　清光緒十一年(1885)嘉興錢氏刻本　六冊

370000－1541－0012851　847.7/927＝3

甘泉鄉人稿二十四卷　（清）錢泰吉撰　**警石府君年譜一卷**　（清）錢應溥撰　**邠農偶吟稿一卷**　（清）錢炳森撰　清同治十一年(1872)嘉興錢氏刻本　六冊

370000－1541－0012852　847.7/927＝4

示樸齋駢文六卷　（清）錢振倫撰　清同治六年(1867)袁浦崇實書院刻本　一冊

370000－1541－0012853　847.7/927＝5

示樸齋駢文六卷　（清）錢振倫撰　清同治六年(1867)袁浦崇實書院刻本　一冊

370000－1541－0012854　847.7/930

錢敏肅公奏疏七卷　（清）錢鼎銘撰　**壬癸志稿二十八卷**　（清）錢寶琛輯　清光緒四年(1878)存素堂刻本　八冊

370000－1541－0012855　847.7/932

存素堂文稿四卷補遺一卷詩稿十三卷 （清）
錢寶琛撰 清同治七年至九年(1868－1870)
刻本 三冊 缺八卷(詩稿六至十三)

370000－1541－0012856 847.7/932＝1
存素堂文稿四卷補遺一卷 （清）錢寶琛撰
清同治九年(1870)刻本 二冊

370000－1541－0012857 847.7/932＝2
存素堂文稿四卷補遺一卷詩稿十四卷存素堂
集續編四卷頤壽老人年譜二卷 （清）錢寶琛
撰 清同治七年(1868)刻光緒補刻本 九冊

370000－1541－0012858 847.7/940
貽思齋爐餘稿二卷爐後錄二卷 （清）饒拱辰
撰 清光緒十年(1884)福州刻本 二冊

370000－1541－0012859 847.7/946
未灰齋文集八卷 （清）徐鼒撰 清咸豐福寧
郡齋刻本 三冊

370000－1541－0012860 847.7/949
烟嶼樓文集四十卷 （清）徐時棟撰 清光緒
元年(1875)葛氏松竹居刻本 八冊

370000－1541－0012861 847.7/949＝1
烟嶼樓文集四十卷 （清）徐時棟撰 清光緒
元年(1875)葛氏松竹居刻本 八冊

370000－1541－0012862 847.7/951
斯未信齋文編二十六卷 （清）徐宗幹撰 清
咸豐刻本 二冊 存四卷(藝文一至四)

370000－1541－0012863 847.7/953
靈素堂駢體文一卷詩鈔四卷 （清）徐錦撰
清光緒十二年(1886)刻本 一冊

370000－1541－0012864 847.7/959＝2
孟晉齋文集五卷周列士傳一卷 （清）顧壽楨
撰 清同治五年(1866)見素抱樸齋刻本 四
冊

370000－1541－0012865 847.7/964
悔過齋文集七卷劄記一卷續集七卷補遺一卷
（清）顧廣譽撰 清光緒刻本 四冊

370000－1541－0012866 847.7/966
樂餘靜廉齋文稿一卷 （清）顧復初撰 清同

治六年(1867)成都刻本 一冊

370000－1541－0012867 847.7/982/1
曾文正公奏稿三十卷首一卷 （清）曾國藩撰
清光緒二年(1876)傳忠書局刻本 三十冊
缺一卷(十五)

370000－1541－0012868 847.7/982/11
曾文正公詩集三卷 （清）曾國藩撰 清光緒
二年(1876)傳忠書局刻本 一冊

370000－1541－0012869 847.7/982/12
曾文正公文集三卷 （清）曾國藩撰 清光緒
二年(1876)傳忠書局刻本 三冊

370000－1541－0012870 847.7/982/13
曾文正公文集三卷 （清）曾國藩撰 清光緒
二年(1876)傳忠書局刻本 三冊

370000－1541－0012871 847.7/982/14
曾文正公雜著四卷 （清）曾國藩撰 清同治
十三年(1874)傳忠書局刻本 二冊

370000－1541－0012872 847.7/982/15
曾文正公雜著四卷 （清）曾國藩撰 清光緒
二年(1876)傳忠書局刻本 二冊 存二卷
(一至二)

370000－1541－0012873 847.7/982/16
求闕齋讀書錄十卷 （清）曾國藩撰 （清）王
啟原輯 清光緒二年(1876)傳忠書局刻本
四冊

370000－1541－0012874 847.7/982/17
求闕齋讀書錄十卷 （清）曾國藩撰 （清）王
啟原輯 清光緒二年(1876)傳忠書局刻本
三冊 缺二卷(一至二)

370000－1541－0012875 847.7/982/18
求闕齋讀書錄十卷 （清）曾國藩撰 （清）王
啟原輯 清光緒二年(1876)傳忠書局刻本
二冊 存四卷(四至七)

370000－1541－0012876 847.7/982/19
求闕齋日記類鈔二卷 （清）曾國藩撰 （清）
王啟原輯 清光緒二年(1876)傳忠書局刻本
二冊

135

370000 – 1541 – 0012877　847.7/982/2

曾文正公奏稿三十六卷首一卷　（清）曾國藩撰　清光緒二年(1876)傳忠書局刻本　三十冊

370000 – 1541 – 0012878　847.7/982/20

求闕齋日記類鈔二卷　（清）曾國藩撰　（清）王啟原輯　清光緒二年(1876)傳忠書局刻本　二冊

370000 – 1541 – 0012879　847.7/982/21

曾文正公[國藩]年譜十二卷　（清）黎庶昌編　清光緒二年(1876)傳忠書局刻本　四冊

370000 – 1541 – 0012880　847.7/982/22

曾文正公[國藩]年譜十二卷　（清）黎庶昌編　清光緒二年(1876)傳忠書局刻本　四冊

370000 – 1541 – 0012881　847.7/982/23

曾文正公[國藩]年譜十二卷　（清）黎庶昌編　清光緒二年(1876)傳忠書局刻本　四冊

370000 – 1541 – 0012882　847.7/982/3

曾文正公奏稿三十六卷首一卷　（清）曾國藩撰　清光緒二年(1876)傳忠書局刻本　十冊　存十二卷(一、三、十八至二十七)

370000 – 1541 – 0012883　847.7/982/4

十八家詩鈔二十八卷　（清）曾國藩輯　（清）李鴻章審訂　清同治十三年(1874)傳忠書局刻本　三冊　存三卷(十八至二十)

370000 – 1541 – 0012884　847.7/982/5

經史百家雜鈔二十六卷　（清）曾國藩纂　(清)李瀚章輯　清光緒二年(1876)傳忠書局刻本　五冊　存六卷(二、四至七、十)

370000 – 1541 – 0012885　847.7/982/6

曾文正公書札三十三卷　（清）曾國藩撰　清光緒二年(1876)傳忠書局刻本　十一冊　缺十一卷(二十一至三十一)

370000 – 1541 – 0012886　847.7/982/7

曾文正公書札三十三卷　（清）曾國藩撰　清光緒二年(1876)傳忠書局刻本　四冊　存八卷(一至四、九至十二)

370000 – 1541 – 0012887　847.7/982/9

曾文正公批牘六卷　（清）曾國藩撰　清光緒二年(1876)傳忠書局刻本　六冊

370000 – 1541 – 0012888　847.7/982 – 3

曾文正公文鈔四卷　（清）曾國藩撰　清同治十一年(1872)刻本　四冊

370000 – 1541 – 0012889　847.7/994

石甫文鈔三卷　（清）姚瑩撰　清嘉慶刻本　四冊

370000 – 1541 – 0012890　847.7/994 = 1

中復堂全集　（清）姚瑩撰　清道光十三年(1833)刻本　二十八冊

370000 – 1541 – 0012891　847.7/994 = 3

復莊駢儷文榷八卷二編八卷　（清）姚燮撰　清咸豐四年(1854)大梅山館刻本　七冊

370000 – 1541 – 0012892　847.71/329

邵子湘全集三十卷　（清）邵長蘅撰　清康熙三十二年(1693)青門草堂刻本　六冊　存十六卷(青門簏稿詩文一至十六)

370000 – 1541 – 0012893　847.72/641

清吟堂集九卷扈從東巡日錄二卷附錄一卷扈從西巡日錄一卷　（清）高士奇撰　清康熙刻本　二冊

370000 – 1541 – 0012894　847.76/377

東觀存稿一卷　（清）陳壽祺撰　清刻本　一冊

370000 – 1541 – 0012895　847.76/525

蒿庵遺集十二卷　（清）莊棫撰　清光緒十二年(1886)錢塘許氏刻本　二冊

370000 – 1541 – 0012896　847.76/784

青溪文集續編八卷　（清）程廷祚撰　清道光十八年(1838)東山草堂刻本　二冊

370000 – 1541 – 0012897　847.77/117

王文肅公遺文一卷　（清）王安國撰　清光緒二十七年(1901)刻本　一冊

370000 – 1541 – 0012898　847.77/273

尚志居集八卷補遺一卷讀書記四卷　（清）楊

德亨撰　清光緒八年(1882)刻本　四冊

370000－1541－0012899　847.77/392

懷白軒詩鈔十卷詞鈔二卷　(清)陸初望撰
清同治五年(1866)皖城刻本　四冊

370000－1541－0012900　847.8/102

劍虹居文集二卷詩集二卷　(清)秦煥文撰
清光緒三十一年(1905)刻本　四冊

370000－1541－0012901　847.8/102＝1

南岡草堂文存二卷詩選二卷　(清)秦際唐撰
清光緒二十七年(1901)刻本　四冊

370000－1541－0012902　847.8/103

澂霞閣詩略一卷日記一卷　(清)武謙撰　清
光緒抄本　二冊

370000－1541－0012903　847.8/103＝1

賜慶堂文稿一卷　(清)武震撰　清宣統元年
(1909)武福恭刻本　一冊

370000－1541－0012904　847.8/112＝1

問青園集十二種十三卷　(清)王晉之撰　清
光緒刻本　四冊

370000－1541－0012905　847.8/117＝1

縵雅堂駢體文四卷　(清)王詒壽撰　清光緒
六年(1880)娛園刻本　一冊

370000－1541－0012906　847.8/117＝2

函雅堂集四十卷　(清)王詠霓撰　清光緒十
五年(1889)刻本　十冊

370000－1541－0012907　847.8/119

止軒散體文鈔□卷　(清)王繼香撰　清光緒
三十年(1904)黃格稿本　一冊　存一卷(一)

370000－1541－0012908　847.8/146＝1

復盦文集三卷　曹允源撰　清光緒三十年
(1904)青州刻本　六冊

370000－1541－0012909　847.8/169

存齋古文一卷　(清)黃懷孝撰　**傳忠堂學古
文一卷**　(清)周星詧撰　清光緒十四年
(1888)江陰金氏刻粟香室叢書本　一冊

370000－1541－0012910　847.8/188

銅井山房類稿二卷　(清)袁蘭升撰　清光緒
二十一年(1895)刻本　一冊

370000－1541－0012911　847.8/196

豹隱堂集不分卷　(清)趙蓮成撰　清杏華村
舍刻本　二冊

370000－1541－0012912　847.8/199

青草堂集十二卷二集十六卷三集十六卷
(清)趙國華撰　清同治十一年至光緒十八年
(1872－1892)趙國華濟南刻本　十五冊

370000－1541－0012913　847.8/199＝1

青草堂集十二卷二集十六卷三集十六卷
(清)趙國華撰　清同治十一年至光緒十八年
(1872－1892)趙國華濟南刻本　十五冊

370000－1541－0012914　847.8/199＝2

青草堂集十二卷二集十六卷三集十六卷
(清)趙國華撰　清同治十一年至光緒十八年
(1872－1892)趙國華濟南刻本　六冊　存十
六卷(二集十六卷)

370000－1541－0012915　847.8/203

敘異齋文草三卷　趙衡撰　清光緒三十四年
(1908)北新書局鉛印本　二冊

370000－1541－0012916　847.8/209

漱六山房文集十二卷詩集十三卷　(清)郝植
恭撰　清光緒四年(1878)刻本　十冊

370000－1541－0012917　847.8/212

瑞芝山房詩鈔八卷文鈔八卷　(清)戴燮元輯
清光緒元年(1875)廣陵刻本　十冊

370000－1541－0012918　847.8/217

玉津閣文略九卷　胡薇元撰　清光緒十四年
(1888)刻本　二冊

370000－1541－0012919　847.8/221

問湘樓駢文初稿四卷　(清)胡念修撰　清光
緒二十四年(1898)杭州刻鵠齋刻本　二冊

370000－1541－0012920　847.8/266

古禪子詩鈔一卷　(清)楊成炆撰　**半軸短籍
集二卷**　(清)楊成雯撰　清光緒二十三年
(1897)竹壽堂刻本　一冊

370000－1541－0012921　847.8/266＝1

枉川全集六種三十一卷　（清）楊琪光撰　清光緒武陵楊氏刻本　二十二冊

370000－1541－0012922　847.8/269＝1

蘇盦集十六卷　（清）楊葆光撰　清光緒九年（1883）杭州刻本　五冊

370000－1541－0012923　847.8/269＝2

蘇盦集十六卷　（清）楊葆光撰　清光緒九年（1883）杭州刻本　五冊

370000－1541－0012924　847.8/269＝3

蘇盦集十六卷　（清）楊葆光撰　清光緒九年（1883）杭州刻本　五冊

370000－1541－0012925　847.8/281

蘧盦文鈔不分卷　（清）柳商賢撰　清光緒刻本　二冊

370000－1541－0012926　847.8/281＝1

食古齋詩錄四卷詩餘一卷文錄一卷　（清）柳以蕃撰　清光緒十八年（1892）刻本　四冊

370000－1541－0012927　847.8/281＝2

食古齋詩錄四卷詩餘一卷文錄一卷　（清）柳以蕃撰　清光緒十八年（1892）刻本　四冊

370000－1541－0012928　847.8/283

樊山集二十八卷續集二十八卷樊山公牘三卷樊山批判十四卷樊山時文一卷　樊增祥撰　二家詠古詩一卷二家詞鈔五卷　樊增祥輯　清光緒刻本　二十四冊

370000－1541－0012929　847.8/283＝1

樊山集二十八卷續集二十八卷樊山公牘三卷樊山批判十四卷樊山時文一卷　樊增祥撰　二家詠古詩一卷二家詞鈔五卷　樊增祥輯　清光緒刻本　二十冊　缺九卷（樊山批判七至十四、樊山時文一卷）

370000－1541－0012930　847.8/285

好雲樓初集二十八卷首一卷　（清）李聯琇撰　清咸豐十一年（1861）恩養堂刻本　八冊

370000－1541－0012931　847.8/285＝1

好雲樓初集二十八卷首一卷　（清）李聯琇撰　清咸豐十一年（1861）恩養堂刻本　八冊

370000－1541－0012932　847.8/285＝2

天岳山館文鈔四十卷　（清）李元度撰　清光緒六年（1880）刻爽谿精舍藏書本　二冊　存五卷（一至三、九至十）

370000－1541－0012933　847.8/285＝3

天岳山館文鈔四十卷　（清）李元度撰　清光緒六年（1880）刻爽谿精舍藏書本　六冊

370000－1541－0012934　847.8/285＝4

畹蘭齋文集四卷　（清）李楨撰　清光緒十八年（1892）刻本　二冊

370000－1541－0012935　847.8/285＝5

求志居存稿六卷　（清）李再榮撰　清光緒十四年（1888）廣州粵華公司鉛印本　一冊

370000－1541－0012936　847.8/285＝6

江上草堂前稿四卷代耕堂中稿二十三卷　（清）李嘉績撰　清光緒二十六年（1900）李氏少崒山堂刻本　六冊

370000－1541－0012937　847.8/288＝1

湖唐林館駢體文二卷　（清）李慈銘撰　清光緒十年（1884）刻本　一冊

370000－1541－0012938　847.8/288＝2

越縵堂駢體文四卷散體文一卷　（清）李慈銘撰　清光緒二十三年（1897）刻虛霺居叢書本　四冊

370000－1541－0012939　847.8/288＝3

訥盦駢體文存二卷　（清）李恩綬撰　清光緒二十四年（1898）冬心書屋刻本　二冊

370000－1541－0012940　847.8/292

慎言齋文鈔一卷　（清）李毓林撰　清光緒二十五年（1899）刻本　一冊

370000－1541－0012941　847.8/306＝1

知退齋稿七卷　（清）張瑛撰　清光緒二十四年（1898）刻本　三冊

370000－1541－0012942　847.8/306＝2

海民遺集二卷　（清）張培堉撰　清光緒十九年（1893）刻本　一冊

370000 – 1541 – 0012943　847.8/306＝3

養餘外集一卷　（清）張大昌撰　清光緒刻本
一冊

370000 – 1541 – 0012944　847.8/309＝1

仰蕭樓文集一卷　（清）張星鑑撰　清光緒六
年(1880)中州陳倬刻本　一冊

370000 – 1541 – 0012945　847.8/309＝2

仰蕭樓文集一卷　（清）張星鑑撰　清光緒六
年(1880)中州陳倬刻本　一冊

370000 – 1541 – 0012946　847.8/309＝3

無爲齋文集十二卷續集六卷　（清）張昭潛撰
清光緒郭恩孚刻果園刊書本　四冊

370000 – 1541 – 0012947　847.8/309＝4

無爲齋文集十二卷　（清）張昭潛撰　清光緒
郭恩孚刻果園刊書本　四冊

370000 – 1541 – 0012948　847.8/309＝5

無爲齋遺集二卷　（清）張昭潛撰　清光緒三
十四年(1908)郭恩孚刻本　一冊

370000 – 1541 – 0012949　847.8/309＝6

**寒松閣詩八卷詞四卷駢體文一卷續一卷疑年
賡錄二卷**　（清）張鳴珂撰　清光緒刻本　五
冊

370000 – 1541 – 0012950　847.8/309＝7

寒松閣詩八卷詞四卷駢體文一卷續一卷
（清）張鳴珂撰　清光緒刻本　四冊

370000 – 1541 – 0012951　847.8/309＝8

寒松閣詩八卷詞四卷駢體文一卷　（清）張鳴
珂撰　清光緒刻本　二冊　存八卷(寒松閣
詩一至四、詞一至三、駢體文一卷)

370000 – 1541 – 0012952　847.8/311

南學課卷一卷　（清）張善長撰　清抄本　一
冊

370000 – 1541 – 0012953　847.8/311＝1

濂亭文集八卷遺文五卷遺詩一卷　（清）張裕
釗撰　清光緒八年(1882)蘇州查氏木漸齋刻
本　四冊

370000 – 1541 – 0012954　847.8/311＝2

濂亭文集八卷　（清）張裕釗撰　清光緒八年
(1882)蘇州查氏木漸齋刻本　二冊

370000 – 1541 – 0012955　847.8/311＝3

濂亭文集八卷　（清）張裕釗撰　清光緒八年
(1882)蘇州查氏木漸齋刻本　二冊

370000 – 1541 – 0012956　847.8/311＝4

濂亭文集八卷　（清）張裕釗撰　清光緒八年
(1882)蘇州查氏木漸齋刻本　二冊

370000 – 1541 – 0012957　847.8/311＝5

濂亭遺文五卷遺詩一卷　（清）張裕釗撰　清
光緒二十一年(1895)遵義黎氏刻本　二冊

370000 – 1541 – 0012958　847.8/311＝6

濂亭遺文五卷　（清）張裕釗撰　清光緒二十
一年(1895)遵義黎氏刻本　一冊

370000 – 1541 – 0012959　847.8/311＝7

張廉卿先生文集八卷　（清）張裕釗撰　清宣
統元年(1909)五色古文山房刻本　四冊

370000 – 1541 – 0012960　847.8/311＝8

舒藝室雜著甲編二卷乙編二卷　（清）張文虎
撰　清光緒刻本　三冊

370000 – 1541 – 0012961　847.8/313

黃勉齋先生文集八卷　（宋）黃榦撰　（清）張
伯行輯　清康熙四十八年(1709)榕城張氏正
誼堂刻本　四冊

370000 – 1541 – 0012962　847.8/324

**抱膝山房古近體詩一卷古近體詩稿一卷江東
詞稿一卷抱膝山房駢體文一卷**　（清）尹恭保
撰　清光緒刻本　四冊

370000 – 1541 – 0012963　847.8/329

艾廬遺稿六卷　（清）邵曾鑑撰　清光緒二十
三年(1897)刻本　二冊

370000 – 1541 – 0012964　847.8/340

意園文略二卷　（清）盛昱撰　楊鍾羲編　清
宣統二年(1910)刻朱印本　一冊

370000 – 1541 – 0012965　847.8/342

三借廬贅譚十二卷　鄒弢纂　清光緒十一年
(1885)上海申報館鉛印本　六冊

370000 – 1541 – 0012966　847.8/352

慎盦文鈔二卷詩鈔二卷　（清）左宗植撰　清光緒元年(1875)刻本　四冊

370000 – 1541 – 0012967　847.8/352 = 1

慎盦文鈔二卷　（清）左宗植撰　清光緒元年(1875)刻本　二冊

370000 – 1541 – 0012968　847.8/352 = 3

左文襄公詩集一卷文集五卷　（清）左宗棠撰　清宣統元年(1909)蘇城毛上珍鉛印本　二冊

370000 – 1541 – 0012969　847.8/352 = 4

盾鼻餘瀋一卷　（清）左宗棠撰　清光緒七年(1881)刻本　佚名批　一冊

370000 – 1541 – 0012970　847.8/352 = 5

左文襄公全集　（清）左宗棠撰　清光緒十六年(1890)刻本　一百三十六冊

370000 – 1541 – 0012971　847.8/352 = 6

恪靖侯盾鼻餘瀋一卷　（清）左宗棠撰　清光緒十三年(1887)長沙柳葆元、易策謙刻本　一冊

370000 – 1541 – 0012972　847.8/359

誰與庵文鈔二卷　（清）孫世均撰　清光緒十五年(1889)歸安孫氏守恒堂刻本　一冊

370000 – 1541 – 0012973　847.8/359 = 1

四六叢話三十三卷選詩叢話一卷　（清）孫梅輯　清光緒七年(1881)嶺南許應鑅吳下刻本　十二冊

370000 – 1541 – 0012974　847.8/362 = 1

師鄭堂集六卷　孫雄撰　清光緒十七年(1891)無錫文苑閣木活字印本　四冊

370000 – 1541 – 0012975　847.8/362 = 2

鄭齋類稿一卷　孫雄撰　清光緒石印本　一冊

370000 – 1541 – 0012976　847.8/364 = 1

之遊唾餘錄二卷不夜書屋試律偶存一卷　（清）孫福海撰　清光緒十六年(1890)刻本　一冊

370000 – 1541 – 0012977　847.8/364 = 2

遜學齋文鈔十二卷首一卷末一卷文續鈔五卷詩鈔十卷詩續鈔五卷　（清）孫衣言撰　清同治十二年(1873)刻本　十冊

370000 – 1541 – 0012978　847.8/364 = 3

遜學齋文鈔十二卷首一卷末一卷文續鈔五卷詩鈔十卷詩續鈔五卷　（清）孫衣言撰　清同治十二年(1873)刻本　十冊

370000 – 1541 – 0012979　847.8/366

寄龕文存四卷　（清）孫德祖撰　清光緒十年(1884)刻本　四冊

370000 – 1541 – 0012980　847.8/366 = 1

寄龕詞四卷　（清）孫德祖撰　清同治九年(1870)刻本　一冊

370000 – 1541 – 0012981　847.8/372

扁善齋文存二卷　（清）鄧嘉緝撰　清光緒二十七年(1901)刻本　二冊

370000 – 1541 – 0012982　847.8/372 = 1

扁善齋文存二卷　（清）鄧嘉緝撰　清光緒二十七年(1901)刻本　二冊

370000 – 1541 – 0012983　847.8/373

師伏堂駢文一卷　（清）皮錫瑞撰　清光緒二十一年(1895)師伏堂刻本　一冊

370000 – 1541 – 0012984　847.8/377

後樂堂文鈔續編九卷　（清）陳玉澍撰　清光緒二十七年(1901)鉛印本　六冊

370000 – 1541 – 0012985　847.8/382

小迦陵館文集一卷　（清）陳寶撰　清宣統二年(1910)浙江官報兼印刷局鉛印本　一冊

370000 – 1541 – 0012986　847.8/382 = 1

東塾集六卷　（清）陳澧撰　清光緒十八年(1892)菊坡精舍刻本　三冊

370000 – 1541 – 0012987　847.8/382 = 2

東塾集六卷　（清）陳澧撰　清光緒十八年(1892)菊坡精舍刻本　二冊

370000 – 1541 – 0012988　847.8/382 = 3

東塾集六卷　（清）陳澧撰　清光緒十八年

(1892)菊坡精舍刻本　二冊

370000－1541－0012989　847.8/382＝4

東塾集六卷　（清）陳澧撰　清光緒十八年
(1892)菊坡精舍刻本　二冊

370000－1541－0012990　847.8/382＝5

東塾集六卷申范一卷　（清）陳澧撰　清光緒
十八年(1892)菊坡精舍刻本　四冊

370000－1541－0012991　847.8/382＝6

心潛書屋遺稿不分卷　（清）陳亮疇撰　清光
緒三十二年(1906)杭州刻本　一冊

370000－1541－0012992　847.8/384

袌碧齋詩五卷詞一卷襍文一卷　（清）陳銳撰
清光緒三十一年(1905)揚州刻本　二冊

370000－1541－0012993　847.8/392

儀顧堂集十六卷　（清）陸心源撰　清同治十
三年(1874)福州刻本　六冊

370000－1541－0012994　847.8/392＝2

儀顧堂集二十卷　（清）陸心源撰　清光緒二
十四年(1898)刻本　八冊

370000－1541－0012995　847.8/392＝3

儀顧堂集十二卷　（清）陸心源撰　清刻存齋
陸氏所著書本　四冊

370000－1541－0012996　847.8/418

馬中丞遺集六種　（清）馬丕瑤撰　清光緒二
十四年(1898)安陽馬氏家廟刻本　九冊

370000－1541－0012997　847.8/433＝2

遜齋文集十二卷　（清）吳承志撰　清稿本
十一冊

370000－1541－0012998　847.8/433＝3

墨井集五卷　（清）吳歷撰　清宣統元年
(1909)上海徐家匯土山灣印書館鉛印本　一
冊

370000－1541－0012999　847.8/433＝4

攜雪堂文集四卷　（清）吳可讀撰　（清）楊慶
生箋注　清光緒二十六年(1900)浙江書局刻
本　四冊

370000－1541－0013000　847.8/436

漱六山房全集十一卷　（清）吳昆田撰　清光
緒吳氏刻本　六冊

370000－1541－0013001　847.8/436＝1

漱六山房全集十一卷　（清）吳昆田撰　清光
緒吳氏刻本　六冊

370000－1541－0013002　847.8/438

桐城吳先生文集四卷詩集一卷　（清）吳汝綸
撰　清光緒三十年(1904)刻桐城吳先生全書
本　四冊

370000－1541－0013003　847.8/438＝1

桐城吳先生文集四卷　（清）吳汝綸撰　清光
緒三十年(1904)刻桐城吳先生全書本　四冊

370000－1541－0013004　847.8/438＝2

吳摯甫文集四卷　（清）吳汝綸撰　清宣統元
年(1909)上海國學扶輪社石印本　五冊

370000－1541－0013005　847.8/438＝3

鐵花山館詩稿八卷求志齋時文一卷紅薔吟館
詩稿一卷鐵花山館試帖一卷　（清）吳兆麟撰
清光緒六年(1880)刻本　七冊

370000－1541－0013006　847.8/438＝4

遯庵集一卷　（清）吳翊寅撰　清刻本　一冊

370000－1541－0013007　847.8/502

荔雨軒文集六卷詩集三卷　（清）華翼綸撰
清光緒九年(1883)梁溪華氏刻本　三冊

370000－1541－0013008　847.8/502＝1

荔雨軒文集六卷　（清）華翼綸撰　清光緒九
年(1883)梁溪華氏刻本　二冊

370000－1541－0013009　847.8/502＝2

行素軒文存一卷詩存一卷　（清）華蘅芳撰
清刻本　一冊

370000－1541－0013010　847.8/504

歸盦文稿八卷詩稿三卷　（清）葉裕仁撰　清
光緒八年(1882)刻本　五冊

370000－1541－0013011　847.8/504＝1

歸盦文稿八卷詩稿三卷　（清）葉裕仁撰　清
光緒八年(1882)刻本　五冊

370000－1541－0013012　847.8/504＝2

歸盦文稿八卷　（清）葉裕仁撰　清光緒八年（1882）刻本　四冊

370000－1541－0013013　847.8/517

也是集一卷　（清）英華撰　清光緒三十三年（1907）天津大公報館鉛印本　一冊

370000－1541－0013014　847.8/517＝1

也是集續編一卷　（清）英華撰　清宣統二年（1910）天津大公報館鉛印本　一冊

370000－1541－0013015　847.8/526

友竹草堂文集五卷　（清）蔣慶第撰　清光緒十九年（1893）刻本　四冊

370000－1541－0013016　847.8/526＝1

友竹草堂詩二卷文集一卷　（清）蔣慶第撰　清刻本　二冊

370000－1541－0013017　847.8/526＝2

友竹草堂文集一卷　（清）蔣慶第撰　清刻本　一冊

370000－1541－0013018　847.8/530

退思文存一卷詩存四卷　（清）范志熙撰　清光緒十四年（1888）木犀香館刻本　三冊

370000－1541－0013019　847.8/545

正誼堂文集二十四卷　（清）董沛撰　清光緒二十七年（1901）刻本　六冊

370000－1541－0013020　847.8/552

八指頭陀詩集十卷詞附存一卷詩集補遺一卷詩集述一卷雜文一卷　（清）釋敬安撰　清光緒十四年至二十四年（1888－1898）陳三立、葉德輝刻本　二冊

370000－1541－0013021　847.8/566

庸庵文外編四卷　（清）薛福成撰　清光緒十九年（1893）刻本　四冊

370000－1541－0013022　847.8/566＝1

薛仁齋先生遺集八卷附錄一卷　（清）薛于瑛撰　清光緒十四年（1888）刻本　八冊

370000－1541－0013023　847.8/571

青萍軒文錄二卷詩錄一卷　（清）薛福保撰　清光緒八年（1882）刻本　一冊

370000－1541－0013024　847.8/594

潛莊文鈔六卷　（清）卜起元撰　清光緒五年（1879）甬江刻本　一冊

370000－1541－0013025　847.8/601

復堂類集文四卷詩九卷詞二卷　（清）譚獻撰　清光緒十一年（1885）刻本　四冊

370000－1541－0013026　847.8/601＝1

復堂類集文四卷詩九卷詞二卷　（清）譚獻撰　清光緒十一年（1885）刻本　四冊

370000－1541－0013027　847.8/601＝2

復堂類集文四卷詩九卷詞二卷日記六卷　（清）譚獻撰　清光緒十一年至十三年（1885－1887）刻本　六冊

370000－1541－0013028　847.8/601＝3

復堂類集文四卷詩十一卷詞二卷日記八卷　（清）譚獻撰　清光緒刻半厂叢書初編本　八冊

370000－1541－0013029　847.8/601＝4

東海賽冥氏三十以前舊學四種　（清）譚嗣同撰　清光緒二十三年（1897）金陵刻本　一冊　缺一種二卷（石菊影廬筆識二卷）

370000－1541－0013030　847.8/601＝5

東海賽冥氏三十以前舊學四種　（清）譚嗣同撰　清光緒二十八年（1902）石印本　四冊

370000－1541－0013031　847.8/601＝6

東海賽冥氏三十以前舊學四種　（清）譚嗣同撰　清光緒二十八年（1902）石印本　一冊　存二種四卷（寥天一閣文二卷、莽蒼蒼齋詩二卷）

370000－1541－0013032　847.8/603

杏廬文鈔八卷　（清）諸福坤撰　清光緒二十七年（1901）刻本　三冊

370000－1541－0013033　847.8/613

許松滬先生全集四十三卷首一卷末一卷　（清）許錫祺撰　（清）戴承澍編　清光緒十七年（1891）刻本　八冊

370000－1541－0013034　847.8/613 = 1

容菴遺文鈔一卷存稿鈔一卷　（明）許令瑜撰

止谿文鈔一卷詩集鈔一卷　（清）朱嘉徵撰
清光緒十三年(1887)海昌羊氏傳卷樓粵東
刻本　一冊

370000－1541－0013035　847.8/621

課餘續錄五卷　（清）謝章鋌撰　清光緒二十
六年(1900)福州吳玉田刻賭棋山莊叢書本
三冊

370000－1541－0013036　847.8/621 = 2

賭棋山莊集四種　（清）謝章鋌撰　清光緒十
年(1884)南昌弢盒刻本　蘇南批點　六冊

370000－1541－0013037　847.8/627

柏堂集前編十四卷次編十三卷續編二十二卷
後編二十二卷　（清）方宗誠撰　清光緒六年
至七年(1880－1881)刻本　十六冊

370000－1541－0013038　847.8/627 = 1

柏堂集前編十四卷次編十三卷續編二十二卷
後編二十二卷　（清）方宗誠撰　清光緒六年
至七年(1880－1881)刻本　十四冊　缺十三
卷(次編十三卷)

370000－1541－0013039　847.8/628

澤雅堂文集八卷　（清）施補華撰　清光緒十
九年(1893)刻本　二冊

370000－1541－0013040　847.8/633

養知書屋遺集三種　（清）郭嵩燾撰　清光緒
十八年(1892)刻本　二十八冊

370000－1541－0013041　847.8/633 = 1

養知書屋遺集三種　（清）郭嵩燾撰　清光緒
十八年(1892)刻本　二十八冊

370000－1541－0013042　847.8/633 = 2

郭明經遺集四卷　（清）郭志正撰　清光緒三
十三年(1907)王允猷刻本　二冊

370000－1541－0013043　847.8/641

經進文稿六卷　（清）高士奇撰　清康熙朗潤
堂刻本　一冊

370000－1541－0013044　847.8/646

高陶堂遺集　（清）高心夔撰　清光緒八年
(1882)平湖朱氏經注經齋刻本　四冊

370000－1541－0013045　847.8/648

湘槐宧遺稿二卷　（清）高銘彤撰　清光緒十
一年(1885)資中刻本　一冊

370000－1541－0013046　847.8/648 = 1

湧翠山房文集四卷詩集四卷　（清）高延第撰
清光緒十四年(1888)刻本　四冊

370000－1541－0013047　847.8/658 = 2

望雲館文稿一卷詩稿一卷　（清）章鋆撰
（清）章鏊編　清光緒十四年(1888)刻本　一
冊

370000－1541－0013048　847.8/658 = 3

竹石居文草四卷詩草四卷詞草一卷川雲集一
卷　（清）童華撰　清刻本　四冊

370000－1541－0013049　847.8/667

覺顛冥齋內言四卷　（清）唐才常撰　清光緒
二十四年(1898)長沙刻本　四冊

370000－1541－0013050　847.8/675

樂道堂全集三種十六卷　（清）奕訢撰　清同
治六年(1867)北京恭王府刻本　十六冊

370000－1541－0013051　847.8/675 = 1

樂道堂全集三種十六卷　（清）奕訢撰　清同
治六年(1867)北京恭王府刻本　十六冊

370000－1541－0013052　847.8/675 = 2

萃錦唫十八卷首二卷　（清）奕訢撰　清光緒
十一年(1885)北京恭王府刻本　二十冊

370000－1541－0013053　847.8/675 = 3

萃錦唫十八卷首二卷　（清）奕訢撰　清光緒
十一年(1885)北京恭王府刻本　二十冊

370000－1541－0013054　847.8/680

訒齋文鈔二卷詩鈔一卷　（清）褚維垕撰　清
光緒二十七年(1901)刻本　二冊

370000－1541－0013055　847.8/680 = 1

田硯齋文集二卷　（清）褚榮槐撰　（清）褚元
升編　清光緒七年(1881)刻本　一冊

370000－1541－0013056　　847.8/680＝2

田硯齋文集二卷　（清）褚榮槐撰　（清）褚元升編　清光緒七年(1881)刻本　一冊

370000－1541－0013057　　847.8/688

莘齋文鈔四卷詩鈔七卷詩餘一卷播變紀略一卷　（清）宦懋庸撰　清光緒二十年(1894)川東道署刻本　三冊

370000－1541－0013058　　847.8/695

問琴閣文錄二卷詩錄一卷詞一卷三唐詩品三卷　宋育仁撰　清光緒考雋堂刻本　一冊

370000－1541－0013059　　847.8/702

寄龕甲志四卷乙志四卷丙志四卷　（清）孫德祖撰　清光緒二十年(1894)刻本　三冊

370000－1541－0013060　　847.8/705

藕香館文錄一卷　（清）竇鎮山撰　清光緒三十年(1904)刻本　一冊

370000－1541－0013061　　847.8/707

汪梅村先生集十二卷外集一卷悔翁詩鈔十五卷補遺一卷詩餘五卷筆記六卷　（清）汪士鐸撰　清光緒七年至九年(1881－1883)合肥張氏味古齋刻民國茂記萃古山房書莊印本　八冊

370000－1541－0013062　　847.8/707＝1

汪梅村先生集十二卷外集一卷悔翁詩鈔十五卷補遺一卷詩餘五卷筆記六卷　（清）汪士鐸撰　清光緒七年至九年(1881－1883)合肥張氏味古齋刻民國茂記萃古山房書莊印本　八冊

370000－1541－0013063　　847.8/743

退庵賸稿一卷隨筆一卷　（清）沈映鈐撰　清光緒九年(1883)刻本　一冊

370000－1541－0013064　　847.8/743＝1

退庵賸稿一卷隨筆一卷　（清）沈映鈐撰　清光緒九年(1883)刻本　一冊

370000－1541－0013065　　847.8/745

樂志簃文錄四卷詩錄六卷筆記四卷　（清）沈祥龍撰　清光緒二十六年(1900)文墨齋刻本

四冊

370000－1541－0013066　　847.8/745＝1

知非齋駢文錄一卷古文錄一卷　（清）沈湛鈞撰　（清）劉明祺編訂　清光緒三十二年(1906)木活字印本　二冊

370000－1541－0013067　　847.8/747

匏隱廬文稿一卷　（清）沈毓桂撰　清光緒二十二年(1896)上海鉛印本　一冊

370000－1541－0013068　　847.8/753

徧行堂集十六卷　（清）釋澹歸撰　清宣統三年(1911)上海國學扶輪社鉛印本　八冊

370000－1541－0013069　　847.8/754

香禪精舍集　（清）潘鍾瑞撰　清光緒長洲潘氏香禪精舍刻本　二冊　存二種四卷(庚申噩夢記二卷、蘇臺麋鹿記二卷)

370000－1541－0013070　　847.8/787

嘯雲軒詩集五卷文集六卷附錄一卷　（清）程畹撰　清同治十一年至光緒十三年(1872－1887)刻本　四冊

370000－1541－0013071　　847.8/795

黎文肅公遺書六十五卷　（清）黎培敬撰　清光緒十七年(1891)湘潭刻本　十九冊　缺三卷(書札四至六)

370000－1541－0013072　　847.8/795＝1

拙尊園叢稿六卷　（清）黎庶昌撰　清光緒狀元閣刻本　六冊

370000－1541－0013073　　847.8/795＝2

拙尊園叢稿六卷　（清）黎庶昌撰　清光緒十九年(1893)上海醉六堂石印本　二冊

370000－1541－0013074　　847.8/795＝3

拙尊園叢稿六卷　（清）黎庶昌撰　清光緒十九年(1893)上海醉六堂石印本　六冊

370000－1541－0013075　　847.8/795＝4

隨園駢體文註十六卷　（清）袁枚撰　（清）黎光地註　清光緒十二年(1886)湖南竹素書局刻本　十二冊

370000－1541－0013076　　847.8/813

思益堂詩鈔六卷詞鈔一卷古文二卷日札十卷
　(清)周壽昌撰　清光緒十四年(1888)刻本
十二冊

370000－1541－0013077　847.8/813＝1
思益堂詩鈔六卷詞鈔一卷古文二卷日札十卷
　(清)周壽昌撰　清光緒十四年(1888)刻本
六冊

370000－1541－0013078　847.8/816
鷗堂賸稿一卷日記三卷東鷗草堂詞二卷
(清)周星譽撰　水雲樓賸稿一卷　(清)蔣春
霖撰　清光緒十二年(1886)江陰金氏刻本
二冊

370000－1541－0013079　847.8/816＝1
鷗堂賸稿一卷日記三卷　(清)周星譽撰　清
光緒十二年(1886)江陰金氏刻本　一冊

370000－1541－0013080　847.8/820
欠泉庵文集二卷　(清)周煥樞撰　清刻本
四冊

370000－1541－0013081　847.8/820＝1
周武壯公遺書九卷首一卷外集三卷別集一卷
　(清)周盛撰　清光緒三十一年(1905)金陵
刻本　十冊

370000－1541－0013082　847.8/824
陳慶生茂才文集四卷　(清)陳慶生撰　簡朝
亮輯　清宣統元年(1909)刻本　二冊　存二
卷(一至二)

370000－1541－0013083　847.8/827
佩弦齋文存二卷首一卷駢文存一卷詩存一卷
試帖存一卷賦存一卷　(清)朱一新撰　清光
緒二十二年(1896)順德葆真堂刻拙庵叢稿本
　二冊

370000－1541－0013084　847.8/827＝1
朱強甫集三卷　(清)朱克柔撰　清光緒三十
二年(1906)武昌心不滅齋刻本　一冊

370000－1541－0013085　847.8/827＝2
介石山房遺文二卷遺詩一卷　(清)朱培源撰
　清宣統二年(1910)朱氏刻本　二冊

370000－1541－0013086　847.8/832
朱九江先生集十卷首四卷　(清)朱次琦撰
清光緒二十三年(1897)讀書草堂刻本　佚名
批校　二冊

370000－1541－0013087　847.8/832＝1
朱九江先生集十卷首四卷　(清)朱次琦撰
清光緒二十三年(1897)讀書草堂刻本　四冊

370000－1541－0013088　847.8/832＝2
匯源堂叢稿五卷　(清)朱浩文撰　清光緒二
十一年(1895)湖北官書局刻本　佚名批點
二冊

370000－1541－0013089　847.8/834
清芬閣集十二卷　(清)朱采撰　清光緒三十
四年(1908)上海商務印書館鉛印本　八冊

370000－1541－0013090　847.8/834＝1
桂之華軒文集九卷　(清)朱銘盤撰　清光緒
三十二年(1906)南通州翰墨林編譯印書局鉛
印本　佚名點校　二冊

370000－1541－0013091　847.8/834＝2
古月軒詩存五卷西江泛宅集三卷　(清)朱伸
林撰　浣霞軒詩稿一卷寓草二卷試帖拾遺一
卷　(清)朱驤成撰　過庭集一卷　(清)朱駜
成撰　清光緒十年(1884)枏川書屋刻本　六
冊

370000－1541－0013092　847.8/842
志遠堂文集十卷四大觀樓詩鈔九卷　(清)鄒
鍾撰　清光緒十二年(1886)濟南德華堂刻本
　八冊

370000－1541－0013093　847.8/842＝1
志遠堂文集十卷　(清)鄒鍾撰　清光緒十二
年(1886)濟南德華堂刻本　六冊

370000－1541－0013094　847.8/845
才叔遺文二卷遺詩三卷　(清)管樂撰　清光
緒刻本　二冊　缺一卷(才叔遺文上)

370000－1541－0013095　847.8/856
耻不逮齋文集三卷首一卷附錄一卷補遺一卷
　(清)熊其英撰　清光緒十六年(1890)蘇州

五畝園刻本　四冊

370000－1541－0013096　847.8/856＝1
恥不逮齋文集三卷首一卷附錄一卷補遺一卷
（清）熊其英撰　清光緒十六年(1890)蘇州
五畝園刻本　四冊

370000－1541－0013097　847.8/869
質盦集二卷　（清）白作霖撰　清光緒二十四
年(1898)鉛印本　二冊

370000－1541－0013098　847.8/885＝1
劉葆真太史遺稿二卷　（清）劉葆真撰　清宣
統二年(1910)刻本　二冊

370000－1541－0013099　847.8/885＝2
劉葆真太史遺稿二卷　（清）劉葆真撰　清宣
統二年(1910)刻本　二冊

370000－1541－0013100　847.8/885＝3
廣經室文鈔一卷　（清）劉恭冕撰　清光緒十
五年(1889)廣雅書局刻本　一冊

370000－1541－0013101　847.8/885＝4
廣經室文鈔一卷　（清）劉恭冕撰　清光緒十
五年(1889)廣雅書局刻本　一冊

370000－1541－0013102　847.8/885＝5
駢文一稿一卷　（清）劉履芬撰　清同治五年
(1866)淮陰刻古紅梅閣集本　一冊

370000－1541－0013103　847.8/885＝6
駢文一稿一卷　（清）劉履芬撰　清同治五年
(1866)淮陰刻古紅梅閣集本　一冊

370000－1541－0013104　847.8/888
食舊德齋雜著不分卷　（清）劉嶽雲撰　清光
緒八年(1882)刻本　四冊

370000－1541－0013105　847.8/899＝4
何子清先生遺文二卷附錄一卷　（清）何忠萬
撰　清光緒八年(1882)金陵翁氏茹古閣刻本
　三冊

370000－1541－0013106　847.8/899＝5
何子清先生遺文二卷附錄一卷　（清）何忠萬
撰　清光緒八年(1882)金陵翁氏茹古閣刻本
　小瑟山人識語　一冊

370000－1541－0013107　847.8/901
天根文鈔四卷續集一卷　（清）何家琪撰　清
光緒三十二年(1906)大梁刻本　四冊

370000－1541－0013108　847.8/901＝1
天根文鈔四卷續集一卷　（清）何家琪撰　清
光緒三十二年(1906)大梁刻本　六冊

370000－1541－0013109　847.8/903
潛穎文四卷　（清）何維棣撰　清光緒二十七
年(1901)刻本　一冊

370000－1541－0013110　847.8/906
灌園未定稿二卷　（清）傅懷祖撰　清光緒十
三年(1887)蘇州刻本　二冊

370000－1541－0013111　847.8/915＝1
寄鷗存稿一卷沅蘭詞一卷寄鷗游草十一卷
（清）任道鎔撰　清光緒十三年(1887)刻本
二冊

370000－1541－0013112　847.8/925
懷寧舒摯甫集　（清）舒紹基撰　清宣統元年
(1909)曼陀羅花室鉛印本　二冊

370000－1541－0013113　847.8/927
丹魁書屋賸稿一卷　（清）錢福煒撰　清宣統
元年(1909)木活字印本　二冊

370000－1541－0013114　847.8/934
麟洲雜著四卷　（清）錢贊黃撰　清光緒二十
四年(1898)金匱錢氏木活字印本　二冊

370000－1541－0013115　847.8/946
酌雅堂駢體文集二卷　（清）徐壽基撰　清光
緒五年(1879)桓臺官舍刻本　二冊

370000－1541－0013116　847.8/946＝1
酌雅堂駢體文集二卷　（清）徐壽基撰　清光
緒五年(1879)桓臺官舍刻本　一冊　存一卷
（上）

370000－1541－0013117　847.8/951
不慊齋漫存九卷　（清）徐賡陛撰　清光緒八
年(1882)南海官署刻本　六冊　存七卷(一
至七)

370000－1541－0013118　847.8/951＝1

不慊齋漫存九卷　（清）徐賡陞撰　清光緒八年(1882)南海官署刻本　七冊　存七卷(一至七)

370000－1541－0013119　847.8/951＝2

不慊齋漫存九卷　（清）徐賡陞撰　清光緒八年(1882)南海官署刻本　四冊

370000－1541－0013120　847.8/953

息養廬文集十一卷　（清）徐錦華撰　清光緒二十五年(1899)寶善堂刻本　四冊

370000－1541－0013121　847.8/982

曾忠襄公全集　（清）曾國荃撰　清光緒二十九年(1903)刻本　三十二冊　存五種(曾忠襄公文集、曾忠襄公書札、曾忠襄公撫鄂公牘、曾忠襄公年譜、曾忠襄公榮哀錄)

370000－1541－0013122　847.8/982＝1

曾惠敏公全集四種十七卷　（清）曾紀澤撰　清光緒二十年(1894)上海石印本　八冊

370000－1541－0013123　847.8/982＝2

曾惠敏公遺集四種十七卷　（清）曾紀澤撰　清光緒十九年(1893)江南製造總局鉛印本　八冊

370000－1541－0013124　847.8/982＝3

曾惠敏公遺集四種十七卷　（清）曾紀澤撰　清光緒十九年(1893)江南製造總局鉛印本　八冊

370000－1541－0013125　847.8/982＝4

曾惠敏公遺集四種十七卷　（清）曾紀澤撰　清光緒十九年(1893)江南製造總局鉛印本　八冊

370000－1541－0013126　847.8/982＝5

曾惠敏公遺集四種十七卷　（清）曾紀澤撰　清光緒十九年(1893)江南製造總局鉛印本　八冊

370000－1541－0013127　847.8/987＝1

謇諤堂文稿一卷　（清）金文田撰　清末木活字印本　一冊

370000－1541－0013128　847.8/987＝2

勉書室遺集十六卷理學庸言二卷　（清）金錫齡撰　清光緒二十一年(1895)刻本　十二冊

370000－1541－0013129　847.8/994＝1

補籬遺稿八卷　（清）姚福均撰　清光緒三十一年(1905)石印本　二冊

370000－1541－0013130　847.8/994＝2

趨庭稿一卷　姚文棟撰　清光緒刻本　一冊

370000－1541－0013131　847.9/117

平養堂文編十卷　王龍文撰　清宣統三年(1911)思賢書局刻本　四冊

370000－1541－0013132　847.9/411＝2

抱潤軒文集十卷　馬其昶撰　清宣統元年(1909)安徽官紙印刷局石印本　一冊

370000－1541－0013133　847.9/700

思無邪齋文存續集二卷　（清）宮爾鐸撰　清光緒二十年(1894)金州刻本　二冊

370000－1541－0013134　847.9/700＝1

思無邪齋文存續集二卷　（清）宮爾鐸撰　清光緒二十年(1894)金州刻本　一冊

370000－1541－0013135　847.9/753

見在龕雜作存稿七卷附稿二卷　（清）濮文暹撰　清宣統三年(1911)山東藝文局鉛印本　四冊

370000－1541－0013136　847.9/753＝1

見在龕雜作存稿七卷附稿二卷　（清）濮文暹撰　清宣統三年(1911)山東藝文局鉛印本　四冊

370000－1541－0013137　847.9/834

知止軒文草二卷　（清）朱鎮撰　清宣統二年(1910)抒古學社刻本　一冊

370000－1541－0013138　848/411

抱潤軒文集十卷　馬其昶撰　清宣統元年(1909)安徽官紙印刷局石印本　一冊

370000－1541－0013139　848.1/112＝1

陶廬文集二卷　王樹枏撰　清光緒二十八年(1902)刻本　一冊

370000－1541－0013140　848.1/112＝2

陶廬文集二卷　王樹枏撰　清光緒二十八年(1902)刻本　一冊

370000－1541－0013141　848.1/115

湘綺樓文集八卷　王闓運撰　清光緒二十六年(1900)桂陽陳兆奎衡陽刻本　四冊

370000－1541－0013142　848.1/115＝1

湘綺樓文集八卷　王闓運撰　清光緒二十六年(1900)桂陽陳兆奎衡陽刻本　三冊　缺二卷(三至四)

370000－1541－0013143　848.1/115＝2

湘綺樓全集三十卷　王闓運撰　清光緒三十三年(1907)墨莊劉氏長沙刻本　十二冊

370000－1541－0013144　848.1/115＝3

湘綺樓全集三十卷　王闓運撰　清光緒三十三年(1907)墨莊劉氏長沙刻本　十二冊

370000－1541－0013145　848.1/115＝4

湘綺樓詩十四卷　王闓運撰　清光緒三十三年(1907)東州講舍刻本　四冊

370000－1541－0013146　848.1/117

容膝軒文稿八卷詩草四卷　(清)王榮商撰　清光緒二十一年至民國三年(1895－1914)鎮海王氏刻本　三冊

370000－1541－0013147　848.1/117＝1

容膝軒文稿八卷　(清)王榮商撰　清光緒二十一年(1895)刻本　二冊

370000－1541－0013148　848.1/119＝1

虛受堂文集十五卷　王先謙撰　清光緒二十六年(1900)刻本　四冊

370000－1541－0013149　848.1/119＝2

虛受堂文集十五卷　王先謙撰　清光緒二十六年(1900)刻本　四冊

370000－1541－0013150　848.1/339

通雅齋叢稿二卷　吳道鎔撰　清宣統元年(1909)刻本　二冊

370000－1541－0013151　848.1/359＝1

鄭齋漢學文編六卷　孫雄撰　清光緒三十四年(1908)鉛印本　二冊

370000－1541－0013152　848.1/384＝1

可園文存十六卷　陳作霖撰　清宣統元年(1909)江寧陳氏刻本　四冊

370000－1541－0013153　848.1/384＝2

可園詩存二十八卷詞存四卷　陳作霖撰　清宣統二年(1910)江寧陳氏刻本　六冊

370000－1541－0013154　848.1/429

侯官嚴氏叢刻五種　嚴復撰　清光緒二十八年(1902)上海書局石印本　一冊

370000－1541－0013155　848.1/432

惺諟齋初稿十卷　喻長霖撰　清宣統三年(1911)鉛印崧岱山館叢鈔本　六冊

370000－1541－0013156　848.1/432＝1

惺諟齋初稿十卷　喻長霖撰　清宣統三年(1911)鉛印崧岱山館叢鈔本　六冊

370000－1541－0013157　848.1/436

蜀抱軒文雜鈔不分卷　吳蔭培撰　清宣統三年(1911)鉛印本　二冊

370000－1541－0013158　848.1/438

漪香山館文集一卷　吳曾祺撰　清宣統二年(1910)上海商務印書館鉛印本　一冊

370000－1541－0013159　848.1/547

惜餘軒全集八卷三鈔一卷四鈔二卷　董錦章撰　鄭熙嘏評　清光緒三十年(1904)刻本(三鈔、四鈔爲民國六年掖縣新華石印本)　六冊

370000－1541－0013160　848.1/547＝1

惜餘軒全集八卷　董錦章撰　鄭熙嘏評　清光緒三十年(1904)刻本　四冊

370000－1541－0013161　848.1/547＝2

惜餘軒全集八卷　董錦章撰　鄭熙嘏評　清光緒三十年(1904)刻本　四冊

370000－1541－0013162　848.1/547＝3

惜餘軒全集八卷　董錦章撰　鄭熙嘏評　清光緒三十年(1904)刻本　四冊

370000 – 1541 – 0013163   848.1/658 = 1

一山雜文一卷　章梫撰　清宣統元年(1909)
京華印書局鉛印本　一冊

370000 – 1541 – 0013164   848.1/712 = 1

寄簃文存八卷二編二卷　沈家本撰　清宣統
元年(1909)修訂法律館鉛印本　三冊

370000 – 1541 – 0013165   848.1/860

**藝風堂文集七卷外篇一卷續集八卷文漫存十
二卷**　繆荃孫撰　清光緒二十六年至二十七
年(1900 – 1901)刻本　十三冊

370000 – 1541 – 0013166   848.1/860 = 1

藝風堂文集七卷外篇一卷續集八卷　繆荃孫
撰　清光緒二十六年至二十七年(1900 –
1901)刻本　八冊

370000 – 1541 – 0013167   848.1/860 = 2

藝風堂文集七卷外篇一卷　繆荃孫撰　清光
緒二十七年(1901)刻本　四冊

370000 – 1541 – 0013168   848.1/860 = 4

藝風堂文漫存辛壬稿三卷　繆荃孫撰　清宣
統二年(1910)刻本　一冊

370000 – 1541 – 0013169   848.1/860 = 5

藝風堂文漫存十二卷　繆荃孫撰　清宣統刻
本　五冊

370000 – 1541 – 0013170   848.1/994

惜道味齋集文編二卷詩編一卷　姚大榮撰
清宣統三年(1911)刻本　一冊

370000 – 1541 – 0013171   848.1/994 = 1

惜道味齋集文編二卷詩編一卷　姚大榮撰
清宣統三年(1911)刻本　一冊

370000 – 1541 – 0013172   848.2/146

淮南雜著二卷　曹允源撰　清光緒十七年
(1891)刻本　二冊

370000 – 1541 – 0013173   848.2/283

樊山批判十四卷　樊增祥撰　清刻本　五冊
　存十一卷(一至十一)

370000 – 1541 – 0013174   848.2/283 = 1

樊山集二十八卷　樊增祥撰　清光緒十九年

(1893)渭南縣署刻本　十冊

370000 – 1541 – 0013175   848.2/283 = 2

樊山集二十八卷　樊增祥撰　清光緒十九年
(1893)渭南縣署刻本　六冊　存二十四卷
(一至二十四)

370000 – 1541 – 0013176   848.2/283 = 3

樊山續集二十八卷　樊增祥撰　清光緒二十
八年(1902)西安臬署刻本　八冊

370000 – 1541 – 0013177   848.2/283 = 4

樊山公牘三卷樊山批判十五卷二家詞鈔五卷
　樊增祥撰　清光緒二十年(1894)渭南縣署
刻本　十二冊

370000 – 1541 – 0013178   848.2/359

師鄭堂駢體文存二卷　孫雄撰　清光緒二十
一年(1895)刻本　一冊

370000 – 1541 – 0013179   848.2/359 = 1

師鄭堂駢體文存二卷　孫雄撰　清光緒二十
一年(1895)刻本　一冊

370000 – 1541 – 0013180   848.2/359 = 2

師鄭堂駢體文存二卷　孫雄撰　清光緒二十
一年(1895)刻本　一冊

370000 – 1541 – 0013181   848.2/359 = 3

師鄭堂駢體文存二卷　孫雄撰　清光緒二十
一年(1895)刻本　一冊

370000 – 1541 – 0013182   848.2/411

抱潤軒文集十卷　馬其昶撰　清宣統元年
(1909)安徽官紙印刷局石印本　一冊

370000 – 1541 – 0013183   848.2/730 = 1

新編分類飲冰室文集全編二十卷　梁啟超撰
　清光緒二十八年(1902)上海廣益書局石印
本　一冊　存一卷(一)

370000 – 1541 – 0013184   848.2/730 = 2

飲冰室文集　梁啟超輯　清末石印本　一冊
　存五卷(癸卯新民叢報彙編政治第三、法律
第四、教育第五、生計第十、實業第十一)

370000 – 1541 – 0013185   848.2/860 = 3

藝風堂文集七卷外篇一卷　繆荃孫撰　清光

緒二十七年(1901)刻本　四冊

370000－1541－0013186　802.44/736＝3

詩韻合璧五卷　（清）湯文潞編　清光緒上洋
公興書局鉛印本　五冊

370000－1541－0013187　850.5/355

全唐詩話八卷　（宋）尤袤輯　（清）孫濤續輯
　清乾隆三十九年(1774)清芬堂刻本　四冊

370000－1541－0013188　850/306

普通學歌訣一卷　（清）張一鵬撰　清光緒山
東大學堂木活字印本　一冊

370000－1541－0013189　851/117

靜便齋集十卷　（清）王曾祥撰　清乾隆二十
八年(1763)刻本　一冊　存五卷(詩一至五)

370000－1541－0013190　851.08/333

花薰閣詩述十卷　（清）雪北山樵撰　清抄本
　六冊

370000－1541－0013191　851.08/946

樵川二家詩六卷　（宋）嚴羽　（元）黃鎮成撰
　（清）徐榦輯　清光緒七年(1881)邵武徐榦
杭州刻本　二冊

370000－1541－0013192　851.081/719

唐人五十家小集　（清）江標輯　清光緒二十
一年(1895)元和江氏靈鶼閣刻本　二十四冊

370000－1541－0013193　851.2/916

古詩十九首一卷　（清）姜任修繹　清光緒十
九年(1893)刻本　一冊

370000－1541－0013194　851.3/112

阮亭選古詩三十二卷　（清）王士禛輯　清康
熙刻本　清程鄂批　六冊

370000－1541－0013195　851.3/112＝1

阮亭選古詩三十二卷　（清）王士禛輯　清康
熙三十六年(1697)天藜閣刻本　八冊

370000－1541－0013196　851.3/112＝5

古詩箋三十二卷　（清）王士禛選　（清）聞人
倓箋　清乾隆三十一年(1766)芷蘭堂刻本
十六冊

370000－1541－0013197　851.3/112＝6

古詩箋三十二卷　（清）王士禛選　（清）聞人
倓箋　清乾隆三十一年(1766)芷蘭堂刻松江
文萃堂印本　十六冊

370000－1541－0013198　851.3/112＝7

唐賢三昧集三卷　（清）王士禛選　（清）吳煊
（清）胡棠輯注　清乾隆五十二年(1787)聽
雨齋刻本　三冊

370000－1541－0013199　851.3/112＝8

漁洋山人古詩選三十二卷　（清）王士禛選
惜抱軒今體詩選十八卷　（清）姚鼐選　清同
治五年(1866)金陵書局刻本　十冊

370000－1541－0013200　851.3/112＝9

漁洋山人古詩選三十二卷　（清）王士禛選
惜抱軒今體詩選十八卷　（清）姚鼐選　清同
治五年(1866)金陵書局刻本　十冊

370000－1541－0013201　851.3/112＝10

漁洋山人古詩選三十二卷　（清）王士禛選
惜抱軒今體詩選十八卷　（清）姚鼐選　清同
治五年(1866)金陵書局刻本　十冊

370000－1541－0013202　851.3/112＝11

漁洋山人古詩選三十二卷　（清）王士禛選
清同治五年(1866)金陵書局刻本　六冊

370000－1541－0013203　851.3/112＝12

古唐詩合解十二卷古詩四卷　（清）王堯衢註
　清光緒元年(1875)崇德堂刻本　六冊

370000－1541－0013204　851.3/112＝13

古唐詩合解十二卷古詩四卷　（清）王堯衢註
　清令德堂刻本　二冊

370000－1541－0013205　851.3/112＝14

古唐詩合解十二卷　（清）王堯衢註　清慎遠
堂刻本　六冊

370000－1541－0013206　851.3/112＝15

古唐詩合解十二卷古詩四卷　（清）王堯衢註
　清光緒十一年(1885)膠州成文堂刻本　四
冊

370000－1541－0013207　851.3/112＝16

古唐詩合解十二卷 （清）王堯衢註 清蘇州
善成堂刻本 六冊

370000－1541－0013208 851.3/112＝17
古唐詩合解十二卷古詩四卷 （清）王堯衢註
清泰山堂刻本 六冊

370000－1541－0013209 851.3/112＝18
古唐詩合解十二卷古詩四卷 （清）王堯衢註
清光緒九年(1883)文盛堂刻本 六冊

370000－1541－0013210 851.3/115
八代詩選二十卷 王闓運撰 清光緒七年
(1881)四川尊經書局刻本 八冊

370000－1541－0013211 851.3/115＝1
八代詩選二十卷 王闓運撰 清光緒七年
(1881)四川尊經書局刻本 六冊

370000－1541－0013212 851.3/115＝2
八代詩選二十卷 王闓運撰 清光緒七年
(1881)四川尊經書局刻本 六冊

370000－1541－0013213 851.3/115＝3
八代詩選二十卷 王闓運撰 清光緒十六年
(1890)江蘇書局刻本 八冊

370000－1541－0013214 851.3/115＝4
八代詩選二十卷 王闓運撰 清光緒七年
(1881)四川尊經書局刻本 六冊

370000－1541－0013215 851.3/117
三十家詩鈔六卷首一卷末一卷 （清）曾國藩
纂 （清）王定安增輯 清同治十三年(1874)
傳忠書局刻本 六冊

370000－1541－0013216 851.3/117＝1
三十家詩鈔六卷首一卷末一卷 （清）曾國藩
纂 （清）王定安增輯 清同治十三年(1874)
傳忠書局刻本 六冊

370000－1541－0013217 851.3/119
童蒙養正詩選三卷 （清）王錫元選 清同治
十年(1871)合肥王氏刻本 一冊

370000－1541－0013218 851.3/146
石倉十二代詩選 （明）曹學佺輯 明崇禎四
年(1631)刻本 一冊 存六卷(古詩選三、唐
詩選八、宋詩選六、元詩選十二、明詩選初集
十二、次集十)

370000－1541－0013219 851.3/169
渝水詩觀三十二卷 （清）黃之晉輯 清道光
二十九年(1849)丹陽黃氏刻本 八冊

370000－1541－0013220 851.3/212
唐宋詩本七十六卷目錄八卷 （清）戴第元輯
清乾隆三十八年(1773)大庾戴氏覽珠堂刻
本 四十八冊

370000－1541－0013221 851.3/217
唐詩貫珠六十卷 （清）胡以梅編 清康熙五
十四年(1715)素心堂刻本 二十冊

370000－1541－0013222 851.3/219
甬上耆舊詩三十卷 （清）胡文學輯 清敬義
堂刻本 十冊

370000－1541－0013223 851.3/219＝1
續甬上耆舊詩集一百四十卷 （清）全祖望輯
清光緒上海國學保存會鉛印本 八冊

370000－1541－0013224 851.3/247
中晚唐詩叩彈集十二卷續集三卷 （清）杜詔
（清）杜庭珠輯 清康熙四十三年(1704)采
山亭刻本 十四冊

370000－1541－0013225 851.3/247＝1
中晚唐詩叩彈集十二卷續集三卷 （清）杜詔
（清）杜庭珠輯 清康熙四十三年(1704)采
山亭刻本 六冊

370000－1541－0013226 851.3/247＝2
中晚唐詩叩彈集十二卷續集三卷 （清）杜詔
（清）杜庭珠輯 清康熙四十三年(1704)采
山亭刻本 六冊

370000－1541－0013227 851.3/247＝3
中晚唐詩叩彈集十二卷續集三卷 （清）杜詔
（清）杜庭珠輯 清康熙四十三年(1704)采
山亭刻本 六冊

370000－1541－0013228 851.3/252
徐州詩徵八卷 （清）桂中行輯 清光緒十七
年(1891)刻本 四冊

370000 – 1541 – 0013229　851.3/271

選詩三卷　（明）劉大文選　明嘉靖刻本　四冊

370000 – 1541 – 0013230　851.3/279

漢魏詩乘二十卷總錄一卷　（明）梅鼎祚輯　明萬曆十一年(1583)刻本　六冊

370000 – 1541 – 0013231　851.3/285

詩刪二十三卷　（明）李攀龍輯　（明）鍾惺　（明）譚元春評　明末刻朱墨套印本　十冊

370000 – 1541 – 0013232　851.3/285 = 1

小學弦歌八卷　（清）李元度編　清光緒五年(1879)刻本　四冊

370000 – 1541 – 0013233　851.3/285 = 2

小學弦歌八卷　（清）李元度編　清光緒五年(1879)刻本　四冊

370000 – 1541 – 0013234　851.3/285 = 3

小學弦歌八卷　（清）李元度編　清光緒五年(1879)刻本　一冊　存二卷(一至二)

370000 – 1541 – 0013235　851.3/285 = 4

小學弦歌八卷　（清）李元度編　清光緒五年(1879)刻本　四冊

370000 – 1541 – 0013236　851.3/285 = 5

小學弦歌八卷　（清）李元度編　清光緒五年(1879)刻本　四冊

370000 – 1541 – 0013237　851.3/285 = 6

小學弦歌八卷　（清）李元度編　清光緒五年(1879)刻本　三冊　缺二卷(一至二)

370000 – 1541 – 0013238　851.3/285 = 7

小學弦歌八卷　（清）李元度編　清光緒五年(1879)刻本　三冊

370000 – 1541 – 0013239　851.3/285 = 8

關中兩朝詩鈔補八卷　（清）李元春編選　（清）李來南輯錄　清道光十六年(1836)守樸堂刻本　五冊

370000 – 1541 – 0013240　851.3/285 = 9

詩箋三種　（清）李兆元箋　清嘉慶二十四年(1819)十二筆舫刻本　一冊

370000 – 1541 – 0013241　851.3/288

漢詩音註十卷　（清）李因篤音評　清光緒六年(1880)今雨樓刻本　四冊

370000 – 1541 – 0013242　851.3/303

新刻小學千家詩人生必讀二卷　（清）余晦齋輯　清斯馬寶善堂刻本　一冊

370000 – 1541 – 0013243　851.3/306

蛟川耆舊詩六卷　（清）張本均輯　（清）張錫申校訂　清咸豐七年(1857)蛟川張氏刻本　一冊

370000 – 1541 – 0013244　851.3/311

古詩類苑一百三十卷　（明）張之象輯　（明）俞顯卿補訂　明萬曆三十年(1602)俞顯謨刻本　三十二冊

370000 – 1541 – 0013245　851.3/339

多歲堂古詩存八卷　（清）成書選　清道光十一年(1831)多歲堂刻本　四冊

370000 – 1541 – 0013246　851.3/339 = 1

多歲堂古詩存八卷　（清）成書選　清道光十一年(1831)多歲堂刻本　四冊

370000 – 1541 – 0013247　851.3/346

御定全唐詩錄一百卷　（清）徐倬編　清康熙四十五年(1706)刻本　二十四冊

370000 – 1541 – 0013248　851.3/352

古樂府十卷　（元）左克明輯　明萬曆三十年(1602)何汝教刻本　六冊

370000 – 1541 – 0013249　851.3/352 = 2

古樂府十卷　（元）左克明輯　明正德四年(1509)孫璽刻本　三冊　存九卷(一至二、三殘、五至十)

370000 – 1541 – 0013250　851.3/359

南唐雜事詩不分卷　（清）孫榕撰　清光緒二十二年(1896)濟寧孫氏鉛印本　一冊

370000 – 1541 – 0013251　851.3/372

詩觀初集十二卷二集十四卷閨秀別卷一卷三集十三卷閨秀別卷一卷　（清）鄧漢儀輯　清康熙十一年(1672)慎墨堂刻本　六冊　存十

二卷(詩觀初集十二卷)

370000－1541－0013252　851.3/375
八甎吟館刻燭集三卷　（清）阮元編　清刻本
　　一册

370000－1541－0013253　851.3/380
詩比興箋四卷　（清）陳沆撰　清光緒九年
(1883)刻本　二册

370000－1541－0013254　851.3/380＝1
詩比興箋四卷　（清）陳沆撰　清光緒九年
(1883)刻本　二册

370000－1541－0013255　851.3/380＝2
詩比興箋四卷　（清）陳沆撰　清光緒九年
(1883)刻本　二册

370000－1541－0013256　851.3/380＝3
詩比興箋四卷　（清）陳沆撰　清光緒九年
(1883)刻本　二册

370000－1541－0013257　851.3/380＝4
詩比興箋四卷　（清）陳沆撰　清光緒九年
(1883)刻本　二册

370000－1541－0013258　851.3/380＝5
詩比興箋四卷　（清）陳沆撰　清光緒九年
(1883)刻本　四册

370000－1541－0013259　851.3/382
采菽堂古詩選三十八卷補遺四卷　（清）陳祚
明評選　清清康熙四十五年(1706)翁嵩年刻
乾隆十三年(1748)屈以伸印本　二十册　缺
二卷(三十七至三十八)

370000－1541－0013260　851.3/382＝2
采菽堂古詩選三十八卷補遺四卷　（清）陳祚
明評選　清抄本　十六册

370000－1541－0013261　851.3/384
唐詩三百首注釋六卷唐詩三百首續選一卷附
姓氏小傳一卷　（清）蘅塘退士（孫洙）編
（清）章燮注　（清）于慶元續編　清光緒二十
七年(1901)善成堂刻本　八册

370000－1541－0013262　851.3/384＝1
御定歷代題畫詩類一百二十卷　（清）陳邦彥

編　清康熙四十六年(1707)內府刻本　三十
六册

370000－1541－0013263　851.3/387
八代詩揆五卷補遺一卷　（清）陸奎勳輯　清
康熙五十一年(1712)小瀛山閣刻本　四册

370000－1541－0013264　851.3/390
歷朝名媛詩詞十二卷　（清）陸昶評選　清乾
隆三十八年(1773)吳門陸氏紅樹樓刻本　六
册

370000－1541－0013265　851.3/390＝1
歷朝名媛詩詞十二卷　（清）陸昶評選　清宣
統三年(1911)上海掃葉山房石印本　四册

370000－1541－0013266　851.3/392
吳興詩存初集八卷二集十四卷三集六卷四集
二十卷　（清）陸心源輯　清光緒十六年
(1890)刻本　十六册

370000－1541－0013267　851.3/411
渠風集略七卷　（清）馬長淑輯　清乾隆八年
(1743)輯慶堂刻本(卷一至二、六至七為抄
補)　四册

370000－1541－0013268　851.3/411＝1
渠風集略七卷　（清）馬長淑輯　清乾隆八年
(1743)輯慶堂刻本　四册

370000－1541－0013269　851.3/430
高密詩存二卷續編一卷　（清）單作哲編　清
乾隆二十九年(1764)刻本　二册

370000－1541－0013270　851.3/433
詩選十二卷首一卷　（清）吳非止直解　清康
熙刻本　二册

370000－1541－0013271　851.3/464
樂府古艷不分卷　（清）□□編　清夢曇子抄
本　一册

370000－1541－0013272　851.3/554
蘇州詩鈔不分卷　（清）□□輯　清抄本　十
八册

370000－1541－0013273　851.3/571
六朝詩集二十四種五十五卷　（明）薛應旂編

明嘉靖二十二年(1543)刻本　十冊

370000－1541－0013274　851.3/578＝2

唐詩三百首三卷　（清）蘅塘退士(孫洙)編
清乾隆二十八年(1763)蘇州綠蔭堂書莊刻本
　三冊

370000－1541－0013275　851.3/609

遙集集前編六卷後編十卷　（清）許貞幹輯
清光緒二十八年(1902)味青齋刻味青叢書本
　十六冊

370000－1541－0013276　851.3/633＝5

樂府詩集一百卷目錄二卷　（宋）郭茂倩輯
明末虞山毛氏汲古閣刻本　十六冊

370000－1541－0013277　851.3/633＝7

樂府詩集一百卷目錄二卷　（宋）郭茂倩輯
清同治十三年(1874)湖北崇文書局刻本　十
六冊

370000－1541－0013278　851.3/633＝8

樂府詩集一百卷目錄二卷　（宋）郭茂倩輯
清同治十三年(1874)湖北崇文書局刻本　十
六冊

370000－1541－0013279　851.3/633＝9

樂府詩集一百卷目錄二卷　（宋）郭茂倩輯
清同治十三年(1874)湖北崇文書局刻本　十
六冊

370000－1541－0013280　851.3/633＝10

樂府詩集一百卷目錄二卷　（宋）郭茂倩輯
清同治十三年(1874)湖北崇文書局刻本　十
六冊

370000－1541－0013281　851.3/646

御選唐宋詩醇四十七卷目錄二卷　（清）梁詩
正等編　清乾隆二十五年(1760)刻本　三冊
　存六卷(十四至十五、三十五至三十八)

370000－1541－0013282　851.3/646＝1

御選唐宋詩醇四十七卷目錄二卷　（清）梁詩
正等編　清光緒七年(1881)江蘇書局刻本
二十冊

370000－1541－0013283　851.3/646＝2

御選唐宋詩醇四十七卷目錄二卷　（清）梁詩
正等編　清光緒七年(1881)浙江書局刻本
二十冊

370000－1541－0013284　851.3/646＝3

御選唐宋詩醇四十七卷目錄二卷　（清）梁詩
正等編　清光緒七年(1881)江蘇書局刻本
二十冊

370000－1541－0013285　851.3/661

越風三十卷　（清）商盤評選　清嘉慶浴鳧山
館刻本　十冊

370000－1541－0013286　851.3/707

近光集二十八卷　（清）汪士鋐編　（清）徐修
仁注　清康熙五十八年(1719)保德堂刻本
八冊

370000－1541－0013287　851.3/707＝1

近光集二十八卷　（清）汪士鋐編　（清）徐修
仁注　清康熙五十八年(1719)保德堂刻本
八冊

370000－1541－0013288　851.3/710

詩倫二卷　（清）汪薇輯　清光緒二十年
(1894)刻本　二冊

370000－1541－0013289　851.3/710＝1

詩倫四卷　（清）汪薇輯　清同治六年(1867)
呂氏柳塘書屋刻本　四冊

370000－1541－0013290　851.3/714

婁東詩派二十八卷　（清）汪學金輯　清嘉慶
九年(1804)刻本　八冊

370000－1541－0013291　851.3/720

唐人萬首絕句選七卷　（清）王士禎選　清刻
本　二冊

370000－1541－0013292　851.3/720＝1

唐人萬首絕句選七卷　（清）王士禎選　清光
緒二十三年(1897)金陵書局刻本　二冊

370000－1541－0013293　851.3/720＝2

唐人萬首絕句選七卷　（清）王士禎選　清光
緒二十三年(1897)金陵書局刻本　二冊

370000－1541－0013294　851.3/721

蒙養弦歌一卷 （清）辜鴻銘編 清光緒二十
七年（1901）刻本 一冊

370000 – 1541 – 0013295 851.3/721 = 1

蒙養弦歌一卷 （清）辜鴻銘編 清光緒二十
七年（1901）刻本 一冊

370000 – 1541 – 0013296 851.3/735

雜體詩鈔八卷 （清）況澄輯 清咸豐元年
（1851）敦善堂刻況氏叢書本 八冊

370000 – 1541 – 0013297 851.3/736

金源紀事詩八卷 （清）湯運泰撰 清同治十
二年（1873）淮南書局刻本 四冊

370000 – 1541 – 0013298 851.3/747

古詩源十四卷 （清）沈德潛輯 清刻本 四
冊

370000 – 1541 – 0013299 851.3/747 = 1

古詩源十四卷 （清）沈德潛選 清光緒十七
年（1891）湖南思賢書局刻本 四冊

370000 – 1541 – 0013300 851.3/747 = 2

古詩源十四卷 （清）沈德潛選 清光緒十七
年（1891）湖南思賢書局刻本 四冊

370000 – 1541 – 0013301 851.3/747 = 5

評選古詩源四卷 （清）沈德潛選 清光緒二
十年（1894）上海圖書集成印書局鉛印本 四
冊

370000 – 1541 – 0013302 851.3/747 = 6

古詩源十四卷 （清）沈德潛選 清光緒十七
年（1891）湖南思賢書局刻本 三冊 存十一
卷（四至十四）

370000 – 1541 – 0013303 851.3/747 = 7

古詩源十四卷 （清）沈德潛輯 清康熙五十
八年（1719）刻本 六冊

370000 – 1541 – 0013304 851.3/747 = 8

古詩源十四卷 （清）沈德潛輯 清康熙五十
八年（1719）刻本 徐宣武跋並過錄清黃隰朋
批 二冊

370000 – 1541 – 0013305 851.3/759

古詩十九首一卷 （清）姜任修繹 清雍正七

年（1729）如皋姜氏白蒲書塾刻本 一冊

370000 – 1541 – 0013306 851.3/759 = 1

月午樓古詩十九首詳解二卷 （清）饒學斌撰
清光緒元年（1875）三山吳玉田刻本 二冊

370000 – 1541 – 0013307 851.3/771

詩紀一百五十六卷目錄三十六卷 （明）馮惟
訥輯 明萬曆十四年（1586）吳琯等刻本 二
十冊

370000 – 1541 – 0013308 851.3/771 = 1

詩紀一百五十六卷目錄三十六卷 （明）馮惟
訥輯 明萬曆十四年（1586）吳琯等刻本 二
十冊

370000 – 1541 – 0013309 851.3/771 = 2

詩紀一百五十六卷目錄三十六卷 （明）馮惟
訥輯 明萬曆十四年（1586）吳琯等刻本 莫
棠批校 四十冊

370000 – 1541 – 0013310 851.3/772

海曲詩鈔十六卷 （清）馮金伯編 清刻本
八冊

370000 – 1541 – 0013311 851.3/795

黔詩紀略後編三十卷 （清）莫庭芝 （清）黎
汝謙輯 黔詩紀略補編三卷 陳田輯 清宣
統三年（1911）筱石氏京師刻本 八冊

370000 – 1541 – 0013312 851.3/827

宋元明詩約鈔三百首二卷首一卷 （清）朱梓
編 清光緒十五年（1889）鎮江文成堂刻本
二冊

370000 – 1541 – 0013313 851.3/827 = 1

白田風雅二十四卷 （清）朱彬輯 清光緒十
二年（1886）金陵刻本 四冊

370000 – 1541 – 0013314 851.3/827 = 2

金華詩錄六十卷外集四卷 （清）朱琰輯 清
乾隆三十八年（1773）金華府學刻本 二十冊

370000 – 1541 – 0013315 851.3/827 = 3

梡鞠錄二卷 朱祖謀編 清宣統元年（1909）
南陵徐乃昌鉛印本 一冊

370000 – 1541 – 0013316 851.3/827 = 4

珊瑚木難不分卷　（明）朱存理輯　清抄本
一册

370000－1541－0013317　851.3/832

新安先集二十卷　（清）朱之榛輯　清同治十
三年(1874)蘇州刻本　六册

370000－1541－0013318　851.3/885

選詩補注八卷續編四卷補遺二卷　（元）劉履
選注　明正統何景春刻本　十册　存十二卷
（選詩補注八卷、續編四卷）

370000－1541－0013319　851.3/885＝2

選詩補注八卷續編四卷補遺二卷　（元）劉履
選注　明嘉靖三十一年(1552)吳郡顧存仁養
吾堂刻本　十册

370000－1541－0013320　851.3/885＝3

選詩補注八卷續編四卷補遺二卷　（元）劉履
選注　明刻本　六册　存八卷（選詩補注八
卷）

370000－1541－0013321　851.3/885＝4

歷朝詩約選九十三卷　（清）劉大櫆纂　清光
緒二十三年(1897)文徵閣刻本　二十二册

370000－1541－0013322　851.3/885＝5

歷朝詩約選九十三卷　（清）劉大櫆纂　清光
緒二十三年(1897)文徵閣刻本　二十二册

370000－1541－0013323　851.3/885＝6

國朝六家詩鈔八卷　（清）劉執玉輯　清宣統
二年(1910)澄衷學堂石印本　六册

370000－1541－0013324　851.3/923

應試唐詩類釋十九卷　（清）臧岳編　清乾隆
二十六年(1761)三樂齋刻本　四册

370000－1541－0013325　851.3/923＝1

詩所五十六卷歷代名氏爵里一卷　（明）臧懋
循輯　明萬曆三十一年(1603)雕虫館刻本
四十七册

370000－1541－0013326　851.3/923＝5

詩所五十六卷歷代名氏爵里一卷　（明）臧懋
循輯　明萬曆三十一年(1603)雕虫館刻本
十六册

370000－1541－0013327　851.3/938

詩歸五十一卷　（明）鍾惺　（明）譚元春評選
明萬曆四十五年(1617)刻本　十册

370000－1541－0013328　851.3/938＝1

詩歸五十一卷　（明）鍾惺　（明）譚元春評選
明萬曆四十五年(1617)刻本　十六册

370000－1541－0013329　851.3/938＝2

詩歸五十一卷　（明）鍾惺　（明）譚元春評選
明刻本　二十四册

370000－1541－0013330　851.3/938＝3

詩歸五十一卷　（明）鍾惺　（明）譚元春評選
明崇禎十四年(1641)刻本　十二册

370000－1541－0013331　851.3/938＝4

古詩歸十五卷　（明）鍾惺　（明）譚元春評選
明萬曆四十五年(1617)刻本　五册

370000－1541－0013332　851.3/938＝5

古詩歸十五卷　（明）鍾惺　（明）譚元春評選
明末刻本　四册

370000－1541－0013333　851.3/938＝6

古詩歸十五卷　（明）鍾惺　（明）譚元春評選
（明）劉敩重訂　明末刻本　五册

370000－1541－0013334　851.3/938＝7

名媛詩歸三十六卷　（明）鍾惺輯　明末刻本
二十四册

370000－1541－0013335　851.3/946

禊湖詩拾八卷　（清）徐達源輯　清嘉慶二十
年(1815)孚遠堂刻本　一册

370000－1541－0013336　851.3/948

玉臺新詠十卷　（南朝陳）徐陵輯　清康熙五
十三年(1714)硯豐齋刻本　二册

370000－1541－0013337　851.3/948＝1

玉臺新詠十卷　（南朝陳）徐陵輯　（清）吳兆
宜注　（清）程琰刪補　清乾隆三十九年
(1774)刻本　六册

370000－1541－0013338　851.3/948＝2

玉臺新詠十卷　（南朝陳）徐陵輯　（清）吳兆
宜注　（清）程琰刪補　清光緒五年(1879)宏

達堂刻本　六冊

370000 – 1541 – 0013339　851.3/948 = 3

玉臺新詠十卷　（南朝陳)徐陵輯　(清)吳兆
宜注　(清)程琰刪補　清光緒五年(1879)宏
達堂刻本　六冊

370000 – 1541 – 0013340　851.3/951

彙纂詩法度鍼三十三卷首一卷　(清)徐文弼
輯　清怡蓮堂刻本　八冊

370000 – 1541 – 0013341　851.3/959

金詩選四卷元詩選六卷補遺一卷　(清)顧奎
光輯　(清)陶玉和參評　清乾隆十六年
(1751)刻本　四冊

370000 – 1541 – 0013342　851.3/959 = 1

元詩選六卷補遺一卷　(清)顧奎光輯　(清)
陶玉和參評　清乾隆十六年(1751)刻本　六
冊

370000 – 1541 – 0013343　851.3/962

詩林韶濩二十卷　(清)顧嗣立選　清弘文書
屋刻本　十二冊

370000 – 1541 – 0013344　851.3/962 = 1

詩林韶濩選評二十卷補編一卷　(清)顧嗣立
選　(清)周煌重選　(清)金甡評　清乾隆三
十一年(1766)南昌府學刻本　六冊

370000 – 1541 – 0013345　851.3/982 = 1

十八家詩鈔二十八卷　(清)曾國藩輯　(清)
李鴻章審訂　清同治十三年(1874)傳忠書局
刻本　二冊　存二卷(二十四至二十五)

370000 – 1541 – 0013346　851.3/982 = 3

十八家詩鈔二十八卷　(清)曾國藩輯　(清)
李鴻章審訂　清同治十三年(1874)傳忠書局
刻本　二十八冊　缺一卷(一)

370000 – 1541 – 0013347　851.32/892

漢魏詩集十四卷　(明)劉成德輯　明萬曆南
海陳堂刻本　六冊

370000 – 1541 – 0013348　851.34/111

唐詩三百首注釋六卷　(清)章燮注　清光緒
二十年(1894)永州安定書局刻本　四冊

370000 – 1541 – 0013349　851.34/112

新鐫五言千家詩會義直解一卷新鐫五律千家
詩會義直解一卷增補重訂千家詩註解二卷
(清)王相選註　笠翁對韻二卷　(清)李漁撰
　唐司空圖詩品詳註一卷　(唐)司空圖撰
清光緒二十三年(1897)煙臺成文信刻本　一
冊　存三卷(新鐫五言千家詩會義直解一卷、
新鐫五律千家詩會義直解一卷、笠翁對韻一)

370000 – 1541 – 0013350　851.34/125

唐詩絕句類選四卷總評一卷人物一卷　（明）
敖英等輯　明吳興凌雲刻朱藍黑三色套印本
四冊

370000 – 1541 – 0013351　851.34/134

懷園集李詩八卷集杜詩八卷　(清)車萬育撰
　清康熙懷園刻本　四冊

370000 – 1541 – 0013352　851.34/171

唐詩快十六卷　(清)黃周星選評　清康熙刻
本　八冊

370000 – 1541 – 0013353　851.34/285

庚補箋釋批評唐詩直解七卷首一卷　(明)李
攀龍選　(明)葉羲昂直解　(明)蔣一葵箋釋
　(明)鍾惺批評　(明)葉羲昂補　庚訂箋釋
批評古詩直解十二卷首一卷　(明)葉羲昂選
解　清刻本　八冊　缺四卷(庚訂箋釋批評
古詩直解九至十二)

370000 – 1541 – 0013354　851.34/285 = 1

庚補箋釋批評唐詩直解七卷首一卷　(明)李
攀龍選　(明)葉羲昂直解　(明)蔣一葵箋釋
　(明)鍾惺批評　(明)葉羲昂補　庚訂箋釋
批評古詩直解十二卷首一卷　(明)葉羲昂選
解　清初古吳陳長卿刻本　十冊

370000 – 1541 – 0013355　851.34/285 = 2

古唐詩選七卷　(明)李攀龍輯　(清)吳逸注
　清刻本　佚名批　四冊

370000 – 1541 – 0013356　851.34/285 = 3

唐詩箋注七卷　(明)李攀龍　(明)鍾惺選評
　(清)錢謙益箋釋　清世榮堂刻本　六冊

370000 – 1541 – 0013357　851.34/285 = 4

重訂中晚唐詩主客圖二卷　（清）李懷民
（清）李憲喬編　清咸豐四年(1854)刻本　四
冊

370000－1541－0013358　851.34/285＝5

中晚唐詩主客圖二卷　（清）李懷民輯　清嘉
慶十八年(1813)退思軒刻本　二冊

370000－1541－0013359　851.34/290

全五代詩一百卷　（清）李調元輯　清乾隆四
十五年(1780)刻本　二十三冊　存九十八卷
（一至九十八）

370000－1541－0013360　851.34/290＝1

全五代詩一百卷　（清）李調元輯　清乾隆四
十五年(1780)刻本　二十冊

370000－1541－0013361　851.34/290＝2

全五代詩一百卷　（清）李調元輯　清乾隆四
十五年(1780)刻本　一冊　存六卷（九十五
至一百）

370000－1541－0013362　851.34/384＝2

唐詩三百首注疏六卷　（清）蘅塘退士（孫洙）
編　（清）章燮注　清道光十四年(1834)宛委
山莊刻本　四冊　缺二卷（三至四）

370000－1541－0013363　851.34/394

松陵集十卷　（唐）皮日休　（唐）陸龜蒙撰
明虞山毛氏汲古閣刻本　六冊

370000－1541－0013364　851.34/438

唐詩選勝直解不分卷　（清）吳烶選注　清乾
隆二十七年(1762)刻本　六冊

370000－1541－0013365　851.34/438＝1

唐詩初選二卷　（清）蘅塘退士（孫洙）編　清
同治三年(1864)刻本　二冊

370000－1541－0013366　851.34/533

世美堂唐詩選八卷　（清）范時繹輯　清乾隆
十年(1745)刻本　七冊　存七卷（一至七）

370000－1541－0013367　851.34/616

新鐫五言千家詩箋註二卷　（清）王相選註
唐司空圖詩品詳註一卷　（唐）司空圖撰　笠
翁對韻二卷　（清）李漁撰　增補重訂千家詩

註解二卷　（宋）謝枋得選　（清）王相註　清
末上海鴻文書局石印本　一冊

370000－1541－0013368　851.34/616＝1

千家詩四卷　（清）□□選註　清末膠州成文
堂書坊石印本　一冊　存二卷（三至四）

370000－1541－0013369　851.34/627

紫陽方先生瀛奎律髓四十九卷　（元）方回輯
清康熙四十九年(1710)陳士泰刻本　十六
冊

370000－1541－0013370　851.34/627＝1

瀛奎律髓刊誤四十九卷　（元）方回選　（清）
紀昀批點　清嘉慶五年(1800)侯官李光垣刻
本　十六冊

370000－1541－0013371　851.34/627＝2

瀛奎律髓刊誤四十九卷　（元）方回選　（清）
紀昀批點　清嘉慶五年(1800)侯官李光垣刻
本　八冊　存二十八卷（二十二至四十九）

370000－1541－0013372　851.34/627＝3

瀛奎律髓刊誤四十九卷　（元）方回選　（清）
紀昀批點　清嘉慶五年(1800)侯官李光垣刻
本　八冊

370000－1541－0013373　851.34/627＝4

瀛奎律髓刊誤四十九卷　（元）方回選　（清）
紀昀批點　清光緒六年(1880)懺花盦刻本
十二冊

370000－1541－0013374　851.34/641

唐三體詩六卷續八卷　（清）高士奇輯　清刻
本　三冊

370000－1541－0013375　851.34/665

唐詩百名家全集　（清）席啟寓編　清康熙四
十一年(1702)洞庭席氏琴川書屋刻光緒八年
(1882)重修本　六十四冊

370000－1541－0013376　851.34/665＝1

唐詩百名家全集　（清）席啟寓編　清康熙四
十一年(1702)洞庭席氏琴川書屋刻本　八冊
　存十四種六十三卷（皇甫補闕詩集二卷,補
遺一卷,皇甫御史詩集一卷,補遺一卷,韓君平詩集一卷、補遺一卷,唐司空文明詩集三卷,丁卯詩集二卷、續集一卷、續補一卷、遺詩一卷,王建詩集十卷,司空表聖詩集三卷,李山甫詩集一卷,李丞相詩集二卷,章碣詩集一卷,李商隱詩集三卷,甲乙集十卷、補遺一卷,樊川集六卷、補遺一卷,賈浪仙長江集十卷)

370000－1541－0013377　851.34/665＝2

唐詩百名家全集　(清)席啟寓編　清康熙四十一年(1702)洞庭席氏琴川書屋刻本　四十三冊

370000－1541－0013378　851.34/667

彙編唐詩十集四十一卷目錄七卷　(明)唐汝詢輯　(清)王士禎重訂　(清)蔣漢紀增釋　清康熙二十九年(1690)石渠東閣刻本　佚名批校　二十四冊

370000－1541－0013379　851.34/740

唐詩三集合編七十四卷首一卷　(明)沈子來輯　明天啓四年(1624)寧遠山房刻本　二十四冊

370000－1541－0013380　851.34/747

唐詩別裁集引典備註二十卷　(清)沈德潛選　(清)俞汝昌註　清道光十八年(1838)富春堂刻本　十冊

370000－1541－0013381　851.34/747＝1

唐詩別裁集引典備註二十卷　(清)沈德潛選　(清)俞汝昌註　清道光十八年(1838)富春堂刻本　十六冊

370000－1541－0013382　851.34/750

李杜合集二卷　(清)游藝輯　清刻本　二冊

370000－1541－0013383　851.34/896

十二家唐詩類選十二卷　(明)何東序輯　明隆慶四年(1570)刻本　四冊

370000－1541－0013384　851.34/987

貫華堂選批唐才子詩甲集七言律八卷　(清)金人瑞(金聖歎)選批　(清)金雍釋　清順治貫華堂刻本　十二冊

370000－1541－0013385　851.34/987＝1

貫華堂選批唐才子詩甲集七言律八卷　(清)金人瑞(金聖歎)選批　(清)金雍釋　清順治貫華堂刻本　六冊

370000－1541－0013386　851.34/994

唐宋八家詩鈔八種五十二卷　(清)姚培謙編　清雍正五年(1727)華亭姚培謙刻本　十六冊

370000－1541－0013387　851.341/112

唐文粹詩選六卷　(清)王士禎纂　清康熙刻本　二冊

370000－1541－0013388　851.341/112＝1

唐賢三昧集三卷　(清)王士禎選　(清)黃培芳評　清宣統二年(1910)淵古齋石印本　六冊

370000－1541－0013389　851.341/112＝2

唐賢三昧集三卷　(清)王士禎選　(清)黃培芳評　清宣統二年(1910)淵古齋石印本　六冊

370000－1541－0013390　851.341/112＝3

唐賢三昧集三卷　(清)王士禎選　(清)黃培芳評　(清)吳煊　(清)胡棠輯注　清光緒九年(1883)翰墨園刻朱墨套印本　三冊

370000－1541－0013391　851.341/112＝4

唐賢三昧集三卷　(清)王士禎編　清刻本　一冊

370000－1541－0013392　851.341/112＝5

古唐詩合解十二卷古詩四卷　(清)王堯衢註　清末刻本　六冊

370000－1541－0013393　851.341/112＝6

古唐詩合解十二卷古詩四卷　(清)王堯衢註　清光緒十二年(1886)江左紫文閣刻本　三冊

370000－1541－0013394　851.341/112＝7

古唐詩合解十二卷古詩四卷　(清)王堯衢註　清光緒十八年(1892)江西兩儀堂刻本　六冊

370000－1541－0013395　851.341/112＝8

古唐詩合解十二卷古詩四卷　（清）王堯衢註
清光緒十七年(1891)文盛堂記刻本　六冊

370000－1541－0013396　851.341/112＝10
唐人萬首絕句選七卷　（清）王士禛選　清刻
本　二冊

370000－1541－0013397　851.341/112＝11
唐人萬首絕句選七卷　（清）王士禛選　清光
緒二十三年(1897)金陵書局刻本　二冊

370000－1541－0013398　851.341/112＝12
十種唐詩選十七卷　（清）王士禛刪纂　清康
熙南芝堂刻本　十二冊

370000－1541－0013399　851.341/112＝13
十種唐詩選十七卷　（清）王士禛刪纂　清康
熙蘿延齋刻本　七冊

370000－1541－0013400　851.341/112＝14
十種唐詩選十七卷　（清）王士禛刪纂　清康
熙蘿延齋刻本　十冊

370000－1541－0013401　851.341/112＝15
十種唐詩選十七卷　（清）王士禛刪纂　清康
熙蘿延齋刻本　二冊　缺六卷(文粹詩六卷)

370000－1541－0013402　851.341/112＝16
十種唐詩選十七卷唐賢三昧集三卷唐人萬首
絕句選七卷　（清）王士禛編　清刻本　八冊

370000－1541－0013403　851.341/112＝17
十種唐詩選十七卷唐賢三昧集三卷唐人萬首
絕句選七卷　（清）王士禛編　清刻本　八冊

370000－1541－0013404　851.341/112＝18
唐詩選六卷　王闓運輯　清光緒二年(1876)
成都尊經書局刻本　六冊

370000－1541－0013405　851.341/112＝19
湘綺樓唐七言詩選七卷附一卷　王闓運輯
清光緒二十六年(1900)刻本　五冊

370000－1541－0013406　851.341/128
唐詩鼓吹十卷　（金）元好問輯　（元）郝天挺
注　（明）廖文炳解　清康熙四十七年(1708)
崇玉堂刻本　六冊

370000－1541－0013407　851.341/128＝3
東嵒草堂評訂唐詩鼓吹十卷　（金）元好問輯
　（元）郝天挺注　（明）廖文炳解　（清）朱
三錫評　清康熙刻本　四冊

370000－1541－0013408　851.341/128＝4
東嵒草堂評訂唐詩鼓吹十卷　（金）元好問輯
　（元）郝天挺注　（明）廖文炳解　（清）朱
三錫評　清康熙刻本　佚名批校　五冊

370000－1541－0013409　851.341/199
山滿樓箋註唐詩七言律六卷　（清）趙臣瑗輯
清乾隆四十九年(1784)刻本　六冊

370000－1541－0013410　851.341/212
唐詩類苑選三十四卷　（清）戴明說輯　清順
治十三年(1656)梅墅石渠閣刻本　十六冊

370000－1541－0013411　851.341/214
唐音戊籤二百一卷唐音戊籤餘六十三卷
（明）胡震亨輯　清康熙二十六年(1687)胡氏
南益堂刻本　三十六冊

370000－1541－0013412　851.341/214＝1
唐音戊籤二百一卷唐音戊籤餘六十三卷
（明）胡震亨輯　清康熙二十六年(1687)胡氏
南益堂刻本　三十二冊

370000－1541－0013413　851.341/214＝2
唐詩近體四卷　（清）胡本淵評選　清光緒二
年(1876)南京李光明莊狀元閣刻本　一冊
存二卷(一至二)

370000－1541－0013414　851.341/221
唐四家詩集四種二十卷附採輯歷朝詩話一卷
唐四家詩集辨譌考異一卷　（清）胡鳳丹輯
清同治九年(1870)胡氏退補齋刻本　六冊

370000－1541－0013415　851.341/221＝1
唐四家詩集四種二十卷附採輯歷朝詩話一卷
唐四家詩集辨譌考異一卷　（清）胡鳳丹輯
清同治九年(1870)胡氏退補齋刻本　六冊

370000－1541－0013416　851.341/266
唐十二家詩十二卷　（明）楊一統編　明萬曆
十二年(1584)楊一統刻本　九冊　存十種十

卷(王勃集一卷、楊炯集一卷、駱賓王集一卷、陳子昂集一卷、杜審言集一卷、沈佺期集一卷、宋之問集一卷、孟浩然集一卷、王維集一卷、岑參集一卷)

370000－1541－0013417　851.341/271
李杜詩選十一卷　(明)張含輯　(明)楊慎等評　明吳興閔氏刻朱墨套印本　六冊

370000－1541－0013418　851.341/285
李于鱗唐詩廣選七卷　(明)李攀龍輯　(明)淩瑞森　(明)淩南榮輯評　明萬曆三年(1575)吳興淩氏盟鷗館刻朱墨套印本　六冊

370000－1541－0013419　851.341/285＝1
唐詩選七卷　(明)李攀龍輯　(明)王稚登評　明萬曆吳興閔氏刻朱墨套印本　二冊　存四卷(一至四)

370000－1541－0013420　851.341/306
七言律準四十六卷凡例一卷紀年一卷目錄一卷外卷一卷　(明)張玉成輯注　明萬曆四十四年(1616)刻本　十七冊　缺六卷(七言律準一、二十九至三十、四十五至四十六,外卷一卷)

370000－1541－0013421　851.341/311
唐雅二十一卷　(明)張之象編　明萬曆新安吳勉學刻本　五冊

370000－1541－0013422　851.341/311＝1
唐詩類苑二百卷　(明)張之象輯　(清)吳榮芝重輯　清初廣陵瑤華閣刻本　四十二冊

370000－1541－0013423　851.341/311＝2
唐詩類苑二百卷　(明)張之象輯　(明)趙應元編　(明)王徹補訂　明萬曆二十九年(1601)曹仁孫刻清補修本　五冊　存十八卷(二十五至二十七、五十九至六十二、一百四十一至一百四十四、一百四十八至一百五十一、一百九十至一百九十二)

370000－1541－0013424　851.341/311＝3
唐宋四家詩鈔十八卷　(清)張懷溥輯　清道光十一年(1831)刻本　六冊

370000－1541－0013425　851.341/354
唐詩便讀四卷　(清)□□輯　清光緒十五年(1889)上洋大文堂刻本　一冊

370000－1541－0013426　851.341/357＝2
王摩詰詩集七卷　(唐)王維撰　(宋)劉辰翁評　**孟浩然詩集二卷**　(唐)孟浩然撰　(宋)劉辰翁評　清光緒五年(1879)碧琳瑯館刻本　四冊

370000－1541－0013427　851.341/377
求志居唐詩選八十二卷首一卷　(清)陳世鎔編　清道光二十五年(1845)獨秀山莊刻本　十冊

370000－1541－0013428　851.341/387
三家長律詩鈔三卷　(清)陸費墀撰　清乾隆刻本　三冊

370000－1541－0013429　851.341/433
全唐詩鈔八十卷　(清)吳成儀編　清璜川書屋刻本　二十四冊

370000－1541－0013430　851.341/433＝2
全唐詩鈔八十卷　(清)吳成儀編　清嘉慶十三年(1808)刻本　二十四冊

370000－1541－0013431　851.341/578＝2
唐詩三百首注疏六卷　(清)蘅塘退士(孫洙)編　(清)章燮注　**唐詩三百首續選一卷附姓氏小傳一卷**　(清)于慶元續編　清道光十五年(1835)文盛堂刻本　佚名批　八冊

370000－1541－0013432　851.341/578＝5
唐詩三百首補註八卷　(清)陳婉俊輯　清光緒十八年(1892)成文堂刻本　四冊

370000－1541－0013433　851.341/578＝6
唐詩三百首補註八卷　(清)陳婉俊輯　**唐詩三百首續選一卷**　(清)于慶元編　清光緒十二年(1886)善成堂刻本　六冊

370000－1541－0013434　851.341/579
才調集補注十卷　(五代)韋縠輯　(清)殷元勳箋注　(清)宋邦綏補注　清光緒二十年(1894)江蘇書局刻本　四冊

370000－1541－0013435　851.341/579＝1

才調集補注十卷　（五代）韋縠輯　（清）殷元勳箋注　（清）宋邦綏補注　清乾隆五十六年(1791)思補堂刻本　六冊

370000－1541－0013436　851.341/579＝2

才調集補注十卷　（五代）韋縠輯　（清）殷元勳箋注　（清）宋邦綏補注　清乾隆五十六年(1791)思補堂刻本　二冊

370000－1541－0013437　851.341/579＝3

才調集十卷　（五代）韋縠輯　（清）馮舒（清）馮班評點　清康熙四十三年(1704)汪氏垂雲堂刻本　四冊

370000－1541－0013438　851.341/579＝6

刪正二馮評閱才調集二卷　（清）紀昀編　清乾隆鏡煙堂刻本　二冊

370000－1541－0013439　851.341/598

小學堂詩歌四卷　（清）□□編　清江楚書局刻本　二冊

370000－1541－0013440　851.341/628

唐詩韻滙不分卷　（清）施端教輯　清康熙二十年(1681)泗水施氏嘯閣刻本　四十八冊

370000－1541－0013441　851.341/641

唐詩品彙九十卷拾遺十卷　（明）高棅輯　明嘉靖十六年(1537)姚芹泉刻本　三十六冊

370000－1541－0013442　851.341/641＝1

唐詩品彙九十卷拾遺十卷　（明）高棅輯（明）張恂重訂　明末張恂刻本　十六冊

370000－1541－0013443　851.341/641＝2

唐詩品彙九十卷拾遺十卷附詩人爵里詳節一卷　（明）高棅輯　（明）張恂重訂　明末文錦堂刻本　三十一冊

370000－1541－0013444　851.341/641＝3

唐詩品彙九十卷拾遺十卷　（明）高棅輯　明嘉靖十八年(1539)山陰牛斗刻本　二十四冊

370000－1541－0013445　851.341/641＝4

唐詩正聲二十二卷　（明）高棅輯　明熊沖宇種德堂刻本　四冊

370000－1541－0013446　851.341/648＝2

唐中興閒氣集二卷　（唐）高仲武輯　清光緒十九年(1893)武進費氏刻本　一冊

370000－1541－0013447　851.341/667

唐詩解五十卷詩人爵里一卷　（明）唐汝詢輯　清順治十六年(1659)武林趙孟龍萬笈堂刻本　十四冊

370000－1541－0013448　851.341/667＝1

唐詩解五十卷詩人爵里一卷　（明）唐汝詢輯　清順治十六年(1659)武林趙孟龍萬笈堂刻本　十二冊

370000－1541－0013449　851.341/667＝2

唐詩解五十卷詩人爵里一卷　（明）唐汝詢輯　清順治十六年(1659)武林趙孟龍萬笈堂刻本　二十四冊

370000－1541－0013450　851.341/667＝3

刪訂唐詩解二十四卷　（明）唐汝詢選釋（清）吳昌祺評定　清康熙四十年(1701)誦懿堂刻本　六冊　存十一卷(一至七、十至十一、十八至十九)

370000－1541－0013451　851.341/668

全唐詩九百卷目錄十二卷　（清）曹寅　（清）彭定求等輯定　清康熙四十六年(1707)揚州詩局刻本　一百二十冊

370000－1541－0013452　851.341/668＝1

全唐詩九百卷目錄十二卷　（清）曹寅　（清）彭定求等輯定　清康熙四十六年(1707)揚州詩局刻本　一百二十冊

370000－1541－0013453　851.341/668＝2

全唐詩九百卷目錄十二卷　（清）曹寅　（清）彭定求等輯定　清康熙四十六年(1707)揚州詩局刻本　一百十九冊　缺三卷(樂府十一至十三)

370000－1541－0013454　851.341/668＝3

全唐詩三十二卷目錄三卷　（清）聖祖玄燁選（清）陳廷敬等輯注　清光緒十三年(1887)上海同文書局石印本　三十二冊

370000 – 1541 – 0013455　851.341/668 ＝ 4

御選唐詩三十二卷目録三卷　（清）聖祖玄燁選　（清）陳廷敬等輯注　清康熙五十二年（1713）內府刻朱墨套印本　十六冊

370000 – 1541 – 0013456　851.341/668 ＝ 5

御選唐詩三十二卷目録三卷　（清）聖祖玄燁選　（清）陳廷敬等輯注　清康熙五十二年（1713）內府刻朱墨套印本　二十四冊

370000 – 1541 – 0013457　851.341/680

竇氏聯珠集不分卷　（唐）竇常等撰　（唐）褚藏言輯　清初抄本　一冊

370000 – 1541 – 0013458　851.341/695 ＝ 1

網師園唐詩箋十八卷　（清）宋宗元輯　清尚絅堂刻本　六冊

370000 – 1541 – 0013459　851.341/712

唐四家詩八卷　（清）汪立名輯　清康熙三十四年（1695）天都汪立名刻本　六冊

370000 – 1541 – 0013460　851.341/712 ＝ 2

唐四家詩八卷　（清）汪立名輯　清光緒十年（1884）遂邑公局刻本　四冊

370000 – 1541 – 0013461　851.341/743

全唐近體詩鈔五卷　（清）沈裳錦選　清道光二年（1822）蘇州振新書社刻本　三冊

370000 – 1541 – 0013462　851.341/745

唐詩諧律二卷　（清）沈寶青選　清光緒十六年（1890）溧陽沈氏歸安官舍刻本　二冊

370000 – 1541 – 0013463　851.341/745 ＝ 1

唐詩諧律二卷　（清）沈寶青選　清光緒十六年（1890）溧陽沈氏歸安官舍刻本　二冊

370000 – 1541 – 0013464　851.341/747

重訂唐詩別裁集二十卷　（清）沈德潛編　清小西山房刻本　十冊

370000 – 1541 – 0013465　851.341/747 ＝ 4

唐詩別裁集引典備註二十卷　（清）沈德潛選　（清）俞汝昌註　清末資善堂刻本　十二冊

370000 – 1541 – 0013466　851.341/747 ＝ 5

重訂唐詩別裁集二十卷　（清）沈德潛編　清

乾隆二十八年（1763）教忠堂刻本　十冊

370000 – 1541 – 0013467　851.341/781

唐雅同聲五十卷目録二卷　（明）毛懋宗輯　（明）朱謀㙔補輯　（清）朱統鈃重編　明萬曆十六年（1588）毛謙依仁山館刻天啓五年（1625）補刻清順治十六年（1659）補修本　二十二冊

370000 – 1541 – 0013468　851.341/781 ＝ 1

唐人八家詩四十二卷　（明）毛晉編　明末虞山毛氏汲古閣刻本　六冊

370000 – 1541 – 0013469　851.341/809

大曆詩略六卷　（清）喬億選評　清乾隆三十七年（1772）居安樂玩之堂刻本　二冊

370000 – 1541 – 0013470　851.341/813

刪補唐詩選脉箋釋會通評林六十卷　（明）周珽輯注　（明）陳繼儒批點　明崇禎八年（1635）海昌周氏轂采齋刻本　三冊　存三卷（七言絕句中唐三卷）

370000 – 1541 – 0013471　851.341/845

讀雪山房唐詩三十四卷　（清）管世銘輯　清光緒十三年（1887）湖北官書處刻本　十二冊

370000 – 1541 – 0013472　851.341/845 ＝ 1

讀雪山房唐詩三十四卷　（清）管世銘輯　清光緒十二年（1886）湖北官書處刻本　十二冊

370000 – 1541 – 0013473　851.341/863

唐詩選一卷　（清）□□選　清抄本　一冊

370000 – 1541 – 0013474　851.341/885

十三唐人詩十五卷八劉唐人詩八卷　（清）劉雲份編　清康熙劉氏野香堂刻本　十二冊

370000 – 1541 – 0013475　851.341/885 ＝ 1

王摩詰詩集七卷　（唐）王維撰　（宋）劉辰翁評　孟浩然詩集二卷　（唐）孟浩然撰　（宋）劉辰翁評　清光緒五年（1879）碧琳琅館刻本　四冊

370000 – 1541 – 0013476　851.341/885 ＝ 2

王摩詰詩集七卷　（唐）王維撰　（宋）劉辰翁評　孟浩然詩集二卷　（唐）孟浩然撰　（宋）

劉辰翁評　清光緒五年(1879)碧琳瑯館刻本
二冊

370000－1541－0013477　851.341/923

唐詩所四十七卷　(明)臧懋循輯　明萬曆三
十四年(1606)弘訓堂刻本　三十二冊

370000－1541－0013478　851.341/932

唐音審體二十卷　(清)錢良擇編　清光緒九
年(1883)後知不足齋刻本　四冊

370000－1541－0013479　851.341/946

而菴說唐詩二十二卷　(清)徐增撰　清乾隆
二十三年(1758)文茂堂刻本　七冊

370000－1541－0013480　851.341/946＝2

而菴說唐詩十卷　(清)徐增撰　清乾隆二十
三年(1758)集盛堂刻本　四冊

370000－1541－0013481　851.341/946＝3

而菴說唐詩二十二卷　(清)徐增撰　清乾隆
四十八年(1783)九誥堂刻本　四冊

370000－1541－0013482　851.341/949

唐人五言長律清麗集六卷　(清)徐日璉
(清)沈士駿輯　清乾隆二十二年(1757)刻本
二冊

370000－1541－0013483　851.341/949＝1

唐人五言長律清麗集六卷　(清)徐日璉
(清)沈士駿輯　清光緒三年(1877)刻本　佚
名跋　四冊

370000－1541－0013484　851.341/949＝2

唐人五言長律清麗集六卷　(清)徐日璉
(清)沈士駿輯　清光緒三年(1877)刻本　四
冊

370000－1541－0013485　851.341/969

河岳英靈集二卷　(唐)殷璠輯　清光緒四年
(1878)揚州賴豐烈刻本　二冊

370000－1541－0013486　851.341/984

七言律詩十八卷　(清)翁方綱輯　清乾隆四
十七年(1782)曹振鏞刻本　二冊

370000－1541－0013487　851.341/984＝1

七言律詩十八卷　(清)翁方綱輯　清乾隆四

十七年(1782)曹振鏞刻本　四冊

370000－1541－0013488　851.341/992

九僧詩一卷　(唐)釋希晝等撰　清道光十五
年(1835)刻本　一冊

370000－1541－0013489　851.35/382

宋十五家詩選不分卷　(清)陳訏輯　清陳氏
師簡堂刻本　六冊

370000－1541－0013490　851.35/433

宋金元詩選六卷　(清)吳翌鳳輯　清乾隆五
十八年(1793)斯雅堂刻本　四冊

370000－1541－0013491　851.35/433＝1

宋金元詩選六卷　(清)吳翌鳳輯　清乾隆五
十八年(1793)斯雅堂刻本　六冊

370000－1541－0013492　851.35/438

宋詩鈔初集　(清)呂留良　(清)吳之振
(清)吳爾堯編　清康熙十年(1671)洲錢吳氏
鑒古堂刻本　二十八冊

370000－1541－0013493　851.35/438＝1

宋詩鈔初集　(清)呂留良　(清)吳之振
(清)吳爾堯編　清康熙十年(1671)洲錢吳氏
鑒古堂刻本　二十冊

370000－1541－0013494　851.35/438＝2

宋詩鈔初集　(清)呂留良　(清)吳之振
(清)吳爾堯編　清康熙十年(1671)洲錢吳氏
鑒古堂刻本　二十冊

370000－1541－0013495　851.35/438＝3

宋詩鈔初集　(清)呂留良　(清)吳之振
(清)吳爾堯編　清康熙十年(1671)洲錢吳氏
鑒古堂刻本　三十二冊

370000－1541－0013496　851.35/609

宋詩三百首一卷　(清)許耀編　清道光二十
五年(1845)春水草堂刻本　一冊

370000－1541－0013497　851.35/676

御選宋詩七十八卷姓名爵里二卷　(清)張豫
章等輯　清康熙四十八年(1709)揚州內府刻
御選宋金元明四朝詩本　清王歗維跋　二十
四冊

370000 – 1541 – 0013498　851.35/754

宋元詩四十二種二百八卷　（明）潘是仁編
明萬曆四十三年（1615）刻本　二冊　存五種
十六卷（貫酸齋詩集二卷、困學齋詩集二卷、
吳草廬詩六卷、盧含雪詩集三卷、馬西如詩集
三卷）

370000 – 1541 – 0013499　851.35/781 = 2

宋六十名家詞　（明）毛晉輯　清光緒十四年
（1888）錢塘汪氏刻本　一冊　存二種二卷
（壽域詞一卷、審齋詞一卷）

370000 – 1541 – 0013500　851.35/818

宋四名家詩四種二十七卷　（清）周之鱗
（清）柴升編　清康熙三十二年（1693）弘訓堂
刻本　六冊

370000 – 1541 – 0013501　851.35/818 = 1

宋四名家詩四種二十七卷　（清）周之鱗
（清）柴升選　清康熙三十二年（1693）弘訓堂
刻本　十六冊

370000 – 1541 – 0013502　851.35/818 = 2

宋四名家詩四種二十七卷　（清）周之鱗
（清）柴升選　清康熙三十二年（1693）弘訓堂
刻本　六冊

370000 – 1541 – 0013503　851.351/288

二李唱和集一卷　（宋）李昉　（宋）李至撰
清光緒十五年（1889）陳榘刻宣統二年（1910）
羅振玉補刻本　一冊

370000 – 1541 – 0013504　851.351/309 = 1

宋詩百一鈔八卷　（清）張景星等編　清寶仁
堂刻本　四冊

370000 – 1541 – 0013505　851.351/309 = 2

宋詩別裁八卷　（清）張景星等編　清小酉山
房刻本　四冊

370000 – 1541 – 0013506　851.351/329

坡門酬唱二十三卷　（宋）邵浩編　清宣統三
年（1911）刻本　八冊

370000 – 1541 – 0013507　851.351/329 = 1

坡門酬唱二十三卷　（宋）邵浩編　清宣統二

年（1910）貴池劉氏玉海堂刻本　六冊

370000 – 1541 – 0013508　851.351/392

宋詩紀事補遺一百卷　（清）陸心源輯　清光
緒十九年（1893）刻本　三十二冊

370000 – 1541 – 0013509　851.351/710

宋詩略十八卷　（清）汪景龍　（清）姚壎輯
清乾隆三十五年（1770）竹雨山房刻本　六冊

370000 – 1541 – 0013510　851.351/720

清非集二卷補遺一卷老圃集二卷補遺一卷
（宋）洪朋撰　清光緒二年（1876）涇縣朱氏惜
分陰齋刻本　一冊

370000 – 1541 – 0013511　851.351/740

南宋雜事詩七卷　（清）沈嘉轍等撰　清雍正
武林芹香齋刻本　二冊

370000 – 1541 – 0013512　851.351/781

二家宮詞二卷三家宮詞三卷　（明）毛晉輯
清同治十二年（1873）淮南書局刻本　一冊

370000 – 1541 – 0013513　851.352/377

讀畫齋重刻南宋群賢小集　（宋）陳起編　清
嘉慶六年（1801）石門顧氏讀畫齋刻本　六十
冊

370000 – 1541 – 0013514　851.352/377 = 1

江湖後集二十四卷　（宋）陳起編　清嘉慶六
年（1801）石門顧氏讀畫齋刻南宋群賢小集本
　十二冊

370000 – 1541 – 0013515　851.356/128

中州集十卷首一卷中州樂府一卷　（金）元好
問輯　明末虞山毛氏汲古閣刻本　十冊

370000 – 1541 – 0013516　851.356/128 = 1

中州集十卷首一卷中州樂府一卷　（金）元好
問輯　明末虞山毛氏汲古閣刻本　二十冊

370000 – 1541 – 0013517　851.356/128 = 2

中州集十卷首一卷　（金）元好問輯　明末虞
山毛氏汲古閣刻本　二十冊

370000 – 1541 – 0013518　851.356/128 = 3

中州集十卷中州樂府一卷　（金）元好問撰
清藍格抄本　十冊

165

370000－1541－0013519　851.356/630

御訂全金詩增補中州集七十二卷　（金）元好問輯　（清）郭元釪補輯　清康熙五十年(1711)內府刻本　十六冊

370000－1541－0013520　851.356/630＝1

御訂全金詩增補中州集七十二卷　（金）元好問輯　（清）郭元釪補輯　清刻本　二十四冊

370000－1541－0013521　851.357/293

竹里詩萃十六卷　（清）李道悠編　清光緒二十一年(1895)蔣氏十詠廬刻本　四冊

370000－1541－0013522　851.357/319

元詩別裁八卷補遺一卷　（清）張景星等輯　清小酉山房刻本　四冊

370000－1541－0013523　851.357/482

元人選元詩五種　羅振玉輯　清光緒三十四年(1908)連平范氏雙魚室刻本　六冊

370000－1541－0013524　851.357/962

元詩選初集六十八卷首一卷二集二十六卷三集十六卷　（清）顧嗣立輯　清康熙長洲顧氏秀野草堂刻本　三十二冊

370000－1541－0013525　851.357/962＝1

元詩選初集六十八卷首一卷二集二十六卷三集十六卷　（清）顧嗣立輯　清康熙長洲顧氏秀野草堂刻本　四十冊

370000－1541－0013526　851.357/962＝2

元詩選初集六十八卷首一卷二集二十六卷三集十六卷癸集十六卷　（清）顧嗣立輯　（清）席世臣續輯　清康熙長洲顧氏秀野草堂刻嘉慶三年(1798)補刻本　一百二十冊

370000－1541－0013527　851.357/962＝3

元詩選初集六十八卷首一卷　（清）顧嗣立輯　清康熙三十三年(1694)長洲顧氏秀野草堂刻本　二十四冊

370000－1541－0013528　851.36/112

濤音集八卷　（清）王士祿　（清）王士禎選輯　清乾隆五十七年(1792)掖縣儒學刻本　二冊

370000－1541－0013529　851.36/122

明詩絕句選青一卷學海堂集摘抄二卷　題（清）玉岑生伉侯氏選錄　清稿本　一冊

370000－1541－0013530　851.36/144

詩慰□□卷　（清）陳允衡選評　清順治澄懷閣刻本　三冊　存四卷(嶽歸堂集選一卷、嶧桐後集選一卷、昔耶園集選一卷、蓮鬚閣集選一卷)

370000－1541－0013531　851.36/144＝1

硤川詩鈔二十一卷首一卷詞鈔一卷　（清）曹宗載輯　清光緒十八年(1892)雙山講舍刻本　十冊

370000－1541－0013532　851.36/144＝2

硤川詩鈔二十一卷首一卷詞鈔一卷　（清）曹宗載輯　清光緒十八年(1892)雙山講舍刻本　十冊

370000－1541－0013533　851.36/203

浚儀世集六卷外集一卷　（清）趙希文輯　清光緒二十四年(1898)常熟刻本　四冊

370000－1541－0013534　851.36/285

聞湖詩續鈔七卷　（清）李王猷輯　清咸豐四年(1854)刻本　四冊

370000－1541－0013535　851.36/285＝1

聞湖詩三鈔八卷　（清）李道悠輯　清光緒十九年(1893)刻本　二冊

370000－1541－0013536　851.36/292

武定明詩鈔四卷國朝武定詩鈔十二卷國朝武定詩補鈔二卷　（清）李衍孫輯　清乾隆五十九年(1794)刻本　五冊

370000－1541－0013537　851.36/292＝1

武定詩續鈔二十四卷　（清）李佐賢輯　清同治六年(1867)利津李氏刻本　八冊

370000－1541－0013538　851.36/517

藍山集六卷　（明）藍仁撰　藍澗集六卷（明）藍智撰　清光緒十四年(1888)尊經閣刻本　六冊

370000－1541－0013539　851.36/628

166

明詩去浮四卷　（清）施何牧輯　清抄本　四冊

370000－1541－0013540　851.36/692
山左明詩鈔三十五卷　（清）宋弼輯　清乾隆三十六年(1771)益都李文藻恩平縣衙刻本十六冊

370000－1541－0013541　851.36/692＝1
山左明詩鈔三十五卷　（清）宋弼輯　清乾隆三十六年(1771)益都李文藻恩平縣衙刻本八冊

370000－1541－0013542　851.36/712
明三十家詩選初集八卷二集八卷　（清）汪端輯　清同治十二年(1873)蘊蘭吟館刻本　八冊

370000－1541－0013543　851.36/712＝1
明三十家詩選初集八卷二集八卷　（清）汪端輯　清同治十二年(1873)蘊蘭吟館刻蘇州振新書社印本　八冊

370000－1541－0013544　851.36/712＝2
明三十家詩選初集八卷二集八卷　（清）汪端輯　清光緒九年(1883)遂寧書局刻本　八冊

370000－1541－0013545　851.36/747
明詩別裁集十二卷　（清）沈德潛　（清）周準輯　清小酉山房刻本　六冊

370000－1541－0013546　851.36/747＝1
明詩別裁集十二卷　（清）沈德潛　（清）周準輯　清庸惠堂刻本　六冊

370000－1541－0013547　851.36/747＝2
明詩別裁集十二卷　（清）沈德潛　（清）周準輯　清乾隆四年(1739)長洲刻本　六冊

370000－1541－0013548　851.36/747＝3
明詩別裁集十二卷　（清）沈德潛　（清）周準輯　清乾隆四年(1739)長洲刻本　四冊

370000－1541－0013549　851.36/795
黔詩紀略三十三卷　（清）黎兆勳輯　（清）莫友芝傳證　清同治十二年(1873)遵義唐氏夢研齋刻本　八冊

370000－1541－0013550　851.36/827
白田風雅前編五卷　（清）喬載繇編　清咸豐元年(1851)寶德堂刻本　二冊

370000－1541－0013551　851.36/827＝1
白田風雅二十四卷　（清）朱彬編　清光緒十二年(1886)金陵刻本　四冊

370000－1541－0013552　851.36/827＝2
明人詩鈔正集十四卷續集十四卷　（清）朱琰編　清乾隆二十五年(1760)樊桐山房刻本　十二冊

370000－1541－0013553　851.36/827＝3
明人詩鈔續集十四卷　（清）朱琰編　清乾隆二十五年(1760)樊桐山房刻本　五冊

370000－1541－0013554　851.36/834
明詩綜一百卷　（清）朱彝尊錄　（清）汪森輯　清康熙四十四年(1705)蘇州朱氏刻西泠吳氏清來堂印本　三十二冊

370000－1541－0013555　851.36/834＝1
明詩綜一百卷　（清）朱彝尊錄　（清）汪森輯　清康熙四十四年(1705)蘇州朱氏刻西泠吳氏清來堂印本　三十二冊

370000－1541－0013556　851.36/834＝2
明詩綜一百卷　（清）朱彝尊錄　（清）汪森輯　清刻本　三十二冊

370000－1541－0013557　851.36/935
列朝詩集八十一卷　（清）錢謙益輯　清宣統二年(1910)上海神州國光社鉛印本　五十六冊

370000－1541－0013558　851.36/938
明詩歸八卷　（清）程如嬰　（清）朱衣輯　清順治刻本　四冊

370000－1541－0013559　851.36/953
本事詩十二卷　（清）徐釚輯　清康熙刻本六冊

370000－1541－0013560　851.36/990
盛明百家詩三百二十四卷　（明）俞憲編　明嘉靖至隆慶刻本　三十七冊　存一百二十六

卷(謝茂秦集一卷,俞仲蔚集一卷,王上舍集一卷,張敔集一卷,梁國子生集一卷,淑秀總集一卷,俞綉峰集一卷,龔内監集一卷,周真人集一卷,釋雪江集一卷,釋魯山集一卷,釋半峰集一卷,釋同石集一卷,秦端敏公集一卷,錢太守集一卷,王方伯集一卷,朱蕩南集一卷,孫鷺沙集一卷,楊通府集一卷,湛甘泉集一卷,周尚書集一卷,顧同府集一卷,陸文裕公集一卷,莫南沙集一卷,顧憲副集一卷,齊憲副集一卷,王僉事集一卷,鄒九峰集一卷,敖東谷集一卷,錢逸人集一卷,朱福州集一卷,張學士集一卷,張通參集一卷,二浦詩集一卷,二謝詩集一卷,王止一集一卷,續傅山人集一卷,潘尚書集一卷,張司馬集一卷,顧廉訪集一卷,蘇督撫集一卷,田莘野集一卷,續傅夢求集一卷,孫漁人集一卷,金子有集一卷,馮三石集一卷,吳少參集一卷,沈少參集一卷,續沈鳳峰集一卷,唐山人集一卷,續姚山人集一卷,薛兵憲集一卷,張皋副集一卷,沈石灣集一卷,姚本修集一卷,續黃五嶽集一卷,陳山人集一卷,岳山人集一卷,顧給舍集一卷,高光州集一卷,趙文學集一卷,秦封君集一卷,秦方伯集一卷,包侍御集一卷,王侍御集一卷,強德州集一卷,黎瑤石集一卷,駱翰編集一卷,陳隱士集一卷,陸文學集一卷,許石城集一卷,舒東岡集一卷,林介山集一卷,尹洞山集一卷,溫大谷集一卷,續王僉憲集一卷,茅副使集一卷,二莫詩集一卷,曹于野集一卷,呂山人集一卷,續集一卷,續萬履菴集一卷,龔副使集一卷,萬總戎集一卷,何翰目集一卷,王督撫集一卷,李青霞集一卷,續皇甫理山集一卷,劉魏比玉集一卷,胡苑卿集一卷,李武選集一卷,方員外集一卷,續吳川樓集一卷,續王鳳洲集二卷,周太僕集一卷,張周田集一卷,續徐龍灣集一卷,余憲副集一卷,李内翰集一卷,范中吳集一卷,續李滄溟集一卷,王儀部集一卷,王氏松雲集一卷,沈青門集一卷,方侍御集一卷,沈嘉則集一卷,吳之山集一卷,王禮部集一卷,王翰林集一卷,朱仲開集一卷,張心父集一卷,陸客集一卷,歐司訓集一卷,丁少鶴集一

卷,梁中舍集一卷,金白嶼集一卷,魯藩二宗室詩集二卷,馮海浮集一卷,李千戶集一卷,徐文學集一卷,顧山人集一卷,葉客集一卷,周東田集一卷,林公子集一卷)

370000 - 1541 - 0013561　851.36/990 = 2
盛明百家詩三百二十四卷　(明)俞憲編　明嘉靖至隆慶刻本　佚名跋　一冊　存四卷(聶掌教集一卷、左中川集一卷、邊華泉集一卷、劉忠宣集一卷)

370000 - 1541 - 0013562　851.365/311
弘正四傑詩集　(清)張祖同輯　清光緒二十一年(1895)長沙張氏湘雨樓刻本　十六冊

370000 - 1541 - 0013563　851.365/311 = 1
弘正四傑詩集　(清)張祖同輯　清光緒二十一年(1895)長沙張氏湘雨樓刻本　八冊　存二種四十四卷(李空同詩集三十三卷、何大復詩集一至十一)

370000 - 1541 - 0013564　851.367/959
國雅二十卷續四卷雜附一卷國雅品一卷　(明)顧起綸輯　明萬曆元年(1573)句吳顧氏奇字齋刻本　十冊

370000 - 1541 - 0013565　851.37/106
香草集一卷　(清)祝慶雲編　清光緒九年(1883)蘇州管家園管宅鉛印本　一冊

370000 - 1541 - 0013566　851.37/112.5
友聲集二十四種三十七卷附白醉題襟四卷草堂題贈一卷　(清)王相輯　**續友聲集六種十卷**　(清)王褧之續輯　清咸豐八年(1858)信芳齋刻本　八冊

370000 - 1541 - 0013567　851.37/112 = 1
江蘇詩徵一百八十三卷　(清)王豫輯　清道光元年(1821)焦山詩徵閣刻本　四十冊

370000 - 1541 - 0013568　851.37/112 = 3
感舊集十六卷　(清)王士禎選　(清)盧見曾補傳　清乾隆十七年(1752)德州盧見曾刻本　佚名批校　八冊

370000 - 1541 - 0013569　851.37/114

薰風協奏集三卷首一卷　（清）王又曾輯
（清）莊鳳翽注　清乾隆二十三年(1758)文映
書屋刻本　四冊

370000 – 1541 – 0013570　851.37/114 = 1

薰風協奏集三卷首一卷　（清）王又曾輯
（清）莊鳳翽注　清乾隆二十三年(1758)文映
書屋刻本　二冊

370000 – 1541 – 0013571　851.37/115

湘煙閣詩鐘彙鈔二集　王以敏等輯　清光緒
十八年(1892)刻本　一冊

370000 – 1541 – 0013572　851.37/117

湖海詩傳四十六卷　（清）王昶輯　清嘉慶八
年(1803)王氏三泖漁莊刻本　十六冊

370000 – 1541 – 0013573　851.37/117 = 1

湖海詩傳四十六卷　（清）王昶輯　清嘉慶八
年(1803)王氏三泖漁莊刻本　十六冊

370000 – 1541 – 0013574　851.37/117 = 2

湖海詩傳四十六卷　（清）王昶輯　清嘉慶八
年(1803)王氏三泖漁莊刻本　十六冊

370000 – 1541 – 0013575　851.37/117 = 3

湖海詩傳四十六卷　（清）王昶輯　清嘉慶八
年(1803)王氏三泖漁莊刻松江文萃堂印本
十二冊

370000 – 1541 – 0013576　851.37/117 = 4

湖海詩傳四十六卷　（清）王昶輯　清同治四
年(1865)亦西齋刻本　十二冊

370000 – 1541 – 0013577　851.37/119

嶺南三大家詩選二十四卷　（清）梁佩蘭等撰
　（清）王隼選　清同治七年(1868)南海陳氏
刻本　六冊

370000 – 1541 – 0013578　851.37/119 = 2

嶺南三大家詩選二十四卷　（清）梁佩蘭等撰
　（清）王隼選　清同治七年(1868)南海陳氏
刻本　五冊

370000 – 1541 – 0013579　851.37/159

正聲集不分卷　（清）□□輯　清稿本　一冊

370000 – 1541 – 0013580　851.37/164

陶蘇合璧詩三卷　（晉）陶潛　（宋）蘇軾撰
（明）黃一堅輯　明刻本　三冊

370000 – 1541 – 0013581　851.37/188

國朝松陵詩徵二十卷　（清）袁景輅編　（清）
費周仁　（清）周汝雨輯　清乾隆三十二年
(1767)愛吟齋刻本　六冊

370000 – 1541 – 0013582　851.37/196

趙氏淵源集十卷　（清）趙紹祖輯　清光緒十
三年(1887)重慶小古墨齋刻本　五冊

370000 – 1541 – 0013583　851.37/203

聽潮樓試帖十五卷　（清）趙銘彝撰　（清）趙
銘閣編　清咸豐元年(1851)文喜堂刻本　四
冊

370000 – 1541 – 0013584　851.37/225

西江詩派韓饒二集六卷　沈曾植輯　清宣統
二年(1910)嘉興沈氏刻本　二冊

370000 – 1541 – 0013585　851.37/252

青山詩選六卷　（清）徐宗亮輯　清同治十三
年(1874)桐城刻本　二冊

370000 – 1541 – 0013586　851.37/258

涪雅不分卷　（清）孫文煥輯　清嘉慶十七年
(1812)左綿第一山亭刻本　二冊

370000 – 1541 – 0013587　851.37/273

試律青雲集四卷　（清）楊逢春輯　清咸豐二
年(1852)祁晉書業德刻本　四冊

370000 – 1541 – 0013588　851.37/273 = 1

青雲集分韻試帖詳註四卷　（清）楊逢春
（清）蕭應樾輯　（清）沈品華等註　清道光二
十六年(1846)聚珍堂刻本　四冊

370000 – 1541 – 0013589　851.37/273 = 2

青雲集分韻試帖詳註四卷　（清）楊逢春
（清）蕭應樾輯　（清）沈品華等註　清道光二
十四年(1844)寶仁堂刻本　四冊

370000 – 1541 – 0013590　851.37/273 = 3

分韻試帖青雲集合註四卷　（清）楊逢春
（清）蕭應樾輯　（清）沈品華等註　清光緒四
年(1878)書業德刻本　四冊

370000－1541－0013591　　851.37/285 = 1

詩夢鐘聲錄一卷　（清）李嘉樂輯　清光緒刻本　一冊

370000－1541－0013592　　851.37/290

石桐先生詩鈔一卷　（清）李憲噩撰　叔白詩鈔二卷　（清）李憲喝撰　少鶴先生詩鈔十卷附錄三卷　（清）李憲喬撰　清光緒十二年（1886）西安郡齋刻本　四冊

370000－1541－0013593　　851.37/290 = 1

石桐先生詩鈔一卷　（清）李憲噩撰　叔白詩鈔二卷　（清）李憲喝撰　少鶴先生詩鈔十卷附錄三卷　（清）李憲喬撰　清光緒十二年（1886）西安郡齋刻本　四冊

370000－1541－0013594　　851.37/292

注釋九家詩十一卷　（清）王芑孫輯　（清）李錫璠評注　九家詩讀本一卷　（清）李錫璠評注　清道光十五年（1835）刻本　四冊

370000－1541－0013595　　851.37/306

濟上鴻泥圖題冊錄存一卷　張士珩輯　清宣統二年（1910）淞雲精舍鉛印本　一冊

370000－1541－0013596　　851.37/309

七家詩選註釋四卷　（清）張熙宇選　（清）張昶註　清道光二十九年（1849）富春堂刻本　四冊

370000－1541－0013597　　851.37/309 = 1

七家詩選七卷　（清）張熙宇選　清刻本　四冊

370000－1541－0013598　　851.37/309 = 2

七家詩輯注彙鈔七卷　（清）張熙宇選　清同治六年（1867）書業德刻本　八冊

370000－1541－0013599　　851.37/309 = 3

七家詩合註七卷　（清）張熙宇選　清同治十一年（1872）刻本　五冊

370000－1541－0013600　　851.37/309 = 4

批點七家詩合註七種七卷　（清）張熙宇輯評　清光緒二十七年（1901）周村益友堂刻本　二冊　存二卷（一至二）

370000－1541－0013601　　851.37/309 = 5

批點七家詩合註七種七卷　（清）張熙宇輯評　清刻本　六冊　存六卷（二至四、五下、六至七）

370000－1541－0013602　　851.37/311

國朝詩鐸二十六卷首一卷　（清）張應昌輯　清同治八年（1869）永康應氏秀芝堂刻本　十六冊

370000－1541－0013603　　851.37/311 = 1

國朝詩鐸二十六卷首一卷　（清）張應昌輯　清同治八年（1869）永康應氏秀芝堂刻本　十四冊

370000－1541－0013604　　851.37/311 = 2

崑山詩存選八卷　（清）張潛之　（清）潘道根輯　清末彭治抄本　八冊

370000－1541－0013605　　851.37/313

京江耆舊集十三卷　（清）張學仁　（清）王豫輯　清宣統元年（1909）刻本　八冊

370000－1541－0013606　　851.37/329

二家詩鈔二十卷　（清）邵長蘅編　清康熙三十四年（1695）刻本　十二冊

370000－1541－0013607　　851.37/357

省吾齋贈言前集一卷後集一卷　（清）孟毓藻輯　省吾齋閒吟一卷　（清）孟毓藻撰　清道光二十五年（1845）中樂園刻本　一冊

370000－1541－0013608　　851.37/359

道咸同光四朝詩史一斑錄初編　孫雄編　清光緒三十四年（1908）油印本　四冊

370000－1541－0013609　　851.37/359 = 1

道咸同光四朝詩史一斑錄十二編　孫雄編　清光緒三十四年至宣統二年（1908－1910）油印本　二十六冊

370000－1541－0013610　　851.37/359 = 2

道咸同光四朝詩史甲集八卷首一卷　孫雄輯　清宣統二年（1910）刻本　十冊

370000－1541－0013611　　851.37/359 = 3

道咸同光四朝詩史甲集八卷首一卷　孫雄輯

清宣統二年(1910)刻本　十冊

370000－1541－0013612　851.37/359＝4
道咸同光四朝詩史甲集八卷首一卷　孫雄輯
清宣統二年(1910)刻本　十冊

370000－1541－0013613　851.37/359＝5
道咸同光四朝詩史甲集八卷首一卷　孫雄輯
清宣統二年(1910)刻本　十冊

370000－1541－0013614　851.37/359＝6
道咸同光四朝詩史甲集八卷首一卷　孫雄輯
清宣統二年(1910)刻本　十冊

370000－1541－0013615　851.37/359＝7
道咸同光四朝詩史乙集八卷　孫雄輯　清宣
統三年(1911)刻本　八冊

370000－1541－0013616　851.37/359＝8
道咸同光四朝詩史乙集八卷　孫雄輯　清宣
統三年(1911)刻本　八冊

370000－1541－0013617　851.37/359＝9
道咸同光四朝詩史乙集八卷　孫雄輯　清宣
統三年(1911)刻本　九冊

370000－1541－0013618　851.37/359＝10
道咸同光四朝詩史乙集八卷　孫雄輯　清宣
統三年(1911)刻本　八冊

370000－1541－0013619　851.37/359＝11
昭文邵氏聯珠集五卷　(清)章炳麟輯　清同
治二年(1863)刻本　一冊

370000－1541－0013620　851.37/359＝12
國朝全蜀詩鈔六十四卷　(清)孫桐生輯　清
光緒五年(1879)長沙刻本　二十冊

370000－1541－0013621　851.37/372
資江藝頌四卷首一卷末一卷　(清)鄧庭楠
(清)郭光奎輯　資江藝頌續集三卷　(清)周
代炳　(清)袁肇齡輯　清咸豐六年(1856)廣
州光華堂刻本　三冊

370000－1541－0013622　851.37/375
本朝館閣詩二十卷附錄一卷續附錄一卷
(清)阮學浩　(清)阮學濬編　清乾隆二十三
年(1758)江寧困學書屋刻本　十二冊

370000－1541－0013623　851.37/375＝1
本朝館閣詩二十卷附錄一卷續附錄一卷
(清)阮學浩　(清)阮學濬編　清乾隆二十三
年(1758)江寧困學書屋刻本　一冊　存二卷
(九至十)

370000－1541－0013624　851.37/377
宮閨百詠四卷　(清)陳其泰輯　清道光二十
五年(1845)海鹽陳氏桐華鳳閣刻本　三冊

370000－1541－0013625　851.37/384
篋衍集十二卷　(清)陳維崧輯　清康熙三十
六年(1697)蔣氏刻本　四冊

370000－1541－0013626　851.37/384＝1
篋衍集十二卷　(清)陳維崧輯　清康熙三十
六年(1697)蔣氏刻本　六冊

370000－1541－0013627　851.37/384＝2
懶餘吟草二卷　(清)陳任暘選　清光緒三十
二年(1906)交翠軒刻本　一冊

370000－1541－0013628　851.37/384＝3
苔岑集初刊七種十八卷　(清)蔣榮渭輯　清
道光三十年(1850)刻本　六冊

370000－1541－0013629　851.37/399
貞豐詩萃五卷　(清)陶煦輯　清咸豐十一年
至同治三年(1861－1864)元和陶氏儀一堂刻
本　二冊

370000－1541－0013630　851.37/399＝1
國朝畿輔詩傳六十卷　(清)陶樑輯　清道光
十九年(1839)蘇城紅豆樹館刻本　十六冊

370000－1541－0013631　851.37/399＝2
國朝畿輔詩傳六十卷　(清)陶樑輯　清道光
十九年(1839)蘇城紅豆樹館刻本　十六冊

370000－1541－0013632　851.37/399＝3
國朝畿輔詩傳六十卷　(清)陶樑輯　清道光
十九年(1839)蘇城紅豆樹館刻本　十六冊

370000－1541－0013633　851.37/399＝4
國朝畿輔詩傳六十卷　(清)陶樑輯　清道光
十九年(1839)蘇城紅豆樹館刻本　十六冊

370000－1541－0013634　851.37/426

吳兔牀詩稿不分卷　（清）吳騫撰　清稿本
一冊

370000－1541－0013635　851.37/433

國朝詩十卷外編一卷補遺六卷　（清）吳翌鳳
選　清同治十一年(1872)新陽趙氏刻本　十
冊

370000－1541－0013636　851.37/433＝1

卬須集八卷續集六卷又續集五卷女士詩錄一
卷　（清）吳翌鳳輯　清嘉慶十九年(1814)刻
本(卬須集卷一至四爲抄補)　十冊

370000－1541－0013637　851.37/436

國朝杭郡詩輯三十二卷　（清）吳顥輯　（清）
吳振棫重編　國朝杭郡詩續輯四十六卷
（清）吳振棫編　清道光刻本　四十冊

370000－1541－0013638　851.37/438

八家詩選八卷　（清）吳之振輯　清康熙十一
年(1672)鑒古堂刻本　八冊

370000－1541－0013639　851.37/440＝1

茂林詩存十四卷　（清）吳文炳編　清道光十
一年(1831)刻本　三冊

370000－1541－0013640　851.37/455

永平詩存二十四卷　（清）史夢蘭輯　（清）郭
長清訂　清同治十年(1871)刻本　八冊

370000－1541－0013641　851.37/471

吳會英才集二十四卷　（清）畢沅輯　清鎮洋
畢氏刻本　十二冊

370000－1541－0013642　851.37/471＝1

吳會英才集二十四卷　（清）畢沅輯　清鎮洋
畢氏刻本　二冊

370000－1541－0013643　851.37/482

四友遺詩十三卷　（清）黎庶昌輯　清光緒二
十年(1894)遵義黎氏川東道署刻本　五冊

370000－1541－0013644　851.37/482＝1

詩緣前編四卷正編十卷　（清）蜀西樵也(王
增祺)輯　清光緒十六年(1890)韓城刻本
四冊

370000－1541－0013645　851.37/492

國朝山左詩鈔六十卷　（清）盧見曾輯　清乾
隆二十三年(1758)德州雅雨堂刻本　九冊
缺十四卷(一至四、十五至二十四)

370000－1541－0013646　851.37/492＝1

國朝山左詩鈔六十卷　（清）盧見曾輯　清乾
隆二十三年(1758)德州雅雨堂刻本　二十冊

370000－1541－0013647　851.37/526

清詩初集十二卷　（清）蔣鑨　（清）翁介眉輯
清康熙二十年(1681)鏡閣刻本　六冊

370000－1541－0013648　851.37/559

國朝閨閣詩鈔一百卷　（清）蔡殿齊輯　清道
光二十四年(1844)揚州娜嬛別館刻本　十冊

370000－1541－0013649　851.37/559＝1

國朝閨閣詩鈔續編二十卷　（清）蔡殿齊輯
清同治十三年(1874)揚州娜嬛別館刻本　二
冊

370000－1541－0013650　851.37/566

後七家詩選七卷　（清）薛春黎輯　清光緒元
年(1875)古香書室刻本　一冊

370000－1541－0013651　851.37/603

諸氏家集四卷　（清）諸以謙輯　清嘉慶十一
年(1806)杭州諸氏刻本　一冊

370000－1541－0013652　851.37/659

貞木吟三卷　（清）龍書麟輯　清光緒二十一
年(1895)涞江龍氏刻本　二冊

370000－1541－0013653　851.37/684

夢湘樓詩稿二卷　（清）宗婉撰　蘭香館吟草
一卷　（清）宗粲撰　清光緒六年(1880)常熟
宗氏刻本　一冊

370000－1541－0013654　851.37/695

江左十五子詩選十五卷　（清）宋犖輯　（清）
邵長蘅訂　清康熙四十二年(1703)商丘宋氏
宛委堂刻本　四冊

370000－1541－0013655　851.37/695＝1

江左十五子詩選十五卷　（清）宋犖輯　（清）
邵長蘅訂　清康熙四十二年(1703)商丘宋氏
宛委堂刻本　四冊

370000 – 1541 – 0013656   851.37/712

淮海同聲集二十卷 （清）汪之選輯 清嘉慶二十二年(1817)刻本   四冊

370000 – 1541 – 0013657   851.37/714

睕香樓詩稿二卷 （清）梁蘭漪撰 鐵盂居士詩稿五卷 （清）汪全泰撰 據梧吟館詩存二卷 （清）汪滋樹撰 桐花吟館詩一卷 （清）汪佩珩撰 清光緒二十一年(1895)上洋飛鴻閣書林石印本   六冊

370000 – 1541 – 0013658   851.37/740

南宋雜事詩七卷 （清）沈嘉轍等撰 清同治十一年(1872)淮南書局刻本   二冊

370000 – 1541 – 0013659   851.37/740 = 1

南宋雜事詩七卷 （清）沈嘉轍等撰 清同治十一年(1872)淮南書局刻本   二冊

370000 – 1541 – 0013660   851.37/740 = 2

南宋雜事詩七卷 （清）沈嘉轍等撰 清同治十一年(1872)淮南書局刻本   四冊

370000 – 1541 – 0013661   851.37/740 = 3

南宋雜事詩七卷 （清）沈嘉轍等撰 清雍正武林芹香齋刻本   四冊

370000 – 1541 – 0013662   851.37/747

欽定國朝詩別裁集三十二卷 （清）沈德潛輯 清乾隆二十六年(1761)刻本   十六冊

370000 – 1541 – 0013663   851.37/747 = 1

國朝詩別裁集三十六卷 （清）沈德潛輯 清乾隆二十四年(1759)刻本   十六冊

370000 – 1541 – 0013664   851.37/747 = 2

欽定國朝詩別裁集三十二卷 （清）沈德潛輯 清刻本   八冊

370000 – 1541 – 0013665   851.37/754

息影廬殘稿一卷 （清）王叔釗撰 學爲福齋詩一卷 （清）劉禧延撰 吟碧山館詞一卷 （清）王壽庭撰 香隱盦詞一卷 （清）潘遵璈撰 清光緒九年(1883)吳縣潘氏香禪精舍刻本   二冊

370000 – 1541 – 0013666   851.37/827

浮湘訪學集一卷 （清）朱克敬輯 清光緒三年(1877)長沙刻本   二冊

370000 – 1541 – 0013667   851.37/842

海陵詩彙十二卷續鈔四卷 （清）鄒熊選 (清)鄒應庚續選 清抄本   二冊

370000 – 1541 – 0013668   851.37/846

國朝正雅集一百卷 （清）符葆森輯 清咸豐七年(1857)北京半畝園刻本   三十二冊

370000 – 1541 – 0013669   851.37/846 = 1

國朝正雅集一百卷 （清）符葆森輯 清咸豐七年(1857)北京半畝園刻本   三十二冊

370000 – 1541 – 0013670   851.37/859

庚辰集五卷 （清）紀昀編 清嘉慶八年(1803)刻本   六冊

370000 – 1541 – 0013671   851.37/859 = 1

庚辰集五卷 （清）紀昀編 清嘉慶八年(1803)刻本   五冊

370000 – 1541 – 0013672   851.37/885

國朝六家詩鈔八卷 （清）劉執玉輯 清光緒十三年(1887)成都汗青簃刻本   六冊

370000 – 1541 – 0013673   851.37/885 = 1

國朝六家詩鈔八卷 （清）劉執玉輯 清光緒十三年(1887)成都汗青簃刻本   六冊

370000 – 1541 – 0013674   851.37/888

渠風續集九卷 （清）劉芳曙編 （清）張善恒重輯 清抄本   四冊

370000 – 1541 – 0013675   851.37/888 = 1

梅芝館一卷 （清）劉鳴玉撰 清乾隆二十一年(1756)刻越中三子詩本   一冊

370000 – 1541 – 0013676   851.37/922

館律分韻初編六卷 延清輯 清光緒十八年(1892)錦官堂石印本   六冊

370000 – 1541 – 0013677   851.37/926

白山詩介十卷 （清）鐵保輯 清嘉慶六年(1801)刻本   二冊

370000 – 1541 – 0013678   851.37/926 = 1

欽定熙朝雅頌集一百六卷餘集二卷　（清）鐵
保輯　清嘉慶九年（1804）刻本　十二冊

370000－1541－0013679　851.37/926＝2

欽定熙朝雅頌集一百六卷餘集二卷　（清）鐵
保輯　清嘉慶九年（1804）刻本　二十四冊

370000－1541－0013680　851.37/927

錢警齋公［錢世銘］年譜一卷春風草廬遺稿一
卷心白齋賸稿一卷　（清）錢世銘撰　清宣統
三年（1911）鎮洋錢氏刻本　一冊

370000－1541－0013681　851.37/927＝1

墨亭新賦一卷　（清）錢大昕撰　清嘉慶六年
（1801）果克山房刻本　一冊

370000－1541－0013682　851.37/940

十國雜事詩十七卷敘目二卷　（清）饒智元撰
　清光緒十七年（1891）竹素齋刻竹素齋叢書
本　四冊

370000－1541－0013683　851.37/959

江左三大家詩鈔九卷　（清）顧有孝　（清）趙
澐輯　清康熙七年（1668）吳江留真堂刻本
三冊

370000－1541－0013684　851.37/959＝1

江左三大家詩鈔九卷　（清）顧有孝　（清）趙
澐輯　清康熙七年（1668）吳江留真堂刻本
六冊

370000－1541－0013685　851.37/959＝2

勤斯堂詩彙編　（清）顧森書輯　清光緒二十
二年（1896）刻本　二冊

370000－1541－0013686　851.37/970

談諧集二卷　（清）奚桂森輯鈔　清嘉慶二十
年（1815）刻本　一冊

370000－1541－0013687　851.37/984

石城七子詩鈔十四卷　翁長森編　清光緒十
六年（1890）刻本　二冊

370000－1541－0013688　851.37/984＝1

石城七子詩鈔十四卷　翁長森編　清光緒十
六年（1890）刻本　佚名批　三冊

370000－1541－0013689　851.37/987

冰泉唱和集一卷　金武祥輯　清光緒十五年
（1889）刻本　一冊

370000－1541－0013690　851.371/119

孟津詩十九卷續一卷　（明）王鐸　（明）王鑨
撰　清康熙五年（1666）王允明刻本　九冊
存十五卷（一至六、九至十三、十七至十九，續
一卷）

370000－1541－0013691　851.372/112

唐賢三昧集四卷　（清）王士禛編　清乾隆二
十年（1755）清妙軒刻本　四冊

370000－1541－0013692　851.3723/375

兩浙輶軒錄四十卷補遺十卷　（清）阮元輯
清光緒十六年（1890）浙江書局刻本　七十二
冊

370000－1541－0013693　851.3723/375＝1

兩浙輶軒錄四十卷補遺十卷　（清）阮元輯
清光緒十六年（1890）浙江書局刻本　三十二
冊

370000－1541－0013694　851.3723/375＝2

兩浙輶軒錄四十卷補遺十卷　（清）阮元輯
清光緒十七年（1891）浙江書局刻本　四十四
冊

370000－1541－0013695　851.3723/375＝3

兩浙輶軒錄補遺十卷　（清）阮元輯　清嘉慶
八年（1803）刻本　八冊

370000－1541－0013696　851.374/158

西泠五布衣遺著　（清）丁丙輯　清同治至光
緒錢塘丁氏當歸草堂刻本　四冊　存三種十
卷（臨江鄉人詩四卷、拾遺一卷，柳洲遺稿二
卷，冬花庵爐餘稿三卷）

370000－1541－0013697　851.374/158＝1

西泠五布衣遺著　（清）丁丙輯　清同治至光
緒錢塘丁氏當歸草堂刻本　八冊

370000－1541－0013698　851.374/745

吳江沈氏詩集十二卷　（清）沈祖禹輯　清乾
隆五年（1740）吳江沈氏刻本　四冊

370000－1541－0013699　851.374/747

七子詩選十四卷　（清）沈德潛選　清乾隆十八年(1753)松筠堂刻本　二冊

370000－1541－0013700　851.374/834

鴛央湖櫂歌　（清）朱彝尊　（清）譚吉璁　（清）陸以誠　（清）張燕昌撰　清乾隆四十年(1775)刻本　二冊

370000－1541－0013701　851.376/433

章邱詩抄二卷　（清）樂山埜人輯　清稿本二冊　存一卷(二)

370000－1541－0013702　851.376/438

浙西六家詩鈔六卷　（清）吳應和　（清）馬洵選　清道光七年(1827)紫微山館刻本　六冊

370000－1541－0013703　851.376/582

同岑詩鈔十四卷　（清）曾燠選　清道光九年(1829)刻本　六冊

370000－1541－0013704　851.376/743

三家詩草合刊三卷　（清）沈鼎等撰　清道光十六年(1836)凝香閣刻本　一冊

370000－1541－0013705　851.377/112

崇川詩鈔彙存一百二十三卷　（清）王藻輯清咸豐七年(1857)有嘉樹軒刻本　三十二冊

370000－1541－0013706　851.377/994

金山姚氏二先生集三卷　（清）姚前樞　（清）姚前機撰　清光緒二年(1876)松韻草堂刻本一冊

370000－1541－0013707　851.378/271

蓮湖吟社稿二卷　（清）楊高德　（清）朱庭珍輯　清光緒十四年(1888)集翠軒刻本　二冊

370000－1541－0013708　851.378/273

筮茲堂叢集四卷香草堂叢集二卷　（清）楊馥撰輯　清光緒二十一年(1895)筮茲堂刻本二冊

370000－1541－0013709　851.378/504

藏書紀事詩七卷　葉昌熾撰　清宣統二年(1910)長沙葉氏刻本　六冊

370000－1541－0013710　851.378/683

增廣詩句題解彙編四卷　（清）慎記書莊編

清光緒二十二年(1896)上海慎記書莊石印本四冊

370000－1541－0013711　851.378/850

京江鮑氏三女史詩鈔合刻十二卷　（清）鮑之蘭等撰　（清）戴燮元輯　清光緒八年(1882)丹徒戴氏嘉禾刻本　五冊

370000－1541－0013712　851.378/946

海天萍寄勝草一卷　（清）徐彬撰　三秀齋詩鈔二卷詞鈔一卷　（清）鮑之芬撰　清光緒四年(1878)刻本　一冊

370000－1541－0013713　851.38/426

國魂叢編　國魂報館編　清光緒至民國國魂報館鉛印本　八冊　存十二種(七、十至十一、十四至二十二)

370000－1541－0013714　851.38/922＝1

引玉編四卷首一卷　延清輯　清宣統二年(1910)石印本　一冊

370000－1541－0013715　851.4/115

湘綺樓詩十四卷　王闓運撰　清光緒三十三年(1907)東州講舍刻本　四冊

370000－1541－0013716　851.4/142

安邱曹氏家集　（清）曹申吉等撰　清刻本七冊　存八種十一卷(澹餘詩集四卷、朝天集一卷、鴻爪集一卷、珂雪集一卷、珂雪集二集一卷、南行日記一卷、黃山紀游詩一卷、黃山紀遊詞一卷)

370000－1541－0013717　851.4/196

角山樓蘇詩評註彙鈔二十卷目錄二卷附錄三卷　（清）趙克宜輯訂　清咸豐二年(1852)刻本　十二冊

370000－1541－0013718　851.4/196＝1

角山樓蘇詩評註彙鈔二十卷目錄二卷附錄三卷　（清）趙克宜輯訂　清咸豐二年(1852)刻本　八冊

370000－1541－0013719　851.4/196＝2

角山樓蘇詩評註彙鈔二十卷目錄二卷附錄三卷　（清）趙克宜輯訂　清咸豐二年(1852)刻

本 八册

370000－1541－0013720 851.4/214

三餘堂存稿一卷 （清）胡長齡撰 清稿本
一册

370000－1541－0013721 851.4/232

韓昌黎詩集編年箋注十二卷 （唐）韓愈撰
（清）方世舉考訂 清乾隆二十三年(1758)德
州盧氏雅雨堂刻本 六册

370000－1541－0013722 851.4/232＝1

韓昌黎詩集編年箋注十二卷 （唐）韓愈撰
（清）方世舉考訂 清乾隆二十三年(1758)德
州盧氏雅雨堂刻本 六册

370000－1541－0013723 851.4/232＝2

韓昌黎詩集編年箋注十二卷 （唐）韓愈撰
（清）方世舉考訂 清乾隆二十三年(1758)德
州盧氏雅雨堂刻本 四册

370000－1541－0013724 851.4/232＝3

韓昌黎詩集編年箋注十二卷 （唐）韓愈撰
（清）方世舉考訂 清乾隆二十三年(1758)德
州盧氏雅雨堂刻本 十二册

370000－1541－0013725 851.4/232＝4

韓昌黎詩集編年箋注十二卷 （唐）韓愈撰
（清）方世舉考訂 清乾隆二十三年(1758)德
州盧氏雅雨堂刻本 十二册

370000－1541－0013726 851.4/232＝5

昌黎先生詩集注十一卷附年譜一卷 （唐）韓
愈撰 （清）朱彝尊 （清）何焯評 （清）顧
嗣立刪補 清道光十六年(1836)膺德堂刻朱
墨套印本 四册

370000－1541－0013727 851.4/242

杜詩詳註二十五卷首一卷附錄二卷 （唐）杜
甫撰 （清）仇兆鰲輯註 清大文堂刻本 二
十四册

370000－1541－0013728 851.4/242＝1

杜詩偶評四卷 （清）沈德潛撰 （清）潘承松
校閱 清乾隆十二年(1747)潘承松賦閒草堂
刻本 二册

370000－1541－0013729 851.4/285

李長吉昌谷集句解定本四卷 （唐）李賀撰
（清）姚佺箋注 （清）丘象升 （清）蔣文運
評 （清）丘象隨等辯注 清初丘象隨西軒刻
本 二册

370000－1541－0013730 851.4/285＝1

朱可亭箋註昌谷集四卷 （唐）李賀撰 （清）
朱可亭箋註 清刻本 二册

370000－1541－0013731 851.4/285＝2

李長吉歌詩四卷 （唐）李賀撰 （清）王琦彙
解 清乾隆二十五年(1760)寶笏樓刻本 六
册

370000－1541－0013732 851.4/285＝3

李長吉集四卷外卷一卷 （唐）李賀撰 （明）
黃淳耀 （清）黎簡評點 清光緒十八年
(1892)羊城刻朱墨套印本 二册

370000－1541－0013733 851.4/296

定性齋集一卷蓮塘遺集一卷 （清）李憲曧撰
清光緒十二年(1886)西安郡齋刻李氏三先
生詩鈔本 一册

370000－1541－0013734 851.4/306

杜詩會粹二十四卷 （唐）杜甫撰 （清）張遠
箋注 清康熙有文堂刻本 八册

370000－1541－0013735 851.4/308

船山詩草二十卷 （清）張問陶撰 清嘉慶二
十年(1815)刻本 八册

370000－1541－0013736 851.4/308＝1

船山詩草二十卷 （清）張問陶撰 清嘉慶二
十年(1815)刻本 八册

370000－1541－0013737 851.4/308＝2

船山詩草二十卷 （清）張問陶撰 清刻本
佚名批 八册

370000－1541－0013738 851.4/311

奇零草二卷 （明）張煌言撰 清抄本 清張
焯堂等跋 一册

370000－1541－0013739 851.4/311＝1

讀書堂杜工部詩集註解二十卷 （唐）杜甫撰

（清）張潮評註　清康熙三十七年（1698）張氏讀書堂刻本　十二冊

370000－1541－0013740　851.4/321

道援堂集十三卷　（清）屈大均撰　清康熙刻本　八冊

370000－1541－0013741　851.4/321＝1

弱水集二十二卷　（清）屈復撰　清乾隆七年（1742）刻本　八冊

370000－1541－0013742　851.4/399

印心石屋詩鈔初集四卷　（清）陶澍撰　清嘉慶二十一年（1816）刻本　四冊

370000－1541－0013743　851.4/433

蓮洋集二十卷附錄一卷　（清）吳雯撰　清乾隆三十九年（1774）荊圃草堂刻本　六冊

370000－1541－0013744　851.4/433＝1

陋軒詩十二卷續二卷　（清）吳嘉紀撰　清道光二十年（1840）刻本　五冊

370000－1541－0013745　851.4/436

杜詩明鏡十四卷　（清）吳瞻泰評選　清折桂友竹山房刻本　六冊

370000－1541－0013746　851.4/455

俞俞齋詩稿初集二卷　（清）史念祖撰　清光緒十八年（1892）滇南刻本　二冊

370000－1541－0013747　851.4/461－01

咄咄吟二卷　（清）貝青喬撰　清光緒元年（1875）不懼無悶齋刻本　二冊

370000－1541－0013748　851.4/478

靈巖山人詩集四十卷　（清）畢沅撰　清嘉慶四年（1799）經訓堂刻本　十六冊

370000－1541－0013749　851.4/492

雅雨堂文集四卷出塞集一卷詩集二卷　（清）盧見曾撰　清道光二十年（1840）德州盧樞清雅堂刻本　三冊

370000－1541－0013750　851.4/526＝2

忠雅堂詩集二十七卷補遺二卷銅絃詞二卷　（清）蔣士銓撰　清同治九年（1870）益州薇署刻本　八冊

370000－1541－0013751　851.4/530

歲寒堂讀杜二十卷　（唐）杜甫撰　（清）范輦雲輯　清道光二十四年（1844）蘇州范氏家祠後樂堂刻本　四冊

370000－1541－0013752　851.4/533＝1

范伯子詩集十九卷　（清）范當世撰　清光緒三十四年（1908）刻本　四冊

370000－1541－0013753　851.4/554

蘇文忠詩合注五十卷首一卷　（宋）蘇軾撰　（清）馮應榴輯定　清乾隆六十年（1795）踵息齋刻本　二十冊

370000－1541－0013754　851.4/554＝1

蘇文忠詩合注五十卷首一卷　（宋）蘇軾撰　（清）馮應榴輯定　清乾隆六十年（1795）踵息齋刻同治九年（1870）馮寶圻修補本　十六冊

370000－1541－0013755　851.4/554＝2

蘇文忠公詩集五十卷目錄二卷　（宋）蘇軾撰　（清）紀昀評點　清同治八年（1869）韞玉山房刻朱墨套印本　十二冊

370000－1541－0013756　851.4/554＝3

蘇文忠公詩編注集成四十六卷總案四十五卷首一卷目錄一卷附雜綴酌存一卷蘇海識餘四卷牋詩圖一卷　（清）王文誥輯訂　清光緒十四年（1888）浙江書局刻本　二十四冊

370000－1541－0013757　851.4/554＝4

蘇文忠公詩編注集成四十六卷總案四十五卷首一卷目錄一卷附雜綴酌存一卷蘇海識餘四卷牋詩圖一卷　（清）王文誥輯訂　清光緒十四年（1888）浙江書局刻本　二十四冊

370000－1541－0013758　851.4/611

玉井山館文略五卷　（清）許宗衡撰　清同治四年（1865）刻本　六冊

370000－1541－0013759　851.4/641

青邱高季迪先生詩集十八卷首一卷遺詩一卷附錄一卷扣舷集一卷鳧藻集五卷　（明）高啟撰　（清）金檀輯注　清雍正六年（1728）桐鄉金氏文瑞樓刻本　十冊

370000－1541－0013760　851.4/641＝1

青邱高季迪先生詩集十八卷首一卷遺詩一卷附錄一卷扣舷集一卷鳧藻集五卷　（明）高啟撰　（清）金檀輯注　清雍正六年(1728)桐鄉金氏文瑞樓刻本　十二冊

370000－1541－0013761　851.4/648

求志居詩鈔　（清）高德銘撰　清光緒十六年(1890)刻本　二冊

370000－1541－0013762　851.4/658

今白華堂詩錄八卷補八卷首二卷　（清）童槐撰　清同治八年(1869)刻本　五冊

370000－1541－0013763　851.4/736

懷清堂集二十卷首一卷　（清）湯右曾撰　清乾隆十一年(1746)仁和湯氏刻本　四冊

370000－1541－0013764　851.4/738

溫飛卿詩集九卷首一卷　（唐）溫庭筠撰　（明）曾益注　（清）顧予咸補注　清光緒八年(1882)萬軸山房刻本　四冊

370000－1541－0013765　851.4/738＝1

溫飛卿詩集九卷　（唐）溫庭筠撰　（明）曾益注　（清）顧予咸補注　清宣統二年(1910)廣益書局石印本　四冊

370000－1541－0013766　851.4/754

西圃集十卷　（清）潘遵祁撰　清同治十一年(1872)刻本　二冊

370000－1541－0013767　851.4/830

笛漁小稿十卷　（清）朱昆田撰　清康熙五十三年(1714)朱稻孫刻本　四冊

370000－1541－0013768　851.4/830＝1

笛漁小稿十卷　（清）朱昆田撰　清康熙五十三年(1714)朱稻孫刻本　一冊

370000－1541－0013769　851.4/920

輟耕吟稿詩存五卷　（清）倪偉人撰　清光緒十六年(1890)章安官舍刻本　二冊

370000－1541－0013770　851.4/925

瓶水齋詩集十七卷　（清）舒位撰　清光緒十二年(1886)刻本　八冊

370000－1541－0013771　851.4/946

吟月樓分題詩選一卷　（清）□□編　清抄本　一冊

370000－1541－0013772　851.4/953

天韻堂詩存八卷　（清）徐維城撰　清光緒二年(1876)刻本　一冊　存四卷(一至四)

370000－1541－0013773　851.4/987

瞎牛菴題畫詩一卷　（清）金彰撰　清光緒二十五年(1899)刻本　一冊

370000－1541－0013774　851.416/921

妙香詩草二卷　（清）釋漢兆撰　清道光二年(1822)萬竹山房刻本　二冊

370000－1541－0013775　851.432/399

陶靖節先生詩四卷附錄一卷　（晉）陶潛撰　清光緒會稽章氏刻本　一冊

370000－1541－0013776　851.432/399＝1

陶靖節先生詩四卷附錄一卷　（晉）陶潛撰　清光緒會稽章氏刻本　二冊

370000－1541－0013777　851.432/399＝2

陶詩彙評四卷　（晉）陶潛撰　（清）溫汝能纂訂　清宣統元年(1909)上海掃葉山房石印本　二冊

370000－1541－0013778　851.432/399＝3

陶詩彙評四卷　（晉）陶潛撰　（清）溫汝能纂訂　東坡和陶合箋四卷　（宋）蘇軾撰　（清）溫汝能纂訂　清宣統元年(1909)上海掃葉山房石印本　四冊

370000－1541－0013779　851.432/399＝4

陶靖節先生詩集四卷附錄一卷　（晉）陶潛撰　（宋）湯漢注　清嘉慶吳騫刻本　二冊

370000－1541－0013780　851.441/119

王摩詰詩集七卷　（唐）王維撰　（宋）劉辰翁評　清光緒五年(1879)碧琳瑯館刻本　二冊

370000－1541－0013781　851.441/232

昌黎先生詩集注十一卷附年譜一卷　（唐）韓愈撰　（清）朱彝尊　（清）何焯評　（清）顧嗣立刪補　清道光二十五年(1845)膺德堂刻

178

朱墨套印本　四冊

370000－1541－0013782　851.441/232＝1
昌黎先生詩集注十一卷附年譜一卷　（唐）韓愈撰　（清）朱彝尊　（清）何焯評　（清）顧嗣立刪補　清道光二十五年（1845）膺德堂刻朱墨套印本　四冊

370000－1541－0013783　851.441/232＝2
昌黎先生詩增注證訛十一卷　（唐）韓愈撰（清）顧嗣立刪補　（清）黃鉞增注證訛　**昌黎先生年譜一卷**　（清）顧嗣立編　清道光二十八年（1848）二客軒刻廣陵二酉堂印本　四冊

370000－1541－0013784　851.441/242
杜工部集二十卷　（唐）杜甫撰　（清）朱鶴齡輯　清乾隆五十年（1785）鄭澐玉勾草堂刻本　十冊

370000－1541－0013785　851.441/242＝1
杜詩詳註二十五卷首一卷附錄二卷　（唐）杜甫撰　（清）仇兆鰲輯註　清康熙四十二年（1703）刻五十二年（1713）補刻本　十四冊

370000－1541－0013786　851.441/242＝2
杜詩註釋二十四卷首一卷　（唐）杜甫撰（清）許寶善編　清光緒三年（1877）吳縣朱氏刻本　十二冊

370000－1541－0013787　851.441/242＝3
杜詩註釋二十四卷首一卷　（唐）杜甫撰（清）許寶善編　清光緒三年（1877）吳縣朱氏刻本　佚名批　十二冊

370000－1541－0013788　851.441/242＝4
杜詩論文五十六卷　（唐）杜甫撰　（清）吳見思注　（清）潘眉評　清康熙吳郡寶翰樓刻本　十二冊

370000－1541－0013789　851.441/287
協律鈎元四卷外集一卷　（唐）李賀撰　（清）陳本禮箋注　清嘉慶十三年（1808）褱露軒刻本　一冊

370000－1541－0013790　851.441/287＝6
李長吉歌詩四卷　（唐）李賀撰　（清）王琦彙

解　清乾隆二十五年（1760）寶笏樓刻本　四冊

370000－1541－0013791　851.441/292
分類補注李太白詩二十五卷附唐翰林李太白年譜一卷　（唐）李白撰　（宋）楊齊賢集注（元）蕭士贇補注　明刻本　六冊　存五卷（一至四、唐翰林李太白年譜一卷）

370000－1541－0013792　851.441/292＝1
李太白文集三十卷　（唐）李白撰　清康熙五十六年（1717）吳門繆氏家塾刻本　八冊

370000－1541－0013793　851.441/292＝2
李太白集三十卷　（唐）李白撰　清光緒十四年（1888）湖北官書局刻本　四冊

370000－1541－0013794　851.441/718
讀杜心解六卷首二卷　（清）浦起龍撰　清雍正二年（1724）無錫浦氏寧我齋刻本　八冊

370000－1541－0013795　851.441/718＝1
讀杜心解六卷首二卷　（清）浦起龍撰　清雍正二年（1724）無錫浦氏寧我齋刻本　佚名批六冊

370000－1541－0013796　851.441/718＝2
讀杜心解六卷首二卷　（清）浦起龍撰　清雍正二年（1724）無錫浦氏寧我齋刻本　八冊

370000－1541－0013797　851.441/718＝3
讀杜心解六卷首二卷　（清）浦起龍撰　清雍正二年（1724）無錫浦氏寧我齋刻本　佚名批八冊

370000－1541－0013798　851.441/718＝4
讀杜心解六卷首二卷　（清）浦起龍撰　清雍正二年（1724）無錫浦氏寧我齋刻本　佚名批六冊

370000－1541－0013799　851.441/738
溫飛卿詩集九卷　（唐）溫庭筠撰　（明）曾益注　（清）顧予咸補注　清康熙三十六年（1697）長洲顧氏秀野草堂刻本　二冊

370000－1541－0013800　851.441/738＝1
溫飛卿詩集九卷　（唐）溫庭筠撰　（明）曾益

注 （清）顧予咸補注　清康熙三十六年
(1697)長洲顧氏秀野草堂刻本　二冊

370000－1541－0013801　851.441/869
白香山詩長慶集二十卷後集十七卷別集一卷補遺二卷年譜一卷年譜舊本一卷　（唐）白居易撰　（清）汪立名編訂　清康熙四十一年至四十二年(1702－1703)汪氏一隅草堂刻本　十冊

370000－1541－0013802　851.441/918
杜詩詳註二十五卷首一卷　（唐）杜甫撰（清）仇兆鰲輯註　清康熙四十二年(1703)刻本　二十六冊

370000－1541－0013803　851.441/927
錢仲文集十卷　（唐）錢起撰　清光緒二十四年(1898)順德龍氏刻螺樹山房叢書本　一冊

370000－1541－0013804　851.441/932
杜工部集二十卷　（唐）杜甫撰　（清）錢謙益箋注　清宣統三年(1911)時中書局石印本八冊

370000－1541－0013805　851.441/932＝1
杜工部集二十卷　（唐）杜甫撰　（清）錢謙益箋注　清宣統三年(1911)時中書局石印本八冊

370000－1541－0013806　851.441/932＝2
杜工部集二十卷　（唐）杜甫撰　（清）錢謙益箋注　清康熙六年(1667)季氏靜思堂刻本佚名批　八冊

370000－1541－0013807　851.4415/201
杜律五言注解三卷　（唐）杜甫撰　（元）趙汸注　明萬曆十六年(1588)吳懷保七松居刻本二冊

370000－1541－0013808　851.4415/201＝2
杜律箋注六卷　（唐）杜甫撰　（元）趙汸（元）虞集注　（清）查弘道　（清）金集補注清懷德堂刻本　四冊

370000－1541－0013809　851.4415/214
杜詩通四十卷　（明）胡震亨撰　（清）朱茂時

訂　清順治七年(1650)秀水朱茂時刻李杜詩通本　八冊

370000－1541－0013810　851.4415/242
集千家注批點杜工部詩集二十卷年譜一卷（唐）杜甫撰　（宋）黃鶴補注　明嘉靖八年(1529)朱邦蘇懋德堂刻本　二十冊

370000－1541－0013811　851.4415/242＝1
集千家注杜工部詩集二十卷文集二卷　（唐）杜甫撰　（宋）黃鶴補注　明嘉靖十五年(1536)玉几山人刻本　十二冊

370000－1541－0013812　851.4415/242＝2
杜工部詩八卷附錄一卷　（唐）杜甫撰　（明）鄭樸輯　明萬曆三十年(1602)鄭樸刻本　六冊

370000－1541－0013813　851.4415/242＝3
集千家注杜工部詩集二十卷文集二卷　（唐）杜甫撰　明萬曆長洲許自昌刻本　八冊

370000－1541－0013814　851.4415/242＝4
集千家注杜工部詩集二十卷附錄一卷　（唐）杜甫撰　（明）黃昇校　明萬曆九年(1581)刻本　十冊

370000－1541－0013815　851.4415/242＝5
重刊千家注杜詩全集二十卷文集二卷年譜一卷附錄一卷　（唐）杜甫撰　明萬曆九年(1581)隴西金鸞刻本　三冊

370000－1541－0013816　851.4415/242＝6
集千家注批點杜工部詩集二十卷年譜一卷（唐）杜甫撰　（宋）黃鶴補注　元明間刻本明毛晉　清毛扆　清何焯　清王承祐跋　清毛扆批校　二十冊

370000－1541－0013817　851.4415/242＝7
杜工部詩集二十卷集外詩一卷文集二卷（唐）杜甫撰　（清）朱鶴齡輯注　**年譜一卷**（清）朱鶴齡撰　清康熙金陵葉永茹刻本　十二冊

370000－1541－0013818　851.4415/242＝8
王狀元集百家注編年杜陵詩史三十二卷

(唐)杜甫撰　（宋）魯訔編　清宣統三年至民國二年(1911－1913)貴池劉氏玉海堂刻本　十二冊

370000－1541－0013819　851.4415/242＝9

杜詩直解五卷　（唐)杜甫撰　（清)范廷謀注釋　清雍正六年(1728)稼石堂刻本　二冊

370000－1541－0013820　851.4415/242＝10

杜律啓蒙十二卷附年譜一卷　（唐)杜甫撰（清)邊連寶集注　清乾隆四十二年(1777)刻本　四冊

370000－1541－0013821　851.4415/242＝11

杜律五言四卷　（唐)杜甫撰　（清)沈漢評清順治十八年(1661)聽秋閣刻本　四冊

370000－1541－0013822　851.4415/242＝12

讀書堂杜工部詩集註解二十卷文集註解二卷附杜工部編年詩史譜目一卷　（唐)杜甫撰（清)張溍評註　清道光二十一年(1841)張箋刻本　十二冊

370000－1541－0013823　851.4415/242＝13

讀書堂杜工部詩集註解二十卷文集註解二卷附杜工部編年詩史譜目一卷　（唐)杜甫撰（清)張溍評註　清康熙三十七年(1698)張氏讀書堂刻本　十四冊

370000－1541－0013824　851.4415/242＝14

辟疆園杜詩註解十七卷年譜一卷　（唐)杜甫撰　（清)顧宸註　清康熙二年(1663)無錫顧氏辟疆園刻本　八冊

370000－1541－0013825　851.4415/242＝15

辟疆園杜詩註解七言律五卷　（唐)杜甫撰（清)顧宸註　清康熙二年(1663)無錫顧氏辟疆園刻本　三冊

370000－1541－0013826　851.4415/242＝16

杜工部草堂詩箋四十卷外集一卷補遺十卷（唐)杜甫撰　（宋)魯訔編　（宋)蔡夢弼注**詩話二卷**　（宋)蔡夢弼輯　**年譜二卷**（宋)魯訔　（宋)趙子櫟撰　清光緒十年(1884)遵義黎氏日本東京使署刻古逸叢書本　八冊

370000－1541－0013827　851.4415/242＝17

杜工部草堂詩箋二十二卷　（唐)杜甫撰（宋)魯訔編　（宋)蔡夢弼注　**詩話二卷**（宋)蔡夢弼輯　**年譜二卷**　（宋)魯訔（宋)趙子櫟撰　清光緒元年(1875)巴陵碧琳琅館刻本　五冊

370000－1541－0013828　851.4415/242＝18

杜工部草堂詩箋二十二卷　（唐)杜甫撰（宋)魯訔編　（宋)蔡夢弼注　**詩話二卷**（宋)蔡夢弼輯　**年譜二卷**　（宋)魯訔（宋)趙子櫟撰　清光緒元年(1875)巴陵碧琳琅館刻本　清吳廣霈跋　四冊

370000－1541－0013829　851.4415/242＝19

杜詩詳註二十五卷首一卷　（唐)杜甫撰（清)仇兆鰲輯註　清康熙四十二年(1703)刻本　二十八冊

370000－1541－0013830　851.4415/242＝20

杜詩詳註二十五卷首一卷　（唐)杜甫撰（清)仇兆鰲輯註　清康熙四十二年(1703)刻本　十六冊

370000－1541－0013831　851.4415/242＝21

杜詩詳註二十五卷首一卷附錄二卷　（唐)杜甫撰　（清)仇兆鰲輯註　清康熙四十二年(1703)刻五十二年(1713)補刻本　二十四冊

370000－1541－0013832　851.4415/242＝22

杜詩詳註二十五卷首一卷附錄二卷　（唐)杜甫撰　（清)仇兆鰲輯註　清大文堂刻本　二十四冊

370000－1541－0013833　851.4415/242＝23

杜詩鏡銓二十卷　（唐)杜甫撰　（清)楊倫編**讀書堂杜工部文集注解二卷**　（唐)杜甫撰（清)張溍注解　清同治十一年(1872)望三益齋刻本　佚名批　十二冊

370000－1541－0013834　851.4415/242＝24

杜詩鏡銓二十卷　（唐)杜甫撰　（清)楊倫編清同治十一年(1872)望三益齋刻本　三冊

370000－1541－0013835　851.4415/242＝25

杜詩鏡銓二十卷　（唐)杜甫撰　（清)楊倫編

清同治十一年(1872)望三益齋刻本　三冊

370000－1541－0013836　851.4415/242＝26

杜詩鏡銓二十卷　(唐)杜甫撰　(清)楊倫編
　讀書堂杜工部文集注解二卷　(唐)杜甫撰
(清)張溍注解　清光緒十八年(1892)上海
著易堂鉛印本　三冊

370000－1541－0013837　851.4415/242＝27

九家集注杜詩三十六卷目錄一卷　(唐)杜甫
撰　(宋)郭知達輯　清嘉慶刻本　十六冊

370000－1541－0013838　851.4415/242＝29

杜詩集說二十卷末一卷　(唐)杜甫撰　(清)
江浩然編　清乾隆四十三年(1778)嘉興江氏
惇裕堂刻本　二十冊

370000－1541－0013839　851.4415/242＝30

杜詩集評十五卷目錄一卷　(唐)杜甫撰
(清)劉濬輯評　清嘉慶九年(1804)海寧藜照
堂刻本　八冊

370000－1541－0013840　851.4415/242＝31

杜詩百篇二卷　(唐)杜甫撰　(清)張燮承集
解　清咸豐九年(1859)古汲郡賀氏刻本　二
冊

370000－1541－0013841　851.4415/242＝32

杜詩註釋二十四卷首一卷　(唐)杜甫撰
(清)許寶善輯　清嘉慶八年(1803)自怡軒刻
光緒三年(1877)吳縣朱氏補刻本　十二冊

370000－1541－0013842　851.4415/242＝33

杜詩選律六卷　(唐)杜甫撰　(元)趙汸
(元)虞集注　(清)查弘道　(清)金集補
清同治十二年(1873)趙氏刻本　二冊

370000－1541－0013843　851.4415/242＝34

杜律通解四卷　(唐)杜甫撰　(清)李文煒箋
釋　清康熙六十年(1721)刻本　四冊

370000－1541－0013844　851.4415/242＝35

杜律通解四卷　(唐)杜甫撰　(清)李文煒箋
釋　清刻本　四冊

370000－1541－0013845　851.4415/242＝36

杜工部五言詩選直解三卷杜工部七言近體詩

選直解二卷　(唐)杜甫撰　(清)范廷謀注
清雍正范氏稼石堂刻本　四冊

370000－1541－0013846　851.4415/242＝37

杜工部七言律詩二卷　(唐)杜甫撰　(元)虞
集注　清康熙侯官高氏遺安草堂刻本　二冊

370000－1541－0013847　851.4415/242＝38

杜工部七言律詩二卷　(唐)杜甫撰　(元)虞
集注　清康熙二十四年(1685)秀水吳源起刻
本　清魯傳德跋　二冊

370000－1541－0013848　851.4415/242＝39

杜工部七言律詩二卷　(唐)杜甫撰　(元)虞
集注　清康熙二十四年(1685)秀水吳源起刻
本　清費廷桂批校並跋　四冊

370000－1541－0013849　851.4415/242＝40

杜詩偶評四卷　(清)沈德潛撰　清乾隆十二
年(1747)潘氏賦閒草堂刻本　二冊

370000－1541－0013850　851.4415/242＝41

杜詩偶評四卷　(清)沈德潛撰　清乾隆十二
年(1747)潘氏賦閒草堂刻本　二冊

370000－1541－0013851　851.4415/242＝42

杜律正蒙二卷　(清)潘樹棠輯註　清同治八
年(1869)永康尋樂軒刻本　二冊

370000－1541－0013852　851.4415/242＝45

讀杜小箋三卷二箋二卷　(清)錢謙益箋注
清宣統三年(1911)上海國學扶輪社石印本
一冊

370000－1541－0013853　851.4415/242＝46

貫華堂評選杜詩二卷　(清)金人瑞(金聖歎)
評選　(清)趙時揖輯　清康熙十年(1671)刻
本　一冊

370000－1541－0013854　851.4415/292＝1

分類補注李太白詩二十五卷　(唐)李白撰
(宋)楊齊賢集注　(元)蕭士贇補注　明嘉靖
二十五年(1546)玉几山人刻本　二十四冊

370000－1541－0013855　851.4415/292＝2

分類補注李太白詩二十五卷　(唐)李白撰
(宋)楊齊賢集注　(元)蕭士贇補注　明嘉靖

二十五年(1546)玉几山人刻本　十八册　缺四卷(一至四)

370000－1541－0013856　851.4415/292＝3
分類補注李太白詩二十五卷附唐翰林李太白年譜一卷　(唐)李白撰　(宋)楊齊賢集注(元)蕭士贇補注　明萬曆十九年(1591)陸基恕六經堂刻本　十二册

370000－1541－0013857　851.4415/292＝4
李太白詩集二十二卷　(唐)李白撰　(宋)嚴羽評點　明崇禎二年(1629)聞啓祥刻李杜全集本　四册

370000－1541－0013858　851.4415/292＝5
分類補注李太白詩二十五卷附唐翰林李太白年譜一卷　(唐)李白撰　(宋)楊齊賢集注(元)蕭士贇補注　明萬曆三十年(1602)長洲許自昌刻本　十册

370000－1541－0013859　851.4415/292＝6
分類補注李太白詩二十五卷附唐翰林李太白年譜一卷　(唐)李白撰　(宋)楊齊賢集注(元)蕭士贇補注　明萬曆三十年(1602)長洲許自昌刻本　六册

370000－1541－0013860　851.4415/292＝7
分類補注李太白詩二十五卷附唐翰林李太白年譜一卷　(唐)李白撰　(宋)楊齊賢集注(元)蕭士贇補注　明萬曆三十年(1602)長洲許自昌刻本　十二册

370000－1541－0013861　851.4415/292＝8
分類補注李太白詩二十五卷附唐翰林李太白年譜一卷　(唐)李白撰　(宋)楊齊賢集注(元)蕭士贇補注　明萬曆三十年(1602)長洲許自昌刻本　八册

370000－1541－0013862　851.4415/292＝9
分類補注李太白詩二十五卷附唐翰林李太白年譜一卷　(唐)李白撰　(宋)楊齊賢集注(元)蕭士贇補注　明萬曆三十年(1602)長洲許自昌刻本　二十册

370000－1541－0013863　851.4415/292＝10
李翰林集十卷　(唐)李白撰　明正德十四年(1519)陸元大刻清嘉慶八年(1803)王芑孫淵雅堂補修本　四册

370000－1541－0013864　851.4415/292＝11
李翰林集十卷　(唐)李白撰　清光緒二十五年(1899)吳昌綬刻本　一册

370000－1541－0013865　851.4415/430
讀杜詩愚得十八卷　(明)單復撰　明天順元年(1457)朱熊梅月軒刻本　二册　存三卷(四至六)

370000－1541－0013866　851.4415/430＝1
杜律單註十卷　(明)單復撰　(明)陳明輯明嘉靖濮州景姚堂刻本　一册　存二卷(一至二)

370000－1541－0013867　851.4415/832
杜詩七言律解意一卷　(清)朱瀚撰　清抄本　一册

370000－1541－0013868　851.4416/285＝3
昌谷集四卷　(唐)李賀撰　(明)曾益注釋明末刻本　四册

370000－1541－0013869　851.4416/285＝4
李長吉歌詩四卷首一卷外集一卷　(唐)李賀撰　(清)王琦彙解　清乾隆二十五年(1760)寶笏樓刻本　四册

370000－1541－0013870　851.4416/285＝6
李長吉歌詩四卷首一卷外集一卷　(唐)李賀撰　(清)王琦彙解　清光緒四年(1878)宏達堂刻本　四册

370000－1541－0013871　851.4416/285＝8
李長吉歌詩四卷首一卷外集一卷　(唐)李賀撰　(清)王琦彙解　清宣統元年(1909)上海文瑞樓石印本　四册

370000－1541－0013872　851.4416/285＝9
協律鉤元四卷　(唐)李賀撰　(清)陳本禮箋注　清嘉慶十三年(1808)裛露軒刻本　四册

370000－1541－0013873　851.4416/285＝15
李長吉歌詩四卷外卷一卷　(唐)李賀撰　(宋)吳正子箋注　明天啓刻合刻宋劉須溪點

校書九種本　　四冊

370000－1541－0013874　851.4416/285＝16
李長吉集四卷外卷一卷　（唐）李賀撰　（明）
黃淳耀評點　清雍正九年（1731）金惟駿漁書
樓刻本　一冊

370000－1541－0013875　851.4416/357
孟東野詩集十卷　（唐）孟郊撰　（宋）國材
（宋）劉辰翁評　明萬曆吳興凌濛初刻朱墨套
印本　四冊

370000－1541－0013876　851.4417/232
昌黎先生詩集注十一卷附年譜一卷　（唐）韓
愈撰　（清）朱彝尊　（清）何焯評　（清）顧
嗣立刪補　清光緒九年（1883）廣州翰墨園刻
三色套印本　二冊

370000－1541－0013877　851.4417/232＝1
昌黎先生詩集注十一卷附年譜一卷　（唐）韓
愈撰　（清）朱彝尊　（清）何焯評　（清）顧
嗣立刪補　清道光十六年（1836）膺德堂刻朱
墨套印本　四冊

370000－1541－0013878　851.4417/232＝2
昌黎先生詩集注十一卷附年譜一卷　（唐）韓
愈撰　（清）朱彝尊　（清）何焯評　（清）顧
嗣立刪補　清道光十六年（1836）膺德堂刻朱
墨套印本　四冊

370000－1541－0013879　851.4417/232＝3
昌黎詩鈔八卷　（唐）韓愈撰　（清）姚培謙選
　清雍正五年（1727）華亭姚培謙刻唐宋八家
詩鈔本　二冊

370000－1541－0013880　851.4417/232＝4
韓昌黎詩集編年箋注十二卷　（唐）韓愈撰
（清）方世舉考訂　清乾隆二十三年（1758）德
州盧氏雅雨堂刻本　五冊

370000－1541－0013881　851.4417/232＝6
昌黎先生詩增注證訛十一卷　（唐）韓愈撰
（清）顧嗣立刪補　（清）黃鉞增注證訛　**昌黎
先生年譜一卷**　（清）顧嗣立編　清道光二十
八年（1848）二客軒刻廣陵二西堂印本　四冊

370000－1541－0013882　851.4417/232＝7
昌黎先生詩增注證訛十一卷　（唐）韓愈撰
（清）顧嗣立刪補　（清）黃鉞增注證訛　**昌黎
先生年譜一卷**　（清）顧嗣立編　清道光二十
八年（1848）二客軒刻咸豐七年（1857）四明鮑
氏印本　二冊

370000－1541－0013883　851.4417/323＝3
昌黎先生詩集注十一卷附年譜一卷　（唐）韓
愈撰　（清）朱彝尊　（清）何焯評　（清）顧
嗣立刪補　清康熙三十八年（1699）長洲顧氏
秀野草堂刻本　六冊

370000－1541－0013884　851.4418/249
**樊川詩集四卷首一卷別集一卷外集一卷補遺
一卷**　（唐）杜牧撰　（清）馮集梧注　清嘉慶
六年（1801）德裕堂刻本　六冊

370000－1541－0013885　851.4418/249＝1
**樊川詩集四卷首一卷別集一卷外集一卷補遺
一卷**　（唐）杜牧撰　（清）馮集梧注　清嘉慶
六年（1801）德裕堂刻本　二冊

370000－1541－0013886　851.4418/249＝2
**樊川詩集四卷首一卷別集一卷外集一卷補遺
一卷**　（唐）杜牧撰　（清）馮集梧注　清光緒
十六年（1890）湘南書局刻本　四冊

370000－1541－0013887　851.4418/249＝3
**樊川詩集四卷首一卷別集一卷外集一卷補遺
一卷**　（唐）杜牧撰　（清）馮集梧注　清光緒
十六年（1890）湘南書局刻本　三冊

370000－1541－0013888　851.4418/290＝1
李義山詩集十六卷　（唐）李商隱撰　（清）姚
培謙箋注　清乾隆四年（1739）姚氏松桂讀書
堂刻本　八冊

370000－1541－0013889　851.4418/290＝2
李義山詩集十六卷　（唐）李商隱撰　（清）姚
培謙箋注　清乾隆四年（1739）姚氏松桂讀書
堂刻本　二冊

370000－1541－0013890　851.4418/290＝3
李義山詩集三卷年譜一卷諸家詩評一卷
（唐）李商隱撰　（清）朱鶴齡箋注　清順治十

七年(1660)刻本　四冊

370000－1541－0013891　851.4418/290＝4

重訂李義山詩集箋注三卷集外詩箋注一卷
(唐)李商隱撰　(清)朱鶴齡箋注　(清)程
夢星刪補　**年譜一卷詩話一卷**　(清)程夢星
輯　清乾隆十一年(1746)江都汪氏東柯草堂
刻本　四冊

370000－1541－0013892　851.4418/290＝5

重訂李義山詩集箋注三卷集外詩箋注一卷
(唐)李商隱撰　(清)朱鶴齡箋注　(清)程
夢星刪補　**年譜一卷**　(清)程夢星輯　清舊
學山房刻本　九冊

370000－1541－0013893　851.4418/290＝6

李義山詩集三卷　(唐)李商隱撰　(清)朱鶴
齡箋注　(清)沈厚塽輯評　清同治九年
(1870)廣州倅署刻三色套印本　四冊

370000－1541－0013894　851.4418/290＝7

李義山詩集三卷　(唐)李商隱撰　(清)朱鶴
齡箋注　(清)沈厚塽輯評　清同治九年
(1870)廣州倅署刻三色套印本　四冊

370000－1541－0013895　851.4418/290＝8

李義山詩集三卷　(唐)李商隱撰　(清)朱鶴
齡箋注　(清)沈厚塽輯評　清同治九年
(1870)廣州倅署刻三色套印本　四冊

370000－1541－0013896　851.4418/290＝9

李義山詩集三卷　(唐)李商隱撰　(清)朱鶴
齡箋注　(清)沈厚塽輯評　清同治九年
(1870)廣州倅署刻三色套印本　二冊　存二
卷(上、下)

370000－1541－0013897　851.4418/290＝10

李義山詩集三卷　(唐)李商隱撰　(清)朱鶴
齡箋注　清乾隆十五年(1750)懷德堂刻本
六冊

370000－1541－0013898　851.4418/290＝11

玉溪生詩意八卷附錄諸家詩評一卷　(唐)李
商隱撰　(清)朱鶴齡注　(清)屈復箋注　清
道光十年(1830)劉傳經堂刻本　五冊

370000－1541－0013899　851.4418/290＝12

李商隱詩集三卷　(唐)李商隱撰　(清)錢謙
益寫校　清宣統元年(1909)羅叔言石印本
二冊

370000－1541－0013900　851.4418/290＝13

玉谿生詩詳註三卷首一卷　(唐)李商隱撰
(清)馮浩箋註　清乾隆四十五年(1780)德聚
堂刻本　四冊

370000－1541－0013901　851.4418/738＝1

溫飛卿詩集九卷　(唐)溫庭筠撰　(明)曾益
注　(清)顧予咸補注　清康熙三十六年
(1697)長洲顧氏秀野草堂刻本　二冊

370000－1541－0013902　851.4418/738＝2

溫飛卿詩集九卷　(唐)溫庭筠撰　(明)曾益
注　(清)顧予咸補注　清康熙三十六年
(1697)長洲顧氏秀野草堂刻本　四冊

370000－1541－0013903　851.4418/738＝3

溫飛卿詩集九卷　(唐)溫庭筠撰　(明)曾益
注　(清)顧予咸補注　清宣統二年(1910)廣
益書局石印本　四冊

370000－1541－0013904　851.4418/738＝5

溫飛卿詩集箋注九卷　(唐)溫庭筠撰　(明)
曾益注　(清)顧予咸補注　清光緒八年
(1882)汪氏刻本　二冊

370000－1541－0013905　851.4418/738＝6

溫飛卿詩集箋注九卷　(唐)溫庭筠撰　(明)
曾益注　(清)顧予咸補注　清光緒八年
(1882)汪氏刻本　二冊

370000－1541－0013906　851.4418/738＝7

溫飛卿詩集箋注九卷　(唐)溫庭筠撰　(明)
曾益注　(清)顧予咸補注　清光緒八年
(1882)汪氏刻本　二冊

370000－1541－0013907　851.4418/869

香山詩鈔二十卷　(唐)白居易撰　(清)楊大
鶴選　清康熙四十年(1701)刻本　六冊

370000－1541－0013908　851.4419/232

香奩集發微一卷附年譜　震鈞撰　清宣統三

年(1911)刻本　一冊

370000－1541－0013909　851.444/482
唐人五十家小集　（清）江標輯　清光緒二十
一年(1895)元和江氏靈鶼閣刻本　一冊　存
三種三卷（羅鄴詩集一卷、秦韜玉詩集一卷、
殷文珪詩集一卷）

370000－1541－0013910　851.444/482＝1
比紅兒詩一卷　（唐）羅虬撰　明嘉靖刻本
一冊

370000－1541－0013911　851.4482/772
陽春集一卷補遺一卷　（五代）馮延己撰　清
光緒臨桂王氏四印齋刻本　一冊

370000－1541－0013912　851.4484/579
浣花集十卷　（五代）韋莊撰　明海虞毛氏綠
君亭刻本　二冊

370000－1541－0013913　851.45/169
山谷詩內集注二十卷　（宋）黃庭堅撰　（宋）
任淵注　清乾隆四十年(1775)刻本　二十四
冊

370000－1541－0013914　851.45/290
石湖詩集一卷　（宋）范成大撰　明虞山毛氏
汲古閣刻本　一冊

370000－1541－0013915　851.45/440
韻雅六卷古蹟詩鈔一卷　（清）吳采撰　清嘉
慶二十三年(1818)魁峰居業堂刻本　四冊

370000－1541－0013916　851.451/167
黃詩全集五十八卷　（宋）黃庭堅撰　（清）翁
方綱校注　清乾隆五十四年(1789)南康謝氏
樹經堂刻本　清左腕道人批題記　二十冊

370000－1541－0013917　851.451/554
東坡詩集續刻五卷　（宋）蘇軾撰　清同治七
年至八年(1868－1869)眉山蘇祠刻本　二冊

370000－1541－0013918　851.451/554＝1
蘇文忠公詩集五十卷目錄二卷　（宋）蘇軾撰
（清）紀昀評點　清同治八年(1869)韞玉山
房刻朱墨套印本　十二冊

370000－1541－0013919　851.451/554＝2

蘇文忠公詩集五十卷目錄二卷　（宋）蘇軾撰
（清）紀昀評點　清同治八年(1869)韞玉山
房刻朱墨套印本　六冊

370000－1541－0013920　851.451/554＝3
蘇文忠公詩編注集成四十六卷總案四十五卷
首一卷目錄一卷附雜綴酌存一卷蘇海識餘四
卷牋詩圖一卷　（清）王文誥輯訂　清光緒十
四年(1888)浙江書局刻本　二十四冊

370000－1541－0013921　851.451/554＝4
蘇詩選十一卷　（宋）蘇軾撰　（清）宋犖選
清抄本　佚名批校　四冊

370000－1541－0013922　851.451/554＝5
蘇文忠公詩集擇粹十八卷　（宋）蘇軾撰
（清）紀昀評　（清）趙古農選　清嘉慶二十二
年(1817)廣州抱影吟軒刻本　六冊

370000－1541－0013923　851.451/554＝6
東坡和陶合箋四卷　（宋）蘇軾撰　（清）溫汝
能纂訂　清宣統元年(1909)上海掃葉山房石
印本　二冊

370000－1541－0013924　851.451/554＝8
蘇文忠公詩集五十卷目錄二卷　（宋）蘇軾撰
（清）紀昀評點　清道光十四年(1834)兩廣
節署刻朱墨套印本　十二冊

370000－1541－0013925　851.451/801＝2
鉅鹿東觀集十卷補遺一卷附錄一卷　（宋）魏
野撰　清宣統二年(1910)趙氏峭帆樓刻本
一冊

370000－1541－0013926　851.451/984
蘇詩補注八卷　（清）翁方綱撰　清乾隆四十
七年(1782)蘇齋刻本　二冊

370000－1541－0013927　851.451/984＝1
東坡先生編年詩五十卷目錄一卷年表一卷
（宋）蘇軾撰　（清）查慎行補注　清乾隆二十
六年(1761)海寧查氏香雨齋刻本　十六冊

370000－1541－0013928　851.4514/254＝3
林和靖先生詩集四卷　（宋）林逋撰　清同治
十二年(1873)長洲朱氏刻本　二冊

370000 – 1541 – 0013929　851.4514/254 = 4

林和靖先生詩集四卷附錄一卷 （宋）林逋撰
清光緒二十一年(1895)婺源俞氏清蔭堂刻本　佚名圈點　一冊

370000 – 1541 – 0013930　851.4515/329 = 1

宋邵康節先生伊川擊壤集九卷集外詩一卷
（宋）邵雍撰　明萬曆三十三年(1605)吳元維刻本　五冊

370000 – 1541 – 0013931　851.4515/554

東坡先生詩集注三十二卷 （宋）蘇軾撰
（宋）王十朋集注　**東坡紀年錄一卷** （宋）傅藻撰　明萬曆茅維刻本　清錢陸燦批點　十六冊

370000 – 1541 – 0013932　851.4515/554 = 1

東坡先生詩集注三十二卷 （宋）蘇軾撰
（宋）王十朋集注　明末王永積刻本　六冊

370000 – 1541 – 0013933　851.4515/554 = 2

施注蘇詩四十二卷總目二卷 （宋）蘇軾撰
（宋）施元之注　（清）宋至等刪補　**續補遺補注二卷** （清）馮景撰　**王注正訛一卷** （清）邵長蘅撰　**東坡先生年譜一卷** （宋）王宗稷撰　清康熙三十八年(1699)宋犖刻本　十冊

370000 – 1541 – 0013934　851.4515/554 = 3

施注蘇詩四十二卷總目二卷 （宋）蘇軾撰
（宋）施元之注　（清）宋至等刪補　**續補遺補注二卷** （清）馮景撰　**王注正訛一卷** （清）邵長蘅撰　**東坡先生年譜一卷** （宋）王宗稷撰　清康熙三十八年(1699)宋犖刻本　佚名圈點　十四冊

370000 – 1541 – 0013935　851.4515/554 = 4

施注蘇詩四十二卷目錄二卷 （宋）蘇軾撰
（宋）施元之注　（清）宋至等刪補　**續補遺補注二卷** （清）馮景撰　清刻本　二十冊

370000 – 1541 – 0013936　851.4515/554 = 5

施注蘇詩四十二卷總目二卷 （宋）蘇軾撰
（宋）施元之注　（清）宋至刪補　**續補遺補注二卷** （清）馮景撰　**王注正訛一卷** （清）邵長蘅撰　**東坡先生年譜一卷** （宋）王宗稷撰

清大文堂刻本　十四冊

370000 – 1541 – 0013937　851.4515/554 = 6

古香齋鑒賞袖珍施注蘇詩四十二卷目錄二卷
（宋）蘇軾撰　（宋）施元之注　（清）宋至等刪補　**續補遺補注二卷** （清）馮景撰　**王注正訛一卷** （清）邵長蘅撰　**東坡先生年譜一卷** （宋）王宗稷撰　清光緒八年至九年(1882 – 1883)孔氏三十有三萬卷堂刻本　十八冊

370000 – 1541 – 0013938　851.4515/554 = 7

古香齋鑒賞袖珍施注蘇詩四十二卷目錄二卷
（宋）蘇軾撰　（宋）施元之注　（清）宋至等刪補　**續補遺補注二卷** （清）馮景撰　**王注正訛一卷** （清）邵長蘅撰　**東坡先生年譜一卷** （宋）王宗稷撰　清光緒八年至九年(1882 – 1883)孔氏三十有三萬卷堂刻本　十八冊

370000 – 1541 – 0013939　851.4515/554 = 8

蘇文忠詩合注五十卷首一卷 （宋）蘇軾撰
（清）馮應榴輯定　清乾隆六十年(1795)踵息齋刻本　二十四冊

370000 – 1541 – 0013940　851.4515/554 = 9

蘇文忠詩合注五十卷首一卷 （宋）蘇軾撰
（清）馮應榴輯定　清乾隆六十年(1795)踵息齋刻本　二十四冊

370000 – 1541 – 0013941　851.4515/554 = 10

蘇文忠詩合注五十卷首一卷 （宋）蘇軾撰
（清）馮應榴輯定　清乾隆六十年(1795)踵息齋刻同治九年(1870)馮寶圻修補本　二十冊

370000 – 1541 – 0013942　851.4515/554 = 11

蘇文忠詩合注五十卷首一卷 （宋）蘇軾撰
（清）馮應榴輯定　清乾隆六十年(1795)踵息齋刻同治九年(1870)馮寶圻修補本　二十四冊

370000 – 1541 – 0013943　851.4515/554 = 12

蘇文忠詩合注五十卷首一卷 （宋）蘇軾撰
（清）馮應榴輯定　清光緒九年(1883)眉山三蘇祠木假山堂刻本　十冊　存二十二卷(一

至二十二）

370000－1541－0013944　851.4515/554＝14
東坡先生編年詩五十卷目錄一卷年表一卷
(宋)蘇軾撰　(清)查慎行補注　清乾隆二十
六年(1761)海寧查氏香雨齋刻本　佚名校
二十四冊

370000－1541－0013945　851.4515/554＝15
**蘇文忠公詩編注集成四十六卷總案四十五卷
首一卷目錄一卷附雜綴酌存一卷蘇海識餘四
卷牋詩圖一卷**　(清)王文誥輯訂　清光緒十
四年(1888)浙江書局刻本　周叔弢題識　二
十四冊

370000－1541－0013946　851.4515/554＝16
蘇詩查注補正四卷　(清)沈欽韓撰　清光緒
八年(1882)長洲蔣氏心矩齋刻本　四冊

370000－1541－0013947　851.4515/554＝21
蘇詩續補遺二卷　(宋)蘇軾撰　(清)馮景補
注　清刻本　二冊

370000－1541－0013948　851.4515/554＝22
蘇詩抄二卷　(宋)蘇軾撰　(清)紀昀評　清
乾隆三十六年(1771)稿本　余重耀跋　二冊

370000－1541－0013949　851.4515/554＝23
蘇文忠公詩集五十卷目錄二卷　(宋)蘇軾撰
　(清)紀昀評點　清同治八年(1869)韞玉山
房刻朱墨套印本　十一冊　存三十卷(二十
一至五十)

370000－1541－0013950　851.4515/554＝24
蘇文忠公詩集五十卷目錄二卷　(宋)蘇軾撰
　(清)紀昀評點　清同治八年(1869)韞玉山
房刻朱墨套印本　十一冊　存四十五卷(一
至十五、二十一至五十)

370000－1541－0013951　851.4515/601
東坡詩選十二卷年譜一卷　(宋)蘇軾撰
(明)譚元春選　明天啓元年(1621)文盛堂刻
本　六冊

370000－1541－0013952　851.4515/601＝1
東坡詩選十二卷年譜一卷　(宋)蘇軾撰

(明)譚元春選　明天啓元年(1621)文盛堂刻
本　一冊　存一卷(一)

370000－1541－0013953　851.4515/635
青山集三十卷續集五卷　(宋)郭祥正撰　清
嘉慶刻本　佚名校　六冊

370000－1541－0013954　851.4515/761
參寥集十二卷附錄二卷　(宋)釋道潛撰　清
光緒二十五年(1899)錢塘丁氏南昌刻本　二
冊

370000－1541－0013955　851.4516/169
**山谷詩內集注二十卷外集十七卷年譜十四卷
外集補四卷別集二卷別集補一卷**　(宋)黃庭
堅撰　(宋)任淵　(宋)史容等編　清乾隆五
十四年(1789)樹經堂刻本　二十冊

370000－1541－0013956　851.4516/169＝1
山谷詩集注二十卷外集十七卷別集二卷
(宋)黃庭堅撰　清光緒二十一年至二十五年
(1895－1899)刻本　二十冊

370000－1541－0013957　851.4516/169＝2
**山谷外集詩注十七卷別集注二卷外集補四卷
別集補一卷**　(宋)黃庭堅撰　(宋)史容
(宋)史季溫注　清刻本　十四冊

370000－1541－0013958　851.452/313
張氏拙軒集六卷　(宋)張侃撰　清末劉氏遠
碧樓抄本　二冊

370000－1541－0013959　851.452/759＝2
姜堯章先生集十卷　(宋)姜夔撰　(清)姜熙
輯　清道光華亭姜氏宗祠刻本　二冊

370000－1541－0013960　851.452/975
宋鄭所南先生心史二卷　(宋)鄭思肖撰　清
光緒二十年(1894)刻本　四冊

370000－1541－0013961　851.4521/470
晁具茨先生詩集十五卷　(宋)晁沖之撰　清
乾隆刻本　六冊

370000－1541－0013962　851.4521/470＝1
晁具茨先生詩集十五卷　(宋)晁沖之撰　清
乾隆刻本　四冊

370000 - 1541 - 0013963　851.4521/470 = 2
具茨晁先生詩集不分卷　（宋）晁沖之撰　明抄本　范涼靡題記　一冊

370000 - 1541 - 0013964　851.4523/201
野谷詩稿六卷　（宋）趙汝鐩撰　清抄本　二冊

370000 - 1541 - 0013965　851.4523/212
石屏詩集十卷　（宋）戴復古撰　清嘉慶二十二年(1817)臨海宋氏刻台州叢書本　四冊

370000 - 1541 - 0013966　851.4523/212 = 1
石屏詩集十卷　（宋）戴復古撰　清嘉慶二十二年(1817)臨海宋氏刻台州叢書本　四冊

370000 - 1541 - 0013967　851.4523/392
劍南詩稿八十五卷　（宋）陸游撰　明末虞山毛氏汲古閣刻陸放翁全集本　二十六冊

370000 - 1541 - 0013968　851.4523/392 = 1
劍南詩稿八十五卷　（宋）陸游撰　明末虞山毛氏汲古閣刻陸放翁全集本　二十冊　存五十二卷(一至十四、四十八至八十五)

370000 - 1541 - 0013969　851.4523/392 = 2
劍南詩鈔　（宋）陸游撰　（清）楊大鶴選　清康熙二十四年(1685)武進楊氏刻本　八冊

370000 - 1541 - 0013970　851.4523/392 = 3
劍南詩鈔　（宋）陸游撰　（清）楊大鶴選　清康熙二十四年(1685)武進楊氏刻本　四冊

370000 - 1541 - 0013971　851.4523/392 = 4
劍南詩鈔　（宋）陸游撰　清光緒三十三年(1907)味青齋鉛印本　六冊

370000 - 1541 - 0013972　851.4523/502 = 2
翠微南征錄十一卷　（宋）華岳撰　清抄本　一冊　存三卷(三至五)

370000 - 1541 - 0013973　851.4523/818
方泉先生詩集三卷　（宋）周文璞撰　清宣統元年(1909)國光社石印本　一冊

370000 - 1541 - 0013974　851.4524/199
乾道稿二卷淳熙稿二十卷章泉稿五卷　（宋）趙蕃撰　（清）馬啟泰校　清乾隆四十二年(1777)福建刻道光至光緒遞修武英殿聚珍版叢書本　九冊

370000 - 1541 - 0013975　851.4524/759 = 1
白石道人詩集二卷集外詩一卷附錄一卷歌曲別集一卷附詩說一卷　（宋）姜夔撰　清乾隆至嘉慶常熟鮑氏知不足齋刻本　二冊

370000 - 1541 - 0013976　851.4524/759 = 3
白石道人詩集二卷集外詩一卷附錄一卷白石道人詩說一卷白石道人歌曲四卷白石道人歌曲別集一卷白石詩詞評論一卷白石道人逸事一卷　（宋）姜夔撰　清乾隆至嘉慶常熟鮑氏知不足齋刻本　四冊

370000 - 1541 - 0013977　851.4524/798
魏鶴山先生渠陽詩一卷　（宋）魏了翁撰　（宋）王德文注　清光緒二十八年(1902)貴池劉氏玉海堂武昌刻玉海堂景宋叢書本　一冊

370000 - 1541 - 0013978　851.4524/883
玉楮詩稿八卷　（宋）岳珂撰　清抄本　一冊

370000 - 1541 - 0013979　851.4524/972
三山鄭菊山先生清雋集一卷　（宋）鄭起撰　（元）仇遠選　**所南翁一百二十圖詩集一卷**　（宋）鄭思肖撰　清末上海國學保存會鉛印國粹叢書本　一冊

370000 - 1541 - 0013980　851.4526/306 = 2
張大家蘭雪集二卷附錄一卷　（元）張玉孃撰　清抄本　一冊

370000 - 1541 - 0013981　851.4526/623
謝參軍詩鈔二卷　（宋）謝翱撰　清嘉慶十九年(1814)留香室刻本　一冊

370000 - 1541 - 0013982　851.4526/677 = 1
指南後錄三卷　（宋）文天祥撰　清光緒六年(1880)刻本　一冊

370000 - 1541 - 0013983　851.4526/677 = 2
酌中志餘二卷　（明）劉若愚撰　清光緒崇文書局刻正覺樓叢刻本　二冊

370000 - 1541 - 0013984　851.4526/677 = 3
重訂擬瑟譜一卷　（清）邵嗣堯撰　（清）段仔

文 （清）張懋賞編 清光緒崇文書局刻正覺樓叢刻本 一冊

370000－1541－0013985 851.4526/677＝4
律呂新義四卷 （清）江永撰 清光緒崇文書局刻正覺樓叢刻本 二冊

370000－1541－0013986 851.4526/816
白石道人詩集二卷歌曲四卷歌曲別集一卷（宋）姜夔撰 清刻本 劉次簫題記 二冊

370000－1541－0013987 851.456/128
元遺山詩集箋注十四卷首一卷末一卷 （金）元好問撰 （元）張德輝類次 （清）施國祁箋注 清道光二年(1822)南潯蔣氏瑞松堂刻本 六冊

370000－1541－0013988 851.456/128＝1
元遺山詩集箋注十四卷首一卷末一卷 （金）元好問撰 （元）張德輝類次 （清）施國祁箋注 清道光二年(1822)南潯蔣氏瑞松堂刻本 六冊

370000－1541－0013989 851.456/128＝2
元遺山詩集箋注十四卷附錄一卷補載一卷（金）元好問撰 （元）張德輝類次 （清）施國祁箋注 清道光七年(1827)苕溪吳氏醉六堂刻本 六冊

370000－1541－0013990 851.456/128＝3
元遺山詩集箋注十四卷附錄一卷補載一卷（金）元好問撰 （元）張德輝類次 （清）施國祁箋注 清道光七年(1827)苕溪吳氏醉六堂刻本 三冊

370000－1541－0013991 851.456/128＝4
元遺山詩集箋注十四卷附錄一卷補載一卷（金）元好問撰 （元）張德輝類次 （清）施國祁箋注 清道光七年(1827)苕溪吳氏醉六堂刻本 四冊

370000－1541－0013992 851.456/203
閑閑老人詩集十卷年譜二卷目錄二卷 （金）趙秉文撰 清光緒十三年(1887)文莫室刻陶廬叢書本 四冊

370000－1541－0013993 851.457/273
鐵崖樂府注十卷鐵崖逸編注八卷 （明）楊維楨撰 （清）樓卜瀍注 清乾隆三十九年(1774)聯桂堂刻本 六冊

370000－1541－0013994 851.457/273＝1
鐵崖樂府注十卷鐵崖逸編注八卷 （明）楊維楨撰 （清）樓卜瀍注 清乾隆三十九年(1774)聯桂堂刻本 二冊 缺二卷(鐵崖樂府注一至二)

370000－1541－0013995 851.457/436
淵穎集十二卷附錄一卷 （元）吳萊撰 清光緒元年(1875)胡鳳丹退補齋刻金華叢書本 四冊

370000－1541－0013996 851.457/516＝2
雁門集六卷附一卷 （元）薩都拉撰 清宣統二年(1910)刻本 四冊

370000－1541－0013997 851.457/578
剩語二卷 （元）艾性夫撰 清劉氏遠碧樓抄本 一冊

370000－1541－0013998 851.457/621
詠物詩二卷 （元）謝宗可撰 清乾隆五十六年(1791)刻本 四冊

370000－1541－0013999 851.457/869
湛淵遺稿三卷 （元）白珽撰 清吳興沈氏抱經樓抄本 一冊

370000－1541－0014000 851.4573/311
張淮陽集一卷 （元）張弘範撰 清光緒二十二年(1896)刻本 一冊

370000－1541－0014001 851.4573/916
金淵集六卷 （元）仇遠撰 清刻本 二冊

370000－1541－0014002 851.4573/916＝1
金淵集六卷 （元）仇遠撰 清刻本 一冊

370000－1541－0014003 851.4575/377
所安遺集一卷附錄一卷 （元）陳泰撰 清光緒六年(1880)武林節署刻本 二冊

370000－1541－0014004 851.4575/377＝1
所安遺集一卷附錄一卷 （元）陳泰撰 清光

緒六年(1880)武林節署刻本　一冊

370000－1541－0014005　851.4576/530

范德機詩七卷　(元)范梈撰　明末毛氏汲古閣刻元詩四大家本　二冊

370000－1541－0014006　851.4576/860

苔石效顰集一卷附錄一卷　(宋)繆鑑撰　清光緒十五年(1889)刻本　一冊

370000－1541－0014007　851.4577/273＝3

鐵厓詠史注八卷　(明)楊維楨撰　(清)樓卜瀍注　清乾隆三十九年(1774)聯桂堂刻本　三冊·

370000－1541－0014008　851.4577/273＝4

鐵厓三種　(明)楊維楨撰　(清)樓卜瀍注　清宣統二年(1910)掃葉山房石印本　十冊

370000－1541－0014009　851.4577/343

松雨軒集八卷補遺一卷附錄一卷　(明)平顯撰　清光緒二十年(1894)錢塘丁氏嘉惠堂刻本　二冊

370000－1541－0014010　851.4577/516＝1

雁門集十四卷詩餘一卷倡和錄一卷別錄一卷　(元)薩都拉撰　(清)薩龍光編注　清嘉慶十二年(1807)榕城侯官縣施志寶坊刻本　八冊

370000－1541－0014011　851.4577/516＝2

雁門集十四卷詩餘一卷倡和錄一卷別錄一卷　(元)薩都拉撰　(清)薩龍光編注　清嘉慶十二年(1807)榕城侯官縣施志寶坊刻本　八冊

370000－1541－0014012　851.46/128

遺山先生詩集二十卷　(金)元好問撰　明崇禎十一年(1638)虞山毛氏汲古閣刻本　十冊

370000－1541－0014013　851.46/203

松石齋詩集六卷　(明)趙用賢撰　清光緒二十二年(1896)常熟趙氏承啓堂刻本　一冊

370000－1541－0014014　851.46/257

正志稿十卷　(明)林貴兆撰　清宣統二年(1910)太平陳氏木活字印本　二冊

370000－1541－0014015　851.46/271

洵美堂詩集九卷　(明)楊文驄撰　清宣統元年(1909)刻本　二冊

370000－1541－0014016　851.46/271＝1

洵美堂詩集九卷　(明)楊文驄撰　清宣統元年(1909)刻本　二冊

370000－1541－0014017　851.46/311

張文烈公遺詩一卷　(明)張家玉撰　清光緒三十三年(1907)上海國學保存會鉛印本　一冊

370000－1541－0014018　851.46/962

響泉集二十一卷　(清)顧光旭撰　清宣統二年(1910)無錫顧氏木活字印本　四冊

370000－1541－0014019　851.461/188

海叟詩集四卷附集外詩一卷附錄一卷　(明)袁凱撰　(清)曹炳曾重輯　清宣統三年(1911)江西印刷局石印本　二冊

370000－1541－0014020　851.461/188＝1

海叟詩集四卷附集外詩一卷附錄一卷　(明)袁凱撰　(清)曹炳曾重輯　清宣統三年(1911)江西印刷局石印本　二冊

370000－1541－0014021　851.461/502

黃楊集二卷　(元)華幼武撰　清存裕堂刻本　二冊

370000－1541－0014022　851.461/502＝2

碧栖先生黃楊集二卷補遺一卷附錄一卷　(元)華幼武撰　清同治十三年(1874)詒穀堂刻本　二冊

370000－1541－0014023　851.461/517

藍山集六卷　(明)藍仁撰　(清)郭柏蒼校刊　清光緒四年(1878)枕石草堂刻本　二冊

370000－1541－0014024　851.461/646

高季迪先生大全集十八卷　(明)高啟撰　(明)徐庸輯　清康熙長洲許氏竹素園刻本　六冊

370000－1541－0014025　851.461/646＝1

高季迪先生大全集十八卷　(明)高啟撰

（明）徐庸輯　清康熙長洲許氏竹素園刻本
佚名批　四冊

370000－1541－0014026　851.461/646＝2
高季迪先生大全集十八卷　（明）高啟撰
（明）徐庸輯　清康熙長洲許氏竹素園刻本
四冊

370000－1541－0014027　851.461/646＝4
重刻高太史大全集十八卷　（明）高啟撰　明
萬曆三十七年(1609)汪汝淳刻明初四家詩本
六冊

370000－1541－0014028　851.461/646＝5
青邱高季迪先生詩集十八卷首一卷遺詩一卷
附錄一卷扣舷集一卷鳧藻集五卷　（明）高啟
撰　（清）金檀輯注　清雍正六年(1728)桐鄉
金氏文瑞樓刻本　十冊

370000－1541－0014029　851.464/646
姑蘇雜詠合刻四卷　（明）周希夔輯　明萬曆
四十六年(1618)姑蘇周希夔刻本　二冊　存
二卷(高季迪姑蘇雜詠一至二)

370000－1541－0014030　851.464/660
龔安節公野古集三卷附錄一卷　（明）龔詡撰
（明）李繼貞選訂　清光緒二十八年(1902)
新陽趙氏刻本　一冊

370000－1541－0014031　851.465/285
懷麓堂詩稿二十卷後稿十卷　（明）李東陽撰
清抄本　六冊

370000－1541－0014032　851.465/285＝1
西涯先生擬古樂府二卷　（明）李東陽撰
（明）何孟春注　清康熙三十八年(1699)懷古
樓刻本　一冊

370000－1541－0014033　851.465/306
張東海全集八卷　（明）張弼撰　清康熙三十
三年(1694)張世綬刻本　四冊　存二卷(一
至二)

370000－1541－0014034　851.465/414
馬東田漫稿六卷　（明）馬中錫撰　（明）孫緒
評　明嘉靖十七年(1538)筆山文三畏刻本

七冊

370000－1541－0014035　851.466/117
新刊遵巖王先生詩集六卷　（明）王慎中撰
明刻本　二冊

370000－1541－0014036　851.466/266
石淙詩鈔十五卷附王李諸公詩一卷　（明）楊
一清撰　（明）李夢陽　（明）康海編　清嘉慶
二十一年(1816)昆明五華書院刻本　六冊

370000－1541－0014037　851.466/288
李空同詩集三十三卷目錄一卷附錄一卷
（明）李夢陽撰　清宣統二年(1910)掃葉山房
石印本　十冊

370000－1541－0014038　851.466/288＝1
李空同詩集三十三卷目錄一卷附錄一卷
（明）李夢陽撰　清宣統二年(1910)掃葉山房
石印本　八冊

370000－1541－0014039　851.466/875
華泉先生集選四卷　（明）邊貢撰　（清）王士
禎選　清康熙刻乾隆印王漁洋遺書本　一冊

370000－1541－0014040　851.467/117
十嶽山人詩集四卷　（明）王寅撰　明萬曆十
九年(1591)程開泰、項仲連刻本　四冊

370000－1541－0014041　851.467/190
敝篋集二卷　（明）袁宏道撰　明萬曆袁氏書
種堂刻本　一冊

370000－1541－0014042　851.467/422
區太史詩集二十七卷　（明）區大相撰　清道
光十年(1830)刻本　五冊

370000－1541－0014043　851.467/422＝1
區太史詩集二十七卷　（明）區大相撰　清道
光二十年(1840)南海伍氏詩雪軒刻本　三冊
存二十卷(一至二十)

370000－1541－0014044　851.467/533
勛卿集一卷　（明）范鳳翼撰　（明）曹學佺輯
清順治九年(1652)范鳳翼刻本　一冊

370000－1541－0014045　851.467/616
四溟山人詩集十卷　（明）謝榛撰　（明）盛以

進選　清宣統元年(1909)問影樓鉛印本　三冊

370000－1541－0014046　851.467/648

壎篪編二卷　（明）高舉撰　清光緒二十年(1894)刻本　二冊

370000－1541－0014047　851.468/119

隴首集一卷　（明）王與胤撰　（清）王士禎校　清康熙刻本　一冊

370000－1541－0014048　851.468/504

返生香一卷疏香閣附集一卷窈聞一卷續窈聞一卷　（明）葉小鸞撰　清光緒二十二年(1896)廣州秋夢盦刻本　二冊

370000－1541－0014049　851.468/759

流覽堂集一卷　（清）姜垓撰　清抄本　一冊

370000－1541－0014050　851.468/859

花王閣賸稿一卷　（明）紀坤撰　清嘉慶四年(1799)閱微草堂刻本　一冊

370000－1541－0014051　851.469/129

石臼前集九卷後集七卷　（明）邢昉撰　清光緒十八年(1892)刻本　六冊

370000－1541－0014052　851.469/660

龔安節公野古集三卷附錄一卷　（明）龔詡撰　（明）李繼貞選訂　清光緒二十八年(1902)新陽趙氏刻本　一冊

370000－1541－0014053　851.47/105

饅飣亭集三十二卷　（清）祁寯藻撰　清咸豐七年(1857)刻本　六冊

370000－1541－0014054　851.47/112

柏香堂聽蜑吟一卷　（明）王執禮撰　清刻本　一冊

370000－1541－0014055　851.47/112＝1

尊道堂詩鈔八卷別集二卷　（清）王材任撰　清乾隆四年(1739)黃岡陳氏玉照亭刻本　六冊

370000－1541－0014056　851.47/117

椒生詩草六卷　（清）王之春撰　清光緒十年(1884)刻本　二冊

370000－1541－0014057　851.47/117＝1

銅梁山人詩集二十三卷　（清）王汝璧撰　清光緒二十四年(1898)王氏百硯樓刻本　八冊

370000－1541－0014058　851.47/144

閩歸集二卷　（清）曹文漢撰　清宣統二年(1910)石印本　二冊

370000－1541－0014059　851.47/161

且甌集九卷　（清）項霽撰　清咸豐三年(1853)刻本　二冊

370000－1541－0014060　851.47/164

夢陔堂詩集三十五卷　（清）黃承吉撰　清道光十二年(1832)江都黃氏刻本　八冊

370000－1541－0014061　851.47/171

草草草堂詩選二卷　（清）黃純嘏撰　清道光二十年(1840)揚州秋聲館刻本　佚名批　二冊

370000－1541－0014062　851.47/171＝1

瓶隱山房詩鈔十卷　（清）黃曾撰　清咸豐七年(1857)刻本　八冊

370000－1541－0014063　851.47/190

漸西村人初集十三卷　（清）袁昶撰　清光緒二十年(1894)避舍盦公堂刻本　四冊

370000－1541－0014064　851.47/192

次立齋詩集四卷文集二卷　（清）袁知撰　清嘉慶九年(1804)刻本　六冊

370000－1541－0014065　851.47/203

紺寒亭詩集九卷　（清）趙俞撰　清刻本　四冊

370000－1541－0014066　851.47/212

甌江竹枝詞一卷　（清）戴文儁撰　清光緒六年(1880)東甌博古齋刻本　一冊

370000－1541－0014067　851.47/219

楚頌齋詩集八卷　（清）胡焯撰　清光緒十五年(1889)刻本　四冊

370000－1541－0014068　851.47/242

杜詩提要十四卷　（清）吳瞻泰評選　清乾隆二十六年(1761)歙縣吳氏山雨樓刻本　八冊

370000－1541－0014069　851.47/269

生春草堂詩鈔一卷　（清）楊光亨撰　清稿本
一冊

370000－1541－0014070　851.47/281

食古齋詩錄四卷詩餘一卷文錄一卷　（清）柳
以蕃撰　清光緒十八年(1892)刻本　四冊

370000－1541－0014071　851.47/290

自怡集二卷詩餘一卷　（清）李文駒撰　清嘉
慶二十五年(1820)諸城李氏易安園刻本　二
冊

370000－1541－0014072　851.47/290＝1

鸞嘯堂詩一卷　（清）李沂撰　清康熙四十一
年(1702)刻本　一冊

370000－1541－0014073　851.47/306

崇蘭堂詩初存十卷　（清）張預撰　清光緒二
十年(1894)刻腹廬類集本　二冊

370000－1541－0014074　851.47/306＝1

潛園詩存四卷　（清）張天翔撰　清光緒二十
五年(1899)刻本　二冊

370000－1541－0014075　851.47/309

存誠堂詩集二十五卷應制詩五卷　（清）張英
撰　清康熙刻本　六冊

370000－1541－0014076　851.47/311

粵海潮音集一卷　（清）張漢三撰　清稿本
一冊

370000－1541－0014077　851.47/311＝1

小重山房詩續錄十二卷　（清）張祥河撰　清
光緒元年(1875)華亭張氏刻本　四冊

370000－1541－0014078　851.47/313

定峰樂府十卷　（清）沙張白撰　（清）曹禾評
清光緒二十四年(1898)刻本　二冊

370000－1541－0014079　851.47/313＝1

鏡真山房詩鈔六卷　（清）張鳳翥撰　清同治
二年(1863)刻本　一冊

370000－1541－0014080　851.47/313＝2

南華山人詩鈔十六卷　（清）張鵬翀撰　清乾
隆刻本　八冊

370000－1541－0014081　851.47/313＝3

聽松廬詩略二卷　（清）張維屏撰　（清）陳澧
編　清光緒二十三年(1897)學海堂刻學海堂
叢書本　二冊

370000－1541－0014082　851.47/320

雨十詩鈔四卷附刊一卷　（清）居瑾撰　清光
緒七年(1881)刻本　二冊

370000－1541－0014083　851.47/325

芸香館遺詩二卷　（清）那遜蘭保撰　清同治
十三年(1874)刻本　一冊

370000－1541－0014084　851.47/327

無不宜齋未定稿四卷　（清）翟灝撰　清乾隆
十七年(1752)刻本　一冊

370000－1541－0014085　851.47/341

鶴泉集杜二卷集杜續刻七卷　（清）戚學標撰
清咸豐五年(1855)刻本　二冊

370000－1541－0014086　851.47/359

泰雲堂詩集十八卷　（清）孫爾準撰　清同治
九年(1870)刻泰雲堂集本　二冊

370000－1541－0014087　851.47/370

湖海集十三卷　（清）孔尚任撰　清抄本　八
冊

370000－1541－0014088　851.47/377

小瓊海詩初集三卷二集六卷三集八卷四集四
卷　（清）陳赫撰　清嘉慶十九年(1814)刻本
八冊

370000－1541－0014089　851.47/377＝1

散原精舍詩二卷　陳三立撰　清宣統元年
(1909)鉛印本　二冊

370000－1541－0014090　851.47/377＝2

散原精舍詩二卷　陳三立撰　清宣統元年
(1909)鉛印本　二冊

370000－1541－0014091　851.47/411

陶詩本義四卷　（晉）陶潛撰　（清）馬璞輯注
清乾隆三十五年(1770)與善堂刻本　佚名
批點　一冊　存二卷(一至二)

370000－1541－0014092　851.47/429

餐花室詩稿十二卷 （清）嚴錫康撰 清咸豐
十一年(1861)嚴錫康刻本 二冊

370000 – 1541 – 0014093 851.47/429 = 1

餐花室詩稿十二卷 （清）嚴錫康撰 清咸豐
十一年(1861)嚴錫康刻本 六冊

370000 – 1541 – 0014094 851.47/433

高唐齊音二卷 （清）吳連周撰 清道光二十
一年(1841)刻本 二冊

370000 – 1541 – 0014095 851.47/436

十國宮詞一百首 （清）吳省蘭撰 清同治十
二年(1873)淮南書局刻本 佚名批點 一冊

370000 – 1541 – 0014096 851.47/438

黃葉邨莊詩集八卷續集一卷後集一卷 （清）
吳之振撰 清光緒四年(1878)刻本 八冊

370000 – 1541 – 0014097 851.47/438 = 1

桐城吳先生詩集一卷 （清）吳汝綸撰 清光
緒三十年(1904)桐城吳氏刻本 一冊

370000 – 1541 – 0014098 851.47/440

吳詩集覽二十卷 （清）吳偉業撰 （清）靳榮
藩輯 清乾隆四十年(1775)淩雲亭刻本 十
二冊

370000 – 1541 – 0014099 851.47/440 = 1

青霞館論畫絕句一百首 （清）吳修撰 清光
緒二年(1876)錢江葛氏嘯園刻本 一冊

370000 – 1541 – 0014100 851.47/455

放言百首一卷 （清）史夢蘭撰 （清）史履升
箋注 清光緒十六年(1890)止園刻本 一冊

370000 – 1541 – 0014101 851.47/456

倫敦竹枝詞一卷 （清）局中門外漢撰 清光
緒十四年(1888)觀自得齋刻本 一冊

370000 – 1541 – 0014102 851.47/476 = 1

笠洲詩草八卷 （清）瞿源洙撰 清乾隆木活
字印本 一冊

370000 – 1541 – 0014103 851.47/478

硯思集六卷 （清）田同之撰 清乾隆刻德州
田氏叢書本 一冊 存三卷(四至六)

370000 – 1541 – 0014104 851.47/504

白鶴山房詩鈔四卷二集六卷 （清）葉紹本撰
清嘉慶十二年(1807)榕城使院刻二十四年
(1819)保陽使署刻二集本 四冊

370000 – 1541 – 0014105 851.47/513

蟲鳥吟十卷 （清）蕭德宣撰 清同治五年
(1866)刻本 四冊

370000 – 1541 – 0014106 851.47/519

邵亭詩鈔六卷 （清）莫友芝撰 清咸豐二年
(1852)遵義湘川講舍刻同治五年(1866)江寧
三山客舍重修本 一冊

370000 – 1541 – 0014107 851.47/521

傳樸堂詩稿四卷補遺一卷附錄一卷竹樊山莊
詞一卷 （清）葛金烺撰 弢華館詩稿一卷
（清）葛嗣溁撰 清光緒二十一年(1895)刻本
二冊

370000 – 1541 – 0014108 851.47/526

綠楊紅杏軒詩集四卷續集六卷 （清）蔣仁錫
撰 清康熙刻本 四冊

370000 – 1541 – 0014109 851.47/526 = 1

愛吾廬稿三種二十一卷 （清）蔣蕚輯 清光
緒十二年(1886)宜興蔣氏刻本 查雲浦跋
六冊

370000 – 1541 – 0014110 851.47/600

喟于館詩草二卷 言敦源撰 清光緒三十四
年(1908)言氏鉛印本 一冊

370000 – 1541 – 0014111 851.47/601

古譚詩鈔六卷 （清）譚鐘鈞撰 清光緒元年
(1875)刻本 二冊

370000 – 1541 – 0014112 851.47/606

度嶺草一卷 （清）許振禕撰 清光緒二十三
年(1897)廣州節署刻本 一冊

370000 – 1541 – 0014113 851.47/641

隨輦集十卷 （清）高士奇撰 清康熙刻本
三冊

370000 – 1541 – 0014114 851.47/644

南圃四種 （清）高晙撰 清乾隆三十九年

(1774)聯桂堂刻本　二冊

370000－1541－0014115　851.47/646

栖雲閣詩十六卷拾遺三卷　（清）高珩撰
（清）趙執信選定　清乾隆二十一年(1756)刻
本　五冊

370000－1541－0014116　851.47/660

定山堂詩集四十三卷詩餘四卷　（清）龔鼎孳
撰　清康熙十五年(1676)刻本　十二冊

370000－1541－0014117　851.47/667

雲英吟卷一卷　（清）唐貞撰　清光緒鉛印本
一冊

370000－1541－0014118　851.47/667＝1

謝家山人集六卷　（清）唐瑩編　清光緒十年
(1884)刻本　二冊

370000－1541－0014119　851.47/668

南海先生詩集四卷　康有爲撰　清宣統三年
(1911)石印本　一冊

370000－1541－0014120　851.47/668＝1

南海先生詩集四卷　康有爲撰　清宣統三年
(1911)石印本　佚名批　一冊

370000－1541－0014121　851.47/675

偕月軒詩集十六卷　（清）奕詢撰　清同治十
一年(1872)刻本　四冊

370000－1541－0014122　851.47/677

駕鹽吟草一卷　（清）胡□撰　清抄本　一冊

370000－1541－0014123　851.47/677＝1

雲起軒詩錄一卷　（清）文廷式撰　清光緒三
十四年(1908)鉛印本　一冊

370000－1541－0014124　851.47/690

緯蕭草堂詩六卷　（清）宋至撰　清康熙六十
一年(1722)商丘宋氏刻本　一冊

370000－1541－0014125　851.47/693

心鐵石齋存稿四十卷　（清）宋鳴琦撰　清道
光十二年(1832)刻本　八冊

370000－1541－0014126　851.47/695

綿津山人詩集三十一卷楓香詞一卷漫堂說詩

一卷　（清）宋犖撰　清康熙商丘宋氏刻本
四冊

370000－1541－0014127　851.47/695＝1

綿津山人詩集二十七卷楓香詞一卷漫堂說詩
一卷　（清）宋犖撰　緯蕭草堂詩三卷　（清）
宋至撰　清康熙商丘宋氏刻本　五冊

370000－1541－0014128　851.47/695＝2

宋氏綿津詩鈔八卷　（清）宋犖撰　（清）邵長
蘅選　清康熙刻本　六冊

370000－1541－0014129　851.47/695＝3

海沂詩集二十卷　（清）宋之韓撰　綠窗詩草
一卷　（清）王氏撰　先太高祖別駕公年譜一
卷　（清）宋瀛編　清嘉慶二十五年(1820)沂
州宋氏宗祠刻本　四冊

370000－1541－0014130　851.47/710

茶磨山人詩鈔八卷　（清）汪苃撰　清光緒十
年(1884)刻本　四冊

370000－1541－0014131　851.47/712

振綺堂詩存一卷　（清）汪憲撰　清光緒十五
年(1889)刻本　一冊

370000－1541－0014132　851.47/714

鐵盂居士存稿一卷　（清）汪全泰撰　清抄本
一冊

370000－1541－0014133　851.47/719

伏敔堂詩錄十五卷續錄四卷首一卷　（清）江
湜撰　清同治元年(1862)刻本　四冊

370000－1541－0014134　851.47/743

玉笙樓詩錄十二卷　（清）沈壽榕撰　清光緒
九年(1883)刻本　七冊

370000－1541－0014135　851.47/745

環碧主人賸稿一卷　（清）沈亨惠撰　清光緒
二十三年(1897)小稭字林刻本　一冊

370000－1541－0014136　851.47/754

徵息齋遺詩二卷補遺一卷詞錄一卷遺詩補錄
一卷　（清）潘慎生撰　清宣統二年(1910)石
印本　一冊

370000－1541－0014137　851.47/759

璜谿遺詩一卷　（清）姜渭撰　清末蒯光典刻民國十二年（1923）習艮樞印本　一冊

370000－1541－0014138　851.47/765

西隃山房集八卷　（清）馮志沂撰　清同治洪洞董氏刻本　一冊　存六卷（微尚齋詩集初編四卷、微尚齋詩續集二卷）

370000－1541－0014139　851.47/765＝1

鈍吟集三卷　（清）馮班撰　清光緒三十四年（1908）北京問影樓鉛印本　一冊

370000－1541－0014140　851.47/772＝1

馮舍人遺詩六卷　（清）馮廷櫆撰　清光緒三十四年（1908）北京問影樓鉛印本　一冊

370000－1541－0014141　851.47/781

自得齋詩剩不分卷　（清）毛式玥撰　清稿本　一冊

370000－1541－0014142　851.47/791

楚望閣詩集十卷　程頌萬撰　清光緒二十七年（1901）長沙刻本　佚名批點　二冊

370000－1541－0014143　851.47/803

古微堂詩集十卷　（清）魏源撰　清同治九年（1870）刻本　四冊

370000－1541－0014144　851.47/827

怡志堂詩初編八卷　（清）朱琦撰　清咸豐七年（1857）刻本　四冊

370000－1541－0014145　851.47/834

笥河詩集二十卷　（清）朱筠撰　清嘉慶九年（1804）刻二十二年（1817）補刻本　八冊

370000－1541－0014146　851.47/875

隨園詩草八卷附錄一卷　（清）邊連寶撰　清乾隆四十年（1775）刻本　四冊

370000－1541－0014147　851.47/875＝1

隨園詩草八卷附錄一卷　（清）邊連寶撰　清乾隆四十年（1775）刻本　四冊

370000－1541－0014148　851.47/885

北鷲山擬試體新詩二卷　（清）劉懋焞撰　清康熙五十五年（1716）刻本　一冊

370000－1541－0014149　851.47/890

卷勺園集三卷　（清）劉茂榕編　清道光元年（1821）刻本　二冊

370000－1541－0014150　851.47/890＝1

三十二蘭亭室詩存八卷　（清）劉湘年撰　清光緒元年（1875）刻本　四冊

370000－1541－0014151　851.47/906

鴻雪山房詩集六卷　（清）傅培源撰　清光緒二十五年（1899）高密傅氏光裕堂刻本　二冊

370000－1541－0014152　851.47/906＝1

鴻雪山房詩集六卷　（清）傅培源撰　清光緒二十五年（1899）高密傅氏光裕堂刻本　二冊

370000－1541－0014153　851.47/906＝2

光裕堂詩集二卷　（清）傅曰嶙撰　清光緒二十五年（1899）高密傅氏光裕堂刻本　一冊

370000－1541－0014154　851.47/906＝3

光裕堂詩集二卷　（清）傅曰嶙撰　清光緒二十五年（1899）高密傅氏光裕堂刻本　一冊

370000－1541－0014155　851.47/906＝4

清風堂詩二卷　（清）傅寔初撰　（清）彭啟豐選　清書帶草堂刻本　一冊

370000－1541－0014156　851.47/907

四憶堂詩集六卷　（清）侯方域撰　清同治十三年（1874）永城刻本　二冊

370000－1541－0014157　851.47/910

留春草堂詩鈔七卷　（清）伊秉綬撰　清光緒二十三年（1897）鄧元鏐刻本　二冊

370000－1541－0014158　851.47/922

庚子都門紀事詩六卷首一卷　延清撰　清光緒二十八年（1902）鉛印本　一冊　存四卷（一至三、首一卷）

370000－1541－0014159　851.47/925

懷寧舒摯甫集　（清）舒紹基撰　清宣統元年（1909）金陵曼陀羅花室鉛印本　二冊

370000－1541－0014160　851.47/932

初學集詩註二十卷　（清）錢謙益撰　清康熙四十九年（1710）王詔堂刻本　四冊

370000－1541－0014161　851.47/941

鬱華閣遺集四卷　（清）盛昱撰　清光緒二十八年(1902)武昌留垞刻朱印本　一冊

370000－1541－0014162　851.47/946

海右初集八卷　（清）徐子威撰　清嘉慶十七年(1812)環翠山房刻本　四冊

370000－1541－0014163　851.47/959

顧雙溪集九卷　（清）顧奎光撰　清光緒二十一年(1895)錫山顧氏木活字印本　二冊

370000－1541－0014164　851.47/977

板橋家書一卷題畫一卷　（清）鄭燮撰　清清暉書屋刻板橋集本　一冊

370000－1541－0014165　851.47/977＝1

板橋詩鈔三卷　（清）鄭燮撰　清刻本　一冊　存二卷(二至三)

370000－1541－0014166　851.47/981

賞雨茅屋詩集二十二卷外集一卷　（清）曾燠撰　清道光三年(1823)刻本　二冊　存三卷(賞雨茅屋詩集二十一至二十二、外集一卷)

370000－1541－0014167　851.47/984

天壤閣叢書　（清）王懿榮編　清同治至光緒福山王氏天壤閣刻本　一冊　存五種五卷(小石帆亭著錄五、聲調前譜一卷、聲調後譜一卷、聲調續譜一卷、談龍錄一卷)

370000－1541－0014168　851.47/987

秋蟪吟館詩鈔七卷　（清）金和撰　清光緒二十一年(1895)刻本　五冊

370000－1541－0014169　851.47/987＝1

秋蟪吟館詩鈔七卷　（清）金和撰　清光緒二十一年(1895)刻本　五冊

370000－1541－0014170　851.47/987＝4

觀劇絕句一卷附鄉賢崇祀錄一卷　（清）金德瑛撰　清嘉慶刻本　一冊

370000－1541－0014171　851.47/987＝5

思詒堂詩稿十二卷　（清）金衍宗撰　清道光二十八年(1848)刻本　四冊

370000－1541－0014172　851.47/987＝7

冬心先生集四卷　（清）金農撰　清宣統二年(1910)上海掃葉山房石印本　四冊

370000－1541－0014173　851.471/102

蒼峴山人集五卷　（清）秦松齡撰　清嘉慶四年(1799)世恩堂刻本　六冊

370000－1541－0014174　851.471/142

十子詩略□□卷　（清）王士禎輯　清康熙十六年(1677)刻本　一冊　存一卷(三)

370000－1541－0014175　851.471/321

翁山詩外二十卷　（清）屈大均撰　清宣統二年(1910)上海國學扶輪社鉛印本　十二冊

370000－1541－0014176　851.471/772

默庵遺集八卷　（清）馮舒撰　（清）翁之廉校刊　清光緒二十六年(1900)翁之廉刻本　一冊

370000－1541－0014177　851.471/932

牧齋初學集詩註二十卷有學集詩註十四卷　（清）錢謙益撰　（清）錢曾箋註　清乾隆春暉堂刻本　佚名批點　十二冊

370000－1541－0014178　851.472/112＝1

漁洋山人精華錄十卷　（清）王士禎撰　（清）林佶編　清康熙三十九年(1700)侯官林佶刻本　四冊

370000－1541－0014179　851.472/112＝6

漁洋山人精華錄箋注十二卷　（清）王士禎撰　（清）金榮箋注　清刻本　丁山跋　四冊　存四卷(一至四)

370000－1541－0014180　851.472/112＝7

漁洋山人精華錄箋注十二卷附補注一卷　（清）王士禎撰　（清）金榮箋注　清刻本　六冊　存八卷(六至十二、補注一卷)

370000－1541－0014181　851.472/112＝8

漁洋山人精華錄箋注十二卷漁洋山人年譜一卷附補注一卷　（清）王士禎撰　（清）金榮箋注　清刻本　六冊

370000－1541－0014182　851.472/112＝9

漁洋山人精華錄箋注十二卷漁洋山人年譜一

卷附補注一卷　（清）王士禎撰　（清）金榮箋
注　清鳳翽堂刻本　六冊

370000－1541－0014183　851.472/112＝10
漁洋山人精華錄箋注十二卷漁洋山人年譜一
卷附補注一卷　（清）王士禎撰　（清）金榮箋
注　清鳳翽堂刻本　八冊

370000－1541－0014184　851.472/112＝11
漁洋山人精華錄箋注十二卷漁洋山人年譜一
卷附補注一卷　（清）王士禎撰　（清）金榮箋
注　清鳳翽堂刻本　十冊

370000－1541－0014185　851.472/112＝17
漁洋山人精華錄訓纂十卷　（清）王士禎撰
（清）惠棟訓纂　**自撰年譜二卷**　（清）王士禎
撰　（清）惠棟注補　**金氏精華錄箋注辨譌一**
卷　（清）惠棟撰　清乾隆元和惠氏紅豆齋刻
本　十冊

370000－1541－0014186　851.472/112＝18
漁洋山人精華錄訓纂十卷　（清）王士禎撰
（清）惠棟訓纂　**自撰年譜二卷**　（清）王士禎
撰　（清）惠棟注補　**金氏精華錄箋注辨譌一**
卷　（清）惠棟撰　清乾隆元和惠氏紅豆齋刻
本　十冊

370000－1541－0014187　851.472/112＝19
漁洋山人詩合集十八卷　（清）王士禎撰　清
康熙三十三年(1694)錫山于野草堂刻本　十
冊

370000－1541－0014188　851.472/112＝20
漁洋山人詩集二十二卷　（清）王士禎撰　清
康熙八年(1669)吳郡沂詠堂刻本　三冊

370000－1541－0014189　851.472/112＝21
王氏漁洋詩鈔十二卷　（清）王士禎撰　（清）
邵長蘅選　清康熙三十四年(1695)刻二家詩
鈔本　三冊

370000－1541－0014190　851.472/112＝22
雍益集一卷　（清）王士禎撰　清康熙三十六
年(1697)刻本　一冊

370000－1541－0014191　851.472/112＝23

南海集二卷　（清）王士禎撰　清刻本　二冊

370000－1541－0014192　851.472/112＝24
秋柳詩釋一卷　（清）王士禎撰　（清）高丙謀
釋　清光緒十四年(1888)古費王氏刻本　一
冊

370000－1541－0014193　851.472/112＝25
考功集選四卷　（清）王士祿撰　（清）王士禎
批點　清康熙刻本　二冊

370000－1541－0014194　851.472/112＝26
黃湄詩選十卷　（清）王又旦撰　（清）王士禎
選　清康熙刻本　黃裳跋　二冊　存五卷
（一至五）

370000－1541－0014195　851.472/112＝27
樓邨詩集二十五卷　（清）王式丹撰　清雍正
四年(1726)王懋訥刻本　八冊

370000－1541－0014196　851.472/119
了庵詩集十一卷　（清）王岱撰　清康熙刻本
二冊

370000－1541－0014197　851.472/142
滄餘詩集四卷　（清）曹申吉撰　清乾隆三十
五年(1770)刻本　二冊

370000－1541－0014198　851.472/142＝1
鴻爪集一卷　（清）曹貞吉撰　清康熙刻本
一冊

370000－1541－0014199　851.472/142＝2
珂雪詩集二卷珂雪詞二卷補遺一卷　（清）曹
貞吉撰　清康熙十一年(1672)刻本　四冊

370000－1541－0014200　851.472/142＝3
朝天集一卷　（清）曹貞吉撰　清康熙二十五
年(1686)刻本　一冊

370000－1541－0014201　851.472/142＝4
黃山紀遊詩一卷　（清）曹貞吉撰　清康熙刻
本　一冊

370000－1541－0014202　851.472/144
棟亭詩鈔六卷　（清）曹寅撰　清康熙四十八
年(1709)刻本　二冊　存五卷(一至五)

370000 – 1541 – 0014203　851.472/151
東溟詩集不分卷　（清）賈錫男撰　清抄本
一冊

370000 – 1541 – 0014204　851.472/183
南畇詩稿二十七卷南畇老人自訂年譜一卷
（清）彭定求撰　清光緒長洲彭氏刻本　六冊

370000 – 1541 – 0014205　851.472/203
文喜堂詩集十六卷　（清）趙作舟撰　清刻本
五冊　存十一卷（六至十六）

370000 – 1541 – 0014206　851.472/228
有懷堂詩稿六卷　（清）韓菼撰　清康熙四十
二年（1703）刻本　一冊

370000 – 1541 – 0014207　851.472/285
容齋千首詩不分卷　（清）李天馥撰　（清）毛
奇齡等選　清光緒十二年（1886）蒯德標鉛印
本　六冊

370000 – 1541 – 0014208　851.472/380
今樂府（九九樂府）一卷　（清）陳梓撰
（清）鄭世元評點　清宣統二年（1910）石印本
一冊

370000 – 1541 – 0014209　851.472/392
澄江集一卷　（清）陸次雲撰　清康熙刻本
一冊

370000 – 1541 – 0014210　851.472/433
吳徵君蓮洋詩鈔不分卷　（清）吳雯撰　清乾
隆三十二年（1767）止軒刻本　四冊

370000 – 1541 – 0014211　851.472/433 = 2
陋軒詩十二卷　（清）吳嘉紀撰　清道光刻民
國泰縣圖書館印本　五冊

370000 – 1541 – 0014212　851.472/436
亭皋詩鈔四卷　（清）吳綺撰　清乾隆四十一
年（1776）衷白堂刻本　二冊

370000 – 1541 – 0014213　851.472/438
黃葉邨莊詩集八卷續集一卷後集一卷　（清）
吳之振撰　清光緒四年（1878）刻本　八冊

370000 – 1541 – 0014214　851.472/440
梅村詩集箋注十八卷　（清）吳偉業撰　（清）

吳翌鳳箋注　清嘉慶十九年（1814）蘇州嚴氏
滄浪吟榭刻本　十二冊

370000 – 1541 – 0014215　851.472/440 = 1
梅村詩集箋注十八卷　（清）吳偉業撰　（清）
吳翌鳳箋注　清嘉慶十九年（1814）蘇州嚴氏
滄浪吟榭刻本　十二冊

370000 – 1541 – 0014216　851.472/440 = 2
梅村詩集箋注十八卷　（清）吳偉業撰　（清）
吳翌鳳箋注　清嘉慶十九年（1814）蘇州嚴氏
滄浪吟榭刻本　佚名批　十冊

370000 – 1541 – 0014217　851.472/440 = 3
梅村詩集箋注十八卷　（清）吳偉業撰　（清）
吳翌鳳箋注　清光緒二十二年（1896）新化三
味堂刻本　十二冊

370000 – 1541 – 0014218　851.472/440 = 5
吳詩集覽二十卷　（清）吳偉業撰　（清）靳榮
藩輯　清乾隆四十年（1775）凌雲亭刻本　二
十冊

370000 – 1541 – 0014219　851.472/440 = 6
吳詩集覽二十卷　（清）吳偉業撰　（清）靳榮
藩輯　清乾隆四十年（1775）凌雲亭刻道光七
年（1827）重修本　十六冊

370000 – 1541 – 0014220　851.472/451
東莊吟稿七卷　（清）呂留良撰　清宣統三年
（1911）順德鄧氏鉛印本　一冊

370000 – 1541 – 0014221　851.472/451 = 1
東莊吟稿七卷　（清）呂留良撰　清宣統三年
（1911）順德鄧氏鉛印本　二冊

370000 – 1541 – 0014222　851.472/478
山薑詩選十五卷　（清）田雯撰　清乾隆刻德
州田氏叢書本　四冊

370000 – 1541 – 0014223　851.472/522
續騷堂集一卷　（明）萬泰撰　清光緒十年
（1884）翰香居刻本　一冊

370000 – 1541 – 0014224　851.472/606
四香居士集不分卷　（清）許圻撰　清許機抄
本　一冊

370000 – 1541 – 0014225　851.472/641

獨旦集八卷　（清）高士奇撰　清康熙平湖高士奇刻本　一冊

370000 – 1541 – 0014226　851.472/646

遺山詩四卷　（清）高詠撰　清道光十年(1830)嘉興信芳閣木活字印國初十家詩鈔本　一冊

370000 – 1541 – 0014227　851.472/661

質園詩集三十二卷　（清）商盤撰　清乾隆刻本　八冊

370000 – 1541 – 0014228　851.472/668

御製避暑山莊三十六景詩二卷　（清）聖祖玄燁撰　清康熙内府刻朱墨套印本　一冊　存一卷(下)

370000 – 1541 – 0014229　851.472/668 = 2

御製避暑山莊三十六景詩二卷　（清）聖祖玄燁撰　**恭和御製避暑山莊三十六景詩二卷**　清乾隆六年(1741)武英殿刻朱墨套印本　四冊

370000 – 1541 – 0014230　851.472/695

緯蕭草堂詩三卷　（清）宋至撰　清康熙二十七年(1688)商丘宋氏刻本　二冊

370000 – 1541 – 0014231　851.472/712

柯庭餘習十二卷　（清）汪文柏撰　清康熙四十四年(1705)汪氏古香樓刻本　三冊

370000 – 1541 – 0014232　851.472/714

秋影樓詩集九卷　（清）汪繹纂　清光緒二十三年(1897)瞿氏鐵琴銅劍樓刻本　二冊

370000 – 1541 – 0014233　851.472/720

稗畦集四卷　（清）洪昇撰　清抄本　二冊

370000 – 1541 – 0014234　851.472/720 = 1

稗畦續集一卷　（清）洪昇撰　（清）呂霽林選　清抄本　一冊

370000 – 1541 – 0014235　851.472/723

黄山詩留十六卷　（清）法若真撰　清康熙刻本　八冊

370000 – 1541 – 0014236　851.472/736

懷清堂集二十卷首一卷　（清）湯右曾撰　清乾隆十一年(1746)仁和湯氏刻本　八冊

370000 – 1541 – 0014237　851.472/736 = 1

懷清堂集二十卷首一卷　（清）湯右曾撰　清乾隆十一年(1746)仁和湯氏刻本　四冊

370000 – 1541 – 0014238　851.472/736 = 2

懷清堂集二十卷首一卷　（清）湯右曾撰　清乾隆十一年(1746)仁和湯氏刻本　四冊

370000 – 1541 – 0014239　851.472/739

定峰樂府十卷　（清）沙張白撰　（清）曹禾評　清光緒二十四年(1898)刻本　二冊

370000 – 1541 – 0014240　851.472/759

葦間詩集五卷　（清）姜宸英撰　（清）唐執玉編　清康熙五十二年(1713)唐執玉刻本　四冊

370000 – 1541 – 0014241　851.472/765

馮氏小集三卷鈍吟集三卷　（清）馮班撰　清道光周心如刻紛欣閣叢書本　二冊

370000 – 1541 – 0014242　851.472/770

佳山堂詩集十卷二集九卷　（明）馮溥撰　清康熙十九年至二十七年(1680 – 1688)古吳朱士儒刻本　八冊

370000 – 1541 – 0014243　851.472/772

馮舍人遺詩六卷　（清）馮廷櫆撰　清光緒三十四年(1908)北京問影樓鉛印本　一冊

370000 – 1541 – 0014244　851.472/809

學齋詩集四卷　（清）喬崇烈撰　清康熙刻本　四冊

370000 – 1541 – 0014245　851.472/813 = 1

桐埜詩集四卷　（清）周起渭撰　清咸豐二年(1852)陳氏世恩堂刻本　二冊

370000 – 1541 – 0014246　851.472/813 = 2

桐埜詩集四卷　（清）周起渭撰　清咸豐二年(1852)陳氏世恩堂刻本　一冊

370000 – 1541 – 0014247　851.472/818

賴古堂詩十二卷　（清）周亮工撰　清道光十年(1830)嘉興信芳閣木活字印國初十家詩鈔

本　二冊

370000 - 1541 - 0014248　851.472/834

曝書亭集詩註二十二卷補遺二卷年譜一卷
(清)朱彝尊撰　(清)楊謙註　清楊氏木山閣
刻本　八冊

370000 - 1541 - 0014249　851.472/834 = 1

曝書亭集詩註二十二卷補遺二卷年譜一卷
(清)朱彝尊撰　(清)楊謙註　清楊氏木山閣
刻本　八冊

370000 - 1541 - 0014250　851.472/834 = 2

曝書亭集詩註二十二卷補遺二卷年譜一卷
(清)朱彝尊撰　(清)楊謙註　清楊氏木山閣
刻本　十冊

370000 - 1541 - 0014251　851.472/834 = 4

笛漁小稿十卷　(清)朱昆田撰　清光緒十五
年(1889)會稽陶闇刻本　二冊

370000 - 1541 - 0014252　851.472/892

滇南草不分卷　(清)劉德新撰　清康熙二十
一年(1682)木活字印本　一冊

370000 - 1541 - 0014253　851.472/906

傅徵君霜紅龕詩鈔不分卷　(清)傅山撰　清
乾隆三十二年(1767)止軒刻本　二冊

370000 - 1541 - 0014254　851.472/932

投筆集二卷　(清)錢謙益撰　清抄本　一冊

370000 - 1541 - 0014255　851.472/932 = 1

投筆集箋註二卷　(清)錢謙益撰　(清)錢曾
箋註　清宣統二年(1910)順德鄧氏風雨樓鉛
印本　一冊

370000 - 1541 - 0014256　851.472/964

顧亭林先生詩箋注十七卷校補一卷　(清)顧
炎武撰　(清)徐嘉注　清光緒二十三年至二
十七年(1897 - 1901)山陽徐氏味靜齋刻本
六冊

370000 - 1541 - 0014257　851.472/964 = 1

顧亭林先生詩箋注十七卷校補一卷　(清)顧
炎武撰　(清)徐嘉注　清光緒二十三年至二
十七年(1897 - 1901)山陽徐氏味靜齋刻本

六冊

370000 - 1541 - 0014258　851.472/987

徧行堂集詩十二卷　(清)金堡撰　清抄本
佚名跋　一冊

370000 - 1541 - 0014259　851.472/994

類林新詠三十六卷　(清)姚之駰撰　清康熙
四十六年(1707)刻本　十六冊

370000 - 1541 - 0014260　851.472/996

古照堂詩集二卷　(清)狄雲鼎撰　清光緒二
十二年(1896)鉛印本　二冊

370000 - 1541 - 0014261　851.473/295

晴川集一卷　(清)查嗣庭撰　清刻本　一冊

370000 - 1541 - 0014262　851.473/295 = 1

敬業堂詩集五十卷續集六卷　(清)查慎行撰
清康熙刻本　九冊

370000 - 1541 - 0014263　851.473/295 = 2

敬業堂詩集五十卷　(清)查慎行撰　清康熙
刻本　十二冊

370000 - 1541 - 0014264　851.473/526

石閭集一卷　(清)蔣易撰　清宣統元年
(1909)刻本　一冊

370000 - 1541 - 0014265　851.473/641

城北集八卷　(清)高士奇撰　清康熙朗潤堂
刻本　二冊

370000 - 1541 - 0014266　851.473/809

**小獨秀齋詩二卷附錄一卷窺園吟稿二卷附江
上吟一卷三晉游草一卷燕石碎編一卷**　(清)
喬億撰　清刻本　一冊

370000 - 1541 - 0014267　851.473/860

餘園古今體詩精選四卷　(清)繆沅撰　(清)
沈德潛輯　清乾隆三十八年(1773)蘊真堂刻
本　四冊

370000 - 1541 - 0014268　851.474/102

秦澗泉詩集不分卷　(清)秦大士撰　清稿本
三冊

370000 - 1541 - 0014269　851.474/112

白田草堂存稿二十四卷附一卷　（清）王懋竑
撰　清乾隆刻本　六冊

370000－1541－0014270　851.474/115

牧坡居士詩一卷縬淥亭詩餘一卷　（清）王景
祺撰　清嘉慶稿本　一冊

370000－1541－0014271　851.474/115＝1

王艮齋詩集十卷　（清）王峻撰　清乾隆十八
年(1753)蔣棨刻本　二冊

370000－1541－0014272　851.474/119

樓山詩集三卷　（清）王恕撰　清光緒十九年
(1893)好鷔山房刻本　一冊

370000－1541－0014273　851.474/142

中田閒吟二卷　（清）曹昕撰　清光緒十一年
(1885)刻本　一冊

370000－1541－0014274　851.474/146

武庫耆英一卷　（清）□□編　清刻本　一冊

370000－1541－0014275　851.474/167

南遊草一卷　（清）黃恩世撰　清刻本　一冊

370000－1541－0014276　851.474/171

秋江集註六卷　（清）黃任撰　（清）王元麟註
　清道光二十三年(1843)東山家塾刻本　五
冊

370000－1541－0014277　851.474/171＝2

秋江集六卷　（清）黃任撰　清乾隆古歡堂刻
本　四冊

370000－1541－0014278　851.474/183

測海集六卷　（清）彭紹升撰　清嘉慶二十四
年(1819)刻本　一冊

370000－1541－0014279　851.474/183＝1

測海集六卷　（清）彭紹升撰　清嘉慶二十四
年(1819)刻本　一冊

370000－1541－0014280　851.474/183＝2

觀河集四卷　（清）彭紹升撰　清光緒四年
(1878)刻本　一冊

370000－1541－0014281　851.474/183＝3

芝庭詩稿十卷　（清）彭啟豐撰　清乾隆六十

年(1795)長洲彭氏刻本　二冊

370000－1541－0014282　851.474/196

飴山詩集二十卷　（清）趙執信撰　清乾隆十
七年(1752)因園刻本　四冊

370000－1541－0014283　851.474/196＝1

飴山詩集二十卷　（清）趙執信撰　清乾隆十
七年(1752)因園刻本　四冊

370000－1541－0014284　851.474/196＝2

甌北詩鈔不分卷　（清）趙翼撰　清嘉慶湛詒
堂刻本　六冊

370000－1541－0014285　851.474/217

求志山房詩草四卷　（清）胡具慶撰　清乾隆
容城胡氏抄本　四冊

370000－1541－0014286　851.474/221

明季新樂府二卷　（清）胡介祉撰　清宣統元
年(1909)何氏鉛印龍潭室叢書本　二冊

370000－1541－0014287　851.474/235

御製擬白居易新樂府四卷　（清）高宗弘曆撰
　清乾隆四十四年(1779)內府刻本　四冊

370000－1541－0014288　851.474/235＝1

幸魯寶翰九卷　（清）高宗弘曆撰　清內府紅
格精抄本　十冊

370000－1541－0014289　851.474/252

虛筠詩稿四卷　（清）桂廷藕撰　清乾隆印月
草堂刻本　一冊

370000－1541－0014290　851.474/278

道古堂詩集二十六卷　（清）杭世駿撰　清乾
隆四十年至四十一年(1775－1776)刻本　四
冊

370000－1541－0014291　851.474/278＝1

道古堂詩集二十六卷　（清）杭世駿撰　清乾
隆四十年至四十一年(1775－1776)刻本　六
冊

370000－1541－0014292　851.474/285

方城遺獻八卷續刻一卷　（清）李成經編　清
乾隆五十二年(1787)刻本　二冊

370000－1541－0014293　851.474/290

嶺南詩集八卷　（清）李文藻撰　清乾隆至嘉慶益都李氏刻本　二冊

370000－1541－0014294　851.474/290＝1

桂林集四卷　（清）李文藻撰　清乾隆至嘉慶益都李氏刻嶺南詩集本　一冊

370000－1541－0014295　851.474/306

隱厚堂遺詩二卷附錄一卷　（清）張在辛撰（清）曹瀚選　清光緒三十一年（1905）張氏刻本　二冊

370000－1541－0014296　851.474/313

澄懷園詩選十二卷　（清）張廷玉撰　清乾隆二年（1737）刻本　六冊

370000－1541－0014297　851.474/313＝1

南坪詩鈔十八卷觀光紀程詩二卷　（清）張學舉撰　清乾隆二十二年（1757）刻本　七冊

370000－1541－0014298　851.474/370

紅榈書屋詩集四卷　（清）孔繼涵撰　清乾隆四十三年（1778）曲阜微波榭刻微波榭遺書本　一冊

370000－1541－0014299　851.474/374

弢甫集十四卷附旌門錄一卷　（清）桑調元撰　清乾隆八年（1743）蘭陔草堂刻本　二冊

370000－1541－0014300　851.474/374＝1

五嶽集二十卷　（清）桑調元撰　清乾隆修汲堂刻本　八冊

370000－1541－0014301　851.474/374＝2

洞庭集二卷　（清）桑調元撰　清乾隆修汲堂刻本　一冊

370000－1541－0014302　851.474/377

倥侗詩鈔一卷　（清）陳璨撰　清乾隆百尺樓刻本　一冊

370000－1541－0014303　851.474/382

古漁詩概六卷　（清）陳毅撰　清乾隆二十五年（1760）眠雲草堂刻本　二冊

370000－1541－0014304　851.474/382＝1

紫竹山房詩集十二卷文集二十卷　（清）陳兆崙撰　年譜一卷　（清）陳玉繩編　清乾隆刻本　十冊

370000－1541－0014305　851.474/430

夢築堂詩初集不分卷　（清）單襄榮撰　（清）李憲噩選評　清乾隆五十七年（1792）單華炬刻本　一冊

370000－1541－0014306　851.474/430＝1

太平堂詩存一卷　（清）單楷撰　清乾隆刻本　一冊

370000－1541－0014307　851.474/440

蘭山課業松崖詩錄二卷　（清）吳鎮撰　（清）楊芳燦選　清乾隆五十七年（1792）刻本　二冊

370000－1541－0014308　851.474/440＝1

松花菴全集十二卷　（清）吳鎮撰　清乾隆刻本　八冊

370000－1541－0014309　851.474/440＝2

松花菴全集十二卷　（清）吳鎮撰　清宣統二年（1910）文社刻本　六冊

370000－1541－0014310　851.474/459

陪尾山房詩鈔一卷　（清）閻廷倬撰　清乾隆三十八年（1773）樹滋堂刻本　一冊

370000－1541－0014311　851.474/521

澹香樓詩草二卷詩鈔題辭七卷詩鈔題辭續刻一卷　（清）葛秀英撰　（清）秦鐜編　清乾隆五十七年（1792）春新草堂刻本　四冊

370000－1541－0014312　851.474/526

忠雅堂詩集二十七卷補遺二卷詞集二卷　（清）蔣士銓撰　清嘉慶三年（1798）揚州刻本　六冊

370000－1541－0014313　851.474/526＝3

忠雅堂詩集二十七卷補遺二卷詞集二卷　（清）蔣士銓撰　清嘉慶二十二年（1817）藏園刻本　六冊

370000－1541－0014314　851.474/540

浭陽詩集十卷　（清）董榕撰　（清）董象垚等輯　清咸豐三年（1853）刻本　二冊

370000－1541－0014315　　851.474/582

岣嶁仿古一卷　（清）曠敏本撰　清乾隆定性山房刻岣嶁叢書本　　一冊

370000－1541－0014316　　851.474/627

在璞堂吟稿一卷　（清）方芳佩撰　清乾隆十五年(1750)刻本　　一冊

370000－1541－0014317　　851.474/628

隨村先生遺集六卷　（清）施瑮撰　清乾隆四年(1739)刻本　　一冊

370000－1541－0014318　　851.474/630

大崑崙山人稿四卷　（清）單烺撰　清嘉慶刻本　　二冊

370000－1541－0014319　　851.474/679

顏清谷四編詩不分卷　（清）顏懋倫撰　（清）牛運震刪訂　清乾隆稿本　清袁鑑跋　　一冊

370000－1541－0014320　　851.474/700

守坡居士詩集十二卷　（清）宮去矜撰　清乾隆三十三年(1768)頤志堂刻本　　三冊

370000－1541－0014321　　851.474/700 ＝ 1

守坡居士詩集十二卷　（清）宮去矜撰　清乾隆三十三年(1768)頤志堂刻本　　四冊

370000－1541－0014322　　851.474/704

吳江旅嘯一卷　（清）安致遠撰　（清）葛元福評　清抄本　　一冊

370000－1541－0014323　　851.474/707

巢林集七卷　（清）汪士慎撰　清道光十三年(1833)聚好齋刻本　　一冊

370000－1541－0014324　　851.474/710

松泉詩集二十六卷　（清）汪由敦撰　清乾隆刻本　　六冊

370000－1541－0014325　　851.474/712

槐塘詩稿十六卷　（清）汪沆撰　清乾隆五十一年(1786)刻本　　二冊

370000－1541－0014326　　851.474/747

竹嘯軒詩鈔十八卷　（清）沈德潛撰　清乾隆刻本　　二冊

370000－1541－0014327　　851.474/784

明宮詞一卷　（清）程嗣章撰　清宣統三年(1911)上海掃葉山房石印本　　一冊

370000－1541－0014328　　851.474/813

存吾春軒集十卷　（清）周大樞撰　清光緒十八年(1892)會稽陶闓刻本　　五冊

370000－1541－0014329　　851.474/813 ＝ 1

十誦齋集六卷　（清）周天度撰　清光緒二十九年(1903)刻本　　二冊

370000－1541－0014330　　851.474/834

笥河詩集二十卷　（清）朱筠撰　清嘉慶九年(1804)刻二十二年(1817)補刻本　　八冊

370000－1541－0014331　　851.474/850

壽藤齋詩三十五卷　（清）鮑倚雲撰　清嘉慶十一年(1806)刻同治十一年(1872)補刻本　七冊　缺四卷(二十至二十三)

370000－1541－0014332　　851.474/888

越中三子詩一卷　（清）郭毓選　清乾隆十八年(1753)梅芝館刻本　　一冊

370000－1541－0014333　　851.474/927

蘀石齋詩集五十卷　（清）錢載撰　清乾隆刻本　　六冊

370000－1541－0014334　　851.474/927 ＝ 1

香樹齋詩續集二十一卷　（清）錢陳群撰　清乾隆二十四年(1759)刻　　六冊

370000－1541－0014335　　851.474/927 ＝ 2

香樹齋詩續集十二卷　（清）錢陳群撰　清乾隆二十四年(1759)刻本　　四冊

370000－1541－0014336　　851.474/941

御製圓明園詩二卷　（清）高宗弘曆撰　清光緒十三年(1887)天津石印書屋石印本　　二冊

370000－1541－0014337　　851.474/949

南樓吟稿二卷　（清）徐暎玉撰　清乾隆三十年(1765)有華書塾刻本　　二冊

370000－1541－0014338　　851.474/953

小有齋自娛集一卷　（清）徐鈞撰　清光緒六年(1880)濟上刻本　　一冊

205

370000 – 1541 – 0014339　851.474/962

罏塘集一卷　（清）顧貞觀撰　清光緒七年
（1881）枕經葄史齋鉛印本　一冊

370000 – 1541 – 0014340　851.474/977

板橋詩鈔三卷詞鈔一卷道情十首題畫一卷家
書一卷　（清）鄭燮撰　清清暉書屋刻本　六
冊

370000 – 1541 – 0014341　851.474/984

復初齋詩集六十二卷　（清）翁方綱撰　清乾
隆五十八年（1793）刻本　十四冊

370000 – 1541 – 0014342　851.474/987

冬心先生集四卷　（清）金農撰　清宣統二年
（1910）上海掃葉山房石印本　四冊

370000 – 1541 – 0014343　851.475/112

小樓詩集八卷　（清）王嵩高撰　清道光十六
年（1836）刻本　二冊

370000 – 1541 – 0014344　851.475/112 = 1

雙佩齋詩集八卷文集四卷駢體文集一卷
（清）王友亮撰　補梅書屋詩草一卷　（清）王
麟生撰　清嘉慶十年至十五年（1805 – 1810）
婺源王氏刻本　四冊　缺五卷（文集四卷、駢
體文集一卷）

370000 – 1541 – 0014345　851.475/112 = 2

雙佩齋詩集八卷文集四卷駢體文集一卷
（清）王友亮撰　補梅書屋詩草一卷　（清）王
麟生撰　清嘉慶十年至十五年（1805 – 1810）
婺源王氏刻本　七冊

370000 – 1541 – 0014346　851.475/115

家塾書帖附鈔不分卷　（清）王夢庚撰　清抄
本　二冊

370000 – 1541 – 0014347　851.475/115 = 1

試畯堂詩集十二卷　（清）王蘇撰　清道光十
二年（1832）刻本　四冊

370000 – 1541 – 0014348　851.475/117

韻山堂詩集七卷　（清）王文誥撰　清光緒十
四年（1888）浙江書局刻本　一冊

370000 – 1541 – 0014349　851.475/117 = 1

簣山堂詩鈔十二卷　（清）王賡言撰　清嘉慶
刻本　四冊

370000 – 1541 – 0014350　851.475/117 = 2

簣山堂詩鈔十二卷　（清）王賡言撰　清嘉慶
刻本　四冊

370000 – 1541 – 0014351　851.475/117 = 3

秋水亭詩四卷續集三卷補編一卷　（清）王祖
昌撰　清嘉慶七年至十四年（1802 – 1809）邱
縣劉崧嵐刻本　四冊

370000 – 1541 – 0014352　851.475/117 = 4

夢樓詩集二十四卷　（清）王文治撰　清乾隆
六十年（1795）刻本　八冊

370000 – 1541 – 0014353　851.475/157

寄嶽雲齋初稿十卷補遺一卷　（清）聶銑敏撰
清嘉慶十二年（1807）經國堂刻本　八冊

370000 – 1541 – 0014354　851.475/167

友漁齋詩集十卷續集六卷　（清）黃凱鈞撰
清嘉慶刻本　三冊

370000 – 1541 – 0014355　851.475/185

隨園三十種　（清）袁枚撰　清隨園刻本　五
冊　存二種十八卷（小倉山房文集一至二、小
倉山房詩集八至二十三）

370000 – 1541 – 0014356　851.475/185 = 1

小倉山房文集三十五卷續餘文集三十一卷外
集七卷詩集三十七卷　（清）袁枚撰　清江蘇
隨園刻本　十三冊　存四種三十六卷（小倉
山房文集十六至二十三,續餘文集二十七至
三十一,外集一至二,詩集五至十二、十六至
二十四、三十一至三十二、三十六至三十七）

370000 – 1541 – 0014357　851.475/185 = 2

小倉山房詩集三十七卷續補詩集二卷　（清）
袁枚撰　清刻本　十冊　缺二卷（續補詩集
二卷）

370000 – 1541 – 0014358　851.475/185 = 3

小倉山房詩集三十一卷附錄一卷　（清）袁枚
撰　清英秀堂刻本　六冊

370000 – 1541 – 0014359　851.475/257

竹佃閒話錄三卷　（清）林芳撰　清刻本　三冊

370000－1541－0014360　851.475/280
多師草一卷　（清）柏三錫撰　清稿本　一冊

370000－1541－0014361　851.475/306
因樹山房詩鈔二卷晉遊草一卷令支遊覽集一卷　（清）張太復撰　清嘉慶十六年(1811)刻本　一冊

370000－1541－0014362　851.475/306＝1
倣元遺山論詩絕句一卷續尤西堂擬明史樂府一卷　（清）張晉撰　（清）劉汲評　清嘉慶十八年(1813)刻本　一冊

370000－1541－0014363　851.475/309
船山詩草二十卷補遺六卷　（清）張問陶撰　清嘉慶二十年(1815)刻本(補遺爲清道光二十九年刻本)　十冊

370000－1541－0014364　851.475/309＝1
船山詩草二十卷　（清）張問陶撰　清嘉慶二十年(1815)刻本　六冊

370000－1541－0014365　851.475/309＝2
船山詩草二十卷　（清）張問陶撰　清嘉慶二十年(1815)刻本　八冊

370000－1541－0014366　851.475/309＝3
船山詩草二十卷　（清）張問陶撰　清刻本　八冊

370000－1541－0014367　851.475/313
飲綠山堂詩集十四卷　（清）張鉉撰　清嘉慶十九年(1814)寸草園刻本　四冊

370000－1541－0014368　851.475/321
韞玉樓集五卷　（清）屈秉筠撰　清稿本　三冊

370000－1541－0014369　851.475/329
韡華吟舫詩鈔一卷　（清）邵葆醇撰　清道光二十九年(1849)刻本　一冊

370000－1541－0014370　851.475/362
芳茂山人詩錄九卷　（清）孫星衍撰　長離閣集一卷　（清）王采薇撰　清嘉慶二十三年(1818)刻本　四冊

370000－1541－0014371　851.475/362＝1
芳茂山人詩錄九卷　（清）孫星衍撰　長離閣集一卷　（清）王采薇撰　清嘉慶二十三年(1818)刻本　四冊

370000－1541－0014372　851.475/362＝2
芳茂山人詩錄九卷　（清）孫星衍撰　長離閣集一卷　（清）王采薇撰　清光緒十一年(1885)吳縣朱氏槐廬家塾刻本　四冊

370000－1541－0014373　851.475/362＝3
芳茂山人詩錄九卷　（清）孫星衍撰　長離閣集一卷　（清）王采薇撰　清光緒十一年(1885)吳縣朱氏槐廬家塾刻本　四冊

370000－1541－0014374　851.475/362＝4
恬齋詩集四卷　（清）孫景曾撰　清道光十年(1830)刻本　四冊

370000－1541－0014375　851.475/377
琴海集二卷　（清）陳玉鄰撰　清光緒二十一年(1895)刻本　一冊

370000－1541－0014376　851.475/382
藤阿吟稿四卷　（清）陳鴻熙撰　清嘉慶二十五年(1820)會稽陳氏蘇州刻本　四冊

370000－1541－0014377　851.475/382＝1
藤花軒詩鈔初集一卷續集一卷　（清）陳汝庚撰　清道光十八年(1838)綠野堂刻本　二冊

370000－1541－0014378　851.475/384
慕陵詩稿一卷補遺一卷　（清）陳榮杰撰　清光緒二十三年(1897)青藤書屋刻本　二冊

370000－1541－0014379　851.475/387
遂初軒詩稿一卷　（清）陸雲錦撰　清嘉慶七年(1802)刻本　一冊

370000－1541－0014380　851.475/399
篁村集十二卷　（清）陸錫熊撰　清嘉慶十三年(1808)陸氏刻本　二冊

370000－1541－0014381　851.475/399＝1
印心石屋詩鈔初集四卷　（清）陶澍撰　清嘉慶二十一年(1816)刻本　二冊

370000－1541－0014382　851.475/440

有正味齋試帖詳注四卷　（清）吳錫麒撰
（清）吳掄　（清）吳敬恒注　清道光二十六年
(1846)書業德記刻本　四冊

370000－1541－0014383　851.475/440＝1

有正味齋試帖詳注四卷　（清）吳錫麒撰
（清）吳掄　（清）吳敬恒注　清嘉慶十九年
(1814)吳敬恒刻本　四冊

370000－1541－0014384　851.475/482

香葉草堂詩存一卷　（清）羅聘撰　清嘉慶元
年(1796)揚州羅氏刻本　一冊

370000－1541－0014385　851.475/516

白華樓詩鈔四卷　（清）薩玉衡撰　清光緒二
十九年(1903)武城刻本　二冊

370000－1541－0014386　851.475/627

少悟齋詩集六卷　（清）方振撰　清道光十一
年(1831)刻本　四冊

370000－1541－0014387　851.475/628

正聲集四卷　（清）施朝幹撰　清嘉慶五年
(1800)刻本　一冊

370000－1541－0014388　851.475/720

擬兩晉南北史樂府二卷　（清）洪禮吉撰　清
光緒三年(1877)授經堂刻本　一冊

370000－1541－0014389　851.475/720＝2

擬兩晉南北史樂府二卷　（清）洪禮吉撰　清
光緒三年(1877)袁簡齋刻本　一冊

370000－1541－0014390　851.475/723

存素堂詩初集錄存二十四卷　（清）法式善撰
　清嘉慶十二年(1807)刻本　六冊

370000－1541－0014391　851.475/723＝1

存素堂詩續集錄存九卷　（清）法式善撰　清
嘉慶二十一年(1816)阮元刻本　孫海波跋
四冊

370000－1541－0014392　851.475/736

金源紀事詩八卷　（清）湯運泰撰　清同治十
二年(1873)淮南書局刻本　四冊

370000－1541－0014393　851.475/736＝1

金源紀事詩八卷　（清）湯運泰撰　清同治十
二年(1873)淮南書局刻本　四冊

370000－1541－0014394　851.475/740

松聲池館詩存四卷　（清）汪璐撰　清光緒十
五年(1889)泉唐振綺堂刻本　一冊

370000－1541－0014395　851.475/754

功甫小集十一卷　（清）潘曾沂撰　清同治三
年(1864)刻本　二冊

370000－1541－0014396　851.475/759

臨雲亭詩鈔六卷　（清）姜星源撰　清道光刻
姜氏家集本　二冊

370000－1541－0014397　851.475/787

梅花三百首五卷　（清）程思樂撰　清對山堂
刻本　二冊

370000－1541－0014398　851.475/795

五百四峰堂詩鈔二十五卷　（清）黎簡撰　清
同治十三年(1874)南海陳氏刻廣州儒雅堂重
修本　八冊

370000－1541－0014399　851.475/813

小十誦寮詩存四卷　（清）周南撰　清嘉慶二
十五年(1820)刻本　一冊　存二卷(箌音集、
歸田集)

370000－1541－0014400　852.37/946＝3

閨秀詞鈔十六卷　徐乃昌輯　清宣統元年
(1909)南陵徐氏小檀欒室刻本　八冊

370000－1541－0014401　851.475/816

笠芸詩瓢十二卷　（清）周昱撰　清嘉慶十七
年(1812)夢筆軒刻本　二冊

370000－1541－0014402　851.475/827

朱文定公集十卷　（清）朱士彥撰　望雲山廬
詩存一卷　（清）朱百谷撰　清刻本　二冊

370000－1541－0014403　851.475/827＝1

抱山堂集十八卷　（清）朱彭撰　清嘉慶六年
(1801)刻本　四冊

370000－1541－0014404　851.475/832

繞竹山房詩稿十卷續詩稿十四卷詩餘一卷
（清）朱文治撰　清嘉慶二十三年至咸豐五年

(1818－1855)朱氏刻本　八冊

370000－1541－0014405　851.475/856
澹仙詩鈔四卷文鈔一卷　（清）熊璉撰　清嘉慶二年(1797)茹雪山房刻本　二冊

370000－1541－0014406　851.475/859
我法集二卷　（清）紀昀撰　（清）紀樹馨編　清嘉慶元年(1796)河間紀氏文苑堂刻本　二冊

370000－1541－0014407　851.475/859＝1
我法集二卷　（清）紀昀撰　（清）紀樹馨編　清嘉慶三年(1798)河間紀氏閱微草堂刻本　二冊

370000－1541－0014408　851.475/867
吟秋樓詩鈔四卷　（清）鄔鶴丹撰　清道光二十九年(1849)刻本　二冊

370000－1541－0014409　851.475/885
寄庵詩鈔　（清）劉大紳撰　清刻本　六冊

370000－1541－0014410　851.475/896
斡山草堂小稿四卷　（清）何其偉撰　清嘉慶二十一年(1816)刻本　二冊

370000－1541－0014411　851.475/901
雙藤書屋詩集十二卷　（清）何道生撰　清道光元年(1821)刻本　三冊

370000－1541－0014412　851.475/901＝1
雙藤書屋詩集十二卷　（清）何道生撰　清道光元年(1821)刻本　一冊

370000－1541－0014413　851.475/902
雙藤書屋詩集十二卷　（清）何道生撰　**月波舫遺稿二卷**　（清）何熙績撰　清道光元年(1821)刻本　三冊

370000－1541－0014414　851.475/903
停雲軒古詩鈔二卷　（清）何經愉撰　清嘉慶十一年(1806)刻本　二冊

370000－1541－0014415　851.475/910
留春草堂詩鈔七卷　（清）伊秉綬撰　清嘉慶十九年(1814)廣州秋水園刻本　二冊

370000－1541－0014416　851.475/923
盧谿詩草一卷　（清）臧法高撰　清嘉慶九年(1804)諸城臧氏刻本　一冊

370000－1541－0014417　851.475/925
婺舲餘稿一卷　（清）舒夢蘭撰　清淳香社刻本　一冊

370000－1541－0014418　851.475/925＝1
和陶詩一卷　（清）舒夢蘭撰　清嘉慶五年(1800)寶經齋刻本　一冊

370000－1541－0014419　851.475/925＝2
缾水齋詩集二十卷　（清）舒位撰　清光緒十二年(1886)刻本　六冊

370000－1541－0014420　851.475/925＝3
缾水齋詩集二十卷　（清）舒位撰　清光緒十二年(1886)刻本　六冊

370000－1541－0014421　851.475/925＝4
缾水齋詩集二十卷　（清）舒位撰　清光緒十二年(1886)刻本　六冊

370000－1541－0014422　851.475/934
竹初詩鈔十六卷　（清）錢維喬撰　清嘉慶十三年(1808)刻本　八冊

370000－1541－0014423　851.475/939
吉堂詩稿八卷　（清）欽善撰　清嘉慶二十五年(1820)金陵劉貢九刻本　五冊

370000－1541－0014424　851.475/962
寸心樓詩集四十二卷　（清）顧日新撰　清嘉慶十七年(1812)刻本　八冊

370000－1541－0014425　851.475/970
冬花庵燼餘稿三卷　（清）奚岡撰　清嘉慶十年(1805)刻本　一冊

370000－1541－0014426　851.475/982
賞雨茅屋詩集二十二卷外集一卷　（清）曾燠撰　清嘉慶二十四年(1819)刻本　五冊

370000－1541－0014427　851.475/987
棕亭詩鈔十八卷詞鈔二卷　（清）金兆燕撰　清嘉慶十二年(1807)全椒金氏贈雲軒刻本　八冊

370000 – 1541 – 0014428　851.476/112

蒒唐詩集八卷　（清）王瑋慶撰　清嘉慶二十五年(1820)蕉葉山房刻本　二冊

370000 – 1541 – 0014429　851.476/112 ＝ 1

舍是集八卷　（清）王翼鳳撰　清道光二十一年(1841)刻本　二冊

370000 – 1541 – 0014430　851.476/115

繡題閣賸稿一卷　（清）王圓珠撰　清道光蘭石山房刻本　佚名跋　一冊

370000 – 1541 – 0014431　851.476/119

赤霞吟草二卷　（清）王鉅撰　清同治九年(1870)王恂刻本　二冊

370000 – 1541 – 0014432　851.476/157

松心居士詩集十二卷二集二卷　（清）聶鎬敏撰　清道光聶氏刻本　四冊

370000 – 1541 – 0014433　851.476/158

龍泓館詩集一卷　（清）丁敬撰　清光緒二十三年(1897)日照丁氏石印移林館叢書本　一冊

370000 – 1541 – 0014434　851.476/161

且甌集九卷　（清）項霽撰　清咸豐刻本　二冊

370000 – 1541 – 0014435　851.476/164

三十六灣草廬稿十卷　（清）黃本驥撰　清道光二十七年(1847)穀怡堂刻三長物齋叢書本　四冊

370000 – 1541 – 0014436　851.476/167

紅樓二百詠二卷　（清）黃昌麟撰　清道光二十一年(1841)刻本　二冊

370000 – 1541 – 0014437　851.476/169

瓶隱山房詩鈔十卷詞八卷　（清）黃曾撰　清道光二十七年(1847)刻本　十冊

370000 – 1541 – 0014438　851.476/171

讀白華草堂詩初集九卷二集十二卷菁莪集八卷　（清）黃釗撰　清道光二十八年(1848)刻本　八冊

370000 – 1541 – 0014439　851.476/183

觀河集四卷　（清）彭紹升撰　清道光三年(1823)刻本　文治跋　二冊

370000 – 1541 – 0014440　851.476/190

于湖小集六卷附錄一卷　（清）袁昶撰　清光緒二十年(1894)水明樓刻本　三冊

370000 – 1541 – 0014441　851.476/199

雲溪樂府二卷　（清）趙懷玉撰　清光緒十二年(1886)梧州金氏刻本　一冊

370000 – 1541 – 0014442　851.476/257

雲左山房詩鈔八卷附一卷　（清）林則徐撰　清光緒十二年(1886)林氏刻本　二冊

370000 – 1541 – 0014443　851.476/257 ＝ 1

雲左山房詩鈔八卷附一卷　（清）林則徐撰　清光緒十二年(1886)林氏刻本　二冊

370000 – 1541 – 0014444　851.476/261

玉甑山館詩鈔八卷　（清）林從烱撰　清林衍桐抄本　四冊

370000 – 1541 – 0014445　851.476/261 ＝ 1

雙樹生詩草一卷　（清）林鎬撰　紀半樵詩一卷　（清）紀大復撰　清道光至同治上海徐氏刻春暉堂叢書本　一冊

370000 – 1541 – 0014446　851.476/273

月塘書屋詩存十一卷　（清）楊延亮撰　清同治十二年(1873)嫏嬛別館刻本　二冊

370000 – 1541 – 0014447　851.476/279

樹君詩鈔一卷　（清）梅成棟撰　清刻本　一冊

370000 – 1541 – 0014448　851.476/281

養餘齋初集四卷二集四卷三集六卷　（清）柳樹芳撰　清道光二十七年(1847)勝谿草堂刻本　四冊

370000 – 1541 – 0014449　851.476/281 ＝ 1

養餘齋初集四卷二集四卷三集六卷　（清）柳樹芳撰　清道光二十七年(1847)勝谿草堂刻本　四冊

370000 – 1541 – 0014450　851.476/288

芝省齋吟稿八卷　（清）李遇孫撰　清嘉慶二

十五年(1820)弨華館刻藍印本　二冊

370000 – 1541 – 0014451　851.476/290

校經廎文稿四卷　（清）李富孫撰　清道光元年(1821)讀書臺刻本　一冊

370000 – 1541 – 0014452　851.476/290 = 1

味塵軒詩集十四卷　（清）李文瀚撰　清咸豐六年(1856)木活字印本　四冊

370000 – 1541 – 0014453　851.476/306

翠眉亭稿一卷附碧雲遺稿一卷　（清）張際亮撰　清道光刻本　一冊

370000 – 1541 – 0014454　851.476/306 = 1

翠眉亭稿一卷附碧雲遺稿一卷　（清）張際亮撰　清道光刻本　一冊

370000 – 1541 – 0014455　851.476/306 = 2

亨甫詩選八卷　（清）張際亮撰　（清）徐榦選　清光緒八年(1882)邵武徐榦刻本　六冊

370000 – 1541 – 0014456　851.476/309

得天居士集六卷　（清）張照撰　清刻本　一冊　存五卷(一至五)

370000 – 1541 – 0014457　851.476/311

陶情集一卷　（清）張鴻猷撰　清道光十二年(1832)樹德堂刻本　一冊

370000 – 1541 – 0014458　851.476/313

桂馨堂集二種　（清）張廷濟撰　清道光十九年至二十八年(1839 – 1848)清儀閣刻本　六冊

370000 – 1541 – 0014459　851.476/313 = 1

桂馨堂集二種　（清）張廷濟撰　清道光十九年至二十八年(1839 – 1848)清儀閣刻本　六冊

370000 – 1541 – 0014460　851.476/313 = 2

桂馨堂集二種　（清）張廷濟撰　清道光十九年至二十八年(1839 – 1848)清儀閣刻本　四冊

370000 – 1541 – 0014461　851.476/313 = 3

桂馨堂集二種　（清）張廷濟撰　清道光十九年至二十八年(1839 – 1848)清儀閣刻本　四冊

370000 – 1541 – 0014462　851.476/313 = 4

滄藕軒詩初稿四卷滄藕軒詞一卷　（清）張綬英撰　清道光二十年(1840)宛鄰書屋刻本　一冊

370000 – 1541 – 0014463　851.476/320

是程堂集十四卷　（清）屠倬撰　清嘉慶十九年(1814)刻本　四冊

370000 – 1541 – 0014464　851.476/337

白華山人詩集十六卷詩說二卷　（清）厲志撰　清光緒九年(1883)刻本　四冊

370000 – 1541 – 0014465　851.476/353

井墟集十六卷　（清）郁如金撰　清道光二十九年(1849)刻本　一冊

370000 – 1541 – 0014466　851.476/359

天真閣集二十四卷　（清）孫原湘撰　清嘉慶常熟劉光德局刻本　六冊

370000 – 1541 – 0014467　851.476/359 = 1

天真閣集五十四卷外集六卷長真閣詩餘一卷詩集七卷　（清）孫原湘撰　（清）席佩蘭撰　清嘉慶刻道光增刻本　十八冊

370000 – 1541 – 0014468　851.476/359 = 2

天真閣集二十卷　（清）孫原湘撰　清嘉慶常熟劉光德局刻本　十冊

370000 – 1541 – 0014469　851.476/375

琅嬛仙館詩略八卷　（清）阮元撰　清嘉慶十三年(1808)刻本　二冊

370000 – 1541 – 0014470　851.476/377

草草書屋賸稿一卷　（清）陳朴撰　**煮凌霄樹詩集六卷**　（清）陳熵撰　清光緒十一年(1885)刻本　二冊

370000 – 1541 – 0014471　851.476/382

碧城仙館詩鈔十卷　（清）陳文述撰　清嘉慶十年(1805)刻本　二冊

370000 – 1541 – 0014472　851.476/390

意苕山館詩稿十六卷　（清）陸嵩撰　清光緒十八年(1892)刻本　四冊

370000－1541－0014473　851.476/392

儀歐閣詩遺稿一卷　（清）陸容撰　（清）王鴻編　清道光二十年（1840）長洲王子梅刻本一冊

370000－1541－0014474　851.476/423

磵東詩鈔十卷　（清）歐陽輅撰　清道光十年（1830）刻本　二冊

370000－1541－0014475　851.476/430

清厚堂詩鈔一卷　（清）單華炬撰　清道光八年（1828）清穆堂刻本　一冊

370000－1541－0014476　851.476/433

荃石居詩草六卷詞草一卷四六稿一卷　（清）吳頡鴻撰　清道光刻本　二冊

370000－1541－0014477　851.476/436

香蘇山館古體詩鈔十七卷今體詩鈔十九卷（清）吳嵩梁撰　清光緒二十三年（1897）三益文社刻本　佚名圈點　八冊

370000－1541－0014478　851.476/436＝1

香蘇山館古體詩鈔十七卷今體詩鈔十九卷（清）吳嵩梁撰　清道光刻本　八冊　存三十卷（香蘇山館古體詩鈔一至十四、今體詩鈔一至十六）

370000－1541－0014479　851.476/436＝2

香蘇山館古體詩鈔十七卷今體詩鈔十九卷（清）吳嵩梁撰　清道光刻本　四冊　存十九卷（今體詩鈔十九卷）

370000－1541－0014480　851.476/436＝3

漱石軒詩鈔一卷附錄一卷　（清）吳恩韶撰　清道光二十三年（1843）刻本　一冊

370000－1541－0014481　851.476/436＝4

小羅浮山館詩鈔十五卷　（清）吳昇撰　清刻本　二冊

370000－1541－0014482　851.476/438

小山山房詩存二卷　（清）吳淞撰　清宣統二年（1910）湘潭吳熙敬刻本　一冊

370000－1541－0014483　851.476/440

百繪詩箋不分卷題字分註不分卷　（清）吳臺

撰　清嘉慶二年（1797）刻本　四冊

370000－1541－0014484　851.476/467

晉齋詩存二卷　（清）昇寅撰　清咸豐四年（1854）刻本　二冊

370000－1541－0014485　851.476/467＝1

晉齋詩存二卷　（清）昇寅撰　清咸豐四年（1854）刻本　二冊

370000－1541－0014486　851.476/502

閑吟處詩鈔四卷　（清）華文桂撰　清道光十二年（1832）刻本　二冊

370000－1541－0014487　851.476/504

赤菫遺稿六卷　（清）葉元堦撰　清道光退一居刻本　二冊

370000－1541－0014488　851.476/525

小琅玕館試帖詩草四卷雜體詩草一卷　（清）莊瑤撰　清同治十一年（1872）刻本　四冊

370000－1541－0014489　851.476/600

孟晉齋詩集四卷首一卷　（清）言朝標撰　清光緒十年（1884）刻本　一冊

370000－1541－0014490　851.476/606

瑞芍軒詩鈔四卷詞稿一卷　（清）許乃穀撰　清同治七年（1868）刻本　二冊

370000－1541－0014491　851.476/606＝1

瑞芍軒詩鈔四卷詞稿一卷　（清）許乃穀撰　清同治七年（1868）刻本　佚名批校　二冊

370000－1541－0014492　851.476/616

養默山房詩錄九卷　（清）謝元淮撰　清道光十九年（1839）知足之足齋刻本　二冊

370000－1541－0014493　851.476/630

蓼莪詩存八卷　（清）郭書俊撰　清道光十八年（1838）紹衣堂刻本　四冊

370000－1541－0014494　851.476/630＝1

玉清述而編七卷玉清遺草二卷　（清）郭殿鎬撰　清道光三十年（1850）刻本　一冊

370000－1541－0014495　851.476/633

雙清閣雁廬詩集八卷　（清）郭同芸撰　清道

光二十一年(1841)濰縣郭氏刻本　四冊

370000－1541－0014496　851.476/646

茶夢菴續稿十六卷　(清)高望曾撰　清光緒
稿本　一冊

370000－1541－0014497　851.476/648

閩遊集二卷　(清)高頌禾撰　清道光二十八
年(1848)刻本　一冊

370000－1541－0014498　851.476/654

太鶴山人集十三卷　(清)端木國瑚撰　清嘉
慶十三年(1808)刻本　六冊

370000－1541－0014499　851.476/669

松閟閣詩鈔四卷首一卷　(清)慶霖撰　清咸
豐元年(1851)刻本　一冊

370000－1541－0014500　851.476/688

紀夢唫草六卷　(清)富斌撰　清道光八年
(1828)刻本　二冊

370000－1541－0014501　851.476/695

洞簫樓詩紀十卷　(清)宋翔鳳撰　清道光十
年(1830)江寧劉文楷刻本　六冊

370000－1541－0014502　851.476/707

借閒生詩三卷詞一卷　(清)汪遠孫撰　清光
緒元年(1875)刻本　三冊

370000－1541－0014503　851.476/712

自然好學齋詩鈔十卷　(清)汪端撰　清道光
二十六年(1846)如皋冒俊刻本　六冊

370000－1541－0014504　851.476/712＝1

自然好學齋詩鈔十卷　(清)汪端撰　清同治
十三年(1874)刻本　六冊

370000－1541－0014505　851.476/719

白圭堂詩鈔六卷　(清)江之紀撰　清光緒十
九年(1893)刻本　二冊

370000－1541－0014506　851.476/719＝1

白圭堂詩鈔六卷　(清)江之紀撰　清光緒十
九年(1893)刻本　三冊

370000－1541－0014507　851.476/732

兩般秋雨庵詩選一卷　(清)梁紹壬撰　清道

光二十年(1840)刻本　一冊

370000－1541－0014508　851.476/736

琴隱園詩集三十六卷詞集四卷　(清)湯貽汾
撰　清同治十三年(1874)刻本　八冊

370000－1541－0014509　851.476/745

柴辟亭詩集四卷　(清)沈濤撰　清道光二十
二年(1842)刻本　二冊

370000－1541－0014510　851.476/754

陔蘭書屋詩集六卷　(清)潘曾綬撰　清刻本
一冊

370000－1541－0014511　851.476/759

紅樓夢詩一卷　(清)姜祺撰　**松蔭軒稿一卷**
(清)周澍撰　**紅樓夢詞一卷**　(清)凌承樞
撰　清刻本　二冊

370000－1541－0014512　851.476/795

石頭山人遺稿一卷　(清)黎愷撰　清光緒十
四年(1888)遵義黎氏日本使署刻本　一冊

370000－1541－0014513　851.476/816＝1

十六國宮詞二卷　(清)周昇撰注　清道光十
四年(1834)櫻西書屋刻本　二冊

370000－1541－0014514　851.476/816＝2

十六國宮詞二卷　(清)周昇撰注　清道光十
四年(1834)櫻西書屋刻本　一冊

370000－1541－0014515　851.476/820

犢山詩稿四卷　(清)周鎬撰　清嘉慶二十二
年(1817)啟秀堂刻本　二冊

370000－1541－0014516　851.476/820＝1

犢山詩稿四卷　(清)周鎬撰　清光緒十年
(1884)刻本　二冊

370000－1541－0014517　851.476/820＝2

二南詩鈔二卷續鈔二卷補遺一卷　(清)周樂
撰　(清)余正西　(清)郭階平等評定　**紀吳
試帖一卷**　(清)紀昀撰　(清)周樂選　清道
光九年至十一年(1829－1831)刻本　八冊

370000－1541－0014518　851.476/845

祇可軒刪餘稿二卷附候選知州管君家傳一卷
(清)管學洛撰　清同治十一年(1872)管氏

刻本　一冊

370000－1541－0014519　851.476/845＝1
才叔遺詩三卷　(清)管樂撰　清光緒讀雪山房刻本　一冊

370000－1541－0014520　851.476/850
覺生詩續鈔四卷　(清)鮑桂星撰　清同治四年(1865)退一步齋刻本　四冊

370000－1541－0014521　851.476/850＝1
覺生詩鈔十卷詠物詩鈔四卷　(清)鮑桂星撰　清嘉慶二十五年(1820)刻本　四冊

370000－1541－0014522　851.476/885
醉吟草六卷　(清)劉大容撰　清咸豐元年(1851)刻本　一冊

370000－1541－0014523　851.476/885＝1
玉磬山房詩集十三卷　(清)劉大觀撰　清嘉慶十五年(1810)刻本　五冊

370000－1541－0014524　851.476/890
出山爲小草四卷　(清)劉家麟撰　清道光二十二年(1842)噉春書屋刻本　二冊

370000－1541－0014525　851.476/890＝1
劉文清公遺集十七卷　(清)劉墉撰　清道光六年(1826)東武劉氏味經書屋刻本　三冊

370000－1541－0014526　851.476/890＝2
雲中集一卷　(清)劉淳撰　清道光十三年(1833)刻本　一冊

370000－1541－0014527　851.476/934
刻楮集四卷旅逸小稿二卷　(清)錢儀吉撰　清道光刻本　三冊

370000－1541－0014528　851.476/949
濱湖軒遺詩稿一卷　(清)徐時楷撰　清光緒七年(1881)上涴煙嶼樓刻本　一冊

370000－1541－0014529　851.476/959
拜石山房詩鈔四卷　(清)顧翰撰　清嘉慶十五年(1810)刻本　一冊

370000－1541－0014530　851.476/959＝1
城北草堂詩鈔四卷詩餘二卷詞餘一卷　(清)顧夔撰　清光緒十四年(1888)刻本　二冊

370000－1541－0014531　851.476/972
小隱巖詩稿五卷　(清)鄭敦覺撰　清同治六年(1867)刻本　二冊

370000－1541－0014532　851.476/982
賞雨茅屋詩集二十二卷外集一卷　(清)曾燠撰　清道光三年(1823)刻本　六冊

370000－1541－0014533　851.476/984
知止齋詩集十六卷　(清)翁心存撰　清光緒三年(1877)刻本　四冊

370000－1541－0014534　851.477/105
褸欿亭集三十二卷　(清)祁寯藻撰　清咸豐七年(1857)刻本　十冊

370000－1541－0014535　851.477/105＝1
褸欿亭後集十卷　(清)祁寯藻撰　清咸豐七年(1857)刻本　二冊

370000－1541－0014536　851.477/108
梵隱堂詩存十卷　(清)釋祖觀撰　**通隱堂詩存四卷**　(清)張京度撰　清同治五年(1866)通濟盦刻本　三冊

370000－1541－0014537　851.477/109
天外歸帆草不分卷　(清)斌椿撰　清同治七年(1868)刻本　一冊

370000－1541－0014538　851.477/111
綠墅詩草一卷　(清)于雲升撰　清同治九年(1870)刻本　佚名題跋　一冊

370000－1541－0014539　851.477/112
芬響閣初稿十卷　(清)王褧之撰　**芬響閣坿存稿一卷**　(清)陳瑤撰　清光緒刻本　二冊

370000－1541－0014540　851.477/112＝1
芬響閣初稿十卷　(清)王褧之撰　**芬響閣坿存稿一卷**　(清)陳瑤撰　清光緒刻本　二冊

370000－1541－0014541　851.477/117
木蘭書齋詩鈔一卷　(清)王治撰　清咸豐八年(1858)刻本　一冊

370000－1541－0014542　851.477/119

種德堂未焚草一卷　（清）王紳撰　**面城居未
焚草一卷**　（清）王服芳撰　清光緒十五年
(1889)助息園刻本　一冊

370000－1541－0014543　851.477/139

曇雲閣集　（清）曹楙堅撰　清光緒十一年
(1885)刻本　四冊　缺四卷(曇雲閣詩集一
至四)

370000－1541－0014544　851.477/139 = 1

曇雲閣外集一卷　（清）曹楙堅撰　清光緒十
一年(1885)刻曇雲閣集本　一冊

370000－1541－0014545　851.477/151

粤西集一卷　（清）賈敦臨撰　清宣統二年
(1910)華雲閣鉛印本　一冊

370000－1541－0014546　851.477/192

桐溪耆隱集一卷　（清）袁炯輯　清光緒十六
年(1890)春藻堂刻本　一冊

370000－1541－0014547　851.477/228

寶鐵齋詩錄一卷續錄一卷　（清）韓崇撰　清
道光二十九年(1849)潯江郡舍刻本　二冊

370000－1541－0014548　851.477/273

雲悅山房偶存稿六卷　（清）楊屏維撰　清宣
統二年(1910)福州陳良輔刻坊本　二冊

370000－1541－0014549　851.477/280

鐵篴仙館宦游草六卷　（清）柏春撰　清咸豐
十一年(1861)毓文齋刻本　二冊

370000－1541－0014550　851.477/311 = 1

小重山房詩續錄十二卷　（清）張祥河撰　清
光緒元年(1875)華亭張氏刻本　四冊

370000－1541－0014551　851.477/311 = 2

晚翠軒集二卷　（清）張安保撰　清光緒二十
五年(1899)刻本　四冊

370000－1541－0014552　851.477/325

芸香館遺詩二卷　（清）那遜蘭保撰　清同治
十三年(1874)刻本　一冊

370000－1541－0014553　851.477/329

半巖廬遺詩二卷　（清）邵懿辰撰　清同治十
年(1871)雲南刻本　一冊

370000－1541－0014554　851.477/343

耕煙草堂詩鈔二卷　（清）平疇撰　清同治十
年(1871)安越堂刻本　二冊

370000－1541－0014555　851.477/350

飣餖吟十二卷　（清）石贊清撰　（清）黃丙森
注釋　清咸豐十年(1860)刻本　八冊

370000－1541－0014556　851.477/350 = 1

葵青居詩錄一卷附一卷　（清）石渠撰　清光
緒蘇州謝文翰齋刻本　一冊

370000－1541－0014557　851.477/358

大小雅堂詩四卷冰蠶詞一卷　（清）承齡撰
清光緒十八年(1892)刻本　二冊

370000－1541－0014558　851.477/358 = 1

大小雅堂詩四卷冰蠶詞一卷　（清）承齡撰
清光緒十八年(1892)刻本　二冊

370000－1541－0014559　851.477/370

海阜詩稿刪本不分卷　（清）孔廣楫撰　清稿
本　一冊

370000－1541－0014560　851.477/377

臥雲山館詩存一卷　（清）陳雲章撰　清光緒
十三年(1887)遵化州署刻本　一冊

370000－1541－0014561　851.477/380

讀秋水齋詩存十六卷　（清）陸黻恩撰　清同
治七年(1868)遵化楊翰刻本　三冊

370000－1541－0014562　851.477/382

看雲山房詩存一卷　（清）陳鴻儒撰　清同治
八年(1869)刻本　一冊

370000－1541－0014563　851.477/399

紅豆樹館詩稿十四卷詞八卷補遺一卷　（清）
陶樑撰　清咸豐七年(1857)刻本　四冊

370000－1541－0014564　851.477/399 = 1

紅豆樹館詩稿十四卷詞八卷補遺一卷逸稿一
卷　（清）陶樑撰　清咸豐七年(1857)刻本
五冊

370000－1541－0014565　851.477/410

芝隱室詩存八卷附存一卷續存一卷　（清）長
善撰　清同治十年(1871)廣州將軍節署刻本

六冊

370000－1541－0014566　851.477/414

紅藕花軒試帖一卷　（清）馬國翰撰　清刻本
一冊

370000－1541－0014567　851.477/429

岩泉山人詩四選存稿一卷　（清）嚴廷中撰
清末刻本　一冊

370000－1541－0014568　851.477/430

春萱草堂詩二卷　（清）單爲鏓撰　清同治四
年(1865)刻本　一冊

370000－1541－0014569　851.477/431

綠天蘭若詩鈔二卷　（清）釋含澈撰　清咸豐
潛西精舍刻本　六冊

370000－1541－0014570　851.477/433

三恥齋初稿八卷　（清）吳坤修撰　清同治四
年(1865)鳩江戎幄刻本　二冊

370000－1541－0014571　851.477/433＝1

十杉亭帖體詩鈔五卷續編二卷　（清）吳楷撰
薇雲小舍詩課續編二卷試帖詩課二卷
(清)吳之俊撰　清刻本　四冊

370000－1541－0014572　851.477/436

古藤書屋詩存一卷首一卷　（清）吳以諴撰
清咸豐九年(1859)刻本　一冊

370000－1541－0014573　851.477/455

修筠閣詩草四卷　（清）史致康撰　清同治二
年(1863)刻本　四冊

370000－1541－0014574　851.477/461＝1

咄咄吟二卷　（清）貝青喬撰　清光緒元年
(1875)不懼無悶齋刻本　一冊

370000－1541－0014575　851.477/545

六一山房詩集十卷續集十卷　（清）董沛撰
清同治十三年(1874)刻本　四冊

370000－1541－0014576　851.477/556

退思軒詩集二卷　（清）蔡世佑撰　清同治刻
本　二冊

370000－1541－0014577　851.477/606

雪門詩草十四卷　（清）許瑤光撰　清同治十
三年(1874)刻本　六冊

370000－1541－0014578　851.477/620

桐華竹實之軒詩草二卷　（清）謙福撰　清同
治二年(1863)刻本　二冊

370000－1541－0014579　851.477/627

二知軒詩鈔十四卷詩續鈔十四卷　（清）方濬
頤撰　清同治五年(1866)廣州刻本　十二冊

370000－1541－0014580　851.477/627＝1

二知軒詩鈔十四卷　（清）方濬頤撰　清同治
五年(1866)廣州刻本　六冊

370000－1541－0014581　851.477/628

澤雅堂詩二集八卷　（清）施補華撰　清光緒
十六年(1890)兩研齋刻本　二冊

370000－1541－0014582　851.477/633

增默菴詩遺集二卷　（清）郭尚先撰　清同治
十年(1871)刻本　一冊

370000－1541－0014583　851.477/637

畹香村舍稿八卷　（清）郭綏之撰　清咸豐十
年(1860)刻本　一冊

370000－1541－0014584　851.477/644

怡怡樓遺稿一卷　（清）高以莊撰　清光緒元
年(1875)西充官廨刻本　一冊

370000－1541－0014585　851.477/658

今白華堂詩錄八卷首二卷　（清）童槐撰　清
同治八年(1869)刻本　五冊

370000－1541－0014586　851.477/684

躬恥齋詩鈔十四卷首一卷　（清）宗稷辰撰
清咸豐十一年(1861)秋杜軒刻本　七冊

370000－1541－0014587　851.477/720

小容齋詩稿不分卷　（清）洪瑛撰　清咸豐十
一年(1861)稿本　一冊

370000－1541－0014588　851.477/745

鴻雪樓詩選初集六卷二集九卷　（清）沈善寶
撰　清道光十六年(1836)刻本　二冊

370000－1541－0014589　851.477/745＝1

蓮溪吟稿八卷續刻三卷　（清）沈濂撰　清咸
豐四年至六年(1854－1856)始言堂刻本　三
冊

370000－1541－0014590　851.477/764
莘廬遺詩六卷遺著一卷　（清）淩泗撰　清宣
統三年至民國三年(1911－1914)刻本　二冊

370000－1541－0014591　851.477/764＝1
莘廬遺詩六卷遺著一卷　（清）淩泗撰　清宣
統三年至民國三年(1911－1914)刻本　二冊

370000－1541－0014592　851.477/809
綠蔭山館吟稿二卷　（清）喬守敬撰　清同治
十一年(1872)福建吳玉田刻本　二冊

370000－1541－0014593　851.477/809＝1
蘿藦亭遺詩四卷　（清）喬松年撰　清光緒七
年(1881)刻本　四冊

370000－1541－0014594　851.477/816
耕道獵德齋唫稿三卷　（清）周懷綏撰　清光
緒九年(1883)濟南刻本　一冊

370000－1541－0014595　851.477/818
棣華書屋詩鈔三卷補遺一卷　（清）周瀗撰
清光緒十七年(1891)周光霽堂刻本　一冊

370000－1541－0014596　851.477/832
秋水堂遺詩一卷　（清）朱慶尊撰　清光緒元
年(1875)安越堂平氏刻本　一冊

370000－1541－0014597　851.477/842
聽竹廬集二卷　（清）鄒南英撰　清光緒十九
年(1893)冠山容園刻本　一冊

370000－1541－0014598　851.477/888
澧蘭初稿一卷　（清）劉嗣富撰　清光緒三年
(1877)刻本　一冊

370000－1541－0014599　851.477/888＝1
篋山詩草二卷　（清）劉日尊撰　清光緒十七
年(1891)刻本　一冊

370000－1541－0014600　852.37/946＝4
閨秀詞鈔十六卷　徐乃昌輯　清宣統元年
(1909)南陵徐氏小檀欒室刻本　八冊

370000－1541－0014601　851.477/903
東洲草堂詩鈔三十卷詩餘一卷　（清）何紹基
撰　清同治六年(1867)長沙無園刻本　七冊
　存二十八卷(東洲草堂詩鈔四至三十、詩餘
　一卷)

370000－1541－0014602　851.477/903＝1
東洲草堂詩鈔三十卷詩餘一卷　（清）何紹基
撰　清同治六年(1867)長沙無園刻本　六冊
　存十三卷(東洲草堂詩鈔一至十二、詩餘一
　卷)

370000－1541－0014603　851.477/912
宜雅堂詩二集七卷　（清）仲湘撰　清咸豐七
年(1857)刻本　二冊

370000－1541－0014604　851.477/927
龠翁詩鈔四卷　（清）錢辰撰　寄生吟草一卷
　（清）錢家吉撰　清光緒八年(1882)南錢草
堂刻本　二冊

370000－1541－0014605　851.477/949
煙嶼樓詩集十八卷　（清）徐時棟撰　重刻游
杭合集　（清）徐元第　（清）徐時棟撰　清同
治六年(1867)葉鴻年虎胛山房刻本　四冊

370000－1541－0014606　851.477/949＝1
煙嶼樓詩集十八卷　（清）徐時棟撰　重刻游
杭合集　（清）徐元第　（清）徐時棟撰　清同
治六年(1867)葉鴻年虎胛山房刻本　四冊

370000－1541－0014607　851.477/949＝2
煙嶼樓詩集十八卷　（清）徐時棟撰　重刻游
杭合集　（清）徐元第　（清）徐時棟撰　清同
治六年(1867)葉鴻年虎胛山房刻本　四冊

370000－1541－0014608　851.477/949＝3
寄青齋詩稿一卷詞稿一卷　（清）徐虔復撰
綠雲館吟草一卷　（清）程芙亭撰　清光緒十
三年(1887)上虞徐氏留餘堂刻本　二冊

370000－1541－0014609　851.477/951
靈洲山人詩錄六卷　（清）徐灝撰　清同治三
年(1864)刻本　二冊

370000－1541－0014610　851.477/972

217

巢經巢詩鈔九卷後集四卷 （清）鄭珍撰 清咸豐四年(1854)刻本 四冊

370000－1541－0014611 851.477/972＝1
巢經巢詩鈔九卷後集四卷 （清）鄭珍撰 清咸豐四年(1854)刻本 四冊

370000－1541－0014612 851.477/972＝2
巢經巢詩鈔後集四卷 （清）鄭珍撰 清光緒二十年(1894)貴筑高氏資州官廨刻本 一冊

370000－1541－0014613 851.477/972＝3
巢經巢遺稿四卷 （清）鄭珍撰 清光緒三十年(1904)貴陽文通書局鉛印本 四冊

370000－1541－0014614 851.477/972＝5
雪村詩草一卷 （清）鄭民鑫撰 清咸豐七年(1857)刻本 一冊

370000－1541－0014615 851.477/981
思詒堂詩稿十二卷文稿一卷 （清）金衍宗撰 清同治五年(1866)刻本 五冊

370000－1541－0014616 851.477/982
明瑟山莊詩集六卷雜著一卷 （清）曾熙文撰 清同治十年(1871)虞山曾氏刻本 四冊

370000－1541－0014617 851.477/987
二瓦硯齋詩鈔十卷附一卷 （清）金玉麟撰 清咸豐元年(1851)刻本 二冊

370000－1541－0014618 851.477/987＝1
篤慎堂燼餘詩稿八卷 （清）金諤撰 清同治十二年(1873)刻本 一冊

370000－1541－0014619 851.477/987＝2
篤慎堂燼餘詩稿二卷 （清）金諤撰 清光緒十一年(1885)廣州刻本 一冊

370000－1541－0014620 851.477/994
復莊詩問三十四卷 （清）姚燮撰 清道光二十八年(1848)大梅山館刻本 十一冊 存三十二卷(三至三十四)

370000－1541－0014621 851.477/994＝1
復莊詩問三十四卷 （清）姚燮撰 清道光二十八年(1848)大梅山館刻本 八冊

370000－1541－0014622 851.477/994＝2
復莊詩問三十四卷 （清）姚燮撰 清道光二十八年(1848)大梅山館刻本 八冊

370000－1541－0014623 851.478/102
冷紅館賸稿四卷詩補鈔二卷 （清）秦臻撰 清光緒十一年(1885)刻本 三冊

370000－1541－0014624 851.478/112
五畝宅園居詩草一卷碎琴詩草一卷詩草前集一卷山居詩草一卷 （清）王大來撰 清光緒十四年(1888)助息園刻本 四冊

370000－1541－0014625 851.478/112＝1
聽園詩鈔十六卷 （清）王楷撰 清光緒五年(1879)長沙刻本 三冊 存十二卷(一至八、十三至十六)

370000－1541－0014626 851.478/112＝2
蘅華館詩錄六卷 （清）王韜撰 清光緒十六年(1890)鉛印弢園叢書本 二冊

370000－1541－0014627 851.478/115
瓣香齋詩鈔六卷 （清）王明葌撰 清光緒二十二年(1896)刻本 六冊

370000－1541－0014628 851.478/115＝1
瓣香齋詩鈔六卷 （清）王明葌撰 清光緒二十二年(1896)刻本 六冊

370000－1541－0014629 851.478/117
秦園詩草一卷詩餘一卷 （清）王燮撰 清光緒鉛印本 一冊

370000－1541－0014630 851.478/117＝1
堇廬遺稿一卷 （清）王賓基撰 清宣統二年(1910)鉛印本 一冊

370000－1541－0014631 851.478/119
虛受堂詩存十五卷 王先謙撰 清光緒二十八年(1902)平江蘇氏刻本 四冊

370000－1541－0014632 851.478/119＝1
龍壁山房詩草六卷 （清）王拯撰 清咸豐九年(1859)王拯刻本 一冊

370000－1541－0014633 851.478/146
鸎字齋詩略四卷 曹允源撰 清光緒二十二

年(1896)刻本　一冊

370000－1541－0014634　851.478/158
六齋詩存二卷　（清）丁善寶撰　清光緒九年(1883)清勤堂刻本　二冊

370000－1541－0014635　851.478/158＝1
六齋詩存二卷　（清）丁善寶撰　清光緒九年(1883)清勤堂刻本　二冊

370000－1541－0014636　851.478/164
黃陵詩鈔一卷　杜俞撰　清光緒十七年(1891)刻本　一冊

370000－1541－0014637　851.478/169
人境廬詩草十一卷　（清）黃遵憲撰　清宣統三年(1911)嘉應黃氏刻本　四冊

370000－1541－0014638　851.478/169＝2
日本雜事詩二卷　（清）黃遵憲撰　清光緒十一年(1885)鴛江権舍刻本　一冊

370000－1541－0014639　851.478/169＝3
日本雜事詩二卷　（清）黃遵憲撰　清光緒五年(1879)同文館鉛印本　一冊

370000－1541－0014640　851.478/183
師矩齋詩錄二卷　（清）彭翰孫撰　清光緒十七年(1891)刻本　一冊

370000－1541－0014641　851.478/185
榆園雜興詩一卷　（清）袁振業撰　清光緒十八年(1892)春藻堂刻本　一冊

370000－1541－0014642　851.478/190
海上竹枝詞　（清）袁翔甫撰　清光緒二年(1876)許氏刻本　一冊

370000－1541－0014643　851.478/190＝1
安般簃集十卷　（清）袁昶撰　清光緒十六年(1890)小漚巢刻本　三冊

370000－1541－0014644　851.478/190＝2
漸西村人初集十三卷附錄一卷安般簃詩續鈔十卷春闈雜詠一卷　（清）袁昶撰　清光緒袁氏刻本　六冊

370000－1541－0014645　851.478/196

三硯齋詩膡一卷　（清）趙彥修撰　清光緒八年(1882)孫靜馭刻本　一冊

370000－1541－0014646　851.478/252
抱影廬哀蟬集一卷　（清）桂霖撰　清光緒二十七年(1901)貴西巡署刻本　一冊

370000－1541－0014647　851.478/254
井窗蛩吟集二卷中山紀游吟一卷　（清）林熙撰　清光緒十八年(1892)烏園讀畫亭刻本　三冊

370000－1541－0014648　851.478/254＝1
林下雅音集十四卷　（清）冒俊編　清光緒十年(1884)如不及齋刻本　十冊

370000－1541－0014649　851.478/261
晚翠軒詩一卷　（清）林旭撰　清戒倦齋抄本　一冊

370000－1541－0014650　851.478/261＝1
晚翠軒集一卷　（清）林旭撰　崦樓遺稿二卷（清）沈鵲應撰　清末鉛印本　一冊

370000－1541－0014651　851.478/261＝2
晚翠軒集一卷　（清）林旭撰　崦樓遺稿二卷（清）沈鵲應撰　清末鉛印本　一冊

370000－1541－0014652　851.478/269＝1
蘇盦詩錄八卷詞錄一卷　（清）楊葆光撰　清光緒刻本　三冊

370000－1541－0014653　851.478/279
相花詩存一卷　（清）梅爾元撰　清末陳慶容抄本　一冊

370000－1541－0014654　851.478/285
萬山草堂詩集六卷　（清）李登雲撰　清光緒三十三年(1907)武林刻本　二冊

370000－1541－0014655　851.478/285＝1
石船居古今體詩膡稿十六卷　（清）李超瓊撰　清光緒吳門毛上珍刻本　四冊

370000－1541－0014656　851.478/285＝2
石船居古今體詩膡稿十六卷　（清）李超瓊撰　清光緒吳門毛上珍刻本　四冊　存十五卷(一至十五)

370000－1541－0014657　851.478/285＝3

石船居古今體詩賸稿三卷附錄一卷　（清）李超瓊撰　清光緒二十年(1894)刻本　一冊

370000－1541－0014658　851.478/285＝4

天瘦閣詩半六卷　（清）李士棻撰　清光緒十一年(1885)李士棻木活字印本　二冊

370000－1541－0014659　851.478/290

白華絳柎閣詩十卷　（清）李慈銘撰　清光緒十六年(1890)刻越縵堂集本　二冊

370000－1541－0014660　851.478/292

灌亭詩鈔一卷　（清）李毓林撰　清光緒二十五年(1899)刻本　一冊

370000－1541－0014661　851.478/292＝1

種玉山房詩草一卷　（清）李廷榮撰　清刻本　一冊

370000－1541－0014662　851.478/295

拾存殘稿一卷　（清）查奕照撰　清稿本　佚名跋　一冊

370000－1541－0014663　851.478/306

崇蘭堂詩初存十卷　（清）張預撰　清光緒二十年(1894)刻腹廬類集本　二冊

370000－1541－0014664　851.478/306＝1

南湖詩集十一卷　（清）張雲驤撰　清光緒十四年(1888)刻本　一冊

370000－1541－0014665　851.478/309

大野草堂詩八卷白癭詞二卷　（清）張邁撰　清光緒三十年(1904)刻本　一冊

370000－1541－0014666　851.478/311＝1

舒藝室詩存七卷索笑詞二卷　（清）張文虎撰　清咸豐六年(1856)刻本　二冊

370000－1541－0014667　851.478/313

鐵瓶詩鈔四卷　（清）張岳齡撰　清光緒刻本　一冊

370000－1541－0014668　851.478/340

鬱華閣遺集四卷　（清）盛昱撰　清光緒刻本　丁山識語　一冊

370000－1541－0014669　851.478/372

白香亭詩集三卷　（清）鄧輔綸撰　清光緒十九年(1893)東河督署刻本　二冊

370000－1541－0014670　851.478/377

槎浦櫂歌一卷　（清）陳松撰　清光緒十九年(1893)拜梅山房刻本　一冊

370000－1541－0014671　851.478/380

運甓齋詩稿八卷　（清）陳勱撰　清光緒十年(1884)拜梅山房刻本　一冊

370000－1541－0014672　851.478/384

補勤詩存二十四卷首一卷　（清）陳錦撰　清光緒三年(1877)橘蔭軒刻本　八冊

370000－1541－0014673　851.478/384＝1

岱源詩稿一卷　（清）陳衍洙撰　清光緒三十年(1904)通州翰墨林書局鉛印本　一冊

370000－1541－0014674　851.478/387

嶺上白雲集十二卷　（清）陸懋修撰　清光緒二十三年(1897)刻本　三冊

370000－1541－0014675　851.478/399

頤巢類稿三卷　（清）陶邵學撰　清宣統三年(1911)刻本　一冊

370000－1541－0014676　851.478/423

楞嵒草堂詩存四卷　（清）歐景辰撰　清光緒三十二年(1906)通州翰墨林書局鉛印本　二冊

370000－1541－0014677　851.478/429

夢影盦遺集四卷詩補一卷附錄一卷　（清）嚴以盛撰　清宣統元年(1909)鉛印本　一冊

370000－1541－0014678　851.478/438

吳摯甫詩集一卷　（清）吳汝綸撰　清宣統二年(1910)上海國學扶輪社石印本　一冊

370000－1541－0014679　851.478/455

全史宮詞二十卷　（清）史夢蘭撰　清咸豐六年(1856)樂亭史氏刻本　四冊

370000－1541－0014680　851.478/517

妙香館詠物全韻一卷　（清）岳東屏撰　清抄本　一冊

370000 – 1541 – 0014681　　851.478/521

傳樸堂詩稿四卷補遺一卷　　（清）葛金烺撰
清光緒二十一年(1895)刻本　　二冊

370000 – 1541 – 0014682　　851.478/521 = 1

種蕉聽雨軒詩鈔一卷　　（清）葛之覃撰　　清光
緒二十四年(1898)高密縣署刻本　　一冊

370000 – 1541 – 0014683　　851.478/522

鶴礀詩龕集八卷蘦波詞一卷　　（清）萬釗撰
清光緒十九年(1893)刻本　　二冊

370000 – 1541 – 0014684　　851.478/526

醒栩草堂遺稿一卷　　（清）蔣炳章撰　　清光緒
二十一年(1895)李祖廉刻本　　一冊

370000 – 1541 – 0014685　　851.478/556

艮居詞選一卷　　（清）蔡壽臻撰　　清光緒三十
二年(1906)刻本　　一冊

370000 – 1541 – 0014686　　851.478/569

藤香館詩刪存四卷　　（清）薛時雨撰　　清光緒
十一年(1885)刻本　　四冊

370000 – 1541 – 0014687　　851.478/601

復堂詩四卷詞一卷　　（清）譚獻撰　　**待堂文一
卷**　　（清）吳懷珍撰　　清同治四年(1865)三山
吳玉田刻本　　一冊

370000 – 1541 – 0014688　　851.478/601 = 1

荔存草堂詩續鈔一卷　　（清）譚宗浚撰　　清宣
統二年(1910)刻本　　一冊

370000 – 1541 – 0014689　　851.478/603

璞齋集詩七卷詞一卷　　（清）諸可寶撰　　**清足
居集一卷蕉窗詞一卷**　　（清）鄧瑜撰　　清光緒
二十二年(1896)玉峰官舍刻本　　四冊

370000 – 1541 – 0014690　　851.478/606

東夫山堂詩選八卷三橿老屋詞選一卷　　（清）
許棫撰　　清光緒十三年(1887)刻本　　四冊

370000 – 1541 – 0014691　　851.478/621

賭棋山莊集十四卷　　（清）謝章鋌撰　　清道光
二十八年(1848)吳玉田刻本　　四冊

370000 – 1541 – 0014692　　851.478/621 = 1

麻園遺集一卷　　（清）謝烺樞撰　　**覭廬初稿一

卷**　　（清）謝掄元撰　　清宣統元年(1909)集成
圖書公司鉛印本　　一冊

370000 – 1541 – 0014693　　851.478/628 = 1

通雅堂詩鈔十卷詩續集二卷　　（清）施山撰
清光緒元年(1875)刻本　　二冊

370000 – 1541 – 0014694　　851.478/633

果園詩鈔十卷　　（清）郭恩孚撰　　清光緒三十
三年(1907)京都松華齋刻本　　二冊

370000 – 1541 – 0014695　　851.478/633 = 1

果園詩鈔十卷　　（清）郭恩孚撰　　清光緒三十
三年(1907)京都松華齋刻本　　二冊

370000 – 1541 – 0014696　　851.478/633 = 2

果園詩鈔十卷　　（清）郭恩孚撰　　清光緒三十
三年(1907)京都松華齋刻本　　二冊

370000 – 1541 – 0014697　　851.478/633 = 3

雲臥山莊詩集八卷首一卷末一卷家訓二卷
（清）郭崑燾撰　　清光緒十一年(1885)湘陰郭
氏岵瞻堂刻本　　五冊

370000 – 1541 – 0014698　　851.478/659

明紀事樂府四卷　　（清）龍文彬撰　　清光緒十
一年(1885)永懷堂刻本　　四冊

370000 – 1541 – 0014699　　851.478/660

烏石山房詩存六卷　　（清）龔易圖撰　　清光緒
九年(1883)粵東富文齋刻本　　二冊

370000 – 1541 – 0014700　　851.478/661

味靈華館詩六卷　　（清）商廷煥撰　　清宣統二
年(1910)刻本　　一冊

370000 – 1541 – 0014701　　851.478/661 = 1

味靈華館詩六卷　　（清）商廷煥撰　　清宣統二
年(1910)刻本　　一冊

370000 – 1541 – 0014702　　851.478/661 = 2

味靈華館詩六卷　　（清）商廷煥撰　　清宣統二
年(1910)刻本　　一冊

370000 – 1541 – 0014703　　851.478/661 = 3

味靈華館詩六卷　　（清）商廷煥撰　　清宣統二
年(1910)刻本　　一冊

370000－1541－0014704　851.478/661＝4
味靈華館詩六卷　（清）商廷煥撰　清宣統二年(1910)刻本　一冊

370000－1541－0014705　851.478/661＝5
味靈華館詩六卷　（清）商廷煥撰　清宣統二年(1910)刻本　一冊

370000－1541－0014706　851.478/661＝6
味靈華館詩六卷　（清）商廷煥撰　清宣統二年(1910)刻本　一冊

370000－1541－0014707　851.478/661＝7
味靈華館詩六卷　（清）商廷煥撰　清宣統二年(1910)刻本　一冊

370000－1541－0014708　851.478/661＝8
味靈華館詩六卷　（清）商廷煥撰　清宣統二年(1910)刻本　一冊

370000－1541－0014709　851.478/661＝9
味靈華館詩六卷　（清）商廷煥撰　清宣統二年(1910)刻本　一冊

370000－1541－0014710　851.478/661＝10
味靈華館詩六卷　（清）商廷煥撰　清宣統二年(1910)刻本　一冊

370000－1541－0014711　851.478/661＝11
味靈華館詩六卷　（清）商廷煥撰　清宣統二年(1910)刻本　一冊

370000－1541－0014712　851.478/661＝12
味靈華館詩六卷　（清）商廷煥撰　清宣統二年(1910)刻本　一冊

370000－1541－0014713　851.478/661＝13
味靈華館詩六卷　（清）商廷煥撰　清宣統二年(1910)刻本　一冊

370000－1541－0014714　851.478/661＝14
味靈華館詩六卷　（清）商廷煥撰　清宣統二年(1910)刻本　一冊

370000－1541－0014715　851.478/670
珠泉草廬詩鈔四卷詩後集二卷　廖樹蘅撰　清光緒二十七年(1901)淥陽刻本　三冊

370000－1541－0014716　851.478/680
人境結廬詩稿十二卷　（清）褚維塏撰　清光緒二十年(1894)刻本　六冊

370000－1541－0014717　851.478/686
佩蘅詩鈔八卷　（清）寶鋆撰　清咸豐九年(1859)刻本　四冊

370000－1541－0014718　851.478/686＝1
佩蘅詩鈔八卷　（清）寶鋆撰　清咸豐九年(1859)刻本　四冊

370000－1541－0014719　851.478/700
念雨堂詩鈔一卷　（清）宮昱撰　清光緒二十八年(1902)泰州宮本昂濟南刻本　一冊

370000－1541－0014720　851.478/700＝1
念雨堂詩鈔一卷　（清）宮昱撰　清光緒二十八年(1902)泰州宮本昂濟南刻本　一冊

370000－1541－0014721　851.478/707
墨壽閣詩集四卷　（清）汪承慶撰　清光緒二十七年(1901)蘇城鄧子蘭刻本　二冊

370000－1541－0014722　851.478/712
求福居詩鈔一卷　（清）汪清撰　清光緒二十九年(1903)刻本　一冊

370000－1541－0014723　851.478/754
小鷗波館詩鈔十卷詞鈔一卷　（清）潘曾瑩撰　清道光二十五年(1845)刻本　佚名圈點　二冊

370000－1541－0014724　851.478/754＝1
自鏡齋詩鈔一卷　（清）潘曾瑋撰　清光緒十三年(1887)刻本　一冊

370000－1541－0014725　851.478/813
碧琉璃館遺稿二卷　（清）周樹馨撰　清光緒六年(1880)上洋文藝齋刻字店刻本　一冊

370000－1541－0014726　851.478/813＝1
水流雲在館詩詞合鈔三十七卷　（清）周天麟撰　**月樓琴語一卷**　（清）蕭恒貞撰　清光緒二十七年(1901)刻本　十二冊

370000－1541－0014727　851.478/832
晚翠樓詩鈔二卷　（清）朱炳清撰　清光緒十

六年(1890)薛錦昌刻本　一冊

370000－1541－0014728　851.478/841

四大觀樓詩鈔九卷　（清）鄒鍾撰　清光緒十二年(1886)山東王氏刻本　二冊

370000－1541－0014729　851.478/885

師竹軒詩集四卷附孔夫人家傳一卷　（清）劉樹堂撰　**韻香閣詩草一卷**　（清）孔祥淑撰　清光緒十五年(1889)姑蘇梓文閣刻本　三冊

370000－1541－0014730　851.478/885＝1

師竹軒詩集四卷附孔夫人家傳一卷　（清）劉樹堂撰　**韻香閣詩草一卷**　（清）孔祥淑撰　清光緒十五年(1889)姑蘇梓文閣刻本　二冊

370000－1541－0014731　851.478/892

緯蕭草堂吟草十二卷　（清）劉筠撰　清光緒二十年(1894)刻本　三冊　存十卷(三至十二)

370000－1541－0014732　851.478/892＝1

朔風吟略十一卷　（清）劉秉琳撰　清光緒二年(1876)津門道署刻本　二冊

370000－1541－0014733　851.478/896

詞苑珠塵一卷　何震彝撰　清光緒三十三年(1907)鉛印本　一冊

370000－1541－0014734　851.478/920

雪鴻偶鈔詩四卷詞一卷　（清）倪世珍錄　清光緒四年(1878)吳縣倪氏刻本　二冊

370000－1541－0014735　851.478/940

十國雜事詩十七卷敘目二卷　（清）饒智元撰　清光緒十七年(1891)竹素齋刻竹素齋叢書本　四冊

370000－1541－0014736　851.478/940＝1

明宮雜詠二十卷　（清）饒智元撰　清光緒十九年(1893)長沙湘漵館刻湘漵館叢書本　六冊

370000－1541－0014737　851.478/946

養源山房詩鈔七卷詩餘一卷　（清）徐士霖撰　清光緒三十四年(1908)武林刻本　二冊

370000－1541－0014738　851.478/946＝1

養源山房詩鈔七卷詩餘一卷　（清）徐士霖撰　清光緒三十四年(1908)武林刻本　一冊　存六卷(西泠集六卷)

370000－1541－0014739　851.478/951

蒼葍花館詩集二卷補遺一卷詞集一卷　（清）徐鴻謨撰　清光緒仁和徐氏刻二十年(1894)匯印香海盦叢書本　二冊

370000－1541－0014740　851.478/957

繡餘小草六卷　（清）扈斯哈里撰　清光緒二十九年(1903)上海書局石印本　四冊

370000－1541－0014741　851.478/959

篁韻盦詩鈔六卷　（清）顧森書撰　清光緒三十二年(1906)刻本　二冊

370000－1541－0014742　851.478/959＝1

顧鳳翔遺集一卷　（清）顧駪撰　清光緒三十二年(1906)江寧刻本　鴻宣題識　一冊

370000－1541－0014743　851.478/964

城南樵唱一卷　（清）顧福仁撰　清光緒十七年(1891)養心光室刻本　一冊

370000－1541－0014744　851.478/987

來雲閣詩六卷　（清）金和撰　清光緒十八年(1892)丹陽束氏刻本　二冊

370000－1541－0014745　851.478/988

十華小築詩鈔四卷　（清）余本愚撰　清光緒十一年(1885)刻本　二冊

370000－1541－0014746　851.478/990

繡墨軒詩稿一卷　（清）俞慶曾撰　清光緒二十三年(1897)刻本　一冊

370000－1541－0014747　851.478/990＝1

繡墨軒詩稿一卷　（清）俞慶曾撰　清光緒二十三年(1897)刻本　一冊

370000－1541－0014748　851.479/115

檗隖詩存一卷　王以敏撰　清光緒刻本　趙錄績題記　一冊

370000－1541－0014749　851.479/115＝1

檗隖詩存別集二十卷首一卷鮫拾集三卷　王以敏撰　清光緒十五年(1889)刻本　七冊

370000－1541－0014750　　851.479/115＝2

檗隖詩存續集八卷　王以敏撰　清宣統二年
(1910)刻本　　四冊

370000－1541－0014751　　851.479/169

知止盦詩錄六卷附錄一卷　（清）黃宗起撰
清宣統二年(1910)試金石室刻本　　二冊

370000－1541－0014752　　851.479/278

嶺南集八卷　（清）杭世駿撰　清光緒七年
(1881)學海堂刻本　　二冊

370000－1541－0014753　　851.479/377

食古研齋詩初集七卷集蘇詩二卷　（清）陳瑞
琳撰　清道光十二年(1832)杭州試院刻本
三冊

370000－1541－0014754　　851.479/429

夢影盦遺稿四卷　（清）嚴以盛撰　清宣統元
年(1909)嚴氏隨分讀書齋刻本　　四冊

370000－1541－0014755　　851.479/451

樊山詩存三卷　（清）呂學正撰　清稿本　　三
冊

370000－1541－0014756　　851.479/504

郋園詩鈔七種二十三卷　葉德輝撰　清光緒
二十七年(1901)葉氏觀古堂刻本　　十冊

370000－1541－0014757　　851.479/526

那處詩鈔四卷　（清）蔣楷撰　清宣統三年
(1911)濟南刻本　　一冊

370000－1541－0014758　　851.479/672

廓軒竹枝詞一卷窮塞微吟一卷　（清）志銳撰
　清宣統二年(1910)石印本　　一冊

370000－1541－0014759　　851.479/906

蠡城吟草四卷　（清）傅崇黻撰　清宣統元年
(1909)鉛印本　　一冊

370000－1541－0014760　　851.479/982

環天室古近體詩類選五卷後集一卷　（清）曾
廣鈞撰　清宣統二年(1910)刻本　　二冊

370000－1541－0014761　　851.479/982＝1

環天室古近體詩類選五卷後集一卷　（清）曾
廣鈞撰　清宣統二年(1910)刻本　　一冊

370000－1541－0014762　　851.48/384

石遺室詩集三卷補遺一卷　陳衍撰　清光緒
三十一年(1905)武昌刻本　　一冊

370000－1541－0014763　　851.481/115＝1

湘綺樓詩十四卷　王闓運撰　清光緒三十三
年(1907)東州講舍刻本　　四冊

370000－1541－0014764　　851.481/115

湘綺樓自定本四卷　王闓運撰　清光緒成都
鳳鳴堂刻本　　一冊

370000－1541－0014765　　851.481/171

芥滄館詩八卷　黃兆枚撰　清宣統三年
(1911)長沙振華鉛印本　　二冊

370000－1541－0014766　　851.481/185

臥雪堂詩草三卷　袁家穀撰　清光緒三十四
年(1908)鉛印本　　一冊

370000－1541－0014767　　851.481/211

雲林書屋詩集八卷　（清）載瀅撰　清末刻本
　　八冊

370000－1541－0014768　　851.481/211＝1

雲林書屋詩集八卷　（清）載瀅撰　清末刻本
　　八冊

370000－1541－0014769　　851.481/468＝1

四魂集四卷外集四卷　易順鼎撰　清光緒二
十一年(1895)刻哭盦叢書本　　二冊

370000－1541－0014770　　851.481/504

袖海集二卷　葉玉森撰　清宣統二年(1910)
鉛印本　　一冊

370000－1541－0014771　　851.481/922

奉使車臣汗記程詩三卷贈行詩詞彙存一卷
延清撰　清宣統元年(1909)鉛印本　　三冊

370000－1541－0014772　　851.481/946

花磚重影集二卷　（清）徐琪撰　清光緒二十
九年(1903)刻香海盦詩集本　　一冊

370000－1541－0014773　　851.481/946＝1

南齋紀事詩一卷　（清）徐琪撰　清光緒二十
四年(1898)刻本　　一冊

370000 – 1541 – 0014774　851.481/946 = 2

粵輶集四卷　（清）徐琪撰　清光緒二十年
(1894)刻本　一冊

370000 – 1541 – 0014775　851.481/987

陶廬雜憶一卷續詠一卷　金武祥撰　清光緒
二十四年(1898)江陰金氏廣州刻本　一冊

370000 – 1541 – 0014776　851.481/987 = 1

陶廬後憶一卷　金武祥撰　清宣統元年
(1909)江陰金氏廣州刻本　一冊

370000 – 1541 – 0014777　851.481/987 = 2

陶廬續憶補詠一卷　金武祥撰　清光緒三十
一年(1905)江陰金氏廣州刻本　一冊

370000 – 1541 – 0014778　851.481/987 = 4

陶廬五憶一卷　金武祥撰　清宣統三年
(1911)江陰金氏廣州刻本　一冊

370000 – 1541 – 0014779　851.482/112 = 1

文莫室詩八卷　王樹枏撰　清光緒十三年
(1887)新城王氏文莫室刻本　二冊

370000 – 1541 – 0014780　851.482/377

散原精舍詩二卷　陳三立撰　清宣統二年
(1910)上海商務印書館鉛印本　二冊

370000 – 1541 – 0014781　851.482/440

缶廬詩四卷別存三卷　吳昌碩撰　清光緒十
九年(1893)安吉吳氏刻本　一冊

370000 – 1541 – 0014782　851.482/440 = 1

缶廬詩八卷別存三卷　吳昌碩撰　清光緒十
九年(1893)安吉吳氏刻本　三冊

370000 – 1541 – 0014783　851.482/526

蔣詩二卷　蔣智由撰　清宣統二年(1910)上
海文明書局鉛印本　一冊

370000 – 1541 – 0014784　851.491/287

瓠室四種　（清）陳本禮箋注　清嘉慶揚州陳
氏裛露軒刻本　八冊

370000 – 1541 – 0014785　851.5/273

杜詩鏡銓二十卷年譜一卷　（唐）杜甫撰
（清）楊倫注　**讀書堂杜工部文集注解二卷**
（清）張溍注　清光緒十八年(1892)著易堂鉛

印本　六冊

370000 – 1541 – 0014786　851.5/273 = 1

杜詩鏡銓二十卷年譜一卷　（唐）杜甫撰
（清）楊倫注　**讀書堂杜工部文集注解二卷**
（清）張溍注　清光緒十八年(1892)著易堂鉛
印本　六冊

370000 – 1541 – 0014787　851.5/273 = 2

杜詩鏡銓二十卷　（唐）杜甫撰　（清）楊倫注
清同治十一年(1872)望三益齋刻本　十冊

370000 – 1541 – 0014788　851.5/273 = 3

杜詩鏡銓二十卷　（唐）杜甫撰　（清）楊倫注
清同治十一年(1872)望三益齋刻本　十二
冊

370000 – 1541 – 0014789　851.5/285

王荊文公詩五十卷　（宋）王安石撰　（宋）李
壁箋注　清乾隆六年(1741)海鹽張宗松清綺
齋刻本　八冊

370000 – 1541 – 0014790　851.5/309

唐詩鼓吹十卷　（金）元好問選　（元）郝天挺
注　清乾隆二十七年(1762)刻本　五冊

370000 – 1541 – 0014791　851.5/845

讀雪山房唐詩凡例一卷讀雪山房雜著一卷
（清）管世銘撰　清光緒十二年(1886)江陰金
氏廣州刻本　一冊

370000 – 1541 – 0014792　851.5/938

詩品三卷　（南朝梁）鍾嶸撰　清咸豐十年
(1860)泰州陳寶晉刻本　一冊

370000 – 1541 – 0014793　851.578/720

續軒渠集十卷補遺一卷附錄一卷　（元）洪希
文撰　**杏庭摘稿一卷**　（元）洪焱祖撰　清光
緒六年(1880)杉直槐清館刻本　一冊

370000 – 1541 – 0014794　851.641/869

新雕校證大字白氏諷諫一卷　（唐）白居易撰
清光緒十九年(1893)武進費氏刻本　一冊

370000 – 1541 – 0014795　851.7/707

清華唱和集一卷附詞一卷　（清）許應鑅輯
清光緒刻本　一冊

370000－1541－0014796　851.76/627

啖蔗軒詩存三卷　（清）方士淦撰　清同治十一年(1872)兩淮運署刻本　四冊

370000－1541－0014797　851.76/736

海秋詩集二十六卷　（清）湯鵬撰　清同治十二年(1873)益陽湯氏刻本　四冊

370000－1541－0014798　851.77/953

紅巖山房詩稿十二卷　（清）徐鏞撰　（清）徐善員編　清同治十年(1871)寧海徐亨記木活字印本　二冊　存六卷(一至六)

370000－1541－0014799　851.87/953

星湄詩話二卷　（清）徐傳詩撰　清宣統三年(1911)趙詒琛峭帆樓刻本　一冊

370000－1541－0014800　851.9/827

樂府廣序三十卷　（清）朱嘉徵撰　清康熙刻本　佚名批　十冊

370000－1541－0014801　852.1/132

詞鏡平仄圖譜不分卷　（清）賴以邠撰　（清）查繼超輯　清乾隆四十八年(1783)古閩林氏棲梧軒刻套印本　二冊

370000－1541－0014802　852.2/348

清綺軒詞選十三卷　（清）夏秉衡選　清光緒二十一年(1895)刻本　四冊

370000－1541－0014803　852.2/504

天籟軒詞譜六卷　（清）葉申薌編　清道光九年(1829)刻本　六冊

370000－1541－0014804　852.2/504＝1

天籟軒詞選四卷本事詞二卷小庚詞存四卷（清）葉申薌編撰　清道光三山葉氏天籟軒刻本　二十冊

370000－1541－0014805　852.2/787

詩餘譜一卷　（明）程明善編　清抄本　一冊

370000－1541－0014806　852.3/102

詞學叢書六種二十三卷　（清）秦恩復編　清光緒六年(1880)邗江承啟堂刻本　十冊

370000－1541－0014807　852.3/102＝1

詞學叢書六種二十三卷　（清）秦恩復編　清

嘉慶至道光江都秦氏享帚精舍刻本　八冊

370000－1541－0014808　852.3/102＝2

詞學叢書六種二十三卷　（清）秦恩復編　清嘉慶至道光江都秦氏享帚精舍刻本　十冊

370000－1541－0014809　852.3/103

草堂詩餘四卷　（宋）武陵逸史輯　明末毛氏汲古閣刻清乾隆十七年(1752)曲溪洪振珂印本　二冊

370000－1541－0014810　852.3/117＝1

國朝詞綜續編二十四卷　（清）黃燮清編纂　清同治十二年(1873)鄂垣刻本　八冊

370000－1541－0014811　852.3/119

四印齋所刻詞二十一種六十六卷附宋元三十一家詞三十一種三十一卷　（清）王鵬運輯　清光緒十四年(1888)臨桂王氏四印齋刻本　十六冊

370000－1541－0014812　852.3/119＝1

四印齋所刻詞二十一種六十六卷附宋元三十一家詞三十一種三十一卷　（清）王鵬運輯　清光緒十四年(1888)臨桂王氏四印齋刻本　十八冊

370000－1541－0014813　852.3/119＝2

四印齋所刻詞二十一種六十六卷　（清）王鵬運輯　清光緒十四年(1888)臨桂王氏四印齋刻本　十一冊　缺三種十卷(詞林正韻三卷、發凡一卷,天籟集二卷,蟻術詞選四卷)

370000－1541－0014814　852.3/119＝3

宋元三十一家詞三十一卷　（清）王鵬運輯　清光緒十九年(1893)臨桂王氏四印齋刻本　二冊

370000－1541－0014815　852.3/119＝4

宋元三十一家詞三十一卷　（清）王鵬運輯　清光緒十九年(1893)臨桂王氏四印齋刻本　四冊

370000－1541－0014816　852.3/119＝5

宋元三十一家詞三十一卷　　（清）王鵬運輯　清光緒十九年(1893)臨桂王氏四印齋刻本

三冊

370000－1541－0014817　852.3/266

樂府新編陽春白雪五卷　（元）楊朝英選　清
光緒三十一年（1905）徐氏隨盦刻徐氏叢書本
一冊

370000－1541－0014818　852.3/271

詞壇合璧四種十五卷　（明）朱之蕃編　明刻
本　劉次簫跋　十四冊

370000－1541－0014819　852.3/348＝2

清綺軒詞選十三卷　（清）夏秉衡選　清乾隆
十六年（1751）刻本　六冊

370000－1541－0014820　852.3/348＝3

清綺軒詞選十三卷　（清）夏秉衡選　清乾隆
十六年（1751）刻本　十四冊

370000－1541－0014821　852.3/384

國朝金陵詞鈔八卷　陳作霖輯　清光緒二十
八年（1902）刻本　四冊

370000－1541－0014822　852.3/401

宋七家詞選七卷　（清）戈載輯　清宣統三年
（1911）上海掃葉山房石印本　三冊

370000－1541－0014823　852.3/436

仁和吳氏雙照樓景刊宋元本詞十七種　吳昌
綬輯　清末民國仁和吳氏雙照樓刻本　二十
冊

370000－1541－0014824　852.3/440

吳氏石蓮庵刻山左人詞　吳重憙輯　清光緒
二十七年（1901）海豐吳氏金陵刻朱印本　一
冊　存三種三卷（審齋詞一卷、孏窟詞一卷、
拙庵詞一卷）

370000－1541－0014825　852.3/470

吳氏石蓮庵刻山左人詞　吳重憙輯　清光緒
二十七年（1901）海豐吳氏金陵刻本　十冊

370000－1541－0014826　852.3/500

詩餘廣選十六卷雜說一卷附徐卓晤歌一卷
（明）卓人月彙選　（清）徐士俊參評　明崇禎
二年（1629）刻本　十八冊

370000－1541－0014827　852.3/601

周氏止庵詞辨二卷介存齋論詞雜著一卷
（清）周濟撰　（清）譚獻評　清末刻本　一冊

370000－1541－0014828　852.3/605

詞學六種　（清）□□輯　清光緒二十二年
（1896）刻本　四冊

370000－1541－0014829　852.3/605＝1

詞學六種　（清）□□輯　清光緒二十二年
（1896）刻本　佚名批　四冊

370000－1541－0014830　852.3/606

娛園叢刻　（清）許增輯　清同治至光緒仁和
許氏榆園刻民國杭州抱經堂書局印本　十六
冊

370000－1541－0014831　852.3/740

草堂詩餘四集十七卷　（明）沈際飛編　明吳
門童湧泉刻本　八冊

370000－1541－0014832　852.3/740＝1

草堂詩餘四集十七卷　（明）沈際飛編　明吳
門童湧泉刻本　八冊

370000－1541－0014833　852.3/740＝2

草堂詩餘四集十七卷　（明）沈際飛編　明吳
門童湧泉刻本　八冊

370000－1541－0014834　852.3/740＝3

御選歷代詩餘一百二十卷　（清）沈辰垣等編
纂　清康熙四十六年（1707）揚州詩局刻本
二十冊

370000－1541－0014835　852.3/743

古今詞選十二卷　（清）沈時棟選　清康熙五
十五年（1716）沈氏瘦吟樓刻本　十二冊

370000－1541－0014836　852.3/768

宋六十一家詞選十二卷　馮煦等選輯　清光
緒十三年（1887）江寧馮氏冶城山館刻本　十
四冊

370000－1541－0014837　852.3/768＝1

宋六十一家詞選十二卷　馮煦等選輯　清光
緒十三年（1887）江寧馮氏冶城山館刻本　四
冊

370000－1541－0014838　852.3/781

詞苑英華九種四十五卷　（明）毛晉編　明末虞山毛氏汲古閣刻本　十六冊

370000－1541－0014839　852.3/785

秦張兩先生詩餘合璧二卷　（明）王象晉輯明崇禎八年（1635）王象晉刻本　二冊

370000－1541－0014840　852.3/785＝2

詞苑英華九種四十五卷　（明）毛晉編　明末虞山毛氏汲古閣刻本　劉次簫跋　二十四冊

370000－1541－0014841　852.3/832

斷腸漱玉詞合刊　（宋）朱淑真　（宋）李清照撰　（明）毛晉輯　清末石印本　一冊

370000－1541－0014842　852.3/832＝1

湖州詞徵二十四卷　朱祖謀輯　清宣統三年（1911）刻本　四冊

370000－1541－0014843　852.3/834

詞綜三十卷　（清）朱彝尊輯　（清）汪森增定　清康熙十七年（1678）休陽汪氏裘杼樓刻本　六冊

370000－1541－0014844　852.3/834＝1

詞綜三十卷　（清）朱彝尊纂　（清）汪森增定　清康熙十七年（1678）休陽汪氏裘杼樓刻本　十二冊

370000－1541－0014845　852.3/834＝2

詞綜三十八卷　（清）朱彝尊輯　（清）汪森增定　（清）王昶補輯　明詞綜十二卷　（清）王昶輯　清康熙十七年（1678）汪氏裘杼樓刻乾隆九年（1744）汪氏碧梧書屋補刻嘉慶七年（1802）青浦王氏三泖漁莊補刻本（明詞綜爲清嘉慶七年青浦王氏三泖漁莊刻本）　十冊

370000－1541－0014846　852.3/834＝3

詞綜三十六卷　（清）朱彝尊輯　（清）汪森增定　明詞綜十二卷　（清）王昶輯　清康熙十七年（1678）汪氏裘杼樓刻乾隆九年（1744）汪氏碧梧書屋補刻本（明詞綜爲清嘉慶七年青浦王氏三泖漁莊刻本）　十二冊

370000－1541－0014847　852.3/834＝4

詞綜三十六卷　（清）朱彝尊輯　（清）汪森增定　清康熙十七年（1678）汪氏裘杼樓刻乾隆九年（1744）汪氏碧梧書屋補刻本　六冊

370000－1541－0014848　852.3/834＝5

詞綜三十八卷　（清）朱彝尊輯　（清）汪森增定　（清）王昶補輯　清光緒二十八年（1902）金匱浦氏刻本　十冊

370000－1541－0014849　852.3/834＝6

詞綜三十八卷　（清）朱彝尊輯　（清）汪森增定　（清）王昶補輯　明詞綜十二卷　（清）王昶輯　清康熙十七年（1678）汪氏裘杼樓刻乾隆九年（1744）汪氏碧梧書屋補刻嘉慶七年（1802）青浦王氏三泖漁莊補刻本（明詞綜爲清嘉慶七年青浦王氏三泖漁莊刻本）　十二冊

370000－1541－0014850　852.3/860

雲自在龕彙刻名家詞十七種二十四卷　繆荃孫輯　清光緒江陰繆氏刻雲自在龕叢書本　五冊

370000－1541－0014851　852.3/907

名家詞集十種　（清）侯文燦輯　清光緒十三年（1887）江陰金氏刻粟香室叢書本　三冊　缺二種二卷（子野詞一卷、東山詞一卷）

370000－1541－0014852　852.3/946

徐卓晤歌一卷　（明）卓人月　（清）徐士俊撰　清初刻本　一冊

370000－1541－0014853　852.3/946＝1

徐氏一家詞不分卷　（清）徐琪輯　清光緒三十四年（1908）刻本　三冊

370000－1541－0014854　852.3/953

懷豳雜俎十二種十七卷　徐乃昌輯　清宣統南陵徐乃昌刻本　一冊　存四種（念宛齋詞鈔、海漚漁唱、雲起軒詞鈔、新聲譜）

370000－1541－0014855　852.34/199

花間集十卷　（五代）趙崇祚編　清光緒十四年（1888）邵武徐氏刻本　二冊

370000－1541－0014856　852.34/199＝2

花間集四卷　（五代）趙崇祚輯　明吳興閔氏

刻朱墨套印詞壇合璧四種本　四冊

370000－1541－0014857　852.34/339

唐五代詞選三卷　（清）成肇麐選　清光緒十三年(1887)刻本　丁山識語　一冊

370000－1541－0014858　852.34/818

詞辨二卷　（清）周濟輯　清光緒四年(1878)刻本　一冊

370000－1541－0014859　852.34/818＝1

詞辨二卷　（清）周濟輯　清光緒四年(1878)刻本　一冊

370000－1541－0014860　852.34/839

詞潔六卷前集一卷　（清）程洪輯　清康熙刻本　四冊

370000－1541－0014861　852.34/966

類選箋釋草堂詩餘六卷　（明）顧從敬輯選（明）陳仁錫參訂　明萬曆四十二年(1614)翁元泰刻本　六冊

370000－1541－0014862　852.35/158

西泠詞萃八卷　（清）丁丙輯　清光緒十一年至十三年(1885－1887)錢塘丁氏刻本　四冊

370000－1541－0014863　852.35/199

陽春白雪八卷外集一卷　（宋）趙聞禮編　清道光九年(1829)享帚精舍刻詞學叢書六種本　劉次簫跋　二冊

370000－1541－0014864　852.35/401

宋七家詞選七卷　（清）戈載輯　清宣統三年(1911)上海掃葉山房石印本　三冊

370000－1541－0014865　852.35/401＝2

宋七家詞選七卷　（清）戈載輯　清光緒十一年(1885)刻本　三冊

370000－1541－0014866　852.35/401＝3

宋七家詞選七卷　（清）戈載輯　清光緒十一年(1885)曼陀羅華閣刻本　四冊

370000－1541－0014867　852.35/436

仁和吳氏雙照樓景刊宋元本詞十七種　吳昌綏輯　清末民國仁和吳氏雙照樓刻本　十三冊

370000－1541－0014868　852.35/719

宋元名家詞不分卷　（清）江標輯　清光緒二十一年(1895)湖南思賢書局刻本　佚名識語　四冊

370000－1541－0014869　852.35/719＝1

宋元名家詞不分卷　（清）江標輯　清光緒二十一年(1895)湖南思賢書局刻本　劉次簫識語　四冊

370000－1541－0014870　852.35/768

宋六十一家詞選十二卷　馮煦等選輯　清光緒十三年(1887)江寧馮氏冶城山館刻本　四冊

370000－1541－0014871　852.35/781

宋名家詞六十一種九十卷　（明）毛晉輯　明崇禎虞山毛氏汲古閣刻本　二十四冊

370000－1541－0014872　852.35/781＝1

宋六十名家詞　（明）毛晉輯　清光緒十四年(1888)錢塘汪氏刻本　二十二冊

370000－1541－0014873　852.35/781＝2

宋六十名家詞　（明）毛晉輯　清光緒十四年(1888)錢塘汪氏刻本　二十四冊

370000－1541－0014874　852.35/781＝4

宋六十名家詞　（明）毛晉輯　清光緒十四年(1888)錢塘汪氏刻本　六冊　存十三種二十五卷(惜香樂府十卷,坦庵詞一卷,酒邊詞二卷,樵隱詞一卷,書舟詞一卷,孀窟詞一卷,芸窗詞一卷,片玉詞二卷、補遺一卷,蘆川詞一卷,溪堂詞一卷,竹山詞一卷,丹陽詞一卷,克齋詞一卷)

370000－1541－0014875　852.35/946

皖詞紀勝一卷　徐乃昌輯　清光緒三十年(1904)南陵徐氏小檀欒室刻本　一冊

370000－1541－0014876　852.352/384

樂府補題一卷　（元）陳恕可輯　**蛻巖詞二卷**（元）張翥撰　清刻本　佚名識語　一冊

370000－1541－0014877　852.352/818

絕妙好詞箋七卷　（宋）周密編　（清）查爲仁

(清)厲鶚箋　**絕妙好詞續鈔二卷**　(清)余集　(清)徐楙補錄　清道光八年(1828)杭州徐氏愛日軒刻本　劉次簫跋　六冊

370000－1541－0014878　852.352/818＝1

絕妙好詞箋七卷　(宋)周密編　(清)查爲仁(清)厲鶚箋　**絕妙好詞續鈔二卷**　(清)余集　(清)徐楙補錄　**詞選二卷附錄一卷**(清)張惠言輯　**續詞選二卷**　(清)董毅輯清同治十一年(1872)會稽章氏刻本　三冊

370000－1541－0014879　852.352/818＝2

絕妙好詞箋七卷　(宋)周密編　(清)查爲仁(清)厲鶚箋　**絕妙好詞續鈔二卷**　(清)余集　(清)徐楙補錄　清同治十一年(1872)會稽章氏刻本　三冊

370000－1541－0014880　852.352/818＝7

絕妙好詞箋七卷　(宋)周密編　(清)查爲仁(清)厲鶚箋　**絕妙好詞續鈔二卷**　(清)余集　(清)徐楙補錄　清道光八年(1828)杭州徐氏愛日軒刻本　八冊

370000－1541－0014881　852.352/818＝8

絕妙好詞箋七卷　(宋)周密輯　清康熙三十七年(1698)高士奇清吟堂刻本　二冊

370000－1541－0014882　852.352/818＝9

絕妙好詞箋七卷　(宋)周密編　(清)查爲仁(清)厲鶚箋　**絕妙好詞續鈔二卷**　(清)余集　(清)徐楙補錄　**詞選二卷附錄一卷**(清)張惠言輯　**續詞選二卷**　(清)董毅輯清同治十一年(1872)會稽章氏刻本　四冊

370000－1541－0014883　852.36/735

粵西詞見二卷　況周頤撰　清光緒二十二年(1896)金陵刻本　劉世珩跋　一冊

370000－1541－0014884　852.36/916

東白堂詞選初集十五卷　(清)佟世南選　清康熙十七年(1678)刻本　十六冊

370000－1541－0014885　852.367/842

倚聲初集二十卷前編四卷爵里二卷　(清)鄒祇謨　(清)王士禛輯　清順治十七年(1660)大冶堂刻本　六冊

370000－1541－0014886　852.37/117

明詞綜十二卷國朝詞綜四十八卷二集八卷(清)王昶纂　清嘉慶七年至八年(1802－1803)青浦王氏三泖漁莊刻本　十二冊

370000－1541－0014887　852.37/117＝1

國朝詞綜四十八卷二集八卷　(清)王昶纂清嘉慶七年至八年(1802－1803)青浦王氏三泖漁莊刻本　十二冊

370000－1541－0014888　852.37/117＝2

國朝詞綜四十八卷二集八卷　(清)王昶纂清嘉慶七年至八年(1802－1803)青浦王氏三泖漁莊刻本　十二冊

370000－1541－0014889　852.37/117＝3

國朝詞綜四十八卷二集八卷　(清)王昶纂清嘉慶七年至八年(1802－1803)青浦王氏三泖漁莊刻本　十冊

370000－1541－0014890　852.37/117＝4

國朝詞綜四十八卷　(清)王昶纂　清嘉慶七年(1802)青浦王氏三泖漁莊刻本　十冊

370000－1541－0014891　852.37/117＝5

國朝詞綜四十八卷二集八卷　(清)王昶纂清光緒二十八年(1902)金匱浦氏刻本　十二冊

370000－1541－0014892　852.37/119

詩餘偶鈔六卷　王先謙輯　清光緒十六年(1890)長沙王氏刻本　一冊

370000－1541－0014893　852.37/119＝1

庚子秋詞二卷春蟄吟一卷　(清)王鵬運輯清光緒二十七年(1901)刻本　二冊

370000－1541－0014894　852.37/185

討春合唱一卷　(清)袁通輯　清嘉慶十七年(1812)刻本　一冊

370000－1541－0014895　852.37/185＝1

碧腴齋詩存八卷　(清)胡德琳撰　清乾隆五十五年(1790)小倉山房刻本　一冊

370000－1541－0014896　852.37/199

明湖四客詞鈔四卷　(清)趙國華輯　清同治

十三年(1874)刻本　一冊

370000－1541－0014897　852.37/283
二家詞鈔五卷二家試帖二卷二家詠古詩一卷
樊增祥輯　清光緒二十八年(1902)恩施樊
增祥刻本　二冊　缺三卷(二家詞鈔三至五)

370000－1541－0014898　852.37/283＝1
二家詞鈔五卷　樊增祥輯　清光緒二十八年
(1902)恩施樊增祥刻本　二冊

370000－1541－0014899　852.37/311
石渠閣重訂草堂詩餘四卷　(清)張汝霖輯
清刻本　四冊

370000－1541－0014900　852.37/384
國朝金陵詞鈔八卷　陳作霖輯　清光緒二十
八年(1902)刻本　四冊

370000－1541－0014901　852.37/504
粵東三家詞鈔一卷　(清)葉衍蘭輯　清光緒
二十一年(1895)刻本　一冊

370000－1541－0014902　852.37/526
昭代詞選三十八卷　(清)蔣重光輯　清乾隆
三十二年(1767)金陵穆大展刻本　十六冊

370000－1541－0014903　852.37/601
篋中詞六卷續四卷　(清)譚獻輯　清光緒八
年(1882)刻本　三冊

370000－1541－0014904　852.37/601＝1
篋中詞六卷續四卷　(清)譚獻輯　清光緒八
年(1882)刻本　三冊

370000－1541－0014905　852.37/601＝2
篋中詞六卷續四卷　(清)譚獻輯　清光緒八
年(1882)刻本　三冊

370000－1541－0014906　852.37/601＝3
篋中詞續四卷　(清)譚獻輯　清光緒八年
(1882)刻本　四冊

370000－1541－0014907　852.37/601＝4
合肥三家詩錄二卷　(清)譚獻選　**待堂文一
卷**　(清)吳懷珍撰　**池上小集一卷**　(清)閻
焯等撰　清光緒十二年(1886)安慶刻本　三
冊

370000－1541－0014908　852.37/707
七家詞鈔　(清)汪世泰輯　清刻本　六冊
存六種八卷(箏船詞一卷、碧梧山館詞二卷、
綠秋草堂詞一卷、玉山堂詞一卷、崇睦山房詞
一卷、過雲精舍詞二卷)

370000－1541－0014909　852.37/842
倚聲初集二十卷前編四卷爵里二卷　(清)鄒
祗謨　(清)王士禛輯　清順治十七年(1660)
大冶堂刻本　六冊

370000－1541－0014910　852.37/860
國朝常州詞錄三十一卷　繆荃孫輯　清光緒
二十二年(1896)江陰繆氏雲自在龕刻本　十
冊

370000－1541－0014911　852.37/860＝1
國朝常州詞錄三十一卷　繆荃孫輯　清光緒
二十二年(1896)江陰繆氏雲自在龕刻本　十
二冊

370000－1541－0014912　852.37/946
小檀欒室彙刻閨秀詞十集　徐乃昌輯　清光
緒二十一年至二十二年(1895－1896)南陵徐
氏小檀欒室刻本　二十冊

370000－1541－0014913　852.37/946＝1
小檀欒室彙刻閨秀詞十集　徐乃昌輯　清光
緒二十一年至二十二年(1895－1896)南陵徐
氏小檀欒室刻本　十二冊　存六集(一至六)

370000－1541－0014914　852.37/946＝2
小檀欒室彙刻閨秀詞十集　徐乃昌輯　清光
緒二十一年至二十二年(1895－1896)南陵徐
氏小檀欒室刻本　二十冊

370000－1541－0014915　852.376/164
詞腴二卷　(清)黃承勳輯　清道光十四年
(1834)求心館刻本　一冊

370000－1541－0014916　852.377/127
新樂府詞一卷　(清)萬斯同撰　清同治八年
(1869)刻本　一冊

370000－1541－0014917　852.378/438
侯鯖詞五種五卷　(清)吳唐林輯　清光緒十

231

一年(1885)杭州刻本　一冊

370000 – 1541 – 0014918　852.38/768

蒙香室叢書三種　馮煦輯　清光緒十一年至
十三年(1885 – 1887)江寧馮氏冶城山館刻本
　八冊

370000 – 1541 – 0014919　852.4/117

笙月詞五卷花影詞一卷　(清)王詒壽撰　清
同治十一年(1872)杭州刻本　一冊

370000 – 1541 – 0014920　852.4/119

半塘詞稿三種　(清)王鵬運撰　清光緒二十
一年(1895)刻本　二冊

370000 – 1541 – 0014921　852.4/158

西泠詞萃八卷　(清)丁丙輯　清光緒十一年
至十三年(1885 – 1887)錢塘丁氏刻本　四冊

370000 – 1541 – 0014922　852.4/161

憶雲詞四卷刪存一卷　(清)項廷紀撰　清光
緒十九年(1893)許氏榆園刻本　一冊

370000 – 1541 – 0014923　852.4/221

長安宮詞一卷　(清)胡延撰　清末安雅書局
鉛印本　一冊

370000 – 1541 – 0014924　852.4/221 = 1

苾芻館詞集六卷　(清)胡延撰　清光緒二十
九年(1903)刻本　四冊

370000 – 1541 – 0014925　852.4/247

曼陀羅華閣叢書十六種　(清)杜文瀾輯　清
咸豐十一年(1861)曼陀羅華閣刻本　六冊
存四種(夢窗詞、草窗詞、采香詞、詞律校勘
記)

370000 – 1541 – 0014926　852.4/436

蜀十五家詞　吳虞輯　清宣統二年(1910)鉛
印本　劉次簫跋　四冊

370000 – 1541 – 0014927　852.4/436 = 1

花簾詞一卷　(清)吳藻撰　清道光九年
(1829)刻本　一冊

370000 – 1541 – 0014928　852.4/745

紅樓夢賦一卷　(清)沈謙撰　清道光二年
(1822)刻本　一冊

370000 – 1541 – 0014929　852.4/781 = 2

宋六十名家詞　(明)毛晉輯　清光緒十四年
(1888)錢塘汪氏刻本　三十冊

370000 – 1541 – 0014930　852.418/964

眉綠樓詞八種　(清)顧文彬撰　清光緒十年
(1884)刻本　四冊

370000 – 1541 – 0014931　852.451/311 = 6

山中白雲詞八卷　(宋)張炎撰　清光緒八年
(1882)娛園刻本　二冊

370000 – 1541 – 0014932　852.451/554 = 2

東坡樂府二卷　(宋)蘇軾撰　清光緒十四年
(1888)臨桂王氏四印齋刻本　一冊

370000 – 1541 – 0014933　852.4514/467

珠玉詞鈔一卷補鈔一卷　(宋)晏殊撰　小山
詞鈔一卷補鈔一卷　(宋)晏幾道撰　清光緒
十一年(1885)揚州刻本　一冊

370000 – 1541 – 0014934　852.4515/313

安陸集二卷附錄一卷　(宋)張先撰　(清)汪
潮生輯　清道光刻本　一冊

370000 – 1541 – 0014935　852.4515/554 = 5

東坡樂府三卷　(宋)蘇軾撰　朱祖謀編　清
宣統三年(1911)鉛印本　錢薑跋　二冊

370000 – 1541 – 0014936　852.4515/558

秘本蘇黃詞鈔二卷　(明)黃嘉惠等評　清宣
統元年(1909)上海中華圖書館石印本　二冊

370000 – 1541 – 0014937　852.4516/449

聖求詞一卷　(宋)呂濱老撰　清光緒十四年
(1888)錢塘汪氏刻宋名家詞本　一冊

370000 – 1541 – 0014938　852.4516/820

清真集二卷集外詞一卷　(宋)周邦彥撰　清
光緒二十二年(1896)臨桂王氏四印齋刻本
一冊

370000 – 1541 – 0014939　852.452/655 = 4

各省各國地圖一卷　(清)鄒代鈞編　清光緒
二十九年(1903)都門編書局刻本　一冊

370000 – 1541 – 0014940　852.4521/760

陽春集一卷　(宋)米友仁撰　草窗詞二卷補

二卷　(宋)周密撰　清乾隆至道光長塘鮑氏
刻知不足齋叢書本　一冊

370000－1541－0014941　852.4521/832

樵歌三卷　(宋)朱敦儒撰　清光緒二十六年
(1900)臨桂王氏四印齋刻本　一冊

370000－1541－0014942　852.4522/537

石湖詞一卷補遺一卷　(宋)范成大撰　和石
湖詞一卷　(宋)陳三聘撰　清味菜廬木活字
印本　一冊

370000－1541－0014943　852.4522/537＝1

石湖詞一卷補遺一卷　(宋)范成大撰　和石
湖詞一卷　(宋)陳三聘撰　花外集一卷
(宋)王沂孫撰　清乾隆至道光長塘鮑氏刻知
不足齋叢書本　一冊

370000－1541－0014944　852.4523/759

白石道人歌曲四卷別集一卷　(宋)姜夔撰
清乾隆至道光長塘鮑氏刻知不足齋叢書本
一冊

370000－1541－0014945　852.4523/759＝2

白石道人歌曲六卷歌詞一卷附管色指法一卷
樂星圖譜一卷　(宋)姜夔撰　清宣統二年
(1910)遜齋刻本　一冊

370000－1541－0014946　852.4526/311

山中白雲詞八卷　(宋)張炎撰　清乾隆元年
(1736)仁和趙氏刻本　六冊

370000－1541－0014947　852.4526/311＝1

山中白雲詞八卷　(宋)張炎撰　清乾隆元年
(1736)仁和趙氏刻本　清佩香錄清厲鶚　清
趙昱跋　夏啓芬批校　四冊

370000－1541－0014948　852.4526/311＝2

山中白雲詞八卷附錄一卷　(宋)張炎撰　清
康熙六十一年(1722)曹炳曾城書堂刻本　劉
次簫跋　四冊

370000－1541－0014949　852.4526/384

日湖漁唱一卷補遺一卷　(宋)陳允平撰　續
補遺一卷　(清)秦恩復輯　清道光九年
(1829)秦氏享帚精舍刻詞學叢書本　劉次簫

跋　二冊

370000－1541－0014950　852.4526/384＝2

日湖漁唱一卷　(宋)陳允平撰　清咸豐元年
(1851)南海伍氏刻粵雅堂叢書本　劉次簫跋
一冊

370000－1541－0014951　852.4526/818

蘋洲漁笛譜二卷　(宋)周密撰　清乾隆至道
光長塘鮑氏刻知不足齋叢書本　劉次簫識語
一冊

370000－1541－0014952　852.4526/818＝1

蘋洲漁笛譜二卷　(宋)周密撰　清乾隆至道
光長塘鮑氏刻知不足齋叢書本　佚名批　一
冊

370000－1541－0014953　852.4573/869

天籟集二卷附摭遺一卷　(元)白樸撰　清王
鵬運抄本　二冊

370000－1541－0014954　852.4573/918

無弦琴譜二卷　(元)仇遠撰　清光緒十一年
(1885)錢塘刻本　一冊

370000－1541－0014955　852.4576/329

蟻術詞選四卷　(元)邵亨貞撰　清光緒十七
年(1891)臨桂況周頤刻第一生修梅花館叢書
本　佚名識語　一冊

370000－1541－0014956　852.4576/329＝1

蟻術詞選四卷　(元)邵亨貞撰　清光緒十七
年(1891)臨桂況周頤刻第一生修梅花館叢書
本　一冊

370000－1541－0014957　852.47/139

樂府補亡一卷　曹元忠撰　清光緒二十七年
(1901)刻本　一冊

370000－1541－0014958　852.47/217

鐵笛詞一卷　胡薇元撰　清光緒二十七年
(1901)呂氏刻本　一冊

370000－1541－0014959　852.47/690

錦瑟詞一卷　(清)汪懋麟撰　清康熙十五年
(1676)刻本　一冊

370000－1541－0014960　852.47/735

233

第一生修梅花館詞六卷香海棠館詞話一卷
況周頤撰　清光緒十八年(1892)刻本　一冊

370000－1541－0014961　852.472/112
衍波詞二卷　(清)王士禎撰　**微波詞一卷**
(清)錢枚撰　清光緒十五年(1889)榆園刻本
　一冊

370000－1541－0014962　852.472/142
珂雪詞二卷補遺一卷　(清)曹貞吉撰　清康
熙刻本　一冊

370000－1541－0014963　852.472/142＝1
珂雪詞二卷補遺一卷　(清)曹貞吉撰　清康
熙刻本　二冊

370000－1541－0014964　852.472/355
百末詞六卷　(清)尤侗撰　清康熙四年
(1665)刻本　一冊

370000－1541－0014965　852.472/355＝1
百末詞六卷　(清)尤侗撰　清康熙四年
(1665)刻本　二冊

370000－1541－0014966　852.472/364
衍波詞一卷　(清)孫蒸意撰　清光緒元和江
氏湖南使院刻本　一冊

370000－1541－0014967　852.472/440＝1
吳梅村詞一卷　(清)吳偉業撰　清光緒十六
年(1890)湖北官書處刻本　一冊

370000－1541－0014968　852.472/440＝2
吳梅村詞一卷　(清)吳偉業撰　清光緒十六
年(1890)湖北官書處刻本　一冊

370000－1541－0014969　852.472/528
聊齋詞一卷　(清)蒲松齡撰　清宣統二年
(1910)上海國學扶輪社石印本　一冊

370000－1541－0014970　852.472/690
二鄉亭詞四卷　(清)宋琬撰　清乾隆十一年
(1746)刻本　二冊

370000－1541－0014971　852.472/690＝1
二鄉亭詞三卷　(清)宋琬撰　清康熙留松閣
刻本　一冊

370000－1541－0014972　852.472/690＝2
二鄉亭詞三卷　(清)宋琬撰　清康熙留松閣
刻本　一冊

370000－1541－0014973　852.472/832
曝書亭集詞注七卷　(清)朱彝尊撰　(清)李
富孫纂　清嘉慶十九年(1814)嘉興校經廎刻
本　四冊

370000－1541－0014974　852.472/832＝1
曝書亭集詞注七卷　(清)朱彝尊撰　(清)李
富孫纂　清嘉慶十九年(1814)嘉興校經廎刻
本　六冊

370000－1541－0014975　852.472/834
曝書亭詞拾遺三卷附志異一卷　(清)翁之潤
撰　清光緒二十二年(1896)刻本　一冊

370000－1541－0014976　852.472/861＝2
飲水詩集一卷　(清)納蘭性德撰　清金繼抄
本　一冊

370000－1541－0014977　852.472/861＝3
納蘭詞五卷附補遺一卷　(清)納蘭性德撰
清光緒六年(1880)娛園刻本　施志成眉批
四冊

370000－1541－0014978　852.473/712
麝塵蓮寸集五卷　(清)汪淵撰　(清)程淑校
注　清光緒十六年(1890)北京染翰齋刻本
二冊

370000－1541－0014979　852.474/337
秋林琴雅四卷　(清)厲鶚撰　清光緒九年
(1883)泉塘汪氏酒邊人倚紅樓刻本　一冊

370000－1541－0014980　852.474/337＝1
秋林琴雅四卷　(清)厲鶚撰　清光緒九年
(1883)泉塘汪氏酒邊人倚紅樓刻本　一冊

370000－1541－0014981　852.474/337＝2
秋林琴雅四卷　(清)厲鶚撰　清光緒九年
(1883)泉塘汪氏酒邊人倚紅樓刻本　一冊

370000－1541－0014982　852.474/337＝3
秋林琴雅四卷　(清)厲鶚撰　清光緒九年
(1883)泉塘汪氏酒邊人倚紅樓刻本　一冊

370000 – 1541 – 0014983　852.474/337 = 4

秋林琴雅四卷　（清）厲鶚撰　清光緒九年（1883）泉塘汪氏酒邊人倚紅樓刻本　一冊

370000 – 1541 – 0014984　852.474/337 = 5

秋林琴雅四卷　（清）厲鶚撰　清光緒九年（1883）泉塘汪氏酒邊人倚紅樓刻本　一冊

370000 – 1541 – 0014985　852.474/337 = 6

秋林琴雅四卷　（清）厲鶚撰　清光緒九年（1883）泉塘汪氏酒邊人倚紅樓刻本　一冊

370000 – 1541 – 0014986　852.474/337 = 7

秋林琴雅四卷　（清）厲鶚撰　清光緒九年（1883）泉塘汪氏酒邊人倚紅樓刻本　一冊

370000 – 1541 – 0014987　852.474/337 = 8

秋林琴雅四卷　（清）厲鶚撰　清光緒九年（1883）泉塘汪氏酒邊人倚紅樓刻本　一冊

370000 – 1541 – 0014988　852.474/627

看蠶詞一卷　（清）方觀承撰　清光緒十一年（1885）刻本　一冊

370000 – 1541 – 0014989　852.475/185

捧月樓綺語一卷　（清）袁通撰　清嘉慶二十年（1815）刻本　一冊

370000 – 1541 – 0014990　852.475/430

來鷗亭詩餘一卷　（清）單可玉撰　清稿本　一冊

370000 – 1541 – 0014991　852.475/635

懺餘綺語二卷附蠹餘詩一卷　（清）郭麐撰　清嘉慶十二年（1807）刻本　一冊

370000 – 1541 – 0014992　852.475/635 = 1

懺餘綺語二卷附蠹餘詩一卷　（清）郭麐撰　清嘉慶十二年（1807）刻本　一冊

370000 – 1541 – 0014993　852.475/720

更生齋詩餘二卷　（清）洪亮吉撰　清光緒三年（1877）鄂垣授經堂刻本　一冊

370000 – 1541 – 0014994　852.475/882

秋景山房詞一卷　（清）李翩撰　清嘉慶二十五年（1820）會友堂刻本　一冊

370000 – 1541 – 0014995　852.476/122

玉壺山房詞二卷　（清）改琦撰　清道光八年（1828）刻本　二冊

370000 – 1541 – 0014996　852.476/161

憶雲詞四卷刪存一卷　（清）項廷紀撰　微波詞一卷　（清）錢枚撰　清光緒十九年（1893）許氏榆園刻本(微波詞爲清光緒十五年刻本)　一冊

370000 – 1541 – 0014997　852.476/161 = 1

憶雲詞四卷刪存一卷　（清）項廷紀撰　清光緒十九年（1893）許氏榆園刻本　一冊

370000 – 1541 – 0014998　852.476/201

香銷酒醒詞不分卷　（清）趙慶熺撰　清同治七年（1868）刻本　二冊

370000 – 1541 – 0014999　852.476/306

立山詞一卷　（清）張琦撰　清道光十九年（1839）陽湖張氏宛鄰書屋刻本　一冊

370000 – 1541 – 0015000　852.476/433

百萼紅詞二卷　（清）吳蔚撰　清光緒五年（1879）合肥張氏刻本　二冊

370000 – 1541 – 0015001　852.476/621

酒邊詞八卷　（清）謝章鋌撰　清光緒十五年（1889）福州刻賭棋山莊所箸書本　二冊

370000 – 1541 – 0015002　852.476/789

小書舟樂府三卷　（清）程定謨撰　清道光十八年（1838）刻本　一冊

370000 – 1541 – 0015003　852.476/959

拜石山房詞四卷　（清）顧翰撰　清光緒十五年（1889）榆園刻本　一冊

370000 – 1541 – 0015004　852.476/994

疏影樓詞四卷　（清）姚燮撰　清道光十三年（1833）上湖草堂刻本　二冊

370000 – 1541 – 0015005　852.477/119

茂陵秋雨詞四卷　（清）王錫振撰　清咸豐九年（1859）刻本　一冊

370000 – 1541 – 0015006　852.477/169

倚晴樓詩餘四卷　（清）黃燮清撰　清同治六

年(1867)湖北黃鶴樓刻本 一冊

370000－1541－0015007 852.477/196

約園詞稿十卷 (清)趙起撰 清光緒二十六年(1900)春靄堂刻本 二冊

370000－1541－0015008 852.477/212

甌江竹枝詞一卷 (清)戴文儔撰 清光緒六年(1880)東甌博古齋刻本 一冊

370000－1541－0015009 852.477/290

淮海秋笳集一卷 (清)李肇增輯 清咸豐十年(1860)遲雲山館刻本 一冊

370000－1541－0015010 852.477/306

煙波漁唱四卷 (清)張應昌撰 聞妙香室詞一卷 (清)陸珊撰 清道光二十四年(1844)刻本 二冊

370000－1541－0015011 852.477/504

花影吹笙詞鈔二卷附小逐仙詞一卷 (清)葉英華撰 清光緒三年(1877)廣州葉氏刻本 一冊

370000－1541－0015012 852.477/719

願爲明鏡室詞稿九卷 (清)江順詒撰 清同治八年(1869)刻本 一冊 存五卷(一至五)

370000－1541－0015013 852.477/754

玉泫詞一卷 (清)潘曾瑋撰 清咸豐四年(1854)蘇城徐元圃局刻本 一冊

370000－1541－0015014 852.477/818

心日齋詞集六卷 (清)周之琦撰 清刻本 二冊

370000－1541－0015015 852.477/818＝1

金梁夢月詞二卷 (清)周之琦撰 清刻心日齋詞集本 一冊

370000－1541－0015016 852.477/818＝2

鴻雪詞二卷 (清)周之琦撰 清刻本 一冊

370000－1541－0015017 852.477/888

海南歸櫂詞二卷 (清)劉燿椿撰 (清)花壽山輯 清咸豐五年(1855)刻本 一冊

370000－1541－0015018 852.478/112

竹簾館詞 (清)王樹藩撰 (清)朱孫懷選 清宣統元年(1909)寶應朱孫懷刻本 一冊

370000－1541－0015019 852.478/112＝1

竹簾館詞 (清)王樹藩撰 (清)朱孫懷選 清宣統元年(1909)寶應朱孫懷刻本 一冊

370000－1541－0015020 852.478/115

欒隃詞存五卷補遺一卷 王以敏撰 清光緒九年(1883)刻本 四冊

370000－1541－0015021 852.478/119

半塘填詞定稿二卷賸稿一卷 (清)王鵬運撰 清光緒小放下庵刻本 一冊

370000－1541－0015022 852.478/119＝1

味梨集一卷 (清)王鵬運撰 清光緒二十一年(1895)刻本 一冊

370000－1541－0015023 852.478/119＝2

味梨集一卷 (清)王鵬運撰 清光緒二十一年(1895)刻本 一冊

370000－1541－0015024 852.478/214

天倪閣詞一卷 胡薇元撰 清光緒二十七年(1901)蜨盦舊隱刻本 一冊

370000－1541－0015025 852.478/311＝1

半篋秋詞一卷 (清)張祥齡撰 清末石印本 一冊

370000－1541－0015026 852.478/339

漱泉詞一卷 (清)成肇麐撰 清光緒刻本 一冊

370000－1541－0015027 852.478/399

怡雲詞二卷 (清)陶福履撰 清光緒十一年(1885)刻遠堂集本 一冊

370000－1541－0015028 852.478/431

學唫詩餘一卷 (清)啖蔗生撰 清稿本 一冊

370000－1541－0015029 852.478/440

傍雲居小詞三卷 (清)吳紹曾撰 清抄本 一冊

370000－1541－0015030 852.478/455

弢園詞不分卷　（清）史念祖撰　清光緒三十
一年(1905)趙爾巽刻朱印本　二冊

370000－1541－0015031　852.478/504

秋夢廬詞鈔一卷　（清）葉衍蘭撰　清光緒十
六年(1890)羊城刻本　一冊

370000－1541－0015032　852.478/526

芬陀利室詞一卷　（清）蔣敦復撰　清光緒二
十四年(1898)刻鄭盦遺書本　一冊

370000－1541－0015033　852.478/627

稻香館粲香詞四卷補遺一卷　（清）方受穀撰
　清光緒十二年(1886)禾郡稻香館刻本　二
冊

370000－1541－0015034　852.478/637

擊缶詞二卷懊儂詞一卷屑玉詞一卷委宛詞一
卷　（清）郭鍾岳撰　清光緒十三年(1887)溫
州刻本　三冊

370000－1541－0015035　852.478/677

雲起軒詞鈔一卷　（清）文廷式撰　清光緒三
十三年(1907)南陵徐氏刻本　一冊

370000－1541－0015036　852.478/719

雙橋小築詞存四卷詞存集餘一卷　（清）江人
鏡撰　清光緒十九年(1893)揚州運署刻本
二冊

370000－1541－0015037　852.478/862

左庵詩餘八卷　（清）李佳繼昌撰　清光緒刻
本　四冊

370000－1541－0015038　852.478/890

雷雲借月盦詞五卷　（清）劉炳照撰　清光緒
十九年(1893)刻本　一冊

370000－1541－0015039　852.478/964

眉綠樓詞八種　（清）顧文彬撰　清光緒十年
(1884)刻本　一冊　存一種(跨鶴吹笙譜)

370000－1541－0015040　852.478/987

麗矚亭詞二卷　（清）半酣居士撰　清光緒十
一年(1885)會稽刻本　四冊

370000－1541－0015041　852.478/988

緝芳仙館詞存一卷　（清）余嵩慶撰　清抄本

一冊

370000－1541－0015042　852.479/273

白山詞介五卷　楊鍾羲輯　清宣統二年
(1910)刻本　二冊

370000－1541－0015043　852.479/934

聞妙香室詞鈔四卷　（清）錢錫寀撰　清宣統
二年(1910)天津醒萃報館石印本　一冊

370000－1541－0015044　852.48/438

夢窗四稿四卷　（宋）吳文英撰　清光緒三十
年(1904)臨桂王氏四印齋刻本　二冊

370000－1541－0015045　852.481/352

迦厂詞四卷　（清）左運奎撰　清宣統二年
(1910)鉛印本　一冊

370000－1541－0015046　852.481/892

濯絳宦存稿一卷　劉毓盤撰　清宣統元年
(1909)刻本　一冊

370000－1541－0015047　852.481/953

懺慧詞一卷　徐自華撰　度針樓遺稿一卷
（清）徐蕙貞撰　清光緒三十四年(1908)鉛印
百尺樓叢書本　一冊

370000－1541－0015048　852.481/977

比竹餘音四卷　鄭文焯撰　清光緒二十八年
(1902)吳興沈氏刻本　一冊

370000－1541－0015049　852.481/977＝1

冷紅詞四卷　鄭文焯撰　清光緒二十二年
(1896)歸安沈瑞琳耦園刻本　一冊

370000－1541－0015050　852.481/977＝2

瘦碧詞二卷　鄭文焯撰　清光緒十四年
(1888)大鶴山房刻本　一冊

370000－1541－0015051　852.482/628

五十麝齋詞賡三卷　樊增祥撰　清光緒二十
八年(1902)身雲閣刻二家詞鈔本　一冊

370000－1541－0015052　852.482/735

存悔詞一卷　況周頤撰　清光緒十三年
(1887)香海棠館刻第一生修梅花館詞本　碧
筠老人跋　一冊

370000－1541－0015053　852.482/735＝1

香海棠館詞話一卷第一生修梅花館詞六種六卷　況周頤撰　清光緒刻蕙風叢書本　陳孟輝識語　一冊

370000－1541－0015054　852.482/892

濯絳宦存稿一卷　劉毓盤撰　清宣統元年(1909)刻本　一冊

370000－1541－0015055　852.5/384

白雨齋詞話八卷　(清)陳廷焯撰　清光緒二十年(1894)刻本　四冊

370000－1541－0015056　852.5/440

蓮子居詞話四卷　(清)吳衡照輯　清道光十二年(1832)錢塘汪氏振綺堂刻本　二冊

370000－1541－0015057　852.5/440＝2

蓮子居詞話四卷　(清)吳衡照輯　清嘉慶二十三年(1818)刻本　四冊

370000－1541－0015058　852.5/616

白香詞譜箋四卷　(清)舒夢蘭輯　(清)謝朝徵箋　清光緒十一年(1885)刻半厂叢書初編本　四冊

370000－1541－0015059　852.71/494

奏疏存稿　(清)盧浙撰　清道光二十四年(1844)刻本　一冊

370000－1541－0015060　852.781/903

錢敏肅公奏疏七卷　(清)錢鼎銘撰　清光緒六年(1880)存素堂刻本　四冊

370000－1541－0015061　853.2/100

重梓歸元直指集三卷　(明)釋宗本編　清刻本　一冊　存一卷(中)

370000－1541－0015062　854.41/943

庶幾堂今樂初集十六卷二集十二卷　(清)余治撰　清光緒六年(1880)蘇州得見齋書坊刻本　八冊

370000－1541－0015063　853.2/119＝2

遏雲閣曲譜初集不分卷　(清)王錫純輯　(清)李秀雲拍正　清光緒十九年(1893)鉛印本　八冊

370000－1541－0015064　853.2/504

納書楹西廂全譜二卷續西廂記譜一卷　(清)葉堂訂　清乾隆六十年(1795)納書楹刻本　二冊

370000－1541－0015065　853.2/504＝1

納書楹曲譜正集四卷續集四卷外集二卷補遺四卷四夢全譜八卷　(清)葉堂訂譜　清道光二十八年(1848)刻本　二十冊

370000－1541－0015066　853.2/504＝2

納書楹曲譜正集四卷續集四卷外集二卷補遺四卷四夢全譜八卷　(清)葉堂訂譜　清道光二十八年(1848)刻本　七冊　存九卷(續集二至四、外集二卷、補遺四卷)

370000－1541－0015067　853.36/433

臨春閣一卷通天臺一卷　(清)吳偉業撰　煖香樓雜劇一卷　吳梅撰　清宣統二年(1910)長洲吳氏刻奢摩他室曲叢本　二冊

370000－1541－0015068　853.37/946

坦庵詞曲六種九卷　(明)徐石麒撰　清初南湖享書堂刻本　四冊

370000－1541－0015069　853.39/375

雪韻堂批點燕子箋記二卷　(明)阮大鋮撰　清初刻本　一冊

370000－1541－0015070　853.3968/628

秋水庵花影集五卷附雜紀一卷　(明)施紹莘輯　明末刻本　十二冊

370000－1541－0015071　853.3968/628＝1

秋水庵花影集五卷　(明)施紹莘輯　明末刻本　七冊

370000－1541－0015072　853.3974/526

紅雪樓九種曲　(清)蔣士銓撰　清紅雪樓刻本　十六冊

370000－1541－0015073　853.3974/526＝1

紅雪樓九種曲　(清)蔣士銓撰　清紅雪樓刻本　十冊

370000－1541－0015074　853.3974/526＝2

紅雪樓九種曲　(清)蔣士銓撰　清紅雪樓刻

本　十二冊

370000－1541－0015075　853.3974/526＝3
紅雪樓九種曲　（清）蔣士銓撰　清紅雪樓刻
本　十二冊

370000－1541－0015076　853.3974/526＝4
藏園九種曲九種　（清）蔣士銓撰　清經鉏堂
刻本　十二冊

370000－1541－0015077　853.3974/526＝5
藏園九種曲九種　（清）蔣士銓撰　清經鉏堂
刻本　十二冊

370000－1541－0015078　853.3974/526＝6
藏園九種曲九種　（清）蔣士銓撰　清漁古堂
刻本　佚名批校　十二冊

370000－1541－0015079　853.3974/526＝7
桂林霜二卷　（清）蔣士銓撰　清乾隆三十五
年（1770）蔣氏紅雪樓刻本　一冊

370000－1541－0015080　853.3974/526＝8
一片石一卷　（清）蔣士銓撰　清經鉏堂刻藏
園九種曲本　一冊

370000－1541－0015081　853.3974/526＝9
雪中人一卷　（清）蔣士銓撰　（清）錢世錫評
點　清刻本　一冊

370000－1541－0015082　853.4/719
宋元名家詞不分卷　（清）江標輯　清光緒二
十一年（1895）湖南思賢書局刻本　四冊

370000－1541－0015083　853.41/011
詞林逸響四卷　（明）許宇輯校　明天啓三年
（1623）刻本　四冊

370000－1541－0015084　853.41/384
新鐫古今大雅北宮詞紀六卷　（明）陳所聞選
　（明）陳邦泰輯　明萬曆三十二年（1604）秣
陵陳氏繼志齋刻本　六冊

370000－1541－0015085　853.41/494
風角書八卷　（清）張爾岐編　清光緒崇文書
局刻正覺樓叢刻本　二冊

370000－1541－0015086　853.41/816

唱敘有情不分卷　（清）周萬坤編　清稿本
一冊

370000－1541－0015087　853.4157/384
新鐫古今大雅南宮詞紀六卷北宮詞紀六卷
（明）陳所聞選　（明）陳邦泰輯　明萬曆三十
二年至三十三年（1604－1605）秣陵陳氏繼志
齋刻本　十二冊

370000－1541－0015088　853.4157/384＝1
新鐫古今大雅南宮詞紀六卷　（明）陳所聞選
　（明）陳邦泰輯　明萬曆三十三年（1605）秣
陵陳氏繼志齋刻本　七冊

370000－1541－0015089　853.4157/384＝2
新鐫古今大雅南宮詞紀六卷　（明）陳所聞選
　（明）陳邦泰輯　明萬曆三十三年（1605）秣
陵陳氏繼志齋刻本　四冊

370000－1541－0015090　853.4157/384＝3
新鐫古今大雅北宮詞紀六卷　（明）陳所聞選
　（明）陳邦泰輯　明萬曆三十二年（1604）秣
陵陳氏繼志齋刻本　七冊

370000－1541－0015091　853.417/299
抄本曲子一卷　（清）□□編　清抄本　一冊

370000－1541－0015092　853.4355/668
沜東樂府二卷　（明）康海撰　明刻二太史樂
府聯璧本　二冊

370000－1541－0015093　853.43576/311
文忠休居樂府一卷　（元）張養浩撰　隱詞歸
田一卷　（清）赤鳳子撰　清順治十四年
（1657）赤鳳子刻本　一冊

370000－1541－0015094　853.4366/271
陶情樂府四卷　（明）楊慎撰　清宣統三年
（1911）四川崞陽精舍刻本　一冊

370000－1541－0015095　853.4368/362
孫峽峰先生小令不分卷　（明）孫芷撰　清康
熙抄本　一冊

370000－1541－0015096　853.4377/959
隱梅樂一卷　（清）顧春福制曲　（清）張逢甲
填譜　清咸豐八年（1858）夢鄉仙館刻本　一

冊

370000 - 1541 - 0015097　853.5/122

綴白裘新集合編十二集　（清）玩花主人輯
（清）錢德蒼增輯　清嘉慶十五年(1810)五柳
居刻本　三十六冊　缺三集(四至六)

370000 - 1541 - 0015098　853.5/122 = 1

重訂綴白裘新集合編十二集　（清）玩花主人
輯　（清）錢德蒼增輯　清道光三年(1823)共
賞齋刻本　四十七冊

370000 - 1541 - 0015099　853.5/122 = 2

改良全圖綴白裘十二集全傳　（清）玩花主人
輯　（清）錢德蒼增輯　清光緒三十四年
(1908)萃香社石印本　十二冊

370000 - 1541 - 0015100　853.5/122 = 3

繪圖綴白裘十二集四十八卷　（清）玩花主人
輯　（清）錢德蒼增輯　清末上海廣雅書局石
印本　十二冊

370000 - 1541 - 0015101　853.5/164

石榴記傳奇四卷　（清）黃振撰　清乾隆三十
七年(1772)柴灣村舍刻本　二冊

370000 - 1541 - 0015102　853.5/644

**繪風亭評第七才子書琵琶記六卷附寫情篇一
卷**　（元）高明撰　（清）毛宗崗評　清雍正元
年(1723)映秀堂刻本　六冊

370000 - 1541 - 0015103　853.5/714

春蕪記二卷　（明）汪錂撰　明末虞山毛晉汲
古閣刻六十種曲本　二冊

370000 - 1541 - 0015104　853.51/347

新刻出像點板時尚崑腔雜出醉怡情八卷
（清）菰蘆釣叟輯　清初古吳致和堂刻本　八
冊

370000 - 1541 - 0015105　853.51/431

吟風閣四卷譜二卷　（清）楊潮觀撰　清乾隆
三十四年(1769)楊氏恰好處刻本　四冊

370000 - 1541 - 0015106　853.51/613

綴白裘三集二卷　（清）錢德蒼輯　清乾隆三
十一年(1766)刻本　一冊

370000 - 1541 - 0015107　853.53/350

花間九奏九卷　（清）石韞玉撰　清刻本　一
冊

370000 - 1541 - 0015108　853.535/117 = 5

貫華堂第六才子書西廂記八卷　（元）王德信
撰　（清）金人瑞(金聖歎)評　清順治貫華堂
刻本　五冊　存七卷(一至七)

370000 - 1541 - 0015109　853.535/117 = 6

**貫華堂第六才子書西廂記八卷附六才子西廂
文一卷**　（元）王德信撰　（清）金人瑞(金聖
歎)評　清刻本　六冊

370000 - 1541 - 0015110　853.535/117 = 7

吳山三婦評箋注釋聖歎第六才子書　（元）王
德信撰　（清）金人瑞(金聖歎)批點　清致和
堂刻本　六冊

370000 - 1541 - 0015111　853.535/117 = 8

第六才子書八卷附一卷　（元）王德信　（元）
關漢卿撰　（清）金人瑞(金聖歎)評　清乾隆
五十六年(1791)金閶書業堂刻本　八冊

370000 - 1541 - 0015112　853.535/117 = 12

西廂記不分卷　（元）王德信　（元）關漢卿撰
清朱墨二色抄本　四冊

370000 - 1541 - 0015113　853.535/117 = 13

繪像第六才子書八卷附才子西廂醉心篇一卷
（元）王德信撰　（清）金人瑞(金聖歎)評
清康熙五十九年(1720)刻朱墨套印本　十
冊

370000 - 1541 - 0015114　853.535/987

第六才子書西廂記八卷　（元）王德信　（元）
關漢卿撰　（清）金人瑞(金聖歎)評　清道光
二十九年(1849)味蘭軒刻本　六冊

370000 - 1541 - 0015115　853.5367/951

徐文長四聲猿四卷　（明）徐渭撰　（明）袁宏
道評　明萬曆四十二年(1614)鍾人傑刻本
二冊

370000 - 1541 - 0015116　853.5367/951 = 2

四聲猿四卷　（明）徐渭撰　明末延閣刻本

二冊

370000 – 1541 – 0015117　853.5372/355

西堂樂府七卷　(清)尤侗撰　清康熙刻本
四冊

370000 – 1541 – 0015118　853.5372/690

祭皋陶一卷　(清)宋琬撰　(清)海上隨緣居
士評　清康熙刻本　一冊

370000 – 1541 – 0015119　853.5372/690 = 1

祭皋陶一卷　(清)宋琬撰　(清)海上隨緣居
士評　清康熙刻本　一冊

370000 – 1541 – 0015120　853.5374/337

樊樹山房集外曲二卷　(清)厲鶚　(清)吳城
撰　(清)諸可寶考訂　清光緒十一年(1885)
錢塘汪氏振綺堂刻本　一冊

370000 – 1541 – 0015121　853.5374/951

寫心雜劇十六種十六卷　(清)徐爔撰　清乾
隆五十四年(1789)吳江徐氏夢生堂刻本　二
冊　存七種七卷(徐種緣遊西湖一卷、述夢一
卷、遊梅遇仙一卷、癡祝一卷、青樓濟困一卷、
哭星燦弟一卷、徐種緣湖山小隱一卷)

370000 – 1541 – 0015122　853.5375/440

紅樓夢散套十六卷　(清)荆石山民填詞　清
嘉慶蟾波閣刻本　四冊

370000 – 1541 – 0015123　853.5375/440 = 1

紅樓夢散套十六卷　(清)荆石山民填詞　清
光緒八年(1882)蟾波閣刻本　四冊

370000 – 1541 – 0015124　853.5376/611

六觀樓北曲六種六卷　(清)許鴻磐撰　清道
光二十六年(1846)刻本　五冊

370000 – 1541 – 0015125　853.5377/896

仙合一卷附戲寄一卷　(清)何兆瀛撰　清刻
本　一冊

370000 – 1541 – 0015126　853.5382/433

煖香樓雜劇一卷　吳梅撰　清光緒三十二年
(1906)藝林齋刻奢摩他室曲叢本　一冊

370000 – 1541 – 0015127　853.5382/433 = 1

煖香樓雜劇一卷　吳梅撰　清光緒三十二年
(1906)藝林齋刻奢摩他室曲叢本　一冊

370000 – 1541 – 0015128　853.5382/433 = 2

煖香樓雜劇一卷　吳梅撰　清光緒三十二年
(1906)藝林齋刻奢摩他室曲叢本　一冊

370000 – 1541 – 0015129　853.57/252

後四聲猿　(清)桂馥撰　清道光二十九年
(1849)味塵軒刻本　一冊

370000 – 1541 – 0015130　853.575/925

缾笙館修簫譜一卷　(清)舒位撰　清道光十
三年(1833)錢塘汪氏振綺堂刻本　一冊

370000 – 1541 – 0015131　853.575/925 = 1

缾笙館修簫譜一卷　(清)舒位撰　清道光十
三年(1833)錢塘汪氏振綺堂刻本　一冊

370000 – 1541 – 0015132　853.6/152

新編雙玉杯全傳三十六卷　(清)醉墨軒主人
撰　清上洋恒德堂刻本　六冊

370000 – 1541 – 0015133　853.6/377

紅樓夢傳奇八卷　(清)陳鍾麟撰　清道光二
十六年(1846)長沙刻本　四冊

370000 – 1541 – 0015134　853.6/720 = 6

長生殿傳奇四卷　(清)洪昇撰　清宣統二年
(1910)上海普新書局鉛印本　二冊

370000 – 1541 – 0015135　853.6/943

庶幾堂今樂二十八種二十八卷　(清)余治撰
　清待鶴齋刻本　三冊　存三種(育怪圖、老
年福、屠牛報)

370000 – 1541 – 0015136　853.6/946

鏡光緣傳奇二卷　(清)徐爔撰　清抄本　二
冊

370000 – 1541 – 0015137　853.6/949

梨花雪十四折　(清)徐鄂撰　清宣統元年
(1909)上海煥文書局石印本　六冊

370000 – 1541 – 0015138　853.61/309

玉燕堂四種曲　(清)張堅撰　(清)楊古林評
點　清乾隆刻本　十冊

370000 – 1541 – 0015139　853.61/323

暗香樓樂府三種三卷 （清）歈嵐道人（鄭由熙）撰 清光緒十六年（1890）暗香樓刻本 四冊

370000－1541－0015140 853.61/611
碧聲吟館叢書八種 （清）許善長撰 清光緒南昌文德堂刻本 六冊 存六種（瘞雲巖傳奇、神山引、茯苓仙、臙脂獄、靈媧石、風雲會傳奇）

370000－1541－0015141 853.61/611＝1
風雲會傳奇二卷 （清）許善長撰 清光緒三年（1877）仁和許氏刻本 二冊

370000－1541－0015142 853.61/926
補天石傳奇八卷 （清）鍊情子撰 清道光十年（1830）靜還草堂刻本 八冊

370000－1541－0015143 853.61/926＝1
補天石傳奇八卷 （清）鍊情子撰 清道光十年（1830）靜還草堂刻本 八冊

370000－1541－0015144 853.6157/781
繡刻演劇六十種一百二十卷 （明）毛晉編 明虞山毛氏汲古閣刻本 六十冊

370000－1541－0015145 853.6157/781＝1
繡刻演劇六十種一百二十卷 （明）毛晉編 明虞山毛氏汲古閣刻本 三十八冊 存十種二十卷（錦箋記二卷、西樓記二卷、繡襦記二卷、還魂記二卷、蕉帕記二卷、玉玦記二卷、紫簫記二卷、八義記二卷、水滸記二卷、青衫記二卷）

370000－1541－0015146 853.6157/781＝2
六十種曲一百二十卷 （明）毛晉編 明末清初毛氏汲古閣刻清道光二十五年（1845）同德堂重修本 一百十五冊 缺五冊（金雀記一至二、飛丸記上、錦箋記下、水滸記上）

370000－1541－0015147 853.6174/659
墨憨齋新曲十種二十卷 （明）馮夢龍輯 明末刻本 二十冊

370000－1541－0015148 853.6178/890
小蓬萊閣傳奇十種 （清）劉清韻撰 清光緒

二十六年（1900）上海藻文書局石印本 六冊

370000－1541－0015149 853.6178/949
誦荻齋曲二種 （清）徐鄂撰 清光緒二十一年（1895）上海書局石印本 六冊

370000－1541－0015150 853.63/115
東海孝婦記二卷 （清）王曦撰 清道光五年（1825）刻本 二冊

370000－1541－0015151 853.63/117＝5
此宜閣增訂金批西廂四卷首一卷末一卷 （元）王實甫撰 （清）金聖歎批 清乾隆六十年（1795）昭文金氏此宜閣刻朱墨套印本 六冊

370000－1541－0015152 853.63/158
滄桑豔二卷 丁傳靖撰 清光緒三十四年（1908）刻本 一冊

370000－1541－0015153 853.63/158＝1
擬進呈楊忠愍蚺蛇膽表忠記二卷 （清）丁耀亢撰 清同治十一年（1872）刻本 二冊

370000－1541－0015154 853.63/169
倚晴樓七種曲 （清）黃燮清撰 清光緒七年（1881）刻本 十冊

370000－1541－0015155 853.63/169＝1
桃谿雪二卷 （清）黃燮清撰 清光緒元年（1875）雲鶴仙館刻本 一冊

370000－1541－0015156 853.63/169＝2
桃谿雪二卷 （清）黃燮清撰 清道光二十七年（1847）馴雲閣刻本 二冊

370000－1541－0015157 853.63/169＝3
桃谿雪二卷 （清）黃燮清撰 清道光二十七年（1847）馴雲閣刻本 一冊

370000－1541－0015158 853.63/181
繡像十五貫十六卷 （清）馬永清撰 清同治六年（1867）蓮溪書屋刻本 四冊

370000－1541－0015159 853.63/209
紅羊劫傳奇二卷 （清）刼餘道人撰 清同治元年（1862）刻本 一冊

370000 – 1541 – 0015160　853.63/269

坦園六種曲　（清）楊恩壽撰　清光緒元年(1875)長沙楊氏坦園刻本　四冊

370000 – 1541 – 0015161　853.63/290

笠翁傳奇十種　（清）李漁撰　清書聯屋刻本　二十冊

370000 – 1541 – 0015162　853.63/290 = 1

笠翁十種曲　（清）李漁撰　清大成堂刻本　二十冊

370000 – 1541 – 0015163　853.63/290 = 3

笠翁十種曲　（清）李漁撰　清嘉慶二十三年(1818)同人堂刻本　二十冊

370000 – 1541 – 0015164　853.63/290 = 4

奈何天傳奇二卷　（清）李漁撰　清刻本　一冊

370000 – 1541 – 0015165　853.63/290 = 5

慎鸞交傳奇二卷　（清）李漁撰　清康熙刻本　一冊

370000 – 1541 – 0015166　853.63/298

崑山雅奏二卷　（清）□□編　清稿本　二冊

370000 – 1541 – 0015167　853.63/306

六如亭二卷　（清）張九鉞填詞　（清）雲門山樵評點　（清）譚光祜正譜　清道光湘潭張家栻刻本　四冊

370000 – 1541 – 0015168　853.63/306 = 1

六如亭二卷　（清）張九鉞填詞　（清）雲門山樵評點　（清）譚光祜正譜　清道光湘潭張家栻刻本　二冊

370000 – 1541 – 0015169　853.63/347

繡像百花臺四卷　（清）鴛水主人撰　清光緒元年(1875)刻本　四冊

370000 – 1541 – 0015170　853.63/347 = 1

繡像百花臺四卷　（清）鴛水主人撰　清光緒元年(1875)刻本　四冊

370000 – 1541 – 0015171　853.63/384

懷香記二卷　（明）陸采撰　明末虞山毛晉汲古閣刻六十種曲本　二冊

370000 – 1541 – 0015172　853.63/476

鶴歸來傳奇二卷　（清）瞿頡撰　清乾隆秋水閣刻本　二冊

370000 – 1541 – 0015173　853.63/476 = 2

鶴歸來傳奇二卷　（清）瞿頡撰　（清）周昂評點　清末湖北官書處刻本　二冊

370000 – 1541 – 0015174　853.63/537

尋親記二卷　（明）范受益撰　清刻本　二冊

370000 – 1541 – 0015175　853.63/808

返魂香傳奇四卷　（清）香雪道人(宣鼎)撰　清光緒三年(1877)申報館鉛印申報館叢書本　四冊

370000 – 1541 – 0015176　853.63/813

孝義真蹟珍珠塔二十四回　（清）周殊士編　清末刻本　六冊

370000 – 1541 – 0015177　853.63/813 = 1

孝義真蹟珍珠塔二十四回　（清）周殊士編　清末刻本　六冊

370000 – 1541 – 0015178　853.63/813 = 2

新刻时調珍珠塔全傳前集十一卷後集五卷　（清）□□編　清嘉慶二十四年(1819)抄本　三冊

370000 – 1541 – 0015179　853.63/813 = 3

魚水緣傳奇二卷　（清）周書撰　清乾隆二十六年(1761)博文堂刻本　四冊

370000 – 1541 – 0015180　853.63/838

繡像風箏誤八卷　（清）竹齋主人輯　清嘉慶十五年(1810)漱芳閣刻本　八冊

370000 – 1541 – 0015181　853.636/644

鏡香園毛聲山評第七才子書十二卷首一卷　（元）高明撰　（清）毛宗崗評　（清）周西文訂　清康熙金陵張元振刻本　十二冊

370000 – 1541 – 0015182　853.636/644 = 1

鏡香園毛聲山評第七才子書十二卷首一卷　（元）高明撰　（清）毛宗崗評　（清）周西文訂　清康熙金陵張元振刻三益堂印本　八冊

370000 – 1541 – 0015183　853.636/644 = 2

琴香堂繪像第七才子書琵琶記六卷　（元）高明撰　（清）毛宗崗評　清乾隆三十二年(1767)琴香堂刻本　六冊

370000－1541－0015184　853.636/644＝3

成裕堂繪像第七才子書琵琶記六卷　（元）高明撰　（清）毛宗崗評　清雍正十三年(1735)成裕堂刻本　六冊

370000－1541－0015185　853.6367/320

曇花記二卷　（明）屠隆撰　明虞山毛氏汲古閣刻繡刻演劇六十種本　癯父跋　四冊

370000－1541－0015186　853.6367/714

獅吼記二卷　（明）汪廷訥撰　明虞山毛氏汲古閣刻繡刻演劇六十種本　一冊

370000－1541－0015187　853.6367/736

玉茗堂四種　（明）湯顯祖撰　清金谷園刻本　六冊　存三種六卷(湯義仍先生紫釵記二卷、湯義仍先生南柯夢記二卷、湯義仍先生邯鄲夢記二卷)

370000－1541－0015188　853.6367/736＝1

湯義仍先生紫釵記二卷　（明）湯顯祖撰　清刻本　二冊

370000－1541－0015189　853.6367/736＝2

紫簫記二卷　（明）湯顯祖撰　清末抄本　二冊

370000－1541－0015190　853.6367/736＝3

吳吳山三婦合評牡丹亭還魂記二卷附或問一卷　（明）湯顯祖撰　（清）陳同　（清）談則　（清）錢宜評點　清康熙綠野山房刻本　四冊

370000－1541－0015191　853.6367/736＝4

吳吳山三婦合評牡丹亭還魂記二卷附或問一卷　（明）湯顯祖撰　（清）陳同　（清）談則　（清）錢宜評點　清康熙夢園刻本　四冊

370000－1541－0015192　853.6367/736＝6

牡丹亭選魂記八卷　（明）湯顯祖撰　清刻本　四冊

370000－1541－0015193　853.6367/977

新編目連救母勸善戲文三卷　（明）鄭之珍撰　明萬曆十年(1582)鄭氏高石山房刻本　三冊

370000－1541－0015194　853.6367/977＝1

新編目連救母勸善戲文三卷　（明）鄭之珍撰　明萬曆十年(1582)鄭氏高石山房刻本　六冊

370000－1541－0015195　853.6368/387

水滸記二卷　（明）許自昌撰　清末石印本　一冊

370000－1541－0015196　853.6368/438

畫中人傳奇二卷　（明）吳炳撰　明崇禎金陵兩衡堂刻粲花齋新樂府本　四冊

370000－1541－0015197　853.6368/438＝1

療妬羹傳奇二卷　（明）吳炳撰　明崇禎金陵兩衡堂刻粲花齋新樂府本　二冊

370000－1541－0015198　853.6368/458

贈書記二卷　（明）□□撰　明虞山毛氏汲古閣刻繡刻演劇六十種清實獲齋印本　二冊

370000－1541－0015199　853.637/290

比目魚傳奇二卷　（清）李漁撰　清刻本　二冊

370000－1541－0015200　853.637/298

虎口餘生傳奇四卷　（清）遺民外史撰　清同德堂刻本　四冊

370000－1541－0015201　853.637/299

百寶箱二卷　（清）梅窗主人撰　清光緒二十年(1894)袖海山房石印本　二冊

370000－1541－0015202　853.637/311

玉獅墜二卷　（清）張堅填詞　（清）張龍輔點評　清乾隆刻玉燕堂四種曲本　二冊

370000－1541－0015203　853.637/382

玉獅堂傳奇十種　（清）陳烺撰　清光緒十一年(1885)刻十七年(1891)增刻本　十冊

370000－1541－0015204　853.637/382＝1

玉獅堂傳奇十種附悲鳳曲一卷　（清）陳烺撰　清末石印本　十四冊

370000－1541－0015205　853.637/382＝2

玉獅堂傳奇十種附悲鳳曲一卷　（清）陳烺撰
　　清末石印本　十四冊

370000－1541－0015206　853.637/382＝3

玉獅堂傳奇十種附悲鳳曲一卷　（清）陳烺撰
　　清末石印本　十四冊

370000－1541－0015207　853.637/848

錯中錯二卷　（清）瀛海勉癡子編　清道光九
年(1829)懷清堂刻本　二冊

370000－1541－0015208　853.6371/285

一笠庵新編一捧雪傳奇二卷　（清）李玉撰
清乾隆五十九年(1794)寶研齋刻本　二冊

370000－1541－0015209　853.6371/844

新編麟閣待傳奇二卷　（清）簡社主人撰
（清）胥山牧拙生評　清抄本　四冊

370000－1541－0015210　853.6372/167

忠孝福二卷　（清）黃兆森撰　清康熙刻本
一冊

370000－1541－0015211　853.6372/290

玉搔頭傳奇二卷　（清）李漁撰　清刻本　四
冊

370000－1541－0015212　853.6372/290＝1

憐香伴傳奇二卷　（清）李漁撰　（清）虞巍評
　　清康熙刻笠翁傳奇十種本　一冊　存一卷
（上）

370000－1541－0015213　853.6372/370

桃花扇傳奇四卷首一卷　（清）孔尚任撰　清
光緒二十一年(1895)蘭雪堂刻本　五冊

370000－1541－0015214　853.6372/370＝1

桃花扇傳奇四卷首一卷　（清）孔尚任撰　清
光緒二十一年(1895)蘭雪堂刻本　五冊

370000－1541－0015215　853.6372/370＝2

桃花扇傳奇四卷首一卷　（清）孔尚任撰　清
光緒二十一年(1895)蘭雪堂刻本　五冊

370000－1541－0015216　853.6372/370＝3

桃花扇傳奇四卷首一卷　（清）孔尚任撰　清
光緒二十一年(1895)蘭雪堂刻本　五冊

370000－1541－0015217　853.6372/370＝5

桃花扇傳奇二卷　（清）孔尚任撰　清刻本
八冊

370000－1541－0015218　853.6372/522

擁雙豔三種六卷　（清）萬樹撰　清康熙二十
五年(1686)陽羨萬氏粲花別野刻本　六冊

370000－1541－0015219　853.6372/720＝1

長生殿傳奇二卷　（清）洪昇撰　清刻本　四
冊

370000－1541－0015220　853.6372/720＝2

長生殿傳奇二卷　（清）洪昇撰　清刻本　三
冊

370000－1541－0015221　853.6374/348

惺齋五種續編一種　（清）夏綸撰　（清）徐夢
元評　清乾隆十八年(1753)夏氏世光堂刻本
　　十二冊

370000－1541－0015222　853.6374/348＝1

惺齋五種續編一種　（清）夏綸撰　（清）徐夢
元評　清乾隆十八年(1753)夏氏世光堂刻本
　　十二冊

370000－1541－0015223　853.6374/348＝2

惺齋五種續編一種　（清）夏綸撰　（清）徐夢
元評　清乾隆十八年(1753)夏氏世光堂刻本
　　六冊　存三種六卷(無瑕璧傳奇二卷、杏花
村傳奇二卷、廣寒梯傳奇二卷)

370000－1541－0015224　853.6374/348＝3

惺齋五種續編一種　（清）夏綸撰　（清）徐夢
元評　清乾隆十八年(1753)夏氏世光堂刻本
　　十二冊

370000－1541－0015225　853.6374/348＝4

南陽樂二卷　（清）夏綸撰　清乾隆九年
(1744)叠翠書堂刻本　四冊

370000－1541－0015226　853.6374/540

芝龕記六卷　（清）繁露樓居士(董榕)撰　清
乾隆十六年(1751)刻本　四冊

370000－1541－0015227　853.6374/540＝1

芝龕記六卷　（清）繁露樓居士(董榕)撰　清

245

乾隆十六年(1751)刻本　六冊

370000－1541－0015228　853.6374/540＝2

芝龕記六卷　（清）繁露樓居士(董榕)撰　清
乾隆十六年(1751)刻本　七冊

370000－1541－0015229　853.6376/183

影梅菴傳奇二卷　（清）彭劍南撰　清道光六
年(1826)茗雪山房刻本　二冊

370000－1541－0015230　853.6376/290

胭脂舄傳奇二卷紫荊花傳奇二卷　（清）李文
瀚撰　清道光二十二年(1842)刻本　八冊

370000－1541－0015231　853.6376/377

紅樓夢傳奇八卷　（清）陳鍾麟撰　清道光十
五年(1835)粵東汗青齋刻本　十六冊

370000－1541－0015232　853.6377/169

桃谿雪二卷　（清）黃燮清撰　清道光二十七
年(1847)馴雲閣刻本　一冊

370000－1541－0015233　853.6377/169＝1

淩波影一卷　（清）黃燮清撰　清道光刻本
一冊

370000－1541－0015234　853.6377/710

梅花夢傳奇二卷　（清）陳森撰　清光緒十年
(1884)刻本　二冊

370000－1541－0015235　853.6378/225

漁邨記二卷　（清）妙有山人撰　清光緒二年
(1876)刻本　二冊

370000－1541－0015236　853.6378/798

儒酸福傳奇二卷　（清）魏熙元填詞　（清）汪
繩武正譜　清光緒十年(1884)玉玲瓏館刻本
一冊

370000－1541－0015237　853.6382/158

滄桑豔二卷　丁傳靖撰　清光緒三十四年
(1908)刻本　一冊

370000－1541－0015238　853.67/311

梅花夢二卷　（清）張道撰　清光緒二十年
(1894)刻本　四冊

370000－1541－0015239　853.67/311＝1

梅花夢二卷　（清）張道撰　清光緒二十年
(1894)刻本　二冊

370000－1541－0015240　853.67/311＝2

梅花夢二卷　（清）張道撰　清光緒二十年
(1894)刻本　六冊

370000－1541－0015241　853.68/169

帝女花二卷附題辭一卷　（清）黃燮清撰　清
道光十三年(1833)馴雲閣刻韻珊外集本　三
冊

370000－1541－0015242　853.68/169＝1

帝女花二卷附題辭一卷　（清）黃燮清撰　清
道光十三年(1833)馴雲閣刻韻珊外集本　二
冊

370000－1541－0015243　854/966

新編煙匣記十二回　（清）□□撰　清永順堂
顧德榮抄本　二冊

370000－1541－0015244　854.41/323

春秋配不分卷　（清）□□撰　清光緒二十七
年(1901)建丕基抄本　一冊

370000－1541－0015245　854.41/505

戲本摘抄　（清）□□抄　清稿本　一冊

370000－1541－0015246　854.41/517

極樂世界傳奇十三卷　（清）觀劇道人撰　清
抄本　四冊

370000－1541－0015247　854.41/517＝1

極樂世界傳奇八卷　（清）觀劇道人撰　（清）
試香女史評　清光緒七年(1881)京都聚珍堂
書坊木活字印本　八冊

370000－1541－0015248　856/164

勞薪錄四卷　（清）黃雲撰　清光緒二十九年
(1903)蘭州官書局鉛印本　四冊

370000－1541－0015249　856/818

風雅下酒物不分卷　（清）周炳城輯錄　清稿
本　八冊

370000－1541－0015250　856/860

文章遊戲初編八卷二編八卷三編八卷四編八
卷　（清）繆艮選　清嘉慶至道光緯文堂刻本

二十四册

370000－1541－0015251　856.1/279

書記洞詮一百十六卷目錄十卷　（明）梅鼎祚
輯　明萬曆二十五年(1597)汝南玄白堂刻本
二十四册　存七十九卷(一至七十九)

370000－1541－0015252　856.1/747

翰海十二卷　（明）沈佳胤輯　明崇禎三年
(1630)刻本　四册

370000－1541－0015253　856.1/990

啓雋類函一百二卷目錄九卷啓雋職官考五卷
（明）俞安期輯　明萬曆刻本　四十八册

370000－1541－0015254　856.1515/313

蘇黃尺牘八卷　（明）張所望輯　明萬曆十九
年(1591)吳淞張所敬刻本　四册

370000－1541－0015255　856.16/112

明賢尺牘四卷　（清）王元勳　（清）程化騄輯
清光緒二十六年(1900)許氏榆園刻本　二
册

370000－1541－0015256　856.16/609

精選當代各名公短札字字珠八卷首一卷
（明）許以忠選　明刻本　一册

370000－1541－0015257　856.16/813

賴古堂名賢尺牘新鈔十二卷二選藏弃集十六
卷三選結鄰集十六卷　（清）高阜　（清）羅燿
選　清康熙周氏賴古堂刻情話軒印本　十八
册

370000－1541－0015258　856.16/834

新刻旁注四六類函十二卷　（明）朱錦輯
（明）閔師孔注　（明）許以忠編正　明萬曆三
十六年(1608)南都王養恬刻本　十二册

370000－1541－0015259　856.16/959

歸錢尺牘二種五卷　（明）歸有光　（清）錢謙
益撰　（清）顧栻輯　清康熙三十八年(1699)
顧氏如月樓刻本　五册

370000－1541－0015260　856.167/112

尺牘清裁六十卷補遺一卷　（明）王世貞輯
明隆慶五年(1571)王世貞刻本　十六册

370000－1541－0015261　856.167/119

鍥評釋湖州弄丸集翰墨四卷　（明）吳之鵬彙
選　（明）周紹胤校釋　明萬曆余彰德刻本
佚名批校　二册

370000－1541－0015262　856.17/112

清暉閣贈貽尺牘二卷　（清）王鞏輯　清宣統
三年(1911)順德鄧氏風雨樓鉛印本　一册

370000－1541－0015263　856.17/309

瑤華集一卷　（清）張邁輯　清光緒二十八年
(1902)始豐傳是樓刻本　一册

370000－1541－0015264　856.17/311

友聲新集四卷　（清）張潮輯　清乾隆四十五
年(1780)張氏刻本　一册

370000－1541－0015265　856.17/516

曹李尺牘合選二卷　（清）曹溶　（清）李良年
撰　（清）茅復選　清乾隆三十九年(1774)浙
江海寧茅復刻本　二册

370000－1541－0015266　856.17/635

名賢手劄不分卷　（清）郭慶藩輯　清光緒十
年(1884)湘陰郭氏峅瞻堂刻本　四册

370000－1541－0015267　856.17/682

清暉堂同人尺牘彙存四卷　（清）惲壽平輯
清咸豐七年(1857)順德來青閣刻本　一册

370000－1541－0015268　856.17/951

清代名人手札真跡不分卷　（清）□□編　清
光緒二十六年(1900)稿本　一册

370000－1541－0015269　856.172/946

分類尺牘新語二十四卷　（清）徐士俊輯　清
康熙二年(1663)刻本　四册

370000－1541－0015270　856.2/298

書信鈔本不分卷　（清）□□鈔　清抄本　一
册

370000－1541－0015271　856.25/359

宋孫仲益內簡尺牘十卷　（宋）孫覿撰　（宋）
李祖堯編注　（清）蔡龍孫增訂　清光緒二十
二年(1896)武進盛氏思惠齋刻常州先哲遺書
本　二册

370000－1541－0015272　856.2515/554

蘇長公表啓尺牘選八卷　（宋）蘇軾撰　（明）
郭化編選　明萬曆四十一年（1613）刻本　二
冊　存六卷（一至六）

370000－1541－0015273　856.2515/554＝1

東坡尺牘十卷　（宋）蘇軾撰　清道光十二年
（1832）三蘇堂刻東坡集本　一冊

370000－1541－0015274　856.2515/554＝2

蘇東坡尺牘八卷　（宋）蘇軾撰　清道光二十
八年（1848）群玉山房刻本　四冊

370000－1541－0015275　856.26/839

牧齋尺牘三卷　（清）錢謙益撰　清宣統二年
（1910）上海時中書局鉛印本　四冊

370000－1541－0015276　856.26/856

熊襄愍公尺牘四卷　（明）熊廷弼撰　清光緒
三十四年（1908）武昌璞園刻本　四冊

370000－1541－0015277　856.266/144

繡虎軒尺牘八卷二集八卷　（清）曹煜撰　清
康熙十七年（1678）傳萬堂刻本　十六冊

370000－1541－0015278　856.267/161

雙魚編二卷二編二卷三編二卷　（明）項桂芳
撰　明萬曆二十三年（1595）刻本　六冊

370000－1541－0015279　856.267/736

玉茗堂尺牘六卷　（明）湯顯祖撰　明天啓刻
玉茗堂全集本　四冊

370000－1541－0015280　856.267/977

鄭襄敏公赤牘十九卷　（明）鄭洛撰　明萬曆
三十五年（1607）柏鳳翔刻本　十冊

370000－1541－0015281　856.27/119

虛受堂書札二卷　王先謙撰　清光緒三十三
年（1907）平江蘇氏刻本　二冊

370000－1541－0015282　856.27/188

袁公手札不分卷　（清）袁思韠撰　清稿本
一冊

370000－1541－0015283　856.27/266

郵筩草六卷　（清）楊玉堂撰　清咸豐五年
（1855）刻本　二冊

370000－1541－0015284　856.27/311

張廉卿先生論學手札不分卷　（清）張裕釗撰
清末九思堂書屋石印本　二冊

370000－1541－0015285　856.27/366

寄龕甲志四卷乙志四卷丙志四卷丁志四卷
（清）孫德祖撰　清光緒二十年（1894）刻二十
三年（1897）續刻本　四冊

370000－1541－0015286　856.27/433

吳摯甫尺牘五卷補遺一卷諭兒書一卷　（清）
吳汝綸撰　清宣統元年（1909）上海國學扶輪
社石印本　十二冊

370000－1541－0015287　856.27/609

許竹篔先生出使函稿十四卷奏疏錄存二卷
（清）許景澄撰　清光緒鉛印本　五冊

370000－1541－0015288　856.27/892

劉椒雲先生遺書一卷漢魏石經考三卷　（清）
劉傳瑩撰　清光緒三十四年（1908）鳳山學舍
刻本　一冊

370000－1541－0015289　856.27/926

臨野堂尺牘四卷　（清）鈕琇撰　（清）康乃心
訂　清康熙三十八年（1699）鈕氏臨野堂刻臨
野堂集本　一冊

370000－1541－0015290　856.27/982

曾文正公書札三十三卷　（清）曾國藩撰
（清）李瀚章輯　清光緒二年（1876）傳忠書局
刻本　十五冊　存二十七卷（一至四、九至三
十一）

370000－1541－0015291　856.27/982＝1

曾文正公書札三十三卷　（清）曾國藩撰
（清）李瀚章輯　清光緒二年（1876）傳忠書局
刻本　十四冊　存二十七卷（五至三十一）

370000－1541－0015292　856.27/982＝2

曾文正公書札三十三卷　（清）曾國藩撰　清
末至民國刻本　十六冊

370000－1541－0015293　856.27/982＝3

曾文正公書札三十三卷　（清）曾國藩撰　清
光緒十三年（1887）申報館鉛印本　十六冊

370000－1541－0015294　856.274/382

培遠堂偶存稿手札節要三卷　（清）陳弘謀撰
清道光三年(1823)刻本　三冊

370000－1541－0015295　856.274/827

雙魚偶存二卷　（清）朱穎撰　清抄本　一冊
存一卷(一)

370000－1541－0015296　856.274/977 ＝ 2

與舍弟書十六通一卷　（清）鄭變撰　清同治
五年(1866)濰坊郭蔭之刻本　一冊

370000－1541－0015297　856.276/377

枕善堂尺牘一隅二十卷　（清）陳大溶撰　清
道光十六年(1836)刻本　八冊

370000－1541－0015298　856.276/429

士竹尺牘二卷　（清）嚴籀撰　清道光二十五
年(1845)嚴氏刻本　二冊

370000－1541－0015299　856.277/364

得月軒尺牘八卷　（清）孫方增撰　清光緒元
年(1875)維經堂刻本　六冊

370000－1541－0015300　856.277/869

白讓卿信稿　（清）白讓卿撰　清稿本　王晉
庭跋　二冊

370000－1541－0015301　856.277/982

曾文正公四種　（清）曾國藩撰　清光緒三十
一年(1905)上海商務印書館鉛印本　三冊
存七卷(曾文正公大事記一至四、曾文正公家
訓一至二、曾文正公榮哀錄一卷)

370000－1541－0015302　856.277/982 ＝ 1

曾文正公四種　（清）曾國藩撰　清光緒三十
一年(1905)上海商務印書館鉛印本　三冊
存七卷(曾文正公大事記一至四、曾文正公家
訓一至二、曾文正公榮哀錄一卷)

370000－1541－0015303　856.277/982 ＝ 2

曾文正公四種　（清）曾國藩撰　清光緒三十
一年(1905)上海商務印書館鉛印本　三冊
存七卷(曾文正公大事記一至四、曾文正公家
訓一至二、曾文正公榮哀錄一卷)

370000－1541－0015304　856.277/982 ＝ 3

曾文正公四種　（清）曾國藩撰　清光緒三十
一年(1905)上海商務印書館鉛印本　三冊
存七卷(曾文正公大事記一至四、曾文正公家
訓一至二、曾文正公榮哀錄一卷)

370000－1541－0015305　856.277/982 ＝ 4

曾文正公四種　（清）曾國藩撰　清光緒三十
一年(1905)上海商務印書館鉛印本　三冊
存七卷(曾文正公大事記一至四、曾文正公家
訓一至二、曾文正公榮哀錄一卷)

370000－1541－0015306　856.277/982 ＝ 5

曾文正公四種　（清）曾國藩撰　清光緒三十
一年(1905)上海商務印書館鉛印本　二冊
存五卷(曾文正公大事記一至四、曾文正公榮
哀錄一卷)

370000－1541－0015307　856.277/982 ＝ 6

曾文正公四種　（清）曾國藩撰　清光緒三十
一年(1905)上海商務印書館鉛印本　二冊
存五卷(曾文正公大事記一至四、曾文正公榮
哀錄一卷)

370000－1541－0015308　856.277/982 ＝ 7

曾文正公四種　（清）曾國藩撰　清光緒三十
一年(1905)上海商務印書館鉛印本　一冊
存四卷(曾文正公大事記一至四)

370000－1541－0015309　856.277/982 ＝ 8

曾文正公四種　（清）曾國藩撰　清光緒三十
一年(1905)上海商務印書館鉛印本　一冊
存四卷(曾文正公大事記一至四)

370000－1541－0015310　856.277/982 ＝ 9

曾文正公四種　（清）曾國藩撰　清光緒三十
一年(1905)上海商務印書館鉛印本　一冊
存四卷(曾文正公大事記一至四)

370000－1541－0015311　856.277/982 ＝ 10

曾文正公四種　（清）曾國藩撰　清光緒三十
一年(1905)上海商務印書館鉛印本　八冊

370000－1541－0015312　856.277/982 ＝ 11

曾文正公四種　（清）曾國藩撰　清光緒三十
一年(1905)上海商務印書館鉛印本　三冊
存三種(曾文正公大事記、曾文正公家訓、曾

文正公榮哀錄一卷)

370000－1541－0015313　856.277/982＝12
曾文正公四種　（清）曾國藩撰　清光緒三十一年(1905)上海商務印書館鉛印本　七冊　缺一卷(曾文正公家書一)

370000－1541－0015314　856.277/982＝13
曾文正公四種　（清）曾國藩撰　清光緒三十一年(1905)上海商務印書館鉛印本　三冊　存三種(曾文正公大事記、曾文正公家訓、曾文正公榮哀錄一卷)

370000－1541－0015315　856.277/982＝14
曾文正公四種　（清）曾國藩撰　清光緒三十一年(1905)上海商務印書館鉛印本　三冊　存三種(曾文正公大事記、曾文正公家訓、曾文正公榮哀錄一卷)

370000－1541－0015316　856.277/982＝18
曾文正公家書十卷　（清）曾國藩撰　清光緒五年(1879)傳忠書局刻本　六冊　存七卷(一至七)

370000－1541－0015317　856.277/994
惜抱先生尺牘八卷　（清）姚鼐撰　清咸豐五年(1855)聊城楊氏海源閣刻本　二冊

370000－1541－0015318　856.278/112
陶廬箋牘四卷　王樹枏撰　清光緒刻本　二冊

370000－1541－0015319　856.278/115
弢園尺牘八卷　（清）王韜撰　清光緒二年(1876)香海天南遯窟鉛印本　四冊

370000－1541－0015320　856.278/115＝1
弢園尺牘十二卷　（清）王韜撰　清宣統二年(1910)鉛印本　四冊

370000－1541－0015321　856.278/115＝2
弢園尺牘十二卷　（清）王韜撰　清光緒六年(1880)香海天南遯窟鉛印本　四冊

370000－1541－0015322　856.278/115＝3
弢園尺牘續鈔八卷　（清）王韜撰　清光緒十五年(1889)香海天南遯窟鉛印本　二冊

370000－1541－0015323　856.278/115＝4
弢園尺牘續鈔八卷　（清）王韜撰　清光緒十五年(1889)香海天南遯窟鉛印本　二冊

370000－1541－0015324　856.278/292
石泉書屋尺牘二卷　（清）李佐賢撰　清同治十年(1871)利津李氏刻本　一冊

370000－1541－0015325　856.278/352
左文襄公書牘節要二十六卷　（清）左宗棠撰　（清）楊道霖輯　清光緒二十八年(1902)刻本　十二冊

370000－1541－0015326　856.278/352＝1
左文襄公書牘二十六卷家書二卷　（清）左宗棠撰　清光緒刻本　二十八冊

370000－1541－0015327　856.278/438
巢睫庵駢散尺牘撮存六卷　（清）吳廮撰　清光緒二十二年(1896)天津文美齋刻本　四冊

370000－1541－0015328　856.281/112
湘綺樓箋啟六卷　王闓運撰　清光緒刻本　四冊

370000－1541－0015329　856.3/364
尺牘類選十六卷　（清）孫焜輯　（清）陳世熙選　清刻本　七冊　存十一卷(五至六、八至十六)

370000－1541－0015330　856.4/292
增補如面談新集十卷首一卷　（清）李光祚纂　清黎照堂刻本　六冊

370000－1541－0015331　856.4/842
雲林別墅新輯酬世錦囊初集八卷二集七卷三集二卷四集二卷　（清）鄒景揚輯　清光華堂刻本　十六冊

370000－1541－0015332　856.4/842＝1
雲林別墅新輯酬世錦囊採輯新聯二卷　（清）鄒景揚輯　清光華堂刻本　一冊　存一卷(一)

370000－1541－0015333　856.5/311
奚囊寸錦三卷讀法一卷　（清）張潮撰　清嘉慶二十五年(1820)王從豫刻本　四冊

370000－1541－0015334　856.5/374

回文類聚四卷首一卷　(宋)桑世昌輯　織錦回文圖一卷　(清)朱象賢摹集　回文類聚續編十卷　(清)朱象賢集　清康熙刻本　四冊

370000－1541－0015335　856.5/502

蘭湄幻墨不分卷　(清)華彬撰　清光緒二十年(1894)武林竹簡齋石印本　三冊

370000－1541－0015336　856.5/522

璇璣碎錦二卷　(清)萬樹撰　清光緒九年(1883)刻本　二冊

370000－1541－0015337　856.5/667

詩畸八卷外編二卷謎拾二卷謎學一卷　(清)唐景崧輯　清光緒十九年(1893)刻本　八冊

370000－1541－0015338　856.6/288

罷讀樓彙刻贈言十卷　(清)陳延恩輯　清道光十八年(1838)來可閣刻本　十冊

370000－1541－0015339　856.6/292

聯經四卷　(清)李學禮撰　清乾隆五十五年(1790)補過堂刻本　八冊

370000－1541－0015340　856.6/500

新刻湯太史增補註釋便蒙登雲對類十九卷首一卷　(明)貞吉子編　(明)呂黃鍾訂補　明藝林存誠堂刻本　四冊

370000－1541－0015341　856.6/927

恒言錄六卷　(清)錢大昕撰　清光緒二十八年(1902)烏程張熙鉛印本　二冊

370000－1541－0015342　856.6/946

壽序彙存一卷　(清)徐桐　(清)劉坤一等撰　(清)武吉祥　(清)許普濟校刊　清光緒四年(1878)廣東富文齋刻本　一冊

370000－1541－0015343　856.7/112

塾課分編八集　(清)王步青評選　清敦復堂刻本　七冊　存四集(初集至四集)

370000－1541－0015344　856.7/119

經義約選一卷　(清)王錫蕃選　清光緒二十七年(1901)山東書局鉛印本　一冊

370000－1541－0015345　856.7/158

十二種文萃十二集　(清)丁善寶編　清同治九年(1870)六齋刻本　十二冊

370000－1541－0015346　856.7/185

守身執玉軒遺文一卷　(清)袁世紀撰　清光緒二十年(1894)刻本　一冊

370000－1541－0015347　856.7/285

爐餘集時文一卷附刊一卷　(清)李培撰　(清)吳廷植編　清光緒二年(1876)有斐堂刻本　一冊

370000－1541－0015348　856.7/350

宋人經義約鈔一卷補鈔一卷　(清)孫葆田編　作義要訣一卷　(元)倪士毅撰　清光緒二十四年(1898)河南省城刻本　一冊

370000－1541－0015349　856.7/350＝1

宋人經義約鈔一卷補鈔一卷　(清)孫葆田編　作義要訣一卷　(元)倪士毅撰　清光緒二十四年(1898)河南省城刻本　一冊

370000－1541－0015350　856.7/414

紅藕花軒課草不分卷　(清)馬國翰撰　清刻本　一冊　存四十三葉(六十一至一百三)

370000－1541－0015351　856.7/433

重定天崇百篇四卷　(清)吳懋政輯　(清)陳達紀重定　清道光五年(1825)高埠刻本　四冊

370000－1541－0015352　856.7/440

敬慎堂稿四集　吳鑅撰　清光緒抄本　六冊

370000－1541－0015353　856.7/443

仁在堂全集十四集　(清)路德評選　清道光刻本　八冊　存五集(九至十三)

370000－1541－0015354　856.7/443＝1

仁在堂全集十四集　(清)路德評選　清道光刻本　二十四冊

370000－1541－0015355　856.7/443＝2

仁在堂全集十四集　(清)路德評選　清光緒十年(1884)上海江左書林刻本　三十六冊

370000－1541－0015356　856.7/458

歷科朝元卷一卷　(清)□□輯　清京都松竹

齋刻本　一冊

370000－1541－0015357　856.7/484

增選多寶船不分卷　（清）點石齋主人輯　清光緒八年(1882)上海點石齋石印本　八冊

370000－1541－0015358　856.7/627

欽定四書文選　（清）方苞等選　清乾隆刻本　二十冊

370000－1541－0015359　856.7/725

天崇合鈔一卷　（清）祝松雲輯　清光緒十七年(1891)湖南崇德書局刻本　一冊

370000－1541－0015360　856.7/739

昭代名人尺牘續集二十四卷　陶湘撰　清宣統三年(1911)石印本　二十四冊

370000－1541－0015361　856.7/772

山左校士錄四卷　（清）馮譽驥選　清同治五年(1866)刻本　四冊

370000－1541－0015362　856.7/775

冷鬻雪先生遺文一卷　（清）冷開泰撰　清道光二年(1822)冷善長刻本　一冊

370000－1541－0015363　856.7/820

犢山文稿不分卷　（清）周鎬撰　清光緒二十年(1894)湖南書局刻本　六冊

370000－1541－0015364　856.7/845

韞山堂時文初集一卷二集一卷三集一卷　（清）管世銘撰　（清）汪鳴鑾注　清京都修文堂刻朱墨套印本　八冊

370000－1541－0015365　856.7/890

山左文鈔不分卷　（清）劉鴻翱撰　清孟柳谷刻本　十冊

370000－1541－0015366　856.7/890＝1

十科策略箋釋十卷　（明）劉定之撰　（清）劉作楫注釋　**呆齋公[劉定之]年譜一卷**　（清）劉作楫撰　清乾隆二十一年(1756)古吳三樂齋刻本　六冊

370000－1541－0015367　856.7/946

目耕齋讀本不分卷二刻不分卷　（清）徐楷（清）沈叔眉編　清光緒十四年(1888)湖南文

昌書局刻本　四冊

370000－1541－0015368　856.8/311

塵談拾雅十種　（清）劉節卿輯　清同治八年(1869)劉氏藏修書屋刻本　一冊　存四種（錢本草、元寶公案、酒鑒、游戲三昧）

370000－1541－0015369　856.8/377

文則二卷　（宋）陳騤撰　清嘉慶二十二年(1817)臨海宋氏刻台州叢書本　一冊

370000－1541－0015370　856.8/927

邇言六卷　（清）錢大昭撰　清光緒四年(1878)刻本　一冊

370000－1541－0015371　856.87/688

天花亂墜八卷　寅半生輯　清光緒二十九年(1903)崇寔齋刻本　四冊

370000－1541－0015372　856.9/119

駢文類纂四十六卷　王先謙編　清光緒二十八年(1902)長沙思賢書局刻本　二十四冊

370000－1541－0015373　856.9/119＝2

讀書雜志八十二卷餘編二卷　（清）王念孫撰　清嘉慶十七年至道光十二年(1812－1832)高郵王氏刻本　三冊　存十二卷（漢書五至十六）

370000－1541－0015374　856.9/167

儆季雜著五種附二種　（清）黃以周撰　清光緒二十年(1894)江陰南菁講舍刻本　十冊

370000－1541－0015375　856.9/167＝1

儆季雜著五種附二種　（清）黃以周撰　清光緒二十年(1894)江陰南菁講舍刻本　九冊缺一冊(十)

370000－1541－0015376　856.9/185

文賦雜鈔不分卷　（清）□□編　清稿本　二冊

370000－1541－0015377　856.9/196＝1

簷曝雜記六卷　（清）趙翼撰　清刻本　二冊

370000－1541－0015378　856.9/212

藤陰雜記十二卷　（清）戴璐撰　清光緒三年(1877)吳興會館刻本　二冊

370000 – 1541 – 0015379　856.9/221

耕祿稿一卷　（宋）胡錡撰　**厚德錄四卷**
(宋)李元綱撰　清初刻本　一冊

370000 – 1541 – 0015380　856.9/261

竹軒雜著六卷　(宋)林季仲撰　清抄本　二
冊

370000 – 1541 – 0015381　856.9/298

豈有此理四卷　(清)□□撰　清嘉慶四年
(1799)絳雪草廬刻本　四冊

370000 – 1541 – 0015382　856.9/298 = 1

更豈有此理四卷　(清)□□撰　清嘉慶十一
年(1806)小酉山房刻本　四冊

370000 – 1541 – 0015383　856.9/382

句溪雜著六卷　(清)陳立撰　清光緒十四年
(1888)廣雅書局刻廣雅書局叢書本　一冊

370000 – 1541 – 0015384　856.9/440

有正味齋駢文十六卷　(清)吳錫麒撰　(清)
葉聯芬箋注　清道光二十年(1840)慈北葉氏
刻本　八冊

370000 – 1541 – 0015385　856.9/440 = 2

有正味齋駢體文二十四卷　(清)吳錫麒撰
(清)王廣業箋　(清)葉聯芬注　清光緒十五
年(1889)上海蜚英館石印本　四冊

370000 – 1541 – 0015386　856.9/494

鍾山札記四卷　(清)盧文弨撰　清乾隆五十
五年(1790)杭州抱經堂刻本　二冊

370000 – 1541 – 0015387　856.9/527

策論鈔一卷　(清)芷庭重訂　清光緒二十八
年(1902)抄本　一冊

370000 – 1541 – 0015388　856.9/659

所見隨錄不分卷　(清)□□編　清抄本　一
冊

370000 – 1541 – 0015389　856.9/720 = 2

讀書叢錄二十四卷　(清)洪頤煊撰　清道光
二年(1822)廣東富文齋刻本　六冊

370000 – 1541 – 0015390　856.9/735

渠陽隨筆不分卷附前輩遺稿一卷　(明)孫庚

撰　清乾隆山東金鄉孫氏抄本　一冊

370000 – 1541 – 0015391　856.9/813

[浙江紹興]山陰周氏家譜雜鈔不分卷　(清)
周□編　清稿本　一冊

370000 – 1541 – 0015392　856.9/951

壺園雜著不分卷　(清)徐寶善撰　清刻本
一冊

370000 – 1541 – 0015393　856.9/982

曾文正公雜著四卷　(清)曾國藩撰　清同治
十三年(1874)傳忠書局刻本　四冊

370000 – 1541 – 0015394　856.9/982 = 1

曾文正公雜著四卷　(清)曾國藩撰　清同治
十三年(1874)傳忠書局刻本　四冊

370000 – 1541 – 0015395　856.9/987

粟香隨筆八卷二筆八卷三筆八卷　金武祥撰
清光緒七年至十一年(1881 – 1885)江陰金
氏廣州刻本　十二冊

370000 – 1541 – 0015396　856.9/987 = 1

粟香隨筆八卷　金武祥撰　清光緒七年
(1881)江陰金氏廣州刻本　一冊　存二卷
(一至二)

370000 – 1541 – 0015397　856.9/994

讀海外奇書室雜著五卷　姚文棟撰　清光緒
十四年(1888)上海字林滬報館鉛印本　一冊

370000 – 1541 – 0015398　857/380

唐人說薈二十卷　(清)陳世熙輯　清同治三
年(1864)緯文堂刻本　四十冊

370000 – 1541 – 0015399　857/380 = 1

唐人說薈二十卷　(清)陳世熙輯　清同治八
年(1869)右文堂刻本　二十冊

370000 – 1541 – 0015400　857.01/130

儒林外史評二卷　(清)張文虎撰　清光緒十
一年(1885)寶文閣刻本　二冊

370000 – 1541 – 0015401　857.01/578

桃花扇傳奇後序詳註四卷　(清)吳穆撰
(清)花庭閒客編　清嘉慶二十一年(1816)刻
本　四冊

370000－1541－0015402　857.1/112

秋燈叢話十八卷　（清）王椷撰　清嘉慶十七年(1812)刻本　二冊　存四卷(一至四)

370000－1541－0015403　857.1/115

澠水燕談錄十卷　（宋）王闢之撰　明萬曆商氏刻稗海本　一冊　存六卷(一至六)

370000－1541－0015404　857.1/285

剪燈餘話三卷　（明）李禎撰　清末刻本　二冊　存二卷(一至二)

370000－1541－0015405　857.1/288

續太平廣記八卷　（清）陸壽名輯　清嘉慶五年(1800)懷德堂刻本　十二冊

370000－1541－0015406　857.1/298

新訂螢窗清玩花柳佳談全集四卷　（清）□□撰　清抄本　四冊

370000－1541－0015407　857.1/318＝2

五朝小說□□卷　（明）桃源溪父編　明末刻本　十二冊　存十二卷(魏晉一至十二)

370000－1541－0015408　857.1/320

潛園集錄十二卷　（清）屠倬輯　清道光二年(1822)刻本　六冊

370000－1541－0015409　857.1/375

瀛舟筆談十二卷　（清）阮亨撰　清嘉慶二十五年(1820)刻本　六冊

370000－1541－0015410　857.1/426

古今說部叢書　國學扶輪社輯　清宣統二年(1910)鉛印本　六十冊

370000－1541－0015411　857.1/426＝1

古今說部叢書　國學扶輪社輯　清宣統二年(1910)鉛印本　五十四冊　缺一集(三)

370000－1541－0015412　857.1/426＝2

古今說部叢書　國學扶輪社輯　清宣統二年(1910)鉛印本　六十冊

370000－1541－0015413　857.1/455＝1

香艷叢書二十集八十卷三百二十八種　（清）蟲天子輯　清宣統二年至三年(1910－1911)上海國學扶輪社鉛印本　七十一冊

370000－1541－0015414　857.1/630

竹書穆天子傳六卷　（晉）郭璞注　清嘉慶九年(1804)臨海洪氏鄂不館刻本　一冊

370000－1541－0015415　857.1/661

稗海七十四種　（明）商濬輯　（清）李孝源重訂　清刻本　一百冊

370000－1541－0015416　857.1/661＝2

稗海四十八種二百八十八卷續二十二種一百六十一卷　（明）商濬編　明萬曆會稽商氏刻本　八十冊

370000－1541－0015417　857.1/747

野獲編三十卷補遺四卷　（明）沈德符撰　清道光七年(1827)扶荔山房刻本　二十冊

370000－1541－0015418　857.1/759

湛園札記四卷　（清）姜宸英撰　清光緒見山樓刻本　二冊

370000－1541－0015419　857.1/953

女才子十二卷首一卷　（清）煙水散人撰　清光緒三年(1877)上海申報館鉛印本　四冊

370000－1541－0015420　857.1/988

熙朝新語十二卷　（清）余金輯　清嘉慶二十三年(1818)鳴盛堂刻本　四冊　存八卷(一至八)

370000－1541－0015421　857.11/630＝2

山海經箋疏十八卷圖贊一卷訂訛一卷敘錄一卷　（晉）郭璞傳　（清）郝懿行箋疏　清嘉慶十四年(1809)揚州阮氏琅嬛仙館刻本　四冊

370000－1541－0015422　857.11/630＝3

山海經箋疏十八卷圖贊一卷訂訛一卷敘錄一卷　（晉）郭璞傳　（清）郝懿行箋疏　清光緒七年(1881)郝聯薇刻本　四冊

370000－1541－0015423　857.11/630＝4

山海經箋疏十八卷圖贊一卷訂訛一卷敘錄一卷　（晉）郭璞傳　（清）郝懿行箋疏　清光緒七年(1881)郝聯薇刻本　四冊

370000－1541－0015424　857.11/630＝5

山海經箋疏十八卷圖贊一卷訂訛一卷敘錄一

卷　（晉）郭璞傳　（清）郝懿行箋疏　清光緒
七年(1881)郝聯薇刻本　三冊　存十七卷
（一至十七）

370000－1541－0015425　857.11/630＝6
山海經箋疏十八卷圖贊一卷訂訛一卷敍錄一
　卷　（晉）郭璞傳　（清）郝懿行箋疏　清光緒
七年(1881)郝聯薇刻本　四冊

370000－1541－0015426　857.11/630＝7
山海經箋疏十八卷圖贊一卷訂訛一卷敍錄一
　卷　（晉）郭璞傳　（清）郝懿行箋疏　清光緒
七年(1881)郝聯薇刻本　四冊

370000－1541－0015427　857.11/630＝8
山海經箋疏十八卷圖讚一卷圖五卷　（晉）郭
璞傳　（清）郝懿行箋疏　清光緒十七年
(1891)上海仿古齋石印本　六冊

370000－1541－0015428　857.11/630＝9
山海經箋疏十八卷圖贊一卷訂訛一卷敍錄一
　卷　（晉）郭璞傳　（清）郝懿行箋疏　清光緒
十八年(1892)上海文林堂刻本　六冊

370000－1541－0015429　857.11/630＝10
山海經十八卷　（晉）郭璞傳　（清）畢沅校正
　清光緒三年(1877)浙江書局刻本　三冊

370000－1541－0015430　857.11/630＝11
山海經十八卷圖五卷　（晉）郭璞傳　（清）畢
沅校正　清光緒十六年(1890)務本書局刻本
　四冊

370000－1541－0015431　857.11/630＝12
山海經十八卷圖讚一卷　（晉）郭璞傳　山海
經補註一卷　（明）楊慎撰　清光緒十年
(1884)汗青簃刻本　四冊

370000－1541－0015432　857.11/630＝13
山海經十八卷　（晉）郭璞傳　清抄本　三冊

370000－1541－0015433　857.11/630＝14
山海經十八卷圖讚一卷補注一卷　（晉）郭璞
傳　清光緒元年(1875)湖北崇文書局刻本
三冊

370000－1541－0015434　857.118/630＝2

穆天子傳六卷　（晉）郭璞注　清乾隆五十三
年(1788)刻本　一冊

370000－1541－0015435　857.12/137
神異經一卷海內十洲記一卷　（漢）東方朔撰
　別國洞冥記四卷　（漢）郭憲撰　穆天子傳
六卷　（晉）郭璞注　清光緒元年(1875)湖北
崇文書局刻本　一冊

370000－1541－0015436　857.1311/319
博物志十卷　（晉）張華撰　清光緒元年
(1875)湖北崇文書局刻本　一冊

370000－1541－0015437　857.1311/319＝1
博物志十卷　（晉）張華撰　清光緒元年
(1875)湖北崇文書局刻本　一冊

370000－1541－0015438　857.132/110
搜神記二十卷　（晉）干寶撰　搜神後記十卷
　（晉）陶潛撰　清光緒元年(1875)湖北崇文
書局刻本　三冊

370000－1541－0015439　857.132/110＝1
搜神記二十卷　（晉）干寶撰　搜神後記十卷
　（晉）陶潛撰　清光緒元年(1875)湖北崇文
書局刻本　三冊

370000－1541－0015440　857.132/110＝2
搜神記二十卷　（晉）干寶撰　搜神後記十卷
　（晉）陶潛撰　清宣統三年(1911)上海幽光
社石印本　四冊

370000－1541－0015441　857.133/112
拾遺記十卷　（晉）王嘉撰　述異記二卷
(南朝梁)任昉撰　清乾隆五十六年(1791)金
溪王氏刻增訂漢魏叢書本　一冊　存五卷
（拾遺記八至十、述異記二卷）

370000－1541－0015442　857.133/112＝1
拾遺記十卷　（晉）王嘉撰　清嘉慶汪氏刻秘
書二十一種本　二冊

370000－1541－0015443　857.133/112＝2
拾遺記十卷　（晉）王嘉撰　清光緒元年
(1875)湖北崇文書局刻本　一冊

370000－1541－0015444　857.1351/888

異苑十卷 （南朝宋）劉敬叔撰 明末虞山毛氏汲古閣刻津逮秘書本 二冊

370000－1541－0015445 857.1351/892

世說新語六卷 （南朝宋）劉義慶撰 （南朝梁）劉孝標注 （明）王世懋批點 明萬曆九年(1581)喬懋敬刻本 六冊

370000－1541－0015446 857.1351/892＝1

世說新語三卷 （南朝宋）劉義慶撰 （南朝梁）劉孝標注 明萬曆三十七年(1609)周氏博古堂刻本 六冊

370000－1541－0015447 857.1351/892＝2

世說新語三卷 （南朝宋）劉義慶撰 （南朝梁）劉孝標注 世說新語補四卷 （明）何良俊撰 （明）王世貞刪定 清康熙十五年(1676)承德堂刻本 十冊

370000－1541－0015448 857.1351/892＝3

世說新語六卷 （南朝宋）劉義慶撰 （南朝梁）劉孝標注 清光緒三年(1877)湖北崇文書局刻本 四冊

370000－1541－0015449 857.1351/892＝4

世說新語六卷 （南朝宋）劉義慶撰 （南朝梁）劉孝標注 清光緒三年(1877)湖北崇文書局刻本 四冊

370000－1541－0015450 857.1351/892＝6

世說新語補二十卷 （南朝宋）劉義慶撰 （南朝梁）劉孝標註 （明）何良俊等增補 清乾隆二十七年(1762)茂清書屋刻本 六冊

370000－1541－0015451 857.1351/892＝14

世說新語六卷附注引用書目一卷佚文一卷校勘小識一卷考證一卷 （南朝宋）劉義慶撰 （南朝梁）劉孝標注 清光緒十七年(1891)思賢講舍刻本 四冊

370000－1541－0015452 857.1353/915

述異記二卷 （南朝梁）任昉撰 清光緒元年(1875)湖北崇文書局刻本 一冊

370000－1541－0015453 857.14/117

唐代叢書六集一百六十四種 （清）王文誥輯

清刻本 十八冊 存五集(二至六)

370000－1541－0015454 857.14/117＝1

唐代叢書六集一百六十四種 （清）王文誥輯 清嘉慶十一年(1806)刻本 十二冊 存三集(一集、四集二至六冊、五集第二冊)

370000－1541－0015455 857.14/117＝2

唐代叢書六集一百六十四種 （清）王文誥輯 清刻本 六冊 存一集(一)

370000－1541－0015456 857.14/117＝3

唐代叢書十二集 （清）陳世熙輯 清宣統三年(1911)上海天寶書局石印本 十二冊

370000－1541－0015457 857.14/382＝8

唐人說薈二十卷 （清）陳世熙輯 清同治三年(1864)緯文堂刻本 二十冊 缺一卷(十八)

370000－1541－0015458 857.14/504

唐開元小說六種不分卷 葉德輝輯 清宣統三年(1911)葉氏觀古堂刻本 二冊

370000－1541－0015459 857.141/885

大唐新語十三卷 （唐）劉肅撰 明萬曆商濬刻本 二冊 存六卷(一至六)

370000－1541－0015460 857.1413/765＝2

雲仙散錄一卷附札記一卷 （唐）馮贄撰 徐乃昌札記 清光緒三十二年(1906)南陵徐氏刻隨盦徐氏叢書本 二冊

370000－1541－0015461 857.1418/879

酉陽雜俎二十卷續集十卷 （唐）段成式撰 明虞山毛氏汲古閣刻本 六冊

370000－1541－0015462 857.1418/879＝4

酉陽雜俎二十卷續集十卷 （唐）段成式撰 清道光二十九年(1849)小娜嬛山館刻本 六冊

370000－1541－0015463 857.1419/587

御覽闕史二卷 （唐）高彥休撰 清乾隆至道光長塘鮑氏刻知不足齋叢書本 一冊

370000－1541－0015464 857.143/870

三水小牘二卷逸文一卷附錄一卷 （唐）皇甫

枚撰　繆荃孫校補　清光緒十七年(1891)江陰繆氏刻雲自在龕叢書本　一冊

370000－1541－0015465　857.1482/888

金華子雜編二卷　(五代)劉崇遠撰　清刻函海本　一冊

370000－1541－0015466　857.15/282

宋人百家小說一百四十三帙　(明)桃源溪父編　明末刻本　四冊　存二十五帙(一至六、六十八至七十四、九十一至一百一、一百四)

370000－1541－0015467　857.15/282 = 1

宋人百家小說一百四十三帙　(明)桃源溪父編　明末刻本　十二冊

370000－1541－0015468　857.15/827

萍洲可談三卷　(宋)朱彧撰　清沈氏抱經樓抄本　三冊

370000－1541－0015469　857.151/203

侯鯖錄八卷　(宋)趙令畤撰　明萬曆商濬刻本　一冊　存四卷(一至四)

370000－1541－0015470　857.151/362

北夢瑣言二十卷　(五代)孫光憲撰　清乾隆二十一年(1756)雅雨堂刻本　二冊

370000－1541－0015471　857.151/754 = 2

宋稗類鈔三十六卷　(清)潘永因編　清宣統三年(1911)上海藜光社石印本　十二冊

370000－1541－0015472　857.1511/399

清異錄二卷　(宋)陶穀撰　清康熙四十七年(1708)陳世修漱六閣刻本　一冊

370000－1541－0015473　857.1512/288

太平廣記五百卷目錄十卷引用書目一卷　(宋)李昉等輯　明嘉靖四十五年(1566)無錫談愷刻本(卷二百二十五至二百七十六係繆荃孫抄補)　六十四冊

370000－1541－0015474　857.1512/288 = 1

太平廣記五百卷目錄十卷　(宋)李昉等輯　清乾隆二十年(1755)天都黃氏槐蔭草堂刻本　四十八冊

370000－1541－0015475　857.1512/288 = 2

太平廣記五百卷目錄二卷　(宋)李昉等輯　清嘉慶十一年(1806)姑蘇聚文堂刻本　六十四冊

370000－1541－0015476　857.1512/288 = 3

太平廣記五百卷目錄二卷　(宋)李昉等輯　清道光二十六年(1846)三讓睦記刻本　四十八冊

370000－1541－0015477　857.152/115

玉照新志六卷　(宋)王明清撰　明萬曆繡水沈氏刻寶顏堂秘笈本　二冊

370000－1541－0015478　857.1521/285

續博物志十卷　(宋)李石撰　清光緒元年(1875)湖北崇文書局刻本　一冊

370000－1541－0015479　857.1521/285 = 1

續博物志十卷　(宋)李石撰　清光緒元年(1875)湖北崇文書局刻本　一冊

370000－1541－0015480　857.1522/720

夷堅志四集八十卷　(宋)洪邁撰　清光緒五年(1879)吳興陸氏十萬卷樓刻本　十六冊

370000－1541－0015481　857.1522/720 = 1

夷堅志四集八十卷　(宋)洪邁撰　清光緒五年(1879)吳興陸氏十萬卷樓刻本　十二冊　存四十卷(丙志一至二十、丁志一至二十)

370000－1541－0015482　857.1524/883

桯史十五卷附錄一卷　(宋)岳珂撰　明虞山毛氏汲古閣刻本　清朱稼翁識語　六冊

370000－1541－0015483　857.157/254

誠齋雜記二卷　(元)林坤撰　明虞山毛氏汲古閣刻本　一冊

370000－1541－0015484　857.16/387

古今說海一百三十五種一百四十二卷　(明)陸楫編　清道光元年(1821)苕溪邵氏西山堂刻本　二十冊

370000－1541－0015485　857.16/399

南村輟耕錄三十卷　(明)陶宗儀撰　明萬曆玉蘭草堂刻本　六冊

370000－1541－0015486　857.16/399 = 1

輟耕錄三十卷　(明)陶宗儀撰　明崇禎虞山毛氏汲古閣刻津逮秘書本　一冊　存八卷(七至十四)

370000－1541－0015487　857.16/399＝2

輟耕錄三十卷　(明)陶宗儀撰　清初廣文堂刻本　六冊

370000－1541－0015488　857.16/399＝3

輟耕錄三十卷　(明)陶宗儀撰　清初廣文堂刻本　十冊

370000－1541－0015489　857.16/399＝4

輟耕錄三十卷　(明)陶宗儀撰　清初廣文堂刻本　十六冊

370000－1541－0015490　857.16/535

雲間據目抄五卷　(明)范濂撰　清末鉛印本　一冊

370000－1541－0015491　857.16/959

顧氏四十家小說　(明)顧元慶編　清宣統三年(1911)上海國學扶輪社鉛印本　八冊

370000－1541－0015492　857.163/476＝2

剪燈新話四卷　(明)瞿佑撰　剪燈餘話三卷　(明)李禎撰　覓燈因話二卷　(明)邵景詹撰　清二酉山房刻本　四冊

370000－1541－0015493　857.167/677

玉壺野史十卷　(宋)釋文瑩撰　清抄本　馮雄跋　一冊

370000－1541－0015494　857.167/736

虞初志八卷　(明)湯顯祖評點　明末刻本　六冊

370000－1541－0015495　857.168/768

情史類略二十四卷　(明)馮夢龍編　清芥子園刻本　十二冊

370000－1541－0015496　857.168/768＝1

情史類略二十四卷　(明)馮夢龍編　清芥子園刻本　十二冊

370000－1541－0015497　857.168/768＝2

情史類略二十四卷　(明)馮夢龍編　清芥子園刻本　十二冊

370000－1541－0015498　857.17/112

淞隱漫錄十二卷　(清)王韜撰　清光緒十年(1884)石印本　一冊　存八卷(一至八)

370000－1541－0015499　857.17/112＝1

在野邇言八卷　(清)王嘉楨撰　清光緒二十年(1894)刻本　四冊

370000－1541－0015500　857.17/117

音釋坐花誌果八卷　(清)汪道鼎撰　(清)鷲峰樵者音釋　清光緒十七年(1891)武林竹簡齋石印本　二冊

370000－1541－0015501　857.17/138＝1

松崖筆記三卷　(清)惠棟撰　清道光二年(1822)吳門文照堂刻本　佚名批校　二冊

370000－1541－0015502　857.17/153

吳門畫舫錄二卷　(清)西溪山人編　清嘉慶十一年(1806)紅樹山房刻本　一冊

370000－1541－0015503　857.17/164

鋤經書舍零墨四卷　(清)黃協塤撰　清光緒四年(1878)上海申報館鉛印本　二冊

370000－1541－0015504　857.17/190

續異書四種七卷　申報館輯　清光緒三年(1877)上海申報館鉛印本　四冊

370000－1541－0015505　857.17/212

藤陰雜記十二卷　(清)戴璐撰　清光緒三年(1877)刻本　二冊

370000－1541－0015506　857.17/271

勝國文徵四卷　(清)楊家麟輯　清光緒鉛印本　二冊

370000－1541－0015507　857.17/295

人海記二卷　(清)查慎行撰　清光緒崇文書局刻正覺樓叢刻本　二冊

370000－1541－0015508　857.17/298

六合內外瑣言二十卷　(清)屠紳撰　清刻本　十冊

370000－1541－0015509　857.17/311

虞初新志二十卷　(清)張潮編　清康熙二十二年(1683)刻本　四冊

370000 – 1541 – 0015510　857.17/311 ＝ 1

虞初新志二十卷　（清）張潮編　清咸豐元年
(1851)小嬛嬛山館刻本　十冊

370000 – 1541 – 0015511　857.17/311 ＝ 2

虞初新志二十卷　（清）張潮編　清咸豐元年
(1851)小嬛嬛山館刻本　六冊　存十四卷
（四至十三、十七至二十）

370000 – 1541 – 0015512　857.17/311 ＝ 3

虞初續志十二卷　（清）鄭澍若編　清咸豐元
年(1851)小嬛嬛山館刻本　六冊

370000 – 1541 – 0015513　857.17/311 ＝ 4

廣虞初新志四十卷　（清）黃承增輯　清嘉慶
八年(1803)寄鷗閒舫刻本　十九冊　缺二卷
（一至二）

370000 – 1541 – 0015514　857.17/347

壺天錄三卷　（清）百一居士撰　清光緒十一
年(1885)上海申報館鉛印本　四冊

370000 – 1541 – 0015515　857.17/375

茶餘客話二十二卷　（清）阮葵生撰　清光緒
十四年(1888)鉛印本　四冊

370000 – 1541 – 0015516　857.17/377

讀書鏡二卷　（明）陳繼儒撰　清光緒六年
(1880)泰州宮氏春雨草堂刻本　二冊

370000 – 1541 – 0015517　857.17/394

黃嬭餘話八卷　（清）陳錫路撰　清光緒二年
(1876)仁和葛氏嘯園刻嘯園叢刻本　四冊

370000 – 1541 – 0015518　857.17/440

四夢彙談四卷　（清）吳紹箕撰　清光緒五年
(1879)上海申報館鉛印本　四冊

370000 – 1541 – 0015519　857.17/455

止園筆談八卷　（清）史夢蘭撰　清光緒四年
(1878)止園刻本　四冊

370000 – 1541 – 0015520　857.17/455 ＝ 1

止園筆談八卷　（清）史夢蘭撰　清光緒四年
(1878)止園刻本　四冊

370000 – 1541 – 0015521　857.17/603

明齋小識十二卷　（清）諸聯撰　清道光十四

年(1834)刻本　六冊

370000 – 1541 – 0015522　857.17/781

對山書屋墨餘錄十六卷　（清）毛祥麟撰　清
同治九年(1870)湖州吳氏醉六堂刻本　八冊

370000 – 1541 – 0015523　857.17/813

思益堂日札五卷　（清）周壽昌撰　清光緒鉛
印本　二冊

370000 – 1541 – 0015524　857.17/816

金陵瑣事四卷續二卷二續二卷　（明）周暉撰
　清抄本　七冊

370000 – 1541 – 0015525　857.17/832

閒談消夏錄六卷　（清）朱翊清撰　清同治十
三年(1874)翠筠山房刻本　六冊

370000 – 1541 – 0015526　857.17/888 ＝ 2

廣陽雜記五卷　（清）劉獻廷撰　清刻本　八
冊

370000 – 1541 – 0015527　857.17/892

庭聞錄六卷　（清）劉健撰　清光緒四年
(1878)上海申報館鉛印本　一冊

370000 – 1541 – 0015528　857.17/934

**屑玉叢譚初集六卷二集六卷三集六卷四集六
卷**　（清）錢徵　蔡爾康輯　清光緒四年
(1878)上海申報館鉛印本　二十一冊

370000 – 1541 – 0015529　857.17/934 ＝ 1

屑玉叢譚四集六卷　（清）錢徵　蔡爾康輯
清光緒六年(1880)上海申報館鉛印本　六冊

370000 – 1541 – 0015530　857.17/988

樓船日記二卷(清光緒十三年)　（清）余思詒
撰　清光緒三十年(1904)上海商務印書館鉛
印本　二冊

370000 – 1541 – 0015531　857.17/990

豔異新編五卷　（清）俞宗駿撰　清光緒九年
(1883)上海王氏刻本　四冊

370000 – 1541 – 0015532　857.172/196

寄園寄所寄十二卷　（清）趙吉士輯　清康熙
三十五年(1696)刻本　清應澧題記　二十四
冊

370000－1541－0015533　857.172/196 = 1
寄園寄所寄十二卷　（清）趙吉士撰　清寶仁堂刻本　七冊　存八卷（二至七、十一至十二）

370000－1541－0015534　857.172/196 = 2
寄園寄所寄十二卷　（清）趙吉士撰　清寶仁堂刻本　十二冊

370000－1541－0015535　857.172/196 = 3
寄園寄所寄十二卷　（清）趙吉士撰　清三益堂刻本　十冊　缺一卷（四）

370000－1541－0015536　857.172/196 = 4
寄園寄所寄十二卷　（清）趙吉士撰　清刻本　一冊　存一卷（一）

370000－1541－0015537　857.172/196 = 5
寄園寄所寄十二卷　（清）趙吉士撰　清末刻本　八冊　存六卷（一至六）

370000－1541－0015538　857.172/311
幽夢影二卷　（清）張潮撰　清康熙刻本　一冊

370000－1541－0015539　857.172/528
聊齋志異新評十六卷　（清）蒲松齡撰　（清）王士禛評　（清）但明倫新評　清道光二十二年（1842）廣順但氏刻朱墨套印本　十六冊

370000－1541－0015540　857.172/528 = 1
聊齋志異新評十六卷　（清）蒲松齡撰　（清）王士禛評　（清）但明倫新評　清道光二十二年（1842）廣順但氏刻朱墨套印本　十六冊

370000－1541－0015541　857.172/528 = 2
聊齋志異新評十六卷　（清）蒲松齡撰　（清）王士禛評　（清）但明倫新評　清道光二十二年（1842）廣順但氏刻朱墨套印本　十六冊

370000－1541－0015542　857.172/528 = 3
聊齋志異新評十六卷　（清）蒲松齡撰　（清）王士禛評　（清）但明倫新評　清道光二十二年（1842）廣順但氏刻朱墨套印本　七冊　存七卷（二至四、六、九至十、十六）

370000－1541－0015543　857.172/528 = 4

聊齋志異新評十六卷　（清）蒲松齡撰　（清）王士禛評　（清）但明倫新評　清光緒三年（1877）廣順但氏刻本　十六冊

370000－1541－0015544　857.172/528 = 5
聊齋志異新評十六卷　（清）蒲松齡撰　（清）王士禛評　（清）呂湛恩注　（清）但明倫批　清光緒七年（1881）禪山近文堂刻朱墨套印本　佚名批校　十六冊

370000－1541－0015545　857.172/528 = 6
聊齋志異新評十六卷　（清）蒲松齡撰　（清）王士禛評　（清）呂湛恩注　（清）但明倫批　清同治十一年（1872）粵東三元堂刻本　十六冊

370000－1541－0015546　857.172/528 = 7
聊齋志異新評十六卷　（清）蒲松齡撰　（清）王士禛評　（清）呂湛恩注　（清）但明倫批　清光緒十二年（1886）上海江左書林石印本　八冊

370000－1541－0015547　857.172/528 = 8
評注聊齋志異十六卷　（清）蒲松齡撰　（清）王士禛評　（清）呂湛恩注　（清）但明倫批　清刻朱墨套印本　一冊　存一卷（八）

370000－1541－0015548　857.172/528 = 9
詳注聊齋志異圖詠十六卷　（清）蒲松齡撰　（清）但明倫　（清）呂湛恩注　清光緒二十二年（1896）上海文宜書局石印本　八冊

370000－1541－0015549　857.172/528 = 10
詳注聊齋志異圖詠十六卷　（清）蒲松齡撰　（清）呂湛恩注　清光緒十二年（1886）上海同文書局石印本　八冊

370000－1541－0015550　857.172/547
三岡識略十卷　（清）董含撰　清抄本　四冊　存六卷（一至二、四至七）

370000－1541－0015551　857.172/606
扶風許氏仙音集二卷　（清）許可覲撰　清光緒二十五年（1899）木活字印本　二冊

370000－1541－0015552　857.172/995

增刪堅瓠集八卷 （清）褚人穫撰 （清）汪燮編 清乾隆二十一年(1756)刻本 八冊

370000－1541－0015553 857.172/995＝1

增刪堅瓠集八卷 （清）褚人穫撰 （清）汪燮編 清乾隆二十一年(1756)刻本 四冊

370000－1541－0015554 857.172/995＝3

重刻褚石農堅瓠集六十六卷 （清）褚人獲撰 清甬上留香閣主人刻本 十冊 存二十卷（四集一至二、五集三至四、六集四卷、八集一至二、九集四卷、十集三至四、秘集三至六）

370000－1541－0015555 857.173/313

遣愁集十二卷 （清）張貴勝輯 清雍正九年(1731)刻本 八冊

370000－1541－0015556 857.174/296

吹影編四卷 （清）垣赤道人撰 清嘉慶二年(1797)刻本 四冊

370000－1541－0015557 857.174/334

漁磯漫鈔十卷 （清）雷琳等輯 清刻本 四冊 存八卷（一至八）

370000－1541－0015558 857.174/375

茶餘客話二十二卷 （清）阮葵生撰 清光緒十四年(1888)鉛印本 四冊

370000－1541－0015559 857.174/375＝2

茶餘客話十二卷 （清）阮葵生撰 （清）戴璐選 清乾隆五十八年(1793)阮鍾琦木活字印本 四冊

370000－1541－0015560 857.174/623

新刻瓜架夕談四卷 （清）謝香開撰 清刻本 一冊

370000－1541－0015561 857.174/740

諧鐸十二卷 （清）沈起鳳撰 清乾隆藤花樹刻本 四冊

370000－1541－0015562 857.174/745

兩晉清談十二卷 （清）沈杲之撰 清嘉慶六年(1801)刻本 四冊

370000－1541－0015563 857.174/949

柳崖外編八卷 （清）徐昆撰 清乾隆五十八年(1793)書業堂刻本 四冊

370000－1541－0015564 857.175/153

吳門畫舫錄二卷 （清）西溪山人編 吳門畫舫續錄三卷投贈三卷 （清）箇中生編 清嘉慶十九年(1814)虎邱行舘刻本 四冊

370000－1541－0015565 857.175/185

新齊諧二十四卷 （清）袁枚編 清刻本 一冊 存四卷（九至十二）

370000－1541－0015566 857.175/297

畫舫餘譚一卷三十六春小譜一卷 （清）捧花生撰 清同治十三年(1874)上海申報館鉛印本 二冊

370000－1541－0015567 857.175/430

在菴筆聞四卷 （清）單可基撰 清刻本 二冊

370000－1541－0015568 857.175/447

挑燈新錄六卷 （清）吳荊園撰 清同治二年(1863)刻本 四冊

370000－1541－0015569 857.175/859

灤陽消夏錄八卷 （清）紀昀撰 清在園草堂刻本 五冊

370000－1541－0015570 857.175/859＝1

閱微草堂筆記二十四卷 （清）紀昀撰 清刻本 三冊 存七卷（三至四、十五至十六、二十二至二十四）

370000－1541－0015571 857.175/859＝2

閱微草堂筆記二十四卷 （清）紀昀撰 清嘉慶二十一年(1816)北平盛氏刻本 十冊

370000－1541－0015572 857.175/932

質直談耳八卷 （清）錢肇鼇撰 清道光四年(1824)學餘堂刻本 八冊

370000－1541－0015573 857.175/990

蕉軒摭錄十二卷 （清）俞夢蕉撰 清光緒上海申報館鉛印本 四冊

370000－1541－0015574 857.176/269

京塵雜錄四卷 （清）楊懋建撰 清光緒十二年(1886)上海同文書局石印本 二冊

370000－1541－0015575　857.176/414

竹如意二卷　（清）馬國翰撰　清章邱刻本
一冊

370000－1541－0015576　857.176/732

兩般秋雨盦隨筆八卷　（清）梁紹壬撰　清緯
文堂刻本　八冊

370000－1541－0015577　857.176/732＝2

兩般秋雨盦隨筆八卷　（清）梁紹壬撰　清光
緒十年（1884）錢塘許氏吉華室刻本　五冊
存五卷（二至三、五、七至八）

370000－1541－0015578　857.176/732＝3

兩般秋雨盦隨筆八卷　（清）梁紹壬撰　清光
緒十年（1884）錢塘許氏吉華室刻本　八冊

370000－1541－0015579　857.176/736

翼駉稗編八卷　（清）湯用中撰　清道光二十
八年（1848）刻本　八冊

370000－1541－0015580　857.176/736＝2

翼駉稗編八卷　（清）湯用中撰　清道光二十
八年（1848）刻本　三冊　存六卷（一至四、七
至八）

370000－1541－0015581　857.176/789

多暇錄二卷　（清）程庭鷺撰　清光緒二十年
（1894）觀自得齋刻本　一冊

370000－1541－0015582　857.176/860

塗說四卷　（清）繆艮輯　清道光七年（1827）
武林繆艮刻本　二冊

370000－1541－0015583　857.176/885

粵屑八卷　（清）劉世馨輯　清道光十年
（1830）刻本　四冊

370000－1541－0015584　857.177/306

南浦秋波錄三卷　（清）張際亮撰　清刻本
一冊

370000－1541－0015585　857.177/306＝1

南浦秋波錄三卷　（清）張際亮撰　清刻本
一冊

370000－1541－0015586　857.177/504

薀奇錄八卷　（清）葉志詵撰　（清）葉恩頤編

清同治十年（1871）刻本　六冊

370000－1541－0015587　857.177/648

蜚階外史四卷　（清）高繼珩撰　清咸豐十年
（1860）香火因緣室刻本　二冊

370000－1541－0015588　857.177/712

寄蝸殘賸十六卷　（清）蔡愚道人撰　清同治
十一年（1872）不懼無悶齋刻本　八冊

370000－1541－0015589　857.177/725＝2

池上草堂筆記六卷　（清）梁恭辰撰　清道光
二十三年（1843）粵東味經堂書坊刻本　八冊

370000－1541－0015590　857.177/781

對山書屋墨餘錄十六卷　（清）毛祥麟撰　清
同治九年（1870）湖州吳氏醉六堂刻本　六冊
存十二卷（一至二、七至十六）

370000－1541－0015591　857.177/853

煙雨樓續聊齋志異八卷　（清）解鑑撰　聊齋
四六集一卷　（清）蒲松齡撰　清抄本　一冊

370000－1541－0015592　857.177/987

客牕偶筆四卷二筆一卷　（清）金捧閶撰　清
同治十二年（1873）江陰金氏刻本　四冊

370000－1541－0015593　857.178/112

繪圖後聊齋志異十二卷　（清）王韜撰　清光
緒二十九年（1903）上海點石齋石印本　六冊

370000－1541－0015594　857.178/112＝1

遯窟讕言十二卷　（清）王韜撰　**眉珠盦憶語
一卷**　（清）華鬘生撰　清光緒元年（1875）上
海申報館鉛印本　四冊

370000－1541－0015595　857.178/112＝2

遯窟讕言十二卷　（清）王韜撰　清光緒六年
（1880）鉛印本　四冊

370000－1541－0015596　857.178/112＝3

遯窟讕言十二卷　（清）王韜撰　清光緒六年
（1880）鉛印本　四冊

370000－1541－0015597　857.178/438

客窗閒話八卷　（清）吳熾昌撰　清光緒二年
（1876）學庫山房刻本　四冊

370000－1541－0015598　857.178/606

珊瑚舌雕談初筆八卷　(清)許起撰　清光緒
十一年(1885)王氏弢園木活字印本　四冊

370000－1541－0015599　857.178/665

醒世日記二卷　(清)席世能撰　清光緒二十
二年(1896)刻本　二冊

370000－1541－0015600　857.178/842

三借廬贅譚十二卷　鄒弢纂　清光緒十一年
(1885)上海申報館鉛印本　六冊

370000－1541－0015601　857.178/862

行素齋雜記二卷　(清)李佳繼昌撰　清光緒
二十七年(1901)湖南刻本　二冊

370000－1541－0015602　857.178/910

談異八卷　(清)伊園撰　清光緒十九年
(1893)刻本　四冊

370000－1541－0015603　857.178/946

宋艷十二卷　(清)徐士鑾輯　清光緒十七年
(1891)天津徐氏蝶園刻本　藹菴識語　六冊

370000－1541－0015604　857.178/990

右台仙館筆記十六卷　(清)俞樾撰　清光緒
刻春在堂全書本　五冊

370000－1541－0015605　857.178/994

譚史志奇八卷　(清)姚彥臣撰　清光緒十四
年(1888)五知堂刻本　四冊

370000－1541－0015606　857.196/730

歸田瑣記八卷浪跡叢談十一卷續談八卷
(清)梁章鉅撰　清道光二十五年(1845)福州
北東園刻本　十一冊

370000－1541－0015607　857.2/209

山海經存九卷首一卷　(清)汪紱釋　清光緒
二十一年(1895)石印汪雙池先生叢書本　四
冊

370000－1541－0015608　857.2/440

山海經廣注十八卷附讀山海經語一卷雜述一
卷圖五卷　(晉)郭璞注　(清)吳任臣釋　清
乾隆五十一年(1786)金閶書業堂刻本　六冊

370000－1541－0015609　857.2/440＝1

山海經廣注十八卷附讀山海經語一卷雜述一
卷圖五卷　(晉)郭璞注　(清)吳任臣釋　清
乾隆五十一年(1786)金閶書業堂刻本　六冊

370000－1541－0015610　857.2/440＝2

山海經廣注十八卷附讀山海經語一卷雜述一
卷圖五卷　(晉)郭璞注　(清)吳任臣釋　清
乾隆五十一年(1786)金閶書業堂刻本　八冊

370000－1541－0015611　857.2/440＝3

山海經廣注十八卷附讀山海經語一卷雜述一
卷圖五卷　(晉)郭璞注　(清)吳任臣釋　清
乾隆五十一年(1786)金閶書業堂刻本　四冊

370000－1541－0015612　857.2/662

見聞隨筆二十六卷　(清)齊學裘撰　清同治
十年(1871)天空海闊之居刻本　十冊

370000－1541－0015613　857.2/662＝1

見聞續筆二十四卷　(清)齊學裘撰　清光緒
二年(1876)天空海闊之居刻本　八冊

370000－1541－0015614　857.2/994

竹葉亭雜記八卷　(清)姚元之撰　清光緒十
九年(1893)桐城姚氏刻本　二冊

370000－1541－0015615　857.2/994＝1

竹葉亭雜記八卷　(清)姚元之撰　清光緒十
九年(1893)桐城姚氏刻本　二冊

370000－1541－0015616　857.27/212

鸝砭軒質言四卷　(清)戴蓮芬撰　清光緒五
年(1879)上海申報館鉛印本　二冊

370000－1541－0015617　857.27/348

雪窗新語二卷　(清)夏昌祺撰　天長宣氏三
十六聲粉鐸圖詠一卷　(清)宣鼎撰　清光緒
元年(1875)鉛印本　佚名批　一冊

370000－1541－0015618　857.27/842

想當然耳八卷　(清)鄒鍾撰　清同治十年
(1871)聚興堂刻本　四冊

370000－1541－0015619　857.27/927

履園叢話二十四卷　(清)錢泳輯　清道光三
年(1823)虞山錢氏刻同治九年(1870)錢曰壽
重修本　八冊

370000 - 1541 - 0015620　857.27/927 = 2

履園叢話二十四卷　（清）錢泳輯　清道光三年(1823)虞山錢氏刻同治九年(1870)錢日壽重修本　四冊

370000 - 1541 - 0015621　857.27/934

獪園十六卷　（明）錢希言撰　清乾隆三十九年(1774)長塘鮑氏知不足齋刻本　八冊

370000 - 1541 - 0015622　857.3/392 = 2

老學庵筆記十卷　（宋）陸游撰　清光緒三年(1877)湖北崇文書局刻本　二冊

370000 - 1541 - 0015623　857.3/838

蟫蛄雜記十二卷　（清）屠紳撰　清乾隆五十八年(1793)刻本　六冊

370000 - 1541 - 0015624　857.341/181

封氏聞見記十卷　（唐）封演撰　清乾隆二十一年(1756)德州雅雨堂刻本　一冊

370000 - 1541 - 0015625　857.36/504

水東日記四十卷　（明）葉盛撰　明末崑山葉重華賜書樓刻清康熙十九年(1680)葉方蔚重修本　四冊

370000 - 1541 - 0015626　857.37/686

四明四友詩　（清）鄭梁選　清康熙四十八年(1709)刻本　二冊

370000 - 1541 - 0015627　857.37/725

池上草堂筆記六卷續錄六卷三錄六卷四錄六卷　（清）梁恭辰撰　清同治十二年(1873)湘潭善福堂刻本　八冊

370000 - 1541 - 0015628　857.37/940

餘墨偶談三集八卷四集八卷　（清）饒玉成撰　清光緒九年(1883)雙峰書屋刻本　八冊

370000 - 1541 - 0015629　857.37/970

蟲鳴漫錄二卷　（清）採蘅子撰　清光緒三年(1877)上海申報館鉛印本　二冊

370000 - 1541 - 0015630　857.371/730

雕丘雜錄十八卷　（清）梁清遠撰　清康熙二十一年(1682)梁允桓正定府署刻咸豐六年(1856)印本　六冊

370000 - 1541 - 0015631　857.4/680

四雪草堂重訂通俗隋唐演義一百回　（清）褚人穫撰　清乾隆五十八年(1793)崇德書院刻本　二十冊

370000 - 1541 - 0015632　857.4/685 = 1

兒女英雄傳評話四十回　（清）文康撰　清光緒四年(1878)聚珍堂木活字印本　二十冊

370000 - 1541 - 0015633　857.4/685 = 2

兒女英雄傳評話四十回　（清）文康撰　（清）還讀我書室主人評　清光緒十四年(1888)上海蜚英館石印本　十二冊

370000 - 1541 - 0015634　857.4/926

迴文傳十六卷　（清）李漁撰　（清）鐵華山人重輯　清道光六年(1826)大文堂刻本　八冊

370000 - 1541 - 0015635　857.41/139

景宋殘本五代平話八卷　（宋）□□撰　清宣統三年(1911)董氏誦芬室刻本　四冊

370000 - 1541 - 0015636　857.41/249

娛目醒心編十六卷　（清）草亭老人(杜綱)編　（清）自怡軒主人評　清乾隆五十七年(1792)刻本　四冊

370000 - 1541 - 0015637　857.41/279

新刻時調說唱八仙緣四卷　（清）朱梅庭編　清道光八年(1828)刻本　四冊

370000 - 1541 - 0015638　857.41/290

覺世名言六卷　（清）李漁撰　（清）杜濬評　清嘉慶五年(1800)會成堂刻本　六冊

370000 - 1541 - 0015639　857.41/290 = 2

覺世名言十二卷　（清）李漁撰　清刻本　八冊

370000 - 1541 - 0015640　857.41/290 = 3

覺世名言十二卷　（清）李漁撰　（清）杜濬評　清順治消閒居刻本　三冊　存六種(三與樓、夏宜樓、鶴歸樓、奉先樓、生我樓、聞過樓)

370000 - 1541 - 0015641　857.41/301

今古奇觀四十卷　（明）抱甕老人輯　清同文堂刻本　十六冊

370000－1541－0015642　857.41/301＝1

今古奇觀四十卷　（明）抱甕老人輯　清乾隆五十二年(1787)文盛堂刻本　二十册

370000－1541－0015643　857.41/301＝2

今古奇觀四十卷　（明）抱甕老人輯　清光緒十四年(1888)鉛印本　六册

370000－1541－0015644　857.41/329

俗話傾談二集二卷　（清）紀棠評輯　清同治刻本　一册　存一卷(上)

370000－1541－0015645　857.41/764

拍案驚奇八卷二十三回　（明）凌濛初編　清刻本　二册

370000－1541－0015646　857.41/768

醒世恒言四十卷　（明）馮夢龍輯　（明）可一居士評　明天啓七年(1627)衍慶堂刻本　七册　存二十三卷(一至二十三)

370000－1541－0015647　857.44/112－04

批評第一奇書金瓶梅一百回　（明）蘭陵笑笑生撰　（清）張竹坡評　清康熙皋鶴堂刻本　二十七册　缺一册(第二册圖)

370000－1541－0015648　857.44/153

醒世姻緣傳一百回　（清）西周生撰　清刻本　二十册

370000－1541－0015649　857.44/153＝1

醒世姻緣傳一百回　（清）西周生撰　清同治九年(1870)刻本　十二册　存四十八回(一至四十八)

370000－1541－0015650　857.44/153＝2

醒世姻緣傳一百回　（清）西周生撰　清同治九年(1870)刻本　二十二册

370000－1541－0015651　857.44/153＝3

醒世姻緣傳一百回　（清）西周生撰　清同治九年(1870)刻本　十四册

370000－1541－0015652　857.44/153＝4

繡像醒世姻緣全傳一百回　（清）西周生撰　清光緒二十年(1894)上海書局石印本　十册

370000－1541－0015653　857.44/153＝5

繡像醒世姻緣全傳一百回　（清）西周生撰　清光緒二十年(1894)上海書局石印本　十二册

370000－1541－0015654　857.44/282

英雲夢傳八卷　（清）九容樓主人松雲氏撰　清刻本　八册

370000－1541－0015655　857.44/348

圖繪野叟曝言二十卷一百五十四回　（清）夏敬渠撰　清光緒八年(1882)石印本　二十册

370000－1541－0015656　857.44/348＝1

繪圖野叟曝言二十卷一百五十四回　（清）夏敬渠撰　清光緒八年(1882)石印本　十九册　缺一卷(一)

370000－1541－0015657　857.44/350

蟫史二十卷　（清）屠紳撰　清嘉慶五年(1800)庭梅朱氏刻本　十二册

370000－1541－0015658　857.44/384

繡像三國演義續編十二卷　（明）陳氏尺蠖齋評釋　清光緒十九年(1893)上海廣百宋齋鉛印本　八册

370000－1541－0015659　857.44/410

新鐫警世陰陽夢十卷四十回　（明）長安道人國清編　清抄本　十册

370000－1541－0015660　857.44/433＝2

飛龍傳八卷六十回　（清）吳璿撰　清善美堂刻本　八册

370000－1541－0015661　857.44/475

花月痕全書十六卷五十二回　（清）魏秀仁撰　（清）棲霞居士評閱　清光緒三十一年(1905)育文書局石印本　四册

370000－1541－0015662　857.44/475＝1

花月痕全書十六卷五十二回　（清）魏秀仁撰　（清）棲霞居士評閱　清光緒三十一年(1905)育文書局石印本　四册

370000－1541－0015663　857.44/556

東周列國全志二十三卷一百八回　（清）蔡奡評點　清咸豐四年(1854)書成山房刻朱墨套

印本 二十四册

370000 - 1541 - 0015664 857.44/556 = 1

東周列國全志二十三卷一百八回 （清）蔡奡
評點 清光緒十二年(1886)文英堂刻本 八
册

370000 - 1541 - 0015665 857.44/556 = 2

東周列國全志二十三卷一百八回 （清）蔡奡
評點 清刻本 三册 存六卷(六至七、十四
至十五、二十至二十一)

370000 - 1541 - 0015666 857.44/556 = 3

東周列國志二十七卷一百八回 （清）蔡奡評
點 清光緒二十二年(1896)上海文海書局石
印本 八册

370000 - 1541 - 0015667 857.44/556 = 4

增像全圖東周列國志二十七卷一百八回
（清）蔡奡評點 清光緒二十七年(1901)上海
公興書局鉛印本 四册

370000 - 1541 - 0015668 857.44/934

增訂精忠演義說本全傳二十卷八十回 （清）
錢彩撰 清連元閣刻本 十册

370000 - 1541 - 0015669 857.44/934 = 1

增訂精忠演義說本全傳二十卷八十回 （清）
錢彩撰 清刻本 二十

370000 - 1541 - 0015670 857.44/934 = 2

增訂精忠演義說本全傳二十卷八十回 （清）
錢彩撰 清奎元堂刻本 十册

370000 - 1541 - 0015671 857.44/934 = 3

增訂繪圖精忠說岳全傳八卷八十回 （清）錢
彩撰 清光緒二十二年(1896)源記書局石印
本 八册

370000 - 1541 - 0015672 857.44/987

繡像漢宋奇書二種六十卷 （清）金人瑞（金
聖歎）批點 清末刻本 二十四册

370000 - 1541 - 0015673 857.44/990

結水滸全傳七十卷像一卷末一卷 （清）俞萬
春撰 清同治十年(1871)玉屏山館刻本 二
十册

370000 - 1541 - 0015674 857.44/990 = 1

結水滸全傳七十卷像一卷末一卷 （清）俞萬
春撰 清同治十年(1871)玉屏山館刻本 十
九册 缺三卷(六十一至六十三)

370000 - 1541 - 0015675 857.44/990 = 2

結水滸全傳七十卷末一卷 （清）俞萬春撰
清同治七年(1868)書業堂刻本 十六册

370000 - 1541 - 0015676 857.44/990 = 3

繪像結水滸全傳八卷七十回末一卷 （清）俞
萬春撰 清光緒二十二年(1896)煥文書局鉛
印本 八册

370000 - 1541 - 0015677 857.44/990 = 4

繪像結水滸全傳八卷七十回 （清）俞萬春撰
清末上海廣益書局石印本 八册

370000 - 1541 - 0015678 857.46/137 = 3

東西晉全傳十二卷 （明）楊爾曾撰 清繡谷
周氏光華堂刻本 十二册

370000 - 1541 - 0015679 857.46/149 = 2

繡像西漢演義八卷一百回 （明）甄偉撰 **繡
像東漢演義十卷一百二十六回** （明）謝昭撰
清光緒十八年(1892)上海廣百宋齋鉛印本
六册

370000 - 1541 - 0015680 857.46/252

檮杌閒評五十卷首一卷五十回 （明）□□撰
清京都刻本 十六册

370000 - 1541 - 0015681 857.46/252 = 1

檮杌閒評五十卷首一卷五十回 （明）□□撰
清刻本 十六册

370000 - 1541 - 0015682 857.46/266

新鐫批評出相韓湘子三十回 （明）楊爾曾撰
明天啓三年(1623)武林人文聚刻本 十册

370000 - 1541 - 0015683 857.46/266 = 1

韓湘子十二渡韓昌黎全傳八卷三十回 （明）
雉衡山人撰 （明）泰和仙客評閱 **金丹大要
二卷圖說一卷** （元）陳致虛撰 清末上海碧
梧山莊石印本 十册

370000 - 1541 - 0015684 857.46/266 = 2

新鐫批評出相韓湘子三十回 　(明)楊爾曾撰
清金陵九如堂刻本 　八冊 　存二十八回
(一殘、四至三十)

370000－1541－0015685 　857.46/298

新刻韓湘子九度文公道情三卷 　(清)□□撰
清咸豐七年(1857)聚盛堂刻本 　一冊

370000－1541－0015686 　857.46/384

新鐫重訂出像西晉志傳通俗演義題評四卷
(明)陳氏尺蠖齋評釋 　清繡谷周氏文光堂刻
本 　六冊

370000－1541－0015687 　857.46/384＝1

新鍥重訂出像通俗演義東晉志傳八卷紀元一
卷 　(明)陳氏尺蠖齋評釋 　清慎德堂刻本
十冊

370000－1541－0015688 　857.46/433

西遊真詮一百回 　(明)吳承恩撰 　(清)陳士
斌詮解 　清康熙三十五年(1696)刻本 　二十
冊

370000－1541－0015689 　857.46/433＝1

西遊真詮一百回 　(明)吳承恩撰 　(清)陳士
斌詮解 　清康熙三十五年(1696)刻本 　二十
冊

370000－1541－0015690 　857.46/433＝2

西遊真詮一百回 　(明)吳承恩撰 　(清)陳士
斌詮解 　清康熙三十五年(1696)刻本 　二十
冊

370000－1541－0015691 　857.46/433＝3

西遊真詮一百回 　(明)吳承恩撰 　(清)陳士
斌詮解 　清光緒十一年(1885)上海掃葉山房
刻本 　二十冊

370000－1541－0015692 　857.46/433＝5

新說西遊記一百回 　(明)吳承恩撰 　(清)張
書紳注 　清光緒十四年(1888)邗江味潛齋石
印本 　八冊

370000－1541－0015693 　857.46/433＝6

新說西遊記一百回 　(明)吳承恩撰 　(清)張
書紳注 　清光緒十四年(1888)邗江味潛齋石

印本 　八冊

370000－1541－0015694 　857.46/436

孫龐演義四卷二十回 　(明)吳門嘯客撰 　清
京都文和堂刻本 　八冊

370000－1541－0015695 　857.46/482

四大奇書第一種十九卷一百二十回首一卷
(明)羅本撰 　(清)毛宗崗評 　清刻本 　十七
冊 　缺二卷(二至三)

370000－1541－0015696 　857.46/482＝1

四大奇書第一種十九卷一百二十回首一卷
(明)羅本撰 　(清)毛宗崗評 　清光緒二十三
年(1897)江左書林刻本 　二十冊

370000－1541－0015697 　857.46/482＝2

四大奇書第一種十九卷一百二十回首一卷
(明)羅本撰 　(清)毛宗崗評 　清初大文堂刻
本 　二十冊

370000－1541－0015698 　857.46/482＝3

四大奇書第一種十九卷一百二十回首一卷
(明)羅本撰 　(清)毛宗崗評 　清刻本 　十九
冊

370000－1541－0015699 　857.46/482＝4

繪圖三國演義六十卷 　(明)羅本撰 　清光緒
十六年(1890)上海圖書集成局鉛印本 　十二
冊

370000－1541－0015700 　857.46/482＝5

新刻三寶太監西洋記通俗演義二十卷一百回
(明)羅懋登撰 　清光緒七年(1881)上海申
報館鉛印本 　十冊

370000－1541－0015701 　857.46/482＝6

新刻三寶太監西洋記通俗演義二十卷一百回
(明)羅懋登撰 　清光緒七年(1881)上海申
報館鉛印本 　十冊

370000－1541－0015702 　857.46/482＝7

新刻三寶太監西洋記通俗演義二十卷一百回
(明)羅懋登撰 　清光緒七年(1881)上海申
報館鉛印本 　十冊

370000－1541－0015703 　857.46/518

新刻金瓶梅詞話一百回　（明）蘭陵笑笑生撰
　（清）張竹坡評　清刻本　二十冊

370000－1541－0015704　857.46/518＝2

新刻金瓶梅詞話一百回　（明）蘭陵笑笑生撰
　（清）張竹坡評　清刻本　二十一冊

370000－1541－0015705　857.46/518＝3

批評第一奇書金瓶梅一百回　（明）蘭陵笑笑
生撰　（清）張竹坡評　清康熙影松軒刻本
四十冊

370000－1541－0015706　857.46/518＝4

金瓶梅一百回　（明）蘭陵笑笑生撰　（清）張
竹坡評　清刻本　十一冊　存五十回（一至
五十）

370000－1541－0015707　857.46/518＝5

金瓶梅一百回　（明）蘭陵笑笑生撰　（清）張
竹坡評　清刻本　三十二冊

370000－1541－0015708　857.46/613

初刻封神演義八卷一百回　（明）許仲琳撰
清嘉慶二十四年（1819）聚盛堂刻本　八冊

370000－1541－0015709　857.46/613＝1

繡像封神演義一百回　（明）許仲琳撰　（明）
鍾惺評釋　清光緒十五年（1889）上海廣百宋
齋鉛印本　十冊

370000－1541－0015710　857.46/613＝2

繡像封神演義一百回　（明）許仲琳撰　（明）
鍾惺評釋　清光緒十五年（1889）上海廣百宋
齋鉛印本　十冊

370000－1541－0015711　857.46/613＝3

繡像封神演義一百回　（明）許仲琳撰　（明）
鍾惺評釋　清光緒十五年（1889）上海廣百宋
齋鉛印本　十冊

370000－1541－0015712　857.46/613＝4

繪圖封神榜演義十卷　（明）鍾惺評釋　清光
緒二十三年（1897）上海圖書集成局鉛印本
十冊

370000－1541－0015713　857.46/626＝3

第五才子書水滸全傳七十回　（元）施耐庵撰

清光緒十四年（1888）上海大同書局石印本
八冊

370000－1541－0015714　857.46/628

第五才子書水滸傳七十五卷七十回　（元）施
耐庵撰　（清）金人瑞（金聖歎）評　清緯文堂
刻本　二十冊

370000－1541－0015715　857.46/628＝1

第五才子書水滸傳七十五卷七十回　（元）施
耐庵撰　（清）金人瑞（金聖歎）評　清雍正十
二年（1734）金陵芥子園刻本　八冊　存三十
七卷（一至三十七）

370000－1541－0015716　857.46/628＝2

評論出像水滸傳二十卷七十回　（元）施耐庵
撰　（清）金人瑞（金聖歎）評　清刻本　九冊
存九卷（十二至二十）

370000－1541－0015717　857.46/628＝3

新增第五才子書水滸全傳十卷四十九回
（元）施耐庵撰　清金閶文玉堂刻本　十冊

370000－1541－0015718　857.46/628＝10

忠義水滸全傳一百二十回宣和遺事一卷
（元）施耐庵撰　（明）李贄評　明末郁郁堂刻
本　三十二冊

370000－1541－0015719　857.46/628＝11

水滸後傳八卷四十回　（明）陳忱撰評　清刻
本　八冊

370000－1541－0015720　857.46/662

風流天子傳四十回　（明）齊東野人編演　清
光緒二十一年（1895）香港書局石印本　八冊

370000－1541－0015721　857.46/768

平妖傳八卷四十回　（明）羅本撰　（明）馮夢
龍增補　清刻本　八冊

370000－1541－0015722　857.46/772

映旭齋增訂北宋三遂平妖全傳十八卷四十回
　（明）羅本撰　（明）馮夢龍增補　清嘉慶八
年（1803）刻本　六冊

370000－1541－0015723　857.46/946

繡像南北宋志傳二十卷一百回　（明）熊大木

撰　清浙紹敬藝堂刻本　二十冊

370000－1541－0015724　857.46/951

繡像京本雲合奇蹤玉茗英烈全傳十卷　題(明)徐渭撰　清初金陵大觀堂刻本　十冊

370000－1541－0015725　857.46/951＝1

繡像雲合奇蹤五卷　(明)徐渭撰　清光緒十二年(1886)京都文和堂刻本　五冊

370000－1541－0015726　857.46/951＝2

續英烈傳五卷　題(明)空谷老人撰　清刻本　六冊

370000－1541－0015727　857.47/100

新刻三合明珠寶劍全傳六卷四十二回　(清)□□撰　清道光二十八年(1848)經綸堂刻本　六冊

370000－1541－0015728　857.47/102

續紅樓夢三十卷　(清)秦子忱撰　清嘉慶四年(1799)抱甕軒刻本　十二冊

370000－1541－0015729　857.47/125

蝴蝶媒傳四卷　(清)南岳道人編　清光緒三十年(1904)刻本　四冊

370000－1541－0015730　857.47/125＝1

金石緣全傳二十四回　(清)省齋主人編　清咸豐元年(1851)文粹堂刻本　九冊

370000－1541－0015731　857.47/127

繡像萬年清奇才新傳四集十六卷七十六回　(清)□□撰　清刻本　八冊

370000－1541－0015732　857.47/130

快心編初集五卷十回二集五卷十回三集六卷十二回　(清)天花才子編　(清)四橋居士評　清課花書屋刻本　十六冊

370000－1541－0015733　857.47/139

新刊紅樓夢十六卷一百二十回　(清)曹霑撰　(清)高鶚續　清嘉慶十一年(1806)寶興堂刻本　八冊

370000－1541－0015734　857.47/139＝1

紅樓夢一百二十卷　(清)曹霑撰　(清)王希廉評　清光緒三年(1877)翰苑樓刻本　二十

四冊

370000－1541－0015735　857.47/139＝2

增評補像全圖金玉緣一百二十回　(清)曹霑撰　(清)高鶚續　(清)王希廉評　(清)姚燮評　清光緒十四年(1888)石印本　十六冊

370000－1541－0015736　857.47/139＝3

增評補圖石頭記一百二十回首一卷　(清)曹霑撰　(清)高鶚續　(清)王希廉評　(清)姚燮評　清光緒二十六年(1900)石印本　十六冊

370000－1541－0015737　857.47/139＝4

增評補圖石頭記一百二十回首一卷　(清)曹霑撰　(清)高鶚續　(清)王希廉評　(清)姚燮評　清末鉛印本　二冊　存十七回(八十七至九十五、一百十三至一百二十)

370000－1541－0015738　857.47/139＝5

續紅樓夢三十卷　(清)秦子忱撰　清嘉慶四年(1799)抱甕軒刻本　十二冊

370000－1541－0015739　857.47/139＝7

增補紅樓夢三十二回　(清)娜環山樵撰　清道光四年(1824)刻本　八冊

370000－1541－0015740　857.47/139＝8

後紅樓夢三十回　(清)逍遙子撰　清刻本　八冊

370000－1541－0015741　857.47/139＝9

後紅樓夢三十回附刻二卷　(清)逍遙子撰　清刻本　十六冊

370000－1541－0015742　857.47/139＝10

紅樓夢補四十八回　(清)歸鋤子撰　清光緒二年(1876)申報館鉛印本　十冊

370000－1541－0015743　857.47/139＝11

紅樓夢影二十四回　(清)雲槎外史編　清光緒三年(1877)聚珍堂木活字印本　八冊

370000－1541－0015744　857.47/153

繪圖繪芳錄八卷八十回　(清)西泠野樵撰　清光緒二十年(1894)上海書局石印本　十二冊

370000 – 1541 – 0015745　857.47/153 = 1

繪圖繪芳錄八卷八十回　（清）西泠野樵撰
清光緒二十年(1894)上海書局石印本　八冊

370000 – 1541 – 0015746　857.47/159

金鐘傳八卷六十四回　（清）正一子　（清）克
明子撰　清光緒二十年(1894)刻本　八冊

370000 – 1541 – 0015747　857.47/164

嶺南逸史二十八回　（清）花溪逸史撰　清刻
本　六冊

370000 – 1541 – 0015748　857.47/164 = 1

第九才子書平鬼傳四卷十回　（清）樵雲山人
撰　清經綸堂刻本　四冊

370000 – 1541 – 0015749　857.47/167

繡像洪秀全演義四集八卷五十四回　（清）黃
小配撰　清末石印本　八冊

370000 – 1541 – 0015750　857.47/213 = 1

新出繡像五鋒會初集四卷二集四卷三集四卷
（清）齊□輯　清光緒三十四年(1908)錦府
益友山房石印本　六冊

370000 – 1541 – 0015751　857.47/241

新編覺世梧桐影十二回　（清）□□撰　清刻
本　二冊

370000 – 1541 – 0015752　857.47/285

**後續大宋楊家將文武曲星包公狄青初傳十四
卷六十八回**　（清）李雨堂撰　清光緒四年
(1878)羊城長慶堂刻本　十四冊

370000 – 1541 – 0015753　857.47/285 = 1

繡像萬花樓全傳六卷　（清）李雨堂撰　清光
緒二年(1876)玉蘭軒刻本　六冊

370000 – 1541 – 0015754　857.47/285 = 2

夢中緣四卷十五回　（清）李子乾撰　清光緒
十一年(1885)文成堂刻本　四冊

370000 – 1541 – 0015755　857.47/290

繪圖鏡花緣一百回　（清）李汝珍撰　清光緒
十四年(1888)上海點石齋石印本　五冊　存
八十六回(十五至一百)

370000 – 1541 – 0015756　857.47/290 = 1

增注繪圖官場現形記六十卷　（清）李寶嘉撰
清末石印本　十七冊

370000 – 1541 – 0015757　857.47/298

繡像海公小紅袍四卷四十二回　（清）□□撰
清光緒二十七年(1901)上海廣益書局石印
本　一冊

370000 – 1541 – 0015758　857.47/298 = 1

**新鐫異說五虎平西珍珠旗演義狄青前傳十四
卷一百十二回新鐫後續繡像五虎平南狄青演
傳六卷四十二回**　（清）□□撰　清道光十六
年(1836)大文堂刻本　二十冊

370000 – 1541 – 0015759　857.47/298 = 2

**新鐫後續繡像五虎平南狄青演傳六卷四十二
回**　（清）□□撰　清啟元堂刻本　六冊

370000 – 1541 – 0015760　857.47/298 = 3

新編玉鴛鴦五集二十卷　（清）□□撰　清刻
本　十冊

370000 – 1541 – 0015761　857.47/298 = 4

爭春園全傳四十八回　（清）□□撰　清道光
二十九年(1849)一也軒刻本　六冊

370000 – 1541 – 0015762　857.47/298 = 5

聽月樓二十回　（清）□□撰　清嘉慶二十二
年(1817)積秀堂刻本　四冊

370000 – 1541 – 0015763　857.47/298 = 6

海國春秋四十卷　（清）□□撰　清光緒三十
年(1904)上海書局石印本　十冊

370000 – 1541 – 0015764　857.47/313

新刻批評繡像平山冷燕六卷二十回　（清）天
花藏主人撰　（清）冰玉主人批點　清乾隆靜
寄山房刻本　六冊

370000 – 1541 – 0015765　857.47/350

忠烈俠義傳一百二十回　（清）石玉崑撰　清
光緒九年(1883)刻本　十一冊

370000 – 1541 – 0015766　857.47/350 = 1

忠烈俠義傳一百二十回　（清）石玉崑撰　清
光緒十五年(1889)古樵書屋刻本　二十冊

370000 – 1541 – 0015767　857.47/354

忠孝勇烈奇女傳四卷三十二回　（清）□□撰
　清光緒四年(1878)常州道生堂刻本　四冊

370000－1541－0015768　857.47/354 = 1
繪圖第一俠義奇女傳八卷　（清）知非子撰
清光緒二十年(1894)群玉山房石印本　四冊

370000－1541－0015769　857.47/382
雪月梅傳奇十卷五十回　（清）陳朗撰　（清）
董孟汾評　清聚錦堂刻本　十冊

370000－1541－0015770　857.47/433
飛龍傳八卷六十回　（清）吳璿撰　清乾隆三
十三年(1768)刻本　十一冊　存五十七回
(四至六十)

370000－1541－0015771　857.47/433 = 1
飛龍傳八卷六十回　（清）吳璿撰　清乾隆三
十三年(1768)刻本　十二冊

370000－1541－0015772　857.47/440
第十才子綠雲緣四卷二十四回　（清）吳航野
客編次　（清）水箬散人評閱　清光緒二十年
(1894)群玉山房石印本　四冊

370000－1541－0015773　857.47/444
精訂綱鑑廿四史通俗衍義二十六卷四十四回
　（清）呂撫輯　清光緒十三年(1887)廣百宋
齋鉛印本　六冊

370000－1541－0015774　857.47/451
繪圖評點女仙外史一百回　（清）呂熊撰　清
光緒二十一年(1895)上海積山書局石印本
十六冊

370000－1541－0015775　857.47/473
繪圖新史奇觀八卷二十二回　（清）蓬蒿子編
　清光緒十八年(1892)上海珍藝局鉛印本
四冊

370000－1541－0015776　857.47/486
上海之維新黨二卷六回　（清）浪蕩男兒撰
清光緒三十一年(1905)上海新世界小說社鉛
印本　一冊　存一卷(一)

370000－1541－0015777　857.47/518
繡像綺樓重夢四十八回　（清）蘭皋主人撰

清光緒二十四年(1898)上海書局石印本　六
冊

370000－1541－0015778　857.47/529
常言道十六回　（清）落魄道人編　清嘉慶九
年(1804)刻本　四冊

370000－1541－0015779　857.47/552
繡像海上繁華夢二集六卷　（清）警夢痴仙撰
　清光緒三十一年(1905)上海笑林報館鉛印
本　六冊

370000－1541－0015780　857.47/552 = 1
海上繁華夢新書後集八卷四十回　（清）警夢
痴仙撰　清光緒三十二年(1906)上海笑林報
館鉛印本　八冊

370000－1541－0015781　857.47/552 = 2
海上繁華夢新書後集八卷四十回　（清）警夢
痴仙撰　清光緒三十二年(1906)上海笑林報
館鉛印本　八冊

370000－1541－0015782　857.47/578
豆棚閒話十二卷　（清）艾衲居士撰　清嘉慶
三年(1798)寶寧堂刻本　四冊

370000－1541－0015783　857.47/578 = 1
海上奇書　（清）花也憐儂撰　清光緒十八年
(1892)石印本　十冊

370000－1541－0015784　857.47/582
空洞記八卷四十回　（清）山蔭齋撰　清光緒
二十五年(1899)刻本　二冊

370000－1541－0015785　857.47/590
第八才子書白圭志四卷十六回　（清）崔象川
輯　清嘉慶十年(1805)補餘堂刻本　四冊

370000－1541－0015786　857.47/606
里乘十卷　（清）許奉恩撰　清光緒五年
(1879)常熟抱芳閣刻本　十冊

370000－1541－0015787　857.47/628
繪圖施公案全傳十集四十六卷　（清）□□撰
　清末石印本　十冊　缺一集六卷(二集六
卷)

370000－1541－0015788　857.47/680

四雪草堂重訂通俗隋唐演義一百回　（清）褚
人穫撰　清康熙三十四年(1695)褚氏四雪草
堂刻本　二十四冊

370000－1541－0015789　857.47/682

滿宮秘密史不分卷　憤時子撰　清宣統三年
(1911)上海光復社石印本　一冊

370000－1541－0015790　857.47/695

新鐫繡像後宋慈雲太子逃難走國全傳八卷三
十五回　（清）□□撰　清刻本　八冊

370000－1541－0015791　857.47/717

新刻批評東漢演義八卷三十二回　（清）清遠
道人編　清同文堂刻本　八冊

370000－1541－0015792　857.47/719 ＝ 1

草木春秋演義三十二回　（清）江洪撰　清最
樂堂刻本　六冊

370000－1541－0015793　857.47/787

新編鳳雙飛全傳四十二回　（清）程蕙英撰
清光緒二十四年(1898)怡怡軒主人石印本
二十一冊

370000－1541－0015794　857.47/803

繡雲閣八卷一百四十三回　（清）魏文中編
清刻本　八冊

370000－1541－0015795　857.47/805

繪圖花月因緣十六卷五十二回　（清）魏秀仁
撰　清光緒十九年(1893)上海書局刻本　六
冊

370000－1541－0015796　857.47/805 ＝ 1

繪圖花月因緣十六卷五十二回　（清）魏秀仁
撰　清光緒二十二年(1896)文運書局石印本
六冊

370000－1541－0015797　857.47/852

好逑傳四卷十八回　（清）□□撰　清刻本
四冊

370000－1541－0015798　857.47/862

繡像綠牡丹全傳六卷六十四回　（清）□□撰
清刻本　四冊

370000－1541－0015799　857.47/871

繪圖湘軍平逆傳四卷　（清）醴泉居士撰　清
光緒二十五年(1899)上海書局石印本　四冊

370000－1541－0015800　857.47/885 ＝ 1

西遊原旨二十四卷首一卷一百回　（明）吳承
恩撰　（清）劉一明解　清嘉慶二十四年
(1819)夏復恒刻同治十二年(1873)常德同善
社印本　十二冊

370000－1541－0015801　857.47/899

繡像正德遊江南全傳八卷四十五回　（清）何
夢梅編　清道光十二年(1832)維經堂刻本
四冊

370000－1541－0015802　857.47/916

新刊五美緣全傳八十回　（清）□□撰　清道
光二十五年(1845)聚文堂刻本　八冊

370000－1541－0015803　857.47/918

雙鳳奇緣傳二十卷八十回　（清）雪樵主人撰
清刻本　八冊

370000－1541－0015804　857.47/918 ＝ 2

雙鳳奇緣傳二十卷八十回　（清）雪樵主人撰
清刻本　六冊

370000－1541－0015805　857.47/953

新刊陳宏謀批評記史通鑑三十九卷　（清）徐
道撰　（清）陳弘謀輯　清乾隆五十二年
(1787)刻本　三十九冊

370000－1541－0015806　857.47/956

新編盤龍鐲全傳二十四卷　（清）□□編　清
嘉慶武林會成堂刻本　四冊

370000－1541－0015807　857.47/990

青樓夢六十四回　（清）慕真山人(俞達)撰
（清）瀟湘館侍者(鄒弢)評　清光緒四年
(1878)上海申報館鉛印本　十冊

370000－1541－0015808　857.47/990 ＝ 1

青樓夢六十四回　（清）慕真山人(俞達)撰
（清）瀟湘館侍者(鄒弢)評　清光緒四年
(1878)上海申報館鉛印本　十冊

370000－1541－0015809　857.47/993

新刻異說南唐演義全傳十卷一百回　（清）如

蓮居士編　清道光二十六年(1846)刻本　十
冊

370000－1541－0015810　857.47/993＝1
新刻異說南唐演義全傳十卷一百回　(清)如
蓮居士編　清似菊別墅刻本　十冊

370000－1541－0015811　857.47/993＝2
重刻繡像說唐演義全傳六十八回　(清)如蓮
居士編　清乾隆元年(1736)刻本　十冊

370000－1541－0015812　857.47/993＝3
**異說後唐傳三集薛丁山征西樊梨花全傳十卷
八十八回**　(清)如蓮居士編　清六合山房刻
本　五冊

370000－1541－0015813　857.48/285
原本海公大紅袍傳六十卷六十回　(明)李春
芳撰　清道光二年(1822)書業堂刻本　六冊

370000－1541－0015814　857.48/380
淚珠緣說傳三十二回　(清)陳栩撰　清光緒
二十六年(1900)杭州大觀報館鉛印本　十四
冊

370000－1541－0015815　857.48/436
上下古今談四卷二十回　吳敬恒演詞　清宣
統三年(1911)鉛印本　四冊

370000－1541－0015816　857.48/526
黑寶星二十四章　(清)蔣景緘譯　清宣統元
年(1909)時事報社石印本　庸齋跋　一冊

370000－1541－0015817　857.5/100
繡像雙珠鳳全傳十二卷八十回　(清)□□撰
清同治二年(1863)淨雅書屋刻本　十二冊

370000－1541－0015818　857.5/100＝1
繡像雙珠鳳全傳十二卷八十回　(清)□□撰
清同治二年(1863)淨雅書屋刻本　十二冊

370000－1541－0015819　857.5/152
新刻雙玉鐲初集十五集後集十卷　(清)□□
撰　清乾隆三十二年(1767)刻本　八冊

370000－1541－0015820　857.5/164
增像繪圖雙珠球十二卷四十九回　(清)黃子
貞撰　清末鉛印本　六冊

370000－1541－0015821　857.5/164＝1
新刻真本唱口雙珠球全傳十二集四十九回
(清)黃子貞撰　清光緒三年(1877)刻本　十
二冊

370000－1541－0015822　857.5/164＝2
新刻真本唱口雙珠球全傳十二集四十九回
(清)黃子貞撰　清光緒二年(1876)梁溪刻本
二冊

370000－1541－0015823　857.5/253
新刻雅調唱口平陽傳金臺全集十二卷六十回
(□)□□撰　清光緒七年(1881)墨海堂刻
本　十二冊

370000－1541－0015824　857.5/298＝1
繡像一捧雪全傳八卷三十二回　(清)□□撰
清澄碧軒刻本　四冊

370000－1541－0015825　857.5/298＝2
新增全圖文武香球三十六卷七十二回　題
(清)三樂軒主人編　清光緒十九年(1893)上
海書局石印本　六冊

370000－1541－0015826　857.5/298＝3
繪圖定國志八卷　(清)□□撰　清宣統二年
(1910)上海章福記書局石印本　八冊

370000－1541－0015827　857.5/298＝4
繪圖定國志八卷　(清)□□撰　清宣統二年
(1910)上海章福記書局石印本　八冊

370000－1541－0015828　857.5/298＝5
繪圖定國志八卷　(清)□□撰　清宣統二年
(1910)上海章福記書局石印本　八冊

370000－1541－0015829　857.5/298＝6
繪圖定國志八卷　(清)□□撰　清宣統二年
(1910)上海章福記書局石印本　八冊

370000－1541－0015830　857.5/298＝7
繪圖安邦志八卷　(清)□□撰　清宣統二年
(1910)上海章福記書局石印本　八冊

370000－1541－0015831　857.5/298＝8
繪圖安邦志八卷　(清)□□撰　清宣統二年
(1910)上海章福記書局石印本　八冊

370000－1541－0015832　857.5/298＝9

繪圖安邦志八卷　（清）□□撰　清宣統二年(1910)上海章福記書局石印本　八冊

370000－1541－0015833　857.5/298＝10

繪圖安邦志八卷　（清）□□撰　清宣統二年(1910)上海章福記書局石印本　八冊

370000－1541－0015834　857.5/298＝11

新鐫繡像描金鳳十二卷　（清）竹亭居士編　清光緒二年(1876)刻本　十二冊

370000－1541－0015835　857.5/298＝12

繪圖鳳凰山十卷七十二回　（清）□□撰　清宣統二年(1910)上海章福記書局石印本　十冊

370000－1541－0015836　857.5/298＝13

繪圖鳳凰山十卷七十二回　（清）□□撰　清宣統二年(1910)上海章福記書局石印本　十冊

370000－1541－0015837　857.5/306

明紀彈詞注二卷　（清）張三異撰　（清）張仲璜注　清雍正五年(1727)張坦麟刻本　二冊

370000－1541－0015838　857.5/432

繡像還金鐲傳八卷五十四回　（清）吹竽先生編　清道光元年(1821)吾馨軒刻本　八冊

370000－1541－0015839　857.5/432＝1

繡像落金扇全傳八卷五十回　（清）吹竽先生撰　清同治十二年(1873)刻本　八冊

370000－1541－0015840　857.5/776

繪圖筆生花十六卷三十二回　（清）邱心如撰　清末石印本　十六冊

370000－1541－0015841　857.5/776＝1

繪圖筆生花十六卷三十二回　（清）邱心如撰　清末石印本　十六冊

370000－1541－0015842　857.5/776＝2

筆生花三十二回　（清）邱心如撰　清光緒上海申報館鉛印本　十六冊

370000－1541－0015843　857.5/776＝3

繪圖筆生花十六卷三十二回　（清）邱心如撰

清光緒二十年(1894)上海書局石印本　十六冊

370000－1541－0015844　857.5/813

三笑新編十二卷四十八回　（清）吳信天撰　清光緒四年(1878)刻本　十二冊

370000－1541－0015845　857.5/827

繡像玉連環八卷　（清）朱素仙撰　（清）樵雲山人訂　清道光三年(1823)亦芸書屋刻本　八冊

370000－1541－0015846　857.5/827＝1

繡像玉連環八卷　（清）朱素仙撰　（清）樵雲山人訂　清道光三年(1823)亦芸書屋刻本　八冊

370000－1541－0015847　857.5/834

繡像四香緣四卷三十二回　（清）朱鏡江撰　清道光十三年(1833)浙省務本堂刻本　十六冊

370000－1541－0015848　857.5/880

繡像夢影緣四十八回　（清）蠱下生撰　清光緒二十一年(1895)竹簡齋石印本　十六冊

370000－1541－0015849　857.5/913

錦上花四十八回　（清）修目閣主人編　清嘉慶善成堂刻本　十二冊

370000－1541－0015850　857.57/730

天雨花三十回　（清）陶貞懷撰　清三餘堂刻本　三十冊

370000－1541－0015851　857/380＝2

唐人說薈二十卷　（清）陳世熙輯　清同治十年(1871)京都琉璃廠刻本　二十冊

370000－1541－0015852　858.3/290

古今風謠一卷古今諺一卷　（明）楊慎纂　清光緒七年(1881)廣漢味蘭齋刻本　一冊

370000－1541－0015853　858.4/123

新刻秘本唱口八種　（清）□□編　清環春閣刻本　八冊

370000－1541－0015854　858.4/916＝3

新刻大破天門陣四集六卷　（清）閒情居士訂

清末廣州榮德堂刻本　六冊

370000－1541－0015855　858.4/916＝8
三合明珠寶劍全本四卷二續四卷三續四卷四
續四卷五續四卷　（清）□□撰　清末萃英樓
刻本　四冊　存十六卷（二續四卷、三續四
卷、四續四卷、五續四卷）

370000－1541－0015856　858.4/916＝9
新刻大破天門陣三集六卷　（清）閑情居士訂
　清末廣州丹柱堂刻本　六冊

370000－1541－0015857　858.4/916＝13
送嫁摘錦全本三卷　（清）□□輯　清末廣州
德文堂刻本　三冊

370000－1541－0015858　858.4/916＝15
新刻三合明珠方倫全本四卷　（清）祁秀昌選
　清末佛山芹香閣刻本　一冊

370000－1541－0015859　858.4/916＝20
文光樓新刻蒙正賞月一卷　（清）□□撰　清
末佛山文光樓刻本　一冊

370000－1541－0015860　858.4/916＝21
夜諫金蘭一卷生仔新歌一卷　（清）□□輯
清末佛山文光樓刻本　二冊

370000－1541－0015861　858.4/916＝22
新出薛平貴招駙馬一卷　（清）□□輯　清末
佛山文光樓刻本　一冊

370000－1541－0015862　858.417/508
九品蓮臺二卷　（清）蓮航居士編　清揚州藏
經院刻本　二冊

370000－1541－0015863　858.419/153
趙氏賢孝寶卷二卷　（清）□□撰　清末杭州
慧空經房刻本　一冊

370000－1541－0015864　858.419/153＝1
趙氏賢孝寶卷二卷　（清）□□撰　清末杭州
慧空經房刻本　一冊

370000－1541－0015865　858.419/293
惡婦卷一卷　（清）□□撰　清光緒十七年
（1891）錢尉如抄本　一冊

370000－1541－0015866　858.419/298
河南開封府花枷良愿龍圖寶卷全集二卷
（清）□□撰　清光緒杭州昭慶寺慧空經房刻
本　一冊

370000－1541－0015867　858.419/298＝1
河南開封府花枷良愿龍圖寶卷全集二卷
（清）□□撰　清光緒杭州昭慶寺慧空經房刻
本　二冊

370000－1541－0015868　858.419/298＝2
三寶證盟寶卷二卷　（清）□□撰　清光緒十
六年（1890）常郡培本堂善書局刻本　一冊

370000－1541－0015869　858.419/298＝4
希奇寶卷一卷　（清）□□撰　清同治五年
（1866）蘇城元妙觀得見齋刻本　一冊

370000－1541－0015870　858.419/298＝6
現世寶卷二卷　（清）□□撰　清光緒五年
（1879）杭州瑪瑙寺經房刻本　一冊

370000－1541－0015871　858.419/298＝7
五祖黃梅寶卷二卷　（清）□□撰　清光緒元
年（1875）杭州瑪瑙寺刻本　一冊

370000－1541－0015872　858.419/298＝10
湖廣荆州府永慶縣修行梅氏花綱寶卷二卷
（清）□□撰　清末杭州高麗寺刻本　二冊

370000－1541－0015873　858.419/298＝11
惜穀免災寶卷一卷　（清）□□撰　清光緒十
三年（1887）蘇城元妙觀得見齋刻本　一冊

370000－1541－0015874　858.419/298＝12
真修寶卷一卷　（清）□□撰　清道光十二年
（1832）刻本　一冊

370000－1541－0015875　858.419/298＝13
真修寶卷一卷　（清）□□撰　清同治四年
（1865）寧郡邵覲之、李益鎔刻本　一冊

370000－1541－0015876　858.419/298＝14
延壽寶卷一卷　（清）□□撰　清光緒十八年
（1892）莫峻甫抄本　一冊

370000－1541－0015877　858.419/298＝15
灶界寶卷一卷　（清）□□撰　清霞江李水鏡

抄本　一冊

370000－1541－0015878　858.419/298＝17
龍圖寶卷一卷　（清）□□撰　清光緒二十年
（1894）抄本　一冊

370000－1541－0015879　858.419/298＝18
目蓮寶卷三卷　（□）□□撰　清刻本　一冊

370000－1541－0015880　858.419/298＝21
白鶴圖寶卷一卷　（清）□□撰　清同治十三
年（1874）姚清泉抄本　一冊

370000－1541－0015881　858.419/298＝22
湛然寶卷一卷　（明）□□撰　清光緒二年
（1876）杭州瑪瑙經房刻本　一冊

370000－1541－0015882　858.419/298＝23
勸和卷一卷　（清）□□撰　清抄本　一冊

370000－1541－0015883　858.419/298＝24
悉達太子寶卷全集一卷　（□）□□撰　清刻
本　一冊

370000－1541－0015884　858.419/298＝25
白氏寶卷一卷　（清）□□撰　清光緒十三年
（1887）王具慎德堂抄本　一冊

370000－1541－0015885　858.419/298＝26
潘公免災救難寶卷三卷　（清）□□撰　清同
治九年（1870）刻本　一冊

370000－1541－0015886　858.419/298＝27
三世修道黃氏寶卷二卷　（清）□□撰　清光
緒五年（1879）杭州瑪瑙經房刻本　一冊

370000－1541－0015887　858.419/298＝28
清源寶卷二卷　（清）□□撰　清光緒三十年
（1904）杭州瑪瑙經房刻本　一冊

370000－1541－0015888　858.419/298＝29
重刻闢邪歸正消災延壽立願寶卷一卷　（清）
□□撰　清同治八年（1869）上海翼化堂刻蘇
城元妙觀得見齋印本　一冊

370000－1541－0015889　858.419/325
江南松江府華亭縣白沙邨孝修回郎寶卷
（清）□□撰　清光緒十九年（1893）蘇城瑪瑙

經房刻本　一冊

370000－1541－0015890　858.419/482
破邪顯證鑰匙二卷　（明）羅祖撰　明萬曆四
十年（1612）刻本　一冊　存一卷（上）

370000－1541－0015891　858.419/714
山西平陽府平陽邨秀女寶卷全集一卷　（清）
□□撰　清光緒三十四年（1908）杭州瑪瑙經
房刻本　一冊

370000－1541－0015892　858.419/738
混元教弘陽中華寶卷二卷　明萬曆北京真老
黨六經鋪刻本　一冊　存一卷（上）

370000－1541－0015893　858.419/763
如如老祖化度眾生指往西方寶卷全集一卷
（清）□□撰　清光緒杭州瑪瑙寺經房刻本
一冊

370000－1541－0015894　858.419/823
白氏寶卷二卷　（清）風月主人撰　清宣統元
年（1909）杭州文寶齋刻本　二冊

370000－1541－0015895　858.419/823＝1
韓湘寶卷二卷十八回　（清）風月主人撰　清
光緒二十年（1894）上海翼化堂刻本　二冊

370000－1541－0015896　858.419/892
太華山紫金鎮兩世修行劉香寶卷全集二卷
（清）□□撰　清光緒十六年（1890）金陵一得
齋善書坊刻本　二冊

370000－1541－0015897　858.419/993
如如老祖化度眾生指往西方寶卷全集一卷
（清）□□撰　清光緒元年（1875）杭州昭慶寺
刻本　一冊

370000－1541－0015898　858.49/282
峴南道唱演一卷　題（清）樵隱先生授　峴南
學社錄　清宣統三年（1911）峴南學社刻本
一冊

370000－1541－0015899　858.5/677＝3
張氏三娘賣花寶卷全集一卷　（清）□□撰
清宣統元年（1909）石印本　一冊

370000－1541－0015900　858.51/112

天雨花三十回 （清）陶貞懷撰 清抄本 一
冊 存三回（十九至二十一）

370000－1541－0015901 858.51/122＝2
新編玉鴛鴦全傳六卷 （清）□□撰 清抄本
五冊

370000－1541－0015902 858.51/265
娛萱草彈詞三十二卷 （清）橘道人撰 清光
緒二十年(1894)木活字印本 六冊

370000－1541－0015903 858.51/272
二十一史彈詞注十一卷 （明）楊慎撰 （清）
張三異增定 （清）張仲璜注 清乾隆五十一
年(1786)視履堂刻本 八冊

370000－1541－0015904 858.51/272＝1
二十一史彈詞注十一卷 （明）楊慎撰 （清）
張三異增定 （清）張仲璜注 清乾隆五十一
年(1786)視履堂刻本 六冊 存八卷（一至
二、三上、七至十一）

370000－1541－0015905 858.51/272＝2
二十一史彈詞注十一卷 （明）楊慎撰 （清）
張三異增定 （清）張仲璜注 清乾隆五十一
年(1786)視履堂刻本 八冊

370000－1541－0015906 858.51/272＝3
二十一史彈詞輯注十卷 （明）楊慎撰 （清）
孫德威輯注 清康熙習是堂刻本 四冊

370000－1541－0015907 858.51/298
宋誌十卷 （清）□□撰 清抄本 十冊

370000－1541－0015908 858.51/298＝1
躐水號書一卷 （清）□□撰 清抄本 一冊

370000－1541－0015909 858.51/298＝2
繡像雙帥印十四卷十四回 （清）□□撰 清
刻本 四冊

370000－1541－0015910 858.51/301
新選金絲蛺蝶全本五卷新續金絲蛺蝶全本五
卷 （清）抱璞樓主人撰 清末五桂堂刻明清
民歌詩調叢書本 一冊

370000－1541－0015911 858.51/323
晝錦堂記十七卷 （清）□□撰 清抄本 十

六冊

370000－1541－0015912 858.51/353
新造陰陽雙寶扇十卷 （清）□□撰 清潮城
友芝堂刻本 三冊

370000－1541－0015913 858.51/380
繡像芙蓉洞全傳十卷四十回 （清）陳遇乾撰
清道光元年(1821)刻本 十冊

370000－1541－0015914 858.51/380＝1
繡像芙蓉洞全傳十卷四十回 （清）陳遇乾撰
清道光十六年(1836)刻本 十冊

370000－1541－0015915 858.51/380＝2
繡像義妖全傳二十八卷五十四回 （清）陳遇
乾撰 清光緒二年(1876)刻本 三冊

370000－1541－0015916 858.51/380＝3
繡像義妖全傳四卷五十三回 （清）陳遇乾撰
清光緒十九年(1893)上海書局石印本 四
冊

370000－1541－0015917 858.51/700
繪圖繡像四雲亭新書全傳二十四卷 （清）彭
靚娟撰 清光緒二十五年(1899)石印本 四
冊

370000－1541－0015918 858.51/732
新刻陰陽寶扇八集八十卷 （清）梁紹仁訂
清末佛山近文堂刻本 十六冊

370000－1541－0015919 858.51/732＝1
新刻陰陽寶扇八集八十卷 （清）梁紹仁訂
清佛山近文堂刻光緒三十三年(1907)佛山芹
香閣印本 四十冊 存四集（二、四、六、八）

370000－1541－0015920 858.51/752
果報錄十二卷一百回 （清）海蘭濤撰 清刻
本 十二冊

370000－1541－0015921 858.51/823
繡像風箏誤八卷 （清）李漁撰 （清）竹齋主
人編 清嘉慶十五年(1810)漱芳閣刻本 四
冊

370000－1541－0015922 858.51/842
何文秀寶卷二卷 （□）□□撰 清光緒四年

277

(1878)鄒蓼甸、沈致庸抄本　一冊

370000－1541－0015923　858.51/990

繡像蘊香丸四卷二十回　（清）雲坡撰　清嘉慶刻本　四冊

370000－1541－0015924　858.56/297

正粵謳解心一卷　（清）招子庸撰　清末廣州守經堂刻本　一冊

370000－1541－0015925　858.61/151＝4

木皮散人鼓詞一卷附萬古愁曲　（清）賈應寵撰　清光緒三十三年（1907）長沙葉氏觀古堂刻本　一冊

370000－1541－0015926　858.61/158

丁野鶴遺著三種不分卷　（清）丁耀亢撰　清抄本　一冊

370000－1541－0015927　858.61/342

晉陽外史不分卷　（□）□□撰　清抄本　八冊

370000－1541－0015928　858.62/528

富貴神仙曲十四回　（清）蒲松齡撰　清抄本　二冊

370000－1541－0015929　858.7/286

精選文虎大觀六卷補遺一卷　（清）李夔颺編　清光緒十六年（1890）平湖李夔揚味三書屋刻本　六冊

370000－1541－0015930　858.7/667

聽雪書屋廋詞一卷　（清）唐毅齋撰　臥雲書室隱語一卷　（清）唐溫齋撰　清光緒十九年（1893）刻本　一冊

370000－1541－0015931　858.8/247

古謠諺一百卷　（清）杜文瀾輯　清咸豐十一年（1861）秀水杜文瀾曼陀羅華閣刻本　二十冊

370000－1541－0015932　858.8/247＝1

古謠諺一百卷　（清）杜文瀾輯　清咸豐十一年（1861）秀水杜文瀾曼陀羅華閣刻本　十六冊

370000－1541－0015933　858.8/290

粵風四卷　（清）李調元撰　清刻函海本　一冊

370000－1541－0015934　858.89/297

粵謳　（清）招子庸撰　清道光八年（1828）刻民國七年（1918）廣州登雲閣印本　一冊

370000－1541－0015935　858.89/421

駢枝生踏歌二卷　（清）駢枝生撰　（清）何頌花評　（清）陳蝶仙訂　歌旨　（清）卜曙編　清光緒聯理枝館主人刻本　二冊

370000－1541－0015936　858.9/535

越諺三卷附越諺賸語二卷　（清）范寅輯　清光緒八年（1882）谷應山房刻本　三冊

370000－1541－0015937　858.9/535＝3

越諺三卷附越諺賸語二卷　（清）范寅輯　清光緒八年（1882）谷應山房刻本　二冊　存二卷（越諺上、中）

370000－1541－0015938　858.9/535＝4

越諺三卷附越諺賸語二卷　（清）范寅輯　清光緒八年（1882）谷應山房刻民國二十一年（1932）北平來薰閣印本　二冊

370000－1541－0015939　858.9/535＝5

越諺三卷附越諺賸語二卷　（清）范寅輯　清光緒八年（1882）谷應山房刻民國二十一年（1932）北平來薰閣印本　三冊

370000－1541－0015940　861.351/144

宋百家詩存二十卷　（清）曹庭棟輯　清乾隆六年（1741）嘉善曹氏二六書堂刻本　二十冊

370000－1541－0015941　861.51/653

西遊詩續稿二卷　（日本）永井久一郎撰　清光緒二十六年（1900）申江鉛印本　二冊

370000－1541－0015942　862.14/164

梅泉集七卷　（朝鮮）黃玹撰　清宣統三年（1911）鉛印本　三冊

370000－1541－0015943　863.6378/975

暗香樓樂府三種三卷　（清）歔嵐道人（鄭由熙）撰　清光緒十六年（1890）暗香樓刻本　三冊

370000－1541－0015944　871.3/910

伊索寓言一卷　（希臘）伊索撰　林紓等譯
清光緒三十二年（1906）上海商務印書館鉛印
本　一冊

370000－1541－0015945　873.42/892

庸吏庸言不分卷　（清）劉衡撰　清咸豐九年
（1859）慎詒堂刻本　二冊

370000－1541－0015946　873.57/431

埃司蘭情俠傳二卷三十三章　（英國）哈葛特
撰　林紓譯　清光緒三十年（1904）石印本
二冊

370000－1541－0015947　874.57/179

黑奴籲天錄四卷　（美國）斯土活撰　林紓
魏易譯　清光緒二十七年（1901）武林魏氏刻
本　四冊

370000－1541－0015948　874.57/179＝1

黑奴籲天錄四卷　（美國）斯土活撰　林紓
魏易譯　清光緒二十七年（1901）武林魏氏刻
三十年（1904）文明書局印本　四冊

370000－1541－0015949　874.8/832

碧雲山房存稿一卷　（清）朱益濬撰　清末刻
本　一冊

370000－1541－0015950　876/982

曾文正公手書日記不分卷（清道光二十一年
至同治十一年）　（清）曾國藩撰　清宣統元
年（1909）上海中國圖書公司石印本　四十冊

370000－1541－0015951　876/982＝1

曾文正公手書日記不分卷（清道光二十一年
至同治十一年）　（清）曾國藩撰　清宣統元
年（1909）上海中國圖書公司石印本　四十冊

370000－1541－0015952　876.57/598

巴黎茶花女遺事不分卷　（法國）小仲馬撰
林紓譯　清末石印本　一冊

370000－1541－0015953　879.57/301

托氏宗教小說　（俄國）托爾斯泰撰　（德國）
葉道勝譯　清光緒三十三年（1907）鉛印本
三冊

370000－1541－0015954　895.1427/108

滄溟先生集三十卷附錄一卷　（明）李攀龍撰
清道光二十七年（1847）景福堂刻本　八冊

370000－1541－0015955　895.1427/650

文清公薛先生文集二十四卷　（明）薛瑄撰
（明）張鼎編　清雍正十二年（1734）薛氏刻本
十一冊

370000－1541－0015956　900/142

新刻格古論要五卷　（明）曹昭撰　（明）王佐
增補　明萬曆松根堂刻本　二冊

370000－1541－0015957　900/384

陳眉公太平清話四卷　（明）陳繼儒撰　明萬
曆繡水沈氏刻本　二冊

370000－1541－0015958　908.1/917

蕉客鈔書三種　（清）蕉客鈔輯　清抄本　一
冊

370000－1541－0015959　908.1/987

巾箱小品十三種十三卷　（清）□□輯　清乾
隆華韻軒刻本　四冊

370000－1541－0015960　909.82/119

箬溪藝人徵略四卷　（清）王修輯　清光緒長
興王氏刻本　二冊

370000－1541－0015961　909.82/333

國朝書人輯略十一卷首一卷　震鈞輯　清光
緒三十四年（1908）金陵刻本　八冊

370000－1541－0015962　909.82/526

墨林今話十八卷　（清）蔣寶齡撰　續編一卷
（清）蔣茞生撰　清咸豐二年（1852）刻本
六冊

370000－1541－0015963　909.82/526＝1

墨林今話十八卷　（清）蔣寶齡撰　續編一卷
（清）蔣茞生撰　清咸豐二年（1852）刻本
六冊

370000－1541－0015964　909.82/526＝2

墨林今話十八卷　（清）蔣寶齡撰　續編一卷
（清）蔣茞生撰　清同治十一年（1872）映雪
草廬刻本　六冊

370000 – 1541 – 0015965　909.82/705

國朝書畫家筆錄四卷　寶鎮輯　清宣統三年(1911)蘇州文學山房木活字印本　四冊

370000 – 1541 – 0015966　909.8221/707

揚州畫苑錄四卷　(清)汪鋆撰　清光緒十一年(1885)刻本　四冊

370000 – 1541 – 0015967　909.8221/707 = 1

揚州畫舫錄十八卷　(清)李斗撰　清乾隆六十年(1795)刻本　六冊

370000 – 1541 – 0015968　909.8221/707 = 2

揚州畫舫錄十八卷　(清)李斗撰　清乾隆六十年(1795)刻本　六冊

370000 – 1541 – 0015969　910/232

重刻恭簡公志樂二十卷　(明)韓邦奇撰　清乾隆十二年(1747)式古堂刻本　十二冊

370000 – 1541 – 0015970　911/219

樂律表微八卷　(清)胡彥昇輯　清乾隆二十八年(1763)耆學齋刻本　二冊

370000 – 1541 – 0015971　911/382

聲律通考十卷　(清)陳澧撰　清咸豐十年(1860)番禺陳氏刻本　二冊

370000 – 1541 – 0015972　911/781

竟山樂錄四卷　(清)毛奇齡撰　清刻本　一冊

370000 – 1541 – 0015973　911/972

樂律全書　(明)朱載堉撰　明萬曆鄭藩刻本　四冊　存三種八卷(操縵古樂譜一卷、旋宮合樂譜一卷、鄉飲詩樂譜六卷)

370000 – 1541 – 0015974　911.088/972

樂律全書　(明)朱載堉撰　明萬曆鄭藩刻本　十七冊

370000 – 1541 – 0015975　911.1/882

律音彙考八卷　(清)邱之稑撰　清光緒二十三年(1897)通州文廟刻本　四冊

370000 – 1541 – 0015976　912/313

欽定各郊壇廟樂章不分卷　(清)張樂盛編　清道光元年(1821)北京天壇神樂署刻本　二冊

370000 – 1541 – 0015977　912/313 = 1

欽定各郊壇廟樂章不分卷　(清)張樂盛編　清道光二十七年(1847)北京天壇神樂署刻本　二冊

370000 – 1541 – 0015978　913.5113/289

古籀餘論三卷　(清)孫詒讓撰　清光緒二十九年(1903)籀經樓刻本　二冊

370000 – 1541 – 0015979　913.5113/289 = 1

古籀餘論三卷　(清)孫詒讓撰　清光緒二十九年(1903)籀經樓刻本　二冊

370000 – 1541 – 0015980　913.5132/129

二百蘭亭齋古銅印存不分卷　(清)吳雲輯　清光緒二年(1876)鈐印本　八冊

370000 – 1541 – 0015981　913.5132/129 = 1

十六金符齋印存不分卷　(清)吳大澂藏輯　清光緒十四年(1888)鈐印本　十六冊

370000 – 1541 – 0015982　913.5132/578

鐵雲藏印初集不分卷　(清)劉鶚編　清末劉氏抱殘守缺齋鈐印本　十二冊

370000 – 1541 – 0015983　913.5132/578 = 1

鐵雲藏印續集不分卷　(清)劉鶚編　清末劉氏抱殘守缺齋鈐印本　八冊

370000 – 1541 – 0015984　913.5143/296

熹平石經殘字一卷　(清)陳宗彝輯　清道光三年(1823)劉文模刻本　一冊

370000 – 1541 – 0015985　913.5143/578

奇觚室樂石文述二卷　(清)劉心源輯　清光緒二十五年(1899)刻本　二冊

370000 – 1541 – 0015986　913.5164/289

契文舉例二卷　(清)孫詒讓撰　清光緒三十年(1904)石印本　二冊

370000 – 1541 – 0015987　913.5172/578

鐵雲藏陶不分卷　(清)劉鶚編　清光緒三十年(1904)丹徒劉鶚抱殘守缺齋石印本　四冊

370000 – 1541 – 0015988　915/469

品公小曲一卷 （清）□□撰 清光緒十九年(1893)石廷英抄本 一冊

370000－1541－0015989 915.7/440

蕉葉山房曲論不分卷 （清）吳幼雲輯 清道光二十三年(1843)吳氏蕉葉山房抄本 四冊

370000－1541－0015990 916/122

瑟譜六卷 （元）熊朋來撰 清陶氏刻本 一冊 存三卷(四至六)

370000－1541－0015991 916/311

琴學入門二卷 （清）張鶴編 清同治六年(1867)刻本 五冊

370000－1541－0015992 916/438

德音堂琴譜十卷 （清）汪天榮輯 清康熙三十年(1691)刻本 八冊

370000－1541－0015993 916/563

琴操二卷 （漢）蔡邕撰 清光緒十年(1884)邵武徐氏刻本 一冊

370000－1541－0015994 916.15/112

琵琶譜三卷 （清）王君錫等撰 （清）陳梅樽等訂 清抄本 三冊

370000－1541－0015995 916.15/816

南北派十三套大曲琵琶新譜二卷 （清）李祖棻撰 清光緒二十一年(1895)上洋賜書堂石印本 一冊

370000－1541－0015996 931.1/160

學古編一卷 （元）吾邱衍撰 清嘉慶十年(1805)虞山張氏照曠閣刻學津討原本 一冊

370000－1541－0015997 931.1/504

摹印傳燈二卷 （清）葉爾寬編 清抄本 一冊

370000－1541－0015998 931.3/633

齊魯封泥考存不分卷 郭聞庭輯 清末濰縣郭氏拓本 四冊

370000－1541－0015999 931.3/834

印典八卷 （清）朱象賢編 清康熙六十一年(1722)吳縣朱氏就閒堂刻乾隆重修本 四冊

370000－1541－0016000 931.7/153

遯盦秦漢古銅印譜八卷 西泠印社輯 清光緒三十四年(1908)杭州西泠印社鈐印本 八冊

370000－1541－0016001 931.7/158

西泠四家印譜附存四家 （清）丁丙編 清光緒十一年(1885)鈐印本 四冊

370000－1541－0016002 931.7/158＝1

西泠四家印譜附存四家 （清）丁丙編 清光緒十一年(1885)鈐印本 八冊

370000－1541－0016003 931.7/158＝2

西泠四家印存不分卷附金石拓片十五件 （清）丁敬等刻印 清鈐印本 一冊

370000－1541－0016004 931.7/203

紅樓夢人名西廂記詞句印玩不分卷 （清）趙仲穆 （清）葉葉舟刻 清末鈐印本 六冊

370000－1541－0016005 931.7/285

秦漢三十體印證二卷 （清）李陽纂 清道光二十年(1840)寶籀齋鈐印本 二冊

370000－1541－0016006 931.7/309

張叔未印存一卷 （清）張廷濟輯 清光緒鈐印本 一冊

370000－1541－0016007 931.7/377

紺雪齋集印譜不分卷 （清）陳梀淦輯 清嘉慶二十三年(1818)鈐印本 四冊

370000－1541－0016008 931.7/648

秦漢印章拾遺不分卷 （清）高慶齡藏並輯 清濰縣高氏鈐印本 三冊

370000－1541－0016009 931.7/677

文三橋先生印譜不分卷 （明）文彭篆刻 （清）榮譽輯 清得月簃鈐印本 一冊

370000－1541－0016010 931.7/778

味古堂印存不分卷 （清）馮兆年輯 清光緒十四年(1888)味古堂鈐印本 二冊

370000－1541－0016011 931.7/787

古蝸篆居印述四卷 （清）程遼等篆 （清）程芝華摹刻 清道光森雁齋鈐印本 二冊

370000－1541－0016012　931.7/818

賴古堂印譜四卷　（清）周在浚等編　清康熙賴古堂鈐印本　四冊

370000－1541－0016013　857.47/990＝2

青樓夢六十四回　（清）慕真山人（俞達）撰　（清）瀟湘館侍者（鄒弢）評　清光緒四年（1878）上海申報館鉛印本　十冊

370000－1541－0016014　931.7/964

小石山房印譜四卷　（清）顧湘　（清）顧浩集印　清道光八年（1828）常熟顧氏小石山房鈐印本　六冊

370000－1541－0016015　932.18/504

花甲閒談十六卷　（清）張維屏撰　（清）葉夢草繪　清道光十九年（1839）刻本　四冊

370000－1541－0016016　938/700

匋雅二卷　（清）寂園叟（陳瀏）撰　清光緒三十二年（1906）上海朝記書莊石印本　佚名批　四冊

370000－1541－0016017　940/102

畫學心印八卷　（清）秦祖永撰　清光緒四年（1878）刻朱墨套印本　八冊

370000－1541－0016018　941.1/370

嶽雪樓書畫錄五卷　（清）孔廣陶編　清光緒十五年（1889）三十有三萬卷堂刻本　五冊

370000－1541－0016019　941.31/242

古芬閣書畫記十八卷　（清）杜瑞聯輯　清光緒七年（1881）太谷杜氏刻本　十六冊

370000－1541－0016020　941.31/830

唐朝名畫錄一卷附五代名畫補遺一卷　（唐）朱景玄撰　（宋）劉道醇補遺　明王氏刻本　一冊

370000－1541－0016021　941.32/171

益州名畫錄三卷　（宋）黃休復撰　清初刻本　一冊

370000－1541－0016022　941.32/309

天瓶齋書畫題跋二卷　（清）張照撰　（清）張祥河錄　清乾隆三十八年（1773）刻本　一冊

370000－1541－0016023　941.32/359

庚子消夏記八卷　（清）孫承澤撰　清乾隆二十六年（1761）刻本　四冊

370000－1541－0016024　941.32/43＝2

辛丑消夏記五卷　（清）吳榮光撰　清光緒三十一年（1905）郋園刻本　三冊　缺二卷（一至二）

370000－1541－0016025　941.32/438

辛丑消夏記五卷　（清）吳榮光撰　清光緒三十一年（1905）郋園刻本　四冊

370000－1541－0016026　941.32/438＝1

辛丑消夏記五卷　（清）吳榮光撰　清光緒三十一年（1905）郋園刻本　三冊　缺一卷（一）

370000－1541－0016027　941.32/641

高西園詩畫錄一卷　（清）高鳳翰撰　（清）鄧元鏸編　清光緒二十一年（1895）鉛印本　一冊

370000－1541－0016028　941.32/754

須靜齋雲煙過眼錄一卷　（清）潘世璜撰　清宣統三年（1911）吳縣潘氏刻本　一冊

370000－1541－0016029　941.32/798

鶴山題跋七卷　（宋）魏了翁撰　明末虞山毛氏汲古閣刻本　二冊

370000－1541－0016030　941.32/818

讀畫錄四卷　（清）周亮工撰　清宣統順德鄧氏風雨樓鉛印風雨樓叢書本　一冊

370000－1541－0016031　941.32/860

寓意錄四卷　（清）繆曰藻撰　清道光二十年（1840）上海徐氏寒木春華館刻本　二冊

370000－1541－0016032　941.32/927

松壺先生集四卷　（清）錢杜撰　清光緒十六年（1890）石印本　二冊

370000－1541－0016033　941.4/164

負米夕葵圖　（清）黃夢珠繪　清手繪本　一冊

370000－1541－0016034　941.4/668

耕織圖一卷　（清）焦秉貞繪　清康熙內府刻

本　二冊

370000－1541－0016035　941.4/668 ＝1
御製耕織圖不分卷　（清）聖祖玄燁撰文
（清）焦秉貞繪圖　清光緒五年(1879)點石齋
石印本　二冊

370000－1541－0016036　941.5/597
賞奇軒四種合編四卷　（清）□□輯　清乾隆
十五年(1750)刻本　四冊

370000－1541－0016037　941.5/597 ＝2
賞奇軒四種合編四卷　（清）□□輯　清刻本
四冊

370000－1541－0016038　941.5/917
集益書畫譜報　（清）集益書畫譜報社編　清
光緒二十九年(1903)集益書畫譜報社石印本
一冊　存一冊(一)

370000－1541－0016039　941.7/285
甌缽羅室書畫過目考四卷　（清）李玉棻撰
清光緒二十三年(1897)京都隆福寺文奎堂刻
本　四冊

370000－1541－0016040　941.7/292
書畫鑑影二十四卷　（清）李佐賢編　清同治
十年(1871)利津李氏刻本　十二冊

370000－1541－0016041　941.7/308
清河書畫舫十二卷　（明）張丑撰　清乾隆二
十八年(1763)仁和吳氏池北草堂刻本　十二
冊

370000－1541－0016042　941.7/308 ＝1
清河書畫舫十二卷　（明）張丑撰　清乾隆二
十八年(1763)仁和吳氏池北草堂刻本　十二
冊

370000－1541－0016043　941.7/308 ＝2
清河書畫舫十二卷　（明）張丑撰　清乾隆二
十八年(1763)仁和吳氏池北草堂刻本　十二
冊

370000－1541－0016044　941.7/308 ＝3
清河書畫舫十二卷　（明）張丑撰　清乾隆二
十八年(1763)仁和吳氏池北草堂刻本　十二

冊

370000－1541－0016045　941.7/311
真蹟日錄三卷南陽法書表一卷南陽名畫表一
卷清河秘篋書畫表一卷法書名畫見聞表一卷
（明）張丑撰　清秘藏二卷　（明）張應文撰
（明）張謙德述　清乾隆仁和吳氏池北草堂
刻本　四冊

370000－1541－0016046　941.7/329
澄蘭室古緣萃錄十八卷　邵松年輯　清光緒
二十九年(1903)上海鴻文書局石印本　六冊

370000－1541－0016047　941.7/329 ＝2
澄蘭室古緣萃錄十八卷　邵松年輯　清光緒
二十九年(1903)上海鴻文書局石印本　六冊

370000－1541－0016048　941.7/390
吳越所見書畫錄二卷　（清）陸時化撰　清抄
本　二冊

370000－1541－0016049　941.7/390 ＝1
吳越所見書畫錄六卷　（清）陸時化撰　清宣
統二年(1910)順德鄧氏風雨樓鉛印本　一冊

370000－1541－0016050　941.7/399
紅豆樹館書畫記八卷　（清）陶樑撰　清光緒
八年(1882)吳越潘氏韡園刻本　六冊

370000－1541－0016051　941.7/399 ＝1
紅豆樹館書畫記八卷　（清）陶樑撰　清光緒
八年(1882)吳越潘氏韡園刻本　六冊

370000－1541－0016052　941.7/616
書畫所見錄三卷　（清）謝堃撰　清光緒六年
(1880)刻本　二冊

370000－1541－0016053　941.7/641
江邨銷夏錄三卷　（清）高士奇輯　清朗潤堂
刻本　六冊

370000－1541－0016054　941.7/641 ＝1
江邨銷夏錄三卷　（清）高士奇撰　清刻本
三冊

370000－1541－0016055　941.7/672
虛齋名畫錄十六卷　龐元濟撰　清宣統元年
(1909)申江龐氏刻本　十六冊

370000－1541－0016056　941.7/827

鐵網珊瑚十六卷　（明）朱存理撰　清刻本
二十七冊

370000－1541－0016057　941.7/964

過雲樓書畫記十卷　（清）顧文彬撰　清光緒
九年(1883)元和顧氏刻本　八冊

370000－1541－0016058　942/111

方石書話一卷　（清）于令淓撰　清嘉慶刻本
二冊

370000－1541－0016059　942/169

書法摘要善本三卷　（清）黄文燮撰　清嘉慶
十八年(1813)刻本　一冊

370000－1541－0016060　942.1/105

翰林要訣一卷　（清）祁世長撰　清光緒五年
(1879)北京琉璃廠西山堂書坊刻本　一冊

370000－1541－0016061　942.1/112

王氏書苑十卷補益十二卷　（明）王世貞編
（明）詹景鳳續編　明萬曆十九年(1591)王元
貞刻本　十二冊

370000－1541－0016062　942.1/311

法書要錄二王書語一卷　（唐）張彥遠集
（清）周在豐節錄　清周在豐抄本　一冊

370000－1541－0016063　942.1/362

書譜釋文一卷　（唐）孫過庭撰　清姚燮抄本
一冊

370000－1541－0016064　942.1/380

書苑菁華二十卷　（宋）陳思輯　清同治十三
年(1874)藏修書屋刻本　六冊

370000－1541－0016065　942.1/522

分隸偶存二卷　（清）萬經撰　清乾隆三十四
年(1769)刻本　一冊

370000－1541－0016066　942.1/827

墨池編六卷　（宋）朱長文撰　明萬曆八年
(1580)虞德燁刻本　十二冊

370000－1541－0016067　942.9/119

書畫傳習錄一卷　（明）王紱輯　清嘉慶十九
年(1814)錫山秸氏層雲閣刻本　一冊

370000－1541－0016068　942.9/366

佩文齋書畫譜一百卷　（清）孫岳頒等纂　清
康熙四十七年(1708)靜永堂刻本　三十六冊

370000－1541－0016069　942.9/540

董文敏公書眼一卷　（明）董其昌撰　李君實
書眼一卷　（明）李日華撰　清刻本　清李景
晟題識　二冊

370000－1541－0016070　943.1/482

鳴野山房彙刻帖目四集　（清）沈復粲撰　清
味經書屋抄本　八冊

370000－1541－0016071　943.1/883

寶真齋法書贊二十八卷　（宋）岳珂撰　清刻
本　十冊

370000－1541－0016072　943.2/117

淳化祕閣法帖考正十二卷　（清）王澍撰　清
光緒十五年(1889)鮑氏刻後知不足齋叢書本
三冊

370000－1541－0016073　943.2/730

御刻三希堂石渠寶笈法帖釋文十六卷首一卷
（清）梁詩正等撰　清末石印本　六冊

370000－1541－0016074　943.2/789

南村帖考不分卷　（清）程文榮撰　清咸豐十
年(1860)刻本　四冊

370000－1541－0016075　943.2/890

法帖釋文十卷　（宋）劉次莊撰　明刻本　一
冊

370000－1541－0016076　943.2/984

蘇米齋蘭亭考八卷　（清）翁方綱撰　清嘉慶
八年(1803)廣州六書齋刻本　二冊

370000－1541－0016077　943.2/984＝1

蘇米齋蘭亭考八卷　（清）翁方綱撰　清光緒
十五年(1889)常熟鮑氏後知不足齋刻本　二
冊

370000－1541－0016078　943.3/117

虛舟題跋十卷又三卷　（清）王澍撰　清乾隆
三十五年(1770)楊建閩川易鶴軒刻三十九年
(1774)續刻本　四冊

370000－1541－0016079　943.3/366

書畫跋跋三卷續三卷 （明）孫鑛撰　清乾隆
五年(1740)仁和孫氏居業堂刻本　四冊

370000－1541－0016080　943.31/370

嶽雪樓法書錄不分卷 （清）孔廣陶書　清同
治南海孔氏抄本　一冊

370000－1541－0016081　943.4/117

王文成公真蹟一卷 （明）王守仁書　清光緒
三十四年(1908)驪山草堂石印本　一冊

370000－1541－0016082　943.4/212

瓊島春陰賦 （清）何桂馨撰 （清）戴熙書
清光緒九年(1883)同文書局石印本　一冊

370000－1541－0016083　943.4/309

張船山自寫詩冊 （清）張問陶撰書　鄧秋枚
集　清宣統上海神州國光社影印神州國光集
外增刊本　一冊

370000－1541－0016084　943.4/313

固始張侍郎遺墨一卷 （清）張仁黼書　張孝
放輯　清宣統元年(1909)石印本　一冊

370000－1541－0016085　943.4/348

畫贊碑 （晉）夏侯湛撰　清拓本　二冊

370000－1541－0016086　943.4/362

十家手札 （清）孫星衍 （清）錢泳等書　清
光緒三十年(1904)上海有正書局石印本　一
冊

370000－1541－0016087　943.4/658

銅官感舊集四卷 （清）章華輯　清宣統二年
(1910)長沙章氏盍山舊館石印本　二冊

370000－1541－0016088　943.4/677

文徵明何焯汪由敦墨蹟 （明）文徵明 （清）
何焯 （清）汪由敦書　明清間稿本　一冊

370000－1541－0016089　943.4/677＝1

文徵明懷歸出京詩 （明）文徵明撰書　清光
緒三十四年(1908)習靜齋石印本　一冊

370000－1541－0016090　943.4/781

宋荔裳先生誕辰序 （清）毛駿撰書　清稿本
　一冊

370000－1541－0016091　943.5/115

漢曹全碑銘 （□）□□輯　清拓本　一冊

370000－1541－0016092　943.5/117

楷帖四十種 （清）□□輯　清宣統元年
(1909)上海文明書局珂羅版印本　七冊

370000－1541－0016093　943.5/424

張文敏臨九成宮墨蹟 （清）張照書　清末石
印本　一冊

370000－1541－0016094　943.5/554

宋拓蘇書豐樂亭記一卷 （宋）蘇軾書　清光
緒三十二年(1906)上海有正書局石印本　一
冊

370000－1541－0016095　943.5/629

多寶佛塔感應碑文 （唐）顏真卿書　清嘉慶
拓本　一冊

370000－1541－0016096　943.5/629＝1

多寶佛塔感應碑文 （唐）顏真卿書　清嘉慶
拓本　一冊

370000－1541－0016097　943.5/680

大唐三藏聖教序 （唐）太宗李世民撰 （唐）
褚遂良書　清道光林氏拓本　一冊

370000－1541－0016098　943.5/680＝2

大唐太宗文皇帝製三藏聖教序一卷　劉春霖
書　清光緒三十一年(1905)上海石印本　一
冊

370000－1541－0016099　943.5/740

沈敬亭先生真蹟不分卷 （清）沈起元撰　清
光緒三十三年(1907)石印本　一冊

370000－1541－0016100　943.5/962

蘭亭四妙一卷附唐橅本重橅南宋石刻本
（清）顧思遠輯　清光緒三十四年(1908)雙桐
簃書社石印本　一冊

370000－1541－0016101　943.6/117

快雪堂法書 （明）馮銓刻　清光緒三十三年
(1907)石印本　一冊

370000－1541－0016102　943.6/171

黃敬輿太史讀書樂一卷　黃自元撰書　清光

緒九年(1883)石印本　三册

370000－1541－0016103　943.6/290

潛園友朋書問十二卷　(清)李鴻章等撰　清末石印本　六册

370000－1541－0016104　943.6/440

昭代名人尺牘二十四卷　(清)吳修輯　清光緒三十四年(1908)杭州西泠印社石印本　二十四册

370000－1541－0016105　943.6/752

四時讀書樂一卷　李瀛書　清宣統三年(1911)石印本　一册

370000－1541－0016106　943.6/890

百家姓一卷　(清)王祖光書　清末京都文成堂刻本　一册

370000－1541－0016107　943.6/890＝1

百家姓一卷　(清)王祖光書　清末京都文成堂刻本　一册

370000－1541－0016108　943.6/890＝2

百家姓一卷　(清)王祖光書　清末京都文成堂刻本　一册

370000－1541－0016109　943.6/890＝3

百家姓一卷　(清)王祖光書　清末京都文成堂刻本　一册

370000－1541－0016110　943.6/890＝4

百家姓一卷　(清)王祖光書　清末京都文成堂刻本　一册

370000－1541－0016111　943.6/890＝5

百家姓一卷　(清)劉福姚書　清末京都成文堂刻本　一册

370000－1541－0016112　943.6/890＝6

百家姓一卷　(清)劉福姚書　清末京都成文堂刻本　一册

370000－1541－0016113　943.7/183

十三經集字摹本四卷　(清)彭玉雯纂　清道光二十九年(1849)江右彭氏刻本　八册

370000－1541－0016114　943.7/183＝1

十三經集字摹本四卷　(清)彭玉雯纂　清道光二十九年(1849)江右彭氏刻本　八册

370000－1541－0016115　944.1/212

醉蘇齋畫訣一卷　(清)戴以恒撰　清光緒刻本　一册

370000－1541－0016116　944.1/761

四銅鼓齋論畫集刻十二種　(清)張祥河輯　清宣統元年(1909)北京琉璃廠會文齋刻本　二册

370000－1541－0016117　944.1/761＝1

四銅鼓齋論畫集刻十二種　(清)張祥河輯　清宣統元年(1909)北京琉璃廠會文齋刻本　二册

370000－1541－0016118　944.9/102

桐陰論畫二卷首一卷續一卷二編二卷三編二卷畫訣一卷　(清)秦祖永撰　清同治三年至光緒八年(1864－1882)梁溪秦氏刻朱墨套印本　四册

370000－1541－0016119　944.9/102＝1

桐陰論畫二卷首一卷續一卷二編二卷三編二卷畫訣一卷　(清)秦祖永撰　清宣統二年(1910)上海中國書畫會石印本　六册

370000－1541－0016120　944.9/117

今畫偶錄四卷　(清)王諤撰　清刻本　一册

370000－1541－0016121　944.9/212

習苦齋畫絮十卷　(清)戴熙撰　清光緒十九年(1893)杭州官書局刻本　四册

370000－1541－0016122　944.9/311

國朝畫徵錄三卷續錄二卷附強恕齋圖畫精意識一卷　(清)張庚撰　清乾隆四年(1739)睢州蔣泰、湯之昱刻本(附強恕齋圖畫精意識爲清乾隆二十七年刻本)　二册

370000－1541－0016123　944.9/372

畫繼十卷　(宋)鄧椿撰　明末虞山毛氏汲古閣刻本　二册

370000－1541－0016124　944.9/526

墨林今話十八卷　(清)蔣寶齡撰　清同治十

年(1871)映雪草廬刻本　六冊

370000－1541－0016125　944.9/633＝2
圖畫見聞志六卷　（宋）郭若虛撰　清嘉慶十年(1805)昭文張氏照曠閣刻學津討原本　三冊

370000－1541－0016126　944.9/759
無聲詩史七卷　（清）姜紹書撰　清宣統二年(1910)上海瑞記書局石印本　六冊

370000－1541－0016127　944.9/946
懷古田舍梅統十三卷　（清）徐榮撰　清咸豐二年(1852)刻本　四冊

370000－1541－0016128　945.3/292
紅樓夢圖詠　（清）改琦繪　清光緒五年(1879)淮浦居士刻本　四冊

370000－1541－0016129　945.3/473
申報圖畫一卷　申報館編　清宣統元年(1909)申報館石印本　一冊

370000－1541－0016130　945.3/473＝1
申報圖畫一卷　申報館編　清宣統元年(1909)申報館石印本　一冊

370000－1541－0016131　945.31/832
時事報圖畫雜俎　時事報館編　清光緒三十四年(1908)上海時事報館石印本　三冊　存三冊(光緒三十四年三月、四月、七月)

370000－1541－0016132　945.31/832＝1
時事報圖畫雜俎　時事報館編　神州雜俎　神州日報社編　民呼日報圖畫　民呼日報館編　清末石印本　五冊

370000－1541－0016133　945.31/832＝2
時事報圖畫旬報　時事報館編　圖畫日報　上海環球社編　清宣統輿論時事報館鉛印本　十冊　存十冊(時事報圖畫旬報六至十二、十五至十六,圖畫日報三)

370000－1541－0016134　945.31/832＝3
圖畫新聞　時事報館編　清宣統二年(1910)上海時事報館石印本　四冊

370000－1541－0016135　945.32/306

雲臺三十二將圖　（清）張士保繪　清道光二十六年(1846)刻本　一冊

370000－1541－0016136　945.32/311
泛槎圖六集　（清）張寶撰繪　清光緒六年(1880)上海點石齋石印本　四冊

370000－1541－0016137　945.5/484
點石齋畫報四十四集　（清）點石齋編　清光緒十年(1884)上海點石齋石印本　六十六冊

370000－1541－0016138　945.8/619
鏡花緣繡像不分卷　（清）謝葉梅繪　（清）麥大鵬贊　清同治八年(1869)翠筠山房刻本二冊

370000－1541－0016139　945.8/747
御製熱河全景詩不分卷　（清）沈錫齡摹　清光緒二十年(1894)石印本　二冊

370000－1541－0016140　945.8/915
卅三劍客圖　（清）任渭長繪　清咸豐六年(1856)刻本　四冊

370000－1541－0016141　945.9/115
芥子園畫傳二集　（清）王槩繪　清康熙四十年(1701)芥子園甥館刻五色套印本　四冊

370000－1541－0016142　945.9/115＝1
芥子園畫傳五卷　（清）王槩繪　清康熙十八年(1679)芥子園甥館刻五色套印本　五冊

370000－1541－0016143　945.9/115＝3
芥子園畫傳五卷　（清）王槩繪　清康熙十八年(1679)芥子園甥館刻五色套印本　五冊

370000－1541－0016144　945.9/117
冶梅竹譜一卷　（清）王寅撰　清光緒八年(1882)金陵王氏東瀛刻本　一冊

370000－1541－0016145　945.9/994
點石齋叢畫十卷　蔡爾康輯　清光緒十一年(1885)上海點石齋石印本　八冊

370000－1541－0016146　947/927
星隱樓集七種七卷　錢振鍠撰　清木活字印本　二冊

370000－1541－0016147　947.1/582

論畫淺說一卷　（清）山英居士撰　清光緒二十三年(1897)上海商務印書館鉛印本　一冊

370000－1541－0016148　947.7/486

晚笑堂畫傳不分卷明太祖功臣圖一卷　（清）上官周繪撰　清乾隆八年(1743)上官氏刻本　二冊

370000－1541－0016149　951.06/129

李文忠公奏議二十卷　（清）李鴻章撰　（清）吳洪鈞　（清）吳汝綸編　清末保定蓮池書院石印本　二十一冊

370000－1541－0016150　951.1/642

尚書涉傳四卷　（清）戴祖啟撰　清嘉慶元年(1796)資敬堂刻本　四冊

370000－1541－0016151　951.6/324

明史竊一百五卷　（明）尹守衡撰　清光緒十二年(1886)東莞邑局刻本　十八冊

370000－1541－0016152　972.33/109

光緒餘杭縣志稿不分卷　（清）褚成博纂　清光緒三十二年(1906)刻本　一冊

370000－1541－0016153　972.35/112

[光緒]寧海縣志二十四卷首一卷　（清）王瑞成修　（清）張濬纂　清光緒二十八年(1902)寧海刻本　十二冊

370000－1541－0016154　992.5/298

菊部群英一卷　（清）小游仙客撰　清同治十二年(1873)刻本　一冊

370000－1541－0016155　992.5/628

梨園聲價錄二卷　（清）遊戲道人編　清稿本　二冊

370000－1541－0016156　997/658

睫巢鏡影不分卷　（清）童叶庚撰　清光緒十

六年(1890)武林任有容齋刻本　一冊

370000－1541－0016157　997.1/137

靈棋經一卷　（漢）東方朔撰　清道光三年(1823)刻本　一冊

370000－1541－0016158　997.11/530

桃花泉奕譜二卷　（清）范世勳撰　清乾隆三十年(1765)兩儀堂刻本　二冊

370000－1541－0016159　997.11/579

弈譜一卷　（清）□□撰　清刻本　一冊

370000－1541－0016160　997.12/135

韜略元機八卷附新刻象棋譜式一卷　（清）□□撰　清山潤堂刻本　一冊

370000－1541－0016161　997.19/290

打馬圖經一卷　（宋）李清照撰　除紅譜一卷　（宋）朱河撰　清光緒三十二年(1906)長沙葉氏刻本　一冊

370000－1541－0016162　997.2/658

益智圖二卷　（清）童叶庚撰　清光緒四年(1878)睫巢刻本　二冊

370000－1541－0016163　997.4/102

百衲琴二卷　（清）秦雲　（清）秦敏樹撰　清光緒十二年(1886)管可壽齋刻本　一冊

370000－1541－0016164　997.4/990

燈謎新編二卷　（清）俞樾撰　清光緒十二年(1886)梅華館刻本　一冊

370000－1541－0016165　998/461

弔譜補遺八卷　（清）且漁主人撰　清且漁軒刻本　二冊

370000－1541－0016166　998/923

牙牌通譜二卷　（清）臧耀初撰　清光緒刻本　一冊

書名筆畫字頭索引

六畫

293

294

297

298

十二畫

十五畫

305

十六畫

311

書名筆畫索引

319

322

323

329

333

336

337

345

349

351

352

六畫

357

361

363

七畫

371

373

375

381

383

387

388

九畫

405

411

414

417

十畫

431

434

436

十一畫

440

462

471

十三畫

474

475

478

482

484

十四畫

492

497

499

501

十五畫

509

十六畫

十八畫

十九畫

531

二十一畫

二十三畫

二十四畫

541

山東大學圖書館古籍普查登記目錄（上）

全國古籍普查登記目錄

國家圖書館出版社

National Library of China Publishing House

圖書在版編目（CIP）數據

山東大學圖書館古籍普查登記目録：全二册/山東大學圖書館編. —北京：國家圖書館出版社,2023.6

（全國古籍普查登記目録）

ISBN 978－7－5013－7636－0

Ⅰ.①山…　Ⅱ.①山…　Ⅲ.①院校圖書館—古籍—圖書館目録—濟南　Ⅳ.①Z838

中國版本圖書館 CIP 數據核字（2022）第 220861 號

書　　名	山東大學圖書館古籍普查登記目録（全二册）
著　　者	山東大學圖書館　編
索引編製	趙　嫄
責任編輯	趙　嫄

出版發行　國家圖書館出版社（北京市西城區文津街 7 號　　100034）
　　　　　（原書目文獻出版社 北京圖書館出版社）
　　　　　010－66114536　63802249　nlcpress@ nlc. cn（郵購）

網　　址	http://www.nlcpress.com
排　　版	京荷（北京）科技有限公司
印　　裝	河北三河弘翰印務有限公司
版次印次	2023 年 6 月第 1 版　2023 年 6 月第 1 次印刷

開　　本	787×1092　1/16
印　　張	65.25
字　　數	1250 千字
書　　號	ISBN 978－7－5013－7636－0
定　　價	660.00 圓

《全國古籍普查登記目録》

工作委員會

主　任：周和平

副主任：張永新　詹福瑞　劉小琴　李致忠　張志清

委　員（按姓氏筆畫排序）：

《全國古籍普查登記目録》

序　言

　　全國古籍普查登記工作是"中華古籍保護計劃"的首要任務,是全面開展古籍搶救、保護和利用工作的基礎,也是有史以來第一次由政府組織、參加收藏單位最多的全國性古籍普查登記工作。

　　2007年國務院辦公廳發布《關於進一步加强古籍保護工作的意見》(國辦發〔2007〕6號),明確了古籍保護工作的首要任務是對全國公共圖書館、博物館和教育、宗教、民族、文物等系統的古籍收藏和保護狀況進行全面普查,建立中華古籍聯合目録和古籍數字資源庫。2011年12月,文化部下發《文化部辦公廳關於加快推進全國古籍普查登記工作的通知》(文辦發〔2011〕518號),進一步落實了全國古籍普查登記工作。根據文化部2011年518號文件精神,國家古籍保護中心擬訂了《全國古籍普查登記工作方案》,進一步規範了古籍普查登記工作的範圍、内容、原則、步驟、辦法、成果和經費。目前進行的全國古籍普查登記工作的中心任務是通過每部古籍的身份證——"古籍普查登記編號"和相關信息,建立古籍總臺賬,全面瞭解全國古籍存藏情況,開展全國古籍保護的基礎性工作,加强各級政府對古籍的管理、保護和利用。

　　《全國古籍普查登記工作方案》規定了全國古籍普查登記工作的三個主要步驟:一、開展古籍普查登記工作;二、在古籍普查登記基礎上,編纂出版館藏古籍普查登記目録,形成《全國古籍普查登記目録》;三、在古籍普查登記工作基本完成的前提下,由省級古籍保護中心負責編纂出版本省古籍分類聯合目録《中華古籍總目》分省卷,由國家古籍保護中心負責編纂出版《中華古籍總目》統編卷。

　　在黨和政府領導下,在各地區、各有關部門和全社會共同努力下,古籍普查登記工作得以扎實推進。古籍普查已在除臺、港、澳之外的全國各省級行政區域開展,普查内容除漢文古籍外,還包括各少數民族文字古籍,特別是於2010年分別啓動了新疆古籍保護和西藏古籍保護專項,因地制宜,開展古籍普查登記工作;國家古籍保護中心研製的"全國古籍普查登記平臺"已覆蓋到全國各省級古籍保護中心,并進一步研發了"中華古籍索引庫",爲及時展現古籍普查成果提供有力支持;截至目前,已有11375部古籍進入《國家珍貴古籍名録》,浙江、江蘇、山東、河北等省公布了省級《珍貴古籍名録》，古籍分級保護機制初步形成。

《全國古籍普查登記目録》是古籍普查工作的階段性成果，旨在摸清家底，揭示館藏，反映古籍的基本信息。原則上每申報單位獨立成册，館藏量少不能獨立成册者，則在本省範圍内幾個館目合并成册。無論獨立成册還是合并成册，均編製獨立的書名筆畫索引附於書後。著録的必填基本項目有：古籍普查登記編號、索書號、題名卷數、著者（含著作方式）、版本、册數及存缺卷數。其他擴展項目有：分類、批校題跋、版式、裝幀形式、叢書子目、書影、破損狀況等。有條件的收藏單位多著録的一些擴展項目，也反映在《全國古籍普查登記目録》上。目録編排按古籍普查登記編號排序，内在順序給予各古籍收藏單位較大自由度，可按分類排列古籍普查登記編號，也可按排架號、按同書名等排列古籍普查登記編號，以反映各館特色。

此次全國古籍普查登記工作，克服了古籍數量多、普查人員少、普查難度大等各種困難，也得到了全國古籍保護工作者的極大支持。在古籍普查登記過程中，國家古籍保護中心、各省古籍保護中心爲此舉辦了多期古籍普查、古籍鑒定、古籍普查目録審校等培訓班，全國共1600餘家單位參加了培訓，爲古籍普查登記工作培養了大量人才。同時在古籍普查登記工作中，也鍛煉了普查員的實踐能力，爲將來古籍保護事業發展奠定了良好的基礎。

《全國古籍普查登記目録》的出版，將摸清我國古籍家底，爲古籍保護和利用工作提供依據，也將是古籍保護長期工作的一個里程碑。

國家古籍保護中心

2013 年 10 月

《全國古籍普查登記目録》

編纂凡例

　　一、收録範圍爲我國境内各收藏機構或個人所藏,産生於 1912 年以前,具有文物價值、學術價值和藝術價值的文獻典籍,包括漢文古籍和少數民族文字古籍以及甲骨、簡帛、敦煌遺書、碑帖拓本、古地圖等文獻。其中,部分文獻的收録年限適當延伸。

　　二、以各收藏機構爲分册依據,篇幅較小者,適當合并出版。

　　三、一部古籍一條款目,複本亦單獨著録。

　　四、著録基本要求爲客觀登記、規範描述。

　　五、著録款目包括古籍普查登記編號、索書號、題名卷數、著者、版本、册數、存缺卷等。古籍普查登記編號的組成方式是:省級行政區劃代碼—單位代碼—古籍普查登記順序號。

　　六、以古籍普查登記編號順序排序。

《山東省古籍普查登記目録》

工作委員會

主　任：王　磊

副主任：付俊海　杜澤遜　劉顯世　馮慶東　李勇慧

委　員（按姓氏筆畫排序）：

于　芹	王　珂	王一涵	王恒柱	王彭蘭	王曉兵
石國祥	史春秋	杜保國	杜雲虹	李關勇	辛鏡之
范　軍	周　晶	胡培培	姜艷平	紀文杰	馬清源
畢曉樂	徐月霞	唐　研	唐桂艷	陸　健	陳清義
黃銀萍	盛　宴	崔志飛	張逸潔	張蕊芳	張曉輝
程鵬飛	喬　敏	楊立民	裴文玲	魯　鳳	劉　峰
劉春華	劉樹偉	劉麗華	賴大邃	穆允軍	謝明明

《山東大學圖書館古籍普查登記目録》
編委會

《山東大學圖書館古籍普查登記目録》

前　言

　　本書是山東大學圖書館歷經十餘年完成的古籍普查成果彙編。山東大學前身是創建於 1901 年的山東大學堂,是我國近代高等教育的起源性大學之一。學校創立之初,就在《辦學章程》中明確提出"添設藏書樓、博物院各一所,以資考證而廣見聞"。學校素來重視文史教學與研究,故古籍特藏文獻的搜集購藏一直是我館文獻工作的重點之一。宋春舫、皮高品、梁實秋、孫昌熙、陸侃如、黄嘉德、黄雲眉等著名學者執掌館務期間,除長期專注自身研究領域外,還經常利用自身的社會影響,廣泛聯繫關心支持圖書館事業的校内外人士,爲館藏建設廣開捐書、贈書之門。其中較大數量的捐獻有:蔣静貞先生捐贈藏書 4600 餘册;著名古文字學家、古史學家丁山先生去世後,家屬將丁先生藏書及著作手稿分三次悉數捐獻給我館,僅其中一次就多達 5000 餘册;歷史學家盧振華家屬捐贈盧先生藏書 3000 餘册;考古學家郭寶鈞家屬捐贈郭先生藏書 800 餘册;華新紗廠經理捐獻私人藏書數千册等。2007 年古籍普查工作開始以來,學校還陸續接收了哲學家龐樸先生、日本知名教授池田知久先生及我校職工張新華先生、張吉周与趙淑梅夫婦等多達數萬册的贈書,其中古籍特藏文獻近 1300 册。此外,我館還注重大宗收購藏書家所藏之書,如抗戰勝利後收購青島葉氏所藏地方志 300 多部,1949 年後購得安丘曹愚盦藏書近萬册,1955 年購買諸城張鑑祥所藏書目書志類藏書 1000 餘部 3600 餘册,1957 年購買薛汕先生所藏説唱文獻 2000 餘册等。另外,政府調撥也是館藏古籍文獻的重要來源,如我館抗戰勝利後接收了大量政府調撥圖書,1949 年後接收了齊魯大學圖書館藏書、青島同善教會藏書等。經過 120 年的文獻積纍,現在我館藏有包括民國綫裝文獻在内的 31 萬册(件)古籍特藏文獻,形成了明清善本多、地方志書全及書目文獻豐富等古籍館藏特色,已有 87 部古籍入選《國家珍貴古籍名録》,1154 部入選《山東省珍貴古籍名録》。

　　我館古籍收藏以明清刻本爲主,雖不如其他大館量多質優,但亦頗有滿目琳琅之感,從明末虞山毛氏汲古閣到清末聊城楊氏海源閣,三百年名家故物,幾乎應有盡有。其中所藏最早之書爲宋刻本《開元釋教録》,經折裝一册,鈐有"南海藏書""南海藏經"等印,乃康有爲舊藏。所藏亦多有海内孤本,如明成化元年(1465)薛氏刻本《覺非齋文集》、明隆慶四年(1570)嚴㟧式刻本《新刊王三楚秦漢魏晉近古文選》、明萬

1

曆二十三年（1595）刻本《雙魚編》、明萬曆三十五年（1607）柏鳳翔刻本《鄭襄敏公赤牘》、明萬曆四十三年（1615）刻本《柳堂遺集》等。名家稿抄本收藏亦多，如清方苞稿本《方望溪先生文稿》、清朱偉卿彩繪稿本《運河圖說》、清顏懋倫稿本《顏清谷四編詩》、明嘉靖四十四年（1565）馮惟訥抄本《文編》、明抄本《明輿圖》、清朱彝尊抄本《劉給諫文集》等。名家批校題跋本也有頗多收藏，如明毛晉及清毛扆、何焯、王承祐跋與清毛扆批校元明間刻本《集千家注批點杜工部詩集》、清汪士鐘跋明萬曆二十三年（1595）刻本《通鑑總類》、清王鳴盛跋清康熙六年（1667）季氏靜思堂刻本《杜工部集》、清錢陸燦批點明萬曆茅維刻本《東坡先生詩集注》、莫棠批校明萬曆十四年（1586）吳琯等刻本《詩紀》等。

　　我館在長期發展過程中，形成了不僅重管理、重保護、重閱覽，而且重編目、重科研的優良傳統。早在 20 世紀 30 年代，就創辦了《圖書館增刊》，編纂了《全唐詩引得》《道藏考略》等書刊；50 年代又編印了旨在反映本館古籍收藏全貌的《館藏綫裝目錄》，其他專題古籍目錄也多有製作；70 年代末期，《中國古籍善本書目》創始之初，王紹曾先生當時在我館從事古籍管理工作，他從古籍書庫中遴選善本數百部，合我館原定善本，共 1200 餘部，製成卡片，上報編委會，最終有 419 部古籍收入《中國古籍善本書目》。2007 年 1 月，凝聚我館幾代古籍工作者心血的《山東大學圖書館古籍善本書目》由齊魯書社出版，此書目收錄我館歷年入藏的宋元明刻本、名家批校題跋本、稿本、抄本、清代精刻本、活字本等 2000 餘部 1 萬餘冊，不僅著錄書名卷數、著者、版本、函冊、索書號等基本信息，還著錄了行款、序跋、牌記、刻工、藏書印等其他信息，受到業內人士好評。

　　2007 年，國務院辦公廳頒布了《關於進一步加强古籍保護工作的意見》，正式在全國範圍內啓動“中華古籍保護計劃”國家級重點文化工程。我館積極響應，開始對古籍特藏文獻進行 MARC 格式編目普查工作。2010 年 7 月，我館歷時三年完成了館藏古籍家底摸排和回溯建庫工作，MARC 匯文編目涵蓋古籍書名卷數、著者、版本、行款版式、牌記、批校題跋、鈐印、四部分類、劉國鈞索書號等各項內容，爲後期開展古籍普查奠定了堅實基礎。2011 年以後，按照國家古籍保護中心發布的《古籍普查登記表格整理規範》要求，我館進一步完善古籍普查數據，對編目系統中出現的“辨識不出、著錄不詳”等問題進行了集中修改，并多次選派業務骨幹參加國家和省級古籍保護中心舉辦的古籍普查、古籍鑒定、古籍普查目錄審校等培訓，打造了一支基礎扎實、業務突出的館員隊伍。2017 年 9 月，古籍普查進入集中攻堅階段，我館多次召開專題會議就古籍普查方法、人員、時間、空間、設備、安全等問題進行研究，制定了嚴密的普查方案，館長趙興勝教授、山東省古籍保護中心常務副主任李勇慧研究館員等領導多次到普查工作現場進行指導。2020 年提交數據後，我館同人又多次與國家圖書館出版社編輯趙嬿老師溝通，反復審校。經過大家幾年的辛苦努力，終於完成了館藏古籍書目數據的普查登記、篩選、校對工作，最終形成了這部《山東大學圖書館古籍普查登記目錄》。

本目錄共收錄我館所藏古籍 16166 部 170859 冊，均爲辛亥革命前之古籍，基本以劉國鈞《中國圖書分類法》分類排序，其中有一部分原山東醫科大學圖書館所藏醫家類古籍，因其原來按《波士頓醫學圖書分類法》進行分類，與劉國鈞《中國圖書分類法》有異，此次普查未再重新分類，而是將其排在劉國鈞《中國圖書分類法》427"飲食、烹飪"之後、430"農業總論"之前。另外需要說明的是，本目錄主要收錄館藏漢文古籍，館藏的域外版本、書畫、碑帖、拓片、信札、契約、説唱文獻小册子等其他特類文獻未予收錄。本目錄的著錄內容和格式，嚴格按照國家古籍保護中心制定的《全國古籍普查登記手冊》要求執行，數據基本做到了準確、規範。普查過程中，我們訂正了一些著錄問題，對於破損較嚴重的古籍進行了標注，以便後續進行修復。通過此次普查，我們徹底摸清了館藏古籍家底，鍛煉了古籍整理人才隊伍，爲更好地服務學術研究、服務地方文化建設，下一步編纂《中華古籍總目·山東卷》《山東大學圖書館藏古籍目錄》等打下了堅實的基礎。由於本目錄出自衆手，參編人員水平有別，對古籍版本判定存在誤差，對普查規則理解存在差異，著錄內容難免存有疏漏訛誤之處，敬請方家不吝批評指正。

在普查過程中，我們得到了國家古籍保護中心、山東省古籍保護中心和國家圖書館出版社的大力支持，也得到了校內杜澤遜、劉心明、王承略等專家的悉心指導。在《山東大學圖書館古籍普查登記目錄》即將出版之際，向爲此項工作付出心血的專家、領導、同人致以真誠的謝意！

2021 年 5 月，習近平總書記在給山東大學《文史哲》編輯部全體編輯人員的回信中指出："增強做中國人的骨氣和底氣，讓世界更好認識中國、瞭解中國，需要深入理解中華文明，從歷史和現實、理論和實踐相結合的角度深入闡釋如何更好堅持中國道路、弘揚中國精神、凝聚中國力量。回答好這一重大課題，需要廣大哲學社會科學工作者共同努力，在新的時代條件下推動中華優秀傳統文化創造性轉化、創新性發展。"保護傳承典籍，是我們的基本工作，更是我們不可推卸的責任和使命，我們定當在此基礎上致力於新時代古籍工作，對中華優秀傳統典籍進行挖掘整理、研究利用，做出自己創造性轉化、創新性發展的努力。

編　者

2022 年 10 月

目　録

370000－1541－0000001　011.1/156

蘇溪漁隱讀書譜四卷　（清）耿文光撰　清光緒十五年(1889)刻本　一冊

370000－1541－0000002　011.2/504

藏書十約一卷游藝巵言二卷　葉德輝編　清宣統三年(1911)長沙葉氏觀古堂刻本　一冊

370000－1541－0000003　011.22/883

相臺書塾刊正九經三傳沿革例一卷　（宋）岳珂撰　清光緒七年(1881)成都瀹雅齋刻本　一冊

370000－1541－0000004　011.4/320

四庫簡明目錄標注二十卷　（清）邵懿辰撰　清宣統三年(1911)仁和邵章刻半巖廬所著書本　六冊

370000－1541－0000005　011.5/271

留真譜初編十二卷二編八卷　楊守敬編　清光緒二十七年(1901)宜都楊氏刻本　二十冊

370000－1541－0000006　011.5/719

宋元本行格表二卷　（清）江標輯　清光緒二十三年(1897)湘潭劉肇隅刻本　四冊

370000－1541－0000007　011.54/762

勞氏碎金三卷　（清）勞經原等撰　吳昌綬輯錄　清宣統元年(1909)雙照樓鉛印本　一冊

370000－1541－0000008　011.54/762＝1

勞氏碎金三卷　（清）勞經原等撰　吳昌綬輯錄　清宣統元年(1909)雙照樓鉛印本　一冊

370000－1541－0000009　011.6/112

漁洋書籍跋尾二卷　（清）王士禎撰　清光緒四年(1878)仁和葛氏嘯園刻本　一冊

370000－1541－0000010　011.6/164

士禮居藏書題跋記六卷　（清）黃丕烈撰　清光緒十年(1884)吳縣潘氏滂喜齋刻本　十二冊

370000－1541－0000011　011.6/164＝1

士禮居藏書題跋記六卷　（清）黃丕烈撰　清光緒十年(1884)吳縣潘氏滂喜齋刻本　四冊

370000－1541－0000012　011.6/164＝2

士禮居藏書題跋記六卷　（清）黃丕烈撰　清光緒十年(1884)吳縣潘氏滂喜齋刻本　四冊

370000－1541－0000013　011.6/164＝3

士禮居藏書題跋記六卷　（清）黃丕烈撰　清光緒十年(1884)吳縣潘氏滂喜齋刻本　四冊

370000－1541－0000014　011.6/183＝1

知聖道齋讀書跋二卷　（清）彭元瑞撰　清光緒會稽章氏刻式訓堂叢書本　一冊

370000－1541－0000015　011.6/183＝2

知聖道齋讀書跋二卷　（清）彭元瑞撰　清光緒會稽章氏刻式訓堂叢書本　一冊

370000－1541－0000016　011.6/221

金華文萃書目提要八卷　（清）胡鳳丹編　清同治八年(1869)金華胡氏退補齋刻本　三冊

370000－1541－0000017　011.6/329

四庫簡明目錄標注二十卷　（清）邵懿辰撰　清宣統三年(1911)仁和邵章刻半巖廬所著書本　六冊

370000－1541－0000018　011.6/384

經籍跋文一卷　（清）陳鱣撰　清道光十七年(1837)海昌蔣氏刻本　一冊

370000－1541－0000019　011.6/384＝1

經籍跋文一卷　（清）陳鱣撰　清光緒會稽章氏刻式訓堂叢書本　一冊

370000－1541－0000020　011.6/392

儀顧堂題跋十六卷　（清）陸心源撰　清光緒十八年(1892)歸安陸氏刻本　八冊

370000－1541－0000021　011.6/392＝1

儀顧堂題跋十六卷　（清）陸心源撰　清光緒十八年(1892)歸安陸氏刻本　六冊

370000－1541－0000022　011.6/392＝2

儀顧堂續跋十六卷　（清）陸心源撰　清光緒十八年(1892)歸安陸氏刻本　六冊

370000－1541－0000023　011.6/392＝3

放翁題跋六卷附放翁家訓一卷　（宋）陸游撰　清光緒四年(1878)仁和葛氏嘯園刻嘯園叢書本　二冊

370000－1541－0000024　011.6/433

拜經樓藏書題跋記五卷附錄一卷　（清）吳騫撰　清光緒會稽章氏刻本　二冊

370000－1541－0000025　011.6/433＝2

拜經樓藏書題跋記五卷附錄一卷　（清）吳騫撰　清光緒會稽章氏刻本　三冊

370000－1541－0000026　011.6/719

半氈齋題跋二卷　（清）江藩撰　清光緒十二年(1886)吳縣潘氏刻本　一冊

370000－1541－0000027　011.6/754

經序提要合編二卷　（清）潘清蔭編　清光緒二十九年(1903)山東高等學堂鉛印本　一冊　存一卷(上)

370000－1541－0000028　011.6/845

花近樓叢書序跋記二卷　（清）管庭芬撰　清宣統三年(1911)國學扶輪社鉛印張氏適園叢書初集本　一冊

370000－1541－0000029　011.6/845＝1

花近樓叢書序跋記二卷　（清）管庭芬撰　清宣統三年(1911)國學扶輪社鉛印張氏適園叢書初集本　一冊

370000－1541－0000030　011.6/906

華延年室題跋三卷　（清）傅以禮撰　清宣統元年(1909)餘杭俞人蔚鉛印本　三冊

370000－1541－0000031　011.6/934

竹汀先生日記鈔三卷　（清）錢大昕撰　（清）何元錫編　清光緒會稽章氏刻式訓堂叢書本　一冊

370000－1541－0000032　011.6/934＝1

竹汀先生日記鈔三卷　（清）錢大昕撰　（清）何元錫編　清光緒會稽章氏刻式訓堂叢書本　一冊

370000－1541－0000033　011.6/934＝2

竹汀先生日記鈔二卷　（清）錢大昕撰　（清）何元錫編　（清）劉喜海評　清光緒吳縣潘氏滂喜齋刻朱墨套印本　一冊

370000－1541－0000034　011.6/951

370000－1541－0000035　011.67/235

重編紅雨樓題跋二卷　（明）徐𤊻撰　繆荃孫輯　清宣統二年(1910)崑山趙氏峭帆樓刻本　三冊

欽定天祿琳琅書目十卷　（清）于敏中編　清抄本　五冊　存六卷(五至十)

370000－1541－0000036　011.67/235＝1

欽定天祿琳琅書目十卷後編二十卷　（清）于敏中編　（清）彭元瑞續編　清光緒十年(1884)長沙王氏刻本　十冊

370000－1541－0000037　011.67/235＝2

欽定天祿琳琅書目十卷　（清）于敏中編　清光緒十年(1884)長沙王氏刻本　五冊

370000－1541－0000038　011.67/235＝3

欽定天祿琳琅書目十卷　（清）于敏中編　清光緒十年(1884)長沙王氏刻本　五冊

370000－1541－0000039　011.67/235＝4

欽定天祿琳琅書目十卷　（清）于敏中編　清光緒十年(1884)長沙王氏刻本　五冊

370000－1541－0000040　011.67/235＝5

欽定天祿琳琅書目後編二十卷　（清）彭元瑞編　清光緒十年(1884)長沙王氏刻本　五冊

370000－1541－0000041　011.67/313

愛日精廬藏書志三十六卷　（清）張金吾撰　清光緒十三年(1887)常熟愛日精廬刻本　十冊

370000－1541－0000042　011.67/323

湘學新報書目提要不分卷　（清）□□編　清末刻本　一冊

370000－1541－0000043　011.67/329

南江文鈔一卷　（清）邵晉涵撰　清嘉慶八年(1803)面水層軒刻清末挖改本　一冊

370000－1541－0000044　011.67/329＝1

四庫全書提要分纂稿一卷　（清）邵晉涵撰　清光緒會稽徐氏鑄學齋刻紹興先正遺書本　一冊

370000－1541－0000045　011.67/519

宋元舊本書經眼錄三卷　（清）莫友芝撰　清同治十二年（1873）獨山莫氏刻本　二冊

370000－1541－0000046　011.67/583
考信錄提要二卷　（清）崔述撰　清道光二年（1822）遺經樓刻本　一冊

370000－1541－0000047　011.67/730
西學書目表三卷附一卷　梁啟超撰　清末上海時務報館石印本　一冊

370000－1541－0000048　011.67/818
目治偶抄四卷　（清）周廣業撰　清抄本　四冊

370000－1541－0000049　011.67/859
欽定四庫全書簡明目錄二十卷首一卷　（清）紀昀等編　清刻本　十二冊

370000－1541－0000050　011.67/859＝1
欽定四庫全書簡明目錄二十卷首一卷　（清）紀昀等編　清乾隆四十九年（1784）刻本　清王同慶增補　八冊

370000－1541－0000051　011.67/859＝3
欽定四庫全書簡明目錄二十卷首一卷　（清）紀昀等編　清光緒十年（1884）上海同文書局石印本　四冊

370000－1541－0000052　011.67/859＝4
欽定四庫全書簡明目錄二十卷首一卷　（清）紀昀等編　清乾隆四十九年（1784）刻本　十二冊

370000－1541－0000053　011.67/859＝5
欽定四庫全書簡明目錄二十卷首一卷　（清）紀昀等編　清同治七年（1868）廣東書局刻本　十二冊

370000－1541－0000054　011.67/859＝6
欽定四庫全書簡明目錄二十卷首一卷　（清）紀昀等編　清刻本　十七冊　存十九卷（一至十四、十六至二十）

370000－1541－0000055　011.67/859＝7
欽定四庫全書總目二百卷首一卷　（清）紀昀等編　清同治七年（1868）廣東書局刻本　一

百十二冊

370000－1541－0000056　011.67/932
讀書敏求記四卷　（清）錢曾撰　清乾隆六十年（1795）槜李沈氏耆英堂刻本　四冊

370000－1541－0000057　011.67/932＝1
讀書敏求記四卷　（清）錢曾撰　清道光二十七年（1847）刻海山仙館叢書本　四冊

370000－1541－0000058　011.69/927
曝書雜記三卷　（清）錢泰吉撰　清同治七年（1868）嘉興錢氏刻本　二冊

370000－1541－0000059　011.69/927＝1
曝書雜記三卷　（清）錢泰吉撰　清同治七年（1868）嘉興錢氏刻本　三冊

370000－1541－0000060　011.69/927＝2
曝書雜記三卷　（清）錢泰吉撰　清同治七年（1868）嘉興錢氏刻本　一冊

370000－1541－0000061　011.69/984
經義考補正十二卷　（清）翁方綱撰　清乾隆五十七年（1792）大興翁氏刻本　四冊

370000－1541－0000062　011.69/984＝1
經義考補正十二卷　（清）翁方綱撰　清乾隆五十七年（1792）大興翁氏刻本　二冊

370000－1541－0000063　011.7/209
晉宋書故一卷　（清）郝懿行撰　清光緒十七年（1891）廣雅書局刻本　一冊

370000－1541－0000064　011.7/217
南薰殿圖像考二卷　（清）胡敬輯　清道光二十三年（1843）崇雅堂刻本　二冊

370000－1541－0000065　011.8/156
蘇溪漁隱讀書譜四卷　（清）耿文光撰　清光緒十五年（1889）刻本　四冊

370000－1541－0000066　011.8/156＝1
目錄學九卷　（清）耿文光撰　清光緒二十年（1894）刻耿氏叢書本　四冊

370000－1541－0000067　011.8/158
善本書室藏書志四十卷附錄一卷　（清）丁丙

輯　清光緒二十七年(1901)錢塘丁氏刻本
十六冊

370000－1541－0000068　011.8/271
日本訪書志十六卷　楊守敬撰　清光緒二十
三年(1897)宜都楊守敬鄰蘇園刻本　八冊

370000－1541－0000069　011.8/292
碧琳琅館藏書志不分卷　(清)方功惠藏
(清)李希聖編　清抄本　二冊

370000－1541－0000070　011.8/470
昭德先生郡齋讀書志二十卷首一卷附志二卷
　(宋)晁公武撰　(宋)姚應績重編　清光緒
十年(1884)長沙王氏刻本　十冊

370000－1541－0000071　011.8/492
群書拾補三十九種　(清)盧文弨編　清光緒
十五年(1889)徐氏鑄學齋刻紹興先正遺書本
　二冊　存三種(拾補末、拾補識語、拾補補
遺)

370000－1541－0000072　011.8/492＝1
群書拾補三十九種　(清)盧文弨編　清光緒
十三年(1887)上海蜚英館石印本　八冊

370000－1541－0000073　011.8/834
開有益齋讀書志六卷續志一卷金石文字記一
卷　(清)朱緒曾撰　清光緒六年(1880)金陵
翁氏茹古閣刻本　四冊

370000－1541－0000074　011.8/834＝1
開有益齋讀書志六卷續志一卷金石文字記一
卷　(清)朱緒曾撰　清光緒六年(1880)金陵
翁氏茹古閣刻本　三冊　缺二卷(五至六)

370000－1541－0000075　012/112
崇文總目五卷附錄一卷補遺一卷　(宋)王堯
臣等編　(清)錢東垣輯釋　清嘉慶四年
(1799)刻汗筠齋叢書本　五冊

370000－1541－0000076　012/112＝1
崇文總目五卷附錄一卷補遺一卷　(宋)王堯
臣等編　(清)錢東垣輯釋　清嘉慶四年
(1799)刻汗筠齋叢書本　五冊

370000－1541－0000077　012/112＝2

崇文總目五卷附錄一卷補遺一卷　(宋)王堯
臣等編　(清)錢東垣輯釋　清光緒八年
(1882)常熟鮑氏後知不足齋刻本　五冊

370000－1541－0000078　012/112＝3
崇文總目五卷附錄一卷補遺一卷　(宋)王堯
臣等編　(清)錢東垣輯釋　清光緒八年
(1882)常熟鮑氏後知不足齋刻本　六冊

370000－1541－0000079　012/266
文淵閣書目二十卷　(明)楊士奇等編　清嘉
慶四年(1799)顧修刻讀畫齋叢書本　八冊

370000－1541－0000080　012/329
經史百家序錄不分卷　邵章輯　清光緒二十
八年(1902)石印本　十四冊

370000－1541－0000081　012/784
知不足齋叢書本書目七種　(清)鮑廷博輯
清乾隆三十六年(1771)長塘鮑氏刻本　六冊

370000－1541－0000082　012/846
粵雅堂叢書　(清)伍崇曜輯　清道光至光緒
南海伍氏刻本　二十冊　存六種(絳雲樓書
目、述古堂藏書目、崇文總目五卷補遺、國史
經籍志、菉竹堂書目、經義考補正)

370000－1541－0000083　012/946
古越藏書樓書目二十卷　(清)徐樹蘭編　清
光緒三十年(1904)崇實書局石印本　八冊

370000－1541－0000084　012.1/317
四庫書目略二十卷　(清)費莫文良編　清同
治九年(1870)刻本　十二冊

370000－1541－0000085　012.1/317＝1
四庫書目略二十卷　(清)費莫文良編　清同
治九年(1870)刻本　十二冊

370000－1541－0000086　012.5/112
欽定四庫全書考證一百卷　(清)王太岳
(清)曹錫寶纂　清刻本　四十八冊

370000－1541－0000087　012.5/112＝1
欽定四庫全書考證一百卷　(清)王太岳
(清)曹錫寶纂　清刻本　四十冊

370000－1541－0000088　012.5/311＝1

書目答問四卷附輶軒語一卷　（清）張之洞撰
清光緒三年(1877)濠上書齋刻本　六冊

370000－1541－0000089　012.5/311＝2
書目答問四卷　（清）張之洞撰　清光緒刻本
三冊

370000－1541－0000090　012.5/311＝3
書目答問四卷　（清）張之洞撰　清光緒八年
(1882)皖垣鉛印本　二冊

370000－1541－0000091　012.5/311＝4
書目答問四卷　（清）張之洞撰　清光緒四年
(1878)上海淞隱閣鉛印本　二冊

370000－1541－0000092　012.5/311＝5
書目答問不分卷　（清）張之洞撰　清光緒二
十三年(1897)沔陽盧氏慎始基齋刻慎始基齋
叢書本　四冊

370000－1541－0000093　012.5/311＝8
書目答問不分卷國朝著述諸家姓名略一卷四
川省城尊經書院記一卷　（清）張之洞撰　清
光緒五年(1879)王秉恩刻本　一冊

370000－1541－0000094　012.5/311＝11
書目答問四卷　（清）張之洞撰　清光緒元年
(1875)刻本　二冊

370000－1541－0000095　012.5/311＝12
書目答問四卷附輶軒語一卷　（清）張之洞撰
清末民國初刻本　二冊

370000－1541－0000096　012.5/559
皇清經解檢目八卷錄要一卷通用表一卷
（清）蔡啟盛編　清光緒十二年(1886)武林刻
本　二冊

370000－1541－0000097　012.5/559＝1
皇清經解檢目八卷錄要一卷通用表一卷
（清）蔡啟盛編　清光緒十二年(1886)武林刻
本　二冊

370000－1541－0000098　012.5/659
經籍舉要　（清）龍啟瑞編　清光緒刻本　二
冊

370000－1541－0000099　012.5/659＝1

經籍舉要　（清）龍啟瑞編　清光緒刻本　二
冊

370000－1541－0000100　012.6/158
武林藏書錄三卷　（清）丁申撰　清光緒二十
六年(1900)刻本　二冊

370000－1541－0000101　012.6/519＝4
郘亭知見傳本書目十六卷　（清）莫友芝編
清抄本　四冊

370000－1541－0000102　012.6/719＝5
郘亭知見傳本書目十六卷　（清）莫友芝編
清宣統元年(1909)日本田中慶太郎北京鉛印
本　六冊

370000－1541－0000103　012.6/832
行素草堂目覩書錄十集　（清）朱記榮輯訂
清光緒十年(1884)朱氏槐廬刻本　十冊

370000－1541－0000104　012.8/169
中西普通書目表一卷　（清）黃慶澄撰　清光
緒二十四年(1898)算學報館刻本　一冊

370000－1541－0000105　012.8/355
式古堂目錄十七卷　（清）尤瑩編　清光緒十
九年(1893)臨海尤氏石印本　二冊

370000－1541－0000106　012.8/426
共讀樓書目十卷　（清）國英編　清光緒六年
(1880)京都索綽絡氏家塾刻本　二冊

370000－1541－0000107　012.8/504
觀古堂書目叢刻　葉德輝輯　清光緒二十九
年(1903)長沙葉氏觀古堂刻本　二十冊

370000－1541－0000108　012.8/504＝1
觀古堂書目叢刻　葉德輝輯　清光緒二十九
年(1903)長沙葉氏觀古堂刻本　十二冊

370000－1541－0000109　012.8/504＝2
葉氏存古叢書四種　葉銘編訂　清宣統二年
(1910)杭州西泠印社刻本　二冊

370000－1541－0000110　012.8/504＝3
葉氏存古叢書四種　葉銘編訂　清宣統二年
(1910)杭州西泠印社刻本　二冊

370000 - 1541 - 0000111　012.8/719

江刻書目三種　(清)江標輯　清光緒元和江氏刻本　四冊

370000 - 1541 - 0000112　012.8/719 = 1

書目答問箋補四卷　(清)江人度撰　清光緒三十年(1904)刻本　四冊

370000 - 1541 - 0000113　012.8/745

晨風閣叢書二十二種四十七卷　沈宗畸輯　清宣統元年(1909)番禺沈氏晨風閣刻本　七冊

370000 - 1541 - 0000114　012.8/834

潛采堂書目四種　(清)朱彝尊撰　清宣統元年(1909)番禺沈氏晨風閣刻晨風閣叢書本　四冊

370000 - 1541 - 0000115　012.8/946

經籍訪古志六卷補遺一卷　(日本)澁江全善撰　清光緒十一年(1885)姚氏鉛印本　八冊

370000 - 1541 - 0000116　012.8/966

彙刻書目初編十卷補遺一卷　(清)顧修輯　清嘉慶二十五年(1820)璜川吳氏刻本　十冊

370000 - 1541 - 0000117　012.8/966 = 1

彙刻書目十卷補編一卷續編一卷新編一卷　(清)顧修編　清光緒元年(1875)京都琉璃廠刻本　十一冊

370000 - 1541 - 0000118　012.8/966 = 2

彙刻書目十卷補編一卷續編一卷新編一卷　(清)顧修編　清光緒元年(1875)京都琉璃廠刻本　十一冊

370000 - 1541 - 0000119　012.8/966 = 3

彙刻書目二十卷　(清)顧修輯　清光緒十五年(1889)上海福瀛書局刻本　十九冊

370000 - 1541 - 0000120　012.8/966 = 4

彙刻書目二十卷　(清)顧修編　清光緒十五年(1889)上海福瀛書局刻本　二十冊

370000 - 1541 - 0000121　012.8/966 = 5

彙刻書目二十卷　(清)顧修編　清光緒十五年(1889)上海福瀛書局刻本　二十冊

370000 - 1541 - 0000122　012.8/966 = 6

彙刻書目二十卷　(清)顧修編　清光緒十五年(1889)上海福瀛書局刻本　二十冊

370000 - 1541 - 0000123　012.8/966 = 7

彙刻書目十卷續編二卷　(清)顧修編　(清)□□續編　清光緒刻本　十一冊

370000 - 1541 - 0000124　013.22/124

漢藝文志考證十卷　(宋)王應麟撰　清光緒九年(1883)浙江書局刻本　二冊

370000 - 1541 - 0000125　013.22/124 = 1

漢藝文志考證十卷　(宋)王應麟撰　清光緒九年(1883)浙江書局刻本　二冊

370000 - 1541 - 0000126　013.22/124 = 2

漢藝文志考證十卷　(宋)王應麟撰　清光緒九年(1883)浙江書局刻本　一冊　存四卷(七至十)

370000 - 1541 - 0000127　013.22/907

補後漢書藝文志四卷　(清)侯康撰　清光緒十七年(1891)廣雅書局刻本　一冊

370000 - 1541 - 0000128　013.22/907 = 1

補後漢書藝文志四卷　(清)侯康撰　清光緒十七年(1891)廣雅書局刻本　一冊

370000 - 1541 - 0000129　013.22/907 = 2

補後漢書藝文志四卷補三國藝文志四卷　(清)侯康撰　清道光三十年(1850)南海伍氏粵雅堂刻本　二冊

370000 - 1541 - 0000130　013.22/927

補續漢書藝文志一卷　(清)錢大昭撰　清光緒十四年(1888)廣雅書局刻本　一冊

370000 - 1541 - 0000131　013.22/927 = 1

補續漢書藝文志一卷　(清)錢大昭撰　清光緒十四年(1888)廣雅書局刻本　一冊

370000 - 1541 - 0000132　013.22/982

補後漢書藝文志一卷考十卷　(清)曾樸纂　清光緒二十一年(1895)常熟曾氏木活字印常熟曾氏叢書本　六冊

370000 - 1541 - 0000133　013.22/982 = 1

補後漢書藝文志一卷考十卷 （清）曾樸纂
清光緒二十一年(1895)常熟曾氏木活字印常
熟曾氏叢書本　六冊

370000－1541－0000134　013.231/158

補晉書藝文志四卷　丁國鈞撰　丁辰注　清
光緒二十年(1894)錫山文苑閣木活字印常熟
丁氏叢書本　二冊

370000－1541－0000135　013.231/158＝1

補晉書藝文志四卷　丁國鈞撰　丁辰注　清
光緒二十年(1894)錫山文苑閣木活字印常熟
丁氏叢書本　二冊

370000－1541－0000136　013.231/158＝2

補晉書藝文志四卷　丁國鈞撰　丁辰注　清
光緒二十年(1894)錫山文苑閣木活字印常熟
丁氏叢書本　三冊

370000－1541－0000137　013.231/433

補晉書經籍志四卷　吳士鑑纂　清光緒二十
一年(1895)錢塘吳氏刻本　二冊

370000－1541－0000138　013.231/677

補晉書藝文志六卷　（清）文廷式纂　清宣統
元年(1909)長沙鉛印本　六冊

370000－1541－0000139　013.231/677＝1

補晉書藝文志六卷　（清）文廷式撰　清宣統
元年(1909)長沙鉛印本　六冊

370000－1541－0000140　013.237/313

隋書經籍志補二卷　張鵬一編　清光緒三十
年(1904)富平張氏在山草堂鉛印本　一冊

370000－1541－0000141　013.237/313＝1

隋書經籍志補二卷　張鵬一編　清光緒三十
年(1904)富平張氏在山草堂鉛印本　一冊

370000－1541－0000142　013.237/658

隋經籍志考證十三卷　（清）章宗源撰　清光
緒三年(1877)湖北崇文書局刻本　四冊

370000－1541－0000143　013.237/658＝1

隋經籍志考證十三卷　（清）章宗源撰　清光
緒三年(1877)湖北崇文書局刻本　四冊

370000－1541－0000144　013.237/658＝2

隋經籍志考證十三卷　（清）章宗源撰　清光
緒三年(1877)湖北崇文書局刻本　四冊

370000－1541－0000145　013.24/888

舊唐書經籍志二卷　（五代）劉昫等撰　清光
緒八年(1882)鎮海張氏刻本　二冊

370000－1541－0000146　013.242/959

補五代史藝文志一卷　（清）顧櫰三撰　**補元
史藝文志四卷**　（清）錢大昕撰　清光緒十七
年(1891)廣雅書局刻本　一冊

370000－1541－0000147　013.242/959＝1

補五代史藝文志一卷　（清）顧櫰三撰　清光
緒刻本　一冊

370000－1541－0000148　013.25/920

補遼金元藝文志一卷　（清）倪燦撰　清光緒
十七年(1891)廣雅書局刻本　一冊

370000－1541－0000149　013.251/959

宋史藝文志補一卷　（清）倪燦撰　**補五代史
藝文志一卷**　（清）顧櫰三撰　清光緒十七年
(1891)廣雅書局刻本　二冊

370000－1541－0000150　013.252/972

通志藝文略八卷　（宋）鄭樵撰　清刻本　三
冊　存六卷(一至五、八)

370000－1541－0000151　013.254/987

補三史藝文志一卷　（清）金門詔撰　清光緒
十七年(1891)廣雅書局刻本　一冊

370000－1541－0000152　013.257/927

補元史藝文志四卷　（清）錢大昕撰　清光緒
十七年(1891)廣雅書局刻本　一冊

370000－1541－0000153　013.257/927＝1

元史藝文志四卷元史氏族表三卷　（清）錢大
昕撰　清同治十三年(1874)江蘇書局刻本
三冊

370000－1541－0000154　013.257/927＝2

元史藝文志四卷元史氏族表三卷　（清）錢大
昕撰　清同治十三年(1874)江蘇書局刻本
四冊

370000－1541－0000155　013.257/927＝3

元史藝文志四卷　（清）錢大昕撰　清同治十
三年(1874)江蘇書局刻本　一冊

370000－1541－0000156　013.26/364

四庫全書輯永樂大典本書目一卷　（清）孫馮
翼撰　清嘉慶抄本　一冊

370000－1541－0000157　013.26/653

永樂大典目錄六十卷　（明）姚廣孝等編　清
道光二十八年(1848)靈石楊氏刻連筠簃叢書
本　二十冊

370000－1541－0000158　013.27/164

皇朝經籍志六卷　（清）黃本驥輯　清道光二
十五年(1845)三長物齋刻三長物齋叢書本
四冊

370000－1541－0000159　013.29/298

杭州藝文志十卷　吳慶坻纂　清光緒三十四
年(1908)長沙刻本　六冊

370000－1541－0000160　013.29/812

楚寶目錄　（清）劉人熙編　清光緒十四年
(1888)刻本　一冊

370000－1541－0000161　013.2915/830

[康熙]陝西通志三十二卷　（清）賈漢復修
(清)李楷纂　清康熙刻本　十二冊　存一卷
(三十二藝文)

370000－1541－0000162　013.2921/596

常郡八邑藝文志十二卷　（清）盧文弨纂
(清)莊翊昆等校補　清光緒十六年(1890)刻
本　十六冊

370000－1541－0000163　013.2921/994

海虞藝文志六卷　（清）姚福均輯　清光緒常
熟姚氏刻本　二冊

370000－1541－0000164　013.2923/105

海寧經籍志備考不分卷　（清）吳騫撰　清末
小清儀閣抄本　二冊

370000－1541－0000165　013.2923/712

浙江採集遺書總錄十一卷　（清）沈初編　清
乾隆三十九年(1774)王亶望刻本　十冊

370000－1541－0000166　013.2926/438

襄陽藝文略五卷附錄一卷　（清）吳慶燾撰
清光緒二十三年(1897)襄陽縣署刻本　二冊

370000－1541－0000167　013.2926/438＝1

襄陽藝文略五卷附錄一卷　（清）吳慶燾撰
清光緒二十三年(1897)襄陽縣署刻本　二冊

370000－1541－0000168　013.2926/982

湖南藝文志四十四卷　（清）曾國荃等纂　清
光緒十一年(1885)湖南刻本　二十冊

370000－1541－0000169　013.31/500

日本國見在書目錄一卷　（日）藤原佐世撰
清光緒十年(1884)遵義黎氏東京使署刻古
逸叢書本　一冊

370000－1541－0000170　013.31/668

日本書目志十五卷　康有爲編　清光緒上海
大同譯書局石印本　八冊

370000－1541－0000171　014.12/372

群碧樓書目初編九卷書衣雜識一卷　鄧邦述
撰　清宣統三年(1911)江寧鄧氏群碧樓鉛印
本　四冊

370000－1541－0000172　014.12/372＝1

群碧樓善本書錄六卷寒瘦山房鬻存善本書目
七卷　鄧邦述撰　清宣統三年(1911)江寧鄧
氏群碧樓鉛印本　三冊

370000－1541－0000173　014.12/712

藝芸書舍宋元本書目二卷　（清）汪士鐘編
清同治十二年(1873)吳縣潘氏滂喜齋刻本
一冊

370000－1541－0000174　014.15/717

高宗純皇帝御筆目錄六卷　（清）□□編　清
內府抄本　六冊

370000－1541－0000175　014.15/927

史記天官書補目一卷　（清）孫星衍撰　補續
漢書藝文志一卷　（清）錢大昭撰　清光緒十
三年(1887)廣雅書局刻本　一冊

370000－1541－0000176　014.2/492

徵選山左明詩啓　（清）盧見曾撰　清德州雅
雨山人刻本　一冊

370000－1541－0000177　014.3/180

書目摘鈔一卷　（清）□□編　清埊進齋抄本
一冊

370000－1541－0000178　014.4/235

銷燬抽燬書目一卷　（清）姚覲元輯　清光緒
九年(1883)歸安姚氏刻咫進齋叢書本　一冊

370000－1541－0000179　014.4/235＝1

違礙書目一卷　（清）姚覲元輯　清光緒九年
(1883)歸安姚氏刻咫進齋叢書本　一冊

370000－1541－0000180　014.4/235＝2

禁燬書目四種　（清）姚覲元輯　清光緒三十
三年(1907)上海國學保存會鉛印國粹叢書本
一冊

370000－1541－0000181　014.4/235＝3

禁燬書目四種　（清）姚覲元輯　清光緒三十
三年(1907)上海國學保存會鉛印國粹叢書本
一冊

370000－1541－0000182　014.4/482

禁書總目不分卷　（清）□□編　清刻本　四
冊

370000－1541－0000183　014.4/977

禁書總目一卷銷燬抽燬書目一卷違礙書目一
卷　（清）姚覲元輯　清光緒九年(1883)歸安
姚氏刻咫進齋叢書本　四冊

370000－1541－0000184　014.7/069

廣雅書局書目一卷　（清）廣雅書局編刊　清
廣雅書局刻本　一冊

370000－1541－0000185　014.7/301

抱芳閣書目一卷　（清）抱芳閣編刊　清光緒
八年(1882)刻本　一冊

370000－1541－0000186　014.7/677

山東全省官書局書目一卷　（清）文美齋主人
編　清光緒二十九年(1903)鉛印本　一冊

370000－1541－0000187　014.7/719

江南書局書目一卷　（清）江南書局編　清光
緒十二年(1886)江南書局刻本　一冊

370000－1541－0000188　014.7/719＝1

製造局書目不分卷　（清）江南製造局編刊
清刻本　一冊

370000－1541－0000189　014.7/723

湖北官書處書目一卷　（清）湖北官書處編
清光緒三年(1877)刻六年(1880)補刻本　一
冊

370000－1541－0000190　014.7/781

汲古閣校刻書目一卷　（明）毛晉編　（清）顧
湘校　汲古閣刻板存亡考一卷汲古閣校刻書
目補遺一卷　（清）滎陽悔道人輯　（清）顧湘
校　清抄本　一冊

370000－1541－0000191　014.7/863

廣西存書目錄五卷　（清）桂垣書局編　清光
緒十六年(1890)桂林桂垣書局刻本　一冊

370000－1541－0000192　014.7/927

金山錢氏家刻書目十卷　（清）錢培蓀編　清
光緒四年(1878)金山錢氏刻本　四冊

370000－1541－0000193　014.7/987

武英殿聚珍版程式一卷　（清）金簡編　清乾
隆刻本　一冊

370000－1541－0000194　014.8/190

袁氏藝文金石錄二卷　（清）袁昶編　清光緒
二十三年(1897)桐廬袁氏刻本　一冊

370000－1541－0000195　014.8/214

續溪金紫胡氏所著書目二卷　（清）胡培系編
清光緒十年(1884)績溪胡氏世澤樓刻本
二冊

370000－1541－0000196　015.1/994

古今偽書考不分卷　（清）姚際恒撰　清新安
姚氏刻本　二冊

370000－1541－0000197　015.3/730

讀西學書法不分卷　梁啟超撰　清光緒二十
四年(1898)上海時務報館石印本　一冊

370000－1541－0000198　015.3/730＝1

東西學書錄二卷附一卷　（清）徐維則編　清
光緒二十五年(1899)石印本　三冊

370000－1541－0000199　015.3/730＝2

化學材料中西名目表一卷 （清）□□編 清光緒二十四年(1898)富強齋鉛印本 一冊

370000－1541－0000200 015.5/104

福建求治局采錄西學書目不分卷 （清）福建求治局編 清光緒末紅格稿本 一冊

370000－1541－0000201 015.5/169

普通學書錄四卷 （清）黃慶澄編 清光緒二十七年(1901)杭州小學堂刻本 一冊

370000－1541－0000202 015.5/169＝1

普通學書錄四卷 （清）黃慶澄編 清光緒二十七年(1901)杭州小學堂刻本 一冊

370000－1541－0000203 015.5/680

經籍要略一卷 （清）裕德撰 清光緒十六年(1890)山東書局刻本 一冊

370000－1541－0000204 015.8/719

江左書林書目不分卷 （清）江左書林編 清光緒十二年(1886)刻本 一冊

370000－1541－0000205 016.09/973

三禮目錄一卷附六藝論一卷 （漢）鄭玄編 （清）臧琳等輯 清嘉慶六年(1801)武進臧氏拜經堂刻本 一冊

370000－1541－0000206 016.090/399

皇清經解縮版編目十六卷 （清）陶治元編 清光緒十七年(1891)上海鴻寶齋石印本 二冊

370000－1541－0000207 016.090/827

經義考三百卷目錄二卷 （清）朱彝尊撰 清乾隆十九年(1754)德州盧氏刻本 三十六冊

370000－1541－0000208 016.090/827＝1

經義考三百卷目錄二卷 （清）朱彝尊編 清乾隆十九年(1754)德州盧氏刻本 二十九冊 存一百九十卷(一至三十八、六十三至一百二十四、一百九十四至一百九十九、二百七至二百十一、二百二十至二百九十八)

370000－1541－0000209 016.090/827＝2

經義考三百卷目錄二卷 （清）朱彝尊編 清乾隆十九年(1754)德州盧氏刻本 十七冊

存一百八十卷(三十九至二百十八)

370000－1541－0000210 016.090/827＝3

經義考三百卷目錄二卷 （清）朱彝尊編 清光緒二十三年(1897)浙江書局刻本 二十四冊 存一百四十九卷(二十九至三十四、四十一至四十六、五十三至五十六、六十三至六十七、八十至八十六、一百五十一至一百五十七、一百六十三至一百七十四、一百八十一至一百九十三、二百至二百六、二百十二至二百七十二、二百七十八至二百九十八)

370000－1541－0000211 016.090/827＝4

經義考三百卷目錄二卷 （清）朱彝尊編 清光緒二十三年(1897)浙江書局刻本 五十冊 存二百九十七卷(一至二百九十七)

370000－1541－0000212 016.090/827＝5

經義考三百卷目錄二卷 （清）朱彝尊編 清光緒二十三年(1897)浙江書局刻本 五十冊

370000－1541－0000213 016.090/827＝6

經義考三百卷目錄二卷 （清）朱彝尊編 清光緒二十三年(1897)浙江書局刻本 三十九冊 存二百三十一卷(六十八至二百九十八)

370000－1541－0000214 016.090/830

授經圖二十卷 （明）朱睦㮮撰 清光緒十四年(1888)長沙惜陰書局刻惜陰軒叢書本 二冊

370000－1541－0000215 016.220/112

大藏聖教法寶標目十卷 （宋）王古撰 （元）釋管主八續撰 明寒山化城菴刻本 二冊

370000－1541－0000216 016.220/160

大清重刻龍藏彙記一卷 （清）□□編 清同治九年(1870)金陵刻經處刻本 一冊

370000－1541－0000217 016.220/311

大明三藏聖教目錄四卷續一卷 （清）張心泰輯 清光緒八年(1882)刻本 四冊

370000－1541－0000218 016.220/837

開元釋教錄二十卷 （唐）釋智昇撰 南宋刻黃紙經折本 一冊 存一卷(十三)

370000－1541－0000219　016.220/837＝2

閱藏知津四十四卷　（清）釋智旭編　清刻本
十冊

370000－1541－0000220　016.220/909

佛經流通處目錄不分卷　佛經流通處編　清
末北京善果寺石印本　一冊

370000－1541－0000221　016.220/909＝1

直隸官書局運售各省官刻書籍總目一卷直隸
省城官書局運售石鉛印書目錄一卷　直隸官
書局編　清光緒二十八年(1902)直隸省城官
書局學校司排印局鉛印本　一冊

370000－1541－0000222　016.220/909＝2

淮南書局價目一卷　淮南書局編　清光緒六
年(1880)淮南書局刻本　一冊

370000－1541－0000223　016.220/921＝2

出三藏記集十七卷　（南朝梁）釋僧祐撰　清
雍正二年(1724)刻本　四冊　缺一卷(七)

370000－1541－0000224　016.230/285

道藏目錄詳註四卷　（明）白雲霽撰　（清）李
杰詳註　清道光二十五年(1845)刻本　二冊

370000－1541－0000225　016.241/155

舊約全書編序標目八卷新約全書編序標目十
五卷　（□）□□編　清咸豐十一年(1861)廣
州小書會刻本　二冊

370000－1541－0000226　016.310/892

若水齋古今算學書錄七卷附錄一卷古今算學
叢書編目一卷　（清）劉鐸編　清光緒二十四
年(1898)上海算學書局石印本　四冊

370000－1541－0000227　016.41/454

欽定四庫提要醫家類一卷　中西醫學研究會
編刊　清宣統三年(1911)上海文明書局鉛印
本　一冊

370000－1541－0000228　016.523/880

學部第一次審定高等小學暫用書目一卷　清
光緒三十三年(1907)河南學務公所鉛印本
一冊

370000－1541－0000229　016.610/648

史略六卷　（宋）高似孫撰　清光緒九年
(1883)虞山鮑氏刻本　丁山跋　二冊

370000－1541－0000230　016.610/648＝1

史略六卷　（宋）高似孫撰　清光緒九年
(1883)虞山鮑氏刻本　二冊

370000－1541－0000231　016.66/290

歷代地理志韻編今釋二十卷皇朝輿地韻編二
卷　（清）李兆洛撰　清道光十七年(1837)武
進李兆洛董學齋木活字印本　八冊

370000－1541－0000232　016.78/890

四史疑年錄四種　（清）劉文如輯　清宣統元
年(1909)刻本　二冊

370000－1541－0000233　016.79/384

簠齋藏古泥封目錄一卷　（清）陳介祺編　清
末抄本　一冊

370000－1541－0000234　016.7911/203

竹崦盦金石目錄五卷　（清）趙魏編　清宣統
元年(1909)錢塘吳氏長沙刻本　四冊

370000－1541－0000235　016.802/324＝2

國朝治說文家書目一卷國朝治說文家未刻書
目一卷　（清）尹彭壽撰　（清）丁汝彪編　清
光緒十九年(1893)諸城尹氏刻本　一冊

370000－1541－0000236　016.852/436

宋金元詞集見存卷目一卷　吳昌綬編　清光
緒三十三年(1907)上海鴻文書局石印本　一
冊

370000－1541－0000237　016.853/115

曲錄六卷　王國維撰　清宣統元年(1909)番
禺沈氏晨風閣刻晨風閣叢書本　三冊

370000－1541－0000238　017.27/112

弢園著述總目　（清）王韜編　清光緒十五年
(1889)王氏弢園鉛印本　一冊

370000－1541－0000239　017.27/526

玉函山房手稿存目　（清）蔣式瑆撰　清光緒
十五年(1889)章邱李氏刻本　一冊

370000－1541－0000240　018/606

許雪門書目不分卷　（清）許瑤光藏　清抄本

四冊

370000－1541－0000241　018/843

笠澤堂書目不分卷　（明）王道明編　清抄本
　六冊

370000－1541－0000242　018.1/253

湘水校經堂書目三卷　（清）裴蔭森編　清光
緒八年（1882）刻本　二冊

370000－1541－0000243　018.1/859

欽定四庫全書簡明目錄二十卷首一卷　（清）
紀昀等編　清同治七年（1868）廣東書局刻本
　一冊　存一卷（十五）

370000－1541－0000244　018.1/859＝1

欽定四庫全書簡明目錄二十卷首一卷　（清）
紀昀等編　清同治七年（1868）廣東書局刻本
　十二冊

370000－1541－0000245　018.1/859＝2

欽定四庫全書總目二百卷首一卷　（清）紀昀
等編　清光緒二十五年（1899）廣雅書局刻本
　一百二十冊

370000－1541－0000246　018.1/859＝3

欽定四庫全書總目二百卷首一卷　（清）紀昀
等編　清同治七年（1868）廣東書局刻本　九
十八冊　存一百九十八卷（一至一百九十八）

370000－1541－0000247　018.1/859＝4

欽定四庫全書總目二百卷首一卷　（清）紀昀
等編　清同治七年（1868）廣東書局刻本　一
百二十冊

370000－1541－0000248　018.1/859＝5

欽定四庫全書總目二百卷首一卷　（清）紀昀
等編　清同治七年（1868）廣東書局刻本　一
百二十冊

370000－1541－0000249　018.1/859＝6

欽定四庫全書總目二百卷首一卷　（清）紀昀
等編　清同治七年（1868）廣東書局刻本　三
十一冊　存五十卷（一至八、十一至十六、十
九至三十四、三十七、四十至四十一、四十四
至四十六、四十八至五十一、一百六十二至一

百六十八、一百七十、一百七十二至一百七十
三）

370000－1541－0000250　018.1/859＝7

欽定四庫全書總目二百卷首一卷　（清）紀昀
等編　清同治七年（1868）廣東書局刻本　一
百二十冊

370000－1541－0000251　018.1/859＝8

欽定四庫全書總目二百卷首一卷　（清）紀昀
等編　清同治七年（1868）廣東書局刻本　一
百十二冊

370000－1541－0000252　018.1/859＝9

欽定四庫全書總目二百卷首一卷　（清）紀昀
等編　**四庫未收書目提要五卷**　（清）阮元撰
　清光緒十四年（1888）上海漱六山房石印本
　二十冊

370000－1541－0000253　018.1/859＝10

四庫未收書目提要五卷　（清）阮元撰　清光
緒四年（1878）上海淞隱閣刻本　一冊

370000－1541－0000254　018.1/859＝14

欽定四庫全書總目提要四部類敘一卷　（清）
江標輯　清光緒二十一年（1895）江氏刻本
　一冊

370000－1541－0000255　018.1/859＝15

欽定四庫全書附存目錄十卷　（清）胡虔編
清光緒十年（1884）廣東學海堂刻本　六冊

370000－1541－0000256　018.1/901

四庫目錄四十五卷　（清）何遵先編　清光緒
十二年（1886）祁縣對蒙軒刻本　八冊

370000－1541－0000257　018.1/971

八史經籍志十種　（日本）□□輯　清光緒八
年（1882）鎮海張壽榮刻本　十六冊

370000－1541－0000258　018.3/112

江南圖書館善本書目不分卷　江南圖書館編
　清光緒江南圖書館鉛印本　一冊

370000－1541－0000259　018.3/112＝1

江南圖書館善本書目不分卷　江南圖書館編
　清光緒江南圖書館鉛印本　一冊

370000 – 1541 – 0000260　018.3/112 = 2

江南圖書館善本書目不分卷　江南圖書館編
清光緒江南圖書館鉛印本　一冊

370000 – 1541 – 0000261　018.3/112 = 3

江南圖書館善本書目不分卷　江南圖書館編
清光緒江南圖書館鉛印本　一冊

370000 – 1541 – 0000262　018.323/724 = 1

浙江藏書樓甲編書目不分卷　楊復編　清光
緒三十三年(1907)杭州華豐書局鉛印本　二
冊

370000 – 1541 – 0000263　018.323/724 = 2

浙江藏書樓乙編書目不分卷　楊復編　清光
緒三十三年(1907)杭州華豐書局鉛印本　一
冊

370000 – 1541 – 0000264　018.4/719

**江南圖書館書目不分卷江南圖書館善本書目
不分卷**　江南圖書館編　清末江南圖書館鉛
印本　八冊

370000 – 1541 – 0000265　018.4/719 = 2

**江南圖書館書目不分卷江南圖書館善本書目
不分卷**　江南圖書館編　清末江南圖書館鉛
印本　八冊

370000 – 1541 – 0000266　018.423/724

浙江藏書樓甲編書目不分卷　楊復編　清光
緒三十三年(1907)杭州華豐書局鉛印本　二
冊

370000 – 1541 – 0000267　018.6/476 = 2

鐵琴銅劍樓藏書目錄二十四卷　(清)瞿鏞撰
清光緒二十三年(1897)武進誦芬室刻本
十冊

370000 – 1541 – 0000268　018.8/158

善本書室藏書志四十卷附錄一卷　(清)丁丙
輯　清光緒二十七年(1901)錢塘丁氏刻本
十四冊

370000 – 1541 – 0000269　018.8/199

小山堂藏書目錄備覽不分卷　(清)趙昱撰
清道光十四年(1834)趙應壬刻本　二冊

370000 – 1541 – 0000270　018.8/285

五萬卷閣書目記四卷　(清)李嘉績彙錄　清
光緒三十年(1904)華清官舍刻本　一冊

370000 – 1541 – 0000271　018.8/313

愛日精廬藏書志三十六卷　(清)張金吾撰
清光緒十三年(1887)吳縣徐氏靈芬閣木活字
印本　十冊

370000 – 1541 – 0000272　018.8/313 = 1

愛日精廬藏書志三十六卷　(清)張金吾撰
清光緒十三年(1887)吳縣徐氏靈芬閣木活字
印本　八冊

370000 – 1541 – 0000273　018.8/372

群碧樓書目初編九卷書衣雜識一卷　鄧邦述
撰　清宣統三年(1911)江寧鄧氏群碧樓鉛印
本　四冊

370000 – 1541 – 0000274　018.8/476

鐵琴銅劍樓藏書目錄二十四卷　(清)瞿鏞撰
清光緒二十四年(1898)常熟瞿氏刻本　十
冊

370000 – 1541 – 0000275　018.8/476 = 1

鐵琴銅劍樓藏書目錄二十四卷　(清)瞿鏞撰
清光緒二十四年(1898)常熟瞿氏刻本　十
冊

370000 – 1541 – 0000276　018.8/476 = 3

鐵琴銅劍樓藏宋元本書目四卷　(清)瞿鏞撰
清光緒二十三年(1897)元和江氏靈鶼閣刻
本　一冊

370000 – 1541 – 0000277　018.8/518

**葉學使擬購甘肅學堂應用經史諸書書目不分
卷**　(清)蘭州官書局編　清蘭州官書局刻本
一冊

370000 – 1541 – 0000278　018.8/537

天一閣見存書目四卷首一卷末一卷　(清)薛
福成編　清光緒十五年(1889)無錫薛氏刻本
四冊

370000 – 1541 – 0000279　018.8/537 = 1

天一閣見存書目四卷首一卷末一卷　(清)薛

福成編　清光緒十五年(1889)無錫薛氏刻本
四冊

370000 – 1541 – 0000280　018.8/800

藝風藏書記八卷續記八卷　繆荃孫撰　清光
緒二十六年(1900)江陰繆氏刻本　六冊

370000 – 1541 – 0000281　018.8/917

鎮江焦山書藏目錄不分卷　(清)釋清恒
(清)釋如初　(清)釋妙詮纂　清稿本　一冊

370000 – 1541 – 0000282　018.85/355

遂初堂書目一卷　(宋)尤袤撰　清道光二十
六年(1846)刻本　一冊

370000 – 1541 – 0000283　018.86/105

澹生堂藏書目十四卷　(明)祁承㸁撰　清光
緒十八年(1892)會稽徐氏鑄學齋刻本　一冊

370000 – 1541 – 0000284　018.86/288

江陰李氏得月樓書目摘錄一卷　(明)李鶚翀
輯　清光緒十四年(1888)江陰金氏刻本　一
冊

370000 – 1541 – 0000285　018.86/384

世善堂書目二卷　(明)陳第撰　清乾隆六十
年(1795)長塘鮑氏知不足齋刻本　一冊

370000 – 1541 – 0000286　018.86/530

天一閣書目四卷碑目一卷　(清)阮元編　清
嘉慶十三年(1808)揚州阮氏文選樓刻本　五
冊

370000 – 1541 – 0000287　018.864/504

菉竹堂書目不分卷　(明)葉盛編　清乾隆邢
澍抄本　一冊

370000 – 1541 – 0000288　018.87/158 = 1

持靜齋書目四卷續增一卷　(清)丁日昌編
清同治九年(1870)豐順丁氏刻本　六冊

370000 – 1541 – 0000289　018.87/169

五桂樓書目四卷　(清)黃澄量編　清光緒二
十一年(1895)姚江黃氏刻本　二冊

370000 – 1541 – 0000290　018.87/269

海源閣藏書目一卷　(清)楊紹和編　清光緒
十四年(1888)元和江氏師鄦室刻本　一冊

370000 – 1541 – 0000291　018.87/269 = 1

海源閣藏書目一卷　(清)楊紹和編　清光緒
十四年(1888)元和江氏師鄦室刻本　一冊

370000 – 1541 – 0000292　018.87/280

上海格致書院藏書樓書目六卷　格致書院藏
書樓編　清光緒三十三年(1907)上海格致書
院鉛印本　一冊

370000 – 1541 – 0000293　018.87/359

帶經堂書目五卷　(清)陳樹杓編　清宣統三
年(1911)上海神州國光社印刷所鉛印本　三
冊

370000 – 1541 – 0000294　018.87/359 = 1

帶經堂書目五卷　(清)陳樹杓編　清宣統三
年(1911)上海神州國光社印刷所鉛印本　三
冊

370000 – 1541 – 0000295　018.87/359 = 2

帶經堂書目五卷　(清)陳樹杓編　清宣統三
年(1911)上海神州國光社印刷所鉛印本　三
冊

370000 – 1541 – 0000296　018.87/362

廉石居藏書記內編二卷　(清)孫星衍撰　清
光緒十二年(1886)刻本　一冊

370000 – 1541 – 0000297　018.87/362 = 1

孫氏祠堂書目內編四卷外編三卷　(清)孫星
衍撰　清光緒九年(1883)德化李氏木犀軒刻
本　二冊

370000 – 1541 – 0000298　018.87/362 = 2

平津館鑒藏記三卷補遺一卷續編一卷廉石居
藏書記二卷　(清)孫星衍撰　清道光十九年
(1839)刻本　三冊

370000 – 1541 – 0000299　018.87/362 = 3

平津館鑒藏記三卷補遺一卷續編一卷　(清)
孫星衍撰　清道光十九年(1839)刻本　一冊

370000 – 1541 – 0000300　018.87/362 = 4

平津館鑒藏記三卷補遺一卷續編一卷　(清)
孫星衍撰　清光緒十一年(1885)德化李氏木
犀軒刻木犀軒叢書本　二冊

370000－1541－0000301　018.87/377
湖海樓鑒藏目六卷　（清）□□編　清末稿本
　六冊

370000－1541－0000302　018.87/377＝1
稽瑞樓書目不分卷　（清）陳揆編　清光緒三
年(1877)八囍齋刻本　二冊

370000－1541－0000303　018.87/377＝2
稽瑞樓書目不分卷　（清）陳揆編　清光緒三
年(1877)八囍齋刻本　二冊

370000－1541－0000304　018.87/392
皕宋樓藏書志一百二十卷　（清）陸心源編
清光緒八年(1882)歸安陸氏十萬卷樓刻存齋
雜纂本　四十冊

370000－1541－0000305　018.87/392＝1
皕宋樓藏書志一百二十卷　（清）陸心源編
清光緒八年(1882)歸安陸氏十萬卷樓刻存齋
雜纂本　三十二冊

370000－1541－0000306　018.87/392＝2
皕宋樓藏書志一百二十卷　（清）陸心源編
清光緒八年(1882)歸安陸氏十萬卷樓刻存齋
雜纂本　二十八冊

370000－1541－0000307　018.87/392＝3
皕宋樓藏書志一百二十卷　（清）陸心源編
清光緒八年(1882)歸安陸氏十萬卷樓刻存齋
雜纂本　三十二冊

370000－1541－0000308　018.87/414
玉函山房藏書簿錄二十五卷　（清）馬國翰撰
　清道光刻本　十二冊

370000－1541－0000309　018.87/526
秦漢十印齋書目四卷　（清）蔣鳳藻撰　清抄
本　四冊

370000－1541－0000310　018.87/601
希古堂書目不分卷　（清）譚宗浚編　清末抄
本　二冊

370000－1541－0000311　018.87/756
學古堂藏書目一卷附捐藏書目　學古堂編
清光緒刻本　一冊

370000－1541－0000312　018.87/857＝2
雪泥屋遺書目錄一卷補遺一卷　（清）牟房編
　清道光二十三年(1843)棲霞牟氏刻本　一
冊

370000－1541－0000313　018.87/863
漱芳閣書目四卷　（清）□□藏編　清稿本
六冊

370000－1541－0000314　018.87/880
學古堂藏書目一卷附捐藏書目　學古堂編
清光緒刻本　二冊

370000－1541－0000315　018.87/888
味經書院藏書目一卷　（清）劉光蕡編　清光
緒二十一年(1895)刻本　一冊

370000－1541－0000316　018.87/890
徵訪明季遺書目不分卷　（清）劉世珩編　清
宣統二年(1910)劉氏鉛印本　一冊

370000－1541－0000317　018.87/913
仙源書院藏書目錄初編八卷首一卷續編四卷
　（清）陳元澍等編　清光緒九年(1883)啟元
堂刻本　一冊　存五卷(四至八)

370000－1541－0000318　018.87/920
江上雲林閣藏書目四卷　（清）倪模輯　清道
光二十三年(1843)刻本　四冊

370000－1541－0000319　018.87/987
文瑞樓藏書目錄十二卷　（清）金檀撰　清嘉
慶四年(1799)桐川顧氏刻讀畫齋叢書本　四
冊

370000－1541－0000320　019/719
先正讀書訣一卷　（清）周永年輯　清光緒四
年(1878)歷城周少傅四川刻本　一冊

370000－1541－0000321　019.1/306
讀新學書法不分卷　（日本）矢野文雄撰　清
光緒三十二年(1906)江楚編譯館石印本　一
冊

370000－1541－0000322　019.1/736
志學箴言一卷　湯壽潛撰　清光緒二十四年
(1898)翠螺書院木活字印本　一冊

370000－1541－0000323　019.1/736 = 1
志學箴言一卷　湯壽潛撰　清光緒二十四年
(1898)翠螺書院木活字印本　一冊

370000－1541－0000324　019.1/736 = 2
志學箴言一卷　湯壽潛撰　清光緒二十四年
(1898)翠螺書院木活字印本　一冊

370000－1541－0000325　019.1/736 = 3
志學箴言一卷　湯壽潛撰　清光緒二十四年
(1898)翠螺書院木活字印本　一冊

370000－1541－0000326　019.1/736 = 4
志學箴言一卷　湯壽潛撰　清光緒二十四年
(1898)翠螺書院木活字印本　一冊

370000－1541－0000327　019.1/736 = 5
志學箴言一卷　湯壽潛撰　清光緒二十四年
(1898)翠螺書院木活字印本　一冊

370000－1541－0000328　019.1/736 = 6
志學箴言一卷　湯壽潛撰　清光緒二十四年
(1898)翠螺書院木活字印本　一冊

370000－1541－0000329　019.1/736 = 7
志學箴言一卷　湯壽潛撰　清光緒二十四年
(1898)翠螺書院木活字印本　一冊

370000－1541－0000330　019.1/736 = 8
志學箴言一卷　湯壽潛撰　清光緒二十四年
(1898)翠螺書院木活字印本　一冊

370000－1541－0000331　019.1/736 = 9
志學箴言一卷　湯壽潛撰　清光緒二十四年
(1898)翠螺書院木活字印本　一冊

370000－1541－0000332　019.1/736 = 10
志學箴言一卷　湯壽潛撰　清光緒二十四年
(1898)翠螺書院木活字印本　一冊

370000－1541－0000333　019.1/736 = 11
志學箴言一卷　湯壽潛撰　清光緒二十四年
(1898)翠螺書院木活字印本　一冊

370000－1541－0000334　019.1/736 = 12
志學箴言一卷　湯壽潛撰　清光緒二十四年
(1898)翠螺書院木活字印本　一冊

370000－1541－0000335　019.1/736 = 13
志學箴言一卷　湯壽潛撰　清光緒二十四年
(1898)翠螺書院木活字印本　一冊

370000－1541－0000336　019.1/736 = 14
志學箴言一卷　湯壽潛撰　清光緒二十四年
(1898)翠螺書院木活字印本　一冊

370000－1541－0000337　019.1/736 = 15
志學箴言一卷　湯壽潛撰　清光緒二十四年
(1898)翠螺書院木活字印本　一冊

370000－1541－0000338　019.3/334
經餘必讀八卷　（清）雷琳　（清）錢樹棠輯
清嘉慶十年(1805)刻本　十冊

370000－1541－0000339　019.3/334 = 1
經餘必讀二卷續編二卷三編二卷　（清）雷琳
等輯　清光緒二十二年(1896)上海圖書集成
印書局鉛印本　五冊

370000－1541－0000340　019.9/119
勸學瑣言二卷　王先謙撰　清光緒十一年
(1885)刻本　一冊

370000－1541－0000341　024.812/359
文瀾閣志二卷　（清）孫樹禮　孫峻撰　清光
緒二十四年(1898)錢塘丁氏嘉惠堂刻本　二
冊

370000－1541－0000342　029.1/372
靈隱書藏紀事一卷　（清）潘衍桐輯　清光緒
十八年(1892)錢塘丁氏嘉惠堂刻本　一冊

370000－1541－0000343　029.1/454
尊經閣募捐藏書章程一卷祀典錄一卷　（清）
袁昶撰　清光緒中江書院刻本　一冊

370000－1541－0000344　029.1/504
藏書紀事詩七卷　葉昌熾撰　清宣統二年
(1910)長沙葉氏刻本　六冊

370000－1541－0000345　029.1/504 = 1
藏書紀事詩七卷　葉昌熾撰　清宣統二年
(1910)長沙葉氏刻本　六冊

370000－1541－0000346　029.1/504 = 2
藏書紀事詩七卷　葉昌熾撰　清宣統二年

(1910)長沙葉氏刻本　十二冊

370000－1541－0000347　029.1/868

皕宋樓藏書源流考　(日本)島田翰撰　清光
緒三十三年(1907)武進董氏京師刻本　一冊

370000－1541－0000348　029.1/964

百宋一廛賦　(清)顧廣圻撰　(清)黃丕烈注
　清光緒三年(1877)吳縣潘祖蔭刻本　一冊

370000－1541－0000349　030/334

學古堂日記初編十五種　(清)雷浚選　(清)
吳履剛編　清光緒十六年(1890)刻本　三冊

370000－1541－0000350　030/334＝1

學古堂日記四十九種　(清)雷浚　(清)汪之
昌選　(清)吳履剛　(清)顧光昌編　清光緒
十六年(1890)刻二十二年(1896)續刻本　二
十六冊

370000－1541－0000351　030/382

漢儒通義七卷　(清)陳澧撰集　清番禺陳氏
刻番禺陳氏東塾叢書本　二冊

370000－1541－0000352　030/426

國粹學報彙編　國學保存會編　清宣統二年
(1910)上海國學保存會鉛印本　六十冊

370000－1541－0000353　030/426＝1

國學叢刊　羅振玉編　清宣統三年(1911)國
學叢刊出版部石印本　二冊　存二冊(一至
二)

370000－1541－0000354　030/526＝3

欽定古今圖書集成目錄四十卷　(清)蔣廷錫
編　清光緒十年(1884)上海同文書局石印本
　二十冊

370000－1541－0000355　030/526＝4

欽定古今圖書集成一萬卷目錄四十卷　(清)
陳夢雷　(清)蔣廷錫編　清光緒三十年
(1904)上海圖書集成局鉛印本　八十四冊
存五百卷(經籍典一至五百)

370000－1541－0000356　030/526＝5

欽定古今圖書集成一萬卷目錄四十卷　(清)
陳夢雷　(清)蔣廷錫編　清光緒三十年

(1904)上海圖書集成局鉛印本　二冊　存十
卷(醫部彙考三百四十六至三百五十五)

370000－1541－0000357　030/526＝6

欽定古今圖書集成醫部全錄五百二十卷
(清)陳夢雷　(清)蔣廷錫編　清光緒二十年
至二十三年(1894－1897)石印本　五十四冊
　缺五十六卷(一百三十至一百三十九、二百
七十八至三百十五、三百七十七至三百八十
四)

370000－1541－0000358　030/526＝7

欽定古今圖書集成醫部全錄五百二十卷
(清)陳夢雷　(清)蔣廷錫編　清光緒二十年
至二十三年(1894－1897)石印本　三冊　存
二十五卷(三百六十一至三百七十六、四百六
十二至四百七十)

370000－1541－0000359　030.05/426

國學叢刊　羅振玉編　清宣統三年(1911)國
學叢刊出版部石印本　二冊

370000－1541－0000360　040/675

御定駢字類編二百四十卷　(清)張廷玉等編
　清光緒十三年(1887)上海同文書局石印本
　四十八冊

370000－1541－0000361　040/675＝1

御定駢字類編二百四十卷　(清)張廷玉等編
　清光緒十三年(1887)上海同文書局石印本
　三十八冊　存一百八十九卷(五十二至二
百四十)

370000－1541－0000362　040/675＝2

御定駢字類編二百四十卷　(清)張廷玉等編
　清光緒十三年(1887)上海同文書局石印本
　十八冊　存九十三卷(一至五十一、五十七
至七十七、一百十三至一百三十三)

370000－1541－0000363　040/762

三多齋重訂註釋采眉故事十卷　(清)烟霞逸
叟增訂　清乾隆三十六年(1771)三多齋刻本
　六冊

370000－1541－0000364　040.41/372

精選黃眉故事十卷　(明)鄧志謨編　清康熙

三十六年（1697）經濟堂刻本　四冊

370000－1541－0000365　040.41/372＝1

精選黃眉故事十卷　（明）鄧志謨編　清南濠三槐堂刻本　六冊

370000－1541－0000366　040.521/504

海錄碎事二十二卷　（宋）葉廷珪輯　明萬曆二十六年（1598）劉鳳刻本　四冊　存四卷（三至六）

370000－1541－0000367　040.7/230

分類萬國時務策海大成六十四卷首一卷（清）韓茂棠編　清光緒二十九年（1903）上海著易書局石印本　十八冊

370000－1541－0000368　041/100

廣廣事類賦三十二卷　（清）吳世旃撰注　清刻本　一冊　存六卷（一至六）

370000－1541－0000369　041/112

表異錄二十卷　（明）王志堅輯　清康熙四十七年（1708）刻本　二冊

370000－1541－0000370　041/112＝1

新刻古今事物考八卷　（明）王三聘輯　明萬曆三十一年（1603）錢塘胡氏文會堂刻本　二冊

370000－1541－0000371　041/115

喻林一葉二十四卷　（明）徐元太纂　（清）王蘇删　清乾隆五十九年（1794）桑寄生齋刻本　八冊

370000－1541－0000372　041/115＝2

喻林一葉二十四卷　（明）徐元太纂　（清）王蘇删　清乾隆五十九年（1794）桑寄生齋刻本　二十冊

370000－1541－0000373　041/164

二十四史九通政典類要合編三百二十卷（清）黃書霖輯　清光緒二十八年（1902）約雅堂石印本　六十冊

370000－1541－0000374　041/167

增補事類統編九十三卷首一卷　（清）黃葆真輯　清光緒十年（1884）滋德山房刻本　四十

八冊

370000－1541－0000375　041/167＝2

增補事類統編九十三卷首一卷　（清）黃葆真輯　清道光二十六年（1846）丹陽黃氏敦好堂刻本　三十五冊　存六十八卷（一、四至四十四、六十五至七十一、七十六至九十三，首一卷）

370000－1541－0000376　041/167＝3

增補事類統編九十三卷首一卷　（清）黃葆真輯　清道光二十九年（1849）丹陽黃氏敦好堂刻本　四十八冊

370000－1541－0000377　041/171

集說詮真不分卷續編不分卷提要不分卷（清）黃伯祿輯　清光緒八年（1882）上海慈母堂刻本　六冊

370000－1541－0000378　041/285

新刻詩學大成二十四卷　（明）李攀龍編（明）胡文煥校刪　明萬曆濟南豹變齋刻本　六冊

370000－1541－0000379　041/290

類類聯珠初編三十二卷二編十二卷　（清）李堃輯　清同治十年（1871）聚盛堂刻本　五冊

370000－1541－0000380　041/292

文選品彙十八卷　（明）李廷機編　明萬曆三十二年（1604）刻本　六冊

370000－1541－0000381　041/306

事類賦補遺十四卷　（清）張均編撰　清嘉慶十六年（1811）文盛堂刻本　六冊

370000－1541－0000382　041/309

古香齋新刻袖珍淵鑑類函四百五十卷目錄四卷　（清）張英等編　清光緒南海孔氏刻本十七冊　存六十一卷（三百九十至四百五十）

370000－1541－0000383　041/309＝1

古香齋新刻袖珍淵鑑類函四百五十卷目錄四卷　（清）張英等編　清光緒南海孔氏刻本一百六十冊

370000－1541－0000384　041/309＝2

古香齋新刻袖珍淵鑑類函四百五十卷目錄四卷　(清)張英等編　清光緒南海孔氏刻本　一百六十冊

370000－1541－0000385　041/309＝5
淵鑑類函四百五十卷目錄四卷　(清)張英等編　清康熙清吟堂刻本　一百三十七冊　存四百四十五卷(一至三百十七、三百二十一至三百四十三、三百四十七至三百八十二、三百八十六至四百五十,目錄四卷)

370000－1541－0000386　041/309＝6
淵鑑類函四百五十卷目錄四卷　(清)張英等編　清康熙四十九年(1710)內府刻本　一百四十冊

370000－1541－0000387　041/309＝7
淵鑑類函四百五十卷目錄四卷　(清)張英等編　清光緒二十年(1894)上海點石齋石印本　十冊

370000－1541－0000388　041/309＝8
淵鑑類函四百五十卷目錄四卷　(清)張英等編　清同治九年(1870)廣東三元堂刻本　一百五十九冊　缺三卷(十五至十七)

370000－1541－0000389　041/309＝9
淵鑑類函四百五十卷目錄四卷　(清)張英等編　清光緒十三年(1887)上海同文書局石印本　四十八冊

370000－1541－0000390　041/327
通俗編三十八卷　(清)翟灝撰　清乾隆十六年(1751)無不宜齋刻本　十冊

370000－1541－0000391　041/327＝1
通俗編三十八卷　(清)翟灝撰　清乾隆十六年(1751)無不宜齋刻本　佚名批　十二冊

370000－1541－0000392　041/327＝2
通俗編三十八卷　(清)翟灝撰　清乾隆十六年(1751)無不宜齋刻本　十二冊

370000－1541－0000393　041/327＝3
通俗編三十八卷　(清)翟灝撰　清乾隆十六年(1751)無不宜齋刻本　十二冊

370000－1541－0000394　041/327＝4
通俗編十五卷　(清)翟灝撰　清嘉慶十四年(1809)綿州李氏萬卷樓刻本　二冊

370000－1541－0000395　041/352
天中記六十卷　(明)陳耀文纂　明萬曆三十七年(1609)刻本　三十冊

370000－1541－0000396　041/352＝1
天中記六十卷　(明)陳耀文纂　清光緒四年(1878)聽雨山房刻本　五十冊

370000－1541－0000397　041/377
格致鏡原一百卷　(清)陳元龍撰　清康熙五十六年(1717)刻雍正十三年(1735)印本　二十四冊

370000－1541－0000398　041/377＝1
格致鏡原一百卷　(清)陳元龍撰　清康熙五十六年(1717)刻雍正十三年(1735)印本　二十四冊

370000－1541－0000399　041/377＝2
格致鏡原一百卷　(清)陳元龍撰　清光緒十四年(1888)上海大同書局石印本　十六冊

370000－1541－0000400　041/377＝3
格致鏡原一百卷　(清)陳元龍撰　清康熙五十六年(1717)刻雍正十三年(1735)印本　二十四冊

370000－1541－0000401　041/377＝4
格致鏡原一百卷　(清)陳元龍撰　清康熙五十六年(1717)刻本　十六冊

370000－1541－0000402　041/377＝5
格致鏡原一百卷　(清)陳元龍撰　清康熙五十六年(1717)刻雍正十三年(1735)印本　十六冊　存四十九卷(一至四十九)

370000－1541－0000403　041/424
藝文類聚一百卷　(唐)歐陽詢等撰　明萬曆十五年(1587)王元貞刻明補修本　二十九冊　缺三卷(二十一至二十三)

370000－1541－0000404　041/424＝1
藝文類聚一百卷　(唐)歐陽詢等撰　明萬曆

十五年(1587)王元貞刻清尚古堂印本　三十二冊

370000 – 1541 – 0000405　041/438
子史精華引用書目二十八卷　(清)□□編　清抄本　四冊

370000 – 1541 – 0000406　041/438 = 1
子史精華一百六十卷　(清)吳襄等纂修　清雍正五年(1727)武英殿刻本　四十八冊

370000 – 1541 – 0000407　041/438 = 2
子史精華一百六十卷　(清)吳襄等纂修　清雍正五年(1727)武英殿刻本　四十八冊

370000 – 1541 – 0000408　041/438 = 3
子史精華一百六十卷　(清)吳襄等纂修　清刻本　四十冊

370000 – 1541 – 0000409　041/438 = 4
子史精華一百六十卷　(清)吳襄等纂修　清刻本　四十冊

370000 – 1541 – 0000410　041/438 = 5
子史精華一百六十卷　(清)吳襄等纂修　清光緒十五年(1889)上海蜚英館石印本　八冊

370000 – 1541 – 0000411　041/438 = 6
子史精華一百六十卷　(清)吳襄等纂修　清光緒十五年(1889)上海蜚英館石印本　八冊

370000 – 1541 – 0000412　041/438 = 7
子史精華一百六十卷　(清)吳襄等纂修　清光緒十年(1884)上海同文書局石印本　八冊

370000 – 1541 – 0000413　041/460
事物異名錄四十卷　(清)厲荃輯　(清)關槐增纂　清乾隆五十三年(1788)廣東刻本　十二冊

370000 – 1541 – 0000414　041/502
廣事類賦四十卷　(清)華希閔撰　清嘉慶四年(1799)錫山華氏劍光閣刻本　十冊

370000 – 1541 – 0000415　041/502 = 1
廣事類賦四十卷　(清)華希閔撰　清嘉慶四年(1799)錫山華氏劍光閣刻本　十冊

370000 – 1541 – 0000416　041/502 = 2
事類賦三十卷　(宋)吳淑撰注　清嘉慶四年(1799)錫山華氏劍光閣刻本　六冊

370000 – 1541 – 0000417　041/538
小嫏嬛山館彙刊類書十二種　(清)□□輯　清同治六年(1867)緯文堂刻本　八冊

370000 – 1541 – 0000418　041/538 = 1
小嫏嬛山館彙刊類書十二種　(清)□□輯　清同治六年(1867)緯文堂刻本　八冊

370000 – 1541 – 0000419　041/653
七修類稿五十一卷續稿七卷　(明)郎瑛撰　清乾隆四十年(1775)耕煙草堂刻本　十三冊

370000 – 1541 – 0000420　041/700
讀書紀數略五十四卷　(清)宮夢仁編　清康熙四十六年(1707)刻本　十六冊

370000 – 1541 – 0000421　041/700 = 1
讀書紀數略五十四卷　(清)宮夢仁編　清康熙四十六年(1707)刻本　十六冊

370000 – 1541 – 0000422　041/700 = 2
讀書紀數略五十四卷　(清)宮夢仁編　清康熙四十六年(1707)刻本　六冊

370000 – 1541 – 0000423　041/700 = 3
讀書紀數略五十四卷　(清)宮夢仁編　清光緒六年(1880)山陰宋氏懺花盦刻本　十六冊

370000 – 1541 – 0000424　041/712
事物原會四十卷　(清)汪汲撰　清嘉慶二年(1797)古愚山房刻本　七冊

370000 – 1541 – 0000425　041/719
格致精華錄四卷附德國議院章程合盟紀事本末　(清)江標編　清光緒二十二年(1896)石印本　三冊

370000 – 1541 – 0000426　041/719 = 1
四書典林三十卷　(清)江永編　清嘉慶九年(1804)鋤經齋刻本　十二冊

370000 – 1541 – 0000427　041/748
唐詩金粉十卷　(清)沈炳震輯　清雍正二年(1724)冬讀書齋刻本　四冊

370000－1541－0000428　041/748＝1

唐詩金粉十卷　(清)沈炳震輯　清雍正二年
(1724)冬讀書齋刻本　四冊

370000－1541－0000429　041/820

類書纂要十六卷　(清)周魯輯　清康熙三年
(1664)無錫天和堂刻本　十六冊

370000－1541－0000430　041/820＝2

類書纂要三十三卷　(清)周魯輯　清康熙姑
蘇三槐堂刻本　三十二冊

370000－1541－0000431　041/863

策學淵萃四十六卷　(清)□□編　清光緒四
年(1878)藤花小舫刻本　十冊　存二十七卷
(二十至四十六)

370000－1541－0000432　041/864

策府統宗六十五卷目錄一卷　(清)劉昌齡輯
　清光緒十七年(1891)上海蜚英館石印本
十九冊　存六十卷(一至四十六、五十二至六
十五)

370000－1541－0000433　041/946

初學記三十卷　(唐)徐堅等輯　明嘉靖十年
(1531)楊鑨九洲書屋刻本　十二冊

370000－1541－0000434　041/946＝1

古香齋鑒賞袖珍初學記三十卷　(唐)徐堅等
輯　清光緒九年(1883)南海孔氏嶽雪樓刻本
十二冊

370000－1541－0000435　041/946＝2

古香齋鑒賞袖珍初學記三十卷　(唐)徐堅等
輯　清光緒九年(1883)南海孔氏嶽雪樓刻本
十二冊

370000－1541－0000436　041/946＝3

古香齋鑒賞袖珍初學記三十卷　(唐)徐堅等
輯　清刻本　十六冊

370000－1541－0000437　041/946＝4

初學記三十卷　(唐)徐堅等輯　清光緒十四
年(1888)蘊石齋刻蘊石齋叢書本　十六冊

370000－1541－0000438　041/953

古香齋新刻袖珍淵鑑類函四百五十卷目錄四

卷　(清)張英等編　清康熙至乾隆內府刻古
香齋袖珍十種本　一百九十二冊

370000－1541－0000439　041.37/249

編珠四卷續編珠二卷　(隋)杜公瞻輯　(清)
高士奇續輯　清康熙三十七年(1698)高氏清
吟堂刻本　二冊

370000－1541－0000440　041.4/488

北堂書鈔一百六十卷首一卷　(隋)虞世南撰
　清光緒十四年(1888)南海孔氏三十有三萬
卷堂刻本　二十冊

370000－1541－0000441　041.4/488＝1

北堂書鈔一百六十卷首一卷　(隋)虞世南撰
　清光緒十四年(1888)南海孔氏三十有三萬
卷堂刻本　丁山識語並過錄繆荃孫跋　二十
冊

370000－1541－0000442　041.4/488＝2

北堂書鈔一百六十卷首一卷　(隋)虞世南撰
　清光緒十四年(1888)南海孔氏三十有三萬
卷堂刻本　十六冊

370000－1541－0000443　041.41/424

藝文類聚一百卷　(唐)歐陽詢等撰　清光緒
五年(1879)華陽宏達堂刻本　二十三冊　存
七十一卷(一至十六、二十六至三十七、四十
五至四十七、五十至五十一、五十六至五十
九、六十七至一百)

370000－1541－0000444　041.41/424＝1

藝文類聚一百卷　(唐)歐陽詢等撰　清光緒
五年(1879)華陽宏達堂刻本　四十冊

370000－1541－0000445　041.414/946

初學記三十卷　(唐)徐堅等輯　明嘉靖二十
三年(1544)潘藩刻本　十冊　存二十四卷
(一至十三、十七至二十四、二十八至三十)

370000－1541－0000446　041.414/946＝1

初學記三十卷　(唐)徐堅等輯　明萬曆三十
四年(1606)西河沈宗培刻本　四十八冊

370000－1541－0000447　041.414/946＝2

初學記三十卷　(唐)徐堅等輯　明嘉靖十年

（1531）錫山安國桂坡館刻本　十二冊

370000－1541－0000448　041.5/119

冊府元龜一千卷目錄十卷　（宋）王欽若等輯
明崇禎十五年（1642）黃國琦刻清修補本
三百二十冊

370000－1541－0000449　041.51/892

文選類林十八卷　（宋）劉攽編　明萬曆四十
四年（1616）新安吳從志刻本　六冊

370000－1541－0000450　041.512/502

事類賦三十卷　（宋）吳淑撰注　明嘉靖十六
年（1537）秦汴刻本　八冊

370000－1541－0000451　041.522/298

錦繡萬花谷四十卷後集四十卷續集四十卷
（宋）□□纂　明嘉靖十四年（1535）徽藩崇古
書院刻本　二十四冊

370000－1541－0000452　041.524/106

**新編古今事文類聚前集六十卷後集五十卷續
集二十八卷別集三十二卷新集三十六卷外集
十五卷**　（宋）祝穆編　（元）富大用輯　明萬
曆三十二年（1604）金陵書林唐富春德壽堂刻
本　六十四冊

370000－1541－0000453　041.524/623

**古今合璧事類備要前集六十九卷後集八十一
卷續集五十六卷別集九十四卷外集六十六卷**
（宋）謝維新輯　明嘉靖三十一年至三十五
年（1552－1556）三衢夏相刻本　五十冊　缺
六十九卷（古今合璧事類備要前集六十九卷）

370000－1541－0000454　041.6/112

**新刻重校增補圓機活法詩學全書二十四卷新
刻重校增補圓機詩韻活法全書十四卷**　（明）
李衡輯　（明）王世貞校正　清文錦堂刻本
二十四冊

370000－1541－0000455　041.6/112＝1

新刻重校增補圓機活法詩學全書二十四卷
（明）李衡輯　（明）王世貞校正　清嘉慶六年
（1801）姑蘇崇德書院刻本　十四冊

370000－1541－0000456　041.6/285

新刊增補古今名家詩學大成二十四卷　（明）
李攀龍編　明萬曆六年（1578）建業劉氏孝友
堂刻本　六冊

370000－1541－0000457　041.6/764

五車韻瑞一百六十卷　（明）凌稚隆輯　明萬
曆文盛堂刻本　十八冊

370000－1541－0000458　041.6/938

建邑書林南陽郡鼎鐫會海對類二十卷　（明）
吳望編校　清同治七年（1868）常郡文淵堂刻
本　六冊

370000－1541－0000459　041.67/112

國憲家猷五十六卷　（明）王可大撰　明天啓
元年（1621）周慶胤刻本　四冊　存十六卷
（一至十六）

370000－1541－0000460　041.67/112＝1

三才圖會一百六卷　（明）王圻輯　（明）王恩
義續編　明萬曆三十七年（1609）刻本　二十
九冊　存五十三卷（天文四卷、地理十六卷、
器用十二卷、人事十卷、儀制三至八、珍寶一、
文史四卷）

370000－1541－0000461　041.67/183

山堂肆考二百二十八卷補遺十二卷　（明）彭
大翼輯　（明）張幼學編　明萬曆梅墅石渠閣
刻本　八十冊　缺三卷（角集一至三）

370000－1541－0000462　041.67/185

增訂二三場群書備考四卷　（明）袁黃撰
（明）袁儼注　明崇禎十五年（1642）大觀堂刻
本　八冊

370000－1541－0000463　041.67/359

文苑彙雋二十四卷　（明）孫丕顯輯　明萬曆
三十六年（1608）刻本　十二冊

370000－1541－0000464　041.67/372

精選黃眉故事十卷　（明）鄧志謨編　清康熙
三十六年（1697）經濟堂刻本　六冊

370000－1541－0000465　041.67/372＝1

精選黃眉故事十卷　（明）鄧志謨編　清康熙
三十六年（1697）經濟堂刻本　六冊

370000 - 1541 - 0000466　041.67/500

卓氏藻林八卷　（明）卓明卿撰　明萬曆九年(1581)武林卓氏妙香室刻本　八冊

370000 - 1541 - 0000467　041.67/765

經濟類編一百卷　（明）馮琦輯　（明）馮瑗等編校　明萬曆三十二年(1604)周家棟、吳光義刻本　四十八冊

370000 - 1541 - 0000468　041.67/842

彙苑詳註三十六卷　（明）王世貞輯　（明）鄒道元補　明萬曆二十三年(1595)梅墅石渠閣刻本　三十二冊

370000 - 1541 - 0000469　041.67/896

新刻何氏類鎔三十五卷　（明）何三畏輯（明）許樂善等刪正　明萬曆四十七年(1619)刻本　八冊

370000 - 1541 - 0000470　041.67/990

唐類函二百卷目錄二卷　（明）俞安期輯　明萬曆三十一年(1603)俞氏刻本　四十冊

370000 - 1541 - 0000471　041.67/990 = 1

唐類函二百卷目錄二卷　（明）俞安期輯　明萬曆三十一年(1603)俞氏刻本　四十冊

370000 - 1541 - 0000472　041.67/99022

詩雋類函一百五十卷　（明）俞安期輯　（明）梅鼎祚增訂　明萬曆三十七年(1609)刻本三十冊

370000 - 1541 - 0000473　041.68/106

祝氏事偶十五卷　（明）祝彥撰　明崇禎九年(1636)刻本　六冊　存十二卷(一至十二)

370000 - 1541 - 0000474　041.68/169

博物典彙二十卷　（明）黃道周纂　明崇禎八年(1635)刻本　十冊

370000 - 1541 - 0000475　041.68/384

潛確居類書一百二十卷　（明）陳仁錫輯　明崇禎十五年(1642)長洲陳智錫繼志堂刻本五十六冊

370000 - 1541 - 0000476　041.68/384 = 1

潛確居類書一百二十卷　（明）陳仁錫輯　明

崇禎十五年(1642)長洲陳智錫繼志堂刻本八十冊

370000 - 1541 - 0000477　041.68/540

廣博物志五十卷　（明）董斯張纂　（明）楊鶴訂　明萬曆高暉堂刻本　四十七冊　缺一卷(十七)

370000 - 1541 - 0000478　041.68/540 = 1

廣博物志五十卷　（明）董斯張纂　（明）楊鶴訂　明萬曆高暉堂刻本　三十二冊

370000 - 1541 - 0000479　041.68/540 = 2

廣博物志五十卷　（明）董斯張纂　（明）楊鶴訂　明萬曆高暉堂刻本　二十四冊

370000 - 1541 - 0000480　041.7/117

二酉彙刪二十四卷　（清）王訓纂　清康熙三年(1664)安丘王氏擇雅堂刻本　六冊

370000 - 1541 - 0000481　041.7/209

寶訓八卷　（清）郝懿行輯　清光緒五年(1879)東路廳署刻郝氏遺書本　三冊

370000 - 1541 - 0000482　041.7/209 = 1

寶訓八卷　（清）郝懿行輯　清光緒五年(1879)東路廳署刻郝氏遺書本　二冊

370000 - 1541 - 0000483　041.7/209 = 2

寶訓八卷　（清）郝懿行輯　清光緒五年(1879)東路廳署刻郝氏遺書本　三冊

370000 - 1541 - 0000484　041.7/209 = 3

寶訓八卷　（清）郝懿行輯　清光緒五年(1879)東路廳署刻郝氏遺書本　三冊

370000 - 1541 - 0000485　041.7/209 = 4

郝氏遺書　（清）郝懿行輯　清光緒五年(1879)東路廳署刻本　六冊　存四種(寶訓、蜂衙小記、燕子春秋、記海錯)

370000 - 1541 - 0000486　041.7/269

小嫏嬛山館彙刊類書十二種　（清）□□輯清咸豐元年(1851)刻本　十六冊

370000 - 1541 - 0000487　041.7/311

增廣策學總纂大成四十六卷附全蜀水利考四卷　（清）蔡壽祺輯　清光緒十四年(1888)上

海點石齋石印本　六冊

370000－1541－0000488　041.7/320
三才藻異三十三卷　（清）屠粹忠撰　清乾隆
二十八年(1763)百福堂刻本　十八冊

370000－1541－0000489　041.7/320＝2
三才藻異三十三卷　（清）屠粹忠撰　清乾隆
二十八年(1763)百福堂刻本　十四冊

370000－1541－0000490　041.7/394
小知錄十二卷　（清）陸鳳藻輯　清同治十二
年(1873)淮南書局刻本　四冊

370000－1541－0000491　041.7/394＝1
類腋四部五十五卷補遺一卷　（清）姚培謙輯
　（清）張隆孫補遺　清乾隆檢香齋刻本　十
六冊

370000－1541－0000492　041.7/394＝2
小知錄十二卷　（清）陸鳳藻輯　清嘉慶九年
(1804)琴雅堂刻本　六冊

370000－1541－0000493　041.7/468
歷代名賢齒譜九卷歷代名媛齒譜三卷　（清）
易宗涒纂　清賜書堂刻本　二十二冊

370000－1541－0000494　041.7/501
考古類編十二卷　（清）柴紹炳纂　（清）姚廷
謙評　清雍正四年(1726)刻本　一冊　存二
卷(一至二)

370000－1541－0000495　041.7/501＝1
省軒考古類編十二卷　（清）柴紹炳纂　（清）
姚廷謙評　清乾隆二十三年(1758)敦化堂刻
本　十二冊

370000－1541－0000496　041.7/653
靈檀碎金六十八卷　（清）郎玉銘撰　清光緒
八年(1882)上海申報館鉛印本　十冊

370000－1541－0000497　041.7/754
宋稗類鈔八卷　（清）潘永因編　清康熙八年
(1669)刻本　八冊

370000－1541－0000498　041.7/754＝1
宋稗類鈔八卷　（清）潘永因編　清康熙八年
(1669)刻本　八冊

370000－1541－0000499　041.7/863
記聞類編十四卷　（清）上海印書局編　清光
緒三年(1877)上海印書局鉛印本　六冊

370000－1541－0000500　041.7/923
四書人物類典串珠四十卷　（清）臧志仁編
清嘉慶十六年(1811)上元臧氏刻本　十六冊

370000－1541－0000501　041.7/923＝1
四書人物類典串珠四十卷　（清）臧志仁編
清光緒七年(1881)煙臺成文信刻本　十二冊

370000－1541－0000502　041.7/923＝2
四書人物類典串珠四十卷　（清）臧志仁編
清光緒七年(1881)登州文會成刻本　十六冊

370000－1541－0000503　041.7/923＝3
四書人物類典串珠四十卷　（清）臧志仁編
清善成堂刻本　十二冊

370000－1541－0000504　041.7/923＝4
四書人物類典串珠四十卷　（清）臧志仁編
清光緒八年(1882)濟南同文堂刻本　十二冊

370000－1541－0000505　041.7/923＝5
四書人物類典串珠四十卷　（清）臧志仁編
清刻本　十二冊　缺九卷(一至四、十四至十
五、三十四至三十六)

370000－1541－0000506　041.72/502
廣事類賦四十卷　（清）華希閔撰　清康熙三
十八年(1699)無錫華氏劍光閣刻本　八冊

370000－1541－0000507　041.72/502＝1
廣事類賦四十卷　（清）華希閔撰　清刻本
八冊　缺一卷(一)

370000－1541－0000508　041.72/502＝2
廣事類賦四十卷　（清）華希閔撰　清刻本
五冊　存十三卷(十九至二十四、三十四至四
十)

370000－1541－0000509　041.72/759
垂露集二卷　（清）姜宸英輯　清稿本　二冊

370000－1541－0000510　041.73/377
欽定古今圖書集成一萬卷目錄四十卷　（清）
陳夢雷　（清）蔣廷錫等輯　清雍正四年

(1726)內府銅活字印本　二冊　存四卷(經濟彙編祥刑典九至十二)

370000 – 1541 – 0000511　041.74/994

類腋四部五十五卷補遺一卷　(清)姚培謙輯　(清)張隆孫補遺　清乾隆檢香齋刻本　十冊

370000 – 1541 – 0000512　041.75/357

人鏡集五十四卷　(清)孟雲峰輯　清咸豐元年(1851)鶴山堂刻本　二十冊

370000 – 1541 – 0000513　041.75/712

事物原會四十卷　(清)汪汲撰　清嘉慶二年(1797)古愚山房刻本　六冊

370000 – 1541 – 0000514　041.76/801

壹是紀始二十二卷補遺一卷　(清)魏崧撰　清光緒十四年(1888)甬北寄廬刻本　八冊

370000 – 1541 – 0000515　041.76/801 = 1

壹是紀始二十二卷補遺一卷　(清)魏崧撰　清光緒十四年(1888)甬北寄廬刻本　七冊　缺二卷(二十二、補遺一卷)

370000 – 1541 – 0000516　041.76/801 = 2

壹是紀始二十二卷補遺一卷　(清)魏崧撰　清光緒十七年(1891)京都文奎堂刻本　七冊

370000 – 1541 – 0000517　041.78/359

鑄史駢言十二卷　(清)孫玉田編　清光緒五年(1879)刻本　四冊

370000 – 1541 – 0000518　041.78/795

典匯十二卷　(清)藜青閣主人輯　清光緒十二年(1886)上海點石齋石印本　六冊

370000 – 1541 – 0000519　041.78/906

角山樓增補類腋六十七卷　(清)姚培謙輯　(清)趙克宜增輯　**詩學法程一卷**　(清)□□撰　**韻府精華五卷**　(清)□□撰　清光緒十二年(1886)上海文瑞樓石印本　六冊

370000 – 1541 – 0000520　041.8/265

時務通考續編三十一卷　(清)杞廬主人輯　清光緒二十七年(1901)上海點石齋石印本　十八冊

370000 – 1541 – 0000521　041.8/265 = 1

時務通考三十一卷　(清)杞廬主人輯　清光緒二十三年(1897)上海點石齋石印本　十八冊

370000 – 1541 – 0000522　041.8/265 = 2

時務通考三十一卷　(清)杞廬主人輯　清光緒二十三年(1897)上海點石齋石印本　二十四冊

370000 – 1541 – 0000523　041.8/265 = 4

時務通考三十一卷　(清)杞廬主人輯　清光緒二十三年(1897)上海點石齋石印本　二十四冊

370000 – 1541 – 0000524　041.8/292

新輯時務匯通一百八卷　(清)李作棟輯　(清)梁福綏　(清)郭維楷參訂　清光緒二十九年(1903)上海崇新書局石印本　十六冊

370000 – 1541 – 0000525　041.8/292 = 1

新輯時務匯通一百八卷　(清)李作棟輯　(清)梁福綏　(清)郭維楷參訂　清光緒二十九年(1903)上海崇新書局石印本　三十二冊

370000 – 1541 – 0000526　041.8/292 = 2

新輯時務匯通一百八卷　(清)李作棟輯　(清)梁福綏　(清)郭維楷參訂　清光緒二十九年(1903)上海崇新書局石印本　十六冊

370000 – 1541 – 0000527　041.8/462

時務報三十卷附八卷　梁啟超等編　清光緒上海時務報館石印本　六冊

370000 – 1541 – 0000528　041.8/462 = 1

時務報三十卷附八卷　梁啟超等編　清光緒上海時務報館石印本　六冊

370000 – 1541 – 0000529　041.8/462 = 2

時務報三十卷附八卷　梁啟超等編　清光緒上海時務報館石印本　六冊

370000 – 1541 – 0000530　041.8/462 = 3

時務報三十卷附八卷　梁啟超等編　清光緒上海時務報館石印本　六冊

370000 – 1541 – 0000531　041.8/462 = 4

時事采新匯選六卷 （清）□□編 清光緒二十九年(1903)鉛印本 五冊 缺一卷(一)

370000－1541－0000532 041.8/462＝5

時事采新匯選 （清）□□編 清光緒三十一年至三十二年(1905－1906)鉛印本 八冊

370000－1541－0000533 041.8/927

萬國分類時務大成四十卷 錢豐選輯 清光緒二十三年(1897)申江袖海山房石印本 二十八冊

370000－1541－0000534 042/827

文苑擷華八卷 （清）朱逎綬編 清光緒十五年(1889)上海鴻文書局石印本 二冊

370000－1541－0000535 042/901

分類字錦六十四卷 （清）何焯等纂 清康熙六十一年(1722)內府刻本 六十四冊

370000－1541－0000536 042/921

詩料集錦詳註六卷 （清）伴鶴居士輯釋 清嘉慶刻本 六冊

370000－1541－0000537 042.417/869＝1

唐宋白孔六帖一百卷 （唐）白居易輯 （宋）孔傳續輯 明刻本 五十冊

370000－1541－0000538 042.417/869＝2

唐宋白孔六帖一百卷 （唐）白居易輯 （宋）孔傳續輯 明刻本 三十二冊

370000－1541－0000539 042.47/892

詩料英華十四卷 （清）劉豹君撰 （清）張晴峰校訂 清光緒十年(1884)同元堂刻本 四冊

370000－1541－0000540 042.47/892＝1

詩料英華十四卷 （清）劉豹君輯 清同會齋刻本 四冊

370000－1541－0000541 042.6/609

新刻儁英珠璣不分卷 （明）許國輯 明刻本 四冊

370000－1541－0000542 042.7/382

蛾述集十六卷 （清）陳庭學纂 清嘉慶二十年(1815)六君子齋刻本 四冊

370000－1541－0000543 042.7/382＝1

蛾述集十六卷 （清）陳庭學纂 清嘉慶二十年(1815)六君子齋刻本 六冊

370000－1541－0000544 042.7/714

穀玉類編五十卷 （清）汪兆舒輯 清乾隆二十三年(1758)資履堂刻本 十二冊

370000－1541－0000545 042.79/444

采唐集三卷 呂珮芬編 清光緒三十一年(1905)石印本 三冊

370000－1541－0000546 043/712

杜韓詩句集韻三卷 （清）汪文柏輯 清光緒八年(1882)古香樓刻本 四冊

370000－1541－0000547 043.72/563＝1

佩文韻府一百六卷 （清）張玉書等纂 清刻本 三十五冊 存二十二卷(一至二十二)

370000－1541－0000548 043.72/563＝2

佩文韻府一百六卷 （清）張玉書等纂 清刻本 二十二冊 存十九卷(一至十六、二十上、二十一、二十二上)

370000－1541－0000549 043.72/563＝3

佩文韻府一百六卷 （清）張玉書等纂 清刻本 一百七十冊 缺八卷(七十四至八十一)

370000－1541－0000550 043.72/563＝4

佩文韻府一百六卷 （清）張玉書等纂 清刻本 六十七冊 缺三十二卷(一至四上、七、十、十二、二十五、二十七至三十四上、四十至四十二、四十九、六十至六十二、七十六下、八十一、八十五、九十下、九十一、九十九下至一百一、一百六)

370000－1541－0000551 043.72/563＝5

韻府拾遺一百六卷 （清）汪灝等纂修 （清）張廷玉等校勘 清刻本 十四冊 缺十二卷(二十五至三十六)

370000－1541－0000552 043.72/563＝6

韻府拾遺一百六卷 （清）汪灝等纂修 （清）張廷玉等校勘 清刻本 十五冊 存七十九卷(一至十五、三十七至一百)

370000－1541－0000553　043.72/563 = 7

韻府拾遺一百六卷　(清)汪灝等纂修　(清)
張廷玉等校勘　清刻本　七冊　存三十卷
(七至十三、二十七至三十、六十五至六十七、
八十四至九十五、一百三至一百六)

370000－1541－0000554　043.72/563 = 8

韻府拾遺一百六卷　(清)汪灝等纂修　(清)
張廷玉等校勘　清刻本　十八冊　存七十六
卷(一至七十六)

370000－1541－0000555　043.72/563 = 9

韻府拾遺一百六卷　(清)汪灝等纂修　(清)
張廷玉等校勘　清刻本　十九冊　缺五卷
(八至十二)

370000－1541－0000556　043.72/563 = 10

佩文韻府一百六卷　(清)張玉書等纂　清光
緒十八年(1892)上海鴻寶齋石印本　一百六
十三冊　缺七卷(五十一、五十七至六十二)

370000－1541－0000557　043.72/563 = 11

佩文韻府一百六卷　(清)張玉書等纂　清光
緒十八年(1892)上海鴻寶齋石印本　二百冊

370000－1541－0000558　043.72/563 = 12

佩文韻府一百六卷韻府拾遺一百六卷　(清)
張玉書等纂　(清)張廷玉等拾遺　清光緒十
二年(1886)上海同文書局石印本　五十九冊
　缺二卷(佩文韻府三十七下、三十八)

370000－1541－0000559　043.72/563 = 13

韻府約編二十四卷　(清)鄧愷輯　清聚學堂
刻本　二十四冊

370000－1541－0000560　043.72/563 = 14

韻府約編二十四卷　(清)鄧愷輯　清縉秀閣
刻本　十六冊

370000－1541－0000561　043.72/712

杜韓詩句集韻三卷　(清)汪文柏輯　清光緒
八年(1882)古香樓刻本　六冊

370000－1541－0000562　044/101

月令粹編二十四卷圖說一卷　(清)秦嘉謨編
清嘉慶十七年(1812)江都秦氏琳琅仙館刻

本　六冊

370000－1541－0000563　044/101 = 1

月令粹編二十四卷圖說一卷　(清)秦嘉謨編
清嘉慶十七年(1812)江都秦氏琳琅仙館刻
本　八冊

370000－1541－0000564　044/101 = 2

月令粹編二十四卷圖說一卷　(清)秦嘉謨編
清嘉慶十七年(1812)江都秦氏琳琅仙館刻
本　六冊　缺二卷(二十三至二十四)

370000－1541－0000565　044/540

古今類傳歲時類四卷　(清)董穀士　(清)董
炳文輯　清康熙三十一年(1692)未學齋刻本
四冊

370000－1541－0000566　044/540 = 1

古今類傳歲時類四卷　(清)董穀士　(清)董
炳文輯　清康熙三十一年(1692)未學齋刻本
四冊

370000－1541－0000567　046/135

望古遥集不分卷　(明)□□輯　清抄本　二
冊

370000－1541－0000568　046/178

壬寅官商快覽三百種　甘眠羊編　清光緒二
十八年(1902)上海順成石印局石印本　一冊

370000－1541－0000569　046/178 = 1

乙巳官商快覽不分卷　甘眠羊編　清光緒三
十一年(1905)上海絳雪齋石印本　一冊

370000－1541－0000570　046/384

增補繪圖萬寶全書二十卷　(明)陳繼儒纂
清道生堂刻本　四冊

370000－1541－0000571　046/791

人壽金鑑二十二卷　(清)程得齡輯　清嘉慶
二十五年(1820)柳衣園刻本　八冊

370000－1541－0000572　046/863

廣日記故事二卷　(清)王相增注　清末南京
李光明莊刻本　一冊　存一卷(二)

370000－1541－0000573　046.081/990

新學大叢書一百二十卷　(清)俞樾編　清光

緒二十九年(1903)上海積山喬記書局石印本
　三十二冊

370000－1541－0000574　046.081/990＝1

新學大叢書一百十卷　（清）俞樾編　清光緒
二十九年(1903)上海積山喬記書局石印本
　三十二冊

370000－1541－0000575　046.7/104

清異編珠三卷　（清）福申輯　清快雪齋藍格
抄本　三冊

370000－1541－0000576　046.7/158

子史粹言二卷　（清）丁晏輯　清道光二十六
年(1846)頤志齋刻頤志齋叢書本　清徐受廛
批校並跋　清常聯星跋　一冊

370000－1541－0000577　046.7/377

憑山閣增輯留青新集三十卷　（清）陳枚輯
（清）陳德裕增輯　清康熙四十七年(1708)刻
本　三十二冊

370000－1541－0000578　046.7/377＝1

憑山閣增輯留青新集三十卷　（清）陳枚輯
（清）陳德裕增輯　清康熙四十七年(1708)刻
本　十九冊　存十七卷(一至三、六至七、十
六至二十二、二十四、二十六至二十七、二十
九至三十)

370000－1541－0000579　046.7/377＝2

憑山閣增輯留青新集三十卷　（清）陳枚輯
（清）陳德裕增輯　清刻本　三十四冊　缺四
卷(八、十至十一、十四)

370000－1541－0000580　046.74/214

子史輯要詩賦題解四卷續編四卷　（清）胡本
淵編　清大文堂刻本　四冊　缺二卷(子史
輯要詩賦題解三至四)

370000－1541－0000581　047/609

增補白眉故事十卷　（明）許以忠纂　清乾隆
十八年(1753)聚錦堂刻本　六冊

370000－1541－0000582　050/863

湘學報類編六種　（清）湘學報館編　清光緒
二十八年(1902)石印本　八冊

370000－1541－0000583　059/837

知新報第一冊　梁啟超撰　清光緒二十三年
(1897)澳門知新報館鉛印本　一冊

370000－1541－0000584　059.21/982

益聞錄　益聞錄報館編　清光緒七年至十二
年(1881－1886)上海徐家匯鉛印本　三冊

370000－1541－0000585　059.26/723

湘學報分類合訂　（清）唐才常等編　清光緒
刻本　十六冊

370000－1541－0000586　064.6/827

儀禮經傳通解三十七卷續二十九卷　（宋）朱
熹撰　（宋）黃幹續撰　清康熙禦兒呂氏寶誥
堂刻本　三十二冊

370000－1541－0000587　064.6/827＝1

儀禮經傳通解三十七卷續二十九卷　（宋）朱
熹撰　（宋）黃幹續撰　清康熙禦兒呂氏寶誥
堂刻本　三十二冊

370000－1541－0000588　070.7/183

魯岡或問四卷　（清）彭大壽撰　清道光五年
(1825)雲夢程氏刻本　四冊

370000－1541－0000589　070.78/213

存古學堂叢刻　王仁俊撰　清光緒三十三年
(1907)存古學堂鉛印本　二冊

370000－1541－0000590　071/115

蛾術編八十二卷　（清）王鳴盛撰　清道光二
十一年(1841)世楷堂刻本　十八冊　缺一卷
(四十一)

370000－1541－0000591　071/115＝1

蛾術編八十二卷　（清）王鳴盛撰　清道光二
十一年(1841)世楷堂刻本　十冊

370000－1541－0000592　071/115＝2

學林十卷　（宋）王觀國撰　清嘉慶十四年
(1809)蕭山陳氏湖海樓刻湖海樓叢書本　六
冊

370000－1541－0000593　071/115＝3

學林十卷　（宋）王觀國撰　清乾隆四十七年
(1782)武英殿木活字印武英殿聚珍版書本

八冊

370000 – 1541 – 0000594　071/164

慈溪黃氏日抄分類八十八卷　（宋）黃震撰
清乾隆二十五年(1760)海寧鄒氏刻本　四十
冊

370000 – 1541 – 0000595　071/164 = 1

慈溪黃氏日抄分類九十七卷古今紀要十九卷
　（宋）黃震撰　清乾隆三十二年(1767)新安
汪佩鍔刻本　清吳廣需題識　二十四冊

370000 – 1541 – 0000596　071/164 = 2

慈溪黃氏日抄分類九十七卷古今紀要十九卷
　（宋）黃震撰　清乾隆三十二年(1767)新安
汪佩鍔刻本　二十八冊

370000 – 1541 – 0000597　071/198

陔餘叢考四十三卷　（清）趙翼撰　清乾隆五
十五年(1790)湛貽堂刻本　十二冊

370000 – 1541 – 0000598　071/198 = 1

陔餘叢考四十三卷　（清）趙翼撰　清乾隆五
十五年(1790)湛貽堂刻本　八冊

370000 – 1541 – 0000599　071/198 = 3

陔餘叢考四十三卷　（清）趙翼撰　清乾隆五
十五年(1790)湛貽堂刻本　十二冊

370000 – 1541 – 0000600　071/198 = 4

陔餘叢考四十三卷　（清）趙翼撰　清乾隆五
十五年(1790)湛貽堂刻本　九冊　存三十八
卷(一至九、十五至四十三)

370000 – 1541 – 0000601　071/198 = 5

陔餘叢考四十三卷　（清）趙翼撰　清乾隆五
十五年(1790)湛貽堂刻本　十六冊

370000 – 1541 – 0000602　071/198 = 6

陔餘叢考四十三卷　（清）趙翼撰　清乾隆五
十五年(1790)湛貽堂刻本　六冊

370000 – 1541 – 0000603　071/382

東塾讀書記十二卷又三卷　（清）陳澧撰　清
光緒刻本　五冊

370000 – 1541 – 0000604　071/384

敫經筆記一卷　（清）陳倬撰　清光緒十二年

(1886)吳縣朱氏刻槐廬叢書本　一冊

370000 – 1541 – 0000605　071/504

考古質疑六卷　（宋）葉大慶撰　清刻本　二
冊

370000 – 1541 – 0000606　071/504 = 1

吹網錄六卷　（清）葉廷琯撰　清同治八年
(1869)刻本　三冊

370000 – 1541 – 0000607　071/524

東湖叢記六卷　（清）蔣光煦撰　清咸豐六年
(1856)海昌蔣氏別下齋刻本　四冊

370000 – 1541 – 0000608　071/524 = 1

東湖叢記六卷　（清）蔣光煦撰　清光緒九年
(1883)江陰繆氏刻雲自在龕叢書本　二冊

370000 – 1541 – 0000609　071/524 = 2

東湖叢記六卷　（清）蔣光煦撰　清咸豐六年
(1856)海昌蔣氏別下齋刻本　十二冊

370000 – 1541 – 0000610　071/762

讀書雜識十二卷　（清）勞格撰　（清）丁寶書
述　清光緒四年(1878)苕溪丁氏刻月河精舍
叢鈔本　四冊

370000 – 1541 – 0000611　071/762 = 1

讀書雜識十二卷　（清）勞格撰　（清）丁寶書
述　清光緒四年(1878)苕溪丁氏刻月河精舍
叢鈔本　六冊

370000 – 1541 – 0000612　071/901

義門讀書記五十八卷　（清）何焯撰　（清）蔣
維鈞編　清乾隆十六年(1751)長洲蔣維鈞刻
光緒六年(1880)苕溪吳氏重修本　十六冊

370000 – 1541 – 0000613　071/927

漑亭述古錄二卷　（清）錢塘撰　（清）阮元叙
錄　清刻本　一冊

370000 – 1541 – 0000614　071.17/832

群書札記十六卷　（清）朱亦棟撰　清光緒四
年(1878)武林竹簡齋刻本　六冊

370000 – 1541 – 0000615　071.2/124

白虎通四卷　（漢）班固撰　清光緒元年
(1875)湖北崇文書局刻本　二冊

370000 - 1541 - 0000616　071.2/382

白虎通疏證十二卷 （清）陳立撰　清光緒元年(1875)淮南書局刻本　四冊

370000 - 1541 - 0000617　071.25/504

考古質疑六卷 （宋）葉大慶撰　清乾隆武英殿木活字印武英殿聚珍版書本　一冊　存三卷(一至三)

370000 - 1541 - 0000618　071.25/504 = 1

考古質疑六卷 （宋）葉大慶撰　清光緒四年(1878)葛氏嘯園刻嘯園叢書本　一冊

370000 - 1541 - 0000619　071.5/438

能改齋漫錄十八卷 （宋）吳曾撰　清臨嘯書屋木活字印本　十冊

370000 - 1541 - 0000620　071.512/873

廣卓異記二十卷 （宋）樂史撰　清道光二十七年(1847)刻本　二冊

370000 - 1541 - 0000621　071.52/117

困學紀聞二十卷 （宋）王應麟撰　（清）何焯等評注　清乾隆桐鄉汪垕刻本　八冊

370000 - 1541 - 0000622　071.52/117 = 1

困學紀聞二十卷 （宋）王應麟撰　清嘉慶十六年(1811)刻本　十二冊

370000 - 1541 - 0000623　071.52/117 = 2

困學紀聞二十卷 （宋）王應麟撰　（清）何焯等評注　清道光十二年(1832)長白鄂山刻本　十二冊

370000 - 1541 - 0000624　071.52/117 = 3

困學紀聞二十卷 （宋）王應麟撰　清同治九年(1870)揚州書局刻本　一冊　存二卷(一至二)

370000 - 1541 - 0000625　071.52/117 = 7

校訂困學紀聞三箋二十卷 （宋）王應麟撰（清）何焯等評注　（清）屠繼序校補　清嘉慶九年(1804)刻本　八冊

370000 - 1541 - 0000626　071.52/117 = 8

校訂困學紀聞集證二十卷 （宋）王應麟撰　（清）何焯等評注　（清）屠繼序校補　（清）萬希槐集證　清嘉慶十八年(1813)掃葉山房刻本　十冊

370000 - 1541 - 0000627　071.52/117 = 9

校訂困學紀聞集證二十卷 （宋）王應麟撰（清）何焯等評注　（清）屠繼序校補　（清）萬希槐集證　清嘉慶十八年(1813)掃葉山房刻本　八冊

370000 - 1541 - 0000628　071.52/117 = 10

校訂困學紀聞集證二十卷 （宋）王應麟撰（清）何焯等評注　（清）屠繼序校補　（清）萬希槐集證　清嘉慶十八年(1813)掃葉山房刻本　十冊

370000 - 1541 - 0000629　071.52/117 = 11

困學紀聞注二十卷 （宋）王應麟撰　（清）翁元圻輯注　清道光五年(1825)餘姚守福堂刻本　十二冊

370000 - 1541 - 0000630　071.52/117 = 12

困學紀聞注二十卷 （宋）王應麟撰　（清）翁元圻輯注　清道光五年(1825)餘姚守福堂刻本　十二冊

370000 - 1541 - 0000631　071.52/117 = 13

困學紀聞注二十卷 （宋）王應麟撰　（清）翁元圻輯注　清末刻本　二十冊

370000 - 1541 - 0000632　071.52/117 = 14

困學紀聞注二十卷 （宋）王應麟撰　（清）翁元圻輯注　清咸豐元年(1851)小嫏嬛山館刻小嫏嬛山館叢書本　十二冊

370000 - 1541 - 0000633　071.52/504

避暑錄話二卷 （宋）葉夢得撰　明崇禎毛氏汲古閣刻津逮秘書本　二冊

370000 - 1541 - 0000634　071.52/720

容齋隨筆十六卷續筆十六卷三筆十六卷四筆十六卷五筆十卷 （宋）洪邁撰　明崇禎三年(1630)馬元調刻清康熙三十九年(1700)修補本　十四冊

370000 - 1541 - 0000635　071.52/720 = 1

容齋隨筆十六卷續筆十六卷三筆十六卷四筆

十六卷五筆十卷 （宋）洪邁撰 明崇禎三年
（1630）馬元調刻清康熙三十九年（1700）修補
本 十八冊

370000－1541－0000636 071.52/720＝2
容齋隨筆十六卷續筆十六卷三筆十六卷四筆
十六卷五筆十卷 （宋）洪邁撰 清光緒二十
年（1894）皖南洪氏見山草堂刻民國四年
（1915）崇慶羅元黼校印本 十六冊

370000－1541－0000637 071.52/720＝3
容齋隨筆十六卷續筆十六卷三筆十六卷四筆
十六卷五筆十卷 （宋）洪邁撰 清光緒二十
年（1894）皖南洪氏見山草堂刻民國四年
（1915）崇慶羅元黼校印本 十六冊

370000－1541－0000638 071.52/720＝4
容齋隨筆十六卷續筆十六卷三筆十六卷四筆
十六卷五筆十卷 （宋）洪邁撰 清同治十一
年（1872）新豐洪氏十三公祠刻本 六冊

370000－1541－0000639 071.52/720＝5
容齋隨筆十六卷續筆十六卷三筆十六卷四筆
十六卷五筆十卷 （宋）洪邁撰 清同治十一
年（1872）新豐洪氏十三公祠刻光緒九年
（1883）重校本 十四冊

370000－1541－0000640 071.524/164
慈溪黃氏日抄分類九十七卷 （宋）黃震撰
清乾隆三十二年（1767）汪岱光刻本 二十四
冊 存九十二卷（一至十六、二十至八十、八
十二至八十八、九十至九十七）

370000－1541－0000641 071.524/798
古今考三十八卷 （宋）魏了翁撰 （元）方回
續 明萬曆十二年（1584）上海王圻刻本 十
六冊

370000－1541－0000642 071.6/219
玉壺遐覽四卷雙樹幻鈔三卷 （明）胡應麟撰
清光緒二十二年（1896）廣雅書局刻少室山
房筆叢本 一冊

370000－1541－0000643 071.64/890
十科策略箋釋十卷 （明）劉定之撰 （清）劉
作樑注釋 呆齋公[劉定之]年譜一卷 （清

劉作樑撰 清乾隆二十一年（1756）古吳三樂
齋刻本 六冊

370000－1541－0000644 071.66/271
丹鉛總錄二十七卷 （明）楊慎撰 明嘉靖三
十三年（1554）滇南梁佐刻本 十冊

370000－1541－0000645 071.66/271＝1
寶顏堂訂正丹鉛續錄八卷 （明）楊慎撰 明
萬曆沈氏刻寶顏堂秘笈本 四冊

370000－1541－0000646 071.66/271＝2
丹鉛總錄二十七卷 （明）楊慎撰 清教忠堂
刻本 十二冊

370000－1541－0000647 071.67/951
徐氏筆精八卷 （明）徐𤊹撰 （明）黃居中編
明崇禎五年（1632）邵捷春刻本 清周星詒
跋 四冊

370000－1541－0000648 071.7/112
西學輯存六種 （清）王韜輯 清光緒十五年
（1889）淞隱廬鉛印本 二冊

370000－1541－0000649 071.7/119
讀書雜志八十二卷餘編二卷 （清）王念孫撰
清嘉慶十七年至道光十二年（1812－1832）
高郵王氏刻本 十八冊 缺三種二十三卷
（漢書雜志八至十六、管子雜志一至十二、晏
子春秋雜志一至二）

370000－1541－0000650 071.7/119＝1
讀書雜志八十二卷餘編二卷 （清）王念孫撰
清嘉慶十七年至道光十二年（1812－1832）
高郵王氏刻本 十八冊

370000－1541－0000651 071.7/119＝3
讀書雜志八十二卷餘編二卷 （清）王念孫撰
清刻本 二十四冊

370000－1541－0000652 071.7/119＝4
讀書雜志八十二卷餘編二卷 （清）王念孫撰
清同治九年（1870）金陵書局刻本 二十四
冊

370000－1541－0000653 071.7/119＝5
讀書雜志八十二卷餘編二卷 （清）王念孫撰

清同治九年(1870)金陵書局刻本　二十四
冊

370000－1541－0000654　071.7/119＝6`
讀書雜志八十二卷餘編二卷　（清）王念孫撰
　清同治九年(1870)金陵書局刻本　二十四
冊

370000－1541－0000655　071.7/119＝7
讀書雜志八十二卷餘編二卷　（清）王念孫撰
　清同治九年(1870)金陵書局刻本　二十四
冊

370000－1541－0000656　071.7/119＝8
讀書雜志八十二卷餘編二卷　（清）王念孫撰
　清同治九年(1870)金陵書局刻本　二十四
冊

370000－1541－0000657　071.7/119＝9
讀書雜志八十二卷餘編二卷　（清）王念孫撰
　清光緒二十年(1894)上海醉六堂石印本
八冊

370000－1541－0000658　071.7/119＝10
讀書雜志八十二卷餘編二卷　（清）王念孫撰
　清光緒二十年(1894)上海醉六堂石印本
八冊

370000－1541－0000659　071.7/119＝11
讀書雜志餘編二卷　（清）王念孫撰　清道光
十一年(1831)高郵王氏刻本　二冊

370000－1541－0000660　071.7/212
考工記圖二卷　（清）戴震撰　清乾隆四十四
年(1779)曲阜孔氏微波榭刻戴氏遺書本　一
冊

370000－1541－0000661　071.7/252
札樸十卷　（清）桂馥纂　清光緒九年(1883)
長洲蔣氏心矩齋刻本　三冊

370000－1541－0000662　071.7/252＝1
札樸十卷　（清）桂馥纂　清光緒九年(1883)
長洲蔣氏心矩齋刻本　十冊

370000－1541－0000663　071.7/252＝2
札樸十卷　（清）桂馥纂　清光緒九年(1883)

長洲蔣氏心矩齋刻本　六冊

370000－1541－0000664　071.7/252＝3
晉專宋瓦室類稿五卷　（清）桂坫撰　清光緒
二十四年(1898)刻本　一冊

370000－1541－0000665　071.7/285
炳燭編四卷　（清）李賡芸撰　清光緒四年
(1878)宏達堂刻宏達堂叢書本　二冊

370000－1541－0000666　071.7/311
洋務備考十六卷　（清）張之洞撰　清光緒二
十二年(1896)上海書局石印本　六冊

370000－1541－0000667　071.7/364
九旗古義述一卷　（清）孫詒讓輯　清光緒二
十八年(1902)瑞安孫氏刻本　一冊

370000－1541－0000668　071.7/382＝1
東塾讀書記十二卷又三卷　（清）陳澧撰　清
光緒刻本　四冊

370000－1541－0000669　071.7/382＝2
東塾讀書記十二卷又三卷　（清）陳澧撰　清
光緒刻本　四冊

370000－1541－0000670　071.7/394
金石學錄補四卷　（清）陸心源編　清光緒十
二年(1886)歸安陸氏刻存齋雜纂本　一冊

370000－1541－0000671　071.7/478
西圃叢辨三十二卷　（清）田同之撰　清乾隆
十九年(1754)刻德州田氏叢書本　三冊　存
二十三卷(一至十三、二十三至三十二)

370000－1541－0000672　071.7/494
鍾山札記四卷龍城札記三卷　（清）盧文弨撰
　清嘉慶元年(1796)海寧錢氏刻本　二冊

370000－1541－0000673　071.7/583
豐鎬考信別錄三卷　（清）崔述撰　清道光四
年(1824)東陽縣署刻本　一冊

370000－1541－0000674　071.7/595
有不爲齋隨筆十卷　（清）光聰諧撰　清光緒
十四年(1888)蘇州藩署刻本　二冊

370000－1541－0000675　071.7/595＝1

有不爲齋隨筆十卷　（清）光聰諧撰　清光緒
十四年(1888)蘇州藩署刻本　二冊

370000－1541－0000676　071.7/595＝2
有不爲齋隨筆十卷　（清）光聰諧撰　清光緒
十四年(1888)蘇州藩署刻本　一冊　存四卷
（甲至丁）

370000－1541－0000677　071.7/595＝3
有不爲齋隨筆十卷　（清）光聰諧撰　清光緒
十四年(1888)蘇州藩署刻本　二冊

370000－1541－0000678　071.7/667
文房四考圖說八卷　（清）唐秉鈞撰　清乾隆
四十三年(1778)竹映山莊刻本　八冊

370000－1541－0000679　071.7/670
今古學考二卷　廖平撰　清光緒十二年
(1886)成都刻本　丁山批校　一冊

370000－1541－0000680　071.7/674
洋務經濟通考十六卷　應祖錫纂　清光緒二
十七年(1901)鴻寶齋石印本　十二冊

370000－1541－0000681　071.7/674＝1
洋務經濟通考十六卷　應祖錫纂　清光緒二
十七年(1901)鴻寶齋石印本　十二冊

370000－1541－0000682　071.7/674＝2
經濟通考續集十六卷　應祖錫纂　清光緒二
十九年(1903)上海鴻寶書局石印本　十二冊

370000－1541－0000683　071.7/682
大雲山房十二章圖說二卷雜記二卷　（清）惲
敬撰　清光緒歸安姚氏刻咫進齋叢書本　一
冊

370000－1541－0000684　071.7/730
清白士集二十八卷　（清）梁玉繩撰　清嘉慶
五年(1800)刻本　十六冊

370000－1541－0000685　071.7/745
銅熨斗齋隨筆八卷　（清）沈濤撰　清光緒會
稽章氏刻式訓堂叢書本　一冊　存四卷(一
至四)

370000－1541－0000686　071.7/832
群書札記十六卷　（清）朱亦棟撰　清光緒四

年(1878)武林竹簡齋刻本　四冊

370000－1541－0000687　071.7/890
愈愚錄六卷　（清）劉寶楠撰　清光緒十五年
(1889)廣雅書局刻本　二冊

370000－1541－0000688　071.7/901
義門讀書記五十八卷　（清）何焯撰　清乾隆
十六年(1751)長洲蔣維鈞刻光緒六年(1880)
苕溪吳氏重修本　十六冊

370000－1541－0000689　071.7/901＝2
義門讀書記五十八卷　（清）何焯撰　清乾隆
十六年(1751)長洲蔣維鈞刻光緒六年(1880)
苕溪吳氏重修本　十六冊

370000－1541－0000690　071.7/903
一鐙精舍甲部稿五卷　（清）何秋濤撰　清光
緒五年(1879)淮南書局刻本　一冊

370000－1541－0000691　071.7/903＝1
一鐙精舍甲部稿五卷　（清）何秋濤撰　清光
緒五年(1879)淮南書局刻本　二冊

370000－1541－0000692　071.7/903＝2
一鐙精舍甲部稿五卷　（清）何秋濤撰　清光
緒五年(1879)淮南書局刻本　一冊

370000－1541－0000693　071.7/903＝3
一鐙精舍甲部稿五卷　（清）何秋濤撰　清光
緒五年(1879)淮南書局刻本　一冊

370000－1541－0000694　071.7/927＝1
十駕齋養新錄二十卷餘錄三卷　（清）錢大昕
撰　清嘉慶十年至十一年(1805－1806)刻本
　　佚名跋　十二冊

370000－1541－0000695　071.7/927＝2
十駕齋養新錄二十卷餘錄三卷　（清）錢大昕
撰　清光緒二年(1876)浙江書局刻本　八冊

370000－1541－0000696　071.7/927＝3
十駕齋養新錄二十卷餘錄三卷　（清）錢大昕
撰　清光緒二年(1876)浙江書局刻本　八冊

370000－1541－0000697　071.7/927＝4
十駕齋養新錄二十卷餘錄三卷　（清）錢大昕
撰　清光緒二年(1876)浙江書局刻本　八冊

370000－1541－0000698　071.7/927＝5

十駕齋養新錄二十卷餘錄三卷　（清）錢大昕撰　清光緒二年(1876)浙江書局刻本　八冊

370000－1541－0000699　071.7/964

日知錄三十二卷　（清）顧炎武撰　清康熙三十四年(1695)潘耒遂初堂刻本　十冊

370000－1541－0000700　071.7/964＝1

日知錄三十二卷日知錄之餘四卷　（清）顧炎武撰　清乾隆六十年(1795)刻本　二十四冊

370000－1541－0000701　071.7/964＝2

日知錄三十二卷　（清）顧炎武撰　清道光十二年(1832)四川錦江書院刻本　十二冊

370000－1541－0000702　071.7/964＝3

日知錄三十二卷　（清）顧炎武撰　清光緒三年(1877)刻本　二十四冊

370000－1541－0000703　071.7/964＝4

日知錄之餘四卷　（清）顧炎武撰　清宣統二年(1910)風雨樓鉛印本　二冊

370000－1541－0000704　071.7/964＝5

日知錄之餘四卷　（清）顧炎武撰　清宣統二年(1910)風雨樓鉛印本　四冊

370000－1541－0000705　071.7/964＝8

日知錄集釋三十二卷刊誤二卷續刊誤二卷　（清）顧炎武撰　（清）黃汝成集釋　清同治八年(1869)番禺陳璞刻本　丁山識語　十六冊

370000－1541－0000706　071.7/964＝9

日知錄集釋三十二卷刊誤二卷續刊誤二卷　（清）顧炎武撰　（清）黃汝成集釋　清光緒元年(1875)湖北崇文書局刻本　十六冊

370000－1541－0000707　071.7/964＝10

日知錄集釋三十二卷刊誤二卷續刊誤二卷　（清）顧炎武撰　（清）黃汝成集釋　清道光十四年至十八年(1834－1838)嘉定黃氏西谿草廬刻本　十二冊

370000－1541－0000708　071.7/964＝11

日知錄集釋三十二卷刊誤二卷續刊誤二卷　（清）顧炎武撰　（清）黃汝成集釋　清道光十

四年至十八年(1834－1838)嘉定黃氏西谿草廬刻本　十六冊

370000－1541－0000709　071.7/964＝12

日知錄集釋三十二卷刊誤二卷續刊誤二卷　（清）顧炎武撰　（清）黃汝成集釋　清道光十四年至十八年(1834－1838)嘉定黃氏西谿草廬刻本　十二冊

370000－1541－0000710　071.7/966

菰中隨筆一卷　（清）顧炎武撰　清光緒十一年(1885)上海掃葉山房刻本　一冊

370000－1541－0000711　071.7/987

求古錄禮說十六卷補遺一卷　（清）金鶚撰　求古錄禮說校勘記三卷　（清）王士駿輯　清光緒二年(1876)吳縣孫熹刻本　十冊

370000－1541－0000712　071.7/990

茶香室續鈔二十五卷三鈔二十九卷　（清）俞樾撰　清刻本　九冊　存三十七卷(茶香室續鈔二十五卷、三鈔一至十二)

370000－1541－0000713　071.7/994

寸陰叢錄四卷　（清）姚瑩撰　清刻本　一冊

370000－1541－0000714　071.72/313

蒿菴閒話二卷　（清）張爾岐撰　清光緒十五年(1889)山東書局刻本　一冊

370000－1541－0000715　071.72/627

古今釋疑十八卷　（清）方中履撰　清康熙二十一年(1682)合山方氏汗青閣刻本　八冊

370000－1541－0000716　071.72/641

天祿識餘十卷　（清）高士奇輯　清康熙二十九年(1690)朗潤堂刻本　二冊

370000－1541－0000717　071.72/759

湛園札記四卷　（清）姜宸英撰　清刻本　二冊

370000－1541－0000718　071.72/964

菰中隨筆一卷　（清）顧炎武撰　清光緒十一年(1885)上海掃葉山房刻本　一冊

370000－1541－0000719　071.74/138

九曜齋筆記三卷　（清）惠棟撰　清光緒貴池

劉世珩刻聚學軒叢書本　二冊

370000－1541－0000720　071.74/138＝2

松崖筆記三卷　（清）惠棟撰　清光緒貴池劉世珩刻聚學軒叢書本　一冊

370000－1541－0000721　071.74/180

西齋偶得三卷附錄一卷　（清）博明撰　清光緒二十六年(1900)杭州留垞刻留垞叢刻本　一冊

370000－1541－0000722　071.74/185

書隱叢說十九卷　（清）袁棟撰　清乾隆鋤經樓刻本　六冊

370000－1541－0000723　071.74/494

鍾山札記四卷　（清）盧文弨撰　清乾隆五十五年(1790)杭州抱經堂刻本　四冊

370000－1541－0000724　071.74/494＝1

鍾山札記四卷　（清）盧文弨撰　清乾隆五十五年(1790)杭州抱經堂刻本　二冊

370000－1541－0000725　071.74/951

管城碩記三十卷　（清）徐文靖撰　清乾隆九年(1744)志寧堂刻本　八冊

370000－1541－0000726　071.74/964

月滿樓甄藻錄四卷　（清）顧宗泰撰　清乾隆二十八年(1763)刻本　一冊

370000－1541－0000727　071.74/994

援鶉堂筆記五十卷刊誤一卷刊誤補遺一卷　（清）姚範撰　清道光十五年(1835)桐城姚瑩淮南監掣官署刻本　十六冊

370000－1541－0000728　071.75/290＝3

炳燭編四卷　（清）李賡芸撰　清同治十一年(1872)潘氏滂喜齋刻滂喜齋叢書本　一冊　存二卷(一至二)

370000－1541－0000729　071.75/359

讀書脞錄七卷續編四卷　（清）孫志祖撰　清嘉慶四年至七年(1799－1802)刻本　二冊

370000－1541－0000730　071.75/359＝1

讀書脞錄七卷　（清）孫志祖撰　清嘉慶四年(1799)仁和孫氏刻本　二冊

370000－1541－0000731　071.75/359＝2

讀書脞錄七卷　（清）孫志祖撰　清嘉慶四年(1799)仁和孫氏刻本　二冊

370000－1541－0000732　071.75/359＝3

讀書脞錄七卷　（清）孫志祖撰　清嘉慶四年(1799)仁和孫氏刻本　二冊

370000－1541－0000733　071.75/359＝4

讀書脞錄七卷　（清）孫志祖撰　清嘉慶四年(1799)仁和孫氏刻本　四冊

370000－1541－0000734　071.75/359＝5

讀書脞錄七卷　（清）孫志祖撰　清光緒十三年(1887)醉六堂刻本　四冊

370000－1541－0000735　071.75/927

潛研堂答問十二卷　（清）錢大昕撰　清光緒七年(1881)謨觴室刻本　四冊

370000－1541－0000736　071.76/720

讀書叢錄二十四卷　（清）洪頤煊撰　清道光元年(1821)刻本　六冊

370000－1541－0000737　071.76/720＝1

讀書叢錄二十四卷　（清）洪頤煊撰　清道光元年(1821)刻本　八冊

370000－1541－0000738　071.76/720＝3

讀書叢錄二十四卷　（清）洪頤煊撰　清光緒十三年(1887)吳氏醉六堂刻本　八冊

370000－1541－0000739　071.76/720＝4

曉讀書齋雜錄八卷　（清）洪亮吉撰　清光緒三年(1877)授經堂刻本　二冊

370000－1541－0000740　071.76/720＝5

曉讀書齋雜錄八卷　（清）洪亮吉撰　清光緒三年(1877)授經堂刻本　二冊

370000－1541－0000741　071.76/990

癸巳存稿十五卷　（清）俞正燮撰　清光緒十年(1884)刻本　八冊

370000－1541－0000742　071.76/990＝1

癸巳存稿十五卷　（清）俞正燮撰　清光緒十年(1884)刻本　四冊

370000－1541－0000743　071.77/119

菉友蛾術編二卷　（清）王筠撰　清咸豐十年
(1860)曲沃宋官疃刻本　二冊

370000－1541－0000744　071.77/119＝1

菉友蛾術編二卷　（清）王筠撰　清咸豐十年
(1860)曲沃宋官疃刻本　一冊

370000－1541－0000745　071.77/119＝2

菉友蛾術編二卷　（清）王筠撰　清咸豐十年
(1860)曲沃宋官疃刻本　一冊

370000－1541－0000746　071.77/257

硯耕緒錄十六卷　（清）林昌彝撰　清同治五
年(1866)侯官林氏廣州刻本　八冊

370000－1541－0000747　071.77/285

西雲札記四卷　（清）李枝青撰　清光緒十年
(1884)刻本　二冊

370000－1541－0000748　071.77/745

懷小編二十卷　（清）沈濂撰　清咸豐四年
(1854)秀水沈氏始言堂刻本　六冊

370000－1541－0000749　071.77/745＝2

懷小編二十卷　（清）沈濂撰　清咸豐四年
(1854)秀水沈氏始言堂刻本　六冊

370000－1541－0000750　071.77/809

蘿藦亭札記八卷　（清）喬松年撰　清同治十
二年(1873)刻本　四冊

370000－1541－0000751　071.77/809＝1

蘿藦亭札記八卷　（清）喬松年撰　清同治十
二年(1873)刻本　四冊

370000－1541－0000752　071.77/946

讀書雜釋十四卷　（清）徐鼒撰　清咸豐十一
年(1861)福寧郡齋刻本　四冊

370000－1541－0000753　071.77/972

儀禮私箋八卷說文逸字二卷附錄一卷鄭學錄
四卷巢經巢集經說一卷　（清）鄭珍撰　清咸
豐八年至同治七年(1858－1868)刻本　八冊

370000－1541－0000754　071.77/972＝1

鄭學錄四卷　（清）鄭珍撰　清光緒五年
(1879)受經堂刻本　二冊

370000－1541－0000755　071.78/479

九九消夏錄十四卷　（清）俞樾撰　清光緒十
八年(1892)刻本　二冊

370000－1541－0000756　071.78/627

柏堂遺書　（清）方宗誠撰　清光緒三年至五
年(1877－1879)桐城方氏刻本　四冊　存七
種(讀學庸筆記、禮記集說補義、論文章本原、
讀宋鑑論、讀史雜記、讀諸子諸儒書雜記、讀
文雜記)

370000－1541－0000757　071.78/888

食舊德齋雜著不分卷　（清）劉嶽雲撰　清光
緒八年(1882)刻本　三冊

370000－1541－0000758　071.79/377

黃學廬雜述三卷　（清）陳士芑撰　清宣統元
年(1909)鉛印本　二冊

370000－1541－0000759　071.79/377＝1

黃學廬雜述三卷　（清）陳士芑撰　清宣統元
年(1909)鉛印本　一冊

370000－1541－0000760　071.79/377＝2

黃學廬雜述三卷　（清）陳士芑撰　清宣統元
年(1909)鉛印本　一冊

370000－1541－0000761　071.8/968

日知錄集釋三十二卷刊誤二卷續刊誤二卷
（清）顧炎武撰　（清）黃汝成集釋　清刻本
十六冊

370000－1541－0000762　071.9/459

潛邱劄記六卷　（清）閻若璩撰　清乾隆十年
(1745)閻氏眷西堂刻本　六冊

370000－1541－0000763　071.9/459＝1

潛邱劄記六卷　（清）閻若璩撰　清乾隆十年
(1745)閻氏眷西堂刻本　十四冊

370000－1541－0000764　072/115

俟後編六卷補錄一卷附錄一卷　（明）王敬臣
撰　清康熙吳郡鄧明璣刻本　一冊

370000－1541－0000765　072/115＝1

俟後編六卷　（明）王敬臣撰　仁孝先生事略
一卷　（清）彭定求輯　清康熙三十八年

(1699)長洲彭氏刻本　二冊

370000－1541－0000766　072/117

碧雞漫志五卷　（宋）王灼撰　清乾隆至道光長塘鮑氏刻知不足齋叢書本　一冊

370000－1541－0000767　072/203

讀書偶記八卷　（清）趙紹祖撰　清道光四年（1824）古墨齋刻本　二冊

370000－1541－0000768　072/214

竇存四卷　（清）胡式鈺撰　清道光二十一年（1841）刻本　四冊

370000－1541－0000769　072/214＝1

竇存四卷　（清）胡式鈺撰　清道光二十一年（1841）刻本　四冊

370000－1541－0000770　072/285

閱史郗視四卷續一卷　（清）李塨撰　清光緒五年（1879）宛平王氏刻畿輔叢書本　一冊

370000－1541－0000771　072/288

六研齋筆記四卷二筆四卷三筆四卷　（明）李日華撰　明天啓至崇禎刻李竹嬾先生說部本　六冊

370000－1541－0000772　072/290

蠡言四卷　（清）李詒經撰　清嘉慶二十四年（1819）信芳閣木活字印本　一冊

370000－1541－0000773　072/292

燕園日錄二卷　（清）李季典輯　清抄本　一冊　存一卷（上）

370000－1541－0000774　072/311

無邪堂答問五卷　（清）朱一新撰　清光緒二十一年（1895）廣雅書局刻本　五冊

370000－1541－0000775　072/311＝1

無邪堂答問五卷　（清）朱一新撰　清光緒二十一年（1895）廣雅書局刻本　五冊　缺二卷（二至三）

370000－1541－0000776　072/311＝2

素書註一卷　（宋）張商英撰　**體仁要術一卷**　（清）彭紹升等撰　清末揚州藏經院刻本　一冊

370000－1541－0000777　072/459

潛邱劄記六卷附左汾近稿一卷　（清）閻若璩撰　清乾隆十年(1745)閻氏眷西堂刻大成齋印本　三冊

370000－1541－0000778　072/578

自西徂東五卷　（德國）花之安撰　清光緒二十八年(1902)上海美華書館鉛印本　五冊

370000－1541－0000779　072/578＝1

自西徂東五卷　（德國）花之安撰　清光緒二十八年(1902)上海美華書館鉛印本　一冊　存一卷(五)

370000－1541－0000780　072/578＝2

自西徂東五卷　（德國）花之安撰　清末鉛印本　一冊　存一卷(五)

370000－1541－0000781　072/628

薑露盦雜記六卷　（清）施山撰　清末上海申報館鉛印本　二冊

370000－1541－0000782　072.2/674

風俗通義十卷　（漢）應劭撰　清光緒元年(1875)湖北崇文書局刻本　二冊

370000－1541－0000783　072.22/169

天祿閣外史八卷　（漢）黃憲撰　（明）鍾惺評　明末刻本　六冊

370000－1541－0000784　072.22/169＝1

天祿閣外史八卷　（漢）黃憲撰　（明）鍾惺評　清刻本　二冊

370000－1541－0000785　072.5/288

樂善錄二卷　（宋）李昌齡編　**蠛海集一卷**（明）王逵編　明萬曆會稽商氏半埜堂刻稗海本　一冊

370000－1541－0000786　072.5/377

永嘉先生八面鋒十三卷　（宋）陳傅良撰　清光緒二十四年(1898)石印本　四冊

370000－1541－0000787　072.51/112

野客叢書三十卷附野老記聞一卷　（宋）王楙撰　明刻本　十二冊

370000－1541－0000788　072.51/138

冷齋夜話十卷　(宋)釋惠洪撰　明萬曆會稽
商氏半埜堂刻稗海本　一冊

370000－1541－0000789　072.51/418

秘書二十一種　(清)汪士漢輯　清刻本　一
冊　存三種八卷(中華古今注三卷、古今注三
卷、列仙傳二卷)

370000－1541－0000790　072.51/504

巖下放言五卷　(宋)葉夢得撰　清光緒三十
年(1904)長沙葉氏觀古堂刻本　一冊

370000－1541－0000791　072.515/554

東坡先生志林十二卷蘇黃門龍川別志二卷
(宋)蘇軾撰　明萬曆會稽商氏半埜堂刻稗海
本　二冊

370000－1541－0000792　072.515/740

夢溪筆談二十六卷補筆談三卷續筆談一卷
(宋)沈括撰　明崇禎四年(1631)嘉定馬元調
刻本　四冊

370000－1541－0000793　072.515/781

蘇米志林三卷　(明)毛晉輯　明天啓五年
(1625)虞山毛氏綠君亭刻本　六冊

370000－1541－0000794　072.515/890

元城語錄三卷行錄一卷　(宋)劉安世撰
(宋)馬永卿編　清光緒二十一年(1895)貴鄉
書院刻本　二冊

370000－1541－0000795　072.52/115

揮麈三錄三卷餘話二卷　(宋)王明清輯　清
嘉慶張氏照曠閣刻本　四冊

370000－1541－0000796　072.52/313

無垢先生橫浦心傳錄三卷橫浦日新一卷
(宋)張九成撰　(宋)于恕編　明萬曆四十二
年(1614)吳惟明刻本　二冊

370000－1541－0000797　072.52/317

梁谿漫志十卷附錄一卷　(宋)費袞撰　清乾
隆四十一年(1776)長塘鮑氏刻知不足齋叢書
本　二冊

370000－1541－0000798　072.521/236

南窗紀談一卷　(宋)□□撰　清乾隆至道光

長塘鮑氏刻知不足齋叢書本　一冊

370000－1541－0000799　072.521/975

蒙齋筆談二卷　(宋)葉夢得撰　畫墁錄一卷
(宋)張舜民撰　明萬曆刻清乾隆補修稗海
本　一冊

370000－1541－0000800　072.523/230

澗泉日記三卷　(宋)韓淲撰　清抄本　一冊

370000－1541－0000801　072.57/340

庶齋老學叢談三卷　(元)盛如梓撰　清抄本
一冊

370000－1541－0000802　072.57/885

隱居通議三十一卷　(元)劉塤撰　(清)劉冠
寰輯　清嘉慶六年(1801)愛餘堂刻本　八冊

370000－1541－0000803　072.6/288＝3

二曲全集二十六卷四書反身錄八卷首一卷
(清)李顒撰　清光緒二十六年(1900)小嬛嬛
山館刻本　十冊

370000－1541－0000804　072.6/288＝4

二曲集二十八卷首一卷　(清)李顒撰　清光
緒九年(1883)螯署刻本　八冊

370000－1541－0000805　072.6/292

藏說小萃七卷　(明)李鶚翀輯　清光緒十四
年(1888)江陰金氏刻粟香室叢書本　一冊

370000－1541－0000806　072.6/377＝1

書蕉二卷　(明)陳繼儒撰　清光緒五年
(1879)仁和葛氏刻嘯園叢書本　二冊

370000－1541－0000807　072.6/377＝2

學蔀通辯前編三卷後編三卷續編三卷終編三
卷　(明)陳建撰　清道光七年(1827)敦睦堂
刻本　四冊

370000－1541－0000808　072.6/444

呂子節錄四卷補遺二卷　(明)呂坤撰　(清)
陳弘謀評輯　清刻本　四冊

370000－1541－0000809　072.6/444＝1

呂子節錄四卷　(明)呂坤撰　(清)陳弘謀評
輯　清道光七年(1827)山左運署刻本　二冊

370000－1541－0000810　072.6/444＝2

呂子節錄四卷　(明)呂坤撰　(清)陳弘謀評輯　清道光七年(1827)刻光緒二年(1876)重修本　一冊　存二卷(一至二)

370000－1541－0000811　072.6/444＝3

呻吟語節錄六卷　(明)呂坤撰　清同治八年(1869)武林刻本　二冊

370000－1541－0000812　072.6/504

草木子四卷　(明)葉子奇撰　清光緒元年(1875)浙江處州府署刻本　四冊

370000－1541－0000813　072.6/526

新知法語一卷附心政簡要一卷　(清)蔣又滋撰　清道光七年(1827)橋頭雲陽侯裔刻本(心政簡要爲清同治十一年刻本)　一冊

370000－1541－0000814　072.6/720＝1

菜根譚一卷　(明)洪應明撰　**娑羅館清語一卷**　(明)屠隆撰　清光緒十三年(1887)揚州藏經禪院刻本　一冊

370000－1541－0000815　072.6/720＝2

菜根譚一卷　(明)洪應明撰　**娑羅館清語一卷**　(明)屠隆撰　清光緒十三年(1887)揚州藏經禪院刻本　一冊

370000－1541－0000816　072.6/720＝4

菜根譚一卷　(明)洪應明撰　**娑羅館清語一卷**　(明)屠隆撰　清光緒十三年(1887)揚州藏經禪院刻本　一冊

370000－1541－0000817　072.6/964

顧端文公小心齋劄記十八卷　(明)顧憲成撰　清刻本　二冊

370000－1541－0000818　072.65/653

七修類稿五十一卷續稿七卷　(明)郎瑛撰　清乾隆四十年(1775)耕煙草堂刻本　十二冊

370000－1541－0000819　072.65/653＝2

七修類稿五十一卷續稿七卷　(明)郎瑛撰　清光緒六年(1880)廣州翰墨園刻本　十六冊

370000－1541－0000820　072.66/384

金罍子四十四卷　(明)陳絳撰　(明)陳昱輯

明萬曆三十四年(1606)陳昱刻本　十六冊

370000－1541－0000821　072.66/896

餘冬錄六十一卷　(明)何孟春輯　清光緒二年(1876)刻本　十六冊

370000－1541－0000822　072.66/896＝2

餘冬序錄六十五卷　(明)何孟春撰　(明)何仲方編　明嘉靖七年(1528)何氏郴州家塾刻本　六冊　存三十卷(一至二十五、四十六至五十)

370000－1541－0000823　072.67/115

鬱岡齋筆塵四卷　(明)王肯堂撰　明萬曆刻本　四冊

370000－1541－0000824　072.67/119

會心言雜篇一卷　(明)王納諫撰　明刻本　二冊

370000－1541－0000825　072.67/320

考槃餘事四卷　(明)屠隆撰　清乾隆六十年(1795)玉溪軒刻本　二冊

370000－1541－0000826　072.67/366

益智編四十一卷　(明)孫能傳輯　清光緒十七年(1891)四明孫氏崇文書屋刻本　十二冊

370000－1541－0000827　072.67/917

焦氏筆乘六卷　(明)焦竑撰　明萬曆三十四年(1606)刻本　一冊

370000－1541－0000828　072.67/959

客座贅語十卷　(明)顧起元撰　清光緒三十年(1904)傅春官晦齋刻金陵叢刻朱印本　五冊　存八卷(三至十)

370000－1541－0000829　072.68/288

紫桃軒雜綴三卷六研齋二筆三卷　(明)李日華撰　清味石軒抄本　二冊

370000－1541－0000830　072.68/384

福壽全書六卷　題(明)陳繼儒撰　明四美堂刻本　六冊

370000－1541－0000831　072.68/440

小窗清紀不分卷　(明)吳從先評輯　明萬曆刻小窗四紀本　四冊

370000 – 1541 – 0000832　072.68/476

媿林漫錄不分卷　（明）瞿式耜輯　清光緒十六年(1890)江蘇書局刻本　二冊

370000 – 1541 – 0000833　072.68/606

棗林雜俎六卷附錄一卷　（明）談遷撰　清宣統三年(1911)上海國學扶輪社鉛印本　六冊

370000 – 1541 – 0000834　072.68/830

湧幢小品三十二卷　（明）朱國禎撰　明天啓二年(1622)刻本　三十二冊

370000 – 1541 – 0000835　072.68/830＝1

湧幢小品三十二卷　（明）朱國禎撰　明天啓二年(1622)清美堂刻本　十冊

370000 – 1541 – 0000836　072.7/112

艾學閒譚二十卷　（清）王朝渠撰　清嘉慶八年(1803)刻本　六冊

370000 – 1541 – 0000837　072.7/112＝1

山居瑣言一卷　（清）王晉之撰　清光緒七年(1881)滬江石埭陳氏強本居鉛印本　一冊

370000 – 1541 – 0000838　072.7/112＝2

山居瑣言一卷　（清）王晉之撰　清光緒七年(1881)滬江石埭陳氏強本居鉛印本　一冊

370000 – 1541 – 0000839　072.7/112＝3

山居瑣言一卷　（清）王晉之撰　清光緒七年(1881)滬江石埭陳氏強本居鉛印本　一冊

370000 – 1541 – 0000840　072.7/112＝4

山居瑣言一卷　（清）王晉之撰　清光緒七年(1881)滬江石埭陳氏強本居鉛印本　一冊

370000 – 1541 – 0000841　072.7/112＝5

山居瑣言一卷　（清）王晉之撰　清光緒七年(1881)滬江石埭陳氏強本居鉛印本　一冊

370000 – 1541 – 0000842　072.7/112＝6

山居瑣言一卷　（清）王晉之撰　清光緒七年(1881)滬江石埭陳氏強本居鉛印本　一冊

370000 – 1541 – 0000843　072.7/112＝7

山居瑣言一卷　（清）王晉之撰　清光緒七年(1881)滬江石埭陳氏強本居鉛印本　一冊

370000 – 1541 – 0000844　072.7/112＝8

山居瑣言一卷　（清）王晉之撰　清光緒七年(1881)滬江石埭陳氏強本居鉛印本　一冊

370000 – 1541 – 0000845　072.7/112＝9

山居瑣言一卷　（清）王晉之撰　清光緒七年(1881)滬江石埭陳氏強本居鉛印本　一冊

370000 – 1541 – 0000846　072.7/112＝10

山居瑣言一卷　（清）王晉之撰　清光緒七年(1881)滬江石埭陳氏強本居鉛印本　一冊

370000 – 1541 – 0000847　072.7/112＝11

山居瑣言一卷　（清）王晉之撰　清光緒七年(1881)滬江石埭陳氏強本居鉛印本　一冊

370000 – 1541 – 0000848　072.7/112＝12

山居瑣言一卷　（清）王晉之撰　清光緒七年(1881)滬江石埭陳氏強本居鉛印本　一冊

370000 – 1541 – 0000849　072.7/117

時務經濟策論統宗二十四卷　（清）秀湖漁隱編　清光緒二十四年(1898)上海文賢閣石印本　十二冊

370000 – 1541 – 0000850　072.7/119

菉友肊說一卷　（清）王筠撰　清道光十六年(1836)武陽學署刻本　一冊

370000 – 1541 – 0000851　072.7/178

從政聞見錄二卷　（清）甘鴻編　清同治九年(1870)甘澤周粵東黃鼎衛齋刻本　一冊

370000 – 1541 – 0000852　072.7/209

證俗文十九卷　（清）郝懿行撰　清光緒十年(1884)東路廳署刻郝氏遺書本　六冊

370000 – 1541 – 0000853　072.7/212

顏氏學記十卷　（清）戴望撰　清光緒朱氏蛻廬鉛印本　四冊

370000 – 1541 – 0000854　072.7/212＝1

顏氏學記十卷　（清）戴望撰　清光緒二十年(1894)龍山白巖書院刻本　四冊

370000 – 1541 – 0000855　072.7/212＝2

顏氏學記十卷　（清）戴望撰　清光緒二十年(1894)龍山白巖書院刻本　四冊

370000 – 1541 – 0000856　072.7/212 ＝3

習苦齋筆記一卷　（清）戴熙撰　清同治十年
(1871)刻本　一冊

370000 – 1541 – 0000857　072.7/232

漢學商兌贅言四卷　（清）方東樹撰　清光緒
十四年(1888)胡錫祐、羅錦文刻本　四冊

370000 – 1541 – 0000858　072.7/278

因樹屋書影五卷　（清）周亮工撰　清雍正懷
德堂刻本　四冊

370000 – 1541 – 0000859　072.7/285

時事新論十二卷　（英國）李提摩太撰　清光
緒二十一年(1895)上海廣學會鉛印本　二冊

370000 – 1541 – 0000860　072.7/298

質顧一卷　（清）吳光耀撰　清宣統元年
(1909)刻本　一冊

370000 – 1541 – 0000861　072.7/311

輶軒語一卷　（清）張之洞撰　清光緒四年
(1878)敏德堂刻本　二冊

370000 – 1541 – 0000862　072.7/311 ＝2

輶軒語一卷　（清）張之洞撰　清光緒八年
(1882)皖垣鉛印本　一冊

370000 – 1541 – 0000863　072.7/313

梅籙隨筆四卷　（清）張作楠撰　清嘉慶二十
四年(1819)刻本　二冊

370000 – 1541 – 0000864　072.7/313 ＝1

李楊二先生集要十卷　（清）張傳誥輯　清光
緒三年(1877)上海刻本　二冊

370000 – 1541 – 0000865　072.7/319

聰訓齋語一卷　（清）張英撰　清光緒二十四
年(1898)京都聚文齋刻本　二冊

370000 – 1541 – 0000866　072.7/319 ＝1

聰訓齋語一卷　（清）張英撰　清光緒二十四
年(1898)京都聚文齋刻本　二冊

370000 – 1541 – 0000867　072.7/319 ＝3

聰訓齋語一卷　（清）張英撰　清光緒二十四
年(1898)京都聚文齋刻本　一冊

370000 – 1541 – 0000868　072.7/319 ＝4

聰訓齋語一卷　（清）張英撰　清光緒二十四
年(1898)京都聚文齋刻本　一冊

370000 – 1541 – 0000869　072.7/319 ＝5

聰訓齋語一卷　（清）張英撰　清光緒二十四
年(1898)京都聚文齋刻本　一冊

370000 – 1541 – 0000870　072.7/329

危言二卷　（清）邵作舟撰　清光緒二十四年
(1898)上海商務印書館鉛印本　二冊

370000 – 1541 – 0000871　072.7/362

畚塘芻論二卷　（清）孫鼎臣撰　清咸豐刻本
　二冊

370000 – 1541 – 0000872　072.7/362 ＝1

畚塘芻論二卷　（清）孫鼎臣撰　清咸豐刻本
　一冊

370000 – 1541 – 0000873　072.7/372

蘭雪堂古事苑定本十二卷　（明）鄧志謨輯
清康熙蘭雪堂刻本　四冊

370000 – 1541 – 0000874　072.7/377

求志集四卷　（清）陳蕭輯　清光緒十二年
(1886)刻本　二冊

370000 – 1541 – 0000875　072.7/377 ＝1

求志集四卷　（清）陳蕭輯　清光緒十二年
(1886)刻本　二冊

370000 – 1541 – 0000876　072.7/377 ＝2

句溪雜著六卷　（清）陳立撰　清光緒十四年
(1888)廣雅書局刻廣雅書局叢書本　一冊

370000 – 1541 – 0000877　072.7/377 ＝3

黃學廬雜述三卷　（清）陳士苣撰　清宣統元
年(1909)鉛印本　一冊

370000 – 1541 – 0000878　072.7/382

郎潛紀聞十四卷燕下鄉脞錄十六卷　（清）陳
康祺撰　清光緒十年至十一年(1884 – 1885)
校經山房刻本　十冊

370000 – 1541 – 0000879　072.7/382 ＝1

郎潛紀聞十四卷　（清）陳康祺撰　清光緒十
年(1884)琴川刻本　六冊

370000－1541－0000880　072.7/382 = 3

郎潛紀聞初筆七卷二筆八卷三筆六卷 （清）陳康祺撰　清宣統二年(1910)上海掃葉山房石印本　十冊

370000－1541－0000881　072.7/382 = 4

庸書內篇二卷外篇二卷 （清）陳熾撰　清光緒二十四年(1898)大雅書局刻本　四冊

370000－1541－0000882　072.7/382 = 5

庸書內篇二卷外篇二卷 （清）陳熾撰　清光緒二十三年(1897)豫寧余氏刻本　四冊

370000－1541－0000883　072.7/384

日省鈔錄四卷 （清）陳代芝撰　清同治十二年(1873)江油桂籍齋刻本　四冊

370000－1541－0000884　072.7/386

談古偶錄四卷 （清）陳星瑞撰　（清）姚成濟輯注　清道光二十六年(1846)長白毓成等刻本　四冊

370000－1541－0000885　072.7/431

藤陰雜記十二卷 （清）戴璐撰　清嘉慶五年(1800)石鼓齋刻本　二冊

370000－1541－0000886　072.7/433

吳氏遺著五卷附錄一卷 （清）吳夌雲撰　清光緒十七年(1891)廣雅書局刻本　四冊

370000－1541－0000887　072.7/433 = 1

吳氏遺著五卷附錄一卷 （清）吳夌雲撰　清光緒十七年(1891)廣雅書局刻本　二冊

370000－1541－0000888　072.7/438

劍華堂續罪言一卷 （清）吳廣霈撰　清光緒十六年(1890)㳙園鉛印本　二冊

370000－1541－0000889　072.7/438 = 1

劍華堂續罪言一卷 （清）吳廣霈撰　清光緒十六年(1890)㳙園鉛印本　一冊

370000－1541－0000890　072.7/482

知聖篇二卷 廖平撰　清光緒二十八年(1902)刻本　一冊

370000－1541－0000891　072.7/482 = 1

地球新義二卷 廖平編　清光緒二十五年

(1899)繁江兩峰精舍刻本　二冊

370000－1541－0000892　072.7/483

鐵鞭四卷 （日本）岡本監輔撰　清光緒二十七年(1901)上海商務印書館鉛印本　二冊

370000－1541－0000893　072.7/502

橋西雜記一卷 （清）葉名灃撰　清同治十年(1871)漺喜齋刻本　二冊

370000－1541－0000894　072.7/522

群書疑辨十二卷 （清）萬斯同撰　清康熙蘭雪堂抄本　四冊

370000－1541－0000895　072.7/566

讀書錄十卷 （明）薛瑄撰　清乾隆十一年(1746)刻本　八冊

370000－1541－0000896　072.7/627

漢學商兌四卷 （清）方東樹撰　清光緒八年(1882)四明花雨樓刻本　四冊

370000－1541－0000897　072.7/627 = 1

漢學商兌四卷 （清）方東樹撰　清光緒八年(1882)四明花雨樓刻本　四冊

370000－1541－0000898　072.7/627 = 2

漢學商兌四卷 （清）方東樹撰　清光緒十五年(1889)孫溪朱氏刻本　六冊

370000－1541－0000899　072.7/627 = 3

漢學商兌四卷 （清）方東樹撰　清光緒二十年(1894)傳經堂刻本　四冊

370000－1541－0000900　072.7/627 = 4

漢學商兌四卷 （清）方東樹撰　清光緒二十年(1894)傳經堂刻本　四冊

370000－1541－0000901　072.7/627 = 5

夢園叢說內篇八卷外篇八卷 （清）方濬頤撰　清同治十三年(1874)揚州刻本　四冊

370000－1541－0000902　072.7/627 = 6

夢園叢說內篇八卷外篇八卷 （清）方濬頤撰　清同治十三年(1874)揚州刻本　四冊　存八卷(夢園叢說內篇八卷)

370000－1541－0000903　072.7/627 = 7

夢園叢說內篇八卷外篇八卷　（清）方濬頤撰
　　清光緒申報館鉛印本　二冊　存八卷（夢
　　園叢說內篇八卷）

370000－1541－0000904　072.7/627＝8
夢園叢說內篇八卷外篇八卷　（清）方濬頤撰
　　清光緒申報館鉛印本　一冊　存四卷（夢
　　園叢說內篇一至四）

370000－1541－0000905　072.7/630
西齋語錄四卷　（清）郭元𨏉撰　清乾隆二十
四年(1759)介邑堂刻本　四冊

370000－1541－0000906　072.7/695
過庭錄十六卷　（清）宋翔鳳撰　清咸豐三年
(1853)刻本　六冊

370000－1541－0000907　072.7/710
學治臆說二卷　（清）汪輝祖撰　清嘉慶十八
年(1813)廣東五羊節署刻本　一冊

370000－1541－0000908　072.7/718
釀蜜集四卷　（清）浦起龍撰　清光緒二十七
年(1901)靜寄東軒家塾刻本　四冊

370000－1541－0000909　072.7/720
桐城兩相國語錄三種十四卷　（清）張紹文編
　　清光緒六年(1880)麗山刻本　四冊

370000－1541－0000910　072.7/736
浮邱子十二卷　（清）湯海秋撰　清宣統二年
(1910)上海掃葉山房石印本　六冊

370000－1541－0000911　072.7/747
勵志錄二卷　（清）沈近思撰　清同治十二年
(1873)浙江書局刻本　一冊

370000－1541－0000912　072.7/747＝1
沈端恪公遺書　（清）沈近思撰　清同治十二
年(1873)浙江書局刻本　二冊　存二種（勵
志錄、沈端恪公年譜）

370000－1541－0000913　072.7/754
康濟譜二十五卷　（明）潘游龍撰　清道光十
六年(1836)安康張鵬飛刻本　十冊

370000－1541－0000914　072.7/813
家蔭堂一瞬錄一卷　（清）周際華撰　家蔭堂

來西錄一卷　（清）周奎撰　清道光十九年
(1839)家蔭堂刻本　一冊

370000－1541－0000915　072.7/818
先正讀書訣一卷　（清）周永年撰　（清）周兆
慶輯　清光緒四年(1878)元和江氏刻本　一
冊

370000－1541－0000916　072.7/818＝2
先正讀書訣一卷　（清）周永年輯　清光緒二
十一年(1895)嚴修貴陽使署刻本　一冊

370000－1541－0000917　072.7/820
負暄閒語十二卷　周馥撰　清宣統元年
(1909)濟南鉛印本　二冊

370000－1541－0000918　072.7/820＝1
負暄閒語十二卷　周馥撰　清宣統元年
(1909)濟南鉛印本　二冊

370000－1541－0000919　072.7/827
無邪堂答問五卷　（清）朱一新撰　清光緒二
十一年(1895)廣雅書局刻本　五冊

370000－1541－0000920　072.7/827＝2
無邪堂答問五卷　（清）朱一新撰　清光緒二
十二年(1896)上海鴻寶齋石印本　五冊

370000－1541－0000921　072.7/877
志學後錄八卷　（清）向璿撰　清乾隆十年
(1745)正學軒刻本　一冊　存三卷（一至三）

370000－1541－0000922　072.7/892
經濟策論匯參八卷　（清）劉鐵生撰　清光緒
二十三年(1897)上海正記書局石印本　八冊

370000－1541－0000923　072.7/917
此木軒雜著八卷　（清）焦袁熹撰　清嘉慶九
年(1804)焦晉刻本　二冊

370000－1541－0000924　072.7/927
泲亭述古錄二卷　（清）錢塘撰　清光緒會稽
章氏刻式訓堂叢書本　一冊

370000－1541－0000925　072.7/946
曠論一卷　（清）徐壽基撰　清光緒十二年
(1886)桓臺官舍刻本　一冊

370000－1541－0000926　072.7/975

盛世危言十四卷　鄭觀應撰　清光緒二十一年(1895)鉛印本　八冊

370000－1541－0000927　072.7/975＝1

盛世危言十四卷　鄭觀應撰　清光緒二十一年(1895)鉛印本　八冊

370000－1541－0000928　072.7/975＝2

盛世危言十四卷　鄭觀應撰　清光緒二十四年(1898)石印本　八冊

370000－1541－0000929　072.72/112

居易錄三十四卷　(清)王士禛撰　清康熙刻本　八冊

370000－1541－0000930　072.72/112＝1

香祖筆記十二卷　(清)王士禛撰　清康熙四十四年(1705)刻王漁洋遺書本　六冊

370000－1541－0000931　072.72/112＝4

香祖筆記十二卷　(清)王士禛撰　清刻本　三冊

370000－1541－0000932　072.72/112＝5

香祖筆記十二卷　(清)王士禛撰　清刻本　四冊

370000－1541－0000933　072.72/112＝6

池北偶談二十六卷　(清)王士禛撰　清康熙三十九年(1700)臨汀郡署刻本　八冊

370000－1541－0000934　072.72/112＝7

池北偶談二十六卷　(清)王士禛撰　清康熙三十九年(1700)臨汀郡署刻配補本　四冊　存十六卷(一至十三、二十至二十二)

370000－1541－0000935　072.72/112＝8

池北偶談二十六卷　(清)王士禛撰　清康熙三十九年(1700)臨汀郡署刻本　六冊

370000－1541－0000936　072.72/112＝9

池北偶談二十六卷　(清)王士禛撰　清康熙三十九年(1700)臨汀郡署刻本　八冊

370000－1541－0000937　072.72/112＝10

池北偶談二十六卷　(清)王士禛撰　清康熙三十九年(1700)臨汀郡署刻本　三冊　存十

一卷(一至四、八至十、二十三至二十六)

370000－1541－0000938　072.72/112＝11

池北偶談二十六卷　(清)王士禛撰　清康熙三十九年(1700)臨汀郡署刻挖改後印本　五冊

370000－1541－0000939　072.72/112＝12

池北偶談二十六卷　(清)王士禛撰　清刻本　六冊　存十三卷(十四至二十六)

370000－1541－0000940　072.72/112＝13

池北偶談二十六卷　(清)王士禛撰　清文粹堂刻本　八冊

370000－1541－0000941　072.72/112＝14

漁洋説部精華十二卷　(清)王士禛撰　(清)劉堅編　清乾隆十三年(1748)錫山劉氏刻本　四冊

370000－1541－0000942　072.72/644

南圃筆談一卷　(清)高貞明撰　清光緒二十九年(1903)費邑高氏文山堂刻本　一冊

370000－1541－0000943　072.74/102

聞見瓣香錄四卷　(清)秦武域撰　清嘉慶八年(1803)郁文堂刻本　二冊

370000－1541－0000944　072.74/209

梅叟閒評四卷　(清)郝培元撰　清光緒十年(1884)東路廳署刻本　二冊

370000－1541－0000945　072.74/313

澄懷園語四卷　(清)張廷玉撰　清乾隆十一年(1746)木活字印本　二冊

370000－1541－0000946　072.74/377

學辨質疑一卷讀書管見一卷　(清)陳世倌撰　清乾隆刻本　二冊

370000－1541－0000947　072.75/201

榆巢雜識二卷　(清)趙慎畛撰　清光緒浙江官紙總局鉛印本　一冊

370000－1541－0000948　072.75/375

定香亭筆談四卷　(清)阮元撰　清嘉慶五年(1800)揚州阮氏琅嬛仙館刻本　四冊

370000 – 1541 – 0000949　072.75/375 = 1

定香亭筆談四卷　（清）阮元撰　清光緒二十
五年(1899)浙江書局刻本　四冊

370000 – 1541 – 0000950　072.75/375 = 2

定香亭筆談四卷　（清）阮元撰　清光緒二十
五年(1899)浙江書局刻本　四冊

370000 – 1541 – 0000951　072.75/456

淮南雜識四卷　（清）聞益編　清同治七年
(1868)刻本　二冊

370000 – 1541 – 0000952　072.75/509

經史管窺六卷　（清）蕭曇撰　清嘉慶二十三
年(1818)讀五千卷齋刻本　四冊

370000 – 1541 – 0000953　072.75/623

教諭語一卷　（清）謝金鑾撰　清同治九年
(1870)濟南文友堂刻本　一冊

370000 – 1541 – 0000954　072.75/740

寒夜叢談三卷　（清）沈赤然撰　清嘉慶十四
年(1809)高觀海刻本　一冊

370000 – 1541 – 0000955　072.76/169

考辨隨筆二卷　（清）黃定宜撰　清道光二十
七年(1847)萍鄉文晟刻本　徐鍾岳識語　一
冊

370000 – 1541 – 0000956　072.76/375

小滄浪筆談四卷　（清）阮元撰　清嘉慶七年
(1802)浙江節院刻本　二冊

370000 – 1541 – 0000957　072.76/375 = 1

小滄浪筆談四卷　（清）阮元撰　清嘉慶七年
(1802)浙江節院刻本　二冊

370000 – 1541 – 0000958　072.76/375 = 2

小滄浪筆談四卷　（清）阮元撰　清嘉慶七年
(1802)浙江節院刻本　佚名題記　二冊

370000 – 1541 – 0000959　072.76/375 = 3

小滄浪筆談四卷　（清）阮元撰　清光緒二十
六年(1900)江蘇書局刻本　四冊

370000 – 1541 – 0000960　072.76/394

合肥學舍劄記十二卷　（清）陸繼輅撰　清光
緒四年(1878)興國州署刻本　四冊

370000 – 1541 – 0000961　072.76/730

歸田瑣記八卷浪跡叢談十一卷續談八卷
（清）梁章鉅撰　清道光二十五年(1845)福州
北東園刻本　八冊

370000 – 1541 – 0000962　072.76/730 = 1

歸田瑣記八卷　（清）梁章鉅撰　清道光二十
五年(1845)福州北東園刻本　二冊　存四卷
(三至六)

370000 – 1541 – 0000963　072.76/730 = 2

浪跡三談六卷　（清）梁章鉅撰　清咸豐七年
(1857)福州梁氏刻杭縣鄭氏小琳瑯館印本
二冊

370000 – 1541 – 0000964　072.76/745

交翠軒筆記四卷　（清）沈濤纂　清光緒貴池
劉世珩刻聚學軒叢書本　二冊

370000 – 1541 – 0000965　072.76/745 = 1

交翠軒筆記四卷　（清）沈濤纂　清光緒貴池
劉世珩刻聚學軒叢書本　二冊

370000 – 1541 – 0000966　072.76/845

芷湘筆乘一卷　（清）管庭芬撰　清末抄本
一冊

370000 – 1541 – 0000967　072.76/994

識小錄八卷　（清）姚瑩撰　清同治六年
(1867)安福縣署刻中復堂全集本　三冊

370000 – 1541 – 0000968　072.77/115

宜略識字齋雜著九卷　（清）王敬之撰　清咸
豐五年(1855)刻本　四冊

370000 – 1541 – 0000969　072.77/364

片玉山房花箋錄十卷首一卷　（清）孫兆溎輯
清同治四年(1865)景福堂刻本　六冊

370000 – 1541 – 0000970　072.77/504

鷗陂漁話六卷　（清）葉廷琯撰　清同治八年
(1869)陳德銘刻本　二冊

370000 – 1541 – 0000971　072.77/504 = 1

鷗陂漁話六卷　（清）葉廷琯撰　清同治八年
(1869)陳德銘刻本　三冊

370000 – 1541 – 0000972　072.77/526

麗濩薈錄十四卷 （清）蔣超伯撰 清同治五年(1866)刻本 七冊

370000－1541－0000973 072.77/754
思補齋筆記八卷 （清）潘世恩撰 清光緒會文齋刻本 四冊

370000－1541－0000974 072.77/994
竹葉亭雜記八卷 （清）姚元之撰 清光緒十九年(1893)桐城姚氏刻本 二冊

370000－1541－0000975 072.78/179
群學肄言 （英國）斯賓塞爾撰 嚴復譯 清光緒二十九年(1903)上海文明編譯書局鉛印本 四冊

370000－1541－0000976 072.78/179 ＝1
群學肄言 （英國）斯賓塞爾撰 嚴復譯 清光緒二十九年(1903)上海文明編譯書局鉛印本 四冊

370000－1541－0000977 072.78/179 ＝2
群學肄言 （英國）斯賓塞爾撰 嚴復譯 清光緒二十九年(1903)上海文明編譯書局鉛印本 四冊

370000－1541－0000978 072.78/295
查浦輯聞二卷 （清）查嗣瑮輯 清雍正刻本 二冊

370000－1541－0000979 072.78/311 ＝2
勸學篇二卷 （清）張之洞撰 清光緒二十四年(1898)黃德道、瞿延韶刻本 二冊

370000－1541－0000980 072.78/311 ＝3
勸學篇二卷 （清）張之洞撰 清光緒二十四年(1898)都門刻本 一冊

370000－1541－0000981 072.78/311 ＝4
勸學篇二卷 （清）張之洞撰 清光緒二十四年(1898)刻二十六年(1900)湖北自強學堂印本 二冊

370000－1541－0000982 072.78/331
清麓遺語四卷遺事一卷 （清）賀瑞麟撰 （清）謝化南編 清光緒三十一年(1905)陝西正誼書院刻本 四冊

370000－1541－0000983 072.78/366
學齋庸訓一卷 （清）孫德祖撰 清光緒十六年(1890)刻寄龕雜著本 一冊

370000－1541－0000984 072.78/382
續富國策四卷 （清）陳熾撰 清光緒二十三年(1897)豫寧余氏刻本 四冊

370000－1541－0000985 072.78/382 ＝1
續富國策四卷 （清）陳熾撰 清光緒二十四年(1898)刻本 四冊

370000－1541－0000986 072.78/556
趣園八種十六卷 蔡丕著 清光緒十八年(1892)上海書局石印本 六冊

370000－1541－0000987 072.78/621
課餘偶錄四卷續錄五卷 （清）謝章鋌撰 清光緒二十四年至二十六年(1898－1900)福州刻賭棋山莊全集本 二冊

370000－1541－0000988 072.78/628
薑露盦雜記六卷 （清）施山撰 清宣統三年(1911)會稽施煌金陵刻本 三冊

370000－1541－0000989 072.78/937
退復軒隨筆二卷 （清）錫縝撰 清光緒刻本 一冊

370000－1541－0000990 072.78/956
聊攝叢談六卷 （清）須方岳撰 清光緒十二年(1886)文英堂刻本 六冊

370000－1541－0000991 072.78/977
亦若是齋隨筆十二卷 （清）鄭敦曜撰 清同治十一年(1872)長沙星藪園刻本 八冊

370000－1541－0000992 072.8/504
明辨錄一卷 葉德輝撰 清光緒二十四年(1898)刻本 一冊

370000－1541－0000993 072.8/504 ＝1
明辨錄一卷 葉德輝撰 清光緒二十四年(1898)刻本 一冊

370000－1541－0000994 073.7/637
新鐫分類評注文武合編百子金丹十卷 （明）郭偉選注 （明）郭中吉編 清乾隆八年

(1743)刻本　十二冊

370000 - 1541 - 0000995　074/112

讀書後八卷 （明）王世貞撰　清末味菜廬木
活字印本　四冊

370000 - 1541 - 0000996　074/112 = 1

讀書後八卷 （明）王世貞撰　清末味菜廬木
活字印本　三冊　存六卷(一至六)

370000 - 1541 - 0000997　074/380

隨筆不分卷 （清）陳蕙摘錄　清嘉慶稿本
二十四冊

370000 - 1541 - 0000998　074.5/644

弦雪居重訂遵生八牋十九卷目錄一卷 （明）
高濂撰　清嘉慶十五年(1810)金閶多文堂刻
本　三十二冊

370000 - 1541 - 0000999　074.6/119

剪桐載筆一卷 （明）王象晉撰　明崇禎刻本
一冊

370000 - 1541 - 0001000　074.6/119 = 1

清寤齋心賞編一卷 （明）王象晉輯　明崇禎
刻本　一冊

370000 - 1541 - 0001001　074.7/298

普通學歌訣注八卷 （清）張一鵬編　（清）
□□注　清末南京江楚書局刻本　二冊

370000 - 1541 - 0001002　074.7/298 = 1

鈔本雜記不分卷 （清）□□輯　清抄本　二
冊

370000 - 1541 - 0001003　074.7/311

心齋雜組二卷 （清）張潮撰　清康熙詒清堂
刻本　一冊

370000 - 1541 - 0001004　074.7/436

古學記問錄十五卷 （清）吳蔚文編　清同治
四年(1865)刻本　八冊

370000 - 1541 - 0001005　074.7/436 = 1

端溪硯史三卷 （清）吳蘭修編　清道光三十
年(1850)南海伍氏刻本　一冊

370000 - 1541 - 0001006　074.7/704

聞見叢抄三十四卷 （清）種蕉藝蘭生輯　清
光緒二十四年(1898)吳雲記書局鉛印本　七
冊

370000 - 1541 - 0001007　074.7/953

懷幽雜俎十二種十七卷 徐乃昌編　清宣統
南陵徐乃昌刻本　八冊

370000 - 1541 - 0001008　074.71/759

韻石齋筆談二卷 （清）姜紹書撰　清乾隆十
二年(1747)延陵姜氏刻本　二冊

370000 - 1541 - 0001009　074.76/517

恩福堂筆記二卷 （清）英和撰　清道光十七
年(1837)刻本　一冊

370000 - 1541 - 0001010　074.78/290

唾餘新拾十卷 （清）李調元撰　清光緒八年
(1882)樂道齋刻函海本　一冊　存四卷(一
至四)

370000 - 1541 - 0001011　075/135

雜纂不分卷 （清）□□撰　清稿本　一冊

370000 - 1541 - 0001012　075/153

西邨雜鈔一卷 （清）□□撰　清稿本　一冊

370000 - 1541 - 0001013　075/317

玉壺仙館備忘錄七卷 （清）費善慶輯　清抄
本　十冊

370000 - 1541 - 0001014　075/436

新刻京臺公餘勝覽國色天香十卷 （明）吳敬
所輯　清初裕元堂刻本　八冊

370000 - 1541 - 0001015　075/554

翼教叢編六卷 （清）蘇輿輯　清光緒二十四
年(1898)武昌刻本　三冊

370000 - 1541 - 0001016　075/554 = 1

翼教叢編六卷 （清）蘇輿輯　清光緒二十五
年(1899)匯源堂刻本　四冊

370000 - 1541 - 0001017　075/578

性海淵源不分卷 （德國）花之安撰　清光緒
十九年(1893)上海美華書館鉛印本　一冊

370000 - 1541 - 0001018　075/915

述記不分卷　（清）任兆麟輯　清乾隆五十三年(1788)忠敏家塾刻本　四冊

370000－1541－0001019　075/915＝1

述記不分卷　（清）任兆麟撰　清乾隆五十二年(1787)映雪草堂刻本　四冊

370000－1541－0001020　075.12/244

春秋左傳集解三十卷　（晉）杜預注　清道光二年(1822)敬書堂刻本　十二冊

370000－1541－0001021　075.5/648

緯略十二卷　（宋）高似孫撰　清守山閣刻守山閣叢書本　一冊　存七卷(一至七)

370000－1541－0001022　075.51/117

小學紺珠十卷　（宋）王應麟撰　清光緒九年(1883)浙江書局刻玉海附刻本　四冊

370000－1541－0001023　075.51/697

春明退朝錄三卷　（宋）宋敏求撰　清抄本　一冊

370000－1541－0001024　075.6/112

表異錄十卷　（明）王志堅輯　清光緒二年(1876)刻本　二冊

370000－1541－0001025　075.6/292

稗海七十四種　（明）商濬輯　（清）李孝源重訂　清乾隆臨川李孝源刻本　一百冊

370000－1541－0001026　075.6/438

甓瓦編十卷甓瓦二編十二卷　（明）吳安國撰　清道光十三年(1833)吳錫祺刻本　四冊

370000－1541－0001027　075.6/566

薛文清公讀書錄鈔四卷　（明）薛瑄撰　（清）陸緯輯　清同治三年(1864)狀元閣刻本　一冊

370000－1541－0001028　075.6/896

餘冬錄六十一卷　（明）何孟春輯　清同治三年(1864)恭壽堂刻本　九冊

370000－1541－0001029　075.6/917

焦氏類林八卷　（明）焦竑輯　清枚生藍格抄本　八冊

370000－1541－0001030　075.66/272

秋林伐山二十卷　（明）楊慎撰　明隆慶六年(1572)吳郡凌雲翼刻本　三冊　存十四卷(一至六、十三至二十)

370000－1541－0001031　075.66/290

初潭集三十卷　（明）李贄撰　明末刻本　四冊

370000－1541－0001032　075.67/271

檢蠹隨筆三十卷　（明）楊宗吾撰　清抄本　十二冊

370000－1541－0001033　075.67/444

實政錄七卷　（明）呂坤撰　明萬曆二十六年(1598)趙文炳刻本　九冊　存六卷(二至七)

370000－1541－0001034　075.67/951

玉芝堂談薈三十六卷　（明）徐應秋輯　清康熙玉芝堂刻四十二年(1703)補刻本　十六冊

370000－1541－0001035　075.67/951＝2

玉芝堂談薈三十六卷　（明）徐應秋輯　清光緒元年(1875)舊園刻本　三十二冊

370000－1541－0001036　075.68/306

居家必備八十二種八十三卷　（明）□□輯　明末刻本　八冊

370000－1541－0001037　075.68/630

新鐫分類評注文武合編百子金丹十卷　（明）郭偉選注　（明）郭中吉編　明末金陵傅夢龍刻清初經國堂印本　十六冊

370000－1541－0001038　075.68/630＝2

新鐫分類評注文武合編百子金丹十卷　（明）郭偉選注　（明）郭中吉編　明末金陵傅夢龍刻清初經國堂印本　十二冊

370000－1541－0001039　075.68/765

智囊二十八卷　（明）馮夢龍輯　明末刻本　十四冊

370000－1541－0001040　075.68/765＝1

智囊補二十八卷　（明）馮夢龍輯　明末斐齋刻本　佚名批　十二冊

370000－1541－0001041　075.68/765＝2

增智囊補二十八卷　（明）馮夢龍輯　清刻本
十六冊

370000－1541－0001042　075.68/765＝3

新增智囊補二十八卷　（明）馮夢龍輯　清寶
華順刻本　十冊

370000－1541－0001043　075.68/816

古學彙纂十卷　（明）周時雍編　明崇禎十五
年(1642)愛日齋刻本　十六冊

370000－1541－0001044　075.7/112

讀書記疑十六卷　（清）王懋竑撰　清同治十
一年(1872)樂道齋刻本　八冊

370000－1541－0001045　075.7/112＝1

文家稽古編十卷首一卷　（清）王乾輯　（清）
劉旂錫　（清）程夢元纂　清乾隆二十年
(1755)慎詒堂刻本　八冊

370000－1541－0001046　075.7/112＝2

讀韓記疑十卷　（清）王元啟撰　清嘉慶五年
(1800)刻本　三冊

370000－1541－0001047　075.7/119

斯陶說林十二卷　（清）王用臣輯　清光緒十
八年(1892)刻本　十二冊

370000－1541－0001048　075.7/164

癡學八卷　（清）黃本驥撰　清道光二十七年
(1847)三長物齋刻三長物齋叢書本　二冊

370000－1541－0001049　075.7/306

息影偶錄八卷　（清）張埏輯　清嘉慶九年
(1804)南漪書屋刻本　七冊

370000－1541－0001050　075.7/313

遺珠貫索八卷　（清）張純照撰　清同治三年
(1864)滬城琳瑯閣刻本　六冊　存六卷(一
至六)

370000－1541－0001051　075.7/313＝1

薛文清公讀書錄八卷　（明）薛瑄撰　（清）張
伯行訂　清同治五年(1866)福州正誼書院刻
本　二冊

370000－1541－0001052　075.7/334＝1

經餘必讀八卷續編八卷三編四卷　（清）雷琳

等輯　清光緒二年(1876)退補齋刻本　八冊
缺二卷(經餘必讀三至四)

370000－1541－0001053　075.7/334＝2

經餘必讀八卷續編八卷三編四卷　（清）雷琳
等輯　清光緒二年(1876)退補齋刻本　十二
冊

370000－1541－0001054　075.7/334＝3

經餘必讀八卷續編八卷三編四卷　（清）雷琳
等輯　清光緒二年(1876)退補齋刻本　十冊

370000－1541－0001055　075.7/334＝4

經餘必讀八卷　（清）雷琳　（清）錢樹棠輯
清嘉慶九年(1804)刻本　四冊

370000－1541－0001056　075.7/334＝5

經餘必讀八卷　（清）雷琳　（清）錢樹棠輯
清嘉慶八年(1803)致和堂刻本　四冊

370000－1541－0001057　075.7/334＝6

經餘必讀八卷　（清）雷琳　（清）錢樹棠輯
清嘉慶九年(1804)刻本　一冊　存二卷(七
至八)

370000－1541－0001058　075.7/382

掌錄二卷　（清）陳祖范撰　清光緒十七年
(1891)廣雅書局刻本　二冊

370000－1541－0001059　075.7/384

耐庵類稿五種十卷　（清）陳偉撰　清光緒二
十二年(1896)刻本　四冊

370000－1541－0001060　075.7/384＝1

耐庵類稿五種十卷　（清）陳偉撰　清光緒二
十二年(1896)刻本　六冊

370000－1541－0001061　075.7/384＝2

對策六卷　（清）陳鱣撰　清嘉慶十年(1805)
士鄉堂刻本　一冊　存三卷(一至三)

370000－1541－0001062　075.7/392

切問齋文鈔三十卷　（清）陸燿輯　清同治八
年(1869)金陵錢氏刻本　八冊

370000－1541－0001063　075.7/433

策學備纂三十二卷首一卷　（清）蔡啟盛
（清）吳潁炎輯　清光緒十四年(1888)上海點

石齋石印本　四十八冊

370000 – 1541 – 0001064　075.7/433 = 2

策學備纂三十二卷首一卷　(清)蔡啟盛
(清)吳潁炎輯　清光緒二十年(1894)袖海山
房石印本　三十二冊

370000 – 1541 – 0001065　075.7/478

宦海指南五種　(清)許乃普輯　清咸豐九年
(1859)錢塘許氏刻本　五冊

370000 – 1541 – 0001066　075.7/485

經濟選報　(清)內務府編　清光緒鉛印本
四冊

370000 – 1541 – 0001067　075.7/489

西學大成十二編　(清)王西清　(清)盧梯青
輯　清光緒二十一年(1895)上海醉六堂石印
本　六冊　存四編(子至卯)

370000 – 1541 – 0001068　075.7/524

匏瓜錄十卷　(清)芮長恤撰　清光緒十年
(1884)懷永堂刻本　八冊

370000 – 1541 – 0001069　075.7/526

藝苑名言八卷　(清)蔣瀾輯　清乾隆四十一
年(1776)刻本　五冊

370000 – 1541 – 0001070　075.7/578

西學啟蒙五種　(英國)赫德輯　(英國)艾約
瑟譯　清光緒十二年(1886)總稅務司署石印
本　十三冊

370000 – 1541 – 0001071　075.7/658

訄書　章炳麟撰　清光緒二十七年(1901)刻
本　一冊

370000 – 1541 – 0001072　075.7/695

巾經纂二十卷　(清)宋宗元撰　清咸豐五年
(1855)嘉孚堂刻本　五冊

370000 – 1541 – 0001073　075.7/707

荒政輯要九卷　(清)汪志伊纂　清嘉慶十一
年(1806)刻本　二冊

370000 – 1541 – 0001074　075.7/754

讀史鏡古編三十二卷　(清)潘世恩輯　清同
治十三年(1874)飛霞閣刻本　六冊

370000 – 1541 – 0001075　075.7/754 = 1

消暑隨筆四卷　(清)潘世恩撰　清道光二十
年(1840)江都柏華紳刻清頌堂叢書本　一冊

370000 – 1541 – 0001076　075.7/842

幼學故事瓊林四卷　(清)程允升撰　(清)鄒
聖脉增補　清嘉慶元年(1796)同文堂刻本
二冊

370000 – 1541 – 0001077　075.7/863

皇朝經世文統編一百七卷　(清)邵之棠編
清光緒二十七年(1901)上海寶善齋石印本
二冊　存九卷(八十一至八十九)

370000 – 1541 – 0001078　075.7/863 = 1

皇朝經世文統編一百七卷　(清)邵之棠編
清光緒二十七年(1901)上海寶善齋石印本
五十冊

370000 – 1541 – 0001079　075.7/863 = 2

皇朝經世文統編一百七卷　(清)邵之棠編
清光緒二十七年(1901)上海寶善齋石印本
四十六冊

370000 – 1541 – 0001080　075.7/863 = 3

皇朝經世文統編一百七卷　(清)邵之棠編
清光緒二十七年(1901)上海慎記石印本　四
十冊

370000 – 1541 – 0001081　075.7/885

漢上叢談四卷　(清)劉士璋輯　清道光十九
年(1839)江陵劉氏刻本　一冊

370000 – 1541 – 0001082　075.7/888

自編獻徵備錄不分卷　(清)劉尚文撰　清光
緒三十年(1904)稿本　一冊

370000 – 1541 – 0001083　075.7/892

讀書日記六卷　(清)劉源淥撰　(清)陸師刪
定　清雍正十一年(1733)刻本　一冊　存二
卷(一至二)

370000 – 1541 – 0001084　075.7/915

任兆麟述記三卷　(清)任兆麟撰　清光緒二
十九年(1903)上海經藝齋石印本　一冊

370000 – 1541 – 0001085　075.7/927

文獻徵存錄十卷　（清）錢林輯　（清）王藻編
清咸豐八年(1858)有嘉樹軒刻本　十冊

370000－1541－0001086　075.7/927＝1
文獻徵存錄十卷　（清）錢林輯　（清）王藻編
清咸豐八年(1858)有嘉樹軒刻本　十二冊

370000－1541－0001087　075.7/946
續廣博物志十六卷　（清）徐壽基輯　清光緒
十二年(1886)刻本　四冊

370000－1541－0001088　075.7/951
管城碩記三十卷　（清）徐文靖撰　清乾隆九
年(1744)志寧堂刻本　八冊

370000－1541－0001089　075.7/959
西法策學滙源初集十卷　（清）顧其義等撰
清光緒二十三年(1897)上海鴻寶齋書局石印
本　二十四冊

370000－1541－0001090　075.7/982
香墅漫鈔四卷續四卷又續六卷　（清）曾廷枚
撰　清嘉慶南城曾氏家塾刻本　八冊

370000－1541－0001091　075.7/982＝2
香墅漫鈔四卷續四卷又續六卷　（清）曾廷枚
撰　清嘉慶南城曾氏家塾刻本　八冊

370000－1541－0001092　075.7/985
得一錄十六卷　（清）余治撰　清同治八年
(1869)蘇城得見齋刻本　八冊

370000－1541－0001093　075.7/990
昭陽從政錄一卷　（清）俞麟年撰　清同治十
年(1871)刻本　一冊

370000－1541－0001094　075.7/994
邃雅堂學古錄七卷　（清）姚文田撰　清道光
七年(1827)歸安姚氏刻蘇州振新書社印本
六冊

370000－1541－0001095　075.72/526
臣鑒錄二十卷　（清）蔣伊輯　清康熙刻本
十冊

370000－1541－0001096　075.77/603
明齋小識十二卷　（清）諸聯撰　清同治四年
(1865)吳越亦西齋刻本　六冊

370000－1541－0001097　075.78/269
求艾錄十卷　（清）楊以貞撰　清光緒二十七
年(1901)志遠齋刻本　二冊

370000－1541－0001098　075.78/292
藝苑零珠六卷　（清）李象梓纂　清光緒十五
年(1889)羊城芸香書屋刻本　四冊

370000－1541－0001099　075.78/345
皇朝經世文新編三十二卷　麥仲華輯　清光
緒二十七年(1901)上海書局石印本　十六冊

370000－1541－0001100　075.78/527
西學要旨一卷　（清）芷庭抄　清光緒二十四
年(1898)抄本　一冊

370000－1541－0001101　075.78/665
星軺日記類編七十六卷　（清）席裕琨編　清
光緒二十八年(1902)麗澤學會石印本　十六
冊

370000－1541－0001102　075.78/751
浣竹草堂雜抄一卷　（清）□□輯　清稿本
一冊

370000－1541－0001103　075.8/433
橫陽札記十卷　（清）吳承志撰　清末稿本
五冊

370000－1541－0001104　075.8/433
橫陽札記不分卷　（清）吳承志撰　清末稿本
三冊

370000－1541－0001105　075.87/306
戴段合刻二種　（清）張壽榮輯　清光緒十年
(1884)蛟川秋樹根齋刻本　十冊

370000－1541－0001106　078/306
勸學篇二卷　（清）張之洞撰　清光緒二十四
年(1898)端方刻本　一冊

370000－1541－0001107　078/473
報葺不分卷　（清）□□輯　清末剪報本　六
冊

370000－1541－0001108　080/288
惜陰軒叢書續編二十一卷　（清）李錫齡輯
清咸豐八年(1858)宏道書院刻本　十冊

370000－1541－0001109　080/334

精校經餘必讀全編六卷　（清）雷琳等輯　清光緒十八年(1892)上海五彩書局石印本　二冊

370000－1541－0001110　080/362

平津館叢書　（清）孫星衍輯　清嘉慶刻本四十八冊　存四十二種二百五十四卷(六韜六卷,附逸文一卷,魏武帝注孫子三卷,吳子二卷,司馬法三卷,尸子二卷,燕丹子三卷,牟子一卷,黃帝龍首經二卷,黃帝金匱玉衡經一卷,黃帝授三子玄女經一卷,廣黃帝本行記一卷,軒轅黃帝傳一卷,漢禮器制度一卷,漢官一卷,漢官解詁一卷,漢舊儀二卷、附補遺二卷,漢官儀二卷,漢官典職儀式選用一卷,漢儀一卷,魏三體石經遺字考一卷,琴操二卷、附補遺一卷,穆天子傳六卷、附錄一卷,竹書紀年二卷,物理論一卷,譙周古史考一卷,華氏中藏經三卷,素女方一卷,千金寶要六卷,秘授清寧丸方一卷,寰宇訪碑錄十二卷,古刻叢鈔一卷,建立伏博士始末二卷,三輔黃圖一卷,說文解字十五卷,渚宮舊事五卷、附補遺一卷,孔子集語十七卷,尚書考異六卷,續古文苑二十卷,抱朴子內篇二十卷、外篇五十卷,尚書今古文注疏三十卷,芳茂山人詩錄九卷,長離閣集一卷)

370000－1541－0001111　080/377

湖海樓叢書　（清）陳春輯　清嘉慶二十四年(1819)蕭山陳氏湖海樓刻本　二十四冊

370000－1541－0001112　080/438

桐城吳先生點勘子書讀本一百四卷　（清）吳汝綸點勘　清宣統二年(1910)鉛印本　十二冊

370000－1541－0001113　080/438＝1

重刊拜經樓叢書七種　（清）吳騫輯　清光緒十一年(1885)會稽章氏鄂渚刻本　六冊

370000－1541－0001114　080/471

經訓堂叢書　（清）畢沅輯　清乾隆鎮洋畢氏經訓堂刻本　三十冊　缺一種(易漢學)

370000－1541－0001115　080/533

注解十子全書十種一百三十四卷　（清）浙江書局輯　清光緒浙江書局刻廣州書局印本　三十四冊

370000－1541－0001116　080/582

子書百家一百一種　（清）崇文書局編　清光緒元年(1875)湖北崇文書局刻本　一百十冊

370000－1541－0001117　080/582＝1

子書百家一百一種　（清）崇文書局編　清光緒元年(1875)湖北崇文書局刻本　一百十冊

370000－1541－0001118　080/712

汪龍莊先生遺書　（清）汪輝祖撰　清同治十年(1871)慎閒堂刻本　六冊

370000－1541－0001119　080/745

晨風閣叢書二十二種四十七卷　沈宗畸輯　清宣統元年(1909)沈氏晨風閣刻本　十六冊

370000－1541－0001120　080/795

古逸叢書　（清）黎庶昌輯　清光緒十年(1884)遵義黎氏日本東京使署刻本　四十九冊

370000－1541－0001121　080/795＝1

古逸叢書　（清）黎庶昌輯　清光緒十年(1884)遵義黎氏日本東京使署刻本　四十九冊

370000－1541－0001122　080/795＝2

古逸叢書　（清）黎庶昌輯　清光緒十年(1884)遵義黎氏日本東京使署刻本　四十八冊

370000－1541－0001123　080/795＝3

古逸叢書　（清）黎庶昌輯　清光緒十年(1884)遵義黎氏日本東京使署刻本　六十冊

370000－1541－0001124　080/795＝4

古逸叢書　（清）黎庶昌輯　清光緒十年(1884)遵義黎氏日本東京使署刻本　四十九冊

370000－1541－0001125　080/860

藕香零拾三十九種九十卷　繆荃孫輯　清宣統二年(1910)江陰繆氏刻本　三十二冊

370000－1541－0001126　080/903

增訂漢魏叢書　(明)程榮輯　清乾隆五十六年(1791)金溪王氏刻本　八十冊

370000－1541－0001127　080.7/185＝3

隨園三十六種　(清)袁枚撰　清光緒十八年(1892)上海圖書集成印書局鉛印本　四十冊

370000－1541－0001128　081/382

唐人說薈二十卷　(清)陳世熙輯　清同治三年(1864)緯文堂刻本　二十冊

370000－1541－0001129　081.1/199

結一廬朱氏賸餘叢書四種　(清)朱澂輯　清光緒三十一年(1905)朱氏刻本　十五冊

370000－1541－0001130　081.1/288

太平御覽一千卷目錄十五卷　(宋)李昉等纂　清嘉慶十四年(1809)張海鵬從善堂刻本　九十冊　缺一百八卷(六百九十二至七百七十六、七百九十一至八百十三)

370000－1541－0001131　081.1/288＝1

太平御覽一千卷目錄十五卷　(宋)李昉等纂　清嘉慶十七年(1812)歙縣鮑崇城刻本　一百二十冊

370000－1541－0001132　081.1/288＝2

太平御覽一千卷目錄十五卷　(宋)李昉等纂　清嘉慶十七年(1812)歙縣鮑崇城刻本　五十冊　存五百七十七卷(一至三百二十、六百五十三至七百四十三、八百二十五至八百五十七、八百六十八至一千)

370000－1541－0001133　081.1/288＝4

太平御覽一千卷目錄十五卷　(宋)李昉等纂　清嘉慶十七年(1812)歙縣鮑崇城刻本　三十冊　存二百七十三卷(四百七十一至七百四十三)

370000－1541－0001134　081.1/288＝5

太平御覽一千卷目錄十五卷　(宋)李昉等纂　清嘉慶十七年(1812)歙縣鮑崇城刻本　七十六冊　存六百六十三卷(二百二十一至二百三十八、二百四十八至三百十七、三百九十九至八百八十、八百九十至八百九十九、九百十八至一千)

370000－1541－0001135　081.1/288＝6

太平御覽一千卷目錄十五卷　(宋)李昉等纂　清嘉慶十七年(1812)歙縣鮑崇城刻本　一百冊

370000－1541－0001136　081.1/288＝7

太平御覽一千卷目錄十五卷　(宋)李昉等纂　清嘉慶十七年(1812)歙縣鮑崇城刻本　一百二十冊

370000－1541－0001137　081.1/352＝2

百川學海一百種一百七十九卷　(宋)左圭編　明弘治十四年(1501)無錫華珵刻本　六十四冊

370000－1541－0001138　081.1/352＝3

百川學海十集一百十二種　(宋)左圭編　(明)□□重編　明末刻本　十四冊

370000－1541－0001139　081.1/433

說鈴　(清)吳震方輯　清康熙刻本　二十冊　存三十五種(冬夜箋記、隴蜀餘聞、分甘餘話、安南雜記、奉使俄羅斯日記、筠廊偶筆、金鰲退食筆記、塞北小鈔、扈從西巡錄、松亭行紀、天祿識餘、封長白山記、使琉球紀略、閩小紀、西征紀略、滇行紀程、東還紀略、絕域紀略、揚州鼓吹詞序、粵述、粵西偶記、滇黔紀游、京東考古錄、山東考古錄、救文格論、雜錄、守汴日志、坤輿外紀、臺灣紀略、安南紀游、峒溪纖志、泰山紀勝、匡廬紀游、登華記、遊雁蕩記)

370000－1541－0001140　081.1/526＝2

鐵華館叢書六種　(清)蔣鳳藻輯　清光緒十年(1884)長洲蔣氏刻本　六冊

370000－1541－0001141　081.1/576

鐵華館叢書六種　(清)蔣鳳藻輯　清光緒十年(1884)長洲蔣氏刻本　六冊

370000－1541－0001142　081.1/745

晨風閣叢書二十二種四十七卷　沈宗畸輯　清宣統元年(1909)沈氏刻本　十六冊

370000－1541－0001143　081.1/827

朱文端公藏書二十一種一百九十六卷 （清）
朱軾撰　清乾隆刻本　五十冊

370000－1541－0001144　081.1/832

重校拜經樓叢書十種 （清）吳騫輯　清光緒
二十年(1894)吳縣朱氏校經堂刻本　十冊

370000－1541－0001145　081.2/399

說郛一百二十卷續說郛四十六卷 （明）陶宗
儀編　（明）陶珽續輯　清順治三年(1646)兩
浙李際期宛委山堂刻本　一百七十八冊　缺
八卷(四十五至四十九、五十一、五十七至五
十八)

370000－1541－0001146　081.2/399＝1

說郛一百二十卷續說郛四十六卷 （明）陶宗
儀編　（明）陶珽續輯　清順治三年(1646)兩
浙李際期宛委山堂刻本　七十九冊　存八十
二卷(說郛二至五、八至九、十二、十四、十七
至二十二、六十二至六十五、六十八至七十
二、七十五至七十七、七十九至八十、八十三、
八十七至八十九、九十二至九十三、九十六至
一百二、一百七至一百八、一百十至一百十
二、一百十五至一百二十、續說郛一至七、十
至十一、十三至十五、十八至二十一、二十四、
二十七至三十、三十二至三十六、四十三至四
十六)

370000－1541－0001147　081.3/117

增訂漢魏叢書 （清）王謨輯　清乾隆五十六
年(1791)金溪王氏刻本　清王懿榮批校　七
十四冊　缺二十二種六十七卷(三國志辨誤
一卷,潛夫論十卷,中論二卷,中說二卷,風俗
通義十卷,人物志三卷,新論十卷,顏氏家訓
二卷,參同契一卷,陰符經一卷,風后握奇經
一卷,續圖一卷,八陣總述一卷,素書一卷,心
書一卷,孫子二卷,列子八卷,傅子一卷,道德
經評注二卷,中華古今注三卷,輶軒絕代語一
卷,鄴中記一卷,博異記一卷,世本一卷)

370000－1541－0001148　081.3/117＝1

增訂漢魏叢書 （清）王謨輯　清乾隆五十六
年(1791)金溪王氏刻本　七十八冊　缺一種

(天祿閣外史)

370000－1541－0001149　081.3/117＝2

增訂漢魏叢書 （清）王謨輯　清乾隆五十六
年(1791)金溪王氏刻本　六十四冊　存五十
三種三百二十一卷(焦氏易林二至三,易傳三
卷,關氏易傳一卷,周易略例一卷,汲冢周書
十卷,詩傳孔氏傳一卷,詩說一卷,韓詩外傳
六至十,大戴禮記八至十三,春秋繁露一至十
一,博雅十卷,釋名一至二,竹書紀年二卷,穆
天子傳六卷,越絕書八至十五,吳越春秋四至
六,西京雜記六卷,漢武帝內傳一卷,華陽國
志十四卷,十六國春秋十六卷,元經薛氏傳十
卷,群輔錄一卷,英雄記鈔一卷,神仙傳十卷,
孔叢子二卷、附詰墨一卷,新語二卷,新書十
卷,新序十卷,說苑五至二十,淮南鴻烈解四
至十四、十九至二十一,鹽鐵論十二卷,法言
十卷,申鑒五卷,論衡三十卷,潛夫論十卷,中
論二卷,中說二卷,風俗通義十卷,人物志三
卷,新論十卷,搜神記八卷,搜神後記二卷,伽
藍記五卷,三輔黃圖六卷,水經二卷,星經二
卷,荊楚歲時記一卷,南方草木狀三卷,竹譜
一卷,禽經一卷,古今刀劍錄一卷,鼎錄一卷,
天祿閣外史八卷)

370000－1541－0001150　081.3/117＝3

增訂漢魏叢書 （清）王謨輯　清乾隆五十六
年(1791)金溪王氏刻本　七十九冊

370000－1541－0001151　081.3/117＝4

增訂漢魏叢書 （清）王謨輯　清乾隆五十六
年(1791)金溪王氏刻本　十六冊　存十七種
(續齊諧記、搜神記、搜神後記、還冤記、神異
經、十洲記、枕中書、佛國記、洞冥記、法言、申
鑒、華陽國志、群輔錄、英雄記鈔、蓮社高賢
傳、高士傳、神仙傳)

370000－1541－0001152　081.3/117＝5

增訂漢魏叢書 （清）王謨輯　清乾隆五十六
年(1791)金溪王氏刻本　十九冊　存二十九
種(春秋繁露、白虎通德論、易傳、關氏易傳、
周易略例、古三墳、博雅、方言、釋名、越絕書、
獨斷、忠經、孝傳、小爾雅、吳越春秋、元經薛
氏傳、群輔錄、新語、詰墨、新書、孔叢、法言、

申鑒、穆天子傳、新論、神仙傳、文心雕龍、詩品、尤射)

370000－1541－0001153　081.3/117 ＝ 6
增訂漢魏叢書 (清)王謨輯 清乾隆五十六年(1791)金溪王氏刻本 二十四冊 存二十二種(焦氏易林、易傳、關氏易傳、周易略例、古三墳、白虎通德論、方言、獨斷、忠經、孝傳、小爾雅、春秋繁露、博雅、神仙傳、高士傳、蓮社高賢傳、新書、新語、詰墨、孔叢、羣輔錄、英雄記鈔)

370000－1541－0001154　081.3/117 ＝ 7
增訂漢魏叢書 (清)王謨輯 清刻本 一冊 存三種三卷(還冤記一卷、神異經一卷、海內十洲記一卷)

370000－1541－0001155　081.3/117 ＝ 8
增訂漢魏叢書 (清)王謨輯 清光緒二年(1876)紅杏山房刻民國四年(1915)宜賓盧氏修補本 八十八冊

370000－1541－0001156　081.3/117 ＝ 9
增訂漢魏叢書 (清)王謨輯 清光緒二十年(1894)湖南藝文書局刻本 一百十六冊 缺二種(汲冢周書、天祿閣外史)

370000－1541－0001157　081.3/117 ＝ 10
增訂漢魏叢書 (清)王謨輯 清光緒二十一年(1895)古越黃氏石印本 十六冊

370000－1541－0001158　081.3/117 ＝ 11
增訂漢魏叢書 (清)王謨輯 清宣統三年(1911)上海大通書局刻本 三十二冊

370000－1541－0001159　081.3/185 ＝ 2
金聲玉振集 (明)袁褧編 明嘉靖吳郡袁氏嘉趣堂刻本 一冊 存三種三卷(帝王紀年纂要一卷、洪武聖政記一卷、國初禮賢錄一卷)

370000－1541－0001160　081.3/219
格致叢書一百七十九種四百五十六卷 (明)胡文煥編 明萬曆胡氏文會堂刻本 十三冊 存十七種四十六卷(新刻士範一卷、新刻呂氏官箴一卷、新刻書簾緒論一卷、新刻爲政九

要一卷,新刻苦廣成子一卷,新刻郭子翼莊一卷,新刻天隱子一卷,新刻錦帶補註一卷,太微仙君功過格一卷,附長春真人方便文一卷,赤松子中誡經一卷,新刻慎言集二卷,新刻釋常談中、下,新刻古今注三卷,新刻小爾雅一卷,新刻急就篇四卷,新刻古今碑考一卷,新刻詩人玉屑二十二卷)

370000－1541－0001161　081.3/219 ＝ 1
少室山房筆叢十二種四十八卷 (明)胡應麟撰 明崇禎五年(1632)刻本 八冊

370000－1541－0001162　081.3/219 ＝ 2
少室山房筆叢十二種四十八卷詩藪內編六卷外編四卷雜編六卷 (明)胡應麟撰 清光緒二十二年(1896)廣雅書局刻本 十四冊

370000－1541－0001163　081.3/219 ＝ 3
少室山房筆叢十二種四十八卷 (明)胡應麟撰 清光緒二十二年(1896)廣雅書局刻本 五冊 存四十一卷(一至四十一)

370000－1541－0001164　081.3/219 ＝ 4
少室山房筆叢十二種四十八卷 (明)胡應麟撰 清光緒二十二年(1896)廣雅書局刻本 十二冊

370000－1541－0001165　081.3/219 ＝ 5
少室山房筆叢十二種四十八卷 (明)胡應麟撰 清光緒二十二年(1896)廣雅書局刻本 十二冊

370000－1541－0001166　081.3/384
寶顏續秘笈五十種一百卷 (明)陳繼儒編 明萬曆繡水沈氏刻本 二冊 存三種三卷(大學士高中玄公伏戎紀事一卷、皇明吳郡丹青志一卷、煮泉小品一卷)

370000－1541－0001167　081.3/781 ＝ 1
津逮秘書十五集一百四十一種 (明)毛晉輯 明崇禎毛氏汲古閣刻本 一百四十二冊 缺十六種一百二十五卷(洛陽伽藍記五卷,洛陽名園記一卷,靈寶真靈位業圖一卷,東京夢華錄十卷,西京雜記六卷,佛國記一卷,大唐創業起居注三卷,老學庵筆記十卷,漢雜事秘

辛一卷,淳熙玉堂雜記三卷,焚椒錄一卷,唐國史補三卷,夢溪筆談二十六卷,湘山野錄三卷,續錄一卷,河南邵氏聞見前錄二十卷,河南邵氏聞見後錄三十卷)

370000－1541－0001168　081.3/789＝2
漢魏叢書　（明）程榮編　明萬曆二十年(1592)新安程榮刻本　六十冊

370000－1541－0001169　081.3/903
廣快書五十種五十卷　（明）何偉然　（明）吳從先輯　明崇禎刻本　十六冊

370000－1541－0001170　081.3/903＝1
廣漢魏叢書　（明）何允中輯　清嘉慶刻本　十冊　存三種四十六卷(天祿閣外史一至八、說苑一至二十、論衡一至十八)

370000－1541－0001171　081.7/834
明季東林黨史料叢編不分卷　（清）朱象賢編　清抄本　一冊

370000－1541－0001172　082/130
佚存叢書十六種　（日本）林衡輯　清光緒八年(1882)滬上黃潤生木活字印本　三十六冊

370000－1541－0001173　082/131
皇朝經濟文編一百二十八卷　（清）求自強齋主人編　清光緒二十七年(1901)慎記書莊石印本　四十七冊　缺四卷(四十七至五十)

370000－1541－0001174　082/171
遜敏堂叢書三十種　（清）黃秩模編　清道光二十八年(1848)宜黃黃氏木活字印本　八冊

370000－1541－0001175　082/271
訓纂堂叢書七種　（清）楊調元輯　清光緒貴筑楊氏刻本　三冊

370000－1541－0001176　082/311
借月山房彙鈔十六集　（清）張海鵬輯　清嘉慶刻本　九十冊

370000－1541－0001177　082/311＝1
借月山房彙鈔十六集　（清）張海鵬輯　清嘉慶刻本　八十冊

370000－1541－0001178　082/331
皇朝經世文編一百二十卷　（清）賀長齡編　清道光七年(1827)刻本　六十四冊

370000－1541－0001179　082/331＝1
皇朝經世文編一百二十卷　（清）賀長齡編　清道光七年(1827)刻本　八十冊

370000－1541－0001180　082/331＝2
皇朝經世文編一百二十卷　（清）賀長齡編　清道光七年(1827)刻本　六十冊

370000－1541－0001181　082/331＝3
皇朝經世文編一百二十卷　（清）賀長齡編　清光緒二十二年(1896)上海掃葉山房鉛印本　二十四冊

370000－1541－0001182　082/331＝4
皇朝經世文編一百二十卷　（清）賀長齡編　清光緒十三年(1887)上海廣百宋齋鉛印本　二十四冊

370000－1541－0001183　082/331＝5
皇朝經世文編一百二十卷　（清）賀長齡編　清光緒十七年(1891)上海廣百宋齋鉛印本　二十四冊

370000－1541－0001184　082/331＝6
皇朝經世文編一百二十卷　（清）賀長齡編　清光緒十三年(1887)思補樓石印本　三十九冊

370000－1541－0001185　082/331＝7
皇朝經世文編一百二十卷　（清）賀長齡編　清光緒二十八年(1902)上海煥文書局石印本　二十四冊

370000－1541－0001186　082/362
問經堂叢書　（清）孫馮翼輯　清嘉慶七年(1802)承德孫氏問經堂刻本　十冊

370000－1541－0001187　082/397
皇朝經世文三編八十卷　（清）陳忠倚輯　清光緒二十八年(1902)上海書局石印本　十六冊

370000－1541－0001188　082/521

皇朝經世文續編一百二十卷　（清）葛士濬輯
　　皇朝經世文新增時務續編四十卷時事洋務
八卷　（清）陳忠倚輯　清光緒二十三年
(1897)上海掃葉山房鉛印本　三十冊

370000－1541－0001189　082/521＝1
皇朝經世文續編一百二十卷　（清）葛士濬輯
　　清光緒十四年(1888)上海圖書集成局鉛印
本　三十二冊

370000－1541－0001190　082/521＝2
皇朝經世文續編一百二十卷　（清）葛士濬輯
　　清光緒十四年(1888)上海圖書集成局鉛印
本　三十二冊

370000－1541－0001191　082/521＝3
皇朝經世文續編一百二十卷　（清）葛士濬輯
　　清光緒十四年(1888)上海圖書集成局鉛印
本　三十二冊

370000－1541－0001192　082/521＝4
皇朝經世文續編一百二十卷　（清）葛士濬輯
　　清光緒二十八年(1902)天章書局石印本
二十冊

370000－1541－0001193　082/658
式訓堂叢書　（清）章壽康輯　清刻本　十冊

370000－1541－0001194　082/719
靈鶼閣叢書六集五十六種　（清）江標輯　清
光緒二十一年至二十三年（1895－1897）元和
江標湖南使院刻本　四十八冊

370000－1541－0001195　082/759
守中正齋叢書　（清）姜國伊撰　清光緒二十
年(1894)四川姜氏刻本　十八冊

370000－1541－0001196　082/859＝1
三國志六十五卷　（晉）陳壽撰　（南朝宋）裴
松之注　清光緒十年(1884)上海同文書局石
印本　九冊　存三十七卷(魏志三十卷、蜀志
九至十五)

370000－1541－0001197　082/860
藕香零拾三十九種九十卷　繆荃孫輯　清宣
統二年(1910)江陰繆氏刻本　三十二冊

370000－1541－0001198　082/906
益雅堂叢書　（清）傅世洵編　清光緒九年
(1883)文選樓刻本　二十四冊

370000－1541－0001199　082/953
積學齋叢書　徐乃昌輯　清光緒十九年
(1893)南陵徐氏積學齋刻本　十六冊

370000－1541－0001200　082/953＝1
積學齋叢書　徐乃昌輯　清光緒十九年
(1893)南陵徐氏積學齋刻本　十六冊

370000－1541－0001201　082.28/112
鶴壽堂叢書　（清）王士濂輯　清光緒二十四
年(1898)高郵王氏刻本　二十四冊

370000－1541－0001202　082.3/938
秘書九種九十三卷　（明）鍾惺輯　明天啟至
崇禎刻本　十冊

370000－1541－0001203　082.6/526
涉聞梓舊二十五種　（清）蔣光煦輯　清咸豐
元年(1851)海昌蔣氏刻本　二十四冊

370000－1541－0001204　082.7/117
漢魏遺書鈔　（清）王謨輯　清嘉慶三年(1798)
金谿王氏刻本　十六冊

370000－1541－0001205　082.7/235
武英殿聚珍版叢書　（清）紀昀等編　清光緒
二十五年(1899)廣雅書局刻本　八百三十六冊

370000－1541－0001206　082.7/285＝2
函海一百六十五種　（清）李調元編　清乾隆
綿州李氏萬卷樓刻本　一百九十二冊

370000－1541－0001207　082.7/370
𢈪軒孔氏所著書六十卷　（清）孔廣森撰　清
嘉慶二十二年(1817)曲阜孔氏儀鄭堂刻本
二十四冊

370000－1541－0001208　082.7/370＝2
𢈪軒孔氏所著書六十卷　（清）孔廣森撰　清
嘉慶二十二年(1817)曲阜孔氏儀鄭堂刻本
十六冊

370000－1541－0001209　082.7/384
靈峰草堂叢書　陳矩輯　清光緒貴陽陳氏刻
本　五冊

370000－1541－0001210　082.7/384＝1

靈峰草堂集四卷　陳矩撰　清光緒十九年
(1893)貴陽陳氏刻靈峰草堂叢書本　一冊

370000－1541－0001211　082.7/482

玉簡齋叢書　羅振玉輯　清宣統二年(1910)上
虞羅氏刻本　八冊　存十種二十九卷(漢志武
成年月考一卷、陽明洞天圖經一卷、湟中雜記一
卷、邊畧五卷、李蒲汀書目一卷、萬卷堂書目四
卷、也是園書目十卷、傳是樓宋元本書目一卷、
知聖道齋書目四卷、硯林拾遺一卷)

370000－1541－0001212　082.7/482＝2

玉簡齋叢書　羅振玉輯　清宣統二年(1910)上
虞羅氏刻本　八冊　存十種二十九卷(漢志武
成年月考一卷、陽明洞天圖經一卷、湟中雜記一
卷、邊畧五卷、李蒲汀書目一卷、萬卷堂書目四
卷、也是園書目十卷、傳是樓宋元本書目一卷、
知聖道齋書目四卷、硯林拾遺一卷)

370000－1541－0001213　082.7/609

涉聞梓舊二十五種　(清)蔣光煦輯　清咸豐
元年(1851)海昌蔣氏刻本　十六冊　存十八
種七十三卷(易學濫觴一卷,非詩辨妄一卷,
禮記集說辨疑一卷,中庸傳一卷,孝經鄭氏注
一卷,六藝論一卷,方舟經說六卷,班馬字類
五卷,經籍跋文一卷,中興備覽三卷,三吳水
利錄四卷,續錄一卷,附錄一卷,金石錄補二
十七卷,續跋七卷,鐵函齋書跋六卷,砥齋題
跋一卷,湛園題跋一卷,義門題跋一卷,隱綠
軒題識一卷,蘇齋題跋二卷)

370000－1541－0001214　082.7/784

通藝錄二十四種　(清)程瑤田撰　清嘉慶八
年(1803)刻本　十六冊

370000－1541－0001215　082.7/832

行素草堂金石叢書十六種　(清)朱記榮輯訂
　清光緒十四年(1888)吳縣朱氏行素草堂刻
本　三十二冊

370000－1541－0001216　082.7/832＝1

槐廬叢書　(清)朱記榮輯　清光緒吳縣朱氏槐
廬家塾刻本　三十二冊　存二編(初編、二編)

370000－1541－0001217　082.7/832＝2

槐廬叢書　(清)朱記榮輯　清光緒吳縣朱氏

槐廬家塾刻本　七十八冊

370000－1541－0001218　082.7/832＝3

金石錄補二十七卷　(清)葉奕苞撰　清光緒
十五年(1889)吳縣朱氏槐廬家塾刻本　一冊
　存五卷(二十三至二十七)

370000－1541－0001219　082.7/832＝4

金石綜例四卷附石經閣金石跋文　(清)馮登
府纂　清光緒十三年(1887)吳縣朱氏槐廬家
塾刻本　一冊　存二卷(三至四)

370000－1541－0001220　082.7/863

望炊樓叢書五種　(清)謝家福輯　清光緒吳
縣謝氏刻本　八冊

370000－1541－0001221　082.7/879

經韻樓叢書　(清)段玉裁撰　清道光元年
(1821)金壇段氏刻本　四十冊

370000－1541－0001222　082.7/906

格致須知　(英國)傅蘭雅撰　清光緒八年至
二十四年(1882－1898)刻本　二十六冊

370000－1541－0001223　082.7/920

讀易樓合刻九種二十七卷　(清)倪元坦撰
清道光十四年(1834)雲間倪氏刻本　佚名批
　十冊

370000－1541－0001224　082.7/937

古經解彙函三十種　(清)鍾謙鈞編　清同治
十二年(1873)粵東書局刻本　三十冊　存二
十種(一至二十)

370000－1541－0001225　082.7/937＝1

春秋釋例十五卷　(晉)杜預撰　(清)莊述祖
　(清)孫星衍校　清同治十二年(1873)粵東
書局刻本　六冊　缺二卷(六至七)

370000－1541－0001226　082.7/938

小學彙函十四種　(清)鍾謙鈞編　清同治十
二年(1873)粵東書局刻本　十五冊　缺四種
(六、八、十三至十四)

370000－1541－0001227　082.7/988

文林綺繡十種　(清)余蕭客撰　清光緒二十
二年(1896)上海鴻寶齋書局石印本　十一冊

370000－1541－0001228　082.71/818

貸園叢書初集 （清）周永年輯 清乾隆益都李文藻刻五十四年（1789）歷城周永年印本 十六冊

370000 – 1541 – 0001229 082.71/818 = 1

貸園叢書初集 （清）周永年輯 清乾隆益都李文藻刻五十四年（1789）歷城周永年印本 六冊 存四種（九經古義、易例、左傳補注、左傳評）

370000 – 1541 – 0001230 082.71/818 = 2

貸園叢書初集 （清）周永年輯 清乾隆益都李文藻刻五十四年（1789）歷城周永年印本 十六冊

370000 – 1541 – 0001231 082.71/818 = 3

貸園叢書初集 （清）周永年輯 清乾隆益都李文藻刻五十四年（1789）歷城周永年印本 十六冊

370000 – 1541 – 0001232 082.71/818 = 4

貸園叢書初集 （清）周永年輯 清乾隆益都李文藻刻五十四年（1789）歷城周永年印本 十五冊

370000 – 1541 – 0001233 082.72/115

檀几叢書一百五十七種 （清）王晫輯 （清）張潮校 清康熙三十四年至三十六年（1695 – 1697）錢塘王氏霞舉堂刻本 六冊 存五十種（二集五十種）

370000 – 1541 – 0001234 082.72/115 = 1

檀几叢書一百五十七種 （清）王晫輯 （清）張潮校 清康熙三十四年至三十六年（1695 – 1697）錢塘王氏霞舉堂刻本 二十冊

370000 – 1541 – 0001235 082.72/115 = 2

檀几叢書錄要不分卷 （清）何思鈞輯 清道光六年（1826）楊希銓刻本 一冊

370000 – 1541 – 0001236 082.72/311

昭代叢書甲集五十卷乙集四十卷 （清）張潮輯 清康熙刻本 佚名批 十二冊

370000 – 1541 – 0001237 082.72/311 = 1

昭代叢書甲集五十卷乙集四十卷 （清）張潮輯 清康熙刻本 十二冊

370000 – 1541 – 0001238 082.72/311 = 2

昭代叢書甲集五十卷乙集五十卷丙集五十六卷 （清）張潮輯 清康熙三十六年至四十二年（1697 – 1703）揚州詒清堂刻本 二十七冊

370000 – 1541 – 0001239 082.72/377

湖海樓叢書 （清）陳春輯 清嘉慶二十四年（1819）蕭山陳氏湖海樓刻本 三十二冊

370000 – 1541 – 0001240 082.72/377 = 2

湖海樓叢書 （清）陳春輯 清嘉慶二十四年（1819）蕭山陳氏湖海樓刻本 三十五冊

370000 – 1541 – 0001241 082.72/377 = 3

湖海樓叢書 （清）陳春輯 清嘉慶二十四年（1819）蕭山陳氏湖海樓刻本 十五冊 存七種（論語類考、尸子尹文子合刻、潛夫論箋、卮林、訂譌雜錄、永嘉八面鋒、會稽三賦）

370000 – 1541 – 0001242 082.72/433

說鈴 （清）吳震方輯 清康熙四十四年至五十一年（1705 – 1712）刻本 二十八冊

370000 – 1541 – 0001243 082.72/433 = 1

說鈴 （清）吳震方輯 清刻本 八冊 存十五種（金鰲退食筆記、扈從西巡錄、峒谿纖志、泰山紀勝、匡廬紀游、登華記、游雁蕩山記、甌江逸志、滇黔紀遊、京東考古錄、觚賸、見聞錄、天祿識餘、封長白山記、使琉球紀）

370000 – 1541 – 0001244 082.72/433 = 2

說鈴 （清）吳震方輯 清刻本 二十冊

370000 – 1541 – 0001245 082.72/433 = 3

說鈴 （清）吳震方輯 清嘉慶四年（1799）刻本 三十一冊

370000 – 1541 – 0001246 082.72/433 = 5

說鈴 （清）吳震方輯 清嘉慶四年（1799）刻本 九冊 存二十二種（冬夜箋記、隴蜀餘聞、安南雜記、奉使俄羅斯日記、筠廊偶筆、金鰲退食筆記、扈從西巡錄、絕域紀略、揚州鼓吹詞序、粵述、粵西偶記、滇黔紀游、守汴日志、坤輿外紀、臺灣紀略、臺灣雜記、安南紀遊、果報聞見錄、信徵錄、曠園雜志、述異記、尊鄉贅筆）

370000－1541－0001247　082.72/707

秘書二十一種　（清）汪士漢輯　清康熙七年（1668）新安汪氏刻本　二十四冊

370000－1541－0001248　082.72/707＝1

秘書二十一種　（清）汪士漢輯　清康熙七年（1668）新安汪氏刻本　十五冊　缺二種（晉史乘、汲冢周書）

370000－1541－0001249　082.72/707＝2

秘書二十一種　（清）汪士漢輯　清乾隆五十三年（1788）菁華書屋刻本　二十冊

370000－1541－0001250　082.72/707＝3

秘書二十一種　（清）汪士漢輯　清乾隆五十三年（1788）菁華書屋刻本　十六冊

370000－1541－0001251　082.72/707＝4

秘書二十八種　（清）汪士漢輯　清光緒二十一年（1895）七曲會刻本　十六冊

370000－1541－0001252　082.72/707＝5

秘書二十一種　（清）汪士漢輯　清刻本　六冊　存十五種（拾遺記、白虎通、山海經、桂海虞衡志、博異記、高士傳、博物志、續博物志、劍俠傳、竹書紀年、楚史檮杌、晉史乘、三墳、風俗通義、續齊諧記）

370000－1541－0001253　082.72/707＝6

秘書二十一種　（清）汪士漢輯　清刻本　十冊　存十五種（列仙傳、集異記、三墳、中華古今注、風俗通義、古今注、博物志、桂海虞衡志、續博物志、博異記、高士傳、劍俠傳、竹書紀年、楚史檮杌、晉史乘）

370000－1541－0001254　082.72/715

昭代叢書乙集五十卷　（清）張潮輯　清康熙刻本　十二冊

370000－1541－0001255　082.72/953

經史辨體不分卷　（清）徐與喬輯評　清康熙十七年（1678）敦化堂刻本　十六冊

370000－1541－0001256　082.72/953＝1

經史辨體不分卷　（清）徐與喬輯評　清康熙十七年（1678）敦化堂刻本　二十三冊

370000－1541－0001257　082.72/953＝2

經史辨體不分卷　（清）徐與喬輯評　清康熙十七年（1678）敦化堂刻本　二十三冊

370000－1541－0001258　082.73/313

正誼堂全書　（清）張伯行輯　清康熙四十八年（1709）正誼堂刻本　二十二冊　存十一種（范文正公文集、熊勿軒先生文集、道統錄、司馬溫公文集、伊洛淵源錄、羅整菴先生存稿、道南源委、耿逸菴先生文集、陳克齋先生集、文山先生文集、韓魏公集）

370000－1541－0001259　082.73/313＝3

正誼堂全書　（清）張伯行輯　（清）楊濬重輯　清同治五年（1866）福州正誼書局刻本　五十六冊　存三十二種（周濂溪先生全集、二程文集、張橫渠先生文集、羅豫章先生文集、尹和靖先生集、楊龜山先生集、朱子文集、胡敬齋集、黃勉齋集、陳克齋集、許魯齋集、薛敬軒先生集、李延平集、張南軒集、諸葛武侯文集、陸宣公集、韓魏公集、司馬溫公集、謝疊山集、方正薛集、楊椒山集、二程粹言、伊洛淵源錄、上蔡語錄、程氏家塾讀書分年日程、文文山集、學蔀通辯、朱子學的、讀書錄、居業錄、道南源委、困知記）

370000－1541－0001260　082.73/492

雅雨堂藏書十三種　（清）盧見曾編　清道光二十年（1840）刻本　二十二冊　缺一種一卷（周易爻辰圖一卷）

370000－1541－0001261　082.74/203

涇川叢書四十五種續七種　（清）趙紹祖（清）趙繩祖輯　清道光十二年（1832）涇縣趙氏古墨齋刻本　十八冊　存十六種（毅齋經說、拙齋學測、論語註參、西臺摘疏、伯仲諫臺疏草、九畹史論、水西答問、讀春秋、拙齋筆記、史疑、續史疑、三峰史論、梅峰語錄、古墨齋金石跋、隻塵譚、太極後圖說）

370000－1541－0001262　082.74/235

武英殿聚珍版叢書　（清）紀昀等編　清同治十三年（1874）江西書局刻本　一百八冊　存六十一種（郭氏傳家易說、易象意言、易緯乾

坤鑿度、易緯乾鑿度、易緯稽覽圖、易緯辨終
備、易緯通卦驗、易緯乾元序制記、易緯是類
謀、易緯坤靈圖、禹貢指南、融堂書解、續呂氏
家塾讀書記、絜齋毛詩經筵講義、儀禮識誤、
儀禮釋宮、春秋傳說例、春秋辨疑、鄭志、水經
注、五代史纂誤、魏鄭公諫續錄、宋朝事實、直
齋書錄解題、欽定武英殿聚珍版程式、漢官舊
儀、鄴中記、嶺表錄異、麟臺故事、傅子、帝範、
公是弟子記、明本釋、農桑輯要、孫子算經、海
島算經、五曹算經、夏侯陽算經、五經算術、墨
法集要、雲谷雜記、甕牖閒評、考古質疑、澗泉
日記、敬齋古今黈、老子道德經註、涑水紀聞、
南陽集、學易集、文恭集、後山詩注、陶山集、
絜齋集、蒙齋集、茶山集、拙軒集、金淵集、文
苑英華辨證、歲寒堂詩話、碧溪詩話、浩然齋雅
談）

370000－1541－0001263　082.74/235＝1

武英殿聚珍版叢書　（清）紀昀等編　清乾隆
四十二年(1777)福建布政使署刻道光、同治
遞修本　七百九十五冊

370000－1541－0001264　082.74/235＝3

武英殿聚珍版叢書　（清）紀昀等編　清乾隆
浙江刻本　一百八冊　存四十種（欽定聚珍
版程式、易緯通卦驗、易緯稽覽圖、易緯乾鑿
度、易緯乾坤鑿度、易緯辨終備、易緯是類謀、
易象意言、郭氏傳家易說、融堂書解、禹貢指
南、絜齋毛詩經筵講義、儀禮識誤、春秋傳說
例、春秋辨疑、帝範、魏鄭公諫續錄、漢官舊
儀、麟臺故事、鄴中記、嶺表錄異、水經注、直
齋書錄解題、老子道德經、傅子、農桑輯要、墨
法集要、五經算術、孫子算經、夏侯陽算經、海
島算經、甕牖閒評、雲谷雜紀、考古質疑、澗泉
日記、浩然齋雅談、敬齋古今黈、歲寒堂詩話、
文恭集、絜齋集）

370000－1541－0001265　082.74/235＝4

武英殿聚珍版叢書　（清）紀昀等編　清刻本
　十五冊　存十種（絜齋毛詩經筵講義、漢官
舊儀、傅子、夏侯陽算經、禹貢指南、海島算
經、帝範、農桑輯要、甕牖閒評、拙軒集）

370000－1541－0001266　082.74/290

函海一百六十五種　（清）李調元編　清光緒
八年(1882)廣漢樂道齋刻本　一冊　存五種
五卷(雲南山川志一卷、滇載記一卷、玉名詁
一卷、俗言一卷、升菴年譜一卷)

370000－1541－0001267　082.74/290＝1

函海一百六十五種　（清）李調元編　清光緒
八年(1882)廣漢樂道齋刻本　二百四十冊

370000－1541－0001268　082.74/290＝2

函海一百六十五種　（清）李調元編　清光緒
八年(1882)廣漢樂道齋刻本　一百二十七冊
　存一百二十六種(主客圖、續孟子、伸蒙子、
素履子、廣成子解、蜀檮杌、金華子雜編、心要
經、寶藏論、易傳燈、敷文鄭氏書說、洪範統
一、孟子外書、蘇氏演義、程氏考古編、唐史論
斷、烏臺詩案、藏海詩話、益州名畫錄、山水純
全集、月波洞中記、采石瓜洲斃亮記、產育寶
慶集、顧頡經、出行寶鏡、翼元、農書、芻言、常
談、靖康傳信錄、淳熙薦士錄、江南餘載、青溪
弄兵錄、張氏可書、珍席放談、鶴山筆錄、建炎
筆錄、辯誣筆錄、家訓筆錄、舊聞證誤、建炎以
來朝野雜記甲集、建炎以來朝野雜記乙集、州
縣提綱、諸藩志、省心雜言、三國雜事、三國紀
年、五國故事、東原錄、肎綮錄、燕魏雜記、夾
漈遺稿、龍洲集、龍龕手鑑、詩音辯略、升菴經
說、檀弓叢訓、石鼓文音釋、山海經補註、莊子
闕誤、秋林伐山、哲匠金桴、丹鉛雜錄、謝華啟
秀、均藻、轉注古音畧、古音叢目、古音獵要、
古音複字、希姓錄、升菴詩話、詩話補遺、升菴
詞品、金石古文、世說舊注、古文韻語、風雅逸
篇、古今諺、雲南山川志、滇載記、玉名詁、俗
言、升菴年譜、金石存、粵風、易古文、尚書古
字、童山試草說、春秋左傳會要、周禮摘箋、儀
禮古今考、禮記補註、夏小正箋、十三經注疏
錦字、蜀碑記、蜀碑記補、博物要覽、然犀志、
出口程記、南越筆記、通俗編、雨村詩話、雨村
賦話、雨村詞話、雨村曲話、樂府侍兒小名錄、
方言藻、諸家藏畫簿、制義科瑣記、卍齋瑣錄、
奇字名、淡墨錄、井蛙雜記、尾蔗叢談、古音
合、六書分毫、通詁、勸說、蜀雅、全五代詩、唾
餘新拾、唾餘續拾、唾餘補拾、醒園錄、粵東黃
華集、羅江縣志)

370000 - 1541 - 0001269   082.74/370

戴氏遺書　（清）戴震撰　清乾隆四十三年（1778）曲阜孔氏刻微波榭叢書本　三十五冊　存十五種（文集、原善、原象、聲韻考、聲類表、毛鄭詩考正、考工記圖、孟子字義疏證、方言疏證、水地記、續天文略、水經注、策算、句股割圜記、詩經補注）

370000 - 1541 - 0001270   082.74/370.2

戴氏遺書　（清）戴震撰　清乾隆四十三年（1778）曲阜孔氏刻微波榭叢書本　四十二冊

370000 - 1541 - 0001271   082.74/377

陳弘謀滇刻書六種三十三卷　（清）陳弘謀輯　清雍正至乾隆桂林陳氏雲南刻本　十三冊

370000 - 1541 - 0001272   082.74/392

奇晉齋叢書十六種十九卷　（清）陸烜輯　清乾隆三十四年（1769）平湖陸氏刻本　六冊

370000 - 1541 - 0001273   082.74/418

龍威秘書十集一百七十七種　（清）馬俊良編　清乾隆五十九年至嘉慶元年（1794－1796）石門馬氏大酉山房刻本　八十冊

370000 - 1541 - 0001274   082.74/418 = 1

龍威秘書十集一百七十七種　（清）馬俊良編　清乾隆五十九年至嘉慶元年（1794－1796）石門馬氏大酉山房刻本　八十冊

370000 - 1541 - 0001275   082.74/418 = 2

龍威秘書十集一百七十七種　（清）馬俊良編　清乾隆五十九年至嘉慶元年（1794－1796）石門馬氏大酉山房刻本　七十二冊　缺一種四十一卷（說文解字繫傳四十卷、附錄一卷）

370000 - 1541 - 0001276   082.74/471

經訓堂叢書　（清）畢沅輯　清乾隆鎮洋畢氏經訓堂刻本　二十四冊　存十九種（墨子、山海經、夏小正考注、音同義異辨、樂游聯唱集、褅說、易漢學、晏子春秋、晏子春秋音義、明堂大道錄、釋名疏證、中州金石記、晉太康三年地記、晉書地理志、關中金石記、三輔黃圖、道德經考異、晉書地道記、晉書地理志新補正）

370000 - 1541 - 0001277   082.74/471 = 1

經訓堂叢書　（清）畢沅輯　清乾隆鎮洋畢氏經訓堂刻本　三十二冊

370000 - 1541 - 0001278   082.74/471 = 2

經訓堂叢書　（清）畢沅輯　清光緒十三年（1887）大同書局石印本　二十冊

370000 - 1541 - 0001279   082.74/471 = 3

經訓堂叢書　（清）畢沅輯　清光緒十三年（1887）大同書局石印本　二十冊

370000 - 1541 - 0001280   082.74/471 = 4

經訓堂叢書　（清）畢沅輯　清光緒十三年（1887）大同書局石印本　二十冊

370000 - 1541 - 0001281   082.74/718

漱六編六種　（清）王□□輯　清道光二十年（1840）仁和王氏刻本　三冊　存五種五卷（寓意編一卷、七頌堂識小錄一卷、樂府補題一卷、游仙集一卷、小蓬萊膽稿一卷）

370000 - 1541 - 0001282   082.74/850 = 2

知不足齋叢書　（清）鮑廷博輯　清乾隆至道光長塘鮑氏刻本　二百四十冊

370000 - 1541 - 0001283   082.74/850 = 4

知不足齋叢書　（清）鮑廷博輯　清乾隆至道光長塘鮑氏刻本　一百六十二冊

370000 - 1541 - 0001284   082.75/309 = 2

墨海金壺　（清）張海鵬輯　清嘉慶張海鵬刻本　二百四十冊

370000 - 1541 - 0001285   082.75/362

岱南閣叢書五種　（清）孫星衍輯　清嘉慶三年（1798）蘭陵孫氏兗州刻本　十冊

370000 - 1541 - 0001286   082.75/362 = 1

平津館叢書附孫氏祠堂書目内編四卷外編三卷　（清）孫星衍輯　清嘉慶蘭陵孫氏刻本　五十冊　缺二種（芳茂山人詩錄、長離閣詩集）

370000 - 1541 - 0001287   082.75/362 = 2

平津館叢書　（清）孫星衍輯　清嘉慶蘭陵孫氏刻本　一冊　存四種（尸子、燕丹子、牟子、龍首經）

370000 – 1541 – 0001288　082.75/362 = 3

重刻平津館叢書　（清）孫星衍輯　清光緒十一年(1885)吳縣朱氏槐廬家塾刻本　四十七冊　缺二種(芳茂山人詩錄、長離閣詩集)

370000 – 1541 – 0001289　082.75/362 = 4

重刻平津館叢書　（清）孫星衍輯　清光緒十一年(1885)吳縣朱氏槐廬家塾刻本　五十冊

370000 – 1541 – 0001290　082.75/362 = 5

重刻平津館叢書　（清）孫星衍輯　清光緒十一年(1885)吳縣朱氏槐廬家塾刻本　六冊　存九種三十五卷(魏武帝注孫子三卷、吳子二卷、司馬灋三卷、尸子二卷、燕丹子三卷、牟子一卷、說文解字十五卷、竹書紀年二卷、續古文苑十四至十七)

370000 – 1541 – 0001291　082.75/362 = 6

重刻平津館叢書　（清）孫星衍輯　清光緒十一年(1885)吳縣朱氏槐廬家塾刻本　二冊　存八種十七卷(魏武帝注孫子三卷、吳子二卷、司馬灋三卷、尸子二卷、燕丹子三卷、牟子一卷、竹書紀年二卷、物理論一卷)

370000 – 1541 – 0001292　082.75/364

問經堂叢書　（清）孫馮翼輯　清嘉慶七年(1802)承德孫氏問經堂刻本　十冊

370000 – 1541 – 0001293　082.75/436

藝海珠塵八集一百六十二種　（清）吳省蘭輯　清嘉慶南匯吳氏聽彝堂刻本　六十三冊

370000 – 1541 – 0001294　082.75/436 = 1

藝海珠塵八集一百六十二種　（清）吳省蘭輯　清嘉慶南匯吳氏聽彝堂刻本　七十四冊

370000 – 1541 – 0001295　082.75/436 = 2

藝海珠塵八集一百六十二種　（清）吳省蘭輯　清嘉慶南匯吳氏聽彝堂刻本　五十三冊

370000 – 1541 – 0001296　082.75/438

重校拜經樓叢書十種　（清）吳騫輯　清光緒二十年(1894)吳縣朱氏校經堂刻本　十冊

370000 – 1541 – 0001297　082.75/438 = 1

重校拜經樓叢書十種　（清）吳騫輯　清光緒二十年(1894)吳縣朱氏校經堂刻本　十冊

370000 – 1541 – 0001298　082.75/438 = 3

重刊拜經樓叢書七種　（清）吳騫輯　清光緒十一年(1885)會稽章氏鄂渚刻本　八冊

370000 – 1541 – 0001299　082.75/966

讀畫齋叢書　（清）顧修輯　清嘉慶四年(1799)顧氏刻本　六十四冊

370000 – 1541 – 0001300　082.75/966 = 1

讀畫齋叢書　（清）顧修輯　清嘉慶四年(1799)顧氏刻本　六十四冊

370000 – 1541 – 0001301　082.75/987

硯雲乙編　（清）金忠淳輯　清光緒上海申報館鉛印本　八冊

370000 – 1541 – 0001302　082.76/153

西河書院叢書　（清）西河書院輯　清道光八年(1828)謝氏刻本　五十四冊

370000 – 1541 – 0001303　082.76/158

頤志齋叢書　（清）丁晏撰　清道光至同治山陽丁氏六藝堂刻同治元年(1862)匯印本　二十冊

370000 – 1541 – 0001304　082.76/158 = 1

頤志齋叢書　（清）丁晏撰　清道光至同治山陽丁氏六藝堂刻同治元年(1862)匯印本　五冊　存五種(孝經述注、子史粹言、頤志齋四譜、石亭紀事、百家姓三編)

370000 – 1541 – 0001305　082.76/164

清頌堂叢書八種　（清）黃奭輯　清道光甘泉黃氏刻本　二十冊　缺一種(古文尚書辨)

370000 – 1541 – 0001306　082.76/164 = 1

三長物齋叢書　（清）黃本驥輯　清道光二十六年(1846)湘陰蔣瓛刻本　六十六冊

370000 – 1541 – 0001307　082.76/164 = 2

三長物齋叢書　（清）黃本驥輯　清道光二十六年(1846)湘陰蔣瓛刻光緒四年(1878)古香書閣印本　七十二冊

370000 – 1541 – 0001308　082.76/164 = 3

士禮居黃氏叢書二十種一百九十四卷　（清）

黄丕烈編　清嘉慶至道光吳縣黃氏刻本　三十四冊　缺二種四卷(梁公九諫一卷、同人唱和詩三卷)

370000－1541－0001309　082.76/183
易堂九子文鈔　(清)彭士望輯　清道光十七年(1837)刻本　十冊

370000－1541－0001310　082.76/269
連筠簃叢書　(清)楊尚文輯　清道光二十八年(1848)靈石楊氏刻本　二十四冊

370000－1541－0001311　082.76/269＝1
連筠簃叢書　(清)楊尚文輯　清道光二十八年(1848)靈石楊氏刻本　十四冊　存三種五十五卷(群書治要五十卷、湖北金石詩一卷、落颿樓文稿四卷)

370000－1541－0001312　082.76/285
青照堂叢書　(清)李元春輯　清道光十五年(1835)朝邑劉氏刻本　八冊　存二十三種(懿畜編、訓學齋規、省心錄、厚德錄、袁氏世範、呂氏鄉約、金華鄭氏家範、范氏義莊規矩、四禮翼、四禮辨俗、農桑書錄要、畫簾緒論、呂榮公官箴、集古錄、金石史、干祿字書、俗書證誤、金壺字考、字書誤讀、字林、國朝四庫全書辨正通俗文字、發音錄、四聲纂句)

370000－1541－0001313　082.76/288
惜陰軒叢書續編二十一卷　(清)李錫齡輯清咸豐八年(1858)宏道書院刻本　十冊

370000－1541－0001314　082.76/292
惜陰軒叢書　(清)李錫齡輯　清道光二十六年(1846)宏道書院刻本　一百五冊

370000－1541－0001315　082.76/292＝1
衛生寶鑑二十四卷補遺一卷　(元)羅天益撰　清道光二十六年(1846)宏道書院刻惜陰軒叢書本　一冊　存二卷(二十二至二十三)

370000－1541－0001316　082.76/292＝2
惜陰軒叢書　(清)李錫齡輯　清道光二十六年(1846)宏道書院刻本　一百二十二冊

370000－1541－0001317　082.76/292＝3

惜陰軒叢書　(清)李錫齡輯　清光緒二十二年(1896)長沙刻本　一百三十冊

370000－1541－0001318　082.76/292＝4
書法離鉤十卷　(明)潘之淙撰　清道光二十六年(1846)宏道書院刻惜陰軒叢書本　二冊

370000－1541－0001319　082.76/327
五經歲徧齋校書三種　(清)翟云升編　清道光翟氏刻本　十冊

370000－1541－0001320　082.76/327＝1
五經歲徧齋校書三種　(清)翟云升編　清道光翟氏刻本　十冊

370000－1541－0001321　082.76/327＝2
五經歲徧齋校書三種　(清)翟云升編　清道光翟氏刻本　十冊

370000－1541－0001322　082.76/353
宜稼堂叢書　(清)郁松年輯　清道光郁氏刻本　六十六冊

370000－1541－0001323　082.76/353＝1
宜稼堂叢書　(清)郁松年輯　清道光郁氏刻本　五冊　存二種二十八卷(續後漢書一至十一、音義四卷、札記一卷;清容居士集十四至十八、三十三至三十六、四十九至五十,札記一卷)

370000－1541－0001324　082.76/375
文選樓叢書三十二種　(清)阮亨輯　清嘉慶至道光儀徵阮氏刻本　一百二十冊

370000－1541－0001325　082.76/526
斠補隅錄十四種　(清)蔣光煦輯　清光緒九年(1883)別下齋刻本　二冊

370000－1541－0001326　082.76/606
敏果齋七種　(清)許乃釗輯　清道光文華堂書坊刻本　九冊

370000－1541－0001327　082.76/754
海山仙館叢書　(清)潘仕成輯　清道光至咸豐刻光緒番禺潘氏增刻本　八冊　存二種十一卷(顏氏家藏尺牘四卷、姓氏考一卷,幾何原本五卷、首一卷)

370000 – 1541 – 0001328　082.76/754 = 1

海山仙館叢書　(清)潘仕成輯　清道光至咸豐刻光緒番禺潘氏增刻本　一百二十二冊

370000 – 1541 – 0001329　082.76/754 = 2

海山仙館叢書　(清)潘仕成輯　清道光至咸豐刻光緒番禺潘氏增刻本　一百十二冊

370000 – 1541 – 0001330　082.76/754 = 3

海山仙館叢書　(清)潘仕成輯　清道光至咸豐刻本　四十二冊　存二十種(遂初堂書目、易大義、讀書敏求記、尚書註考、讀詩拙言、四書逸箋、一切經音義、隱居通義、洞天清錄、調變類編、菰中隨筆、雲谷雜記、桂苑筆耕、龍筋鳳髓判、四溟詩話、宋四六話、翼梅、同文算指通編、苕溪漁隱叢話、詞苑叢談)

370000 – 1541 – 0001331　082.76/780

拜梅山房几上書　(清)陳鍾原輯　清道光九年(1829)甬上陳氏刻本　五冊

370000 – 1541 – 0001332　082.76/917

焦氏遺書　(清)焦循撰　清光緒二年(1876)衡陽魏氏刻本　四十冊

370000 – 1541 – 0001333　082.76/927

守山閣叢書　(清)錢熙祚輯　清光緒十五年(1889)上海鴻文書局石印本　一百冊

370000 – 1541 – 0001334　082.76/927 = 1

守山閣叢書　(清)錢熙祚輯　清光緒十五年(1889)上海鴻文書局石印本　二冊　存四種六卷(孫氏唐韻考四至五、古文苑二十一、觀林詩話一卷、餘師錄一至二)

370000 – 1541 – 0001335　082.76/964

小石山房叢書　(清)顧湘編　清同治十三年(1874)虞山顧氏刻本　十六冊

370000 – 1541 – 0001336　082.76/964 = 1

小石山房叢書　(清)顧湘編　清同治十三年(1874)虞山顧氏刻本　十五冊

370000 – 1541 – 0001337　082.76/964 = 2

小石山房叢書　(清)顧湘編　清同治十三年(1874)虞山顧氏刻本　十七冊

370000 – 1541 – 0001338　082.76/964 = 3

小石山房叢書　(清)顧湘編　清同治十三年(1874)虞山顧氏刻本　十冊

370000 – 1541 – 0001339　082.76/964 = 4

賜硯堂叢書新編　(清)顧沅輯　清道光十年(1830)長洲顧氏刻本　五冊　存十五種(古林金石表、玉臺書史、七頌堂詞繹、花草蒙拾、夏小正詁、水西紀略、乙丙紀事、復社紀事、遠志齋詞衷、金粟詞話、西河詞話、吳騷譜、徐園秋花譜、續蟹譜、碧幢雜識)

370000 – 1541 – 0001340　082.77/158

聽秋聲館抄書十二種十四卷附救命書　(清)丁紹儀編撰　清同治無錫丁氏抄本　九冊

370000 – 1541 – 0001341　082.77/214

東家雜記二卷　(宋)孔傳撰　清光緒十四年(1888)會稽董氏取斯家塾木活字印琳琅秘室叢書本　一冊　缺一卷(上)

370000 – 1541 – 0001342　082.77/214 = 1

琳琅秘室叢書　(清)胡珽編　清光緒十三年(1887)會稽董氏雲瑞樓木活字印本　二十四冊

370000 – 1541 – 0001343　082.77/214 = 2

琳琅秘室叢書　(清)胡珽編　清光緒十三年(1887)會稽董氏雲瑞樓木活字印本　三十五冊

370000 – 1541 – 0001344　082.77/331

新刻諸葛宗岳史四公文集四種　(清)劉質慧輯　清同治十二年(1873)述荊堂刻本　十四冊

370000 – 1541 – 0001345　082.77/525

長恩書室叢書　(清)莊肇麟輯　清咸豐四年(1854)過客軒刻本　十冊

370000 – 1541 – 0001346　082.77/525 = 1

長恩書室叢書　(清)莊肇麟輯　清咸豐四年(1854)過客軒刻本　十冊

370000 – 1541 – 0001347　082.77/525 = 2

長恩書室叢書　(清)莊肇麟輯　清咸豐四年

(1854)過客軒刻本　十二冊

370000－1541－0001348　082.77/598

琅嬛獺祭十二種　（清）張燨照輯　清光緒二十年(1894)文選樓石印本　六冊

370000－1541－0001349　082.77/601

半厂叢書初編　（清）譚獻輯　清光緒仁和譚氏復堂刻本　十六冊

370000－1541－0001350　082.77/601＝1

半厂叢書初編　（清）譚獻輯　清光緒仁和譚氏復堂刻本　十六冊

370000－1541－0001351　082.77/601＝2

半厂叢書初編　（清）譚獻輯　清光緒仁和譚氏復堂刻本　十六冊

370000－1541－0001352　082.77/601＝3

半厂叢書初編　（清）譚獻輯　清光緒仁和譚氏復堂刻本　十二冊

370000－1541－0001353　082.77/601＝4

半厂叢書初編　（清）譚獻輯　清光緒仁和譚氏復堂刻本　十六冊

370000－1541－0001354　082.77/719

江南機器製造局叢書　（清）江南製造局編譯　清光緒上海江南機器製造局鉛印本　一百十五冊

370000－1541－0001355　082.77/754

滂喜齋叢書五十四種　（清）潘祖蔭編　清同治至光緒潘氏八喜齋刻本　三十二冊

370000－1541－0001356　082.77/754＝1

滂喜齋叢書五十四種　（清）潘祖蔭編　清同治至光緒潘氏八喜齋刻本　三十一冊

370000－1541－0001357　082.77/754＝2

滂喜齋叢書五十四種　（清）潘祖蔭編　清同治至光緒潘氏八喜齋刻本　二十五冊

370000－1541－0001358　082.77/754＝3

滂喜齋叢書五十四種　（清）潘祖蔭編　清同治至光緒潘氏八喜齋刻本　二十九冊

370000－1541－0001359　082.77/754＝4

滂喜齋叢書五十四種　（清）潘祖蔭編　清同治至光緒潘氏八喜齋刻本　三十二冊

370000－1541－0001360　082.77/754＝5

功順堂叢書十八種　（清）潘祖蔭編　清光緒吳縣潘氏刻本　二十四冊

370000－1541－0001361　082.77/770

校邠廬逸箋三種四卷　（清）馮桂芬撰　清光緒十一年(1885)上海點石齋石印本　一冊

370000－1541－0001362　082.77/827

春雨樓叢書七種三十三卷　（清）朱士端撰　清同治元年至四年(1862－1865)寶應朱氏刻本　佚名批　六冊

370000－1541－0001363　082.77/827＝1

春雨樓叢書七種三十三卷　（清）朱士端撰　清同治元年至四年(1862－1865)寶應朱氏刻本　六冊

370000－1541－0001364　082.77/888

述古叢鈔　（清）劉晚榮輯　清同治十年至十三年(1871－1874)藏修書屋刻本　四十冊

370000－1541－0001365　082.77/908

粵雅堂叢書　（清）伍崇曜輯　清道光至光緒海南伍氏刻本　五冊　存五種(絳雲樓書目、述古堂藏書目、石柱記、林屋倡酬錄、焦山紀游集)

370000－1541－0001366　082.77/908＝1

粵雅堂叢書　（清）伍崇曜輯　清道光至光緒伍氏刻本　二百六十四冊　存二十集(一至二十)

370000－1541－0001367　082.77/951

春暉堂叢書十一種　（清）徐渭仁輯　清道光至同治上海徐氏刻本　七冊

370000－1541－0001368　082.77/951＝1

春暉堂叢書十一種　（清）徐渭仁輯　清道光至同治上海徐氏刻本　十冊

370000－1541－0001369　082.77/951＝2

春暉堂叢書十一種　（清）徐渭仁輯　清道光至同治上海徐氏刻本　十冊

370000 - 1541 - 0001370　082.77/988

明辨齋叢書 （清）余肇鈞輯　清咸豐至同治長沙余氏刻本　十四冊　存十三種（何博士備論、陳龍川文鈔、朱文公行狀、北溪先生遺書、北溪先生四書字義、宋少保岳鄂王行實編年、毛詩古音考、今水經、明新建伯王文成公傳本、月鹿堂文鈔、姜杜薇先生自訂年譜、折獄龜鑑、屈宋古音考）

370000 - 1541 - 0001371　082.777/770

校邠廬逸箋三種四卷 （清）馮桂芬撰　清光緒十一年（1885）上海點石齋石印本　一冊

370000 - 1541 - 0001372　082.777/770 = 1

校邠廬逸箋三種四卷 （清）馮桂芬撰　清光緒十一年（1885）上海點石齋石印本　一冊

370000 - 1541 - 0001373　082.78/112

天壤閣叢書 （清）王懿榮輯　清同治至光緒福山王氏天壤閣刻本　十六冊

370000 - 1541 - 0001374　082.78/112 = 1

鶴壽堂叢書 （清）王士濂輯　清光緒二十四年（1898）高郵王氏刻本　二十六冊

370000 - 1541 - 0001375　082.78/112 = 2

西學輯存六種 （清）王韜輯　清光緒十五年（1889）淞隱廬鉛印本　二冊

370000 - 1541 - 0001376　082.78/135

西學軍政全書十二種 （清）□□輯　清光緒石印本　四冊　缺五種（英國水師律例、美國水師考、水師保身法、英俄印度交涉書、佐治芻言）

370000 - 1541 - 0001377　082.78/158

武林掌故叢編二十六集 （清）丁丙輯　清光緒錢塘丁氏嘉惠堂刻本　一百六十冊　存二十集（一至二十）

370000 - 1541 - 0001378　082.78/158 = 1

當歸草堂叢書 （清）丁丙輯　清同治二年至五年（1863 - 1866）錢塘丁氏刻本　六冊

370000 - 1541 - 0001379　082.78/159

政藝通報甲辰全書 （清）上海政藝通報社編

清光緒三十年（1904）錢塘丁氏鉛印本　十二冊

370000 - 1541 - 0001380　082.78/192

富強齋叢書 （清）袁俊德輯　清光緒二十五年（1899）上海小倉山房石印本　六十四冊

370000 - 1541 - 0001381　082.78/192 = 1

西學富強叢書 （清）張蔭桓輯　清光緒二十二年（1896）上海小倉山房石印本　二十三冊　存二十四種（電學五卷、聲學八卷、光學二卷、視學諸器圖說一卷、談天十八卷、地學淺釋、萬國總說三卷、列國歲計政要十二卷、俄史輯譯四卷、歐洲東方交涉記十二卷、開煤要法、井礦工程、銀礦指南、冶金錄、鍊鋼要言、金石識別、汽機必以、鍊石編、匠誨輿規、海塘輯要、造玻璃法、工程致富論略、列國陸軍制、兵船汽機）

370000 - 1541 - 0001382　082.78/208

西學啟蒙十六種 （英國）赫德輯　（英國）艾約瑟譯　清光緒二十二年（1896）上海著易堂鉛印本　十四冊　存十四種（地志啟蒙、地理質學啟蒙、地學啟蒙、植物學啟蒙、身理啟蒙、動物學啟蒙、化學啟蒙、希臘志略、格致總學啟蒙、天文啟蒙、富國養民策、辨學啟蒙、羅馬志略、歐洲史略）

370000 - 1541 - 0001383　082.78/208 = 1

西學啟蒙十六種 （英國）赫德輯　（英國）艾約瑟譯　清光緒二十四年（1898）上海圖書集成印書局鉛印本　十六冊

370000 - 1541 - 0001384　082.78/208 = 2

化學啟蒙不分卷 （英國）羅斯古撰　（美國）林樂知　（清）鄭昌棪譯　清末上海兩宜齋刻本　一冊

370000 - 1541 - 0001385　082.78/208 = 3

地理啟蒙不分卷 （英國）祁覨撰　（美國）林樂知　（清）鄭昌棪譯　清末上海兩宜齋刻本　一冊

370000 - 1541 - 0001386　082.78/219

漸學廬叢書第一集 （清）胡祥鑅輯　清光緒

二十三年至二十五年(1897－1899)元和胡氏石印本　十冊

370000－1541－0001387　082.78/247

曼陀羅華閣叢書　（清）杜文瀾輯　清光緒十八年(1892)上海掃葉山房刻本　四十冊

370000－1541－0001388　082.78/266

大亭山館叢書　（清）楊葆彝輯　清光緒陽湖楊氏刻本　六冊

370000－1541－0001389　082.78/288

木犀軒叢書二十七種一百四十二卷續刻六種十一卷　李盛鐸輯　清光緒德化李氏木犀軒刻本　四十冊

370000－1541－0001390　082.78/288＝1

木犀軒叢書二十七種一百四十二卷續刻六種十一卷　李盛鐸輯　清光緒德化李氏木犀軒刻本　三十冊　存二十四種一百二十卷(京氏易八卷，卦氣解一卷，毛詩禮徵十卷，詩考異字箋餘十四卷，儀禮禮服通釋六卷，車制考一卷，論語通釋一卷，孫氏祠堂書目內編四卷、外編三卷，平津館鑒藏書籍記三卷、補遺一卷，廉石居藏書記二卷，平津讀碑記八卷、續一卷、再續一卷、三續二卷，海東金石存考一卷、待訪目一卷，易餘籥錄二十卷，舊學蓄疑一卷，羣書答問二卷、補遺一卷，曉菴遺書十五卷，開方通釋一卷，心得要旨一卷，穀梁大義述一卷，孝經徵文一卷，春秋平議一卷，有不爲齋算學四卷，珠神真經二卷，東潛文稿二卷)

370000－1541－0001391　082.78/288＝2

木犀軒叢書二十七種一百四十二卷　李盛鐸輯　清光緒德化李氏木犀軒刻本　十冊　存七種三十二卷(卦氣解一卷、毛詩禮徵十卷、儀禮禮服通釋六卷、車制考一卷、諧聲補逸一至四、爾雅一切注音三至十、爾雅補郭二卷)

370000－1541－0001392　082.78/288＝3

藝苑捃華四十八種　（清）顧之逵輯　清同治七年(1868)務本堂刻本　佚名批　二十八冊

370000－1541－0001393　082.78/288＝4

集虛草堂叢書甲集　李國松輯　清光緒三十年(1904)合肥李氏刻本　二十四冊

370000－1541－0001394　082.78/306

花雨樓叢鈔　（清）張壽榮輯　清光緒九年(1883)蛟川張氏刻本　四十八冊

370000－1541－0001395　082.78/309＝2

暢園叢書　（清）張邁輯　清光緒二十年(1894)四明張氏刻本　四冊

370000－1541－0001396　082.78/311

昭代叢書　（清）張潮輯　清道光世楷堂刻本　一百七十一冊

370000－1541－0001397　082.78/377

如不及齋彙鈔　（清）陳坤輯　清同治十一年(1872)陳氏刻本　三十六冊

370000－1541－0001398　082.78/382

陳澹然遺書　陳澹然撰　清光緒二十六年(1900)長沙徐崇立刻本　十七冊

370000－1541－0001399　082.78/392

十萬卷樓叢書　（清）陸心源輯　清光緒歸安陸氏刻本　七十一冊　存二編(初編、二編)

370000－1541－0001400　082.78/426

潘刻五種　（清）恩燾輯　清同治至光緒吳縣潘祖蔭京師刻光緒二十九年(1903)翰文齋印本　六冊

370000－1541－0001401　082.78/505

著作林　（清）著作林社輯　清光緒三十二年至三十四年(1906－1908)著作林社刻本　十四冊　存十四期(一至二、四至十、十四至十八)

370000－1541－0001402　082.78/505＝1

文選樓叢書十五種　（清）萩林山房輯　清光緒七年(1881)萩林山房刻本　二十四冊　缺一種(相字秘牒)

370000－1541－0001403　082.78/521

嘯園叢書　（清）葛元煦輯　清光緒九年(1883)仁和葛氏刻本　一冊　存二種(學詩

闕疑、廿二史諱略)

370000－1541－0001404　082.78/521＝1

嘯園叢書　（清）葛元煦輯　清光緒九年(1883)仁和葛氏刻本　四十八冊

370000－1541－0001405　082.78/526

鐵華館叢書六種　（清）蔣鳳藻輯　清光緒十年(1884)長洲蔣氏刻本　六冊

370000－1541－0001406　082.78/526＝1

鐵華館叢書六種　（清）蔣鳳藻輯　清光緒十年(1884)長洲蔣氏刻本　六冊

370000－1541－0001407　082.78/526＝2

心矩齋叢書　（清）蔣鳳藻輯　清光緒九年至十四年(1883－1888)長洲蔣氏刻民國十四年(1925)蘇州文學山房印本　十四冊　存八種(漢志水道疏證、姑蘇名賢小記、南江札記、蘇詩查注補正、鐵橋漫稿、札樸、經傳釋詞補、六九齋饌述稿)

370000－1541－0001408　082.78/526＝3

求實齋叢書十五種　蔣德鈞輯　清光緒十七年(1891)湘鄉蔣氏刻本　十冊

370000－1541－0001409　082.78/526＝4

求實齋叢書十五種　蔣德鈞輯　清光緒十七年(1891)湘鄉蔣氏刻本　十二冊

370000－1541－0001410　082.78/582＝1

崇文書局彙刻書　（清）崇文書局輯　清光緒元年(1875)湖北崇文書局刻本　八十冊

370000－1541－0001411　082.78/582＝2

崇文書局彙刻書　（清）崇文書局輯　清光緒元年(1875)湖北崇文書局刻本　八十冊

370000－1541－0001412　082.78/582＝3

崇文叢書　（清）崇文書局輯　清光緒三年(1877)湖北崇文書局刻本　六十四冊

370000－1541－0001413　082.78/582＝4

子書百家一百一種　（清）崇文書局輯　清光緒元年(1875)湖北崇文書局刻本　十冊　存九種(列子、抱朴子、道德真經註、燕丹子、玉泉子、金華子雜編、陰符經、關尹子、莊子)

370000－1541－0001414　082.78/582＝5

正覺樓叢書　（清）崇文書局輯　清光緒湖北崇文書局刻本　二十六冊　缺一函(一)

370000－1541－0001415　082.78/582＝6

正覺樓叢書　（清）崇文書局輯　清光緒湖北崇文書局刻本　三十六冊

370000－1541－0001416　082.78/606

榆園叢刻　（清）許增輯　清同治十一年至光緒十九年(1872－1893)仁和許氏榆園刻本　二十冊

370000－1541－0001417　082.78/606＝1

榆園叢刻　（清）許增輯　清同治十一年至光緒十九年(1872－1893)仁和許氏榆園刻杭州朱氏抱經堂印本　十六冊

370000－1541－0001418　082.78/606＝2

榆園叢刻　（清）許增輯　清同治十一年至光緒十九年(1872－1893)仁和許氏榆園刻本　十六冊

370000－1541－0001419　082.78/606＝3

榆園叢刻　（清）許增輯　清同治十一年至光緒十九年(1872－1893)仁和許氏榆園刻本　五冊　存九種(山中白雲詞、白石道人歌曲、白石道人歌曲別集、白石道人詩詞評論、白石道人逸事、白石道人小傳、白石道人詩集、白石道人詩說、詞源)

370000－1541－0001420　082.78/606＝4

娛園叢刻十種十三卷　（清）許增輯　清光緒十五年(1889)仁和許氏刻本　十二冊

370000－1541－0001421　082.78/641

續知不足齋叢書　（清）高承勳輯　清道光渤海高氏刻本　十六冊

370000－1541－0001422　082.78/658

式訓堂叢書　（清）章壽康輯　清光緒會稽章氏刻本　二十七冊　存二集(初集、二集)

370000－1541－0001423　082.78/658＝1

式訓堂叢書　（清）章壽康輯　清光緒會稽章氏刻本　二十四冊　存二集(初集、二集)

370000－1541－0001424　082.78/658 ＝2

式訓堂叢書　(清)章壽康輯　清光緒會稽章氏刻本　二十四冊　存二集(初集、二集)

370000－1541－0001425　082.78/695

懺花盦叢書三十五種附二種　(清)宋澤元輯　清光緒十三年(1887)山陰宋氏刻本　六十二冊

370000－1541－0001426　082.78/712

振綺堂叢書初集十種　(清)汪康年輯　清宣統二年(1910)錢塘汪氏鉛印本　六冊

370000－1541－0001427　082.78/712 ＝1

振綺堂叢書初集十種　(清)汪康年輯　清宣統二年(1910)錢塘汪氏鉛印本　六冊

370000－1541－0001428　082.78/718

南菁札記不分卷　(清)溥良輯　清光緒二十年(1894)刻本　六冊

370000－1541－0001429　082.78/718 ＝1

南菁札記不分卷　(清)溥良輯　清光緒二十年(1894)刻本　六冊

370000－1541－0001430　082.78/719

靈鶼閣叢書六集五十六種　(清)江標輯　清光緒二十一年至二十三年(1895－1897)元和江標湖南使院刻本　四十八冊

370000－1541－0001431　082.78/719 ＝1

靈鶼閣叢書六集五十六種　(清)江標輯　清光緒二十一年至二十三年(1895－1897)元和江標湖南使院刻本　四十五冊

370000－1541－0001432　082.78/719 ＝2

靈鶼閣叢書六集五十六種　(清)江標輯　清光緒二十一年至二十三年(1895－1897)元和江標湖南使院刻本　五冊　存十五種(江寧金石待訪目、士禮居藏書題跋記續錄、積古齋藏器目、平安館藏器目、清儀閣藏器目、懷米山房藏器目、兩罍軒藏器目、木庵軒藏器目、梅花草盦藏器目、簠齋藏器目、窓齋藏器目、天壤閣雜記、董華亭書畫錄、畫友詩、山左南北朝石刻存目)

370000－1541－0001433　082.78/719 ＝3

靈鶼閣叢書六集五十六種　(清)江標輯　清光緒二十一年至二十三年(1895－1897)元和江標湖南使院刻本　九冊　存二十五種(菉友肊說、教童子法、洨民遺文、欽定四庫全書總目提要四部類叙、黃蕘圃先生年譜、先正讀書訣、積古齋藏器目、平安館藏器目、清儀閣藏器目、懷米山房藏器目、兩罍軒藏器目、木庵藏器目、梅花草盦藏器目、簠齋藏器目、窓齋藏器目、天壤閣雜記、國語校文、嘉蔭簃藏器目、愛吾鼎齋藏器目、石泉書屋藏器目、雙虞壺齋藏器目、簠齋藏器目第二本、選青閣藏器目、趙季梅畫友詩、士禮居藏書題跋記續)

370000－1541－0001434　082.78/730

中西學門徑書七種　梁啟超編　清光緒二十四年(1898)上海大同譯書局石印本　三冊

370000－1541－0001435　082.78/745

沈氏經學六種　(清)沈淑撰　清光緒八年(1882)常熟鮑氏後知不足齋刻後知不足齋叢書本　五冊　存三種十六卷(陸氏經典異文輯六卷、經典異文補六卷、注疏瑣語四卷)

370000－1541－0001436　082.78/795

古逸叢書　(清)黎庶昌輯　清光緒十年(1884)遵義黎氏日本東京使署刻本　四十九冊

370000－1541－0001437　082.78/827

挹秀山房叢書　(清)朱克敬輯　清光緒二十年(1894)朱氏刻本　十六冊

370000－1541－0001438　082.78/832

結一盧朱氏賸餘叢書四種　(清)朱澂輯　清光緒三十一年(1905)朱氏刻本　二十冊

370000－1541－0001439　082.78/850

後知不足齋叢書　(清)鮑廷爵輯　清光緒常熟鮑氏後知不足齋刻本　十七冊　存二十六種(鄭氏遺書五種、五經文字、新加九經字樣、石經殘字考、許氏說文解字雙聲疊韻譜、崇文總目、六藝論、大誓答問、詩問、檀弓訂誤、五經今文古文考、夏小正詁、春秋左氏古經、史略、禮器制度、漢官、漢官解詁、漢舊儀、漢官儀、漢官典職儀式選用、漢儀、州縣提綱、輿地

形勢論、九邊圖論、海防圖論、淳化祕閣法帖考正）

370000－1541－0001440　082.78/850＝1

後知不足齋叢書初編二十五種　（清）鮑廷爵輯　清光緒七年至十年（1881－1884）常熟鮑氏刻本　三十二冊

370000－1541－0001441　082.78/859

紀載彙編　（清）□□輯　清光緒四年（1878）北京琉璃廠活字印本　五冊

370000－1541－0001442　082.78/860

對雨樓叢書四種　繆荃孫輯　清光緒三十一年（1905）江陰繆氏刻本　五冊

370000－1541－0001443　082.78/927

小萬卷樓叢書　（清）錢培名編　清光緒小萬卷樓刻本　十五冊

370000－1541－0001444　082.78/946

觀自得齋叢書　（清）徐士愷輯　清光緒十六年（1890）徐氏觀自得齋刻本　二十八冊

370000－1541－0001445　082.78/946＝1

邵武徐氏叢書　（清）徐榦輯　清光緒邵武徐氏刻本　二十五冊

370000－1541－0001446　082.78/953

廣雅書局叢書　（清）廣雅書局輯　清光緒廣雅書局刻民國九年（1920）番禺徐紹棨彙編重印本　五百十二冊

370000－1541－0001447　082.78/982

玲瓏山館叢書　（清）□□編　清光緒十五年（1889）文選樓刻本　三十八冊　缺三種四卷（篆訣辨釋一卷、六書轉注古義考二卷、六書淺說一卷）

370000－1541－0001448　082.78/982＝1

玲瓏山館叢書　（清）□□編　清光緒十五年（1889）文選樓刻本　五十一冊

370000－1541－0001449　082.78/982＝2

玲瓏山館叢書　（清）□□編　清光緒十五年（1889）文選樓刻本　四十八冊

370000－1541－0001450　082.78/990

俞樓雜纂五十卷　（清）俞樾撰　清光緒刻本　六冊

370000－1541－0001451　082.78/994

咫進齋叢書　（清）姚覲元輯　清光緒九年（1883）歸安姚氏咫進齋刻本　三十二冊

370000－1541－0001452　082.78/994＝1

咫進齋叢書　（清）姚覲元輯　清光緒九年（1883）歸安姚氏咫進齋刻本　二十二冊

370000－1541－0001453　082.78/994＝2

咫進齋叢書　（清）姚覲元輯　清光緒九年（1883）歸安姚氏咫進齋刻本　二十四冊

370000－1541－0001454　082.78/994＝3

咫進齋叢書　（清）姚覲元輯　清光緒九年（1883）歸安姚氏咫進齋刻本　十六冊

370000－1541－0001455　082.78/994＝4

咫進齋叢書　（清）姚覲元輯　清光緒九年（1883）歸安姚氏咫進齋刻本　二十四冊

370000－1541－0001456　082.78/994＝5

咫進齋叢書　（清）姚覲元輯　清光緒九年（1883）歸安姚氏咫進齋刻本　二冊　存五種五卷（銷燬抽燬書目一卷、禁書總目一卷、違礙書目一卷、慎疾芻言一卷、陽宅闢謬一卷）

370000－1541－0001457　082.78/994＝6

咫進齋叢書　（清）姚覲元輯　清光緒九年（1883）歸安姚氏咫進齋刻本　一冊　存四種六卷（大雲山房十二章圖說二卷、大雲山房雜記二卷、棠湖詩稿一卷、春草堂遺稿一卷）

370000－1541－0001458　082.78/994＝7

咫進齋叢書　（清）姚覲元輯　清光緒九年（1883）歸安姚氏咫進齋刻本　一冊　存三種四卷（禮記天算釋一卷、孝經鄭注一卷、爾雅補郭二卷）

370000－1541－0001459　082.78/994＝8

咫進齋叢書　（清）姚覲元輯　清光緒九年（1883）歸安姚氏咫進齋刻蘇州振新書社印本　二十四冊

370000－1541－0001460　082.788/473

申報館叢書 （清）尊聞閣主輯　清光緒上海申報館鉛印本　一百六十二冊　存四十四種（蜀碧、十三日備嘗記、有正味齋尺牘、增注知愧軒尺牘、勝國文徵、歷代宗廟附考、東征集、庭聞錄、中西紀事、嘯亭雜錄、嘯亭續錄、求闕齋日記類鈔、曾文正公家訓、薈蕞編、夢園叢說、訂譌雜錄、藝林伐山、綏寇紀略、甕牖餘談、曾文正公家書、硯雲編、雙桂軒尺牘、六梅書屋尺牘、澄懷園語、篤素堂文集、平定粵匪紀略、屑玉叢譚初集、西事類編、海上群芳譜、國朝閨秀香咳集、分類尺牘備覽、翰海、屑玉叢譚四集、裒啟零紈、思益堂日札、妙香室叢話、蕉軒摭錄、壺天錄、鶹硯軒質言、置露庵雜記、聖武記、秦淮畫舫錄、畫舫餘譚、三十六春小譜）

370000－1541－0001461　082.8/953

三國志旁證三十卷　（清）梁章鉅撰　清光緒十六年（1890）廣雅書局刻本　十四冊

370000－1541－0001462　082.88/977

女四書二卷　（明）王相箋注　清光緒八年（1882）狀元閣刻本　二冊

370000－1541－0001463　082.88/977 ＝ 1

女四書二卷　（明）王相箋注　清光緒十一年（1885）狀元閣刻本　二冊

370000－1541－0001464　082.88/977 ＝ 2

女四書二卷　（明）王相箋注　清光緒十九年（1893）滬上熙記書莊刻本　一冊　存一卷（上）

370000－1541－0001465　083/372

國粹叢書　國學保存會輯　清光緒至宣統國學保存會鉛印本　十六冊　存九種八十一卷（呂用晦文集八卷、續集四卷、附錄一卷，廣陽雜記五卷，李氏焚書六卷，顏氏學記十卷，顏習齋先生年譜二卷，瘳忘編二卷、續論一卷、附後一卷，李恕谷先生年譜五卷，張蒼水全集十二卷、附錄四卷、題詠二卷、冰槎集題中人物考略一卷、傳略補一卷，續甬上耆舊詩集一至十六）

370000－1541－0001466　083.1/119

南菁書院叢書　王先謙　繆荃孫輯　清光緒十四年（1888）江陰南菁書院刻本　四十七冊

370000－1541－0001467　083.1/119 ＝ 1

南菁書院叢書　王先謙　繆荃孫輯　清光緒十四年（1888）江陰南菁書院刻本　三十冊

370000－1541－0001468　083.1/119 ＝ 2

南菁書院叢書　王先謙　繆荃孫輯　清光緒十四年（1888）江陰南菁書院刻本　二十六冊

370000－1541－0001469　083.1/119 ＝ 3

南菁書院叢書　王先謙　繆荃孫輯　清光緒十四年（1888）江陰南菁書院刻本　四十冊

370000－1541－0001470　083.1/119 ＝ 4

南菁書院叢書　王先謙　繆荃孫輯　清光緒十四年（1888）江陰南菁書院刻本　二十六冊

370000－1541－0001471　083.1/288

集虛草堂叢書甲集　李國松輯　清光緒三十年（1904）合肥李氏刻本　二十四冊

370000－1541－0001472　083.1/313 ＝ 1

張氏適園叢書初集二十五卷　張鈞衡輯　清宣統三年（1911）上海國學扶輪社鉛印本　十冊

370000－1541－0001473　083.1/313 ＝ 2

張氏適園叢書初集二十五卷　張鈞衡輯　清宣統三年（1911）上海國學扶輪社鉛印本　十冊

370000－1541－0001474　083.1/377

塵海妙品十四卷　（清）陳琰輯　清宣統三年（1911）上海六藝書局石印本　四冊

370000－1541－0001475　083.1/433

有福讀書堂叢刻六卷　（清）吳引孫輯　清光緒二十八年（1902）揚州吳氏有福讀書堂刻本　二冊

370000－1541－0001476　083.1/482 ＝ 1

玉簡齋叢書　羅振玉輯　清宣統二年（1910）上虞羅氏刻本　二十冊

370000－1541－0001477　083.1/482 ＝ 2

玉簡齋叢書　羅振玉輯　清宣統二年（1910）上

虞羅氏刻本　八冊　存十種二十九卷(漢志武成年月考一卷、陽明洞天圖經一卷、湟中雜記一卷、邊曇五卷、李蒲汀書目一卷、萬卷堂書目四卷、也是園書目十卷、傳是樓宋元本書目一卷、知聖道齋書目四卷、硯林拾遺一卷)

370000－1541－0001478　083.1/504
觀古堂彙刻書五十一卷　葉德輝輯　清光緒二十八年(1902)長沙葉氏刻本　十六冊

370000－1541－0001479　083.1/504＝1
觀古堂彙刻書五十一卷　葉德輝輯　清光緒二十八年(1902)長沙葉氏刻本　五冊　存十一種三十卷(三家詩補遺三卷、爾雅補注四卷、郭璞爾雅圖贊一卷、郭璞山海經圖贊二卷、說文段注札記一卷、萬卷堂書目四卷、絳雲樓書目補遺一卷、華陽集二卷、沈下賢集十卷、金陵百詠一卷、嘉禾百詠一卷)

370000－1541－0001480　083.1/504＝2
觀古堂彙刻書五十一卷　葉德輝輯　清光緒二十八年(1902)長沙葉氏刻本　十六冊

370000－1541－0001481　083.1/504＝3
麗廔叢書　葉德輝輯　清光緒三十三年(1907)長沙葉氏刻本　十四冊

370000－1541－0001482　083.1/504＝4
麗廔叢書　葉德輝輯　清光緒三十三年(1907)長沙葉氏刻本　五冊　缺四卷(南嶽總勝集中、下,古今書刻二卷)

370000－1541－0001483　083.1/504＝5
雙梅景闇叢書　葉德輝輯　清光緒至宣統長沙葉氏郎園刻本　四冊

370000－1541－0001484　083.1/504＝6
雙梅景闇叢書　葉德輝輯　清光緒至宣統長沙葉氏郎園刻本　五冊

370000－1541－0001485　083.1/719
文學山房叢書　(清)江杏溪輯　清同治十二年(1873)蘇州文學山房刻本　二十冊

370000－1541－0001486　083.1/730
西政叢書三十二種　梁啟超輯　清光緒二十三年(1897)慎記書莊石印本　七冊　存九種

三十三卷(希臘志略七卷、英政概一卷、法政概一卷、英藩政概四卷、續富國策三卷、日本新政考二、庸書八卷、適可齋記言四卷、四上書記四卷)

370000－1541－0001487　083.1/730＝1
西政叢書三十二種　梁啟超輯　清光緒二十三年(1897)慎記書莊石印本　三十二冊

370000－1541－0001488　083.1/730＝2
西政叢書三十二種　梁啟超輯　清光緒二十三年(1897)慎記書莊石印本　十五冊

370000－1541－0001489　083.1/730＝3
西政叢書三十二種　梁啟超輯　清光緒二十三年(1897)慎記書莊石印本　三十二冊

370000－1541－0001490　083.1/730＝4
希臘志略七卷　(□)□□撰　清光緒二十三年(1897)慎記書莊石印西政叢書本　一冊

370000－1541－0001491　083.1/745
晨風閣叢書二十二種四十七卷　沈宗畸輯　清宣統元年(1909)沈氏晨風閣刻本　十六冊

370000－1541－0001492　083.1/745＝1
晨風閣叢書二十二種四十七卷　沈宗畸輯　清宣統元年(1909)沈氏晨風閣刻本　十六冊

370000－1541－0001493　083.1/745＝2
國學萃編四十八期　沈宗畸輯　清光緒三十四年至宣統元年(1908－1909)北京廣益印字局鉛印晨風閣叢書本　四十九冊

370000－1541－0001494　083.1/745＝3
國學萃編四十八期　沈宗畸輯　清光緒三十四年至宣統元年(1908－1909)北京廣益印字局鉛印晨風閣叢書本　一冊　存一期(一)

370000－1541－0001495　083.1/745＝4
拜鴛樓校刻四種　沈宗畸輯　清光緒二十六年(1900)番禺沈氏拜鴛樓刻本　三冊　存二種二卷(影梅庵憶語一卷、欠愁集一卷)

370000－1541－0001496　083.1/860
藕香零拾三十九種九十卷　繆荃孫輯　清宣統二年(1910)江陰繆氏刻本　二冊　存六種

十卷(澹生堂藏書約四卷、藏書紀要一卷、流
通古書約一卷、古歡社約一卷、古泉山館書跋
殘稿一卷、破鐵網二卷)

370000 - 1541 - 0001497　083.1/860 = 1
藕香零拾三十九種九十卷　繆荃孫輯　清宣
統二年(1910)江陰繆氏刻本　三十二冊

370000 - 1541 - 0001498　083.1/860 = 2
藕香零拾三十九種九十卷　繆荃孫輯　清宣
統二年(1910)江陰繆氏刻本　三十二冊

370000 - 1541 - 0001499　083.1/860 = 3
藕香零拾三十九種九十卷　繆荃孫輯　清宣
統二年(1910)江陰繆氏刻本　三十二冊

370000 - 1541 - 0001500　083.1/860 = 4
雲自在龕叢書　繆荃孫輯　清光緒江陰繆氏
雲自在龕刻本　二十四冊

370000 - 1541 - 0001501　083.1/860 = 5
雲自在龕彙刻名家詞十七種二十四卷　繆荃
孫輯　清光緒江陰繆氏刻雲自在龕叢書本
四冊

370000 - 1541 - 0001502　083.1/860 = 6
對雨樓叢書四種　繆荃孫輯　清光緒江陰繆
氏對雨樓刻本　六冊

370000 - 1541 - 0001503　083.1/885 = 1
聚學軒叢書　劉世珩輯　清光緒二十九年
(1903)貴池劉世珩刻本　一百冊

370000 - 1541 - 0001504　083.1/953
郋齋叢書　徐乃昌編　清光緒二十六年
(1900)南陵徐氏刻本　十六冊

370000 - 1541 - 0001505　083.1/953 = 1
郋齋叢書　徐乃昌編　清光緒二十六年
(1900)南陵徐氏刻本　十六冊

370000 - 1541 - 0001506　083.1/953 = 2
郋齋叢書　徐乃昌編　清光緒二十六年
(1900)南陵徐氏刻本　十六冊

370000 - 1541 - 0001507　083.1/953 = 3
隨庵徐氏叢書　徐乃昌輯　清光緒三十四年
(1908)刻本　十二冊

370000 - 1541 - 0001508　083.1/953 = 4
隨庵徐氏叢書　徐乃昌輯　清光緒三十四年
(1908)刻本　十二冊

370000 - 1541 - 0001509　083.1/953 = 5
積學齋叢書　徐乃昌輯　清光緒十九年
(1893)南陵徐氏積學齋刻本　十六冊

370000 - 1541 - 0001510　083.1/953 = 6
積學齋叢書　徐乃昌輯　清光緒十九年
(1893)南陵徐氏積學齋刻本　二十冊

370000 - 1541 - 0001511　083.1/953 = 7
積學齋叢書　徐乃昌輯　清光緒十九年
(1893)南陵徐氏積學齋刻本　十六冊

370000 - 1541 - 0001512　083.2/454
東觀餘論二卷　(宋)黃伯思撰　明萬曆刻本
二冊

370000 - 1541 - 0001513　083.51/377 = 3
直齋書錄解題二十二卷　(宋)陳振孫撰　清
刻武英殿聚珍版書本　十六冊

370000 - 1541 - 0001514　083.81/372
風雨樓叢書　鄧實輯　清宣統二年(1910)上
海神州國光社鉛印本　十四冊　存七種(清
暉贈言、清暉閣贈貽尺牘、天游閣集、梅村文
集、錢穆齋尺牘、乙卯劄記、丙辰劄記)

370000 - 1541 - 0001515　084/117
漢魏遺書鈔　(清)王謨輯　清嘉慶三年
(1798)金谿王氏刻本　十二冊　存五十八種
(三禮目錄、三禮義宗、三禮圖、五禮駁、周官
傳、周官禮注、喪服經傳、喪服變除、喪服變除
圖、喪服要記、喪服略注、喪服釋疑、小戴禮記
注、禮記音義隱、月令章句、明堂月令論、四民
月令、魯禮禘祫志、禮統、禮論、石渠禮論、漢
禮器制度、問禮俗、皇覽逸禮、中霤禮、王度
記、三正記、謚法、樂經、樂元語、古今樂錄、樂
論、鐘律書、琴清英、琴操、歌錄、春秋釋例、春
秋決事、春秋長曆、春秋盟會圖、春秋土地名、
左傳解詁、左傳解誼、賈服異同略、左傳述義、
規過、難杜、左氏膏肓、穀梁廢疾、公羊墨守、
春秋公羊穀梁二傳解、穀梁傳注、穀梁傳例、

答薄氏校穀梁義、春秋後傳、春秋後語、國語注、世本)

370000－1541－0001516　084/164
漢學堂叢書　(清)黃奭輯　清道光甘泉黃氏刻光緒印本　六十四冊

370000－1541－0001517　084/164 = 1
漢學堂叢書　(清)黃奭輯　清道光甘泉黃氏刻光緒印本　八十冊

370000－1541－0001518　084/164 = 2
漢學堂叢書　(清)黃奭輯　清道光甘泉黃氏刻光緒印本　八十冊

370000－1541－0001519　084/311
二酉堂叢書　(清)張澍輯　清道光元年(1821)西安張氏二酉堂刻本　四冊

370000－1541－0001520　084/311 = 1
二酉堂叢書　(清)張澍輯　清道光元年(1821)西安張氏二酉堂刻本　十冊

370000－1541－0001521　084/311 = 2
二酉堂叢書　(清)張澍輯　清道光元年(1821)西安張氏二酉堂刻本　十二冊

370000－1541－0001522　084/311 = 3
二酉堂叢書　(清)張澍輯　清道光元年(1821)西安張氏二酉堂刻本　十冊

370000－1541－0001523　084/414
玉函山房輯佚書　(清)馬國翰輯　清光緒九年(1883)長沙嫏嬛館刻本　一百冊

370000－1541－0001524　084/414 = 1
玉函山房輯佚書　(清)馬國翰輯　清光緒九年(1883)長沙嫏嬛館刻本　一百冊

370000－1541－0001525　084/414 = 2
玉函山房輯佚書　(清)馬國翰輯　清光緒九年(1883)長沙嫏嬛館刻本　一百冊

370000－1541－0001526　084/414 = 3
玉函山房輯佚書　(清)馬國翰輯　清光緒十五年(1889)章邱李氏刻本　四十七冊　缺二函(六至七)

370000－1541－0001527　084/414 = 4
玉函山房輯佚書　(清)馬國翰輯　清光緒十五年(1889)章邱李氏刻本　六冊　存一類(論語類)

370000－1541－0001528　084/414 = 5
玉函山房輯佚書　(清)馬國翰輯　清光緒十五年(1889)章邱李氏刻本　十七冊　存八類(論語類、孟子類、爾雅類、小學類、雜史類、雜傳類、目錄類、儒家類)

370000－1541－0001529　084/418
玉函山房目耕帖三十一卷玉函山房輯佚書目耕帖續補十六卷附二卷　(清)馬國翰輯　清光緒十五年(1889)章邱李氏刻本　二十冊

370000－1541－0001530　084/576
十種古逸書　(清)茆泮林輯　清道光十四年至二十二年(1834－1842)高郵茆氏梅瑞軒刻本　二冊　存四種(世本、古孝子傳、伏侯古今注、三輔決錄)

370000－1541－0001531　084/576 = 1
十種古逸書　(清)茆泮林輯　清道光十四年至二十二年(1834－1842)高郵茆氏梅瑞軒刻本　六冊

370000－1541－0001532　085.78/165
陶樓雜著　(清)黃彭年編　清光緒十五年(1889)陶樓刻本　一冊

370000－1541－0001533　086/119
王氏四種　(清)王念孫撰　清光緒二十一年(1895)上海鴻文書局石印本　二十冊

370000－1541－0001534　086.11/117
畿輔叢書　(清)王灝輯　清光緒五年(1879)定州王氏謙德堂刻本　四百二十九冊

370000－1541－0001535　086.12/471
茌邑三先生合刻五種二十一卷　(明)畢佐周輯　清康熙五年(1666)茌平張愚刻道光十六年(1836)茌平張法輅補刻本　六冊　缺三卷(孟我疆先生集二至四)

370000－1541－0001536　086.21/382

横山草堂叢書　陳慶年輯　清宣統三年至民國八年(1911－1919)横山草堂刻本　十册

370000－1541－0001537　086.21/719
江陰叢書　金武祥輯　清光緒至宣統江陰金氏粟香室嶺南刻本　三十三册　存二十四種(宜齋野乘、北郭集、滄螺集、青暘集、陽羨茗壺系、洞山岕茶系、得月樓書目、藏說小萃七種、江上孤忠錄、江上遺聞、讀書瑣記、鸎亭詩話、笏巖詩鈔、篤慎堂燼餘詩稿、玉紀、水雲樓賸稿、江陰藝文志、冰泉唱和集、赤溪雜志、江南春詞集、粟香隨筆、粟香二筆、粟香三筆、粟香四筆)

370000－1541－0001538　086.21/719＝1
江陰叢書　金武祥輯　清光緒至宣統江陰金氏粟香室嶺南刻本　一册　存四種(宜齋野乘、陽羨茗壺系、洞山岕茶系、江陰李氏得月樓書目摘錄)

370000－1541－0001539　086.21/787
金山姚程三先生遺集　(清)程國嘉輯　清光緒十九年(1893)金山程氏刻本　四册

370000－1541－0001540　086.21/906
金陵叢刻　(清)傅春官輯　清光緒三十二年(1906)傅氏刻本　十册

370000－1541－0001541　086.23/221
金華叢書書目提要八卷　(清)胡鳳丹編　清同治八年(1869)金華胡氏退補齋刻本　二册

370000－1541－0001542　086.23/221＝1
金華叢書書目提要八卷　(清)胡鳳丹編　清同治八年(1869)金華胡氏退補齋刻本　二册

370000－1541－0001543　086.23/221＝2
金華叢書七十種　(清)胡鳳丹輯　清同治八年(1869)金華胡氏退補齋刻本　四十八册　存十八種(九靈山房遺稿、鹿皮子集、白雲集、月泉吟社、忠簡公集、青村遺稿、大事記、左氏傳說、論語集註考證、孟子集註考證、詩集傳名物鈔、讀書叢說、讀四書叢說、東萊先生左氏博議、大學疏義、東萊呂氏古易、帝王經世圖譜、詩律武庫)

370000－1541－0001544　086.23/221＝3
金華叢書七十種　(清)胡鳳丹輯　清同治八年(1869)金華胡氏退補齋刻本　二百七十四册

370000－1541－0001545　086.23/340
常州先哲遺書四十四種　盛宣懷輯　清光緒二十一年至二十四年(1895－1898)武進盛氏思惠齋刻本　六十四册

370000－1541－0001546　086.23/340＝1
常州先哲遺書四十四種　盛宣懷輯　清光緒二十一年至二十四年(1895－1898)武進盛氏思惠齋刻本　六十四册

370000－1541－0001547　086.23/394
湖州叢書六十六卷　(清)陸心源輯　清光緒湖州湖城義塾刻藍印本　十五册

370000－1541－0001548　086.23/690
台州叢書七種　(清)宋世犖輯　清嘉慶至道光臨海宋氏刻本　八册　存三種三十三卷(赤城集一至十八、嘉定赤城志二十八至四十、滇考一至二)

370000－1541－0001549　086.23/757
海昌叢載三十二種　(清)羊復禮輯　清光緒海昌羊氏傳卷樓粤東刻本　三册　存六種十二卷(新坂土風一卷、鹽桑摘要一卷、經驗癘子症良方一卷、簡莊文鈔六卷、簡莊文鈔續編二卷、河莊詩鈔一卷)

370000－1541－0001550　086.23/860
越中文獻輯存書七卷　紹興公報社編　清宣統三年(1911)紹興公報社鉛印本　四册

370000－1541－0001551　086.23/946
紹興先正遺書　(清)徐友蘭輯　清光緒紹興徐氏鑄學齋刻本　四十八册

370000－1541－0001552　086.25/119
湖北叢書三十種　(清)趙尚輔輯　清光緒十七年(1891)三餘草堂刻本　八十七册

370000－1541－0001553　086.25/199
湖北叢書三十種　(清)趙尚輔輯　清光緒十

七年(1891)三餘草堂刻本　七十九冊　缺八種(御定易經通注、易領、周易集解纂疏、易筮遺占、易象通義、江漢叢談、雲杜故事、導江三議)

370000－1541－0001554　086.257/100

孔子家語疏證十卷　(清)陳士珂輯　清光緒十七年(1891)三餘草堂刻湖北叢書本　八冊

370000－1541－0001555　086.33/908

嶺南遺書　(清)伍元薇　(清)伍崇曜輯　清道光十一年(1831)廣州粵雅堂文字歡娛室刻本　九十冊

370000－1541－0001556　088/112

繡水王氏家藏集十七種　(清)王相輯　清咸豐五年至光緒十二年(1855－1886)繡水王氏刻本　十二冊

370000－1541－0001557　088/115

合肥王氏家集　(清)王尚辰輯　清光緒二十三年(1897)廬州王氏木活字印本　八冊

370000－1541－0001558　088/119

高郵王氏四種　(清)王念孫　(清)王引之撰　清嘉慶至同治刻本　六十四冊

370000－1541－0001559　088/139

安邱曹氏家集十三種二十三卷　(清)□□編　清光緒抄本　二十冊

370000－1541－0001560　088/158

項城袁氏家集　丁振鐸編　清宣統三年(1911)天津清芬閣鉛印本　五十六冊

370000－1541－0001561　088/158＝1

項城袁氏家集　丁振鐸編　清宣統三年(1911)天津清芬閣鉛印本　五十五冊

370000－1541－0001562　088/377

左海全集十種三十一卷　(清)陳壽祺撰　清嘉慶至道光三山陳氏刻本　二十四冊

370000－1541－0001563　088/377＝1

左海全集十種三十一卷　(清)陳壽祺撰　清嘉慶至道光三山陳氏刻本　二十六冊

370000－1541－0001564　088/377＝2

左海續集　(清)陳壽祺撰　清道光小嫏嬛館刻本　三十九冊　缺一卷(韓詩遺說考四)

370000－1541－0001565　088/399

海虞三陶先生集合刻　(清)楊沂孫輯　清光緒七年(1881)海虞楊同福貴池衙署刻本　八冊

370000－1541－0001566　088/399＝1

海虞三陶先生集合刻　(清)楊沂孫輯　清光緒七年(1881)海虞楊同福貴池衙署刻本　十冊

370000－1541－0001567　088/465

如皋冒氏叢書　冒廣生輯　清光緒二十八年至民國二十四年(1902－1935)如皋冒氏刻本　二十四冊　存二十四種(香儷園偶存詩、寒碧孤吟、蘭言、影梅庵憶語、樸巢詩選、巢民文集、冒巢民先生年譜、婦人集注、鑄錯軒詩輯、蟄室詩錄、訒庵遺稿、寒碧堂詩輯、枕煙堂詩、莒原詩說、前後元夕讌集詩、枕干錄、如皋冒氏詩略、如皋冒氏詞略、小三吾亭文甲集、小三吾亭詩、謝康樂集拾遺、和謝康樂詩、冠柳集、小三吾亭詞)

370000－1541－0001568　088/465＝2

如皋冒氏叢書　冒廣生輯　清光緒二十八年至民國二十四年(1902－1935)如皋冒氏刻本　七冊　存九種(香儷園偶存詩、寒碧孤吟、集美人名詩、泛雪小草、蘭言、影梅庵憶語、巢民文集、巢民詩集、樸巢文選)

370000－1541－0001569　088/470

晁氏三先生集五種九卷　(宋)黃汝嘉輯　明嘉靖三十三年(1554)晁氏寶文堂刻本　四冊

370000－1541－0001570　088/478

德州田氏叢書　(清)田雯等撰　清康熙至乾隆德州田氏刻本　四十二冊

370000－1541－0001571　088/478＝1

德州田氏叢書　(清)田雯等撰　清康熙至乾隆德州田氏刻本　十六冊　存五種(古歡堂集、蒙齋年譜、長河志籍考、黔書、古歡堂詩集)

370000－1541－0001572　088/516

蔡氏九儒書九種九卷首一卷　（明）蔡有鷂輯
清同治七年(1868)三餘書屋刻本　六冊

370000－1541－0001573　088/610

嘉禾譚氏遺書　譚新嘉輯　清宣統三年
(1911)刻朱印本　一冊

370000－1541－0001574　088/611

許氏巾箱集三種五卷　（清）許兆熊輯　清嘉
慶二十二年(1817)許氏石契齋刻本　一冊

370000－1541－0001575　088/667

金華唐氏遺書　（宋）唐仲友撰　（清）張作楠
編　清宣統三年(1911)金華教育分會石印本
四冊

370000－1541－0001576　088/714

叢睦汪氏遺書　（清）汪篪輯　清光緒十二年
(1886)錢塘汪氏長沙刻本　三十六冊

370000－1541－0001577　088/714＝1

叢睦汪氏遺書　（清）汪篪輯　清光緒十二年
(1886)錢塘汪氏長沙刻本　三十二冊

370000－1541－0001578　089/523

白石道人四種　（宋）姜夔撰　清同治十年
(1871)刻本　二冊

370000－1541－0001579　089.25/311

忠武侯諸葛孔明先生全集　（三國蜀）諸葛亮
撰　（清）張澍輯　清同治元年(1862)木活字
印本　八冊

370000－1541－0001580　089.5/470＝3

昭德先生郡齋讀書志二十卷首一卷　（宋）晁
公武撰　（宋）姚應績重編　清光緒六年
(1880)會稽章氏刻本　八冊

370000－1541－0001581　089.51/117

玉海二百卷辭學指南四卷附刻十三種　（宋）
王應麟撰　元後至元六年(1340)慶元路儒學
刻元明清遞修清乾隆五十六年(1791)印本
一百冊

370000－1541－0001582　089.51/117＝1

玉海二百卷辭學指南四卷附刻十三種　（宋）

王應麟撰　清嘉慶十一年(1806)康基田刻本
九十六冊　缺十三種六十一卷(詩考一卷、
詩地理考六卷、漢藝文志考證十卷、通鑑地理
通釋十四卷、漢制考四卷、急就篇四卷、姓氏
急就篇二卷、周易鄭康成注一卷、王會解注一
卷、踐阼篇一卷、小學紺珠十卷、六經天文篇
二卷、通鑑答問五卷)

370000－1541－0001583　089.51/117＝2

玉海二百卷辭學指南四卷附刻十三種　（宋）
王應麟撰　清嘉慶十一年(1806)康基田刻本
一百二十八冊

370000－1541－0001584　089.51/117＝3

玉海二百卷辭學指南四卷附刻十三種　（宋）
王應麟撰　清光緒九年至十六年(1883－
1890)浙江書局刻本　一百二十二冊

370000－1541－0001585　089.51/377

直齋書錄解題二十二卷　（宋）陳振孫撰　清
光緒九年(1883)江蘇書局刻本　六冊

370000－1541－0001586　089.51/377＝1

直齋書錄解題二十二卷　（宋）陳振孫撰　清
光緒九年(1883)江蘇書局刻本　六冊

370000－1541－0001587　089.51/377＝2

直齋書錄解題二十二卷　（宋）陳振孫撰　清
光緒九年(1883)江蘇書局刻本　五冊　存十
八卷(一至十八)

370000－1541－0001588　089.523/757

白石道人四種十六卷　（宋）姜夔撰　清乾隆
八年(1743)江都陸氏水雲漁屋刻本　周叔弢
批校　二冊

370000－1541－0001589　089.526/117

玉海二百卷辭學指南四卷附刻十三種　（宋）
王應麟撰　清光緒九年至十六年(1883－
1890)浙江書局刻本　一百二十一冊

370000－1541－0001590　089.57/209

郝文忠公全集　（元）郝經撰　清刻本　三十
四冊

370000－1541－0001591　089.6/112

船山遺書二百八十八卷 （清）王夫之撰 清同治四年(1865)湘鄉曾氏刻本 一百二十冊

370000－1541－0001592 089.6/196

味檗齋遺書十三種十九卷 （明）趙南星撰 明末刻後印本 十四冊

370000－1541－0001593 089.6/653

七修類稿五十一卷續稿七卷 （明）郎瑛撰 清光緒六年(1880)廣州翰墨園刻本 十二冊

370000－1541－0001594 089.66/117

陽明先生集要三編三種 （明）王守仁撰 （明）施邦曜輯 清乾隆五十二年(1787)濟美堂刻本 十二冊

370000－1541－0001595 089.66/117＝1

陽明先生集要三編三種 （明）王守仁撰 （明）施邦曜輯 清光緒五年(1879)黔南刻本 四冊

370000－1541－0001596 089.66/117＝2

陽明先生集要三編三種 （明）王守仁撰 （明）施邦曜輯 清光緒五年(1879)黔南刻本 十二冊

370000－1541－0001597 089.66/117＝4

王文成公全書 （明）王守仁撰 清刻本 二十四冊

370000－1541－0001598 089.66/117＝5

王文成公全書 （明）王守仁撰 清刻本 二十四冊

370000－1541－0001599 089.66/273

合刻楊南峰先生全集十種二十二卷 （明）楊循吉撰 明萬曆三十七年(1609)徐景鳳刻本 二冊 存七種(廬陽客記、金山雜志、燈窗末藝、攢眉集、齋中拙咏、菊花百咏、都下贈僧詩)

370000－1541－0001600 089.66/444

呂子遺書 （明）呂坤撰 清道光七年(1827)開封府署刻本 三十二冊

370000－1541－0001601 089.67/190

袁中郎十集十六卷 （明）袁宏道撰 （明）周應麐編 明繡水周應麐刻本 四冊

370000－1541－0001602 089.67/190＝1

袁中郎十集十六卷 （明）袁宏道撰 （明）周應麐編 明刻本 二冊 存五種(華嵩遊草、瓶史、觴政、狂言、狂言別集)

370000－1541－0001603 089.67/377

歸雲別集十種七十四卷 （明）陳士元撰 清道光十三年(1833)寶善堂刻本 二十冊

370000－1541－0001604 089.67/964

顧端文公遺書 （明）顧憲成撰 清光緒三年(1877)涇里宗祠刻本 十六冊

370000－1541－0001605 089.68/288

李竹嬾先生說部全書八種二十五卷 （明）李日華撰 明刻本 十二冊

370000－1541－0001606 089.68/809

西郭草堂合刊 （明）喬中和撰 清光緒五年(1879)順德躋新堂刻本 十四冊

370000－1541－0001607 089.7/115

知新錄三十二卷 （清）王棠彙訂 清潭濱黃晟刻本 三十二冊

370000－1541－0001608 089.7/119

鄂宰四種 （清）王筠撰 清咸豐二年(1852)刻本 二冊

370000－1541－0001609 089.7/119＝1

鄂宰四種 （清）王筠撰 清咸豐二年(1852)刻本 二冊

370000－1541－0001610 089.7/119＝2

鄂宰四種 （清）王筠撰 清咸豐二年(1852)刻本 二冊

370000－1541－0001611 089.7/119＝3

鄂宰四種 （清）王筠撰 清咸豐二年(1852)刻本 二冊

370000－1541－0001612 089.7/119＝4

鄂宰四種 （清）王筠撰 清咸豐二年(1852)刻本 二冊

370000－1541－0001613 089.7/119＝5

鄂宰四種 （清）王筠撰 清光緒十七年
(1891)經術堂刻本 四冊

370000－1541－0001614 089.7/212

戴氏遺書 （清）戴震撰 清乾隆四十三年
(1778)曲阜孔氏微波榭刻本 三十二冊

370000－1541－0001615 089.7/348

景紫堂全書 （清）夏炘撰 清咸豐至同治刻
本 十八冊

370000－1541－0001616 089.7/373

皮氏經學叢書七種十八卷 （清）皮錫瑞撰
清光緒二十二年至三十四年(1896－1908)思
賢書局刻本 九冊

370000－1541－0001617 089.7/382

番禺陳氏東塾叢書初函四種附一種 （清）陳
澧撰 清咸豐八年至光緒八年(1858－1882)
廣州富文齋刻本 九冊

370000－1541－0001618 089.7/392

潛園總集 （清）陸心源輯 清光緒十年
(1884)歸安陸氏刻本 一百二十冊

370000－1541－0001619 089.7/627

古今釋疑十八卷 （清）方中履撰 清康熙二
十一年(1682)合山方氏汗青閣刻本 十二冊

370000－1541－0001620 089.7/627＝1

毋不敬齋全書 （清）方潛撰 清光緒十五年
(1889)方敦吉濟南刻本 十七冊

370000－1541－0001621 089.7/714

雙池遺書八種 （清）汪紱撰 清光緒二十二
年(1896)刻本 八冊

370000－1541－0001622 089.7/842

雲林別墅新輯酬世錦囊家禮集成二集七卷採
輯新聯四集二卷 （清）謝梅林 （清）鄒可庭
輯 清刻本 二冊 存三卷(雲林別墅新輯
酬世錦囊家禮集成二集一至二、採輯新聯四
集二)

370000－1541－0001623 089.72/112

王漁洋遺書三十八種 （清）王士禎撰輯 清
康熙刻後印本 七十四冊

370000－1541－0001624 089.72/112＝1

船山遺書二百八十八卷 （清）王夫之撰 清
同治四年(1865)湘鄉曾氏刻本 一百冊

370000－1541－0001625 089.72/112＝2

船山遺書二百八十八卷 （清）王夫之撰 清
同治四年(1865)湘鄉曾氏刻本 一百十一冊

370000－1541－0001626 089.72/112＝3

王船山先生經史論八種 （清）王夫之撰 清
光緒二十五年(1899)上海公記書莊石印本
十七冊

370000－1541－0001627 089.72/169

黃梨洲遺書十種 （清）黃宗羲撰 清光緒三
十一年(1905)杭州群學社石印本 十四冊

370000－1541－0001628 089.72/209

中山集十四卷 （清）郝浴撰 清康熙郝氏刻
本 八冊

370000－1541－0001629 089.72/288

榕村全書 （清）李光地撰 清道光九年
(1829)安溪李維迪刻本 一百二十冊

370000－1541－0001630 089.72/290

笠翁一家言全集十六卷 （清）李漁撰 清雍
正八年(1730)世德堂刻本 二十冊

370000－1541－0001631 089.72/387

三魚堂全集 （清）陸隴其撰 清同治七年
(1868)武林薇署刻本 十二冊

370000－1541－0001632 089.72/387＝1

三魚堂全集 （清）陸隴其撰 清同治七年
(1868)武林薇署刻本 七冊 存二種(三魚
堂賸言、三魚堂日記)

370000－1541－0001633 089.72/387＝2

三魚堂全集 （清）陸隴其撰 清宣統三年
(1911)上海掃葉山房石印本 八冊

370000－1541－0001634 089.72/387＝3

陸桴亭先生遺書 （清）陸世儀撰 清光緒二
十五年(1899)唐受祺京師刻本 二十冊

370000－1541－0001635 089.72/387＝4

陸桴亭先生遺書 （清）陸世儀撰 清光緒二

十五年(1899)唐受祺京師刻本　二十八冊

370000－1541－0001636　089.72/387＝5

陸子全書　(清)陸隴其撰　清光緒十六年(1890)宗培刻本　三十六冊

370000－1541－0001637　089.72/465

冒氏小品四種四卷　(清)冒襄撰　清宣統元年(1909)刻本　一冊

370000－1541－0001638　089.72/595

鄖冰壑先生全書十三種　(清)鄖成撰　清光緒十一年(1885)東雍書院刻本　二冊

370000－1541－0001639　089.72/627

周官集注十二卷　(清)方苞撰　清乾隆八年(1743)桐城方氏抗希堂刻本　四冊　存八卷(五至十二)

370000－1541－0001640　089.72/627＝1

抗希堂十六種　(清)方苞撰　清康熙至嘉慶桐城方氏抗希堂刻本　五十一冊　缺二種(左傳義法舉要、刪定管子)

370000－1541－0001641　089.72/627＝2

抗希堂十六種　(清)方苞撰　清康熙至嘉慶桐城方氏抗希堂刻本　四十二冊　存十種(周官析疑、考工記析疑、春秋比事目錄、儀禮析疑、春秋直解、離騷經正義、周官辨、禮記析疑、喪禮或問、望溪先生文)

370000－1541－0001642　089.72/704

安靜子集五種十四卷附一種二卷　(清)安致遠撰　清康熙四十一年(1702)蘭雪堂刻本六冊

370000－1541－0001643　089.72/736

潛菴先生擬明史稿二十卷　(清)湯斌撰(清)田蘭芳評　清康熙刻本　二十七冊　缺一卷(二十)

370000－1541－0001644　089.72/736＝1

湯文正公遺稿五卷疏稿一卷志學會約一卷家書一卷困學錄一卷洛學編五卷　(清)湯斌撰　清康熙至乾隆刻本　七冊

370000－1541－0001645　089.72/781

西河合集　(清)毛奇齡撰　清乾隆三十五年(1770)陸體元刻本　五十二冊

370000－1541－0001646　089.72/781＝2

西河合集　(清)毛奇齡撰　清嘉慶元年(1796)蕭山陸凝瑞堂刻本　一百冊

370000－1541－0001647　089.72/781＝3

西河合集　(清)毛奇齡撰　清刻本　六冊存三種(春秋屬辭比事記、春秋占筮書、韻學指要)

370000－1541－0001648　089.72/781＝4

西河合集　(清)毛奇齡撰　清刻本　三十三冊　存四十六種二百三卷(古文尚書冤詞四至八、尚書廣聽錄五卷、舜典補亡一卷、國風省篇一卷、毛詩寫官記四卷、詩札二卷、詩傳詩說駁義五卷、白鷺洲主客說詩一卷、續詩傳鳥名三卷、昏禮辨正一卷、廟制折衷二卷、大小宗通繹一卷、北郊配位尊西向議一卷、辨定嘉靖大禮議二卷、辨定祭禮通俗譜五卷、喪禮吾說篇十卷、曾子問講錄四卷、春秋毛氏傳三十六卷、春秋屬辭比事記四卷、春秋條貫篇十一卷、春秋占筮書三卷、春秋簡書刊誤二卷、四書索解四卷、論語稽求篇七卷、大學證文四卷、大學知本圖說一卷、中庸說五卷、四書賸言四卷、四書賸言補二卷、聖門釋非錄五卷、逸講箋三卷、聖諭樂本解說二卷、竟山樂錄一至二、誥詞一卷、頌一卷、主客辭二卷、奏疏一卷、議四卷、揭子一卷、剳子二卷、館擬判一卷、書八卷、牘札一卷、箋一卷、序一至二十七、五言格詩五卷)

370000－1541－0001649　089.72/964

亭林先生補遺十種　(清)顧炎武撰　清光緒十一年(1885)上海掃葉山房刻本　十冊

370000－1541－0001650　089.72/964＝1

金石文字記六卷　(清)顧炎武撰　清刻本二冊

370000－1541－0001651　089.72/964＝2

亭林遺書十種　(清)顧炎武撰　清刻本　六冊

370000－1541－0001652　089.72/964＝3

亭林遺書十種　（清）顧炎武撰　清刻本　六冊

370000－1541－0001653　089.72/964＝4

亭林遺書十種　（清）顧炎武撰　清蓬瀛閣刻本　十冊

370000－1541－0001654　089.72/964＝5

亭林遺書十種　（清）顧炎武撰　清蓬瀛閣刻本　二冊　存五種八卷(韻補正一卷、昌平山水記二卷、譎觚十事一卷、顧氏譜系考一卷、亭林文集一至三)

370000－1541－0001655　089.72/964＝6

亭林遺書二十二種附三種　（清）顧炎武撰　清末民國初上海文瑞樓石印本　十二冊

370000－1541－0001656　089.72/964＝7

亭林遺書二十二種附三種　（清）顧炎武撰　清末民國初上海文瑞樓石印本　八冊

370000－1541－0001657　089.72/964＝8

亭林遺書二十二種附三種　（清）顧炎武撰　清末民國初上海文瑞樓石印本　十二冊

370000－1541－0001658　089.72/964＝9

亭林先生遺書彙輯　（清）顧炎武撰　（清）席威　（清）朱記榮輯　清光緒十四年(1888)上海掃葉山房刻本　二十三冊

370000－1541－0001659　089.72/964＝10

亭林先生遺書彙輯　（清）顧炎武撰　（清）席威　（清）朱記榮輯　清光緒十四年(1888)上海掃葉山房刻本　十一冊　存九種(左傳杜解補正、九經誤字、五經同異、韻補正、聖安記事、顧氏譜系考、歷代帝王宅京記、營平二州地名記、昌平山水記)

370000－1541－0001660　089.72/964＝11

亭林先生遺書彙輯　（清）顧炎武撰　（清）席威　（清）朱記榮輯　清光緒十四年(1888)朱氏校經山房刻本　二十四冊

370000－1541－0001661　089.73/288

榕村全書　（清）李光地撰　清道光九年

(1829)安溪李維迪刻本　十二冊　存六種(古樂經傳、書經七篇二典三謨禹貢洪範、周易觀象、周易通論、韓子粹言、正蒙注)

370000－1541－0001662　089.73/517

鹿洲全集八種　（清）藍鼎元撰　（清）曠敏本等評　清雍正十年(1732)閑存堂刻本　二十冊

370000－1541－0001663　089.73/517＝2

鹿洲全集八種　（清）藍鼎元撰　清同治四年(1865)廣東緯文堂刻本　二十冊

370000－1541－0001664　089.74/103

授堂遺書八種　（清）武億撰　清道光二十三年(1843)偃師武氏刻本　十六冊

370000－1541－0001665　089.74/103＝1

授堂遺書八種　（清）武億撰　清道光二十三年(1843)偃師武氏刻本　十六冊

370000－1541－0001666　089.74/103＝2

授堂遺書八種　（清）武億撰　清道光二十三年(1843)偃師武氏刻本　十冊　存六種五十二卷(經讀考異十二卷、群經義證八卷、三禮義證十二卷、授堂文鈔十卷、讀畫山房文鈔二卷、授堂詩鈔八卷)

370000－1541－0001667　089.74/185

隨園三十二種　（清）袁枚撰　清道光十年(1830)小倉山房刻本　七十八冊

370000－1541－0001668　089.74/185＝1

隨園三十種　（清）袁枚撰　清刻本　七十八冊　缺五卷(小倉山房文集十六至二十)

370000－1541－0001669　089.74/185＝2

隨園三十種　（清）袁枚撰　清同治五年(1866)三讓睦記刻本　九十六冊

370000－1541－0001670　089.74/185＝3

隨園三十種　（清）袁枚撰　清隨園刻本　十五冊　存七種五十三卷(隨園隨筆二十八卷、南園詩選二卷、袁家三妹合稿一卷、素文女子遺稿一卷、過雲精舍詞二卷、碧梧山館詞二卷、新齊諧一至十七)

370000－1541－0001671　089.74/185＝4

隨園三十六種　（清）袁枚撰　清光緒十八年
(1892)上海圖書集成印書局鉛印本　四十五
冊

370000－1541－0001672　089.74/185＝5

隨園三十六種　（清）袁枚撰　清光緒十八年
(1892)上海圖書集成印書局鉛印本　五十冊

370000－1541－0001673　089.74/185＝6

隨園三十種　（清）袁枚撰　清隨園刻本　八
冊　存十三種(碧腴齋詩存、筱雲詩集、湄君
詩集、袁家三妹合稿、素文女子遺稿、飲水詞、
捧月樓詞、箏船詞、綠秋草堂詞、玉山堂詞、崇
睦山房詞、過雲精舍詞、碧梧山館詞)

370000－1541－0001674　089.74/278

杭大宗七種叢書　（清）杭世駿撰　清乾隆五
十七年(1792)杭賓仁廣州刻本　六冊

370000－1541－0001675　089.74/278＝1

杭大宗七種叢書　（清）杭世駿撰　清乾隆五
十七年(1792)杭賓仁廣州刻本　六冊

370000－1541－0001676　089.74/311

噉蔗全集　（清）張義年撰　（清）錢大昕
（清）陳以綱評輯　清光緒十九年(1893)上海
著易堂鉛印本　六冊

370000－1541－0001677　089.74/370

顨軒孔氏所著書六十卷　（清）孔廣森撰　清
嘉慶二十二年(1817)曲阜孔氏儀鄭堂刻本
五冊

370000－1541－0001678　089.74/380

文道十書四種十二卷首一卷　（清）陳景雲撰
　清乾隆十九年(1754)刻本　六冊

370000－1541－0001679　089.74/392

陳司業遺書三卷　（清）陳祖范撰　清光緒十
七年(1891)廣雅書局刻本　二冊

370000－1541－0001680　089.74/459

西澗草堂全集五種十四卷　（清）閻循觀撰
清乾隆三十八年(1773)刻本　四冊

370000－1541－0001681　089.74/526

蔣氏四種六十四卷　（清）蔣士銓撰　清刻本
(忠雅堂評點四六法海爲朱墨套印本)　四十
冊

370000－1541－0001682　089.74/526＝1

蔣氏四種六十四卷　（清）蔣士銓撰　清刻本
(忠雅堂評點四六法海爲朱墨套印本)　四十
冊

370000－1541－0001683　089.74/535

范氏三種三十四卷　（清）范家相撰　清乾隆
至嘉慶會稽范氏刻光緒十三年(1887)墨潤堂
重修本　八冊

370000－1541－0001684　089.74/621

梅莊雜著十二卷　（清）謝濟世撰　清光緒十
年(1884)長沙寄生草堂刻本　四冊

370000－1541－0001685　089.74/627

抗希堂十六種　（清）方苞撰　清康熙至嘉慶
桐城方氏抗希堂刻本　六十冊

370000－1541－0001686　089.74/784

在山堂文集　（清）程大中撰　清道光十年
(1830)刻本　六冊

370000－1541－0001687　089.74/915

心齋十種　（清）任兆麟撰　清乾隆五十三年
(1788)忠敏家塾刻本　四冊

370000－1541－0001688　089.74/951

徐位山六種　（清）徐文靖撰　清光緒二年
(1876)刻本　二十四冊

370000－1541－0001689　089.74/951＝1

徐位山六種　（清）徐文靖撰　清光緒二年
(1876)刻本　二十四冊

370000－1541－0001690　089.74/951＝2

徐位山六種　（清）徐文靖撰　清光緒二年
(1876)刻本　二十四冊

370000－1541－0001691　089.74/951＝3

徐位山六種　（清）徐文靖撰　清光緒二年
(1876)刻本　二十四冊

370000－1541－0001692　089.75/196

甌北全集七種　（清）趙翼撰　清乾隆五十

年至嘉慶十七年(1790－1812)陽湖趙氏湛貽堂刻本　五十冊

370000－1541－0001693　089.75/196＝1

趙甌北全集七種　(清)趙翼撰　清刻本　二十四冊　存四種九十二卷(簷曝雜記七卷、甌北詩鈔二十卷、甌北詩話十二卷、甌北集五十三卷)

370000－1541－0001694　089.75/209

郝氏遺書　(清)郝懿行撰　清嘉慶至光緒刻本　八十三冊

370000－1541－0001695　089.75/209＝1

郝氏遺書　(清)郝懿行撰　清嘉慶至光緒刻本　十二冊　存七種四十五卷(春秋說略十二卷、春秋比二卷、山海經箋疏十八卷、列女傳補注八卷、列仙傳校正本二卷、晉宋書故一卷、荀子補注二卷)

370000－1541－0001696　089.75/209＝2

郝氏遺書　(清)郝懿行撰　清嘉慶至光緒刻本　四十二冊　存十六種一百十八卷(詩問七卷、易說十二卷、曬書堂筆錄六卷、曬書堂文集十二卷、曬書堂外集二卷、曬書堂筆記二卷、證俗文十九卷、爾雅義疏十九卷、列仙傳校正本二卷、夢書一卷、詩說二卷、書說二卷、春秋說略十二卷、春秋比二卷、梅叟閒評四卷、竹書紀年校正十四卷)

370000－1541－0001697　089.75/209＝3

郝氏遺書　(清)郝懿行撰　清嘉慶至光緒刻本　六冊　存五種六卷(晉宋書故一卷、補宋書刑法志一卷、補宋書食貨志一卷、宋瑣語一卷、荀子補注二卷)

370000－1541－0001698　089.75/209＝4

郝氏遺書　(清)郝懿行撰　清嘉慶至光緒刻本　六冊　存五種六卷(晉宋書故一卷、補宋書刑法志一卷、補宋書食貨志一卷、宋瑣語一卷、荀子補注二卷)

370000－1541－0001699　089.75/209＝5

郝氏遺書　(清)郝懿行撰　清嘉慶至光緒刻本　六冊　存四種十五卷(易說十二卷、燕子春秋一卷、蜂衙小記一卷、記海錯一卷)

370000－1541－0001700　089.75/209＝6

郝氏遺書　(清)郝懿行撰　清嘉慶至光緒刻本　二冊　存二種二卷(燕子春秋一卷、蜂衙小記一卷)

370000－1541－0001701　089.75/382

惕園初稿十六卷外稿一卷遺稿十卷　(清)陳庚煥撰　清有有齋刻本　十冊

370000－1541－0001702　089.75/545

董方立遺書十六卷　(清)董祐誠撰　清同治八年(1869)成都刻本　八冊

370000－1541－0001703　089.75/545＝1

董方立遺書十六卷　(清)董祐誠撰　清同治八年(1869)成都刻本　四冊

370000－1541－0001704　089.75/583

崔東壁遺書　(清)崔述撰　清道光四年(1824)陳履和東陽縣署刻本　十七冊

370000－1541－0001705　089.75/583＝1

唐虞考信錄四卷　(清)崔述撰　清道光二年(1822)遺經樓刻本　一冊　存二卷(一至二)

370000－1541－0001706　089.75/635

靈芬館全集十七種九十二卷　(清)郭麐撰　清刻本　二十冊

370000－1541－0001707　089.75/710

汪龍莊先生遺書　(清)汪輝祖撰　清同治元年(1862)望三益齋刻本　六冊

370000－1541－0001708　089.75/712

古愚老人消夏錄　(清)汪汲撰　清乾隆至嘉慶海陽汪氏古愚山房刻本　二十二冊　缺一種(解毒編)

370000－1541－0001709　089.75/712＝1

古愚老人消夏錄　(清)汪汲撰　清乾隆至嘉慶海陽汪氏古愚山房刻本　二十冊

370000－1541－0001710　089.75/712＝2

古愚老人消夏錄　(清)汪汲撰　清乾隆至嘉慶海陽汪氏古愚山房刻本　二十四冊

370000 – 1541 – 0001711　089.75/712 = 3

古愚老人消夏錄　（清）汪汲撰　清乾隆至嘉慶海陽汪氏古愚山房刻本　二十冊

370000 – 1541 – 0001712　089.75/712 = 4

古愚老人消夏錄　（清）汪汲撰　清刻本　十冊　存六種（詞名集解、詞名集解續編、南北詞名宮調彙錄、院本名目、雜劇待考、琴曲萃覽）

370000 – 1541 – 0001713　089.75/712 = 5

古愚老人消夏錄　（清）汪汲撰　清刻本　一冊　存五種（宋樂類編、南北詞名宮調彙錄、院本名目、雜劇待考、琴曲萃覽）

370000 – 1541 – 0001714　089.75/720

洪北江全集　（清）洪亮吉撰　清光緒三年至五年(1877 – 1879)陽湖洪用懃授經堂刻本　四十九冊

370000 – 1541 – 0001715　089.75/720 = 1

洪北江全集　（清）洪亮吉撰　清光緒三年至五年(1877 – 1879)陽湖洪用懃授經堂刻本　七十冊

370000 – 1541 – 0001716　089.75/728

頻羅庵遺集十六卷　（清）梁同書撰　清光緒十三年(1887)蛟川修綆山莊刻本　六冊

370000 – 1541 – 0001717　089.75/728 = 1

頻羅庵遺集十六卷　（清）梁同書撰　清嘉慶二十二年(1817)仁和陸貞一刻本　六冊

370000 – 1541 – 0001718　089.75/743

所願學齋書鈔　（清）沈夢蘭撰　清光緒五年(1879)刻本　四冊

370000 – 1541 – 0001719　089.75/879

經韻樓叢書　（清）段玉裁撰　清道光元年(1821)金壇段氏刻本　二十冊

370000 – 1541 – 0001720　089.75/879 = 1

經韻樓叢書　（清）段玉裁撰　清道光元年(1821)金壇段氏刻本　七冊　存三種（周禮漢讀考、毛詩詁訓傳、春秋左氏古經）

370000 – 1541 – 0001721　089.75/892

劉端臨先生遺書　（清）劉台拱撰　清道光十四年(1834)世德堂刻本　四冊

370000 – 1541 – 0001722　089.75/892 = 1

劉端臨先生遺書　（清）劉台拱撰　清道光十四年(1834)世德堂刻本　二冊

370000 – 1541 – 0001723　089.75/892 = 2

劉端臨先生遺書　（清）劉台拱撰　清道光十四年(1834)世德堂刻本　四冊

370000 – 1541 – 0001724　089.75/892 = 3

劉氏遺書　（清）劉台拱撰　清光緒十五年(1889)廣雅書局刻本　二冊

370000 – 1541 – 0001725　089.75/892 = 4

劉氏遺書　（清）劉台拱撰　清光緒十五年(1889)廣雅書局刻本　二冊

370000 – 1541 – 0001726　089.75/892 = 5

劉氏遺書　（清）劉台拱撰　清光緒十五年(1889)廣雅書局刻本　二冊

370000 – 1541 – 0001727　089.75/917

焦氏遺書　（清）焦循撰　清嘉慶至道光江都焦氏雕菰樓刻本　四十冊

370000 – 1541 – 0001728　089.75/927

潛研堂全書　（清）錢大昕撰　清光緒十年(1884)長沙龍氏家塾刻本　六十四冊

370000 – 1541 – 0001729　089.75/951

敦艮齋遺書　（清）徐潤第撰　清道光二十八年(1848)五臺徐繼畬刻本　五冊

370000 – 1541 – 0001730　089.75/951 = 1

敦艮齋遺書　（清）徐潤第撰　清道光二十八年(1848)五臺徐繼畬刻本　五冊

370000 – 1541 – 0001731　089.75/990

夢厂雜著　（清）俞蛟撰　清道光八年(1828)敬藝堂刻本　十四冊

370000 – 1541 – 0001732　089.75/994

惜抱軒全集　（清）姚鼐撰　清嘉慶至道光刻本　十三冊　缺十一卷(文集一至十一)

370000 – 1541 – 0001733　089.75/994 = 1

惜抱軒全集　（清）姚鼐撰　清同治五年
(1866)省心閣刻本　十六冊

370000－1541－0001734　089.75/994＝2

惜抱軒全集　（清）姚鼐撰　清同治五年
(1866)省心閣刻本　十六冊

370000－1541－0001735　089.75/994＝3

惜抱軒全集　（清）姚鼐撰　清同治五年
(1866)省心閣刻本　十六冊

370000－1541－0001736　089.75/994＝4

惜抱軒全集　（清）姚鼐撰　清同治五年
(1866)省心閣刻本　十八冊

370000－1541－0001737　089.75/994＝5

惜抱軒全集　（清）姚鼐撰　清同治五年
(1866)省心閣刻本　十六冊

370000－1541－0001738　089.75/994＝6

惜抱軒全集　（清）姚鼐撰　清同治五年
(1866)省心閣刻本　二十冊

370000－1541－0001739　089.75/994＝7

惜抱軒全集　（清）姚鼐撰　清同治五年
(1866)省心閣刻本　十六冊

370000－1541－0001740　089.75/994＝8

惜抱軒遺書三種　（清）姚鼐撰　清光緒五年
(1879)桐城徐氏刻本　四冊

370000－1541－0001741　089.75/994＝9

惜抱軒遺書三種　（清）姚鼐撰　清光緒五年
(1879)桐城徐氏刻本　四冊

370000－1541－0001742　089.76/266

息柯居士全集　（清）楊翰撰　清光緒二年
(1876)浯上息園刻本　十二冊

370000－1541－0001743　089.76/273

受經堂彙稿　（清）楊紹文輯　清道光三年
(1823)刻本　四冊

370000－1541－0001744　089.76/290

榕園全集　（清）李彥章撰　清道光二十年
(1840)李以焜刻本　十九冊

370000－1541－0001745　089.76/306

宛鄰書屋古詩錄　（清）張琦輯　清道光十年
(1830)張氏刻宛鄰書屋叢書本　五冊

370000－1541－0001746　089.76/306＝1

榕園叢書丙集二十五種七十五卷　（清）張丙
炎輯　清末民國初刻本　二十冊

370000－1541－0001747　089.76/377

湘煙小錄三種　（清）陳裴之撰　清光緒十二
年(1886)上海王氏刻本　二冊

370000－1541－0001748　089.76/382

養志居僅存稿十八卷　（清）陳宗起撰　清光
緒十一年(1885)丹徒陳氏刻本　十冊

370000－1541－0001749　089.76/526

蔣子遺書　（清）蔣湘南撰　清光緒十四年
(1888)長白豫山湘南臬署會心閣刻本　五冊

370000－1541－0001750　089.76/730

二思堂叢書　（清）梁章鉅撰　清光緒元年
(1875)福州梁氏刻本　十二冊

370000－1541－0001751　089.76/730＝1

二思堂叢書　（清）梁章鉅撰　清光緒元年
(1875)福州梁氏刻本　二十冊

370000－1541－0001752　089.76/730＝2

二思堂叢書　（清）梁章鉅撰　清光緒元年
(1875)福州梁氏刻本　十二冊

370000－1541－0001753　089.76/730＝3

二思堂叢書　（清）梁章鉅撰　清光緒元年
(1875)福州梁氏刻本　十六冊

370000－1541－0001754　089.76/732

藤花亭十種　（清）梁廷枏纂　清道光十年
(1830)刻本　十五冊

370000－1541－0001755　089.76/740

蛾術堂集　（清）沈豫撰　清道光十八年
(1838)蕭山沈氏漢讀齋刻本　八冊

370000－1541－0001756　089.76/754

不遠復齋遺書　（清）潘世璜輯　清光緒六年
(1880)潘遵祁刻本　一冊

370000－1541－0001757　089.76/842

鄒叔子遺書七種　（清）鄒漢勛撰　清光緒九年(1883)新化鄒氏刻本　十二冊

370000 – 1541 – 0001758　089.76/842 = 1

鄒叔子遺書七種　（清）鄒漢勛撰　清光緒九年(1883)新化鄒氏刻本　十四冊

370000 – 1541 – 0001759　089.76/842 = 2

鄒叔子遺書七種　（清）鄒漢勛撰　清光緒九年(1883)新化鄒氏刻本　十二冊

370000 – 1541 – 0001760　089.76/859

紀慎齋先生全集　（清）紀大奎撰　清嘉慶十三年(1808)刻本　二十冊

370000 – 1541 – 0001761　089.76/994

中復堂全集　（清）姚瑩撰　清同治六年(1867)桐城姚濬昌安福縣署刻本　三十九冊

370000 – 1541 – 0001762　089.76/994 = 1

援鶉堂筆記五十卷刊誤一卷刊誤補遺一卷　（清）姚範撰　清道光十五年(1835)桐城姚瑩淮南監掣官署刻本　十六冊

370000 – 1541 – 0001763　089.76/994 = 2

援鶉堂筆記五十卷刊誤一卷刊誤補遺一卷　（清）姚範撰　清道光十五年(1835)桐城姚瑩淮南監掣官署刻本　十二冊

370000 – 1541 – 0001764　089.77/119

巴山七種　（清）王侃撰　清同治四年(1865)光裕堂刻本　三冊　存四種(治平要術、放言、江州筆談、白岩詩存)

370000 – 1541 – 0001765　089.77/146

石屋書五種　（清）曹金籀撰　清同治仁和曹氏刻本　七冊　缺一種(古文原始)

370000 – 1541 – 0001766　089.77/158

頤志齋叢書　（清）丁晏撰　清道光至同治山陽丁氏六藝堂刻同治元年(1862)匯印本　六冊　存五種(禹貢集釋、禹貢錐指正誤、鄭氏詩譜考正、毛鄭詩釋、讀史粹言)

370000 – 1541 – 0001767　089.77/164

微居集　（清）黃式三撰　清光緒十四年(1888)刻本　七冊

370000 – 1541 – 0001768　089.77/254

竹柏山房家刻十五種　（清）林春溥撰　清嘉慶二十一年至咸豐三年(1816 – 1853)竹柏山房刻本　四十冊

370000 – 1541 – 0001769　089.77/306

張亟齋遺集　（清）張弨撰　清同治四年(1865)盱眙吳氏望三益齋刻本　一冊

370000 – 1541 – 0001770　089.77/309

悔廬全集　（清）張崇蘭撰　清光緒二十三年(1897)刻本　十冊

370000 – 1541 – 0001771　089.77/316

求益齋全集五種　（清）強汝詢撰　清光緒二十四年(1898)江蘇書局刻本　八冊

370000 – 1541 – 0001772　089.77/331

水田居全集　（清）賀貽孫撰　清道光二十六年(1846)賜書樓刻本　十冊　存五種(騷筏、詩筏、易觸、詩觸、激書)

370000 – 1541 – 0001773　089.77/359

延釐堂集九卷　（清）孫玉庭撰　清同治十一年(1872)刻本　八冊

370000 – 1541 – 0001774　089.77/362

蒼筤集　（清）孫鼎臣撰　清咸豐五年(1855)刻本　十冊

370000 – 1541 – 0001775　089.77/482

羅忠節公遺集　（清）羅澤南撰　清咸豐六年至同治二年(1856 – 1863)長沙刻本　九冊　缺二卷(羅山遺集一至二)

370000 – 1541 – 0001776　089.77/606

古均閣遺箸三種三卷　（清）許槤撰　清光緒十四年(1888)許頌鼎刻本　一冊

370000 – 1541 – 0001777　089.77/606 = 1

古均閣遺箸三種三卷　（清）許槤撰　清光緒十四年(1888)許頌鼎刻本　一冊

370000 – 1541 – 0001778　089.77/660

檉園四種　（清）龔禮撰　清咸豐五年(1855)刻本　七冊

370000 – 1541 – 0001779　089.77/707

衡齋算學遺書合刻　（清）汪萊撰　清咸豐四年（1854）夏燮鄱陽縣署刻本　四冊

370000－1541－0001780　089.77/745

話山草堂遺集　（清）沈道寬撰　清光緒三年（1877）潤州權廨刻本　八冊

370000－1541－0001781　089.77/745＝1

話山草堂遺集　（清）沈道寬撰　清光緒三年（1877）潤州權廨刻本　八冊

370000－1541－0001782　089.77/827

朱氏群書　（清）朱駿聲撰　清光緒八年（1882）臨嘯閣刻本　四冊

370000－1541－0001783　089.77/827＝1

春雨樓叢書七種三十三卷　（清）朱士端撰　清同治元年至四年（1862－1865）寶應朱氏刻本　六冊

370000－1541－0001784　089.77/840

安吳四種三十六卷　（清）包世臣撰　清同治十一年（1872）湖北包氏注經堂刻本　十六冊

370000－1541－0001785　089.77/840＝1

安吳四種三十六卷　（清）包世臣撰　清同治十一年（1872）湖北包氏注經堂刻本　十八冊

370000－1541－0001786　089.77/840＝2

安吳四種三十六卷　（清）包世臣撰　清同治十一年（1872）湖北包氏注經堂刻光緒十四年（1888）印本　二十冊

370000－1541－0001787　089.77/842

鄒徵君遺書六種九卷　（清）鄒伯奇撰　夏氏算學四種五卷　（清）夏鸞翔撰　徐氏算學三種三卷　（清）徐有壬撰　清同治十二年（1873）粵東拾芥園刻本　四冊

370000－1541－0001788　089.77/842＝1

鄒徵君遺書六種九卷　（清）鄒伯奇撰　夏氏算學四種五卷　（清）夏鸞翔撰　徐氏算學三種三卷　（清）徐有壬撰　清同治十二年（1873）粵東拾芥園刻本　四冊

370000－1541－0001789　089.77/850

觀古閣叢刻　（清）鮑康撰　清同治十二年（1873）歙縣鮑氏刻本　八冊

370000－1541－0001790　089.77/850＝1

觀古閣叢刻　（清）鮑康撰　清同治十二年（1873）歙縣鮑氏刻本　九冊

370000－1541－0001791　089.77/896

悔餘菴文稿九卷詩稿十三卷樂府四卷衲蘇集二卷　（清）何栻撰　清同治四年（1865）鳩江戎幄刻本　十一冊

370000－1541－0001792　089.77/915

倭文端公遺書十卷首二卷　（清）倭仁撰　清光緒三年（1877）粵東翰元樓刻本　六冊

370000－1541－0001793　089.77/932

錢頤壽中丞全集　（清）錢寶琛撰　清同治七年（1868）刻本　十三冊

370000－1541－0001794　089.77/982

曾文正公全集十三種一百五十六卷首一卷　（清）曾國藩撰　（清）李瀚章輯　清光緒二年（1876）傳忠書局刻本　一百十冊

370000－1541－0001795　089.77/982＝1

曾文正公全集十三種一百五十六卷首一卷　（清）曾國藩撰　（清）李瀚章輯　清光緒二年（1876）傳忠書局刻本　一百三十冊

370000－1541－0001796　089.77/982＝2

曾文正公全集十三種一百五十六卷首一卷　（清）曾國藩撰　（清）李瀚章輯　清光緒二年（1876）傳忠書局刻本　一百二十冊

370000－1541－0001797　089.77/982＝3

曾文正公全集十三種一百五十六卷首一卷　（清）曾國藩撰　（清）李瀚章輯　清光緒二年（1876）傳忠書局刻本　一百三十九冊　缺一種二卷（詩鈔二十四至二十五）

370000－1541－0001798　089.77/982＝5

曾文正公全集十三種一百五十六卷首一卷　（清）曾國藩撰　（清）李瀚章輯　清光緒二年（1876）傳忠書局刻本　一百十三冊

370000－1541－0001799　089.77/982＝6

曾文正公全集十三種一百五十六卷首一卷

（清）曾國藩撰 （清）李瀚章輯 清光緒二年（1876）傳忠書局刻本 八十四冊

370000－1541－0001800 089.77/982＝7
曾文正公全集十三種一百五十六卷首一卷
（清）曾國藩撰 （清）李瀚章輯 清光緒二年（1876）傳忠書局刻本 一百五十冊

370000－1541－0001801 089.77/982＝8
曾文正公全集十三種一百五十六卷首一卷
（清）曾國藩撰 （清）李瀚章輯 清光緒二年（1876）傳忠書局刻本 一百二十八冊

370000－1541－0001802 089.77/982＝9
曾文正公奏稿三十卷 （清）曾國藩撰 （清）李瀚章輯 清光緒二年（1876）傳忠書局刻曾文正公全集本 三十一冊

370000－1541－0001803 089.77/982＝10
曾文正公批牘六卷 （清）曾國藩撰 清光緒二年（1876）傳忠書局刻本 六冊

370000－1541－0001804 089.77/982＝13
曾文正公家書十卷家訓二卷 （清）曾國藩撰 清光緒五年（1879）傳忠書局刻本 十二冊

370000－1541－0001805 089.78/119＝1
如諫果室叢刻四種 （清）王延釗撰 清宣統二年（1910）京師益森書館鉛印本 一冊

370000－1541－0001806 089.78/119＝2
如諫果室叢刻四種 （清）王延釗撰 清宣統二年（1910）京師益森書館鉛印本 一冊

370000－1541－0001807 089.78/158
丁文誠公遺集 （清）丁寶楨撰 清光緒十九年（1893）平遠丁體常京師刻本 二十八冊

370000－1541－0001808 089.78/158＝1
丁文誠公遺集 （清）丁寶楨撰 清光緒十九年（1893）平遠丁體常京師刻本 二十七冊

370000－1541－0001809 089.78/164
得一齋雜著四種 （清）黃楙材撰 清光緒十二年（1886）夢花軒刻本 二冊

370000－1541－0001810 089.78/169
留書種閣集九種 （清）黃炳垕撰 清同治十二年至光緒二十五年（1873－1899）餘姚留書種閣刻本 五冊 存五種（黃忠端公年譜、黃梨洲先生年譜、五緯捷算、測地志要、誦芬詩略）

370000－1541－0001811 089.78/249
海嶽軒叢刻 杜俞撰 清光緒三十三年（1907）蘇省刷印總局鉛印本 八冊

370000－1541－0001812 089.78/311
覆瓿集 （清）張文虎撰 清光緒十九年（1893）刻本 十二冊

370000－1541－0001813 089.78/311＝1
覆瓿集 （清）張文虎撰 清光緒十九年（1893）刻本 十二冊

370000－1541－0001814 089.78/311＝3
覆瓿集續刻六種 （清）張文虎撰 清光緒十三年（1887）刻本 二冊

370000－1541－0001815 089.78/311＝4
覆瓿集 （清）張文虎撰 清光緒五年（1879）復園刻本 八冊

370000－1541－0001816 089.78/313
澄懷園全集四種 （清）張英 （清）張廷玉撰 清光緒六年至十七年（1880－1891）龐山張紹文刻本 八冊

370000－1541－0001817 089.78/334
雷刻八種 （清）雷浚撰 清光緒八年至二十年（1882－1894）吳縣雷氏刻本 十二冊

370000－1541－0001818 089.78/334＝1
雷刻四種 （清）雷浚撰 清光緒十年（1884）吳縣雷氏刻本 八冊

370000－1541－0001819 089.78/334＝2
雷刻四種 （清）雷浚撰 清光緒十年（1884）吳縣雷氏刻本 六冊

370000－1541－0001820 089.78/334＝3
雷刻四種 （清）雷浚撰 清光緒十年（1884）吳縣雷氏刻本 六冊

370000－1541－0001821 089.78/373
師伏堂叢書 （清）皮錫瑞撰 清光緒二十五

年(1899)善化皮氏師伏堂刻本　四十冊

370000－1541－0001822　089.78/382

番禺陳氏東塾叢書初函四種附一種　（清）陳
澧撰　清咸豐八年至光緒八年(1858－1882)
廣州富文齋刻本　九冊

370000－1541－0001823　089.78/382＝1

番禺陳氏東塾叢書初函四種附一種　（清）陳
澧撰　清咸豐八年至光緒八年(1858－1882)
廣州富文齋刻本　九冊

370000－1541－0001824　089.78/382＝2

番禺陳氏東塾叢書初函四種附一種　（清）陳
澧撰　清咸豐八年至光緒八年(1858－1882)
廣州富文齋刻本　九冊

370000－1541－0001825　089.78/382＝3

東塾遺書四種　（清）陳澧撰　清光緒廣雅書
局刻本　二冊

370000－1541－0001826　089.78/438

桐城吳先生全書　（清）吳汝綸撰　清光緒三
十年(1904)刻本　十三冊

370000－1541－0001827　089.78/438＝1

桐城吳先生全書　（清）吳汝綸撰　清光緒三
十年(1904)刻本　七冊

370000－1541－0001828　089.78/571

庸盦全集十種　（清）薛福成撰　清光緒刻本
　四十四冊

370000－1541－0001829　089.78/571＝2

庸盦全集六種　（清）薛福成撰　清光緒二十
三年(1897)上海醉六堂石印本　十二冊

370000－1541－0001830　089.78/571＝3

庸盦全集六種　（清）薛福成撰　清光緒二十
三年(1897)上海醉六堂石印本　十二冊

370000－1541－0001831　089.78/571＝4

出使公牘十卷　（清）薛福成撰　清光緒二十
三年(1897)傳經樓刻本　八冊

370000－1541－0001832　089.78/601

羅定譚氏五種稿九卷　（清）譚虞琛撰　清抄
本　八冊

370000－1541－0001833　089.78/601＝1

寥天一閣文二卷遠遺堂集外文初編二卷
（清）譚嗣同撰　清光緒二十三年(1897)刻東
海褰冥氏三十以前舊學本　二冊

370000－1541－0001834　089.78/601＝2

石菊影廬筆識二卷遠遺堂集外文初編二卷
（清）譚嗣同撰　清光緒二十八年(1902)上海
石印本　一冊

370000－1541－0001835　089.78/623

歸查叢刻第一集七種　（清）謝希傅撰　清光
緒二十四年(1898)東山草堂鉛印本　四冊

370000－1541－0001836　089.78/623＝1

歸查叢刻第一集七種　（清）謝希傅撰　清光
緒二十四年(1898)東山草堂鉛印本　四冊

370000－1541－0001837　089.78/646

高陶堂遺集　（清）高心夔撰　清光緒八年
(1882)平湖朱氏經注經齋刻本　四冊

370000－1541－0001838　089.78/646＝1

高陶堂遺集　（清）高心夔撰　清光緒八年
(1882)平湖朱氏經注經齋刻本　四冊

370000－1541－0001839　089.78/707

十二硯齋隨錄四卷　（清）汪鋆錄　清刻本
　一冊

370000－1541－0001840　089.78/805

魏稼孫先生全集　（清）魏錫曾撰　清光緒九
年(1883)羊城刻本　六冊

370000－1541－0001841　089.78/805＝1

魏稼孫先生全集　（清）魏錫曾撰　清光緒九
年(1883)羊城刻本　八冊

370000－1541－0001842　089.78/805＝2

魏稼孫先生全集　（清）魏錫曾撰　清光緒九
年(1883)羊城刻本　十四冊

370000－1541－0001843　089.78/805＝3

魏稼孫先生全集　（清）魏錫曾撰　清光緒九
年(1883)羊城刻本　三冊　存三種三卷(續
語堂題跋一卷、續語堂詩存一卷、續語堂文存
一卷)

370000－1541－0001844　089.78/827

拙盦叢稿　（清）朱一新撰　清光緒二十二年
(1896)順德葆真堂刻本　二十冊

370000－1541－0001845　089.78/862

左庵集四種　（清）李佳繼昌撰　清光緒三十
年(1904)刻本　五冊

370000－1541－0001846　089.78/885

古桐書屋六種二十四卷　（清）劉熙載撰　清
同治至光緒刻本　十冊

370000－1541－0001847　089.78/885 ＝1

古桐書屋六種二十四卷　（清）劉熙載撰　清
同治至光緒刻本　八冊

370000－1541－0001848　089.78/888 ＝1

劉武慎公全集二十九卷首一卷　（清）劉長佑
撰　清光緒刻本　二十五冊

370000－1541－0001849　089.78/888 ＝2

劉武慎公遺書二十五卷　（清）劉長佑撰　清
光緒二十六年(1900)鉛印本　二十五冊

370000－1541－0001850　089.78/932

中外政學五種　錢恂撰　清光緒二十九年
(1903)上海醉六堂石印本　七冊

370000－1541－0001851　089.78/953

學壽堂叢書　徐紹楨撰輯　清光緒九年
(1883)梧州蔣三信堂刻本　二十五冊

370000－1541－0001852　089.78/990

曲園雜纂五十卷　（清）俞樾撰　清光緒二十
五年(1899)刻春在堂全書本　十冊

370000－1541－0001853　089.78/990 ＝1

春在堂全書　（清）俞樾撰　清光緒九年
(1883)刻本　九十九冊　缺七卷(曲園襍纂
十三至十九)

370000－1541－0001854　089.78/990 ＝2

春在堂全書　（清）俞樾撰　清光緒十五年
(1889)刻本　一百冊

370000－1541－0001855　089.78/990 ＝3

春在堂全書　（清）俞樾撰　清光緒十五年
(1889)刻本　八十冊

370000－1541－0001856　089.78/990 ＝4

春在堂全書　（清）俞樾撰　清光緒十五年
(1889)刻本　一百冊

370000－1541－0001857　089.78/990 ＝5

春在堂全書　（清）俞樾撰　清光緒十五年
(1889)刻本　三十六冊　存二十一種一百十
二卷(楹聯錄存三卷、經課續編四卷、九九銷
夏錄十四卷、金剛般若波羅蜜經二卷、太上感
應篇纘義二卷、遊藝錄六卷、小蓬萊謠一卷、
袖中書二卷、東瀛詩記二卷、新定牙牌數一
卷、慧福樓幸草一卷、春在堂全書校勘記一
卷、曲園自述詩一卷、四書文一卷、右台仙館
筆記十卷、春在堂尺牘六卷、春在堂詞錄三
卷、春在堂隨筆八卷、羣經平議七至十七、茶
香室經說十六卷、茶香室三鈔十三至二十九)

370000－1541－0001858　089.78/990 ＝6

春在堂全書　（清）俞樾撰　清光緒十五年
(1889)刻本　三十二冊

370000－1541－0001859　089.78/990 ＝7

德清俞蔭甫所著書　（清）俞樾撰　清同治十
年(1871)刻本　二十一冊　存一百二十一卷
(群經平議三十五卷、諸子平議三十五卷、第
一樓叢書九卷、兒笘錄四卷、讀書餘錄二卷、
賓萌集五卷、賓萌外集四卷、春在堂雜文二
卷、春在堂詩編七卷、春在堂詞錄二卷、春在
堂隨筆五卷、春在堂尺牘三卷、楹聯錄存二
卷、遊藝錄六卷)

370000－1541－0001860　089.78/990 ＝8

第一樓叢書　（清）俞樾撰　清光緒二十五年
(1899)刻春在堂全書本　六冊

370000－1541－0001861　089.8/977

大鶴山人遺書九種　鄭文焯撰　清光緒至民
國四年(1915)刻本　六冊

370000－1541－0001862　089.81/119

葵園四種　王先謙撰　清光緒三十四年
(1908)長沙王氏刻本　十七冊

370000－1541－0001863　089.81/468

慕皋廬雜刻　易順鼎撰　清光緒二十年

（1894）易順鼎刻本　七冊　缺四卷（丁戊之間行卷一至四）

370000－1541－0001864　089.81/468＝1

慕臯廬雜刻　易順鼎撰　清光緒二十年（1894）易順鼎刻本　一冊　存三卷（大學私訂本一卷、大學說一卷、孔門詩集一卷）

370000－1541－0001865　089.81/504

觀古堂所著書　葉德輝撰輯　清光緒二十八年（1902）長沙葉氏郎園刻本　十六冊

370000－1541－0001866　089.81/791

千一齋全書　（清）程一夔撰　清宣統二年（1910）江寧千一齋刻本　五冊

370000－1541－0001867　089.81/860

藝風堂讀書記不分卷　繆荃孫撰　清光緒刻本　二冊

370000－1541－0001868　089.82/977

大鶴山房全書　鄭文焯撰　清光緒三十年（1904）蘇州周氏刻書帶草堂叢書本　八冊

370000－1541－0001869　089.84/372

群碧樓自著書　鄧邦述撰　清宣統三年（1911）江寧鄧氏群碧樓鉛印本　十冊

370000－1541－0001870　089.9/842

鄒叔子遺書七種　（清）鄒漢勛撰　清光緒九年（1883）新化鄒氏刻本　十四冊

370000－1541－0001871　090/158

經解萃精十三卷首一卷　（清）丁午撰　清光緒十九年（1893）上海點石齋石印本　五冊　存八卷（易經二卷、書經一卷、詩經一卷、春秋左傳一卷、孟子一卷、爾雅一卷、孝經一卷）

370000－1541－0001872　090/433

八銘塾鈔二集四卷　（清）吳懋政編　清綠蔭堂刻本　五冊

370000－1541－0001873　090/578

經學不厭精五卷　（德國）花之安撰　清光緒二十二年（1896）上海美華書館鉛印本　四冊　存二卷（一、三）

370000－1541－0001874　090/578＝1

經學不厭精五卷　（德國）花之安撰　清光緒二十二年（1896）上海美華書館鉛印本　三冊　存二卷（一、三）

370000－1541－0001875　090/578＝2

經學不厭精五卷　（德國）花之安撰　清光緒二十四年（1898）上海美華書館鉛印本　一冊　存一卷（二）

370000－1541－0001876　090/578＝3

經學不厭精五卷　（德國）花之安撰　清光緒二十四年（1898）上海美華書館鉛印本　一冊　存一卷（二）

370000－1541－0001877　090/578＝4

經學不厭精五卷　（德國）花之安撰　清光緒二十四年（1898）上海美華書館鉛印本　一冊　存一卷（二）

370000－1541－0001878　090/578＝5

經學不厭精五卷　（德國）花之安撰　清光緒二十四年（1898）上海美華書館鉛印本　一冊　存一卷（二）

370000－1541－0001879　090/578＝6

經學不厭精五卷　（德國）花之安撰　清光緒二十四年（1898）上海美華書館鉛印本　一冊　存一卷（二）

370000－1541－0001880　090/578＝7

經學不厭精五卷　（德國）花之安撰　清光緒二十四年（1898）上海美華書館鉛印本　一冊　存一卷（二）

370000－1541－0001881　090/668

新學僞經考十四卷　康有爲撰　清光緒十七年（1891）廣州康氏萬木草堂刻本　六冊

370000－1541－0001882　090/668＝1

新學僞經考十四卷　康有爲撰　清光緒十七年（1891）廣州康氏萬木草堂刻本　八冊

370000－1541－0001883　090/719

經解入門八卷　（清）江藩纂　清光緒十四年（1888）鴻寶齋石印本　二冊

370000－1541－0001884　090/719＝1

經解入門八卷　（清)江藩纂　清光緒十四年(1888)鴻寶齋石印本　二冊

370000－1541－0001885　090/753

禮記蒙求一卷左傳蒙求一卷　（清)□□編　清刻本　一冊

370000－1541－0001886　090/988

古經解鉤沉三十卷　（清)余蕭客撰　清道光二十年(1840)丹徒魯慶恩刻本　一冊　存二卷(一至二)

370000－1541－0001887　090.1/988

古經解鉤沉三十卷　（清)余蕭客撰　清刻本　十冊

370000－1541－0001888　090.1/988＝1

古經解鉤沉三十卷　（清)余蕭客撰　清道光二十年(1840)丹徒魯慶恩刻本　八冊

370000－1541－0001889　090.13/252

歷代石經略二卷　（清)桂馥撰　清光緒九年(1883)陳州郡齋刻本　二冊

370000－1541－0001890　090.13/252＝1

歷代石經略二卷　（清)桂馥撰　清光緒九年(1883)陳州郡齋刻本　二冊

370000－1541－0001891　090.2/112

毛詩注疏三十卷　（漢)鄭玄箋　（唐)陸德明音義　（唐)孔穎達疏　清乾隆四年(1739)武英殿刻本　五冊　存十一卷(十九至二十二、二十四至三十)

370000－1541－0001892　090.2/112＝1

十三經拾遺十六卷　（清)王朝槼撰　清嘉慶五年(1800)尋孔顏樂處刻本　四冊

370000－1541－0001893　090.2/112＝2

十三經注疏校勘記識語四卷　（清)汪文臺撰　清嘉慶十一年(1806)刻本　二冊

370000－1541－0001894　090.2/112＝3

宋本十三經注疏附校勘記十三種四百十六卷　（清)阮元撰校勘記　（清)盧宣旬摘錄　清光緒十三年(1887)脈望仙館石印本　三十一冊　缺十卷(爾雅注疏一至十)

370000－1541－0001895　090.2/112＝4

宋本十三經注疏附校勘記十三種四百十六卷　（清)阮元撰校勘記　（清)盧宣旬摘錄　清光緒十三年(1887)脈望仙館石印本　三十一冊　缺十卷(春秋公羊傳注疏十九至二十八)

370000－1541－0001896　090.2/112＝5

宋本十三經注疏附校勘記十三種四百十六卷　（清)阮元撰校勘記　（清)盧宣旬摘錄　清光緒十三年(1887)脈望仙館石印本　三十二冊

370000－1541－0001897　090.2/112＝6

宋本十三經注疏附校勘記十三種四百十六卷　（清)阮元撰校勘記　（清)盧宣旬摘錄　清光緒十三年(1887)脈望仙館石印本　三十二冊

370000－1541－0001898　090.2/112＝7

十三經注疏并校勘記十三種　（清)阮元撰校勘記　清光緒二十四年(1898)上海點石齋石印本　三十二冊

370000－1541－0001899　090.2/112＝8

十三經注疏校勘記識語四卷　（清)汪文臺撰　清光緒三十年(1904)上海點石齋石印本　一冊

370000－1541－0001900　090.2/158

十三經讀本　（清)丁寶楨等校　清同治十一年(1872)山東書局刻本　十冊　存四種十四卷(周易四卷、書經六卷、孝經一卷、爾雅三卷)

370000－1541－0001901　090.2/158＝1

十三經讀本　（清)丁寶楨等校　清同治十一年(1872)山東書局刻本　二十二冊　存三種三十三卷(周禮六卷、儀禮十七卷、禮記十卷)

370000－1541－0001902　090.2/158＝2

十三經讀本　（清)丁寶楨等校　清同治十一年(1872)山東書局刻本　二十四冊　存九種六十三卷(春秋公羊傳十一卷、春秋穀梁傳十二卷、論語十卷、孟子七卷、大學一卷、中庸一卷、儀禮十七卷、爾雅三卷、孝經一卷)

370000 – 1541 – 0001903　090.2/158 ＝ 3

十三經讀本　（清）丁寶楨等校　清同治十一年(1872)山東書局刻本　二十七冊　存七種五十五卷(周易四卷,書六卷,詩經二十卷,周禮一至八、十一至十二,禮記六至十,儀禮七至十一、十五至十七,孟子四至五)

370000 – 1541 – 0001904　090.2/158 ＝ 4

欽定春秋左傳讀本三十卷　（清）英和等纂　清同治十一年(1872)山東書局刻本　八冊　存十五卷(一至十五)

370000 – 1541 – 0001905　090.2/158 ＝ 5

周易四卷　（宋）朱熹本義　清同治十一年(1872)山東書局刻本　二冊

370000 – 1541 – 0001906　090.2/366

洨民叢稿一卷　（清）孫傳鳳撰　清光緒二十二年(1896)味經廬刻本　一冊

370000 – 1541 – 0001907　090.2/366 ＝ 1

洨民叢稿一卷　（清）孫傳鳳撰　清光緒二十二年(1896)味經廬刻本　一冊

370000 – 1541 – 0001908　090.2/366 ＝ 2

洨民叢稿一卷　（清）孫傳鳳撰　清光緒二十二年(1896)味經廬刻本　一冊

370000 – 1541 – 0001909　090.2/375

重刊宋本十三經注疏附校勘記十三種四百十六卷　（清）阮元撰校勘記　（清）盧宣旬摘錄　清道光六年(1826)刻本　一百二十六冊　缺五卷(儀禮疏二十四至二十八)

370000 – 1541 – 0001910　090.2/433

經學輯要二十四卷　（清）吳頴炎輯　清光緒二十六年(1900)上海點石齋石印本　三十二冊

370000 – 1541 – 0001911　090.2/917

六經補疏二十卷　（清）焦循撰　清道光六年(1826)半九書塾刻本　八冊

370000 – 1541 – 0001912　090.21/355

式古堂目錄十七卷　（清）尤瑩編　清光緒十九年(1893)臨海尤氏石印本　二冊

370000 – 1541 – 0001913　090.21/355 ＝ 1

式古堂目錄十七卷　（清）尤瑩編　清光緒十九年(1893)臨海尤氏石印本　一冊

370000 – 1541 – 0001914　090.21/764

皇清經解編目十六卷　（清）凌忠照編　清光緒十八年(1892)上海古香閣石印本　四冊

370000 – 1541 – 0001915　090.3/377

經咫不分卷　（清）陳祖范撰　清乾隆二十九年(1764)廣雅書局刻本　二冊

370000 – 1541 – 0001916　090.3/436

易堂問目四卷　（清）吳鼎輯　清乾隆三十七年(1772)鄒容成刻本　二冊

370000 – 1541 – 0001917　090.4/917

尚書伸孔篇一卷　（清）焦廷琥撰　**爾雅補注殘本一卷**　（清）劉玉麐撰　**毛詩天文考一卷**　（清）洪亮吉撰　清光緒十四年(1888)廣雅書局刻本　一冊

370000 – 1541 – 0001918　090.5/273

九經圖　（清）楊魁植編　清乾隆三十七年(1772)福建信芳書房刻本　十冊　存七種(易經圖、尚書圖、詩經圖、周禮圖、儀禮圖、禮記圖、春秋圖)

370000 – 1541 – 0001919　090.7/103

經讀考異八卷附翟晴江四書考異內句讀一卷　（清）武億撰　清乾隆五十四年(1789)小石山房刻本　三冊

370000 – 1541 – 0001920　090.7/117

十三經策案二十二卷　（清）王謨輯　（清）喻祥麟編　清光緒十三年(1887)上海積山書局石印本　二冊

370000 – 1541 – 0001921　090.7/169

經訓比義三卷　（清）黃以周撰　清光緒二十二年(1896)江陰南菁講舍刻本　三冊

370000 – 1541 – 0001922　090.7/334

介菴經說十卷　（清）雷學淇述　清道光三年(1823)刻本　四冊

370000 – 1541 – 0001923　090.7/468

寶瓠齋雜俎　易順鼎撰　清光緒十年(1884)
刻本　一冊

370000 – 1541 – 0001924　090.7/563 = 2

餘燼經窺十六卷　(清)蔡啟盛撰　清光緒十
四年(1888)刻本　四冊

370000 – 1541 – 0001925　090.7/830

十三經札記二十二卷　(清)朱亦棟撰　清光
緒四年(1878)武林竹簡齋刻本　丁山跋　四
冊

370000 – 1541 – 0001926　090.7/883

九經三傳沿革例一卷　(宋)岳珂撰　清光緒
三年(1877)湖北崇文書局刻本　一冊

370000 – 1541 – 0001927　090.7/990

德清俞蔭甫所著書　(清)俞樾撰　清同治十
年(1871)刻本　十六冊　存二種五十二卷
(群經平議三十五卷、諸子平議一至十七)

370000 – 1541 – 0001928　090.7/990 = 1

群經平議三十五卷　(清)俞樾撰　清光緒九
年(1883)刻本　一冊　存三卷(一至三)

370000 – 1541 – 0001929　090.8/102

求古齋訂正九經九種五十一卷附三種四卷
(明)秦鏷訂正　明崇禎十三年(1640)秦氏求
古齋刻清嘉樂堂印本　三十六冊

370000 – 1541 – 0001930　090.8/158

論語十卷　清刻本　二冊

370000 – 1541 – 0001931　090.8/158 = 1

十三經校勘記　(□)□□輯　清刻本　一冊

370000 – 1541 – 0001932　090.8/164

七經精義　(清)黃淦纂　清嘉慶十二年
(1807)刻本　十四冊

370000 – 1541 – 0001933　090.8/164 = 1

七經精義　(清)黃淦纂　清嘉慶尊德堂刻本
十三冊　缺一卷(周易精義一)

370000 – 1541 – 0001934　090.8/164 = 2

七經精義　(清)黃淦纂　清四友堂刻本　十
四冊

370000 – 1541 – 0001935　090.8/164 = 3

春秋精義四卷　(清)黃淦纂　清末令德堂刻
本　一冊

370000 – 1541 – 0001936　090.8/259

三山拙齋林先生尚書全解四十卷　(宋)林之
奇撰　(清)納蘭性德校訂　清同治十二年
(1873)巴陵鍾謙鈞刻通志堂經解本　十八冊

370000 – 1541 – 0001937　090.8/288

欽定篆文六經四書十種　(清)李光地等編
清光緒九年(1883)上海同文書局石印本　十
冊

370000 – 1541 – 0001938　090.8/290

潢川吳氏經學叢書九種　(清)吳志忠輯　清
嘉慶至道光潢川吳氏刻本　六十冊

370000 – 1541 – 0001939　090.8/344

增訂五經體註大全　(清)嚴氏家塾主人輯
清光緒五年(1879)慈水古草堂刻本　二十四
冊

370000 – 1541 – 0001940　090.8/426

五經合纂大成三十四卷　(清)同文書局編
清光緒十一年(1885)上海同文書局石印本
五冊　存二種八卷(周易合纂大成四卷、書經
合纂大成一至四)

370000 – 1541 – 0001941　090.8/535

五經體註大全　清道光二十年(1840)古香書
屋刻本　八冊　存四種十七卷(易經大全會
解四卷、書經體註一至四、詩經體註圖考八
卷、禮記體註四)

370000 – 1541 – 0001942　090.8/535 = 1

春秋左傳五十卷　(晉)杜預　(宋)林堯叟注
釋　(唐)陸德明音義　(明)鍾惺等評點　清
道光二十年(1840)古香書屋刻本　四冊

370000 – 1541 – 0001943　090.8/641

五經體註大全　清同治五年(1866)刻本　八
冊　存三種(易經大全會解、書經體註、詩經
體註圖考)

370000 – 1541 – 0001944　090.8/668

御纂七經　（清）李光地等纂　清同治六年(1867)浙江書局刻本　一百三十冊

370000－1541－0001945　090.8/668＝1

御纂七經　（清）李光地等纂　清光緒二十六年(1900)上海煥文書局石印本　三十二冊

370000－1541－0001946　090.8/781

四書六經讀本十種一百十一卷　（明）毛晉編
明崇禎十四年(1641)虞山毛氏汲古閣刻本
二十二冊　存五種五十八卷(周易四卷、書經六卷、詩經八卷、禮記十卷、春秋胡傳三十卷)

370000－1541－0001947　090.8/812

皇清經解分經彙纂十六卷　（清）阮元輯　清光緒十九年(1893)上海襄海山房石印本　三十二冊

370000－1541－0001948　090.8/813

十三經分類政要十卷　（清）周世樟編　清光緒二十八年(1902)教育世界社石印本　八冊

370000－1541－0001949　090.8/813＝1

五經類編二十八卷　（清）周世樟編　清康熙二十二年(1683)穀詒堂刻本　八冊

370000－1541－0001950　090.8/813＝2

五經類編二十八卷　（清）周世樟編　清雍正二年(1724)王薈刻本　六冊

370000－1541－0001951　090.8/813＝3

五經類編二十八卷　（清）周世樟編　清乾隆三十八年(1773)友益齋刻本　十二冊

370000－1541－0001952　090.8/827

實事求是之齋經義二卷　（清）朱大韶撰　清光緒九年(1883)刻二十二年(1896)封文權修補本　六冊

370000－1541－0001953　090.8/883

仿宋相臺五經九十二卷附考證　（宋）岳珂輯
清同治三年(1864)南海鄺氏刻本　三十八冊　缺四卷(禮記一至四)

370000－1541－0001954　090.8/959

隸經雜箸甲編二卷　顧震福撰　清光緒十八年(1892)刻本　一冊

370000－1541－0001955　090.8/968

皇清經解一千四百八卷　（清）阮元輯　清道光九年（1829）廣東學海堂刻咸豐十一年(1861)補刻本　十八冊　存十種(拜經日記、拜經文集、瞥記、經義述聞、禮說、孝經義疏、經傳考證、甓齋遺稿、說緯、經義叢鈔)

370000－1541－0001956　090.8/968＝1

皇清經解一千四百八卷　（清）阮元輯　清道光九年（1829）廣東學海堂刻咸豐十一年(1861)補刻本　三百六十冊

370000－1541－0001957　090.8/968＝2

皇清經解一千四百八卷　（清）阮元輯　清道光九年（1829）廣東學海堂刻咸豐十一年(1861)補刻本　三百三十冊　缺三函(六、十三至十四)

370000－1541－0001958　090.8/968＝3

皇清經解一百八十種　（清）阮元輯　清光緒十三年(1887)上海書局石印本　六十三冊　缺一種(禮經釋例)

370000－1541－0001959　090.8/968＝4

皇清經解一百八十種　（清）阮元輯　清光緒十三年(1887)上海書局石印本　四冊　存八種(古文尚書考、春秋左傳補注、九經古義、春秋正辭、鍾山札記、龍城札記、尚書集注音疏、尚書後案)

370000－1541－0001960　090.8/968＝5

皇清經解續編一千四百三十卷　王先謙輯
清光緒十四年(1888)南菁書院刻本　三百二十冊

370000－1541－0001961　090.8/968＝6

皇清經解續編一千四百三十卷　王先謙輯
清光緒十四年(1888)南菁書院刻本　二百八十一冊　缺二百五卷(一百三十四至二百四十九、三百二至三百五十六、一千三百二十八至一千三百六十一)

370000－1541－0001962　090.8/968＝7

皇清經解續編一千四百三十卷　王先謙輯

清光緒十四年(1888)南菁書院刻本　三百二十冊

370000－1541－0001963　090.8/968＝8

皇清經解續編二百九卷　王先謙輯　清光緒十五年(1889)上海蜚英館石印本　三十二冊

370000－1541－0001964　090.8/968＝9

皇清經解續編二百九卷　王先謙輯　清光緒十五年(1889)上海蜚英館石印本　三十二冊

370000－1541－0001965　090.8/968＝10

皇清經解敬修堂編目十六卷　(清)陶治元輯　清光緒十二年(1886)石印本　四冊

370000－1541－0001966　090.8/984

古香齋鑒賞袖珍五經八卷　清康熙内府刻本　十六冊

370000－1541－0001967　090.8/984＝1

古香齋鑒賞袖珍五經八卷　清光緒九年(1883)南海孔氏嶽雪樓刻本　八冊

370000－1541－0001968　090.8/984＝2

監本五經五種五十八卷　清乾隆至同治金陵芥子園刻本　二十七冊

370000－1541－0001969　090.8/984＝3

五經四書讀本　(清)□□輯　清嘉慶十年(1805)揚州鮑氏樗園刻本　四十二冊

370000－1541－0001970　090.82/938

古經解彙函十六種小學彙函十四種續附十種　(清)鍾謙鈞編　清光緒十四年(1888)石印本　二十冊

370000－1541－0001971　090.86/285

十三經西學通義　(清)李元音撰　清光緒三十二年(1906)刻本　六冊

370000－1541－0001972　090.9/563

經窺十六卷　(清)蔡啟盛撰　清光緒十六年(1890)諸暨蔡氏刻本　四冊

370000－1541－0001973　091/102

九經九種五十一卷附三種四卷　(明)秦鏷訂正　明崇禎十三年(1640)秦氏求古齋刻本　八冊　存二種二十一卷(春秋一至十七、禮記一至四)

370000－1541－0001974　091/201

周易輯聞六卷附易雅一卷筮宗一卷　(宋)趙汝楳撰　清康熙十九年(1680)通志堂刻通志堂經解本　十四冊

370000－1541－0001975　091/288

李氏易傳十七卷附易釋文一卷　(唐)李鼎祚集解　清乾隆二十一年(1756)德州盧氏雅雨堂刻雅雨堂叢書本　六冊

370000－1541－0001976　091/288＝1

李氏易傳十七卷附易釋文一卷　(唐)李鼎祚集解　清乾隆二十一年(1756)德州盧氏雅雨堂刻雅雨堂叢書本　六冊

370000－1541－0001977　091/288＝2

周易集解十七卷　(唐)李鼎祚輯　清嘉慶十年(1805)虞山張氏照曠閣刻學津討原本　十冊

370000－1541－0001978　091/288＝3

周易集解十七卷　(唐)李鼎祚輯　清刻本　三冊　存十一卷(七至十七)

370000－1541－0001979　091/293

周易集解纂疏十卷　(清)李道平撰　清光緒十七年(1891)刻本　十冊

370000－1541－0001980　091/297

皇朝五經彙解二百七十卷　(清)抉經心室主人纂　清光緒十九年(1893)上海同文書局石印本　三十三冊

370000－1541－0001981　091/297＝1

皇朝五經彙解二百七十卷　(清)抉經心室主人纂　清光緒十九年(1893)上海同文書局石印本　三十二冊

370000－1541－0001982　091/297＝2

皇朝五經彙解二百七十卷　(清)抉經心室主人纂　清光緒十九年(1893)上海同文書局石印本　九冊　存六十八卷(一百九十三至二百一十一、二百二十二至二百七十)

370000－1541－0001983　091/827

周易四卷 （宋）朱熹本義 清乾隆五十二年(1787)文錦堂刻本 佚名批 二冊

370000－1541－0001984 091/827＝1
周易傳義音訓八卷首一卷末一卷 （宋）程頤傳 （宋）朱熹本義 （宋）呂祖謙音訓 清咸豐六年(1856)浦城祝氏與古齋刻本 八冊

370000－1541－0001985 091.2/261
增訂易經存疑的稿十二卷 （明）林希元撰 清康熙十七年(1678)仇兆鰲刻本 四冊

370000－1541－0001986 091.2/332
易酌十四卷首一卷 （清）刁包撰 （清）刁再濂編 清道光二十三年(1843)刁懷瑾刻本 十四冊

370000－1541－0001987 091.2/332＝1
易酌十四卷首一卷 （清）刁包撰 （清）刁再濂編 清道光二十三年(1843)刁懷瑾刻本 十四冊

370000－1541－0001988 091.2/332＝2
易酌十四卷首一卷 （清）刁包撰 （清）刁再濂編 清道光二十三年(1843)刁懷瑾刻本 十四冊

370000－1541－0001989 091.2/344
來瞿唐先生易註十五卷首一卷末一卷 （明）來知德撰 清嘉慶十四年(1809)寧陵寧遠堂刻本 二十冊

370000－1541－0001990 091.2/344＝1
易經來註圖解十五卷首一卷末一卷 （明）來知德撰 清姚安高氏朝爽堂刻咸豐至同治積善堂修補本 十冊

370000－1541－0001991 091.2/364
易傳集解十卷易經集解一卷周易口訣義六卷口訣義補一卷周易集解序註一卷 （清）孫星衍撰 清光緒二年(1876)廣陵雙梧書屋刻本 六冊

370000－1541－0001992 091.2/712
周易詮義十四卷首一卷 （清）汪烜撰 清同治十二年(1873)安徽敷文書局刻本 十四冊

370000－1541－0001993 091.2/732
易經揆一十四卷易學啓蒙補二卷 （清）梁錫璵撰 清乾隆十六年(1751)刻本 十冊

370000－1541－0001994 091.2/732＝1
易經揆一十四卷易學啓蒙補二卷 （清）梁錫璵撰 清乾隆十六年(1751)刻本 十冊

370000－1541－0001995 091.2/732＝2
易經揆一十四卷易學啓蒙補二卷 （清）梁錫璵撰 清乾隆十六年(1751)刻本 十冊

370000－1541－0001996 091.2/732＝3
易經揆一十四卷易學啓蒙補二卷 （清）梁錫璵撰 清乾隆十六年(1751)刻本 十冊

370000－1541－0001997 091.2/745
易憲四卷 （明）沈泓撰 清光緒十四年(1888)卓氏刻本 三冊

370000－1541－0001998 091.2/745＝2
易憲四卷附卦歌一卷圖一卷 （明）沈泓撰 （明）沈叔之增訂 清乾隆九年(1744)華亭沈氏補堂刻本 八冊

370000－1541－0001999 091.2/784
伊川易傳四卷經說八卷 （宋）程頤撰 清刻本 八冊

370000－1541－0002000 091.2/825
日講易經解義十八卷 （清）牛鈕等撰 清康熙二十二年(1683)內府刻本 十三冊 存十六卷(一至十六)

370000－1541－0002001 091.2/903
周易鏡十一卷附學易管窺二卷 （清）何毓福撰 清光緒十年(1884)刻本 十三冊

370000－1541－0002002 091.2/903＝1
周易鏡十一卷附學易管窺二卷 （清）何毓福撰 清光緒十年(1884)刻本 十三冊

370000－1541－0002003 091.2/946
周易舊注十二卷 （清）徐鼒撰 清光緒十二年(1886)六合徐承祖扶桑使廨刻本 六冊

370000－1541－0002004 091.27/102
易象通義六卷 （清）秦篤輝撰 尚書辨解五

卷 (明)郝敬撰 清光緒十七年(1891)三餘草堂刻湖北叢書本 二冊 存四卷(易象通義一、尚書辨解三至五)

370000－1541－0002005 091.3/714
易經如話十二卷首一卷末一卷 (清)汪烜撰 清光緒二年(1876)曲水書局刻本 一冊

370000－1541－0002006 091.4/329
皇極經世緒言九卷首二卷 (宋)邵雍撰 (明)黃畿注釋 (清)劉斯組述 清嘉慶四年(1799)錢塘徐樹堂刻本 十冊

370000－1541－0002007 091.4/917
雕菰樓易學四十卷 (清)焦循撰 清嘉慶二十四年(1819)刻本 十冊

370000－1541－0002008 091.49/212
鄭氏爻辰補六卷首一卷 (清)戴棠撰 清道光二十九年(1849)燕山書屋刻本 四冊

370000－1541－0002009 091.5/977
易緯八種 (漢)鄭玄注 清乾隆三十八年(1773)刻本 五冊

370000－1541－0002010 091.77/295
湘薌漫錄二卷易經集說一卷 (清)查彬撰 清道光十九年(1839)有懷堂刻本 五冊

370000－1541－0002011 091.82/430
研經堂周易顯指四卷 (清)單鐸撰 清乾隆十五年(1750)刻本 四冊

370000－1541－0002012 091.89/449
古易音訓二卷 (宋)呂祖謙撰 (清)宋咸熙輯 清嘉慶四年(1799)仁和宋氏刻本 一冊

370000－1541－0002013 092/119
尚書孔傳參正三十六卷 王先謙撰 清光緒三十年(1904)虛受堂刻本 六冊

370000－1541－0002014 092/119＝1
尚書孔傳參正三十六卷 王先謙撰 清光緒三十年(1904)虛受堂刻本 六冊

370000－1541－0002015 092/119＝2
尚書孔傳參正三十六卷 王先謙撰 清光緒三十年(1904)虛受堂刻本 六冊

370000－1541－0002016 092/537
尚書札記一卷 (清)范爾梅撰 清雍正七年(1729)敬恕堂刻讀書小記本 一冊

370000－1541－0002017 092.2/169
書傳鹽梅二十卷 (清)黃文蓮輯 清乾隆五十二年(1787)刻本 十二冊

370000－1541－0002018 092.2/370
附釋音尚書注疏二十卷 (漢)孔安國傳 (唐)孔穎達疏 清嘉慶二十年(1815)江西南昌府學刻本 八冊

370000－1541－0002019 092.2/370＝1
附釋音尚書注疏二十卷 (漢)孔安國傳 (唐)孔穎達疏 清嘉慶二十年(1815)江西南昌府學刻本 二冊 存四卷(十七至二十)

370000－1541－0002020 092.2/927
尚書離句六卷 (清)錢在培輯解 清光緒二十年(1894)立言堂刻本 二冊

370000－1541－0002021 092.2/927＝1
尚書離句六卷 (清)錢在培輯解 清光緒四年(1878)北京文成堂刻本 四冊

370000－1541－0002022 092.2/987
尚書表注二卷 (宋)金履祥撰 清同治八年(1869)退補齋刻金華文萃本 一冊

370000－1541－0002023 092.27/362
尚書今古文注三十卷 (清)孫星衍撰 清光緒五年(1879)刻本 四冊

370000－1541－0002024 092.27/987
古本尚書表注二卷 (宋)金履祥撰 清光緒十年(1884)上海掃葉山房刻本 二冊

370000－1541－0002025 092.3/459
尚書古文疏證八卷 (清)閻若璩撰 朱子古文書疑一卷 (清)閻詠輯 清乾隆十年(1745)眷西堂刻太原閻百詩先生集本 八冊 存八卷(尚書古文疏證一至二、四至八,朱子古文書疑一卷)

370000－1541－0002026 092.3/459＝1
尚書古文疏證八卷 (清)閻若璩撰 (清)武

億校 **朱子古文書疑一卷** （清）閻詠輯 清嘉慶元年(1796)吳人驤天津刻本 五冊 存三卷(尚書古文疏證六至八)

370000－1541－0002027 092.3/459＝2

尚書古文疏證八卷 （清）閻若璩撰 （清）武億校 **朱子古文書疑一卷** （清）閻詠輯 清嘉慶元年(1796)吳人驤天津刻本 十冊

370000－1541－0002028 092.37/273

尚書今文二十八篇解不分卷 （清）楊鍾泰撰 清道光十八年(1838)載德堂刻本 四冊

370000－1541－0002029 092.37/946

尚書句解考正不分卷 徐天璋撰 清雲麓山館刻本 六冊

370000－1541－0002030 092.7/112

書疑九卷 （宋）王柏撰 清同治八年(1869)退補齋刻金華叢書本 二冊

370000－1541－0002031 092.7/279

尚書考異六卷 （明）梅鷟撰 清道光五年(1825)立本齋刻本 二冊

370000－1541－0002032 092.7/279＝1

尚書考異六卷 （明）梅鷟撰 清道光五年(1825)立本齋刻本 二冊

370000－1541－0002033 092.7/803

書古微十二卷首一卷 （清）魏源撰 清光緒四年(1878)淮南書局刻本 四冊

370000－1541－0002034 092.75/798

尚書要義二十卷序說一卷 （宋）魏了翁撰 清刻本 六冊

370000－1541－0002035 092.77/112

尚書引義六卷 （清）王夫之撰 清同治三年(1864)刻本 六冊

370000－1541－0002036 092.77/138

古文尚書考二卷 （清）惠棟撰 清乾隆五十七年(1792)讀經樓刻本 一冊

370000－1541－0002037 092.77/414

兩湖文高等學堂經學課程三種四卷 （清）馬貞榆撰 清光緒兩湖書院刻本 四冊

370000－1541－0002038 092.77/436

古文尚書正辭三十三卷 （清）吳光耀撰 清光緒十九年(1893)刻本 十八冊

370000－1541－0002039 092.77/526

尚書地理今釋不分卷 （清）蔣廷錫撰 清光緒七年(1881)成都瀹雅齋刻本 一冊

370000－1541－0002040 092.81/214

禹貢錐指二十卷略例一卷圖一卷 （清）胡渭撰 清康熙四十四年(1705)漱六軒刻本 十六冊

370000－1541－0002041 092.81/214＝1

禹貢錐指二十卷 （清）胡渭撰 清光緒二十年(1894)澹雅書局刻皇清經解依經分訂本 十一冊

370000－1541－0002042 092.81/781

禹貢指南四卷 （宋）毛晃撰 清乾隆武英殿木活字印武英殿聚珍版書本 一冊

370000－1541－0002043 092.82/392

洪範圖說四卷附一卷 （清）舒俊鯤纂 清光緒元年(1875)舒氏刻本 二冊

370000－1541－0002044 092.82/892

洪範五行傳三卷 （清）陳壽祺輯 清刻本 二冊

370000－1541－0002045 093.1/714

詩經詮義十二卷首一卷末二卷 （清）汪烜撰 清道光二十三年(1843)延川金氏世德堂刻本 十五冊

370000－1541－0002046 093.12/384

詩毛氏傳疏三十卷附四種七卷 （清）陳奐撰 清道光二十七年至咸豐八年(1847－1858)陳氏掃葉山莊刻本 十二冊

370000－1541－0002047 093.12/384＝1

詩毛氏傳疏三十卷附四種七卷 （清）陳奐撰 清道光二十七年至咸豐八年(1847－1858)陳氏掃葉山莊刻本 十二冊

370000－1541－0002048 093.12/384＝2

詩毛氏傳疏三十卷附四種七卷 （清）陳奐撰

清光緒九年(1883)徐氏刻本　十一冊　缺二種二卷(毛詩傳義類十九篇一卷、鄭氏箋考徵一卷)

370000－1541－0002049　093.12/429

詩緝三十六卷　(宋)嚴粲撰　清光緒三年(1877)嶺南述古堂刻本　十四冊

370000－1541－0002050　093.12/946

詩經貫解四卷　(清)徐壽基集注　清光緒武進徐氏酌雅堂刻本　六冊

370000－1541－0002051　093.13/214

毛詩後箋三十卷　(清)胡承珙撰　清道光十七年(1837)歙縣胡氏刻求是堂全集本　十六冊

370000－1541－0002052　093.14/840

毛詩禮徵十卷　(清)包世榮撰　清道光七年(1827)涇縣包氏小倦游閣刻本　六冊

370000－1541－0002053　093.16/433

詩小學三十卷　(清)吳樹聲撰　清同治十年(1871)壽光官廨刻本　十二冊

370000－1541－0002054　093.16/433＝1

詩小學三十卷　(清)吳樹聲撰　清同治十年(1871)壽光官廨刻本　十二冊

370000－1541－0002055　093.17/583

讀風偶識四卷　(清)崔述撰　清道光四年(1824)東陽縣署刻本　二冊

370000－1541－0002056　093.6/896

詩經世本古義二十八卷末一卷　(明)何楷撰　清嘉慶二十四年(1819)溪邑謝氏文林堂刻本　二十冊

370000－1541－0002057　093.6/896＝1

詩經世本古義二十八卷首一卷末一卷　(明)何楷撰　清光緒十九年(1893)上海鴻寶齋石印本　十六冊

370000－1541－0002058　093.6/896＝2

詩經世本古義二十八卷首一卷末一卷　(明)何楷撰　清光緒十九年(1893)上海鴻寶齋石印本　十六冊

370000－1541－0002059　094/582

山東高等學堂禮經講義不分卷　(清)□寬編　清光緒三十三年(1907)山東高等學堂石印本　一冊

370000－1541－0002060　094/719

禮書綱目八十五卷首三卷　(清)江永編　清光緒二十一年(1895)廣雅書局刻本　二十冊

370000－1541－0002061　094.1/382

周禮精華六卷　(清)陳龍標編　清嘉慶十一年(1806)刻本　劉次簫跋　六冊

370000－1541－0002062　094.12/977

周禮六卷　(漢)鄭玄注　(唐)陸德明音義　清乾隆五十二年(1787)福禮堂刻本　六冊

370000－1541－0002063　094.12/977＝2

周禮六卷　(漢)鄭玄注　(唐)陸德明音義　清嘉慶十一年(1806)張氏清芬閣刻本　五冊　存五卷(二至六)

370000－1541－0002064　094.12/977＝4

周禮十二卷　(漢)鄭玄注　清光緒九年(1883)刻本　五冊　存十卷(一至十)

370000－1541－0002065　094.12/977＝5

周禮四十二卷　(漢)鄭玄注　清同治八年(1869)浙江書局刻十三經古注本　三冊　存三十五卷(一至三十五)

370000－1541－0002066　094.12/977＝6

附釋音周禮注疏四十二卷　(漢)鄭玄注　(唐)賈公彥疏　(唐)陸德明音義　**校勘記四十二卷**　(清)阮元撰　(清)盧宣旬摘錄　清嘉慶二十年(1815)江西南昌府學刻道光六年(1826)重修本　十二冊

370000－1541－0002067　094.12/977＝7

附釋音周禮注疏四十二卷　(漢)鄭玄注　(唐)賈公彥疏　(唐)陸德明音義　**校勘記四十二卷**　(清)阮元撰　(清)盧宣旬摘錄　清嘉慶二十年(1815)江西南昌府學刻十三經注疏本　十六冊

370000－1541－0002068　094.12/977＝8

周禮注疏四十二卷　（漢）鄭玄注　（唐）賈公彥疏　明崇禎元年（1628）虞山毛氏汲古閣刻本　十冊　存二十一卷（二十二至四十二）

370000－1541－0002069　094.12/977＝9

周禮注疏四十二卷附考證　（漢）鄭玄注　（唐）陸德明音義　（唐）賈公彥疏　清同治十年（1871）廣東書局刻本　十六冊

370000－1541－0002070　094.13/979

周官禮注六卷　（漢）鄭玄注　清乾隆五十一年（1786）殷盤一得齋刻本　八冊

370000－1541－0002071　094.1674/690

周禮故書疏證六卷　（清）宋世犖撰　清光緒六年（1880）津門徐士鑾刻本　一冊

370000－1541－0002072　094.17/979

太平經國之書十一卷首一卷　（宋）鄭伯謙撰　夏小正戴氏傳四卷　（宋）傅崧卿撰　清康熙通志堂刻本　二冊

370000－1541－0002073　094.2/306

儀禮十七卷附監本正誤一卷石本誤字一卷　（漢）鄭玄注　（清）張爾岐句讀　清光緒十七年（1891）務本書局刻本　六冊

370000－1541－0002074　094.2/306＝1

儀禮十七卷附監本正誤一卷石本誤字一卷　（漢）鄭玄注　（清）張爾岐句讀　清光緒十七年（1891）務本書局刻本　六冊

370000－1541－0002075　094.2/306＝2

儀禮十七卷附監本正誤一卷石本誤字一卷　（漢）鄭玄注　（清）張爾岐句讀　清同治七年（1868）金陵書局刻本　四冊

370000－1541－0002076　094.22/214

儀禮正義四十卷　（清）胡培翬撰　清同治七年（1868）蘇州湯晉苑局刻本　二十冊

370000－1541－0002077　094.22/214＝1

儀禮正義四十卷　（清）胡培翬撰　清同治七年（1868）蘇州湯晉苑局刻本　十九冊　缺二卷（三十三至三十四）

370000－1541－0002078　094.22/214＝2

儀禮正義四十卷　（清）胡培翬撰　清同治七年（1868）蘇州湯晉苑局刻本　二十冊

370000－1541－0002079　094.22/306

儀禮十七卷附監本正誤一卷石本誤字一卷　（漢）鄭玄注　（清）張爾岐句讀　清乾隆八年（1743）和衷堂刻本　四冊

370000－1541－0002080　094.23/972

儀禮私箋八卷　（清）鄭珍撰　清同治五年（1866）成山唐氏刻本　二冊

370000－1541－0002081　094.23/972＝1

儀禮私箋八卷　（清）鄭珍撰　清同治五年（1866）成山唐氏刻本　二冊

370000－1541－0002082　094.24/219

儀禮釋官九卷首一卷　（清）胡匡衷撰　清同治八年（1869）胡肇智刻本　三冊　存八卷（一、四至九，首一卷）

370000－1541－0002083　094.24/764

禮經釋例十三卷首一卷　（清）凌廷堪撰　清嘉慶十三年（1808）揚州文選樓刻文選樓叢書本　八冊

370000－1541－0002084　094.24/800

儀禮要義五十卷　（宋）魏了翁撰　清光緒十年（1884）江蘇書局刻本　十二冊

370000－1541－0002085　094.25/273

儀禮圖十七卷儀禮旁通圖一卷　（宋）楊復撰　清康熙通志堂刻本　六冊

370000－1541－0002086　094.25/273＝1

儀禮圖六卷　（清）張惠言撰　清同治九年（1870）湖北崇文書局刻本　三冊

370000－1541－0002087　094.25/273＝2

儀禮圖六卷　（清）張惠言撰　清同治九年（1870）湖北崇文書局刻本　三冊

370000－1541－0002088　094.25/273＝3

儀禮圖六卷　（清）張惠言撰　清同治九年（1870）湖北崇文書局刻本　三冊

370000－1541－0002089　094.32/209

鄭氏禮記箋四十九卷　（清）郝懿行撰　清光

緒八年(1882)東路廳署刻本　十七冊

370000－1541－0002090　094.32/362

檀弓二卷　（清）孫濩孫評訂　清康熙六十年(1721)泗州林居仁刻本　四冊

370000－1541－0002091　094.32/366

禮記集解六十一卷　（清）孫希旦撰　清咸豐十年至同治七年(1860－1868)瑞安孫氏盤谷草堂刻本　八冊　存二十六卷(一至二十六)

370000－1541－0002092　094.32/370

欽定禮記義疏八十二卷首一卷　（清）允祿等撰　清光緒十四年(1888)江南書局刻本　二十八冊　存七十二卷(一至七十二)

370000－1541－0002093　094.32/370＝1

欽定三禮義疏　（清）允祿等撰　清刻本　一百冊

370000－1541－0002094　094.32/370＝2

欽定三禮義疏一百八十二卷　（清）允祿等撰　清同治十年(1871)湖北崇文書局刻本　六十六冊　缺七十卷(欽定周官義疏九至十、二十三至二十四、三十八至三十九、四十七至四十八,欽定儀禮義疏一至二、十二至十四、十九至二十、二十三、三十二至三十三、三十六至三十七、四十至四十三、四十六至四十七,欽定禮記義疏一至八、十一、十八至十九、二十四至二十五、二十八至二十九、三十四至三十五、四十二至四十七、五十二至五十六、六十一、六十三至六十六、六十八至七十、七十三至八十)

370000－1541－0002095　094.32/533

禮記體註大全四卷　（清）范翔鑒定　（清）徐旦參訂　清雍正三年(1725)刻本　三冊

370000－1541－0002096　094.32/538

漱芳軒合纂禮記體註四卷　（清）范翔參訂　清成文堂刻本　四冊

370000－1541－0002097　094.32/827＝1

禮記訓纂四十九卷　（清）朱彬輯　清咸豐元年(1851)朱氏宜祿堂刻六年(1856)重修同治五年(1866)印本　八冊

370000－1541－0002098　094.32/827＝2

禮記訓纂四十九卷　（清）朱彬輯　清咸豐元年(1851)朱氏宜祿堂刻本　十冊

370000－1541－0002099　094.32/943

禮記集說一百六十卷　（宋）衛湜輯　清康熙通志堂刻本　三十二冊

370000－1541－0002100　094.32/943＝1

禮記十六卷　（元）陳澔集說　（明）汪應魁句讀并校訂　明崇禎十四年(1641)汪應魁貽經堂刻本　六冊

370000－1541－0002101　094.37/112

大戴禮記解詁十三卷　（清）王聘珍撰　清光緒十三年(1887)廣雅書局刻本　三冊

370000－1541－0002102　094.37/164

黃氏讀禮記日鈔十六卷　（宋）黃震撰　清光緒三十四年(1908)問經精舍刻本　八冊

370000－1541－0002103　094.37/362

檀弓二卷　（清）孫濩孫評訂　清光緒七年(1881)常州狀元第莊刻本　二冊

370000－1541－0002104　094.389/249

六書說一卷校譌一卷續校一卷　（清）江聲撰　（清）董金鑑續校　考工記二卷校譌一卷續校一卷　（唐）杜牧注　（清）董金鑑續校　清光緒十三年(1887)會稽董氏雲瑞樓木活字印琳瑯祕室叢書本　一冊

370000－1541－0002105　094.4/764

禮經釋例十三卷首一卷　（清）凌廷堪撰　清嘉慶四年(1799)刻本　八冊

370000－1541－0002106　094.46/418

夏小正箋疏四卷　（清）馬徵麐撰　清光緒十四年(1888)德清思古書堂刻格致新書本　二冊

370000－1541－0002107　094.46/471

夏小正考注一卷　（漢）戴德傳　（清）畢沅注　清乾隆四十八年(1783)經訓堂刻本　一冊

370000－1541－0002108　094.46/783

夏小正集說四卷　（清）程鴻詔撰　清同治十

一年(1872)安慶高文元堂刻本　二冊

370000－1541－0002109　094.462/525

明堂陰陽夏小正經傳考釋十卷　（清）莊述祖撰　清光緒九年(1883)刻本　四冊

370000－1541－0002110　094.6/257

三禮通釋二百八十卷首一卷目錄四卷　（清）林昌彝撰　清同治三年(1864)廣州刻本　四十八冊

370000－1541－0002111　094.7/504

禮經會元四卷　（宋）葉時撰　清乾隆五十年(1785)錢塘許氏桐柏山房刻本　二冊

370000－1541－0002112　094.7/504＝2

禮經會元四卷　（宋）葉時撰　清乾隆藤花榭刻本　四冊

370000－1541－0002113　095.12/242

春秋左傳註疏六十卷　（晉）杜預註　（唐）孔穎達疏　明崇禎十一年(1638)虞山毛氏汲古閣刻本　二十冊　缺十卷(三十一至四十)

370000－1541－0002114　095.12/242＝2

附釋音春秋左傳注疏六十卷　（晉）杜預注（唐）陸德明音義　（唐）孔穎達疏　**校勘記六十卷**　（清）阮元撰　（清）盧宣旬摘錄　清嘉慶二十年(1815)江西南昌府學刻道光六年(1826)重修本　二十四冊

370000－1541－0002115　095.12/244

春秋經傳集解三十卷　（晉）杜預撰　（唐）陸德明音釋　清光緒九年(1883)子雲堂刻本　十六冊

370000－1541－0002116　095.12/244＝1

春秋左傳五十卷　（晉）杜預注　（唐）陸德明音義　（宋）林堯叟注釋　清光緒三十四年(1908)善成堂刻本　十六冊

370000－1541－0002117　095.12/244＝2

春秋經傳集解三十卷　（晉）杜預撰　清宣統二年(1910)學部圖書局鉛印本　十五冊

370000－1541－0002118　095.12/759

讀左補義五十卷首一卷　（清）姜炳璋輯

（清）毛昇增条　清乾隆三十三年(1768)文華堂刻本　十二冊

370000－1541－0002119　095.12/818

四書左國輯要二卷　（清）周龍官撰　清乾隆二十三年(1758)山陽周氏刻本　二冊

370000－1541－0002120　095.12/832

讀左日鈔十二卷補二卷　（清）朱鶴齡輯　清刻本　一冊　存三卷(讀左日鈔十二、補二卷)

370000－1541－0002121　095.13/725

左傳補釋三十二卷　（清）梁履繩撰　清道光九年(1829)錢塘汪氏振綺堂刻光緒元年(1875)補刻本　十二冊

370000－1541－0002122　095.13/725＝1

左傳補釋三十二卷　（清）梁履繩撰　清道光九年(1829)錢塘汪氏振綺堂刻光緒元年(1875)補刻本　十冊

370000－1541－0002123　095.13/747

春秋左氏傳地名補注十二卷　（清）沈欽韓撰　清咸豐九年(1859)潘錫爵刻本　一冊

370000－1541－0002124　095.17/449

東萊先生左氏博議二十五卷　（宋）呂祖謙撰　清光緒二十三年(1897)上海掃葉山房刻本　六冊

370000－1541－0002125　095.173/522

學春秋隨筆十卷　（清）萬斯大撰　清康熙五十六年(1717)刻本　一冊

370000－1541－0002126　095.2/213

春秋穀梁傳十二卷　（晉）范寧集解　（明）閔齊伋裁注　清蔚文堂刻本　四冊

370000－1541－0002127　095.2/213＝1

春秋穀梁傳十二卷　（晉）范寧集解　（唐）陸德明音義　清刻本　一冊　存三卷(十至十二)

370000－1541－0002128　095.2/983

春秋公羊傳十二卷　（漢）何休注　（明）閔齊伋裁注　清蔚文堂刻本　四冊

370000 – 1541 – 0002129　095.22/903

監本附音春秋公羊注疏二十八卷　（漢）何休注　（唐）徐彥疏　**校勘記二十八卷**　（清）阮元撰　（清）盧宣旬摘錄　清嘉慶二十年(1815)江西南昌府學刻本　十冊

370000 – 1541 – 0002130　095.22/903 = 1

監本附音春秋公羊注疏二十八卷　（漢）何休注　（唐）徐彥疏　**校勘記二十八卷**　（清）阮元撰　（清）盧宣旬摘錄　清嘉慶二十年(1815)江西南昌府學刻本　七冊

370000 – 1541 – 0002131　095.32/938

春秋穀梁經傳補注二十四卷首一卷末一卷　（晉）范寧集解　（清）鍾文烝詳補　清光緒二年(1876)鍾氏信美室刻本　八冊

370000 – 1541 – 0002132　095.4/112

欽定春秋傳說彙纂三十八卷首二卷　（清）王掞等纂　清康熙至乾隆內府刻本　六冊　存九卷(十至十八)

370000 – 1541 – 0002133　095.4/112 = 1

欽定春秋傳說彙纂三十八卷首二卷　（清）王掞等纂　清康熙六十年(1721)刻本　三十二冊

370000 – 1541 – 0002134　095.4/112 = 2

欽定春秋傳說彙纂三十八卷首二卷　（清）王掞等纂　清同治九年(1870)浙江書局刻本　十五冊　存三十卷(九至二十二、二十五至三十八,首二卷)

370000 – 1541 – 0002135　095.4/112 = 3

欽定春秋傳說彙纂三十八卷首二卷　（清）王掞等纂　清同治九年(1870)浙江書局刻本　二十冊

370000 – 1541 – 0002136　095.4/112 = 4

欽定春秋傳說彙纂三十八卷首二卷　（清）王掞等纂　清光緒四年(1878)廣州翰墨園刻本　佚名批　十八冊

370000 – 1541 – 0002137　095.4/112 = 5

欽定春秋傳說彙纂三十八卷首二卷　（清）王掞等纂　清光緒十年(1884)湖北崇文書局刻本　十六冊

370000 – 1541 – 0002138　095.4/112 = 6

欽定春秋傳說彙纂三十八卷首二卷　（清）王掞等纂　清光緒十四年(1888)江南書局刻本　二十冊

370000 – 1541 – 0002139　095.4/112 = 7

春秋說略十二卷附春秋比二卷　（清）郝懿行撰　清道光七年(1827)海陽趙銘彝刻本　三冊　存七卷(四至五、八至十二)

370000 – 1541 – 0002140　095.4/112 = 8

欽定五經　清末上海拜石山房石印本　七冊　存二種(欽定春秋傳說彙纂、欽定禮記義疏)

370000 – 1541 – 0002141　095.4/201

春秋屬辭十五卷春秋左氏傳補注十卷春秋師說三卷附錄二卷　（元）趙汸撰　清康熙二十九年(1690)新安趙吉士刻本　六冊

370000 – 1541 – 0002142　095.6/100

春秋三卷　清光緒七年(1881)成都尊經書院刻本　一冊

370000 – 1541 – 0002143　095.6/910

春秋十六卷首一卷　清嘉慶十年(1805)刻本　六冊　存九卷(一至九)

370000 – 1541 – 0002144　095.7/668

春秋董氏學八卷附傳一卷　康有為撰　清光緒二十四年(1898)上海大同譯書局刻萬木草堂叢書本　六冊

370000 – 1541 – 0002145　096/863

今古文孝經彙刻十六種　（清）王德瑛輯　清道光十四年至十六年(1834 – 1836)王德瑛刻本　八冊　存十四種(漢孔安國孝經傳、宋邢昺孝經正義、宋司馬光孝經指解、宋朱熹孝經刊誤、元董鼎孝經大義、元吳澄孝經定本、明項霦孝經述註、明黃道周孝經集傳、御注孝經、御纂孝經集註、毛奇齡孝經問、李光地孝經全註、吳隆元孝經三本管窺、無名氏孝經解紛)

370000－1541－0002146　096.2/667

孝經注疏九卷附校勘記九卷　(唐)玄宗李隆基注　(宋)邢昺疏　**爾雅注疏十卷校勘記十卷**　(晉)郭璞注　(宋)邢昺疏　(清)阮元撰校勘記　(清)盧宣旬摘錄　清嘉慶二十年(1815)江西南昌府學刻本　八冊

370000－1541－0002147　096.2/667＝1

孝經注疏九卷　(唐)玄宗李隆基注　(唐)陸德明音義　(宋)邢昺疏　**爾雅注疏十一卷**　(晉)郭璞注　(唐)陸德明音義　(宋)邢昺疏　清同治十年(1871)鍾謙鈞刻本　五冊

370000－1541－0002148　096.3/373

孝經鄭注疏二卷　(清)皮錫瑞撰　清光緒二十一年(1895)善化皮氏師伏堂刻本　二冊

370000－1541－0002149　096.6/366

孝經鄭注附音　(漢)鄭玄注　(唐)陸德明音義　(清)孫季咸編　清光緒二十二年(1896)濰縣朧園刻本　一冊

370000－1541－0002150　097/298

四書義經正篇二卷首一卷　(清)掃葉山房輯　清光緒二十七年(1901)上海掃葉山房石印本　四冊

370000－1541－0002151　097/499

圖畫四書白話解二十卷　(清)彪蒙編譯所編　清光緒三十四年(1908)上海彪蒙書室石印本　十四冊

370000－1541－0002152　097/781

四書改錯二十二卷　(清)毛奇齡撰　清嘉慶十六年(1811)學圃刻西河合集本　三冊

370000－1541－0002153　097/781＝1

四書改錯二十二卷　(清)毛奇齡撰　清嘉慶十六年(1811)學圃刻西河合集本　一冊　存三卷(十六至十八)

370000－1541－0002154　097.07/845

管周合稿　(清)管世銘　(清)周景益撰　清石印本　二冊

370000－1541－0002155　097.1/370

四書章句集注二十六卷　(宋)朱熹撰　清嘉慶十六年(1811)真意堂刻本　六冊

370000－1541－0002156　097.1/370＝1

四書十九卷　(宋)朱熹集注　清同治十一年(1872)山東書局刻本　六冊

370000－1541－0002157　097.1/370＝2

四書十九卷　(宋)朱熹集注　清同治十一年(1872)山東書局刻本　六冊

370000－1541－0002158　097.1/370＝3

監本四書十九卷　(宋)朱熹集注　清光緒六年(1880)狀元閣刻本　六冊

370000－1541－0002159　097.1/370＝4

監本四書十九卷　(宋)朱熹集注　清光緒六年(1880)狀元閣刻本　二冊　存七卷(大學一卷、中庸一卷、論語六至十)

370000－1541－0002160　097.1/370＝5

四書　清正黃旗官學刻本　四冊

370000－1541－0002161　097.1/370＝6

古香齋鑒賞袖珍四書　清光緒十年(1884)南海孔氏嶽雪樓刻本　二冊

370000－1541－0002162　097.1/428

御製繙譯四書六卷(滿漢合璧)　(清)鄂爾泰等譯　清刻本　二十冊

370000－1541－0002163　097.1/428＝1

御製繙譯四書六卷(滿漢合璧)　(清)鄂爾泰等譯　清光緒十四年(1888)北京聚珍堂刻本　六冊

370000－1541－0002164　097.1/719

鄉黨圖考十卷　(清)江永撰　清乾隆五十二年(1787)潛德堂刻本　六冊

370000－1541－0002165　097.1/719＝2

鄉黨圖考十卷　(清)江永撰　清道光五年(1825)元茂堂刻本　六冊

370000－1541－0002166　097.12/899

論語集解義疏十卷　(三國魏)何晏集解　(南朝梁)皇侃義疏　**論語筆解三卷**　(唐)韓愈　(唐)李翱撰　**鄭志三卷補遺一卷**　(三

國魏)鄭小同撰 （清)王復輯 清刻古經解彙函本 五冊

370000－1541－0002167 097.17/285
論語傳注一卷 （清)李塨撰 清抄本 一冊

370000－1541－0002168 097.19/144
逸語十卷 （清)曹庭棟輯注 清乾隆十二年(1747)刻本 四冊

370000－1541－0002169 097.2/115
四書朱子本義匯參 （清)王步青輯 （清)王士蕘編 清乾隆十年(1745)敦復堂刻本 三十一冊

370000－1541－0002170 097.2/115＝1
四書朱子本義匯參 （清)王步青輯 （清)王士蕘編 清光緒十二年(1886)鉛印本 十二冊

370000－1541－0002171 097.2/115＝3
大學章句本義匯參三卷首一卷 （清)王步青輯 （清)王士蕘編 清嘉慶十八年(1813)書業堂刻本 三冊

370000－1541－0002172 097.2/697
四書經史摘證七卷 （清)宋繼種輯 清光緒元年(1875)芝隱室刻本 四冊

370000－1541－0002173 097.2/712
四書詮義三十八卷 （清)汪烜纂集 清一經堂刻本 十四冊

370000－1541－0002174 097.2/827
四書釋文十九卷 （清)王賡言撰 清道光二年(1822)諸城王氏刻本 六冊

370000－1541－0002175 097.2/827＝1
四書集注十九卷 （宋)朱熹撰 清刻本 十冊

370000－1541－0002176 097.2/917
孟子正義三十卷 （清)焦循撰 清道光五年(1825)刻本 十二冊

370000－1541－0002177 097.22/199
孟子趙氏注十四卷音義二卷 （漢)趙岐注 清乾隆四十六年(1781)刻本 四冊

370000－1541－0002178 097.27/117
七篇指略七卷學庸思辨錄二卷附孟子學考一卷 （清)王訓撰 清康熙十二年(1673)金陵繆氏刻本 四冊

370000－1541－0002179 097.3/288
四書蠹簡六卷 （清)李詒經撰 詩經蠹簡四卷 （清)李星五撰 清道光十年(1830)慎思堂刻本 九冊

370000－1541－0002180 097.3/384
新訂四書人物備考十二卷 （明)薛應旂撰 (明)陳仁錫增定 清乾隆五年(1740)世業堂刻本 六冊

370000－1541－0002181 097.3/451
呂晚邨先生四書講義四十三卷 （清)呂留良撰 清康熙天蓋樓刻本 八冊

370000－1541－0002182 097.3/459
四書釋地補一卷續補一卷又續補一卷三續補一卷 （清)閻若璩撰 （清)樊廷枚校補 清嘉慶二十一年(1816)梅陽海涵堂刻本 六冊

370000－1541－0002183 097.3/984
學庸合講不分卷 （清)翁復彙輯 清雍正八年(1730)三讓堂刻本 一冊

370000－1541－0002184 097.37/998
大學衍義四十三卷 （宋)真德秀輯 （明)陳仁錫評 大學衍義補一百六十卷 （明)邱濬撰 清同治十三年(1874)夔州郭氏家塾刻本 四十冊

370000－1541－0002185 097.37/998＝1
大學衍義四十三卷 （宋)真德秀輯 （明)陳仁錫評 清同治十三年(1874)夔州郭氏家塾刻本 八冊

370000－1541－0002186 097.37/998＝2
大學衍義四十三卷 （宋)真德秀輯 清同治十三年(1874)金陵書局刻本 八冊

370000－1541－0002187 097.37/998＝3
大學衍義四十三卷 （宋)真德秀輯 清同治十三年(1874)金陵書局刻本 五冊 存十九

卷(二十五至四十三)

370000－1541－0002188　097.37/998 ＝ 4

大學衍義體要十六卷　（宋）真德秀編　（清）徐桐輯　清光緒刻本　八冊

370000－1541－0002189　097.37/998 ＝ 5

大學衍義體要十六卷　（宋）真德秀編　（清）徐桐輯　清光緒刻本　八冊

370000－1541－0002190　097.37/998 ＝ 6

大學衍義體要十六卷　（宋）真德秀編　（清）徐桐輯　清光緒刻本　二冊　存三卷（一至三）

370000－1541－0002191　097.37/998 ＝ 7

大學衍義補一百六十卷首一卷　（明）邱濬撰　（明）陳仁錫評　清刻本　三十二冊

370000－1541－0002192　097.4/459

四書典制類聯音註三十三卷　（清）閻其淵撰　清嘉慶元年(1796)蕭山縣署刻本　八冊　存十八卷（一至十八）

370000－1541－0002193　097.4/813

四書羽儀十九卷　（清）周冕　（清）劉景周纂　清乾隆五十二年(1787)敦化堂刻本　清張問陶批點　六冊

370000－1541－0002194　097.42/668

中庸注一卷禮運注一卷　康有爲注　清光緒二十七年(1901)中國圖書公司鉛印演孔叢書本　二冊

370000－1541－0002195　097.5/100

大題文府不分卷　（清）同文書局主人輯　清光緒上海同文書局石印本　二冊　存二冊（大學、中庸）

370000－1541－0002196　097.5/179

四書會解二十七卷　（清）綦澧輯　清光緒九年(1883)還醇堂刻本　十二冊

370000－1541－0002197　097.5/247

未了緣初集二卷續集二卷補續未了緣五卷　（清）杜宗嶽撰　清咸豐元年(1851)寶孺堂刻本　五冊　存五冊（未了緣初集二卷、續集二卷、補續未了緣一）

370000－1541－0002198　097.5/327

四書考異總考三十六卷條考三十六卷　（清）翟灝撰　清乾隆無不宜齋刻本　十二冊

370000－1541－0002199　097.5/372

新訂四書補注備旨十卷　（清）鄧林撰　（清）杜定基增訂　清光緒十六年(1890)德盛堂刻本　七冊　存八卷（論語四卷、孟子四卷）

370000－1541－0002200　097.5/372 ＝ 1

新訂四書補注備旨十卷　（清）鄧林撰　（清）杜定基增訂　清光緒十六年(1890)德盛堂刻本　八冊

370000－1541－0002201　097.5/372 ＝ 2

增廣新訂四書補註備旨十卷　（清）鄧林撰　（清）杜定基增訂　清光緒十八年(1892)成文信刻本　六冊

370000－1541－0002202　097.5/433

八銘塾鈔初集四卷二集四卷　（清）吳懋政編　（清）李文山注釋　清成文信刻本　十冊

370000－1541－0002203　097.5/438

四書經註集證十九卷　（清）吳昌宗撰　清嘉慶三年(1798)江都汪氏刻本　二十冊

370000－1541－0002204　097.5/571

石渠閣刪註四書人物考四十卷石渠閣刪註雜考六卷　（明）薛應旂撰　（明）薛案訂補　明崇禎十年(1637)刻本　十二冊

370000－1541－0002205　097.5/669

四書說約三十三卷　（明）鹿善繼撰　清道光二十八年(1848)刻本　四冊

370000－1541－0002206　097.52/117

四書釋文十九卷　（清）王賡言撰　清道光二年(1822)諸城王氏刻本　六冊

370000－1541－0002207　097.55/247

四書圖考十三卷　（清）杜炳撰　清光緒十三年(1887)上海鴻文書局石印本　四冊

370000－1541－0002208　097.55/313

四書圖考集要五卷　（清）張雲會輯　清乾隆

三十七年(1772)益都張氏愛古堂刻本　二冊
　存二卷(一、五)

370000－1541－0002209　097.55/313 = 1
四書圖考集要六卷　(清)張雲會輯　清乾隆
三十七年(1772)益都張氏愛古堂刻本　六冊

370000－1541－0002210　097.55/313 = 2
四書圖考集要五卷　(清)張雲會輯　清光緒
十八年(1892)豐德堂刻本　五冊

370000－1541－0002211　097.7/117
四書地理考十五卷　(清)王㙏撰　清光緒十
七年(1891)習靜齋刻本　六冊

370000－1541－0002212　097.7/117 = 1
四書地理考十五卷　(清)王㙏撰　清光緒十
七年(1891)習靜齋刻本　六冊

370000－1541－0002213　097.7/119
四書說略四卷教童子法一卷　(清)王筠撰
清道光三十年(1850)刻本　二冊

370000－1541－0002214　097.7/119 = 1
四書說略四卷教童子法一卷　(清)王筠撰
清道光三十年(1850)刻本　二冊　缺一卷
(大學)

370000－1541－0002215　097.7/306
四書翼註論文三十八卷　(清)張甄陶撰　清
嘉慶十五年(1810)竹下書堂刻本　六冊　存
十七卷(一至十七)

370000－1541－0002216　097.7/561
蔡虛齋先生四書蒙引十五卷　(明)蔡清撰
(明)宋兆禴重訂　明末大業堂刻本　十九冊

370000－1541－0002217　097.7/667
四書通典備考十二卷　(明)唐光虁撰　清康
熙三十三年(1694)文樞堂刻本　十二冊

370000－1541－0002218　098/138
九經古義十六卷　(清)惠棟撰　清乾隆蔣氏
省吾堂刻本　二冊

370000－1541－0002219　098/138 = 1
九經古義十六卷　(清)惠棟撰　清乾隆三十
九年(1774)益都李文藻潮陽縣署刻本　三冊

370000－1541－0002220　098/138 = 2
九經古義十六卷　(清)惠棟撰　清乾隆三十
九年(1774)益都李文藻潮陽縣署刻本　二冊

370000－1541－0002221　098/138 = 3
九經古義十六卷　(清)惠棟撰　清乾隆三十
九年(1774)益都李文藻潮陽縣署刻本　二冊

370000－1541－0002222　098/138 = 4
易大義一卷　(清)惠棟撰　**尚書註考一卷**
(明)陳泰交撰　**讀詩拙言一卷**　(明)陳第撰
　清道光二十七年(1847)刻海山仙館叢書本
　一冊

370000－1541－0002223　098/138 = 5
易大義一卷　(清)惠棟撰　清道光二十七年
(1847)刻海山仙館叢書本　一冊

370000－1541－0002224　098/359
古微書三十六卷　(明)孫瑴輯　清光緒十四
年(1888)對山問月樓刻本　三冊

370000－1541－0002225　098/377
五經讀五卷　(明)陳際泰撰　清康熙抄本
四冊

370000－1541－0002226　098/377 = 1
五經異義疏證三卷　(清)陳壽祺撰　清嘉慶
十八年(1813)仙遊王捷南刻本　三冊

370000－1541－0002227　098/377 = 2
五經異義疏證三卷　(清)陳壽祺撰　清嘉慶
十八年(1813)仙遊王捷南刻本　三冊

370000－1541－0002228　098/377 = 3
五經異義疏證三卷　(清)陳壽祺撰　清嘉慶
十八年(1813)仙遊王捷南刻本　三冊

370000－1541－0002229　098/377 = 4
左海經辨二卷　(清)陳壽祺撰　清道光三年
(1823)三山陳氏刻本　三冊

370000－1541－0002230　098/472
愚一錄十二卷　(清)鄭獻甫撰　清光緒二年
(1876)黔南藩署刻本　六冊

370000－1541－0002231　098/695
鶴巢經箋二十卷鱸序璅聞四卷續四卷　(清)

宋清壽輯　清刻本　六冊

370000－1541－0002232　098/827

經傳考證八卷　（清）朱彬撰　清道光二年
(1822)遊道堂刻本　二冊

370000－1541－0002233　098/827＝1

經傳考證八卷　（清）朱彬撰　清道光二年
(1822)遊道堂刻本　二冊

370000－1541－0002234　098/827＝2

經傳考證八卷　（清）朱彬撰　清道光二年
(1822)遊道堂刻本　二冊

370000－1541－0002235　098/827＝3

經傳考證八卷　（清）朱彬撰　清同治五年
(1866)寶應朱氏宜祿堂刻本　二冊

370000－1541－0002236　098/951

通介堂經說十二卷　（清）徐灝撰　清咸豐四
年(1854)刻本　四冊

370000－1541－0002237　098/951＝1

通介堂經說十二卷　（清）徐灝撰　清咸豐四
年(1854)刻本　四冊

370000－1541－0002238　098.1/119

皇清經解續編二百九卷　王先謙輯　清光緒
十五年(1889)上海蜚英館石印本　三十二冊

370000－1541－0002239　098.1/119＝1

皇清經解續編二百九卷　王先謙輯　清光緒
十五年(1889)上海蜚英館石印本　八冊　存
四十六卷(六十至七十九、一百六中至一百三
十一)

370000－1541－0002240　098.1/169

周禮精義六卷儀禮精義補編一卷春秋精義四
卷　（清）黃淦撰　清嘉慶十六年(1811)翼經
堂刻本　六冊

370000－1541－0002241　098.1/252

南海桂氏經學叢書　（清）桂文燦撰　清咸豐
至光緒刻本　六冊

370000－1541－0002242　098.1/285

五經衷要七十二卷　（清）李式穀輯　清道光
十年(1830)南海葉氏風滿樓刻本　二十四冊

370000－1541－0002243　098.1/313

五經旁訓讀本　（清）徐立綱撰　清九經堂刻
本　八冊　缺一種(禮經讀本)

370000－1541－0002244　098.1/375

重刊宋本十三經注疏附校勘記十三種四百十
六卷　（清）阮元撰校勘記　（清）盧宣旬摘錄
　清嘉慶二十年至二十一年(1815－1816)南
昌府學刻本　一百三冊　存二百九十五卷
(附釋音禮記注疏五至六十三,附釋音周禮注
疏一至四十二,儀禮疏一至三十,周易兼義上
經需傳一至九,論語注疏解經一至二十,孟子
注疏解經一至十四,爾雅疏一至十,附釋音春
秋左傳注疏一至八、三十一至四十九,監本春
秋公羊注疏十四至二十八,監本春秋穀梁注
疏一至二十,附釋音毛詩注疏一至二十,附釋
音尚書注疏一至二十,孝經注疏一至九)

370000－1541－0002245　098.1/375＝1

重刊宋本十三經注疏附校勘記十三種四百十
六卷　（清）阮元撰校勘記　（清）盧宣旬摘錄
　清嘉慶二十年至二十一年(1815－1816)南
昌府學刻同治十二年(1873)江西書局重修本
　一百八十冊

370000－1541－0002246　098.1/375＝2

重刊宋本十三經注疏附校勘記十三種四百十
六卷　（清）阮元撰校勘記　（清）盧宣旬摘錄
　清光緒十八年(1892)湖南寶慶務本書局刻
本　一百二十八冊

370000－1541－0002247　098.1/375＝3

十三經注疏三百三十三卷　明崇禎元年至十
二年(1628－1639)虞山毛氏汲古閣刻本　一
百四十冊

370000－1541－0002248　098.1/375＝4

十三經注疏三百三十三卷　明崇禎元年至十
二年(1628－1639)虞山毛氏汲古閣刻本　一
百二冊

370000－1541－0002249　098.1/375＝5

十三經注疏　清嘉慶三年(1798)金閶書業堂
刻本　十五冊　存二十三卷(毛詩注疏四至
七,尚書注疏十八,春秋左傳注疏四十三至四

十四,周禮注疏一至二、九至十二、十七至十八,儀禮注疏十一至十二,禮記注疏十九至二十、二十三至二十四、六十二至六十三)

370000－1541－0002250　098.1/375＝6

十三經注疏　清嘉慶三年(1798)金閶書業堂刻本　五十六冊　存一百五十三卷(周易兼義九卷、周易略例一卷,春秋左傳注疏三十一至六十,春秋公羊傳注疏二十八卷,春秋穀梁傳注疏二十卷,周禮注疏一至二十一,禮記注疏十七至十八、四十二至六十三,孝經注疏九卷,爾雅注疏十一卷)

370000－1541－0002251　098.1/375＝7

十三經注疏　清同治十年(1871)廣東書局刻本　五十八冊　存一百四十五卷(周易注疏三至十三,春秋左傳注疏一至二十九,禮記注疏一至十六、二十至三十一、三十九至六十三,周禮注疏四至四十二,儀禮注疏一至七、十一至十五,孝經注疏九)

370000－1541－0002252　098.1/375＝8

十三經注疏　清同治十三年(1874)湖南書局刻本　六十六冊

370000－1541－0002253　098.1/375＝10

皇清經解一百八十種　(清)阮元輯　清光緒十八年(1892)上海古香閣石印本　六十冊　缺七種(古文尚書考、春秋左傳補注、九經古義、春秋正辭、鍾山札記、龍城札記、尚書集注音疏)

370000－1541－0002254　098.1/375＝11

皇清經解一百九十卷　(清)阮元輯　清光緒十一年(1885)上海點石齋石印本　十一冊　存八十四卷(五十五至八十七、一百五至一百五十五)

370000－1541－0002255　098.1/375＝15

皇清經解一千四百八卷　(清)阮元輯　清道光九年(1829)廣東學海堂刻咸豐十一年(1861)補刻本　三百三十三冊

370000－1541－0002256　098.1/375＝16

皇清經解一千四百八卷　(清)阮元輯　清道

光九年(1829)廣東學海堂刻咸豐十一年(1861)補刻本　三百四十九冊　缺二十八卷(四百七、六百三十四至六百三十六、一千三百八十五至一千四百八)

370000－1541－0002257　098.1/375＝17

皇清經解一千四百八卷　(清)阮元輯　清道光九年(1829)廣東學海堂刻咸豐十一年(1861)補刻本　三百三十三冊　缺九十二卷(一千一百七十三至一千一百九十四、一千三百十七至一千三百八十六)

370000－1541－0002258　098.1/375＝18

皇清經解一千四百八卷　(清)阮元輯　清道光九年(1829)廣東學海堂刻咸豐十一年(1861)補刻本　一百四十六冊　存六百七卷(一至三、十一至四十一、一百三至一百七十六、三百四十九至四百三十一、六百三十四至六百四十八、七百八十四至八百一、八百七至八百三十九、九百四十九至一千一百十五、一千一百六十六至一千一百六十九、一千二百二十九至一千二百四十九、一千二百五十一至一千四百八)

370000－1541－0002259　098.1/375＝19

皇清經解一千四百八卷　(清)阮元輯　清道光九年(1829)廣東學海堂刻咸豐十一年(1861)補刻本　八冊　存六種(顧處士音論、顧處士易音、顧處士詩本音、經義叢鈔、國朝石經考異、段大令毛詩故訓題辭)

370000－1541－0002260　098.1/375＝20

皇清經解一千四百八卷　(清)阮元輯　清道光九年(1829)廣東學海堂刻咸豐十一年(1861)補刻本　五十冊　存三十四種(禹貢錐指、學禮質疑、學春秋隨筆、毛詩稽古編、仲氏易、論語稽求篇、四書剩言、詩說、湛園札記、經義雜記、解春集、尚書地理今釋、易說、禮說、春秋說、白田草堂存稿、周禮疑義舉要、觀象授時、經史問答、質疑、注疏考證、周官祿田考、尚書小疏、儀禮小疏、春秋左傳小疏、果堂集、周易述、尚書後案、毛鄭詩考正、詩經補注、考工記圖、東原集、古文尚書撰異、毛詩故訓傳)

370000－1541－0002261　098.1/429

娛親雅言六卷　（清）嚴元照撰　清光緒十年
(1884)吳興陸氏刻本　二冊

370000－1541－0002262　098.1/458

三經評注五卷　（明）閔齊伋編　明萬曆四十
四年(1616)吳興閔齊伋刻雙色套印本　三冊
　　存三卷(考工記二卷、檀弓一卷)

370000－1541－0002263　098.1/522

萬充宗先生經學五書十八卷　（清）萬斯大撰
　　清乾隆二十三年(1758)辨志堂刻本　五冊

370000－1541－0002264　098.1/522＝1

萬充宗先生經學五書十八卷　（清）萬斯大撰
　　清乾隆二十三年(1758)辨志堂刻本　五冊

370000－1541－0002265　098.1/522＝2

萬充宗先生經學五書十八卷　（清）萬斯大撰
　　清乾隆二十三年(1758)辨志堂刻本　五冊

370000－1541－0002266　098.1/525

味經齋遺書四十一卷　（清）莊存與撰　清光
緒八年(1882)陽湖莊氏刻本　十冊

370000－1541－0002267　098.1/525＝1

味經齋遺書四十一卷　（清）莊存與撰　清光
緒八年(1882)陽湖莊氏刻本　十冊

370000－1541－0002268　098.1/525＝2

味經齋遺書四十一卷　（清）莊存與撰　清光
緒八年(1882)陽湖莊氏刻本　十二冊

370000－1541－0002269　098.1/525＝3

味經齋遺書四十一卷　（清）莊存與撰　清光
緒八年(1882)陽湖莊氏刻本　五冊　存十一
卷(象傳論一卷、象象論一卷、象象傳一卷、八
卦觀象解一卷、卦氣解一卷、繫辭傳論二卷、
尚書既見三卷、尚書說一卷)

370000－1541－0002270　098.1/596

經藝淵海十卷　（清）常安室主人輯　清光緒
十一年(1885)上海點石齋石印本　十冊

370000－1541－0002271　098.1/668

欽定七經二百九十四卷　（清）李光地等撰
清同治七年(1868)浙江書局刻本　一百四十

二冊

370000－1541－0002272　098.1/668＝1

欽定七經二百九十四卷　（清）李光地等撰
清同治七年(1868)浙江書局刻本　九十四冊

370000－1541－0002273　098.1/668＝2

欽定七經二百九十四卷　（清）李光地等撰
清光緒二十八年(1902)上海寶文書局石印本
　九冊　存七十七卷(欽定詩經傳說彙纂十
六至二十一,欽定春秋傳說彙纂一至三十八,
欽定周官義疏一至三十二、首一卷)

370000－1541－0002274　098.1/668＝3

欽定七經二百九十四卷　（清）李光地等撰
清光緒三十年(1904)上海育文書局石印本
二十一冊　缺二十一卷(御纂周易折中十一
至二十一,欽定書經傳說彙纂一至八、首二
卷)

370000－1541－0002275　098.1/668＝4

欽定七經二百九十四卷　（清）李光地等撰
清光緒二十年(1894)上海書局石印本　九冊
　存一百十一卷(御纂周易折中二十二卷、首
一卷,欽定書經傳說彙纂二十一卷、首二卷、
書序一卷,欽定詩經傳說彙纂二十一卷、首二
卷、詩序一卷,欽定春秋傳說彙纂三十八卷、
首二卷)

370000－1541－0002276　098.1/668＝5

欽定七經二百九十四卷　（清）李光地等撰
清光緒十八年(1892)五彩公司石印本　二十
三冊

370000－1541－0002277　098.1/668＝6

欽定周官義疏四十八卷　（清）鄂爾泰等撰
清光緒十八年(1892)五彩公司石印本　一冊
　存十一卷(三十八至四十八)

370000－1541－0002278　098.1/728

經學文鈔十五卷首三卷　曹元弼　梁鼎芬輯
　清光緒三十四年(1908)江蘇存古學堂木活
字印本　二十冊

370000－1541－0002279　098.1/764

蜚雲閣淩氏叢書六種　（清）淩曙輯　清嘉慶

十三年(1808)江都蜚雲閣刻本　二十冊

370000－1541－0002280　098.1/781＝3

春秋左傳註疏六十卷　(晉)杜預註　(唐)孔
穎達疏　明崇禎十一年(1638)虞山毛氏汲古
閣刻本　三冊　存六卷(四十七至五十、五十
三至五十四)

370000－1541－0002281　098.1/781＝4

春秋左傳注疏六十卷　(晉)杜預注　(唐)孔
穎達疏　(唐)陸德明釋文　明崇禎刻本　九
冊　存十三卷(四、七至八、十至十一、十八至
二十二、二十七至二十九)

370000－1541－0002282　098.1/781＝5

春秋左傳注疏六十卷　(晉)杜預注　(唐)孔
穎達疏　(唐)陸德明釋文　清同治十年
(1871)刻本　一冊　存三卷(七至九)

370000－1541－0002283　098.1/781＝6

春秋左傳注疏六十卷　(晉)杜預注　(唐)孔
穎達疏　(唐)陸德明釋文　清同治十年
(1871)刻本　三十冊

370000－1541－0002284　098.1/812

皇清經解分經合纂十六卷　(清)阮元輯　清
光緒二十一年(1895)上海鴻寶齋石印本　三
十一冊　缺一卷(二之十一)

370000－1541－0002285　098.1/812＝1

皇清經解分經彙纂十六卷　(清)阮元輯　清
光緒十九年(1893)上海褒海山房石印本　三
十二冊

370000－1541－0002286　098.1/832

孫谿朱氏經學叢書初編三十八卷　(清)朱記
榮輯　清光緒十二年(1886)吳縣朱氏槐廬刻
本　十二冊

370000－1541－0002287　098.1/832＝1

孫谿朱氏經學叢書初編三十八卷　(清)朱記
榮輯　清光緒十二年(1886)吳縣朱氏槐廬刻
本　十二冊

370000－1541－0002288　098.1/832＝2

孫谿朱氏經學叢書初編三十八卷　(清)朱記

榮輯　清光緒十二年(1886)吳縣朱氏槐廬刻
本　十二冊

370000－1541－0002289　098.1/861

通志堂經解一百四十種一千八百六十卷
(清)納蘭性德編　清康熙十九年(1680)通志
堂刻本　六百一冊

370000－1541－0002290　098.1/861＝1

詩補傳三十卷　(宋)范處義撰　清康熙十九
年(1680)通志堂刻通志堂經解本　五冊　存
二十一卷(一至二十一)

370000－1541－0002291　098.1/896

西夏經義七種十五卷　(清)何志高撰　清光
緒十四年(1888)刻本　十冊

370000－1541－0002292　098.1/938

古經解彙函十六種小學彙函十四種　(清)鍾
謙鈞輯　清同治十二年(1873)粵東書局刻本
一冊　存二種(鄭氏周易注、陸氏周易述)

370000－1541－0002293　098.1/938＝1

古經解彙函十六種小學彙函十四種　(清)鍾
謙鈞輯　清光緒十四年(1888)上海蜚英館石
印本　二十冊

370000－1541－0002294　098.1/938＝2

古經解彙函十六種小學彙函十四種　(清)鍾
謙鈞輯　清光緒十四年(1888)上海蜚英館石
印本　二十冊

370000－1541－0002295　098.1/938＝3

古經解彙函十六種小學彙函十四種　(清)鍾
謙鈞輯　清光緒十四年(1888)上海蜚英館石
印本　十冊　存十九種(鄭氏周易注、陸氏周
易述、周易集解、周易口訣義、易緯八種、尚書
大傳、韓詩外傳、毛詩草木鳥獸蟲魚疏、春秋
繁露、春秋釋例、春秋集傳纂例、春秋微旨、春
秋集傳辨疑、論語義疏、論語筆解、鄭志、方
言、釋名、廣雅)

370000－1541－0002296　098.1/938＝4

古經解彙函十六種小學彙函十四種　(清)鍾
謙鈞輯　清光緒十四年(1888)上海蜚英館石
印本　十冊　存十五種(鄭氏周易注、陸氏周

易述、周易集解、周易口訣義、易緯八種、尚書大傳、韓詩外傳、毛詩草木鳥獸蟲魚疏、春秋繁露、春秋釋例、春秋集傳纂例、春秋微旨、春秋集傳辨疑、論語義疏、論語筆解)

370000－1541－0002297　098.1/938＝5

古經解彙函十六種小學彙函十四種　(清)鍾謙鈞輯　清光緒十四年(1888)上海蜚英館石印本　二十冊

370000－1541－0002298　098.1/938＝6

古經解彙函十六種　(清)鍾謙鈞輯　清光緒十四年(1888)上海蜚英館石印本　四冊　存八種(易緯稽覽圖下、易緯通卦驗、易緯辨終備、易緯乾元序制記、易緯是類謀、易緯坤靈圖、毛詩草木鳥獸蟲魚疏、春秋繁露)

370000－1541－0002299　098.1/938＝7

古經解彙函十六種小學彙函十四種續附十種　(清)鍾謙鈞輯　清光緒十四年(1888)石印本　二十冊

370000－1541－0002300　098.1/938＝8

春秋啖趙集傳纂例十卷　(唐)陸淳撰　清同治十二年(1873)粵東書局刻本　一冊

370000－1541－0002301　098.1/977

鄭氏佚書二十三種　(漢)鄭玄撰注　(清)袁鈞輯　清光緒十四年(1888)浙江書局刻本　一冊　存一卷(十八)

370000－1541－0002302　098.1/987

十三經古注十三種　(明)金蟠　(明)葛鼐校　明崇禎十二年(1639)永懷堂刻清同治八年(1869)浙江書局重修本　三十一冊

370000－1541－0002303　098.1/987＝1

十三經古注十三種　(明)金蟠　(明)葛鼐校　明崇禎十二年(1639)永懷堂刻清同治八年(1869)浙江書局重修本　二十一冊　存六種(周易，書經一至八，詩經，春秋左傳一至十八、二十五至三十，論語一至十三，儀禮九至十七)

370000－1541－0002304　098.2/370

制義叢話二十四卷題名一卷　(清)梁章鉅撰

清咸豐九年(1859)知足知不足齋刻本　八冊

370000－1541－0002305　098.2/370＝1

通德遺書所見錄七十二卷　(清)孔廣林輯　清光緒十六年(1890)山東書局刻本　四冊

370000－1541－0002306　098.2/582

雕菰集二十四卷　(清)焦循撰　清道光四年(1824)阮福嶺南刻本　六冊　存十七卷(一至十七)

370000－1541－0002307　098.2/582＝1

七經孟子考文補遺二百卷　(日本)山井鼎輯　(日本)物觀補遺　清嘉慶至道光杭州阮氏刻文選樓叢書本　六冊　存一百卷(左傳六十卷、禮記註疏四十九至六十三、論語十卷、古文孝經一卷、孟子十四卷)

370000－1541－0002308　098.3/112

經義述聞三十二卷　(清)王引之撰　清道光七年(1827)京師壽藤書屋刻本　十六冊

370000－1541－0002309　098.3/112＝1

經義述聞三十二卷　(清)王引之撰　清道光七年(1827)京師壽藤書屋刻本　十冊　存十四卷(十九至三十二)

370000－1541－0002310　098.3/112＝2

經義述聞三十二卷　(清)王引之撰　清道光七年(1827)京師壽藤書屋刻本　十二冊

370000－1541－0002311　098.3/112＝3

經義述聞三十二卷　(清)王引之撰　清道光七年(1827)京師壽藤書屋刻本　十六冊

370000－1541－0002312　098.3/112＝4

經義述聞三十二卷　(清)王引之撰　清道光七年(1827)京師壽藤書屋刻本　十二冊　存十五卷(十八至三十二)

370000－1541－0002313　098.3/311

篤志齋周易解三卷春秋解二卷　(清)張應譽撰　清同治十年(1871)南皮張氏刻本　二冊

370000－1541－0002314　098.3/382

白虎通疏證十二卷　(清)陳立撰　清光緒元

年(1875)淮南書局刻本　四冊

370000－1541－0002315　098.3/382＝1
白虎通疏證十二卷　（清）陳立撰　清光緒元年(1875)淮南書局刻本　四冊

370000－1541－0002316　098.3/382＝2
白虎通疏證十二卷　（清）陳立撰　清光緒元年(1875)淮南書局刻本　四冊

370000－1541－0002317　098.3/382＝3
白虎通疏證十二卷　（清）陳立撰　清光緒元年(1875)淮南書局刻本　四冊

370000－1541－0002318　098.3/382＝4
白虎通疏證十二卷　（清）陳立撰　清光緒元年(1875)淮南書局刻本　四冊

370000－1541－0002319　098.3/382＝5
白虎通疏證十二卷　（清）陳立撰　清光緒元年(1875)淮南書局刻本　四冊

370000－1541－0002320　098.3/382＝6
白虎通疏證十二卷　（清）陳立撰　清光緒元年(1875)淮南書局刻本　四冊

370000－1541－0002321　098.3/382＝7
句溪雜著六卷　（清）陳立撰　清同治三年(1864)刻本　二冊

370000－1541－0002322　098.3/382＝8
句溪雜著二卷　（清）陳立撰　清道光二十三年(1843)刻本　一冊

370000－1541－0002323　098.3/382＝9
東塾讀書記十二卷又三卷　（清）陳澧撰　清光緒刻本　五冊

370000－1541－0002324　098.3/382＝10
東塾讀書記十二卷又三卷　（清）陳澧撰　清光緒刻本　五冊

370000－1541－0002325　098.3/382＝11
經窺續八卷　（清）蔡啟盛撰　清光緒二十八年(1902)長沙刻本　二冊

370000－1541－0002326　098.3/384
群經質二卷　（清）陳僅撰　清光緒十一年

(1885)四明陳氏文則樓鉛印本　二冊

370000－1541－0002327　098.3/429
娛親雅言六卷　（清）嚴元照撰　清光緒十一年(1885)弢園王氏木活字印本　四冊

370000－1541－0002328　098.3/429＝1
娛親雅言六卷　（清）嚴元照撰　清光緒十一年(1885)弢園王氏木活字印本　四冊

370000－1541－0002329　098.3/429＝2
娛親雅言六卷　（清）嚴元照撰　清光緒十年(1884)吳興陸氏刻本　三冊

370000－1541－0002330　098.3/429＝3
娛親雅言六卷　（清）嚴元照撰　清光緒十年(1884)吳興陸氏刻本　二冊

370000－1541－0002331　098.3/440
有竹石軒經句說二十二卷　（清）吳英撰　清嘉慶二十三年(1818)吳縣吳氏有竹石軒刻本　二十二冊

370000－1541－0002332　098.3/526
經義亭疑三卷　（清）蔣楷撰　清宣統三年(1911)濟南刻本　一冊

370000－1541－0002333　098.3/660
十三經客難五十五卷　（清）龔元玠撰　清道光二十六年(1846)龔氏刻本　二十四冊

370000－1541－0002334　098.3/690
周易要義十二卷　宋書升撰　清末稿本　二冊　存四卷(七至十)

370000－1541－0002335　098.3/690＝1
周易要義十二卷　宋書升撰　清末刻朱印本　五冊　存五卷(一至二、九至十、十二)

370000－1541－0002336　098.3/690＝2
詩略說八卷　宋書升撰　清末稿本　一冊　存四卷(三至六)

370000－1541－0002337　098.3/690＝3
尚書要義十六卷　宋書升撰　清末稿本　三冊　存五卷(九、十二至十三、十五至十六)

370000－1541－0002338　098.3/714

遠春樓讀經筆存二卷 （清）汪科爵撰 清光
緒十二年(1886)長沙汪氏刻本 一冊

370000－1541－0002339 098.3/765

雪樵經解三十三卷 （清）馮世瀛撰 清光緒
十一年(1885)慈溪馮氏辨齋鉛印本 八冊

370000－1541－0002340 098.3/823

鳳氏經說三卷 （清）鳳韶撰 清道光元年
(1821)粵東刻本 一冊

370000－1541－0002341 098.3/827

實事求是之齋經義二卷 （清）朱大韶撰 清
光緒九年(1883)刻本 二冊

370000－1541－0002342 098.3/827＝1

實事求是之齋經義二卷 （清）朱大韶撰 清
光緒九年(1883)刻本 二冊

370000－1541－0002343 098.3/827＝2

實事求是之齋經義二卷 （清）朱大韶撰 清
光緒九年(1883)刻本 二冊

370000－1541－0002344 098.3/863

欽定七經綱領二卷 （清）□□輯 清末鉛印
本 二冊

370000－1541－0002345 098.3/923

經義雜記三十卷敘錄一卷 （清）臧琳撰 清
嘉慶四年(1799)武進臧氏拜經堂刻本 八冊

370000－1541－0002346 098.3/964

五經同異三卷 （清）顧炎武撰 清常熟蔣氏
省吾堂刻本 三冊

370000－1541－0002347 098.3/977

鄭志三卷 （漢）鄭玄撰 （三國魏）鄭小同編
清光緒十年(1884)古虞鮑氏後知不足齋刻
後知不足齋叢書本 一冊

370000－1541－0002348 098.3/977＝2

鄭志三卷 （漢）鄭玄撰 （三國魏）鄭小同編
清光緒十年(1884)古虞鮑氏後知不足齋刻
後知不足齋叢書本 一冊

370000－1541－0002349 098.3/990

茶香室經說十六卷 （清）俞樾撰 清光緒十
八年(1892)廣東學院刻本 四冊

370000－1541－0002350 098.4/119

六經圖定本六種 （宋）楊甲撰 （清）王皞校
錄 清乾隆五年(1740)向山堂刻本 六冊

370000－1541－0002351 098.4/119＝1

六經圖定本六種 （宋）楊甲撰 （清）王皞校
錄 清乾隆五年(1740)向山堂刻本 十二冊

370000－1541－0002352 098.4/471

傳經表一卷通經表一卷 （清）畢沅撰 清乾
隆十六年(1751)刻本 四冊

370000－1541－0002353 098.4/471＝2

傳經表一卷 （清）畢沅撰 清光緒四年
(1878)會稽章氏刻本 一冊

370000－1541－0002354 098.4/917

群經宮室圖三卷 （清）焦循撰 清道光半九
書塾刻本 二冊

370000－1541－0002355 098.4/977

六經圖二十四卷 （清）鄭之僑輯 清乾隆九
年(1744)述堂刻本 十二冊

370000－1541－0002356 098.4/977＝2

六經圖 （宋）楊甲撰 元拓本 一冊

370000－1541－0002357 098.5/382

經傳繹義五十卷 （清）陳煒撰 清嘉慶九年
(1804)校字齋刻本 十六冊 缺二卷(一至
二)

370000－1541－0002358 098.5/382＝1

經傳繹義五十卷 （清）陳煒撰 清嘉慶九年
(1804)校字齋刻本 二十四冊

370000－1541－0002359 098.5/382＝2

經傳繹義五十卷 （清）陳煒撰 清嘉慶九年
(1804)校字齋刻本 二十四冊

370000－1541－0002360 098.5/382＝3

經傳繹義五十卷 （清）陳煒撰 清嘉慶九年
(1804)校字齋刻本 八冊 存十六卷(一至
二、十九至二十一、二十七至三十七)

370000－1541－0002361 098.5/433

吳氏遺著五卷附錄一卷 （清）吳㲯雲撰 清
光緒十七年(1891)廣雅書局刻本 四冊

116

370000 - 1541 - 0002362　098.6/269

十一經音訓十一種　（清）楊國楨撰　清光緒三年(1877)湖北崇文書局刻本　二十六冊

370000 - 1541 - 0002363　098.6/269 = 1

十一經音訓十一種　（清）楊國楨撰　清光緒三年(1877)湖北崇文書局刻本　二十六冊

370000 - 1541 - 0002364　098.6/296

儀禮音訓一卷　（清）楊國楨撰　清道光十年(1830)刻本　二冊

370000 - 1541 - 0002365　098.6/313

五經文字三卷　（唐）張參撰　新加九經字樣（唐）唐玄度撰　清光緒九年(1883)古虞鮑氏刻後知不足齋叢書本　三冊

370000 - 1541 - 0002366　098.6/313 = 1

經字異同四十八卷　（清）張維屏撰　清光緒五年(1879)清泉精舍刻本　四冊

370000 - 1541 - 0002367　098.6/730

漢碑經義輯略二卷　（清）淳于鴻恩輯　清光緒二十八年(1902)濟南刻本　二冊

370000 - 1541 - 0002368　098.676/117

十三經字考十二卷　（清）王廣業撰　清稿本　四冊

370000 - 1541 - 0002369　098.9/522

石經考一卷　（清）萬斯同撰　清常熟蔣氏省吾堂刻本　一冊

370000 - 1541 - 0002370　098.9/690

七經緯書　（漢）鄭玄注　（三國魏）宋均輯注　清刻本　三冊　存三種(春秋緯、孝經緯、論語緯)

370000 - 1541 - 0002371　098.96/183

石經考文提要十三卷　（清）彭元瑞撰　清嘉慶四年(1799)阮元刻本　二冊

370000 - 1541 - 0002372　098.99/747

韓門綴學五卷續編一卷　（清）汪師韓撰　清光緒十二年(1886)長沙汪氏刻叢睦汪氏遺書本　三冊

370000 - 1541 - 0002373　098.99/747 = 1

韓門綴學五卷續編一卷　（清）汪師韓撰　清光緒十二年(1886)長沙汪氏刻叢睦汪氏遺書本　一冊　存一卷(五)

370000 - 1541 - 0002374　099.12/209

爾雅郭注義疏二十卷　（清）郝懿行撰　清咸豐六年(1856)楊以增、胡珽蘇州刻本　八冊

370000 - 1541 - 0002375　099.19/915

小學鉤沉十九卷　（清）任大椿撰　清嘉慶二十二年(1817)汪廷珍刻本　四冊

370000 - 1541 - 0002376　099.19/915 = 1

小學鉤沉十九卷　（清）任大椿撰　清光緒十年(1884)龍氏刻本　四冊

370000 - 1541 - 0002377　099.19/915 = 2

小學鉤沉十九卷　（清）任大椿撰　清光緒十年(1884)龍氏刻本　二冊

370000 - 1541 - 0002378　099.19/959

小學鉤沉續編八卷　顧震福撰　清光緒十八年(1892)刻竹侯所著函雅故齋叢書本　四冊

370000 - 1541 - 0002379　099.9/112

唐石經考正一卷　（清）王朝渠撰　清嘉慶五年(1800)尋孔顏樂處刻本　一冊

370000 - 1541 - 0002380　099.9/252

歷代石經略二卷　（清）桂馥撰　清光緒九年(1883)陳州郡齋刻本　二冊

370000 - 1541 - 0002381　099.9/252 = 1

歷代石經略二卷　（清）桂馥撰　清光緒九年(1883)陳州郡齋刻本　二冊

370000 - 1541 - 0002382　099.9/252 = 2

歷代石經略二卷　（清）桂馥撰　清光緒九年(1883)陳州郡齋刻本　四冊

370000 - 1541 - 0002383　099.9/252 = 3

歷代石經略二卷　（清）桂馥撰　清光緒九年(1883)陳州郡齋刻本　二冊

370000 - 1541 - 0002384　099.9/382

熹平石經殘字一卷　（清）陳宗彝輯　清道光三年(1823)劉文模刻本　一冊

370000 – 1541 – 0002385　099.9/382 = 1

蜀石經殘字一卷　（清）陳宗彝輯　清道光六年(1826)三山陳氏刻本　一冊

370000 – 1541 – 0002386　099.9/429

唐石經校文十卷　（清）嚴可均纂　清嘉慶九年(1804)歸安吳氏二百蘭亭齋刻本　三冊

370000 – 1541 – 0002387　099.9/429 = 1

唐石經校文十卷　（清）嚴可均纂　清光緒九年(1883)華陽王秉恩元尚居刻石經彙函本　四冊

370000 – 1541 – 0002388　099.9/429 = 4

石經彙函十種　（清）王秉恩輯　清光緒九年(1883)華陽王秉恩元尚居刻本　八冊

370000 – 1541 – 0002389　099.9/429 = 5

石經彙函十種　（清）王秉恩輯　清光緒十六年(1890)四川尊經書局刻本　八冊

370000 – 1541 – 0002390　099.9/429 = 6

石經彙函十種　（清）王秉恩輯　清光緒十六年(1890)四川尊經書局刻本　六冊

370000 – 1541 – 0002391　099.9/440

漢魏石經考三篇　（清）劉傳瑩撰　清光緒十二年(1886)沌城黃氏試館刻本　一冊

370000 – 1541 – 0002392　099.9/525

石經考一卷　（清）萬斯同撰　清常熟蔣氏省吾堂刻本　一冊

370000 – 1541 – 0002393　099.9/768

石經考辨二卷　（清）馮世瀛撰　清刻五經集解本　一冊

370000 – 1541 – 0002394　099.9/827

小學集註六卷首一卷末一卷附校勘記　（宋）朱熹撰　（明）陳選註　清同治二年(1863)盱胎吳棠刻本　四冊

370000 – 1541 – 0002395　099.9/984

漢石經殘字考一卷　（清）翁方綱撰　**干祿字書一卷**　（唐）顏元孫撰　清光緒九年(1883)常熟鮑氏後知不足齋刻後知不足齋叢書本　一冊

370000 – 1541 – 0002396　099.9/984 = 1

漢石經殘字考一卷　（清）翁方綱撰　清光緒九年(1883)常熟鮑氏後知不足齋刻後知不足齋叢書本　一冊

370000 – 1541 – 0002397　099.919/382

蜀石經殘字一卷　（清）陳宗彝輯　清道光六年(1826)三山陳氏刻本　一冊

370000 – 1541 – 0002398　099.919/382 = 1

蜀石經殘字一卷　（清）陳宗彝輯　清道光六年(1826)三山陳氏刻本　一冊

370000 – 1541 – 0002399　115/169

宋元學案一百卷首一卷考略一卷　（清）黃宗羲撰　（清）黃百家纂輯　（清）全祖望修定　清光緒五年(1879)長沙寄廬刻本　四十八冊

370000 – 1541 – 0002400　115/169 = 2

宋元學案一百卷首一卷考略一卷　（清）黃宗羲撰　（清）黃百家纂輯　（清）全祖望修定　清光緒五年(1879)長沙寄廬刻本　四十冊

370000 – 1541 – 0002401　120/890

子問二卷又問一卷　（清）劉沅撰　清同治二年(1863)平遙李氏刻本　三冊

370000 – 1541 – 0002402　120/994

諸子考略二卷　姚永樸撰　清光緒三十一年(1905)靈護室鉛印本　二冊

370000 – 1541 – 0002403　120.081/185

諸子詹詹錄二卷　（清）袁樹輯　清光緒九年(1883)濟南臥雪堂刻本　二冊

370000 – 1541 – 0002404　120.081/438

桐城先生點勘諸子七種　（清）吳汝綸輯　清宣統二年(1910)衍星社鉛印本　十一冊　缺四卷(莊子七至十)

370000 – 1541 – 0002405　120.081/438 = 1

桐城先生點勘諸子七種　（清）吳汝綸輯　清宣統二年(1910)衍星社鉛印本　十二冊

370000 – 1541 – 0002406　120.081/438 = 2

桐城先生點勘諸子七種　（清）吳汝綸輯　清宣統二年(1910)衍星社鉛印本　十二冊

370000－1541－0002407　120.081/582

子書百家一百一種　（清）崇文書局編　清光緒元年(1875)湖北崇文書局刻本　七冊　存九種(握奇經、六韜、尉繚子、素書、心書、新書、論衡、齊民要術、搜神後記)

370000－1541－0002408　120.081/582＝1

子書百家一百一種　（清）崇文書局編　清光緒元年(1875)湖北崇文書局刻本　五十八冊　存六十八種(孔子家語、孔子集語、荀子、孔叢子、新語、忠經、新書、鹽鐵論、新序、說苑、揚子法言、方言、潛夫論、申鑑、中論、傅子、續孟子、伸蒙子、素履子、胡子知言、薛子道論、海樵子、握奇經、六韜、孫子、吳子、司馬法、尉繚子、素書、心書、何博士備論、李忠定輔政本末、管子、商子、鄧析子、尸子、晏子春秋、韓非子、齊民要術、獨斷、論衡、白虎通、風俗通、牟子、古今注、聲隅子、嬾真子、廣成子、叔苴子、郁離子、空同子、海沂子、燕丹子、玉泉子、金華子、山海經注、山海經圖讚、山海經補注、搜神記、搜神後記、博物志、續博物志、述異記、亢倉子、天隱子、元真子、无能子、胎息經)

370000－1541－0002409　120.081/582＝2

子書百家一百一種　（清）崇文書局編　清光緒元年(1875)湖北崇文書局刻本　一百十冊

370000－1541－0002410　120.081/582＝3

子書百家一百一種　（清）崇文書局編　清光緒元年(1875)湖北崇文書局刻本　九十七冊　缺九種(新序、說苑、法言、方言、潛夫論、申鑑、中論、伸蒙子、素履子)

370000－1541－0002411　120.081/724

子書二十三種　（清）浙江書局輯　清光緒二十三年(1897)上海圖書集成局鉛印本　四十冊

370000－1541－0002412　120.18/522

儒林宗派十六卷　（清）萬斯同撰　清宣統三年(1911)上海國學扶輪社鉛印本　一冊

370000－1541－0002413　120.81/102

石研齋三種　（清）秦恩復輯　清嘉慶二十三年(1818)江都秦氏石研齋刻本　六冊

370000－1541－0002414　120.81/384

諸子奇賞前集五十一卷後集六十卷　（明）陳仁錫評選　明天啓六年(1626)三徑齋刻本　二十四冊

370000－1541－0002415　120.81/582＝1

子書百家一百一種　（清）崇文書局編　清光緒元年(1875)湖北崇文書局刻本　五十六冊　存五十四種(荀子、孔叢子、新語、忠經、新書、鹽鐵論、新序、說苑、揚子法言、方言、潛夫論、申鑑、中論、傅子、續孟子、文中子、伸蒙子、素履子、胡子知言、薛子道論、海樵子、握奇經、六韜、孫子、吳子、司馬法、尉繚子、素書、心書、何博士備論、李忠定輔政本末、管子、晏子春秋、商子、鄧子、尸子、韓非子、焦氏易林、鶡子、計倪子、於陵子、子華子、墨子、鶡冠子、金樓子、劉子、聲隅子、嬾真子、廣成子解、叔苴子、郁離子、空同子、海沂子、太玄經)

370000－1541－0002416　120.81/582＝3

子書百家一百一種　（清）崇文書局編　清光緒元年(1875)湖北崇文書局刻本　九十五冊　缺二十二種(揚子法言、方言、潛夫論、申鑑、中論、傅子、續孟子、文中子、伸蒙子、素履子、胡子知言、薛子道論、海樵子、握奇經、六韜、孫子、吳子、司馬法、尉繚子、素書、心書、顏氏家訓)

370000－1541－0002417　120.81/616

二十家子書二十種二十八卷　（明）謝汝韶撰　明萬曆六年(1578)吉藩崇德書院刻本　十六冊

370000－1541－0002418　120.81/676

子書二十八種　育文書局輯　清宣統三年(1911)育文書局石印本　三十二冊

370000－1541－0002419　120.81/676＝1

二十五子彙函　（清）鴻文書局輯　清光緒十九年(1893)上海鴻文書局石印本　十六冊

370000－1541－0002420　120.81/724

二十二子　（清）浙江書局輯　清光緒元年至三年(1875－1877)浙江書局刻本　八十三冊

370000－1541－0002421　120.81/724＝1

二十二子　（清）浙江書局輯　清光緒元年至
　三年(1875－1877)浙江書局刻本　二十二冊
　　存六種(淮南子、文中子、山海經、竹書紀
　年、商君書、韓非子)

370000－1541－0002422　120.81/868

諸子彙函二十六卷九十四種　（明）歸有光輯
　（明）文震孟訂　明天啓五年(1625)刻清聚
　英堂印本　二十四冊

370000－1541－0002423　120.9/856

學統五十六卷　（清）熊賜履編　清康熙二十
　四年(1685)刻本　十六冊

370000－1541－0002424　120.91/169

明儒學案六十二卷師說一卷　（清）黄宗羲撰
　清康熙三十二年(1693)賈樸紫筠齋刻本
　十六冊

370000－1541－0002425　121/119

諸子擇善錄不分卷　（清）王紹祖輯　清刻本
　二冊

370000－1541－0002426　121/782

二十二子合刻　（清）浙江書局輯　清光緒二
　十年(1894)上海積山書局石印本　十六冊

370000－1541－0002427　121.08/433

韓晏合刻　（清）吳鼎輯　清嘉慶二十三年
　(1818)全椒吳氏刻本　七冊

370000－1541－0002428　121.081/959

六子全書六十卷　（明）顧春輯　明嘉靖十二
　年(1533)吳郡顧氏世德堂刻本　佚名批　十
　二冊　存四種三十四卷(南華真經十卷、沖虛
　至德真經八卷、新纂門目五臣音注揚子法言
　一至六、中說十卷)

370000－1541－0002429　121.1/114＝1

周易十卷　（三國魏）王弼等注　清光緒二年
　(1876)江南書局刻本　一冊　存三卷(一至
　三)

370000－1541－0002430　121.1/114＝2

周易十卷　（三國魏）王弼等注　清同治十年

（1871)山東書局刻本　一冊　存三卷(二至
四)

370000－1541－0002431　121.1/117

讀易備忘四卷　（清）王滌心撰　清道光二十
九年(1849)慎修堂刻本　三冊

370000－1541－0002432　121.1/141＝1

意林五卷　（唐）馬總撰　清光緒三年(1877)
湖北崇文書局刻本　二冊

370000－1541－0002433　121.1/141＝2

意林五卷　（唐）馬總撰　清光緒三年(1877)
湖北崇文書局刻本　二冊

370000－1541－0002434　121.1/141＝3

意林五卷　（唐）馬總撰　清光緒元年(1875)
湖北崇文書局刻本　一冊

370000－1541－0002435　121.1/288

御纂周易折中二十二卷首一卷　（清）李光地
等撰　清康熙五十四年(1715)內府刻本　二
十冊

370000－1541－0002436　121.1/288＝1

御纂周易折中二十二卷首一卷　（清）李光地
等撰　清刻本　十冊

370000－1541－0002437　121.1/288＝2

御纂周易折中二十二卷首一卷　（清）李光地
等撰　清同治七年(1868)浙江書局刻本　馬
其昶批校　十冊

370000－1541－0002438　121.1/288＝3

御纂周易折中二十二卷首一卷　（清）李光地
等撰　清同治七年(1868)浙江書局刻本　十
冊

370000－1541－0002439　121.1/288＝4

御纂周易折中二十二卷首一卷　（清）李光地
等撰　清同治十年(1871)湖北崇文書局刻本
　十二冊

370000－1541－0002440　121.1/288＝5

御纂周易折中二十二卷首一卷　（清）李光地
等撰　清同治十年(1871)湖北崇文書局刻本
　十一冊　缺一卷(首一卷)

370000 - 1541 - 0002441　121.1/288 = 6

御纂周易折中二十二卷首一卷　（清）李光地
等撰　清光緒十四年(1888)江南書局刻本
十冊

370000 - 1541 - 0002442　121.1/288 = 7

御纂周易折中二十二卷首一卷　（清）李光地
等撰　清刻本　十六冊

370000 - 1541 - 0002443　121.1/288 = 8

御纂周易折中二十二卷首一卷　（清）李光地
等撰　清刻本　二十冊

370000 - 1541 - 0002444　121.1/288 = 9

御纂周易折中二十二卷首一卷　（清）李光地
等撰　清光緒尊經閣刻本　十六冊

370000 - 1541 - 0002445　121.1/359

古微書三十六卷　（明）孫瑴輯　清光緒二十
一年(1895)上海鴻文書局石印本　四冊

370000 - 1541 - 0002446　121.1/364

札迻十二卷　（清）孫詒讓撰　清光緒二十年
(1894)瑞安孫氏刻本　六冊

370000 - 1541 - 0002447　121.1/364 = 1

札迻十二卷　（清）孫詒讓撰　清光緒二十年
(1894)瑞安孫氏刻本　四冊

370000 - 1541 - 0002448　121.1/370

周易注疏十三卷　（三國魏）王弼　（晉）韓康
伯注　（唐）陸德明音義　（唐）孔穎達疏　**略
例一卷**　（三國魏）王弼撰　（唐）邢璹注
（唐）陸德明音義　清同治十年(1871)廣東書
局刻本　四冊　存十卷(五至十三、略例一
卷)

370000 - 1541 - 0002449　121.1/370 = 1

周易音義一卷附周易釋文校勘記　（唐）陸德
明撰　清刻本　一冊

370000 - 1541 - 0002450　121.1/370 = 2

周易兼義七卷附校勘記　（三國魏）王弼注
（唐）孔穎達正義　清光緒十八年(1892)湖南
務本書局刻本　四冊

370000 - 1541 - 0002451　121.1/447

壽山堂易說不分卷　（唐）無極呂子撰　清咸
豐汪南金刻同治五年(1866)長白崇芳重修本
六冊

370000 - 1541 - 0002452　121.1/449

周易本義四卷圖說一卷卦歌一卷筮儀一卷
（宋）朱熹撰　清初刻本　二冊

370000 - 1541 - 0002453　121.1/654

周易指四十五卷　（清）端木國瑚撰　清道光
東甌郭文元刻本　二十冊

370000 - 1541 - 0002454　121.1/657

儒教衍義三卷　（瑞士）韶波撰　清光緒二十
一年(1895)香港巴色會刻本　一冊

370000 - 1541 - 0002455　121.1/659

周易集傳八卷　（元）龍仁夫撰　清同治七年
(1868)鼎吉堂刻本　四冊

370000 - 1541 - 0002456　121.1/659 = 2

周易集傳八卷　（元）龍仁夫撰　清同治十年
(1871)黃縣丁憲曾刻本　四冊

370000 - 1541 - 0002457　121.1/827

周易本義不分卷　（宋）朱熹撰　清光緒三十
二年(1906)天津文美齋刻本　二冊

370000 - 1541 - 0002458　121.1/827 = 1

周易四卷首一卷　（宋）朱熹本義　清光緒四
年(1878)萊州泰和裕記刻本　四冊

370000 - 1541 - 0002459　121.1/856

周易本義集成十二卷首一卷　（元）熊良輔編
清同治十二年(1873)粵東書局刻本　三冊

370000 - 1541 - 0002460　121.1/917

易林四卷　（漢）焦延壽(焦贛)撰　清刻本
四冊

370000 - 1541 - 0002461　121.1/943

元包經傳五卷　（北周）衛元嵩撰　（唐）蘇源
明傳　（唐）李江注　（宋）韋漢卿音釋　清嘉
慶十八年(1813)什邡縣文昌閣刻本　一冊

370000 - 1541 - 0002462　121.1/977

札迻十二卷　（清）孫詒讓撰　清光緒二十年
(1894)瑞安孫氏刻本　四冊

121

370000－1541－0002463　　121.1088/306
張皋文箋易詮全集　　（清）張惠言撰　　清嘉慶
至道光刻本　　十二冊

370000－1541－0002464　　121.1088/306＝1
張皋文箋易詮全集　　（清）張惠言撰　　清嘉慶
至道光刻本　　二十冊

370000－1541－0002465　　121.1088/859
雙桂堂易說二種十二卷　　（清）紀大奎撰　　清
嘉慶十三年(1808)刻本　　六冊

370000－1541－0002466　　121.12/112
周易十卷　　（三國魏）王弼等注　　清乾隆四十
八年(1783)武英殿刻本　　二冊　　缺三卷(一
至三)

370000－1541－0002467　　121.12/112＝1
周易兼義九卷附音義一卷注疏校勘記九卷釋
文校勘記一卷　　（三國魏）王弼　（晉）韓康伯
注　（唐）孔穎達正義　　清嘉慶二十年(1815)
江西南昌府學刻本　　六冊

370000－1541－0002468　　121.12/112＝2
周易兼義九卷附音義一卷注疏校勘記九卷釋
文校勘記一卷　　（三國魏）王弼　（晉）韓康伯
注　（唐）孔穎達正義　　清嘉慶二十年(1815)
江西南昌府學刻本　　一冊

370000－1541－0002469　　121.12/158
周易四卷　　（宋）朱熹本義　　清同治十一年
(1872)山東書局刻本　　二冊

370000－1541－0002470　　121.12/269
周易臆解四卷圖說二卷　　（清）楊以迥撰　　清
光緒十年(1884)楊氏刻本　　五冊

370000－1541－0002471　　121.12/288
周易觀象十二卷　　（清）李光地撰　　清初抄本
四冊

370000－1541－0002472　　121.12/429
新鐫增補周易備旨一見能解六卷　　（明）黃淳
耀撰　　（清）嚴而寬增補　　清嘉慶九年(1804)
文錦堂刻本　　五冊　　存五卷(一至三、五至
六)

370000－1541－0002473　　121.12/455
周易補義二卷　　（清）史襃撰　　清光緒十七年
(1891)河城趙氏聚星堂刻本　　一冊

370000－1541－0002474　　121.12/522
周易變通解六卷首一卷末一卷　　（清）萬裕澐
撰　　清同治十二年(1873)集錦堂刻本　　六冊

370000－1541－0002475　　121.12/522＝1
周易變通解六卷首一卷末一卷　　（清）萬裕澐
撰　　清同治十二年(1873)集錦堂刻本　　六冊

370000－1541－0002476　　121.12/554
蘇氏易傳九卷　　（宋）蘇軾撰　　清嘉慶十年
(1805)虞山張氏照曠閣刻學津討原本　　三冊

370000－1541－0002477　　121.12/606
周易正蒙不分卷　　（清）許廷諫撰　　清康熙二
十七年(1688)刻本　　三冊

370000－1541－0002478　　121.12/784
覆元至正本易程傳不分卷　　（宋）程頤傳　　清
光緒十年(1884)遵義黎氏日本東京使署刻古
逸叢書本　　二冊

370000－1541－0002479　　121.12/784＝1
周易傳義音訓八卷首一卷末一卷　　（宋）程頤
傳　（宋）朱熹本義　　清光緒十五年(1889)江
南書局刻本　　八冊

370000－1541－0002480　　121.12/827
周易義傳合訂十五卷首一卷　　（宋）朱熹本義
（宋）程頤傳　（清）張道緒音釋　　清嘉慶十
六年(1811)人境軒刻本　　八冊

370000－1541－0002481　　121.12/827＝1
周易傳義合訂十二卷　　（宋）朱軾輯　　清光緒
二十三年(1897)高安朱衡刻朱文端公藏書十
三種本　　六冊

370000－1541－0002482　　121.12/827＝2
周易傳義合訂十二卷　　（清）朱軾輯　　清乾隆
二年(1737)鄂彌達刻藏書十三種本　　十冊

370000－1541－0002483　　121.12/832
周易傳義合訂十二卷　　（清）朱軾輯　　清乾隆
二年(1737)鄂彌達刻藏書十三種本　　六冊

370000 – 1541 – 0002484　121.12/906

御纂周易述義十卷　（清）傅恒等纂　清刻本
四冊

370000 – 1541 – 0002485　121.1236/460

關氏易傳一卷　（北魏）關朗撰　（唐）趙蕤注
明崇禎虞山毛氏汲古閣刻津逮秘書本　一
冊

370000 – 1541 – 0002486　121.125/784

周易程朱先生傳義十九卷程子上下篇義一卷
朱子周易五贊一卷筮儀一卷　（宋）董楷輯
明刻本　十二冊

370000 – 1541 – 0002487　121.1251/306

吳園周易解九卷附錄一卷　（宋）張根撰　清
乾隆武英殿木活字印武英殿聚珍版書本　三
冊

370000 – 1541 – 0002488　121.1252/827

周易本義四卷　（宋）朱熹撰　新刻易林衷旨
原本　（清）汪士魁輯　清刻本　二冊

370000 – 1541 – 0002489　121.1257/115

大易緝說十卷　（元）王申子撰　清康熙刻本
八冊

370000 – 1541 – 0002490　121.126/720

易說醒四卷　（明）洪守美撰　清同治十一年
(1872)涇縣洪汝奎刻本　三冊

370000 – 1541 – 0002491　121.126/720 = 1

易說醒四卷　（明）洪守美撰　清同治十一年
(1872)涇縣洪汝奎刻本　三冊

370000 – 1541 – 0002492　121.126/809

說易十二卷　（明）喬中和撰　明崇禎十一年
(1638)刻躋新堂集本　五冊

370000 – 1541 – 0002493　121.1261/834

重訂楓林先生周易旁註不分卷　（明）朱升撰
　（明）朱慶臣輯　明古歙石門朱府刻本　四
冊

370000 – 1541 – 0002494　121.1262/219

周易傳義大全二十四卷　（明）胡廣撰　明弘
治四年(1491)羅氏竹坪書堂刻本　十冊

370000 – 1541 – 0002495　121.1267/994

重訂易經疑問十二卷　（明）姚舜牧撰　明萬
曆三十八年(1610)六經堂刻本　十二冊

370000 – 1541 – 0002496　121.127/136

周易辨畫四十卷　（清）連斗山撰　清乾隆刻
本　八冊

370000 – 1541 – 0002497　121.127/156

周易淺義四卷　（清）耿極撰　清康熙二十七
年(1688)刻本　四冊

370000 – 1541 – 0002498　121.127/217

周易函書約註十八卷　（清）胡煦撰　清乾隆
胡氏葆璞堂刻本　八冊

370000 – 1541 – 0002499　121.127/217 = 1

周易函書約註十八卷　（清）胡煦撰　清乾隆
胡氏葆璞堂刻本　十冊

370000 – 1541 – 0002500　121.127/306

周易審義四卷　（清）張惠言撰　清咸豐七年
(1857)文選樓刻本　四冊

370000 – 1541 – 0002501　121.127/311

周易卦象六卷　（清）張丙矗輯　清光緒二十
二年(1896)保陽刻本　六冊

370000 – 1541 – 0002502　121.127/313

周易說略四卷　（清）張爾岐撰　清乾隆二十
七年(1762)三與堂刻本　四冊

370000 – 1541 – 0002503　121.127/377

讀易錄十八卷　（清）陳克緒注　清同治三年
(1864)霸州孝友堂刻本　六冊

370000 – 1541 – 0002504　121.127/377 = 1

周易明報三卷首一卷末一卷　（清）陳懋侯撰
　清光緒八年(1882)刻本　三冊

370000 – 1541 – 0002505　121.127/377 = 2

周易明報三卷首一卷末一卷　（清）陳懋侯撰
　清光緒八年(1882)刻本　三冊

370000 – 1541 – 0002506　121.127/377 = 3

周易廓二十四卷　（清）陳世鎔撰　清咸豐元
年(1851)獨秀山莊刻本　六冊

370000－1541－0002507　121.127/377＝4

周易淺解二卷首一卷　（清）陳大文撰　清光緒十八年(1892)一得齋刻本　二冊

370000－1541－0002508　121.127/433

周易本義正解二十二卷　（清）丁鼎時　（清）吳瑞麟纂　清康熙二十五年(1686)賜書堂刻本　十六冊

370000－1541－0002509　121.127/459

周易爻徵廣義六卷首一卷末一卷　（清）閆汝弼撰　清光緒元年(1875)刻本　八冊

370000－1541－0002510　121.127/459＝1

芸窗易草四卷　（清）閆斌撰　清同治十二年(1873)刻本　四冊

370000－1541－0002511　121.127/472

周易廣義四卷圖一卷　（明）鄭敷教撰　清康熙二十三年(1684)刻本　五冊

370000－1541－0002512　121.127/526

周易遵述不分卷　（清）蔣本撰　清道光十年(1830)檇李王氏信芳閣木活字印本　六冊

370000－1541－0002513　121.127/526＝1

周易遵程不分卷　（清）□□輯　清末石印本　五冊

370000－1541－0002514　121.127/526＝2

周易遵程不分卷　（清）□□輯　清末石印本　四冊　缺一冊(四)

370000－1541－0002515　121.127/530

周易原始六卷　（清）范咸撰　清刻本　四冊

370000－1541－0002516　121.127/712

周易便解六卷　（清）汪誥輯　清乾隆五十四年(1789)克復堂刻本　五冊

370000－1541－0002517　121.127/906

易經通注九卷　（清）傅以漸　（清）曹本榮撰　清光緒十二年(1886)雛園刻本　八冊

370000－1541－0002518　121.127/915

周易洗心十卷　（清）任啓運撰　清光緒八年(1882)宜興任氏家塾刻本　六冊

370000－1541－0002519　121.127/951

易經旁訓三卷　（清）徐立綱撰　清末南京李光明莊刻本　二冊

370000－1541－0002520　121.127/987

周易内傳十二卷　（清）金士升撰　清道光二年(1822)清江楊氏退思堂刻本　五冊

370000－1541－0002521　121.1276/212

鄭氏爻辰補六卷首一卷　（清）戴棠撰　清道光二十九年(1849)燕山書屋刻本　二冊

370000－1541－0002522　121.1278/311

周易本解一卷　（清）張道義撰　清光緒二十六年(1900)石印本　一冊

370000－1541－0002523　121.1281/112

費氏古易訂文十二卷　王樹枏撰　清光緒十七年(1891)青神文莫室刻本　六冊

370000－1541－0002524　121.13/138

易例二卷　（清）惠棟撰　清乾隆三十九年(1774)益都李文藻刻五十四年(1789)歷城周永年印貸園叢書初集本　一冊

370000－1541－0002525　121.13/362

漢魏二十一家易注　（清）孫堂輯　清嘉慶四年(1799)平湖孫氏映雪草堂刻本　十冊

370000－1541－0002526　121.13/362＝1

漢魏二十一家易注　（清）孫堂輯　清嘉慶四年(1799)平湖孫氏映雪草堂刻本　十冊

370000－1541－0002527　121.13/561

重訂蔡虛齋先生易經蒙引十二卷　（明）蔡清撰　明末刻本　八冊　存八卷(一、三至七、十、十二)

370000－1541－0002528　121.13/987

易經貫一二十二卷　（清）金誠撰　清乾隆十七年(1752)金誠和序堂刻本　二十冊

370000－1541－0002529　121.15/345

易經來註圖解十五卷首一卷末一卷　（明）來知德撰　清姚安高氏朝爽堂刻咸豐至同治修補本　十五冊

370000－1541－0002530　121.15/345＝1

易經來註圖解十五卷首一卷末一卷 （明）來知德撰 清光緒善成堂刻本 十冊

370000－1541－0002531 121.15/345＝2
新刻來瞿唐先生易註十五卷首一卷末一卷 （明）來知德撰 清雍正七年(1729)朝爽堂刻本 十冊

370000－1541－0002532 121.15/345＝3
新刻來瞿唐先生易註十五卷圖像一卷首一卷末一卷 （明）來知德撰 清刻本 十冊

370000－1541－0002533 121.17/138
周易古義四卷 （清）惠棟撰 清乾隆常熟蔣氏省吾堂刻本 一冊

370000－1541－0002534 121.17/158
自得齋易學四種 （清）丁澤安撰 清光緒刻本 三冊

370000－1541－0002535 121.17/169
易學象數論六卷 （清）黃宗羲撰 清光緒廣雅書局刻本 二冊

370000－1541－0002536 121.17/288
周易通論四卷 （清）李光地撰 清康熙刻本 二冊

370000－1541－0002537 121.17/292
周易便蒙襯解四卷 （清）李盤輯 清乾隆五十四年(1789)友琴居士刻本 四冊

370000－1541－0002538 121.17/311
周易補註五卷 （清）張官德撰 清刻本 一冊

370000－1541－0002539 121.17/366
讀易例言一卷 （清）孫廷芝撰 清刻本 一冊

370000－1541－0002540 121.17/561
易象意言一卷 （宋）蔡淵撰 清乾隆武英殿木活字印武英殿聚珍版書本 一冊

370000－1541－0002541 121.17/576
重訂周易二閭記三卷周易小義二卷 （清）茹敦和撰 （清）李慈銘訂 清光緒會稽徐氏鑄學齋刻紹興先正遺書本 二冊

370000－1541－0002542 121.17/590
讀易餘言五卷 （明）崔銑撰 （明）崔汲編錄 清抄本 四冊

370000－1541－0002543 121.17/630
周易舉正一卷 （唐）郭京撰 尚書古文辨一卷 （清）朱彝尊撰 古文尚書考一卷 （清）陸隴其撰 詩經協韻考異一卷 （宋）輔廣撰 章水經流考一卷 （清）朱崇禮撰 清道光二十八年(1848)宜黃黃氏木活字印遜敏堂叢書本 一冊

370000－1541－0002544 121.17/745
需時眇言十卷 （清）沈善登撰 清光緒二十八年(1902)豫恕堂刻本 八冊

370000－1541－0002545 121.17/784
易原八卷 （宋）程大昌撰 清乾隆武英殿木活字印武英殿聚珍版書本 二冊 存四卷(一至四)

370000－1541－0002546 121.17/917
易話二卷 （清）焦循撰 清道光六年(1826)半九書塾刻本 二冊

370000－1541－0002547 121.17/932
田間易學不分卷 （清）錢澄之撰 清康熙斟雉堂刻同治二年(1863)印本 八冊

370000－1541－0002548 121.17/934
田間易學不分卷 （清）錢澄之撰 清康熙斟雉堂刻本 七冊

370000－1541－0002549 121.177/288
周易前選不分卷 （清）李光地撰 清道光十年(1830)李維迪刻重刻李文貞公三種前選本 四冊

370000－1541－0002550 121.177/313
師白山房講易不分卷 （清）張學尹撰 清道光九年(1829)刻本 五冊

370000－1541－0002551 121.177/377
槎溪學易三卷 （清）陳鼐撰 清同治十三年(1874)保定蓮池書院刻本 二冊

370000－1541－0002552 121.177/433

讀易隨筆三卷　（清）吳大廷撰　清刻本　三冊

370000－1541－0002553　121.177/460

澄園讀易略例三卷　（清）關燿南撰　清光緒十八年(1892)信州靜妙軒刻本　三冊

370000－1541－0002554　121.177/525

周易通義十六卷　（清）莊忠棫撰　清光緒六年(1880)冶城山館刻本　二冊

370000－1541－0002555　121.177/987

易義來源四卷　（清）金士麒撰　清光緒二十三年(1897)刻鵠齋刻鵠齋叢書本　四冊

370000－1541－0002556　121.178/916

山東高等學堂周易講義　（清）□□編　清光緒山東高等學堂石印本　一冊

370000－1541－0002557　121.18/736

乾坤兩卦解一卷　（清）湯斌撰　清同治九年(1870)刻湯文正公全集本　一冊

370000－1541－0002558　121.19/306

易緯略義三卷　（清）張惠言撰　清光緒廣雅書局刻本　一冊

370000－1541－0002559　121.2/112

闇修記四卷　（清）王檢心撰　清光緒二年(1876)廣仁堂刻本　四冊

370000－1541－0002560　121.2/119

廿二子全書　（清）王纕堂編　清道光十三年(1833)王氏棠蔭館刻本　八冊

370000－1541－0002561　121.2/167

道學淵源錄一百卷　（清）黃嗣東輯　清光緒三十四年(1908)鳳山學舍鉛印本　十四冊

370000－1541－0002562　121.2/167 ＝1

道學淵源錄一百卷　（清）黃嗣東輯　清光緒三十四年(1908)鳳山學舍鉛印本　十四冊

370000－1541－0002563　121.2/185

諸子詹詹錄二卷　（清）袁樹輯　清光緒九年(1883)濟南臥雪堂刻本　二冊

370000－1541－0002564　121.2/382

漢儒通義七卷　（清）陳澧撰集　清番禺陳氏刻番禺陳氏東塾叢書本　四冊

370000－1541－0002565　121.2/382 ＝1

漢儒通義七卷　（清）陳澧撰集　清番禺陳氏刻番禺陳氏東塾叢書本　二冊

370000－1541－0002566　121.2/430

周易介五卷　（清）單維輯　清嘉慶二十一年(1816)半山亭刻本　五冊

370000－1541－0002567　121.2/430 ＝1

周易介五卷　（清）單維輯　清嘉慶二十一年(1816)半山亭刻本　五冊

370000－1541－0002568　121.2/682

栖流略三篇改字記二篇斠三篇雜記二篇　（清）懺綺樓主人撰　清光緒二十九年(1903)耘桂室刻本　一冊

370000－1541－0002569　121.2/827

駁呂留良四書講義八卷　（清）朱軾撰　清雍正九年(1731)刻本　六冊

370000－1541－0002570　121.2/915

述記二卷　（清）任兆麟纂　清乾隆五十三年(1788)忠敏家塾刻本　六冊

370000－1541－0002571　121.2/916

四字經一卷　（□）□□撰　清刻本　一冊

370000－1541－0002572　121.21/144

四書摭餘說不分卷　（清）曹之升撰　清嘉慶三年(1798)刻本　六冊

370000－1541－0002573　121.21/254

四書拾遺六卷　（清）林春溥撰　清道光十四年(1834)閩縣林氏竹柏山房刻本　一冊　存一卷(論語上)

370000－1541－0002574　121.21/306

四書音補一卷　（清）張大仕輯　清光緒十九年(1893)刻小鄒魯室叢書本　一冊

370000－1541－0002575　121.21/311

四書訓解參證十二卷　（清）張定鋬撰　清咸豐二年(1852)刻本　四冊

370000－1541－0002576　121.21/359

四書近指十五卷　（清）孫奇逢撰　清刻本
四冊

370000－1541－0002577　121.21/392

四書經典通考不分卷　（清）陸文籀輯　清嘉
慶十二年(1807)鑄吾軒木活字印本　八冊

370000－1541－0002578　121.21/392＝1

四書經典通考不分卷　（清）陸文籀輯　清嘉
慶十二年(1807)鑄吾軒木活字印本　八冊

370000－1541－0002579　121.21/394

尚書二卷　明刻本　二冊

370000－1541－0002580　121.21/424

四書襯十九卷　（清）駱培撰　清乾隆坦吉堂
刻本　六冊

370000－1541－0002581　121.21/438

寫定尚書一卷　（清）吳汝綸寫定　清光緒十
八年(1892)桐城吳氏家塾石印本　一冊

370000－1541－0002582　121.21/438＝1

寫定尚書一卷　（清）吳汝綸寫定　清光緒十
八年(1892)桐城吳氏家塾石印本　二冊

370000－1541－0002583　121.21/667

尚書辨偽一卷　（清）唐煥撰　清嘉慶十七年
(1812)果克山房刻本　二冊

370000－1541－0002584　121.21/827

監本四書十九卷　（宋）朱熹章句　清康熙九
年(1670)紫陽朱氏文公祠崇道堂刻本　一冊
　存二卷(大學一卷、中庸一卷)

370000－1541－0002585　121.21/827＝1

監本四書十九卷　（宋）朱熹章句　清乾隆四
十七年(1782)金閶丹山堂刻本　六冊

370000－1541－0002586　121.21/859

四書疏註撮言大全三十七卷　（清）胡蓉芝輯
　清刻本　二十四冊

370000－1541－0002587　121.21/911＝1

尚書大傳三卷　（漢）伏勝撰　（漢）鄭玄注
尚書大傳辨偽一卷　（清）陳壽祺撰　清同治
十二年(1873)粵東書局刻本　二冊

370000－1541－0002588　121.21/972

尚書大傳四卷補遺一卷　（漢）伏勝撰　（漢）
鄭玄注　（清）盧見曾補遺　清嘉慶五年
(1800)刻本　一冊

370000－1541－0002589　121.21/972＝1

尚書大傳補注七卷　王闓運補注　清光緒十
二年(1886)成都尊經書院刻本　一冊

370000－1541－0002590　121.21/977

四書集注十九卷　（宋）朱熹撰　清刻本　六
冊

370000－1541－0002591　121.21/987

四書味根錄三十七卷　（清）金澂撰　清道光
十七年(1837)粲花吟館刻本　十四冊　存三
十二卷(中庸一，論語一至十三、十七至二十，
孟子十四卷)

370000－1541－0002592　121.21/987＝1

四書味根錄三十七卷　（清）金澂撰　清道光
十七年(1837)粲花吟館刻本　十五冊

370000－1541－0002593　121.21/987＝2

四書味根錄三十七卷　（清）金澂撰　清光緒
八年(1882)緯文堂刻本　十五冊

370000－1541－0002594　121.21/987＝3

四書味根錄三十七卷　（清）金澂撰　清咸豐
九年(1859)粲花吟館刻本　十二冊

370000－1541－0002595　121.21/987＝4

四書味根錄三十七卷　（清）金澂撰　清同治
四年(1865)同文堂刻本　十六冊

370000－1541－0002596　121.21/987＝5

四書味根錄三十七卷　（清）金澂撰　清同治
五年(1866)刻本　八冊

370000－1541－0002597　121.21/987＝7

四書味根錄三十七卷　（清）金澂撰　清光緒
十二年(1886)上海同文書局石印本　四冊

370000－1541－0002598　121.21/987＝8

四書味根錄題鏡合編　（清）金澂　（清）汪鯉
翔撰　清光緒十六年(1890)上海鴻文書局石
印本　八冊

370000 – 1541 – 0002599　121.212/179

四書會解二十七卷 （清）綦澧輯　清道光九年(1829)姑蘇琴川閣刻本　五冊

370000 – 1541 – 0002600　121.212/266

四書講義切近錄三十八卷 （清）楊大受輯　清道光十六年(1836)以約齋刻本　十九冊　缺二卷(孟子講義切近錄十一至十二)

370000 – 1541 – 0002601　121.212/299

四書大全四十卷首一卷 （清）陸隴其點定　清寶翰樓刻本　二十冊

370000 – 1541 – 0002602　121.212/308

四書集注直解說約不分卷 （明）張居正撰　清八旗經正書院刻本　十二冊

370000 – 1541 – 0002603　121.212/359

尚書今古文注三十卷 （清）孫星衍撰　清光緒聘珍抄本　八冊

370000 – 1541 – 0002604　121.212/451

晚村先生四書講義四十三卷 （清）呂留良撰　清初刻本　七冊　缺三卷(一至三)

370000 – 1541 – 0002605　121.212/482

四書古註群義彙解十種 （清）□□輯　清光緒鉛印本　十七冊

370000 – 1541 – 0002606　121.212/482 = 2

校正四書古註群義十種 （清）□□輯　清光緒石印本　八冊

370000 – 1541 – 0002607　121.212/530

大文堂合纂四書體註十九卷 （清）范翔撰　清姑蘇掃葉山房刻本　佚名批校　六冊

370000 – 1541 – 0002608　121.212/530 = 1

鋤經堂合纂四書體註十九卷 （清）范翔撰　清鋤經堂刻本　六冊

370000 – 1541 – 0002609　121.212/627

集虛齋四書口義十卷 （清）方葇如撰　清乾隆五十三年(1788)刻本　十二冊

370000 – 1541 – 0002610　121.212/764

皇朝四書彙解七十五卷 （清）凌陛卿輯　清光緒二十九年(1903)上海鴻文書局石印本

十二冊

370000 – 1541 – 0002611　121.212/764 = 2

四書會解二十七卷 （清）綦澧輯　清嘉慶五年(1800)還醇堂刻本　十二冊

370000 – 1541 – 0002612　121.212/764 = 3

四書會解二十七卷 （清）綦澧輯　清光緒九年(1883)還醇堂刻本　二十四冊

370000 – 1541 – 0002613　121.212/827

四書朱子本義匯參 （清）王步青輯　（清）王士鼇編　清乾隆十年(1745)敦復堂刻本　三十冊

370000 – 1541 – 0002614　121.212/827 = 2

四書集注十九卷 （宋）朱熹撰　清道光二十二年(1842)寶恕堂刻本　十二冊

370000 – 1541 – 0002615　121.212/827 = 5

四書集注十九卷 （宋）朱熹撰　清末金陵狀元閣刻本　六冊

370000 – 1541 – 0002616　121.212/827 = 6

四書章句集註十九卷 （宋）朱熹撰　清光緒十二年(1886)上海掃葉山房刻本　六冊

370000 – 1541 – 0002617　121.212/827 = 7

孟子一卷 （宋）朱熹集注　清光緒三十二年(1906)上海商務印書館鉛印本　三冊

370000 – 1541 – 0002618　121.212/890

四書恒解十四卷 （清）劉沅輯　清光緒十年(1884)豫誠堂刻槐軒全書本　十冊

370000 – 1541 – 0002619　121.212/899

四書古註群義彙解十種 （清）□□輯　清末民國初上海煥文書局石印本　十八冊

370000 – 1541 – 0002620　121.213/311

三訂四書辨疑七十卷 （清）張江輯　清光緒十三年(1887)大文書局鉛印本　八冊

370000 – 1541 – 0002621　121.213/454

四書釋地一卷續一卷又續一卷三續一卷 （清）閻若璩撰　清乾隆五十三年(1788)吳照聽雨齋刻本　四冊

370000－1541－0002622　121.213/454＝2

四書釋地補一卷續補一卷又續補一卷三續補一卷　（清）閻若璩撰　（清）樊廷枚校補　清嘉慶二十一年(1816)梅陽海涵堂刻本　六冊

370000－1541－0002623　121.213/459

四書釋地一卷續一卷又續一卷三續一卷
（清）閻若璩撰　清刻本　四冊

370000－1541－0002624　121.213/506

四書引左彙解十卷　（清）蕭榕年輯　清乾隆三十九年(1774)謙牧堂刻本　四冊

370000－1541－0002625　121.215/306

四書圖考集要五卷　（清）張雲會輯　清乾隆三十七年(1772)益都張氏愛古堂刻本　一冊　存一卷(四)

370000－1541－0002626　121.217/115

中庸章句本義匯參六卷首一卷　（清）王步青輯　（清）王士籠編　清乾隆十年(1745)敦復堂刻四書朱子本義匯參本　五冊

370000－1541－0002627　121.217/115＝1

四書朱子本義匯參　（清）王步青輯　（清）王士籠編　清乾隆十年(1745)敦復堂刻本　二十冊　存二十一卷(大學章句本義匯參二至三,論語集註本義匯參一至六、八至十六,孟子集註本義匯參一至四)

370000－1541－0002628　121.217/115＝2

四書朱子本義匯參　（清）王步青輯　（清）王士籠編　清乾隆十年(1745)敦復堂刻本　硯備氏跋　十六冊　存二十一卷(大學章句本義匯參一至三、首一卷,中庸章句本義匯參一至六、首一卷,孟子章句本義匯參五至十四)

370000－1541－0002629　121.217/115＝3

四書朱子本義匯參　（清）王步青輯　（清）王士籠編　清嘉慶十八年(1813)書業堂刻本　二冊　存三卷(大學章句本義匯參一、論語集註本義匯參十九至二十)

370000－1541－0002630　121.217/164

四書或問語類大全合訂四十一卷　（清）黃越合訂　清康熙三十七年(1698)古吳光裕堂刻本　二十三冊

370000－1541－0002631　121.217/169

四書異同商六卷　（清）黃鶴撰　清咸豐十年(1860)寧鄉學署東齋刻本　十冊

370000－1541－0002632　121.217/169＝1

四書異同商補訂六卷　（清）黃鶴撰　清光緒十九年(1893)星沙守先書社刻本　二冊

370000－1541－0002633　121.217/172

真珠船二十卷　（明）黃焜輯　明崇禎刻本　十六冊

370000－1541－0002634　121.217/183

蘭臺遺稿二卷　（清）彭希涑撰　清光緒九年(1883)刻本　二冊

370000－1541－0002635　121.217/288

四書反身錄八卷　（清）李顒撰　（清）王心敬輯　清同治至光緒浙江書局刻本　四冊

370000－1541－0002636　121.217/290

四書反身錄八卷續錄一卷　（清）李顒撰　（清）王心敬輯　清刻本　三冊

370000－1541－0002637　121.217/290＝1

四書反身錄八卷　（清）李顒撰　（清）王心敬輯　清同治六年(1867)牛樹梅刻本　四冊

370000－1541－0002638　121.217/290＝2

四書反身錄八卷首一卷　（清）李顒撰　（清）王心敬輯　清蔣氏小娜嬛山館刻本　四冊

370000－1541－0002639　121.217/290＝3

四書反身錄八卷　（清）李顒撰　（清）王心敬輯　清光緒十一年(1885)刻本　四冊

370000－1541－0002640　121.217/327

四書考異總考三十六卷條考三十六卷　（清）翟灝撰　清乾隆無不宜齋刻本　三冊　存十八卷(四書考異總考一至八、三十一至三十六,條考一至四)

370000－1541－0002641　121.217/387

松陽講義十二卷　（清）陸隴其撰　清貴文堂刻本　五冊　缺三卷(十至十二)

370000 – 1541 – 0002642　121.217/504

四書便蒙不分卷　（清）葉偉昌輯撰　清光緒
七年(1881)福州杞藕山房刻本　六冊

370000 – 1541 – 0002643　121.217/578

四書語類五卷　（明）艾南英撰　清嘉慶十八
年(1813)夢筠山房刻本　四冊

370000 – 1541 – 0002644　121.217/782

四書古注集注彙纂十九卷　（宋）朱熹注　清
末稽古樓刻本　八冊　缺五卷(孟子三至七)

370000 – 1541 – 0002645　121.217/813

四書典故辨正二十卷附錄一卷　（清）周柄中
撰　清敬儀堂刻本　六冊

370000 – 1541 – 0002646　121.217/892

四書傳習心譚不分卷　（明）劉必紹撰　（明）
劉濡恩輯　明萬曆十六年(1588)崔承祀刻本
九冊

370000 – 1541 – 0002647　121.217/892 = 1

四書傳習心譚不分卷　（明）劉必紹撰　（明）
劉濡恩輯　明萬曆十六年(1588)崔承祀刻本
十九冊

370000 – 1541 – 0002648　121.217/892 = 2

四書庭訓說約□□卷　（明）劉必紹撰　（明）
劉濡恩述　清刻本　一冊　存二卷(論語說
約上、下)

370000 – 1541 – 0002649　121.217/984

四書合講十九卷　（宋）朱熹注　（清）翁復編
清三讓堂刻本　高密單氏批校題跋　五冊
存十七卷(論語合講一至十、孟子合講一至
七)

370000 – 1541 – 0002650　121.217/984 = 2

四書遵注合講十九卷　（清）翁復編　清光緒
十三年(1887)成文堂刻本　六冊

370000 – 1541 – 0002651　121.218/387

松陽講義十二卷　（清）陸隴其撰　清光緒十
三年(1887)張氏固始堂刻本　四冊

370000 – 1541 – 0002652　121.22/112

繪圖四書速成新體讀本論語十卷　（清）施崇

德編　清光緒三十一年(1905)杭州彪蒙書室
石印本　十冊

370000 – 1541 – 0002653　121.22/754

朱子論語集注訓詁考二卷　（清）潘衍桐輯
清光緒十七年(1891)浙江書局刻本　一冊

370000 – 1541 – 0002654　121.22/827 = 1

論語十卷　（宋）朱熹集注　清淵海書局刻本
二冊

370000 – 1541 – 0002655　121.22/827 = 2

論語十卷　（宋）朱熹集注　清淵海書局刻本
二冊

370000 – 1541 – 0002656　121.22/827 = 3

論語十卷　（宋）朱熹集注　清末南京李光明
莊刻本　二冊

370000 – 1541 – 0002657　121.22/827 = 4

論語十卷　（宋）朱熹集注　清末民國初刻本
二冊

370000 – 1541 – 0002658　121.22/827 = 5

論語十卷　（宋）朱熹集注　清末南京李光明
莊刻本　三冊

370000 – 1541 – 0002659　121.22/827 = 6

論語十卷　（宋）朱熹集注　清裏如堂刻本
二冊

370000 – 1541 – 0002660　121.22/827 = 8

論語十卷　（宋）朱熹集注　清刻本　一冊
存五卷(一至五)

370000 – 1541 – 0002661　121.22/890

論語正義二十四卷　（清）劉寶楠撰　清同治
五年(1866)刻本　六冊

370000 – 1541 – 0002662　121.22/890 = 1

論語正義二十四卷　（清）劉寶楠撰　清同治
五年(1866)刻本　六冊

370000 – 1541 – 0002663　121.22/890 = 2

論語正義二十四卷　（清）劉寶楠撰　清同治
五年(1866)刻本　六冊

370000 – 1541 – 0002664　121.22/899 = 1

論語注疏解經十卷附論札一卷 （三國魏）何晏集解 （宋）邢昺疏 清光緒三十三年(1907)貴池劉氏玉海堂刻本 二冊

370000－1541－0002665 121.22/899＝2

論語注疏解經十卷附論札一卷 （三國魏）何晏集解 （宋）邢昺疏 清光緒三十三年(1907)貴池劉氏玉海堂刻本 四冊

370000－1541－0002666 121.222/115

四書朱子本義匯參 （清）王步青輯 （清）王士鼇編 清乾隆十年(1745)敦復堂刻本 三十冊

370000－1541－0002667 121.222/115＝1

四書朱子本義匯參 （清）王步青輯 （清）王士鼇編 清三槐堂刻本 三十一冊 缺八卷(孟子七至十四)

370000－1541－0002668 121.222/115＝2

四書朱子本義匯參 （清）王步青輯 （清）王士鼇編 清文會堂刻本 三十一冊

370000－1541－0002669 121.222/115＝3

四書朱子大全精言四十一卷 （清）周大璋纂 清康熙四十七年(1708)寶旭齋刻本 一冊 存一卷(孟子三)

370000－1541－0002670 121.222/888

增訂二論詳解四卷 （清）劉忠輯 清末南京李光明莊刻本 四冊

370000－1541－0002671 121.222/899

論語注疏二十卷 （三國魏)何晏集解 （唐）陸德明音義 （宋）邢昺疏 清同治十年(1871)廣東書局刻十三經注疏本 五冊

370000－1541－0002672 121.222/899＝3

論語注疏解經二十卷 （三國魏)何晏集解 （宋）邢昺疏 校勘記二十卷 （清）阮元撰 清嘉慶二十年(1815)江西南昌府學刻本 三冊

370000－1541－0002673 121.224/217

鄉黨義考七卷 （清）胡薰輯 清乾隆六十年(1795)中林書屋刻本 八冊

370000－1541－0002674 121.225/247

四書圖考十三卷 （清）杜炳撰 清光緒十三年(1887)上海鴻文書局石印本 三冊 存十卷(一至十)

370000－1541－0002675 121.226/754

朱子論語集注訓詁考二卷 （清）潘衍桐輯 清光緒十七年(1891)浙江書局刻本 一冊

370000－1541－0002676 121.226/951

論語魯讀考一卷 （清）徐養原撰 清光緒湖城義塾刻湖州叢書本 二冊

370000－1541－0002677 121.227/117

鄉黨句解四卷 （清）王宗嶽撰 清道光二十六年(1846)膠東鎔經堂刻本 四冊

370000－1541－0002678 121.227/164

論語後案二十卷 （清）黃式三撰 清光緒九年(1883)浙江書局刻儆居叢書本 十冊

370000－1541－0002679 121.227/164＝2

論語後案二十卷 （清）黃式三撰 清道光二十四年(1844)魯岐峰木活字印本 三冊 存十卷(一至十)

370000－1541－0002680 121.227/586

論語餘說一卷 （清）崔述撰 清道光四年(1824)東陽縣署刻本 一冊

370000－1541－0002681 121.227/730

論語旁證五卷 （清）梁章鉅撰 清光緒十二年(1886)鉛印本 四冊

370000－1541－0002682 121.227/745＝2

論論孔注辨偽二卷 （清）沈濤撰 清道光二十一年(1841)刻本 一冊

370000－1541－0002683 121.23/114

孔子家語十卷 （三國魏）王肅注 清光緒元年(1875)湖北崇文書局刻子書百家本 二冊

370000－1541－0002684 121.23/114＝1

孔子家語十卷 （三國魏）王肅注 清光緒十八年(1892)上海掃葉山房刻本 五冊

370000－1541－0002685 121.23/114＝2

孔子家語十卷 （三國魏）王肅注 清光緒二

十四年(1898)玉海堂刻本　　四冊

370000－1541－0002686　121.23/114＝3
孔子家語十卷　（三國魏）王肅注　清勤思堂
刻本　四冊

370000－1541－0002687　121.23/114＝4
孔子家語十卷　（三國魏）王肅注　清末民國
上海同文書局石印本　四冊

370000－1541－0002688　121.23/117
論語經正錄二十卷附年譜一卷　（清）王肇晉
撰　（清）王用誥述　清光緒二十年(1894)刻
本　十冊

370000－1541－0002689　121.23/117＝1
論語經正錄二十卷附年譜一卷　（清）王肇晉
撰　（清）王用誥述　清光緒二十年(1894)刻
本　十冊

370000－1541－0002690　121.23/117＝2
論語經正錄二十卷附年譜一卷　（清）王肇晉
撰　（清）王用誥述　清光緒二十年(1894)刻
本　十冊

370000－1541－0002691　121.23/308
孔孟志略三卷　（清）張承燮撰　清光緒二十
七年(1901)膠州聽雨何時軒刻本　三冊

370000－1541－0002692　121.23/359
家語疏證六卷　（清）孫志祖撰　清刻本　三
冊

370000－1541－0002693　121.23/359＝2
家語疏證六卷　（清）孫志祖撰　清道光刻本
二冊

370000－1541－0002694　121.23/362
孔子集語十七卷　（清）孫星衍撰　清光緒三
年(1877)浙江書局刻本　四冊

370000－1541－0002695　121.23/362＝2
孔子集語十七卷　（清）孫星衍撰　清嘉慶二
十年(1815)冶城山館刻平津館叢書本　八冊

370000－1541－0002696　121.23/370
闕里文獻考一百卷首一卷末一卷　（清）孔繼
汾編　清乾隆二十七年(1762)刻本　八冊

370000－1541－0002697　121.23/370＝1
闕里文獻考一百卷首一卷末一卷　（清）孔繼
汾編　清乾隆二十七年(1762)刻本　八冊

370000－1541－0002698　121.23/370＝2
闕里文獻考一百卷首一卷末一卷　（清）孔繼
汾編　清乾隆二十七年(1762)刻本　八冊

370000－1541－0002699　121.23/370＝3
闕里文獻考一百卷首一卷末一卷　（清）孔繼
汾編　清乾隆二十七年(1762)刻本　十冊

370000－1541－0002700　121.23/566
孔子集語二卷　（宋）薛據撰　清光緒元年
(1875)湖北崇文書局刻本　一冊

370000－1541－0002701　121.23/566＝1
孔子集語二卷　（宋）薛據撰　清乾隆二年
(1737)刻本　一冊

370000－1541－0002702　121.232/212
戴氏註論語二十卷　（清）戴望撰　清同治十
年(1871)刻本　一冊

370000－1541－0002703　121.24/982
曾子家語六卷　（清）曾國荃審訂　（清）王定
安編　清光緒十六年(1890)金陵刻本　二冊

370000－1541－0002704　121.24/982＝1
曾子家語六卷　（清）曾國荃審訂　（清）王定
安編　清光緒十六年(1890)金陵刻本　二冊

370000－1541－0002705　121.24/982＝2
曾子家語六卷　（清）曾國荃審訂　（清）王定
安編　清光緒十六年(1890)金陵刻本　二冊

370000－1541－0002706　121.251/209
大學衍義輯要六卷　（宋）真德秀撰　（清）陳
弘謀纂　大學衍義補輯要十二卷首一卷
（明）邱濬撰　（清）陳弘謀纂　清道光二十二
年(1842)寶恕堂刻本　十六冊

370000－1541－0002707　121.251/736
學庸示掌二卷　（清）湯自銘撰　清留香館刻
本　一冊

370000－1541－0002708　121.251/827
四書章句集注　（宋）朱熹撰　清光緒三十二

年(1906)天津文美齋刻本　一冊　存二卷
(大學、中庸)

370000－1541－0002709　121.251/875
古本大學說一卷中庸說二卷　(清)邊廷英撰
清道光二十一年(1841)詩鏡軒刻本　二冊

370000－1541－0002710　121.251/882
大學衍義補一百六十卷　(明)丘濬撰　(明)
陳仁錫評　明崇禎刻本　二十七冊　存一百
五卷(一至三十三、七十七至一百四十八)

370000－1541－0002711　121.251/882 = 1
大學衍義補一百六十卷　(明)丘濬撰　(明)
陳仁錫評　明崇禎五年(1632)刻本　三十二
冊

370000－1541－0002712　121.251/882 = 2
大學衍義補一百六十卷　(明)邱濬撰　(明)
陳仁錫評　清刻本　四十冊　存一百四十七
卷(三至六十一、六十七至一百一十三、一百二
十至一百六十)

370000－1541－0002713　121.251/890
大學古本質言一卷　(清)劉沅撰　清光緒十
七年(1891)平遙李氏刻本　一冊

370000－1541－0002714　121.251/998
大學衍義四十三卷　(宋)真德秀撰　明崇禎
十一年(1638)楊鶚刻清乾隆重修本　十冊

370000－1541－0002715　121.251/998 = 1
大學衍義四十三卷　(宋)真德秀撰　明崇禎
十一年(1638)楊鶚刻清乾隆重修本　八冊

370000－1541－0002716　121.2517/830
學庸思辨錄十四卷　(清)朱鼎謙輯　清函三
堂刻本　八冊

370000－1541－0002717　121.253/348
中庸衍義十七卷　(明)夏良勝撰　清雍正五
年(1727)刻本　八冊

370000－1541－0002718　121.253/704
中庸本義官話一卷　(德國)安保羅撰　清光
緒三十年(1904)上海美華書館鉛印本　一冊

370000－1541－0002719　121.26/212 = 2

孟子字義疏證三卷　(清)戴震撰　清同治三
年(1864)刻本　二冊

370000－1541－0002720　121.26/298
孟子七卷　(宋)朱熹集注　清刻本　三冊

370000－1541－0002721　121.26/357
孟子七卷　(宋)朱熹集注　清刻本　佚名批
校　一冊　存四卷(四至七)

370000－1541－0002722　121.26/359
孟子音義二卷　(宋)孫奭撰　清同治十三年
(1874)成都尊經書院刻本　一冊

370000－1541－0002723　121.26/554
載詠樓重鐫朱批孟子二卷　(宋)蘇洵批　清
康熙三十三年(1694)載詠樓刻朱墨套印本
二冊

370000－1541－0002724　121.26/554 = 2
載詠樓重鐫朱批孟子二卷　(宋)蘇洵批　清
嘉慶八年(1803)刻本　二冊

370000－1541－0002725　121.26/554 = 3
增補蘇批孟子二卷年譜一卷　(宋)蘇洵撰
(清)趙大浣增補　清咸豐六年(1856)刻朱墨
套印本　二冊

370000－1541－0002726　121.26/827 = 1
孟子七卷　(宋)朱熹集注　清裹如堂刻本
三冊

370000－1541－0002727　121.26/827 = 3
孟子七卷　(宋)朱熹集注　清煙臺誠文信刻
本　四冊

370000－1541－0002728　121.262/199
孟子注疏解經十四卷　(漢)趙岐注　(宋)孫
奭疏　明崇禎六年(1633)虞山毛氏汲古閣刻
本　七冊

370000－1541－0002729　121.262/199 = 1
孟子注疏解經十四卷　(漢)趙岐注　(宋)孫
奭疏　校勘記十四卷　(清)阮元撰　清嘉慶
二十年(1815)江西南昌府學刻本　八冊

370000－1541－0002730　121.262/199 = 2
孟子注疏解經十四卷　(漢)趙岐注　(宋)孫

奭疏　校勘記十四卷　(清)阮元撰　清嘉慶二十年(1815)江西南昌府學刻本　六冊

370000－1541－0002731　121.262/199＝3

孟子注疏十四卷　(漢)趙岐注　(宋)孫奭疏　清同治十年(1871)廣東書局刻十三經注疏本　七冊

370000－1541－0002732　121.262/704

孟子本義官話七篇　(德國)安保羅撰　清光緒三十一年(1905)上海美華書館鉛印本　一冊

370000－1541－0002733　121.266/707

標孟七卷　(清)汪有光評　清康熙二十五年(1686)樂取堂刻本　四冊

370000－1541－0002734　121.267/628

孟子外書集證五卷讀孟質疑三卷　(清)施彥士輯　清嘉慶崇明施氏刻道光鄒縣孟繼烺印本　一冊

370000－1541－0002735　121.267/818

孟子四考四卷　(清)周廣業撰　清乾隆六十年(1795)省吾廬刻本　二冊

370000－1541－0002736　121.267/820

孟子讀法附記十四卷　(清)周人麒撰　清乾隆四十九年(1784)京師保積堂刻本　四冊

370000－1541－0002737　121.267/820＝1

孟子讀法附記十四卷　(清)周人麒撰　清乾隆四十九年(1784)京師保積堂刻本　六冊

370000－1541－0002738　121.267/827

孟子要略五卷　(宋)朱熹撰　(清)劉傳瑩輯　(清)曾國藩編　清道光二十九年(1849)瀏陽劉氏刻本　二冊

370000－1541－0002739　121.267/827＝1

孟子要略五卷　(宋)朱熹撰　(清)劉傳瑩輯　(清)曾國藩編　清同治十三年(1874)傳忠書局刻本　一冊

370000－1541－0002740　121.268/888

孟子外書一卷　(宋)劉攽注　清嘉慶二十三年(1818)星帶草堂刻本　一冊

370000－1541－0002741　121.27/271＝2

荀子二十卷　(戰國)荀況撰　(唐)楊倞注　清光緒二年(1876)浙江書局刻本　六冊

370000－1541－0002742　121.27/271＝3

荀子二十卷　(戰國)荀況撰　(唐)楊倞注　明末刻本　二冊

370000－1541－0002743　121.27/271＝4

荀子二十卷　(戰國)荀況撰　(唐)楊倞注　清光緒十年(1884)遵義黎氏東京使署刻古逸叢書本　六冊

370000－1541－0002744　121.27/553

荀子二十卷　(戰國)荀況撰　(唐)楊倞注　清乾隆五十一年(1786)嘉善謝氏刻本　四冊

370000－1541－0002745　121.27/553＝1

荀子二十卷　(戰國)荀況撰　(唐)楊倞注　清乾隆五十一年(1786)嘉善謝氏刻本　四冊

370000－1541－0002746　121.27/553＝3

荀子二十卷　(戰國)荀況撰　(唐)楊倞注　清嘉慶九年(1804)姑蘇聚文堂刻本　六冊

370000－1541－0002747　121.27/553＝4

荀子二十卷　(戰國)荀況撰　(唐)楊倞注　清嘉慶九年(1804)姑蘇聚文堂刻本　六冊缺三卷(一至三)

370000－1541－0002748　121.27/553＝5

荀子三卷　(戰國)荀況撰　清光緒元年(1875)湖北崇文書局刻本　一冊

370000－1541－0002749　121.27/627

荀子一卷　(戰國)荀況撰　(清)方苞刪定　清乾隆元年(1736)刻本　一冊

370000－1541－0002750　121.271/115＝1

荀子二十卷首一卷　(戰國)荀況撰　(唐)楊倞注　王先謙集解　清光緒十七年(1891)長沙思賢講舍刻本　六冊

370000－1541－0002751　121.271/115＝2

荀子二十卷首一卷　(戰國)荀況撰　(唐)楊倞注　王先謙集解　清光緒十七年(1891)長沙思賢講舍刻本　八冊

370000－1541－0002752　121.271/115＝3

荀子二十卷首一卷　（戰國）荀況撰　（唐）楊倞注　王先謙集解　清光緒十七年(1891)刻本　六冊

370000－1541－0002753　121.271/115＝4

荀子二十卷首一卷　（戰國）荀況撰　（唐）楊倞注　王先謙集解　清光緒十七年(1891)刻本　六冊

370000－1541－0002754　121.29/119

潛夫論十卷　（漢）王符撰　（清）汪繼培箋　清光緒十七年(1891)長沙思賢講舍刻本　二冊

370000－1541－0002755　121.29/119＝1

潛夫論十卷　（漢）王符撰　（清）汪繼培箋　清光緒十七年(1891)長沙思賢講舍刻本　四冊

370000－1541－0002756　121.29/151＝2

新書十卷　（漢）賈誼撰　清乾隆四十九年(1784)杭州盧氏抱經堂刻本　四冊

370000－1541－0002757　121.29/169＝2

明夷待訪錄一卷　（清）黃宗羲撰　清光緒五年(1879)晉華書局京師刻本　一冊

370000－1541－0002758　121.29/169＝3

明夷待訪錄一卷　（清）黃宗羲撰　清光緒五年(1879)北洋官報局鉛印本　一冊

370000－1541－0002759　121.29/183

儒門法語輯要一卷　（清）彭定求原編　（清）湯金釗輯要　清光緒八年(1882)山東書局刻本　一冊

370000－1541－0002760　121.29/199

困學紀聞參注一卷　（清）趙敬襄撰　清嘉慶二十二年(1817)竹崗齋刻本　一冊

370000－1541－0002761　121.29/214

弟子箴言十六卷　（清）胡達源撰　清同治九年(1870)刻本　四冊

370000－1541－0002762　121.29/290

明夷待訪錄糾謬一卷　（清）李滋然撰　清宣統元年(1909)鉛印本　一冊

370000－1541－0002763　121.29/296＝1

鹽鐵論十卷　（漢）桓寬撰　**校勘小識一卷**　王先謙撰　清光緒十七年(1891)長沙思賢講舍刻本　二冊

370000－1541－0002764　121.29/296＝2

鹽鐵論十卷　（漢）桓寬撰　**校勘小識一卷**　王先謙撰　清光緒十七年(1891)長沙思賢講舍刻本　一冊

370000－1541－0002765　121.29/299＝1

法言十卷　（漢）揚雄撰　清乾隆五十六年(1791)金溪王氏刻增訂漢魏叢書本　一冊

370000－1541－0002766　121.29/299＝2

揚子法言十卷　（漢）揚雄撰　（晉）李軌（唐）柳宗元注　清嘉慶九年(1804)姑蘇聚文堂刻本　二冊

370000－1541－0002767　121.29/382＝1

東塾讀書記十二卷又三卷　（清）陳澧撰　清光緒二十七年(1901)大泉書局刻本　四冊

370000－1541－0002768　121.29/382＝2

東塾讀書記十二卷又三卷　（清）陳澧撰　清光緒二十七年(1901)大泉書局刻本　六冊

370000－1541－0002769　121.29/387

思辨錄輯要二十二卷　（清）陸世儀撰　清光緒三年(1877)江蘇書局刻本　四冊

370000－1541－0002770　121.29/467＝1

晏子春秋七卷附音義二卷　（春秋）晏嬰撰　（清）孫星衍校並音義　清乾隆五十三年(1788)陽湖孫氏刻本　一冊

370000－1541－0002771　121.29/590＝2

古今注三卷　（晉）崔豹撰　明芝秀堂刻本　一冊

370000－1541－0002772　121.29/628

五子近思錄發明十四卷　（清）施璜纂注　清刻本　九冊　存十三卷(二至十四)

370000－1541－0002773　121.29/667

伸蒙子三卷　（唐）林慎思撰　**素履子三卷**

（唐）張弧撰　清光緒元年(1875)湖北崇文書局刻本　一冊

370000－1541－0002774　121.29/674＝4

風俗通義十卷　（漢）應劭撰　清道光六年(1826)友多聞齋刻本　二冊

370000－1541－0002775　121.29/714

讀近思錄一卷　（清）汪紱撰　清光緒十年(1884)紫陽書院刻本　二冊

370000－1541－0002776　121.29/714＝1

讀近思錄一卷　（清）汪紱撰　清光緒十年(1884)紫陽書院刻本　一冊

370000－1541－0002777　121.29/719＝1

近思錄十四卷校勘記一卷　（宋）朱熹　（宋）呂祖謙編　（清）江永集注　**考訂朱子世家一卷**　（清）江永撰　清同治八年(1869)江蘇書局刻本　六冊

370000－1541－0002778　121.29/719＝2

近思錄十四卷校勘記一卷　（宋）朱熹　（宋）呂祖謙編　（清）江永集注　**考訂朱子世家一卷**　（清）江永撰　清同治八年(1869)江蘇書局刻本　六冊

370000－1541－0002779　121.29/719＝3

近思錄十四卷校勘記一卷　（宋）朱熹　（宋）呂祖謙編　（清）江永集注　**考訂朱子世家一卷**　（清）江永撰　清同治八年(1869)江蘇書局刻本　四冊

370000－1541－0002780　121.29/719＝4

近思錄十四卷　（宋）朱熹　（宋）呂祖謙編　（清）江永集注　**考訂朱子世家一卷**　（清）江永撰　清咸豐三年(1853)刻本　四冊

370000－1541－0002781　121.29/719＝6

近思錄集注十四卷　（宋）朱熹　（宋）呂祖謙編　（清）江永集注　**考訂朱子世家一卷**　（清）江永撰　清光緒十五年(1889)金陵書局刻本　四冊

370000－1541－0002782　121.29/719＝7

朱子原訂近思錄十四卷　（宋）朱熹　（宋）呂

祖謙編　（清）江永集注　清同治七年(1868)湖北崇文書局刻本　四冊

370000－1541－0002783　121.29/719＝9

朱子原訂近思錄十四卷校勘記一卷　（宋）朱熹　（宋）呂祖謙編　（清）江永集注　**考訂朱子世家一卷**　（清）江永撰　清光緒十一年(1885)江西書局刻本　四冊

370000－1541－0002784　121.29/827＝1

近思錄十四卷　（宋）朱熹編　（宋）葉采集解　清刻本　二冊

370000－1541－0002785　121.29/827＝2

近思錄集解十四卷　（宋）朱熹編　（宋）葉采集解　清康熙吳郡邵仁泓刻本　佚名批　四冊

370000－1541－0002786　121.29/827＝3

延平李先生師弟子答問二卷　（宋）朱熹編　清刻本　四冊

370000－1541－0002787　121.29/890

讀書日記六卷補編二卷　（清）劉源淥撰　清宣統二年(1910)堂邑刻本　二冊　存四卷（讀書日記五至六、補編二卷）

370000－1541－0002788　121.29/890＝1

正訛八卷　（清）劉沅撰　清咸豐四年(1854)刻成都扶經堂書局印本　四冊

370000－1541－0002789　121.29/890＝2

人譜一卷人譜類記六卷　（明）劉宗周撰　清光緒元年(1875)湖北崇文書局刻本　一冊

370000－1541－0002790　121.29/890＝3

人譜一卷　（明）劉宗周撰　清光緒三年(1877)湖北崇文書局刻本　一冊

370000－1541－0002791　121.29/927

十駕齋養新錄二十卷餘錄三卷　（清）錢大昕撰　清嘉慶十年至十一年(1805－1806)刻本　八冊

370000－1541－0002792　121.3/458

三子合刊三種十三卷　（明）閔齊伋編　明吳興閔氏刻朱墨套印本　七冊

136

370000－1541－0002793　121.3/458 ＝ 1

列子沖虛真經一卷音義一卷 （戰國）列禦寇
撰　（唐）陸德明音義　明吳興閔氏刻三子合
刊朱墨套印本　四冊

370000－1541－0002794　121.3/917

老莊翼合刻四種十三卷附錄一卷 （明）焦竑
輯注　明古吳陳長卿刻本　十冊

370000－1541－0002795　121.31/109

道德經一卷 （清）禮賢書院編　清末民國石
印本　一冊

370000－1541－0002796　121.31/112

老子道德經二卷 （三國魏）王弼注　清光緒
元年(1875)湖北崇文書局刻本　一冊

370000－1541－0002797　121.31/112 ＝ 1

檀山道德經頌二卷 （清）王泰徵輯　清康熙
六年(1667)燕在閣刻本　香山居士跋　一冊

370000－1541－0002798　121.31/285

道德經二卷 （春秋）李耳撰　**南華經六卷**
（戰國）莊周撰　清抄本　四冊

370000－1541－0002799　121.31/754

合刻諸名家評點老莊會解九卷首二卷 （明）
潘基慶集注　明書林楊小閩刻本　六冊

370000－1541－0002800　121.31/917 ＝ 1

老子元翼二卷考異一卷附錄一卷 （明）焦竑
輯　清乾隆五年(1740)山陽郭氏刻本　二冊

370000－1541－0002801　121.31/917 ＝ 2

老子元翼二卷考異一卷附錄一卷 （明）焦竑
輯　清乾隆五年(1740)山陽郭氏刻本　四冊

370000－1541－0002802　121.31/917 ＝ 3

老子翼八卷首一卷 （明）焦竑輯　清光緒二
十一年(1895)漸西村舍刻本　四冊

370000－1541－0002803　121.31/917 ＝ 4

老子翼八卷首一卷 （明）焦竑輯　清光緒二
十一年(1895)漸西村舍刻本　四冊

370000－1541－0002804　121.31/917 ＝ 5

老子翼八卷首一卷 （明）焦竑輯　清光緒二
十一年(1895)漸西村舍刻本　四冊

370000－1541－0002805　121.311/112

老子道德經二卷 （三國魏）王弼注　清光緒
十九年(1893)刻本　一冊

370000－1541－0002806　121.311/547

老子道德經本義二卷 （清）董德寧注　清乾
隆五十六年(1791)集陽樓刻本　二冊

370000－1541－0002807　121.311/946

道德經二卷 （清）徐大椿注　清乾隆善成堂
刻本　一冊

370000－1541－0002808　121.311/994

老子章義二卷 （清）姚鼐注　清同治九年
(1870)桐城吳氏刻本　一冊

370000－1541－0002809　121.311/994 ＝ 1

老子章義二卷 （清）姚鼐注　清同治九年
(1870)桐城吳氏刻本　一冊

370000－1541－0002810　121.312/920

老子參註四卷 （清）倪元坦註　清嘉慶刻本
　四冊

370000－1541－0002811　121.32/311

列子八卷 （戰國）列禦寇撰　（晉）張湛注
清光緒二年(1876)浙江書局刻本　六冊

370000－1541－0002812　121.32/311 ＝ 1

列子八卷 （戰國）列禦寇撰　（晉）張湛注
清光緒二年(1876)浙江書局刻本　二冊

370000－1541－0002813　121.32/311 ＝ 2

列子八卷 （戰國）列禦寇撰　（晉）張湛注
清光緒二年(1876)浙江書局刻本　二冊

370000－1541－0002814　121.32/311 ＝ 3

列子八卷 （戰國）列禦寇撰　（晉）張湛注
清光緒二年(1876)浙江書局刻本　二冊

370000－1541－0002815　121.32/347 ＝ 2

沖虛至德真經八卷 （戰國）列禦寇撰　（晉）
張湛注　（唐）殷敬順釋文　明刻本　六冊

370000－1541－0002816　121.32/347 ＝ 3

列子沖虛真經八卷 （戰國）列禦寇撰　明萬
曆新安吳氏刻本　二冊

137

370000 – 1541 – 0002817　121.322/496

列子八卷　（戰國）列禦寇撰　（唐）盧重元注　清嘉慶九年(1804)江都秦氏石研齋刻本　二冊

370000 – 1541 – 0002818　121.322/496 ＝ 1

列子八卷　（戰國）列禦寇撰　（唐）盧重元注　清嘉慶九年(1804)江都秦氏石研齋刻本　二冊

370000 – 1541 – 0002819　121.33/254

莊子因六卷　（戰國）莊周撰　（清）林雲銘評述　清康熙五十五年(1716)林氏挹奎樓刻本　六冊

370000 – 1541 – 0002820　121.33/254 ＝ 1

莊子因六卷　（戰國）莊周撰　（清）林雲銘評述　清乾隆二年(1737)林玉汝刻本　五冊

370000 – 1541 – 0002821　121.33/254 ＝ 2

莊子因六卷　（戰國）莊周撰　（清）林雲銘評述　清康熙五十五年(1716)林氏挹奎樓刻本　二冊

370000 – 1541 – 0002822　121.33/254 ＝ 3

莊子因六卷　（戰國）莊周撰　（清）林雲銘評述　清嘉慶二年(1797)敦化堂刻本　六冊

370000 – 1541 – 0002823　121.33/254 ＝ 4

莊子因六卷　（戰國）莊周撰　（清）林雲銘評述　清光緒六年(1880)白雲精舍刻本　四冊

370000 – 1541 – 0002824　121.33/254 ＝ 5

莊子因六卷　（戰國）莊周撰　（清）林雲銘評述　清光緒六年(1880)白雲精舍刻本　一冊

370000 – 1541 – 0002825　121.33/303

司馬彪莊子注一卷　（晉）司馬彪注　（清）茆泮林輯　清道光十四年(1834)高郵茆氏梅瑞軒刻本　四冊

370000 – 1541 – 0002826　121.33/377

南華真經正義內篇七卷外篇十五卷雜篇十一卷南華真經識餘三種　（清）陳壽昌輯　清光緒十九年(1893)怡顏齋刻本　六冊

370000 – 1541 – 0002827　121.33/377 ＝ 1

南華真經正義內篇七卷外篇十五卷雜篇十一卷南華真經識餘三種　（清）陳壽昌輯　清光緒十九年(1893)怡顏齋刻本　五冊

370000 – 1541 – 0002828　121.33/392

莊子雪三卷　（戰國）莊周撰　（清）陸樹芝輯注　清嘉慶四年(1799)文選樓刻本　六冊

370000 – 1541 – 0002829　121.33/392 ＝ 1

莊子雪三卷　（戰國）莊周撰　（清）陸樹芝輯注　清光緒粵東儒雅堂刻本　六冊

370000 – 1541 – 0002830　121.33/392 ＝ 2

莊子雪三卷　（戰國）莊周撰　（清）陸樹芝輯注　清嘉慶四年(1799)刻本　四冊

370000 – 1541 – 0002831　121.33/625

莊子南華真經十卷　（戰國）莊周撰　（晉）郭象注　明末刻本　四冊

370000 – 1541 – 0002832　121.33/635 ＝ 1

莊子集釋十卷　（戰國）莊周撰　（清）郭慶藩輯　清光緒思賢講舍刻本　八冊

370000 – 1541 – 0002833　121.33/635 ＝ 2

莊子集釋十卷　（戰國）莊周撰　（清）郭慶藩輯　清光緒思賢講舍刻本　八冊

370000 – 1541 – 0002834　121.33/635 ＝ 3

莊子南華真經十卷　（戰國）莊周撰　（晉）郭象注　清光緒十一年(1885)傳忠書局刻本　六冊

370000 – 1541 – 0002835　121.33/635 ＝ 4

莊子南華真經十卷　（戰國）莊周撰　（晉）郭象注　清光緒十一年(1885)傳忠書局刻本　六冊

370000 – 1541 – 0002836　121.33/635 ＝ 5

莊子南華真經十卷　（戰國）莊周撰　（晉）郭象注　清光緒十一年(1885)傳忠書局刻本　五冊

370000 – 1541 – 0002837　121.33/635 ＝ 6

南華真經解三卷　（清）宣穎撰　清寶旭齋刻本　六冊

370000 – 1541 – 0002838　121.33/635 ＝ 7

138

南華真經解三卷　（清）宣穎撰　清積秀堂刻本　六冊

370000－1541－0002839　121.33/635＝8

南華真經十卷　（戰國）莊周撰　（晉）郭象注（唐）陸德明音義　清嘉慶九年(1804)金閶聚文堂刻本　四冊

370000－1541－0002840　121.33/635＝9

南華真經十卷　（戰國）莊周撰　（晉）郭象注（唐）陸德明音義　清刻本　括盒題記並跋六冊　存九卷(二至十)

370000－1541－0002841　121.33/637＝3

南華真經旁注五卷　（戰國）莊周撰　（晉）郭象評　（晉）向秀注　清初刻本　雷豫批校五冊

370000－1541－0002842　121.33/637＝4

南華真經旁注五卷　（戰國）莊周撰　（晉）郭象評　（晉）向秀注　清康熙五十五年(1716)刻本　六冊

370000－1541－0002843　121.33/683

南華發覆八卷　（明）釋性通撰　明天啓六年(1626)刻本　六冊

370000－1541－0002844　121.331/119

莊子集解八卷　（戰國）莊周撰　王先謙注清宣統元年(1909)長沙思賢書局刻本　四冊

370000－1541－0002845　121.331/119＝1

莊子集解八卷　（戰國）莊周撰　王先謙注清宣統元年(1909)長沙思賢書局刻本　三冊

370000－1541－0002846　121.331/119＝2

莊子集解八卷　（戰國）莊周撰　王先謙注清宣統元年(1909)長沙思賢書局刻本　四冊

370000－1541－0002847　121.331/119＝3

莊子集解八卷　（戰國）莊周撰　王先謙注清宣統元年(1909)長沙思賢書局刻本　四冊

370000－1541－0002848　121.331/119＝4

莊子集解八卷　（戰國）莊周撰　王先謙注清宣統元年(1909)長沙思賢書局刻本　三冊

370000－1541－0002849　121.331/261

莊子鬳齋口義十卷釋音一卷　（宋）林希逸撰（明）張四維補　明嘉靖四年(1525)敬義堂刻本　十冊

370000－1541－0002850　121.331/382

南華真經本義十六卷　（明）陳治安注　清道光十五年(1835)紅蘭山房刻本　十冊

370000－1541－0002851　121.331/387

南華真經副墨八卷讀南華經雜說一卷　（明）陸西星撰　明萬曆六年(1578)李齊芳刻本十六冊

370000－1541－0002852　121.331/387＝2

南華真經副墨八卷讀南華經雜說一卷　（明）陸西星撰　明末書林詹氏刻本　八冊

370000－1541－0002853　121.331/433

莊子解十二卷　（清）吳士尚注評　清雍正四年(1726)貴池吳氏易老莊書屋刻本　六冊

370000－1541－0002854　121.331/525

南華經四卷　（戰國）莊周撰　（清）徐廷槐輯清乾隆六年(1741)黎照樓刻本　四冊

370000－1541－0002855　121.331/525＝1

莊子十卷　（戰國）莊周撰　（晉）郭象注（唐）陸德明音義　清光緒二年(1876)浙江書局刻本　六冊

370000－1541－0002856　121.331/525＝2

莊子十卷　（戰國）莊周撰　（晉）郭象注（唐）陸德明音義　清光緒二年(1876)浙江書局刻本　四冊

370000－1541－0002857　121.331/525＝3

莊子十卷　（戰國）莊周撰　（晉）郭象注（唐）陸德明音義　清光緒二年(1876)浙江書局刻本　十冊

370000－1541－0002858　121.331/525＝4

南華經十六卷　（晉）郭象注　（宋）林希逸口義　（宋）劉辰翁點校　（明）王世貞評點（明）陳仁錫批注　（明）沈汝紳集評　明刻四色套印本　八冊

370000－1541－0002859　121.331/525＝5

南華經十六卷　（晉）郭象注　（宋）林希逸口義　（宋）劉辰翁點校　（明）王世貞評點（明）陳仁錫批注　（明）沈汝紳集評　明刻四色套印本　十二冊　存十二卷（一至十二）

370000－1541－0002860　121.331/525＝6
南華經十六卷　（晉）郭象注　（宋）林希逸口義　（宋）劉辰翁點校　（明）王世貞評點（明）陳仁錫批注　（明）沈汝紳集評　明刻四色套印本　八冊

370000－1541－0002861　121.331/627
南華真經旁注五卷　（明）方虛名輯注　（明）孫平仲音校　明萬曆二十二年（1594）金陵唐氏世德堂刻本　八冊

370000－1541－0002862　121.331/635＝6
莊子郭注十卷　（戰國）莊周撰　（晉）郭象注　（唐）陸德明音義　明萬曆三十三年（1605）鄒之嶧刻本　王獻唐校並跋　十冊

370000－1541－0002863　121.331/648
莊子釋義三卷　（清）高秋月輯　清康熙二十九年（1690）曹同春刻莊騷合刻本　二冊

370000－1541－0002864　121.331/942
莊子內篇註四卷　（明）釋德清撰　清光緒十四年（1888）金陵刻經處刻本　二冊

370000－1541－0002865　121.332/219
莊子獨見三十三卷　（清）胡文英評釋　清乾隆十七年（1752）三多齋刻本　佚名批　十六冊

370000－1541－0002866　121.332/219＝1
莊子獨見三十三卷　（清）胡文英評釋　清乾隆十七年（1752）三多齋刻本　六冊

370000－1541－0002867　121.332/219＝2
莊子獨見三十三卷　（清）胡文英評釋　清乾隆十七年（1752）三多齋刻本　六冊

370000－1541－0002868　121.332/219＝3
莊子獨見三十三卷附莊子論略一卷讀莊針度一卷　（清）胡文英評釋　清聚文堂刻本　四冊

370000－1541－0002869　121.332/525
南華真經解三十三卷　（清）宣穎撰　清康熙六十年（1721）經國堂刻本　四冊　缺三卷（一至三）

370000－1541－0002870　121.332/525＝1
南華經解三十三卷　（清）宣穎撰　清同治五年（1866）胡志章皖城藩署刻本　六冊

370000－1541－0002871　121.332/525＝2
南華經解三十三卷　（清）宣穎撰　清同治五年（1866）胡志章皖城藩署刻本　六冊

370000－1541－0002872　121.332/525＝3
南華真經解三卷　（清）宣穎撰　清經綸堂刻本　六冊

370000－1541－0002873　121.332/525＝4
南華真經解三卷　（清）宣穎撰　清經國堂刻本　四冊

370000－1541－0002874　121.332/827
莊子解三十三卷　（清）王夫之撰　清同治四年（1865）湘鄉曾國荃金陵刻本　一冊　存五卷（一至五）

370000－1541－0002875　121.332/953
南華經四卷　（戰國）莊周撰　（清）徐廷槐輯　清乾隆六年（1741）蔡照樓刻本　四冊

370000－1541－0002876　121.36/837
文子二卷附校勘記一卷　（戰國）辛鈃撰（清）錢熙祚校勘　清金山錢氏刻守山閣叢書本　一冊

370000－1541－0002877　121.39/399
真誥二十卷　（南朝梁）陶弘景撰　清光緒二十六年（1900）劉維增抄本　四冊

370000－1541－0002878　121.41/112
墨子斠注補正二卷　王樹枏撰　清光緒十三年（1887）文莫室刻陶廬叢刻本　一冊

370000－1541－0002879　121.41/361＝1
墨子閒詁十五卷目錄一卷附錄一卷後語二卷（清）孫詒讓撰　清光緒二十一年（1895）蘇州毛上珍木活字印本　八冊

370000－1541－0002880　121.41/361＝2

墨子閒詁十五卷目録一卷附録一卷後語二卷
　（清）孫詒讓撰　清宣統二年(1910)瑞安孫
氏刻本　八冊

370000－1541－0002881　121.41/361＝3

墨子閒詁十五卷目録一卷附録一卷後語二卷
　（清）孫詒讓撰　清宣統二年(1910)瑞安孫
氏刻本　八冊

370000－1541－0002882　121.41/471＝1

墨子十六卷　（戰國）墨翟撰　清光緒二年
(1876)浙江書局刻本　四冊

370000－1541－0002883　121.41/471＝2

墨子十六卷　（戰國）墨翟撰　清光緒二年
(1876)浙江書局刻本　四冊

370000－1541－0002884　121.41/471＝3

墨子十六卷　（戰國）墨翟撰　清光緒二年
(1876)浙江書局刻本　四冊

370000－1541－0002885　121.41/471＝4

墨子十五卷目録一卷篇目考一卷　（清）畢沅
校註　清乾隆四十九年(1784)畢沅靈巖山館
刻本　四冊

370000－1541－0002886　121.41/471＝5

墨子十五卷目録一卷篇目考一卷　（清）畢沅
校註　清抄本　三冊

370000－1541－0002887　121.41/484＝4

墨子三卷　（戰國）墨翟撰　王闓運注　清光
緒三十年(1904)江西官書局刻本　三冊

370000－1541－0002888　121.419/306

墨子經說解二卷　（清）張惠言撰　清宣統元
年(1909)國學保存會石印本　一冊

370000－1541－0002889　121.419/306＝1

墨子經說解二卷　（清）張惠言撰　清宣統元
年(1909)國學保存會石印本　一冊

370000－1541－0002890　121.61/627

管子一卷　（春秋）管仲撰　（清）方苞刪定
清乾隆元年(1736)刻本　三冊

370000－1541－0002891　121.61/627＝1

管子一卷　（春秋）管仲撰　（清）方苞刪定
清末民國初石印本　一冊　存四十七篇(三
十五至八十一)

370000－1541－0002892　121.61/845

管子二十四卷　（春秋）管仲撰　清光緒五年
(1879)刻本　四冊

370000－1541－0002893　121.61/845＝1

管子二十四卷　（春秋）管仲撰　清光緒五年
(1879)刻本　八冊

370000－1541－0002894　121.61/845＝2

管子二十四卷　（春秋）管仲撰　清光緒五年
(1879)刻本　四冊

370000－1541－0002895　121.61/938

弟子職音誼一卷　鍾廣（楊鍾羲）撰　清光緒
刻本　一冊

370000－1541－0002896　121.61/958

管子二十四卷　（春秋）管仲撰　（唐）房玄齡
注　明天啓五年(1625)西湖沈鼎新花齋刻本
十六冊

370000－1541－0002897　121.61/958＝1

管子二十四卷　（春秋）管仲撰　清光緒二年
(1876)浙江書局刻本　六冊

370000－1541－0002898　121.61/958＝2

管子二十四卷　（春秋）管仲撰　清光緒二年
(1876)浙江書局刻本　六冊

370000－1541－0002899　121.61/958＝3

管子二十四卷　（春秋）管仲撰　（唐）房玄齡
注　清嘉慶九年(1804)姑蘇聚文堂刻本　八
冊

370000－1541－0002900　121.611/845

管子二十四卷　（春秋）管仲撰　（唐）房玄齡
注　明萬曆十年(1582)常熟趙氏刻本　十二
冊

370000－1541－0002901　121.611/958＝2

管子二十四卷　（春秋）管仲撰　（唐）房玄齡
注　明末刻本　六冊

370000－1541－0002902　121.612/119

管子地員篇注四卷 （春秋)管仲撰 （清)王紹蘭注 清光緒十六年(1890)蕭山胡燏棻寄虹山館刻本 四冊

370000－1541－0002903 121.612/306
管子纂二卷 （明)張榜輯 明萬曆刻本 一冊

370000－1541－0002904 121.62/429 = 3
商君書五卷 （戰國)商鞅撰 （清)嚴萬里校 清光緒二年(1876)浙江書局刻本 一冊

370000－1541－0002905 121.62/661 = 2
商君書五卷 （戰國)商鞅撰 （清)嚴萬里校 清光緒二年(1876)浙江書局刻本 一冊

370000－1541－0002906 121.62/661 = 3
商子五卷 （戰國)商鞅撰 明萬曆新安吳勉學刻本 一冊

370000－1541－0002907 121.62/661 = 4
商子五卷 （戰國)商鞅撰 清道光十九年(1839)刻本 一冊

370000－1541－0002908 121.67/119
韓非子集解二十卷首一卷 （清)王先慎撰 清光緒二十二年(1896)刻本 六冊

370000－1541－0002909 121.67/228 = 4
韓非子二十卷 （戰國)韓非撰 清光緒元年(1875)浙江書局刻本 五冊

370000－1541－0002910 121.67/230 = 5
韓非子二十卷 （戰國)韓非撰 清光緒元年(1875)浙江書局刻本 八冊

370000－1541－0002911 121.67/238
韓非子二十卷 （戰國)韓非撰 明萬曆十年(1582)趙用賢刻本 六冊

370000－1541－0002912 121.67/238 = 1
韓非子二十卷 （戰國)韓非撰 清刻本 二冊

370000－1541－0002913 121.67/238 = 2
韓非子二十卷 （戰國)韓非著 **韓非子識誤三卷** （清)顧廣圻撰 清嘉慶二十三年(1818)全椒吳氏四世學士祠堂刻本 二冊

370000－1541－0002914 121.67/238 = 3
韓非子二十卷 （戰國)韓非撰 清光緒元年(1875)浙江書局刻本 五冊

370000－1541－0002915 121.67/306
韓非子纂二卷 （明)張榜撰 明萬曆三十九年(1611)刻本 一冊

370000－1541－0002916 121.671/112
韓非子評注二十卷 （戰國)韓非撰 清嘉慶九年(1804)姑蘇聚文堂刻朱墨套印本 四冊

370000－1541－0002917 121.671/119
韓非子集解二十卷首一卷 （清)王先慎撰 清光緒二十二年(1896)刻本 六冊

370000－1541－0002918 121.671/119 = 1
韓非子集解二十卷首一卷 （清)王先慎撰 清光緒二十二年(1896)刻本 六冊

370000－1541－0002919 121.671/119 = 2
韓非子集解二十卷首一卷 （清)王先慎撰 清光緒二十二年(1896)刻本 丁山批校 六冊

370000－1541－0002920 121.671/119 = 3
韓非子集解二十卷首一卷 （清)王先慎撰 清光緒二十二年(1896)刻本 六冊

370000－1541－0002921 121.671/232
韓子二十卷附錄一卷 （戰國)韓非撰 （明)趙如源 （明)王道焜校 明天啓五年(1625)趙如源刻本 四冊

370000－1541－0002922 121.671/232 = 2
韓子二十卷附錄一卷 （戰國)韓非撰 （元)何犿注 （明)孫鑛等批點 明末讀書坊刻本 四冊

370000－1541－0002923 121.671/232 = 3
韓非子二十卷 （戰國)韓非撰 （明)凌瀛初訂注 （明)守柔子校 明末守柔子刻本 佚名評 四冊

370000－1541－0002924 121.671/232 = 4
韓子二十卷 （戰國)韓非撰 （元)何犿注 （明)門無子訂校 明吳興閔氏刻朱墨套印本

十冊

370000 - 1541 - 0002925　121.7/399
鬼谷子三卷 （南朝梁)陶弘景注　(清)秦恩
復校　**篇目考一卷附錄一卷** （清)秦恩復撰
輯　清嘉慶十年(1805)江都秦氏石研齋刻本
二冊

370000 - 1541 - 0002926　121.7/399 = 1
鬼谷子三卷 （南朝梁)陶弘景注　(清)秦恩
復校　**篇目考一卷附錄一卷** （清)秦恩復撰
輯　清嘉慶十年(1805)江都秦氏石研齋刻本
二冊

370000 - 1541 - 0002927　121.7/399 = 2
鬼谷子三卷 （南朝梁)陶弘景注　(清)秦恩
復校　**篇目考一卷附錄一卷** （清)秦恩復撰
輯　清嘉慶十年(1805)江都秦氏石研齋刻本
二冊

370000 - 1541 - 0002928　121.82/362
尸子一卷 （戰國)尸佼撰　清雍正八年
(1730)樸學齋刻本　一冊

370000 - 1541 - 0002929　121.82/362 = 1
尸子二卷 （戰國)尸佼撰　(清)汪繼培輯
清光緒三年(1877)浙江書局刻本　一冊

370000 - 1541 - 0002930　121.82/362 = 2
尸子二卷 （戰國)尸佼撰　(清)汪繼培輯
清光緒三年(1877)浙江書局刻本　一冊

370000 - 1541 - 0002931　121.87/444
呂氏春秋二十六卷 （秦)呂不韋撰　(漢)高
誘訓解　明雲間宋邦乂刻本　八冊

370000 - 1541 - 0002932　121.87/444 = 1
呂氏春秋二十六卷 （秦)呂不韋撰　(明)李
鳴春評　明天啓七年(1627)恒山李氏刻本
四冊　存十八卷(一至十八)

370000 - 1541 - 0002933　121.87/444 = 2
呂氏春秋二十六卷 （秦)呂不韋撰　(漢)高
誘注　(清)畢沅校　清乾隆五十三年(1788)
畢氏靈巖山館刻本　六冊

370000 - 1541 - 0002934　121.87/444 = 3

呂氏春秋二十六卷 （秦)呂不韋撰　(漢)高
誘注　(清)畢沅校　清乾隆五十三年(1788)
畢氏靈巖山館刻本　五冊

370000 - 1541 - 0002935　121.87/444 = 4
呂氏春秋二十六卷 （秦)呂不韋撰　(漢)高
誘注　(清)畢沅校　清乾隆五十三年(1788)
畢氏靈巖山館刻本　四冊

370000 - 1541 - 0002936　121.87/444 = 5
呂氏春秋二十六卷 （秦)呂不韋撰　(漢)高
誘注　(清)畢沅校　清乾隆五十三年(1788)
畢氏靈巖山館刻本　六冊

370000 - 1541 - 0002937　121.87/444 = 6
呂氏春秋二十六卷 （秦)呂不韋撰　(漢)高
誘注　清光緒元年(1875)湖北崇文書局刻本
四冊

370000 - 1541 - 0002938　121.87/444 = 7
呂氏春秋二十六卷 （秦)呂不韋撰　(漢)高
誘注　清光緒十九年(1893)上海鴻文書局石
印本　一冊

370000 - 1541 - 0002939　121.87/556
呂氏春秋正誤一卷 （清)陳昌齊撰　**呂子校
補獻疑一卷** （清)蔡雲撰　清道光三十年
(1850)廣東南海伍氏粵雅堂刻嶺南遺書本
一冊

370000 - 1541 - 0002940　121.87/725
呂子校補二卷 （清)梁玉繩撰　清光緒六年
(1880)會稽章氏刻本　一冊

370000 - 1541 - 0002941　121.89/394 = 3
鶡冠子三卷 （宋)陸佃解　(明)王宇評　清
嘉慶九年(1804)姑蘇聚文堂刻本　一冊　存
一卷(上)

370000 - 1541 - 0002942　121.89/606
洗冤錄詳義四卷首一卷 （清)許槤撰　**洗冤
錄撠遺二卷** （清)葛元煦撰　**洗冤錄撠遺補
一卷** （清)張開運輯　清光緒二十一年
(1895)湖北藩署刻本　六冊

370000 - 1541 - 0002943　121.89/606 = 1

143

洗冤錄詳義四卷首一卷　(清)許槤撰　清光緒北京老榮錄堂刻本　四冊

370000－1541－0002944　121.9/250＝2

文子纘義十二卷　(元)杜道堅撰　清刻本　四冊

370000－1541－0002945　121.9/352

魏武帝注孫子三卷　(春秋)孫武撰　(三國魏)曹操注　(清)左樞箋　清光緒六年(1880)四川尊經書局刻本　一冊

370000－1541－0002946　121.9/359

孫子十家注十三卷敍錄一卷遺說一卷　(春秋)孫武撰　(宋)吉天保輯　(清)孫星衍等校　清嘉慶二年(1797)陽湖孫氏刻本　八冊

370000－1541－0002947　121.99/394

鶡冠子三卷　(宋)陸佃解　(明)王宇評　明天啓四年(1624)西湖沈鼎新花齋刻本　二冊

370000－1541－0002948　122.1/151

新書十卷附錄一卷　(漢)賈誼撰　(明)程榮校　明萬曆二十年(1592)新安程榮刻漢魏叢書本　六冊

370000－1541－0002949　122.1/547

春秋繁露義證十七卷首一卷　(漢)董仲舒撰　(清)蘇輿注　清宣統二年(1910)長沙王先謙刻本　四冊

370000－1541－0002950　122.1/547＝1

春秋繁露十七卷　(漢)董仲舒撰　清乾隆五十年(1785)錢塘抱經堂刻本　四冊

370000－1541－0002951　122.1/547＝3

董子春秋繁露十七卷　(漢)董仲舒撰　清光緒二十三年(1897)三味書局刻本　四冊

370000－1541－0002952　122.1/547＝4

董子春秋繁露十七卷　(漢)董仲舒撰　清光緒二年(1876)浙江書局刻本　二冊

370000－1541－0002953　122.1/547＝5

董子春秋繁露十七卷　(漢)董仲舒撰　清光緒二年(1876)浙江書局刻本　二冊

370000－1541－0002954　122.2/892

淮南鴻烈解二十一卷　(漢)劉安撰　(漢)高誘注　明萬曆八年(1580)茅一桂刻本　八冊

370000－1541－0002955　122.2/892＝1

淮南鴻烈解二十一卷　(漢)劉安撰　(漢)高誘注　清光緒元年(1875)湖北崇文書局刻本　四冊

370000－1541－0002956　122.2/892＝2

淮南子二十一卷　(漢)劉安撰　(漢)高誘注　清乾隆五十三年(1788)武進莊逵吉咸寧官署刻本　八冊

370000－1541－0002957　122.2/892＝3

淮南子二十一卷　(漢)劉安撰　(漢)高誘注　清乾隆五十三年(1788)武進莊逵吉咸寧官署刻本　八冊

370000－1541－0002958　122.2/892＝4

淮南子二十一卷　(漢)劉安撰　(漢)高誘注　清乾隆五十三年(1788)武進莊逵吉咸寧官署刻本　六冊

370000－1541－0002959　122.2/892＝5

淮南子二十一卷　(漢)劉安撰　(漢)高誘注　清光緒二年(1876)浙江書局刻本　八冊

370000－1541－0002960　122.2/892＝6

淮南子二十一卷　(漢)劉安撰　(漢)高誘注　清光緒二年(1876)浙江書局刻本　六冊

370000－1541－0002961　122.2/892＝7

淮南子二十一卷　(漢)劉安撰　(漢)高誘注　清光緒二年(1876)浙江書局刻本　六冊

370000－1541－0002962　122.4/892

劉向新序十卷　(漢)劉向撰　明正德五年(1510)楚府正心書院刻本　四冊

370000－1541－0002963　122.4/892＝1

新序十卷　(漢)劉向撰　清刻本　一冊　存五卷(一至五)

370000－1541－0002964　122.4/892＝6

說苑二十卷　(漢)劉向撰　清光緒元年(1875)湖北崇文書局刻本　四冊

370000－1541－0002965　122.5/114

十子全書十種　（清）王子興輯　清嘉慶九年(1804)姑蘇王氏聚文堂刻本　二十四冊

370000－1541－0002966　122.5/114 = 1

十子全書十種　（清）王子興輯　清嘉慶九年(1804)姑蘇王氏聚文堂刻本　三十二冊

370000－1541－0002967　122.5/114 = 2

十子全書十種　（清）王子興輯　清嘉慶九年(1804)姑蘇王氏聚文堂刻本　二十四冊

370000－1541－0002968　122.5/298

太玄集注四卷　（漢）揚雄撰　（宋）司馬光注　（清）孫澍增補　清道光十一年(1831)鷲溪孫氏青棠書屋刻本　四冊

370000－1541－0002969　122.5/299

揚子法言十三卷　（漢）揚雄撰　（晉）李軌注　清光緒二年(1876)浙江書局刻本　一冊

370000－1541－0002970　122.5/299 = 1

揚子法言十三卷音義一卷　（漢）揚雄撰　（晉）李軌注　清嘉慶二十三年(1818)江都秦氏石研齋刻本　一冊

370000－1541－0002971　122.5/299 = 2

揚子法言十三卷音義一卷　（漢）揚雄撰　（晉）李軌注　清嘉慶二十三年(1818)江都秦氏石研齋刻本　四冊

370000－1541－0002972　122.5/299 = 3

纂圖互注揚子法言十卷　（漢）揚雄撰　（晉）李軌注　明嘉靖六年(1527)芸窗書院刻六子全書本　四冊

370000－1541－0002973　122.5/547

春秋繁露十七卷附錄一卷漢廣川董子集一卷下馬陵詩文集二卷　（漢）董仲舒撰　（明）孫鑛評　清守醇堂刻本　五冊　缺五卷(春秋繁露八至十二)

370000－1541－0002974　122.6/857 = 2

牟子一卷　（漢）牟融撰　清光緒元年(1875)湖北崇文書局刻子書百家本　一冊

370000－1541－0002975　122.7/117

論衡三十卷　（漢）王充撰　明刻本　一冊

存四卷(十三至十六)

370000－1541－0002976　122.7/117 = 1

論衡三十卷　（漢）王充撰　明末錢震瀧刻本　六冊

370000－1541－0002977　122.7/117 = 2

論衡三十卷　（漢）王充撰　明末錢震瀧刻本　三冊　存十六卷(十五至三十)

370000－1541－0002978　122.7/117 = 4

論衡三十卷　（漢）王充撰　清光緒元年(1875)湖北崇文書局刻本　六冊

370000－1541－0002979　122.9/164

太上感應篇圖說八卷　（清）黃正元纂　清光緒四年(1878)同善堂刻本　八冊

370000－1541－0002980　122.9/164 = 2

太上感應篇圖說八卷　（清）黃正元纂　清咸豐九年(1859)羊城味經堂刻本　八冊

370000－1541－0002981　123.11/906

傅子三卷　（晉）傅玄撰　（清）錢保塘輯　清光緒八年(1882)海寧錢氏清風室刻本　一冊

370000－1541－0002982　123.12/604

心書一卷　（三國蜀）諸葛亮撰　清刻本　一冊

370000－1541－0002983　123.4/906

傅子三卷　（晉）傅玄撰　葉德輝輯　清光緒二十八年(1902)長沙葉氏刻本　一冊

370000－1541－0002984　123.42/521

抱朴子內篇二十卷外篇五十卷　（晉）葛洪撰　清嘉慶蘭陵孫氏刻平津館叢書本　八冊

370000－1541－0002985　123.42/521 = 1

抱朴子內篇二十卷外篇五十卷　（晉）葛洪撰　抱朴子附篇八種　（清）李佳繼昌等撰　清光緒吳縣朱氏槐廬家塾刻本　六冊

370000－1541－0002986　123.42/521 = 2

抱朴子內篇二十卷外篇五十卷　（晉）葛洪撰　抱朴子附篇八種　（清）李佳繼昌等撰　清光緒吳縣朱氏槐廬家塾刻本　六冊

370000－1541－0002987　123.7/679

顏氏家訓二卷　（北齊）顏之推撰　清光緒元年(1875)湖北崇文書局刻本　一冊

370000－1541－0002988　123.7/679＝1

顏氏家訓二卷　（北齊）顏之推撰　清光緒元年(1875)湖北崇文書局刻本　一冊

370000－1541－0002989　123.7/679＝2

顏氏家訓七卷　（北齊）顏之推撰　清光緒七年(1881)汗青簃刻本　二冊

370000－1541－0002990　123.91/112

文中子中說十卷　（隋）王通撰　（宋）阮逸注　清光緒二年(1876)浙江書局刻本　二冊

370000－1541－0002991　123.91/112＝1

文中子中說十卷　（隋）王通撰　（宋）阮逸注　清光緒二年(1876)浙江書局刻本　二冊

370000－1541－0002992　125/156

理學要旨不分卷　（清）耿介輯　清康熙十七年(1678)刻本　一冊

370000－1541－0002993　125/164＝1

宋元學案一百卷首一卷考略一卷　（清）黃宗羲撰　（清）黃百家纂輯　（清）全祖望修定　清光緒五年(1879)長沙寄廬刻本　三十六冊

370000－1541－0002994　125/164＝2

宋元學案一百卷首一卷考略一卷　（清）黃宗羲撰　（清）黃百家纂輯　（清）全祖望修定　清光緒五年(1879)長沙寄廬刻本　一冊　存十二卷(七十至八十一)

370000－1541－0002995　125/164＝3

宋元學案一百卷首一卷考略一卷　（清）黃宗羲撰　（清）黃百家纂輯　（清）全祖望修定　清光緒五年(1879)長沙寄廬刻本　十三冊　存三十一卷(六十七至七十八、八十二至一百)

370000－1541－0002996　125/164＝4

宋元學案一百卷首一卷考略一卷　（清）黃宗羲撰　（清）黃百家纂輯　（清）全祖望修定　清光緒五年(1879)長沙寄廬刻本　二十六冊

370000－1541－0002997　125/219

性理大全書七十卷　（明）胡廣等撰　明嘉靖二十二年(1543)應天府學刻本　二十四冊

370000－1541－0002998　125/219＝2

性理大全書七十卷　（明）胡廣等撰　明刻本　三十二冊

370000－1541－0002999　125/288

御纂性理精義十二卷　（清）李光地等編　清康熙五十六年(1717)武英殿刻本　五冊

370000－1541－0003000　125/288＝1

御纂性理精義十二卷　（清）李光地等編　清康熙五十六年(1717)武英殿刻本　五冊

370000－1541－0003001　125/311

新刊性理大全八卷　（宋）周敦頤　（宋）朱熹　（宋）張載等撰　清刻本　三冊

370000－1541－0003002　125/313

濂洛關閩書十九卷　（清）張伯行輯注　清同治五年(1866)福州正誼書院刻正誼堂全書本　四冊

370000－1541－0003003　125/359

理學宗傳二十六卷　（清）孫奇逢輯注　（清）張沐附注　清光緒十八年(1892)雲南經正書院刻本　十二冊

370000－1541－0003004　125/359＝1

理學宗傳二十六卷　（清）孫奇逢輯注　（清）魏一鰲等編　清光緒六年(1880)浙江書局刻本　十二冊

370000－1541－0003005　125/359＝2

理學宗傳二十六卷　（清）孫奇逢輯注　（清）魏一鰲等編　清光緒六年(1880)浙江書局刻本　十二冊

370000－1541－0003006　125/714

理學逢原十二卷　（清）汪紱撰　清光緒二十三年(1897)刻本　十二冊

370000－1541－0003007　125/848

性理標題綜要二十二卷　（明）詹淮輯　（明）陳仁錫訂正　明崇禎翼聖堂刻本　十五冊

370000 – 1541 – 0003008　125/938

性理大全會通七十卷續編四十二卷　（明）鍾
人傑輯　清康熙光裕堂、聚錦堂刻本　二十
一冊　缺二十二卷(性理大全會通四十三至
六十四)

370000 – 1541 – 0003009　125.078/920

儒門語要六卷　（清）倪元坦輯撰　清嘉慶二
十三年(1818)四書堂刻本　三冊

370000 – 1541 – 0003010　125.078/920 = 1

儒門語要六卷　（清）倪元坦輯撰　清嘉慶二
十三年(1818)四書堂刻本　三冊

370000 – 1541 – 0003011　125.1/444

宋四子鈔釋四種二十一卷　（明）呂柟撰　清
道光二十六年(1846)宏道書院刻惜陰軒叢書
本　三冊

370000 – 1541 – 0003012　125.112/438

宋元學案粹語一卷　吳虞輯　清光緒三十三
年(1907)成都文倫書局鉛印本　一冊

370000 – 1541 – 0003013　125.12/359 = 2

理學宗傳二十六卷　（清）孫奇逢輯　清康熙
六年(1667)刻本　十二冊

370000 – 1541 – 0003014　125.12/818

格物易知圖書道蹟五種十卷　（清）周金釪撰
清光緒十七年(1891)刻本　五冊

370000 – 1541 – 0003015　125.12/818 = 1

周子全書四卷　（宋）周敦頤撰　清光緒十三
年(1887)刻本　一冊

370000 – 1541 – 0003016　125.12/818 = 2

周子全書二十二卷　（宋）周敦頤撰　（清）董
榕輯　清光緒二十九年(1903)周氏刻本　十
冊

370000 – 1541 – 0003017　125.14/112

張子正蒙二卷　（宋）張載撰　（清）王夫之注
清刻本　四冊

370000 – 1541 – 0003018　125.14/772

關學原編四卷　（明）馮從吾撰　清光緒十七
年(1891)灃西草堂刻本　四冊

370000 – 1541 – 0003019　125.14/827 = 1

張子全書十五卷　（宋）張載撰　（宋）朱熹注
清同治九年(1870)刻本　八冊

370000 – 1541 – 0003020　125.14/827 = 2

張子全書十五卷　（宋）張載撰　（宋）朱熹注
清同治九年(1870)刻本　八冊

370000 – 1541 – 0003021　125.14/827 = 3

張子全書十五卷　（宋）張載撰　（宋）朱熹注
清同治九年(1870)刻本　八冊

370000 – 1541 – 0003022　125.14/827 = 4

張子全書十五卷　（宋）張載撰　（宋）朱熹注
清光緒二十三年(1897)刻本　六冊

370000 – 1541 – 0003023　125.14/827 = 5

張子全書十五卷　（宋）張載撰　（宋）朱熹注
清康熙五十八年(1719)刻本　六冊

370000 – 1541 – 0003024　125.2/269

二程粹言二卷　（宋）楊時訂　（宋）張栻編
清刻本　二冊

370000 – 1541 – 0003025　125.2/269 = 1

二程粹言二卷　（宋）楊時訂　（宋）張栻編
清刻本　二冊

370000 – 1541 – 0003026　125.2/269 = 2

二程粹言二卷　（宋）楊時編　（清）張伯行重
訂　清同治五年(1866)福州正誼書院刻本
二冊

370000 – 1541 – 0003027　125.21/789

二程全書　（宋）程顥　（宋）程頤撰　（宋）
朱熹輯　清康熙禦兒呂氏寶誥堂刻本　八冊
存五十一卷(二程遺書二十五卷、附錄一
卷,二程外書十二卷,明道先生文集五卷,伊
川先生文集八卷)

370000 – 1541 – 0003028　125.21/789 = 1

二程全書　（宋）程顥　（宋）程頤撰　（宋）
朱熹輯　清康熙禦兒呂氏寶誥堂刻本　十三
冊

370000 – 1541 – 0003029　125.21/789 = 2

二程全書　（宋）程顥　（宋）程頤撰　（宋）

朱熹輯　清星沙小嫏嬛山館刻本　二十冊

370000－1541－0003030　125.21/789＝3

二程全書　（宋）程顥　（宋）程頤撰　（宋）朱熹輯　清星沙小嫏嬛山館刻本　九冊　存五十二卷(二程遺書二十五卷,二程外書十二卷,明道先生文集五卷,伊川先生文集八卷、附錄二卷)

370000－1541－0003031　125.21/789＝4

二程全書　（宋）程顥　（宋）程頤撰　（宋）朱熹輯　清同治十年(1871)六安求我齋刻本　五冊　存三十八卷(河南程氏遺書二十五卷、附錄一卷,河南程氏外書十二卷)

370000－1541－0003032　125.21/789＝5

二程全書　（宋）程顥　（宋）程頤撰　（宋）朱熹輯　清光緒三十四年(1908)澹雅局刻本　十四冊

370000－1541－0003033　125.21/789＝6

二程全書　（宋）程顥　（宋）程頤撰　（宋）朱熹輯　清光緒三十四年(1908)澹雅局刻本　十二冊

370000－1541－0003034　125.21/789＝7

二程全書　（宋）程顥　（宋）程頤撰　（宋）朱熹輯　清光緒三十四年(1908)澹雅局刻本　十六冊

370000－1541－0003035　125.21/789＝8

二程全書　（宋）程顥　（宋）程頤撰　（宋）朱熹輯　清光緒三十四年(1908)澹雅局刻本　十三冊

370000－1541－0003036　125.21/789＝9

程書五十一卷　（宋）程顥　（宋）程頤撰　(清)程湛輯　清刻本　二冊　存四卷(二、四十一至四十三)

370000－1541－0003037　125.21/789＝10

二程語錄十八卷　（宋）程顥　（宋）程頤撰　(清)張伯行訂　清同治五年(1866)福州正誼書院刻正誼堂全書本　四冊

370000－1541－0003038　125.21/789＝11

河南程氏經說八卷　（宋）程顥　（宋）程頤撰　（宋）朱熹輯　清刻本　二冊

370000－1541－0003039　125.29/848

性理標題彙要二十二卷　（明）詹淮纂　明崇禎刻本　二冊　存二卷(十二、十四)

370000－1541－0003040　125.5/292

朱子晚年全論八卷　（清）李紱編　清末傳經堂鉛印本　四冊

370000－1541－0003041　125.5/382

朱子語類日鈔五卷　（清）陳澧編　清光緒二十二年(1896)皖江藩署木活字印本　一冊

370000－1541－0003042　125.5/827＝1

御纂朱子全書六十六卷　（宋）朱熹撰　清同治八年(1869)刻本　四十二冊

370000－1541－0003043　125.5/827＝2

御纂朱子全書六十六卷　（宋）朱熹撰　清同治八年(1869)刻本　四十冊

370000－1541－0003044　125.5/827＝3

淵鑒齋御纂朱子全書六十六卷　（宋）朱熹撰　(清)李光地等編　清康熙五十三年(1714)武英殿刻本　四十冊

370000－1541－0003045　125.5/827＝4

淵鑒齋御纂朱子全書六十六卷　（宋）朱熹撰　(清)李光地等編　清嘉慶二十二年(1817)武英殿刻本　三十冊

370000－1541－0003046　125.5/827＝5

古香齋新刻袖珍御纂朱子全書六十六卷　(宋)朱熹撰　清光緒九年(1883)南海孔氏嶽雪樓刻本　三十六冊

370000－1541－0003047　125.5/827＝6

朱子語類一百四十卷　（宋）朱熹撰　清刻本　三十一冊　存九十一卷(二十四至一百十四)

370000－1541－0003048　125.5/827＝7

朱子語類一百四十卷　（宋）朱熹撰　清同治十一年(1872)應元書院刻本　三十一冊　存一百二十三卷(一至八十二、八十四至一百二

十四)

370000 - 1541 - 0003049　125.5/827 = 8

朱子語類一百四十卷　(宋)朱熹撰　清同治
十一年(1872)應元書院刻本　三十九册　缺
三卷(六十五至六十七)

370000 - 1541 - 0003050　125.5/827 = 9

朱子語類一百四十卷　(宋)朱熹撰　清同治
十一年(1872)應元書院刻本　四十八册

370000 - 1541 - 0003051　125.5/827 = 10

朱子語類一百四十卷　(宋)朱熹撰　清同治
十一年(1872)應元書院刻本　十七册　存四
十九卷(一至十、十四至二十三、六十五至六
十七、一百十五至一百四十)

370000 - 1541 - 0003052　125.5/827 = 11

朱子語類一百四十卷　(宋)朱熹撰　清同治
十一年(1872)應元書院刻本　四十四册

370000 - 1541 - 0003053　125.5/827 = 12

朱子遺書八種四十一卷　(宋)朱熹撰　清康
熙禦兒呂氏寶誥堂刻本　十册

370000 - 1541 - 0003054　125.5/827 = 13

朱子遺書八種四十一卷　(宋)朱熹撰　清康
熙禦兒呂氏寶誥堂刻本　十二册

370000 - 1541 - 0003055　125.5/827 = 14

朱子文集大全類編一百十卷首一卷　(宋)朱
熹撰　清雍正八年(1730)考亭書院刻乾隆十
五年(1750)印本　六十六册

370000 - 1541 - 0003056　125.5/827 = 15

國朝諸老先生論語精義十卷　(宋)朱熹撰
清康熙禦兒呂氏寶誥堂刻本　六册

370000 - 1541 - 0003057　125.5/827 = 16

四書或問三十九卷　(宋)朱熹撰　清同治十
二年(1873)五忠堂刻本　六册

370000 - 1541 - 0003058　125.5/882

朱子學的二卷　(宋)朱熹撰　(明)邱濬編
清同治五年(1866)福州正誼書院刻正誼堂全
書本　一册

370000 - 1541 - 0003059　125.5/882 = 1

朱子學的二卷　(宋)朱熹撰　(明)邱濬編
清同治五年(1866)福州正誼書院刻正誼堂全
書本　一册

370000 - 1541 - 0003060　125.7/377

潛室陳先生木鍾集十一卷　(宋)陳埴撰　清
同治六年(1867)東甌郡齋刻本　四册

370000 - 1541 - 0003061　125.7/998

西山先生真文忠公讀書記四十卷　(宋)真德
秀撰　清乾隆四年(1739)刻本　二十册　存
二十卷(一至十二、十六、十八至二十三、二十
五)

370000 - 1541 - 0003062　125.9/621

辯惑編四卷附錄一卷　(元)謝應芳撰　清道
光金山錢氏刻守山閣叢書本　二册

370000 - 1541 - 0003063　126/535

廣理學備考不分卷　(清)范鄗鼎輯　清康熙
五經堂刻本　二十八册

370000 - 1541 - 0003064　126.1/525

叔苴子二卷　(明)莊元臣撰　清光緒元年
(1875)湖北崇文書局刻本　二册

370000 - 1541 - 0003065　126.1/569

思菴野錄三卷　(明)薛敬之撰　**賓興彩旗聯
一卷**　(明)薛楹撰　**思菴薛先生行實一卷**
(明)薛楹等編　**思菴行實附錄一卷**　(明)薛
敬之撰　(明)薛楹輯　明末張經世刻本　四
册

370000 - 1541 - 0003066　126.42/117

陽明先生集要三編三種　(明)王守仁撰
(明)施邦曜輯　清光緒五年(1879)刻本　十
六册

370000 - 1541 - 0003067　126.9/169

明儒學案六十二卷　(清)黃宗羲撰　清乾隆
四年(1739)慈谿二老閣刻光緒八年(1882)慈
谿馮全垓修補本　二十册

370000 - 1541 - 0003068　126.9/169 = 1

明儒學案六十二卷　(清)黃宗羲撰　清乾隆
四年(1739)慈谿二老閣刻光緒八年(1882)慈

谿馮全垓修補本　十六冊

370000－1541－0003069　126.9/444

呻吟語六卷　（明）呂坤撰　清乾隆五十九年（1794）新安呂燕昭刻本　三冊　存五卷（二至六）

370000－1541－0003070　126.9/444＝1

呻吟語六卷　（明）呂坤撰　清同治八年（1869）武林刻本　二冊

370000－1541－0003071　126.9/444＝2

呻吟語六卷附錄一卷　（明）呂坤撰　清南海羅氏冬青寄廬成都刻本　六冊

370000－1541－0003072　126.9/444＝3

呻吟語六卷附錄一卷　（明）呂坤撰　清南海羅氏冬青寄廬成都刻本　六冊

370000－1541－0003073　126.9/482

困知記二卷續二卷三續一卷四續一卷續補一卷外編一卷附錄一卷　（明）羅欽順撰　清康熙七年（1668）刻本　三冊

370000－1541－0003074　126.9/482＝1

困知記二卷續二卷三續一卷四續一卷續補一卷外編一卷附錄一卷　（明）羅欽順撰　清闕城刻咸豐四年（1854）吳榮祖補刻本　四冊

370000－1541－0003075　126.9/712

汪子中詮六卷　（明）汪應蛟撰　明萬曆四十六年（1618）敬思堂刻本　六冊

370000－1541－0003076　126.9/868

陶庵語錄二種五卷　（明）黃淳耀撰　清初刻本　一冊

370000－1541－0003077　127/288

御纂性理精義十二卷　（清）李光地等編　清光緒三十年（1904）上海書局石印本　二冊

370000－1541－0003078　127/288＝2

性理精義十二卷　（清）李光地等輯　清康熙五十六年（1717）刻本　八冊

370000－1541－0003079　127/626

金坡語學二卷續一卷　（清）樂鑾撰　清光緒十九年（1893）鉛印本　二冊

370000－1541－0003080　127.1/112

思問錄內外篇二卷　（清）王夫之撰　清同治四年（1865）湘鄉曾氏金陵刻船山遺書本　一冊

370000－1541－0003081　127.1/329

輶軒博紀四卷　邵松年編　清光緒二十年（1894）刻本　四冊

370000－1541－0003082　127.1/331

水田居激書不分卷　（清）賀貽孫撰　清康熙刻本　一冊

370000－1541－0003083　127.1/606

天中許子政學合一集三卷附政學集續編二卷讀禮偶見二卷　（清）許三禮撰　清康熙刻本　十冊

370000－1541－0003084　127.1/667＝1

潛書二卷　（清）唐甄撰　清光緒九年（1883）中江李氏刻本　四冊

370000－1541－0003085　127.1/667＝2

潛書二卷　（清）唐甄撰　清光緒九年（1883）中江李氏刻本　四冊

370000－1541－0003086　127.1/667＝4

潛書二卷　（清）唐甄撰　清光緒九年（1883）中江李氏刻本　四冊

370000－1541－0003087　127.1/667＝5

潛書二卷　（清）唐甄撰　清光緒三十二年（1906）山東全省官印書局鉛印本　四冊

370000－1541－0003088　127.1/719

國朝漢學師承記八卷國朝經師經義目錄一卷國朝宋學淵源記二卷　（清）江藩纂　清末刻本　四冊

370000－1541－0003089　127.2/679＝1

顏習齋先生闢異錄二卷　（清）鍾錂輯　清光緒五年（1879）定州王氏謙德堂刻畿輔叢書本　一冊

370000－1541－0003090　127.2/679＝2

顏習齋遺書二十七卷　（清）顏元撰　清光緒五年（1879）定州王氏謙德堂刻畿輔叢書本

三冊

370000－1541－0003091　127.2/784

顏學辯八卷 （清）程仲威撰　清光緒十年(1884)安徽官紙印刷局鉛印本　四冊

370000－1541－0003092　127.2081/946

顏李遺書十九種 （清）顏元　（清）李塨撰　清光緒刻畿輔叢書本　二十四冊

370000－1541－0003093　127.4/719

國朝漢學師承記八卷國朝經師經義目錄一卷國朝宋學淵源記二卷 （清）江藩纂　清光緒二十二年(1896)寶慶勸學書社刻本　四冊

370000－1541－0003094　127.4/719＝3

國朝漢學師承記八卷國朝經師經義目錄一卷國朝宋學淵源記二卷 （清）江藩纂　清咸豐四年(1854)南海伍氏粵雅堂刻粵雅堂叢書本　四冊

370000－1541－0003095　127.4/946

洗心輯要一卷 （清）徐文弼編　清乾隆四十年(1775)刻本　一冊

370000－1541－0003096　127.6/112

復齋錄六卷 （清）王建常撰　清光緒元年(1875)述荊堂刻本　六冊

370000－1541－0003097　127.6/266

平平錄十一卷 （清）楊芳誠撰　清道光十二年(1832)刻本　三冊

370000－1541－0003098　127.6/311

學思錄三卷 （清）張官德撰　清同治九年(1870)養源堂刻本　三冊

370000－1541－0003099　127.6/372

昌江性學述筆貫珠十二卷 （清）鄧逢光撰　（清）徐謙編　清道光三十年(1850)刻本　十二冊

370000－1541－0003100　127.6/627

夢園子十二卷 （清）方濬頤撰　清光緒十年(1884)揚州刻本　一冊

370000－1541－0003101　127.6/627＝1

大意尊聞三卷 （清）方東樹撰　清同治五年

(1866)刻本　一冊

370000－1541－0003102　127.6/714

讀困知記三卷 （清）汪紱撰　清光緒二十一年(1895)刻本　三冊

370000－1541－0003103　127.7/333

探本錄二十三卷 （清）雲茂琦撰　清咸豐元年(1851)刻本　六冊

370000－1541－0003104　127.73/306

胡文忠公集要略一卷曾文正公集要略三卷 （清）張瑛輯　清光緒十三年(1887)上海暢懷書屋鉛印本　二冊

370000－1541－0003105　127.73/982

曾文正公全集十三種一百五十六卷首一卷 （清）曾國藩撰　清光緒二年(1876)傳忠書局刻本　一百二十冊

370000－1541－0003106　144.53/429

穆勒名學三卷 （英國）穆勒約翰撰　嚴復譯　清光緒三十一年(1905)金粟齋鉛印本　八冊

370000－1541－0003107　150/181

論理學綱要三卷 （日本）十時彌撰　清光緒三十一年(1905)上海商務印書館鉛印本　一冊

370000－1541－0003108　190/433

吳氏族規一卷 （清）吳士邁纂　清光緒十四年(1888)景婁堂刻本　一冊

370000－1541－0003109　190/827

倫理講義一卷 （清）朱士煥等輯　清宣統元年(1909)山東高等學堂石印本　一冊

370000－1541－0003110　190/888

明本釋三卷 （宋）劉荀撰　清乾隆武英殿木活字印武英殿聚珍版書本　三冊

370000－1541－0003111　190.37/214

山東高等學堂倫理講義 （清）胡元吉編　清宣統元年(1909)山東高等學堂石印本　一冊

370000－1541－0003112　191/714

五子近思錄十四卷 （宋）朱熹撰　（清）汪佑編　清康熙三十二年(1693)新安汪氏退思堂

刻本 六册

370000－1541－0003113　191/714 = 1

五子近思錄十四卷　(宋)朱熹撰　(清)汪佑編　清刻本　五册

370000－1541－0003114　191/890

近思續錄十四卷　(清)劉源淥編　清道光二十五年至同治八年(1845 – 1869)劉莊年、華鈞刻光緒十七年(1891)劉景宸補刻本　十六册

370000－1541－0003115　192/119

身世金箴不分卷　(清)王毓才輯　清光緒元年(1875)北京琉璃廠龍雲齋刻本　二册

370000－1541－0003116　192/185

袁了凡先生四訓不分卷　(明)袁黃撰　清同治八年(1869)刻本　一册

370000－1541－0003117　192/377

訓俗遺規四卷　(清)陳弘謀編　清彙文堂刻本　二册

370000－1541－0003118　192/377 = 1

訓俗遺規補二卷　(清)陳弘謀輯　(清)陳鍾珂編校　清羊城三元樓刻本　一册

370000－1541－0003119　192/377 = 2

訓俗遺規摘纂二卷　(清)陳弘謀編　清光緒十六年(1890)濟南李榮基勖齋刻本　二册

370000－1541－0003120　192/820

錄正誼堂二則二卷　周馥書　清末民國初石印本　一册

370000－1541－0003121　192.1/212

家政約言遺編一卷　(清)戴百壽撰　清光緒二十年(1894)博陵官廨刻本　一册

370000－1541－0003122　192.1/630

嘐嘐言六卷　(清)郭柏蔭撰　清宣統二年(1910)新疆官書局鉛印本　一册

370000－1541－0003123　192.1/630 = 2

嘐嘐言六卷　(清)郭柏蔭撰　清刻本　一册

370000－1541－0003124　192.1/827

孝經一卷　(元)吳澄校定　(清)朱軾注　**孝經三本管窺一卷**　(清)吳隆元撰　清刻本　一册

370000－1541－0003125　192.12/377

聖學入門書三卷　(清)陳瑚撰　清味菜廬木活字印本　一册

370000－1541－0003126　192.15/124 = 2

女誡淺釋一卷　(漢)班昭撰　(清)勞紡釋　清光緒二十五年(1899)守拙之居刻德育叢書本　一册

370000－1541－0003127　192.15/292

繡閣金鍼一卷　(清)李憩亭編　清光緒三十二年(1906)天津信德堂刻本　一册

370000－1541－0003128　192.15/377

教女遺規三卷　(清)陳弘謀編　清同治七年(1868)湖北崇文書局刻本　一册

370000－1541－0003129　192.15/832

女兒書輯八種　(清)朱浩文輯　清光緒二十六年(1900)膠州聽雨堂刻本　三册

370000－1541－0003130　192.15/865

御纂內則衍義十六卷　(清)世祖福臨撰　清順治十三年(1656)內府刻本　八册

370000－1541－0003131　192.3/382

教女遺規三卷　(清)陳弘謀編　清光緒十九年(1893)三元樓刻本　一册

370000－1541－0003132　192.3/670

新訂醒閨編一卷附錄一卷　(清)廖免驕編　清刻本　一册

370000－1541－0003133　192.3/670 = 1

新訂醒閨編一卷附錄一卷　(清)廖免驕編　清刻本　一册

370000－1541－0003134　192.31/959

內則章句一卷　(清)顧陳垿撰　清味菜廬木活字印本　一册

370000－1541－0003135　192.6/916

慾海慈航一卷　(清)黃正元纂輯　清道光六年(1826)京都琉璃廠刻本　一册

370000 – 1541 – 0003136　192.8/125

格言輯要一卷　（清）靜軒主人撰　清末北京聚文齋刻本　一冊

370000 – 1541 – 0003137　192.8/211

格言簡要八卷　（清）載瀅編　清光緒三十四年(1908)刻本　四冊

370000 – 1541 – 0003138　192.8/285

續心影集四卷　（清）李士麟輯　清光緒二年(1876)蘭州郡署刻本　四冊

370000 – 1541 – 0003139　192.8/292

增訂願體集四卷首一卷　（清）李仲麟輯　清光緒二年(1876)刻本　四冊

370000 – 1541 – 0003140　192.8/387

陸清獻公治家格言不分卷　（清）陸隴其撰

陸清獻公莅嘉遺蹟三卷　（清）黃維玉編　清同治七年(1868)上海衙署刻本　二冊

370000 – 1541 – 0003141　192.8/455

庸行編八卷　（清）史典輯　（清）牟允中補輯　清康熙三十一年(1692)尚朝柱澹寧堂刻本　四冊

370000 – 1541 – 0003142　192.8/455 = 1

庸行編八卷　（清）史典輯　（清）牟允中補輯　清康熙三十一年(1692)尚朝柱澹寧堂刻本　四冊

370000 – 1541 – 0003143　192.8/596

尋常語一卷　（清）劉沅撰　清光緒十七年(1891)平遙李氏刻本　一冊

370000 – 1541 – 0003144　192.8/906

自箴錄一卷　（清）傅詠撰　清乾隆四十二年(1777)刻本　一冊

370000 – 1541 – 0003145　192.8/915

爲學大指八卷　（清）倭仁撰　清光緒十年(1884)廣仁堂刻本　一冊

370000 – 1541 – 0003146　192.8/951

恥言二卷　（明）徐禎稷撰　（清）孔慶棨編　清光緒三十二年(1906)南扶山房刻本　一冊

370000 – 1541 – 0003147　192.8/951 = 1

恥言二卷　（明）徐禎稷撰　（清）孔慶棨編　清光緒三十二年(1906)南扶山房刻本　一冊

370000 – 1541 – 0003148　192.8/951 = 2

恥言二卷　（明）徐禎稷撰　（清）孔慶棨編　清光緒三十二年(1906)南扶山房刻本　一冊

370000 – 1541 – 0003149　192.8/951 = 3

恥言二卷　（明）徐禎稷撰　（清）孔慶棨編　清光緒三十二年(1906)南扶山房刻本　一冊

370000 – 1541 – 0003150　192.9/111

救刦回生四卷　（清）□□編　清光緒二十年(1894)京都琉璃廠文德齋刻字館刻本　四冊

370000 – 1541 – 0003151　192.9/117

勸善節要一卷　（清）□□編　清光緒五年(1879)北京琉璃廠刻本　一冊

370000 – 1541 – 0003152　192.9/611

語珍切要錄二卷　（清）許立陞編　清光緒十六年(1890)刻本　一冊

370000 – 1541 – 0003153　192.9/728

勸戒近錄六卷續錄六卷三錄六卷四錄六卷五錄六卷六錄六卷七錄六卷八錄六卷九錄六卷　（清）梁恭辰撰　清道光至光緒刻本　十八冊　缺六卷(三錄六卷)

370000 – 1541 – 0003154　192.9/732

聖諭像解二十卷　（清）梁延年編　清光緒二十八年(1902)江蘇撫署刻本　十冊

370000 – 1541 – 0003155　192.9/827

廣惠編二卷　（清）朱軾編　清康熙六十年(1721)刻本　一冊

370000 – 1541 – 0003156　192.9/865

[滿漢對照]御製勸善要言不分卷　（清）世祖福臨撰　清順治十二年(1655)內府刻本　一冊

370000 – 1541 – 0003157　192.9/916

太上寶筏圖說八卷　（清）黃正元纂　清石印本　四冊　存四卷(禮、義、廉、恥)

370000 – 1541 – 0003158　192.9/994

藥言一卷　（明）姚舜牧撰　清歸安姚氏刻咫

進齋叢書本 一冊

370000－1541－0003159 192.91/686

增訂立命功過格二卷首一卷末一卷 （清）寶佩蘅鑒定 清同治六年(1867)龍文齋刻本 一冊

370000－1541－0003160 192.91/702

先正遺規二卷 （清）汪正輯 清光緒十九年(1893)浙江書局刻本 一冊

370000－1541－0003161 193/303

溫公家範十卷 （宋）司馬光撰 （清）朱軾注 清光緒二十三年(1897)刻本 二冊

370000－1541－0003162 193/306

儒先訓要十八卷 （清）張承燮輯 清光緒二十七年(1901)膠州聽雨堂刻本 二冊

370000－1541－0003163 193/679

顏氏家訓二卷 （北齊）顏之推撰 （清）朱軾評點 清光緒二十三年(1897)刻本 二冊

370000－1541－0003164 193/830

先賢家訓錄一卷 （清）朱用純等撰 清抄本 一冊

370000－1541－0003165 193/877

向滄夫家傳醒愚一卷 （清）向德華撰 清光緒十五年(1889)景夑堂木活字印本 一冊

370000－1541－0003166 193/987

金殿撰家戒詩注釋一卷 （清）金姓撰 （清）昇寅注 清道光二十六年(1846)刻本 一冊

370000－1541－0003167 193.1/139

孝經學一卷 曹元弼撰 清光緒三十四年(1908)江蘇存古學堂刻本 一冊

370000－1541－0003168 193.1/177

御纂孝經集註一卷 （清）世宗胤禛纂 清末山東書局刻本 一冊

370000－1541－0003169 193.1/331

孝經一卷 （清）賀長齡輯注 清光緒元年(1875)龍文齋刻本 一冊

370000－1541－0003170 193.1/370

孝經一卷 （漢）孔安國傳 （日本）太宰純音注 忠經一卷 （漢）馬融撰 清道光十五年(1835)李廷槐刻本 一冊

370000－1541－0003171 193.1/394

孝經義疏補九卷 （清）阮福撰 清道光十四年(1834)雲南阮孔厚刻本 二冊 存八卷（二至九）

370000－1541－0003172 193.1/394＝1

孝經義疏補九卷首一卷 （清）阮福撰 清道光九年(1829)春喜齋刻本 四冊

370000－1541－0003173 193.1/433

孝經一卷 （清）吳大澂書 清光緒十一年(1885)上海同文書局石印本 一冊

370000－1541－0003174 193.1/480

孝經詳說六卷 （清）冉覲祖撰 清光緒七年(1881)大梁書院刻本 四冊

370000－1541－0003175 193.1/667

孝經注疏九卷 （唐）玄宗李隆基注 （宋）邢昺疏 校勘記九卷 （清）阮元撰 清嘉慶二十年(1815)江西南昌府學刻本 一冊

370000－1541－0003176 193.1/667＝1

孝經注疏九卷末一卷 （唐）玄宗李隆基注 （宋）邢昺疏 清同治十三年(1874)湖南書局刻本 一冊

370000－1541－0003177 193.1/667＝2

孝經一卷 （唐）玄宗李隆基注 （唐）陸德明音義 清光緒十二年(1886)湖北官書處刻本 一冊

370000－1541－0003178 193.1/667＝3

孝經一卷 （唐）玄宗李隆基注 （唐）陸德明音義 清光緒三十年(1904)濟南新鍥官書局刻本 一冊

370000－1541－0003179 193.1/667＝4

孝經一卷 （唐）玄宗李隆基注 （唐）陸德明音義 清同治十一年(1872)山東書局刻本 一冊

370000－1541－0003180 193.1/667＝5

孝經一卷 （唐）玄宗李隆基注 （唐）陸德明音義 清同治十一年(1872)山東書局刻本 一冊

370000－1541－0003181 193.1/667＝6

孝經一卷 （唐）玄宗李隆基注 （唐）陸德明音義 清同治十一年(1872)山東書局刻本 一冊

370000－1541－0003182 193.1/667＝7

孝經一卷 （唐）玄宗李隆基注 （唐）陸德明音義 清同治十一年(1872)山東書局刻本 一冊

370000－1541－0003183 193.1/667＝8

孝經一卷 （唐）玄宗李隆基注 （唐）陸德明音義 清同治十一年(1872)山東書局刻本 一冊

370000－1541－0003184 193.1/667＝9

孝經一卷 （唐）玄宗李隆基注 （唐）陸德明音義 清同治十一年(1872)山東書局刻本 一冊

370000－1541－0003185 193.1/667＝10

孝經一卷 （唐）玄宗李隆基注 （唐）陸德明音義 清同治十一年(1872)山東書局刻本 一冊

370000－1541－0003186 193.1/667＝11

孝經一卷 （唐）玄宗李隆基注 （唐）陸德明音義 清同治十一年(1872)山東書局刻本 一冊

370000－1541－0003187 193.1/720

古文孝經薈解四卷古文孝經別錄四卷 （清）洪良品撰 清光緒十七年(1891)鉛印本 四冊

370000－1541－0003188 193.1/827

孝經一卷 （元）吳澄校定 （清）朱軾注 孝經三本管窺一卷 （清）吳隆元撰 清光緒二十三年(1897)刻本 一冊

370000－1541－0003189 193.1/977

忠經一卷 （漢）馬融撰 （漢）鄭玄集注 孝

經一卷 （明）陳選集注 清光緒二十四年(1898)煙臺成文信刻本 一冊

370000－1541－0003190 193.1/988

孝經集義一卷 （明）余時英撰 孝經刊誤一卷 （宋）朱熹撰 明天啓四年(1624)余紹祿刻本 一冊

370000－1541－0003191 193.17/269

孝經音訓一卷爾雅音訓一卷 （清）楊國楨撰 清道光十年(1830)刻本 一冊

370000－1541－0003192 193.17/717

御注孝經一卷 （唐）玄宗李隆基注 清光緒二十五年(1899)即墨葆光堂刻本 一冊

370000－1541－0003193 193.17/717＝2

御注孝經一卷 （清）世祖福臨注 清順治十三年(1656)內府刻本 一冊

370000－1541－0003194 193.17/844

讀書堂答問一卷 簡朝亮撰 清刻本 一冊

370000－1541－0003195 193.6/377

五種遺規 （清）陳弘謀編 清乾隆七年(1742)味和堂刻本 十二冊

370000－1541－0003196 193.6/377＝1

五種遺規摘鈔 （清）陳弘謀編 （清）劉肇紳摘鈔 清光緒十六年(1890)開封培遠堂刻本 八冊 存四種(從政遺規、訓俗遺規、養正遺規、教女遺規)

370000－1541－0003197 193.6/377＝2

五種遺規 （清）陳弘謀編 清光緒三十二年(1906)維新書局刻本 十二冊 存四種(從政遺規、訓俗遺規、養正遺規、教女遺規)

370000－1541－0003198 193.6/377＝3

五種遺規摘鈔 （清）陳弘謀編 （清）劉肇紳摘鈔 清同治七年(1868)湖北崇文書局刻本 七冊

370000－1541－0003199 193.6/377＝4

五種遺規摘鈔 （清）陳弘謀編 （清）劉肇紳摘鈔 清同治七年(1868)湖北崇文書局刻本 五冊 存四種(從政遺規、訓俗遺規、教女

遺規、在官法戒錄)

370000－1541－0003200　193.6/377＝5
五種遺規摘鈔　(清)陳弘謀編　(清)劉肇紳摘鈔　清同治七年(1868)湖北崇文書局刻本　八冊

370000－1541－0003201　193.6/377＝8
從政遺規摘鈔二卷　(清)陳弘謀編　(清)劉肇紳摘鈔　清同治七年(1868)湖北崇文書局刻本　一冊

370000－1541－0003202　193.9/350
家寶全集初集八卷二集八卷三集八卷四集八卷首一卷　(清)石成金撰集　清文奎堂刻本　三十二冊

370000－1541－0003203　196.1/177
聖諭廣訓一卷　(清)聖祖玄燁撰　(清)世宗胤禛廣訓　(清)王又樸衍說　清同治九年(1870)上海美華書館鉛印本　一冊

370000－1541－0003204　196.1/177＝2
聖諭廣訓一卷　(清)聖祖玄燁撰　(清)世宗胤禛廣訓　清刻本　一冊

370000－1541－0003205　196.1/725
聖諭像解二十卷　(清)梁延年編　清光緒十三年(1887)湖南寶善堂刻本　十冊

370000－1541－0003206　196.3/483
牧令須知六卷　(清)剛毅撰　清光緒十八年(1892)京都榮錄堂刻本　二冊

370000－1541－0003207　199.1/313
養正類編二十二卷　(清)張伯行纂　清康熙四十六年(1707)正誼堂刻本　四冊

370000－1541－0003208　200/703
說教一卷　(清)容揆編　清光緒十九年(1893)金山華記報館鉛印本　一冊

370000－1541－0003209　200.022/245
三教問答一卷　(美國)杜步西編　清光緒二十年(1894)上海美華書館鉛印本　一冊

370000－1541－0003210　219/482
釋疑彙編二卷　(清)杜鼎如輯　清光緒十年

(1884)廣州泰安藥房刻本　一冊

370000－1541－0003211　219/482＝1
釋疑彙編二卷　(清)杜鼎如輯　清光緒十年(1884)廣州泰安藥房刻本　一冊

370000－1541－0003212　219/482＝2
釋疑彙編二卷　(清)杜鼎如輯　清光緒十年(1884)廣州泰安藥房刻本　一冊

370000－1541－0003213　220/578
釋教正謬一卷　(英國)艾約瑟撰　清光緒四年(1878)廣州小書會刻本　一冊

370000－1541－0003214　220/760＝2
法苑珠林一百二十卷　(唐)釋道世撰　清宣統二年(1910)毘陵天寧寺刻本　三十冊

370000－1541－0003215　220.7/104
憨山老人夢游集五十五卷　(明)釋福善撰　(明)釋通炯編　清光緒五年(1879)江北刻經處刻本　二十冊　存五十二卷(一、五至五十五)

370000－1541－0003216　220.7/813
佛爾雅八卷　(清)周春撰　清嘉慶二十一年(1816)刻本　二冊

370000－1541－0003217　220.81/517
三教真傳六十章　(清)觀禮堂編　清宣統三年(1911)天津聚文堂刻本　五冊　缺九章(孔教真理十二至二十)

370000－1541－0003218　221/910
坐禪三昧法門經二卷　(□)僧伽羅刹造　(後秦)釋鳩摩羅什譯　清刻本　一冊

370000－1541－0003219　221.081/346
大般涅槃經疏三十三卷　(隋)釋灌頂撰　(唐)釋湛然再治　大方廣佛華嚴經隨疏演義鈔九十卷　(唐)釋澄觀述　明永樂至正統刻本　二十一冊　存十二卷(大般涅槃經疏十一下、二十至二十八,大方廣佛華嚴經隨疏演義鈔五十一至五十二)

370000－1541－0003220　221.1/354
大乘妙林經三卷　清抄本　三冊

370000－1541－0003221　221.3/854

思益梵天所問經四卷　（後秦）釋鳩摩羅什譯　清光緒五年(1879)金陵刻經處刻本　一冊

370000－1541－0003222　221.31/238

勝鬘師子吼一乘大方便廣經一卷　（南朝宋）釋求那跋陀羅譯　清光緒六年(1880)常熟刻經處刻本　一冊

370000－1541－0003223　221.36/676

藥師琉璃光如來本願功德經玄義三卷　（唐）釋玄奘譯　（清）釋應輝撰　清嘉慶七年(1802)刻本　二冊

370000－1541－0003224　221.4/628

佛母出生三法藏般若波羅蜜多經二十五卷　(宋)釋施護譯　明刻本　一冊　存一卷(二十五)

370000－1541－0003225　221.4/808

金剛波若波羅蜜如是經義一卷附禪宗指掌一卷　（清）季貞注疏　清光緒十八年(1892)杭州昭慶慧空經房刻本　一冊

370000－1541－0003226　221.4/854

金剛般若波羅蜜經一卷　（後秦）釋鳩摩羅什譯　（明）成祖朱棣集注　明永樂二十一年(1423)內府刻本　二冊

370000－1541－0003227　221.84/238

雜阿含經五十卷　（南朝宋）釋求那跋陀羅譯　清光緒十四年(1888)常熟刻經處刻本　十二冊

370000－1541－0003228　221.9/700

地藏菩薩本願經三卷　（唐）釋實叉難陀譯　清乾隆五十三年(1788)刻本　三冊

370000－1541－0003229　222/755

肇論中吳集解三卷　（宋）釋淨源撰　清末刻本　一冊

370000－1541－0003230　222.1/705

因明入正理論疏八卷　（唐）釋窺基撰　清刻本　一冊　存四卷(一至四)

370000－1541－0003231　222.11/676

370000－1541－0003231　222.3/414

瑜伽師地論一百卷　（唐）釋玄奘譯　明萬曆二十七年(1599)徑山寂照庵刻本　二十冊

370000－1541－0003232　222.3/414

大乘起信論直解二卷　（明）釋德清撰　清光緒十六年(1890)金陵刻經處刻本　一冊

370000－1541－0003233　222.4/684

圓覺經略疏之鈔二十五卷　（唐）釋宗密輯　清宣統三年(1911)揚州藏經院刻本　一冊

370000－1541－0003234　222.5/100

大乘起信論纂注二卷　（南朝梁）釋真諦譯　(明)釋真界注　清光緒十一年(1885)金陵刻經處鉛印本　一冊

370000－1541－0003235　222.9/909

佛說觀世音菩薩救苦經一卷　明萬曆二十九年(1601)刻本　一冊

370000－1541－0003236　222.91/100

大明三藏法數五十卷　（明）釋一如等集注　清光緒六年(1880)六通寺、萬善寺刻本　十六冊

370000－1541－0003237　222.91/676

心經六家注一卷　（唐）釋玄奘譯　（唐）釋靖邁等注疏　清同治八年至民國四年(1869－1915)金陵刻經處刻本　丁山題識　一冊

370000－1541－0003238　222.92/675

御製揀魔辨異錄八卷　（清）世宗胤禛撰　清雍正十一年(1733)刻本　四冊

370000－1541－0003239　222.94/128

一切經音義二十五卷　（唐）釋玄應撰　**補訂新譯大方廣佛華嚴經音義二卷**　（唐）釋慧苑撰　**華嚴經音義敘錄一卷**　（清）臧庸輯　清同治八年(1869)武林張氏寶晉齋刻本　六冊

370000－1541－0003240　222.94/723

翻譯名義集選一卷　（宋）釋法雲撰　清同治十二年(1873)江北刻經處刻本　一冊

370000－1541－0003241　222.94/813

佛爾雅八卷　（清）周春撰　清宣統三年(1911)上海國學扶輪社鉛印本　二冊

370000－1541－0003242　222.94/813＝1

佛爾雅八卷　（清）周春撰　清宣統三年（1911）上海國學扶輪社鉛印本　一冊

370000－1541－0003243　222.94/813＝2

佛爾雅八卷　（清）周春撰　清乾隆刻本　二冊

370000－1541－0003244　222.96/705

因明入正理論疏八卷　（唐）釋窺基撰　清光緒二十二年（1896）金陵刻經處刻本　二冊

370000－1541－0003245　224/914

百丈叢林清規證義記九卷首一卷末一卷（唐）釋懷海集編　（清）釋儀潤證義　清同治元年（1862）廣州海幢寺刻本　四冊

370000－1541－0003246　225/110

竹窗隨筆一卷二筆一卷三筆一卷　（明）釋袾宏撰　清光緒二十四年（1898）金陵刻經處刻本　三冊

370000－1541－0003247　225/110＝1

竹窗隨筆一卷二筆一卷三筆一卷　（明）釋袾宏撰　清光緒二十四年（1898）金陵刻經處刻本　三冊

370000－1541－0003248　225/914

百丈叢林清規證義記九卷首一卷末一卷（唐）釋懷海集編　（清）釋儀潤證義　清同治元年（1862）廣州海幢寺刻本　三冊　存六卷（五至九、末一卷）

370000－1541－0003249　225.4/837

淨土傳燈歸元鏡二卷　（清）釋智達拈頌（清）釋德日閱錄　清乾隆四十九年（1784）刻本　一冊

370000－1541－0003250　225.4/837＝2

異方便淨土傳燈歸元鏡三祖實錄二卷　（清）釋智達拈頌　（清）釋德日閱錄　清光緒二十三年（1897）廣陵藏經禪院刻本　一冊

370000－1541－0003251　225.4/891

信心應驗錄十卷　（清）劉山英撰　清乾隆五十九年（1794）益陽淨念堂刻本　十冊

370000－1541－0003252　225.9/816

西歸直指四卷　（清）周夢顏撰　清光緒十二年（1886）金陵刻經處刻本　一冊

370000－1541－0003253　226/689

佛祖心燈諸家宗派一卷末一卷　（清）釋守一編　清光緒十六年（1890）金陵刻經處刻本　一冊

370000－1541－0003254　226/837

相宗八要直解八卷　（唐）釋玄奘譯　（清）釋智旭解　清同治九年（1870）金陵刻經處刻本　二冊

370000－1541－0003255　226.2/676

相宗八要解八卷　（唐）釋玄奘譯　（明）釋明顯集解　清刻本　丁山題識　三冊

370000－1541－0003256　226.2/942

性相通說一卷　（明）釋德清述　清同治十二年（1873）金陵刻經處刻本　一冊

370000－1541－0003257　226.6/126

六祖大師法寶壇經不分卷　（唐）釋慧能述（明）趙玉芝編錄　明成化二十一年（1485）刻本　二冊

370000－1541－0003258　226.6/717

御選語錄十九卷　（清）世宗胤禛選　清光緒四年（1878）金陵刻經處刻本　十四冊

370000－1541－0003259　227.212/290

青州法慶寺開山志一卷　（清）李煥章撰　清紅格抄本　一冊

370000－1541－0003260　227.223/463

明州阿育王山志十六卷　（明）郭子章等撰明萬曆刻本　六冊

370000－1541－0003261　227.7/941

圓津禪院小志六卷　（清）釋覺銘纂　清嘉慶四年（1799）刻本　二冊

370000－1541－0003262　229/760

五燈會元二十卷　（宋）釋慧明輯　清光緒三十二年（1906）貴池劉氏玉海堂刻玉海堂景宋叢書本　十二冊

370000 – 1541 – 0003263   229.3/993

高僧傳四集六卷 （明）釋如惺撰 清光緒十八年(1892)江北刻經處刻本 二冊

370000 – 1541 – 0003264   229.3/993 = 1

高僧傳四集六卷 （明）釋如惺撰 清光緒十八年(1892)江北刻經處刻本 二冊

370000 – 1541 – 0003265   229.3/993 = 2

高僧傳四集六卷 （明）釋如惺撰 清光緒十八年(1892)江北刻經處刻本 二冊

370000 – 1541 – 0003266   229.8/183

居士傳不分卷 （清）彭紹升撰 （清）體如選 清抄本 二冊

370000 – 1541 – 0003267   230/306

雲笈七籤一百二十二卷 （宋）張君房輯 （明）張萱訂 明張萱清真館刻本 三十二冊

370000 – 1541 – 0003268   230/306 = 1

張三丰祖師元要篇一卷 （明）張三丰撰 清刻本 一冊

370000 – 1541 – 0003269   230/547

元真錄三卷 （清）董德寧撰 清集陽樓刻本 一冊 存二卷(中、下)

370000 – 1541 – 0003270   230/756

指玄篇二集 （唐）呂真人撰 （清）滄海老人注 清刻本 一冊

370000 – 1541 – 0003271   230/906

道書四種 （清）傅金銓編 清刻本 四冊

370000 – 1541 – 0003272   230/908

仙佛合宗一卷 （明）伍守陽撰 清宏德堂刻本 一冊

370000 – 1541 – 0003273   230.78/285

呂祖全書三十二卷 （唐）呂嵒撰 （清）劉樵輯 清乾隆武林俞鶯峰刻本 十六冊

370000 – 1541 – 0003274   230.81/526

重刊道藏輯要 （清）彭定求輯 （清）閻永和增 清光緒三十二年(1906)成都二仙庵刻本 二百四十四冊

370000 – 1541 – 0003275   230.81/759

得一參五七卷 （清）姜中真注 清尺木堂刻本 四冊

370000 – 1541 – 0003276   230.81/885

道書十二種 （清）劉一明撰 清嘉慶至道光常德護國庵刻本 二十冊

370000 – 1541 – 0003277   230.88/306

張三丰先生全集八卷 （明）張三丰撰 （清）李西月編 **呂祖師編年詩集年譜七卷呂祖編年詩集十卷** （清）李西月編 **張三丰祖師無根樹詞注解一卷** （清）劉悟元注 （清）李西月增解 **太上十三經註解** （清）李西月等撰 清道光空青洞天刻本 十六冊

370000 – 1541 – 0003278   231/219

太上靈寶淨明宗教錄十卷 （清）胡之玫撰 清末刻本 二冊 存二卷(五至六)

370000 – 1541 – 0003279   231/271

陰符經發隱一卷道德經發隱一卷沖虛經發隱一卷南華經發隱一卷 （清）楊文會注 清末刻本 一冊

370000 – 1541 – 0003280   231/357

太上感應篇一卷太上大通經一卷太上赤文洞古經一卷 （□）□□撰 清道光至同治刻本 一冊

370000 – 1541 – 0003281   231/387

無上玉皇心印妙經一卷 （明）陸西星 （明）谷音疏 **覓玄語錄一卷** （明）馬鳴翼 （明）馬鳴冀撰 清城西草堂抄本 一冊

370000 – 1541 – 0003282   231/540

太上黃庭經發微二卷黃帝陰符經本義二卷 （清）董德寧注 清乾隆六十年(1795)古越集陽樓刻本 二冊

370000 – 1541 – 0003283   231/805

周易參同契正義三卷 （清）董德寧撰 清乾隆五十三年(1788)古越集陽樓刻本 三冊

370000 – 1541 – 0003284   235/313

悟真篇四註三卷 （宋）張伯端撰 （宋）薛道

光等註　清道光五年（1825）刻本　佚名批點
三冊

370000－1541－0003285　235/805＝2
古文參同契集解二卷末一卷　（漢）魏伯陽撰
（明）蔣一彪輯　明末虞山毛氏汲古閣刻本
二冊

370000－1541－0003286　235.1/916
至遊子二卷　（□）□□撰　清光緒元年
（1875）湖北崇文書局刻本　一冊

370000－1541－0003287　239/504
三教源流搜神大全七卷　（宋）□□輯　葉德
輝校　清宣統元年（1909）長沙葉氏郎園刻本
二冊

370000－1541－0003288　239/504＝1
三教源流搜神大全七卷　（宋）□□輯　葉德
輝校　清宣統元年（1909）長沙葉氏郎園刻本
二冊

370000－1541－0003289　239/720
月旦堂新鎸繡像列仙傳四卷　（明）洪應明輯
明末吳門種書堂刻本　四冊

370000－1541－0003290　240/418
天程正軌八卷　（英國）馬爾定撰　（英國）理
一視口譯　（清）張逢源筆述　清光緒二年
（1876）天津福音堂刻本　一冊

370000－1541－0003291　240/657
仁義要詮三卷　（瑞士）韶波撰　（清）鍾清源
參校　清光緒十七年（1891）羊城真寶堂刻本
三冊

370000－1541－0003292　240/704
聖經要道三卷　（德國）安保羅撰　清光緒二
十二年（1896）上海美華書館鉛印本　四冊

370000－1541－0003293　240/757
基督教書四十章　（清）□□撰　清光緒三十
三年（1907）上海美華書館鉛印本　一冊

370000－1541－0003294　240/757＝1
耶穌教要理大問答一卷　（□）□□撰　清光
緒七年（1881）上海美華書館鉛印本　一冊

370000－1541－0003295　240/916
遵主聖範四卷　（法國）田類斯刪訂　清末刻
本　三冊

370000－1541－0003296　240/921
曉初訓道一卷　（英國）俾士譯　清光緒二年
（1876）羊城小書會刻本　一冊

370000－1541－0003297　240/921＝1
曉初訓道一卷　（英國）俾士譯　清光緒二年
（1876）羊城小書會刻本　一冊

370000－1541－0003298　240/921＝2
曉初訓道一卷　（英國）俾士譯　清光緒二年
（1876）羊城小書會刻本　一冊

370000－1541－0003299　240/922
聖書綱目十二卷　（英國）倫敦聖書會編　清
光緒八年（1882）上海申報館鉛印本　一冊

370000－1541－0003300　240.78/579
格物探源六卷　（英國）韋廉臣撰　清光緒六
年（1880）刻本　四冊

370000－1541－0003301　240.78/579＝1
古教彙參不分卷　（英國）韋廉臣撰　清光緒
七年（1881）益智書會刻本　三冊

370000－1541－0003302　241/155
聖經節錄不分卷　（□）□□輯　清光緒十年
（1884）刻本　二冊

370000－1541－0003303　241/155＝1
聖經擇要不分卷　（□）□□編　清同治八年
（1869）刻本　一冊

370000－1541－0003304　241/399
使徒保羅達加拉太人書注釋不分卷　（美國）
陶錫祈等譯　清光緒十二年（1886）上海美華
書館鉛印本　四冊

370000－1541－0003305　241/418
聖經闡詳十卷　（英國）馬約翰撰　清同治十
二年（1873）刻本　二冊

370000－1541－0003306　241.1/155
以賽亞書六十六章　（□）□□編　清光緒十
四年（1888）上海修文書館鉛印本　一冊

370000 – 1541 – 0003307　241.1/528

但以理書注釋六十六章　（美國）蒲德立撰

先知米迦書注釋一卷　（美國）麻維禮撰　清光緒二十年（1894）上海美華書館鉛印本　二冊

370000 – 1541 – 0003308　241.1/598

舊約全書擇錦一卷新約全書擇錦一卷　（清）□□編　清咸豐六年（1856）羊城小書會刻本　一冊

370000 – 1541 – 0003309　241.1/598 ＝1

舊約全書擇錦一卷新約全書擇錦一卷　（清）□□編　清咸豐六年（1856）羊城小書會刻本　一冊

370000 – 1541 – 0003310　241.1/808

舊約全書七卷　清同治四年（1865）香港英華書院鉛印本　二冊

370000 – 1541 – 0003311　241.1/808 ＝2

舊約全書三卷　清末英華書院鉛印本　二冊　存二卷（二至三）

370000 – 1541 – 0003312　241.2/520

約書亞至歷代志略注釋三十六章　（英國）慕雅德撰　清光緒二十四年（1898）上海美華書館鉛印本　一冊

370000 – 1541 – 0003313　241.2/578

玩索聖史六卷　（德國）花之安編　清光緒十八年（1892）上海聖教書會刻本　三冊

370000 – 1541 – 0003314　241.2/578 ＝1

玩索聖史六卷　（德國）花之安編　清光緒十八年（1892）上海聖教書會刻本　三冊

370000 – 1541 – 0003315　241.2/578 ＝2

玩索聖史六卷　（德國）花之安編　清光緒十八年（1892）上海聖教書會刻本　三冊

370000 – 1541 – 0003316　241.2/578 ＝3

玩索聖史六卷　（德國）花之安編　清光緒十八年（1892）上海聖教書會刻本　三冊

370000 – 1541 – 0003317　241.2/578 ＝4

玩索聖史六卷　（德國）花之安編　清光緒十八年（1892）上海聖教書會刻本　三冊

370000 – 1541 – 0003318　241.2/578 ＝5

玩索聖史六卷　（德國）花之安編　**使徒保羅達羅馬人書注釋一卷**　（清）衛西華撰　清光緒四年（1878）羊城小書會刻本　二冊　存三卷（玩索聖史三至四、使徒保羅達羅馬人書注釋一卷）

370000 – 1541 – 0003319　241.2/623

聖教史記三卷　（美國）謝衛樓編譯　清光緒十六年（1890）刻本　四冊

370000 – 1541 – 0003320　241.2/657

教會史記三卷　（瑞士）韶波撰　清光緒二十二年（1896）刻本　二冊

370000 – 1541 – 0003321　241.3/266

舊約聖書一卷　（英國）楊格非譯　清光緒二十四年（1898）漢鎮英漢書館鉛印本　一冊

370000 – 1541 – 0003322　241.4/598

小先知書注釋不分卷　清光緒二十三年（1897）上海美華書館鉛印本　一冊

370000 – 1541 – 0003323　241.4/630

以賽亞書釋義不分卷　（美國）郭斐蔚纂譯　清光緒十六年（1890）美國聖公會鉛印本　一冊

370000 – 1541 – 0003324　241.4/992

希伯來書總論一卷　（美國）洪士提反撰　清光緒十六年（1890）上海美華書館鉛印本　一冊

370000 – 1541 – 0003325　241.5/155

路加福音不分卷　（美國）聖經會編　清光緒二十四年（1898）上海美華書局鉛印本　二冊

370000 – 1541 – 0003326　241.5/155 ＝2

新約聖經不分卷　（美國）聖經會編　清光緒二十一年（1895）福州美華書局鉛印本　一冊

370000 – 1541 – 0003327　241.5/266

新約全書不分卷　（英國）楊格非譯　清光緒十一年（1885）刻本　一冊

370000 – 1541 – 0003328　241.5/266 ＝1

新約全書不分卷　（英國）楊格非譯　清光緒十六年(1890)漢鎮英漢書館鉛印本　一冊

370000 - 1541 - 0003329　241.5/266 = 2

新約全書不分卷　（英國）楊格非譯　清光緒二十七年(1901)上海鉛印本　一冊

370000 - 1541 - 0003330　241.5/327

哥林多前書釋義不分卷　（美國）翟雅各撰（清）姜子復筆述　清光緒二十一年(1895)九江書局鉛印本　一冊

370000 - 1541 - 0003331　241.5/411

哥林多後書衍義不分卷　（英國）馬士德輯　清光緒十二年(1886)羊城真寶堂刻本　二冊

370000 - 1541 - 0003332　241.5/416

新經譯義四卷　（清）□□譯　清光緒二十三年(1897)上海慈母堂鉛印本　一冊

370000 - 1541 - 0003333　241.5/505

新約全書二卷　（□）□□譯　清咸豐六年(1856)上海墨海書館鉛印本　一冊

370000 - 1541 - 0003334　241.5/505 = 1

新約全書不分卷　（清）□□譯　清光緒八年(1882)羊城刻本　一冊

370000 - 1541 - 0003335　241.5/505 = 2

新約全書編序標目十五卷　（□）□□編　清刻本　一冊

370000 - 1541 - 0003336　241.5/757

新約全書不分卷　（□）□□譯　清光緒十年(1884)上海美華書館鉛印本　一冊

370000 - 1541 - 0003337　241.5/757 = 1

新約串珠不分卷　（□）□□編　清同治八年(1869)福州美華書院鉛印本　一冊

370000 - 1541 - 0003338　241.5/921

新約全書保羅達提摩太前書一卷後書一卷（□）□□譯　清光緒三年(1877)香港小書會刻本　一冊

370000 - 1541 - 0003339　241.5/921 = 1

新約全書不分卷　清光緒三年(1877)香港小書會刻本　一冊

370000 - 1541 - 0003340　241.5/921 = 2

新約全書不分卷　清光緒三年(1877)香港小書會刻本　一冊

370000 - 1541 - 0003341　241.5/943

新約全書二卷　（□）□□譯　清同治五年(1866)香港英華書院鉛印本　一冊

370000 - 1541 - 0003342　241.504/325

新約聖書字類不分卷　（美國）那安和編　清光緒七年(1881)粵東羊城安和堂刻本　一冊

370000 - 1541 - 0003343　241.6/155

撒庇傳一卷　（□）□□譯　清光緒二十年(1894)上海美華書館鉛印本　一冊

370000 - 1541 - 0003344　241.6/336

聖彼得書講義一卷　（英國）霍約瑟輯　清光緒十八年(1892)三一書院鉛印本　一冊

370000 - 1541 - 0003345　241.6/336 = 1

馬太福音傳講義一卷　（英國）霍約瑟輯　清光緒十七年(1891)越郡基督堂鉛印本　一冊

370000 - 1541 - 0003346　241.6/399

新約全書注釋不分卷　（美國）陶錫祈譯　清光緒二十一年(1895)上海美華書館鉛印本　一冊　存十三章（使徒保羅達希伯來人書十三章）

370000 - 1541 - 0003347　241.6/411

馬可講義七十七條　（德國）花之安撰　清光緒二十五年(1899)漢鎮英漢書院鉛印本　一冊

370000 - 1541 - 0003348　241.6/411 = 1

馬可講義七十七條　（德國）花之安撰　清光緒二十五年(1899)漢鎮英漢書院鉛印本　一冊

370000 - 1541 - 0003349　241.6/411 = 2

馬可講義七十七條　（德國）花之安撰　清光緒二十五年(1899)漢鎮英漢書院鉛印本　一冊

370000 - 1541 - 0003350　241.6/411 = 3

馬可講義七十七條　（德國）花之安撰　清光

緒二十五年(1899)漢鎮英漢書院鉛印本　一
冊

370000－1541－0003351　241.6/411＝4
馬可講義七十七條　(德國)花之安撰　清光
緒二十五年(1899)漢鎮英漢書院鉛印本　一
冊　存四十九條(一至四十四、七十三至七十
七)

370000－1541－0003352　241.6/411＝5
馬可講義七十七條　(德國)花之安撰　清光
緒二十五年(1899)漢鎮英漢書院鉛印本　一
冊

370000－1541－0003353　241.6/411＝6
馬可講義七十七條　(德國)花之安撰　清光
緒二十五年(1899)漢鎮英漢書院鉛印本　一
冊

370000－1541－0003354　241.6/411＝7
馬可講義七十七條　(德國)花之安撰　清光
緒二十五年(1899)漢鎮英漢書院鉛印本　一
冊

370000－1541－0003355　241.6/411＝8
馬可講義七十七條　(德國)花之安撰　清光
緒二十五年(1899)漢鎮英漢書院鉛印本　一
冊

370000－1541－0003356　241.6/411＝9
馬可傳福音書略解一卷　(□)□□撰　清光
緒四年(1878)上海美華書館石印本　一冊

370000－1541－0003357　241.6/688
福音韻語一卷　(英國)富翟氏撰　清光緒十
二年(1886)香港聖教書局刻本　一冊

370000－1541－0003358　241.6/754
默示錄注釋二卷　(英國)潘學理輯　(清)周
學舒述　清光緒十八年(1892)羊城真寶堂刻
本　一冊

370000－1541－0003359　241.6/757
使徒行傳二十八章　(□)□□譯　清光緒二
十五年(1899)上海美華書館鉛印本　一冊

370000－1541－0003360　241.6/862

約翰福音大略二十一章　(□)□□譯　清光
緒二十三年(1897)上海美華書館鉛印本　一
冊

370000－1541－0003361　241.7/486
保羅達羅馬人書註釋十六章　(□)□□譯
清光緒二十四年(1898)上海聖教書會鉛印本
　一冊

370000－1541－0003362　241.7/505
保羅言行傳七章　(英國)蔚藍光輯　清光緒
十九年(1893)刻本　一冊

370000－1541－0003363　242/155
靈魂之糧一卷　(清)聖教書會編　清光緒二
十二年(1896)上海聖教書會鉛印本　一冊

370000－1541－0003364　242/245
天道講臺三卷　(美國)杜步西撰　清光緒三
十二年(1906)上海美華書館鉛印本　一冊

370000－1541－0003365　242/266
天路指明一卷　(英國)楊格非撰　清光緒十
九年(1893)漢口英漢書館鉛印本　一冊

370000－1541－0003366　242/284
天路歷程五卷續天路歷程土話六卷　(英國)
約翰撰　清光緒九年(1883)小書會真寶堂刻
本　三冊

370000－1541－0003367　242/325
生道闡詳四卷　(瑞士)韶波撰　清光緒十年
(1884)刻本　二冊

370000－1541－0003368　242/325＝1
生道闡詳四卷　(瑞士)韶波撰　清光緒十年
(1884)刻本　二冊

370000－1541－0003369　242/520
天道實義四卷　(英國)慕維廉撰　清光緒二
十三年(1897)上海美華書館鉛印本　一冊

370000－1541－0003370　242/598
天鏡衡人一卷　(清)小書會編　清光緒四年
(1878)羊城小書會刻本　一冊

370000－1541－0003371　242/598＝1
天鏡衡人一卷　(清)小書會編　清光緒四年

（1878）羊城小書會刻本　　一冊

370000－1541－0003372　242/757

天道溯原直解二卷　　（清）美華書館編　　清光緒十六年(1890)上海美華書館鉛印本　　一冊

370000－1541－0003373　242.1/436

上帝辯證一卷　　（□）□□譯　　清末刻本　　一冊

370000－1541－0003374　242.2/345

耶穌基督二卷　　（英國）慕維廉譯　　清光緒十九年(1893)上海美華書館鉛印本　　一冊

370000－1541－0003375　242.2/345＝1

耶穌基督二卷　　（英國）慕維廉譯　　清光緒十九年(1893)上海美華書館鉛印本　　一冊

370000－1541－0003376　242.4/208

救世之妙一卷　　（美國）赫士譯　　清光緒十九年(1893)上海美華書館鉛印本　　一冊

370000－1541－0003377　243/736

天主聖教十誡二卷　　（葡萄牙）陽瑪諾撰　　清京都始胎大堂刻本　　一冊

370000－1541－0003378　244/155

早晚祈禱文不分卷　　（□）□□編　　清末民國初鉛印本　　一冊

370000－1541－0003379　244/296

祈禱真神入門要訣一卷　　（美國）培端撰　　清光緒十四年(1888)上海美華書館鉛印本　　一冊

370000－1541－0003380　245.3/996

太平洋傳道錄　　（美國）狄樂播譯　　清光緒二十五年(1899)上海廣學會鉛印本　　一冊

370000－1541－0003381　246.2/672

七克七卷　　（西班牙）龐迪我撰　　清嘉慶三年(1798)京都始胎大堂刻本　　四冊

370000－1541－0003382　247/288

教務紀略四卷首一卷　　李剛已撰　　清光緒三十一年(1905)南洋官報局刻本　　四冊

370000－1541－0003383　247/288＝1

教務紀略四卷首一卷　　李剛已撰　　清光緒三十年(1904)山東印書局鉛印本　　五冊

370000－1541－0003384　247.91/455

進教指南一卷　　（清）史子嘉撰　　清光緒十九年(1893)上海美華書館鉛印本　　一冊

370000－1541－0003385　248/283

燕京開教略三卷　　（法國）樊國樑撰　　清光緒三十一年(1905)北京救世堂鉛印本　　三冊

370000－1541－0003386　248/644

民教相安一卷　　高步瀛　　陳寶泉編　　清光緒三十一年(1905)北洋官報局石印本　　一冊

370000－1541－0003387　248.2/701

支那教案論四卷　　（英國）宓克撰　　嚴復譯　　清末南洋公學鉛印本　　一冊

370000－1541－0003388　248.2/701＝2

支那教案論四卷　　（英國）宓克撰　　嚴復譯　　清末南洋公學鉛印本　　一冊

370000－1541－0003389　248.4/794

重刻畸人十篇二卷　　（意大利）利瑪竇撰　　清道光二十七年(1847)刻本　　二冊

370000－1541－0003390　249/285

近代教士列傳不分卷　　（英國）李提摩太撰　　（清）李紫芳審訂　　清光緒二十年(1894)上海廣學會刻本　　一冊

370000－1541－0003391　249/486

教士列傳十卷　　上海廣學會校刊　　清光緒二十六年(1900)上海商務印書館鉛印本　　十冊

370000－1541－0003392　249/561

天國名女錄一卷　　（英國）蔡龍台撰　　清光緒二十五年(1899)上海美華書館鉛印本　　一冊

370000－1541－0003393　249.1/377

耶穌事蹟考九卷　　（英國）師多馬口授　　（清）陳雲五筆述　　清光緒十三年(1887)惠師禮會羊城刻本　　九冊

370000－1541－0003394　249.1/377＝1

猶太地理志二卷　　（美國）紀好弼撰　　清光緒八年(1882)刻本　　一冊

370000－1541－0003395　249.1/916

基督實錄三卷　（英國）韋廉臣撰　清光緒刻本　一冊　存一卷（下）

370000－1541－0003396　250/235

正教真詮二卷首一卷　（明）真回老人（王岱輿）撰　清順治清真堂刻本　一冊

370000－1541－0003397　279/762

義和拳教門源流考一卷　勞乃宣撰　清光緒刻本　一冊

370000－1541－0003398　290/735

濟性淵源一卷　（清）涵谷子撰　清光緒十六年(1890)刻本　一冊

370000－1541－0003399　290.1/266

元空法鑑一卷　（清）曾懷玉撰　清道光十九年(1839)刻本　一冊

370000－1541－0003400　290.1/266＝2

太玄集注四卷　（漢）揚雄撰　（宋）司馬光注　（清）孫澍增補　清道光十一年(1831)鷲溪孫氏青棠書屋刻本　四冊

370000－1541－0003401　290.1/896

皇極經世易知八卷首一卷　（清）何夢瑤撰　清光緒十三年(1887)校經山房刻本　七冊

370000－1541－0003402　290.81/719

選擇叢書集要五種二十八卷　（明）張之棟輯　明崇禎五年(1632)尚白齋刻本　四冊　存四種十卷（元經七至十,璇璣經一卷,陽明按索一至三,寶海中、下）

370000－1541－0003403　291/857

欽定協紀辨方書三十六卷　（清）允祿等纂　清乾隆六年(1741)武英殿刻本　二十四冊

370000－1541－0003404　291/857＝2

欽定協紀辨方書三十六卷　（清）允祿等纂　清乾隆六年(1741)武英殿刻本　二十八冊

370000－1541－0003405　291/890

後知不足齋叢書初編二十五種　（清）鮑廷爵輯　清光緒七年至十年(1881－1884)常熟鮑氏刻本　一冊　存三種(稽瑞一卷、崇文總目、第六絃溪文鈔四卷)

370000－1541－0003406　291.4/885

佐玄直指圖解九卷首一卷　（明）劉基撰　（明）江之棟輯　明崇禎五年(1632)尚白齋刻選擇叢書集要本　一冊

370000－1541－0003407　292/119

卜筮正宗十四卷　（清）王維德輯　清光緒三年(1877)掃葉山房刻本　六冊

370000－1541－0003408　292/125

選時四卷　（清）魏青江編　清刻本　四冊

370000－1541－0003409　292.1/146

易隱八卷首一卷　（明）曹九錫輯　清蓮溪書屋刻本　張朝棟批校並跋　八冊

370000－1541－0003410　292.1/146＝2

易隱八卷首一卷　（明）曹九錫輯　清刻本　四冊

370000－1541－0003411　292.1/306

易林補遺十二卷　（明）張世寶撰　明萬曆三十二年(1604)林蘭堂刻本　三冊

370000－1541－0003412　292.1/327

焦氏易林校略十六卷　（清）翟云升撰　清道光二十八年(1848)刻本　一冊　存二卷(七至八)

370000－1541－0003413　292.1/917＝1

焦氏易林四卷　（漢）焦延壽（焦贛）撰　清嘉慶知白齋刻本　四冊

370000－1541－0003414　292.1/917＝2

焦氏易林四卷　（漢）焦延壽（焦贛）撰　清愛日堂刻本　四冊

370000－1541－0003415　292.1/917＝3

焦氏易林四卷　（漢）焦延壽（焦贛）撰　（明）鍾惺評　明末刻本　佚名批　四冊

370000－1541－0003416　292.2/109

天元玉曆祥異繪圖集註十卷　（明）□□撰　明靜觀主人彩繪抄本　十冊

370000－1541－0003417　292.2/167

管窺輯要八十卷 （清）黃鼎撰 清順治十年
(1653)六安黃氏刻本 二十四冊

370000－1541－0003418 292.2/476

大唐開元占經一百二十卷 （唐）瞿曇等撰
清恒德堂刻本 十六冊

370000－1541－0003419 292.2/476 = 1

大唐開元占經一百二十卷 （唐）瞿曇等撰
清恒德堂刻本 十六冊

370000－1541－0003420 292.2/476 = 2

大唐開元占經一百二十卷 （唐）瞿曇等撰
清恒德堂刻本 十八冊

370000－1541－0003421 292.2/708

雲氣占候二卷 （清）汪宗沂撰 清末漸西村
舍刻本 一冊

370000－1541－0003422 292.2/885

白猿經 （明）劉基撰 清咸豐三年(1853)刻
本 四冊

370000－1541－0003423 292.3/217

卜法詳考四卷 （清）胡煦輯 清雍正六年
(1728)光山胡氏葆璞堂刻後印本 四冊

370000－1541－0003424 292.4/630

大六壬課經集二卷 （清）郭載騋輯 清會成
堂刻本 一冊

370000－1541－0003425 292.5/916

金函玉鏡一卷 （清）□□撰 清道光十五年
(1835)刻本 一冊

370000－1541－0003426 293.1/377

河洛理數七卷 （宋）陳搏撰 （宋）邵雍述
清文奎堂刻本 佚名評點 八冊

370000－1541－0003427 293.1/377 = 2

河洛理數七卷 （宋）陳搏撰 （宋）邵雍述
明崇禎五年(1632)刻清英德堂重修本 八冊

370000－1541－0003428 293.1/916

星相一掌經七卷 （清）□□撰 清常州天寧
寺刻本 一冊

370000－1541－0003429 294/271

天玉經一卷末一卷 （唐）楊益撰 （清）黃越
注 清經元堂刻本 一冊

370000－1541－0003430 294/526

地理辨正五卷 （清）蔣平階補傳 （清）姜垚
辨正 （清）無心道人直解 清經元堂刻本
二冊 存三卷(一至三)

370000－1541－0003431 294/982

陽明按索五卷 （明）陳復心撰 （明）陳漢卿
補注 明崇禎五年(1632)尚白齋刻本 一冊

370000－1541－0003432 294/982 = 1

新刻黃石公秘傳陽宅必用四卷附靈驅解法洞
明真言秘書一卷 （清）袁滄孺撰 （清）熊文
選增訂 清光緒十二年(1886)上海江左書林
刻本 佚名手書批點 一冊 存二卷(新刻
黃石公秘傳陽宅必用一、靈驅解法洞明真言
秘書一卷)

370000－1541－0003433 294/993

地理直指原真十卷 （清）釋徹瑩撰 清道光
十年(1830)品蓮堂刻本 六冊

370000－1541－0003434 294/993 = 2

增補地理直指原真大全三卷首一卷 （清）釋
如玉撰 清光緒十五年(1889)江左書林刻本
八冊

370000－1541－0003435 294.1/100 = 2

陽宅大全十卷 （明）吳勉學編 明萬曆新安
吳勉學刻本 四冊

370000－1541－0003436 294.2/357

雪心賦正解四卷 （唐）卜應天撰 （清）孟浩
注 辯論三十篇一卷 （清）孟浩撰 清末掃
葉山房刻本 四冊

370000－1541－0003437 294.2/357 = 1

雪心賦正解四卷 （唐）卜應天撰 （清）孟浩
注 辯論三十篇一卷 （清）孟浩撰 清經元
堂刻本 一冊 存一卷(辯論三十篇一卷)

370000－1541－0003438 298.11/712

調燮靈文不分卷 （明）汪道亨輯 明萬曆刻
本 一冊

370000－1541－0003439　310.1/265

數學理九卷附一卷　（英國）棣麼甘撰　（英國）傅蘭雅口譯　（清）趙元益譯　清刻本　四冊

370000－1541－0003440　310.1/857

御製數理精蘊二編四十五卷表八卷　（清）何國宗　（清）梅瑴成彙編　清光緒八年(1882)江寧藩署刻本　四十冊

370000－1541－0003441　310.1/857 = 1

御製數理精蘊二編四十五卷表八卷　（清）何國宗　（清）梅瑴成彙編　清光緒十九年(1893)江南製造局鉛印本(僅印卷一至四幾何原本)　三冊

370000－1541－0003442　310.88/290

則古昔齋算學十三種　（清）李善蘭撰　清光緒二十二年(1896)上海積山書局石印本　八冊

370000－1541－0003443　310.88/290 = 1

則古昔齋算學十三種　（清）李善蘭撰　清同治六年(1867)海寧李善蘭刻本　六冊

370000－1541－0003444　310.88/290 = 2

則古昔齋算學十三種　（清）李善蘭撰　清同治六年(1867)海寧李善蘭刻本　六冊

370000－1541－0003445　310.88/502

華氏中西算學全書九十卷　（清）華蘅芳纂　清光緒二十三年(1897)慎記書莊石印本　十二冊

370000－1541－0003446　311/292

周髀算經二卷附音義一卷　（漢）趙爽注（唐）李淳風等注釋　清嘉慶十一年(1806)琴川張氏照曠閣刻學津討原本　二冊

370000－1541－0003447　311/762

古籌算考釋六卷續編八卷　勞乃宣撰　清光緒十二年(1886)完縣官舍刻朱墨套印架齋籌算叢刻本　十四冊

370000－1541－0003448　311.08/370

算經十書　（清）孔繼涵輯　清乾隆曲阜孔氏

刻微波榭叢書本　十一冊

370000－1541－0003449　311.08/370 = 1

算經十書　（清）孔繼涵輯　清乾隆曲阜孔氏刻微波榭叢書本　六冊

370000－1541－0003450　311.08/370 = 2

算經十書　（清）孔繼涵輯　清光緒十六年(1890)上海刻本　九冊

370000－1541－0003451　311.7/279

兼濟堂纂刻梅勿菴先生曆算全書二十九種七十四卷　（清）梅文鼎撰　（清）魏荔彤輯　清雍正元年(1723)魏荔彤刻咸豐九年(1859)聞妙香室補刻本　三十二冊

370000－1541－0003452　311.7/279 = 1

梅氏叢書輯要六十二卷　（清）梅文鼎撰（清）梅瑴成輯　清光緒十三年(1887)上海鴻文書局石印本　六冊

370000－1541－0003453　311.7/279 = 2

梅氏叢書輯要六十二卷　（清）梅文鼎撰（清）梅瑴成輯　清光緒石印本　六冊

370000－1541－0003454　311.7/279 = 3

梅氏叢書輯要六十二卷　（清）梅文鼎撰（清）梅瑴成輯　清光緒煥文書局石印本　六冊

370000－1541－0003455　311.7/292

李氏遺書十一種　（清）李銳撰　清刻本　五冊　缺二種四卷(召誥日名考一卷、漢三統術三卷)

370000－1541－0003456　311.7/370

衍元小草二卷　（清）孔慶霖　（清）孔慶霈勞綱章述　清光緒二十四年(1898)清苑官廨刻本　二冊

370000－1541－0003457　311.7/633

新法句股引蒙細草二卷二編二卷　郭恩敷撰　清光緒二十六年(1900)刻矩齋算學本　二冊

370000－1541－0003458　311.7/762

籌算淺釋二卷　勞乃宣撰　清光緒二十三年

(1897)清苑官廨刻本　二冊

370000－1541－0003459　311.9/290

則古昔齋算學十三種　（清）李善蘭撰　清同治六年(1867)海寧李善蘭刻本　五冊　缺二種四卷(橢圓新術一卷、橢圓拾遺三卷)

370000－1541－0003460　311.9/702

矩齋籌算六種附一種　勞乃宣撰　清光緒刻朱墨套印本　十一冊　缺三種(古籌算考釋續編、籌算蒙課、垛積籌法)

370000－1541－0003461　311.9/762

籌算分法淺釋一卷　勞乃宣撰　清光緒二十四年(1898)吳橋官廨刻本　一冊

370000－1541－0003462　312.1/762

垛積籌法二卷　勞乃宣撰　清光緒二十六年(1900)吳橋官廨刻朱墨套印本　二冊

370000－1541－0003463　312.1/946

務民義齋算學七種　（清）徐有壬撰　清光緒歸安姚氏刻咫進齋叢書本　二冊

370000－1541－0003464　312.9/762

籌算淺釋二卷　勞乃宣撰　清光緒二十三年(1897)清苑官廨刻本　二冊

370000－1541－0003465　312.9/762＝1

籌算蒙課一卷　勞乃宣撰　清光緒二十四年(1898)吳橋官廨刻本　一冊

370000－1541－0003466　313/180

代數術二十五卷　（英國）華里司輯　（英國）傅蘭雅口譯　（清）華蘅芳筆述　清江南製造總局刻本　六冊

370000－1541－0003467　313.19/155

弦切對數表一卷　（清）賈步緯編　清同治至光緒江南機器製造總局刻本暨鉛印算學十書本　一冊

370000－1541－0003468　313.73/827

四元玉鑑細草三卷附一卷增一卷　（元）朱世傑編　（清）羅士琳補　清光緒二十二年(1896)鴻寶齋書局石印本　四冊

370000－1541－0003469　314.1/180

微積溯源八卷　（英國）華里司輯　（英國）傅蘭雅口譯　（清）華蘅芳筆述　清江南機器製造總局刻本　六冊

370000－1541－0003470　314.1/482

代微積拾級十八卷　（美國）羅密士撰　（清）李善蘭譯　清咸豐九年(1859)墨海刻本　三冊

370000－1541－0003471　316/906

運規約指三卷　（英國）白起德輯　（英國）傅蘭雅口譯　（清）徐建寅筆述　清末刻本　一冊

370000－1541－0003472　316/906＝1

運規約指三卷　（英國）白起德輯　（英國）傅蘭雅口譯　（清）徐建寅筆述　清末刻本　一冊

370000－1541－0003473　316/996

形學備旨十卷　（美國）狄考文選譯　（清）鄒立文筆述　清光緒二十八年(1902)上海美華書館鉛印本　二冊

370000－1541－0003474　316/996＝1

形學備旨十卷　（美國）狄考文選譯　（清）鄒立文筆述　清光緒三十二年(1906)上海美華書館鉛印本　二冊

370000－1541－0003475　317.8/979

連筠簃叢書　（清）楊尚文輯　清道光二十八年(1848)靈石楊氏刻本　五冊　存四種十四卷(鏡鏡詅癡五卷、句股截積和較算術二卷、橢圓術一卷、漢石例六卷)

370000－1541－0003476　320/117

六經天文編二卷　（宋）王應麟撰　清刻本　二冊

370000－1541－0003477　320/208

天文初階一卷　（美國）赫士口譯　（清）劉榮桂筆述　清光緒二十五年(1899)上海美華書館石印本　一冊

370000－1541－0003478　320/334

古經天象考十二卷附圖說一卷釋問一卷

(清)雷學淇撰　清光緒十九年(1893)貴池劉氏聚學軒刻聚學軒叢書本　七冊

370000－1541－0003479　320/611

淮南天文訓補注二卷　(清)錢塘撰　清光緒元年(1875)湖北崇文書局刻本　二冊

370000－1541－0003480　320.24/239

天文圖說二卷　(英國)柯雅各撰　(美國)摩嘉立　(清)薛承恩譯　清光緒九年(1883)益智書會刻本　一冊

370000－1541－0003481　320.71/857

御製曆象考成上編十六卷下編十卷表十六卷　(清)聖祖玄燁撰　(清)允祿等纂修　清雍正二年(1724)內府刻本　三十冊

370000－1541－0003482　321/169

五緯捷算四卷交食捷算四卷　(清)黃炳垕撰　清光緒二十二年(1896)上海書局石印本　六冊

370000－1541－0003483　321/169＝1

五緯捷算四卷交食捷算四卷　(清)黃炳垕撰　清光緒二十二年(1896)上海書局石印本　六冊

370000－1541－0003484　322.59/513

上元甲子恒星表一卷附步天歌一卷經星彙考一卷　(清)賈步緯撰　清鉛印本　一冊

370000－1541－0003485　323/288

圓天圖說三卷續編二卷　(清)李明徹撰　清嘉慶二十四年(1819)松梅軒刻本　五冊

370000－1541－0003486　323.02/102

月令粹編二十四卷圖說一卷　(清)秦嘉謨編　清嘉慶十七年(1812)江都秦氏琳琅仙館刻本　六冊

370000－1541－0003487　323.02/102＝1

月令粹編二十四卷圖說一卷　(清)秦嘉謨編　清嘉慶十七年(1812)江都秦氏琳琅仙館刻本　六冊

370000－1541－0003488　323.02/102＝2

月令粹編二十四卷圖說一卷　(清)秦嘉謨編

清嘉慶十七年(1812)江都秦氏琳琅仙館刻本　十二冊

370000－1541－0003489　324/298

天文地理歌略二卷　葉瀾撰　清末石印本　一冊

370000－1541－0003490　326.1/953

天下山河兩戒考十四卷圖一卷　(清)徐文靖注　清雍正元年(1723)刻光緒二年(1876)補刻本　四冊

370000－1541－0003491　327.1/440

新鐫卜歲恒言四卷　(清)吳鵠撰　清刻本　二冊

370000－1541－0003492　327.3/382

三統術詳說四卷　(清)陳澧撰　清刻本　一冊

370000－1541－0003493　327.3/382＝1

三統術詳說四卷　(清)陳澧撰　清刻本　一冊

370000－1541－0003494　327.3/627

三統曆算式一卷三統曆釋例一卷三統曆學答問一卷附錄一卷　(清)方楷撰　清光緒十四年(1888)刻本　二冊

370000－1541－0003495　327.3/899

新鐫全補發微曆正通書大全三十卷　(元)何景祥曆法　(明)顧乃德編　(明)羅崇麟增補　清光緒二十二年(1896)古吳掃葉山房刻本　十冊

370000－1541－0003496　327.39/717

御定七政四餘量天尺不分卷御定七政四餘萬年書不分卷　(清)欽天監編　清刻本　四冊

370000－1541－0003497　327.392/856

新鐫曆法總覽合節鰲頭通書大全十卷　(明)熊宗立撰　(清)熊月疇重訂　清康熙六十年(1721)步月樓刻本　五冊　存五卷(一至五)

370000－1541－0003498　327.392/939

大清光緒三十四年時憲書　(清)欽天監編　清光緒三十四年(1908)刻套印本　一冊

370000－1541－0003499　327.529/377

歲時廣記四十卷末一卷　（宋）陳元靚纂　清陸心源刻本　八冊

370000－1541－0003500　327.8/628

春秋朔閏表發覆四卷首一卷　（清）施彥士撰　清道光十二年(1832)求己堂刻本　二冊

370000－1541－0003501　328.89/414

月令七十二候詩四卷　（清）馬國翰撰　清刻本　一冊

370000－1541－0003502　328.89/730

農候雜占四卷　（清）梁章鉅撰　清同治十二年(1873)浙江書局刻本　二冊

370000－1541－0003503　330/285

形性學要十卷　（清）李杕編譯　清光緒二十五年(1899)上海徐滙滙報館鉛印本　四冊

370000－1541－0003504　330/627

物理小識十二卷　（清）方以智集　清光緒十年(1884)寧靜堂刻本　六冊

370000－1541－0003505　331/504

度量衡新議一卷　（清）葉在揚撰　清光緒三十一年(1905)石印本　一冊

370000－1541－0003506　334/677

格物質學一卷　（美國）史砥爾撰　（美國）潘慎文譯　清光緒二十五年(1899)上海美華書館石印本　一冊

370000－1541－0003507　334/677＝1

熱學揭要一卷　（美國）赫士口譯　（清）劉永貴筆述　清光緒二十五年(1899)上海美華書館石印本　一冊

370000－1541－0003508　334/677＝2

光學揭要二卷　（美國）赫士口譯　（清）朱葆琛筆述　清光緒二十五年(1899)上海美華書館石印本　一冊

370000－1541－0003509　334/677＝3

聲學揭要一卷　（美國）赫士口譯　（清）朱葆琛筆述　清光緒二十五年(1899)上海美華書館石印本　一冊

370000－1541－0003510　340/946

化學大成七種七十卷　（清）徐壽等編譯　清石印西學自強叢書本　十六冊

370000－1541－0003511　340.08/906

化學鑑原六卷　（英國）韋而司撰　（英國）傅蘭雅口譯　（清）徐壽筆述　清末上海江南製造總局刻本　四冊

370000－1541－0003512　340.081/946

化學鑑原續編二十四卷補編六卷附一卷　（英國）蒲陸山撰　（英國）傅蘭雅口譯　（清）徐壽筆述　清末上海江南製造總局刻本　十二冊

370000－1541－0003513　340.1/899

化學初階四卷　（美國）嘉約翰譯　（清）何瞭然筆述　清同治九年(1870)羊城博濟醫局刻本　四冊

370000－1541－0003514　348.2/146

淮南雜著二卷　曹允源撰　清光緒十七年(1891)刻本　一冊

370000－1541－0003515　350/677

地學指略三卷　（英國）文教治譯　（清）李慶軒筆述　清光緒二十五年(1899)上海美華書館石印本　一冊

370000－1541－0003516　351.1/290

地勢略解二十章　（美國）李安德撰　清光緒十九年(1893)北京匯文書院鉛印本　一冊

370000－1541－0003517　351.1/594

地理初桄十八章　（美國）卜舫濟譯著　清光緒二十五年(1899)上海美華書館石印本　一冊

370000－1541－0003518　351.5/504

山法全書二卷附山水忠肝集摘要一卷　（清）葉泰輯　（清）高其倬批注　清乾隆八年(1743)味和堂刻本　二冊

370000－1541－0003519　362.1/208＝2

天演論二卷　（英國）赫胥黎撰　嚴復譯　清光緒二十七年(1901)上海富文書局石印本

二冊

370000－1541－0003520　362.2/101

進化論四卷十六章　（英國）泰勒撰　（清）任保羅譯　清光緒二十九年(1903)上海廣學會鉛印本　四冊

370000－1541－0003521　366.33/907

北戶錄三卷　（唐）段公路撰　（唐）崔龜圖注　清沈氏抱經樓抄本　一冊

370000－1541－0003522　366.86/209

記海錯一卷　（清）郝懿行撰　清光緒五年(1879)東路廳署刻本　一冊

370000－1541－0003523　366.86/209 = 1

記海錯一卷　（清）郝懿行撰　清光緒五年(1879)東路廳署刻本　一冊

370000－1541－0003524　366.87/630

海錯百一錄五卷　（清）郭柏蒼輯　清光緒十二年(1886)刻本　三冊

370000－1541－0003525　375.9/627

御題棉花圖　（清）方觀承撰　清拓本　二冊

370000－1541－0003526　376.1/791

西吳菊略一卷　（清）道場山人摘錄　清道光二十五年(1845)塵隱廬刻本　一冊

370000－1541－0003527　380/754

動物學新編一卷　（美國）潘雅麗撰　清光緒十九年(1893)上海美華書館鉛印本　一冊

370000－1541－0003528　380/754 = 2

動物學新編一卷　（美國）潘雅麗撰　清光緒二十五年(1899)上海美華書館石印本　一冊

370000－1541－0003529　385.2/630

海錯百一錄五卷　（清）郭柏蒼輯　清光緒刻本　三冊

370000－1541－0003530　385.9/115

鳥獸圖會六卷　（明）王思義續集　明萬曆刻本　六冊

370000－1541－0003531　385.9/987

四生譜四卷　（清）金文錦撰　清康熙五十四

年(1715)仁德堂刻本　四冊

370000－1541－0003532　386.5/285

蠕範八卷　（清）李元撰　清光緒十七年(1891)三餘草堂刻本　四冊

370000－1541－0003533　386.5/285 = 1

蠕範八卷　（清）李元撰　清光緒十七年(1891)三餘草堂刻本　四冊

370000－1541－0003534　387.7/105

昆蟲學舉隅一卷　（美國）祁天錫撰　清光緒三十年(1904)上海美華書館鉛印本　一冊

370000－1541－0003535　388.5/300

蟲魚雅集一卷　（清）拙園老人撰　清光緒三十年(1904)鉛印本　一冊

370000－1541－0003536　388.8/209

燕子春秋一卷　（清）郝懿行撰　清光緒五年(1879)東路廳署刻本　一冊

370000－1541－0003537　391.7/180

省身指掌九卷　（美國）博恒理撰　清光緒三十年(1904)上海美華書館鉛印本　一冊

370000－1541－0003538　392.9/382

兵法史略學二卷　陳慶年纂　清光緒二十五年(1899)兩湖書院刻本　二冊

370000－1541－0003539　394.1/892

中西骨格辯正七卷　（清）劉廷楨輯　清光緒二十九年(1903)上海廣學會鉛印本　一冊

370000－1541－0003540　410/630

衛生新義一卷　謝洪賚編　清宣統三年(1911)上海青年會總委辦鉛印本　一冊

370000－1541－0003541　411.1/192

孩童衛生編　（英國）傅蘭雅譯　清光緒十九年(1893)上海格致書室鉛印本　一冊

370000－1541－0003542　413/611 = 1

東醫寶鑑二十三卷目錄二卷　（朝鮮）許浚撰　清光緒十一年(1885)抱芳閣刻本　二十五冊

370000－1541－0003543　413.04/201

串雅内編四卷　（清）趙學敏纂　（清）吳庚生補注　清光緒十四年（1888）榆園刻本　二冊

370000－1541－0003544　413.081/112

醫林指月十二種　（清）王琦輯　清光緒二十二年（1896）上海圖書集成印書局鉛印本　八冊

370000－1541－0003545　413.1/288

掃葉山房重校醫宗必讀十卷　（明）李中梓撰　清光緒十四年（1888）掃葉山房刻本　五冊

370000－1541－0003546　413.11/117＝2

補注黃帝內經素問二十四卷遺篇一卷靈樞十二卷　（唐）王冰注　（宋）林億等校正　清光緒二十二年（1896）上海圖書集成局鉛印本　六冊

370000－1541－0003547　413.17/384

醫學三字經四卷　（清）陳念祖撰　清同治三年（1864）刻本　一冊

370000－1541－0003548　413.19/710

經絡歌訣一卷湯頭歌訣一卷　（清）汪昂輯　清刻本　一冊

370000－1541－0003549　413.19/710＝1

醫方湯頭歌訣　（清）汪昂輯　清光緒二十二年（1896）圖書集成局鉛印本　一冊

370000－1541－0003550　413.63/459

胎產心法三卷序目一卷　（清）閻純璽撰　清道光二十六年（1846）守耕堂刻本　六冊

370000－1541－0003551　413.72/112

新刻秘傳痘疹青囊大全三卷像圖一卷　（明）王自恭撰　清抄本　一冊　存二卷（新刻秘傳痘疹青囊大全上、像圖一卷）

370000－1541－0003552　413.72/285

痘科救刼論不分卷　（清）李敷榮撰　清抄本　一冊

370000－1541－0003553　413.91/117＝1

新刊補註銅人腧穴針灸圖經五卷　（宋）王惟一編　清光緒三十三年至宣統元年（1907－1909）貴池劉氏玉海堂刻玉海堂景宋元本叢書本　二冊

370000－1541－0003554　413.95/695

祝由科太醫十三科三卷　（□）□□撰　清刻本　一冊

370000－1541－0003555　414.1/290

食物本草會纂八卷　（清）沈李龍撰　清道光八年（1828）金陵老致和堂刻本　六冊

370000－1541－0003556　414.16/288

本草綱目五十二卷圖三卷　（明）李時珍撰　清乾隆四十九年（1784）金閶書業堂刻本　三冊　存三卷（圖三卷）

370000－1541－0003557　414.16/288＝1

本草綱目五十二卷首一卷圖三卷拾遺十卷　（明）李時珍撰　本草萬方針線八卷　（清）蔡烈先輯　奇經八脈考二卷　（明）李時珍撰　清光緒十一年（1885）合肥張氏味古齋刻本　六冊　存十四卷（本草綱目三上、十至十一、二十六至二十七、三十一至三十三，拾遺五，本草萬方針線一至五）

370000－1541－0003558　414.16/288＝2

本草綱目五十二卷首一卷圖三卷奇經八脈考一卷脈訣考證一卷　（明）李時珍撰　本草萬方針線八卷　（清）蔡烈先輯　本草綱目拾遺十卷　（清）趙學敏輯　清光緒十九年（1893）上海鴻寶齋石印本　二十四冊

370000－1541－0003559　414.16/288＝3

本草綱目五十二卷　（明）李時珍撰　（清）張鶴鷟校訂　清刻本　三十六冊

370000－1541－0003560　416.12/151

體學易知六章　（美國）賈德美撰　清光緒二十年（1894）上海美華書館鉛印本　一冊

370000－1541－0003561　420.17/885

多能鄙事十二卷　（明）劉基撰　清抄本　十冊

370000－1541－0003562　427.41/387＝2

原本茶經三卷　（唐）陸羽撰　續茶經三卷附錄一卷　（清）陸廷燦輯　清雍正十三年

(1735)陸氏壽椿堂刻本　　六冊

370000－1541－0003563　　1.10/10.3

徐靈胎醫書八種十八卷　（清）徐大椿撰　清咸豐七年(1857)海昌蔣氏衍芬草堂刻本　六冊　存三種十卷(蘭臺軌範八卷、洄溪醫案一卷、慎疾芻言一卷)

370000－1541－0003564　　1.10/10.3 ＝1

徐氏醫書六種十六卷　（清）徐大椿撰　清同治十二年(1873)湖北崇文書局刻本　　九冊

370000－1541－0003565　　1.10/10.3 ＝2

醫書八種十八卷　（清）徐大椿撰　清光緒四年(1878)掃葉山房刻本　十冊

370000－1541－0003566　　1.10/10.3 ＝3

醫書八種十八卷　（清）徐大椿撰　清光緒十五年(1889)吳縣朱氏校經山房刻本　　十二冊

370000－1541－0003567　　1.10/10.3 ＝4

醫書八種十八卷　（清）徐大椿撰　清光緒十五年(1889)吳縣朱氏校經山房刻本　　十二冊

370000－1541－0003568　　1.10/10.3 ＝5

徐氏醫書八種十八卷　（清）徐大椿撰　清光緒十八年(1892)湖北官書處刻本　十二冊

370000－1541－0003569　　1.10/10.8

中西匯通醫書五種　（清）唐宗海撰　清光緒三十四年(1908)上海千頃堂書局石印本　十二冊

370000－1541－0003570　　1.10/10.8 ＝1

中西匯通醫書五種　（清）唐宗海撰　清光緒三十四年(1908)上海千頃堂書局石印本　十二冊

370000－1541－0003571　　1.10/11.17

世補齋醫書前集六種三十三卷　（清）陸懋修撰　清光緒十年(1884)刻十二年(1886)山左書局印本　　八冊

370000－1541－0003572　　1.10/11.17 ＝1

世補齋醫書前集六種三十三卷　（清）陸懋修撰　清光緒十年(1884)刻十二年(1886)山左書局印本　　八冊

370000－1541－0003573　　1.10/11.17 ＝2

世補齋醫書後集四種二十五卷　（清）陸懋修輯　清宣統二年(1910)元和陸潤庠刻本　十冊

370000－1541－0003574　　1.10/11.17 ＝3

張氏醫書七種二十七卷　（清）張璐等纂　清光緒三十三年(1907)上海書局石印本　二十冊

370000－1541－0003575　　1.10/11.4

黃氏醫書八種　（清）黃元御撰　清道光十二年(1832)刻本　十九冊　缺九卷(長沙藥解三至四、素靈微蘊一至二、玉楸藥解一至三、四聖懸樞一至二)

370000－1541－0003576　　1.10/11.4 ＝1

黃氏醫書八種　（清）黃元御撰　清咸豐十年(1860)七曲會刻本　二十冊

370000－1541－0003577　　1.10/11.4 ＝2

黃氏醫書八種　（清）黃元御撰　清同治七年(1868)成都彭崧毓刻本　三十二冊

370000－1541－0003578　　1.10/11.8

醫書六種　（清）陳念祖撰　清大文堂刻本　六冊

370000－1541－0003579　　1.10/11.8 ＝1

南雅堂醫書全集二十一種　（清）陳念祖撰　清光緒十八年(1892)敦厚堂刻本　五十冊

370000－1541－0003580　　1.10/11.8 ＝2

南雅堂醫書全集四十種　（清）陳念祖撰　清光緒三十年(1904)上海商務印書館鉛印本　二十三冊　缺一種四卷(神農本草經讀四卷)

370000－1541－0003581　　1.10/11.8 ＝3

南雅堂醫書全集四十種　（清）陳念祖撰　清末上海文興書局石印本　二十四冊

370000－1541－0003582　　1.10/11.8 ＝4

醫學從眾八卷　（清）陳念祖撰　清善成堂刻本　佚名批點　四冊

370000－1541－0003583　　1.10/12.5

六醴齋醫書十種　（清）程永培輯　清光緒十

七年(1891)廣州儒雅堂刻本　二十冊

370000 – 1541 – 0003584　1.10/15.19

韓園醫學六種　(清)潘霨編　清光緒吳縣潘氏敏德堂刻蘇州振新書社印本　十五冊

370000 – 1541 – 0003585　1.10/15.19 = 1

韓園醫學六種　(清)潘霨編　清光緒九年(1883)江西書局刻本　八冊　缺二種六卷(傷寒論類方四卷、附長沙方歌括一卷,理瀹外治方要一卷)

370000 – 1541 – 0003586　1.10/15.7

劉河間醫學六書　(金)劉完素撰　清同德堂刻本　十冊

370000 – 1541 – 0003587　1.10/2.5

當歸草堂醫學叢書初編　(清)丁丙輯　清光緒四年(1878)錢塘丁氏當歸草堂刻本　九冊　缺九卷(太醫局程文一至九)

370000 – 1541 – 0003588　1.10/2.5 = 1

當歸草堂醫學叢書初編　(清)丁丙輯　清光緒四年(1878)錢塘丁氏當歸草堂刻本　十二冊

370000 – 1541 – 0003589　1.10/4.10

士材三書四種八卷　(明)李中梓撰　(清)尤乘增補　清光緒十三年(1887)上海江左書林刻本　六冊

370000 – 1541 – 0003590　1.10/4.12

醫林指月十二種　(清)王琦輯　清光緒二十二年(1896)上海圖書集成印書局鉛印本　八冊

370000 – 1541 – 0003591　1.10/4.12 = 1

醫林指月十二種　(清)王琦輯　清光緒二十二年(1896)上海圖書集成印書局鉛印本　八冊

370000 – 1541 – 0003592　1.10/4.3

潛齋醫書五種　(清)王士雄撰　清末上海廣益書局石印本　八冊

370000 – 1541 – 0003593　1.10/4.8

醫統正脈全書四十四種　(明)王肯堂輯　清

江陰朱文震刻光緒三十三年(1907)京師醫局印本　八十冊

370000 – 1541 – 0003594　1.10/7.8

沈氏尊生書五種六十八卷　(清)沈金鰲撰輯　清同治十三年(1874)湖北崇文書局刻本　二十六冊

370000 – 1541 – 0003595　1.10/8.9

東垣十書　(明)王肯堂訂正　清文奎堂刻本　十三冊

370000 – 1541 – 0003596　1.10/8.9 = 1

醫學十書　(清)陳璞編校　清光緒七年(1881)羊城雲林閣刻本　十六冊

370000 – 1541 – 0003597　1.11/11.4 = 1

類經三十二卷圖翼十一卷附翼四卷　(明)張介賓類注　清嘉慶四年(1799)金閶萃英堂刻本　四十冊

370000 – 1541 – 0003598　1.11/11.5

黃帝內經素問九卷　(清)高世栻注解　清光緒十三年(1887)浙江書局刻本　八冊

370000 – 1541 – 0003599　1.11/11.7

靈樞經九卷　(清)張志聰集注　清光緒十六年(1890)浙江書局刻本　四冊

370000 – 1541 – 0003600　1.11/11.7 = 1

靈樞經九卷　(清)張志聰集注　清刻本　六冊

370000 – 1541 – 0003601　1.11/13.14

增輯難經本義二卷　(元)滑壽本義　(清)周學海增輯　清光緒十七年(1891)池陽周氏刻本　二冊

370000 – 1541 – 0003602　1.11/14.15

扁鵲脈書難經六卷首一卷　(清)熊慶笏輯注　清嘉慶二十二年(1817)高桐熊氏抱經堂刻本　六冊

370000 – 1541 – 0003603　1.11/17.11

醫經原旨六卷　(清)薛雪集注　清乾隆十九年(1754)刻本　六冊

370000 – 1541 – 0003604　1.11/17.11 = 1

醫經原旨六卷 （清）薛雪集注 清乾隆十九年(1754)刻本 六冊

370000－1541－0003605 1.11/4.6
重廣補註黃帝内經素問二十四卷 （唐）王冰註 （宋）林億等校 清光緒二年(1876)新會李氏刻本 十二冊

370000－1541－0003606 1.11/7.8
内經知要二卷 （明）李中梓輯 清光緒十六年(1890)雲陽周氏醫室刻本 仲華跋 二冊

370000－1541－0003607 1.11/7.9
讀素問鈔三卷補遺一卷 （元）滑壽撰 （明）汪機續注 明嘉靖三年至五年(1524－1526)戴殷等刻本 一冊

370000－1541－0003608 1.11/7.9＝1
素問靈樞類纂約註三卷 （清）汪昂撰 清光緒十三年(1887)上洋大文堂刻本 三冊

370000－1541－0003609 1.11/7.9＝2
素問靈樞類纂約註三卷 （清）汪昂撰 清光緒十三年(1887)上海掃葉山房刻本 佚名批校 三冊

370000－1541－0003610 1.14/4.18
太醫局諸科程文九卷 （宋）太醫局輯 清光緒四年(1878)錢塘丁氏當歸草堂刻本 三冊

370000－1541－0003611 1.19/11.13
康熙字典十二集三十六卷總目一卷檢字一卷辨似一卷等韻一卷備考一卷補遺一卷 （清）張玉書等纂修 清光緒元年(1875)湖北崇文書局刻本 三十八冊

370000－1541－0003612 11.20/17.3
瘑瘍機要三卷 （明）薛己撰 （清）陸得霑校 清刻本 一冊

370000－1541－0003613 11.22/17.5
麻科活人全書四卷 （清）謝玉瓊纂 （清）劉齊珍訂 清光緒十五年(1889)養片雲齋刻本 四冊

370000－1541－0003614 12.10/11.12
種痘新書十二卷 （清）張琰輯 清乾隆二十

五年(1760)刻本 六冊

370000－1541－0003615 12.10/11.12＝1
種痘新書十二卷 （清）張琰輯 清同治十年(1871)善成堂刻本 六冊

370000－1541－0003616 12.16/10.8
傷寒論淺註補正七卷首一卷 （清）陳念祖註 清光緒三十二年(1906)善成堂刻本 四冊 缺三卷(三至五)

370000－1541－0003617 12.16/11.12
傷寒辨證四卷 （清）陳堯道編 清乾隆二十七年(1762)至誠堂刻本 四冊

370000－1541－0003618 12.16/11.12＝1
陶節菴傷寒全生集四卷 （明）陶華撰 （清）葉桂評 清眉壽堂刻本 四冊

370000－1541－0003619 12.16/11.12＝2
陶節菴傷寒全生集四卷 （明）陶華撰 （清）葉桂評 清眉壽堂刻本 四冊

370000－1541－0003620 12.16/11.4
傷寒懸解十四卷首一卷末一卷傷寒說意十卷 （清）黃元御撰 清光緒二十年(1894)上海圖書集成印書局鉛印本 四冊

370000－1541－0003621 12.16/11.6＝1
註解傷寒論十卷附傷寒明理論四卷 （漢）張機撰 （晉）王叔和編 （金）成無己註解 清光緒六年(1880)上海掃葉山房刻本 六冊

370000－1541－0003622 12.16/11.6＝2
註解傷寒論十卷附傷寒明理論四卷 （漢）張機撰 （晉）王叔和編 （金）成無己註解 清同治九年(1870)常郡陸氏雙白燕堂刻本 六冊

370000－1541－0003623 12.16/11.6＝3
註解傷寒論十卷 （漢）張機撰 （晉）王叔和編 （金）成無己註解 清光緒六年(1880)上海掃葉山房刻本 四冊

370000－1541－0003624 12.16/12.12
再重訂傷寒集註十卷附五卷 （清）舒詔撰 清末上海千頃堂石印本 四冊

370000 – 1541 – 0003625　12.16/13.18

傷寒瘟疫條辯六卷　（清）楊璿撰　清末上海
錦章圖書局石印本　四冊

370000 – 1541 – 0003626　12.16/15.6

劉河間傷寒三書　（金）劉完素撰　清宣統元
年（1909）上海千頃堂書局石印本　四冊

370000 – 1541 – 0003627　12.16/15.6 ＝1

劉河間傷寒六書　（金）劉完素撰　清宣統元
年（1909）上海千頃堂書局石印本　四冊　缺
一種（黃帝素問宣明論方）

370000 – 1541 – 0003628　12.16/19.6 ＝1

傷寒總病論六卷附修治藥法一卷札記一卷
（宋）龐安時撰　清末上海千頃堂書局石印本
四冊

370000 – 1541 – 0003629　12.16/4.14

傷寒撮要四卷　（清）王夢祖輯注　清道光十
九年（1839）瑞鶴堂刻本　四冊

370000 – 1541 – 0003630　12.16/4.8

張仲景傷寒論貫珠集八卷　（漢）張機撰
（清）尤怡注　清蘇州來青閣刻本　四冊

370000 – 1541 – 0003631　12.16/4.8 ＝1

張仲景傷寒論貫珠集八卷　（漢）張機撰
（清）尤怡注　清蘇州會文堂刻本　四冊

370000 – 1541 – 0003632　12.16/4.8 ＝2

傷寒準繩八卷　（明）王肯堂輯　清九思堂刻
本　佚名批　四冊

370000 – 1541 – 0003633　12.16/6.12

傷寒明理論四卷　（金）成無己撰　清刻本
二冊

370000 – 1541 – 0003634　12.16/6.8

增注類證活人書二十二卷附釋音一卷　（宋）
朱肱撰　清光緒十二年（1886）刻本　六冊

370000 – 1541 – 0003635　12.16/9.12 ＝1

傷寒論注四卷傷寒附翼二卷　（漢）張機撰
（清）柯琴編注　清乾隆二十年（1755）馬中驊
刻本　儀鴻氏批點　六冊

370000 – 1541 – 0003636　12.16/9.12 ＝2

傷寒論注四卷傷寒附翼二卷　（漢）張機撰
（清）柯琴編注　清蘇州經義堂刻本　三冊
缺二卷（傷寒論注一至二）

370000 – 1541 – 0003637　12.16/9.12 ＝3

傷寒來蘇全集八卷　（清）柯琴編注　清古香
室刻本　六冊　存二種（傷寒論注、傷寒論
翼）

370000 – 1541 – 0003638　12.16/9.12 ＝4

傷寒來蘇全集八卷　（清）柯琴編注　清宣統
元年（1909）同文會刻本　四冊

370000 – 1541 – 0003639　12.18/15.12

瘟疫明辨四卷附瘟疫明辨方一卷　（清）鄭奠
一撰　清光緒十五年（1889）掃葉山房刻本
三冊

370000 – 1541 – 0003640　12.18/15.12 ＝1

神授急救異痧奇方一卷附經驗百病內外症良
方一卷　（清）□□撰　清光緒十四年（1888）
掃葉山房刻本　一冊

370000 – 1541 – 0003641　12.18/15.12 ＝2

太乙神針方一卷　（清）范毓𪧢撰　救迷良方
一卷　（清）何其偉編　清曼陀羅華閣刻本
一冊

370000 – 1541 – 0003642　12.18/15.12 ＝3

咽喉脈證通論一卷　（□）□□撰　（清）許楗
校訂　清光緒十一年（1885）武進費伯雄刻本
一冊

370000 – 1541 – 0003643　12.18/15.12 ＝4

福幼編一卷　（清）莊一夔撰　清光緒十一年
（1885）掃葉山房刻本　一冊

370000 – 1541 – 0003644　12.18/15.12 ＝5

洞主仙師白喉治法忌表抉微一卷　（清）耐修
子錄并注　清光緒十七年（1891）掃葉山房刻
本　一冊

370000 – 1541 – 0003645　12.18/17.4

廣瘟疫論四卷　（清）戴天章撰　清末上海千
頃堂書局石印本　一冊

370000 – 1541 – 0003646　12.18/7.6

瘟疫論類編五卷　(明)吳有性撰　(清)劉奎評釋　清嘉慶四年(1799)刻本　二冊

370000－1541－0003647　12.18/7.6＝1

瘟疫論類編五卷　(明)吳有性撰　(清)劉奎評釋　清道光二十年(1840)三讓堂刻本　一冊　存一卷(一)

370000－1541－0003648　12.18/7.6＝2

松峰說疫六卷　(清)劉奎撰　清刻本　四冊

370000－1541－0003649　12.5/11.7

痧脹玉衡書三卷末一卷　(清)郭志邃撰　清光緒十七年(1891)善成堂刻本　四冊

370000－1541－0003650　12.5/11.7＝1

痧脹玉衡書三卷末一卷　(清)郭志邃撰　清刻本　四冊

370000－1541－0003651　12.8/10.3

天花精言六卷　(清)袁句撰　清嘉慶十年(1805)刻本　四冊

370000－1541－0003652　12.8/10.6

痘疹金鏡錄四卷圖像一卷　(明)翁仲仁撰　清刻本　二冊

370000－1541－0003653　12.8/10.6＝1

痘疹集要不分卷　(清)李代棻撰　清光緒二十年(1894)瀏陽刻本　一冊

370000－1541－0003654　12.8/10.6＝2

經驗痘疹不求人方論不分卷　(明)朱棟隆撰　清聚魁齋刻本　一冊

370000－1541－0003655　12.8/10.6＝3

南豐縣設立引種牛痘公局刊布福幼神方一卷　清光緒元年(1875)南豐縣刻本　一冊

370000－1541－0003656　12.8/12.11

救偏瑣言五卷附瑣言備用良方一卷　(清)費啟泰撰　清康熙二十七年(1688)惠迪堂刻本　六冊

370000－1541－0003657　12.8/12.11＝1

痘證寶筏六卷　(清)強健撰　(清)朱增惠校　清同治元年(1862)刻本　二冊

370000－1541－0003658　12.8/14.9

痘科摘鈔二十三卷　(清)甄垌輯　清抄本　十九冊　存十九卷(一至十六、十八、二十至二十一)

370000－1541－0003659　12.8/6.10

痘疹定論四卷　(清)朱純嘏編　清同治九年(1870)濟南刻本　二冊

370000－1541－0003660　12.8/6.11

痘疹合纂四卷　(清)安躍拔編　清康熙四十六年(1707)刻本　四冊

370000－1541－0003661　12.8/6.11＝1

痘疹精詳十卷　(清)周冠編　清末上海廣益書局石印本　四冊

370000－1541－0003662　12.8/7.12

扁鵲遊秦秘術二卷　(明)沈惠撰　(清)錢汝霖編　清末抄本　二冊

370000－1541－0003663　12.8/9.5

痘疹大成四卷　(清)侯功震撰　清同治十年(1871)會心閣刻本　四冊

370000－1541－0003664　12.8/9.5＝1

痘疹大成四卷　(清)侯功震撰　清同治十年(1871)會心閣刻本　四冊

370000－1541－0003665　12.8/9.5＝2

牛痘新書不分卷　(清)武榮綸　(清)董玉山編　清光緒二十四年(1898)江津樂善堂刻本　一冊

370000－1541－0003666　12.8/9.9

重刊俞天池先生痧痘集解六卷　(清)俞茂鯤撰　清光緒二年(1876)維揚李松壽刻本　四冊

370000－1541－0003667　22.1/4.18

新增脈學本草醫方全書十卷首一卷　(清)太醫院輯　清光緒善成堂刻本　六冊

370000－1541－0003668　22.12/11.12

備急灸方不分卷　(宋)聞人耆年撰　針灸擇日編不分卷　(明)金義孫輯　清光緒十六年(1890)上杭羅氏十瓣同心蘭室刻本　二冊

370000－1541－0003669　22.12/9.17

針灸甲乙經十二卷　（晉）皇甫謐撰　清光緒十三年(1887)行素草堂刻本　四冊

370000－1541－0003670　22.12/9.17＝1

針灸甲乙經十二卷　（晉）皇甫謐撰　清光緒十三年(1887)行素草堂刻本　四冊

370000－1541－0003671　22.12/9.17＝2

針灸甲乙經十二卷　（晉）皇甫謐撰　清光緒十一年(1885)四明存存軒刻本　六冊

370000－1541－0003672　22.19/11.5

推拿廣意三卷　（清）熊應雄編　（清）陳世凱訂　清光緒蘇州綠蔭堂刻本　二冊

370000－1541－0003673　22.3/13.15

本經疏證十二卷　（清）鄒澍撰　清咸豐八年(1858)日升山房刻本　五冊　缺二卷（三至四）

370000－1541－0003674　22.3/13.15＝1

本經續疏六卷　（清）鄒澍撰　清咸豐八年(1858)日升山房刻本　三冊

370000－1541－0003675　22.3/13.15＝2

本經序疏要八卷　（清）鄒澍撰　清咸豐八年(1858)日升山房刻本　四冊

370000－1541－0003676　22.7/10.14

增訂敬信錄四卷　（清）徐榮編　清道光十五年(1835)刻本　四冊

370000－1541－0003677　22.7/10.9

孫真人備急千金要方九十三卷　（唐）孫思邈撰　明嘉靖二十二年(1543)喬世定小丘山房刻重修本　二十二冊

370000－1541－0003678　22.7/10.9＝3

千金翼方三十卷　（唐）孫思邈撰　清乾隆二十八年(1763)無錫華氏保元堂刻本　十五冊　缺二卷（二十九至三十）

370000－1541－0003679　22.7/10.9＝4

千金翼方三十卷　（唐）孫思邈撰　清同治七年(1868)姑蘇掃葉山房刻本　二十四冊

370000－1541－0003680　22.7/11.13

本草匯纂十卷　（清）屠道和輯　清光緒二十九年(1903)思賢書局鉛印本　四冊

370000－1541－0003681　22.7/11.17

孫真人千金方衍義三十卷　（唐）孫思邈撰　（清）張璐衍義　清嘉慶六年(1801)掃葉山房刻本　四十冊

370000－1541－0003682　22.7/11.3

石室秘籙六卷　（清）陳士鐸撰　清康熙二十六年(1687)菁華堂刻本　六冊

370000－1541－0003683　22.7/11.4

金匱方歌括六卷　（清）陳元犀撰　清咸豐五年(1855)重慶閆書業堂刻本　三冊

370000－1541－0003684　22.7/11.5

救世良方類編三卷　（□）□□輯　清同治四年(1865)文德齋刻本　三冊

370000－1541－0003685　22.7/11.6

本草三家合註六卷　（清）郭汝聰集註　神農本草經百種錄一卷　（清）徐大椿撰　清宣統元年(1909)益元書屋刻本　六冊

370000－1541－0003686　22.7/11.8

醫學金鍼八卷　（清）陳念祖撰　（清）潘霨增輯　清光緒四年(1878)敏德堂刻本　四冊

370000－1541－0003687　22.7/11.8＝1

醫學金鍼八卷　（清）陳念祖撰　（清）潘霨增輯　清光緒四年(1878)敏德堂刻本　四冊

370000－1541－0003688　22.7/11.8＝2

公餘醫錄六卷　（清）陳念祖撰　金匱方歌括六卷　（清）陳元犀撰　清光緒十五年(1889)江左書林刻本　六冊

370000－1541－0003689　22.7/12.4

嵩厓尊生書十五卷　（清）景日昣撰　清刻本　八冊

370000－1541－0003690　22.7/12.4＝1

嵩厓尊生書十五卷　（清）景日昣撰　清刻本　八冊

370000－1541－0003691　22.7/12.6

馮氏錦囊秘錄雜症痘疹藥性主治合粲十二卷

首一卷　（清）馮兆張纂　清刻本　六冊

370000－1541－0003692　22.7/12.7 = 1

醫醇賸義四卷醫方論四卷　（清）費伯雄撰
清光緒三年(1877)刻本　六冊

370000－1541－0003693　22.7/12.7 = 2

校正增廣驗方新編十六卷　（清）鮑相璈輯
清宣統三年(1911)上海會文堂書局石印本
二冊　存四卷(一至二、十一至十二)

370000－1541－0003694　22.7/12.91

驗方新編十六卷　（清）鮑相璈編　清刻本
八冊　存十一卷(一至五、九至十三、十六)

370000－1541－0003695　22.7/13.10

類證普濟本事方十卷　（宋）許叔微撰　（清）
葉桂釋義　清嘉慶十九年(1814)姑蘇掃葉山
房刻本　四冊

370000－1541－0003696　22.7/13.10 = 1

臨證指南醫案十卷　（清）葉桂撰　清同治六
年(1867)天德堂刻本　十冊

370000－1541－0003697　22.7/13.10 = 2

種福堂公選良方四卷　（清）葉桂撰　清道光
九年(1829)衛生堂刻本　二冊

370000－1541－0003698　22.7/13.8

萬承志堂丸散膏丹全集不分卷　（清）萬承志
堂輯　清光緒十一年(1885)杭州萬承志堂刻
本　二冊

370000－1541－0003699　22.7/13.9

平易方四卷　（清）葉慕樵輯　清嘉慶九年
(1804)刻本　四冊

370000－1541－0003700　22.7/15.10

醫學摘粹七種十卷　（清）慶恕編　清光緒二
十二年(1896)刻本　三冊

370000－1541－0003701　22.7/15.5

醫宗說約五卷首一卷　（清）蔣示吉撰　清康
熙玉尺堂刻本　二冊

370000－1541－0003702　22.7/16.1

湯液本草三卷　（元）王好古撰　明新安吳勉
學刻本　三冊

370000－1541－0003703　22.7/17.4

良方集腋二卷　（清）謝元慶輯　清道光二十
八年(1848)留耕堂刻本　二冊

370000－1541－0003704　22.7/20.7

扁鵲心書三卷附神方一卷　題（戰國）扁鵲撰
（宋）竇材重集　清乾隆三十年(1765)青蓮
書屋刻本　一冊

370000－1541－0003705　22.7/22.7

新刊增補萬病回春八卷　（明）龔廷賢編　清
同治九年(1870)書業德記刻本　八冊

370000－1541－0003706　22.7/3.12

三朝名醫方論三種　（宋）駱龍吉　（金）劉完
素　（清）吳謙撰　清光緒二十六年(1900)上
海千頃堂書局石印本　六冊

370000－1541－0003707　22.7/4.13

雜病證治類方八卷　（明）王肯堂輯　清康熙
五十年(1711)金壇虞氏刻本　四冊

370000－1541－0003708　22.7/4.18

唐王燾先生外臺秘要方四十卷　（唐）王燾撰
明崇禎十三年(1640)程氏經餘居刻本　四
冊　存七卷(三十四至四十)

370000－1541－0003709　22.7/4.18 = 1

唐王燾先生外臺秘要方四十卷　（唐）王燾撰
清同治十三年(1874)廣東翰墨園刻本　四
十冊

370000－1541－0003710　22.7/4.18 = 2

唐王燾先生外臺秘要方四十卷　（唐）王燾撰
清光緒二十四年(1898)上海圖書集成印書
局鉛印本　十六冊

370000－1541－0003711　22.7/4.20

西藥略釋四卷　（清）孔繼良撰　清光緒十二
年(1886)羊城博濟醫局刻本　四冊

370000－1541－0003712　22.7/4.3

古方選注四卷　（清）王子接注　清末上海千
頃堂書局石印本　四冊

370000－1541－0003713　22.7/6.22 = 1

名醫類案十二卷　（明）江瓘輯　清乾隆三十

五年(1770)歙縣鮑氏知不足齋刻三十六年(1771)增刻本　十二冊

370000－1541－0003714　22.7/6.22＝2

名醫類案十二卷　（明）江瓘輯　清同治十年(1871)藏脩堂刻本　十二冊

370000－1541－0003715　22.7/6.22＝3

名醫類案十二卷　（明）江瓘輯　續名醫類案三十六卷　（清）魏之琇輯　清宣統元年(1909)上海書局石印本　五冊

370000－1541－0003716　22.7/7.10＝1

理瀹駢文不分卷首一卷附存濟堂藥局修合施送方并加藥法一卷　（清）吳師機撰　清光緒元年(1875)楊城南皮市武林雲藍閣刻本　二冊

370000－1541－0003717　22.7/7.10＝2

本草綱目五十二卷圖三卷　（明）李時珍撰　清書業堂刻本　三十五冊

370000－1541－0003718　22.7/7.10＝3

本草綱目五十二卷圖三卷瀕湖脈學一卷　（明）李時珍撰　本草萬方針線八卷　（清）蔡烈先輯　清藻思堂刻本　四十八冊

370000－1541－0003719　22.7/7.10＝4

本草綱目五十二卷首一卷圖三卷拾遺十卷　（明）李時珍撰　本草萬方針線八卷　（清）蔡烈先輯　奇經八脈考二卷　（明）李時珍撰　清光緒十一年(1885)合肥張氏味古齋刻本　四十冊

370000－1541－0003720　22.7/7.10＝5

本草綱目五十二卷首一卷圖三卷拾遺十卷　（明）李時珍撰　本草萬方針線八卷　（清）蔡烈先輯　奇經八脈考二卷　（明）李時珍撰　清光緒十一年(1885)合肥張氏味古齋刻本　四十冊

370000－1541－0003721　22.7/7.11

醫林纂要探源十卷　（清）汪紱輯　清光緒二十三年(1897)江蘇書局刻本　十冊

370000－1541－0003722　22.7/7.15

成方切用二十六卷　（清）吳儀洛輯　清道光二十七年(1847)瓶花書屋刻本　八冊

370000－1541－0003723　22.7/7.15＝1

本草從新六卷　（清）吳儀洛輯　清嘉慶十一年(1806)書業堂刻本　八冊

370000－1541－0003724　22.7/7.15＝2

本草從新十八卷　（清）吳儀洛輯　清光緒六年(1880)掃葉山房刻本　六冊

370000－1541－0003725　22.7/7.15＝3

本草從新十八卷　（清）吳儀洛輯　清光緒十二年(1886)江左書林刻本　六冊

370000－1541－0003726　22.7/7.4＝1

經驗廣集四卷　（清）李煥章撰　清乾隆四十三年(1778)嘉興椿蔭堂刻本　四冊

370000－1541－0003727　22.7/7.4＝2

詳校醫宗必讀十卷　（明）李中梓撰　清光緒六年(1880)掃葉山房刻本　佚名批校　六冊

370000－1541－0003728　22.7/7.4＝3

詳校醫宗必讀十卷　（明）李中梓撰　清光緒六年(1880)掃葉山房刻本　六冊

370000－1541－0003729　22.7/7.4＝4

詳校醫宗必讀十卷　（明）李中梓撰　清咸豐元年(1851)會文堂刻本　六冊

370000－1541－0003730　22.7/7.4＝5

醫宗必讀五卷首一卷　（明）李中梓撰　清文秀堂刻本　五冊

370000－1541－0003731　22.7/7.4＝6

本草原始十二卷　（明）李中立撰　清善成堂刻本　四冊

370000－1541－0003732　22.7/7.5

本草經疏輯要十卷　（清）吳世鎧纂　清書帶草堂刻本　六冊

370000－1541－0003733　22.7/7.7

醫門初學萬金一統要訣分類十卷　（清）李象春輯　清光緒十四年(1888)南京李光明莊刻本　四冊

370000－1541－0003734　22.7/7.8

醫方集解三卷　（清）汪昂撰　清上海富文堂刻本　六冊

370000－1541－0003735　22.7/7.8＝1

醫方集解不分卷　（清）汪昂撰　清光緒二十九年(1903)青州怡翰書坊刻本　六冊

370000－1541－0003736　22.7/7.8＝2

本草醫方合編二種十八卷首一卷　（清）汪昂撰　清宣統元年(1909)書業德刻本　六冊

370000－1541－0003737　22.7/7.8＝3

重鐫本草醫方合編十四卷　（清）汪昂撰　清三益堂刻本　三冊

370000－1541－0003738　22.7/7.8＝4

重鐫本草醫方合編十四卷　（清）汪昂撰　清三益堂刻本　清曙初題記　三冊

370000－1541－0003739　22.7/7.8＝5

重鐫本草醫方合編十四卷　（清）汪昂撰　清有益堂刻本　六冊

370000－1541－0003740　22.7/9.16

洪氏集驗方五卷　（宋）洪遵輯　清末上海千頃堂書局石印本　二冊

370000－1541－0003741　23.1/10.8

瘍科臨證心得集三卷　（清）高秉鈞纂　清光緒二十七年(1901)無錫日升山房刻本　三冊

370000－1541－0003742　23.1/10.8＝1

瘍科臨證心得集三卷附家用膏丹丸散方一卷瘍科心得集方彙二卷　（清）高秉鈞撰　**景岳新方歌不分卷**　（清）吳辰燦　（清）高秉鈞（清）姚志仁纂　清末上海文瑞樓石印本　四冊

370000－1541－0003743　23.1/11.14

外科正宗十二卷　（明）陳實功撰　（清）徐大椿評　清光緒十九年(1893)上海圖書集成印書局鉛印本　四冊

370000－1541－0003744　23.1/11.3

洞天奧旨十六卷　（清）陳士鐸撰　清乾隆五十五年(1790)陳鳳輝大雅堂刻本　六冊

370000－1541－0003745　23.1/11.3＝1

洞天奧旨十六卷　（清）陳士鐸撰　清聚賢堂刻本　六冊

370000－1541－0003746　23.1/11.3＝2

洞天奧旨十六卷　（清）陳士鐸撰　清末上海廣益書局石印本　四冊

370000－1541－0003747　23.1/11.4

瘍科選粹八卷　（明）陳文治輯　清乾隆二十六年(1761)潯溪達尊堂刻本　八冊

370000－1541－0003748　23.1/11.4＝1

外科圖說六卷　（清）高文晉輯　清咸豐六年(1856)上洋大魁楨記刻本　六冊

370000－1541－0003749　23.1/11.7

外科證治全書五卷末一卷　（清）許克昌（清）畢法輯　清同治六年(1867)刻本　六冊

370000－1541－0003750　23.1/20.14

瘡瘍經驗全書六卷　（元）竇默撰　清崇順堂刻本　六冊

370000－1541－0003751　23.1/21.5

瘍醫大全四十卷　（清）顧世澄撰　清光緒二十年(1894)善成堂刻本　三十九冊　缺一卷（十九）

370000－1541－0003752　23.1/5.11

御纂醫宗金鑑外科十六卷　（清）吳謙等纂　清上海大一統書局石印本　四冊

370000－1541－0003753　23.1/5.11＝1

御纂醫宗金鑑外科十六卷　（清）吳謙等纂　清刻本　十二冊

370000－1541－0003754　23.1/5.11＝2

御纂醫宗金鑑九十卷　（清）吳謙等纂　清刻本　六冊　存六卷（編輯外科心法要訣六十二至六十六、七十五）

370000－1541－0003755　23.1/5.11＝3

御纂醫宗金鑑外科十六卷　（清）吳謙等纂　清升記堂刻本　十二冊

370000－1541－0003756　24.1/10.3

增廣大生要旨五卷　（清）唐千頃撰　（清）葉

灝增訂　清宣統三年(1911)山東鏤雲齋刻本
　　一冊　缺二卷(四至五)

370000－1541－0003757　24.1/11.8

女科要旨四卷　(清)陳念祖撰　清道光二十
三年(1843)南雅堂刻本　四冊

370000－1541－0003758　24.1/8.3

濟陰綱目十四卷　(明)武之望撰　**保生碎事
一卷**　(清)汪淇撰　清貴文堂刻本　八冊

370000－1541－0003759　24.4/12.3

女科二卷產後編二卷　(清)傅山撰　清同治
七年(1868)濟南寶田堂刻本　二冊

370000－1541－0003760　24.4/12.3＝1

女科二卷產後編二卷　(清)傅山撰　清同治
八年(1869)湖北崇文書局刻本　二冊

370000－1541－0003761　24.4/12.3＝2

女科二卷　(清)傅山撰　清光緒十一年
(1885)書業德刻本　二冊

370000－1541－0003762　24.4/12.3＝3

補註傅氏女科全集四卷　(清)傅山撰　清光
緒十一年(1885)書業德刻本　四冊

370000－1541－0003763　24.4/17.17

女科經綸八卷　(清)蕭壎撰　清光緒十六年
(1890)掃葉山房刻本　六冊

370000－1541－0003764　25.1/11.18

產孕集二卷　(清)張曜孫撰　(清)包誠增訂
　　清同治七年(1868)蘊璞齋刻本　二冊

370000－1541－0003765　25.1/12.11

胎產集要三卷附幼科摘要一卷　(清)黃惕齋
輯　清同治元年(1862)河南省城朱文茂齋刻
本　一冊

370000－1541－0003766　25.1/16.10

閻誠齋先生胎產心法三卷　(清)閻純璽撰
(清)李廷璋編　清光緒九年(1883)李氏敬慎
堂刻二十一年(1895)上海文瑞樓校印本　六
冊

370000－1541－0003767　25.1/16.10＝1

胎產心法三卷　(清)閻純璽撰　清咸豐六年

(1856)存心居士刻本　五冊

370000－1541－0003768　25.1/7.12

產科心法二卷　(清)汪喆撰　清光緒十九年
(1893)綦江張氏貞豐州署刻本　一冊

370000－1541－0003769　26.1/11.10

述古齋幼科新書三種　(清)張振鋆輯　清光
緒十九年(1893)四川資州刻本　六冊

370000－1541－0003770　26.1/11.8

保赤摘錄六卷　(清)崔昌齡撰　清道光十二
年(1832)四寶堂刻本　六冊

370000－1541－0003771　26.1/4.14

兒科撮要二卷　尹端模譯　清光緒十八年
(1892)羊城博濟醫局刻本　二冊

370000－1541－0003772　26.1/4.8

幼科證治準繩九卷　(明)王肯堂輯　清嘉興
九思堂刻本　八冊

370000－1541－0003773　26.4/10.9

幼科鐵鏡六卷　(清)夏鼎撰　清光緒二十九
年(1903)養浩書屋刻本　二冊

370000－1541－0003774　26.4/11.12

鼎鍥幼幼集成六卷　(清)陳復正輯　清刻本
　　六冊

370000－1541－0003775　26.4/11.16

許氏幼科七種　(清)許豫和注並撰　清抄本
　　十冊

370000－1541－0003776　26.4/15.7

嬰童百問十卷　(明)魯伯嗣撰　明聚錦堂刻
本　六冊

370000－1541－0003777　26.4/16.1

陰證略例一卷　(元)王好古撰　清光緒五年
(1879)吳興陸氏十萬卷樓刻本　二冊

370000－1541－0003778　26.4/18.1

小兒藥證真訣三卷　(宋)錢乙撰　清光緒十
四年(1888)長沙惜陰書局刻本　二冊

370000－1541－0003779　28.1/21.16

銀海指南四卷　(清)顧錫撰　清同治六年

182

(1867)校經山房刻本　　四冊

370000－1541－0003780　28.1/4.3
眼科百問二卷　（清）王子固輯　清末上海大
成書局石印本　　二冊

370000－1541－0003781　28.1/5.11
御纂醫宗金鑑續編十四卷　（清）吳謙等纂
清善成堂刻本　　六冊

370000－1541－0003782　28.4/12.4
傅氏眼科審視瑤函六卷首一卷　（明）傅仁宇
纂　（明）林長生校補　清書業德刻本　　四冊

370000－1541－0003783　28.4/12.4 = 1
傅氏眼科審視瑤函六卷首一卷　（明）傅仁宇
纂　（明）林長生校補　清三益堂等刻本　　六
冊

370000－1541－0003784　28.4/12.4 = 2
傅氏眼科審視瑤函六卷首一卷　（明）傅仁宇
纂　（明）林長生校補　清姑蘇會文堂刻本
六冊

370000－1541－0003785　28.4/4.3
眼科百問二卷　（清）王子固輯　清光緒十年
(1884)書業德刻本　　一冊

370000－1541－0003786　28.4/5.6
眼科錦囊四卷續一卷　（日本）本莊俊篤撰
清光緒十一年(1885)上海福瀛書局刻本　　五
冊

370000－1541－0003787　29.1/9.10
仙傳白喉治法忌表抉微一卷　（清）耐修子錄
　清光緒十八年(1892)刻本　　一冊

370000－1541－0003788　3.1/15.3
全體通考十八卷　（英國）德貞輯　清光緒十
二年(1886)同文館鉛印本　清袁恭批校　　九
冊

370000－1541－0003789　34.1/11.15
洗冤錄詳義四卷首一卷　（清）許槤編校　**洗
冤錄撿遺二卷**　（清）葛元煦輯　**洗冤錄撿遺
補一卷**　（清）張開運輯　清光緒三年(1877)
湖北藩署刻本　　六冊

370000－1541－0003790　34.1/18.4
重刊補註洗冤錄集證六卷　　（宋）宋慈撰
（清）王又槐增輯　（清）李觀瀾補輯　（清）
阮其新補註　清光緒三十三年(1907)上海書
局石印本　　六冊

370000－1541－0003791　34.1/7.8
重刊補註洗冤錄集證六卷　　（宋）宋慈撰
（清）王又槐增輯　（清）李觀瀾補輯　（清）
阮其新補註　清道光二十四年(1844)廣州翰
墨園刻四色套印本　　五冊

370000－1541－0003792　35.19/12.5
元亨療馬集大全六卷附牛經二卷駝經一卷
（明）喻仁　（明）喻傑撰　清末承文新刻本
四冊

370000－1541－0003793　6.1/10.1
赤水玄珠三十卷醫旨緒餘二卷醫案五卷
（明）孫一奎撰　清康熙刻本　　三十六冊

370000－1541－0003794　6.1/10.11
儒門醫學三卷附一卷　（英國）海得蘭撰
（英國）傅蘭雅口譯　（清）趙元益筆述　清末
江南製造總局刻本　　四冊

370000－1541－0003795　6.1/10.11 = 1
張仲景金匱要略論註二十四卷　（清）徐彬撰
　清光緒五年(1879)校經山房刻本　　六冊

370000－1541－0003796　6.1/10.11 = 2
張仲景金匱要略論註二十四卷　（清）徐彬撰
　清光緒五年(1879)掃葉山房刻本　　六冊

370000－1541－0003797　6.1/10.3
蘭臺軌範八卷　（清）徐大椿撰　清乾隆二十
九年(1764)洄溪草堂刻本　　八冊

370000－1541－0003798　6.1/10.3 = 1
蘭臺軌範八卷　（清）徐大椿撰　清末鉛印本
　一冊　存三卷(四至六)

370000－1541－0003799　6.1/10.3 = 2
吳醫彙講十一卷　（清）唐大烈纂　清乾隆五
十八年(1793)刻嘉慶十九年(1814)補刻本
四冊

370000－1541－0003800　6.1/10.8

丹溪先生治法心要八卷 （元）朱震亨撰
（明）盧和輯　清宣統元年(1909)武林蕭氏鉛
印本　二冊

370000－1541－0003801　6.1/11.10

東醫寶鑑二十三卷目錄二卷 （朝鮮）許浚撰
　清嘉慶二年(1797)刻本　二十五冊

370000－1541－0003802　6.1/11.11

儒門事親十五卷 （金）張從正撰　清宣統二
年(1910)寧波汲綆齋書局石印本　六冊

370000－1541－0003803　6.1/11.11＝1

儒門事親十五卷 （金）張從正撰　清宣統二
年(1910)上海千頃堂書局石印本　六冊

370000－1541－0003804　6.1/11.11＝2

儒門事親十五卷 （金）張從正撰　清宣統二
年(1910)上海千頃堂書局石印本　六冊

370000－1541－0003805　6.1/11.17

張氏醫書七種二十七卷 （清）張璐等撰　清
光緒二十五年(1899)浙江官書局刻本　二十
六冊

370000－1541－0003806　6.1/11.3

醫門棒喝四卷二集傷寒論本旨九卷 （清）章
楠撰　清同治六年(1867)聚文堂刻本　十六
冊

370000－1541－0003807　6.1/11.3＝1

辨證録十四卷附二卷 （清）陳世鐸撰　清同
治七年(1868)刻本　十六冊

370000－1541－0003808　6.1/11.4

景岳全書六十四卷 （明）張介賓撰　清致盛
堂刻本　二十四冊

370000－1541－0003809　6.1/11.8

金匱要略淺註十卷 （清）陳念祖撰　清咸豐
五年(1855)重慶閤書業堂刻本　六冊

370000－1541－0003810　6.1/11.8＝1

醫學實在易八卷 （清）陳念祖撰　清光緒十
五年(1889)江左書林刻本　四冊

370000－1541－0003811　6.1/11.8＝2

金匱要略淺註十卷金匱方歌括六卷 （清）陳
念祖撰　清光緒二十一年(1895)聚和堂刻本
　六冊

370000－1541－0003812　6.1/12.20

醫家四要四卷 （清）程曦等撰　清末上海千
頃堂書局石印本　四冊

370000－1541－0003813　6.1/12.22

醫學篇八卷 （清）曾懿撰　清光緒三十三年
(1907)長沙刻本　二冊

370000－1541－0003814　6.1/12.3

男科二卷 （清）傅山撰　清光緒十三年
(1887)湖北官書處刻本　二冊

370000－1541－0003815　6.1/12.3＝1

女科二卷 （清）傅山撰　清同治八年(1869)
湖北崇文書局刻本　一冊

370000－1541－0003816　6.1/12.3＝2

産後編二卷 （清）傅山撰　清同治八年
(1869)湖北崇文書局刻本　一冊

370000－1541－0003817　6.1/12.3＝3

男科二卷附女科補遺一卷 （清）傅山撰　清
光緒十一年(1885)善成堂刻本　二冊

370000－1541－0003818　6.1/12.8

金匱要略直解三卷 （清）程林撰　清康熙十
二年(1673)卓觀堂刻本　四冊　缺一卷(中)

370000－1541－0003819　6.1/12.8＝1

尚論篇四卷首一卷後篇四卷 （清）喻昌撰
清乾隆四年(1739)刻本　七冊

370000－1541－0003820　6.1/12.8＝2

喻氏三書合刻十五卷 （清）喻昌撰　清乾隆
二十八年(1763)陳守誠刻本　十八冊

370000－1541－0003821　6.1/12.8＝3

醫門法律六卷寓意草不分卷 （清）喻昌撰
清同文堂刻本　九冊

370000－1541－0003822　6.1/13.10

醫效秘傳三卷 （清）葉桂撰　清道光十一年
(1831)吳氏貯春僊館刻本　三冊

184

370000 – 1541 – 0003823　6.1/13.18

傷寒瘟疫條辯六卷　（清）楊璿撰　清乾隆五十年(1785)孫宏智刻本　六冊

370000 – 1541 – 0003824　6.1/13.4 = 1

時病論八卷　（清）雷豐撰　清光緒十年(1884)三衢雷氏慎修堂刻本　四冊

370000 – 1541 – 0003825　6.1/14.20

醫貫六卷　（明）趙獻可撰　清康熙二十六年(1687)天蓋樓刻本　六冊

370000 – 1541 – 0003826　6.1/14.20 = 1

醫無閭子醫貫六卷　（明）趙獻可撰　清初三多齋刻本　六冊

370000 – 1541 – 0003827　6.1/14.7

醫學啓蒙彙編六卷　（清）翟良撰　清康熙五年(1666)文盛堂刻本　六冊

370000 – 1541 – 0003828　6.1/15.5

醫學集成四卷　（清）劉仕廉撰　清同治十二年(1873)雙流縣大生德號刻本　三冊　缺一卷(三)

370000 – 1541 – 0003829　6.1/15.5 = 1

醫學指南四卷　（清）劉仕廉編　清末益新書局石印本　四冊

370000 – 1541 – 0003830　6.1/15.7

素問病機氣宜保命集三卷　（金）劉完素撰　明宣德六年(1431)懷德堂刻本　三冊

370000 – 1541 – 0003831　6.1/15.8

醫書滙參輯成二十四卷　（清）蔡宗玉編　清嘉慶十二年(1807)次知齋刻本　十六冊

370000 – 1541 – 0003832　6.1/18.11

欽定古今圖書集成一萬卷目錄四十卷　（清）陳夢雷　（清）蔣廷錫等輯　清雍正四年(1726)內府銅活字印本　七十九冊　存一百六十一卷(二百六十二至二百八十、三百七十九至五百二十)

370000 – 1541 – 0003833　6.1/18.13

醫鈴八卷　（清）李舟虛撰　清乾隆五十四年(1789)刻本　佚名批　八冊

370000 – 1541 – 0003834　6.1/19.4

衡生寶鑑二十四卷補遺一卷　（元）羅天益撰　清光緒十四年(1888)長沙惜陰書局刻惜陰軒叢書本　十冊

370000 – 1541 – 0003835　6.1/19.8

中西醫粹三卷　（清）羅定昌撰　春溫三字訣一卷　（清）張子培撰　痢症三字訣一卷（清）唐容川撰　清光緒二十一年(1895)上海孚華書局石印本　四冊

370000 – 1541 – 0003836　6.1/4.3

溫熱經緯五卷　（清）王士雄纂　清同治十三年(1874)湖北崇文書局刻本　四冊

370000 – 1541 – 0003837　6.1/4.3 = 1

溫熱經緯五卷　（清）王士雄纂　清光緒八年(1882)新繁東湖刻本　四冊

370000 – 1541 – 0003838　6.1/4.6

簡明中西匯參醫學圖說二卷　（清）王有忠編　清光緒三十二年(1906)上海廣益書局石印本　四冊

370000 – 1541 – 0003839　6.1/4.6 = 1

簡明中西匯參醫學圖說二卷　（清）王有忠編　清光緒三十二年(1906)上海廣益書局石印本　四冊

370000 – 1541 – 0003840　6.1/4.8

金匱心典三卷　（漢）張機撰　（清）尤怡集注　清光緒七年(1881)崇德書院刻本　三冊

370000 – 1541 – 0003841　6.1/4.8 = 1

雜症準繩八卷　（明）王肯堂輯　清嘉興九思堂刻重訂證治準繩全書本　種德堂主人批　八冊

370000 – 1541 – 0003842　6.1/5.11

御纂醫宗金鑑六十卷首一卷續十四卷首一卷　（清）吳謙等纂　清刻本　三十五冊

370000 – 1541 – 0003843　6.1/6.11

筆花醫鏡四卷　（清）江涵暾撰　（清）宋昌期補　清咸豐三年(1853)義和堂刻本　一冊

370000 – 1541 – 0003844　6.1/6.6

185

溫病集腋六卷 （清）朱成麟編 清宣統三年
(1911)濟南啟明石印本 四冊

370000－1541－0003845 6.1/7.5

證治彙補八卷 （清）李用粹撰 清光緒十八
年(1892)簡玉山房刻本 八冊

370000－1541－0003846 6.1/7.8

內外傷辨三卷 （金）李杲撰 明萬曆二十九
年(1601)新安吳勉學刻古今醫統正脈全書本
一冊

370000－1541－0003847 6.1/7.8＝1

蘭室秘藏三卷 （金）李杲撰 明萬曆二十九
年(1601)新安吳勉學刻古今醫統正脈全書本
二冊 缺一卷(中)

370000－1541－0003848 6.1/7.8＝2

格致餘論一卷 （元）朱震亨撰 明萬曆二十
九年(1601)新安吳勉學刻古今醫統正脈全書
本 一冊

370000－1541－0003849 6.1/7.8＝3

外科精義二卷 （元）齊德之撰 明萬曆二十
九年(1601)新安吳勉學刻古今醫統正脈全書
本 二冊

370000－1541－0003850 6.1/8.12

四時病機十四卷女科歌訣六卷溫毒病論一卷
（清）邵登瀛編 經驗方一卷 （清）邵炳揚
輯 清光緒六年(1880)蘇州邵氏刻本 六冊

370000－1541－0003851 7.3/13.4

臨證指南醫案五卷 （清）葉桂撰 清乾隆三
十三年(1768)衛生堂刻本 四冊

370000－1541－0003852 7.4/10.4

脈要圖注不分卷 （清）□□撰 清光緒二十
七年(1901)新化三味書局刻本 四冊

370000－1541－0003853 7.4/11.5

圖註難經脈訣全集 （明）張世賢選編 清光
緒三十年(1904)成文堂刻本 五冊

370000－1541－0003854 7.4/11.5＝1

圖註難經脈訣全集 （明）張世賢選編 清光
緒益友堂刻本 四冊 缺一種四卷(圖註八

十一難經辨真四卷)

370000－1541－0003855 7.4/11.5＝2

圖註八十一難經辨真四卷圖註脈訣辨真四卷
（明）張世賢註 瀕湖脈學一卷奇經八脈考
一卷脈訣考證一卷 （明）李時珍撰 清宣統
元年(1909)掃葉山房刻本 六冊

370000－1541－0003856 7.4/11.5＝3

圖註八十一難經辨真四卷圖註脈訣辨真四卷
（明）張世賢註 瀕湖脈學一卷奇經八脈考
一卷脈訣考證一卷脈訣附方一卷 （明）李時
珍撰 清懷德堂刻本 五冊

370000－1541－0003857 7.4/4.8

脈經十卷 （晉）王叔和撰 （宋）林億等類次
明萬曆二十九年(1601)新安吳勉學刻清初
映旭齋重修本 二冊

370000－1541－0003858 7.4/7.10

瀕湖脈學一卷奇經八脈考一卷 （明）李時珍
撰 清末上海中醫書局刻本 二冊

370000－1541－0003859 7.4/7.19

刪註脈訣規正二卷 （清）沈鏡刪註 圖註八
十一難經辨真四卷 （明）張世賢圖註 清光
緒二十年(1894)維新書局刻本 四冊

370000－1541－0003860 7.4/7.19＝1

圖註八十一難經辨真四卷 （明）張世賢圖註
刪註脈訣規正二卷 （清）沈鏡刪註 清末
掃葉山房刻本 四冊

370000－1541－0003861 7.4/8.16

三指禪三卷 （清）周學霆撰 清光緒二年
(1876)刻本 二冊

370000－1541－0003862 7.4/8.16＝1

三指禪三卷 （清）周學霆撰 清湖南書局刻
本 三冊

370000－1541－0003863 8.1/11.4

巢氏諸病源候總論五十卷 （隋）巢元方撰
（清）胡益謙校 清嘉慶十三年(1808)吳門經
義齋刻本(卷四十三至五十係抄配) 十冊

370000－1541－0003864 430/306

補農書二卷附錄一卷　（明）沈□撰　（清）張履祥補　（清）萬斛泉編　清光緒二十三年(1897)然藜閣木活字印本　一冊

370000－1541－0003865　430/311

三農紀十卷　（清）張宗法撰　清乾隆十五年(1750)聚奎堂刻本　十冊

370000－1541－0003866　430/479

農學報　（清）農學報編　清光緒石印本　十冊　存十卷(十一至二十)

370000－1541－0003867　430/949

農政全書六十卷　（明）徐光啟撰　清道光二十三年(1843)曙海樓刻本　二十冊

370000－1541－0003868　430/949 = 1

農政全書六十卷　（明）徐光啟撰　清道光二十三年(1843)曙海樓刻本　十七冊　存四十五卷(一至四十五)

370000－1541－0003869　430/949 = 2

農政全書六十卷　（明）徐光啟撰　清道光二十三年(1843)曙海樓刻本　二十冊

370000－1541－0003870　430.02/377

農書三卷　（宋）陳旉撰　蠶書一卷　（宋）秦觀撰　耕織圖詩一卷　（宋）樓璹撰　清廣仁堂刻本　一冊

370000－1541－0003871　430.3/302 = 3

農桑輯要七卷　（元）司農司撰　蠶事要略一卷　（清）張行孚撰　清光緒二十一年(1895)漸西村舍刻本　一冊　存三卷(五至七)

370000－1541－0003872　430.31/150

齊民要術十卷雜說一卷　（北魏）賈思勰撰　明萬曆海鹽胡震亨刻秘冊彙函本　三冊

370000－1541－0003873　430.31/150 = 1

齊民要術十卷　（北魏）賈思勰撰　清光緒元年(1875)湖北崇文書局刻本　四冊

370000－1541－0003874　430.31/150 = 2

齊民要術十卷　（北魏）賈思勰撰　清光緒元年(1875)湖北崇文書局刻本　一冊　存三卷(一至三)

370000－1541－0003875　430.31/150 = 3

齊民要術十卷　（北魏）賈思勰撰　清光緒元年(1875)湖北崇文書局刻本　四冊

370000－1541－0003876　431.16/257

畿輔水利議不分卷　（清）林則徐撰　清光緒二年(1876)三山林氏刻本　一冊

370000－1541－0003877　432/840

說儲不分卷　（清）包順伯撰　清紅格抄本　一冊

370000－1541－0003878　432.5/379

欽定授時通考七十八卷　（清）鄂爾泰等纂　清乾隆七年(1742)刻本　二十四冊

370000－1541－0003879　432.56/440

錫邑芙蓉圩治湖蹟一卷附錄一卷探湖錄一卷　（清）吳興祚撰　清咸豐五年(1855)刻本　二冊

370000－1541－0003880　433.31/964

治蝗全法四卷附錄一卷　（清）顧彥輯　清光緒十四年(1888)猶白雪齋刻本　一冊

370000－1541－0003881　435.1/119

二如亭群芳譜二十八卷首一卷　（明）王象晉輯　明崇禎刻本　二十八冊

370000－1541－0003882　435.1/119 = 1

二如亭群芳譜二十八卷首一卷　（明）王象晉輯　明崇禎刻本　二十八冊

370000－1541－0003883　435.1/119 = 2

二如亭群芳譜二十八卷首一卷　（明）王象晉輯　明崇禎刻本　二十八冊

370000－1541－0003884　435.1/119 = 3

二如亭群芳譜二十八卷首一卷　（明）王象晉輯　明崇禎刻本　二十七冊　缺一卷(花譜二)

370000－1541－0003885　435.1/119 = 4

二如亭群芳譜二十八卷首一卷　（明）王象晉輯　明崇禎刻本　十三冊　存十四卷(天譜一至三、歲譜一至四、花譜二至四、卉譜一至二、鶴魚譜一卷,首一卷)

370000－1541－0003886　435.1/119＝5

二如亭群芳譜二十八卷首一卷　（明）王象晉輯　清刻本　二十四冊

370000－1541－0003887　435.1/119＝6

二如亭群芳譜二十八卷首一卷　（明）王象晉輯　清刻本　十五冊　缺三卷(天譜一至二、首一卷)

370000－1541－0003888　435.1/119＝7

二如亭群芳譜二十八卷首一卷　（明）王象晉輯　清刻本　五冊　存八卷(穀譜一卷、棉譜一卷、藥譜一至三、茶譜一卷、竹譜一卷、桑麻葛譜一卷)

370000－1541－0003889　435.1/119＝8

佩文齋廣群芳譜一百卷目錄二卷首一卷　（明）王象晉輯　（清）汪灝等重編　清同治七年(1868)姑蘇亦西齋刻本　四十七冊

370000－1541－0003890　435.1/119＝9

佩文齋廣群芳譜一百卷目錄二卷首一卷　（明）王象晉輯　（清）汪灝等重編　清同治七年(1868)姑蘇亦西齋刻本　三十四冊

370000－1541－0003891　435.1/119＝10

佩文齋廣群芳譜一百卷目錄二卷首一卷　（明）王象晉輯　（清）汪灝等重編　清同治七年(1868)姑蘇亦西齋刻本　二十七冊　存七十二卷(二十九至一百)

370000－1541－0003892　435.1/119＝11

佩文齋廣群芳譜一百卷目錄二卷首一卷　（明）王象晉輯　（清）汪灝等重編　清同治七年(1868)姑蘇亦西齋刻本　二冊　存六卷(十三至十五、九十至九十二)

370000－1541－0003893　435.4/185

蘭言述略四卷附錄一卷　（清）袁世俊輯　清光緒二年(1876)六俊世家刻本　一冊

370000－1541－0003894　435.4/613

東籬中正一卷　（清）許兆熊撰　清光緒七年(1881)刻本　一冊

370000－1541－0003895　435.4/946

品芳錄一卷　（清）徐壽基撰　清光緒十二年(1886)桓臺官舍樂意吟館刻本　一冊

370000－1541－0003896　438.6/112

野蠶錄四卷　（清）王元綖編　清宣統元年(1909)安慶同文官印書館鉛印本　一冊　存二卷(一至二)

370000－1541－0003897　438.1/269

邠風廣義三卷　（清）楊屾輯　清光緒八年(1882)濟南刻本　一冊　存一卷(上)

370000－1541－0003898　438.1/943

蠶桑萃編十五卷　（清）衛傑編　清光緒二十五年(1899)刻本　八冊

370000－1541－0003899　438.1/943＝1

蠶桑萃編十五卷　（清）衛傑編　清光緒二十六年(1900)湖南蠶桑總局刻本　八冊

370000－1541－0003900　438.1/943＝2

蠶桑萃編十五卷　（清）衛傑編　清光緒二十六年(1900)刻本　六冊

370000－1541－0003901　438.2/627

看蠶詞一卷　（清）方觀承撰　清光緒十一年(1885)刻本　一冊

370000－1541－0003902　438.2/627＝1

看蠶詞一卷　（清）方觀承撰　清光緒十一年(1885)刻本　一冊

370000－1541－0003903　438.2/627＝2

看蠶詞一卷　（清）方觀承撰　清光緒十一年(1885)刻本　一冊

370000－1541－0003904　438.2/745

蠶桑樂府一卷　（清）沈炳震撰　清光緒十一年(1885)刻本　一冊

370000－1541－0003905　438.2/863

養蠶成法一卷　（清）韓夢周等撰　陰符經解一卷　（清）韓夢周撰　史記立意一卷　（明）歸有光撰　清道光二十六年(1846)濰縣永思堂刻本　一冊

370000－1541－0003906　438/747

蠶桑輯要一卷　（清）沈秉成編撰　清光緒元

188

年(1875)江西書局刻本　一冊

370000－1541－0003907　442.4/964

籌辦萍鄉鐵路公牘四卷首一卷末一卷　顧家
相撰　清光緒三十年(1904)大梁刻本　一冊

370000－1541－0003908　442.4/964＝1

浙江鐵路條陳一卷　顧燮光撰　清光緒三十
二年(1906)彰德府署刻本　一冊

370000－1541－0003909　443.3/290

江蘇海塘新志八卷　（清）李慶雲等纂　清光
緒十六年(1890)刻本　四冊

370000－1541－0003910　443.6/313

居濟一得八卷附河漕類纂一卷　（清）張伯行
撰　清康熙四十七年(1708)刻本　八冊

370000－1541－0003911　443.6/669

河工器具圖說四卷　（清）麟慶纂　清道光十
六年(1836)南河節署刻本　一冊

370000－1541－0003912　443.6/669＝1

河工器具圖說四卷　（清）麟慶纂　清道光十
六年(1836)南河節署刻本　一冊

370000－1541－0003913　443.6/951

安瀾紀要二卷迴瀾紀要二卷　（清）徐端撰
清光緒十四年(1888)刻本　二冊

370000－1541－0003914　443.6/951＝1

安瀾紀要二卷迴瀾紀要二卷　（清）徐端撰
清光緒十四年(1888)刻本　二冊

370000－1541－0003915　443.632/920

荊州萬城隄志十卷首一卷末一卷　（清）倪文
蔚纂修　清光緒二年(1876)刻本　六冊

370000－1541－0003916　443.632/920＝1

荊州萬城隄續志十卷首一卷末一卷　（清）舒
惠撰　清光緒二十年(1894)刻本　四冊

370000－1541－0003917　443.68/433

畿輔河道水利叢書八種附一種　（清）吳邦慶
輯　清道光四年(1824)益津吳邦慶刻本　十
冊

370000－1541－0003918　443.68/433＝1

畿輔河道水利叢書八種附一種　（清）吳邦慶
輯　清道光四年(1824)益津吳邦慶刻本　三
冊　存二種(潞水客談、水利營田冊說補圖)

370000－1541－0003919　443.68/840

中衢一勺三卷　（清）包世臣撰　清末抄本
三冊

370000－1541－0003920　443.68/840＝2

中衢一勺三卷附一卷　（清）包世臣撰　清刻
本　一冊

370000－1541－0003921　443.684/290

**續纂江蘇水利全案正編四十卷首一卷附編十
二卷**　（清）李慶雲等纂　清光緒十五年
(1889)水利工程局木活字印本　二十二冊

370000－1541－0003922　443.689/241

橫橋堰水利記一卷　（清）徐用福輯　清光緒
二十五年(1899)刻本　一冊

370000－1541－0003923　463.22/479

度量衡圖說不分卷　（清）農工商部撰　清光
緒刻本　一冊

370000－1541－0003924　464/517

景德鎮陶錄十卷　（清）藍浦撰　（清）鄭廷桂
補輯　清同治九年(1870)昌南鄭氏刻本　四
冊

370000－1541－0003925　464/517＝1

景德鎮陶錄十卷　（清）藍浦撰　（清）鄭廷桂
補輯　清光緒十七年(1891)書業堂刻本　四
冊

370000－1541－0003926　464/517＝2

景德鎮陶錄十卷　（清）藍浦撰　（清）鄭廷桂
補輯　清光緒十七年(1891)書業堂刻本　四
冊

370000－1541－0003927　467.11/888

礦政輯略十二卷　（清）劉嶽雲撰　清光緒二
十九年(1903)教育世界社石印本　八冊

370000－1541－0003928　467.3/869

井礦工程三卷　（英國）白爾捺輯　（英國）傅
蘭雅譯　（清）趙元益筆述　（清）曹鍾秀繪圖

189

清末刻本　二册

370000 – 1541 – 0003929　468/376

冶金録三卷　（美國）阿發滿撰　（英國）傅蘭雅譯　（清）趙元益筆述　清光緒上海江南製造總局刻本　二册

370000 – 1541 – 0003930　474.4/472

輪輿私箋二卷附圖一卷　（清）鄭珍撰　清同治七年（1868）獨山莫氏金陵刻本　一册

370000 – 1541 – 0003931　479.9/619

今文房四譜一卷　（清）謝崧梁撰　清光緒十六年（1890）湘鄉謝氏掔經榭刻本　一册

370000 – 1541 – 0003932　479.92/522

墨表四卷　（清）萬壽祺輯　清嘉慶二十三年（1818）黃氏士禮居刻本　一册

370000 – 1541 – 0003933　479.92/609

論墨絕句詩一卷　（清）謝崧岱撰　清光緒十九年（1893）湘鄉謝氏掔經榭刻本　一册

370000 – 1541 – 0003934　479.92/609 = 1

論墨絕句詩一卷　（清）謝崧岱撰　清光緒十九年（1893）湘鄉謝氏掔經榭刻本　一册

370000 – 1541 – 0003935　479.93/433

端溪硯史三卷　（清）吳蘭修編　清道光十七年（1837）周氏刻本　一册

370000 – 1541 – 0003936　479.93/436

端溪硯史三卷　（清）吳蘭修編　（清）鄭廷松校　清道光十四年（1834）鄭氏淳一堂刻本　一册

370000 – 1541 – 0003937　479.93/440

端溪研志三卷首一卷　（清）吳繩年輯　清末抄本　一册

370000 – 1541 – 0003938　486.8/124

珠寶飾物雜論不分卷　（清）□□編　清道光十三年（1833）程耀章抄本　一册

370000 – 1541 – 0003939　486.92/456

開平礦務切要案據　開平礦務局編　清宣統二年（1910）鉛印本　一册

370000 – 1541 – 0003940　487.72/364

麻山遺集二卷　（清）孫學顏撰　清同治十三年（1874）刻本　一册

370000 – 1541 – 0003941　502.8/606

刑部比照加減成案三十二卷　（清）許槤（清）熊莪訂　清道光十四年（1834）刻本　八册

370000 – 1541 – 0003942　520.12/285

小學稽業五卷　（清）李塨纂　清光緒刻畿輔叢書本　一册

370000 – 1541 – 0003943　520.12/827

小學二卷　（宋）朱熹輯　清光緒二十四年（1898）北京英華齋刻本　二册

370000 – 1541 – 0003944　520.12/827 = 2

小學六卷　（宋）朱熹輯　清道光二十九年（1849）海棠香國刻本　二册

370000 – 1541 – 0003945　520.1278/311

勸學篇二卷　（清）張之洞撰　清光緒二十四年（1898）敬敷書院刻本　一册

370000 – 1541 – 0003946　520.9/578

泰西學校教化議合刻二種　（德國）花之安撰　清光緒二十三年（1897）上海商務印書館鉛印本　一册

370000 – 1541 – 0003947　520.9/578 = 1

泰西學校教化議合刻二種　（德國）花之安撰　清光緒二十三年（1897）上海商務印書館鉛印本　一册

370000 – 1541 – 0003948　520.9/578 = 2

泰西學校教化議合刻二種　（德國）花之安撰　清光緒二十三年（1897）上海商務印書館鉛印本　一册

370000 – 1541 – 0003949　520.9/880

學部官報　（清）學部編　清光緒三十二年（1906）鉛印本　一册

370000 – 1541 – 0003950　520.931/161

游日本學校筆記一卷　（清）項文瑞撰　清光緒二十九年（1903）敬業學堂鉛印本　一册

370000－1541－0003951　520.943/578

德國學校論略七卷　（德國）花之安譯　清同治十二年(1873)羊城小書會真寶堂刻本　二冊

370000－1541－0003952　521.4/667

讀書作文譜十二卷父師善誘法二卷　（清）唐彪撰　清大文堂刻本　四冊

370000－1541－0003953　521.8/320

京師大學堂史學科講義一卷　屠寄撰　京師大學堂萬國史講義一卷　（日本）服部宇之吉撰　清末鉛印本　一冊

370000－1541－0003954　521.8/842

京師大學堂中國地理講義一卷　（清）鄒代鈞撰　經濟學講義一卷　（日本）於榮三郎撰　清末鉛印本　一冊

370000－1541－0003955　521.9/754

正學編八卷　（清）潘世恩撰　清同治六年(1867)刻本　四冊

370000－1541－0003956　522.85/112

山東優級師範選科學堂試辦章程一卷　山東優級師範選科學堂撰　清宣統元年(1909)石印本　一冊

370000－1541－0003957　523.2/451

小兒語一卷女小兒語一卷　（明）呂得勝撰　續小兒語三卷演小兒語一卷　（明）呂坤撰　清光緒十三年(1887)江西天祿閣刻本　一冊

370000－1541－0003958　523.2/451＝1

呂近溪先生小兒語一卷附四字歌一卷　（明）呂得勝撰　清刻本　一冊

370000－1541－0003959　523.9/324

小學義疏六卷　（清）尹嘉銓疏　清乾隆四十年(1775)刻本　二冊

370000－1541－0003960　523.9/776

曠視山房課兒草二卷　（清）丁守存撰　清光緒七年(1881)刻本　二冊

370000－1541－0003961　523.9/787

程氏家塾讀書分年日程三卷　（元）程端禮撰　清嘉慶元年(1796)道南書塾刻本　二冊

370000－1541－0003962　523.9/787＝2

程氏家塾讀書分年日程三卷　（元）程端禮撰　清同治十年(1871)山東尚志堂刻本　一冊

370000－1541－0003963　523.9/787＝4

程氏家塾讀書分年日程三卷　（元）程端禮撰　清同治十年(1871)山東尚志堂刻本　一冊

370000－1541－0003964　523.9/916

重校蒙學字課圖說四卷　（清）劉樹屏撰　清末石印本　一冊　存一卷(四)

370000－1541－0003965　524.45/169

考察義國政治全書二卷　（清）黃誥編　清光緒三十四年(1908)鉛印本　二冊

370000－1541－0003966　524.7/781

江蘇學務公牘不分卷　（清）江蘇省學務公所編　清光緒三十四年(1908)江蘇學務公所鉛印本　四冊

370000－1541－0003967　525/311

大學堂章程不分卷　（清）□□編　清末民國鉛印本　四冊

370000－1541－0003968　525.99/137

鄆山書院核實錄二卷　（清）□□編　清光緒十六年(1890)刻本　一冊

370000－1541－0003969　525.99/290

珠湖致用書院田房圖註一卷　（清）李明經編　清光緒二十四年(1898)珠湖致用書院刻本　一冊

370000－1541－0003970　525.99/311

四川省城尊經書院記一卷　（清）張之洞撰　清光緒刻本　一冊

370000－1541－0003971　525.9911/759

爐紀存徵續一卷　（清）游智開編　清同治十三年(1874)刻本　一冊

370000－1541－0003972　525.9915/201

安康縣興賢學倉志二卷　（清）趙祥等修　清道光二十五年(1845)刻本　二冊

370000－1541－0003973　525.9921/137

東林書院志二十二卷　（清）高廷珍等增輯　清光緒七年(1881)刻本　八冊

370000－1541－0003974　525.9925/290

澧陽書院學約一卷　（清）李瀚昌撰　清光緒二十一年(1895)澧州刻思貽齋叢錄本　一冊

370000－1541－0003975　525.9931/236

重修南溪書院志四卷首一卷　（清）楊毓健修　（清）劉鴻略編　清康熙五十六年(1717)刻本　四冊

370000－1541－0003976　525.9931/236＝1

重修南溪書院志四卷首一卷　（清）楊毓健修　（清）劉鴻略編　清同治九年(1870)刻本　四冊

370000－1541－0003977　526.131/115

日游筆記一卷　（清）王景禧撰　清光緒三十年(1904)學務處排印局鉛印本　一冊

370000－1541－0003978　526.227/661

大清教育新法令十三編　（清）商務印書館編譯所編　清宣統二年(1910)上海商務印書館鉛印本　八冊

370000－1541－0003979　526.227/661＝1

大清教育新法令十三編　（清）商務印書館編譯所編　清宣統二年(1910)上海商務印書館鉛印本　八冊

370000－1541－0003980　526.3931/860

日遊彙編四卷　繆荃孫輯　清光緒二十九年(1903)高等學堂刻本　一冊

370000－1541－0003981　526.9/158

西學考二卷　（美國）丁韙良撰　清光緒二十四年(1898)上海飛鴻閣書莊鉛印本　四冊

370000－1541－0003982　526.9/578

泰西學校教化議合刻二種　（德國）花之安撰　清光緒二十三年(1897)上海商務印書館鉛印本　一冊

370000－1541－0003983　527.1/313

學規類編二十七卷　（清）張伯行纂　清同治

五年(1866)福州正誼書院刻本　六冊

370000－1541－0003984　527.12/392

鄉會須知一卷　（清）□□編　清光緒二年(1876)北京琉璃廠書坊刻本　二冊

370000－1541－0003985　527.12/392＝1

臨文便覽一卷　（清）□□編　清光緒五年(1879)刻本　一冊

370000－1541－0003986　528.2/306

課子隨筆鈔六卷　（清）張師載輯　清同治三年(1864)文慶堂刻本　六冊

370000－1541－0003987　528.971/762

拳教析疑說一卷　勞乃宣輯　清光緒刻本　一冊

370000－1541－0003988　528.971/762＝1

拳教析疑說一卷　勞乃宣輯　清光緒刻本　一冊

370000－1541－0003989　528.971/762＝2

拳教析疑說一卷　勞乃宣輯　清光緒刻本　一冊

370000－1541－0003990　528.971/762＝3

拳教析疑說一卷　勞乃宣輯　清光緒刻本　一冊

370000－1541－0003991　528.977/327

陳希夷坐功圖不分卷　（宋）陳摶撰　清刻本　一冊

370000－1541－0003992　529.92/183

蘇州府長元吳三邑諸生譜九卷　（清）錢國祥等輯　清光緒三十二年(1906)刻本　二冊

370000－1541－0003993　531/139

禮經學七卷　曹元弼撰　清宣統元年(1909)刻本　七冊

370000－1541－0003994　531/949

檀弓通二卷考工記通二卷　（明）徐昭慶撰　明萬曆刻本　四冊

370000－1541－0003995　531.1/100

儀禮句讀直音十七卷　（清）□□輯　清華陽

王氏元尚居刻本　二册　存十三卷(一至十三)

370000－1541－0003996　531.1/151＝3
儀禮注疏十七卷 （漢）鄭玄注　（唐）陸德明音義　（唐）賈公彦疏　清同治十三年(1874)湖南書局刻本　六册　存八卷(一至八)

370000－1541－0003997　531.1/151＝4
儀禮注疏十七卷 （漢）鄭玄注　（唐）賈公彦疏　明末虞山毛氏汲古閣刻本　李青在批校　十二册

370000－1541－0003998　531.1/151＝5
儀禮注疏十七卷附考證 （漢）鄭玄注　（唐）陸德明音義　（唐）賈公彦疏　清同治十年(1871)廣東書局刻本　十二册

370000－1541－0003999　531.1/151＝6
儀禮疏五十卷 （漢）鄭玄注　（唐）賈公彦疏　清道光十年(1830)藝芸書舍刻本　十册

370000－1541－0004000　531.1/151＝7
儀禮注疏校勘記五十卷 （清）阮元撰　清刻本　一册　存三卷(十一至十三)

370000－1541－0004001　531.1/377
儀禮十七卷校錄一卷續校一卷 （漢）鄭玄注　（清）黄丕烈校錄續校　清同治九年(1870)湖北崇文書局刻本　五册　存七卷(一至六、十)

370000－1541－0004002　531.1/719
禮書綱目八十五卷首三卷 （清）江永編　清嘉慶十五年(1810)鏤恩堂刻本　二十三册　缺四卷(二十八至三十一)

370000－1541－0004003　531.1/719＝1
禮書綱目八十五卷首三卷 （清）江永編　清嘉慶十五年(1810)鏤恩堂刻本　二十册

370000－1541－0004004　531.1/883
山東高等學堂儀禮講義三編 （清）岳寶樹輯　清光緒山東高等學堂石印本　一册

370000－1541－0004005　531.1/977
儀禮十七卷附監本正誤一卷石本誤字一卷

（漢）鄭玄注　（清）張爾岐句讀　清同治十年(1871)山東書局刻本　六册

370000－1541－0004006　531.1/977＝1
儀禮十七卷附監本正誤一卷石本誤字一卷
（漢）鄭玄注　（清）張爾岐句讀　清同治十年(1871)山東書局刻本　一册　存三卷(九至十一)

370000－1541－0004007　531.1/977＝2
儀禮十七卷附監本正誤一卷石本誤字一卷
（漢）鄭玄注　（清）張爾岐句讀　清同治十年(1871)山東書局刻本　六册

370000－1541－0004008　531.1/977＝4
儀禮十七卷 （漢）鄭玄注　（明）金蟠（明）葛鼒訂　明崇禎永懷堂刻清浙江書局補修本　二册　存八卷(一至八)

370000－1541－0004009　531.1/977＝4
儀禮十七卷附監本正誤一卷石本誤字一卷
（漢）鄭玄注　（清）張爾岐句讀　清同治十一年(1872)山東書局刻本　六册

370000－1541－0004010　531.12/139
禮經校釋二十二卷 曹元弼撰　清光緒十八年(1892)吳縣曹氏刻本　十二册

370000－1541－0004011　531.12/139＝1
禮經校釋二十二卷 曹元弼撰　清光緒十八年(1892)吳縣曹氏刻本　十二册

370000－1541－0004012　531.12/151
儀禮疏五十卷 （漢）鄭玄注　（唐）賈公彦疏　校勘記五十卷　（清）阮元撰　（清）盧宣旬摘錄　清嘉慶二十年(1815)江西南昌府學刻本　十六册

370000－1541－0004013　531.12/151＝1
儀禮疏五十卷 （漢）鄭玄注　（唐）賈公彦疏　校勘記五十卷　（清）阮元撰　（清）盧宣旬摘錄　清嘉慶二十年(1815)江西南昌府學刻本　十四册

370000－1541－0004014　531.12/340
儀禮集編十七卷首一卷 （清）盛世佐編　清

嘉慶九年(1804)桐鄉馮氏貯雲居刻本　三十二冊

370000－1541－0004015　531.12/414

儀禮易讀指掌十三卷　（清）馬駉輯　（清）湯馥藻編　清光緒十四年(1888)嘉定湯氏刻本　四冊

370000－1541－0004016　531.12/827＝2

儀禮經傳通解三十七卷　（宋）朱熹撰　清末上海樂善堂刻本　十二冊　存二十六卷（一至二十六）

370000－1541－0004017　531.12/977

儀禮鄭注句讀十七卷　（漢）鄭玄注　（清）張爾岐句讀　清同治十三年(1874)湖南書局刻本　四冊

370000－1541－0004018　531.12/977＝1

儀禮鄭注句讀十七卷　（漢）鄭玄注　（清）張爾岐句讀　清同治十三年(1874)湖南書局刻本　八冊

370000－1541－0004019　531.15/306

儀禮圖六卷　（清）張惠言撰　清同治九年(1870)湖北崇文書局刻本　三冊

370000－1541－0004020　531.17/827

儀禮節略二十卷　（清）朱軾編錄　清光緒二十三年(1897)刻本　十六冊

370000－1541－0004021　531.17/951

儀禮古今文異同疏證五卷　（清）徐養原撰　清光緒十七年(1891)廣雅書局刻本　一冊

370000－1541－0004022　531.17/951＝1

儀禮古今文異同疏證五卷　（清）徐養原撰　清光緒十七年(1891)廣雅書局刻本　一冊

370000－1541－0004023　531.2/158

禮記十卷　（元）陳澔集說　清同治十一年(1872)山東書局刻本　十冊

370000－1541－0004024　531.2/158＝1

禮記十卷　（元）陳澔集說　清同治十一年(1872)山東書局刻本　十冊

370000－1541－0004025　531.2/158＝2

禮記十卷　（元）陳澔集說　清同治十一年(1872)山東書局刻本　十冊

370000－1541－0004026　531.2/158＝3

禮記十卷　（元）陳澔集說　清同治十一年(1872)山東書局刻本　十冊

370000－1541－0004027　531.2/366

禮記集解六十一卷　（清）孫希旦撰　清咸豐十年至同治七年(1860－1868)瑞安孫氏盤谷草堂刻本　二十冊

370000－1541－0004028　531.2/377

檀弓輯註二卷　（明）陳與郊輯　明萬曆三十二年(1604)刻本　二冊

370000－1541－0004029　531.2/382

禮記十卷　（元）陳澔集說　清光緒三十二年(1906)天津文美齋刻本　十冊

370000－1541－0004030　531.2/382＝1

禮記十卷　（元）陳澔集說　清末南京李光明莊刻本　十冊

370000－1541－0004031　531.2/382＝2

禮記十卷　（元）陳澔集說　清嘉慶十年(1805)刻本　十冊

370000－1541－0004032　531.2/382＝3

禮記十卷　（元）陳澔集說　清嘉慶十六年(1811)刻本　十冊

370000－1541－0004033　531.2/382＝4

禮記十卷　（元）陳澔集說　清光緒四年(1878)書業德記刻本　十冊

370000－1541－0004034　531.2/533

漱芳軒合纂禮記體註四卷　（清）范翔訂　清同治五年(1866)刻本　八冊

370000－1541－0004035　531.2/672

禮記易讀二卷　（清）志遠堂主人選輯　清光緒二年(1876)刻本　二冊

370000－1541－0004036　531.2/827

禮記訓纂四十九卷　（清）朱彬輯　清咸豐元年(1851)朱氏宜祿堂刻六年(1856)重修同治五年(1866)印本　十冊

370000 – 1541 – 0004037　531.2/977

禮記二十卷　（漢）鄭玄注　清乾隆四十八年(1783)武英殿刻本　七冊

370000 – 1541 – 0004038　531.2/977 = 1

附釋音禮記注疏六十三卷　（漢）鄭玄注 (唐)孔穎達疏　校勘記六十三卷　（清）阮元撰　（清）盧宣旬摘録　清嘉慶二十年(1815)江西南昌府學刻十三經注疏本　二十四冊

370000 – 1541 – 0004039　531.2/977 = 2

附釋音禮記注疏六十三卷　（漢）鄭玄注 (唐)孔穎達疏　校勘記六十三卷　（清）阮元撰　（清）盧宣旬摘録　清嘉慶二十年(1815)江西南昌府學刻十三經注疏本　二十四冊

370000 – 1541 – 0004040　531.2/977 = 3

附釋音禮記注疏六十三卷　（漢）鄭玄注 (唐)孔穎達疏　校勘記六十三卷　（清）阮元撰　（清）盧宣旬摘録　清嘉慶二十年(1815)江西南昌府學刻十三經注疏本　十二冊　存十八卷(附釋音禮記注疏三至四、七至二十二)

370000 – 1541 – 0004041　531.2/977 = 4

禮記注疏六十三卷附考證　（漢）鄭玄注 (唐)陸德明音義　(唐)孔穎達疏　清同治十年(1871)廣東書局刻本　三十冊

370000 – 1541 – 0004042　531.2/977 = 5

禮記注疏校勘記六十三卷　（清）阮元撰　清刻本　二冊　存十五卷(十七至三十一)

370000 – 1541 – 0004043　531.22/209

鄭氏禮記箋四十九卷　（清）郝懿行撰　清光緒八年(1882)東路廳署刻本　十冊

370000 – 1541 – 0004044　531.22/917

禮記補疏三卷　（清）焦循撰　清刻本　一冊

370000 – 1541 – 0004045　531.27/438

禮記纂言三十六卷　（元）吳澄纂　清光緒二十三年(1897)刻本　八冊　缺十三卷(一至十三)

370000 – 1541 – 0004046　531.27/438 = 2

禮記纂言三十六卷　（元）吳澄纂　清雍正刻本　十四冊

370000 – 1541 – 0004047　531.27/844

禮記子思子言鄭注補正四卷　簡朝亮撰　清末民國順德簡氏讀書堂刻本　四冊

370000 – 1541 – 0004048　531.285/668

禮運注一卷　康有爲注　清光緒二十七年(1901)中國圖書公司鉛印演孔叢書本　一冊

370000 – 1541 – 0004049　531.289/522

禮記偶箋三卷　（清）萬斯大撰　清刻本　二冊

370000 – 1541 – 0004050　531.3/212

大戴禮記十三卷　（漢）戴德撰　清康熙五十七年(1718)朱氏自修齋刻本　二冊

370000 – 1541 – 0004051　531.31/212

大戴禮記十三卷　（漢）戴德撰　清光緒二十三年(1897)刻本　二冊

370000 – 1541 – 0004052　531.36/112

大戴禮記解詁十三卷　（清）王聘珍撰　清光緒十三年(1887)廣雅書局刻本　三冊

370000 – 1541 – 0004053　531.36/112 = 2

大戴禮記解詁十三卷　（清）王聘珍撰　清同治八年(1869)盱南王氏刻本　四冊

370000 – 1541 – 0004054　531.36/525

明堂陰陽夏小正經傳考釋十卷　（清）莊述祖撰　清光緒九年(1883)刻本　四冊

370000 – 1541 – 0004055　531.381/749

夏小正傳箋一卷　（漢）戴德傳　（清）沈秉成箋　清同治六年(1867)刻本　一冊

370000 – 1541 – 0004056　531.8/157 = 2

三禮圖二十卷　（宋）聶崇義集注　清光緒上海同文書局石印本　二冊

370000 – 1541 – 0004057　531.8/230

欽定禮記義疏八十二卷首一卷　（清）允祿等撰　清刻本　六十四冊

370000 – 1541 – 0004058　531.8/232

韓氏三禮圖說二卷　（元）韓信同撰　清嘉慶
十八年(1813)福鼎王氏麟後山房刻本　二冊

370000－1541－0004059　531.8/290＝1

欽定儀禮義疏四十八卷首二卷　（清）朱軾等
纂　清紫陽書院刻本　二十九冊

370000－1541－0004060　531.8/290＝2

欽定儀禮義疏四十八卷首二卷　（清）朱軾等
纂　清光緒十四年(1888)上海鴻文書局石印
本　五冊

370000－1541－0004061　531.8/290＝3

欽定儀禮義疏四十八卷首二卷　（清）朱軾等
纂　清刻本　二十九冊　存二十八卷（一至
六、十九至二十八、三十九至四十八,首二卷）

370000－1541－0004062　531.851/157

三禮圖二十卷　（宋）聶崇義集注　清康熙十
九年(1680)通志堂刻本　二冊

370000－1541－0004063　531.87/987

求古錄禮說十六卷補遺一卷　（清）金鶚撰
清光緒刻本　九冊

370000－1541－0004064　531.9/102

五禮通考二百六十二卷首一卷　（清）秦蕙田
輯　清光緒六年(1880)江蘇書局刻本　一百
冊

370000－1541－0004065　532/102

五禮通考二百六十二卷首一卷　（清）秦蕙田
撰　清刻本　九十九冊

370000－1541－0004066　532/102＝1

五禮通考二百六十二卷首一卷　（清）秦蕙田
撰　清光緒六年(1880)江蘇書局刻本　一百
冊

370000－1541－0004067　532/102＝2

五禮通考二百六十二卷首一卷　（清）秦蕙田
撰　清光緒六年(1880)江蘇書局刻本　一百
冊

370000－1541－0004068　532/102＝3

五禮通考二百六十二卷首一卷　（清）秦蕙田
撰　清光緒六年(1880)江蘇書局刻本　一百

三十二冊

370000－1541－0004069　532/102＝4

五禮通考二百六十二卷首一卷　（清）秦蕙田
撰　清光緒二十二年(1896)新化三味堂刻本
一百冊

370000－1541－0004070　532/167

禮書通故五十卷　（清）黃以周撰　清光緒十
九年(1893)黃氏試館刻本　三十二冊

370000－1541－0004071　532/167＝1

禮書通故五十卷　（清）黃以周撰　清光緒十
九年(1893)黃氏試館刻本　三十二冊

370000－1541－0004072　532/167＝2

禮書通故五十卷　（清）黃以周撰　清光緒十
九年(1893)黃氏試館刻本　三十二冊

370000－1541－0004073　532/188

朝市叢載八卷　（清）李虹若編　清光緒十二
年(1886)刻本　八冊

370000－1541－0004074　532/303

司馬氏書儀十卷　（宋）司馬光撰　清同治四
年(1865)盱眙吳氏望三益齋刻本　二冊

370000－1541－0004075　532/303＝2

司馬氏書儀十卷　（宋）司馬光撰　清雍正元
年(1723)汪亮采刻本　四冊

370000－1541－0004076　532/382

禮書附錄十二卷　（清）陳寶泉輯　清嘉慶二
十五年(1820)含暉閣刻本　六冊

370000－1541－0004077　532/423

太常因革禮一百卷校識一卷　（宋）歐陽修等
編　清光緒二十年(1894)廣雅書局刻本　八
冊

370000－1541－0004078　532/444

四禮翼一卷　（明）呂坤撰　（清）朱軾評點
清光緒十三年(1887)天津華新印刷局鉛印本
一冊

370000－1541－0004079　532/714

大風集四卷　（清）汪紱撰　清光緒二十二年
(1896)刻本　一冊

370000 – 1541 – 0004080　　532/730

稱謂錄三十二卷　（清）梁章鉅撰　清光緒十年(1884)福州梁氏刻本　十二冊

370000 – 1541 – 0004081　　532/730 = 1

稱謂錄三十二卷　（清）梁章鉅編　清光緒十年(1884)福州梁氏刻本　八冊

370000 – 1541 – 0004082　　532/946

大唐開元禮一百五十卷　（唐）蕭嵩等撰　清嘉慶十六年(1811)吳郡朱邦衡抄本　清朱邦衡跋　十四冊

370000 – 1541 – 0004083　　532/946 = 1

讀禮通考一百二十卷　（清）徐乾學撰　清康熙三十五年(1696)昆山徐樹穀刻本　四十冊

370000 – 1541 – 0004084　　532/946 = 2

讀禮通考一百二十卷　（清）徐乾學撰　清康熙三十五年(1696)昆山徐樹穀刻本　二十四冊　存六十七卷(一至十九、六十六至七十、七十八至一百二十)

370000 – 1541 – 0004085　　532/946 = 3

讀禮通考一百二十卷　（清）徐乾學撰　清康熙三十五年(1696)昆山徐樹穀刻本　九冊　存三十三卷(八十八至一百二十)

370000 – 1541 – 0004086　　532/946 = 4

讀禮通考一百二十卷　（清）徐乾學撰　清光緒七年(1881)江蘇書局刻本　三十二冊

370000 – 1541 – 0004087　　532/946 = 5

讀禮通考一百二十卷　（清）徐乾學撰　清光緒七年(1881)江蘇書局刻本　十冊　存七十四卷(四十至六十、六十八至一百二十)

370000 – 1541 – 0004088　　532/946 = 6

讀禮通考一百二十卷　（清）徐乾學撰　清光緒七年(1881)江蘇書局刻本　二冊　存八卷(七十九至八十六)

370000 – 1541 – 0004089　　532.1/337

欽定各郊壇廟樂章不分卷　（清）張樂盛編　清道光元年(1821)北京天壇神樂署刻本　一冊

370000 – 1541 – 0004090　　532.1/926

滿洲四禮集不分卷　（清）索寧安輯　清嘉慶六年(1801)省非堂刻本　五冊

370000 – 1541 – 0004091　　532.7/682

大清通禮五十四卷　（清）李玉鳴纂修　（清）穆克登額續修　（清）恒泰續纂　清道光四年(1824)刻本　十二冊

370000 – 1541 – 0004092　　532.7/682 = 1

大清通禮五十四卷　（清）李玉鳴纂修　（清）穆克登額續修　（清）恒泰續纂　清光緒九年(1883)江蘇書局刻本　十二冊

370000 – 1541 – 0004093　　532.7/682 = 2

大清通禮五十四卷　（清）李玉鳴纂修　（清）穆克登額續修　（清）恒泰續纂　清光緒九年(1883)江蘇書局刻本　十二冊

370000 – 1541 – 0004094　　533.1/112

國朝謚法考一卷　（清）王士禎撰　清康熙刻本　一冊

370000 – 1541 – 0004095　　533.1/112 = 1

國朝謚法考一卷　（清）王士禎撰　清康熙刻本　一冊

370000 – 1541 – 0004096　　533.1/112 = 2

國朝謚法考一卷　（清）王士禎撰　清刻本　一冊

370000 – 1541 – 0004097　　533.1/266

皇朝謚法表十卷　（清）楊樹編　清光緒二十八年(1902)刻三十年(1904)重修本　二冊

370000 – 1541 – 0004098　　533.1/384

春秋謚法表一卷　（清）陳延齡編　清宣統二年(1910)北京開智石印書局石印本　一冊

370000 – 1541 – 0004099　　533.2/949

皇朝祭器樂舞錄二卷　（清）徐暢達輯　清同治十年(1871)湖北崇文書局刻本　二冊

370000 – 1541 – 0004100　　533.24/252

文舞圖譜一卷禮器樂器圖一卷　（清）桂良輯　清刻本　一冊

370000 – 1541 – 0004101　　534/222

治家略八卷　（清）胡煒撰　清乾隆二十四年(1759)古婺胡氏刻本　二冊

370000－1541－0004102　534/444

呂氏四禮翼一卷　（明）呂坤撰　（清）朱軾評點　清光緒二十三年(1897)刻本　一冊

370000－1541－0004103　534/444＝2

呂氏四禮翼一卷　（明）呂坤撰　（清）朱軾評點　清刻本　一冊

370000－1541－0004104　534/827

文公家禮儀節八卷　（宋）朱熹撰　（明）邱濬輯　清光緒十三年(1887)上海江左書林刻本　六冊

370000－1541－0004105　534/972

親屬記二卷　（清）鄭珍撰　清光緒十八年(1892)廣雅書局刻本　一冊

370000－1541－0004106　536.23/313

蒙古遊牧記十六卷　（清）張穆撰　清同治六年(1867)壽陽祁氏刻本　四冊

370000－1541－0004107　538.32/302

工師雕斵正式魯班木經匠家鏡三卷首一卷附秘訣仙機二卷　（明）午榮彙編　（明）章嚴集　清同治九年(1870)刻本　二冊

370000－1541－0004108　538.5/377

日涉編十二卷　（明）陳堦撰　明萬曆三十九年(1611)徐養量刻清乾隆三十四年(1769)清畏堂補刻本　十二冊

370000－1541－0004109　538.79/298

古今秘苑十五卷續錄十三卷　（清）墨磨主人編　清刻本　一冊

370000－1541－0004110　538.79/340

康熙幾暇格物編二卷　（清）聖祖玄燁撰　（清）盛昱錄　清光緒石印本　二冊

370000－1541－0004111　538.79/340＝1

康熙幾暇格物編二卷　（清）聖祖玄燁撰　（清）盛昱錄　清光緒石印本　二冊

370000－1541－0004112　538.79/890

淮南萬畢術二卷　（漢）劉安撰　清光緒二十年(1894)長沙葉氏郎園刻本　一冊

370000－1541－0004113　538.8/915

全地五大洲女俗通考十集二十一卷首一卷　（美國）林樂知輯譯　（清）任保羅等譯述　上海廣學會編行　清光緒二十九年(1903)上海華美書局鉛印本　二十冊

370000－1541－0004114　538.82/719

整飭風俗條教告示不分卷　（清）黃爲撰　清光緒十六年(1890)刻本　一冊

370000－1541－0004115　538.84/190

西俗雜志一卷　（清）倉山舊主(袁祖志)撰　清光緒十年(1884)上海文藝齋刻本　一冊

370000－1541－0004116　538.84/190＝1

西俗雜志一卷　（清）倉山舊主(袁祖志)撰　清光緒上海著易堂鉛印本　一冊

370000－1541－0004117　539.92/863

一法通三卷　（清）吳獬編　清刻本　一冊　存一卷(三)

370000－1541－0004118　541/906

佐治芻言不分卷　（英國）傅蘭雅口譯　應祖錫等筆述　清末鉛印本　二冊

370000－1541－0004119　542.1/627

戶冊增進冊不分卷　（明）方銘造　明萬曆二十年(1592)寫本　一冊

370000－1541－0004120　543.2/210

老城戶口冊不分卷　（清）□□編　清末抄本　二冊

370000－1541－0004121　544.76/578

竹西花事小錄一卷　（清）芬利它行者編　燕臺花事錄三卷　（清）蜀西樵也(王增祺)撰　清光緒申報館鉛印申報館叢書本　一冊

370000－1541－0004122　548.12/382

陳氏義莊條規一卷　（清）陳寶柱輯刊　清光緒十四年(1888)都門刻本　一冊

370000－1541－0004123　548.17/596

常昭捐賑錄不分卷　（清）常熟昭文賑濟公局輯　清道光三十年(1850)刻本　三冊

370000－1541－0004124　548.179/301

振德堂徵信錄不分卷　（清）振德堂輯　清刻本　一冊

370000－1541－0004125　548.3/269

籌濟編三十二卷首一卷　（清）楊景仁輯　清光緒九年(1883)湖北武昌書局刻本　八冊

370000－1541－0004126　548.3/269＝2

籌濟編三十二卷首一卷　（清）楊景仁輯　清光緒五年(1879)江蘇書局刻本　八冊

370000－1541－0004127　548.314/164

山東黃河南岸十三州縣遷民圖說一卷山東黃河南岸十三州縣遷民總圖一卷　（清）黃璣撰　清光緒二十二年(1896)上海點石齋石印本　二冊

370000－1541－0004128　548.314/164＝1

山東黃河南岸十三州縣遷民圖說一卷山東黃河南岸十三州縣遷民總圖一卷　（清）黃璣撰　清光緒二十二年(1896)上海點石齋石印本　一冊　存一卷(山東黃河南岸十三州縣遷民總圖一卷)

370000－1541－0004129　548.48/456

饋貧糧一卷　（清）健飯老人輯　清光緒四年(1878)鉛印本　一冊

370000－1541－0004130　548.492/820

同州籌賑事略不分卷　（清）周銘旂撰　清刻本　二冊

370000－1541－0004131　548.83/768

酒史一卷　（明）馮時化編　清抄本　一冊

370000－1541－0004132　549.2/104

近世社會主義一卷　（日本）福井準造撰　趙必振譯　清光緒二十九年(1903)上海廣智書局鉛印本　二冊

370000－1541－0004133　550.18/179

原富五部　（英國）斯密亞丹撰　嚴復譯　清南洋公學譯書院鉛印本　八冊

370000－1541－0004134　550.2/723

富國策三卷　（英國）法思德撰　（清）汪鳳藻譯　清光緒八年(1882)上海美華書館鉛印本　三冊

370000－1541－0004135　550.2/723＝2

富國策三卷　（英國）法思德撰　（清）汪鳳藻譯　清光緒二十五年(1899)上海美華書館鉛印本　一冊

370000－1541－0004136　552.2/285

時事新論十二卷　（英國）李提摩太撰　清光緒鉛印本　二冊

370000－1541－0004137　552.2/966

經濟類考約編二卷　（清）顧九錫撰　清末慶槐堂鉛印本　四冊

370000－1541－0004138　552.2028/479

農工商部統計表不分卷　（清）農工商部編訂　清光緒三十四年(1908)鉛印本　二冊

370000－1541－0004139　552.2028/479＝1

農工商部統計表不分卷　（清）農工商部編訂　清宣統元年(1909)鉛印本　二冊

370000－1541－0004140　552.209/679

影唐寫本漢書食貨志一卷　（漢）班固撰　(唐)顏師古注　清光緒十年(1884)遵義黎氏日本東京使署刻古逸叢書本　一冊

370000－1541－0004141　552.231/630

閩產錄異六卷　（清）郭柏蒼輯　清光緒十二年(1886)刻本　五冊

370000－1541－0004142　554.1/285

桑麻水利族學彙存四卷保甲事宜摘要五卷　(清)李有棻撰　清光緒十三年(1887)武昌府署刻本　二冊

370000－1541－0004143　554.1/482

農事私議二卷墾荒裕國策一卷　羅振玉撰　清光緒刻本　一冊

370000－1541－0004144　554.28/668

康熙魚鱗冊不分卷　（清）□□編　清康熙寫本　六冊

370000－1541－0004145　554.28/824

無錫縣丈量魚鱗坵冊不分卷　（明）□□編

明寫本　一冊

370000－1541－0004146　554.28/824＝1

無錫縣丈量魚鱗垆冊不分卷　（明）□□編
明寫本　一冊

370000－1541－0004147　554.28/824＝2

萬曆九年丈量魚鱗清冊不分卷　（明）□□編
　明萬曆寫本　二冊

370000－1541－0004148　554.28/863

明萬曆丈量魚鱗清冊（惟字第二至五九九號）
不分卷　（明）□□編　明萬曆寫本　二冊

370000－1541－0004149　554.28/863＝1

明萬曆丈量魚鱗清冊（寶字第一至五〇二〇
號）不分卷　（明）□□編　明萬曆寫本　三
冊

370000－1541－0004150　554.28/863＝2

明萬曆丈量魚鱗清冊（毀字第五二一至一五
八四號）一卷　（明）□□編　明萬曆寫本
一冊

370000－1541－0004151　554.28/863＝3

明萬曆丈量魚鱗清冊（事字第六一至二六九
六號）一卷　（明）□□編　明萬曆寫本　一
冊　存二千四百五十二號（二百四十九至二
千七百）

370000－1541－0004152　554.28/863＝4

清順治丈量魚鱗清冊（成字第四五至二〇九
六號）一卷　（清）□□編　清順治寫本　一
冊

370000－1541－0004153　554.28/863＝5

清順治丈量魚鱗清冊（寶字第二四八一至四
九八四號）一卷　（清）□□編　清順治寫本
一冊

370000－1541－0004154　554.28/863＝6

清順治丈量魚鱗清冊（日字第一至二八〇〇
號）不分卷　（清）□□編　清順治寫本　二
冊

370000－1541－0004155　554.28/863＝7

清康熙歙縣十八都清丈魚鱗底冊一卷　（清）

□□編　清紅格寫本　一冊

370000－1541－0004156　554.28/863＝8

清康熙丈量魚鱗清冊（敢字第一七至一〇六
四號）一卷　（清）□□編　清康熙寫本　一
冊

370000－1541－0004157　554.28/863＝9

清康熙丈量魚鱗清冊（有字第一至二七五四
號）一卷　（清）□□編　清康熙寫本　一冊

370000－1541－0004158　554.28/863＝10

清朝歙縣魚鱗弓口底冊（查字第三〇〇一至
三一二六號）一卷　（清）□□編　清寫本
一冊

370000－1541－0004159　554.28/863＝11

清朝魚鱗清冊（往字第三〇五七號至四三四
二號）一卷　（清）□□編　清寫本　一冊

370000－1541－0004160　554.28/865

順治六年丈量魚鱗清冊不分卷　（清）□□編
清寫本　二冊

370000－1541－0004161　554.28/865＝1

順治六年丈量魚鱗清冊不分卷　（清）□□編
清寫本　一冊

370000－1541－0004162　554.28/963

康熙陸年新丈量重字號魚鱗清冊（自元號至
壹千八百九十貳號）一卷　（清）□□編　清
康熙寫本　一冊

370000－1541－0004163　554.8/269

籌濟編三十二卷首一卷　（清）楊景仁輯　清
光緒四年(1878)詒硯齋刻本　六冊

370000－1541－0004164　554.8/269＝1

籌濟編三十二卷首一卷　（清）楊景仁輯　清
光緒四年(1878)詒硯齋刻本　六冊

370000－1541－0004165　554.8/990

荒政叢書十卷　（清）俞森撰　清道光二十八
年(1848)瓶花書屋刻本　六冊

370000－1541－0004166　555.961/723

湖北氈呢廠事略不分卷附第一屆賬略　（清）
湖北氈呢廠編　清宣統鉛印本　一冊

370000－1541－0004167　557.222/382

軌政紀要初編九卷次編三卷　（清）郵傳部參議廳編　清光緒三十三年(1907)郵傳部圖書通譯局鉛印本　六冊

370000－1541－0004168　557.259/878

陳陳楊三家代理派回粵路股銀始末記一卷　(清)廣東粵漢鐵路有限公司編　清末香港中華印務有限公司鉛印本　一冊

370000－1541－0004169　557.375/880

浙江全省輿圖並水陸道里記不分卷　（清）輿圖總局編　清末石印本　二十冊

370000－1541－0004170　557.375/880＝1

浙江全省輿圖並水陸道里記不分卷　（清）輿圖總局編　清末石印本　二十冊

370000－1541－0004171　557.451/987

海道圖說十五卷附長江圖說一卷　（英國）金約翰輯　（英國）傅蘭雅口譯　（清）王德均筆述　清光緒刻本　十冊

370000－1541－0004172　557.451/987＝1

海道圖說十五卷附長江圖說一卷　（英國）金約翰輯　（英國）傅蘭雅口譯　（清）王德均筆述　清光緒二十二年(1896)上海書局石印本　八冊

370000－1541－0004173　557.454/863＝1

行川必要一卷　（清）賀縉紳撰　清光緒四年(1878)刻本　一冊

370000－1541－0004174　557.47/273

漕運則例纂二十卷　（清）楊錫紱編　清乾隆三十五年(1770)刻本　二十冊

370000－1541－0004175　557.47/273＝1

漕運則例纂二十卷　（清）楊錫紱編　清乾隆三十五年(1770)刻本　十五冊

370000－1541－0004176　557.47/292

轉漕日記四卷（清道光十六年至十七年）(清)李鈞撰　清道光十七年(1837)河南糧鹽道署刻本　一冊

370000－1541－0004177　557.47/295

浙江海運全案初編十卷續編四卷　（清）黃宗漢修　（清）椿壽等纂　（清）韓椿續纂　清咸豐三年(1853)浙江糧道庫刻本　十四冊

370000－1541－0004178　557.47/295＝2

浙江海運漕糧全案重編初編八卷續編四卷新編八卷　（清）馬新貽等纂　清同治六年(1867)浙江糧儲道庫刻本　十二冊

370000－1541－0004179　557.47/754

欽定戶部漕運全書九十二卷　（清）潘世恩等纂　清道光二十四年(1844)刻本　四十六冊

370000－1541－0004180　558.0943/661

德國工商勃興史一卷　（法國）伯羅德爾撰　清光緒二十九年(1903)上海商務印書館鉛印商業叢書本　一冊

370000－1541－0004181　558.5/117

中外通商始末記二十卷　（清）王之春編　清光緒二十一年(1895)寶善書局石印本　六冊

370000－1541－0004182　558.5/946

通商約章類纂三十五卷　（清）徐宗亮編　清光緒十二年(1886)天津官書局刻本　二十冊

370000－1541－0004183　558.5029/311

光緒朝海關大宗進出貨價表附說一卷　張庸編　清宣統三年(1911)江蘇南通翰墨林書局鉛印本　一冊

370000－1541－0004184　558.5029/311＝1

光緒朝海關大宗進出貨價表附說一卷　張庸編　清宣統三年(1911)江蘇南通翰墨林書局鉛印本　一冊

370000－1541－0004185　560.8/465

財政叢書十二種　（清）昌言報館編　清光緒二十九年(1903)上海會文學社石印本　十二冊

370000－1541－0004186　561.2378/582

山東高等學堂經學講義　山東高等學堂編　清光緒山東高等學堂石印本　一冊

370000－1541－0004187　561.3/117

錢幣芻言一卷續刻一卷　（清）王鎏撰　清道

光二十三年(1843)壑舟園刻本　一冊

370000－1541－0004188　561.32/740

精刻精枀鷹洋定論不分卷　(清)沈一飛撰
清光緒十九年(1893)錫山袁氏文軒書屋刻本
一冊

370000－1541－0004189　562.1/354

鈔業略論一卷　(清)大學堂譯書局譯　清戶
部刻本　一冊

370000－1541－0004190　564.3/863

度支部試辦宣統三年預算案總表不分卷
(清)度支部編　清宣統三年(1911)石印本
六冊

370000－1541－0004191　565.27/292

光緒會計錄三卷　(清)李希聖輯　清光緒二
十二年(1896)上海時務報館石印本　二冊

370000－1541－0004192　566.9211/865

順天府統計表二卷　陸潤庠　王乃徵編　清
宣統石印本　二冊

370000－1541－0004193　566.9212/605

度支輯要不分卷　(清)□□撰　清光緒二十
五年(1899)誠叔抄本　一冊

370000－1541－0004194　566.9212/605＝1

光緒廿五六七年通飭不分卷　(清)誠叔編
清末稿本　一冊

370000－1541－0004195　566.9226/723

湖南省財政款目說明書二十卷　(清)湖南清
理財政局編印　清宣統三年(1911)湖南清理
財政局鉛印本　六冊

370000－1541－0004196　566.9234/890

廣西財政沿革利弊說明書十三卷首一卷　劉
庚光等編　清宣統二年(1910)廣西官書局鉛
印本　十四冊

370000－1541－0004197　566.9242/182

籌餉事例不分卷　(清)吉林賑捐總局輯　清
宣統鉛印本　一冊

370000－1541－0004198　567.1/719

江西運米章程不分卷　(清)□□編　清乾隆

抄本　一冊

370000－1541－0004199　567.3/112

錢穀備要十卷　(清)王又槐編　清光緒十九
年(1893)上海古香閣石印本　二冊

370000－1541－0004200　567.3/343

**光緒貳拾貳年分山東萊州府平度州現行簡明
賦役全書一卷光緒貳拾貳年分山東萊州府平
度州收併鰲山浮山大嵩三衛所現行賦役全書
一卷**　(清)□□編　清光緒刻本　一冊

370000－1541－0004201　567.3/656

直隸保定府新城縣賦役全書　(清)□□編
清刻畿輔條鞭賦役全書本　一冊

370000－1541－0004202　567.3/719

江蘇減賦全案不分卷　(清)劉郇膏等編　清
同治減賦總局刻本　七冊

370000－1541－0004203　567.3/784

折漕彙編七卷　(清)程銛輯　清光緒八年
(1882)尊經閣刻本　四冊

370000－1541－0004204　567.4/117

鹽法議略一卷　(清)王守基撰　清刻本　一
冊

370000－1541－0004205　567.4/117＝1

鹽法議略二卷　(清)王守基撰　清光緒十二
年(1886)粵東刻本　二冊

370000－1541－0004206　567.4/135

福建鹽法志二十二卷首一卷　(清)□□編
清道光刻本　十六冊

370000－1541－0004207　567.4/158

四川鹽法志四十卷首一卷　(清)丁寶楨纂
(清)羅文彬編　清光緒刻本　二十冊

370000－1541－0004208　567.4/203

溫處鹽務紀要一卷　(清)趙舒翹輯　清光緒
十九年(1893)甌江官舍刻本　一冊

370000－1541－0004209　567.4/259

東陽隨筆一卷　(清)林慶炳撰　清光緒十一
年(1885)刻本　一冊

370000－1541－0004210　567.4/290

淮鹾備要十卷　（清）李澄輯　清揚州文樞堂
刻本　四冊

370000－1541－0004211　567.4/292

兩浙鹽法志十六卷首一卷　（清）李衛等纂修
　清雍正六年(1728)刻本　十二冊

370000－1541－0004212　567.4/292＝1

欽定重修兩浙鹽法志三十卷首二卷　（清）延
豐等纂修　清嘉慶七年(1802)刻本　二十四
冊

370000－1541－0004213　567.4/292＝2

兩浙鹽法續纂備考十二卷　（清）楊昌濬纂
（清）季綸全等編　清同治刻本　十二冊

370000－1541－0004214　567.4/382

鹽務簡略一卷　（清）陳炳撰　清刻本　一冊

370000－1541－0004215　567.4/611

淮北票鹽續略十二卷　（清）許寶書編　清同
治九年(1870)刻本　四冊

370000－1541－0004216　567.4/672

淮南鹽法紀略十卷　（清）龐際雲撰　清同治
十二年(1873)淮南書局刻本　六冊

370000－1541－0004217　567.4/909

兩淮鹽法志五十六卷首四卷　（清）佶山修
（清）單渠纂　清嘉慶十一年(1806)刻本　二
十八冊

370000－1541－0004218　567.47/292

山東鹽法志二十二卷附編十卷　（清）宋湘等
纂修　清嘉慶十四年(1809)刻本　三十二冊

370000－1541－0004219　567.47/292＝1

山東鹽法志二十二卷附編十卷　（清）宋湘等
纂修　清嘉慶十四年(1809)刻本　二十一冊

370000－1541－0004220　567.47/292＝2

山東鹽法續增備考六卷　（清）恩錫撰　清同
治三年(1864)刻本　十冊

370000－1541－0004221　567.8/724

百貨捐釐改定章程一卷　（清）浙江省鹽茶牙
釐總局訂　清同治刻本　一冊

370000－1541－0004222　567.89/135

當商交款數目表四卷　（清）□□編　清光緒
刻本　四冊

370000－1541－0004223　570.7/500

約章成案匯覽甲篇十卷乙篇四十二卷　（清）
北洋洋務局纂　清光緒三十一年(1905)上海
點石齋石印本　四十四冊

370000－1541－0004224　570.9/987

政史撮要五卷　（英國）金克司撰　清光緒二
十九年(1903)上海商務印書館鉛印本　一冊

370000－1541－0004225　572.41/290

翰林志一卷　（唐）李肇撰　續翰林志二卷
(宋)蘇易簡撰　清同治十三年(1874)刻榕園
叢書本　一冊

370000－1541－0004226　573.057/752

晉政輯要八卷　（清）海寧總輯　（清）鄭源璹
等纂輯　清乾隆五十四年(1789)刻本　八冊

370000－1541－0004227　573.07/131

皇朝經濟文編一百二十八卷　（清）求自強齋
主人編　清光緒二十七年(1901)慎記書莊石
印本　四十八冊

370000－1541－0004228　573.07/178

皇朝經世文新編續集二十一卷　（清）甘韓輯
　（清）楊鳳藻校　清光緒二十八年(1902)商
絳雪齋書局石印本　十七冊

370000－1541－0004229　573.07/178＝1

皇朝經世文新編二十一卷　麥仲華輯　清光
緒上海大同譯書局石印本　二十六冊

370000－1541－0004230　573.07/178＝2

皇朝經世文新編三十二卷　麥仲華輯　清光
緒二十七年(1901)上海書局石印本　十六冊

370000－1541－0004231　573.07/178＝3

皇朝經世文新編三十二卷　麥仲華輯　清光
緒二十七年(1901)上海書局石印本　十六冊

370000－1541－0004232　573.07/285

西鐸九卷　（英國）李提摩太撰　清光緒二十
一年(1895)刻本　一冊

370000 – 1541 – 0004233　　573.07/306 ＝ 1

爲政忠告四卷　（元）張養浩撰　清道光十一年(1831)濟南尹濟源碧鮮齋刻本　二冊

370000 – 1541 – 0004234　　573.07/311

元張文忠爲政忠告三種不分卷　（元）張養浩撰　清光緒三十二年(1906)驪山顧氏石印本　一冊

370000 – 1541 – 0004235　　573.07/311 ＝ 1

元張文忠爲政忠告三種不分卷　（元）張養浩撰　清光緒三十二年(1906)驪山顧氏石印本　一冊

370000 – 1541 – 0004236　　573.07/329

危言二卷　（清）邵作舟撰　清光緒二十四年(1898)上海商務印書館鉛印本　一冊

370000 – 1541 – 0004237　　573.07/397

皇朝經世文三編八十卷　（清）陳忠倚輯　清光緒二十四年(1898)上海寶文書局石印本　十六冊

370000 – 1541 – 0004238　　573.07/397 ＝ 1

皇朝經世文三編八十卷　（清）陳忠倚輯　清光緒二十八年(1902)重慶中西書屋鉛印本　十二冊

370000 – 1541 – 0004239　　573.07/397 ＝ 4

皇朝經世文三編八十卷　（清）陳忠倚輯　清光緒二十八年(1902)上海書局石印本　八冊

370000 – 1541 – 0004240　　573.07/438

救時要策萬言書二卷　（清）吳廣霈撰　清光緒二十四年(1898)上海著易堂鉛印本　一冊

370000 – 1541 – 0004241　　573.07/482

四川官報論說不分卷　四川官報社輯　清鉛印本　一冊

370000 – 1541 – 0004242　　573.07/482 ＝ 1

四川官報奏議不分卷　四川官報社輯　清鉛印本　一冊

370000 – 1541 – 0004243　　573.07/563

策時末議二卷　蔡乃煌撰　清末刻本　二冊

370000 – 1541 – 0004244　　573.07/736

危言四卷　（清）湯震撰　清光緒二十一年(1895)石印本　二冊

370000 – 1541 – 0004245　　573.07/736 ＝ 1

危言四卷　（清）湯震撰　清光緒二十二年(1896)上海質學會刻質學叢書初集本　四冊

370000 – 1541 – 0004246　　573.07/757

精選中外時務文編四十四卷　（清）養晦生編　清光緒二十三年(1897)積山書局石印本　十六冊

370000 – 1541 – 0004247　　573.07/757 ＝ 1

精選中外時務文編四十四卷　（清）養晦生編　清光緒二十三年(1897)積山書局石印本　一冊　存三卷(三十三至三十五)

370000 – 1541 – 0004248　　573.07/757 ＝ 2

精選中外時務文編四十四卷　（清）養晦生編　清光緒二十三年(1897)寶善書局石印本　十八冊

370000 – 1541 – 0004249　　573.07/765

校邠廬抗議二卷　（清）馮桂芬撰　清光緒二十三年(1897)聚豐坊刻本　二冊

370000 – 1541 – 0004250　　573.07/765 ＝ 1

校邠廬抗議二卷　（清）馮桂芬撰　清光緒二十四年(1898)刻本　二冊

370000 – 1541 – 0004251　　573.07/765 ＝ 2

校邠廬抗議二卷　（清）馮桂芬撰　清光緒二十三年(1897)戣園老民鉛印本　二冊

370000 – 1541 – 0004252　　573.07/863

實政錄七卷　（明）呂坤撰　清同治十一年(1872)江蘇書局刻本　六冊

370000 – 1541 – 0004253　　573.07/901

新政真詮六卷　何啟　胡禮垣撰　清光緒二十七年(1901)格致新報館鉛印本　八冊

370000 – 1541 – 0004254　　573.08/492

陝衛治略十卷　（清）嚴作霖撰　清光緒十九年(1893)刻本　十冊

370000 – 1541 – 0004255　　573.1/249

通典二百卷　（唐）杜佑撰　清乾隆十二年

(1747)武英殿刻本　　三十六冊

370000－1541－0004256　　573.1/249＝1

通典二百卷附考證一卷　（唐）杜佑撰　清光緒二十二年(1896)浙江書局刻本　　五十冊

370000－1541－0004257　　573.1/249＝2

通志二百卷　（宋）鄭樵撰　清光緒二十二年(1896)浙江書局刻本　　一百八十四冊

370000－1541－0004258　　573.1/249＝3

文獻通考三百四十八卷　（元）馬端臨撰　清光緒二十二年(1896)浙江書局刻本　　一百三十六冊

370000－1541－0004259　　573.1/249＝5

皇朝文獻通考三百卷　（清）嵇璜等纂　清光緒八年(1882)浙江書局刻本　　一百四十九冊　缺二十一卷(二十七至三十二、七十九至八十一、八十九至九十三、九十五至九十八、二百十一至二百十三)

370000－1541－0004260　　573.1/249＝6

皇朝文獻通考三百卷　（清）嵇璜等纂　清光緒八年(1882)浙江書局刻本　　一百六十冊

370000－1541－0004261　　573.1/249＝7

欽定續文獻通考二百五十卷　（清）嵇璜等纂　清光緒十三年(1887)浙江書局刻本　　九十六冊　缺五十五卷(七十七至七十九、八十二至一百十二、一百七十五至一百九十二、二百十八至二百二十)

370000－1541－0004262　　573.1/249＝8

欽定續文獻通考二百五十卷　（清）嵇璜等纂　清光緒十三年(1887)浙江書局刻本　　一百二十冊

370000－1541－0004263　　573.1/249＝9

欽定續通典一百五十卷　（清）嵇璜等纂　清光緒十二年(1886)浙江書局刻本　　四十冊

370000－1541－0004264　　573.1/249＝10

欽定續通典一百五十卷　（清）嵇璜等纂　清光緒十二年(1886)浙江書局刻本　　三十三冊　存一百二十六卷(八至五十三、六十八至七十四、七十八至一百五十)

370000－1541－0004265　　573.1/249＝12

欽定續通志六百四十卷　（清）嵇璜等纂　清光緒十二年(1886)浙江書局刻本　　二百冊

370000－1541－0004266　　573.1/249＝13

欽定續通志六百四十卷　（清）嵇璜等纂　清光緒十二年(1886)浙江書局刻本　　一百九十六冊　缺十八卷(三至五、一百六十四至一百六十七、一百九十七至二百三、二百四十二至二百四十五)

370000－1541－0004267　　573.1/249＝14

皇朝通典一百卷　（清）嵇璜等纂　清光緒八年(1882)浙江書局刻本　　四十冊

370000－1541－0004268　　573.1/249＝15

皇朝通志一百二十六卷　（清）嵇璜等纂　清光緒八年(1882)浙江書局刻本　　四十冊

370000－1541－0004269　　573.1/249＝16

九通全書目錄四十卷　（清）席裕福編　清光緒二十九年(1903)上海圖書集成局鉛印本　　十二冊

370000－1541－0004270　　573.1/306

文獻通考紀要二卷　（清）□□撰　（清）張承燮校　清光緒二十八年(1902)張氏東聽雨堂刻本　　二冊

370000－1541－0004271　　573.1/416

文獻通考三百四十八卷　（元）馬端臨撰　明末刻本　　八十冊

370000－1541－0004272　　573.1/416＝1

三通考序一卷　（元）馬端臨等撰　清光緒二十八年(1902)山東大學堂刻本　　一冊

370000－1541－0004273　　573.1/416＝2

文獻通考三百四十八卷　（元）馬端臨撰　清咸豐九年(1859)崇仁謝氏刻本　　一冊　存二卷(九十六至九十七)

370000－1541－0004274　　573.1/438＝1

吾學錄初編二十四卷　（清）吳榮光撰　清同治九年(1870)江蘇書局刻本　　六冊

370000－1541－0004275　573.1/438＝2

吾學錄初編二十四卷　（清）吳榮光撰　清同治九年（1870）江蘇書局刻本　六冊

370000－1541－0004276　573.1/438＝3

吾學錄初編二十四卷　（清）吳榮光撰　清同治九年（1870）江蘇書局刻本　六冊

370000－1541－0004277　573.1/438＝4

吾學錄初編二十四卷　（清）吳榮光撰　清光緒二十年（1894）北京寶善書局石印本　四冊

370000－1541－0004278　573.1/501

九通提要十二卷　（清）柴紹炳纂　清光緒二十八年（1902）鉛印本　四冊

370000－1541－0004279　573.1/714

九通分類總纂二百四十卷　（清）汪鍾霖纂　清光緒二十八年（1902）上海文瀾書局石印本　八十冊

370000－1541－0004280　573.1/714＝1

九通分類總纂二百四十卷　（清）汪鍾霖纂　清光緒二十八年（1902）上海文瀾書局石印本　七十九冊

370000－1541－0004281　573.1/885

九通通二百四十八卷首一卷　（清）劉可毅輯　清光緒二十八年（1902）武進劉氏石印本　五十冊

370000－1541－0004282　573.11/167

周禮節訓六卷　（清）黃叔琳撰　（清）姚培謙重訂　清嘉慶十七年（1812）書業堂刻本　二冊

370000－1541－0004283　573.11/167＝1

周禮節訓六卷　（清）黃叔琳撰　（清）姚培謙重訂　清道光二十二年（1842）姑蘇桐石山房刻本　二冊

370000－1541－0004284　573.11/167＝2

周禮節訓六卷　（清）黃叔琳撰　（清）姚培謙重訂　清光緒二十五年（1899）舊學山房刻本　二冊

370000－1541－0004285　573.11/167＝3

周禮節訓六卷　（清）黃叔琳撰　（清）姚培謙重訂　清同治十二年（1873）文會堂刻本　二冊

370000－1541－0004286　573.11/167＝4

周禮節訓六卷　（清）黃叔琳撰　（清）姚培謙重訂　清刻本　二冊

370000－1541－0004287　573.11/167＝5

周禮節訓六卷　（清）黃叔琳撰　（清）姚培謙重訂　清刻本　二冊

370000－1541－0004288　573.11/167＝6

周禮節訓六卷　（清）黃叔琳撰　（清）姚培謙重訂　清刻本　二冊

370000－1541－0004289　573.11/219

周禮折衷六卷　（漢）鄭玄注　（唐）賈公彥疏　（清）胡興碩重訂　清康熙六十年（1721）湘東胡氏晚翠堂刻本　四冊

370000－1541－0004290　573.11/290

周禮古學考十一卷　（清）李滋然撰　清宣統元年（1909）鉛印本　一冊

370000－1541－0004291　573.11/290＝1

周禮古學考十一卷　（清）李滋然撰　清宣統元年（1909）鉛印本　三冊

370000－1541－0004292　573.11/382

周禮精華六卷　（清）陳龍標編　清嘉慶十六年（1811）緯文堂刻本　六冊

370000－1541－0004293　573.11/382＝1

周禮精華六卷　（清）陳龍標編　清道光六年（1826）山西書業德刻本　六冊

370000－1541－0004294　573.11/382＝2

周禮精華六卷　（清）陳龍標編　清道光十二年（1832）姑蘇步月樓刻本　五冊

370000－1541－0004295　573.11/382＝3

周禮精華六卷　（清）陳龍標編　清道光十二年（1832）姑蘇步月樓刻本　六冊

370000－1541－0004296　573.11/382＝4

周禮精華六卷　（清）陳龍標編　清同治五年（1866）崇德堂刻本　六冊

370000－1541－0004297　573.11/382＝5

周禮精華六卷　（清）陳龍標編　清光緒十一年(1885)成文堂刻本　六冊

370000－1541－0004298　573.11/446

周禮補註六卷　（清）呂飛鵬撰　清道光二十九年(1849)旌德立誠軒刻本　四冊

370000－1541－0004299　573.11/504

周禮註疏刪翼三十卷　（明）葉培恕定　（明）王志長輯　清乾隆五十七年(1792)金閶書業堂刻本　十冊　存十三卷(一至十三)

370000－1541－0004300　573.11/504＝1

周禮註疏刪翼三十卷　（明）葉培恕定　（明）王志長輯　清乾隆六十年(1795)醉墨齋刻本　八冊　存十三卷(一至十三)

370000－1541－0004301　573.11/504＝2

周禮註疏刪翼三十卷　（明）葉培恕定　（明）王志長輯　明崇禎十二年(1639)卓觀堂刻本　十冊　存十三卷(一至十三)

370000－1541－0004302　573.11/977

周禮六卷　清康熙內府刻篆文六經四書本　六冊

370000－1541－0004303　573.11/977＝1

周禮六卷　（漢）鄭玄注　（唐）陸德明音義　清同治十一年(1872)山東書局刻本　六冊

370000－1541－0004304　573.11/977＝2

周禮六卷　（漢）鄭玄注　（唐）陸德明音義　清同治十一年(1872)山東書局刻本　六冊

370000－1541－0004305　573.11/977＝3

周禮六卷　（漢）鄭玄注　（唐）陸德明音義　清同治十一年(1872)山東書局刻本　六冊

370000－1541－0004306　573.11/977＝4

周禮六卷　（漢）鄭玄注　（唐）陸德明音義　清同治十一年(1872)山東書局刻本　六冊

370000－1541－0004307　573.11/977＝5

周禮十二卷　（漢）鄭玄注　（唐）陸德明音義　清光緒十二年(1886)湖北官書處刻本　六冊

370000－1541－0004308　573.115/136

周官精義十二卷　（清）連斗山編　清嘉慶十年(1805)聚瀛堂刻本　四冊

370000－1541－0004309　573.115/136＝1

周官精義十二卷　（清）連斗山編　清嘉慶元年(1796)刻本　八冊

370000－1541－0004310　573.115/136＝2

周官精義十二卷　（清）連斗山編　清道光二十一年(1841)金陵李士果刻本　八冊

370000－1541－0004311　573.115/136＝3

周官精義十二卷　（清）連斗山編　清嘉慶元年(1796)金閶書業堂刻本　七冊

370000－1541－0004312　573.115/364

周禮三家佚注一卷　（清）孫詒讓校集　清光緒二十年(1894)刻本　一冊

370000－1541－0004313　573.115/394

周官精義鈔略十二卷　（清）連斗山編　（清）陸錫璞鈔　清道光二十六年(1846)刻本　六冊

370000－1541－0004314　573.115/438

周禮考註十五卷　（元）吳澄撰　明刻本　八冊

370000－1541－0004315　573.115/719

周禮疑義舉要七卷　（清）江永撰　清刻守山閣叢書本　一冊

370000－1541－0004316　573.115/951

周官故事考七卷　（清）徐養原撰　清刻本　二冊

370000－1541－0004317　573.115/977

周禮六卷　（漢）鄭玄注　（唐）陸德明音義　清同治十三年(1874)湖南書局刻本　六冊

370000－1541－0004318　573.115/977＝1

周禮六卷　（漢）鄭玄注　（唐）陸德明音義　清同治十三年(1874)湖南書局刻本　一冊　存一卷(一)

370000－1541－0004319　573.1152/438

周禮訓雋二十卷　（明）陳深撰　明萬曆十七

年(1589)刻本　八册

370000－1541－0004320　573.1152/627

周官集註十二卷　(清)方苞撰　清乾隆八年
(1743)桐城方氏抗希堂刻本　六册

370000－1541－0004321　573.1152/627＝1

周官集註十二卷　(清)方苞撰　清乾隆八年
(1743)桐城方氏抗希堂刻本　一册　存二卷
(一至二)

370000－1541－0004322　573.1152/627＝2

周官集註十二卷周官辨一卷　(清)方苞撰
清乾隆八年(1743)桐城方氏抗希堂刻本　十
三册

370000－1541－0004323　573.1152/977

周官箋六卷　(漢)鄭玄注　王闓運箋　清光
緒二十二年(1896)東洲講舍刻本　六册

370000－1541－0004324　573.117/136

周官精義十二卷　(清)連斗山編　清嘉慶二
年(1797)致和堂刻本　六册

370000－1541－0004325　573.117/136＝1

周官精義十二卷　(清)連斗山編　清嘉慶二
年(1797)刻本　六册

370000－1541－0004326　573.117/526

周官心解二十八卷　(清)蔣載康撰　清嘉慶
十一年(1806)經笥堂刻本　六册

370000－1541－0004327　573.12/117

漢制考四卷　(宋)王應麟撰　清照曠閣刻學
津討原第八集本　一册

370000－1541－0004328　573.12/384

陳簠齋手稿不分卷　(清)陳介祺撰　清稿本
二册

370000－1541－0004329　573.12/720

三國職官表三卷　(清)洪飴孫撰　清光緒十
七年(1891)廣雅書局刻本　三册

370000－1541－0004330　573.142/117

五代會要三十卷　(宋)王溥撰　清乾隆武英
殿木活字印武英殿聚珍版書本　六册

370000－1541－0004331　573.142/117＝1

五代會要三十卷　(宋)王溥撰　清光緒十二
年(1886)江蘇書局刻本　六册

370000－1541－0004332　573.151/292

宋朝事實二十卷末一卷　(宋)李攸撰　清乾
隆武英殿木活字印武英殿聚珍版書本　八册

370000－1541－0004333　573.157/863

重校元典章六十卷新集二卷　(元)中書省編
　清光緒三十四年(1908)修訂法律館刻本
二十四册

370000－1541－0004334　573.157/863＝1

重校元典章六十卷新集二卷　(元)中書省編
　清光緒三十四年(1908)修訂法律館刻本
二十四册

370000－1541－0004335　573.16/888

明宮史五卷　(明)劉若愚撰　(明)呂毖編
清照曠閣刻學津討原第八集本　一册

370000－1541－0004336　573.167/473

大明會典二百二十八卷　(明)申時行等纂修
　明萬曆十五年(1587)內府刻本　六十册

370000－1541－0004337　573.171/109

欽定學政全書八十六卷首一卷　(清)童璜
(清)汪梅鼎等纂修　清嘉慶十七年(1812)刻
本　十六册

370000－1541－0004338　573.171/306

皇朝掌故彙編內編六十卷首一卷外編十八卷
　(清)張壽鏞等編　清光緒二十八年(1902)
求實書社刻本　五十册

370000－1541－0004339　573.171/311

會典簡明錄一卷　(清)張祥河訂　清光緒二
十三年(1897)桐廬袁昶漸西村舍刻本　一册

370000－1541－0004340　573.171/433

欽定大清會典八十卷　(清)托津纂修　清嘉
慶武英殿修書處刻本　四十二册

370000－1541－0004341　573.171/433＝1

欽定大清會典八十卷　(清)托津纂修　清嘉
慶武英殿修書處刻本　三十六册

370000 – 1541 – 0004342　573.171/433 = 2

欽定大清會典八十卷　（清）托津纂修　清嘉
慶武英殿修書處刻本　四十冊

370000 – 1541 – 0004343　573.171/433 = 3

欽定大清會典一百卷　（清）允祹修　清乾隆
武英殿修書處刻本　二十冊

370000 – 1541 – 0004344　573.171/433 = 4

欽定大清會典一百卷首一卷　（清）崑岡等修
　（清）吳樹梅等纂　清光緒二十五年(1899)
石印本　十二冊　存三十八卷(六十三至一
百)

370000 – 1541 – 0004345　573.171/433 = 5

欽定大清會典一百卷首一卷　（清）崑岡等修
　（清）吳樹梅等纂　清光緒二十五年(1899)
石印本　三十六冊　存八十二卷(一至八十
一、首一卷)

370000 – 1541 – 0004346　573.171/433 = 6

欽定大清會典一百卷首一卷　（清）崑岡等修
　（清）吳樹梅等纂　清光緒二十五年(1899)
石印本　三十六冊

370000 – 1541 – 0004347　573.171/433 = 7

欽定大清會典圖一百三十二卷目錄二卷
（清）慶桂纂　清嘉慶武英殿刻本　四十二冊

370000 – 1541 – 0004348　573.171/433 = 8

欽定大清會典圖一百三十二卷目錄二卷
（清）慶桂纂　清嘉慶武英殿刻本　四十冊

370000 – 1541 – 0004349　573.171/433 = 9

欽定大清會典圖一百三十二卷目錄二卷
（清）慶桂纂　清嘉慶武英殿刻本　三十九冊
　存一百四卷(一至九、十一至三十四、六十
一至七十八、八十至八十六、八十九至一百三十
二,目錄二卷)

370000 – 1541 – 0004350　573.171/433 = 10

欽定大清會典圖二百七十卷首一卷　（清）崑
岡等修　清光緒石印本　七十四冊

370000 – 1541 – 0004351　573.171/433 = 11

欽定大清會典圖二百七十卷首一卷　（清）崑

岡等修　清光緒石印本　七十四冊

370000 – 1541 – 0004352　573.171/433 = 12

欽定大清會典圖二百七十卷首一卷　（清）崑
岡等修　清光緒石印本　二十九冊　缺一百
五十五卷(二十至一百六、一百二十五至一百
九十二)

370000 – 1541 – 0004353　573.171/433 = 13

欽定大清會典事例九百二十卷　（清）托津等
纂修　清嘉慶武英殿刻本　二百七十五冊
缺二百十九卷(四百二十七至六百二十六、八
百八十一至八百九十九)

370000 – 1541 – 0004354　573.171/433 = 14

欽定大清會典事例九百二十卷　（清）托津等
纂修　清嘉慶武英殿刻本　三百八十三冊

370000 – 1541 – 0004355　573.171/433 = 16

欽定大清會典事例一千二百二十卷目錄八卷
　（清）崑岡等修　清光緒石印本　二百八十
六冊　缺三百五十二卷(六百十三至六百三
十六、七百五十二至八百三十七、九百至九百
六十二、九百九十八至一千八十七、一千一百
十一至一千一百二十八、一千一百五十至一
千二百二十)

370000 – 1541 – 0004356　573.171/433 = 17

欽定大清會典事例一千二百二十卷目錄八卷
　（清）崑岡等修　清光緒石印本　三百六十
六冊　缺六十二卷(六百三十七至六百五十
四、一千八十八至一千一百十、一千一百二十
九至一千一百四十九)

370000 – 1541 – 0004357　573.171/433 = 19

欽定大清會典則例一百八十卷　（清）會典館
編　清乾隆武英殿修書處刻本　九十九冊

370000 – 1541 – 0004358　573.171/433 = 20

大清會典四卷　（清）仁宗顒琰續修　清同治
十一年(1872)湖北崇文書局刻本　四冊

370000 – 1541 – 0004359　573.171/440

吾學錄初編二十四卷　（清）吳榮光撰　清光
緒十年(1884)刻本　八冊

370000－1541－0004360　573.171/946

西漢會要七十卷　（宋）徐天麟撰　清光緒十年(1884)江蘇書局刻本　十冊

370000－1541－0004361　573.23/142

三國會要二十二卷　楊晨纂　清光緒二十六年(1900)江蘇書局刻本　五冊

370000－1541－0004362　573.332/101

己未詞科錄十卷首一卷　（清）秦瀛輯　清光緒十四年(1888)刻本　六冊

370000－1541－0004363　573.332/117

國朝虞陽科名錄四卷首一卷　（清）王慶芝撰　清宣統三年(1911)清暉書屋刻本　四冊

370000－1541－0004364　573.332/164

紫泥日記一卷(清光緒十五年七月二十四日至八月三十日)　（清）黃彭年撰　清光緒十五年(1889)貴筑黃氏刻陶樓雜著本　一冊

370000－1541－0004365　573.332/167

明貢舉考略四卷　（清）黃崇蘭輯　清刻本　四冊

370000－1541－0004366　573.332/167＝1

國朝貢舉考略四卷　（清）黃崇蘭輯　清刻本　三冊

370000－1541－0004367　573.332/747

國朝歷科館選錄不分卷　（清）沈廷芳輯　清乾隆十一年(1746)刻本　二冊

370000－1541－0004368　573.35/292

國朝歷科題名碑錄附明洪武至崇禎各科　（清）李周望等輯　清康熙五十九年(1720)刻雍正增刻本　十冊

370000－1541－0004369　573.35/292＝1

國朝歷科題名碑錄附明洪武至崇禎各科　（清）李周望等輯　清康熙五十九年(1720)刻雍正、乾隆遞增刻本　十冊

370000－1541－0004370　573.35/292＝2

國朝歷科題名碑錄附明洪武至崇禎各科　（清）李周望等輯　清康熙五十九年(1720)刻雍正、乾隆、嘉慶、道光、同治遞增刻本　十四

冊

370000－1541－0004371　573.35/723

槐廳載筆二十卷　（清）法式善編　清嘉慶刻本　六冊

370000－1541－0004372　573.35/723＝1

槐廳載筆二十卷　（清）法式善編　清嘉慶刻本　六冊

370000－1541－0004373　573.35/940

歷科狀元事考三元鼎甲策論考官試題錄二十卷　（清）饒玉成彙纂　清光緒二年(1876)雙峰書屋刻本　八冊

370000－1541－0004374　573.4/433

養吉齋叢錄二十六卷餘錄十卷　（清）吳振棫纂　清光緒二十二年(1896)刻本　八冊

370000－1541－0004375　573.4/433＝1

養吉齋叢錄二十六卷餘錄十卷　（清）吳振棫纂　清光緒二十二年(1896)刻本　五冊　缺十卷(養吉齋叢錄一至十)

370000－1541－0004376　573.4/916

同治間旌獎葆舉章程不分卷　（清）□□撰　清末抄本　六冊

370000－1541－0004377　573.4/943

漢官舊儀二卷補遺一卷　（漢）衛宏撰　鄴中記一卷　（晉）陸翽撰　清乾隆刻本　一冊

370000－1541－0004378　573.41/117

古官制考三卷　（清）王寶仁輯　清道光八年(1828)舊香居刻本　一冊

370000－1541－0004379　573.41/184

奏准豫東酌留捐款現行武陟酌留常例不分卷奏准簡明京外現行常例不分卷　（清）□□輯　清末刻本　二冊

370000－1541－0004380　573.41/313

兩漢五經博士考三卷　（清）張金吾撰　清光緒十年(1884)常熟鮑氏後知不足齋刻本　一冊

370000－1541－0004381　573.41/313＝1

兩漢五經博士考三卷　（清）張金吾撰　清光

緒十年(1884)常熟鮑氏後知不足齋刻本　一
冊

370000－1541－0004382　573.41/377
南宋館閣錄十卷續錄十卷　(宋)陳騤撰　清
光緒十二年(1886)杭州丁氏刻武林掌故叢編
本　三冊

370000－1541－0004383　573.41/595
[光緒癸巳春季]爵秩全覽　(清)□□編　清
光緒十九年(1893)刻本　四冊

370000－1541－0004384　573.41/836
光緒建元以來督撫年表一卷　(清)陳淑校錄
　清刻本　一冊

370000－1541－0004385　573.41/859
歷代職官表七十二卷　(清)永瑢等修纂　清
光緒二十二年(1896)廣雅書局刻本　二十四
冊

370000－1541－0004386　573.41/885
欽定國子監則例四十四卷首六卷　(清)劉墉
纂修　清嘉慶刻本　六冊

370000－1541－0004387　573.41/892
漢官儀三卷　(宋)劉攽撰　清道光四年
(1824)歙縣鮑崇城刻本　一冊

370000－1541－0004388　573.41/892＝1
漢官儀三卷　(宋)劉攽撰　清道光四年
(1824)歙縣鮑崇城刻本　二冊

370000－1541－0004389　573.41/892＝2
漢官儀二卷　(漢)應劭撰　(清)孫星衍校集
　清光緒誦芬閣刻誦芬閣叢書本　一冊　存
一卷(上)

370000－1541－0004390　573.41/937
秦晉實官捐輸章程一卷　(清)錫良撰　清光
緒二十七年(1901)上海商務印書館鉛印本
一冊

370000－1541－0004391　573.42/212
學仕錄十六卷　(清)戴肇辰撰　清同治六年
(1867)丹徒戴肇辰刻本　八冊

370000－1541－0004392　573.42/306

入幕須知五種　(清)張翰伯編　清光緒十年
(1884)元和張翰伯刻本　六冊

370000－1541－0004393　573.42/382
州縣提綱四卷　(宋)陳襄撰　**官箴一卷**
(宋)呂本中撰　**晝簾緒論一卷**　(宋)胡太初
撰　清照曠閣刻學津討原第八集本　一冊

370000－1541－0004394　573.42/382＝1
在官法戒錄摘鈔四卷　(清)陳弘謀編　清同
治七年(1868)湖北崇文書局刻本　一冊

370000－1541－0004395　573.42/444
呂叔簡先生明職篇一卷　(明)呂坤撰　(清)
潘世恩輯　清道光十三年(1833)刻本　一冊

370000－1541－0004396　573.42/444＝1
呂叔簡先生明職篇一卷　(明)呂坤撰　(清)
潘世恩輯　清道光十三年(1833)刻本　一冊

370000－1541－0004397　573.42/504
作吏要言一卷　(清)葉鎮撰　清長白鄂山刻
本　一冊

370000－1541－0004398　573.42/606
宦海指南五種　(清)許乃普輯　清光緒十二
年(1886)榮錄堂刻本　一冊

370000－1541－0004399　573.42/627
平平言四卷　(清)方大湜撰　清光緒十三年
(1887)鉛印本　四冊

370000－1541－0004400　573.42/946
牧令書輯要十卷　(清)徐棟輯　(清)丁日昌
選評　清同治八年(1869)湖北崇文書局刻本
　十冊

370000－1541－0004401　573.42/946＝1
牧令書輯要十卷　(清)徐棟輯　(清)丁日昌
選評　清同治七年(1868)江蘇書局刻本　十
冊

370000－1541－0004402　573.42/946＝2
牧令書二十三卷　(清)徐棟輯　清道光二十
八年(1848)刻本　十八冊

370000－1541－0004403　573.42/946＝3
牧令書二十三卷　(清)徐棟輯　清道光二十

八年(1848)刻本　十八册

370000 - 1541 - 0004404　573.43/710

佐治藥言一卷續一卷　(清)汪輝祖纂　清長
白鄂山刻本　一册

370000 - 1541 - 0004405　573.44/669

欽定科場條例六十卷　(清)麟桂等纂修　清
道光刻本　十二册

370000 - 1541 - 0004406　573.445/906

尚志堂課卷七卷　(清)傅蘭升撰　清稿本
五册

370000 - 1541 - 0004407　573.445/906 = 1

尚志堂課卷不分卷　(清)傅蘭升撰　清稿本
十九册

370000 - 1541 - 0004408　573.45/164

歷代職官表六卷　(清)黃本驥撰　清光緒六
年(1880)膺詁齋刻本　三册

370000 - 1541 - 0004409　573.45/859

欽定歷代職官表七十二卷首一卷　(清)紀昀
等纂　清乾隆四十五年(1780)內府刻本　二
十册

370000 - 1541 - 0004410　573.45/859 = 1

歷代職官表七十二卷首一卷　(清)永瑢等修
纂　清光緒二十二年(1896)廣雅書局刻本
三十六册

370000 - 1541 - 0004411　573.45/859 = 2

歷代職官表六卷　(清)黃本驥撰　清光緒八
年(1882)上海王氏刻本　二册

370000 - 1541 - 0004412　573.52/316

欽定古今儲貳金鑑六卷　(清)高宗弘曆撰
清抄本　四册

370000 - 1541 - 0004413　573.52/440

明督撫年表六卷補明萬曆以後總督年表一卷
吳廷燮撰　清稿本　六册

370000 - 1541 - 0004414　573.53/138

欽定戶部則例一百卷　(清)戶部纂　清同治
十三年(1874)戶部刻本　三十二册

370000 - 1541 - 0004415　573.53/211

預備立憲京內官制全案一卷　載澤等撰　清
光緒開智圖書公司鉛印本　一册

370000 - 1541 - 0004416　573.53/370

內閣漢票籤中書舍人題名一卷　(清)鮑康輯
清咸豐十一年(1861)刻本　一册

370000 - 1541 - 0004417　573.53/478

薇垣職掌記略不分卷　(清)恩興纂　清光緒
十年(1884)抄本　四册

370000 - 1541 - 0004418　573.53/485 = 2

欽定總管內務府現行則例四卷　(清)內務府
編　清內府刻本　四册

370000 - 1541 - 0004419　573.53/717

欽定吏部銓選則例二十一卷　(清)錫珍等修
清光緒十二年(1886)國史館刻本　十四册
存十二卷(漢官品級考四卷、漢官則例八
卷)

370000 - 1541 - 0004420　573.53/850

內閣漢票籤中書舍人題名一卷　(清)鮑康輯
清咸豐十一年(1861)刻本　一册

370000 - 1541 - 0004421　573.53/853

宗室王公世職章京爵秩襲次全表十卷　(清)
牟其汶編　清光緒三十三年(1907)北京軍機
處石印本　九册

370000 - 1541 - 0004422　573.53/883

兵部武選司現行章程　(清)□□編　清光緒
十六年(1890)鉛印本　六册

370000 - 1541 - 0004423　573.535/313

詞林典故八卷　(清)張廷玉等輯　清乾隆十
三年(1748)三希堂刻本　四册

370000 - 1541 - 0004424　573.535/463

欽定中樞政考四十卷　(清)明達等纂修　清
嘉慶十三年(1808)兵部刻本　二十四册

370000 - 1541 - 0004425　573.535/463 = 2

中樞政考四卷　(清)明珠等纂　清康熙刻本
五册　存三卷(孝部一卷、廉部一卷、節部
一卷)

370000－1541－0004426　573.537/109

南省公餘錄八卷　(清)梁章鉅撰　清光緒二十二年(1896)同文舘鉛印本　一冊

370000－1541－0004427　573.81/922

欽定臺規四十二卷　(清)延煦等編　清光緒十八年(1892)都察院刻本　二十四冊

370000－1541－0004428　574/654

列國政要一百三十二卷　(清)端方輯　清石印本　三十二冊

370000－1541－0004429　574.07/932

五洲各國政治考十四卷　錢恂撰　清光緒二十七年(1901)石印本　三冊

370000－1541－0004430　574.4365/943

德國議院章程合盟紀事本末　(清)徐建寅編　清光緒八年(1882)無錫徐建寅鉛印本　一冊

370000－1541－0004431　574.4365/943＝2

德國議院章程一卷　(清)徐建寅譯　**英軺私記一卷**　(清)劉錫鴻撰　清光緒二十一年(1895)元和江氏湘中使院刻本　一冊

370000－1541－0004432　575.2/246

保甲書四卷　(清)徐棟輯　清道光二十八年(1848)李燁刻本　三冊

370000－1541－0004433　575.2/526

鄉官私議不分卷　(清)蔣楷撰　清光緒蔣楷刻本　一冊

370000－1541－0004434　575.2/606＝1

官海指南五種　(清)許乃普輯　清咸豐九年(1859)錢塘許氏刻本　四冊

370000－1541－0004435　575.2/946

保甲書四卷　(清)徐棟輯　清道光二十八年(1848)李燁刻本　三冊

370000－1541－0004436　575.212/582

城鎮鄉地方自治章程釋義不分卷　(清)□□編　清宣統元年(1909)山東全省地方自治籌辦處鉛印本　一冊

370000－1541－0004437　575.221/486

上海城自治公所宣統二年決算冊　(清)□□編　清宣統二年(1910)上海城自治公所鉛印本　一冊

370000－1541－0004438　575.24/946

東三省政略十二卷總目一卷　徐世昌編　清宣統三年(1911)鉛印本　四十一冊

370000－1541－0004439　575.24/946＝1

東三省政略十二卷總目一卷　徐世昌編　清宣統三年(1911)鉛印本　四十冊

370000－1541－0004440　575.24/946＝2

東三省政略十二卷總目一卷　徐世昌編　清宣統三年(1911)鉛印本　四十冊

370000－1541－0004441　578.1/261

中西關係略論四卷續一卷　(美國)林樂知撰　清光緒十八年(1892)上海格致書室鉛印本　一冊

370000－1541－0004442　578.225/117

使俄草八卷　(清)王之春撰　清光緒二十一年(1895)上海文藝齋刻本　四冊

370000－1541－0004443　578.225/117＝1

使俄草八卷　(清)王之春撰　清光緒二十一年(1895)上海文藝齋刻本　四冊

370000－1541－0004444　578.23/387

新纂約章大全七十三卷續編不分卷　(清)陸鳳石編　清宣統元年(1909)上海崇義堂石印本　五十冊

370000－1541－0004445　578.23/628

中俄國際約注五卷　(清)施紹常撰　清光緒三十一年(1905)施紹常鉛印本　二冊

370000－1541－0004446　578.23/934

中外交涉類要表四卷光緒通商綜覈表十六卷附中西紀年周始表　(清)錢學嘉編　清光緒二十年(1894)上海醉六堂刻本　二冊

370000－1541－0004447　578.235/117

使俄草八卷　(清)王之春撰　清光緒二十一年(1895)上海文藝齋石印本　五冊　存七卷(二至八)

370000 – 1541 – 0004448　578.248/859

中俄約章會要三卷　（清）總理衙門編　清光緒四年(1878)同文館鉛印本　三冊

370000 – 1541 – 0004449　578.28/338

英法美俄稅則條款英法美俄條款不分卷附英法美照會　（清）□□編　清刻本　二冊

370000 – 1541 – 0004450　578.285/292

通商約章類纂三十五卷　（清）徐宗亮編　清光緒十二年(1886)天津官書局刻本　二十冊

370000 – 1541 – 0004451　578.285/292 = 1

通商條約章程成案彙編三十卷　（清）李鴻章輯　清光緒十二年(1886)鐵城廣百宋齋鉛印本　十二冊

370000 – 1541 – 0004452　578.285/292 = 2

通商條約章程成案彙編三十卷　（清）李鴻章輯　清光緒十二年(1886)鐵城廣百宋齋鉛印本　十二冊

370000 – 1541 – 0004453　578.285/298

新纂約章大全七十三卷　（清）陸鳳石編　清宣統元年(1909)上海崇義堂石印本　四十七冊

370000 – 1541 – 0004454　578.285/298 = 1

新纂約章大全七十三卷　（清）陸鳳石編　清宣統元年(1909)上海崇義堂石印本　四十八冊

370000 – 1541 – 0004455　578.285/500

約章成案匯覽甲篇十卷乙篇四十二卷　（清）北洋洋務局纂　清光緒三十一年(1905)上海點石齋石印本　四十五冊　缺三卷(乙編三十五至三十六、三十九)

370000 – 1541 – 0004456　578.285/500 = 1

約章成案匯覽甲篇十卷乙篇四十二卷　（清）北洋洋務局纂　清光緒三十四年(1908)石印本　四十六冊

370000 – 1541 – 0004457　578.285/717

各國稅則和章程　（清）□□編　清同治刻本　二冊

370000 – 1541 – 0004458　578.2879/306

宣統條約　汪毅　張承榮編　清宣統三年(1911)外交部鉛印本　五冊

370000 – 1541 – 0004459　578.292/117

各國通商始末記二十卷　（清）王之春編　（清）彭玉麟定　清光緒二十一年(1895)寶善書局石印本　六冊

370000 – 1541 – 0004460　578.299/261

中西關係略論四卷　（美國）林樂知撰　清光緒二年(1876)鉛印本　一冊

370000 – 1541 – 0004461　578.3141/987

泰東之休戚一卷　（日本）西師意述　清光緒二十八年(1902)華北譯書局刻金城叢書本　一冊

370000 – 1541 – 0004462　579/158

公法新編四卷　（美國）林樂知編譯　綦策鰲筆述　清光緒二十九年(1903)上海廣學會鉛印本　二冊

370000 – 1541 – 0004463　579/261

萬國公法要略四卷　（英國）勞麟撰　（美國）林樂知譯　清光緒二十九年(1903)上海廣學會鉛印本　一冊

370000 – 1541 – 0004464　579/433

公法便覽四卷總目一卷續一卷　（美國）吳爾璽撰　（美國）丁韙良譯　清光緒三年(1877)丁韙良鉛印本　六冊

370000 – 1541 – 0004465　579.3/138

萬國公法四卷　（美國）丁韙良等譯　清同治三年(1864)刻本　四冊

370000 – 1541 – 0004466　579.3/138 = 1

萬國公法四卷　（美國）丁韙良等譯　清末民國初石印本　二冊　存三卷(二至四)

370000 – 1541 – 0004467　580/261

美國治法要略三卷　（美國）林樂知譯　范禕述　清光緒二十九年(1903)上海廣學會鉛印本　一冊

370000 – 1541 – 0004468　580/582

山東法政學堂自修科講義三十二期　山東法政學堂編　清宣統元年至三年(1909－1911)山東法政學堂石印本　二十九冊　存二十九期(三至十一、十三至三十二)

370000－1541－0004469　580.1/158
萬國公法四卷　（美國)丁韙良譯　清同治三年(1864)崇實館刻本　四冊

370000－1541－0004470　580.1/500
公法會通十卷　（德國)步倫撰　（美國)丁韙良譯　清光緒六年(1880)北京同文館鉛印本　五冊

370000－1541－0004471　580.9/892
劉廉舫先生吏治三書　（清)劉衡撰　清同治七年(1868)江蘇書局刻本　一冊

370000－1541－0004472　580.92/182
現行刑律講義八卷　吉同鈞纂　清宣統二年(1910)法部律學館石印本　八冊

370000－1541－0004473　580.92/290
資治新書初集十四卷　（清)李漁輯　清光緒二十年(1894)上海圖書集成局鉛印本　四冊

370000－1541－0004474　580.92/290＝1
資治新書初集十四卷　（清)李漁輯　清光緒二十年(1894)上海圖書集成局鉛印本　四冊

370000－1541－0004475　580.92/290＝2
資治新書二集二十卷　（清)李漁輯　清光緒二十年(1894)上海圖書集成局鉛印本　八冊

370000－1541－0004476　580.92/290＝3
資治新書二集二十卷　（清)李漁輯　清光緒二十年(1894)上海圖書集成局鉛印本　八冊

370000－1541－0004477　580.92/290＝4
資治新書初集十四卷　（清)李漁輯　清光緒二十年(1894)上海圖書集成局鉛印本　四冊

370000－1541－0004478　580.92/290＝5
資治新書初集十四卷二集二十卷　（清)李漁輯　清光緒二十年(1894)上海圖書集成局鉛印本　十二冊

370000－1541－0004479　580.92/290＝6

資治新書二集二十卷　（清)李漁輯　清光緒二十年(1894)上海圖書集成局鉛印本　八冊

370000－1541－0004480　580.92/410＝1
故唐律疏議三十卷　（唐)長孫無忌等撰　律音義一卷　（宋)孫奭撰　洗冤錄五卷　（宋)宋慈撰　清光緒十七年(1891)刻本　八冊

370000－1541－0004481　580.92/410＝2
故唐律疏議三十卷　（唐)長孫無忌等撰　律音義一卷　（宋)孫奭撰　洗冤錄五卷　（宋)宋慈撰　清光緒十七年(1891)刻本　八冊

370000－1541－0004482　580.92/410＝5
故唐律疏議三十卷　（唐)長孫無忌等撰　清光緒十六年(1890)刻中國書店印本　八冊

370000－1541－0004483　580.92/486
大清宣統新法令二十卷　商務印書館編撰　清宣統上海商務印書館鉛印本　十二冊　存十二卷(一至六、十五至二十)

370000－1541－0004484　580.92/667
大清律例四十七卷奏疏一卷附三流道里表不分卷督捕則例二卷律例館校正洗冤錄四卷大清律纂修條例不分卷　（清)徐本修　（清)唐紹祖等纂　清嘉慶武英殿刻本　四十冊

370000－1541－0004485　580.92/745
核定現行刑律　沈家本編　清宣統元年(1909)鉛印本　四冊

370000－1541－0004486　580.92/745＝1
核定現行刑律　沈家本編　清宣統元年(1909)鉛印本　四冊

370000－1541－0004487　580.92/745＝2
歷代刑官考二卷　沈家本撰　清宣統元年(1909)修訂法律館鉛印本　一冊

370000－1541－0004488　580.92/863
大清法規大全一百四十六卷　（清)政學社編　清宣統二年(1910)上海廣益書局石印本　七十三冊

370000－1541－0004489　580.931/717
日本明治法制史不分卷　（日本)清浦奎吾撰

商務印書館譯　清光緒二十九年(1903)上海商務印書館鉛印政學叢書本　一冊

370000－1541－0004490　581.29/668

預備立憲意見書二卷　(清)康繼祖編　清光緒三十二年(1906)教育品物公司鉛印本　一冊　存一卷(上)

370000－1541－0004491　581.29/675

憲政編查館奏議覆考察憲政大臣于式枚奏陳諮議局章程權限摺一卷　(清)奕劻等奏　清南洋印刷官廠鉛印本　一冊

370000－1541－0004492　582/252

律判集略一卷新定律例一卷　(清)□□輯　清乾隆十二年(1747)桂林惜陰處刻本　一冊

370000－1541－0004493　582.1/593

欽定處分條例不分卷　(清)對哈納等輯　清康熙十五年(1676)李伯龍宛羽齋書坊刻本　六冊

370000－1541－0004494　582.1/648

明律集解附例三十卷　(明)高舉　(明)鄭繼芳等編　清光緒三十四年(1908)沈家本刻本　十冊

370000－1541－0004495　582.17/994

大清律例增修統纂集成四十卷附督捕則例附纂二卷　(清)姚潤輯　(清)陶駿　(清)陶念霖增輯　清光緒十七年(1891)上海珍藝書局鉛印本　二十三冊　存三十九卷(一至三十九)

370000－1541－0004496　582.5221/135

蒙古律例十二卷　(清)□□輯　清乾隆刻本　四冊

370000－1541－0004497　582.8/135

命案彙輯不分卷　(清)□□編　清抄本　四冊

370000－1541－0004498　582.8/483

秋讞輯要六卷首一卷　(清)剛毅輯　清光緒十五年(1889)江蘇書局刻本　八冊

370000－1541－0004499　582.8/595

說帖不分卷　(清)□□編　清光緒抄本　六冊

370000－1541－0004500　582.8/717

大清律例彙纂大成四十卷　(清)刑部纂修　清光緒二十九年(1903)石印本　二十四冊

370000－1541－0004501　582.8/892

讀律心得三卷　(清)劉衡纂　清刻本　一冊

370000－1541－0004502　583.31/888

新譯日本法規大全不分卷附解字一冊　劉崇傑等譯校　清光緒三十三年(1907)上海商務印書館鉛印本　八十一冊　缺四冊(五至六、八、二十六)

370000－1541－0004503　585/245

漢律輯證六卷　(清)杜貴墀撰　清光緒修訂法律館鉛印本　一冊

370000－1541－0004504　585/985

駁案新編三十二卷續編七卷　(清)全士潮編　清刻本　六冊

370000－1541－0004505　585.2/762

新刑律修正案彙錄　勞乃宣輯刊　清宣統元年(1909)勞乃宣鉛印本　一冊

370000－1541－0004506　585.2/762＝1

新刑律修正案彙錄　勞乃宣輯刊　清宣統元年(1909)勞乃宣鉛印本　一冊

370000－1541－0004507　585.4/316

三流道里表不分卷　(清)刑部律例館纂修　清同治十一年(1872)江蘇書局刻本　二冊

370000－1541－0004508　585.4/906

粗解刑統賦一卷　(宋)傅霖撰　(元)孟奎解　清末周大輔抄本　一冊

370000－1541－0004509　585.419/298

潘公免災救難寶卷三卷　(清)□□撰　清咸豐六年(1856)刻本　一冊

370000－1541－0004510　585.8/129

大清律例彙輯便覽四十卷附督捕則例纂二卷五軍道里表一卷三流道里表一卷　(清)刑部纂　清同治十二年(1873)杭州讀律山館刻本

三十六冊

370000－1541－0004511　585.8/129＝1

大清律例彙輯便覽四十卷附督捕則例纂二卷五軍道里表一卷三流道里表一卷　（清）刑部纂　清光緒十八年(1892)京都善成堂刻本三十三冊

370000－1541－0004512　585.8/129＝2

大清律例彙輯便覽四十卷附督捕則例纂二卷五軍道里表一卷三流道里表一卷　（清）刑部纂　清光緒二十九年(1903)刑部刻本　三十三冊

370000－1541－0004513　585.8/517

鹿洲公案二卷　（清）藍鼎元撰　清雍正七年(1729)刻本　二冊

370000－1541－0004514　585.8/669

曹州控案不分卷　（清）□□編　清道光稿本　清象坤跋　一冊

370000－1541－0004515　585.8/783

疑獄集前集一卷後集一卷續二卷附錄一卷（五代）和凝等集　（清）陳鴻壽勘校　清嘉慶二十一年(1816)錢塘種榆仙館刻本　四冊

370000－1541－0004516　585.8/783＝1

疑獄集十卷　（五代）和凝編　清咸豐元年(1851)桐鄉金氏刻本　二冊

370000－1541－0004517　585.8/850

刑案匯覽六十卷首一卷末一卷　（清）祝慶祺輯　清道光十四年(1834)棠樾慎思堂刻本四十二冊

370000－1541－0004518　585.8/863

清刑部山東司案例　清刻本　二冊

370000－1541－0004519　585.8/977

折獄龜鑑八卷　（宋）鄭克撰　清刻守山閣叢書本　一冊

370000－1541－0004520　585.937/184

印度刑律四卷　（英國）嘉拖瑪　（英國）美巴理撰　（日本）山雅各口譯　（清）邱起霖筆述　清光緒二十九年(1903)上海廣學會鉛印本

三冊

370000－1541－0004521　586.5/158

理訟集議摘鈔不分卷　（清）丁寶楨纂　清濟南蓮花盦抄本　一冊

370000－1541－0004522　586.5/697

祥刑古鑒二卷　（清）宋邦傳編　清同治六年(1867)天門陳廷榮刻本　二冊

370000－1541－0004523　586.5/797

明刑管見錄一卷　（清）穆翰撰　清光緒十三年(1887)陝西臬署刻本　一冊

370000－1541－0004524　586.51/269

式敬編五卷　（清）楊景仁輯　清道光二年(1822)刻本　四冊

370000－1541－0004525　586.56/171

名法指掌新纂四卷　（清）黃魯溪編　清光緒十七年(1891)宏道堂刻本　四冊

370000－1541－0004526　586.56/951

重修名法指掌圖新纂四卷　（清）沈辛田輯清同治九年(1870)湖南藩署刻本　一冊　存一卷(一)

370000－1541－0004527　586.6/951

重修名法指掌圖新纂四卷　（清）沈辛田輯清同治九年(1870)湖北崇文書局刻本　四冊

370000－1541－0004528　586.65/483

洗冤錄義證四卷　（清）剛毅輯　清光緒十七年(1891)江蘇書局刻朱墨套印本　一冊

370000－1541－0004529　586.65/606

洗冤錄詳義四卷首一卷　（清）許槤撰　**洗冤錄摭遺二卷**　（清）葛元煦撰　**洗冤錄摭遺補一卷**　（清）張開運輯　清光緒三年(1877)湖北藩署刻本　六冊

370000－1541－0004530　586.65/698

重刊補註洗冤錄集證六卷　（宋）宋慈撰(清)王又槐增輯　（清）李觀瀾補輯　（清）阮其新補註　清道光二十四年(1844)廣州翰墨園刻四色套印本　五冊

370000－1541－0004531　586.65/968＝2

補註洗冤錄集證六卷 （清）王又槐增輯 （清）李觀瀾補輯 清刻朱墨套印本 一冊 存一卷(二)

370000 – 1541 – 0004532 586.65/994

洗冤錄解 （清）姚德豫撰 清同治九年(1870)吳縣孫氏刻本 一冊

370000 – 1541 – 0004533 586.66/463

折獄便覽 （清）明善撰 清光緒十三年(1887)刻本 一冊

370000 – 1541 – 0004534 588.6/784

比國鐵路營業律 程明超纂 曾鯤化編 魯策球譯 清宣統郵傳部圖書通譯局鉛印各國交通行政律彙編本 一冊

370000 – 1541 – 0004535 589.8/354

大獄記一卷附龍川先生傳一卷龍川先生詩鈔一卷 （清）□□撰 清末民國初鉛印本 一冊

370000 – 1541 – 0004536 589.88/135

遷善局事略不分卷 （清）遷善局編 清同治刻本 一冊

370000 – 1541 – 0004537 590/341

紀效新書十八卷首一卷 （明）戚繼光撰 清嘉慶九年(1804)虞山張氏照曠閣刻本 四冊 存十二卷(一至七、十五至十八,首一卷)

370000 – 1541 – 0004538 590/341 = 1

紀效新書十八卷首一卷 （明）戚繼光撰 清嘉慶九年(1804)虞山張氏照曠閣刻本 六冊

370000 – 1541 – 0004539 590/341 = 3

紀效新書十八卷首一卷 （明）戚繼光撰 清嘉慶二十四年(1819)無棣吳之勷刻本 四冊 存十卷(一、八至九、十三至十八,首一卷)

370000 – 1541 – 0004540 590/341 = 4

紀效新書十八卷首一卷 （明）戚繼光撰 清嘉慶二十四年(1819)無棣吳之勷刻本 六冊

370000 – 1541 – 0004541 590/341 = 5

紀效新書十八卷首一卷 （明）戚繼光撰 清道光十年(1830)刻本 六冊

370000 – 1541 – 0004542 590/341 = 6

紀效新書十八卷首一卷 （明）戚繼光撰 清道光十年(1830)刻本 一冊 存三卷(十至十二)

370000 – 1541 – 0004543 590/341 = 7

紀效新書十八卷首一卷 （明）戚繼光撰 （清）許乃釗校 清道光二十三年(1843)許乃釗刻京都琉璃廠文貴堂印本 四冊

370000 – 1541 – 0004544 590/341 = 8

紀效新書十八卷首一卷 （明）戚繼光撰 清京都琉璃廠刻本 四冊

370000 – 1541 – 0004545 590/341 = 9

紀效新書十八卷首一卷 （明）戚繼光撰 清咸豐三年(1853)慎德堂刻本 八冊

370000 – 1541 – 0004546 590/516

武備志二百四十卷 （明）茅元儀輯 清刻本 一百四十三冊 存二百十卷(三十一至二百四十)

370000 – 1541 – 0004547 590/667

唐荆川先生纂輯武編前六卷後六卷 （明）唐順之輯 清木活字印本 三冊 存二卷(後五至六)

370000 – 1541 – 0004548 590/827

洋務用軍必讀三卷 （清）朱克敬撰 清光緒十年(1884)挹秀山房刻本 二冊

370000 – 1541 – 0004549 590/885

山東高等學堂兵學講義 （清）劉志清編 清光緒山東高等學堂石印本 一冊

370000 – 1541 – 0004550 591/164

軍禮司馬法考徵二卷 （清）黃以周撰 清光緒十八年(1892)定海黃氏試館刻本 一冊

370000 – 1541 – 0004551 591.3/384

鄂省營制驛傳彙編四卷 （清）陳仲衡輯 清光緒十五年(1889)刻本 四冊

370000 – 1541 – 0004552 591.6/719

江西試辦徵兵章程一卷 （清）江西督練公所兵備處編 清刻本 一冊

370000－1541－0004553　591.8/384

歷代兵制八卷　（宋）陳傅良撰　（清）錢熙祚校　清道光金山錢氏刻守山閣叢書本　一冊

370000－1541－0004554　592/115

登壇必究四十卷　（明）王鳴鶴撰　明萬曆刻本　三十二冊　存三十六卷(一至二十、二十五至四十)

370000－1541－0004555　592/138

洴澼百金方十四卷　（清）惠麓酒民編　清乾隆五十三年(1788)榕城嘉魚堂刻本　十冊

370000－1541－0004556　592/151

行軍須知一卷　（宋）□□編　明嘉靖三十五年(1556)刻本　一冊

370000－1541－0004557　592/167

軍禮司馬法考徵二卷　（清）黃以周撰　清光緒十八年(1892)定海黃氏試館刻本　一冊

370000－1541－0004558　592/182 = 1

孫子十家注十三卷敘錄一卷遺說一卷　（春秋）孫武撰　（宋）吉天保輯　（清）孫星衍等校　清光緒三年(1877)浙江書局刻本　六冊

370000－1541－0004559　592/182 = 2

孫子十家注十三卷敘錄一卷遺說一卷　（春秋）孫武撰　（宋）吉天保輯　（清）孫星衍等校　清光緒三年(1877)浙江書局刻本　一冊　存四卷(一至四)

370000－1541－0004560　592/182 = 3

孫子十家注十三卷敘錄一卷遺說一卷　（春秋）孫武撰　（宋）吉天保輯　（清）孫星衍等校　清光緒十年(1884)安徽楊霖萱刻本　六冊

370000－1541－0004561　592/182 = 4

孫子十家注十三卷敘錄一卷遺說一卷　（春秋）孫武撰　（宋）吉天保輯　（清）孫星衍等校　清刻本　三冊　存七卷(二至四、七至十)

370000－1541－0004562　592/290

白猿奇書不分卷　（唐）李靖撰　明天啓二年(1622)刻本　一冊

370000－1541－0004563　592/290 = 1

李靖六花陣辯不分卷　（清）□□撰　清稿本　一冊

370000－1541－0004564　592/667

唐荊川先生纂輯武編前六卷後六卷　（明）唐順之編　清抄本　十二冊

370000－1541－0004565　592/714

戊笈談兵十卷　（清）汪紱撰　清光緒二十一年(1895)刻本　十一冊

370000－1541－0004566　592/789

握機經二卷　（明）程道生輯　清抄本　四冊

370000－1541－0004567　592/820

金湯借箸十二卷　（明）周鑒撰　（明）李長科校訂　清抄本　十冊

370000－1541－0004568　592/916

雙龍陣圖一卷　（清）□□繪　清手繪稿本　一冊

370000－1541－0004569　592/982 = 2

武經總要前集二十卷後集二十卷　（宋）曾公亮撰　清抄本　二十冊　存二十卷(武經總要前集二十卷)

370000－1541－0004570　592.088/628

武備三大秘書三種六卷　（清）施永圖輯　清臥雲居刻本　十冊

370000－1541－0004571　592.1/115

登壇必究四十卷　（明）王鳴鶴輯　明萬曆刻本(卷一、五係抄補)　八冊　存九卷(一、五、十七、二十七至三十二)

370000－1541－0004572　592.5/611

虎鈐經二十卷　（宋）許洞撰　清刻本　四冊

370000－1541－0004573　592.5/611 = 1

虎鈐經二十卷　（宋）許洞撰　清刻本　四冊

370000－1541－0004574　592.9/324

豫軍紀略十二卷　（清）尹耕雲等纂　清同治十一年(1872)刻本　十二冊

370000 - 1541 - 0004575　592.9/492

中國歷史戰爭形勢圖說附論二卷　盧彤撰
清宣統二年(1910)武昌同倫學社鉛印本　一
冊

370000 - 1541 - 0004576　592.9/492 = 1

中國歷史戰爭形勢圖說附論二卷　盧彤撰
清宣統二年(1910)武昌同倫學社鉛印本　一
冊

370000 - 1541 - 0004577　593/185

訓練操法詳晰圖說二十二卷　袁世凱纂　清
光緒二十五年(1899)石印本　十二冊

370000 - 1541 - 0004578　593.1/331

練兵實紀九卷雜集六卷　(明)戚繼光撰　清
末京都琉璃廠木活字印本　六冊

370000 - 1541 - 0004579　593.1/331 = 1

練兵實紀九卷雜集六卷　(明)戚繼光撰　清
末京都琉璃廠木活字印本　五冊　存八卷
(一至八)

370000 - 1541 - 0004580　593.1/331 = 2

練兵實紀九卷雜集六卷　(明)戚繼光撰　清
嘉慶二十四年(1819)無棣吳之勱刻本　六冊

370000 - 1541 - 0004581　593.1/331 = 3

練兵實紀九卷雜集六卷　(明)戚繼光撰　清
道光二十三年(1843)錢塘許乃釗刻敏果齋七
種本　四冊

370000 - 1541 - 0004582　593.1/331 = 4

練兵實紀九卷雜集六卷　(明)戚繼光撰　清
道光二十三年(1843)錢塘許乃釗刻敏果齋七
種本　四冊

370000 - 1541 - 0004583　593.2/566

訓兵輯要二卷　(清)薛大烈編　清嘉慶十九
年(1814)刻本　二冊

370000 - 1541 - 0004584　593.5/119

練兵芻言五卷　(清)王鑫撰　清光緒十七年
(1891)金陵王鑫刻本　一冊

370000 - 1541 - 0004585　593.5/987

曾文正公水陸行軍練兵誌四卷　(清)王定安

纂　清光緒二十六年(1900)江蘇柏經正堂刻
本　一冊

370000 - 1541 - 0004586　594.2/717

籌餉事例　(清)戶部編　清同治刻本　四冊

370000 - 1541 - 0004587　594.67/561

歷代馬政志一卷　(清)蔡方炳輯　清抄本
一冊

370000 - 1541 - 0004588　594.67/669

陝西甘肅新疆文武各官等支款章程五卷
(清)陝西司編　清光緒二十一年(1895)刻本
五冊

370000 - 1541 - 0004589　594.72/211

禁衛軍服章圖一卷　載濤撰　清宣統元年
(1909)鉛印本　一冊

370000 - 1541 - 0004590　595.1/444

救命書一卷　(明)呂坤撰　清刻本　一冊

370000 - 1541 - 0004591　595.9/164

火器略說一卷　(清)王韜撰　黃達權譯　清
光緒七年(1881)天南遯窟鉛印本　一冊

370000 - 1541 - 0004592　595.94/164

火器略說一卷　(清)王韜撰　黃達權譯　清
光緒七年(1881)天南遯窟鉛印本　一冊

370000 - 1541 - 0004593　595.94/885

火龍經二集三卷　(明)劉基補撰　(明)毛希
秉彙輯　清刻本　一冊

370000 - 1541 - 0004594　595.99/789

蹶張心法一卷單刀法選一卷長槍法選一卷
(明)程宗猷撰　清道光二十二年(1842)聚文
堂刻本　四冊

370000 - 1541 - 0004595　596.69/967

射書四卷首一卷　(明)顧煜撰　清光緒十四
年(1888)貽經書屋刻本　四冊

370000 - 1541 - 0004596　597.1/859

海軍章程不分卷　(清)總理海軍事務衙門編
清光緒十四年(1888)石印本　六冊

370000 - 1541 - 0004597　597.1/975

水師章程十四卷續編六卷 （美國）林樂知口
譯 （清）鄭昌棪筆述 清光緒刻本 十六冊

370000－1541－0004598 597.8/820
北洋海軍章程 （清）總理海軍事務衙門訂
清光緒十四年(1888)天津石印書局石印本
二冊

370000－1541－0004599 599/292
廣西二兵記二卷 （清）李紱撰 清穆堂抄本
二冊

370000－1541－0004600 599/314
經世挈要六卷 （明）張燧撰 明崇禎六年
(1633)金溪傅昌辰刻本 四冊

370000－1541－0004601 599.2/282
西招圖略一卷附自成都府至後藏路程一卷前
藏至西寧路程一卷圖說一卷 （清）松筠撰
清道光二十七年(1847)王師道刻本 一冊

370000－1541－0004602 599.2/340
嶺西水陸兵紀二卷 （明）盛萬年撰 清雍正
九年(1731)刻本 一冊

370000－1541－0004603 599.3/613
武備輯要續編十卷 （清）許乃釗編 清咸豐
二年(1852)武英殿刻本 二冊

370000－1541－0004604 599.3/861
經濟寶要守城方略四卷 （清）王亨捷輯 清
稿本 二冊 缺一卷(三)

370000－1541－0004605 599.34/613
鄉守輯要合鈔十卷 （清）許乃釗編 清咸豐
三年(1853)武英殿刻本 二冊

370000－1541－0004606 599.4/311
廣東海圖說一卷 （清）張之洞撰 清光緒十
五年(1889)上海廣雅書局刻本 一冊

370000－1541－0004607 599.4/429
洋防輯要二十四卷 （清）嚴如熤撰 清刻本
十二冊

370000－1541－0004608 599.4/429＝1
洋防輯要二十四卷 （清）嚴如熤撰 清刻本
六冊 存十卷(一至十)

370000－1541－0004609 599.4/566
浙東籌防錄四卷 （清）薛福成纂 清光緒十
三年(1887)無錫薛氏刻本 四冊

370000－1541－0004610 599.4/951
洋防說略二卷 （清）徐家幹撰 清光緒十三
年(1887)刻本 二冊

370000－1541－0004611 599.4/992
防海新論十八卷 （德國）希理哈撰 （英國）
傅蘭雅口譯 （清）華蘅芳筆述 清同治十二
年(1873)江南製造局刻本 六冊

370000－1541－0004612 599.5/994
長江礮臺芻議一卷 姚錫光撰 清光緒二十
二年(1896)木活字印本 一冊

370000－1541－0004613 599.8/382
權制八卷 陳澹然撰 清光緒二十六年
(1900)長沙徐崇立刻本 六冊

370000－1541－0004614 599.8/628
武備地利卷四卷 （清）施永圖輯 清刻本
四冊

370000－1541－0004615 599.8/628＝1
武備地利卷四卷 （清）施永圖輯 清刻本
六冊 存二卷(三至四)

370000－1541－0004616 601/303
史記一百三十卷 （漢）司馬遷撰 （南朝宋）
裴駰集解 清光緒十年(1884)上海同文書局
石印本 四十冊

370000－1541－0004617 601/859
史通削繁四卷 （唐）劉知幾撰 （清）紀昀削
繁 （清）浦起龍注 清光緒元年(1875)凱江
李氏家塾刻本 四冊

370000－1541－0004618 601/859＝1
史通削繁四卷 （唐）劉知幾撰 （清）紀昀削
繁 （清）浦起龍注 清道光十三年(1833)兩
廣節署刻朱墨套印本 四冊

370000－1541－0004619 601/859＝2
史通削繁四卷 （唐）劉知幾撰 （清）紀昀削
繁 （清）浦起龍注 清道光十三年(1833)兩

廣節署刻朱墨套印本　四冊

370000－1541－0004620　601/859＝3

史通削繁四卷　（唐）劉知幾撰　（清）紀昀削繁　（清）浦起龍注　清道光十三年(1833)兩廣節署刻朱墨套印本　四冊

370000－1541－0004621　601/859＝4

史通削繁四卷　（唐）劉知幾撰　（清）紀昀削繁　（清）浦起龍注　清道光十三年(1833)兩廣節署刻朱墨套印本　四冊

370000－1541－0004622　601.11/303

史記一百三十卷　（漢）司馬遷撰　（清）吳汝綸點勘　吳闓生編錄　清宣統元年(1909)南宮邢氏刻本　二十冊

370000－1541－0004623　601.3/657

文史通義八卷　（清）章學誠撰　清道光十三年(1833)刻章氏遺書本　四冊

370000－1541－0004624　601.3/657＝1

文史通義八卷　（清）章學誠撰　清道光十三年(1833)刻章氏遺書本　四冊

370000－1541－0004625　601.3/657＝3

文史通義八卷　（清）章學誠撰　清道光十三年(1833)刻章氏遺書本　四冊

370000－1541－0004626　601.3/657＝4

章氏遺書八卷　（清）章學誠撰　清道光十三年(1833)大梁刻本　四冊

370000－1541－0004627　601.3/718

史通通釋二十卷　（清）浦起龍撰　清乾隆十七年(1752)浦氏求放心齋刻本　四冊

370000－1541－0004628　601.3/718＝1

史通通釋二十卷　（清）浦起龍撰　清光緒二十年(1894)上海積山書局石印本　八冊

370000－1541－0004629　601.3/718＝2

史通通釋二十卷　（清）浦起龍撰　清光緒十九年(1893)上海文瑞樓石印本　八冊

370000－1541－0004630　601.3/718＝3

史通通釋二十卷　（清）浦起龍撰　清光緒十九年(1893)上海文瑞樓石印本　八冊

370000－1541－0004631　601.3/718＝4

史通通釋二十卷　（清）浦起龍撰　清光緒十一年(1885)刻本　八冊

370000－1541－0004632　601.3/718＝5

史通通釋二十卷　（清）浦起龍撰　清光緒十一年(1885)刻本　四冊

370000－1541－0004633　601.3/718＝6

史通通釋二十卷　（清）浦起龍撰　清光緒十一年(1885)刻本　八冊

370000－1541－0004634　601.3/718＝7

史通通釋二十卷　（清）浦起龍撰　清廣州翰墨園刻本　八冊

370000－1541－0004635　601.3/825

讀史糾謬十五卷　（清）牛運震撰　清嘉慶牛氏空山堂刻本　六冊

370000－1541－0004636　601.3/859＝4

史通削繁四卷　（唐）劉知幾撰　（清）紀昀削繁　（清）浦起龍注　清道光十三年(1833)兩廣節署刻朱墨套印本　二冊

370000－1541－0004637　601.4/106

野記四卷　（明）祝允明纂　清同治十三年(1874)元和祝氏刻本　二冊

370000－1541－0004638　601.902/720

史目表二卷　（清）洪飴孫撰　清光緒四年(1878)啟秀山房刻本　一冊

370000－1541－0004639　601.902/720＝1

史目表二卷　（清）洪飴孫撰　清光緒四年(1878)啟秀山房刻本　一冊

370000－1541－0004640　602/164

歷代帝王年表不分卷　（清）黃大華撰　清光緒二十六年(1900)夢紅豆邨刻本　一冊

370000－1541－0004641　602/164＝1

歷代帝王年表不分卷　（清）黃大華撰　清光緒二十六年(1900)夢紅豆邨刻本　一冊

370000－1541－0004642　602/298

歷代帝王世系圖一卷　（清）□□輯　清宣統二年(1910)北京陸軍部刷印處石印本　一冊

370000 - 1541 - 0004643　602/440

北宋經撫年表二卷　吳廷爕撰　清末鉛印本
　二冊

370000 - 1541 - 0004644　602/504

紀元通考十二卷　（清）葉維庚撰　清道光八
年(1828)鍾秀山房刻本　四冊

370000 - 1541 - 0004645　602/506

史鑑年表彙編十四卷　（明）蕭承笏撰　清光
緒十年(1884)江右養雲書屋刻本　七冊

370000 - 1541 - 0004646　602/611

紀元編三卷　（清）李兆洛編　清末民國初上
海同文書局石印本　三冊

370000 - 1541 - 0004647　602/622 = 4

歷代帝王年表不分卷　（清）齊召南撰　（清）
阮福續編　**帝王廟諡年諱譜不分卷**　（清）陸
費墀撰　清同治二年(1863)武林葉氏敦怡堂
刻本　四冊

370000 - 1541 - 0004648　602/660

**御定歷代紀事年表一百卷歷代三元甲子編年
一卷**　（清）王之樞等纂　清康熙五十四年
(1715)內府刻本　二十八冊　缺十二卷(二
十五至二十六、三十六至三十八、四十二至四
十五、九十一至九十三)

370000 - 1541 - 0004649　602/662 = 1

歷代帝王年表不分卷　（清）齊召南撰　清道
光四年(1824)儀徵阮氏小琅嬛仙館刻本　四冊

370000 - 1541 - 0004650　602/662 = 2

歷代帝王年表不分卷　（清）齊召南撰　清道
光四年(1824)儀徵阮氏小琅嬛仙館刻本　四冊

370000 - 1541 - 0004651　602/662 = 3

歷代帝王年表不分卷　（清）齊召南撰　清光
緒十二年(1886)蘇州掃葉山房刻本　三冊

370000 - 1541 - 0004652　602/701

疑年表一卷超辰表三卷　（清）汪曰楨撰　清
刻本　二冊

370000 - 1541 - 0004653　602/754

歷朝統系圖一卷歷朝統系歌略一卷　（清）潘

清蔭編　清光緒二十八年(1902)濟南刻本
一冊

370000 - 1541 - 0004654　602/879

歷代統紀表十三卷　（清）段長基述　清嘉慶
二十二年(1817)小酉山房刻本　十二冊

370000 - 1541 - 0004655　602/946

甲子紀年表一卷　（清）徐壽基編　清光緒十
二年(1886)刻本　一冊

370000 - 1541 - 0004656　602/959

春秋大事表五十卷附錄一卷春秋輿圖一卷
（清）顧棟高撰　清同治十二年(1873)山東尚
志堂刻本　二十冊　存四十二卷(一至十八、
二十七至五十)

370000 - 1541 - 0004657　602/959 = 1

春秋大事表五十卷附錄一卷春秋輿圖一卷
（清）顧棟高撰　清同治十二年(1873)山東尚
志堂刻本　十冊　存三十九卷(十二至五十)

370000 - 1541 - 0004658　602/959 = 2

春秋大事表五十卷附錄一卷春秋輿圖一卷
（清）顧棟高撰　清同治十二年(1873)山東尚
志堂刻本　八冊　存三十一卷(十二至十七、
二十六至五十)

370000 - 1541 - 0004659　603.11/988

春秋求故四卷　（清）余煌撰　清道光十年
(1830)刻本　一冊

370000 - 1541 - 0004660　607/281

史外韻語書後三卷　（清）柳堂撰　清光緒二
十八年(1902)筆諫堂刻本　一冊

370000 - 1541 - 0004661　607/298

史地雜著一卷　□□撰　清末民國稿本　一
冊

370000 - 1541 - 0004662　607/556

廣治平略三十六卷補編八卷　（清）蔡方炳纂
　清康熙三年(1664)刻本　十二冊

370000 - 1541 - 0004663　607/556 = 1

廣治平略三十六卷補編八卷　（清）蔡方炳纂
　清康熙三年(1664)刻本　一冊　存二卷

（十四至十五）

370000 – 1541 – 0004664　607/556 = 2

廣治平略三十六卷補編八卷　（清）蔡方炳纂
　清毛文生堂刻本　十二冊

370000 – 1541 – 0004665　607/863

方輿類纂二十八卷首一卷　（清）顧祖禹撰
（清）溫汝能編　清刻本　七冊　存十卷（十
九至二十八）

370000 – 1541 – 0004666　607/863 = 1

三才略三卷　蔣德鈞輯　清光緒十四年
（1888）蔣氏求實齋刻本　一冊

370000 – 1541 – 0004667　607/901

帝輿合覽二卷　（清）何炳撰　清道光十三年
（1833）王店何敬慎堂刻本　六冊

370000 – 1541 – 0004668　608/282

隨緣載筆六種六卷　（清）松筠撰　清刻本
四冊

370000 – 1541 – 0004669　608/863

史學叢書　（清）□□輯　清光緒二十八年
（1902）上海煥文書局石印本　三十二冊

370000 – 1541 – 0004670　608/863 = 1

史學叢書　（清）□□輯　清光緒二十八年
（1902）上海煥文書局石印本　十六冊　存十
三種（史記志疑、史表功比說、史記天官書補
目、楚漢諸侯疆域志、史漢駢枝、人表考附庭
立記聞、漢書辨疑、漢書注校補、後漢書補表、
補續漢書藝文志、後漢書辨疑、後漢郡國令長
考、續漢書辨疑）

370000 – 1541 – 0004671　608/863 = 2

史學叢書　（清）□□輯　清光緒十九年
（1893）武林有三長齋石印本　二十四冊

370000 – 1541 – 0004672　608/863 = 3

史學叢書　（清）□□輯　清光緒二十五年
（1899）文瀾書局石印本　三十二冊

370000 – 1541 – 0004673　608/885

史學述林　（清）劉咸炘撰　清光緒三十一年
（1905）刻推十書本　三冊

370000 – 1541 – 0004674　608/975

吾學編六十九卷　（明）鄭曉撰　明隆慶元年
（1567）刻本　十八冊

370000 – 1541 – 0004675　608/988

古今史學萃珍八種十七卷　（清）余肇鈞輯
清同治八年（1869）長沙余肇鈞明辨齋刻本
八冊

370000 – 1541 – 0004676　609/399

辛卯侍行記六卷　陶保廉撰　清光緒二十三
年（1897）養樹山房刻本　六冊

370000 – 1541 – 0004677　609.081/975

舟車所至十八種　（清）鄭光祖輯　清道光二
十三年（1843）青玉山房刻本　四冊

370000 – 1541 – 0004678　609.081/975 = 1

一斑錄五卷附編一卷雜述八卷　（清）鄭光祖
撰　清同治三年（1864）青玉山房刻本　六冊

370000 – 1541 – 0004679　609.2/115

歷代輿地沿革險要圖說　楊守敬　饒敦秩撰
　清光緒二十四年（1898）江南王氏石印本
一冊

370000 – 1541 – 0004680　609.2/271

歷代輿地沿革險要圖　楊守敬　饒敦秩撰
清光緒五年（1879）東湖饒氏刻本　一冊

370000 – 1541 – 0004681　609.2/271 = 1

歷代輿地沿革險要圖　楊守敬　饒敦秩撰
清光緒五年（1879）東湖饒氏刻本　一冊

370000 – 1541 – 0004682　609.2/271 = 2

歷代輿地沿革險要圖　楊守敬　饒敦秩撰
清光緒五年（1879）東湖饒氏刻本　三冊

370000 – 1541 – 0004683　609.2/271 = 3

歷代輿地沿革險要圖　楊守敬　饒敦秩撰
清光緒五年（1879）東湖饒氏刻朱墨套印本
一冊

370000 – 1541 – 0004684　609.2/271 = 4

歷代輿地沿革險要圖　楊守敬　饒敦秩撰
清光緒五年（1879）東湖饒氏刻朱墨套印本
一冊

370000－1541－0004685　609.2/830

廣輿圖二卷　（元）朱思本原圖　（明）羅洪先
　（明）胡松增補　清嘉慶三年（1798）章學濂
　刻本　二冊

370000－1541－0004686　609.2/863

皇朝一統輿地全圖　（清）欸乃軒主人繪　清
光緒二十年（1894）上海鴻寶齋石印本　二冊

370000－1541－0004687　609.2/863＝1

皇朝一統輿地全圖　（清）欸乃軒主人繪　清
光緒二十年（1894）上海鴻寶齋石印本　二冊

370000－1541－0004688　609.2/964

方輿全圖總說五卷　（清）顧祖禹輯　（清）浦
錫齡校訂　清光緒二十七年（1901）上海圖書
集成局鉛印本　四冊

370000－1541－0004689　609.215/801

陝西全省輿地圖不分卷　（清）魏光燾編　清
光緒二十五年（1899）石印本　四冊

370000－1541－0004690　609.22/721

皇朝直省地輿全圖　（清）漢鎮輿圖局編　清
光緒五年（1879）上海點石齋縮印本　一冊

370000－1541－0004691　609.2221/982

江蘇全省輿圖　（清）曾國藩　（清）丁日昌纂
　清同治七年（1868）刻本　十九冊

370000－1541－0004692　609.2233/664

廣東圖二十三卷　（清）□□繪　清同治五年
（1866）刻本　三冊

370000－1541－0004693　609.2233/664＝2

廣東圖二十三卷　（清）□□繪　清同治五年
（1866）刻本　三冊

370000－1541－0004694　609.27/842

皇輿全圖不分卷　（清）鄒伯奇繪　清同治十
三年（1874）南海鄒氏廣東刻本　一冊

370000－1541－0004695　610/117

廿四史策案十二卷　（清）王鎏撰　清光緒十
五年（1889）上海點石齋石印本　二冊

370000－1541－0004696　610/303

史記一百三十卷　（漢）司馬遷撰　（南朝宋）

裴駰集解　清刻本　一冊　存三卷（十五至
十七）

370000－1541－0004697　610/303＝9－1

史記一百三十卷　（漢）司馬遷撰　（南朝宋）
裴駰集解　（唐）司馬貞索隱　（唐）張守節正
義　清同治八年（1869）嶺南菊古堂刻本　三
十一冊

370000－1541－0004698　610/303＝9－2

前漢書一百卷附考證　（漢）班固撰　（唐）顏
師古注　清同治八年（1869）嶺南菊古堂刻本
　二十八冊　缺二十四卷（十九、二十五至二
十七、二十九至三十、五十六至六十五、七十
三至七十五、九十五至九十九上）

370000－1541－0004699　610/303＝9－3

宋書一百卷附考證　（南朝梁）沈約撰　清同
治八年（1869）嶺南菊古堂刻本　二十二冊
缺十九卷（十七至二十一、二十四至二十七、
五十一至五十六、八十一至八十四）

370000－1541－0004700　610/303＝9－4

周書五十卷附考證　（唐）令狐德棻等撰　清
同治八年（1869）嶺南菊古堂刻本　七冊　缺
六卷（二十三至二十八）

370000－1541－0004701　610/303＝9－5

隋書八十五卷　（唐）魏徵等撰　清同治八年
（1869）嶺南菊古堂刻本　十七冊　缺十三卷
（十三至十七、三十四至三十五、四十二至四
十七）

370000－1541－0004702　610/303＝9－6

北史一百卷附考證　（唐）李延壽撰　清同治
八年（1869）嶺南菊古堂刻本　十八冊　缺三
十一卷（一至二十三、三十四至四十一）

370000－1541－0004703　610/303＝9－7

舊唐書二百卷附考證　（五代）劉昫等撰　清
同治八年（1869）嶺南菊古堂刻本　四十三冊
　缺四十五卷（十四至五十八）

370000－1541－0004704　610/303＝9－8

唐書二百二十五卷　（宋）歐陽修等撰　清同
治八年（1869）嶺南菊古堂刻本　十冊　存三

225

十卷(一至十五、二十二至三十二、三十七至四十)

370000－1541－0004705　610/303＝9－9
唐書二百二十五卷　（宋）歐陽修等撰　清同治十二年(1873)浙江書局刻本　四十冊

370000－1541－0004706　610/303－02
後漢書九十卷　（南朝宋）范曄撰　（唐）李賢注　清同治八年(1869)金陵書局刻本　十四冊

370000－1541－0004707　610/303－02/1
史記一百三十卷　（漢）司馬遷撰　（南朝宋）裴駰集解　（唐）司馬貞索隱　（唐）張守節正義　清同治九年(1870)金陵書局刻本　二十冊

370000－1541－0004708　610/303－02/2
漢書一百二十卷　（漢）班固撰　（唐）顏師古注　清同治九年(1870)金陵書局刻本　十六冊

370000－1541－0004709　610/303－02/3
宋書一百卷　（南朝梁）沈約撰　清同治十一年(1872)金陵書局刻本　十六冊

370000－1541－0004710　610/303－02/4
陳書三十六卷　（唐）姚思廉撰　清同治十一年(1872)金陵書局刻本　四冊

370000－1541－0004711　610/303－02/5
魏書一百十四卷　（北齊）魏收撰　清同治十一年(1872)金陵書局刻本　二十冊

370000－1541－0004712　610/303－02/6
南齊書五十九卷　（南朝梁）蕭子顯撰　清同治十三年(1874)金陵書局刻本　六冊

370000－1541－0004713　610/303－02/8
周書五十卷　（唐）令狐德棻等撰　清同治十三年(1874)金陵書局刻本　四冊

370000－1541－0004714　610/303－02/9
隋書八十五卷　（唐）魏徵等撰　清同治十年(1871)淮南書局刻本　十六冊

370000－1541－0004715　610/303－02/10
南史八十卷　（唐）李延壽撰　清同治十一年(1872)金陵書局刻本　十二冊

370000－1541－0004716　610/303－02/11
北齊書五十卷　（唐）李百藥撰　清同治十三年(1874)金陵書局刻本　四冊

370000－1541－0004717　610/303－02/12
北史一百卷　（唐）李延壽撰　清同治十一年(1872)金陵書局刻本　二十冊

370000－1541－0004718　610/303－02/17
舊唐書二百卷　（五代）劉昫等撰　清同治十一年(1872)浙江書局刻本　四十八冊

370000－1541－0004719　610/303－02/18
舊五代史一百五十卷　（宋）薛居正等撰　清同治十一年(1872)湖北崇文書局刻本　十六冊

370000－1541－0004720　610/303－02/19
五代史七十四卷　（宋）歐陽修撰　（宋）徐無黨注　清同治十一年(1872)湖北崇文書局刻本　八冊

370000－1541－0004721　610/303－02/20
宋史四百九十六卷目錄三卷　（元）脫脫等修　清光緒元年(1875)浙江書局刻本　一百冊

370000－1541－0004722　610/303－02/21
遼史一百十五卷　（元）脫脫等修　清同治十二年(1873)江蘇書局刻本　十二冊

370000－1541－0004723　610/303－02/22
金史一百三十五卷附考證　（元）脫脫等修　清同治十三年(1874)江蘇書局刻本　二十冊

370000－1541－0004724　610/303－02/23
元史二百十卷目錄二卷　（明）宋濂　（明）王禕等撰　清同治十三年(1874)江蘇書局刻本　三十二冊

370000－1541－0004725　610/303－02/24
明史三百三十二卷　（清）張廷玉等修　清光緒三年(1877)湖北崇文書局刻本　八十冊

370000－1541－0004726　610/303－02＝1
梁書五十六卷　（唐）姚思廉撰　清同治十三

年(1874)金陵書局刻本　六冊

370000－1541－0004727　610/303－02＝2

續漢志三十卷　(南朝梁)劉昭注　清同治八年(1869)金陵書局刻本　二冊

370000－1541－0004728　610/303－02＝3

晉書一百三十卷　(唐)房玄齡等撰　清同治十年(1871)金陵書局刻本　二十冊

370000－1541－0004729　610/303－02＝4

三國志六十五卷　(晉)陳壽撰　(南朝宋)裴松之注　清同治九年(1870)金陵書局刻本　八冊

370000－1541－0004730　610/303－03

舊唐書二百卷　(五代)劉昫等撰　清光緒十年(1884)上海同文書局石印本　四十八冊

370000－1541－0004731　610/303－03/01

唐書二百二十五卷　(宋)歐陽修等撰　清光緒十年(1884)上海同文書局石印本　四十九冊　存二百十九卷(一至六十三、七十至二百二十五)

370000－1541－0004732　610/303－03/02

前漢書一百二十卷　(漢)班固撰　(唐)顏師古注　清光緒十年(1884)上海同文書局石印本　三十二冊

370000－1541－0004733　610/303－03/03

後漢書一百二十卷　(南朝宋)范曄撰　(南朝梁)劉昭補志　(唐)李賢注　清光緒十年(1884)上海同文書局石印本　二十八冊

370000－1541－0004734　610/303－03/05

晉書一百三十卷　(唐)房玄齡等撰　清光緒十年(1884)上海同文書局石印本　三十冊

370000－1541－0004735　610/303－03/06

宋書一百卷　(南朝梁)沈約撰　清光緒十年(1884)上海同文書局石印本　二十四冊

370000－1541－0004736　610/303－03/07

南齊書五十九卷　(南朝梁)蕭子顯撰　清光緒十年(1884)上海同文書局石印本　八冊

370000－1541－0004737　610/303－03/08

梁書五十六卷　(唐)姚思廉撰　清光緒十年(1884)上海同文書局石印本　八冊

370000－1541－0004738　610/303－03/09

陳書三十六卷　(唐)姚思廉撰　清光緒十年(1884)上海同文書局石印本　六冊

370000－1541－0004739　610/303－03/10

魏書一百十四卷　(北齊)魏收撰　清光緒十年(1884)上海同文書局石印本　二十四冊

370000－1541－0004740　610/303－03/11

北齊書五十卷　(唐)李百藥撰　清光緒十年(1884)上海同文書局石印本　八冊

370000－1541－0004741　610/303－03/12

周書五十卷　(唐)令狐德棻等撰　清光緒十年(1884)上海同文書局石印本　八冊

370000－1541－0004742　610/303－03/13

隋書八十五卷　(唐)魏徵等撰　清光緒十年(1884)上海同文書局石印本　二十四冊

370000－1541－0004743　610/303－03/14

南史八十卷　(唐)李延壽撰　清光緒十年(1884)上海同文書局石印本　二十冊

370000－1541－0004744　610/303－03/15

北史一百卷　(唐)李延壽撰　清光緒十年(1884)上海同文書局石印本　二十四冊

370000－1541－0004745　610/303－03/16

舊唐書二百卷　(五代)劉昫等撰　清光緒十年(1884)上海同文書局石印本　四十八冊

370000－1541－0004746　610/303－03/17

唐書二百二十五卷　(宋)歐陽修等撰　清光緒十年(1884)上海同文書局石印本　五十冊

370000－1541－0004747　610/303－03/18

舊五代史一百五十卷　(宋)薛居正等撰　清光緒十年(1884)上海同文書局石印本　二十四冊

370000－1541－0004748　610/303－03/19

五代史七十四卷　(宋)歐陽修撰　(宋)徐無黨注　清光緒十年(1884)上海同文書局石印本　十冊

370000 – 1541 – 0004749　610/303 – 03/20

宋史四百九十六卷目錄三卷　（元）脫脫等修　清光緒十年(1884)上海同文書局石印本　六冊　存二十三卷（一百六十七至一百八十九）

370000 – 1541 – 0004750　610/303 – 03/21

遼史一百十六卷　（元）脫脫等修　清光緒十年(1884)上海同文書局石印本　八冊

370000 – 1541 – 0004751　610/303 – 03/22

金史一百三十五卷　（元）脫脫等修　清光緒十年(1884)上海同文書局石印本　二十四冊

370000 – 1541 – 0004752　610/303 – 03/23

金史一百三十五卷　（元）脫脫等修　清光緒十年(1884)上海同文書局石印本　二十四冊

370000 – 1541 – 0004753　610/303 – 03/24

元史二百十卷目錄二卷　（明）宋濂　（明）王禕等撰　清光緒十年(1884)上海同文書局石印本　五十一冊

370000 – 1541 – 0004754　610/303 – 03/25

明史三百三十二卷　（清）張廷玉等修　清光緒十年(1884)上海同文書局石印本　一百十二冊

370000 – 1541 – 0004755　610/303 – 06

宋史四百九十六卷目錄三卷　（元）脫脫等修　清光緒二十年(1894)上海同文書局石印本　一百冊

370000 – 1541 – 0004756　610/303 – 06/01

史記一百三十卷　（漢）司馬遷撰　（南朝宋）裴駰集解　清光緒二十年(1894)上海同文書局石印本　二十六冊

370000 – 1541 – 0004757　610/303 – 06/02

前漢書一百二十卷　（漢）班固撰　（唐）顏師古注　清光緒二十年(1894)上海同文書局石印本　三十二冊

370000 – 1541 – 0004758　610/303 – 06/03

後漢書一百二十卷　（南朝宋）范曄撰　（南朝梁）劉昭補志　（唐）李賢注　清光緒二十

年(1894)上海同文書局石印本　二十八冊

370000 – 1541 – 0004759　610/303 – 06/04

三國志六十五卷　（晉）陳壽撰　（南朝宋）裴松之注　清光緒二十年(1894)上海同文書局石印本　十四冊

370000 – 1541 – 0004760　610/303 – 06/05

晉書一百三十卷　（唐）房玄齡等撰　清光緒二十年(1894)上海同文書局石印本　三十冊

370000 – 1541 – 0004761　610/303 – 06/06

宋書一百卷　（南朝梁）沈約撰　清光緒二十年(1894)上海同文書局石印本　二十四冊

370000 – 1541 – 0004762　610/303 – 06/07

南齊書五十九卷　（南朝梁）蕭子顯撰　清光緒二十年(1894)上海同文書局石印本　八冊

370000 – 1541 – 0004763　610/303 – 06/08

梁書五十六卷　（唐）姚思廉撰　清光緒二十年(1894)上海同文書局石印本　八冊

370000 – 1541 – 0004764　610/303 – 06/09

陳書三十六卷　（唐）姚思廉撰　清光緒二十年(1894)上海同文書局石印本　六冊

370000 – 1541 – 0004765　610/303 – 06/10

魏書一百十四卷　（北齊）魏收撰　清光緒二十年(1894)上海同文書局石印本　二十四冊

370000 – 1541 – 0004766　610/303 – 06/11

北齊書五十卷　（唐）李百藥撰　清光緒二十年(1894)上海同文書局石印本　八冊

370000 – 1541 – 0004767　610/303 – 06/12

周書五十卷　（唐）令狐德棻等撰　清光緒二十年(1894)上海同文書局石印本　八冊

370000 – 1541 – 0004768　610/303 – 06/13

隋書八十五卷　（唐）魏徵等撰　清光緒二十年(1894)上海同文書局石印本　二十四冊

370000 – 1541 – 0004769　610/303 – 06/14

南史八十卷　（唐）李延壽撰　清光緒二十年(1894)上海同文書局石印本　二十冊

370000 – 1541 – 0004770　610/303 – 06/15

北史一百卷　（唐）李延壽撰　清光緒二十年(1894)上海同文書局石印本　二十四冊

370000－1541－0004771　610/303－06/16

舊唐書二百卷　（五代）劉昫等撰　清光緒二十年(1894)上海同文書局石印本　四十八冊

370000－1541－0004772　610/303－06/17

唐書二百二十五卷　（宋）歐陽修等撰　清光緒二十年(1894)上海同文書局石印本　五十冊

370000－1541－0004773　610/303－06/18

舊五代史一百五十卷　（宋）薛居正等撰　清光緒二十年(1894)上海同文書局石印本　二十四冊

370000－1541－0004774　610/303－06/19

五代史七十四卷　（宋）歐陽修撰　（宋）徐無黨注　清光緒二十年(1894)上海同文書局石印本　十冊

370000－1541－0004775　610/303－06/20

遼史一百十六卷　（元）脫脫等修　清光緒二十年(1894)上海同文書局石印本　八冊

370000－1541－0004776　610/303－06/21

金史二百三十五卷附金史語解一卷　（元）脫脫等修　清光緒二十年(1894)上海同文書局石印本　二十四冊

370000－1541－0004777　610/303－06/22

元史二百十卷目錄二卷　（明）宋濂　（明）王禕等撰　清光緒二十年(1894)上海同文書局石印本　五十一冊

370000－1541－0004778　610/303－06/23

明史三百三十二卷　（清）張廷玉等修　清光緒二十年(1894)上海同文書局石印本　一百二十冊

370000－1541－0004779　610/303－07

二十四史三千二百五十卷　清乾隆四年(1739)武英殿刻本　七百二十冊

370000－1541－0004780　610/303－07＝2/1

史記一百三十卷　（漢）司馬遷撰　（南朝宋）裴駰集解　清光緒十年(1884)上海同文書局石印本　二十一冊　缺十八卷(二至七、十五至十七、三十至三十三、四十四至四十八)

370000－1541－0004781　610/303－07＝2/2

前漢書一百卷　（漢）班固撰　（唐）顏師古注　清光緒十年(1884)上海同文書局石印本　二十九冊　缺十三卷(十三至十五上、三十一至四十)

370000－1541－0004782　610/303－07＝2/3

後漢書一百二十卷　（南朝宋）范曄撰　（南朝梁）劉昭補志　（唐）李賢注　清光緒十年(1884)上海同文書局石印本　二十四冊　缺十三卷(一至六、五十四至五十七、九十至九十二)

370000－1541－0004783　610/303－07＝2/4

魏書一百十四卷　（北齊）魏收撰　清光緒十年(1884)上海同文書局石印本　十九冊　缺二十二卷(一至十二、四十九至五十五、九十五至九十七)

370000－1541－0004784　610/303－07＝2/5

晉書一百三十卷　（唐）房玄齡等撰　清光緒十年(1884)上海同文書局石印本　二十五冊　缺二十六卷(三十一至三十六、四十一至五十、六十五至六十九、一百二十六至一百三十)

370000－1541－0004785　610/303－07＝2/6

南史八十卷　（唐）李延壽撰　清光緒十年(1884)上海同文書局石印本　十七冊　缺十四卷(三十八至四十二、五十二至五十五、六十至六十四)

370000－1541－0004786　610/303－07＝2/7

北史一百卷　（唐）李延壽撰　清光緒十年(1884)上海同文書局石印本　二十冊　缺十四卷(二十二至二十四、五十一至五十六、八十至八十四)

370000－1541－0004787　610/303－07＝2/8

宋書一百卷　（南朝梁）沈約撰　清光緒十年(1884)上海同文書局石印本　二十一冊　缺

十四卷(三十至三十四、五十六至六十一、七十二至七十四)

370000－1541－0004788　610/303－07＝2/9
南齊書五十九卷　（南朝梁）蕭子顯撰　清光緒十年(1884)上海同文書局石印本　七冊　缺十卷(二十八至三十七)

370000－1541－0004789　610/303－07＝2/10
北齊書五十卷　（唐）李百藥撰　清光緒十年(1884)上海同文書局石印本　七冊　缺六卷(四十五至五十)

370000－1541－0004790　610/303－07＝2/11
梁書五十六卷　（唐）姚思廉撰　清光緒十年(1884)上海同文書局石印本　七冊　缺五卷(四十七至五十一)

370000－1541－0004791　610/303－07＝2/12
陳書三十六卷　（唐）姚思廉撰　清光緒十年(1884)上海同文書局石印本　三冊　存十五卷(一至十、三十二至三十六)

370000－1541－0004792　610/303－07＝2/13
舊五代史一百五十卷　（宋）薛居正等撰　清光緒十年(1884)上海同文書局石印本　十九冊　缺三十卷(一至十、四十九至六十八)

370000－1541－0004793　610/303－07＝2/14
五代史七十四卷　（宋）歐陽修撰　（宋）徐無黨注　清光緒十年(1884)上海同文書局石印本　九冊　缺七卷(四十四至五十)

370000－1541－0004794　610/303－07＝2/15
隋書八十五卷　（唐）魏徵等撰　清光緒十年(1884)上海同文書局石印本　二十冊　缺十卷(三至六、二十至二十一、二十八至三十一)

370000－1541－0004795　610/303－07＝2/16
宋史四百九十六卷目錄三卷　（元）脫脫等修　清光緒十年(1884)上海同文書局石印本　九十一冊　缺三十八卷(九至十三、四十八至五十一、八十三至八十四、一百三十五至一百四十二、二百四十二至二百五十四、四百三十三至四百三十八)

370000－1541－0004796　610/303－07＝2/17
遼史一百十六卷　（元）脫脫等修　清光緒十年(1884)上海同文書局石印本　六冊　缺二十四卷(十五至三十、六十三至七十)

370000－1541－0004797　610/303－07＝2/18
元史二百十卷目錄二卷　（明）宋濂　（明）王禕等撰　清光緒十年(1884)上海同文書局石印本　四十三冊　缺三十卷(十至二十二、五十七至五十八、六十五至六十八、七十六至七十七、一百一至一百五、一百二十九至一百三十二)

370000－1541－0004798　610/303－07＝2/19
明史三百三十二卷　（清）張廷玉等修　清光緒十年(1884)上海同文書局石印本　九十二冊　缺五十一卷(三十一至三十四、六十一至六十五、七十四至八十三、九十三至九十五、九十八至一百三、一百八至一百十、一百五十五至一百六十二、二百八至二百九、二百六十五至二百六十八、二百七十八至二百八十、二百九十八至三百)

370000－1541－0004799　610/303－08/1
史記一百三十卷　（漢）司馬遷撰　（南朝宋）裴駰集解　（唐）司馬貞索隱　（唐）張守節正義　清光緒四年(1878)金陵書局刻本　十六冊

370000－1541－0004800　610/303－08/2
漢書一百二十卷　（漢）班固撰　清光緒十三年(1887)金陵書局刻本　十六冊

370000－1541－0004801　610/303－08/3
後漢書一百二十卷　（南朝宋）范曄撰　（晉）司馬彪續　清光緒十三年(1887)金陵書局刻本　十六冊

370000－1541－0004802　610/303－08/4
三國志六十五卷　（晉）陳壽撰　清光緒十三年(1887)揚州江南書局刻本　八冊

370000－1541－0004803　610/303－08/5
晉書一百三十卷附音義三卷　（唐）房玄齡等撰　清同治十年(1871)金陵書局刻本　二十

冊

370000－1541－0004804　610/303－08/6

宋書一百卷　（南朝梁）沈約撰　清同治十一
年(1872)金陵書局刻本　十六冊

370000－1541－0004805　610/303－08/7

南齊書五十九卷　（南朝梁）蕭子顯撰　清同
治十三年(1874)金陵書局刻本　六冊

370000－1541－0004806　610/303－08/8

梁書五十六卷　（唐）姚思廉撰　清同治十三
年(1874)金陵書局刻本　六冊

370000－1541－0004807　610/303－08/9

陳書三十六卷　（唐）姚思廉撰　清同治十一
年(1872)金陵書局刻本　四冊

370000－1541－0004808　610/303－08/10

魏書一百三十卷　（北齊）魏收撰　清同治十
一年(1872)金陵書局刻本　二十冊

370000－1541－0004809　610/303－08/11

北齊書五十卷　（唐）李百藥撰　清同治十三
年(1874)金陵書局刻本　四冊

370000－1541－0004810　610/303－08/12

周書五十卷　（唐）令狐德棻等撰　清同治十
三年(1874)金陵書局刻本　四冊

370000－1541－0004811　610/303－08/13

隋書八十五卷　（唐）魏徵等撰　清同治十年
(1871)淮南書局刻本　十二冊

370000－1541－0004812　610/303－08/14

南史八十卷　（唐）李延壽撰　清同治十一年
(1872)金陵書局刻本　十二冊

370000－1541－0004813　610/303－08/15

北史一百卷　（唐）李延壽撰　清同治十一年
(1872)金陵書局刻本　二十冊

370000－1541－0004814　610/303－08/16

舊唐書二百卷　（五代）劉昫等撰　清同治十
一年(1872)浙江書局刻本　四十冊

370000－1541－0004815　610/303－08/17

唐書二百二十五卷　（宋）歐陽修等撰　清同

治十二年(1873)浙江書局刻本　四十冊

370000－1541－0004816　610/303－08/18

舊五代史一百五十卷目錄二卷附考證　（宋）
薛居正等撰　清同治十一年(1872)湖北崇文
書局刻本　十六冊

370000－1541－0004817　610/303－08/19

五代史七十四卷　（宋）歐陽修撰　（宋）徐無
黨注　清同治十一年(1872)湖北崇文書局刻
本　八冊

370000－1541－0004818　610/303－08/20

宋史四百九十六卷目錄三卷　（元）脫脫等修
清光緒元年(1875)浙江書局刻本　一百冊

370000－1541－0004819　610/303－08/21

遼史一百十五卷附考證　（元）脫脫等撰　清
同治十二年(1873)江蘇書局刻本　十二冊

370000－1541－0004820　610/303－08/22

金史一百三十五卷附考證　（元）脫脫等撰
清同治十三年(1874)江蘇書局刻本　二十冊

370000－1541－0004821　610/303－08/23

元史二百十卷目錄二卷　（明）宋濂　（明）王
禕等撰　清同治十三年(1874)江蘇書局刻本
四十冊

370000－1541－0004822　610/303－08/24

明史三百三十二卷　（清）張廷玉等修　清光
緒三年(1877)湖北崇文書局刻本　八十冊

370000－1541－0004823　610/303－08＝1

史記一百三十卷　（漢）司馬遷撰　（南朝宋）
裴駰集解　（唐）司馬貞索隱　（唐）張守節正
義　清光緒四年(1878)金陵書局刻本　十六
冊

370000－1541－0004824　610/303－08＝2

漢書一百二十卷　（漢）班固撰　清光緒十三
年(1887)金陵書局刻本　十六冊

370000－1541－0004825　610/303－08＝3

後漢書一百二十卷　（南朝宋）范曄撰　（晉）
司馬彪續　清光緒十三年(1887)金陵書局刻
本　十六冊

370000 – 1541 – 0004826　610/303 – 08＝4

三國志六十五卷　（晉）陳壽撰　清光緒十三年(1887)揚州江南書局刻本　八冊

370000 – 1541 – 0004827　610/303 – 08＝5

晉書一百三十卷附音義三卷　（唐）房玄齡等撰　清同治十年(1871)金陵書局刻本　二十冊

370000 – 1541 – 0004828　610/303 – 08＝6

宋書一百卷　（南朝梁）沈約撰　清同治十一年(1872)金陵書局刻本　十六冊

370000 – 1541 – 0004829　610/303 – 08＝7

南齊書五十九卷　（南朝梁）蕭子顯撰　清同治十三年(1874)金陵書局刻本　六冊

370000 – 1541 – 0004830　610/303 – 08＝8

梁書五十六卷　（唐）姚思廉撰　清同治十三年(1874)金陵書局刻本　六冊

370000 – 1541 – 0004831　610/303 – 08＝9

魏書一百三十卷　（北齊）魏收撰　清同治十一年(1872)金陵書局刻本　二十冊

370000 – 1541 – 0004832　610/303 – 08＝10

北齊書五十卷　（唐）李百藥撰　清同治十三年(1874)金陵書局刻本　四冊

370000 – 1541 – 0004833　610/303 – 08＝11

周書五十卷　（唐）令狐德棻等撰　清同治十三年(1874)金陵書局刻本　四冊

370000 – 1541 – 0004834　610/303 – 08＝12

隋書八十五卷　（唐）魏徵等撰　清光緒十年(1871)金陵書局刻本　十二冊

370000 – 1541 – 0004835　610/303 – 08＝13

南史八十卷　（唐）李延壽撰　清同治十一年(1872)金陵書局刻本　十六冊

370000 – 1541 – 0004836　610/303 – 08＝14

北史一百卷　（唐）李延壽撰　清同治十一年(1872)金陵書局刻本　二十冊

370000 – 1541 – 0004837　610/303 – 08＝15

舊唐書二百卷　（五代）劉昫等撰　清同治十一年(1872)浙江書局刻本　四十冊

370000 – 1541 – 0004838　610/303 – 08＝16

唐書二百二十五卷　（宋）歐陽修等撰　清同治十二年(1873)浙江書局刻本　四十冊

370000 – 1541 – 0004839　610/303 – 08＝17

舊五代史一百五十卷目錄二卷附考證　（宋）薛居正等撰　清同治十一年(1872)湖北崇文書局刻本　十六冊

370000 – 1541 – 0004840　610/303 – 08＝18

五代史七十四卷　（宋）歐陽修撰　（宋）徐無黨注　清同治十一年(1872)湖北崇文書局刻本　八冊

370000 – 1541 – 0004841　610/303 – 08＝19

遼史一百十五卷附考證　（元）脫脫等撰　清同治十二年(1873)江蘇書局刻本　十二冊

370000 – 1541 – 0004842　610/303 – 08＝20

金史一百三十五卷附考證　（元）脫脫等撰　清同治十三年(1874)江蘇書局刻本　二十冊

370000 – 1541 – 0004843　610/303 – 08＝21

明史三百三十二卷　（清）張廷玉等修　清光緒三年(1877)湖北崇文書局刻本　八十冊

370000 – 1541 – 0004844　610/303 – 1/01

史記一百三十卷　（漢）司馬遷撰　（南朝宋）裴駰集解　清光緒十年(1884)上海同文書局石印本　十二冊

370000 – 1541 – 0004845　610/303 – 1/02

前漢書一百二十卷　（漢）班固撰　（唐）顏師古注　清光緒十年(1884)上海同文書局石印本　三十二冊

370000 – 1541 – 0004846　610/303 – 1/03

後漢書一百二十卷　（南朝宋）范曄撰　（南朝梁）劉昭補志　（唐）李賢注　清光緒十年(1884)上海同文書局石印本　二十八冊

370000 – 1541 – 0004847　610/303 – 1/04

三國志六十五卷　（晉）陳壽撰　（南朝宋）裴松之注　清光緒十年(1884)上海同文書局石印本　十三冊

370000 – 1541 – 0004848　610/303 – 1/05

晉書一百三十卷　（唐）房玄齡等撰　清光緒
十年(1884)上海同文書局石印本　三十冊

370000－1541－0004849　610/303－1/06

宋書一百卷　（南朝梁）沈約撰　清光緒十年
(1884)上海同文書局石印本　二十四冊

370000－1541－0004850　610/303－1/07

南齊書五十九卷　（南朝梁）蕭子顯撰　清光
緒十年(1884)上海同文書局石印本　八冊

370000－1541－0004851　610/303－1/08

梁書五十六卷　（唐）姚思廉撰　清光緒十年
(1884)上海同文書局石印本　八冊

370000－1541－0004852　610/303－1/09

陳書三十六卷　（唐）姚思廉撰　清光緒十年
(1884)上海同文書局石印本　六冊

370000－1541－0004853　610/303－1/10

魏書一百十四卷　（北齊）魏收撰　清光緒十
年(1884)上海同文書局石印本　二十四冊

370000－1541－0004854　610/303－1/11

北齊書五十卷　（唐）李百藥撰　清光緒十年
(1884)上海同文書局石印本　八冊

370000－1541－0004855　610/303－1/12

周書五十卷　（唐）令狐德棻等撰　清光緒十
年(1884)上海同文書局石印本　八冊

370000－1541－0004856　610/303－1/13

隋書八十五卷　（唐）魏徵等撰　清光緒十年
(1884)上海同文書局石印本　二十四冊

370000－1541－0004857　610/303－1/14

南史八十卷　（唐）李延壽撰　清光緒十年
(1884)上海同文書局石印本　二十冊

370000－1541－0004858　610/303－1/15

北史一百卷　（唐）李延壽撰　清光緒十年
(1884)上海同文書局石印本　二十四冊

370000－1541－0004859　610/303－1/16

舊唐書二百卷　（五代）劉昫等撰　清光緒十
年(1884)上海同文書局石印本　四十八冊

370000－1541－0004860　610/303－1/17

唐書二百二十五卷　（宋）歐陽修等撰　清光
緒十年(1884)上海同文書局石印本　五十冊

370000－1541－0004861　610/303－1/18

舊五代史一百五十卷　（宋）薛居正等撰　清
光緒十年(1884)上海同文書局石印本　二十
四冊

370000－1541－0004862　610/303－1/19

五代史七十四卷　（宋）歐陽修撰　（宋）徐無
黨注　清光緒十年(1884)上海同文書局石印
本　十冊

370000－1541－0004863　610/303－1/20

宋史四百九十六卷目錄三卷　（元）脫脫等修
　清光緒十年(1884)上海同文書局石印本
九十四冊

370000－1541－0004864　610/303－1/21

遼史一百十六卷　（元）脫脫等修　清光緒十
年(1884)上海同文書局石印本　八冊

370000－1541－0004865　610/303－1/22

金史一百三十五卷　（元）脫脫等修　清光緒
十年(1884)上海同文書局石印本　二十四冊

370000－1541－0004866　610/303－1/23

元史二百十卷目錄二卷　（明）宋濂　（明）王
禕等撰　清光緒十年(1884)上海同文書局石
印本　四十二冊

370000－1541－0004867　610/303－1/24

明史三百三十二卷　（清）張廷玉等修　清光
緒十年(1884)上海同文書局石印本　一百十
二冊

370000－1541－0004868　610/303－2

漢書一百卷　（漢）班固撰　（唐）顏師古注
清刻本　六十二冊

370000－1541－0004869　610/303－2/1

晉書一百三十卷　（唐）房玄齡等撰　明崇禎
元年(1628)虞山毛氏汲古閣刻本　十八冊

370000－1541－0004870　610.07/738

涉史偶悟五卷　（清）溫啟封撰　（清）溫忠翰
編　清光緒十年(1884)東甌博古齋刻本　一

233

冊

370000－1541－0004871　　610.11/117

史記正譌三卷 （清）王元啓撰　清光緒十六年(1890)廣雅書局刻本　二冊

370000－1541－0004872　　610.11/117＝1

史記正譌三卷 （清）王元啟撰　清光緒十六年(1890)廣雅書局刻本　一冊

370000－1541－0004873　　610.11/117＝2

史記正譌三卷 （清）王元啟撰　清光緒十六年(1890)廣雅書局刻本　一冊

370000－1541－0004874　　610.11/302

史記索隱三十卷 （唐）司馬貞撰　**五代史補五卷** （宋）陶嶽撰　明虞山毛氏汲古閣刻本　四冊

370000－1541－0004875　　610.11/303

史記一百三十卷 （漢）司馬遷撰 （明）陳子龍 （明）徐孚遠測議　明末素位堂刻本　二十四冊

370000－1541－0004876　　610.11/303＝1

史記一百三十卷 （漢）司馬遷撰 （南朝宋）裴駰集解　明崇禎刻本　二十冊

370000－1541－0004877　　610.11/303＝2

史記一百三十卷 （漢）司馬遷撰 （南朝宋）裴駰集解　明崇禎十四年(1641)虞山毛氏汲古閣刻本　十四冊

370000－1541－0004878　　610.11/303＝3

史記一百三十卷 （漢）司馬遷撰 （明）陳子龍 （明）徐孚遠測議　明崇禎十三年(1640)刻本　二十三冊

370000－1541－0004879　　610.11/303＝4

史記一百三十卷 （漢）司馬遷撰 （南朝宋）裴駰集解 （唐）司馬貞索隱 （唐）張守節正義　清同治五年(1866)金陵書局刻本　二十冊

370000－1541－0004880　　610.11/303＝5

史記一百三十卷 （漢）司馬遷撰 （南朝宋）裴駰集解 （唐）司馬貞索隱 （唐）張守節正

義　清同治五年(1866)金陵書局刻本　二十冊

370000－1541－0004881　　610.11/303＝6

史記一百三十卷 （漢）司馬遷撰 （南朝宋）裴駰集解 （唐）司馬貞索隱 （唐）張守節正義　清同治九年(1870)湖北崇文書局刻本　十八冊　存一百十三卷(十八至一百三十)

370000－1541－0004882　　610.11/303＝7

史記一百三十卷 （漢）司馬遷撰 （南朝宋）裴駰集解 （唐）司馬貞索隱 （唐）張守節正義　清同治九年(1870)湖北崇文書局刻本　二十四冊

370000－1541－0004883　　610.11/303＝8

史記一百三十卷 （漢）司馬遷撰 （南朝宋）裴駰集解 （唐）司馬貞索隱 （唐）張守節正義　清同治九年(1870)湖北崇文書局刻本　二十四冊

370000－1541－0004884　　610.11/303＝11

史記一百三十卷 （漢）司馬遷撰 （南朝宋）裴駰集解 （唐）司馬貞索隱 （唐）張守節正義　清同治十一年(1872)成都書局刻本　二十六冊

370000－1541－0004885　　610.11/303＝12

史記一百三十卷 （漢）司馬遷撰 （南朝宋）裴駰集解 （唐）司馬貞索隱 （唐）張守節正義　清光緒四年(1878)金陵書局刻本　十六冊

370000－1541－0004886　　610.11/303＝13

史記一百三十卷 （漢）司馬遷撰 （南朝宋）裴駰集解 （唐）司馬貞索隱 （唐）張守節正義　清宣統元年(1909)上海商務印書館石印本　二十四冊

370000－1541－0004887　　610.11/303＝14

古香齋鑒賞袖珍史記一百三十卷 （漢）司馬遷撰　清光緒七年(1881)南海孔氏嶽雪樓刻本　三十冊

370000－1541－0004888　　610.11/303＝16

史記天官書補目一卷 （清）孫星衍撰　清光

緒十三年(1887)廣雅書局刻本　一冊

370000 – 1541 – 0004889　610.11/311

方望溪評點史記一百三十卷　（清）方苞撰
清光緒四年(1878)刻本　十冊

370000 – 1541 – 0004890　610.11/502

史記菁華錄六卷　（清）姚祖恩撰　清光緒九
年(1883)廣州翰墨園刻朱墨套印本　六冊

370000 – 1541 – 0004891　610.11/577＝2

史記菁華錄六卷　（清）姚祖恩撰　清光緒九
年(1883)廣州翰墨園刻朱墨套印本　六冊

370000 – 1541 – 0004892　610.11/725

史記志疑三十六卷　（清）梁玉繩撰　清光緒
十三年(1887)廣雅書局刻本　十九冊

370000 – 1541 – 0004893　610.11/725＝1

史記志疑三十六卷　（清）梁玉繩撰　清光緒
十三年(1887)廣雅書局刻本　十六冊

370000 – 1541 – 0004894　610.11/764

史記評林一百三十卷　（漢）司馬遷撰　（南
朝宋）裴駰集解　（唐）司馬貞索隱　（唐）張
守節正義　（明）凌稚隆輯　明萬曆吳興凌氏
刻本　四十八冊

370000 – 1541 – 0004895　610.11/764＝1

史記評林一百三十卷　（漢）司馬遷撰　（南
朝宋）裴駰集解　（唐）司馬貞索隱　（唐）張
守節正義　（明）凌稚隆輯　明末刻本　三十
一冊　缺一卷(表五)

370000 – 1541 – 0004896　610.11/764＝2

史記評林一百三十卷　（漢）司馬遷撰　（南
朝宋）裴駰集解　（唐）司馬貞索隱　（唐）張
守節正義　（明）凌稚隆輯　清光緒二十七年
(1901)上海石印本　十二冊

370000 – 1541 – 0004897　610.11/764＝3

史記評林一百三十卷　（漢）司馬遷撰　（南
朝宋）裴駰集解　（唐）司馬貞索隱　（唐）張
守節正義　（明）凌稚隆輯　清光緒十年
(1884)佩蘭堂刻本　四十冊

370000 – 1541 – 0004898　610.11/764＝4

史記纂不分卷　（明）凌稚隆纂　明萬曆吳興
凌氏刻套印本　二十冊

370000 – 1541 – 0004899　610.11/864

史記集解一百三十卷　（漢）司馬遷撰　（南
朝宋）裴駰集解　清刻五色套印本　二十四
冊

370000 – 1541 – 0004900　610.118/311

校刊史記集解索隱正義札記五卷　（清）張文
虎撰　清同治十一年(1872)金陵書局刻本
二冊

370000 – 1541 – 0004901　610.118/311＝1

校刊史記集解索隱正義札記五卷　（清）張文
虎撰　清同治十一年(1872)金陵書局刻本
二冊

370000 – 1541 – 0004902　610.118/311＝2

校刊史記集解索隱正義札記五卷　（清）張文
虎撰　清同治十一年(1872)金陵書局刻本
二冊

370000 – 1541 – 0004903　610.118/311＝3

校刊史記集解索隱正義札記五卷　（清）張文
虎撰　清同治十一年(1872)金陵書局刻本
二冊

370000 – 1541 – 0004904　610.118/311＝4

校刊史記集解索隱正義札記五卷　（清）張文
虎撰　清同治十一年(1872)金陵書局刻本
二冊

370000 – 1541 – 0004905　610.118/311＝5

校刊史記集解索隱正義札記五卷　（清）張文
虎輯　清同治十一年(1872)金陵書局刻本
二冊

370000 – 1541 – 0004906　610.13/146

皇朝文獻通考三百卷　（清）嵇璜等纂　清光
緒二十七年(1901)上海圖書集成局鉛印本
四十八冊

370000 – 1541 – 0004907　610.13/207

通志二百卷　（宋）鄭樵撰　清咸豐九年
(1859)崇仁謝氏刻本　三十四冊　存四十一

卷(六十三至八十三、八十四上、八十五至九十三、一百十三至一百二十二)

370000－1541－0004908　610.13/207＝1

通志二百卷　(宋)鄭樵撰　清光緒二十二年(1896)浙江書局刻本　一百九冊　存九十二卷(八十至一百一、一百二下至一百六、一百七上至一百八、一百十二至一百十三上、一百十四至一百二十一下、一百二十二至一百二十五、一百四十一至一百四十九、一百五十九至一百六十一、一百六十三至一百八十五、一百八十七至二百)

370000－1541－0004909　610.13/249

通典二百卷附考證一卷　(唐)杜佑撰　清光緒二十二年(1896)浙江書局刻本　五十冊

370000－1541－0004910　610.13/249＝1

通典二百卷附考證一卷　(唐)杜佑撰　清光緒二十二年(1896)浙江書局刻本　五十一冊

370000－1541－0004911　610.13/249＝2

通典二百卷附考證一卷　(唐)杜佑撰　清光緒二十七年(1901)上海圖書集成局鉛印本　十六冊

370000－1541－0004912　610.13/249＝3

通典二百卷　(唐)杜佑撰　清咸豐九年(1859)崇仁謝氏刻本　二十冊　存九十八卷(一百三至二百)

370000－1541－0004913　610.13/249＝4

通典二百卷　(唐)杜佑撰　清咸豐九年(1859)崇仁謝氏刻本　二十九冊　存一百二十二卷(七十一至一百三十五、一百四十四至二百)

370000－1541－0004914　610.13/249＝5

文獻通考三百四十八卷　(元)馬端臨撰　清咸豐九年(1859)崇仁謝氏刻本　一百二十冊

370000－1541－0004915　610.13/249＝6

通志二百卷　(宋)鄭樵撰　清咸豐九年(1859)崇仁謝氏刻本　一百八十冊

370000－1541－0004916　610.13/249＝7

欽定續通志六百四十卷　(清)嵇璜等纂　清光緒十二年(1886)浙江書局刻本　一百九十冊

370000－1541－0004917　610.13/249＝8

欽定續通典一百五十卷　(清)嵇璜等纂　清光緒十二年(1886)浙江書局刻本　四十冊

370000－1541－0004918　610.13/249＝9

欽定續文獻通考二百五十卷　(清)嵇璜等纂　清光緒十三年(1887)浙江書局刻本　一百二十冊

370000－1541－0004919　610.13/249＝10

欽定三通考證七卷　(清)□□輯　清光緒二十年(1894)浙江書局刻本　六冊　缺一卷(欽定通志考證下)

370000－1541－0004920　610.13/249＝11

皇朝通典一百卷　(清)嵇璜等纂　清光緒八年(1882)浙江書局刻本　四十冊

370000－1541－0004921　610.13/249＝12

皇朝通志一百二十六卷　(清)嵇璜等纂　清光緒八年(1882)浙江書局刻本　四十冊

370000－1541－0004922　610.13/249＝13

皇朝文獻通考三百卷　(清)嵇璜等纂　清光緒八年(1882)浙江書局刻本　一百六十冊

370000－1541－0004923　610.13/416

文獻通考三百四十八卷　(元)馬端臨撰　清咸豐九年(1859)崇仁謝氏刻本　一百二十冊

370000－1541－0004924　610.13/416＝1

文獻通考三百四十八卷　(元)馬端臨撰　清光緒二十二年(1896)浙江書局刻本　八十九冊　存一百九十六卷(九至十、十七至四十、四十三至一百十一、一百十四至一百四十、一百四十三至一百六十七、一百七十四至一百八十七、一百九十一至二百五、二百三十一至二百五十)

370000－1541－0004925　610.13/416＝2

文獻通考三百四十八卷附考證三卷　(元)馬端臨撰　清光緒二十二年(1896)浙江書局刻

本　一百二十冊

370000－1541－0004926　610.13/416＝3

文獻通考紀要二卷　濟南大學堂編　清光緒
二十八年(1902)濟南大學堂刻本　佚名批校
四冊

370000－1541－0004927　610.13/416＝4

文獻通考紀要二卷　濟南大學堂編　清光緒
二十八年(1902)濟南大學堂刻本　四冊

370000－1541－0004928　610.13/416＝5

文獻通考詳節二十四卷　(元)馬端臨撰
(清)嚴虞惇錄　清乾隆二十九年(1764)常熟
繩武堂刻本　八冊

370000－1541－0004929　610.13/416＝6

文獻通考詳節二十四卷　(元)馬端臨撰
(清)嚴虞惇錄　清光緒二十八年(1902)湖南
益友刻本　十冊

370000－1541－0004930　610.13/668

三通序不分卷　(清)康綸鈞輯　清道光十三
年(1833)刻本　四冊

370000－1541－0004931　610.13/668＝1

三通序不分卷　(清)康綸鈞輯　清道光十年
(1830)刻本　三冊

370000－1541－0004932　610.13/668＝2

三通序不分卷　(清)康綸鈞輯　清道光十年
(1830)刻本　三冊

370000－1541－0004933　610.13/668＝3

三通序不分卷　(清)康綸鈞輯　清光緒二十
七年(1901)成都書局刻本　四冊

370000－1541－0004934　610.13/736

文獻通考輯要二十四卷　湯壽潛編　清光緒
二十五年(1899)圖書集成局鉛印本　三十冊

370000－1541－0004935　610.13/782＝1

欽定續通志一百六十卷　(清)嵇璜等纂　清
光緒十二年(1886)浙江書局刻本　一百二十
冊

370000－1541－0004936　610.13/782＝2

欽定續通志六百四十卷　(清)嵇璜等纂　清

光緒二十七年(1901)上海圖書集成局鉛印本
六十冊

370000－1541－0004937　610.13/782＝3

欽定續通志六百四十卷　(清)嵇璜等纂　清
光緒二十七年(1901)上海圖書集成局鉛印本
五十二冊　存五百十三卷(一至五百十三)

370000－1541－0004938　610.13/782＝4

欽定續通志六百四十卷　(清)嵇璜等纂　清
光緒二十七年(1901)上海圖書集成局鉛印本
六十冊

370000－1541－0004939　610.13/782＝5

欽定續通典一百五十卷　(清)嵇璜等纂　清
光緒二十七年(1901)上海圖書集成局鉛印本
十二冊

370000－1541－0004940　610.13/782＝6

欽定續通典一百五十卷　(清)嵇璜等纂　清
光緒二十七年(1901)上海圖書集成局鉛印本
十六冊

370000－1541－0004941　610.13/782＝7

欽定續通典一百五十卷　(清)嵇璜等纂　清
刻本　六十四冊

370000－1541－0004942　610.13/782＝8

皇朝通志一百二十六卷　(清)嵇璜等纂　清
光緒八年(1882)浙江書局刻本　四十冊

370000－1541－0004943　610.13/782＝9

皇朝通志一百二十六卷　(清)嵇璜等纂　清
光緒八年(1882)浙江書局刻本　三十冊

370000－1541－0004944　610.13/782＝10

皇朝通志一百二十六卷　(清)嵇璜等纂　清
光緒二十七年(1901)上海圖書集成局石印本
十二冊

370000－1541－0004945　610.13/782＝11

皇朝通志一百二十六卷　(清)嵇璜等纂　清
光緒二十七年(1901)上海圖書集成局石印本
十二冊

370000－1541－0004946　610.13/973

通志二百卷　(宋)鄭樵撰　清光緒二十二年

(1896)浙江書局刻本　一百三十冊

370000－1541－0004947　610.13/973＝1

通志二百卷　（宋）鄭樵撰　清光緒二十二年
(1896)浙江書局刻本　二百冊

370000－1541－0004948　610.13/973＝2

通志二百卷附考證三卷　（宋）鄭樵撰　清光
緒二十七年(1901)上海圖書集成局鉛印本
六十冊

370000－1541－0004949　610.13/973＝3

通志二百卷附考證三卷　（宋）鄭樵撰　清光
緒二十七年(1901)上海圖書集成局鉛印本
六十冊

370000－1541－0004950　610.13/973＝4

通志二百卷附考證三卷　（宋）鄭樵撰　清光
緒二十七年(1901)上海圖書集成局鉛印本
八冊　存二十四卷(一百七十七至二百)

370000－1541－0004951　610.13/973＝5

通志略五十二卷　（宋）鄭樵撰　清乾隆十四
年(1749)刻本　十六冊

370000－1541－0004952　610.13/973＝6

通志略五十二卷　（宋）鄭樵撰　清乾隆十四
年(1749)刻本　二十四冊

370000－1541－0004953　610.13/982

皇朝文獻通考三百卷　（清）嵇璜等纂　清光
緒八年(1882)浙江書局刻本　一百二十冊

370000－1541－0004954　610.13/982＝1

皇朝文獻通考三百卷　（清）嵇璜等纂　清光
緒八年(1882)浙江書局刻本　一冊　存三卷
(二百十一至二百十三)

370000－1541－0004955　610.19/244

通典二百卷附考證一卷　（唐）杜佑撰　清光
緒二十七年(1901)上海圖書集成局鉛印本
十六冊

370000－1541－0004956　610.19/285

藏書六十八卷　（明）李贄撰　明萬曆二十七
年(1599)金陵焦竑刻本　二十四冊

370000－1541－0004957　610.19/285＝1

藏書六十八卷　（明）李贄撰　明萬曆二十七
年(1599)金陵焦竑刻本　二十冊

370000－1541－0004958　610.19/285＝2

藏書六十八卷　（明）李贄撰　（明）陳仁錫評
明天啓元年(1621)刻本　十六冊

370000－1541－0004959　610.19/285＝3

藏書六十八卷　（明）李贄撰　（明）陳仁錫評
明天啓元年(1621)刻本　五十二冊

370000－1541－0004960　610.19/285＝4

藏書六十八卷　（明）李贄撰　明末清初刻本
十六冊

370000－1541－0004961　610.19/285＝5

續藏書二十七卷　（明）李贄撰　（明）陳仁錫
評　明天啓三年(1623)刻本　八冊

370000－1541－0004962　610.19/285＝6

續藏書二十七卷　（明）李贄撰　（明）陳仁錫
評　明天啓三年(1623)刻本　二十冊

370000－1541－0004963　610.19/313

史闕十四卷　（明）張岱撰　（清）鄭佶編　清
道光七年(1827)吳縣鄭佶刻本　五冊　存十
一卷(四至十四)

370000－1541－0004964　610.19/384

史緯三百三十卷首一卷　（清）陳允錫輯　清
康熙三十三年(1694)晉江陳氏刻本　一百冊

370000－1541－0004965　610.19/399

廿二史綜編八卷　（清）陶有容撰　清咸豐三
年(1853)刻本　八冊

370000－1541－0004966　610.19/472

廿一史約編八卷首一卷　（清）鄭元慶述　清
光緒席氏掃葉山房刻本　八冊

370000－1541－0004967　610.19/472＝2

廿一史約編八卷首一卷　（清）鄭元慶述　清
康熙至雍正魚計亭刻本　八冊

370000－1541－0004968　610.19/604

鑑史輯要六卷　諸葛汝楫撰　清光緒三十三
年(1907)鉛印本　一冊

370000 - 1541 - 0004969　610.19/782 = 1

皇朝通典一百卷　（清）嵇璜等纂　清光緒八年(1882)浙江書局刻本　四十冊

370000 - 1541 - 0004970　610.19/782 = 2

皇朝通典一百卷　（清）嵇璜等纂　清光緒八年(1882)浙江書局刻本　三十冊

370000 - 1541 - 0004971　610.19/782 = 3

皇朝通典一百卷　（清）嵇璜等纂　清光緒八年(1882)浙江書局刻本　四十冊

370000 - 1541 - 0004972　610.19/782 = 4

皇朝通典一百卷　（清）嵇璜等纂　清光緒二十七年(1901)上海圖書集成局鉛印本　十二冊

370000 - 1541 - 0004973　610.19/782 = 5

皇朝通典一百卷　（清）嵇璜等纂　清光緒二十七年(1901)上海圖書集成局鉛印本　十二冊

370000 - 1541 - 0004974　610.2/221

孔子編年五卷　（宋）胡仔撰　（清）胡培翬校注　清同治九年(1870)績溪胡湛刻本　二冊

370000 - 1541 - 0004975　610.2/235

御批資治通鑑綱目全書　（清）聖祖玄燁批　清光緒二年(1876)刻本　十冊　存二十一卷（御批資治通鑑綱目前編舉要三卷、御批資治通鑑綱目前編十八卷）

370000 - 1541 - 0004976　610.2/285

續資治通鑑長編五百二十卷　（宋）李燾撰　清嘉慶二十四年(1819)海虞愛日精廬刻本　六十四冊

370000 - 1541 - 0004977　610.2/946

小腆紀年二十卷　（清）徐鼒撰　清光緒十二年(1886)鉛印本　十冊

370000 - 1541 - 0004978　610.2/987

通鑑前編十八卷　（宋）金履祥撰　清乾隆十年(1745)金郡率祖堂刻本　十冊

370000 - 1541 - 0004979　610.2/987 = 1

通鑑前編十八卷　（宋）金履祥撰　清乾隆十年(1745)金郡率祖堂刻本　十冊

370000 - 1541 - 0004980　610.21/384

竹書紀年集證五十卷首一卷　（清）陳逢衡撰　清嘉慶十八年(1813)裛露軒刻本　三十三冊

370000 - 1541 - 0004981　610.21/384 = 1

竹書紀年二卷　（清）陳詩集注　清嘉慶六年(1801)蘄州陳氏刻本　一冊

370000 - 1541 - 0004982　610.21/747 = 1

竹書紀年校正十四卷　（南朝梁）沈約注　（清）郝懿行校正　清光緒五年(1879)東路廳署刻本　二冊

370000 - 1541 - 0004983　610.21/827

汲冢紀年存真二卷　（清）朱右曾輯　清道光二十六年(1846)嘉定朱氏歸硯齋刻本　二冊

370000 - 1541 - 0004984　610.21/951

竹書紀年統箋十二卷　（南朝梁）沈約注　（清）徐文靖箋　清光緒三年(1877)浙江書局刻本　四冊

370000 - 1541 - 0004985　610.21/951 = 1

竹書紀年統箋十二卷　（南朝梁）沈約注　（清）徐文靖箋　清光緒三年(1877)浙江書局刻本　四冊

370000 - 1541 - 0004986　610.21/951 = 2

竹書紀年統箋十二卷　（南朝梁）沈約注　（清）徐文靖箋　清光緒二十三年(1897)上海圖書集成局鉛印本　二冊

370000 - 1541 - 0004987　610.23/112 = 1

重訂王鳳洲先生綱鑑會纂四十六卷續編二十三卷　（明）王世貞撰　（明）陳仁錫訂　清道光善成堂刻本　四十二冊

370000 - 1541 - 0004988　610.23/112 = 3

御撰資治通鑑綱目三編二十卷末一卷　（清）張廷玉等撰　清道光北京善成堂刻本　六冊

370000 - 1541 - 0004989　610.23/112 = 4

御撰資治通鑑綱目三編二十卷　（清）張廷玉等撰　清刻本　六冊

370000－1541－0004990　610.23/214

資治通鑑釋文辯誤十二卷　（元）胡三省撰
（明）陳仁錫校訂　明天啓五年(1625)陳仁錫
刻本　四冊

370000－1541－0004991　610.23/214＝1

通鑑釋文辯誤十二卷　（元）胡三省撰　清同
治八年(1869)江蘇書局刻本　一冊　存六卷
(七至十二)

370000－1541－0004992　610.23/214＝2

通鑑釋文辯誤十二卷　（元）胡三省撰　清同
治八年(1869)江蘇書局刻本　一冊　存六卷
(七至十二)

370000－1541－0004993　610.23/214＝3

資治通鑑二百九十四卷　（宋）司馬光撰
（元）胡三省音注　**通鑑釋文辯誤十二卷**
（元）胡三省撰　清同治十年(1871)湖北崇文
書局刻本　一百四冊

370000－1541－0004994　610.23/285

續資治通鑑長編五百二十卷　（宋）李燾撰
清光緒七年(1881)浙江書局刻本　八十四冊

370000－1541－0004995　610.23/285＝1

續資治通鑑長編拾補六十卷　（清）秦緗業等
輯　清光緒九年(1883)浙江書局刻本　十二
冊

370000－1541－0004996　610.23/303

資治通鑑二百九十四卷　（宋）司馬光撰
（元）胡三省音注　明萬曆二十年(1592)新安
吳勉學刻本　五十冊

370000－1541－0004997　610.23/303＝1

資治通鑑二百九十四卷　（宋）司馬光撰
（元）胡三省音注　**通鑑釋文辯誤十二卷**
（元）胡三省撰　清嘉慶二十一年(1816)胡克
家刻本　一百冊

370000－1541－0004998　610.23/303＝2

資治通鑑二百九十四卷　（宋）司馬光撰
（元）胡三省音注　**通鑑釋文辯誤十二卷**
（元）胡三省撰　清同治八年(1869)江蘇書局
刻本　一百冊

370000－1541－0004999　610.23/303＝3

資治通鑑二百九十四卷　（宋）司馬光撰
（元）胡三省音注　**通鑑釋文辯誤十二卷**
（元）胡三省撰　清同治八年(1869)江蘇書局
刻本　一百冊

370000－1541－0005000　610.23/303＝4

資治通鑑二百九十四卷　（宋）司馬光撰
（元）胡三省音注　**通鑑釋文辯誤十二卷**
（元）胡三省撰　清同治八年(1869)江蘇書局
刻本　十一冊　存三十五卷(三十四至六十
八)

370000－1541－0005001　610.23/303＝5

資治通鑑二百九十四卷　（宋）司馬光撰
（元）胡三省音注　**通鑑釋文辯誤十二卷**
（元）胡三省撰　清同治八年(1869)江蘇書局
刻本　九十二冊　缺三十一卷(八十九至九
十二、二百一至二百三、二百十七至二百十
九、二百六十六至二百六十八、二百八十七至
二百九十、二百九十三至二百九十四,通鑑釋
文辯誤十二卷)

370000－1541－0005002　610.23/303＝6

資治通鑑二百九十四卷　（宋）司馬光撰
（元）胡三省音注　**通鑑釋文辯誤十二卷**
（元）胡三省撰　清同治十年(1871)湖北崇文
書局刻本　一百四冊

370000－1541－0005003　610.23/303＝8

資治通鑑補二百九十四卷　（宋）司馬光撰
（元）胡三省音注　（明）嚴衍補　清光緒二年
(1876)武進思補樓木活字印本　八十冊

370000－1541－0005004　610.23/303＝9

資治通鑑補二百九十四卷　（宋）司馬光撰
（元）胡三省音注　（明）嚴衍補　清光緒二年
(1876)武進思補樓木活字印本　八十冊

370000－1541－0005005　610.23/303＝10

資治通鑑考異三十卷　（宋）司馬光撰　清光
緒十四年(1888)長沙胡元常刻本　十冊

370000－1541－0005006　610.23/303＝11

資治通鑑補正二百九十四卷　（宋）司馬光撰

（元）胡三省音注　（明）嚴衍補　清光緒二十八年(1902)上海益智書局石印本　四十八冊

370000－1541－0005007　610.23/380

通鑑胡註舉正一卷韓集點勘四卷　（清）陳景雲撰　清乾隆刻本　三冊

370000－1541－0005008　610.23/471

續資治通鑑二百二十卷　（清）畢沅編　清乾隆至嘉慶鎮洋畢氏刻嘉慶六年(1801)桐鄉馮集梧補刻同治八年(1869)江蘇書局重修本　六十冊

370000－1541－0005009　610.23/471＝1

續資治通鑑二百二十卷　（清）畢沅編　清乾隆至嘉慶鎮洋畢氏刻嘉慶六年(1801)桐鄉馮集梧補刻同治八年(1869)江蘇書局重修本　三十二冊　存一百九卷(九十八至一百三十四、一百三十八至一百四十六、一百五十一至一百六十九、一百七十三至一百九十、一百九十五至二百二十)

370000－1541－0005010　610.23/603

新鐫通鑑會纂十卷　（明）諸燮撰　明末刻本　種榛後人跋　八冊

370000－1541－0005011　610.23/885

續資治通鑑節要二十卷　（明）張光啓撰　（明）劉劌輯　明嘉靖十六年至二十四年(1537－1545)劉弘毅慎獨齋刻本　四冊　存九卷(二至三、八至九、十六至二十)

370000－1541－0005012　610.24/185

通鑑紀事本末二百三十九卷　（宋）袁樞撰　（明）張溥論正　清同治七年(1868)朝宗書室刻本　七十四冊

370000－1541－0005013　610.24/185＝1

通鑑紀事本末二百三十九卷　（宋）袁樞撰　（明）張溥論正　清同治十二年(1873)江西書局刻本　八十冊

370000－1541－0005014　610.24/185＝2

通鑑紀事本末二百三十九卷　（宋）袁樞撰　（明）張溥論正　清同治十二年(1873)江西書局刻本　佚名批　八十冊

370000－1541－0005015　610.24/185＝3

通鑑紀事本末二百三十九卷　（宋）袁樞撰　（明）張溥論正　清光緒十三年(1887)廣雅書局刻本　六十四冊

370000－1541－0005016　610.24/185＝4

通鑑紀事本末二百三十九卷　（宋）袁樞撰　（明）張溥論正　清光緒二十一年(1895)上海積山書局石印本　二十四冊

370000－1541－0005017　610.24/306

御撰資治通鑑綱目三編二十卷　（清）張廷玉等撰　清道光二十一年(1841)刻本　八冊

370000－1541－0005018　610.24/339

御批續資治通鑑綱目二十七卷　（明）商輅撰　（清）聖祖玄燁批　清光緒二年至三年(1876－1877)廣州富文齋刻本　十冊

370000－1541－0005019　610.24/429

嚴永思先生通鑑補正略三卷　（明）嚴衍撰　（清）張敦仁輯　清道光金陵陳氏刻獨抱廬叢刻本　二冊

370000－1541－0005020　610.24/661

續資治通鑑綱目二十七卷　（明）商輅等撰　明弘治十七年(1504)慎獨齋刻本　佚名批點　十一冊

370000－1541－0005021　610.24/661＝1

資治通鑑綱目五十九卷　（宋）朱熹撰　（明）陳仁錫評　明末清初刻本　四十六冊　存三十九卷(一、三至十二、十五至十七、二十一至三十、三十三、三十四下、三十五下、三十六下、三十八至三十九、四十一、四十二下、四十三、四十五下、五十三、五十五至五十六、五十八、五十九下)

370000－1541－0005022　610.24/661＝2

資治通鑑綱目五十九卷　（宋）朱熹撰　（明）陳仁錫評　明末清初刻本　十三冊　存十卷(十七、二十二、二十五至三十、三十九、五十八)

370000－1541－0005023　610.24/668
御批資治通鑑綱目全書　（清）聖祖玄燁批
清康熙宋犖刻本　五十冊

370000－1541－0005024　610.24/668＝1
御批資治通鑑綱目全書　（清）聖祖玄燁批
清康熙宋犖刻本　五十冊

370000－1541－0005025　610.24/668＝2
**御批資治通鑑綱目五十九卷前編十八卷前編
舉要三卷前編外紀一卷續編二十七卷首一卷**
（清）聖祖玄燁批　清光緒十三年（1887）上
海同文書局石印本　二十四冊

370000－1541－0005026　610.24/827
御撰資治通鑑綱目三編四十卷　（清）朱珪等
纂修　清同治十一年（1872）江西書局刻本
十二冊

370000－1541－0005027　610.24/827＝1
續資治通鑑綱目二十七卷　（明）商輅編　清
光緒七年（1881）山東書局刻本　二十八冊

370000－1541－0005028　610.24/827＝2
古香齋新刻袖珍資治通鑑綱目三編二十卷
（清）張廷玉等撰　清光緒七年（1881）南海孔
氏嶽雪樓刻本　四冊

370000－1541－0005029　610.24/827＝3
御撰資治通鑑綱目三編二十卷　（清）張廷玉
等撰　清乾隆十一年（1746）刻本　八冊

370000－1541－0005030　610.24/827＝4
御撰資治通鑑綱目三編四十卷　（清）朱珪等
纂修　清光緒六年（1880）山東書局刻本　十
二冊

370000－1541－0005031　610.24/827＝5
御批資治通鑑綱目全書　（清）聖祖玄燁批
清光緒二年至三年（1876－1877）廣州富文齋
刻本　八十冊

370000－1541－0005032　610.24/827＝6
**錢陔園考訂資治通鑑綱目全書五十九卷續二
十七卷**　（清）錢選考訂　清光緒八年（1882）
惜物軒刻本　八十九冊

370000－1541－0005033　610.24/827＝7
資治通鑑綱目五十九卷首一卷　（宋）朱熹撰
清光緒五年（1879）山東書局刻本　七十八
冊

370000－1541－0005034　610.24/827＝8
資治通鑑綱目五十九卷　（宋）朱熹撰　（明）
陳仁錫評　清刻本　八冊　存八卷（十三至
二十）

370000－1541－0005035　610.24/827＝9
**資治通鑑綱目五十九卷前編二十五卷續編二
十七卷外紀十卷首一卷**　（明）陳仁錫評閱
清嘉慶九年（1804）姑蘇聚文堂刻本　一百一
冊　缺一卷（三十七）

370000－1541－0005036　610.24/834
春秋通鑑中續三卷　（清）朱修之撰　清末抄
本　三冊

370000－1541－0005037　610.24/892
資治通鑑外紀十卷目錄四卷　（宋）劉恕編
清同治十年（1871）江蘇書局刻本　十冊

370000－1541－0005038　610.24/897
資治通鑑綱目前編十八卷首一卷　（宋）金履
祥撰　清光緒七年（1881）山東書局刻本　十
六冊

370000－1541－0005039　610.24/966
綱鑑正史約三十六卷　（明）顧錫疇編　（清）
陳弘謀增訂　清同治八年（1869）浙江書局刻
本　二十冊

370000－1541－0005040　610.24/966＝1
綱鑑正史約三十六卷　（明）顧錫疇編　（清）
陳弘謀增訂　清同治八年（1869）浙江書局刻
本　二十冊

370000－1541－0005041　610.24/987
資治通鑑綱目前編二十五卷　（明）陳仁錫評
清康熙六十一年（1722）四喜堂刻本　十冊

370000－1541－0005042　610.24/987＝1
資治通鑑綱目五十九卷　（宋）朱熹撰　（明）
陳仁錫評　清刻本　一冊　存一卷（四）

370000－1541－0005043　610.24/987＝2

資治通鑑綱目四編合刻　（清）丁寶楨輯　清光緒五年至七年(1879－1881)山東書局刻本　一百十九冊

370000－1541－0005044　610.29/112

王鳳洲先生綱鑑正史全編二十四卷附記一卷歷代輿地圖一卷世系一卷官制一卷　（明）王世貞撰　（明）張睿卿輯　**續鳳洲綱鑑八卷**（明）郭彥博輯　明崇禎十二年(1639)友益齋刻本　四十冊

370000－1541－0005045　610.29/112＝1

袁王綱鑑合編三十九卷　（明）袁黃　（明）王世貞編　清光緒三十年(1904)上海商務印書館鉛印本　十四冊

370000－1541－0005046　610.29/112＝3

綱鑑會纂三十九卷首一卷　（明）王世貞編　**綱鑑會通明紀十五卷**　（清）陳志襄輯　清書業德刻本　四十二冊　缺五卷(綱鑑會纂二十九至三十三)

370000－1541－0005047　610.29/117

徵實錄六卷　（清）譚尚忠撰　清乾隆刻本　四冊

370000－1541－0005048　610.29/214

讀史兵略四十六卷　（清）胡林翼纂　清咸豐十一年(1861)武昌節署刻本　十六冊

370000－1541－0005049　610.29/214＝1

讀史兵略四十六卷　（清）胡林翼撰　清光緒元年(1875)湖北崇文書局刻本　十六冊

370000－1541－0005050　610.29/214＝2

讀史兵略四十六卷　（清）胡林翼撰　清光緒元年(1875)湖北崇文書局刻本　十六冊

370000－1541－0005051　610.29/292

新刻校正古本歷史大方通鑑四十卷首一卷　(宋)江贄撰　明繡谷周時泰刻本　二十四冊

370000－1541－0005052　610.29/303

司馬溫公稽古錄二十卷附校勘記一卷　（宋）司馬光撰　清光緒五年(1879)江蘇書局刻本

四冊

370000－1541－0005053　610.29/303＝1

司馬溫公稽古錄二十卷附校勘記一卷　（宋）司馬光撰　清光緒五年(1879)江蘇書局刻本　四冊

370000－1541－0005054　610.29/377

鑑撮四卷　（清）曠敏本編　清道光十九年(1839)泗州陳階平刻本　二冊　存二卷(三至四)

370000－1541－0005055　610.29/438

大事記十二卷　（宋）呂祖謙撰　清同治十二年(1873)退補齋刻金華叢書本　十三冊

370000－1541－0005056　610.29/440

綱鑑易知錄九十二卷　（清）吳乘權等輯　清南山堂刻本　四十二冊

370000－1541－0005057　610.29/440＝1

綱鑑易知錄九十二卷　（清）吳乘權等輯　清南山堂刻本　八冊　存十四卷(一至十四)

370000－1541－0005058　610.29/440＝2

尺木堂綱鑑易知錄九十二卷　（清）吳乘權等輯　清培遠堂刻本　四十二冊

370000－1541－0005059　610.29/440＝3

尺木堂綱鑑易知錄九十二卷　（清）吳乘權等輯　清尺木堂刻本　五十六冊

370000－1541－0005060　610.29/440＝4

尺木堂綱鑑易知錄九十二卷　（清）吳乘權等輯　清光緒八年(1882)掃葉山房刻本　二十四冊　存五十七卷(一至五十七)

370000－1541－0005061　610.29/440＝5

尺木堂綱鑑易知錄九十二卷明紀十五卷(清)吳乘權等輯　清光緒三十年(1904)上海圖書集成印書局鉛印本　十六冊

370000－1541－0005062　610.29/440＝8

廿二史紀事提要八卷　（清）吳綏纂　（清）吳培源校刊　清乾隆十二年(1747)刻本　六冊

370000－1541－0005063　610.29/449

呂東萊先生大事記十二卷　（宋）呂祖謙撰

（明）阮元聲　（明）吳國琦重訂　明末刻本
八冊

370000－1541－0005064　610.29/462
鑑撮四卷　（清）曠敏本編　清光緒刻本　四
冊

370000－1541－0005065　610.29/754
歷代紀元歌略一卷　（清）潘清蔭撰　清光緒
二十八年(1902)濟南刻本　一冊

370000－1541－0005066　610.29/890
史存三十卷　（清）劉沅輯　清咸豐六年
(1856)致福樓刻本　二十四冊

370000－1541－0005067　610.29/906
御批歷代通鑑輯覽一百二十卷　（清）傅恒等
編纂　歷代帝王年表圖歌一卷　（清）萬健庵
編錄　讀史論略一卷　（清）杜詔撰　清同治
十年(1871)潯陽萬氏芋栗園刻本　一百冊

370000－1541－0005068　610.29/906＝1
御批歷代通鑑輯覽一百二十卷　（清）傅恒等
編纂　清同治十年(1871)浙江書局刻朱墨套
印本　四十二冊　缺三十八卷(一至六、十五
至十六、二十三至二十四、七十五至七十六、
七十九至九十、一百七至一百二十)

370000－1541－0005069　610.29/906＝2
御批歷代通鑑輯覽一百二十卷　（清）傅恒等
編纂　清同治十年(1871)浙江書局刻朱墨套
印本　四冊　存八卷(八十九至九十六)

370000－1541－0005070　610.29/906＝3
御批歷代通鑑輯覽一百二十卷　（清）傅恒等
編纂　清同治十年(1871)浙江書局刻朱墨套
印本　十二冊　存二十九卷(四十二至六十、
八十八至九十七)

370000－1541－0005071　610.29/906＝4
御批歷代通鑑輯覽一百二十卷　（清）傅恒等
編纂　清同治十年(1871)浙江書局刻朱墨套
印本　二十二冊　存四十八卷(十九至二十、
二十三至二十四、四十三至四十七、六十一至
六十二、七十五至八十七、八十九至九十二、
九十九至一百、一百三至一百二十)

370000－1541－0005072　610.29/906＝5
御批歷代通鑑輯覽一百二十卷　（清）傅恒等
編纂　清同治十一年(1872)湖北崇文書局刻
本　六十冊

370000－1541－0005073　610.29/906＝6
御批歷代通鑑輯覽一百二十卷　（清）傅恒等
編纂　清同治十三年(1874)兩儀堂刻朱墨套
印本　四十九冊　存九十四卷(一至四十七、
六十一至八十八、九十七、一百一至一百八、
一百十一至一百二十)

370000－1541－0005074　610.29/906＝7
御批歷代通鑑輯覽一百二十卷　（清）傅恒等
編纂　清光緒三十一年(1905)上海商務印書
館鉛印本　一冊　存三卷(八十八至九十)

370000－1541－0005075　610.29/906＝8
御批歷代通鑑輯覽一百二十卷　（清）傅恒等
編纂　清光緒三十一年(1905)上海商務印書
館鉛印本　四十冊

370000－1541－0005076　610.29/906＝9
御批歷代通鑑輯覽一百二十卷　（清）傅恒等
編纂　清京都善成堂刻朱墨套印本　五十冊
　存一百十二卷(一至一百十二)

370000－1541－0005077　610.3/185
通鑑紀事本末二百三十九卷　（宋）袁樞編
（明）張溥論正　清光緒十三年(1887)廣雅書
局刻本　一百五冊

370000－1541－0005078　610.3/313
西夏紀事本末三十六卷　（清）張鑑撰　清光
緒十年(1884)江蘇書局刻本　四冊

370000－1541－0005079　610.3/313＝1
西夏紀事本末三十六卷　（清）張鑑撰　清光
緒十年(1884)江蘇書局刻本　佚名批　四冊

370000－1541－0005080　610.3/313＝2
西夏紀事本末三十六卷　（清）張鑑撰　清光
緒十一年(1885)金陵刻本　四冊

370000－1541－0005081　610.3/641
九朝紀事本末九種六百五十八卷　（清）慎記

主人輯　清光緒二十八年(1902)上海玉麟書
局石印本　五十四冊

370000－1541－0005082　610.3/641＝1
歷朝紀事本末九種六百五十八卷　(清)慎記
主人輯　清光緒二十五年(1899)慎記書莊石
印本　三十二冊　缺一種二百三十九卷(通
鑑紀事本末二百三十九卷)

370000－1541－0005083　610.3/641＝2
左傳紀事本末五十三卷　(清)高士奇撰　清
光緒十四年(1888)上海書業公所刻歷朝紀事
本末本　五冊

370000－1541－0005084　610.3/740
通鑑紀事本末前編十二卷　(明)沈朝陽纂
明萬曆四十五年(1617)唐世濟刻本　清吳廣
霈跋　六冊

370000－1541－0005085　610.3/863
歷代史略六卷　柳詒徵編纂　清光緒江楚書
局刻本　七冊　存五卷(二至六)

370000－1541－0005086　610.3/916
宋史紀事本末一百九卷　(明)馮琦撰　(明)
陳邦瞻增訂　(明)張溥論正　清光緒二十四
年(1898)湖南思賢書局刻本　四冊　存二十
八卷(一至二十八)

370000－1541－0005087　610.3/916＝1
通鑑紀事本末二百三十九卷　(宋)袁樞編
(明)張溥論正　清光緒二十四年(1898)湖南
思賢書局刻本　六冊　存十七卷(二百二十
三至二百三十九)

370000－1541－0005088　610.32/949
**三朝北盟會編二百五十卷校勘記二卷補遺一
卷**　(宋)徐夢莘編　清光緒四年(1878)鉛印
本　四十二冊

370000－1541－0005089　610.32/949＝1
**三朝北盟會編二百五十卷校勘記二卷補遺一
卷**　(宋)徐夢莘編　清光緒四年(1878)鉛印
本　四十冊　缺六卷(五十八至六十三)

370000－1541－0005090　610.4/106

野記四卷　(明)祝允明纂　清同治十三年
(1874)元和祝氏刻本　二冊

370000－1541－0005091　610.4/119
東都事略一百三十卷　(宋)王偁撰　清振鷺
堂刻本　六冊　存六十四卷(六十七至一百
三十)

370000－1541－0005092　610.4/292＝1
洛陽名園記一卷　(宋)李格非撰　**靖康傳信
錄三卷**　(宋)李綱撰　清道光二十六年
(1846)番禺潘氏刻海山仙館叢書本　一冊

370000－1541－0005093　610.4/329
弘簡錄二百五十四卷　(明)邵經邦撰　清康
熙二十七年(1688)仁和邵遠平刻本　八十冊

370000－1541－0005094　610.4/329＝1
弘簡錄二百五十四卷　(明)邵經邦撰　清康
熙二十七年(1688)刻本　六十三冊

370000－1541－0005095　610.4/329＝2
續弘簡錄元史類編四十二卷　(清)邵遠平撰
清康熙四十五年(1706)仁和邵遠平刻本
二十冊

370000－1541－0005096　610.4/329＝3
續弘簡錄元史類編四十二卷　(清)邵遠平撰
清康熙三十八年(1699)刻本　十六冊

370000－1541－0005097　610.4/334
世本二卷附考證一卷　(漢)宋衷注　(清)雷
學淇輯校　清光緒定州王氏謙德堂刻畿輔叢
書本　丁山批校題識　一冊

370000－1541－0005098　610.4/370
逸周書十卷　(晉)孔晁注　清乾隆五十一年
(1786)錢塘抱經堂刻本　清吳廣霈題識　四
冊

370000－1541－0005099　610.4/370＝1
逸周書十卷　(晉)孔晁注　清乾隆五十一年
(1786)錢塘抱經堂刻本　二冊

370000－1541－0005100　610.4/370＝2
逸周書二十二卷首一卷末一卷　(晉)孔晁注
(清)陳逢衡補注　清道光五年(1825)修梅

245

山館刻本　八冊

370000－1541－0005101　610.4/382

郎潛紀聞十四卷　(清)陳康祺撰　清光緒十年(1884)琴川刻本　八冊

370000－1541－0005102　610.4/382＝1

郎潛紀聞十四卷　(清)陳康祺撰　清光緒十年(1884)琴川刻本　八冊

370000－1541－0005103　610.4/382＝2

荊駝逸史五十二種附一種　(清)陳湖逸士編　清道光古槐山房木活字印本　三十六冊

370000－1541－0005104　610.4/422

駱公[秉章]年譜一卷　(清)駱秉章撰　清同治六年(1867)刻本　二冊

370000－1541－0005105　610.4/422＝1

駱文忠公[秉章]年譜二卷　(清)駱秉章撰　清光緒二十一年(1895)張蔭桓都門刻本　二冊

370000－1541－0005106　610.4/482

路史四十七卷　(宋)羅泌纂　(宋)羅苹注　清嘉慶六年(1801)酉山堂刻本　二十四冊

370000－1541－0005107　610.4/482＝1

路史四十七卷　(宋)羅泌纂　(宋)羅苹注　清嘉慶六年(1801)酉山堂刻本　二十三冊

370000－1541－0005108　610.4/482＝2

路史四十七卷　(宋)羅泌纂　(宋)羅苹注　清光緒二年(1876)紅杏山房刻本　十六冊

370000－1541－0005109　610.4/482＝3

路史四十七卷　(宋)羅泌纂　(宋)羅苹注　清光緒二年(1876)紅杏山房刻本　十六冊

370000－1541－0005110　610.4/602

史林測義三十八卷　(清)計大受論　清嘉慶十九年(1814)楓溪別墅刻本　六冊

370000－1541－0005111　610.4/609

建康實錄二十卷　(唐)許嵩撰　清光緒二十八年(1902)金陵甘氏桑泊草堂刻本　六冊

370000－1541－0005112　610.4/665

宋遼金元別史五種三百七卷　(清)席世臣輯　清乾隆至嘉慶掃葉山房刻本　二十四冊

370000－1541－0005113　610.4/668

欽定康濟錄四卷　(清)倪國璉輯　清同治三年(1864)浙江撫署刻本　三冊

370000－1541－0005114　610.4/668＝1

欽定康濟錄四卷　(清)倪國璉輯　清同治三年(1864)浙江撫署刻本　三冊

370000－1541－0005115　610.4/689＝1

唐摭言十五卷　(五代)王定保撰　清乾隆二十一年(1756)德州盧氏雅雨堂刻本　二冊

370000－1541－0005116　610.4/689＝2

唐摭言十五卷　(五代)王定保撰　(清)張海鵬校　清照曠閣刻學津討原第十七集本　二冊

370000－1541－0005117　610.4/745

江上遺聞一卷　(清)沈濤撰　讀書瑣記一卷　(清)鳳應韶撰　清光緒十四年(1888)粟香室刻粟香室叢書本　一冊

370000－1541－0005118　610.4/827

邊事彙鈔十二卷　(清)朱瞑庵編　清光緒六年(1880)長沙刻本　六冊

370000－1541－0005119　610.4/888＝2

酌中志二十四卷　(明)劉若愚撰　清道光二十五年(1845)番禺潘氏刻海山仙館叢書本　四冊

370000－1541－0005120　610.4/946

小腆紀年坿考二十卷　(清)徐鼒撰　清光緒四年(1878)刻本　十六冊

370000－1541－0005121　610.42/863

五國故事二卷　(宋)□□撰　清乾隆至道光長塘鮑氏刻知不足齋叢書本　一冊

370000－1541－0005122　610.46/602

明季北略二十四卷明季南略十八卷　(清)計六奇編　清末琉璃廠半松居士木活字印本　清吳廣霈題識　二十冊

370000－1541－0005123　610.46/602＝1

明季北略二十四卷明季南略十八卷 （清）計六奇編 清末琉璃廠半松居士木活字印本 十八册

370000－1541－0005124 610.5/102
世本十卷 （清）秦嘉謨輯補 清嘉慶二十三年(1818)琳琅仙館刻本 四册

370000－1541－0005125 610.5/102＝1
世本十卷 （清）秦嘉謨輯補 清嘉慶二十三年(1818)琳琅仙館刻本 六册

370000－1541－0005126 610.5/214
歷代政要表二卷 （清）胡子清編 清光緒二十九年(1903)長沙刻本 二册

370000－1541－0005127 610.5/292
四裔編年表四卷 （美國）林樂知 嚴良勳譯 （清）李鳳苞彙編 清光緒二十三年(1897)石印本 二册

370000－1541－0005128 610.5/292＝1
四裔編年表四卷 （美國）林樂知 嚴良勳譯 （清）李鳳苞彙編 清光緒二十三年(1897)石印本 四册

370000－1541－0005129 610.5/455
史目表二卷 （清）洪飴孫撰 清光緒四年(1878)宏達堂刻宏達堂叢書本 一册

370000－1541－0005130 610.5/522
歷代史表五十九卷 （清）萬斯同撰 （清）孫傳徵 （清）萬學詩校 清乾隆留香閣刻本 八册

370000－1541－0005131 610.5/522＝1
歷代史表五十九卷 （清）萬斯同撰 （清）孫傳徵 （清）萬學詩校 清乾隆留香閣刻本 八册

370000－1541－0005132 610.5/745
廿一史四譜五十四卷 （清）沈炳震編 清同治十年(1871)武林吳氏清來堂刻本 十六册

370000－1541－0005133 610.5/745＝1
廿一史四譜五十四卷 （清）沈炳震編 清同治十年(1871)武林吳氏清來堂刻本 十六册

370000－1541－0005134 610.5/745＝2
廿一史四譜五十四卷 （清）沈炳震編 清同治十年(1871)武林吳氏清來堂刻本 十六册

370000－1541－0005135 610.5/863
八史經籍志十種 （日本）□□輯 清光緒九年(1883)鎮海張壽榮刻本 十六册

370000－1541－0005136 610.63/115
十七史商榷一百卷 （清）王鳴盛撰 清乾隆五十二年(1787)洞涇草堂刻本 二十册

370000－1541－0005137 610.63/198
廿二史劄記三十六卷 （清）趙翼撰 清光緒二十年(1894)廣雅書局刻本 十册

370000－1541－0005138 610.63/198＝1
廿二史劄記三十六卷補遺一卷 （清）趙翼撰 清光緒三年(1877)刻本 八册

370000－1541－0005139 610.63/198＝2
廿二史劄記三十六卷 （清）趙翼撰 清嘉慶五年(1800)湛貽堂刻本 十二册 缺九卷(二十四至二十七、三十至三十四)

370000－1541－0005140 610.63/198＝3
廿二史劄記三十六卷 （清）趙翼撰 清嘉慶五年(1800)湛貽堂刻本 十册

370000－1541－0005141 610.7/436
史記論文一百三十卷 （清）吳見思評點 清康熙二十五年(1686)尺木堂刻本 佚名批 十二册

370000－1541－0005142 610.7/767
南史識小錄十四卷北史識小錄十四卷 （清）沈名蓀 （清）朱昆田輯 （清）張應昌補正 清同治十年(1871)武林吳氏清來堂刻本 八册

370000－1541－0005143 610.7/767＝1
南史識小錄十四卷北史識小錄十四卷 （清）沈名蓀 （清）朱昆田輯 （清）張應昌補正 清同治十年(1871)武林吳氏清來堂刻本 十二册

370000－1541－0005144 610.7/767＝2

南史識小錄十四卷北史識小錄十四卷 （清）
沈名蓀 （清）朱昆田輯 （清）張應昌補正
清同治十年(1871)武林吳氏清來堂刻本 十
二冊

370000－1541－0005145 610.71/212

二十一史文鈔三百三十二卷 （明）戴羲摘鈔
清雍正八年(1730)刻本 四十六冊

370000－1541－0005146 610.71/309

讀史舉正八卷 （清）張熷曦撰 （清）蔡芳
（清）羅忠濟校 清光緒十七年(1891)廣雅書
局刻本 二冊

370000－1541－0005147 610.71/384

史品赤函四卷 （明）陳仁錫輯 明末刻本
八冊

370000－1541－0005148 610.71/418

史書纂略二百二十卷目錄二卷 （明）馬維銘
輯 明萬曆四十三年(1615)刻本 一冊 存
十卷(盤古氏起至高辛氏止一卷、太昊炎帝黃
帝少昊顓頊臣纂略一卷、唐虞帝紀纂略一卷、
唐虞臣傳纂略一卷、夏本紀纂略一卷、周本紀
纂略一卷、周臣列傳一至四)

370000－1541－0005149 610.71/449

東萊先生十七史詳節二百七十三卷 （宋）呂
祖謙撰 明嘉靖四十五年至隆慶四年(1566－
1570)陝西布政司刻本 一百冊

370000－1541－0005150 610.71/449＝2

東萊先生十七史詳節二百七十四卷 （宋）呂
祖謙撰 明正德十一年(1516)劉弘毅慎獨齋
刻本 八冊 存二種(東萊先生晉書詳節、東
萊先生北史詳節)

370000－1541－0005151 610.71/516

史記鈔九十一卷首一卷 （明）茅坤輯評 明
泰昌元年(1620)吳興閔振業刻本 二十四冊

370000－1541－0005152 610.71/827

史略十三卷 （清）朱坤輯 清光緒二十八年
(1902)心壽堂鉛印本 八冊

370000－1541－0005153 610.71/912

增定二十一史韻四卷首一卷末一卷 （明）趙
南星編 （清）仲弘道增續 清康熙三十五年
(1696)蘭雪堂刻本 六冊

370000－1541－0005154 610.72/164

二十四史九通政典類要合編三百二十卷
（清）黃書霖輯 清光緒二十八年(1902)約雅
堂石印本 六十冊

370000－1541－0005155 610.72/740

通鑑總類二十卷 （宋）沈樞輯 明萬曆二十
三年(1595)刻本 清汪士鐘跋 四十冊

370000－1541－0005156 610.73/254

漢雋十卷 （宋）林越撰 明嘉靖十一年
(1532)郟鼎刻本 八冊

370000－1541－0005157 610.74/119

王先生十七史蒙求十六卷 （宋）王令撰 清
道光二十八年(1848)大文堂刻本 五冊

370000－1541－0005158 610.74/119＝1

王先生十七史蒙求十六卷 （宋）王令撰 清
道光二十八年(1848)文奎堂刻本 五冊

370000－1541－0005159 610.74/119＝2

王先生十七史蒙求十六卷 （宋）王令撰 李
氏蒙求補注六卷 （清）金三俊輯 清道光二
十八年(1848)文奎堂刻本 六冊

370000－1541－0005160 610.74/290

李氏蒙求補注六卷 （清）金三俊輯 清乾隆
四十八年(1783)刻本 三冊

370000－1541－0005161 610.74/290＝2

李氏蒙求補注八卷 （清）楊迦懌輯 清道光
十四年(1834)刻本 八冊

370000－1541－0005162 610.74/320

新鐫增定元明捷錄大全四卷 （明）屠隆撰
明刻本 一冊 存一卷(四)

370000－1541－0005163 610.74/894

史學提要十三卷 （清）朱紹禧撰 清光緒五
年(1879)雲谷堂刻本 十冊

370000－1541－0005164 610.74/964

新鐫歷朝捷錄增定全編大成四卷 （明）顧充

撰　明崇禎刻本　四冊

370000－1541－0005165　610.74/964＝1

增定皇明捷錄大全四卷　（明）周昌年撰
（明）鍾惺續　明刻本　二冊

370000－1541－0005166　610.74/964＝2

訂補標題釋注歷朝捷錄二十四卷　（明）顧充
撰　（明）顧憲成訂正　**本朝聖政捷錄六卷**
（明）鄭以偉輯　（明）秦繼宗訂　明崇禎古吳
王天惠刻本　六冊

370000－1541－0005167　610.74/964＝3

新刻校正歷朝捷錄旁訓評林四卷新刻校正皇
明我朝捷錄旁訓二卷　（明）顧充撰　明萬曆
書林詹聖澤刻本　二冊

370000－1541－0005168　610.8/210

史論五種　（清）李祖陶撰　清同治十年
(1871)尚友樓刻本　三冊

370000－1541－0005169　610.8/242

讀史論略一卷附三種　（清）杜詔撰　清刻本
　一冊

370000－1541－0005170　610.8/247

讀史論略一卷　（清）杜詔撰　清光緒三年
(1877)京都敬業堂刻本　一冊

370000－1541－0005171　610.8/859

史通削繁四卷　（唐）劉知幾撰　（清）紀昀削
繁　（清）浦起龍注　清光緒元年(1875)湖北
崇文書局刻本　四冊

370000－1541－0005172　610.8/938

史懷十七卷　（明）鍾惺撰　（明）蔣勵志
(明)蔣勵修輯　明刻本　八冊

370000－1541－0005173　610.81/102

讀史賸言四卷　（清）秦篤輝撰　清光緒十七
年(1891)三餘草堂刻湖北叢書本　一冊

370000－1541－0005174　610.81/111

讀史漫錄十四卷　（明）于慎行撰　（明）郭應
龍編　明萬曆四十二年(1614)山東穀山于氏
刻本　六冊

370000－1541－0005175　610.81/112

宋論十五卷　（清）王夫之撰　清道光二十七
年(1847)聽雨軒刻本　五冊

370000－1541－0005176　610.81/117

承華事略六卷　（元）王惲撰　（清）徐郙等補
圖　清光緒二十二年(1896)武英殿刻本　一
冊

370000－1541－0005177　610.81/117＝1

承華事略六卷　（元）王惲撰　（清）徐郙等補
圖　清光緒二十二年(1896)武英殿刻本　一
冊

370000－1541－0005178　610.81/158

天史十二卷出劫紀略一卷　（清）丁耀亢撰
清光緒煮石草堂石印本　六冊

370000－1541－0005179　610.81/214

綱目續議二卷　（清）胡爾梅撰　清同治十年
(1871)胡承志堂刻本　二冊

370000－1541－0005180　610.81/219

讀史管見三十卷目錄二卷　（宋）胡寅撰　明
崇禎八年(1635)婁東張溥刻本　八冊

370000－1541－0005181　610.81/269

志遠齋史話一卷止焚稿一卷　（清）楊以貞撰
　雌雄淵一卷　（清）包世臣撰　清光緒刻本
　二冊

370000－1541－0005182　610.81/288

西漢節義傳論二卷　（清）李鄴嗣撰　清光緒
十一年(1885)金羲山館刻金羲山館叢書本
一冊

370000－1541－0005183　610.81/290

元朝秘史十五卷　（元）□□撰　（清）李文田
注　清光緒二十九年(1903)上海文瑞樓石印
本　四冊

370000－1541－0005184　610.81/311

歷代史論十二卷　（明）張溥撰　（清）孫琮評
　明史論四卷　（清）谷應泰撰　**左傳史論二**
卷　（清）高士奇撰　清光緒十三年(1887)上
海掃葉山房刻本　十冊

370000－1541－0005185　610.81/311＝1

歷代史論十二卷宋史論三卷元史論一卷
（明）張溥撰　明史論四卷　（清）谷應泰撰
左傳史論二卷　（清）高士奇撰　清光緒五年
（1879）雙和堂刻本　八冊

370000－1541－0005186　610.81/313
二百大家評註國史成績論斷大全十二卷
（明）張位纂　清光緒上海碧梧山莊石印本
十二冊

370000－1541－0005187　610.81/334
古今史論大觀三十二卷　雷瑨輯　清光緒二
十七年（1901）硯耕山莊石印本　十二冊

370000－1541－0005188　610.81/438
史案二十卷　（清）吳裕垂撰　清光緒六年
（1880）大成堂刻本　六冊

370000－1541－0005189　610.81/511
讀史紀略四卷　（清）蕭澥撰　清道光二十年
（1840）靈石楊氏澹靜齋刻本　二冊

370000－1541－0005190　610.81/646
評鑑闡要十二卷　（清）聖祖玄燁批　清光緒
十一年（1885）明遠書局刻本　六冊

370000－1541－0005191　610.81/657＝4
文史通義八卷　（清）章學誠撰　清道光十三
年（1833）刻章氏遺書本　三冊　存五卷（一
至五）

370000－1541－0005192　610.81/930
捷錄法原旁注十二卷　（清）錢炅輯　清康熙
二十五年（1686）錢氏刻本　六冊

370000－1541－0005193　610.81/990
古今史論統編十六卷　（清）徐永隆編　清光
緒二十八年（1902）政學書社石印本　八冊

370000－1541－0005194　610.81/990＝1
俞長城史論一卷　（清）俞長城撰　清刻本
一冊

370000－1541－0005195　610.83/115
十七史商榷一百卷　（清）王鳴盛撰　清光緒
六年（1880）太原王氏刻本　十六冊

370000－1541－0005196　610.83/115＝1

十七史商榷一百卷　（清）王鳴盛撰　清光緒
二十九年（1903）上海點石齋石印本　四冊

370000－1541－0005197　610.83/139
蒙韃備錄一卷　曹元忠注　清光緒二十七年
（1901）刻本　一冊

370000－1541－0005198　610.83/416
三通考序一卷　（元）馬端臨等撰　清光緒二
十八年（1902）山東大學堂刻本　二冊

370000－1541－0005199　610.83/440
兩漢刊誤補遺十卷　（宋）吳仁傑撰　清乾隆
武英殿木活字印武英殿聚珍版書本　三冊

370000－1541－0005200　610.83/501
省軒考古類編十二卷　（清）柴紹炳纂　清雍
正四年（1726）高氏刻本　六冊　存十卷（三
至十二）

370000－1541－0005201　610.83/710
三史同名錄四十卷　（清）汪輝祖撰　清嘉慶
三年（1798）雙節堂刻本　六冊

370000－1541－0005202　610.83/710＝1
三史同名錄四十卷　（清）汪輝祖撰　清嘉慶
三年（1798）雙節堂刻本　六冊

370000－1541－0005203　610.83/714
遠春樓四史筆存四卷　（清）汪科爵撰　清光
緒十二年（1886）錢塘王氏刻本　一冊

370000－1541－0005204　610.83/720
諸史考異十八卷　（清）洪頤煊撰　清光緒十
五年（1889）廣雅書局刻本　三冊

370000－1541－0005205　610.83/720＝1
歷朝史案二十卷　（清）洪亮吉編　清咸豐京
都聚奎閣刻本　六冊

370000－1541－0005206　610.83/720＝2
四史發伏十卷　（清）洪亮吉撰　清光緒八年
（1882）小石山房刻本　二冊

370000－1541－0005207　610.83/765
滇考二卷　（清）馮甦撰　清道光元年（1821）
臨海宋氏刻本　四冊

370000－1541－0005208　610.83/765＝1

滇考二卷　（清）馮甦撰　清道光元年(1821)
臨海宋氏刻本　二冊

370000－1541－0005209　610.83/853

多識錄六種　（清）練恕撰　清道光十八年
(1838)連平練氏刻本　四冊

370000－1541－0005210　610.83/927

廿二史考異一百卷　（清）錢大昕撰　清乾隆
四十六年(1781)刻本　二十三冊

370000－1541－0005211　610.83/927＝1

廿二史考異一百卷　（清）錢大昕撰　清嘉慶
錢氏潛研堂刻潛研堂全集叢書本　十八冊

370000－1541－0005212　610.83/927＝2

廿二史考異一百卷　（清）錢大昕撰　清光緒
二十年(1894)廣雅書局刻本　一冊　存三卷
（一至三）

370000－1541－0005213　610.83/927＝3

廿二史考異一百卷　（清）錢大昕撰　清光緒
二十年(1894)廣雅書局刻本　二十冊

370000－1541－0005214　610.83/927＝4

廿二史考異二十三卷　（清）錢大昕撰　清末
上海鴻寶齋石印本　六冊

370000－1541－0005215　610.83/927＝5

考史拾遺十卷　（清）錢大昕撰　清嘉慶十二
年(1807)嘉興郡齋刻本　四冊

370000－1541－0005216　610.83/927＝6

兩漢書辨疑四十二卷　（清）錢大昭撰　清光
緒十三年(1887)廣雅書局刻本　八冊

370000－1541－0005217　610.83/946

讀史稗語十一卷　（清）徐枋撰　清咸豐九年
(1859)刻本　六冊

370000－1541－0005218　610.9/582

山東大學堂史學課本　（清）山東大學堂編
清末山東大學堂木活字印本　六冊

370000－1541－0005219　611/764

左國腴詞八卷　（明）凌迪知輯　兩漢雋言十
六卷　（宋）林越輯　太史華句八卷　（明）凌

迪知輯　楚騷綺語六卷　（明）張之象輯　清
光緒七年(1881)會稽八杉齋刻本　二冊

370000－1541－0005220　612/764

文選錦字二十一卷　（明）凌迪知輯　清光緒
十一年(1885)融經館刻本　九冊

370000－1541－0005221　613.52/949

三朝北盟會編二百五十卷校勘記二卷補遺一
卷　（宋）徐夢莘編　清光緒四年(1878)鉛印
本　四十冊

370000－1541－0005222　614.3/719

中西紀事二十四卷　（清）夏燮撰　清同治七
年(1868)刻本　六冊

370000－1541－0005223　617.25/213

山東兗州府泗水縣鄉土志一卷　（清）□□撰
清稿本　一冊

370000－1541－0005224　617.93/502

裹紮新法一卷　（美國）嘉約翰譯　（清）林湘
東筆述　清光緒元年(1875)羊城博濟醫局刻
本　一冊

370000－1541－0005225　621/301

書經二十卷　（漢）孔安國傳　（唐）陸德明音
義　（明）葛鼒訂　明崇禎永懷堂刻清同治八
年(1869)浙江書局補刻本　一冊　存六卷
（九至十四）

370000－1541－0005226　621/301＝1

書經二十卷　（漢）孔安國傳　（唐）陸德明音
義　（明）葛鼒訂　明崇禎永懷堂刻清同治八
年(1869)浙江書局補刻本　三冊

370000－1541－0005227　621.019/747

漢書疏證三十六卷後漢書疏證三十卷　（清）
沈欽韓撰　清光緒二十六年(1900)浙江官書
局刻本　四十冊

370000－1541－0005228　621.019/747＝1

漢書疏證三十六卷後漢書疏證三十卷　（清）
沈欽韓撰　清光緒二十六年(1900)浙江官書
局刻本　四十冊

370000－1541－0005229　621.03/803

聖武記十四卷　（清）魏源撰　清道光二十四年（1844）古微堂刻本　十六冊

370000－1541－0005230　621.04/164

天祿閣外史八卷　（漢）黃憲撰　（宋）韓泊贊　清刻本　二冊

370000－1541－0005231　621.04/209

詩說二卷汲冢周書輯要一卷詩經拾遺一卷　（清）郝懿行撰　清光緒八年（1882）東路廳署刻郝氏遺書本　二冊

370000－1541－0005232　621.04/209＝1

易說十二卷　（清）郝懿行撰　清光緒八年（1882）東路廳署刻郝氏遺書本　一冊　存三卷（三至五）

370000－1541－0005233　621.083/658

譙周古史考一卷　（三國蜀）譙周撰　（清）章宗源輯　物理論一卷　（晉）楊泉撰　清嘉慶十一年（1806）平津館刻本　一冊

370000－1541－0005234　621.1/103

尚書因文六卷首一卷末一卷　（清）武士選撰　清約六家塾刻本　四冊

370000－1541－0005235　621.1/112

欽定書經傳說彙纂二十一卷首二卷　（清）王頊齡等纂　清雍正八年（1730）刻本　二十冊

370000－1541－0005236　621.1/112＝1

欽定書經傳說彙纂二十一卷首二卷　（清）王頊齡等纂　清同治十年（1871）湖北崇文書局刻本　十一冊　缺二卷（十七至十八）

370000－1541－0005237　621.1/112＝2

欽定書經傳說彙纂二十一卷首二卷　（清）王頊齡等纂　清同治十年（1871）湖北崇文書局刻本　十六冊

370000－1541－0005238　621.1/112＝3

欽定書經傳說彙纂二十一卷首二卷　（清）王頊齡等纂　清同治十年（1871）湖北崇文書局刻本　二十冊

370000－1541－0005239　621.1/112＝4

欽定書經傳說彙纂二十一卷首二卷　（清）王頊齡等纂　清同治十年（1871）湖北崇文書局刻本　二冊　存二卷（三、七）

370000－1541－0005240　621.1/112＝5

欽定書經傳說彙纂二十一卷首二卷　（清）王頊齡等纂　清光緒四年（1878）廣州翰墨園刻本　十二冊

370000－1541－0005241　621.1/112＝6

欽定書經傳說彙纂二十一卷首二卷　（清）王頊齡等纂　清光緒十四年（1888）江南書局刻本　十二冊

370000－1541－0005242　621.1/115

尚書後案三十卷　（清）王鳴盛撰　清頤志堂刻本　六冊　存二十八卷（三至三十）

370000－1541－0005243　621.1/119

尚書孔傳參正三十六卷　王先謙撰　清光緒三十年（1904）虛受堂刻本　六冊

370000－1541－0005244　621.1/171

尚書精義五十卷　（宋）黃倫撰　清刻本　十一冊　存四十五卷（六至五十）

370000－1541－0005245　621.1/212

尚書協異二卷　（清）戴祖啓撰　清嘉慶元年（1796）資敬堂刻本　二冊

370000－1541－0005246　621.1/212＝1

書傳補商十七卷　（清）戴鈞衡述　清刻本　六冊

370000－1541－0005247　621.1/217

枕葄齋書經問答九卷詩經問答十四卷春秋問答十六卷　（清）胡嗣運編　清光緒三十四年（1908）鵬南書屋木活字印本　五冊

370000－1541－0005248　621.1/279

尚書考異六卷　（明）梅鷟撰　古刻叢鈔一卷　（明）陶宗儀編　（清）孫星衍重編　清光緒十一年（1885）朱氏槐廬家塾刻新斠平津館叢書本　三冊

370000－1541－0005249　621.1/279＝2

尚書考異六卷　（明）梅鷟撰　清光緒十八年（1892）浙江書局刻本　四冊

370000 – 1541 – 0005250   621.1/348

尚書詳解二十六卷 （宋）夏僎撰　清光緒二十年(1894)福建布政使署刻武英殿聚珍版叢書本　十五冊

370000 – 1541 – 0005251   621.1/362

尚書箋三十卷附錄一卷 （清）孫星衍注　王闓運箋　清光緒抄本　三冊

370000 – 1541 – 0005252   621.1/362 ＝ 1

古文尚書馬鄭注十卷附逸文二卷 （漢）馬融（漢）鄭玄（宋）王應麟撰集　（清）孫星衍補集　清末綿竹刻本　二冊

370000 – 1541 – 0005253   621.1/370 ＝ 2

尚書十三卷 （漢）孔安國傳　清乾隆四十八年(1783)武英殿刻本　五冊

370000 – 1541 – 0005254   621.1/370 ＝ 3

尚書十三卷 （漢）孔安國傳　清刻本　三冊

370000 – 1541 – 0005255   621.1/370 ＝ 4

附釋音尚書注疏二十卷 （漢）孔安國傳（唐）陸德明音義　（唐）孔穎達疏　**校勘記二十卷** （清）阮元撰　（清）盧宣旬摘錄　清嘉慶二十年(1815)江西南昌府學刻道光六年(1826)重修本　八冊　存十六卷(一至十六)

370000 – 1541 – 0005256   621.1/373

今文尚書考證三十卷 （清）皮錫瑞撰　清光緒二十三年(1897)善化皮氏師伏堂刻本　六冊

370000 – 1541 – 0005257   621.1/438

書纂言四卷 （元）吳澄撰　清巴陵鍾謙鈞刻本　四冊

370000 – 1541 – 0005258   621.1/438 ＝ 1

寫定尚書一卷 （清）吳汝綸校疏　清光緒十八年(1892)桐城吳氏家塾石印本　一冊

370000 – 1541 – 0005259   621.1/438 ＝ 2

寫定尚書一卷 （清）吳汝綸校疏　清光緒十八年(1892)桐城吳氏家塾石印本　二冊

370000 – 1541 – 0005260   621.1/462

增修東萊書說三十五卷 （宋）呂祖謙撰

（宋）時瀾修定　清同治八年(1869)退補齋刻本　七冊

370000 – 1541 – 0005261   621.1/561

書經六卷 （宋）蔡沈集傳　清雍正刻本　四冊

370000 – 1541 – 0005262   621.1/561 ＝ 1

書經六卷 （宋）蔡沈集傳　清光緒泰和裕記刻本　四冊

370000 – 1541 – 0005263   621.1/561 ＝ 2

書經六卷 （宋）蔡沈集傳　清李光明莊刻本　佚名批　四冊

370000 – 1541 – 0005264   621.1/561 ＝ 3

書經集傳六卷 （宋）蔡沈集傳　清同治十一年(1872)山東書局刻本　四冊

370000 – 1541 – 0005265   621.1/561 ＝ 4

書經六卷 （宋）蔡沈集傳　清乾隆刻本　四冊

370000 – 1541 – 0005266   621.1/561 ＝ 5

書經集傳六卷 （宋）蔡沈集傳　清道光三十年(1850)槐蔭堂銅板印本　四冊

370000 – 1541 – 0005267   621.1/561 ＝ 6

書經集傳六卷 （宋）蔡沈集傳　清光緒三十二年(1906)天津文美齋刻本　四冊

370000 – 1541 – 0005268   621.1/561 ＝ 7

書經集傳音釋六卷 （宋）蔡沈集傳　（元）鄒季友音釋　清咸豐五年(1855)浦城祝氏刻本　六冊

370000 – 1541 – 0005269   621.1/561 ＝ 8

書經集傳音釋六卷 （宋）蔡沈集傳　（元）鄒季友音釋　清咸豐五年(1855)浦城祝氏刻本　一冊　存二卷(五至六)

370000 – 1541 – 0005270   621.1/561 ＝ 9

書經集傳音釋六卷 （宋）蔡沈集傳　（元）鄒季友音釋　清光緒十五年(1889)江南書局刻本　六冊

370000 – 1541 – 0005271   621.1/573

書古文訓十六卷 （宋）薛季宣撰　清康熙通

志堂刻本 四冊

370000－1541－0005272 621.1/612

融堂書解二十卷 （宋）錢時撰 清乾隆武英殿木活字印武英殿聚珍版書本 六冊

370000－1541－0005273 621.1/663

日講書經解義十三卷 （清）庫勒納等撰 清康熙十九年(1680)刻本 八冊

370000－1541－0005274 621.1/712

書經詮義十二卷首二卷 （清）汪烜編 清光緒七年(1881)紫陽書院刻本 十三冊

370000－1541－0005275 621.1/803 ＝2

書古微十二卷 （清）魏源撰 清光緒十四年(1888)刻本 四冊

370000－1541－0005276 621.1/834

經義考三百卷目錄二卷 （清）朱彝尊編 清乾隆十九年(1754)德州盧氏刻本 五冊 存三十四卷（二十八至三十五、一百十五至一百二十、一百二十七至一百三十二、二百至二百五、二百二十三至二百三十）

370000－1541－0005277 621.1/844

尚書集注述疏三十五卷 簡朝亮撰 清光緒三十三年(1907)刻本 二十四冊

370000－1541－0005278 621.1/879

古文尚書撰異三十二卷 （清）段玉裁撰 清嘉慶金壇七葉衍祥堂刻本 六冊

370000－1541－0005279 621.1/879 ＝1

春秋左氏古經十二卷 （清）段玉裁撰 清光緒十年(1884)刻本 一冊 存五卷（八至十二）

370000－1541－0005280 621.1/911

尚書大傳五卷 （漢）伏勝撰 （漢）鄭玄注 （清）陳壽祺輯 清道光十年(1830)廣州刻本 二冊

370000－1541－0005281 621.1/915

尚書約注四卷 （清）任啟運撰 清光緒十二年(1886)刻本 四冊

370000－1541－0005282 621.1/927

書經體註大全合參六卷 （清）錢希祥纂輯 清咸豐八年(1858)崇德堂記刻本 四冊

370000－1541－0005283 621.1/949

尚書逸湯誓考六卷 （清）徐時棟撰 清同治十一年(1872)城西草堂刻本 二冊

370000－1541－0005284 621.1/949 ＝1

尚書逸湯誓考六卷 （清）徐時棟撰 清同治十一年(1872)城西草堂刻本 二冊

370000－1541－0005285 621.1/951

尚書約注四卷 （清）任啟運撰 清光緒十二年(1886)刻本 二冊

370000－1541－0005286 621.101/124

前漢書一百卷 （漢）班固撰 （唐）顏師古注 清光緒二十六年(1900)煥文書局石印本 十二冊

370000－1541－0005287 621.171/311

公羊臆三卷讀公羊注記疑三卷 （清）張憲和撰 清光緒刻本 四冊

370000－1541－0005288 621.2/169

書經精義四卷 （清）黃淦纂 清嘉慶十三年(1808)刻本 二冊

370000－1541－0005289 621.2092/561

書集傳六卷序一卷圖一卷 （宋）蔡沈撰 （元）鄒季友音釋 朱子說書綱領一卷 （宋）朱熹撰 明正統十二年(1447)內府刻本 六冊

370000－1541－0005290 621.21/553

兩漢紀六十卷 （宋）王銍輯 兩漢紀字句異同考一卷 （清）蔣國祚撰 清康熙三十五年(1696)雙桐書屋刻本 十冊

370000－1541－0005291 621.21/951 ＝2

竹書紀年統箋十二卷前編一卷雜述一卷 (南朝梁)沈約注 （清）徐文靖箋 （清）馬陽校 商君書五卷 （戰國）商鞅撰 （清）嚴可均校 清光緒十九年(1893)上海鴻文書局石印本 一冊

370000－1541－0005292 621.281/907

禹貢古今注通釋六卷　（清）侯楨撰　清光緒六年(1880)侯氏木活字印本　二冊

370000－1541－0005293　621.31/820

晉略六十五卷序目一卷　（清）周濟撰　清光緒三年(1877)荊谿周氏刻本　十冊

370000－1541－0005294　621.33/637＝3

南華真經十卷　（戰國）莊周撰　（晉）郭象注　（唐）陸德明音義　清嘉慶九年(1804)金閶聚文堂刻本　一冊　存一卷(一)

370000－1541－0005295　621.363/616

西魏書二十四卷　（清）謝啟昆撰　清光緒九年(1883)樹經堂刻本　六冊

370000－1541－0005296　621.37/410

隋書八十五卷　（唐）魏徵等撰　清光緒十年(1884)上海同文書局石印本　十二冊

370000－1541－0005297　621.41/535

唐鑑二十四卷考異一卷　（宋）范祖禹撰　（宋）呂祖謙音注　（清）胡鳳丹考異　清同治十年(1871)胡鳳丹退補齋刻本　六冊

370000－1541－0005298　621.41/535＝1

東萊先生音注唐鑑二十四卷　（宋）范祖禹撰　（宋）呂祖謙音注　清光緒十八年(1892)浙江書局刻本　四冊

370000－1541－0005299　621.4218/436

五代史記纂誤續補六卷　（清）吳光耀撰　清光緒十四年(1888)江夏吳氏刻本　六冊

370000－1541－0005300　621.4218/436＝1

五代史記纂誤續補六卷　（清）吳光耀撰　清光緒十四年(1888)江夏吳氏刻本　一冊　存一卷(二)

370000－1541－0005301　621.428/392

馬氏陸氏二書合編南唐書四十八卷音釋一卷　（宋）馬令　（宋）陸游編　（元）戚光音釋　（清）蔣國祥輯　清康熙五峰閣刻本　六冊

370000－1541－0005302　621.428/392＝1

南唐書十五卷　（宋）陸游撰　明末虞山毛氏汲古閣刻陸放翁全集本　三冊

370000－1541－0005303　621.5/362

周書斠補四卷　（清）孫詒讓撰　清光緒二十六年(1900)刻本　一冊

370000－1541－0005304　621.5/362＝1

周書斠補四卷　（清）孫詒讓撰　清光緒二十六年(1900)刻本　一冊

370000－1541－0005305　621.5/834

周書集訓校釋十卷　（清）朱右曾撰　清道光二十六年(1846)歸硯齋刻本　二冊

370000－1541－0005306　621.502/164

周季編略九卷　（清）黃式三纂　清同治十二年(1873)浙江書局刻本　四冊

370000－1541－0005307　621.504/830

逸周書集訓校釋十卷附逸文一卷　（清）朱右曾撰　清光緒三年(1877)湖北崇文書局刻本　二冊

370000－1541－0005308　621.504/830＝1

逸周書集訓校釋十卷附逸文一卷　（清）朱右曾撰　清光緒三年(1877)湖北崇文書局刻本　二冊

370000－1541－0005309　621.55/337

遼史拾遺二十四卷　（清）厲鶚撰　遼史拾遺補五卷　（清）楊復吉撰　清光緒元年(1875)江蘇書局刻本(遼史拾遺補爲清光緒三年江蘇書局刻本)　十冊

370000－1541－0005310　621.614/764

南天痕二十六卷　（清）西亭凌雪纂修　清宣統二年(1910)上海復古社鉛印本　六冊

370000－1541－0005311　621.614/764＝1

南天痕二十六卷　（清）西亭凌雪纂修　清宣統二年(1910)上海復古社鉛印本　六冊

370000－1541－0005312　621.7/201＝2

春秋金鎖匙一卷　（元）趙汸撰　清曲阜孔氏紅欄書屋刻本　一冊

370000－1541－0005313　621.7/214

春秋夏正二卷　（清）胡天游撰　清光緒刻式訓堂叢書本　一冊

370000－1541－0005314　621.7/219 ＝ 1

春秋傳三十卷　（宋）胡安國撰　清致和堂刻本　八冊

370000－1541－0005315　621.7/219 ＝ 1

春秋傳三十卷　（宋）胡安國撰　清刻本　五冊

370000－1541－0005316　621.7/242

春秋左傳註疏六十卷　（晉）杜預註　（唐）孔穎達疏　明嘉靖福建刻本　一冊　存二卷（一至二）

370000－1541－0005317　621.7/242 ＝ 1

附釋音春秋左傳注疏六十卷　（晉）杜預注（唐）陸德明音義　（唐）孔穎達疏　**校勘記六十卷**　（清）阮元撰　（清）盧宣旬摘錄　清嘉慶二十年(1815)江西南昌府學刻本　三十二冊

370000－1541－0005318　621.7/242 ＝ 2

附釋音春秋左傳注疏六十卷　（晉）杜預注（唐）陸德明音義　（唐）孔穎達疏　**校勘記六十卷**　（清）阮元撰　（清）盧宣旬摘錄　清嘉慶二十年(1815)江西南昌府學刻本　四冊存六卷（十四至十五、二十至二十一、二十八、四十一）

370000－1541－0005319　621.7/244

左繡三十卷首一卷　（清）馮李驊　（清）陸浩評輯　**春秋經傳集解三十卷**　（晉）杜預撰（宋）林堯叟附注　（唐）陸德明音義　（清）馮李驊增訂　清華川書屋刻本　八冊　存三十卷(左繡十六至三十、春秋經傳集解十六至三十)

370000－1541－0005320　621.7/244 ＝ 1

左繡三十卷首一卷　（清）馮李驊　（清）陸浩評輯　**春秋經傳集解三十卷**　（晉）杜預撰（宋）林堯叟附注　（唐）陸德明音義　（清）馮李驊增訂　清華川書屋刻本　十六冊

370000－1541－0005321　621.7/288

春秋左氏傳賈服註輯述二十卷　（清）李貽德撰　清同治五年(1866)代州刻本　十冊

370000－1541－0005322　621.7/288 ＝ 1

春秋左氏傳賈服註輯述二十卷　（清）李貽德撰　清光緒八年(1882)江蘇書局刻本　六冊

370000－1541－0005323　621.7/288 ＝ 2

春秋左氏傳補注十二卷　（清）沈欽韓撰　清光緒吳縣潘氏刻本　一冊

370000－1541－0005324　621.7/298

欽定春秋左傳讀本三十卷　（清）英和等纂　清同治十一年(1872)山東書局刻本　十六冊

370000－1541－0005325　621.7/298 ＝ 1

欽定春秋左傳讀本三十卷　（清）英和等纂　清同治十一年(1872)山東書局刻本　十六冊

370000－1541－0005326　621.7/298 ＝ 2

欽定春秋左傳讀本三十卷　（清）英和等纂　清同治十一年(1872)山東書局刻本　八冊缺十五卷(一至十五)

370000－1541－0005327　621.7/306

春秋五傳十七卷首一卷　（清）張岐然編（清）張璞重編　清乾隆五十一年(1786)莆田書屋刻本　二十二冊

370000－1541－0005328　621.7/306 ＝ 1

春秋五傳十七卷首一卷　（清）張岐然編（清）張璞重編　清文光堂刻本　十六冊

370000－1541－0005329　621.7/306 ＝ 2

春秋五傳十七卷首一卷　（清）張岐然編（清）張璞重編　清文光堂刻本　十八冊

370000－1541－0005330　621.7/345

四傳權衡一卷　（明）來集之撰　清順治九年(1652)蕭山來氏倘湖小築刻來子談經本　一冊

370000－1541－0005331　621.7/392

左繡三十卷首一卷　（清）馮李驊　（清）陸浩評輯　**春秋經傳集解三十卷**　（晉）杜預撰（宋）林堯叟附注　（唐）陸德明音義　（清）馮李驊增訂　清康熙書業堂刻本　十六冊

370000－1541－0005332　621.7/392 ＝ 1

左繡三十卷首一卷　（清）馮李驊　（清）陸浩

評輯　**春秋經傳集解三十卷**　（晉）杜預撰　（宋）林堯叟附注　（唐）陸德明音義　（清）馮李驊增訂　清華川書屋刻本　十六冊

370000－1541－0005333　621.7/392＝2

左繡三十卷首一卷　（清）馮李驊　（清）陸浩評輯　**春秋經傳集解三十卷**　（晉）杜預撰　（宋）林堯叟附注　（唐）陸德明音義　（清）馮李驊增訂　清刻本　十六冊

370000－1541－0005334　621.7/392＝3

左繡三十卷首一卷　（清）馮李驊　（清）陸浩評輯　**春秋經傳集解三十卷**　（晉）杜預撰　（宋）林堯叟附注　（唐）陸德明音義　（清）馮李驊增訂　清華川書屋刻本　八冊　存三十卷(左繡十六至三十、春秋經傳集解十六至三十)

370000－1541－0005335　621.7/392＝4

左繡三十卷首一卷　（清）馮李驊　（清）陸浩評輯　**春秋經傳集解三十卷**　（晉）杜預撰　（宋）林堯叟附注　（唐）陸德明音義　（清）馮李驊增訂　清光緒九年(1883)子雲堂刻本　十六冊

370000－1541－0005336　621.7/392＝5

左繡三十卷首一卷　（清）馮李驊　（清）陸浩評輯　**春秋經傳集解三十卷**　（晉）杜預撰　（宋）林堯叟附注　（唐）陸德明音義　（清）馮李驊增訂　清光緒二十二年(1896)成文堂刻本　十五冊　缺四卷(左繡四至五、春秋經傳集解四至五)

370000－1541－0005337　621.7/392＝6

左繡三十卷首一卷　（清）馮李驊　（清）陸浩評輯　**春秋經傳集解三十卷**　（晉）杜預撰　（宋）林堯叟附注　（唐）陸德明音義　（清）馮李驊增訂　清光緒上洋江左書林刻本　八冊　存三十一卷(左繡一至十五、首一卷,春秋經傳集解一至十五)

370000－1541－0005338　621.7/429

春秋內傳古注輯存三卷　（清）嚴蔚撰　清光緒十五年(1889)味義根齋刻本　三冊

370000－1541－0005339　621.7/522

春秋四傳詁經十五卷　（清）萬斛泉撰　清光緒三十四年(1908)刻本　十四冊

370000－1541－0005340　621.7/522＝1

春秋四傳詁經十五卷　（清）萬斛泉撰　清光緒三十四年(1908)刻本　十四冊

370000－1541－0005341　621.7/535

春秋穀梁傳十二卷　（晉）范寧集解　（唐）陸德明音義　清同治十一年(1872)濟南尚志堂刻本　四冊

370000－1541－0005342　621.7/547

董子春秋繁露十七卷　（漢）董仲舒撰　清嘉慶二十年(1815)蜚雲閣刻本　二冊

370000－1541－0005343　621.7/547＝2

董子春秋繁露十七卷　（漢）董仲舒撰　（清）盧文弨等校　清宣統三年(1911)育文書局石印本　一冊

370000－1541－0005344　621.7/547＝3

董子春秋繁露十七卷　（漢）董仲舒撰　（清）董慎行校　清光緒三年(1877)浙江書局刻本　二冊

370000－1541－0005345　621.7/668

春秋董氏學八卷附傳一卷　康有爲撰　清光緒二十四年(1898)上海大同譯書局刻萬木草堂叢書本　六冊

370000－1541－0005346　621.7/712

春秋四傳三十八卷　（明）汪應魁校訂　明汪應魁貽經堂刻本　八冊

370000－1541－0005347　621.7/827

春秋鈔十卷首一卷　（清）朱軾輯　（清）鄂彌達校　清乾隆元年(1736)刻本　四冊

370000－1541－0005348　621.7/842

春秋經傳日月考一卷　（清）鄒伯奇撰　清光緒二十七年(1901)正學堂刻朱印本　一冊

370000－1541－0005349　621.7/903

春秋公羊傳十一卷　（漢）何休撰　（唐）陸德明音義　清同治十一年(1872)濟南尚志堂刻

民國十四年(1925)印本　四冊

370000－1541－0005350　621.7/994
春秋左傳杜注三十卷　（清）姚培謙輯　清刻本　九冊　存二十八卷(三至三十)

370000－1541－0005351　621.703/414
左傳事緯十二卷前書八卷　（清）馬驌撰　清康熙刻本　十八冊

370000－1541－0005352　621.703/414＝1
左傳事緯前書八卷　（清）馬驌撰　清順治馬氏刻本　四冊

370000－1541－0005353　621.703/414＝2
左傳事緯十二卷　（清）馬驌撰　清光緒四年(1878)吳縣潘氏敏德堂刻本　二十二冊

370000－1541－0005354　621.703/641
左傳紀事本末五十三卷　（清）高士奇撰　清同治十二年(1873)江西書局刻本　十冊

370000－1541－0005355　621.703/641＝1
左傳紀事本末五十三卷　（清）高士奇撰　清同治十二年(1873)江西書局刻本　十二冊

370000－1541－0005356　621.703/641＝2
左傳紀事本末五十三卷　（清）高士奇撰　清同治十二年(1873)江西書局刻本　佚名批十二冊

370000－1541－0005357　621.703/641＝3
左傳紀事本末五十三卷　（清）高士奇撰　清光緒二十四年(1898)湖南思賢書局刻本　十二冊

370000－1541－0005358　621.7083/257
三傳異同考一卷　（清）林昌彝撰　清同治十年(1871)廣州刻本　一冊

370000－1541－0005359　621.71/384
公羊逸禮考徵一卷　（清）陳奐撰　清刻本　一冊

370000－1541－0005360　621.71/896
公羊穀梁春秋合編附注疏纂十二卷　（漢）何休撰　（晉）范寧集解　（唐）楊士勛疏（明）朱泰楨纂述　清經綸堂刻本　六冊

370000－1541－0005361　621.71/903＝1
春秋公羊經傳解詁十二卷校記一卷　（漢）何休撰　（清）魏彥校　清同治南京李光明莊刻本　三冊　存八卷(五至十二)

370000－1541－0005362　621.71/903＝2
春秋公羊經傳解詁十二卷校記一卷　（漢）何休撰　（清）魏彥校　清同治二年(1863)揚州汪氏問禮堂刻本　二冊

370000－1541－0005363　621.71/903＝3
春秋公羊傳注疏二十八卷　（漢）何休撰（唐）陸德明音義　清同治十年(1871)刻本　十四冊

370000－1541－0005364　621.71/903＝6
監本附音春秋公羊注疏二十八卷　（漢）何休注　（唐）徐彥疏　（唐）陸德明音義　**校勘記二十八卷**　（清）阮元撰　（清）盧宣旬摘錄　清嘉慶二十年(1815)江西南昌府學刻本　十冊

370000－1541－0005365　621.71/903＝7
春秋公羊傳十一卷　（漢）何休注　（唐）陸德明音義　清同治十一年(1872)濟南尚志堂刻本　四冊

370000－1541－0005366　621.71/903＝8
春秋公羊傳十一卷　（漢）何休注　（唐）陸德明音義　清同治十一年(1872)濟南尚志堂刻本　四冊

370000－1541－0005367　621.71/903＝9
春秋公羊傳十一卷　（漢）何休注　（唐）陸德明音義　清同治十一年(1872)濟南尚志堂刻本　四冊

370000－1541－0005368　621.71/903＝10
春秋公羊傳十一卷　（漢）何休注　（唐）陸德明音義　清同治十一年(1872)濟南尚志堂刻本　一冊　存三卷(一至三)

370000－1541－0005369　621.72/242
春秋左傳注疏六十卷　（晉）杜預注　（唐）陸德明釋　明嘉靖李元陽刻本　十九冊

370000－1541－0005370　621.72/269

春秋穀梁傳音訓不分卷 （清）楊國楨撰　清道光十年(1830)刻十一經音訓本　四冊

370000－1541－0005371　621.72/281

穀梁大義述一卷 （清）柳興恩撰　清光緒八年(1882)李氏木犀軒刻本　一冊

370000－1541－0005372　621.72/319

穀梁折諸六卷 （清）張尚瑗輯撰　清敬足齋刻本　二冊

370000－1541－0005373　621.72/535＝1

春秋穀梁傳二十卷 （晉）范寧集解　（明）金蟠　（明）葛鼐較訂　明崇禎永懷堂刻本　三冊

370000－1541－0005374　621.72/535＝1

春秋穀梁傳十二卷 （晉）范寧集解　（唐）陸德明音義　清同治七年(1868)湖北崇文書局刻本　四冊

370000－1541－0005375　621.72/535＝2

春秋穀梁傳十二卷 （晉）范寧集解　（唐）陸德明音義　楊守敬考異　清光緒十年(1884)遵義黎氏日本東京使署刻古逸叢書本　二冊

370000－1541－0005376　621.72/535＝3

春秋穀梁傳十二卷 （晉）范寧集解　（唐）陸德明音義　清光緒十二年(1886)星沙文昌書局刻本　三冊

370000－1541－0005377　621.72/535＝4

春秋穀梁傳十二卷 （晉）范寧集解　（唐）陸德明音義　清同治十一年(1872)濟南尚志堂刻本　八冊

370000－1541－0005378　621.72/535＝5

春秋穀梁傳十二卷 （晉）范寧集解　（唐）陸德明音義　清同治十一年(1872)濟南尚志堂刻本　四冊

370000－1541－0005379　621.72/535＝6

春秋穀梁傳十二卷 （晉）范寧集解　（唐）陸德明音義　清同治十一年(1872)濟南尚志堂刻民國十四年(1925)印本　四冊

370000－1541－0005380　621.72/535＝7

春秋穀梁傳十二卷 （晉）范寧集解　（唐）陸德明音義　清同治十一年(1872)濟南尚志堂刻民國十四年(1925)印本　四冊

370000－1541－0005381　621.72/535＝8

春秋穀梁傳十二卷 （晉）范寧集解　（唐）陸德明音義　清光緒三年(1877)永康胡氏退補齋刻本　四冊

370000－1541－0005382　621.72/535＝10

監本附音春秋穀梁注疏二十卷 （晉）范寧集解　（唐）楊士勛疏　清嘉慶二十年(1815)江西南昌府學刻本　四冊

370000－1541－0005383　621.72/535＝11

監本附音春秋穀梁注疏二十卷 （晉）范寧集解　（唐）楊士勛疏　清嘉慶二十年(1815)江西南昌府學刻本　六冊

370000－1541－0005384　621.72/535＝12

監本附音春秋穀梁注疏二十卷 （晉）范寧集解　（唐）楊士勛疏　清光緒十八年(1892)湖南寶慶務本書局刻本　六冊

370000－1541－0005385　621.72/535＝13

春秋穀梁注疏二十卷 （晉）范寧集解　（唐）陸德明音義　（唐）楊士勛疏　清同治十年(1871)刻本　六冊

370000－1541－0005386　621.72/535＝14

春秋穀梁注疏二十卷 （晉）范寧集解　（唐）陸德明音義　（唐）楊士勛疏　清同治十年(1871)刻本　八冊

370000－1541－0005387　621.73/135

左氏節萃十卷 （清）凌璿玉撰　清乾隆二十六年(1761)金閶書業堂刻本　二冊　存三卷(二、六至七)

370000－1541－0005388　621.73/138

左傳評三卷 （清）李文淵撰　清乾隆四十年(1775)潮陽縣衙刻本　一冊

370000－1541－0005389　621.73/138＝1

春秋左傳補注六卷 （清）惠棟撰　清乾隆三

十九年(1774)潮陽縣衙刻本　二冊

370000－1541－0005390　621.73/139
左氏條貫十八卷　(清)曹基編　(清)張兼等
參訂　清康熙致和堂刻本　四冊

370000－1541－0005391　621.73/230
評點春秋左傳綱目句解彙雋六卷　(清)韓菼
重訂　清舊學山房刻本　六冊

370000－1541－0005392　621.73/230＝1
評點春秋綱目左傳句解彙雋六卷　(清)韓菼
重訂　清刻本　佚名批校　二冊　存二卷
(三至四)

370000－1541－0005393　621.73/238
如酉所刻諸名家評點春秋綱目左傳句解六卷
　(清)韓菼重訂　清康熙刻本　六冊

370000－1541－0005394　621.73/242
春秋經傳五十卷　(晉)杜預　(宋)林堯叟註
釋　(唐)陸德明音義　(明)鍾惺等評點　清
末南京李光明莊刻本　十六冊

370000－1541－0005395　621.73/242＝1
春秋經傳五十卷　(晉)杜預　(宋)林堯叟註
釋　(唐)陸德明音義　(明)鍾惺等評點　清
末南京李光明莊刻本　十六冊

370000－1541－0005396　621.73/242＝2
春秋經傳五十卷　(晉)杜預　(宋)林堯叟註
釋　(唐)陸德明音義　(明)鍾惺等評點　清
末南京李光明莊刻本　十六冊

370000－1541－0005397　621.73/242＝3
春秋左傳五十卷　(晉)杜預　(宋)林堯叟註
釋　(唐)陸德明音義　(明)鍾惺等評點　清
末南京李光明莊刻本　十六冊

370000－1541－0005398　621.73/242＝4
春秋左傳五十卷　(晉)杜預　(宋)林堯叟註
釋　(唐)陸德明音義　(明)鍾惺等評點　清
末南京李光明莊刻本　十六冊

370000－1541－0005399　621.73/242＝5
春秋左傳五十卷　(晉)杜預　(宋)林堯叟註
釋　(唐)陸德明音義　(明)鍾惺等評點　清

末南京李光明莊刻本　十六冊

370000－1541－0005400　621.73/242＝6
春秋左傳五十卷　(晉)杜預　(宋)林堯叟註
釋　(唐)陸德明音義　(明)鍾惺等評點　清
末南京李光明莊刻本　十六冊

370000－1541－0005401　621.73/242＝7
春秋左傳五十卷　(晉)杜預　(宋)林堯叟註
釋　(唐)陸德明音義　(明)鍾惺等評點　清
末南京李光明莊刻本　十六冊

370000－1541－0005402　621.73/242＝8
春秋左傳五十卷　(晉)杜預　(宋)林堯叟註
釋　(唐)陸德明音義　(明)鍾惺等評點　清
末南京李光明莊刻本　十六冊

370000－1541－0005403　621.73/242＝9
春秋經傳五十卷　(晉)杜預　(宋)林堯叟註
釋　(唐)陸德明音義　(明)鍾惺等評點　清
末南京李光明莊刻本　七冊　存二十一卷
(十一至二十三、二十七至三十四)

370000－1541－0005404　621.73/242＝10
春秋經傳五十卷　(晉)杜預　(宋)林堯叟註
釋　(唐)陸德明音義　(明)鍾惺等評點　清
末南京李光明莊刻本　六冊　存十九卷(一
至二、十一至二十三、四十四至四十七)

370000－1541－0005405　621.73/242＝11
春秋經傳五十卷　(晉)杜預　(宋)林堯叟註
釋　(唐)陸德明音義　(明)鍾惺等評點　清
末南京李光明莊刻本　十六冊

370000－1541－0005406　621.73/242＝12
春秋經傳五十卷　(晉)杜預　(宋)林堯叟註
釋　(唐)陸德明音義　(明)鍾惺等評點　清
末南京李光明莊刻本　十六冊

370000－1541－0005407　621.73/242＝13
春秋經傳五十卷　(晉)杜預　(宋)林堯叟註
釋　(唐)陸德明音義　(明)鍾惺等評點　清
末南京李光明莊刻本　十六冊

370000－1541－0005408　621.73/242＝14
春秋經傳五十卷　(晉)杜預　(宋)林堯叟註

釋　（唐）陸德明音義　（明）鍾惺等評點　清末南京李光明莊刻本　十六冊

370000－1541－0005409　621.73/242＝15
春秋經傳五十卷　（晉）杜預　（宋）林堯叟註釋　（唐）陸德明音義　（明）鍾惺等評點　清末南京李光明莊刻本　十五冊　缺三卷(三十八至四十)

370000－1541－0005410　621.73/242＝16
春秋經傳五十卷　（晉）杜預　（宋）林堯叟註釋　（唐）陸德明音義　（明）鍾惺等評點　清末南京李光明莊刻本　十五冊　缺三卷(三十八至四十)

370000－1541－0005411　621.73/242＝17
春秋左傳五十卷　（晉）杜預　（宋）林堯叟註釋　（唐）陸德明音義　（明）鍾惺等評點　清末南京李光明莊刻本　十六冊

370000－1541－0005412　621.73/242＝18
春秋左傳五十卷　（晉）杜預　（宋）林堯叟註釋　（唐）陸德明音義　（明）鍾惺等評點　清末南京李光明莊刻本　五冊　缺三十五卷(十一至二十九、三十二至三十七、四十一至五十)

370000－1541－0005413　621.73/242＝19
春秋左傳五十卷　（晉）杜預　（宋）林堯叟註釋　（唐）陸德明音義　（明）鍾惺等評點　清末南京李光明莊刻本　十六冊

370000－1541－0005414　621.73/242＝20
春秋左傳五十卷　（晉）杜預　（宋）林堯叟註釋　（唐）陸德明音義　（明）鍾惺等評點　清末南京李光明莊刻本　十六冊

370000－1541－0005415　621.73/242＝21
春秋左傳五十卷　（晉）杜預　（宋）林堯叟註釋　（唐）陸德明音義　（明）鍾惺等評點　清末南京李光明莊刻本　十六冊

370000－1541－0005416　621.73/242＝22
春秋左傳五十卷　（晉）杜預　（宋）林堯叟註釋　（唐）陸德明音義　（明）鍾惺等評點　清末南京李光明莊刻本　十六冊

370000－1541－0005417　621.73/242＝23
春秋左傳五十卷　（晉）杜預　（宋）林堯叟註釋　（唐）陸德明音義　（明）鍾惺等評點　清末南京李光明莊刻本　十六冊

370000－1541－0005418　621.73/242＝24
春秋左傳五十卷　（晉）杜預　（宋）林堯叟註釋　（唐）陸德明音義　（明）鍾惺等評點　清末南京李光明莊刻本　十五冊　缺三卷(二十一至二十三)

370000－1541－0005419　621.73/242＝25
春秋左傳五十卷　（晉）杜預　（宋）林堯叟註釋　（唐）陸德明音義　（明）鍾惺等評點　清末南京李光明莊刻本　十一冊　缺十六卷(二十一至二十三、二十七至二十九、三十二至三十七、四十四至四十七)

370000－1541－0005420　621.73/242＝26
春秋左傳五十卷　（晉）杜預　（宋）林堯叟註釋　（唐）陸德明音義　（明）鍾惺等評點　清末南京李光明莊刻本　四冊　缺三十七卷(十一至三十七、四十一至五十)

370000－1541－0005421　621.73/242＝27
春秋左傳五十卷　（晉）杜預　（宋）林堯叟注釋　（唐）陸德明音義　清聚奎堂刻本　十二冊

370000－1541－0005422　621.73/242＝28
春秋左傳杜林合注五十卷首一卷　（晉）杜預　（宋）林堯叟注釋　（唐）陸德明音義　清書業堂刻本　十二冊

370000－1541－0005423　621.73/242＝29
春秋經傳集解三十卷　（晉）杜預撰　清宣統二年(1910)學部圖書局刻本　丁山識語　十四冊　缺二卷(十九至二十)

370000－1541－0005424　621.73/292
曲江書屋新訂批注左傳快讀十八卷首一卷　(清)李紹崧輯　清三益堂刻本　十六冊

370000－1541－0005425　621.73/352
春秋左傳五十卷　（晉）杜預注　（宋）林堯叟注釋　（明）韓範評　明崇禎刻本　佚名批校

十冊

370000－1541－0005426　621.73/352＝1

南江札記一卷　（清）邵晉涵撰　（清）蔣鳳藻
校刊　清光緒十四年(1888)長洲蔣氏心矩齋
刻本　一冊

370000－1541－0005427　621.73/352＝2

欽定春秋左傳讀本三十卷　（清）英和等纂
清刻本　十六冊

370000－1541－0005428　621.73/352＝3

欽定春秋左傳讀本三十卷　（清）英和等纂
清同治十一年(1872)山東書局刻本　十六冊

370000－1541－0005429　621.73/352＝4

欽定春秋左傳讀本三十卷　（清）英和等纂
清刻本　十六冊

370000－1541－0005430　621.73/352＝5

欽定春秋左傳讀本三十卷　（清）英和等纂
清同治十一年(1872)山東書局刻民國十四年
(1925)印本　十六冊

370000－1541－0005431　621.73/414

左傳事緯十二卷　（清）馬驌撰　清乾隆四十
九年(1784)仁和黃氏懷澄堂刻本　十冊

370000－1541－0005432　621.73/414＝1

左傳事緯十二卷　（清）馬驌撰　清乾隆四十
九年(1784)仁和黃氏懷澄堂刻本　二冊　存
二卷(十至十一)

370000－1541－0005433　621.73/449

詳注東萊先生左氏博議二十五卷　（宋）呂祖
謙撰　明正德刻本　十二冊

370000－1541－0005434　621.73/627

左傳義法舉要一卷　（清）方苞口授　（清）王
兆符　（清）程崟傳述　**方氏左傳評點二卷**
（清）方苞撰　（清）廉泉輯　清光緒十九年
(1893)金匱廉氏刻本　三冊

370000－1541－0005435　621.73/765

說左約箋二卷　（清）馮李驊編撰　（清）夏大
觀箋注　清文發堂刻本　二冊

370000－1541－0005436　621.73/784

左傳人名辨異三卷　（清）程廷祚撰　清光緒
江寧傅氏晦齋刻本　一冊

370000－1541－0005437　621.73/803

左傳經世鈔二十三卷　（清）魏禧評點　清乾
隆十三年(1748)彭家屏刻本　十二冊

370000－1541－0005438　621.73/885

左傳文法讀本十二卷　劉培極　吳闓生撰
清宣統元年(1909)鉛印本　六冊

370000－1541－0005439　621.73/890

左傳舊疏考正八卷　（清）劉文淇撰　清道光
十八年(1838)劉氏青溪舊屋刻本　二冊

370000－1541－0005440　621.73/917

春秋左傳補疏五卷　（清）焦循撰　清刻本
二冊

370000－1541－0005441　621.73/994

春秋左傳杜注三十卷　（清）姚培謙輯　清同
治十三年(1874)湖南書局刻本　十冊

370000－1541－0005442　621.73/994＝2

春秋左傳杜注三十卷　（清）姚培謙輯　清光
緒九年(1883)江南書局刻本　二冊　存六卷
(一至六)

370000－1541－0005443　621.732/244

春秋經傳集解三十卷　（晉）杜預撰　（唐）陸
德明釋文　明刻本　六冊　存十二卷(十九
至三十)

370000－1541－0005444　621.732/244＝2

春秋經傳集解三十卷　（晉）杜預撰　（唐）陸
德明音義　清乾隆四十八年(1783)武英殿刻
本　七冊　存十七卷(一至十七)

370000－1541－0005445　621.732/906

春秋左傳屬事二十卷　（明）傅遜撰　明萬曆
十七年(1589)日殖齋刻本　佚名批校　五冊

370000－1541－0005446　621.737/352

春秋左傳十五卷　（明）孫鑛批點　明萬曆四
十四年(1616)吳興閔氏刻朱墨套印本　十二
冊

370000－1541－0005447　621.737/797

春秋經傳集解三十卷 （晉）杜預撰 （明）穆文熙輯評 春秋名號歸一圖二卷 （五代）馮繼先撰 明萬曆十五年(1587)劉懷忠刻春秋戰國評苑本 八冊

370000－1541－0005448 621.75/138
春秋左傳補注六卷 （清）惠棟撰 （清）張錦芳覆校 清乾隆三十九年(1774)潮陽縣衙刻本 二冊

370000－1541－0005449 621.75/313
春秋宗朱辨義十二卷首一卷 （清）張自超撰 清光緒七年(1881)高淳書院刻本 八冊

370000－1541－0005450 621.75/313＝1
左氏春秋聚十八卷首四卷末二卷 （清）張用星撰 清嘉慶二十四年(1819)金沙官署刻本 六冊 存六卷(首四卷、末二卷)

370000－1541－0005451 621.75/377
春秋規過考信三卷 （清）陳熙晉撰 清光緒十五年(1889)廣雅書局刻本 三冊

370000－1541－0005452 621.75/387
春秋述義拾遺七卷首一卷末一卷 （清）陳熙晉撰 清光緒十七年(1891)廣雅書局刻本 二冊

370000－1541－0005453 621.75/569
春秋別典十五卷 （明）薛虞畿撰 清嘉慶十四年(1809)傅望樓刻本 三冊

370000－1541－0005454 621.75/596＝1
華陽國志十二卷 （晉）常璩撰 明末刻本 (卷十上中係抄配) □鉽批校題跋 七冊

370000－1541－0005455 621.75/596＝2
華陽國志十二卷 （晉）常璩撰 清嘉慶十九年(1814)題襟館刻本 四冊

370000－1541－0005456 621.75/668
春秋董氏學八卷附傳一卷 康有為撰 清光緒十九年(1893)刻萬木草堂叢書本 四冊

370000－1541－0005457 621.75/781
春秋三子傳六卷 （清）毛士撰 清同治十一年(1872)刻本 七冊

370000－1541－0005458 621.75/946
春秋體註大全四卷 （清）范紫登(范翔)鑒定 （清）徐寅賓纂 清乾隆五十年(1785)金閶書業堂刻本 四冊

370000－1541－0005459 621.76/219
春秋集傳大全三十七卷 （明）胡廣等輯 明永樂內府刻本 十七冊 存三十五卷(一至二十五、二十八至三十七)

370000－1541－0005460 621.76/826
春秋二十六卷首一卷 （清）邰坦集古傳注 清光緒二年(1876)淮南書局刻本 四冊

370000－1541－0005461 621.77/313
新刻侗初張先生評選國語雋四卷 （明）張蕭選評 明蕭少衢師儉堂刻本 四冊

370000－1541－0005462 621.77/352＝1
國語明道本考異四卷 （清）汪遠孫撰 清刻本 一冊

370000－1541－0005463 621.77/352＝3
國語二十一卷劄記一卷考異四卷 （春秋）左丘明撰 （三國吳）韋昭注 （清）黃丕烈劄記 （清）汪遠孫考異 清同治八年(1869)湖北崇文書局刻本 五冊

370000－1541－0005464 621.77/352＝4
國語二十一卷劄記一卷考異四卷 （春秋）左丘明撰 （三國吳）韋昭注 （清）黃丕烈劄記 （清）汪遠孫考異 清同治八年(1869)湖北崇文書局刻本 五冊

370000－1541－0005465 621.77/352＝5
國語二十一卷劄記一卷考異四卷 （春秋）左丘明撰 （三國吳）韋昭注 （清）黃丕烈劄記 （清）汪遠孫考異 清同治八年(1869)湖北崇文書局刻本 五冊

370000－1541－0005466 621.77/352＝6
國語二十一卷劄記一卷考異四卷 （春秋）左丘明撰 （三國吳）韋昭注 （清）黃丕烈劄記 （清）汪遠孫考異 清同治八年(1869)湖北崇文書局刻本 五冊

370000－1541－0005467　621.77/352 ＝ 7

國語二十一卷劄記一卷考異四卷 （春秋）左丘明撰　（三國吳）韋昭注　（清）黃丕烈劄記　（清）汪遠孫考異　清同治八年(1869)湖北崇文書局刻本　五冊

370000－1541－0005468　621.77/377

國語翼解六卷 （清）陳瑑撰　清光緒十八年(1892)廣雅書局刻本　二冊

370000－1541－0005469　621.77/377 ＝ 1

國語翼解六卷 （清）陳瑑撰　清光緒十八年(1892)廣雅書局刻本　二冊

370000－1541－0005470　621.77/433

國語二十一卷 （清）吳汝綸點勘　清宣統二年(1910)桐城吳氏鉛印本　二冊

370000－1541－0005471　621.77/438 ＝ 2

國語韋解補正二十一卷 （三國吳）韋昭解　吳曾祺補正　清宣統三年(1911)上海商務印書館鉛印本　四冊

370000－1541－0005472　621.77/458

國語九卷 （明）閔齊伋注　明萬曆四十七年(1619)吳興閔氏刻四色套印本　五冊

370000－1541－0005473　621.77/540

國語正義二十一卷 （清）董增齡撰　清光緒六年(1880)會稽章氏式訓堂刻本　十二冊

370000－1541－0005474　621.77/540 ＝ 1

國語正義二十一卷 （清）董增齡撰　清光緒六年(1880)會稽章氏式訓堂刻本　八冊

370000－1541－0005475　621.77/540 ＝ 2

國語正義二十一卷 （清）董增齡撰　清光緒六年(1880)會稽章氏式訓堂刻本　六冊

370000－1541－0005476　621.77/579

新鐫百家評林國語全編二十一卷 （三國吳）韋昭注　（明）焦竑集評　明萬曆二十一年(1593)熊雲濱刻本　六冊

370000－1541－0005477　621.77/579 ＝ 1

國語二十一卷 （三國吳）韋昭解　（宋）宋庠補音　清乾隆三十年(1765)文盛堂刻本　四

264

冊

370000－1541－0005478　621.77/579 ＝ 2

重訂國語國策合註 （三國吳）韋昭　（宋）鮑彪註　清嘉慶十二年(1807)西園刻本　十二冊

370000－1541－0005479　621.77/579 ＝ 3

國語二十一卷 （三國吳）韋昭注　明天啓六年(1626)錢塘鍾人傑刻本　六冊

370000－1541－0005480　621.77/579 ＝ 4

國語二十一卷 （三國吳）韋昭解　**戰國策二十四卷札記三卷** （漢）高誘注　清嘉慶五年(1800)讀未見書齋刻本　八冊

370000－1541－0005481　621.77/579 ＝ 6

國語二十一卷 （三國吳）韋昭解　（宋）宋庠補音　清成文堂刻本　六冊

370000－1541－0005482　621.77/579 ＝ 7

國語二十一卷 （三國吳）韋昭解　（宋）宋庠補音　清成文堂刻本　四冊

370000－1541－0005483　621.77/646

戰國策補注三十三卷 （漢）高誘注　清宣統二年(1910)上海商務印書館鉛印本　四冊

370000－1541－0005484　621.77/695

國語補音三卷 （宋）宋庠撰　清乾隆四十三年(1778)曲阜微波榭刻本　一冊

370000－1541－0005485　621.77/707

國語校注本三種 （清）汪遠孫撰　清道光二十六年(1846)錢塘汪氏振綺堂刻本　六冊

370000－1541－0005486　621.77/707 ＝ 1

國語校注本三種 （清）汪遠孫撰　清道光二十六年(1846)錢塘汪氏振綺堂刻本　六冊

370000－1541－0005487　621.77/707 ＝ 2

國語校注本三種 （清）汪遠孫撰　清道光二十六年(1846)錢塘汪氏振綺堂刻本　六冊

370000－1541－0005488　621.77/707 ＝ 3

國語校注本三種 （清）汪遠孫撰　清道光二十六年(1846)錢塘汪氏振綺堂刻本　五冊

370000－1541－0005489　621.77/707 ＝ 4

國語校注本三種　（清）汪遠孫撰　清道光二
十六年(1846)錢塘汪氏振綺堂刻本　五冊

370000－1541－0005490　621.77/707 ＝ 5

國語校注本三種　（清）汪遠孫撰　清道光二
十六年(1846)錢塘汪氏振綺堂刻本　五冊

370000－1541－0005491　621.77/797

國語抄評八卷　（明）穆文熙輯　明萬曆十二
年(1584)傅光宅、曾鳳儀刻本　四冊

370000－1541－0005492　621.79/273

魯史權二卷　（清）楊兆鋆撰　清光緒木活字
印本　二冊

370000－1541－0005493　621.79/298

春秋講義　（清）□□撰　清光緒山東高等學
堂鉛印本　一冊

370000－1541－0005494　621.79/362 ＝ 2

晏子春秋八卷　（春秋）晏嬰撰　清光緒元年
(1875)湖北崇文書局刻本　二冊

370000－1541－0005495　621.79/394

戰國策去毒二卷　（清）陸隴其評選　清康熙
三十三年(1694)三魚堂刻本　四冊

370000－1541－0005496　621.79/411

繹史一百六十卷世系圖一卷年表一卷　（清）
馬驌撰　清康熙刻本　四十八冊

370000－1541－0005497　621.79/411 ＝ 1

繹史一百六十卷世系圖一卷年表一卷　（清）
馬驌撰　清康熙刻本　四十三冊　缺五卷
（一至五）

370000－1541－0005498　621.79/411 ＝ 2

繹史一百六十卷附錄一卷　（清）馬驌撰　清
光緒二十三年(1897)武林尚友齋石印本　二
十四冊

370000－1541－0005499　621.79/411 ＝ 3

繹史一百六十卷附錄一卷　（清）馬驌撰　清
光緒二十三年(1897)武林尚友齋石印本　二
十四冊

370000－1541－0005500　621.79/411 ＝ 4

繹史一百六十卷附錄一卷　（清）馬驌撰　清
刻本　三十二冊

370000－1541－0005501　621.79/646 ＝ 1

戰國策三十三卷　（漢）高誘注　**重刻剡川姚
氏本戰國策劄記三卷**　（清）黃丕烈撰　清嘉
慶八年(1803)吳門黃丕烈讀未見書齋刻本
六冊

370000－1541－0005502　621.79/646 ＝ 2

戰國策三十三卷　（漢）高誘注　**重刻剡川姚
氏本戰國策劄記三卷**　（清）黃丕烈撰　清同
治八年(1869)湖北崇文書局刻本　五冊

370000－1541－0005503　621.79/646 ＝ 3

戰國策三十三卷　（漢）高誘注　**重刻剡川姚
氏本戰國策劄記三卷**　（清）黃丕烈撰　清同
治八年(1869)湖北崇文書局刻本　五冊

370000－1541－0005504　621.79/646 ＝ 4

戰國策三十三卷　（漢）高誘注　**重刻剡川姚
氏本戰國策劄記三卷**　（清）黃丕烈撰　清同
治八年(1869)湖北崇文書局刻本　十冊

370000－1541－0005505　621.79/646 ＝ 5

戰國策三十三卷　（清）吳汝綸點勘　清光緒
十年(1884)鉛印本　二冊

370000－1541－0005506　621.79/827

春秋鈔十卷首一卷　（清）朱軾輯　（清）鄂彌
達校　清光緒二十三年(1897)刻本　四冊

370000－1541－0005507　621.79/938

國語選三卷國策選三卷　（明）鍾惺選　（明）
陳渼子輯　明末文治堂刻本　六冊

370000－1541－0005508　621.79/949

春秋中國夷狄辨三卷　徐勤撰　清光緒二十
三年(1897)上海大同譯書局石印本　一冊

370000－1541－0005509　621.79/959

春秋大事表五十卷附錄一卷春秋輿圖一卷
（清）顧棟高撰　清乾隆十三年(1748)萬卷樓
刻本　十六冊

370000－1541－0005510　621.79/959 ＝ 1

春秋大事表五十卷附錄一卷春秋輿圖一卷

(清)顧棟高撰　清乾隆十三年(1748)萬卷樓刻本　六冊　存四十卷(十二至五十、春秋輿圖一卷)

370000－1541－0005511　621.79/959＝2

春秋大事表五十卷附錄一卷春秋輿圖一卷
(清)顧棟高撰　清同治十二年(1873)山東尚志堂刻本　十三冊　存三十三卷(一至七、二十五至五十)

370000－1541－0005512　621.795/377

增訂春秋世族源流圖考六卷春秋女譜一卷
(清)陳厚耀撰　(清)常茂徠增訂　清道光三十年(1850)夷門怡古堂刻本　四冊

370000－1541－0005513　621.8/164

周季編略九卷　(清)黃式三纂　清同治十二年(1873)浙江書局刻微居遺書本　四冊

370000－1541－0005514　621.81/306

鐫侗初張先生評選戰國策雋四卷　(明)張鼐選評　明蕭少衢師儉堂刻本　六冊

370000－1541－0005515　621.81/306＝1

戰國策釋地二卷　(清)張琦撰　清光緒二十六年(1900)廣雅書局刻本　一冊

370000－1541－0005516　621.81/311

戰國策譚棷十卷附錄一卷　(明)張文爟撰　明萬曆十五年(1587)刻本　十四冊

370000－1541－0005517　621.81/384

戰國策十卷　(明)陳仁錫　(明)鍾惺評　明末刻本　十冊

370000－1541－0005518　621.81/646

戰國策三十三卷　(漢)高誘注　清乾隆二十一年(1756)雅雨堂刻本　五冊

370000－1541－0005519　621.81/646＝3

戰國策三十三卷　(漢)高誘注　清同治八年(1869)湖北崇文書局刻本　六冊

370000－1541－0005520　621.81/646＝4

戰國策三十三卷　(漢)高誘注　清光緒二十七年(1901)燦文書局石印本　四冊

370000－1541－0005521　621.81/690

戰國策全編十卷　(宋)鮑彪注　(明)宋存標論述　明崇禎刻本　六冊

370000－1541－0005522　621.81/840＝4

戰國策十卷　(宋)鮑彪注　(元)吳師道補注　清光緒二十二年(1896)長沙刻惜陰軒叢書本　八冊

370000－1541－0005523　621.81/850

戰國策十卷　(宋)鮑彪注　(元)吳師道補注　明刻本　二十冊

370000－1541－0005524　621.81/850＝2

戰國策十卷　(宋)鮑彪注　(元)吳師道補注　明刻本　四冊

370000－1541－0005525　621.81/850＝3

戰國策十卷　(宋)鮑彪注　(元)吳師道補注　明刻本　佚名批　六冊

370000－1541－0005526　621.81/850＝4

戰國策十卷　(宋)鮑彪注　(元)吳師道補注　清乾隆二十七年(1762)文盛堂刻本　十冊

370000－1541－0005527　621.81/850＝5

戰國策十卷首一卷　(宋)鮑彪注　(元)吳師道補注　清文盛堂刻本　十冊

370000－1541－0005528　621.81/914

戰國策選四卷穀梁傳選二卷公羊傳選二卷國語選二卷　(清)儲欣評　清乾隆五十年(1785)二南堂刻本　八冊

370000－1541－0005529　621.81/994

戰國策三十三卷　(漢)高誘注　**重刻剡川姚氏本戰國策劄記三卷**　(清)黃丕烈撰　清嘉慶八年(1803)吳門黃丕烈讀未見書齋刻本　九冊

370000－1541－0005530　621.84/384

吳越史六種二十六卷　(明)陳繼儒編　明天啓七年(1627)仁和何允中刻本　二冊

370000－1541－0005531　622/124

漢書補注一百卷首一卷　(漢)班固撰　(唐)顏師古注　王先謙補注　清光緒二十六年(1900)長沙王氏虛受堂刻本　三十二冊

370000－1541－0005532　622/278

漢書蒙拾三卷後漢書蒙拾二卷　（清）杭世駿
輯　清刻本　二冊

370000－1541－0005533　622/892 = 1

東觀漢記二十四卷　（漢）劉珍撰　漢官舊儀
二卷補遺一卷　（漢）衛宏撰　清刻本　四冊

370000－1541－0005534　622/927

漢書辨疑二十二卷　（清）錢大昭撰　清光緒
十三年(1887)廣雅書局刻本　五冊

370000－1541－0005535　622/927 = 1

續漢書辨疑九卷　（清）錢大昭撰　清光緒十
四年(1888)廣雅書局刻本　一冊

370000－1541－0005536　622.01/982

補後漢書藝文志一卷考十卷　（清）曾樸纂
清光緒二十一年(1895)常熟曾氏木活字印常
熟曾氏叢書本　六冊

370000－1541－0005537　622.04/736

習鑿齒漢晉春秋三卷杜延業晉春秋一卷
(清)湯球輯　清光緒廣雅書局刻本　一冊

370000－1541－0005538　622.08/994

姚惜抱先生前漢書評點一卷　（清）姚鼐撰
清光緒十六年(1890)石印本　一冊

370000－1541－0005539　622.081/306

兩漢策要十二卷　（宋）陶叔獻輯　清光緒十
三年(1887)上海同文書局石印本　六冊

370000－1541－0005540　622.083/860

漢書引經異文錄證六卷　（清）繆祐孫撰　清
光緒十一年(1885)刻本　二冊

370000－1541－0005541　622.083/860 = 2

漢書引經異文錄證六卷　（清）繆祐孫撰　清
光緒十一年(1885)刻本　六冊

370000－1541－0005542　622.083/899

兩漢書注考證二卷　（清）何若瑤撰　補續漢
書藝文志一卷　（清）錢大昭撰　清光緒十九
年(1893)廣雅書局刻本　二冊

370000－1541－0005543　622.1/117

漢書補注七卷　（清）王榮商撰　清光緒鎮海

王氏刻本　二冊

370000－1541－0005544　622.1/124 = 1

漢書補注一百卷首一卷　（漢）班固撰　（唐）
顏師古注　王先謙補注　清光緒二十六年
(1900)長沙王先謙虛受堂刻本　三十二冊

370000－1541－0005545　622.1/124 = 2

漢書補注一百卷首一卷　（漢）班固撰　（唐）
顏師古注　王先謙補注　清光緒二十六年
(1900)長沙王先謙虛受堂刻本　丁山批　三
十二冊

370000－1541－0005546　622.1/124 = 3

漢書補注一百卷首一卷　（漢）班固撰　（唐）
顏師古注　王先謙補注　清光緒二十六年
(1900)長沙王先謙虛受堂刻本　佚名批　三
十二冊

370000－1541－0005547　622.1/124 = 4

漢書補注一百卷首一卷　（漢）班固撰　（唐）
顏師古注　王先謙補注　清光緒二十六年
(1900)長沙王先謙虛受堂刻本　三十二冊

370000－1541－0005548　622.1/124 = 5

漢書補注一百卷首一卷　（漢）班固撰　（唐）
顏師古注　王先謙補注　清光緒二十六年
(1900)長沙王先謙虛受堂刻本　三十二冊

370000－1541－0005549　622.1/124 = 11

漢書一百卷　（漢）班固撰　明崇禎常熟毛氏
汲古閣刻本　一冊　存二卷(九十九至一百)

370000－1541－0005550　622.1/167

漢史斷六卷　（清）黃恩彤撰　清咸豐三年
(1853)刻本　一冊

370000－1541－0005551　622.1/366

漢史億二卷　（清）孫廷銓纂　清康熙十年
(1671)益都孫氏刻本　二冊

370000－1541－0005552　622.1/509

續後漢書四十二卷義例一卷音義一卷　（宋）
蕭常撰　清同治八年(1869)師古山房刻本
六冊

370000－1541－0005553　622.1/813

漢書注校補五十六卷 （清）周壽昌撰 清光緒十年(1884)刻本 十四冊

370000－1541－0005554 622.101/124

前漢書一百卷 （漢）班固撰 （唐）顏師古注 明嘉靖八年(1529)南京國子監刻本 六冊 存二十四卷(二十一至四十四)

370000－1541－0005555 622.101/124＝1

前漢書一百卷 （漢）班固撰 （唐）顏師古注 清光緒十三年(1887)金陵書局刻本 十六冊

370000－1541－0005556 622.101/124＝2

前漢書一百卷 （漢）班固撰 （唐）顏師古注 清光緒十三年(1887)金陵書局刻本 二十冊

370000－1541－0005557 622.101/124＝3

前漢書一百卷 （漢）班固撰 （唐）顏師古注 清同治十年(1871)成都書局刻本 三十二冊

370000－1541－0005558 622.101/124＝9

漢書一百卷 （漢）班固撰 （明）鍾人傑校 明萬曆四十七年(1619)鍾人傑刻本 十六冊

370000－1541－0005559 622.101/124＝12

孫月峰先生批評漢書一百卷 （漢）班固撰 （明）孫鑛評 明末清初句章馮元仲天益山堂刻本 十六冊

370000－1541－0005560 622.101/124＝13

漢書一百卷 （漢）班固撰 （唐）顏師古注 清刻本 十六冊

370000－1541－0005561 622.101/124＝14

漢書鈔不分卷 （漢）班固撰 （清）□□節鈔 清稿本 十二冊

370000－1541－0005562 622.101/440

兩漢刊誤補遺十卷 （宋）吳仁傑撰 清同治七年(1868)金陵書局刻本 一冊 存三卷(一至三)

370000－1541－0005563 622.102/121

西漢年紀三十卷 （宋）王益之撰 清抄本

三十二冊

370000－1541－0005564 622.102/533

前漢紀三十卷 （漢）荀悅撰 清光緒二年(1876)嶺南述古堂刻本 六冊 存二十五卷(一至二十一、二十七至三十)

370000－1541－0005565 622.102/533＝1

前漢紀三十卷 （漢）荀悅撰 清光緒二年(1876)嶺南述古堂刻本 六冊

370000－1541－0005566 622.102/533＝2

前漢紀三十卷 （漢）荀悅撰 清光緒三年(1877)盱南三餘書屋刻本 十六冊

370000－1541－0005567 622.104/920

班馬異同三十五卷 （宋）倪思撰 （宋）劉辰翁評 明末小築刻本 四冊

370000－1541－0005568 622.104/946

西漢會要七十卷 （宋）徐天麟撰 清刻本 十冊

370000－1541－0005569 622.104/946＝1

西漢會要七十卷 （宋）徐天麟撰 清光緒五年(1879)嶺南學海堂刻本 七冊 存三十八卷(一至三、十七至四十六、六十六至七十)

370000－1541－0005570 622.104/946＝2

西漢會要七十卷 （宋）徐天麟撰 清光緒二十五年(1899)廣雅書局刻武英殿聚珍版叢書本 十冊

370000－1541－0005571 622.104/946＝3

西漢會要七十卷 （宋）徐天麟撰 清光緒十年(1884)江蘇書局刻本 十冊

370000－1541－0005572 622.1081/764

漢書評林一百卷 （明）凌稚隆輯 明萬曆九年(1581)吳興凌氏刻本 六十冊

370000－1541－0005573 622.1081/764＝1

漢書評林一百卷 （明）凌稚隆輯 清光緒十年(1884)佩蘭堂刻本 四十冊

370000－1541－0005574 622.1083/115

漢書正誤四卷 （清）王峻撰 清乾隆六十年(1795)懷息草堂刻本 二冊

370000－1541－0005575　622.171/644

前漢書鈔四卷後漢書鈔二卷　（清）高塘集評
清乾隆五十三年(1788)雙桐書屋刻本　六
冊

370000－1541－0005576　622.183/827

漢書管見四卷　（清）朱一新撰　清光緒葆真
堂刻本　四冊

370000－1541－0005577　622.2/533

後漢書九十卷　（南朝宋）范曄撰　（唐）李賢
注　明嘉靖七年(1528)南京國子監刻明清遞
修本　十四冊

370000－1541－0005578　622.2/533＝1

後漢書一百二十卷　（南朝宋）范曄撰　（唐）
李賢注　（明）陳仁錫評　明天啓七年(1627)
刻本　三十六冊

370000－1541－0005579　622.2/533＝3

後漢書九十卷志三十卷　（南朝宋）范曄撰
（唐）李賢注　明崇禎十六年(1643)刻本　二
十冊

370000－1541－0005580　622.2/533＝4

後漢書九十卷　（南朝宋）范曄撰　（唐）李賢
注　**志三十卷**　（晉）司馬彪撰　（南朝梁）劉
昭注　（明）鍾人傑輯評　明萬曆鍾人傑刻本
二十四冊

370000－1541－0005581　622.2/533＝5

後漢書一百三十卷　（南朝宋）范曄撰　（唐）
李賢注　（晉）司馬彪續志　（南朝梁）劉昭注
續志　清同治八年(1869)金陵書局刻本　十
六冊

370000－1541－0005582　622.2/533＝6

後漢書一百二十卷考證一卷　（南朝宋）范曄
撰　（南朝梁）劉昭補志　清同治八年(1869)
嶺南菉古堂刻本　二十八冊

370000－1541－0005583　622.201/138＝2

後漢書補注二十四卷　（清）惠棟撰　清咸豐
三年(1853)廣州粵雅堂刻粵雅堂叢書本　七
冊

370000－1541－0005584　622.201/509

續後漢書四十二卷義例一卷音義一卷　（宋）
蕭常撰　清同治八年(1869)師古山房刻本
六冊

370000－1541－0005585　622.201/533

後漢書一百二十卷　（南朝宋）范曄撰　（唐）
李賢注　（晉）司馬彪撰志　（南朝梁）劉昭補
志　明崇禎十六年(1643)虞山毛氏汲古閣刻
十七史本　十八冊

370000－1541－0005586　622.201/533＝1

後漢書一百二十卷　（南朝宋）范曄撰　（唐）
李賢注　（晉）司馬彪撰志　（南朝梁）劉昭補
志　清光緒十二年(1886)金陵書局刻本　十
六冊

370000－1541－0005587　622.201/533＝2

後漢書一百二十卷　（南朝宋）范曄撰　（唐）
李賢注　（晉）司馬彪撰志　（南朝梁）劉昭補
志　清光緒十二年(1886)金陵書局刻本　十
六冊

370000－1541－0005588　622.201/533＝3

後漢書一百二十卷　（南朝宋）范曄撰　（唐）
李賢注　（晉）司馬彪撰志　（南朝梁）劉昭補
志　清同治十年(1871)成都書局刻本　二十
八冊

370000－1541－0005589　622.201/533＝4

後漢書一百二十卷　（南朝宋）范曄撰　（唐）
李賢注　（晉）司馬彪撰志　（南朝梁）劉昭補
志　清光緒二十六年(1900)上海煥文書局石
印本　八冊

370000－1541－0005590　622.201/747

後漢書注又補一卷　（清）沈銘彝補注　清同
治八年(1869)刻本　一冊

370000－1541－0005591　622.202/190

後漢紀三十卷　（晉）袁宏撰　清光緒二年
(1876)嶺南學海堂刻本　三冊　存十三卷
(一至四、二十二至三十)

370000－1541－0005592　622.202/190＝1

後漢紀三十卷　（晉）袁宏撰　清光緒二年

（1876）嶺南學海堂刻本　七冊　存二十四卷
（四至二十七）

370000－1541－0005593　622.204/619
季漢書六十卷正論一卷答問一卷　（明）謝陛
撰　明萬曆刻本　二十四冊

370000－1541－0005594　622.204/946
東漢會要四十卷　（宋）徐天麟撰　清光緒十
年（1884）江蘇書局刻本　八冊

370000－1541－0005595　622.204/946＝1
東漢會要四十卷　（宋）徐天麟撰　清光緒十
年（1884）江蘇書局刻本　八冊

370000－1541－0005596　622.204/946＝2
東漢會要四十卷　（宋）徐天麟撰　清光緒十
年（1884）江蘇書局刻本　八冊

370000－1541－0005597　622.204/946＝3
東漢會要四十卷　（宋）徐天麟撰　清光緒五
年（1879）嶺南學海堂刻本　八冊

370000－1541－0005598　622.204/946＝4
東漢會要四十卷　（宋）徐天麟撰　清光緒五
年（1879）嶺南學海堂刻本　五冊　存二十六
卷（一至十二、二十七至四十）

370000－1541－0005599　622.2083/927
後漢書辨疑十一卷　（清）錢大昭撰　清光緒
十四年（1888）廣雅書局刻本　二冊

370000－1541－0005600　622.23/927
後漢書補表八卷　（清）錢大昭撰　清光緒八
年（1882）常熟鮑氏後知不足齋刻本　四冊

370000－1541－0005601　622.23/927＝1
後漢書補表八卷　（清）錢大昭撰　清道光至
光緒廣東伍氏刻本　一冊　存二卷（一至二）

370000－1541－0005602　622.23/927＝2
後漢書補表八卷　（清）錢大昭撰　清刻本
三冊

370000－1541－0005603　622.3/377
三國志六十五卷　（晉）陳壽撰　（南朝宋）裴
松之注　明萬曆二十八年（1600）北京國子監
刻本　佚名批校　十四冊

370000－1541－0005604　622.3/377＝1
三國志六十五卷　（晉）陳壽撰　（南朝宋）裴
松之注　清同治十年（1871）成都書局刻本
四冊　存十三卷（魏志一至十三）

370000－1541－0005605　622.3/377＝2
三國志六十五卷附考證一卷　（晉）陳壽撰
（南朝宋）裴松之注　清同治八年（1869）嶺南
葄古堂刻本　二十冊

370000－1541－0005606　622.3/377＝3
三國志六十五卷　（晉）陳壽撰　（南朝宋）裴
松之注　清同治九年（1870）金陵書局刻本
八冊

370000－1541－0005607　622.3/377＝4
三國志六十五卷　（晉）陳壽撰　（南朝宋）裴
松之注　清光緒十三年（1887）江南書局刻本
八冊

370000－1541－0005608　622.3/377＝5
三國志六十五卷　（晉）陳壽撰　（南朝宋）裴
松之注　清光緒十三年（1887）江南書局刻本
八冊

370000－1541－0005609　622.3/377＝6
三國志六十五卷　（晉）陳壽撰　（南朝宋）裴
松之注　清光緒十三年（1887）江南書局刻本
八冊

370000－1541－0005610　622.3/377＝7
三國志六十五卷　（晉）陳壽撰　（南朝宋）裴
松之注　清光緒三十一年（1905）武林竹簡齋
石印本　四冊

370000－1541－0005611　622.301/907
三國志補注續一卷　（清）侯康撰　清光緒十
七年（1891）廣雅書局刻本　一冊

370000－1541－0005612　622.304/934
三國志證聞三卷　（清）錢儀吉撰　清光緒十
一年（1885）江蘇書局刻本　二冊

370000－1541－0005613　622.304/934＝1
三國志證聞三卷　（清）錢儀吉撰　清光緒十
一年（1885）江蘇書局刻本　二冊

370000－1541－0005614　622.3083/377

三國志考證八卷　（清）潘眉撰　清光緒十五年(1889)廣雅書局刻本　二冊

370000－1541－0005615　622.3083/813

三國志注證遺四卷　（清）周壽昌撰　清光緒十七年(1891)廣雅書局刻本　一冊

370000－1541－0005616　623.1/342

晉書鈎玄二卷　（明）錢普撰　明萬曆六年(1578)刻本　二冊

370000－1541－0005617　623.1/354

晉書一百三十卷附音義三卷　（唐）房玄齡等撰　清同治八年(1869)嶺南葄古堂刻本　三十五冊　缺七卷(二十至二十二、六十八至七十一)

370000－1541－0005618　623.1/354 = 1

晉書一百三十卷附音義三卷　（唐）房玄齡等撰　清同治十年(1871)金陵書局刻本　二十冊

370000－1541－0005619　623.1/354 = 2

晉書一百三十卷附音義三卷　（唐）房玄齡等撰　清同治十年(1871)金陵書局刻本　二十冊

370000－1541－0005620　623.1/354 = 3

晉書一百三十卷附音義三卷　（唐）房玄齡等撰　清同治十年(1871)金陵書局刻本　二十冊

370000－1541－0005621　623.1/516

晉史刪四十卷　（明)茅國縉刪　明刻本　十二冊

370000－1541－0005622　623.1/554

晉書纂六十卷援據一卷　（明）蘇文韓撰　明萬曆刻本　二十冊

370000－1541－0005623　623.1/736

晉書輯本四十三卷晉紀輯本七卷晉陽秋輯本五卷漢晉春秋輯本四卷三十國春秋輯本十八卷　（清）湯球輯　清末廣雅書局刻廣雅書局叢書本　十冊

370000－1541－0005624　623.1/736 = 1

晉紀輯本七卷　（清）湯球輯　清末廣雅書局刻廣雅書局叢書本　一冊

370000－1541－0005625　623.1/934

兩晉南北史合纂四十卷　（明）錢岱輯　明萬曆刻本　六冊　存十六卷(晉書纂一至十六)

370000－1541－0005626　623.1083/818

晉書校勘記五卷　（清）周家祿撰　清光緒十四年(1888)廣雅書局刻本　二冊

370000－1541－0005627　623.1083/818 = 1

晉書校勘記五卷　（清）周家祿撰　清光緒十四年(1888)廣雅書局刻本　一冊

370000－1541－0005628　623.303/736

十六國春秋纂錄校本十卷附校勘記一卷　（清）湯球輯　清光緒二十年(1894)廣雅書局刻本　三冊

370000－1541－0005629　623.3083/209

晉宋書故一卷　（清）郝懿行撰　清嘉慶二十一年(1816)棲霞郝氏刻本　一冊

370000－1541－0005630　623.329/504

契丹國志二十七卷　（宋）葉隆禮撰　清刻本　四冊

370000－1541－0005631　623.33/440

十國春秋一百十六卷　（清）吳任臣撰　清乾隆五十三年(1788)昭文周昂刻嘉慶四年(1799)補刻海虞顧氏小石山房印本　二十四冊

370000－1541－0005632　623.33/588 = 1

十六國春秋一百卷　（北魏)崔鴻撰　清乾隆四十六年(1781)竹素山房刻本　十六冊

370000－1541－0005633　623.33/588 = 2

十六國春秋一百卷　（北魏)崔鴻撰　清光緒十二年(1886)湖北官書處刻本　十二冊

370000－1541－0005634　623.33/588 = 2

十六國春秋一百卷　（北魏)崔鴻撰　明萬曆三十七年(1609)屠氏蘭暉堂刻本　十四冊

370000－1541－0005635　623.33/588 = 3

十六國春秋一百卷 （北魏）崔鴻撰 清光緒
十二年(1886)湖北官書處刻本 十二冊

370000 - 1541 - 0005636 623.33/588 = 4

十六國春秋一百卷 （北魏）崔鴻撰 清光緒
十二年(1886)湖北官書處刻本 十二冊

370000 - 1541 - 0005637 623.33/590

十六國春秋一百卷 （北魏）崔鴻撰 清乾隆
四十一年(1776)仁和汪日桂欣託山房刻本
二十冊

370000 - 1541 - 0005638 623.354/994

陳書三十六卷 （唐）姚思廉撰 明萬曆十五
年至十六年(1587 - 1588)南京國子監刻本
四冊

370000 - 1541 - 0005639 623.4/707

南北史補志十四卷 （清）汪士鐸撰 清光緒
四年(1878)淮南書局刻本 六冊

370000 - 1541 - 0005640 623.4/707 = 1

南北史補志十四卷 （清）汪士鐸撰 清光緒
四年(1878)淮南書局刻本 六冊

370000 - 1541 - 0005641 623.4/707 = 2

南北史補志十四卷 （清）汪士鐸撰 清光緒
四年(1878)淮南書局刻本 六冊

370000 - 1541 - 0005642 623.4/813

南北史捃華八卷 （清）周嘉猷輯 清同治四
年(1865)鑑止水齋刻本 三冊 存六卷(一
至六)

370000 - 1541 - 0005643 623.4/813 = 2

南北史捃華八卷 （清）周嘉猷輯 清末萃文
堂刻本 四冊

370000 - 1541 - 0005644 623.405/813

南北史世系表七卷 （清）周嘉猷撰 清光緒
十八年(1892)刻本 四冊

370000 - 1541 - 0005645 623.45/707

南北史補志十四卷 （清）汪士鐸撰 清光緒
四年(1878)淮南書局刻本 六冊

370000 - 1541 - 0005646 623.5/292

南史八十卷 （唐）李延壽撰 明萬曆十六年

至十九年(1588 - 1591)南京國子監刻本 二
十冊 存五十八卷(一至五十八)

370000 - 1541 - 0005647 623.5/292 = 1

南史八十卷 （唐）李延壽撰 清同治八年
(1869)嶺南葄古堂刻本 二十三冊

370000 - 1541 - 0005648 623.5/292 = 2

南史八十卷 （唐）李延壽撰 清同治十一年
(1872)金陵書局刻本 十二冊

370000 - 1541 - 0005649 623.5/747

宋書一百卷 （南朝梁）沈約撰 清同治十二
年(1873)金陵書局刻本 十六冊

370000 - 1541 - 0005650 623.5/747 = 1

宋書一百卷 （南朝梁）沈約撰 清同治十二
年(1873)金陵書局刻本 十六冊

370000 - 1541 - 0005651 623.5/747 = 2

宋書一百卷 （南朝梁）沈約撰 清同治十二
年(1873)金陵書局刻本 十六冊

370000 - 1541 - 0005652 623.51/209

宋瑣語不分卷 （清）郝懿行撰 清嘉慶二十
一年(1816)曬書堂刻本 四冊

370000 - 1541 - 0005653 623.52/506

南齊書五十九卷 （南朝梁）蕭子顯撰 明萬
曆十六年至十七年(1588 - 1589)南京國子監
刻本 十冊

370000 - 1541 - 0005654 623.52/506 = 1

南齊書五十九卷 （南朝梁）蕭子顯撰 清同
治十三年(1874)金陵書局刻本 六冊

370000 - 1541 - 0005655 623.52/506 = 3

南齊書五十九卷 （南朝梁）蕭子顯撰 清同
治十三年(1874)金陵書局刻本 六冊

370000 - 1541 - 0005656 623.52/506 = 4

南齊書五十九卷 （南朝梁）蕭子顯撰 清同
治十三年(1874)金陵書局刻本 六冊

370000 - 1541 - 0005657 623.53/399

紫藤書屋叢刻六種十三卷 （清）陳□輯 清
乾隆五十七年(1792)秀水陳氏刻本 二冊
存四種十卷(五代史補五卷、五代春秋二卷、

五代故事二卷、五代史闕文一卷)

370000 – 1541 – 0005658　623.53/433

五代史記纂誤補四卷附錄一卷　(清)吳蘭庭撰　清刻本　二冊

370000 – 1541 – 0005659　623.53/994 = 1

梁書五十六卷　(唐)姚思廉撰　清同治十三年(1874)金陵書局刻本　六冊

370000 – 1541 – 0005660　623.53/994 = 2

梁書五十六卷　(唐)姚思廉撰　清同治十三年(1874)金陵書局刻本　六冊

370000 – 1541 – 0005661　623.53/994 = 3

梁書五十六卷　(唐)姚思廉撰　清同治八年(1869)嶺南菊坡精舍古堂刻本　九冊　缺二卷(一至二)

370000 – 1541 – 0005662　623.54/994 = 1

陳書三十六卷　(唐)姚思廉撰　清同治十二年(1873)金陵書局刻本　四冊

370000 – 1541 – 0005663　623.54/994 = 2

陳書三十六卷　(唐)姚思廉撰　清同治十二年(1873)金陵書局刻本　四冊

370000 – 1541 – 0005664　623.54/994 = 3

陳書三十六卷　(唐)姚思廉撰　清古吳書業趙氏刻本　四冊

370000 – 1541 – 0005665　623.54/994 = 5

陳書三十六卷　(唐)姚思廉撰　清同治八年(1869)嶺南菊坡精舍古堂刻本　五冊

370000 – 1541 – 0005666　623.573/720

南朝史精語十卷附札記一卷　(宋)洪邁撰　清光緒三十一年(1905)江陰繆氏刻本　一冊

370000 – 1541 – 0005667　623.6/292 = 1

北史一百卷　(唐)李延壽撰　清同治十二年(1873)金陵書局刻本　二十冊

370000 – 1541 – 0005668　623.6/292 = 2

北史一百卷　(唐)李延壽撰　清同治八年(1869)嶺南菊坡精舍古堂刻本　十一冊　缺七十二卷(五至七、二十四至三十三、四十二至一百)

370000 – 1541 – 0005669　623.6/292 = 3

北史一百卷　(唐)李延壽撰　清同治十二年(1873)金陵書局刻本　十六冊　缺二十三卷(二十七至四十九)

370000 – 1541 – 0005670　623.6/292 = 4

北史一百卷　(唐)李延壽撰　清光緒十四年(1888)上海圖書集成印書局鉛印本　十六冊

370000 – 1541 – 0005671　623.6/801

魏書一百十四卷附考證一卷　(北齊)魏收撰　清同治八年(1869)嶺南菊坡精舍古堂刻本　二十三冊　缺十卷(三十九至四十三、八十至八十四)

370000 – 1541 – 0005672　623.6/801 = 1

魏書一百十四卷　(北齊)魏收撰　清同治十二年(1873)金陵書局刻本　二十冊

370000 – 1541 – 0005673　623.6083/119

魏書校勘記一卷　王先謙撰　清光緒十七年(1891)廣雅書局刻本　一冊

370000 – 1541 – 0005674　623.63/621

西魏書二十四卷　(清)謝啟昆撰　清乾隆六十年(1795)樹經堂刻本　六冊

370000 – 1541 – 0005675　623.63/621 = 1

西魏書二十四卷　(清)謝啟昆撰　清乾隆六十年(1795)樹經堂刻本　六冊

370000 – 1541 – 0005676　623.64/285

北齊書五十卷　(唐)李百藥撰　清同治八年(1869)嶺南菊坡精舍古堂刻本　八冊

370000 – 1541 – 0005677　623.64/285 = 1

北齊書五十卷　(唐)李百藥撰　清同治十三年(1874)金陵書局刻本　四冊

370000 – 1541 – 0005678　623.64/972

通志二百卷　(宋)鄭樵撰　元大德三山郡庠刻明初補修本　二冊　存一卷(北齊紀十六)

370000 – 1541 – 0005679　623.65/989

周書五十卷　(唐)令狐德棻等撰　明萬曆十六年(1588)南京國子監刻清順治十六年(1659)、康熙二十年至二十五年(1681 –

1686)遞修本　八冊

370000 – 1541 – 0005680　623.65/989 = 1

周書五十卷　（唐）令狐德棻等撰　清同治十
三年(1874)金陵書局刻本　四冊

370000 – 1541 – 0005681　623.65/989 = 2

周書五十卷　（唐）令狐德棻等撰　清同治十
三年(1874)金陵書局刻本　四冊

370000 – 1541 – 0005682　623.7/805

隋書八十五卷　（唐）魏徵等撰　清同治十年
(1871)淮南書局刻本　十二冊

370000 – 1541 – 0005683　623.7/805 = 1

隋書八十五卷　（唐）魏徵等撰　清同治十年
(1871)淮南書局刻本　十五冊

370000 – 1541 – 0005684　623.701/805

**隋書地理志考證九卷補遺一卷漢書地理志補
校二卷**　楊守敬撰　清光緒二十七年(1901)
刻本　六冊

370000 – 1541 – 0005685　624/888

舊唐書校勘記六十六卷逸文十二卷　（清）岑
建功輯　清道光甘泉岑建功懼盈齋刻同治十
一年(1872)定遠方氏補刻本　三十二冊

370000 – 1541 – 0005686　624.013/285

唐六典三十卷　（唐）玄宗李隆基撰　（唐）李
林甫等注　清嘉慶五年(1800)掃葉山房刻本
八冊

370000 – 1541 – 0005687　624.013/285 = 3

大唐六典三十卷　（唐）玄宗李隆基撰　（唐）
李林甫等注　清抄本　六冊

370000 – 1541 – 0005688　624.1/327

魏鄭公諫續錄二卷　（元）翟思忠輯　清同治
十三年(1874)江西書局刻本　一冊

370000 – 1541 – 0005689　624.1/424

唐書釋音二卷　（宋）董衝撰　清刻本　一冊

370000 – 1541 – 0005690　624.1/566

舊五代史一百五十卷　（宋）薛居正等撰　清
同治十一年(1872)湖北崇文書局刻本　十六
冊

370000 – 1541 – 0005691　624.1/566 = 1

舊五代史一百五十卷　（宋）薛居正等撰　清
同治十一年(1872)湖北崇文書局刻本　一冊
存九卷(一百三十二至一百四十)

370000 – 1541 – 0005692　624.1/566 = 2

舊五代史一百五十卷　（宋）薛居正等撰　清
同治十一年(1872)湖北崇文書局刻本　十五
冊

370000 – 1541 – 0005693　624.1/738

大唐創業起居注三卷　（唐）溫大雅撰　明毛
氏汲古閣刻本　一冊

370000 – 1541 – 0005694　624.1/747

**新舊唐書合鈔二百六十卷附唐書合鈔補正六
卷**　（清）沈炳震編　清同治十年(1871)武林
吳氏清來堂刻本　七十五冊

370000 – 1541 – 0005695　624.1/888

舊唐書二百卷　（五代）劉昫等撰　清同治十
一年(1872)浙江書局刻本　四十冊

370000 – 1541 – 0005696　624.1/888 = 1

舊唐書二百卷　（五代）劉昫等撰　清同治十
一年(1872)浙江書局刻本　三十冊　存一百
四十九卷(一至一百四十九)

370000 – 1541 – 0005697　624.1/888 = 2

舊唐書二百卷　（五代）劉昫等撰　清道光二
十二年(1842)懼盈齋刻本　十八冊　存八十
五卷(一百十六至二百)

370000 – 1541 – 0005698　624.1/888 = 3

唐書二百卷　（五代）劉昫等撰　明嘉靖十八
年(1539)聞人詮刻本　四十冊

370000 – 1541 – 0005699　624.101/424

唐書二百二十五卷　（宋）歐陽修等撰　**釋音
二十五卷**　（宋）董衝撰　元大德九年(1305)
建康路儒學刻明清遞修本　三十二冊　存一
百六十六卷(一至七十四、一百五十九至二百
二十五,釋音二十五卷)

370000 – 1541 – 0005700　624.101/424 = 1

唐書二百二十五卷　（宋）歐陽修等撰　清同

治十二年(1873)浙江書局刻本　四十冊

370000－1541－0005701　624.101/424＝8

唐書宰相世系表訂誤十二卷　(清)沈炳震撰
清同治十年(1871)武林吳氏清來堂刻本
五冊

370000－1541－0005702　624.104/526

沙州文錄一卷　蔣斧輯　清宣統元年(1909)
上海誦芬室刻本　一冊

370000－1541－0005703　624.14/994

安祿山事迹三卷　(清)姚汝能纂　清宣統三
年(1911)長沙葉氏刻本　一冊

370000－1541－0005704　624.16/196

奉天錄四卷　(唐)趙元一撰　清道光十年
(1830)享帚精舍刻本　二冊

370000－1541－0005705　624.2/424

歐陽文忠公五代史抄二十卷　(宋)歐陽修撰
(明)茅坤批評　清刻本　五冊

370000－1541－0005706　624.2/424＝1

五代史記七十四卷　(宋)歐陽修撰　(宋)徐
無黨注　元宗文書院刻明修本　十六冊

370000－1541－0005707　624.2/424＝2

五代史記七十四卷　(宋)歐陽修撰　(宋)徐
無黨　(清)彭元瑞注　清道光八年(1828)海
昌楊氏刻本　四十冊

370000－1541－0005708　624.2/424＝3

五代史記七十四卷　(宋)歐陽修撰　(宋)徐
無黨注　清宣統三年(1911)貴池劉氏玉海堂
刻本　十二冊

370000－1541－0005709　624.2/424＝4

五代史七十四卷　(宋)歐陽修撰　(宋)徐無
黨注　明崇禎三年(1630)虞山毛氏汲古閣刻
本　六冊

370000－1541－0005710　624.2/424＝5

五代史七十四卷　(宋)歐陽修撰　(宋)徐無
黨注　清光緒十四年(1888)上海圖書集成印
書局鉛印本　六冊

370000－1541－0005711　624.2/424＝7

五代史七十四卷　(宋)歐陽修撰　(宋)徐無
黨注　清同治十一年(1872)湖北崇文書局刻
本　八冊

370000－1541－0005712　624.2/424＝8

五代史七十四卷　(宋)歐陽修撰　(宋)徐無
黨注　清同治十一年(1872)湖北崇文書局刻
本　八冊

370000－1541－0005713　624.2/436

五代史記纂誤續補六卷　(清)吳光耀撰　清
光緒十四年(1888)江夏吳氏刻本　三冊

370000－1541－0005714　624.2/502

五代春秋志疑一卷　(清)華湛恩撰　清光緒
鉛印本　一冊

370000－1541－0005715　624.28/440

十國春秋一百十四卷拾遺一卷備考一卷
(清)吳任臣撰　清乾隆五十三年(1788)昭文
周昂刻本　二十冊

370000－1541－0005716　624.286/433

南漢紀五卷　(清)吳蘭修編　清道光十四年
(1834)鄭氏淳一堂刻本　一冊

370000－1541－0005717　624.401/384

續南唐書七十卷　(清)陳鱣撰　清光緒二十
一年(1895)廣雅書局刻本　六冊

370000－1541－0005718　624.8091/443

九國志十二卷　(宋)路振撰　清道光二十七
年(1847)海山仙館刻本　二冊

370000－1541－0005719　624.82/392

南唐書三十卷　(宋)馬令撰　清光緒十六年
(1890)新會劉氏藏修書屋刻本　八冊

370000－1541－0005720　624.86/890

南漢春秋十三卷　(清)劉應麟編　清道光七
年(1827)含章書屋刻本　四冊

370000－1541－0005721　624.88/530

吳越備史六卷　(宋)范坰　(宋)林禹撰　清
蕭山蔡濱抄本　二冊　存三卷(一至三)

370000－1541－0005722　625.024/571

宋元通鑑一百五十七卷　(明)薛應旂撰

（明）陳仁錫評　明天啓六年(1626)陳仁錫刻本　二十四冊

370000－1541－0005723　625.03/384
宋史紀事本末一百九卷　（明）馮琦撰　（明）陳邦瞻增訂　（明）張溥論正　清同治十三年(1874)江西書局刻本　二十冊

370000－1541－0005724　625.03/384＝1
宋史紀事本末一百九卷　（明）馮琦撰　（明）陳邦瞻增訂　（明）張溥論正　清同治十三年(1874)江西書局刻本　二十冊

370000－1541－0005725　625.03/765
宋史紀事本末論正一百九卷　（明）馮琦撰　（明）張溥論正　清初馮聞升刻本　三十冊

370000－1541－0005726　625.04/119
東都事略一百三十卷　（宋）王偁撰　清嘉慶三年(1798)南沙席氏掃葉山房刻本　八冊

370000－1541－0005727　625.04/119＝3
東都事略一百三十卷　（宋）王偁撰　清抄本　十冊　存一百九卷(一至三、十六至一百二十一)

370000－1541－0005728　625.04/946
燼餘錄二卷　（元）徐大焯撰　清光緒刻本　一冊

370000－1541－0005729　625.1/112＝3
宋論五卷　（清）王夫之撰　清光緒二十四年(1898)上海公興書局鉛印船山遺書本　佚名批　二冊

370000－1541－0005730　625.1/719
新雕皇朝類苑七十八卷目錄十四卷　（宋）江少虞撰　清末江陰繆荃孫雲輪閣抄本　十五冊

370000－1541－0005731　625.1/812
宋史四百九十六卷目錄三卷　（元）脫脫等撰　清光緒元年(1875)浙江書局刻本　九十八冊

370000－1541－0005732　625.1/812＝1
宋史四百九十六卷目錄三卷　（元）脫脫等撰

清光緒元年(1875)浙江書局刻本　十六冊　存七十七卷(一百二十七至一百九十五、三百九十二至三百九十九)

370000－1541－0005733　625.1/982
隆平集二十卷　（宋）曾鞏撰　清康熙四十七年(1708)南豐彭氏七業堂刻本　十冊

370000－1541－0005734　625.101/812＝1
宋史四百九十六卷目錄三卷　（元）脫脫等修　清光緒十年(1884)上海同文書局石印本　一冊　存四卷(一百三十五至一百三十八)

370000－1541－0005735　625.101/812＝2
宋史四百九十六卷目錄三卷　（元）脫脫等修　清光緒十年(1884)上海同文書局石印本　一百冊

370000－1541－0005736　625.104/119
東都事略一百三十卷　（宋）王偁撰　清五峰閣刻本　十六冊

370000－1541－0005737　625.104/888
劉氏傳忠錄四卷　（宋）劉學裘輯　清光緒三十一年(1905)木活字印本　二冊

370000－1541－0005738　625.104/982
隆平集二十卷　（宋）曾鞏撰　清康熙四十七年(1708)南豐彭氏七業堂刻本　六冊

370000－1541－0005739　625.1083/290
舊聞證誤四卷補遺一卷　（宋）李心傳撰　清光緒二十六年(1900)刻藕香零拾本　一冊

370000－1541－0005740　625.1501/641
王安石新法論一卷　（日本）高橋作衛撰　（清）陳超譯　清光緒二十八年(1902)上海廣智書局刻本　一冊

370000－1541－0005741　625.16/655
南渡錄四卷　（宋）辛棄疾撰　清光緒六年(1880)刻本　二冊

370000－1541－0005742　625.16/655＝2
南渡錄四卷附阿計替傳一卷　（宋）辛棄疾撰　清環玉草堂抄本　三冊

370000－1541－0005743　625.1604/183

南燼紀聞一卷附黑韃事略一卷　（宋）周煇撰
清掃葉山房抄本　一冊

370000 – 1541 – 0005744　625.2/290
建炎以來繫年要錄二百卷　（宋）李心傳撰
清光緒八年(1882)仁壽蕭氏刻本　五十八冊
存一百九十九卷(二至二百)

370000 – 1541 – 0005745　625.2/927
南宋書六十八卷　（明）錢士升撰　清嘉慶二
年(1797)南沙席世臣掃葉山房刻本　八冊

370000 – 1541 – 0005746　625.204/290
建炎以來朝野雜記甲集二十卷乙集二十卷
（宋）李心傳撰　清乾隆武英殿木活字印武英
殿聚珍版書本　十八冊

370000 – 1541 – 0005747　625.204/377
中興小紀四十卷　（宋）熊克撰　清光緒十七
年(1891)廣雅書局刻本　七冊

370000 – 1541 – 0005748　625.24/112
開禧德安守城錄一卷　（宋）王致遠撰　清同
治十一年(1872)瑞安孫氏詒善祠塾刻本　一
冊

370000 – 1541 – 0005749　625.4004/535
遼金元三史語解三種　清光緒四年(1878)江
蘇書局刻本　十冊

370000 – 1541 – 0005750　625.501/337
遼史拾遺二十四卷　（清）厲鶚撰　**遼史拾遺
補五卷**　（清）楊復吉撰　清光緒元年(1875)
江蘇書局刻本（遼史拾遺補爲清光緒三年江
蘇書局刻本）　十冊

370000 – 1541 – 0005751　625.501/337 = 2
遼史拾遺二十四卷　（清）厲鶚撰　**遼史拾遺
補五卷**　（清）楊復吉撰　清光緒元年(1875)
江蘇書局刻本（遼史拾遺補爲清光緒三年江
蘇書局刻本）　十冊

370000 – 1541 – 0005752　625.501/812
遼史一百十六卷　（元）脫脫等修　明萬曆三
十四年(1606)南京國子監刻清康熙二十五年
(1686)修補本(有抄配)　十二冊

370000 – 1541 – 0005753　625.503/285
遼史紀事本末四十卷金史紀事本末五十二卷
（清）李有棠撰　清光緒十九年(1893)上海
同文書局石印本　十冊

370000 – 1541 – 0005754　625.503/285 = 1
遼史紀事本末四十卷　（清）李有棠撰　清光
緒二十六年(1900)廣雅書局刻本　四冊

370000 – 1541 – 0005755　625.503/285 = 2
遼史紀事本末四十卷　（清）李有棠撰　清光
緒二十六年(1900)廣雅書局刻本　四冊

370000 – 1541 – 0005756　625.6013/685
大金國志四十卷　（宋）宇文懋昭撰　清嘉慶
二年(1797)掃葉山房刻本　物菴批跋　六冊

370000 – 1541 – 0005757　625.603/285
金史紀事本末五十二卷　（清）李有棠撰　清
光緒二十七年(1901)廣雅書局刻本　六冊

370000 – 1541 – 0005758　625.603/285 = 1
金史紀事本末五十二卷　（清）李有棠編　清
光緒二十七年(1901)廣雅書局刻本　六冊

370000 – 1541 – 0005759　625.604/890
歸潛志十四卷　（元）劉祁撰　清乾隆武英殿
木活字印武英殿聚珍版書本　四冊

370000 – 1541 – 0005760　625.62/628
金史詳校十卷首一卷末一卷　（清）施國祁撰
清光緒六年(1880)會稽章氏刻本　十冊

370000 – 1541 – 0005761　625.62/628 = 1
金史詳校十卷首一卷末一卷　（清）施國祁撰
清光緒六年(1880)會稽章氏刻本　十二冊

370000 – 1541 – 0005762　625.7/298
元朝秘史十卷續二卷　（元）□□撰　清光緒
三十四年(1908)長沙葉氏觀古堂刻本　六冊

370000 – 1541 – 0005763　625.7/298 = 1
元朝秘史十卷續二卷　（元）□□撰　清光緒
三十四年(1908)長沙葉氏觀古堂刻本　十二
冊

370000 – 1541 – 0005764　625.7/298 = 2
元朝秘史十五卷　（元）□□撰　清道光二十

277

七年(1847)靈石楊氏刻連筠簃叢書本 一冊

370000－1541－0005765　625.7/298＝3
元朝秘史十五卷 （元）□□撰 （清）李文田注 清光緒二十九年(1903)上海文瑞樓石印本 四冊

370000－1541－0005766　625.7/695＝2
元史二百十卷目錄二卷 （明）宋濂 （明）王褘等撰 清同治十三年(1874)江蘇書局刻本 三十六冊

370000－1541－0005767　625.7/720
元史譯文證補三十卷 （清）洪鈞撰 清光緒二十三年(1897)刻本 四冊

370000－1541－0005768　625.7/720＝1
元史譯文證補三十卷 （清）洪鈞撰 清光緒二十三年(1897)刻本 三冊

370000－1541－0005769　625.7/720＝2
元史譯文證補三十卷 （清）洪鈞撰 清光緒二十三年(1897)刻本 四冊

370000－1541－0005770　625.7/720＝3
元史譯文證補三十卷 （清）洪鈞撰 清光緒二十六年(1900)廣雅書局刻本 四冊

370000－1541－0005771　625.7/903
校正元親征錄一卷 （元）□□撰 （清）何秋濤校正 清光緒二十年(1894)桐廬袁氏小漚巢刻本 一冊

370000－1541－0005772　625.7/903＝2
校正元親征錄一卷 （元）□□撰 （清）何秋濤校正 清光緒二十年(1894)桐廬袁氏小漚巢刻本 一冊

370000－1541－0005773　625.7/982
元書一百二卷 曾廉撰 清宣統三年(1911)層漪堂刻本 二十冊

370000－1541－0005774　625.7/982＝1
元書一百二卷 曾廉撰 清宣統三年(1911)層漪堂刻本 二十冊

370000－1541－0005775　625.703/384
元史紀事本末二十七卷 （明）陳邦瞻編

（明）張溥論正 清同治十三年(1874)江西書局刻本 二冊

370000－1541－0005776　625.703/384＝1
元史紀事本末二十七卷 （明）陳邦瞻編 （明）張溥論正 清同治十三年(1874)江西書局刻本 四冊

370000－1541－0005777　625.703/384＝2
元史紀事本末二十七卷 （明）陳邦瞻編 （明）張溥論正 清同治十三年(1874)江西書局刻本 四冊

370000－1541－0005778　625.703/384＝3
元史紀事本末二十七卷 （明）陳邦瞻編 （明）張溥論正 清同治十三年(1874)江西書局刻本 四冊

370000－1541－0005779　625.703/384＝4
元史紀事本末二十七卷 （明）陳邦瞻編 （明）張溥論正 清光緒十三年(1887)廣雅書局刻本 三冊

370000－1541－0005780　625.704/882
長春真人西遊記二卷 （元）李志常撰 清道光二十七年(1847)刻本 一冊

370000－1541－0005781　625.707/329
續弘簡錄元史類編四十二卷 （清）邵遠平編 清康熙四十五年(1706)仁和邵遠平刻本 十二冊

370000－1541－0005782　625.71/803
元史九十五卷 （清）魏源撰 清光緒三十一年(1905)邵陽魏氏慎微堂刻本 三十二冊

370000－1541－0005783　625.75/927
元史氏族表三卷 （清）錢大昕撰 清嘉慶十一年(1806)刻本 一冊

370000－1541－0005784　626/112
弇山堂別集一百卷 （明）王世貞撰 明萬曆蔡朝光刻本 二十二冊

370000－1541－0005785　626/710
明季續聞一卷 （清）汪光復撰 清宣統三年(1911)上海商務印書館鉛印本 一冊

370000－1541－0005786　626/966

三朝要典二十四卷原始一卷　（明）顧秉謙撰
明天啓刻本　十二冊

370000－1541－0005787　626.01/313

明史三百三十二卷目錄四卷　（清）張廷玉等
修　清乾隆四年(1739)武英殿刻本　六十二
冊　存二百七十一卷(一至六十九、七十四至
八十三、九十至一百七十七、一百八十七至二
百十四、二百十七至二百六十、三百五至三百
三十二,目錄四卷)

370000－1541－0005788　626.01/313＝1

明史三百三十二卷目錄四卷　（清）張廷玉等
修　清光緒三年(1877)湖北崇文書局刻本
八十冊

370000－1541－0005789　626.01/313＝8

明史本紀二十四卷　（清）張廷玉等纂　清乾
隆内府刻本　四冊

370000－1541－0005790　626.01/355

明史擬稿六卷　（清）尤侗纂　清康熙三十年
(1691)刻本　三冊

370000－1541－0005791　626.01/384

明紀六十卷　（清）陳鶴纂　（清）孫克家參訂
清同治十年(1871)江蘇書局刻本　二十冊

370000－1541－0005792　626.02/348

明通鑑九十卷首一卷前編四卷坿編六卷
(清)夏燮編　清光緒二十三年(1897)湖北官
書處刻本　四十冊

370000－1541－0005793　626.02/348＝1

明通鑑九十卷首一卷前編四卷坿編六卷
(清)夏燮編　清光緒二十三年(1897)湖北官
書處刻本　三十九冊　缺二卷(前紀一至二)

370000－1541－0005794　626.02/377

皇明十六朝廣彙紀二十八卷　（明）陳建輯
(明)陳龍可訂補　明崇禎刻本　十六冊

370000－1541－0005795　626.02/938

明紀編年十二卷　（明）鍾惺撰　（清）王汝南
補　清順治十七年(1660)刻本　六冊

370000－1541－0005796　626.023/377

皇明資治通紀三十卷　（明）陳建輯　（明）岳
元聲訂　明天啓刻本　三十冊

370000－1541－0005797　626.023/377＝1

綱鑑會通明紀十五卷　（清）陳志襄輯　清書
業德刻本　八冊

370000－1541－0005798　626.023/377＝2

綱鑑會通明紀十五卷　（清）陳志襄輯　清書
業德刻本　八冊

370000－1541－0005799　626.024/348

明通鑑目錄二十卷　（清）夏燮編　清光緒二
十五年(1899)湖北官書處刻本　八冊

370000－1541－0005800　626.029/377

皇明從信錄四十卷　（明）陳建輯　（明）沈國
元訂　明末刻本　十二冊

370000－1541－0005801　626.03/648

皇明鴻猷錄十六卷　（明）高岱撰　明萬曆八
年(1580)刻本　八冊

370000－1541－0005802　626.03/924

明史紀事本末八十卷　（清）谷應泰撰　清光
緒廣雅書局刻紀事本末本　十六冊

370000－1541－0005803　626.03/924＝1

明史紀事本末八十卷　（清）谷應泰撰　清同
治十三年(1874)江西書局刻本　十八冊

370000－1541－0005804　626.03/924＝2

明史紀事本末八十卷　（清）谷應泰撰　清同
治十三年(1874)江西書局刻本　二十冊

370000－1541－0005805　626.03/924＝3

明史紀事本末八十卷　（清）谷應泰撰　清同
治十三年(1874)江西書局刻本　二十冊

370000－1541－0005806　626.03/924＝4

明史紀事本末八十卷　（清）谷應泰撰　清同
治十三年(1874)江西書局刻本　二十冊

370000－1541－0005807　626.04/341

明紀野史十二種十四卷　（清）□□輯　清光
緒元年(1875)星齋戚君抄本　五冊

370000－1541－0005808　626.04/359

山書十八卷　(清)孫承澤輯　清抄本　四冊

370000－1541－0005809　626.04/433

勝朝遺事初編六卷二編八卷　(清)吳彌光輯　清道光二十二年(1842)南海吳氏芬陀羅館刻本　二十一冊　缺一卷(勝朝遺事初編一)

370000－1541－0005810　626.04/433＝1

勝朝遺事初編六卷二編八卷　(清)吳彌光輯　清道光二十二年(1842)湖北楚香書屋刻本　十四冊

370000－1541－0005811　626.04/747

野獲編三十卷補遺四卷　(明)沈德符撰　清道光七年(1827)扶荔山房刻本　三十四冊

370000－1541－0005812　626.04/747＝1

野獲編三十卷補遺四卷　(明)沈德符撰　清道光七年(1827)扶荔山房刻本　二十冊

370000－1541－0005813　626.04/852

夢憬總編二十卷　(清)多盤先生輯　清抄本　八冊

370000－1541－0005814　626.06/112

弇州史料前集三十卷後集七十卷　(明)王世貞撰　(明)董復表編　明萬曆四十二年(1614)刻本　二十冊

370000－1541－0005815　626.06/525

明史稿三百十卷目錄三卷　(清)王鴻緒撰　清乾隆敬慎堂刻本　七十九冊　缺四卷(志一百四十至一百四十三)

370000－1541－0005816　626.06/525＝1

明史稿三百十卷目錄三卷　(清)王鴻緒撰　清乾隆敬慎堂刻本　一百冊

370000－1541－0005817　626.06/525＝2

明史稿三百十卷目錄三卷史例議二卷　(清)王鴻緒撰　清乾隆敬慎堂刻光緒元年(1875)席氏掃葉山房補修本　清吳廣霈跋　八十冊

370000－1541－0005818　626.06/736

潛庵先生擬明史稿二十卷　(清)湯斌擬　(清)田蘭芳評　清刻本　一冊　存一卷(二十)

370000－1541－0005819　626.07/124

明代紀事一卷　(清)璠亭輯錄　清順治十八年(1661)稿本　一冊

370000－1541－0005820　626.1/364

二申野錄八卷　(清)孫之騄輯　清刻本　四冊

370000－1541－0005821　626.1/364＝1

二申野錄八卷　(清)孫之騄輯　清刻本　佚名批校　六冊

370000－1541－0005822　626.1/364＝2

二申野錄八卷　(清)孫之騄輯　清同治六年(1867)吟香館刻本　二冊

370000－1541－0005823　626.1/364＝3

二申野錄八卷　(清)孫之騄輯　清光緒二十七年(1901)吟香館刻本　六冊

370000－1541－0005824　626.1/662

明鑑前紀二卷　(清)齊召南撰　清光緒十五年(1889)鄞縣郭氏金峨山館刻本　一冊

370000－1541－0005825　626.3/920

續明紀事本末十八卷首一卷　(清)倪在田輯　清光緒二十九年(1903)上海書局鉛印本　丁山題識　六冊

370000－1541－0005826　626.4/241

明季稗史彙編十六種二十七卷　(清)留雲居士輯　清光緒二十二年(1896)上海圖書集成印書局鉛印本　六冊

370000－1541－0005827　626.4/241＝1

明季稗史彙編十六種二十七卷　(清)留雲居士輯　清光緒二十二年(1896)上海圖書集成印書局鉛印本　六冊

370000－1541－0005828　626.4/241＝2

明季稗史彙編十六種二十七卷　(清)留雲居士輯　清光緒二十二年(1896)上海圖書集成印書局鉛印本　六冊

370000－1541－0005829　626.4/241＝3

明季稗史彙編十六種二十七卷　(清)留雲居

士輯　清光緒北京琉璃廠留雲居士木活字印
本　十六冊

370000－1541－0005830　626.4/241＝4

明季稗史彙編十六種二十七卷　（清）留雲居
士輯　清光緒北京琉璃廠留雲居士木活字印
本　佚名批，粵游見聞前有佚名跋　十六冊

370000－1541－0005831　626.4/241＝5

明季稗史彙編十六種二十七卷　（清）留雲居
士輯　清光緒北京琉璃廠留雲居士木活字印
本　十二冊

370000－1541－0005832　626.4/241＝6

明季稗史彙編十六種二十七卷　（清）留雲居
士輯　清光緒掃葉山房刻本　十二冊

370000－1541－0005833　626.4/285

崇禎朝記事四卷　（清）李遜之輯　清十萬卷
樓抄本　一冊　存一卷（三）

370000－1541－0005834　626.4/674

青燐屑二卷　（明）應喜臣撰　清光緒北京琉
璃廠留雲居士木活字印明季稗史彙編本　一
冊

370000－1541－0005835　626.7/602

明季北略二十四卷　（清）計六奇編　清末京
都琉璃廠半松居士木活字印本　十六冊

370000－1541－0005836　626.7/602＝1

明季北略二十四卷　（清）計六奇編　清末京
都琉璃廠半松居士木活字印本　十二冊

370000－1541－0005837　626.7/602＝2

明季南略十八卷　（清）計六奇編　清末京都
琉璃廠半松居士木活字印本　十冊

370000－1541－0005838　626.7/602＝3

明季南略十八卷　（清）計六奇編　清末京都
琉璃廠半松居士木活字印本　十冊

370000－1541－0005839　626.703/438

東林本末三卷　（明）吳應箕纂　清同治五年
（1866）文江官廨刻樓山堂遺書本　一冊

370000－1541－0005840　626.8/183

蜀碧四卷　（清）彭遵泗撰　清刻本　二冊

370000－1541－0005841　626.8/183＝1

蜀碧四卷附記一卷　（清）彭遵泗撰　清嘉慶
二十年(1815)刻本(有抄配)　二冊

370000－1541－0005842　626.8/228

江陰城守記一卷　（清）許重熙編　**江陰城守
紀二卷**　（清）韓葵編　清末石印本　一冊

370000－1541－0005843　626.8/313

流賊傳二卷　（清）葉晴峰輯　清道光二十四
年(1844)品石山房木活字印明史十二種叢書
本　一冊

370000－1541－0005844　626.8/504

續編綏寇紀略五卷　（清）葉夢珠輯　清宣統
三年(1911)上海申報館鉛印本　一冊

370000－1541－0005845　626.8/781

平叛記二卷　（清）毛霦編　清康熙五十五年
(1716)刻本　二冊

370000－1541－0005846　626.8/781＝1

平叛記二卷　（清）毛霦編　清康熙五十五年
(1716)刻本　二冊

370000－1541－0005847　626.8/888

蜀龜鑑七卷首一卷　（清）劉景伯編　清宣統
三年(1911)刻本　四冊

370000－1541－0005848　626.8/953

明末忠烈紀實五卷　（清）徐秉義撰　清抄本
　二冊

370000－1541－0005849　626.8/964

明季實錄不分卷　（清）顧炎武輯　清光緒十
四年(1888)朱氏槐廬刻槐廬叢書本　一冊

370000－1541－0005850　626.8/966

崇禎召對錄不分卷　（明）顧錫疇等撰　清抄
本　一冊

370000－1541－0005851　626.804/340

拙政編一卷　（明）盛萬年述　明天啓三年
(1623)刻本　一冊

370000－1541－0005852　626.804/438

兩朝剝復錄六卷首一卷　（明）吳應箕輯
(清)夏燮校證　清同治二年(1863)刻本　四

冊

370000－1541－0005853　626.804/440

綏寇紀略十二卷　（清）吳偉業撰　清康熙十三年(1674)鄒式金七松草廬刻本　四冊

370000－1541－0005854　626.804/554

愓齋見聞錄一卷　（清）蘇融撰　定思小記一卷　（清）劉尚友撰　北還紀變一卷　（清）□□撰　清虞山周氏鴒峰草堂抄本　一冊

370000－1541－0005855　626.81/217

欽定明鑑二十四卷首一卷　（清）托津等纂　清嘉慶二十三年(1818)刻本　十二冊

370000－1541－0005856　626.81/217＝1

欽定明鑑二十四卷首一卷　（清）托津等纂　清嘉慶二十三年(1818)刻本　十七冊　存十八卷(一至十六、十八,首一卷)

370000－1541－0005857　626.82/946

小腆紀年坿考二十卷　（清）徐鼒撰　清光緒四年(1878)龍威閣書房刻本　二十冊

370000－1541－0005858　626.82/946＝1

小腆紀年坿考二十卷　（清）徐鼒撰　清光緒四年(1878)龍威閣書房刻本　七冊　存十三卷(一至二、五至六、九至十二、十六至二十)

370000－1541－0005859　626.9/285

繹史摭遺十八卷繹史卹諡考八卷　（清）李瑤纂　清道光十年(1830)李瑤刻本　八冊

370000－1541－0005860　626.9/738

南疆繹史勘本三十卷首二卷　（清）溫睿臨撰　（清）李瑤勘定　繹史摭遺十八卷繹史卹諡考八卷　（清）李瑤撰　清末京都琉璃廠半松居士木活字印本　十六冊

370000－1541－0005861　626.9/869

也是錄一卷　（清）自非逸史撰　清抄本　二冊

370000－1541－0005862　626.9/946

小腆紀傳六十五卷補遺一卷　（清）徐鼒撰　清光緒十三年(1887)六和徐氏金陵刻本　十六冊

370000－1541－0005863　626.9/966

明季三朝野史四卷　（清）顧炎武編　清光緒三十四年(1908)上海石印本　一冊

370000－1541－0005864　626.904/212

子遺錄不分卷　（清）戴名世撰　清光緒三十二年(1906)上海國學保存會鉛印國粹叢書本　一冊

370000－1541－0005865　626.904/674

青燐屑二卷　（明）應喜臣撰　清刻本　一冊

370000－1541－0005866　626.904/677

痛史二十種　樂天居士編　清宣統三年(1911)上海商務印書館鉛印本　八冊　存六種十二卷(哭廟記略一卷,丁酉北闈大獄記略一卷,思文大紀一至二、五至八,弘光實錄鈔三至四,崇禎長編一,浙東紀略一卷)

370000－1541－0005867　626.904/984

海東逸史十八卷　（清）翁洲老民撰　清光緒十年(1884)慈谿楊氏經畬塾刻本　一冊

370000－1541－0005868　627/235

皇朝文典七十四卷　（清）李兆洛輯　清嘉慶李淦刻本　十六冊

370000－1541－0005869　627/429

皇朝中外壹統輿圖三十一卷首一卷　（清）胡林翼撰　（清）嚴樹森補訂　清同治二年(1863)湖北撫署景桓樓刻本　三十二冊

370000－1541－0005870　627/781

皇朝政典攷要八卷　（日本）增田貢撰　（清）毛淦補編　清光緒二十八年(1902)山東書局鉛印本　四冊

370000－1541－0005871　627.01/285

國朝耆獻類徵初編四百八十四卷總目二十卷　（清）李桓撰　清光緒十年至十六年(1884－1890)湘陰李氏刻本　三百四十一冊　缺三卷(一百五十至一百五十二)

370000－1541－0005872　627.01/285＝1

國朝耆獻類徵初編四百八十四卷總目二十卷　（清）李桓撰　清光緒十年至十六年(1884－

1890)湘陰李氏刻本　三百冊

370000－1541－0005873　627.019/719

國朝事略八卷　（清）金陵江楚編譯官書局編
清光緒三十二年(1906)金陵江楚編譯官書
局石印本　四冊

370000－1541－0005874　627.019/719＝1

國朝事略八卷　（清）金陵江楚編譯官書局編
清光緒三十二年(1906)金陵江楚編譯官書
局石印本　三冊　存七卷(一至七)

370000－1541－0005875　627.02/119

十朝東華錄　王先謙編　清光緒二十五年
(1899)石印本　八十八冊

370000－1541－0005876　627.02/119＝1

九朝東華錄一百二十卷　王先謙編　周潤蕃
周瀹蕃校　清光緒石印本　六十冊

370000－1541－0005877　627.02/376

皇清開國方略三十二卷首一卷　（清）阿桂等
編　清光緒十三年(1887)廣百宋齋鉛印本
六冊

370000－1541－0005878　627.029/526

東華錄十六卷　（清）蔣良騏撰　清抄本　四
冊

370000－1541－0005879　627.04/062

新政策論講義淵海四十八卷　（清）顧少逸輯
清光緒二十八年(1902)石印本　十二冊
存二十四卷(一至二十四)

370000－1541－0005880　627.04/117

石渠餘紀六卷　（清）王慶雲撰　清光緒十六
年(1890)攸縣龍氏刻本　六冊

370000－1541－0005881　627.04/117＝1

石渠餘紀六卷　（清）王慶雲撰　清光緒十六
年(1890)攸縣龍氏刻本　一冊　存一卷(一)

370000－1541－0005882　627.04/196

皇朝武功紀盛四卷　（清）趙翼撰　清乾隆五
十七年(1792)湛貽堂刻本　一冊

370000－1541－0005883　627.04/196＝1

皇朝武功紀盛四卷　（清）趙翼撰　清乾隆五

十七年(1792)湛貽堂刻本　一冊

370000－1541－0005884　627.04/196＝2

皇朝武功紀盛四卷　（清）趙翼撰　清光緒四
年(1878)湛貽堂刻本　二冊

370000－1541－0005885　627.04/382

燕下鄉脞錄十六卷　（清）陳康祺撰　清光緒
十一年(1885)校經山房刻本　六冊

370000－1541－0005886　627.04/462

嘯亭雜錄八卷續編二卷　（清）昭槤撰　清光
緒六年(1880)刻本　十二冊

370000－1541－0005887　627.04/462＝1

嘯亭雜錄八卷續編二卷　（清）昭槤撰　清光
緒六年(1880)刻本　十冊

370000－1541－0005888　627.04/462＝2

嘯亭雜錄十卷續編三卷　（清）昭槤撰　清末
上海申報館鉛印本　十冊

370000－1541－0005889　627.04/462＝3

嘯亭雜錄十卷續編三卷　（清）昭槤撰　清宣
統元年(1909)中國圖書公司鉛印本　十冊

370000－1541－0005890　627.04/669

欽定兵部處分則例七十六卷　（清）伯麟等纂
清道光三年(1823)刻本　二十七冊

370000－1541－0005891　627.04/717

清九朝聖訓七百六十二卷　清光緒五年
(1879)鉛印本　四百四十八冊

370000－1541－0005892　627.04/717＝1

清九朝聖訓七百六十二卷　清光緒五年
(1879)鉛印本　四百四十四冊　缺四卷(大
清太祖高皇帝聖訓四卷)

370000－1541－0005893　627.04/723

清秘述聞二十卷　（清）法式善編　清嘉慶四
年(1799)刻本　十二冊

370000－1541－0005894　627.04/723＝2

清秘述聞十六卷　（清）法式善編　清嘉慶四
年(1799)刻本　六冊

370000－1541－0005895　627.04/765

見聞隨筆二卷 （清）馮甦撰 清嘉慶至道光臨海宋氏刻台州叢書本 二冊

370000－1541－0005896　627.04/850

皇朝謚法考九卷 （清）鮑康撰 清光緒三年(1877)永康胡氏退補堂刻本 二冊

370000－1541－0005897　627.04/850＝1

皇朝謚法考九卷 （清）鮑康輯 清光緒十五年(1889)成都志古堂刻本 二冊

370000－1541－0005898　627.04/927

洛西平寇紀略一卷 （清）錢汝馼撰 清抄本 一冊

370000－1541－0005899　627.04/988

熙朝新語十六卷 （清）余金撰 清嘉慶二十三年(1818)鳴盛堂刻本 六冊

370000－1541－0005900　627.04/988＝1

熙朝新語十六卷 （清）余金撰 清光緒六年(1880)經綸堂刻本 四冊

370000－1541－0005901　627.09/141

大清一統志四百二十四卷 （清）和珅等纂修 清光緒二十八年(1902)上海寶善齋石印本 六十冊

370000－1541－0005902　627.09/141＝1

大清一統志四百二十四卷 （清）和珅等纂修 清光緒二十三年(1897)杭州竹簡齋石印本 六十冊

370000－1541－0005903　627.104/329

東南紀事十二卷西南紀事十二卷 （清）邵廷采撰 清光緒十年(1884)邵武徐氏刻本 四冊

370000－1541－0005904　627.104/329＝1

東南紀事十二卷西南紀事十二卷 （清）邵廷采撰 清光緒十年(1884)邵武徐氏刻本 四冊

370000－1541－0005905　627.104/720

經略洪承疇奏對筆記二卷 （清）洪承疇撰 清刻本 一冊

370000－1541－0005906　627.201/863

萬壽盛典初集四卷 （清）趙弘燦編 清光緒五年(1879)點石齋石印本 六冊

370000－1541－0005907　627.204/112

南來志一卷 （清）王士禛撰 清康熙二十三年(1684)刻本 一冊

370000－1541－0005908　627.204/117

熙朝紀政六卷 （清）王慶雲撰 清光緒二十四年(1898)王氏石印本 六冊

370000－1541－0005909　627.29/571

適可齋記言四卷 （清）馬建忠撰 清光緒二十三年(1897)文瑞樓石印本 四冊

370000－1541－0005910　627.3/517

東征集六卷 （清）藍鼎元撰 清光緒四年(1878)上海申報館鉛印本 二冊

370000－1541－0005911　627.3/803

聖武記十四卷 （清）魏源撰 清道光二十四年(1844)古微堂刻本 十二冊

370000－1541－0005912　627.3/803＝3

聖武記十四卷附武事記餘四卷 （清）魏源撰 清末石印本 十冊

370000－1541－0005913　627.38/261

直東剿匪電存四卷 （清）林學瑊輯 清光緒三十二年(1906)石印本 四冊

370000－1541－0005914　627.4/268

三藩紀事本末四卷 （清）楊陸榮撰 清康熙五十六年(1717)刻本 二冊

370000－1541－0005915　627.401/641

南巡盛典一百二十卷 （清）高晉等纂 清光緒八年(1882)上海點石齋石印本 八冊

370000－1541－0005916　627.401/641＝1

南巡盛典一百二十卷 （清）高晉等纂 清光緒八年(1882)上海點石齋石印本 八冊

370000－1541－0005917　627.504/518

靖逆記六卷 （清）蘭簃外史(盛大士)撰 清嘉慶二十五年(1820)文盛堂刻本 二冊

370000－1541－0005918　627.504/518＝2

靖逆記六卷 （清）蘭簃外史（盛大士）撰 清嘉慶二十五年(1820)文盛堂刻本 二冊

370000－1541－0005919 627.51/994
欽定平定教匪紀略四十二卷 （清）托津等撰 清嘉慶二十一年(1816)刻本 四十四冊

370000－1541－0005920 627.62/167
撫遠紀略不分卷 （清）黃恩彤撰 清宣統元年(1909)石印本 一冊

370000－1541－0005921 627.62/478
撫豫宣化錄四卷 （清）田文鏡撰 清道光十一年(1831)點易山房刻本 十冊

370000－1541－0005922 627.65/138
出圍城記一卷 （清）甦庵道人撰 西域水道記校補一卷 （清）徐松撰 清宣統元年(1909)番禺沈氏晨風閣刻本 一冊

370000－1541－0005923 627.65/138＝1
京口掌故叢編 （清）陶駿保輯 清光緒三十四年(1908)丹徒陶氏刻本 一冊 存四種（出圍城記、鎮城竹枝詞、草間日記、從軍紀事）

370000－1541－0005924 627.65/356
夷寇紀略不分卷 （清）了塵撰 清抄本 一冊

370000－1541－0005925 627.65/517
英夷入寇記二卷 （清）□□撰 清抄本 一冊

370000－1541－0005926 627.7/102
平浙紀略十六卷 （清）秦緗業 （清）陳鍾英撰 清同治十三年(1874)浙江書局刻本 四冊

370000－1541－0005927 627.7/102＝1
平浙紀略十六卷 （清）秦緗業 （清）陳鍾英撰 清同治十三年(1874)浙江書局刻本 四冊

370000－1541－0005928 627.7/306
兩淮戡亂記一卷 （清）張華墀撰 清宣統元年(1909)江都吳氏豐源印書局鉛印本 一冊

370000－1541－0005929 627.7/923
揚州劫餘小志一卷 （清）臧穀撰 清抄本 一冊

370000－1541－0005930 627.704/714
徵信錄二卷 （清）汪季銘撰 清光緒十二年(1886)錢塘汪氏長沙刻本 一冊

370000－1541－0005931 627.73/543
援守井研記略一卷 （清）董貽清撰 清同治刻本 一冊

370000－1541－0005932 627.74/115
湘軍志十六卷 王闓運撰 清末刻本 三冊

370000－1541－0005933 627.74/115＝1
湘軍志十六卷 王闓運撰 清末刻本 四冊

370000－1541－0005934 627.74/115＝2
湘軍志十六卷 王闓運撰 清光緒十一年(1885)養翮齋刻本 二冊 存六卷(一至六)

370000－1541－0005935 627.74/115＝3
湘軍志十六卷 王闓運撰 清光緒五年(1879)刻本 四冊

370000－1541－0005936 627.74/115＝4
湘軍志十六卷 王闓運撰 清光緒十二年(1886)成都墨香書屋刻本 四冊

370000－1541－0005937 627.74/117
湘軍記二十卷 （清）王定安撰 清末上海書局石印本 四冊

370000－1541－0005938 627.74/117＝1
湘軍記二十卷 （清）王定安撰 清光緒十五年(1889)江南書局刻本 十二冊

370000－1541－0005939 627.74/135
欽定剿平粵匪方略四百二十卷首二卷 （清）奕訢等纂 清同治十一年(1872)鉛印本 四百二十二冊

370000－1541－0005940 627.74/135＝1
欽定剿平粵匪方略四百二十卷首二卷 （清）奕訢等纂 清同治十一年(1872)鉛印本 四百二十二冊

平定粵匪紀略十八卷附記四卷　（清）杜文瀾
撰　清同治十年(1871)聚珍齋木活字印本
六冊

370000 – 1541 – 0005942　627.74/245 = 1
平定粵匪紀略十八卷附記四卷　（清）杜文瀾
撰　清同治八年(1869)群玉齋木活字印本
十冊

370000 – 1541 – 0005943　627.74/245 = 2
平定粵匪紀略十八卷附記四卷　（清）杜文瀾
撰　清光緒七年(1881)刻本　十冊

370000 – 1541 – 0005944　627.74/245 = 3
平定粵匪紀略十八卷附記四卷　（清）杜文瀾
撰　清光緒七年(1881)刻本　六冊

370000 – 1541 – 0005945　627.74/273
續禦寇略三卷　（清）楊積中撰　清光緒三年
(1877)刻本　一冊

370000 – 1541 – 0005946　627.74/292
李秀成供詞一卷　（清）李秀成撰　清刻本
一冊

370000 – 1541 – 0005947　627.74/324
豫軍紀略十二卷　（清）尹耕雲等纂　清同治
十一年(1872)刻本　十二冊

370000 – 1541 – 0005948　627.74/869
蕩平髮逆圖記二十二卷首一卷　（清）杜文瀾
撰　清光緒上海漱六山莊石印本　四冊

370000 – 1541 – 0005949　627.74/869 = 1
蕩平髮逆圖記二十二卷首一卷　（清）杜文瀾
撰　（清）白雲山人繪　清光緒鉛印暨石印本
四冊

370000 – 1541 – 0005950　627.75/115
滄城殉難錄四卷　（清）王國均等編　清光緒
八年(1882)刻朱墨套印本　三冊

370000 – 1541 – 0005951　627.75/158
庚辛泣杭錄十六卷　（清）蔡玉瀛撰　清光緒
二十一年(1895)錢塘丁氏刻本　八冊

370000 – 1541 – 0005952　627.75/183

紫光閣功臣小像並湘軍平定粵匪戰圖一卷
（清)彭鴻年編　清光緒二十七年(1901)石印
本　一冊

370000 – 1541 – 0005953　627.75/285
思痛記二卷　（清）李圭撰　清光緒六年
(1880)師一齋刻本　一冊

370000 – 1541 – 0005954　627.75/285 = 1
金陵兵事彙略四卷　（清)李圭撰　清光緒十
三年(1887)江寧李氏寧波刻本　二冊

370000 – 1541 – 0005955　627.75/298
逆黨禍蜀記一卷　（清)汪堃輯　清同治五年
(1866)不懼無悶齋刻本　佚名批　一冊

370000 – 1541 – 0005956　627.75/299
續揚城殉難錄節鈔不分卷　（清)□□編　清
刻本　一冊

370000 – 1541 – 0005957　627.75/316
金壇見聞記二卷　（清)強汝詢撰　清咸豐十
一年(1861)刻本　一冊

370000 – 1541 – 0005958　627.75/384
武昌紀事二卷　（清)陳徵言撰　清咸豐七年
(1857)章門刻本　一冊

370000 – 1541 – 0005959　627.75/384 = 2
武昌紀事二卷　（清)陳徵言撰　清咸豐七年
(1857)章門刻本　一冊

370000 – 1541 – 0005960　627.75/578
平定粵匪功臣戰績圖一卷　（清)吳嘉猷繪
（清)艾麗春輯　清光緒二十年(1894)金谿艾
氏石印本　一冊

370000 – 1541 – 0005961　627.75/754
庚申守城始末追記一卷　（清)潘瀾撰　清抄
本　一冊

370000 – 1541 – 0005962　627.75/874
前守寶錄五卷後錄二十卷　（清)魁聯撰　清
同治十三年(1874)廣州刻本　八冊

370000 – 1541 – 0005963　627.75/930
吳中平寇記八卷　（清)錢勛撰　清同治刻本
二冊

370000－1541－0005964　627.75/930 ＝ 1

吳中平寇記八卷　（清）錢勛撰　清同治刻本
　二冊

370000－1541－0005965　627.75/964

海虞賊亂志一卷　（清）顧汝鈺編　清抄本
　一冊

370000－1541－0005966　627.75/988

劫餘雜錄一卷　（清）□□撰　清同治七年
　(1868)抄本　一冊

370000－1541－0005967　627.77/311

守岐公牘彙存一卷　（清）張兆棟撰　清光緒
　四年(1878)刻本　一冊

370000－1541－0005968　627.77/343

欽定平定雲南回匪方略五十卷　（清）奕訢等
纂修　清光緒二十二年(1896)鉛印本　五十
冊

370000－1541－0005969　627.77/468

平定關隴紀略十三卷　（清）易孔昭撰　清光
緒十三年(1887)刻本　九冊　缺四卷(一、四
至五、八)

370000－1541－0005970　627.77/700

大清穆宗毅皇帝實錄三百七十四卷　（清）寶
鋆　（清）沈桂芬纂　清同治內府抄本　五冊
　存五卷(四十三、九十、九十四、二百二十
九、二百四十五)

370000－1541－0005971　627.77/982

征西紀略四卷　（清）曾毓瑜撰　清光緒二十
年(1894)京師官書局鉛印本　一冊

370000－1541－0005972　627.78/196

淮軍平捻記十二卷　（清）周世澄撰　清光緒
三年(1877)上海機器印書局鉛印本　二冊

370000－1541－0005973　627.78/212

東牟守城紀略一卷　（清）戴燮元撰　清同治
八年(1869)羊城刻本　一冊

370000－1541－0005974　627.78/298

山東軍興紀略二十二卷　（清）張曜編　清光
緒五年(1879)上海申報館鉛印本　十冊

370000－1541－0005975　627.78/298 ＝ 2

山東軍興紀略二十二卷　（清）張曜編　清補
讀書齋抄本　一冊　存一卷(十九)

370000－1541－0005976　627.78/813

淮軍平捻記十二卷　（清）周世澄撰　清同治
刻本　四冊

370000－1541－0005977　627.78/813 ＝ 3

淮軍平捻記十二卷　（清）周世澄撰　清同治
刻本　四冊

370000－1541－0005978　627.78/820

平定捻匪圖記三卷　（清）周世澄撰　清光緒
二十年(1894)上海書局石印本　一冊

370000－1541－0005979　627.78/834

欽定剿平捻匪方略三百二十卷　（清）奕訢等
纂　清同治十一年(1872)鉛印本　三百二十
一冊

370000－1541－0005980　627.78/834 ＝ 1

欽定剿平捻匪方略三百二十卷　（清）奕訢等
纂　清同治十一年(1872)鉛印本　三百二十
一冊

370000－1541－0005981　627.79/712

逆黨禍蜀記一卷　（清）汪堃輯　清同治五年
(1866)不懼無悶齋刻本　一冊

370000－1541－0005982　627.79/975

盛世危言十四卷　鄭觀應撰　清光緒二十一
年(1895)鉛印本　八冊

370000－1541－0005983　627.79/975 ＝ 1

盛世危言三編六卷　鄭觀應撰　清光緒二十
三年(1897)石印本　六冊

370000－1541－0005984　627.79/975 ＝ 2

增補盛世危言統編十二卷　鄭觀應撰　清光
緒二十四年(1898)天保山房刻本　四冊

370000－1541－0005985　627.79/975 ＝ 3

盛世危言五卷續編五卷三編三卷　鄭觀應撰
　清光緒二十四年(1898)上海書局石印本
十四冊

370000－1541－0005986　627.79/975 ＝ 4

盛世危言六卷續編四卷三編六卷　鄭觀應撰
清光緒二十九年(1903)益友堂刻本　八冊

370000 – 1541 – 0005987　627.79/975 = 5
盛世危言五卷　鄭觀應撰　清光緒二十一年
(1895)上海古香閣鉛印本　五冊

370000 – 1541 – 0005988　627.79/975 = 6
盛世危言六卷續編四卷　鄭觀應撰　清光緒
十八年(1892)石印本　十冊

370000 – 1541 – 0005989　627.8/221
盾墨留芬八卷　(清)胡傳釗編　清光緒二十
三年(1897)廣西梧州西稅總局刻本　四冊

370000 – 1541 – 0005990　627.8/380
報國錄四卷　(清)陳虬撰　清光緒二十年
(1894)甌雅堂刻蟄廬叢書本　二冊

370000 – 1541 – 0005991　627.8/885
新政奏議一卷　(清)□□編　清末鉛印本
一冊

370000 – 1541 – 0005992　627.801/146
俄國西伯利東偏紀要一卷　(清)曹廷杰撰
清光緒錢塘汪氏刻振綺堂叢書本　一冊

370000 – 1541 – 0005993　627.804/633
使西紀程一卷　(清)郭嵩燾撰　清光緒鉛印
本　一冊

370000 – 1541 – 0005994　627.804/700
官書局彙報(清光緒二十二年三月至四月)
(清)官書局編　清光緒二十二年(1896)活字
印本　二冊

370000 – 1541 – 0005995　627.804/740
光緒政要三十四卷　沈桐生輯　清宣統元年
(1909)上海崇義堂石印本　三十冊

370000 – 1541 – 0005996　627.805/888
光緒會計表四卷　(清)劉嶽雲撰　清光緒二
十七年(1901)教育世界社石印本　四冊

370000 – 1541 – 0005997　627.81/410
回鑾大事記六卷　(日本)川雄太郎撰　清光
緒二十八年(1902)上海三樂書屋石印本　二
冊

370000 – 1541 – 0005998　627.84/656
新出繪圖皖案徐錫麟不分卷　(□)□□撰
清光緒三十三年(1907)上海裕記書莊石印本
一冊

370000 – 1541 – 0005999　627.86/117
中日戰輯六卷　(清)王炳耀輯　清光緒二十
二年(1896)上海青簡閣石印本　四冊

370000 – 1541 – 0006000　627.86/261
中東戰紀本末八卷首一卷末一卷續編四卷
(美國)林樂知譯　蔡爾康輯　清光緒二十二
年(1896)上海圖書集成局鉛印本　十二冊

370000 – 1541 – 0006001　627.86/261 = 1
中東戰紀本末八卷首一卷末一卷續編四卷
(美國)林樂知譯　蔡爾康輯　清光緒二十二
年(1896)上海圖書集成局鉛印本　十二冊

370000 – 1541 – 0006002　627.86/261 = 2
中東戰紀本末八卷首一卷末一卷　(美國)林
樂知譯　蔡爾康輯　清光緒二十二年(1896)
上海圖書集成局鉛印本　八冊

370000 – 1541 – 0006003　627.86/261 = 3
中東戰紀本末八卷首一卷末一卷　(美國)林
樂知譯　蔡爾康輯　清光緒二十二年(1896)
上海圖書集成局鉛印本　八冊

370000 – 1541 – 0006004　627.86/261 = 4
中東戰紀本末續編四卷　(美國)林樂知撰
蔡爾康輯　清光緒二十三年(1897)上海圖書
集成局鉛印本　四冊

370000 – 1541 – 0006005　627.86/290
會議中東合約問答節略全冊　清抄本　一冊

370000 – 1541 – 0006006　627.86/296
清甲午中東之役戰歿李將軍傳誌彙編不分卷
(清)李寅賓　(清)李寅恭編　清鉛印本
一冊

370000 – 1541 – 0006007　627.86/720
臺灣戰紀二卷　(清)洪棄父纂　清光緒三十
二年(1906)鉛印本　二冊

370000 – 1541 – 0006008　627.87/324

剿變篇不分卷　（清）尹彥鈺撰　清刻本　二冊

370000 – 1541 – 0006009　627.87/472

中外時務經濟新論六卷　（清）果爾敏編　清光緒二十四年(1898)上海自強齋石印本　六冊

370000 – 1541 – 0006010　627.87/504

覺迷要錄四卷　葉德輝撰　清光緒二十七年(1901)長沙葉德輝刻本　二冊

370000 – 1541 – 0006011　627.87/719

戊戌新政芻言一卷　江峰青撰　清光緒二十六年(1900)刻本　一冊

370000 – 1541 – 0006012　627.87/885

江楚會奏變法三摺　（清）劉坤一　（清）張之洞撰　清光緒二十七年(1901)武漢兩湖書院刻本　一冊

370000 – 1541 – 0006013　627.87/946

南海先生四上書記不分卷　康有爲撰　清光緒二十一年(1895)上海時務報館石印本　一冊

370000 – 1541 – 0006014　627.88/119

庚辛之際月表一卷　（清）王延釗編　清光緒三十三年(1907)京華印書局鉛印本　一冊

370000 – 1541 – 0006015　627.88/366

京津救濟善會圖說一卷　（清）孫樂園撰　清末石印本　一冊

370000 – 1541 – 0006016　627.88/550

庚子日記四卷(清光緒二十六年五月至二十七年一月)　（清）高枏撰　清光緒三十年(1904)鉛印本　三冊

370000 – 1541 – 0006017　627.88/762

拳案三種五卷　勞乃宣撰輯　清末刻本　二冊

370000 – 1541 – 0006018　627.88/762 = 1

拳案三種五卷　勞乃宣撰輯　清末刻本　二冊

370000 – 1541 – 0006019　627.88/762 = 2

拳案三種五卷　勞乃宣撰輯　清末刻本　二冊

370000 – 1541 – 0006020　627.88/866

庚子紀念圖一卷　（清）釋宗仰編　清光緒二十七年(1901)鉛印本　一冊

370000 – 1541 – 0006021　627.88/909

新譯庚子中外戰紀二卷　（法國）佛甫愛加來·施米儂撰　（清）劉翹翰　（清）程瞻洛譯述　清光緒二十八年(1902)著易堂鉛印本　二冊

370000 – 1541 – 0006022　627.88/911

拳匪紀事六卷　（日本）佐原篤介　（清）浙西漚隱輯　清光緒二十七年(1901)鉛印本　六冊

370000 – 1541 – 0006023　627.88/911 = 1

拳匪紀事六卷　（日本）佐原篤介　（清）浙西漚隱輯　清光緒二十七年(1901)鉛印本　六冊

370000 – 1541 – 0006024　627.88/911 = 2

拳匪紀事六卷　（日本）佐原篤介　（清）浙西漚隱輯　清光緒二十七年(1901)鉛印本　六冊

370000 – 1541 – 0006025　627.88/915

拳匪紀略八卷前編二卷後編二卷　（清）僑析生輯　清光緒二十九年(1903)上洋書局石印本　六冊

370000 – 1541 – 0006026　627.88/915 = 1

拳匪紀略八卷前編二卷後編二卷　（清）僑析生輯　清光緒二十九年(1903)上洋書局石印本　三冊　存八卷(拳匪紀略一至六、前編二卷)

370000 – 1541 – 0006027　627.88/915 = 2

庚子京津拳匪紀略八卷前編二卷後編二卷　（清）僑析生輯　清光緒二十七年(1901)香港書局石印本　五冊

370000 – 1541 – 0006028　627.88/915 = 3

庚子京津拳匪紀略八卷前編二卷後編二卷　（清）僑析生輯　清光緒二十七年(1901)香港

書局石印本　六冊

370000－1541－0006029　627.88/915＝4

庚子京津拳匪紀略八卷前編二卷後編二卷
（清）僑析生輯　清光緒二十七年（1901）香港
書局石印本　六冊

370000－1541－0006030　627.88/915＝5

庚子京津拳匪紀略八卷前編二卷後編二卷
（清）僑析生輯　清光緒二十七年（1901）香港
書局石印本　六冊

370000－1541－0006031　627.88/922

庚子都門紀事詩六卷首一卷　延清撰　清末
鉛印本　二冊

370000－1541－0006032　627.88/971

西巡大事本末記六卷　（日本）吉田良太郎譯
（清）八詠樓主人錄　清光緒二十七年
（1901）上海書局石印　六冊

370000－1541－0006033　627.89/261

文學興國策二卷　（美國）林樂知譯　清光緒
二十二年（1896）上海圖書集成局鉛印本　二
冊

370000－1541－0006034　627.89/348

中國腦二卷　（清）味新學社編　清光緒二十
八年（1902）杭州味新學社刻本　二冊

370000－1541－0006035　627.89/362

芻論二卷　（清）孫鼎臣撰　清咸豐十年
（1860）刻本　二冊

370000－1541－0006036　627.89/736

危言四卷　（清）湯震撰　清光緒二十一年
（1895）石印本　二冊

370000－1541－0006037　627.89/885

變法奏議叢鈔　（清）劉鄂等撰　清光緒二十
三年（1897）上海書局石印本　四冊

370000－1541－0006038　627.89/896

自強學齋治平十議　（清）自強學齋主人輯
清光緒二十三年（1897）文瑞樓石印本　六冊
　　存六種十一卷（庸書內篇二卷、外篇二卷，
抗議二卷，救時要義一卷，時務論一卷，鈔幣

論一卷,鹽法議略二卷）

370000－1541－0006039　627.89/896＝1

自強學齋治平十議　（清）自強學齋主人輯
清光緒二十三年（1897）文瑞樓石印本　十一
冊

370000－1541－0006040　627.89/901

新政論議二卷　何啟　胡禮垣撰　清光緒二
十三年（1897）成都刻本　三冊

370000－1541－0006041　627.89/901＝1

政治變法新議　何啟　胡禮垣撰　清光緒二
十七年（1901）開新學會石印本　四冊

370000－1541－0006042　627.89/903

新政真詮六卷　何啟　胡禮垣撰　清光緒二
十七年（1901）格致新報館鉛印本　六冊

370000－1541－0006043　627.9/440

辛亥殉難記四卷首一卷　吳自修撰　清宣統
三年（1911）鉛印本　一冊

370000－1541－0006044　628.04/888

明宮史八卷　（明）劉若愚撰　清宣統二年
（1910）國學扶輪社鉛印本　二冊

370000－1541－0006045　628.8/433

山海經水經合刻五十八卷　（明）吳琯編　明
萬曆十三年（1585）吳琯刻本　丁山題簽　十
冊

370000－1541－0006046　629/504

寶顏堂訂正四夷考八卷　（明）葉向高撰　明
萬曆繡水沈氏刻寶顏堂秘笈本　四冊　存六
卷（一至六）

370000－1541－0006047　629.12/212

敬簡堂學治雜錄四卷　（清）戴杰撰　清光緒
十四年（1888）刻本　六冊

370000－1541－0006048　629.21/752

海角遺編六十回　（清）□□撰　清道光十五
年（1835）張翼、張成抄本　拙經叟跋　一冊
存四十八回（十三至六十）

370000－1541－0006049　629.23/115

嘉府典故纂要八卷　（清）王惟梅撰　清乾隆

五十四年(1789)環翠書屋刻本　四冊

370000－1541－0006050　629.26/115

湖南陽秋十六卷　(清)王萬澍撰　清光緒二十七年(1901)黃甲草廬刻本　四冊

370000－1541－0006051　629.26/115＝1

湖南陽秋續編十三卷　(清)王國牧撰　清光緒二十七年(1901)黃甲草廬刻本　四冊

370000－1541－0006052　629.27/311

蜀典十二卷　(清)張澍撰　清光緒二年(1876)尊經書院刻本　四冊

370000－1541－0006053　629.27/313

錦里新編十六卷　(清)張邦伸撰　清嘉慶五年(1800)敦彝堂刻本　八冊

370000－1541－0006054　629.27/313＝1

錦里新編十六卷　(清)張邦伸撰　清嘉慶五年(1800)敦彝堂刻本　六冊

370000－1541－0006055　629.27/596

華陽國志十二卷　(晉)常璩撰　清嘉慶十九年(1814)刻本　十冊

370000－1541－0006056　629.27/637

蜀鑑十卷　(宋)郭允蹈撰　蜀鑑札記一卷 (清)吳文昇撰　清光緒五年(1879)吳興吳氏貽穀堂成都刻本　三冊

370000－1541－0006057　629.27/637＝1

蜀鑑十卷　(宋)郭允蹈撰　清光緒十五年(1889)上海鴻文書局石印本　一冊

370000－1541－0006058　629.32/994

東槎紀略五卷　(清)姚瑩撰　清光緒四年(1878)上海申報館鉛印本　二冊

370000－1541－0006059　629.57/438

西夏書事四十二卷　(清)吳廣成纂　清道光六年(1826)小峴山房刻本　八冊

370000－1541－0006060　629.6/953

漢書西域傳補注二卷　(清)徐松撰　清光緒二十年(1894)廣雅書局刻本　一冊

370000－1541－0006061　629.61/906

[道光]欽定新疆識略十二卷首一卷　(清)松筠纂修　清道光元年(1821)武英殿修書處刻本　十冊

370000－1541－0006062　629.7/105

西域釋地一卷　(清)祁韻士撰　清道光十六年(1836)筠淥山房刻本　一冊

370000－1541－0006063　629.7/313

西夏紀事本末三十六卷　(清)張鑑撰　清光緒十一年(1885)金陵刻本　三冊

370000－1541－0006064　629.7/813

楚寶四十卷外篇五卷　(清)周聖楷輯　(清)鄧顯鶴增輯　清道光九年(1829)刻本　二十八冊

370000－1541－0006065　629.7/903

朔方備乘六十八卷首十二卷　(清)何秋濤撰　清光緒畿輔通志局刻本　二十四冊

370000－1541－0006066　629.7/949

中山傳信錄六卷　(清)徐葆光纂　清康熙六十年(1721)徐氏二友齋刻本　六冊

370000－1541－0006067　629.7/962

三江戰事錄一卷　(清)顧苓撰　清光緒十年(1884)五湖草廬刻本　一冊

370000－1541－0006068　630/306

普通學讀本不分卷　(清)張一鵬撰　清光緒山東大學堂刻本　一冊

370000－1541－0006069　636.6/171＝2

南廱志二十四卷　(明)黃佐撰　清抄本　一冊　存二卷(十七至十八)

370000－1541－0006070　639.2/254

啟東錄六卷　(清)林壽圖撰　清光緒五年(1879)黃鵠山人歐齋刻本　二冊

370000－1541－0006071　639.2/254＝1

啟東錄六卷　(清)林壽圖撰　清光緒五年(1879)黃鵠山人歐齋刻本　三冊

370000－1541－0006072　639.23/313

蒙古遊牧記十六卷　(清)張穆撰　清同治六年(1867)壽陽祁氏刻本　四冊

370000 – 1541 – 0006073　639.23/313 ＝ 1
蒙古遊牧記十六卷　（清）張穆撰　清同治六年(1867)壽陽祁氏刻本　四冊

370000 – 1541 – 0006074　639.23/313 ＝ 2
蒙古遊牧記十六卷　（清）張穆撰　清同治六年(1867)壽陽祁氏刻本　四冊

370000 – 1541 – 0006075　639.23/394
欽定蒙古源流八卷　（清）小徹辰薩囊台吉撰　清刻本　四冊

370000 – 1541 – 0006076　639.23/394 ＝ 1
欽定蒙古源流八卷　（清）小徹辰薩囊台吉撰　清刻本　四冊

370000 – 1541 – 0006077　639.235/105
皇朝藩部要略十八卷附表四卷　（清）祁韻士撰　清光緒十年(1884)浙江書局刻本　八冊

370000 – 1541 – 0006078　639.235/105 ＝ 1
皇朝藩部要略十八卷附表四卷　（清）祁韻士撰　清光緒十年(1884)浙江書局刻本　八冊

370000 – 1541 – 0006079　640/317
各國交涉公法論初集十六卷　（英國）費利摩羅巴德撰　清光緒二十二年(1896)慎記書莊石印本　七冊

370000 – 1541 – 0006080　640/563
約章分類輯要三十八卷首一卷　蔡乃煌等纂　清光緒二十六年(1900)湖南商務局刻本　十冊　存十三卷(一至十二、首一卷)

370000 – 1541 – 0006081　640/563 ＝ 1
約章分類輯要三十八卷首一卷　蔡乃煌等纂　清光緒二十六年(1900)湖南商務局刻本　十冊　存十三卷(一至十二、首一卷)

370000 – 1541 – 0006082　640/863
清同治間津海關道辦理涉及外交事務四案始末　（清）□□輯　清同治津海關道署刻本　四冊

370000 – 1541 – 0006083　640/934
中外交涉類要表四卷光緒通商綜覈表十六卷附中西紀年周始表　（清）錢學嘉編　清光緒

十四年(1888)歸安錢氏刻本　二冊

370000 – 1541 – 0006084　640.29/298
外交報　（清）上海外交報館編　清末鉛印本　二十冊

370000 – 1541 – 0006085　640.3/293
和約彙鈔六卷　（清）謝家福輯　清光緒四年(1878)上海申報館鉛印本　五冊

370000 – 1541 – 0006086　641.3/117
國朝柔遠記二十卷　（清）王之春編　清光緒十七年(1891)廣雅書局刻本　六冊

370000 – 1541 – 0006087　641.3/117 ＝ 1
國朝柔遠記二十卷　（清）王之春編　清光緒十七年(1891)廣雅書局刻本　十八冊

370000 – 1541 – 0006088　641.3/117 ＝ 2
湘軍記二十卷　（清）王定安撰　清光緒十五年(1889)江南書局刻本　十二冊

370000 – 1541 – 0006089　641.3/117 ＝ 3
湘軍記二十卷　（清）王定安撰　清光緒十五年(1889)江南書局刻本　十二冊

370000 – 1541 – 0006090　641.3/117 ＝ 4
湘軍記二十卷　（清）王定安撰　清末上海書局石印本　四冊

370000 – 1541 – 0006091　641.3/387
各國立約始末記三十卷　（清）陸元鼎撰　清光緒三十二年(1906)上海商務印書館鉛印本　二十二冊

370000 – 1541 – 0006092　641.3/387 ＝ 1
各國立約始末記三十卷　（清）陸元鼎撰　清光緒三十二年(1906)上海商務印書館鉛印本　二十二冊

370000 – 1541 – 0006093　641.3/719
中西紀事二十四卷　（清）夏燮撰　清光緒二十三年(1897)慎記書莊石印本　八冊

370000 – 1541 – 0006094　641.3/719 ＝ 1
中西紀事二十四卷　（清）夏燮撰　清同治七年(1868)刻本　六冊

370000－1541－0006095　641.3/719＝2

中西紀事二十四卷　（清）夏燮撰　清同治七年(1868)刻本　六冊

370000－1541－0006096　641.3/719＝3

中西紀事二十四卷　（清）夏燮撰　清光緒十年(1884)江上草堂木活字印本　六冊

370000－1541－0006097　641.3/762

各國約章纂要六卷　勞乃宣撰　清光緒十八年(1892)上海圖書集成印書局鉛印本　四冊

370000－1541－0006098　641.7/266

中俄交涉記四卷　（清）楊楷編　清光緒二十二年(1896)積山書局石印本　四冊

370000－1541－0006099　641.7/266＝1

金輶籌筆四卷　（清）邵友濂編　清光緒十三年(1887)無錫楊楷刻本　二冊　存二卷（一至二）

370000－1541－0006100　641.7/586

出使美日秘國日記十六卷（清光緒十五年至十九年）　（清）崔國因撰　清光緒二十年(1894)鉛印本　十二冊

370000－1541－0006101　641.7/586＝1

出使美日秘國日記十六卷（清光緒十五年至十九年）　（清）崔國因撰　清光緒二十年(1894)鉛印本　十二冊

370000－1541－0006102　641.8/211

英軺日記十二卷（清光緒二十七年十二月至二十八年八月）　載振撰　清光緒二十九年(1903)上海文明編譯書局鉛印本　四冊

370000－1541－0006103　641.8/211＝1

英軺日記十二卷（清光緒二十七年十二月至二十八年八月）　載振撰　清光緒二十九年(1903)上海文明編譯書局鉛印本　四冊

370000－1541－0006104　641.8/261

李傅相歷聘歐美記二卷　（美國）林樂知編　蔡爾康譯　清光緒二十四年(1898)上海商務印書館鉛印本　二冊

370000－1541－0006105　643.48/350

石平甫日記一卷　（清）石汝鈞撰　清稿本　一冊

370000－1541－0006106　644/660

隨軺筆記四卷　吳宗濂撰　清光緒二十八年(1902)著易堂鉛印本　三冊　缺一卷（二）

370000－1541－0006107　644.3/449

庚子海外紀事四卷　呂海寰編　清光緒二十七年(1901)刻本　四冊

370000－1541－0006108　644.3/449＝1

庚子海外紀事四卷　呂海寰編　清光緒二十七年(1901)刻本　四冊

370000－1541－0006109　644.3/859

山東曹州府教案條約　（清）總理各國事務衙門議訂　清光緒二十四年(1898)濟南會友堂刻本　一冊

370000－1541－0006110　644.3/859＝2

山東曹州府教案條約　（清）總理各國事務衙門議訂　清光緒二十六年(1900)濟南會友堂刻本　一冊

370000－1541－0006111　644.838/117

使俄日記八卷（清光緒二十年至二十一年）　（清）王之春撰　清光緒二十二年(1896)上海石印本　六冊

370000－1541－0006112　649.1/192

幼童衛生編　（英國）傅蘭雅譯　清光緒二十年(1894)上海格致書室鉛印本　一冊

370000－1541－0006113　650/119

東華錄一百九十五卷（天命朝至雍正朝）東華續錄二百三十卷（乾隆朝至道光朝）　王先謙編　清光緒十年(1884)長沙王氏刻本　一百六十冊

370000－1541－0006114　650/119＝1

東華錄一百九十五卷（天命朝至雍正朝）東華續錄三百三十卷（乾隆朝至咸豐朝）　王先謙編　清光緒十年(1884)長沙王氏刻十五年(1889)會稽籀三倉室續刻本　二百冊

370000－1541－0006115　650/119＝2

東華全錄四百二十五卷 王先謙編 東華續錄六十九卷(咸豐朝) (清)潘頤福編 清光緒十三年(1887)刻本 一百七十六冊

370000－1541－0006116 650/119＝3

東華續錄一百卷(咸豐朝) 王先謙編 清光緒十五年至十六年(1889－1890)會稽望三益齋刻本 六十冊

370000－1541－0006117 650/119＝4

東華續錄一百卷(同治朝) 王先謙編 清光緒刻本 六十四冊

370000－1541－0006118 650/119＝5

東華續錄二百二十卷(光緒朝) (清)朱壽朋編 清宣統元年(1909)上海集成圖書公司鉛印本 六十四冊

370000－1541－0006119 650/119＝6

東華續錄二百二十卷(光緒朝) (清)朱壽朋編 清宣統元年(1909)上海集成圖書公司鉛印本 六十四冊

370000－1541－0006120 650/712

十一朝東華錄肇要一百十四卷 (清)汪文安撰 清光緒二十九年(1903)上海商務印書館鉛印本 二十八冊

370000－1541－0006121 651.07/486

雍正乾隆上諭摘鈔不分卷 (清)□□編 清抄本 二冊

370000－1541－0006122 651.179/283

樊山政書二十卷 樊增祥撰 清宣統二年(1910)南京湯明林聚珍書局鉛印本 十冊

370000－1541－0006123 651.37/820

即墨詩乘十二卷 (清)周翕鐄輯 清道光二十年(1840)小峴山房刻本 六冊

370000－1541－0006124 651.41/697

唐大詔令輯鈔不分卷 (清)□□節錄 清抄本 二冊

370000－1541－0006125 651.65/313

雲南機務抄黃一卷 (明)張紞編 清道光宏道書院刻惜陰軒叢書本 一冊

370000－1541－0006126 651.7/717

國朝聖訓 (清)□□輯 清內府刻本 二百五十冊

370000－1541－0006127 651.7/730

樞垣記略二十八卷 (清)梁章鉅輯 清光緒元年(1875)刻本 六冊

370000－1541－0006128 651.731/428

硃批諭旨不分卷 (清)鄂爾泰等編 清乾隆三年(1738)內府刻朱墨套印本 一百十二冊

370000－1541－0006129 651.731/428＝1

硃批諭旨不分卷 (清)鄂爾泰等編 清乾隆三年(1738)內府刻朱墨套印本 一百十二冊

370000－1541－0006130 651.731/428＝2

硃批諭旨不分卷 (清)鄂爾泰等編 清光緒十三年(1887)上海點石齋石印本 六十冊

370000－1541－0006131 651.735/860

諭行旗務奏議不分卷 (清)允祿等輯 清刻本 四冊

370000－1541－0006132 651.77/956

上諭條奏不分卷 (清)□□編 清刻本 四十四冊

370000－1541－0006133 651.771/158

撫吳公牘五十卷 (清)丁日昌撰 清光緒鉛印本 六冊

370000－1541－0006134 652/196

歷代名臣奏議選二十九卷 (清)趙承恩編 清同治十三年(1874)紅杏山房刻本 十四冊

370000－1541－0006135 652/298

皖南士紳籲懇奏一卷 (清)□□撰 清末鉛印本 一冊

370000－1541－0006136 652/298＝1

奏稿抄本一卷 (清)□□抄 清末抄本 一冊

370000－1541－0006137 652/298＝2

奏報一卷 (清)□□抄 清末抄本 一冊

370000－1541－0006138 652/311

歷代名臣奏議三百十九卷　（明）黃淮　（明）楊士奇等輯　（明）張溥刪正　明崇禎八年(1635)刻本　八十二冊

370000－1541－0006139　652/372

夢虹奏議二卷　（清）鄧顯麒撰　清光緒二十三年(1897)新吳公廨刻本　二冊

370000－1541－0006140　652/633

郭侍郎奏疏十二卷　（清）郭嵩燾撰　清光緒十八年(1892)刻本　十二冊

370000－1541－0006141　652/667

荊川先生右編四十卷　（明）唐順之輯　（明）劉曰寧補輯　明萬曆三十三年(1605)南京國子監刻本　三十六冊

370000－1541－0006142　652/704

安侍御奏稿一卷　安維峻撰　清光緒石印本　一冊

370000－1541－0006143　652/765

校邠廬抗議　（清）馮桂芬撰　清末金閶書舍木活字印本　一冊

370000－1541－0006144　652.07/340

三公奏議六卷　盛宣懷編　清光緒二年(1876)武進盛氏思補樓刻本　二十冊

370000－1541－0006145　652.07/340＝1

三公奏議六卷　盛宣懷編　清光緒二年(1876)武進盛氏思補樓刻本　二十冊

370000－1541－0006146　652.1/201

圭厃堂藏書　（清）□□輯　清抄本　一冊

370000－1541－0006147　652.1/247

禮垣疏草一卷　（清）杜漺撰　清順治刻本　一冊

370000－1541－0006148　652.1/364

太傅孫文正公手書遺折稿一卷　（清）孫家鼐撰　清宣統元年(1909)石印本　一冊

370000－1541－0006149　652.1/377

陳臥子先生兵垣奏議二卷　（明）陳子龍撰　清宣統二年(1910)上海時中書局鉛印本　一冊

370000－1541－0006150　652.1/633

罪言存略一卷　（清）郭嵩燾撰　清光緒十四年(1888)時報館鉛印本　一冊

370000－1541－0006151　652.1/720

洪經略奏對筆記二卷　（清）洪承疇撰　清末鉛印本　一冊

370000－1541－0006152　652.1/720＝1

洪經略奏對筆記二卷　（清）洪承疇撰　清末鉛印本　一冊

370000－1541－0006153　652.1/765＝2

校邠廬抗議二卷　（清）馮桂芬撰　清光緒十八年(1892)敏德堂刻本　二冊

370000－1541－0006154　652.1/827

朱石翹奏稿一卷　（清）朱石翹撰　清桐孫抄本　一冊

370000－1541－0006155　652.16/214

明胡端敏公奏議十卷　（明）胡世寧撰　清光緒十九年(1893)浙江書局刻本　四冊

370000－1541－0006156　652.171/660

龔端毅公奏疏八卷附錄一卷浠川政譜疏二卷　（清）龔鼎孳撰　清光緒九年(1883)聽彝書屋刻本　五冊

370000－1541－0006157　652.178/112

王文敏公奏疏稿不分卷　（清）王懿榮撰　清宣統三年(1911)江寧印刷廠鉛印本　一冊

370000－1541－0006158　652.178/290

李勤恪公政書十卷首一卷　（清）李瀚章撰　清光緒三十二年(1906)石印本　十冊

370000－1541－0006159　652.178/290＝2

李勤恪公政書十卷首一卷　（清）李瀚章撰　清光緒三十二年(1906)石印本　十冊

370000－1541－0006160　652.21/292

李忠定公奏議十六卷　（宋）李綱撰　（明）左光先選　清光緒二十三年(1897)東粵經韻樓鉛印本　四冊

370000－1541－0006161　652.4/672

龐石壁諫垣稿三卷首一卷　（明）龐泮撰　清

乾隆三十二年(1767)刻本　二冊

370000－1541－0006162　652.41/387

陸宣公奏議四卷　(唐)陸贄撰　清乾隆十一年(1746)刻本　二冊

370000－1541－0006163　652.41/387＝1

唐陸宣公奏議讀本四卷　(唐)陸贄撰　(清)汪銘謙編　清光緒二十六年(1900)會稽馬氏石印本　二冊

370000－1541－0006164　652.4524/832

斷腸漱玉詞合刊　(宋)朱淑真　(宋)李清照撰　(明)毛晉輯　清末石印本　一冊

370000－1541－0006165　652.5/105

奏定科舉章程一卷　(清)禮部撰　清光緒二十八年(1902)婺源紫陽書院刻本　一冊

370000－1541－0006166　652.5/298

昭信股票奏案一卷　(清)□□撰　清光緒二十五年(1899)刻本　一冊

370000－1541－0006167　652.5/885

江楚會奏變法三摺　(清)劉坤一　(清)張之洞撰　清光緒二十七年(1901)湖南書局刻本　一冊

370000－1541－0006168　652.511/840

孝肅奏議十卷　(宋)包拯撰　清同治二年(1863)省心閣刻本　四冊

370000－1541－0006169　652.57/257

林文忠公奏議六卷　(清)林則徐撰　清光緒二年(1876)思補樓刻本　六冊

370000－1541－0006170　652.6/311

皇明疏議輯略三十七卷　(明)張瀚輯　明萬曆王汝訓、萬世德刻本　十二冊

370000－1541－0006171　652.681/418

畿南疏草二卷　(清)馬逢皐撰　清光緒二十二年(1896)池陽惜陰軒刻本　一冊

370000－1541－0006172　652.681/496

明大司馬盧公奏議十卷附本傳一卷　(明)盧象昇撰　清道光九年(1829)刻本　八冊

370000－1541－0006173　652.681/818

周忠毅公奏議四卷　(明)周宗建撰　明末刻本　四冊

370000－1541－0006174　652.7/119

皇朝道咸同光奏議六十四卷　(清)王延熙　(清)王樹敏輯　清光緒二十八年(1902)上海久敬齋石印本　二十八冊

370000－1541－0006175　652.7/119＝1

皇朝道咸同光奏議六十四卷　(清)王延熙　(清)王樹敏輯　清光緒二十八年(1902)上海久敬齋石印本　二十八冊

370000－1541－0006176　652.7/122

皇清奏議六十八卷首一卷　(清)琴川居士編　清光緒二十八年(1902)雲間麗澤學會石印本　八冊

370000－1541－0006177　652.7/122＝2

皇清奏議六十八卷首一卷　(清)琴川居士編　清都城國史館琴川居士木活字印本　四十八冊

370000－1541－0006178　652.7/298

諭摺彙存不分卷　(清)□□輯　清光緒鉛印本　七十一冊　存三年(光緒十九年五月一日至二十四日、二十八年五月至九月、三十年四月至九月)

370000－1541－0006179　652.7/352

左文襄公奏疏初編三十八卷續編七十六卷三編六卷　(清)左宗棠撰　清光緒十二年(1886)刻本　六十

370000－1541－0006180　652.7/352＝2

左文襄公奏疏初編三十八卷續編七十六卷三編六卷　(清)左宗棠撰　清光緒十六年(1890)上海圖書集成局鉛印本　二十冊

370000－1541－0006181　652.7/352＝3

左文襄公奏疏初編三十八卷續編七十六卷三編六卷　(清)左宗棠撰　清光緒二十八年(1902)上海古香閣石印本　十二冊

370000－1541－0006182　652.7/595

飭議新章一卷　（清）□□編　清光緒二十一年(1895)褆襖居士刻本　一冊

370000－1541－0006183　652.7/707
四家奏議合鈔八卷首四卷　（清）汪璨輯　清光緒九年(1883)隨山館刻本　七冊　缺一卷（六）

370000－1541－0006184　652.7/798
四此堂稿十卷　（清）魏際瑞撰　清康熙謝氏刻本　六冊

370000－1541－0006185　652.7/798＝2
四此堂稿十卷　（清）魏際瑞撰　清光緒二十二年(1896)黔南課事總局刻本　四冊

370000－1541－0006186　652.7/885
江楚會奏變法三摺　（清）劉坤一　（清）張之洞撰　清刻本　一冊

370000－1541－0006187　652.7/946
嘉定長白二先生奏議四卷　（清）徐致祥（清）寶廷撰　夏震武輯　清宣統二年(1910)鉛印本　二冊

370000－1541－0006188　652.7/982＝3
鳴原堂論文二卷　（清）曾國藩輯　清同治十二年(1873)刻本　二冊

370000－1541－0006189　652.71/183
彭剛直公奏稿八卷詩稿八卷　（清）彭玉麟撰　清光緒十七年(1891)刻本　八冊

370000－1541－0006190　652.71/183＝1
彭剛直公奏稿八卷詩稿八卷　（清）彭玉麟撰　清光緒十七年(1891)刻本　八冊

370000－1541－0006191　652.71/183＝2
彭剛直公奏稿八卷詩稿八卷　（清）彭玉麟撰　清光緒十七年(1891)刻本　八冊

370000－1541－0006192　652.71/183＝3
彭剛直公奏稿八卷詩稿八卷　（清）彭玉麟撰　清光緒十七年(1891)刻本　六冊　存八卷(彭剛直公奏稿八卷)

370000－1541－0006193　652.71/214
胡文忠公遺集八十六卷首一卷　（清）胡林翼撰　（清）鄭敦謹　（清）曾國荃編　清同治六年(1867)刻本　三十二冊

370000－1541－0006194　652.71/214＝1
胡文忠公遺集八十六卷首一卷　（清）胡林翼撰　（清）鄭敦謹　（清）曾國荃編　清同治六年(1867)刻本　三十二冊

370000－1541－0006195　652.71/214＝2
胡文忠公遺集八十六卷首一卷　（清）胡林翼撰　（清）鄭敦謹　（清）曾國荃編　清同治六年(1867)刻本　三十二冊

370000－1541－0006196　652.71/214＝3
胡文忠公遺集十卷首一卷　（清）胡林翼撰　清同治五年(1866)刻本　八冊

370000－1541－0006197　652.71/214＝4
胡文忠公遺集十卷首一卷　（清）胡林翼撰　清同治五年(1866)刻本　八冊

370000－1541－0006198　652.71/214＝5
胡文忠公遺集十卷首一卷　（清）胡林翼撰　清同治五年(1866)刻本　八冊

370000－1541－0006199　652.71/214＝6
胡文忠公遺集十卷首一卷　（清）胡林翼撰　清同治五年(1866)刻本　八冊

370000－1541－0006200　652.71/290
李文忠公奏稿八十卷　（清）李鴻章撰　（清）吳汝綸編錄　清光緒三十四年(1908)金陵刻李文忠公全集本　十冊　存十七卷(六十四至八十)

370000－1541－0006201　652.71/290＝1
李文忠公奏稿八十卷　（清）李鴻章撰　（清）吳汝綸編錄　清光緒三十四年(1908)金陵刻李文忠公全集本　五十冊

370000－1541－0006202　652.71/290＝2
李文襄公奏議十卷別錄六卷　（清）李之芳撰　（清）李鍾麟編　清刻本　九冊　缺一卷(別錄三)

370000－1541－0006203　652.71/468
盾墨拾餘十四卷四魂集四卷四魂外集四卷

易順鼎撰　清光緒二十二年(1896)慕皋廬刻哭盦叢書本　四冊

370000 – 1541 – 0006204　652.71/468 = 1
盾墨拾餘十四卷　易順鼎撰　清光緒二十二年(1896)慕皋廬刻哭盦叢書本　二冊

370000 – 1541 – 0006205　652.71/566
出使奏疏二卷出使公牘十卷　(清)薛福成撰　清光緒二十年(1894)傳經樓刻本　十冊

370000 – 1541 – 0006206　652.71/566 = 1
出使奏疏二卷　(清)薛福成撰　清光緒二十年(1894)傳經樓刻本　二冊

370000 – 1541 – 0006207　652.71/571 = 2
曾文正公奏議十卷　(清)曾國藩撰　(清)薛福成編　清同治十三年(1874)上海醉六堂刻本　十冊

370000 – 1541 – 0006208　652.71/743
沈文肅公政書七卷首一卷　(清)沈葆楨撰　清光緒六年(1880)吳門節署刻本　十四冊

370000 – 1541 – 0006209　652.71/743 = 1
沈文肅公政書七卷首一卷　(清)沈葆楨撰　清光緒六年(1880)吳門節署刻本　八冊

370000 – 1541 – 0006210　652.71/743 = 2
沈文肅公政書七卷首一卷　(清)沈葆楨撰　清光緒六年(1880)吳門節署刻本　十二冊

370000 – 1541 – 0006211　652.71/827
輶軒雜錄二卷　(清)朱軾撰　(清)劉鎮編　清嘉慶十八年(1813)刻本　一冊

370000 – 1541 – 0006212　652.71/888
劉中丞奏議二十卷　(清)劉蓉撰　清光緒十一年(1885)思賢講舍刻本　十冊

370000 – 1541 – 0006213　652.71/888 = 1
劉中丞奏議二十卷　(清)劉蓉撰　清光緒十一年(1885)思賢講舍刻本　十冊

370000 – 1541 – 0006214　652.71/888 = 2
劉中丞奏議二十卷　(清)劉蓉撰　清光緒十一年(1885)思賢講舍刻本　十冊

370000 – 1541 – 0006215　652.71/892
劉廷琛奏疏一卷　(清)劉廷琛撰　清宣統三年(1911)鉛印本　一冊

370000 – 1541 – 0006216　652.71/921
南皮張宮保政書十二卷　(清)張之洞撰　清光緒二十七年(1901)上海圖書集成印書局鉛印本　六冊

370000 – 1541 – 0006217　652.721/111
于山奏牘七卷詩詞合選一卷　(清)于成龍撰　清康熙二十二年(1683)于氏刻本　黃裳跋　四冊

370000 – 1541 – 0006218　652.721/271
撫黔奏疏八卷　(清)楊雍建撰　清道光二十五年(1845)海寧楊氏述鄭齋刻本　八冊

370000 – 1541 – 0006219　652.74/384
庸盦尚書奏議十六卷　陳夔龍撰　俞陛雲編　清宣統三年(1911)長沙王闓運刻本　八冊

370000 – 1541 – 0006220　652.75/719
江蘇采訪書奏不分卷　(清)□□輯　清末刻本　一冊

370000 – 1541 – 0006221　652.75/719 = 1
江南采訪札批不分卷　(清)□□輯　清末刻本　一冊

370000 – 1541 – 0006222　652.75/994
長江礮臺芻議一卷　姚錫光撰　清光緒二十二年(1896)木活字印本　一冊

370000 – 1541 – 0006223　652.76/257
林文忠公政書三十七卷滇軺紀程一卷荷戈紀程一卷政書蒐遺一卷畿輔水利議一卷附本傳一卷　(清)林則徐撰　清光緒二年至五年(1876 – 1879)刻本　十三冊

370000 – 1541 – 0006224　652.76/257 = 2
林文忠公政書三十七卷　(清)林則徐撰　清光緒十一年(1885)刻本　十六冊

370000 – 1541 – 0006225　652.76/257 = 3
林文忠公政書甲集八卷乙集十七卷丙集十卷　(清)林則徐撰　清刻本　十冊

370000 – 1541 – 0006226　652.76/257 = 4

林文忠公政書甲集八卷乙集十七卷丙集十卷
　（清）林則徐撰　清刻本　十六冊

370000 – 1541 – 0006227　652.761/460

籌海初編四卷　（清）關天培撰　清道光十六年(1836)刻本　四冊

370000 – 1541 – 0006228　652.77/105

同治光緒中興奏議約編八卷　（清）陳弢輯
清光緒京都小酉山房刻本　四冊

370000 – 1541 – 0006229　652.77/105 = 1

同治中興京外奏議約編八卷　（清）陳弢輯
清光緒刻本　二冊　存二卷(五、七)

370000 – 1541 – 0006230　652.77/105 = 2

同治中興京外奏議約編八卷　（清）陳弢輯
清光緒刻本　八冊

370000 – 1541 – 0006231　652.77/352

左恪靖伯奏稿三十八卷　（清）左宗棠撰　清同治七年(1868)刻本　三十八冊

370000 – 1541 – 0006232　652.77/571

曾文正公奏議補編四卷　（清）曾國藩撰
(清)薛福成編　清同治十三年(1874)蘇郡刻本　二冊

370000 – 1541 – 0006233　652.77/571 = 1

曾文正公奏稿三十卷　（清）曾國藩撰　（清）
李瀚章輯　清光緒二年(1876)傳忠書局刻本　三十冊

370000 – 1541 – 0006234　652.771/311

張大司馬奏稿四卷　（清）張亮基撰　清光緒十七年(1891)刻本　四冊

370000 – 1541 – 0006235　652.771/411

適可齋記言四卷記行六卷　（清）馬建忠撰
清光緒二十二年(1896)刻本　四冊

370000 – 1541 – 0006236　652.771/422

駱文忠公奏稿十卷　（清）駱秉章撰　清光緒十七年(1891)刻本　十冊

370000 – 1541 – 0006237　652.771/422 = 1

駱文忠公奏稿十卷　（清）駱秉章撰　清光緒
十七年(1891)刻本　十冊

370000 – 1541 – 0006238　652.771/422 = 2

駱文忠公奏議湘中稿十六卷續刻四川奏議十一卷附錄一卷　（清）駱秉章撰　清光緒刻本　二十六冊

370000 – 1541 – 0006239　652.771/422 = 3

駱文忠奏議湘中稿十六卷附錄一卷　（清）駱秉章撰　清刻本　一冊　存一卷(附錄一卷)

370000 – 1541 – 0006240　652.771/633

郭侍郎奏疏十二卷　（清）郭嵩燾撰　清光緒十八年(1892)刻本　十二冊

370000 – 1541 – 0006241　652.771/754

潘方伯公遺稿六卷　（清）潘駿文撰　（清）潘學祖　（清）潘延祖編　清光緒二十二年(1896)刻本　六冊

370000 – 1541 – 0006242　652.771/892

劉文莊公奏議八卷　（清）劉秉璋撰　朱孔彰編　清末鉛印本　八冊

370000 – 1541 – 0006243　652.771/892 = 1

劉文莊公奏議八卷　（清）劉秉璋撰　朱孔彰編　清末鉛印本　八冊

370000 – 1541 – 0006244　652.771/982

抄集奏摺一卷　（清）□□抄　清抄本　一冊

370000 – 1541 – 0006245　652.78/348

夏震武奏議不分卷附召見恭記一卷　夏震武撰　清抄本　一冊

370000 – 1541 – 0006246　652.78/380

集思廣益編二卷　姚文棟編　清末刻本　一冊

370000 – 1541 – 0006247　652.78/668

戊戌奏稿一卷　康有爲撰　清宣統三年(1911)鉛印本　一冊

370000 – 1541 – 0006248　652.78/690

水流雲在館奏議二卷　（清）宋晉撰　清光緒十三年(1887)刻本　二冊

370000 – 1541 – 0006249　652.781/290

李肅毅伯奏議二十卷　（清）李鴻章撰　（清）
吳洪鈞　（清）吳汝綸編　清光緒二十五年
(1899)上海鴻文書局石印本　二十冊

370000－1541－0006250　652.781/290＝1
李肅毅伯奏議二十卷　（清）李鴻章撰　（清）
吳洪鈞　（清）吳汝綸編　清光緒二十五年
(1899)上海鴻文書局石印本　二十冊

370000－1541－0006251　652.781/392
昌平遺記不分卷　（清）榮恒撰　清光緒三十
二年(1906)刻本　一冊

370000－1541－0006252　652.781/668
戊戌奏稿一卷　康有爲撰　清宣統三年
(1911)鉛印本　一冊

370000－1541－0006253　652.781/736
出山草譜四卷　（清）湯肇熙撰　清光緒十年
(1884)昆陽縣署刻本　二冊

370000－1541－0006254　652.781/892
劉壯肅公奏議十卷首一卷　（清）劉銘傳撰
清光緒三十二年(1906)鉛印本　六冊

370000－1541－0006255　652.781/930
錢敏肅公奏疏七卷　（清）錢鼎銘撰　清光緒
六年(1880)存素堂刻本　四冊

370000－1541－0006256　652.781/938
慎獨處公牘二卷　（清）鍾英撰　清光緒二十
一年(1895)刻本　二冊

370000－1541－0006257　652.781/988
諫垣存稿二卷　（清）余誠格撰　清光緒三十
四年(1908)誦清閣鉛印本　二冊

370000－1541－0006258　653.1/468
安順書牘摘鈔三卷仁書二卷　（清）易佩紳撰
清末刻本　一冊

370000－1541－0006259　653.1/805
二金蜨堂尺牘一卷　（清）趙之謙書　清光緒
三十一年(1905)嚴氏小長蘆館石印本　一冊

370000－1541－0006260　653.17/316
斯未錄二卷　（清）強望泰撰　清同治四年
(1865)刻本　一冊

370000－1541－0006261　653.178/311
守岐公牘彙存一卷　（清）張兆棟撰　清光緒
四年(1878)刻本　一冊

370000－1541－0006262　653.178/311＝1
守岐公牘彙存一卷　（清）張兆棟撰　清光緒
四年(1878)刻本　一冊

370000－1541－0006263　653.5/153
兩淮案牘鈔存　（清）□□輯　清宣統鉛印本
三冊

370000－1541－0006264　653.5/298
兩淮案牘鈔存　（清）□□輯　清宣統鉛印本
三冊

370000－1541－0006265　653.7/111
于清端公政書八卷首編一卷外集一卷　（清）
于成龍撰　清刻本　十冊

370000－1541－0006266　653.741/377
培遠堂存稿摘鈔四卷　（清）陳弘謀撰　清光
緒六年(1880)蜀垣柏署刻本　四冊

370000－1541－0006267　653.76/983
公牘雜鈔不分卷　（清）□□編　清抄本　四
冊

370000－1541－0006268　653.77/273
十三峰書屋書札四卷批牘二卷　（清）李榕撰
清末刻本　六冊

370000－1541－0006269　653.771/290
李文忠公朋僚函稿十二卷　（清）李鴻章撰
（清）吳汝綸編　清光緒二十八年(1902)保定
蓮池書社鉛印本　十二冊

370000－1541－0006270　653.771/290＝1
李文忠公外部函稿二十卷　（清）李鴻章撰
（清）吳汝綸編　清光緒二十八年(1902)保定
蓮池書社鉛印本　十冊

370000－1541－0006271　653.771/290＝2
李文忠公海軍函稿四卷　（清）李鴻章撰
（清）吳汝綸編　清光緒二十八年(1902)保定
蓮池書社鉛印本　二冊

370000－1541－0006272　653.771/290＝3

李文忠公海軍函稿四卷　（清）李鴻章撰
（清）吳汝綸編　清光緒二十八年(1902)保定
蓮池書社鉛印本　二冊

370000－1541－0006273　653.771/290＝4

李文忠公海軍函稿四卷　（清）李鴻章撰
（清）吳汝綸編　清光緒二十八年(1902)保定
蓮池書社鉛印本　二冊

370000－1541－0006274　653.771/896

餘辛集三卷　（清）何栻撰　清同治元年
(1862)刻本　一冊

370000－1541－0006275　653.781/158

撫吳公牘五十卷　（清）丁日昌撰　清光緒二
年(1876)廣州郭昌記鉛印本　十冊

370000－1541－0006276　653.781/290

開縣李尚書政書八卷首一卷　（清）李宗羲撰
　清光緒十一年(1885)武昌刻本　四冊

370000－1541－0006277　653.781/306

問心齋學治雜錄二卷續錄四卷　（清）張丹叔
撰　清光緒十一年(1885)刻本　六冊

370000－1541－0006278　653.781/366

訒齋手札四卷附家約一卷家訓一卷　（清）褚
維垕撰　清光緒二十七年(1901)刻本　二冊

370000－1541－0006279　653.781/798

四此堂稿十卷　（清）魏際瑞撰　清光緒三十
三年(1907)成都文倫書局鉛印本　四冊

370000－1541－0006280　653.781/798＝1

四此堂稿十卷　（清）魏際瑞撰　清光緒三十
三年(1907)成都文倫書局鉛印本　四冊

370000－1541－0006281　653.781/885

一廬存稿乙集二卷　（清）劉乃勛撰　清末香
港商務印書館鉛印本　二冊

370000－1541－0006282　653.781/892

粵東草一卷　（清）劉重選撰　清乾隆稿本
一冊

370000－1541－0006283　653.781/946

學治識端不分卷　（清）徐壽茲撰　清光緒二
十七年(1901)大梁刻本　一冊

370000－1541－0006284　653.781/982

曾滌生致西英使臣書一卷　（清）曾國藩撰
清同治九年(1870)抄本　佚名題識　一冊

370000－1541－0006285　653.791/235

石封官書二卷　（清）汪□□撰　清宣統二年
(1910)鉛印本　二冊

370000－1541－0006286　653.811/994

批牘稿存不分卷　（清）□□編　清抄本　三
冊

370000－1541－0006287　655.3/463

烏臺詩案一卷　（宋）朋九萬撰　清末元和江
氏刻本　一冊

370000－1541－0006288　655.5/684

欽定宗人府則例三十一卷首一卷　（清）宗人
府修　清光緒刻本　十六冊

370000－1541－0006289　655.5/863

華制存考　（清）□□撰　清宣統二年(1910)
鉛印本　六冊

370000－1541－0006290　655.58/178

北洋公牘類纂二十五卷　（清）甘厚慈輯　清
光緒三十三年(1907)北京益森印刷有限公司
鉛印本　二十冊

370000－1541－0006291　655.58/178＝1

北洋公牘類纂續編二十四卷　（清）甘厚慈輯
　清宣統二年(1910)北京絳雪齋書局鉛印本
二十冊

370000－1541－0006292　655.58/602

四川鹽道計岸官運鹽案彙輯十二卷　四川計
岸官運總局文案所纂　清光緒三十年(1904)
四川計岸官運總局刻本　八冊

370000－1541－0006293　655.58/770

江西辦理交涉民教詞訟檔案四卷　（清）馮汝
驥輯　清宣統元年(1909)鉛印本　四冊

370000－1541－0006294　657.5/387

唐陸宣公集二十二卷　（唐）陸贄撰　清刻本
　八冊

370000－1541－0006295　660/112

元豐九域志十卷 （宋）王存撰 清光緒八年
(1882)金陵書局刻本 丁山題識 四冊

370000－1541－0006296 660/112＝1

元豐九域志十卷 （宋）王存撰 清光緒八年
(1882)金陵書局刻本 四冊

370000－1541－0006297 660/112＝2

元豐九域志十卷 （宋）王存撰 清光緒八年
(1882)金陵書局刻本 四冊

370000－1541－0006298 660/119

小方壺齋輿地叢鈔十二帙補編十二帙 （清）
王錫祺輯 清光緒十七年至二十年(1891－
1894)上海著易堂鉛印本 六十九冊

370000－1541－0006299 660/119＝1

小方壺齋輿地叢鈔十二帙 （清）王錫祺輯
清光緒十七年(1891)上海著易堂鉛印本 六
十三冊 缺一帙(十一)

370000－1541－0006300 660/424

輿地廣記三十八卷 （宋）歐陽忞撰 校勘劄
記二卷 （清）黃丕烈撰 清光緒六年(1880)
金陵書局刻本 四冊

370000－1541－0006301 660/424＝1

輿地廣記三十八卷 （宋）歐陽忞撰 校勘劄
記二卷 （清）黃丕烈撰 清光緒六年(1880)
金陵書局刻本 四冊

370000－1541－0006302 660/424＝2

輿地廣記三十八卷 （宋）歐陽忞撰 校勘劄
記二卷 （清）黃丕烈撰 清光緒六年(1880)
金陵書局刻本 四冊

370000－1541－0006303 660/426

中外地輿圖說集成二百卷 （清）同康盧主人
輯 清光緒二十年(1894)上海積山書局石印
本 二十四冊

370000－1541－0006304 660/561

廣輿記二十四卷 （明）陸應陽撰 （清）蔡方
炳增輯 清康熙二十五年(1686)刻本 十二
冊

370000－1541－0006305 660/561＝1

廣輿記二十四卷 （明）陸應陽撰 （清）蔡方
炳增輯 清康熙二十五年(1686)刻本 十二
冊

370000－1541－0006306 660/561＝2

廣輿記二十四卷 （明）陸應陽撰 （清）蔡方
炳增輯 清康熙二十五年(1686)刻本 一冊
存一卷(一)

370000－1541－0006307 660/573

太平寰宇記二百卷目錄二卷 （宋）樂史撰
清乾隆五十八年(1793)刻本 二十二冊

370000－1541－0006308 660/667

廣學類編十二卷 （英國）唐蘭孟編 （清）任
廷旭譯 清光緒二十七年(1901)上海廣學會
鉛印本 二冊 存四卷(二至三、五至六)

370000－1541－0006309 660/754

方輿紀要簡覽三十四卷 （清）顧祖禹撰
（清）潘鐸輯錄 清經元堂刻本 八冊 存十
九卷(十六至三十四)

370000－1541－0006310 660/873

太平寰宇記二百卷目錄二卷 （宋）樂史撰
清乾隆五十八年(1793)刻本 三十冊

370000－1541－0006311 660/873＝1

太平寰宇記二百卷目錄二卷附補闕一卷紀元
表一卷 （宋）樂史撰 清嘉慶八年(1803)萬
廷蘭刻本 三十九冊 缺五卷(二十至二十
四)

370000－1541－0006312 660/873＝2

太平寰宇記二百卷目錄二卷附補闕一卷紀元
表一卷 （宋）樂史撰 清嘉慶八年(1803)萬
廷蘭刻本 二十五冊 存一百四十三卷(四、
五、五十九至二百)

370000－1541－0006313 660/873＝3

太平寰宇記二百卷目錄二卷 （宋）樂史撰
清光緒十年(1884)遵義黎氏日本東京使署刻
古逸叢書本 一冊 存六卷(一百十三至一
百十八)

370000－1541－0006314 660/873＝4

太平寰宇記二百卷目錄二卷 （宋）樂史撰
清光緒八年（1882）金陵書局刻本 三十六冊

370000－1541－0006315 660/951

天下山河兩戒考十四卷圖一卷 （清）徐文靖
注 清雍正元年（1723）刻本 五冊

370000－1541－0006316 660/964＝1

讀史方輿紀要一百三十卷輿地總圖四卷
（清）顧祖禹撰 清光緒五年（1879）蜀南桐華
書屋刻本 七十冊

370000－1541－0006317 660/964＝2

讀史方輿紀要一百三十卷輿地總圖四卷
（清）顧祖禹撰 清光緒二十七年（1901）上海
圖書集成局鉛印本 二十八冊

370000－1541－0006318 660/964＝3

讀史方輿紀要一百三十卷輿圖要覽四卷
（清）顧祖禹撰 清嘉慶十六年（1811）敷文閣
刻本 六十四冊

370000－1541－0006319 660/964＝4

讀史方輿紀要一百三十卷輿圖要覽四卷
（清）顧祖禹撰 清光緒五年（1879）蜀南桐華
書屋刻本 五十七冊 缺一卷（二十一）

370000－1541－0006320 660/964＝5

讀史方輿紀要序二卷 （清）顧祖禹撰 （清）
李式揆註釋 清光緒二十八年（1902）養拙山
房刻本 二冊

370000－1541－0006321 660/964＝6

讀史方輿紀要一百三十卷 （清）顧祖禹撰
清抄本 四十八冊

370000－1541－0006322 660/964＝7

讀史方輿紀要摘錄十卷 （清）顧祖禹撰
（清）黃冕摘錄 清光緒二十二年（1896）澹雅
書屋刻本 佚名跋 十冊

370000－1541－0006323 660/964＝8

讀史方輿紀要一百三十卷方輿全圖總說四卷
（清）顧祖禹撰 清光緒二十九年（1903）上
海益吾齋石印本 六冊

370000－1541－0006324 660/968

天下郡國利病書一百二十卷 （清）顧炎武撰
清道光龍萬育敷文閣刻本 三十八冊

370000－1541－0006325 660.23/380

歷代地理沿革表四十六卷 （清）陳芳績撰
清光緒二十一年（1895）廣雅書局刻本 十五
冊

370000－1541－0006326 660.23/380＝1

歷代地理沿革表四十六卷 （清）陳芳績撰
清光緒二十一年（1895）廣雅書局刻本 十六
冊

370000－1541－0006327 660.23/879

歷代疆域表三卷 （清）段長基撰 清嘉慶二
十二年（1817）小酉山房刻本 六冊

370000－1541－0006328 660.23/879＝1

歷代疆域表三卷 （清）段長基撰 清嘉慶二
十二年（1817）小酉山房刻本 六冊

370000－1541－0006329 660.23/879＝2

歷代疆域表三卷 （清）段長基撰 清味古山
房刻本 十冊

370000－1541－0006330 660.41/860

元和郡縣圖志闕卷逸文三卷 繆荃孫輯 清
光緒七年（1881）雲自在堪刻本 一冊

370000－1541－0006331 660.81/119

小方壺齋輿地叢鈔十二帙 （清）王錫祺輯
清光緒十七年（1891）上海著易堂鉛印本 八
十四冊

370000－1541－0006332 660.81/119＝1

小方壺齋輿地叢鈔十二帙 （清）王錫祺輯
清光緒十七年（1891）上海著易堂鉛印本 六
十四冊

370000－1541－0006333 660.88/290＝2

李氏五種合刊二十七卷 （清）李兆洛輯 清
光緒十八年（1892）長沙竹素書局刻本 十一
冊

370000－1541－0006334 660.88/290＝3

李氏五種合刊二十七卷 （清）李兆洛輯 清
光緒十八年（1892）長沙竹素書局刻本 十六

冊

370000－1541－0006335　661/566

禹貢釋詁不分卷　（清）孫喬年輯　清道光五年（1825）天心閣刻本　一冊

370000－1541－0006336　661/901

禹貢古今注通釋六卷　（清）侯楨撰　清咸豐元年（1851）古杼秋館刻本　二冊

370000－1541－0006337　661/951

禹貢會箋十二卷禹貢山水總目一卷　（清）徐文靖輯　清志寧堂刻本　三冊

370000－1541－0006338　661/977

禹貢要註不分卷　（明）鄭曉撰　清光緒十年（1884）古虞朱氏刻本　一冊

370000－1541－0006339　661.3/951

增訂夏書禹貢註讀不分卷　（清）徐鹿苹輯　清光緒四年（1878）上洋集成堂刻本　一冊

370000－1541－0006340　661.41/860

元和郡縣圖志闕卷逸文三卷　繆荃孫輯　清光緒七年（1881）雲自在堪刻本　一冊

370000－1541－0006341　661.7/242

春秋地名一卷春秋長歷一卷　（晉）杜預撰　清乾隆四十三年（1778）微波榭刻本　一冊

370000－1541－0006342　661.99/890

楚漢諸侯疆域志三卷　（清）劉文淇撰　清光緒二年（1876）金陵汪士鐸刻本　一冊

370000－1541－0006343　662.1/124

漢書地理志校本二卷　（清）汪遠孫撰　清道光二十八年（1848）錢塘汪氏振綺堂刻本　二冊

370000－1541－0006344　662.1/124＝1

漢書地理志校本二卷　（清）汪遠孫撰　清道光二十八年（1848）錢塘汪氏振綺堂刻本　一冊

370000－1541－0006345　662.1/124＝2

漢書地理志校本二卷　（清）汪遠孫撰　清道光二十八年（1848）錢塘汪氏振綺堂刻本　一冊

370000－1541－0006346　662.1/946

漢書西域傳補注二卷　（清）徐松撰　清光緒十九年（1893）寶善書局石印本　二冊

370000－1541－0006347　662.1/946＝1

漢書西域傳補注二卷　（清）徐松撰　清道光九年（1829）陽湖張琦刻本　一冊

370000－1541－0006348　662.1/946＝2

漢書西域傳補注二卷　（清）徐松撰　清道光九年（1829）陽湖張琦刻本　一冊

370000－1541－0006349　662.3/433

三國郡縣表八卷　（清）吳增僅撰　清光緒二十一年（1895）木活字印本　四冊

370000－1541－0006350　662.3/433＝1

三國郡縣表八卷　（清）吳增僅撰　清光緒二十一年（1895）木活字印本　四冊

370000－1541－0006351　663/471

晉書地理志新補正五卷晉太康三年地記一卷王隱晉書地道記一卷　（清）畢沅撰　清乾隆四十八年（1783）畢氏經訓堂刻本　一冊

370000－1541－0006352　663.1/337

歷代沿革圖不分卷　（清）厲雲官繪　清同治九年（1870）無錫周士錦刻朱墨套印本　一冊

370000－1541－0006353　663.1/471

晉太康三年地記一卷王隱晉書地道記一卷　（清）畢沅撰　清光緒二十一年（1895）廣雅書局刻本　一冊

370000－1541－0006354　663.3/720

十六國疆域志十六卷　（清）洪亮吉撰　清嘉慶三年（1798）京師刻本　四冊

370000－1541－0006355　663.4/746

唐書西域傳注不分卷　（清）沈惟賢撰　清光緒二十四年（1898）刻本　一冊

370000－1541－0006356　664/426

輿地廣記三十八卷　（宋）歐陽忞撰　校勘割記二卷　（清）黃丕烈撰　清嘉慶十七年（1812）吳縣黃丕烈士禮居刻士禮居黃氏叢書本　四冊

370000－1541－0006357　664.16/285

元和郡縣圖志四十卷　（唐）李吉甫撰　清嘉慶二年(1797)陽湖孫星衍刻岱南閣叢書本　八冊

370000－1541－0006358　664.16/285＝1

元和郡縣圖志四十卷　（唐）李吉甫撰　清光緒六年(1880)金陵書局刻本　六冊

370000－1541－0006359　664.16/285＝2

元和郡縣圖志四十卷　（唐）李吉甫撰　清光緒六年(1880)金陵書局刻本　八冊

370000－1541－0006360　664.16/285＝3

元和郡縣補志九卷　（清）嚴觀輯　清乾隆四十年(1775)蒲廬學舍刻本　二冊

370000－1541－0006361　664.16/285＝4

元和郡縣補志九卷　（清）嚴觀輯　清光緒八年(1882)金陵書局刻本　二冊

370000－1541－0006362　664.16/285＝5

元和郡縣補志九卷　（清）嚴觀輯　清光緒八年(1882)金陵書局刻本　二冊

370000－1541－0006363　665.1/339

宋州郡志校勘記一卷　（清）成孺撰　清光緒十三年(1887)廣雅書局刻本　一冊

370000－1541－0006364　665.7/830

廣輿圖二卷　（元）朱思本撰　（明）羅洪先（明）胡松增補　明萬曆七年(1579)錢岱刻本　四冊

370000－1541－0006365　666/288

大明一統志九十卷　（明）李賢等纂修　明天順五年(1461)內府刻本　十冊　存二十四卷（六至十、十六至十八、二十六至二十七、三十二至三十三、三十六至四十、六十一至六十四、六十九至七十一）

370000－1541－0006366　666/288＝2

大明一統志九十卷　（明）李賢等纂修　明末萬壽堂刻本　四十冊

370000－1541－0006367　666/535

讀史方輿紀要一百三十卷輿圖要覽四卷　（清）顧祖禹撰　清嘉慶十六年(1811)敷文閣刻本　六十冊

370000－1541－0006368　666/664

明輿圖不分卷　（明）□□撰　明紅格抄本　二冊

370000－1541－0006369　666/834

地圖綜要三卷　（明）朱紹本等撰　明末刻本　四冊

370000－1541－0006370　667/217

問影樓輿地叢書第一集　胡思敬輯　清光緒三十四年(1908)北京問影樓鉛印本　十冊

370000－1541－0006371　667/217＝1

問影樓輿地叢書第一集　胡思敬輯　清光緒三十四年(1908)北京問影樓鉛印本　十冊

370000－1541－0006372　667/429

皇朝中外壹統輿圖三十一卷首一卷　（清）胡林翼撰　（清）嚴樹森補訂　清同治二年(1863)湖北撫署景桓樓刻本　八冊

370000－1541－0006373　667/429＝1

皇朝中外壹統輿圖三十一卷首一卷　（清）胡林翼撰　（清）嚴樹森補訂　清同治二年(1863)湖北撫署景桓樓刻本　三十二冊

370000－1541－0006374　667/429＝2

皇朝中外壹統輿圖三十一卷首一卷　（清）胡林翼撰　（清）嚴樹森補訂　清同治二年(1863)湖北撫署景桓樓刻本　八冊

370000－1541－0006375　667/526

皇朝直省府廳州縣歌括不分卷　（清）蔣升撰　清光緒二十四年(1898)慈母堂印書局鉛印本　一冊

370000－1541－0006376　667/526＝1

皇朝直省府廳州縣歌括不分卷　（清）蔣升撰　清光緒二十四年(1898)慈母堂印書局鉛印本　一冊

370000－1541－0006377　667/903

朔方備乘六十八卷首十二卷　（清）何秋濤撰　清光緒畿輔通志局刻本　二十四冊

370000 - 1541 - 0006378　667/903 ＝ 1

朔方備乘六十八卷首十二卷 （清）何秋濤撰
清光緒畿輔通志局刻本　二十四冊

370000 - 1541 - 0006379　667/964

一統志案說十六卷 （清）顧炎武撰　清道光
七年(1827)張青選清芬閣木活字印本　六冊

370000 - 1541 - 0006380　667.02/235

大清一統志表不分卷 （清）陳蘭森撰　清乾
隆五十八年(1793)刻本　八冊

370000 - 1541 - 0006381　667.02/235 ＝ 1

大清一統志表不分卷 （清）陳蘭森撰　清乾
隆五十八年(1793)刻　六冊　缺二冊(二
至三)

370000 - 1541 - 0006382　667.081/987

皇朝藩屬輿地叢書六集二十八種 （清）文瑞
樓主輯　清光緒二十九年(1903)金匱浦氏靜
寄東軒石印本　四十八冊

370000 - 1541 - 0006383　667.081/987 ＝ 1

皇朝藩屬輿地叢書六集二十八種 （清）文瑞
樓主輯　清光緒二十九年(1903)金匱浦氏靜
寄東軒石印本　四十七冊　缺五卷(東北邊
防輯要二卷,元史譯文證補十六至十七、三
十)

370000 - 1541 - 0006384　667.081/987 ＝ 2

皇朝藩屬輿地叢書六集二十八種 （清）文瑞
樓主輯　清光緒二十九年(1903)金匱浦氏靜
寄東軒石印本　四十八冊

370000 - 1541 - 0006385　667.2/428

皇輿表十六卷 （清）喇沙里等修　（清）揆敘
等增修　清康熙四十三年(1704)武英殿刻本
二十四冊

370000 - 1541 - 0006386　667.4/720

乾隆府廳州縣圖志五十卷 （清）洪亮吉撰
清光緒五年(1879)授經堂刻本　十六冊

370000 - 1541 - 0006387　667.4/720 ＝ 1

乾隆府廳州縣圖志五十卷 （清）洪亮吉撰
清光緒五年(1879)授經堂刻本　一冊　存三

卷(十四至十六)

370000 - 1541 - 0006388　667.4/720 ＝ 2

乾隆府廳州縣圖志五十卷 （清）洪亮吉撰
清光緒五年(1879)授經堂刻本　十六冊

370000 - 1541 - 0006389　667.4/720 ＝ 3

乾隆府廳州縣圖志五十卷 （清）洪亮吉撰
清光緒二十三年(1897)新化三味書室刻本
二十冊

370000 - 1541 - 0006390　667.5/917

揚州足徵錄二十七卷 （清）焦循撰　清嘉慶
二十年(1815)揚州刻本　十冊

370000 - 1541 - 0006391　667.8/271

晦明軒稿不分卷 楊守敬撰　清光緒二十七
年(1901)宜都刻本　一冊

370000 - 1541 - 0006392　667.8/271 ＝ 1

晦明軒稿不分卷 楊守敬撰　清光緒二十七
年(1901)宜都刻本　二冊

370000 - 1541 - 0006393　667.8/271 ＝ 2

**晦明軒稿不分卷壬癸金石跋不分卷丁戊金石
跋不分卷** 楊守敬撰　清光緒二十七年至三
十三年(1901 - 1907)宜都楊氏鄰蘇園刻本
四冊

370000 - 1541 - 0006394　667.8/366

皇朝輿地四言便蒙三十五卷 （清）孫傳柵編
清光緒二十五年(1899)鉛印本　三冊

370000 - 1541 - 0006395　667.8/723

皇朝輿地略不分卷 （清）六承如纂　清光緒
十年(1884)湖北官書處刻本　二冊

370000 - 1541 - 0006396　669.1/117

通鑑地理通釋十四卷 （宋）王應麟撰　清光
緒九年(1883)浙江書局刻本　三冊

370000 - 1541 - 0006397　669.1/117 ＝ 1

通鑑地理通釋十四卷周書王會補注一卷
（宋）王應麟撰　清刻本　四冊

370000 - 1541 - 0006398　669.1/290

李氏五種合刊二十七卷 （清）李兆洛輯　清
光緒二十四年(1898)掃葉山房刻本　八冊

370000－1541－0006399　669.1/290＝1

李氏五種合刊二十七卷　（清）李兆洛輯　清光緒十四年(1888)掃葉山房刻本　十二冊

370000－1541－0006400　669.1/290＝2

李氏五種合刊二十七卷　（清）李兆洛輯　清光緒十四年(1888)掃葉山房刻本　十二冊

370000－1541－0006401　669.1/290＝3

李氏五種合刊二十七卷　（清）李兆洛輯　清光緒十四年(1888)掃葉山房刻本　十二冊

370000－1541－0006402　669.1/290＝4

皇朝輿地韻編二卷　（清）李兆洛輯　清刻本　一冊

370000－1541－0006403　669.1/290＝5

歷代地理志韻編今釋二十卷皇朝輿地韻編二卷　（清）李兆洛撰　清光緒上海蜚英館石印本　四冊

370000－1541－0006404　669.1/337

歷代地理沿革圖不分卷　（清）李兆洛纂　清同治十年(1871)南京刻本　一冊

370000－1541－0006405　669.1/436

資治通鑑地理今釋十六卷　（清）吳熙載撰　清光緒八年(1882)江蘇書局刻本　三冊

370000－1541－0006406　669.1/436＝1

資治通鑑地理今釋十六卷　（清）吳熙載撰　清光緒八年(1882)江蘇書局刻本　三冊

370000－1541－0006407　669.1/630

山海經箋疏十八卷圖贊一卷訂訛一卷敘錄一卷　（晉）郭璞傳　（清）郝懿行箋疏　清嘉慶十四年(1809)揚州阮氏琅嬛仙館刻本　丁山批校並跋　四冊

370000－1541－0006408　669.1/964

天下郡國利病書一百二十卷　（清）顧炎武撰　清嘉慶十二年(1807)敷文閣木活字印本　七十二冊

370000－1541－0006409　669.123/290

歷代沿革圖不分卷　（清）馬徵麟編　清同治十一年(1872)金陵刻朱墨套印本　一冊

370000－1541－0006410　669.2/362

說文解字十五卷　（漢）許慎撰　（宋）徐鉉等校定　三輔黃圖一卷　（清）孫星衍　（清）莊逵吉校　渚宮舊事五卷補遺一卷　（唐）余知古撰　清嘉慶九年(1804)陽湖孫星衍刻平津館叢書本　三冊

370000－1541－0006411　669.2/927

新斠注地里志十六卷　（清）錢坫撰　清同治十三年(1874)會稽章氏咫進齋刻本　八冊

370000－1541－0006412　669.2/927＝1

新斠注地里志十六卷　（清）錢坫撰　清同治十三年(1874)會稽章氏咫進齋刻本　八冊

370000－1541－0006413　669.2/927＝2

新斠注地里志十六卷　（清）錢坫撰　清同治十三年(1874)會稽章氏咫進齋刻本　八冊

370000－1541－0006414　669.22/720

漢志水道疏證四卷　（清）洪頤煊撰　清光緒十四年(1888)長洲蔣氏心矩齋刻本　一冊

370000－1541－0006415　669.223/720

補三國疆域志二卷　（清）洪亮吉撰　清乾隆四十六年(1781)西安刻本　一冊

370000－1541－0006416　669.223/720＝1

三國疆域志補注十九卷　（清）洪亮吉撰　（清）謝鍾英補注　清光緒二十四年(1898)湘中刻本　八冊

370000－1541－0006417　669.257/290

元耶律楚材西遊錄不分卷　（元）耶律楚材撰　（清）李文田注　清光緒二十三年(1897)會稽施氏鄮鄭學廬刻本　一冊

370000－1541－0006418　669.8/164

郡縣分韻考十卷　（清）黃本驥編　清道光湘陰蔣璨刻光緒四年(1878)古香書閣印三長物齋叢書本　二冊　存九卷(二至十)

370000－1541－0006419　669.8/288

漢西域圖考七卷首一卷　（清）李光廷撰　清同治九年(1870)刻本　四冊

370000－1541－0006420　669.8/292

歷代地理志韻編今釋二十卷附校勘記一卷
（清）李兆洛輯　清光緒五年(1879)順德馬氏
刻本　三冊　存十卷(十一至二十)

370000－1541－0006421　669.8/504

續山東考古錄三十二卷首一卷　（清）葉圭綬
撰　清光緒八年(1882)山東書局刻本　六冊

370000－1541－0006422　669.8/504＝1

續山東考古錄三十二卷首一卷　（清）葉圭綬
撰　清光緒八年(1882)山東書局刻本　六冊

370000－1541－0006423　669.8/504＝2

續山東考古錄三十二卷首一卷　（清）葉圭綬
撰　清光緒八年(1882)山東書局刻本　一冊
存五卷(二十八至三十二)

370000－1541－0006424　669.8/504＝3

續山東考古錄三十二卷首一卷　（清）葉圭綬
撰　清咸豐元年(1851)蝸角尖廬刻本　八冊

370000－1541－0006425　669.8/964

山東考古錄一卷續山東考古錄三十二卷首一
卷　（清）顧炎武撰　（清）葉圭綬續撰　清光
緒八年(1882)山東書局刻本　八冊

370000－1541－0006426　669.8/964＝1

山東考古錄一卷　（清）顧炎武撰　清光緒八
年(1882)山東書局刻本　一冊

370000－1541－0006427　669.8/964＝2

山東考古錄一卷京東考古錄一卷　（清）顧炎
武撰　清光緒十一年(1885)上海掃葉山房刻
本　一冊

370000－1541－0006428　669.8/990

西域考古錄十八卷　（清）俞浩撰　清道光二
十八年(1848)刻海月堂雜著本　六冊

370000－1541－0006429　670/440

覆瓿叢談二卷　（清）吳曾英撰　清光緒十二
年(1886)江陰繆朝荃刻東倉書庫叢刻本　一
冊

370000－1541－0006430　670.37/657

隋經籍志考證十三卷　（清）章宗源撰　清光
緒元年(1875)湖北崇文書局刻本　四冊

370000－1541－0006431　670.37/657＝1

隋經籍志考證十三卷　（清）章宗源撰　清光
緒元年(1875)湖北崇文書局刻本　四冊

370000－1541－0006432　670.7/303

文獻通考三百四十八卷　（元）馬端臨撰　清
光緒二十七年(1901)上海圖書集成局鉛印本
十一冊　存七十六卷(七十三至一百四十
八)

370000－1541－0006433　670.7/782

皇朝文獻通考三百卷　（清）嵇璜等纂　清光
緒二十七年(1901)上海圖書集成局鉛印本
二十八冊　存二百十卷(九十一至三百)

370000－1541－0006434　670.7/782＝1

欽定續文獻通考二百五十卷　（清）嵇璜等纂
清光緒十三年(1887)浙江書局刻本　一百
冊

370000－1541－0006435　670.7/782＝2

欽定續文獻通考二百五十卷　（清）嵇璜等纂
清光緒二十七年(1901)上海圖書集成局鉛
印本　一冊　存六卷(十二至十七)

370000－1541－0006436　670.7/782＝3

欽定續文獻通考二百五十卷　（清）嵇璜等纂
清光緒二十七年(1901)上海圖書集成局鉛
印本　三十六冊

370000－1541－0006437　671.1/111

帝京景物略八卷　（明）劉侗　（明）于奕正撰
明崇禎八年(1635)刻本　四冊

370000－1541－0006438　671.1/111＝2

帝京景物略八卷　（明）劉侗　（明）于奕正撰
清初盧高刻本　二冊

370000－1541－0006439　671.1/359

古香齋鑒賞袖珍春明夢餘錄七十卷　（清）孫
承澤撰　清光緒八年(1882)刻本　二十冊

370000－1541－0006440　671.1/500

天咫偶聞十卷　震鈞撰　清光緒三十三年
(1907)甘棠轉舍刻本　七冊　存八卷(一至
八)

370000 – 1541 – 0006441　671.1/500 = 1

天咫偶聞十卷　震鈞撰　清光緒三十三年(1907)甘棠轉舍刻本　八冊

370000 – 1541 – 0006442　671.1/500 = 2

天咫偶聞十卷　震鈞撰　清光緒三十三年(1907)甘棠轉舍刻本　八冊

370000 – 1541 – 0006443　671.1/667

[雍正]畿輔通志一百二十卷　(清)唐執玉等修　(清)陳儀纂　清雍正十三年(1735)刻本　四十八冊

370000 – 1541 – 0006444　671.1/667 = 1

[同治]畿輔通志三百卷首一卷　(清)李鴻章等修　(清)黃彭年等纂　清光緒十年(1884)刻本　二百四十冊

370000 – 1541 – 0006445　671.1/667 = 2

[同治]畿輔通志三百卷首一卷　(清)李鴻章等修　(清)黃彭年等纂　清光緒十年(1884)刻本　二百三十九冊

370000 – 1541 – 0006446　671.1/667 = 3

[同治]畿輔通志三百卷首一卷　(清)李鴻章等修　(清)黃彭年等纂　清宣統二年(1910)北洋印刷局石印本　二百四十冊

370000 – 1541 – 0006447　671.14/130

[光緒]天津府志五十四卷首一卷末一卷　(清)榮銓修　(清)徐宗亮　(清)蔡啟盛纂　清光緒二十四年(1898)刻本　三十二冊

370000 – 1541 – 0006448　671.14/358

[道光]承德府志六十卷首二十六卷　(清)海忠纂修　(清)廷傑　(清)李世寅重訂　清光緒十三年(1887)刻本　二十四冊

370000 – 1541 – 0006449　671.14/653

[光緒]永平府志七十二卷首一卷末一卷　(清)游智開修　(清)史夢蘭纂　清光緒二年(1876)敬勝書院刻本　三十二冊

370000 – 1541 – 0006450　671.14/653 = 1

[乾隆]永平府志二十四卷首一卷末一卷　(清)李奉翰　(清)顧學潮修　(清)王金英纂　清乾隆三十八年(1773)刻同治十二年(1873)補刻本　九冊　存二十卷(二至五、八至二十、二十三至二十四,末一卷)

370000 – 1541 – 0006451　671.14/664

[光緒]廣平府志六十三卷　(清)吳中彥修　(清)胡景桂纂　清光緒二十年(1894)刻本　二十四冊

370000 – 1541 – 0006452　671.14/688

[乾隆]宣化府志四十二卷首一卷　(清)王者輔等修　(清)吳廷華纂　(清)張志奇續修　(清)黃可潤續纂　清乾隆八年(1743)刻二十二年(1757)增刻本　二十四冊

370000 – 1541 – 0006453　671.14/865

[光緒]順天府志一百三十卷附錄一卷　(清)周家楣修　(清)張之洞　繆荃孫纂　清光緒十二年(1886)刻本　六十四冊

370000 – 1541 – 0006454　671.14/865 = 1

[光緒]順天府志一百三十卷附錄一卷　(清)周家楣修　(清)張之洞　繆荃孫纂　清光緒十二年(1886)刻本　六十四冊

370000 – 1541 – 0006455　671.14/912

[光緒]保定府志七十九卷首一卷　(清)李培祐　(清)朱靖旬修　(清)張豫墭纂　清光緒十二年(1886)刻本　三十二冊

370000 – 1541 – 0006456　671.15/103

[乾隆]武清縣志十二卷首一卷末一卷　(清)吳翀協修　(清)曹涵纂　清乾隆七年(1742)刻本　八冊

370000 – 1541 – 0006457　671.15/109

[咸豐]固安縣志八卷　(清)陳崇砥修　(清)陳福嘉　(清)吳三峰纂　清咸豐九年(1859)刻本　六冊

370000 – 1541 – 0006458　671.15/117

[乾隆]三河縣志十六卷首一卷　(清)陳昶修　(清)王大信等纂　清乾隆二十五年(1760)刻本　四冊

370000 – 1541 – 0006459　671.15/121

[同治]涿州續志十八卷 （清）石衡修 （清）盧端衡纂 清同治十二年(1873)刻本 十二冊

370000－1541－0006460 671.15/123

[光緒]通州志十卷首一卷末一卷 （清）高建勛修 （清）王維珍纂 清光緒九年(1883)刻本 十二冊

370000－1541－0006461 671.15/125

[道光]薊州志十卷首一卷 （清）沈銳修 （清）章過 （清）金天瑞纂 清道光十一年(1831)刻本 七冊

370000－1541－0006462 671.15/127

[光緒]昌平州志十八卷 （清）吳履福修 繆荃孫等纂 清光緒十二年(1886)刻本 八冊

370000－1541－0006463 671.15/129

[嘉慶]邢臺縣志十卷首一卷 （清）寶景燕修 （清）和發祥纂 （清）沈蓮生續纂修 清道光七年(1827)刻本 一冊 存四卷(二至五)

370000－1541－0006464 671.15/137

[光緒]東光縣志十二卷首一卷 （清）周植瀛修 （清）吳潯源纂 清光緒十四年(1888)刻本 八冊

370000－1541－0006465 671.15/153

[同治]西寧新志十卷首一卷 （清）韓志超等修 （清）楊篤纂 清同治十二年(1873)宏州書院刻本 四冊

370000－1541－0006466 671.15/201

津門雜記三卷 （清）張燾輯 清光緒十年(1884)刻本 三冊

370000－1541－0006467 671.15/201＝1

津門雜記三卷 （清）張燾輯 清光緒十年(1884)刻本 三冊

370000－1541－0006468 671.15/203

[乾隆]天津縣志二十四卷 （清）朱奎揚 （清）張志奇修 （清）吳廷華纂 清乾隆四年(1739)刻本 八冊

370000－1541－0006469 671.15/203＝1

[同治]續天津縣志二十卷首一卷 （清）吳惠元修 （清）蔣玉虹 （清）俞樾纂 清同治九年(1870)刻本 八冊

370000－1541－0006470 671.15/207

[乾隆]滄州志十六卷 （清）徐時作等修 （清）胡淦纂 清乾隆八年(1743)刻本 六冊

370000－1541－0006471 671.15/215

[乾隆]武安縣志二十卷圖一卷 （清）蔣光祖修 （清）夏兆豐纂 清乾隆四年(1739)刻本 八冊

370000－1541－0006472 671.15/217

[嘉慶]涉縣志八卷 （清）戚學標纂修 清嘉慶四年(1799)刻本 四冊

370000－1541－0006473 671.15/217＝2

[康熙]保安州志十二卷圖一卷 （清）梁永祚修 （清）張永曙纂 清康熙五十年(1711)刻本 八冊

370000－1541－0006474 671.15/217＝3

[道光]保安州志四部十卷首一卷 （清）楊桂森纂修 清道光十五年(1835)保安州署刻本 三冊

370000－1541－0006475 671.15/217＝4

[光緒]保安州續志四卷 （清）尋鑾晉 （清）張毓生纂修 清光緒三年(1877)刻本 二冊

370000－1541－0006476 671.15/219

[乾隆]獻縣志二十卷圖一卷表一卷 （清）萬延蘭修 （清）戈濤纂 清乾隆二十六年(1761)刻本 十四冊

370000－1541－0006477 671.15/221

[乾隆]肅寧縣志十卷 （清）尹侃等修 （清）談有典纂 清乾隆十九年(1754)刻本 五冊

370000－1541－0006478 671.15/223

[乾隆]任邱縣志十二卷首一卷 （清）劉統修 （清）劉炳 （清）王應鯨纂 清乾隆二十七年(1762)刻本 十冊

370000 - 1541 - 0006479　671.15/225

[雍正]阜城縣志二十二卷首一卷　（清）陸福宜修　（清）多時珍纂　清光緒三十四年(1908)鉛印本　四冊

370000 - 1541 - 0006480　671.15/228

[同治]遷安縣志十八卷首一卷末一卷　（清）韓耀光　（清）史夢蘭纂修　清同治十二年(1873)刻本　五冊

370000 - 1541 - 0006481　671.15/235

[光緒]續修故城縣志十二卷首一卷　（清）丁燦修　（清）王堉德纂　（清）張焕續修（清）范翰文續纂　清光緒十一年(1885)刻本　八冊

370000 - 1541 - 0006482　671.15/236

[道光]南宮縣志十六卷　（清）周栻修（清）陳桂纂　清道光十年(1830)刻本　八冊

370000 - 1541 - 0006483　671.15/236 = 1

[道光]南宮縣志十六卷　（清）周栻修（清）陳桂纂　清道光十年(1830)刻本　八冊

370000 - 1541 - 0006484　671.15/236 = 2

[道光]南宮縣志十六卷　（清）周栻修（清）陳桂纂　清道光十年(1830)刻本　三冊　存五卷(八至九、十二至十四)

370000 - 1541 - 0006485　671.15/236 = 4

[光緒]南宮縣志十八卷　（清）戴世文纂修清光緒三十年(1904)刻本　二冊　存四卷(二至三、六至七)

370000 - 1541 - 0006486　671.15/236 = 5

[光緒]南皮縣志十五卷首一卷末一卷　（清）殷樹森修　（清）汪寶樹（清）傅金鑅纂　清光緒十四年(1888)南皮縣署刻本　八冊

370000 - 1541 - 0006487　671.15/251

[嘉慶]灤州志八卷首一卷末一卷　（清）吳士鴻修　（清）孫學恒纂　清嘉慶十五年(1810)刻本　六冊　存八卷(一至七、首一卷)

370000 - 1541 - 0006488　671.15/253

[光緒]樂亭縣志十五卷首一卷末一卷　（清）

游智開修　（清）史夢蘭纂　清光緒三年(1877)尊道書院刻本　六冊

370000 - 1541 - 0006489　671.15/255

[乾隆]臨榆縣志十四卷首一卷　（清）鍾和梅纂修　清乾隆二十一年(1756)刻本　六冊

370000 - 1541 - 0006490　671.15/255 = 1

[光緒]臨榆縣志二十四卷首一卷　（清）趙允祜修　（清）高錫疇纂　清光緒四年(1878)刻本　十冊

370000 - 1541 - 0006491　671.15/263

[光緒]玉田縣志三十卷首一卷　（清）夏子鎏修　（清）李時昌纂　（清）丁維續纂　清光緒十年(1884)刻本　六冊

370000 - 1541 - 0006492　671.15/267

[光緒]大城縣志十二卷首一卷　（清）趙炳文　（清）徐國楨修　劉鍾英　鄧毓怡纂　清光緒二十三年(1897)刻本　十二冊

370000 - 1541 - 0006493　671.15/267 = 1

[光緒]大城縣志十二卷首一卷　（清）趙炳文　（清）徐國楨修　劉鍾英　鄧毓怡纂　清光緒二十三年(1897)刻本　十二冊

370000 - 1541 - 0006494　671.15/271

[光緒]寧河縣志十六卷　（清）丁符九等修（清）談松林等纂　清光緒六年(1880)刻本十二冊

370000 - 1541 - 0006495　671.15/301

[同治]清苑縣志十二卷圖一卷　（清）李逢源修　（清）諸崇儉纂　清同治十二年(1873)刻本　八冊

370000 - 1541 - 0006496　671.15/311

[光緒]唐縣志十二卷首一卷　（清）陳詠修（清）張惇德纂　清光緒四年(1878)刻本　八冊

370000 - 1541 - 0006497　671.15/325

[乾隆]祁州志八卷　（清）羅以桂等修（清）張萬銓等纂　清乾隆二十一年(1756)刻本　六冊

370000－1541－0006498　　671.15/333

[光緒]正定縣志四十六卷首一卷末一卷
(清)慶之金　(清)賈孝彰修　(清)趙文濂
纂　清光緒元年(1875)刻本　十四冊

370000－1541－0006499　　671.15/341

[道光]欒城縣志十卷首一卷末一卷　(清)桂
超萬　(清)李鈁修　(清)高繼珩纂　清道光
二十六年(1846)刻本　四冊

370000－1541－0006500　　671.15/341＝1

[同治]欒城縣志十四卷首一卷末一卷　(清)
陳詠修　(清)張惇德纂　清同治十一年
(1872)刻本　六冊

370000－1541－0006501　　671.15/343

[康熙]平山縣志五卷　(清)湯騂修　(清)
秦有容纂　清康熙十一年(1672)刻本　四冊

370000－1541－0006502　　671.15/345

[康熙]靈壽縣志十卷末一卷　(清)陸隴其纂
修　清康熙二十四年(1685)刻本　四冊

370000－1541－0006503　　671.15/345＝1

[康熙]靈壽縣志十卷末一卷　(清)陸隴其纂
修　清康熙二十四年(1685)刻本　四冊

370000－1541－0006504　　671.15/345＝2

[同治]靈壽縣志十卷末一卷　(清)劉廣年等
纂修　清同治十二年(1873)刻本　六冊

370000－1541－0006505　　671.15/347

[咸豐]平山縣志八卷附錄一卷　(清)王滌心
修　(清)郭程先纂　清咸豐四年(1854)刻本
六冊

370000－1541－0006506　　671.15/349

[光緒]元氏縣志十四卷首一卷末一卷　(清)
胡岳修　(清)趙文濂　(清)王鈞如纂　清光
緒元年(1875)刻本　八冊

370000－1541－0006507　　671.15/355

[乾隆]無極縣志十一卷末一卷　(清)黃可潤
纂修　清光緒十九年(1893)聖泉書院刻本
八冊

370000－1541－0006508　　671.15/361

[乾隆]直隸易州志十八卷首一卷　(清)楊芊
纂修　(清)張登高續修　清乾隆十二年
(1747)易州州署刻本　八冊

370000－1541－0006509　　671.15/361＝1

[乾隆]直隸易州志十八卷首一卷　(清)楊芊
纂修　(清)張登高續修　清乾隆十二年
(1747)易州州署刻本　十二冊

370000－1541－0006510　　671.15/363

[光緒]淶水縣志八卷首一卷末一卷　(清)陳
杰纂修　清光緒二十一年(1895)敬業堂刻本
八冊

370000－1541－0006511　　671.15/365

[光緒]廣昌縣志十四卷首一卷末一卷　(清)
劉榮修　(清)李得齡等纂　清光緒元年
(1875)刻本　六冊

370000－1541－0006512　　671.15/367

[道光]直隸定州志二十二卷　(清)馬佳寶琳
修　(清)勞沅恩纂　清道光二十九年(1849)
刻本　十二冊

370000－1541－0006513　　671.15/371

[雍正]深澤縣志十二卷首一卷　(清)趙憲修
(清)王植纂　清雍正十三年(1735)刻本
四冊

370000－1541－0006514　　671.15/401

[乾隆]大名縣志四十卷首一卷　(清)張維祺
(清)李棠纂修　清乾隆五十四年(1789)刻
本　十三冊

370000－1541－0006515　　671.15/401＝1

[同治]續修元城縣志六卷首一卷　(清)吳大
鏞　(清)王仲牲纂修　清同治十一年(1872)
刻本　五冊

370000－1541－0006516　　671.15/409

[光緒]開州志八卷　(清)陳金式等修
(清)陳兆麟纂　清光緒八年(1882)刻本　八
冊

370000－1541－0006517　　671.15/423

[光緒]鉅鹿縣志十二卷首一卷　(清)淩燮修

（清）夏應麟　（清)赫慎修纂　清光緒十二年(1886)刻本　六冊

370000－1541－0006518　671.15/425
[同治]鹽山縣志十六卷首一卷末一卷　（清）王福謙　（清)江毓秀修　（清)潘震乙纂　清同治七年(1868)刻本　七冊

370000－1541－0006519　671.15/425 = 1
[光緒]臨漳縣志十八卷首一卷　（清)周秉彝修　（清)周壽梓　（清)李耀中纂　清光緒三十一年(1905)刻本　十二冊

370000－1541－0006520　671.15/425 = 2
[光緒]唐山縣志十二卷首一卷末一卷　（清)蘇玉修　（清)杜翯　（清)李飛鳴纂　清光緒七年(1881)刻本　八冊

370000－1541－0006521　671.15/428
[乾隆]口北三廳志十六卷首一卷　（清)黃可潤纂修　清乾隆二十三年(1758)刻本　六冊

370000－1541－0006522　671.15/431
[光緒]永年縣志四十卷首一卷　（清)夏詒鈺纂修　清光緒三年(1877)刻本　八冊

370000－1541－0006523　671.15/433
[光緒]吳橋縣志十二卷　（清)倪昌燮等修（清)施崇禮等纂　清光緒元年(1875)瀾陽書院刻本　八冊

370000－1541－0006524　671.15/433 = 1
[光緒]吳橋縣志十二卷　（清)倪昌燮等修（清)施崇禮等纂　清光緒元年(1875)瀾陽書院刻本　六冊　缺二卷(一、七)

370000－1541－0006525　671.15/438
[光緒]深州風土記二十二卷　（清)吳汝綸纂　清光緒二十六年(1900)文瑞書院刻本　六冊

370000－1541－0006526　671.15/438 = 1
[光緒]深州風土記二十二卷　（清)吳汝綸纂　清光緒二十六年(1900)文瑞書院刻本　八冊

370000－1541－0006527　671.15/451
[乾隆]冀州志二十卷續編一卷　（清)范清曠纂修　清乾隆十二年(1747)刻本　十冊

370000－1541－0006528　671.15/453
[乾隆]衡水縣志十四卷　（清)陶淑纂修　清乾隆三十二年(1767)刻本　五冊

370000－1541－0006529　671.15/455
[光緒]撫寧縣志十六卷首一卷　（清)張上龢修　（清)史夢蘭纂　清光緒三年(1877)刻本　一冊　存三卷(二至四)

370000－1541－0006530　671.15/459
[嘉慶]棗強縣志二十卷　（清)任衛蕙纂修　清嘉慶八年(1803)刻本　八冊

370000－1541－0006531　671.15/459 = 1
[同治]棗強縣志補正五卷　（清)方宗誠纂修　清光緒二年(1876)棗強縣署刻本　二冊

370000－1541－0006532　671.15/459 = 2
[同治]棗強縣志補正五卷　（清)方宗誠纂修　清光緒二年(1876)棗強縣署刻本　一冊　存二卷(一至二)

370000－1541－0006533　671.15/461
[同治]武邑縣志十卷首一卷　（清)彭美修(清)龍文彬纂　清同治十一年(1872)刻本　四冊

370000－1541－0006534　671.15/463
[光緒]直隸趙州志十六卷附雜考一卷　（清)孫傳栻纂修　清光緒二十三年(1897)趙州署刻本　六冊

370000－1541－0006535　671.15/472
[乾隆]正定府志五十卷首一卷　（清)鄭大進纂修　清乾隆二十七年(1762)刻本　二十二冊　缺十三卷(三十五至三十六、四十至五十)

370000－1541－0006536　671.15/479
[光緒]重修曲陽縣志二十卷　（清)周斯億(清)溫亮珠修　（清)董濤纂　清光緒三十年(1904)刻本　二冊　存十卷(八至十、十四至二十)

370000－1541－0006537　671.15/503

[光緒]蔚州志二十卷首一卷　（清）慶之金修　（清）楊篤纂　清光緒三年(1877)刻本　八冊

370000－1541－0006538　671.15/522

[道光]萬全縣志十卷首一卷　（清）左承業原本　（清）施彥士續纂修　清乾隆十年(1745)刻道光十四年(1834)增刻本　六冊

370000－1541－0006539　671.15/579

[乾隆]獲鹿縣志十二卷　（清）韓國瓚修　（清）石光璽纂　清乾隆元年(1736)刻本　一冊　存四卷(一至四)

370000－1541－0006540　671.15/579＝1

[光緒]獲鹿縣志十四卷附雜志一卷　（清）俞錫綱修　（清）曹鑅纂　清光緒七年(1881)刻本　六冊

370000－1541－0006541　671.15/581

[乾隆]豐潤縣志八卷　（清）吳慎纂修　清乾隆二十年(1755)刻本　四冊

370000－1541－0006542　671.15/641

[雍正]高陽縣志六卷　（清）嚴宗嘉修　（清）李其旋纂　清雍正八年(1730)刻本　一冊　存一卷(四)

370000－1541－0006543　671.15/652

[光緒]望都縣新志十卷　（清）陳洪書原本　（清）李兆珍重訂　清光緒三十年(1904)刻本　一冊　存一卷(一)

370000－1541－0006544　671.15/653

[乾隆]永清縣志二十五卷文徵五卷　（清）周震榮修　（清）章學誠纂　清乾隆四十四年(1779)刻本　四冊

370000－1541－0006545　671.15/665

[乾隆]直隸遵化州志二十卷　（清）劉埥纂修　（清）傅修續纂修　清乾隆五十九年(1794)刻本　七冊　存十七卷(一至十四、十八至二十)

370000－1541－0006546　671.15/665＝1

[光緒]遵化通志六十卷首一卷　（清）何崧泰修　（清）史樸纂　清光緒十四年(1888)刻本　二十八冊　存五十三卷(一至十一、十四至二十八、三十至三十四、四十至六十,首一卷)

370000－1541－0006547　671.15/682

[光緒]懷安縣志八卷首一卷末一卷　（清）蔭祿修　（清）程燮奎纂　清光緒二年(1876)刻本　四冊

370000－1541－0006548　671.15/682＝1

[康熙]懷柔縣新志八卷　（清）吳景果纂修　清康熙六十年(1721)刻本　四冊

370000－1541－0006549　671.15/688

[康熙]宣化縣志三十卷　（清）陳坦等纂修　清康熙五十年(1711)刻本　六冊

370000－1541－0006550　671.15/689

[乾隆]定興縣志十二卷　（清）王錫瑑纂修　清乾隆四十四年(1779)刻本　六冊

370000－1541－0006551　671.15/689＝1

[光緒]定興縣志二十六卷首一卷　（清）張諧之等修　楊晨纂　清光緒十九年(1893)定興縣署刻民國二十一年(1932)定興縣第一工廠印本　六冊

370000－1541－0006552　671.15/717

[康熙]清苑縣志十二卷首一卷　（清）時來敏修　（清）郭棻等纂　清康熙十六年(1677)刻本　四冊

370000－1541－0006553　671.15/718

[乾隆]河間縣志六卷　（清）吳山鳳修　（清）黃文蓮　（清）梁志恪纂　清乾隆二十五年(1760)刻本　二冊　存二卷(三、五)

370000－1541－0006554　671.15/750

[光緒]灤州志十八卷首一卷　（清）楊文鼎修　（清）王大本　（清）吳寶善纂　清光緒二十四年(1898)海陽書院刻本　十四冊

370000－1541－0006555　671.15/855

[光緒]蠡縣志十卷圖一卷　（清）韓志超　（清）何雲誥修　（清）張璚等纂　清光緒二年

（1876）刻本　十册

370000－1541－0006556　671.15/903
[咸豐]大名府志二十二卷續志六卷末一卷
（清）何俊修　（清）郭程先纂　清咸豐三年
（1853）刻本　十二册　存十二卷（大名府志
十八至二十二、續志六卷、末一卷）

370000－1541－0006557　671.15/988
[雍正]館陶縣志十二卷　（清）趙知希纂修
（清）張興宗續纂修　清光緒十九年（1893）館
陶縣署刻本　四册

370000－1541－0006558　671.15/988＝1
[雍正]館陶縣志十二卷　（清）趙知希纂修
（清）張興宗續纂修　清光緒十九年（1893）館
陶縣署刻本　四册

370000－1541－0006559　671.15/988＝2
[雍正]館陶縣志十二卷　（清）趙知希纂修
（清）張興宗續纂修　清光緒十九年（1893）館
陶縣署刻本　四册

370000－1541－0006560　671.15/988＝3
館陶縣鄉土志八卷　（清）孫方墀修　（清）宋
金鏡　（清）熊廷獻纂　清光緒三十四年
（1908）山東官報局鉛印本　四册

370000－1541－0006561　671.19/500
京師地名對二卷　（清）巴哩克杏芬輯　清光
緒二十六年（1900）刻本　二册

370000－1541－0006562　671.2/111
[至元]齊乘六卷　（元）于欽纂修　釋音一卷
（元）于潛撰　考證六卷　（清）周嘉猷撰
清乾隆四十六年（1781）桂林胡德琳刻本　二
册

370000－1541－0006563　671.2/111＝1
[至元]齊乘六卷　（元）于欽纂修　釋音一卷
（元）于潛撰　考證六卷　（清）周嘉猷撰
清乾隆四十六年（1781）桂林胡德琳刻本　四
册

370000－1541－0006564　671.2/111＝2
[至元]齊乘六卷　（元）于欽纂修　釋音一卷

（元）于潛撰　考證六卷　（清）周嘉猷撰
清乾隆四十六年（1781）桂林胡德琳刻本　六
册

370000－1541－0006565　671.2/883
[康熙]山東通志六十四卷　（清）錢江等撰
（清）趙祥星修　清康熙十七年（1678）刻本
六册　存二十四卷（二十八至四十、五十四至
六十四）

370000－1541－0006566　671.2/883＝1
[雍正]山東通志三十六卷首一卷　（清）岳濬
（清）法敏修　（清）杜詔纂　清乾隆元年
（1736）刻本　四十一册

370000－1541－0006567　671.2/883＝2
[雍正]山東通志三十六卷首一卷　（清）岳濬
（清）法敏修　（清）杜詔纂　清乾隆元年
（1736）刻本　二十四册

370000－1541－0006568　671.2/883＝3
[雍正]山東通志三十六卷首一卷　（清）岳濬
（清）法敏修　（清）杜詔纂　清乾隆元年
（1736）刻道光十七年（1837）補刻本　八册
存二十五卷（六至二十八、三十五至三十六）

370000－1541－0006569　671.2/883＝4
[宣統]山東通志二百卷附錄一卷補遺一卷
（清）楊士驤修　（清）孫葆田纂　清宣統三年
（1911）山東通志刊印局鉛印本　一百二十三
册

370000－1541－0006570　671.2/883＝5
[宣統]山東通志二百卷附錄一卷補遺一卷
（清）楊士驤修　（清）孫葆田纂　清宣統三年
（1911）山東通志刊印局鉛印本　一百十八册
存一百九十五卷（六至二百）

370000－1541－0006571　671.24/101
[乾隆]泰安府志三十卷前一卷首二卷　（清）
顏希深修　（清）成城纂　清乾隆二十五年
（1760）刻本　二十册

370000－1541－0006572　671.24/101＝1
[乾隆]泰安府志三十卷前一卷首二卷　（清）
顏希深修　（清）成城纂　清乾隆二十五年

315

（1760）刻本（有抄補）　八冊　存十一卷（二十至三十）

370000－1541－0006573　671.24/103

［咸豐］武定府志三十八卷首一卷　（清）李熙齡纂修　清咸豐九年（1859）刻本　二十四冊

370000－1541－0006574　671.24/124

［乾隆］泰安府志三十卷前一卷首二卷　（清）顏希深修　（清）成城纂　清乾隆二十五年（1760）刻本　二十冊

370000－1541－0006575　671.24/125

［康熙］青州府志二十二卷　（清）陶錦修（清）王昌學等纂　清康熙六十年（1721）刻本　八冊

370000－1541－0006576　671.24/125＝1

［咸豐］青州府志六十四卷　（清）毛永柏修（清）李圖　（清）劉耀椿纂　清咸豐九年（1859）刻本　三十二冊

370000－1541－0006577　671.24/137

［嘉慶］東昌府志五十卷首三卷　（清）嵩山修（清）謝香開　（清）張熙先纂　清嘉慶十三年（1808）刻本　二十三冊　存五十卷（一至三十二、三十六至五十,首三卷）

370000－1541－0006578　671.24/144

［乾隆］曹州府志二十二卷　（清）周尚質修（清）李登明　（清）謝冠纂　清乾隆二十一年（1756）刻本　十二冊

370000－1541－0006579　671.24/224

［乾隆］沂州府志三十六卷首一卷　（清）李希賢修　（清）潘遇莘　（清）丁愷曾纂　清乾隆二十五年（1760）刻本　十一冊　存三十三卷（一至二十四、二十八至三十六）

370000－1541－0006580　671.24/224＝1

［乾隆］沂州府志三十六卷首一卷　（清）李希賢修　（清）潘遇莘　（清）丁愷曾纂　清乾隆二十五年（1760）刻本　十二冊　存三十卷（一至十二、十九至三十六）

370000－1541－0006581　671.24/372

［光緒］增修登州府志六十九卷首一卷　（清）方汝翼　（清）賈瑚修　（清）周悅讓　（清）慕榮榦纂　清光緒七年（1881）刻本　二十四冊

370000－1541－0006582　671.24/505

［乾隆］萊州府志十六卷首一卷　（清）嚴有禧纂修　（清）張桐續纂修　清乾隆五年（1740）刻本　十冊

370000－1541－0006583　671.24/675

［乾隆］兗州府志三十二卷首二卷　（清）覺羅普爾泰修　（清）陳顧灝纂　清乾隆三十五年（1770）刻本　十六冊

370000－1541－0006584　671.24/751

［康熙］濟南府志五十四卷首一卷　（清）蔣焜修　（清）唐夢賚纂　清康熙三十一年（1692）刻本　十冊　存二十二卷（一至二十一、首一卷）

370000－1541－0006585　671.24/751＝1

［道光］濟南府志七十二卷首一卷　（清）王贈芳　（清）王鎮修　（清）成瓘　（清）冷烜纂　清道光二十年（1840）刻本　十冊

370000－1541－0006586　671.25/103＝1

［乾隆］武城縣志十四卷首一卷　（清）駱大俊纂修　清乾隆十四年（1749）刻本　四冊

370000－1541－0006587　671.25/103＝2

［道光］續武城縣志續編十四卷首一卷　（清）厲秀芳纂修　清道光二十一年（1841）刻本　四冊

370000－1541－0006588　671.25/107

［道光］鄒平縣志十八卷　（清）羅宗瀛修（清）成瓘纂　清道光十六年（1836）刻本　八冊

370000－1541－0006589　671.25/111

［嘉慶］長山縣志十六卷首一卷　（清）倪企望修　（清）鍾廷瑛纂　清嘉慶六年（1801）刻本　十冊

370000－1541－0006590　671.25/113＝1

新城縣志不分卷 （清）□□編 清刻本 三
冊

370000－1541－0006591 671.25/113＝3
[康熙]新城縣志十四卷首一卷 （清）崔懋纂
修 [康熙]新城縣續志二卷 （清）孫元衡修
（清）王啟涑纂 清嘉慶六年(1801)刻本
六冊

370000－1541－0006592 671.25/115
[雍正]齊河縣志十卷首一卷 （清）上官有儀
修 （清）許琰纂 清乾隆元年(1736)刻本
五冊

370000－1541－0006593 671.25/119
[乾隆]濟陽縣志十四卷首一卷 （清）胡德琳
修 （清）何明禮纂 清乾隆三十年(1765)刻
本 八冊

370000－1541－0006594 671.25/119＝1
[乾隆]濟陽縣志十四卷首一卷 （清）胡德琳
修 （清）何明禮纂 清乾隆三十年(1765)刻
本 八冊

370000－1541－0006595 671.25/119＝2
[乾隆]濟陽縣志十四卷首一卷 （清）胡德琳
修 （清）何明禮纂 清乾隆三十年(1765)刻
本 八冊

370000－1541－0006596 671.25/119＝3
[康熙]新修齊東縣志八卷 （清）余爲霖等纂
修 清康熙二十四年(1685)刻光緒六年
(1880)增刻本 六冊

370000－1541－0006597 671.25/121
[道光]長清縣志十六卷首四卷末二卷 （清）
舒化民修 （清）徐德成纂 清道光十五年
(1835)刻本 八冊

370000－1541－0006598 671.25/121＝1
[道光]長清縣志十六卷首四卷末二卷 （清）
舒化民修 （清）徐德成纂 清道光十五年
(1835)刻本 六冊

370000－1541－0006599 671.25/121＝2
[道光]長清縣志十六卷首四卷末二卷 （清）

舒化民修 （清）徐德成纂 清道光十五年
(1835)刻本 八冊

370000－1541－0006600 671.25/123
[乾隆]泰安縣志十二卷首一卷末一卷 （清）
黃鈐修 （清）蕭儒林纂 清乾隆四十七年
(1782)刻本 九冊

370000－1541－0006601 671.25/123＝1
[道光]泰安縣志十二卷首一卷末一卷 （清）
徐宗幹修 （清）蔣大慶纂 清道光八年
(1828)刻本 十四冊

370000－1541－0006602 671.25/123＝2
[道光]泰安縣志十二卷首一卷末一卷 （清）
徐宗幹修 （清）蔣大慶纂 清道光八年
(1828)刻本 十二冊

370000－1541－0006603 671.25/125
[乾隆]新泰縣志二十卷首一卷 （清）江乾達
修 （清）牛士瞻纂 清乾隆五十年(1785)刻
本 六冊

370000－1541－0006604 671.25/125＝1
[乾隆]新泰縣志二十卷首一卷 （清）江乾達
修 （清）牛士瞻纂 （清）徐致愉增纂 清乾
隆五十年(1785)刻光緒十七年(1891)增補本
六冊

370000－1541－0006605 671.25/129
[光緒]肥城縣志十卷首一卷 （清）凌紱曾修
（清）邵承照纂 清光緒十七年(1891)刻本
六冊

370000－1541－0006606 671.25/135＝2
[康熙]海豐縣志十二卷首一卷 （清）胡公著
修 （清）張克家纂 清康熙九年(1670)刻本
四冊 缺二卷(九、十二)

370000－1541－0006607 671.25/137
[道光]東阿縣志二十四卷首一卷 （清）李賢
書修 （清）吳怡等纂 清道光九年(1829)刻
本 十二冊

370000－1541－0006608 671.25/137＝1
[道光]東阿縣志二十四卷首一卷 （清）李賢

書修 （清)吳怡等纂 清道光九年(1829)刻
本 十二冊

370000－1541－0006609 671.25/137＝2

[咸豐]濱州志十二卷首一卷 （清)李熙齡纂
修 清咸豐十年(1860)刻本 四冊

370000－1541－0006610 671.25/139＝2

[光緒]利津縣志十卷文徵五卷 （清)盛贊熙
修 （清)余朝菜等纂 清光緒九年(1883)刻
本 四冊

370000－1541－0006611 671.25/139＝3

[康熙]利津縣新志十卷 （清)韓文焜纂修
清乾隆二十三年(1758)李嘉言刻本 四冊

370000－1541－0006612 671.25/141

[乾隆]樂陵縣志八卷首一卷末一卷 （清)王
謙益修 （清)鄭成中等纂 清乾隆二十七年
(1762)刻本 八冊

370000－1541－0006613 671.25/143

[光緒]霑化縣志十六卷首一卷 （清)聯印修
（清)張會一 （清)耿翔儀纂 清光緒十七
年(1891)霑化縣署刻本 四冊

370000－1541－0006614 671.25/145

[乾隆]蒲臺縣志四卷首一卷 （清)嚴文典修
（清)任相纂 清乾隆二十八年(1763)刻本
四冊

370000－1541－0006615 671.25/147

[乾隆]樂陵縣志八卷首一卷末一卷 （清)王
謙益修 （清)鄭成中等纂 清乾隆二十七年
(1762)刻本 八冊

370000－1541－0006616 671.25/147＝1

[道光]商河縣志八卷首一卷 （清)龔廷煌等
纂修 清道光十六年(1836)刻本 八冊

370000－1541－0006617 671.25/151

[康熙]博興縣志八卷首一卷 （清)李元偉修
（清)王昌學纂 清康熙六十年(1721)鏡心
堂刻本 五冊

370000－1541－0006618 671.25/180＝1

[道光]重修博興縣志十三卷首一卷 （清)周

壬福修 （清)李同纂 清道光二十年(1840)
刻本 四冊

370000－1541－0006619 671.25/201

[乾隆]濟寧直隸州志三十四卷首一卷 （清)
胡德琳 （清)藍應桂修 （清)周永年
（清)盛百二纂 （清)王道亨續修 （清)盛
百二補輯 清乾隆五十年(1785)刻本 二十
冊

370000－1541－0006620 671.25/201＝1

[道光]濟寧直隸州志十卷首一卷末一卷
（清)徐宗幹修 （清)許瀚纂 [咸豐]濟寧
直隸州續志四卷 （清)盧朝安纂修 清咸豐
七年(1857)刻九年(1859)續刻本 二十四冊

370000－1541－0006621 671.25/201＝2

[道光]濟寧直隸州志十卷首一卷末一卷
（清)徐宗幹修 （清)許瀚纂 清咸豐九年
(1859)刻本 二十冊

370000－1541－0006622 671.25/201＝3

[咸豐]濟寧直隸州續志四卷 （清)盧朝安纂
修 清咸豐九年(1859)刻本 四冊

370000－1541－0006623 671.25/203

[光緒]滋陽縣志十四卷 （清)李兆霖
（清)周衍恩修 （清)黃師闇 （清)蔣繼洙
纂 清光緒十四年(1888)刻本 十冊

370000－1541－0006624 671.25/209

[康熙]鄒縣志三卷 （清)婁一均修 （清)
周翼纂 清康熙五十五年(1716)刻本 四冊

370000－1541－0006625 671.25/209＝1

[康熙]鄒縣志三卷 （清)婁一均修 （清)
周翼纂 清康熙五十五年(1716)刻本 四冊

370000－1541－0006626 671.25/209＝2

[光緒]鄒縣續志十二卷首一卷 （清)吳若灝
修 （清)錢枒纂 清光緒十八年(1892)刻本
四冊

370000－1541－0006627 671.25/211

[道光]滕縣志十四卷首一卷 （清)王政修
（清)王庸立 （清)黃來麟纂 清道光二十六

年(1846)刻本　八冊

370000－1541－0006628　671.25/213
[光緒]泗水縣志十五卷首一卷　(清)趙英祚修　(清)黃承膜纂　清光緒十八年(1892)刻本　八冊

370000－1541－0006629　671.25/217
[光緒]嶧縣志二十五卷首一卷　(清)王振錄　(清)周鳳鳴修　(清)王寶田等纂　清光緒三十年(1904)刻本　十二冊

370000－1541－0006630　671.25/217＝1
[乾隆]嶧縣志十卷首一卷　(清)忠璉纂修　清乾隆二十六年(1761)刻本　六冊

370000－1541－0006631　671.25/221
[光緒]嘉祥縣志四卷首一卷　(清)章文華　(清)官擢午纂修　清光緒三十四年(1908)嘉祥縣署刻本　四冊

370000－1541－0006632　671.25/223
[光緒]魚臺縣志四卷首一卷末一卷　(清)趙英祚纂修　清光緒十五年(1889)刻本　四冊

370000－1541－0006633　671.25/223＝1
[光緒]魚臺縣志四卷首一卷末一卷　(清)趙英祚纂修　清光緒十五年(1889)刻本　四冊

370000－1541－0006634　671.25/229
[同治]臨邑縣志十六卷首一卷末一卷　(清)陳鴻翽　(清)趙敏功修　(清)崔廷璽等纂　清同治十三年(1874)刻本　八冊

370000－1541－0006635　671.25/229＝1
[嘉慶]續修郯城縣志十卷　(清)吳堦修　(清)陸繼輅纂　清嘉慶十五年(1810)刻本　四冊

370000－1541－0006636　671.25/230
[乾隆]續登州府志十二卷　(清)永泰纂修　清乾隆七年(1742)刻本　四冊

370000－1541－0006637　671.25/233
[康熙]蒙陰縣志八卷　(清)劉德芳修　(清)葉澤森纂　清抄本　四冊

370000－1541－0006638　671.25/235

[嘉慶]莒州志十六卷首一卷　(清)許紹錦纂修　清嘉慶元年(1796)刻本　六冊

370000－1541－0006639　671.25/237
[康熙]沂州志八卷　(清)邵士修　(清)王壎纂　清康熙十三年(1674)刻本　八冊

370000－1541－0006640　671.25/237＝1
[康熙]沂州志八卷　(清)邵士修　(清)王壎纂　清康熙十三年(1674)刻本　八冊

370000－1541－0006641　671.25/237＝2
[道光]沂水縣志十卷　(清)張燮修　(清)劉承謙纂　清道光七年(1827)刻本　八冊

370000－1541－0006642　671.25/237＝3
[道光]沂水縣志十卷　(清)張燮修　(清)劉承謙纂　清道光七年(1827)刻本　六冊

370000－1541－0006643　671.25/239
[光緒]菏澤縣志十八卷首一卷　(清)凌壽柏修　(清)葉道源纂　清光緒十年(1884)刻本　六冊

370000－1541－0006644　671.25/239＝1
[光緒]菏澤縣志十八卷首一卷　(清)凌壽柏修　(清)葉道源纂　清光緒十年(1884)刻本　六冊

370000－1541－0006645　671.25/239＝2
[光緒]棲霞縣志十卷首一卷續志十卷　(清)衛萇纂修　(清)黃麗中續修　(清)于如川續纂　清光緒五年(1879)刻本　八冊

370000－1541－0006646　671.25/239＝3
[光緒]棲霞縣志十卷首一卷續志十卷　(清)衛萇纂修　(清)黃麗中續修　(清)于如川續纂　清光緒五年(1879)刻本　八冊

370000－1541－0006647　671.25/239＝4
[光緒]棲霞縣志十卷首一卷續志十卷　(清)衛萇纂修　(清)黃麗中續修　(清)于如川續纂　清光緒五年(1879)刻本　八冊

370000－1541－0006648　671.25/241
[康熙]兗州府曹縣志十八卷　(清)門可榮纂修　(清)朱琦續修　(清)藍庚生續纂

319

(清)郭道生增纂修　清康熙二十四年(1685)
刻五十五年(1716)增修本　八冊

370000－1541－0006649　671.25/241＝1
[光緒]曹州府曹縣志十八卷首一卷　(清)陳
嗣良修　(清)孟廣來　(清)賈迺延纂　清光
緒十年(1884)居敬書院刻本　十二冊

370000－1541－0006650　671.25/241＝2
[光緒]曹州府曹縣志十八卷首一卷　(清)陳
嗣良修　(清)孟廣來　(清)賈迺延纂　清光
緒十年(1884)居敬書院刻本　十二冊

370000－1541－0006651　671.25/243
[乾隆]單縣志十三卷圖一卷　(清)普爾泰修
　(清)傅爾德纂　清乾隆二十五年(1760)刻
本　十三冊

370000－1541－0006652　671.25/243＝1
[道光]修武縣志十卷首一卷　(清)馮繼照修
　(清)金皋　(清)袁俊纂　[同治]修武縣
志二卷　(清)孔繼中纂修　清道光十九年
(1839)刻本([同治]修武縣志爲清同治七年
刻本)　十二冊

370000－1541－0006653　671.25/245
[道光]城武縣志十四卷首一卷　(清)袁章華
修　(清)劉士瀛纂　清道光十年(1830)刻本
　八冊

370000－1541－0006654　671.25/245＝1
[道光]城武縣志十四卷首一卷　(清)袁章華
修　(清)劉士瀛纂　清道光十年(1830)刻本
　八冊

370000－1541－0006655　671.25/247
[乾隆]定陶縣志十卷首一卷　(清)雷宏宇修
　(清)劉珠等纂　清乾隆十八年(1753)刻光
緒二年(1876)補刻本　十冊

370000－1541－0006656　671.25/247＝1
[乾隆]定陶縣志十卷首一卷　(清)雷宏宇修
　(清)劉珠等纂　清乾隆十八年(1753)刻本
　四冊

370000－1541－0006657　671.25/249

[道光]鉅野縣志二十四卷首一卷　(清)黃維
翰纂修　(清)袁傳裘續纂修　清道光二十六
年(1846)刻本　十六冊

370000－1541－0006658　671.25/251
[光緒]鄆城縣志十六卷首一卷　(清)畢炳炎
修　(清)趙翰鑾纂　清光緒十九年(1893)刻
本　八冊

370000－1541－0006659　671.25/251＝1
[光緒]鄆城縣志十六卷首一卷　(清)畢炳炎
修　(清)趙翰鑾纂　清光緒十九年(1893)刻
本　八冊

370000－1541－0006660　671.25/251＝2
[光緒]費縣志十六卷首一卷　(清)李敬修纂
修　清光緒二十二年(1896)刻本　十冊

370000－1541－0006661　671.25/288
[光緒]惠民縣志三十卷首一卷末一卷　(清)
沈世銓修　(清)李勗纂　清光緒二十五年
(1899)刻本　六冊

370000－1541－0006662　671.25/292
肥城縣鄉土志九卷　(清)鍾樹森修　(清)李
傳煦等纂　清光緒三十四年(1908)石印本
一冊

370000－1541－0006663　671.25/301
[宣統]聊城縣志十二卷首一卷　陳慶蕃修
葉錫麟　靳維熙纂　清宣統二年(1910)刻本
　六冊

370000－1541－0006664　671.25/301＝1
[康熙]聊城縣志四卷　(清)何一傑纂修　清
康熙二年(1663)刻本　四冊

370000－1541－0006665　671.25/303
[康熙]堂邑縣志二十卷　(清)盧承琰修
(清)劉淇纂　清光緒十八年(1892)刻本　張
鑑祥跋　三冊

370000－1541－0006666　671.25/303＝1
[康熙]堂邑縣志二十卷　(清)盧承琰修
(清)劉淇纂　清康熙五十年(1711)居敬堂刻
本　四冊

370000－1541－0006667　671.25/305

[道光]博平縣志六卷　（清）楊祖憲修
（清）烏竹芳纂　清道光十一年(1831)刻本
六冊

370000－1541－0006668　671.25/305 = 1

[道光]博平縣志六卷　（清）楊祖憲修
（清）烏竹芳纂　清道光十一年(1831)刻本
六冊

370000－1541－0006669　671.25/309 = 2

[嘉慶]清平縣志十七卷　（清）萬承紹修
（清）周以勳纂　清嘉慶三年(1798)刻本　五
冊

370000－1541－0006670　671.25/317

[道光]高唐州志八卷首一卷末一卷　（清）徐
宗幹修（清）陳儀（清）杜阡纂　清道光十
五年(1835)高唐州署刻本　六冊

370000－1541－0006671　671.25/321

[乾隆]臨清直隸州志十一卷首一卷　（清）張
度等纂修　清乾隆五十年(1785)刻本　十一
冊

370000－1541－0006672　671.25/321 = 1

[乾隆]臨清直隸州志十一卷首一卷　（清）張
度等纂修　清乾隆五十年(1785)刻本　十一
冊

370000－1541－0006673　671.25/325

[同治]即墨縣志十二卷首一卷　（清）林溥修
（清）周翕鐄（清）黃念昀纂　清同治十二
年(1873)刻本　八冊

370000－1541－0006674　671.25/325 = 1

[同治]即墨縣志十二卷首一卷　（清）林溥修
（清）周翕鐄（清）黃念昀纂　清同治十二
年(1873)刻本　八冊

370000－1541－0006675　671.25/325 = 5

[乾隆]夏津縣志十卷首一卷　（清）方學成修
（清）梁大鯤纂　清乾隆六年(1741)刻本
六冊

370000－1541－0006676　671.25/325 = 6

[乾隆]夏津縣志十卷首一卷　（清）方學成修
（清）梁大鯤纂　清乾隆六年(1741)刻本
六冊

370000－1541－0006677　671.25/329

[乾隆]德州志十二卷首一卷　（清）王道亨修
（清）張慶源纂　清乾隆五十三年(1788)刻
本　八冊

370000－1541－0006678　671.25/329 = 1

[乾隆]德州志十二卷首一卷　（清）王道亨修
（清）張慶源纂　清乾隆五十三年(1788)刻
本　八冊

370000－1541－0006679　671.25/329 = 2

[乾隆]德州志十二卷首一卷　（清）王道亨修
（清）張慶源纂　清乾隆五十三年(1788)刻
本　八冊

370000－1541－0006680　671.25/331 = 1

[嘉慶]德平縣志十卷首一卷　（清）鍾大受纂
修　清嘉慶元年(1796)刻本　四冊

370000－1541－0006681　676.6/505

大秘密國探險記　（日本）釋河口慧海撰　清
末中外日報館鉛印本　一冊

370000－1541－0006682　671.25/335 = 1

[光緒]陵縣志二十二卷首一卷　（清）沈淮修
（清）李圖纂（清）戴傑續纂修　清道光二
十六年(1846)刻光緒元年(1875)增刻本　八
冊

370000－1541－0006683　671.25/337 = 1

[乾隆]歷城縣志五十卷首一卷　（清）胡德琳
修（清）李文藻纂　清乾隆三十八年(1773)
刻本　十六冊

370000－1541－0006684　671.25/337 = 2

[乾隆]歷城縣志五十卷首一卷　（清）胡德琳
修（清）李文藻纂　清乾隆三十八年(1773)
刻本　十七冊

370000－1541－0006685　671.25/337 = 5

[乾隆]歷城縣志五十卷首一卷　（清）胡德琳
修（清）李文藻纂　清乾隆三十八年(1773)

刻本　十六冊

370000－1541－0006686　671.25/339
[嘉慶]禹城縣志十二卷　（清）董鵬翔修
（清）牟應震纂　清嘉慶十三年(1808)刻本
四冊

370000－1541－0006687　671.25/339＝1
[嘉慶]禹城縣志十二卷　（清）董鵬翔修
（清）牟應震纂　清嘉慶十三年(1808)刻本
四冊

370000－1541－0006688　671.25/341
[道光]東平州志三十卷首二卷　（清）周雲鳳
修　（清）唐鑑纂　清道光五年(1825)刻本
十二冊

370000－1541－0006689　671.25/341＝1
[光緒]東平州志二十七卷首編四卷　（清）左
宜似修　（清）盧崟纂　清光緒四年(1878)刻
本　二十冊

370000－1541－0006690　671.25/343
[嘉慶]平陰縣志二十九卷　（清）喻春林修
（清）朱續孜纂　清嘉慶十三年(1808)刻本
八冊

370000－1541－0006691　671.25/343＝1
[嘉慶]平陰縣志四卷　（清）喻春林修
（清）朱續孜纂　清嘉慶十三年(1808)刻本
四冊

370000－1541－0006692　671.25/343＝3
[光緒]平陰縣志八卷首一卷　（清）李敬修纂
修　清光緒二十一年(1895)刻本　一冊　存
一卷(一)

370000－1541－0006693　671.25/343＝4
[光緒]平陰縣志八卷首一卷　（清）李敬修纂
修　清光緒二十一年(1895)刻本　八冊

370000－1541－0006694　671.25/343＝5
[乾隆]平原縣志十卷首一卷　（清）黃懷祖修
（清）黃兆熊纂　清乾隆十四年(1749)刻本
四冊

370000－1541－0006695　671.25/349

[康熙]壽張縣志八卷　（清）滕永禎修
（清）馬珩纂　清康熙五十六年(1717)刻本
四冊

370000－1541－0006696　671.25/349＝1
[光緒]壽張縣志十卷首一卷　（清）劉文煒修
（清）王守謙纂　清光緒二十六年(1900)刻
本　六冊

370000－1541－0006697　671.25/349＝2
[光緒]壽張縣志十卷首一卷　（清）劉文煒修
（清）王守謙纂　清光緒二十六年(1900)刻
本　六冊

370000－1541－0006698　671.25/355
[康熙]朝城縣志十卷　（清）祖植桐修
（清）趙昶等纂　清康熙十二年(1673)刻本
四冊

370000－1541－0006699　671.25/371
高唐州鄉土志不分卷　（清）周家齊纂修　清
光緒三十二年(1906)高唐州署刻本　一冊

370000－1541－0006700　671.25/382
[雍正]恩縣續志五卷　（清）陳學海修
（清）韓天篤等纂　清雍正元年(1723)刻本
一冊

370000－1541－0006701　671.25/382＝1
[雍正]恩縣續志五卷　（清）陳學海修
（清）韓天篤等纂　清雍正元年(1723)刻本
一冊

370000－1541－0006702　671.25/398
[康熙]陽穀縣志八卷首一卷　（清）王時來修
（清）杭雲龍纂　清康熙五十五年(1716)刻
本　四冊

370000－1541－0006703　671.25/403
[道光]重修蓬萊縣志十四卷首一卷　（清）王
文燾修　（清）張本　（清）葛遠昶纂　清道光
十九年(1839)刻本　八冊

370000－1541－0006704　671.25/403＝1
[道光]重修蓬萊縣志十四卷首一卷　（清）王
文燾修　（清）張本　（清）葛遠昶纂　清道光

十九年（1839）刻本　　八册

370000 – 1541 – 0006705　671.25/403 = 2
[光緒]蓬萊縣續志十四卷　　（清）鄭錫鴻
（清）江瑞采修　（清）王爾植等纂　清光緒八
年（1882）刻本　　四册

370000 – 1541 – 0006706　671.25/403 = 3
[光緒]蓬萊縣續志十四卷　　（清）鄭錫鴻
（清）江瑞采修　（清）王爾植等纂　清光緒八
年（1882）刻本　　四册

370000 – 1541 – 0006707　671.25/403 = 4
[光緒]蓬萊縣續志十四卷　　（清）鄭錫鴻
（清）江瑞采修　（清）王爾植等纂　清光緒八
年（1882）刻本　　四册

370000 – 1541 – 0006708　671.25/405
[乾隆]黃縣志十二卷　　（清）袁中立修
（清）毛贊纂　清乾隆二十一年（1756）刻本
四册

370000 – 1541 – 0006709　671.25/405 = 1
[乾隆]黃縣志十二卷　　（清）袁中立修
（清）毛贊纂　清乾隆二十一年（1756）刻本
四册

370000 – 1541 – 0006710　671.25/405 = 2
[同治]黃縣志十四卷首一卷末一卷　　（清）尹
繼美纂修　清同治十年（1871）黃縣縣學刻本
四册

370000 – 1541 – 0006711　671.25/405 = 3
[同治]黃縣志十四卷首一卷末一卷　　（清）尹
繼美纂修　清同治十年（1871）黃縣縣學刻本
四册

370000 – 1541 – 0006712　671.25/405 = 4
[同治]黃縣志十四卷首一卷末一卷　　（清）尹
繼美纂修　清同治十年（1871）黃縣縣學刻本
四册

370000 – 1541 – 0006713　671.25/409
[順治]招遠縣志十二卷　　（清）張作礪修
（清）張鳳羽纂　清道光二十六年（1846）刻本
八册

370000 – 1541 – 0006714　671.25/409 = 1
[順治]招遠縣志十二卷　　（清）張作礪修
（清）張鳳羽纂　清道光二十六年（1846）刻本
八册

370000 – 1541 – 0006715　671.25/409 = 2
[順治]招遠縣志十二卷　　（清）張作礪修
（清）張鳳羽纂　清道光二十六年（1846）刻本
八册

370000 – 1541 – 0006716　671.25/411
[康熙]萊陽縣志十卷　　（清）萬邦維　（清）
衛元爵修　（清）張重潤等纂　清康熙十七年
（1678）刻本　　四册

370000 – 1541 – 0006717　671.25/413
[同治]重修寧海州志二十八卷　　（清）舒孔安
修　（清）王厚階纂　清同治三年（1864）刻本
六册

370000 – 1541 – 0006718　671.25/419
[道光]榮成縣志十卷　　（清）李天駑修
（清）岳䎱廷纂　清道光二十年（1840）刻本
四册

370000 – 1541 – 0006719　671.25/419 = 1
[道光]榮成縣志十卷　　（清）李天駑修
（清）岳䎱廷纂　清道光二十年（1840）刻本
四册

370000 – 1541 – 0006720　671.25/419 = 2
[道光]榮成縣志十卷　　（清）李天駑修
（清）岳䎱廷纂　清道光二十年（1840）刻本
四册

370000 – 1541 – 0006721　671.25/421
[乾隆]海陽縣志八卷　　（清）包桂纂修　清乾
隆七年（1742）刻本　　四册

370000 – 1541 – 0006722　671.25/421 = 1
[乾隆]海陽縣志八卷　　（清）包桂纂修　清乾
隆七年（1742）刻本　　四册

370000 – 1541 – 0006723　671.25/421 = 2
[乾隆]海陽縣志八卷　　（清）包桂纂修　清乾
隆七年（1742）刻本　　四册

370000－1541－0006724　671.25/421 ＝3

[乾隆]海陽縣志八卷　（清）包桂纂修　清乾
隆七年(1742)刻本　四冊

370000－1541－0006725　671.25/421 ＝4

[光緒]海陽縣續志十卷首一卷　（清）王敬勳
修　（清）李爾梅　（清）王兆騰纂　清光緒六
年(1880)刻本　六冊

370000－1541－0006726　671.25/421 ＝5

[光緒]海陽縣續志十卷首一卷　（清）王敬勳
修　（清）李爾梅　（清）王兆騰纂　清光緒六
年(1880)刻本　六冊

370000－1541－0006727　671.25/421 ＝6

[光緒]海陽縣續志十卷首一卷　（清）王敬勳
修　（清）李爾梅　（清）王兆騰纂　清光緒六
年(1880)刻本　六冊

370000－1541－0006728　671.25/423

掖縣全志四種十八卷首二卷　（清）魏起鵬等
輯　清乾隆、光緒刻光緒十九年(1893)印本
十六冊

370000－1541－0006729　671.25/423 ＝1

[乾隆]掖縣志八卷首一卷　（清）張思勉修
（清）于始瞻纂　清乾隆二十三年(1758)刻本
八冊

370000－1541－0006730　671.25/423 ＝2

[乾隆]掖縣志八卷首一卷　（清）張思勉修
（清）于始瞻纂　清乾隆二十三年(1758)刻本
八冊

370000－1541－0006731　671.25/423 ＝3

[乾隆]掖縣志八卷首一卷　（清）張思勉修
（清）于始瞻纂　清乾隆二十三年(1758)刻本
八冊

370000－1541－0006732　671.25/425

[道光]重修平度州志二十七卷　（清）保忠
（清）吳慈修　（清）李圖　（清）王大鈅纂
清道光二十九年(1849)刻本　七冊　存二十
二卷(一至二十二)

370000－1541－0006733　671.25/425 ＝1

[道光]重修平度州志二十七卷　（清）保忠
（清）吳慈修　（清）李圖　（清）王大鈅纂
清道光二十九年(1849)刻本　八冊

370000－1541－0006734　671.25/425 ＝2

[道光]重修平度州志二十七卷　（清）保忠
（清）吳慈修　（清）李圖　（清）王大鈅纂
清道光二十九年(1849)刻本　八冊

370000－1541－0006735　671.25/425 ＝3

[康熙]平度州志十二卷首一卷　（清）李世昌
纂修　清康熙五年(1666)刻本　四冊

370000－1541－0006736　671.25/425 ＝4

[道光]臨邑縣志十六卷首一卷末一卷　（清）
沈淮纂修　清道光十七年(1837)臨邑縣署刻
本　八冊

370000－1541－0006737　671.25/425 ＝5

[康熙]臨淄縣志十六卷　（清）鄧性修
（清）李煥章　（清）朱作肅纂　清康熙十一年
(1672)刻本(有抄配)　八冊

370000－1541－0006738　671.25/425 ＝6

[光緒]臨朐縣志十六卷首一卷　（清）姚延福
修　（清）鄧嘉緝　（清）蔣師轍纂　清光緒十
年(1884)刻本　六冊

370000－1541－0006739　671.25/425 ＝7

[光緒]臨朐縣志十六卷首一卷　（清）姚延福
修　（清）鄧嘉緝　（清）蔣師轍纂　清光緒十
年(1884)刻本　六冊

370000－1541－0006740　671.25/426

[宣統]重修恩縣志十卷首一卷　（清）汪鴻孫
修　（清）劉儒臣　（清）王金階纂　清宣統元
年(1909)刻本　四冊

370000－1541－0006741　671.25/427

[乾隆]濰縣志六卷首一卷末一卷　（清）張耀
璧修　（清）王誦芬纂　清乾隆二十五年
(1760)刻本　四冊

370000－1541－0006742　671.25/427 ＝1

濰縣鄉土志不分卷　（清）宋朝楨纂　清光緒
三十三年(1907)石印本　一冊

370000－1541－0006743　671.25/435

[康熙]高密縣志十卷　（清）張浩修　（清）張寅威　（清）李世澳纂　清康熙四十九年(1710)刻本　四冊

370000－1541－0006744　671.25/435＝1

[光緒]高密縣志十卷首一卷末一卷　（清）傅賚予修　（清）李勤運等纂　清光緒二十二年(1896)刻本　八冊

370000－1541－0006745　671.25/435＝2

[光緒]高密縣志十卷首一卷末一卷　（清）傅賚予修　（清）李勤運等纂　清光緒二十二年(1896)刻本　八冊

370000－1541－0006746　671.25/435＝3

[光緒]高密縣志十卷首一卷末一卷　（清）傅賚予修　（清）李勤運等纂　清光緒二十二年(1896)刻本　八冊

370000－1541－0006747　671.25/435＝4

[光緒]高密縣志十卷首一卷末一卷　（清）傅賚予修　（清）李勤運等纂　清光緒二十二年(1896)刻本　八冊

370000－1541－0006748　671.25/435＝5

高密縣鄉土志不分卷　（清）傅駿聲　（清）張沛恩修　（清）王夢松纂　清宣統元年(1909)濟南國文報館石印本　一冊

370000－1541－0006749　671.25/435＝6

高密縣鄉土志不分卷　（清）傅駿聲　（清）張沛恩修　（清）王夢松纂　清宣統元年(1909)濟南國文報館石印本　一冊

370000－1541－0006750　671.25/435＝7

高密縣鄉土志不分卷　（清）傅駿聲　（清）張沛恩修　（清）王夢松纂　清宣統元年(1909)濟南國文報館石印本　一冊

370000－1541－0006751　671.25/435＝8

[乾隆]高密縣志十卷首一卷末一卷　（清）張乃史修　（清）錢廷熊纂　清乾隆十九年(1754)刻本　四冊

370000－1541－0006752　671.25/435＝9

[乾隆]高密縣志十卷首一卷末一卷　（清）張乃史修　（清）錢廷熊纂　清乾隆十九年(1754)刻本　四冊

370000－1541－0006753　671.25/437

[乾隆]即墨縣志十二卷首一卷　（清）尤淑孝修　（清）李元正纂　清乾隆二十九年(1764)刻本　六冊

370000－1541－0006754　671.25/437＝1

[乾隆]即墨縣志十二卷首一卷　（清）尤淑孝修　（清）李元正纂　清乾隆二十九年(1764)刻本　六冊

370000－1541－0006755　671.25/439

[康熙]益都縣志十四卷首一卷　（清）陳食花修　（清）鍾諤等纂　清康熙十一年(1672)刻本　八冊

370000－1541－0006756　671.25/439＝1

[康熙]益都縣志十四卷首一卷　（清）陳食花修　（清）鍾諤等纂　清康熙十一年(1672)刻本　六冊

370000－1541－0006757　671.25/439＝2

[光緒]益都縣圖志五十四卷首一卷　（清）張承燮修　（清）法偉堂等纂　清光緒三十三年(1907)益都官舍刻本　十六冊

370000－1541－0006758　671.25/439＝3

[光緒]益都縣圖志五十四卷首一卷　（清）張承燮修　（清）法偉堂等纂　清光緒三十三年(1907)益都官舍刻本　十六冊

370000－1541－0006759　671.25/443

[雍正]樂安縣志二十卷　（清）李方膺纂修　清雍正十一年(1733)刻本　四冊

370000－1541－0006760　671.25/443＝1

[雍正]樂安縣志二十卷　（清）李方膺纂修　清雍正十一年(1733)刻本　張鑑祥識語　四冊

370000－1541－0006761　671.25/443＝2

[雍正]樂安縣志二十卷　（清）李方膺纂修　清雍正十一年(1733)刻本　四冊

370000－1541－0006762　671.25/443＝3

[雍正]樂安縣志二十卷　（清）李方膺纂修
清雍正十一年(1733)刻本　四冊

370000－1541－0006763　671.25/445

[嘉慶]壽光縣志二十卷　（清）劉翰周纂修
清嘉慶五年(1800)刻本　七冊

370000－1541－0006764　671.25/451

[萬曆]安丘縣志二十八卷　（明）熊元修
（明）馬文煒纂　明萬曆十七年(1589)刻本
二冊

370000－1541－0006765　671.25/451＝1

[萬曆]安丘縣志二十八卷　（明）熊元修
（明）馬文煒纂　明萬曆十七年(1589)刻本
二冊　存二十二卷(一、三至九、十二、十四至
十七、十九、二十一至二十八)

370000－1541－0006766　671.25/451＝3

[康熙]續安丘縣志二十五卷　（清）任周鼎修
（清）王訓纂　清康熙十五年(1676)刻本
二冊

370000－1541－0006767　671.25/451＝4

[康熙]續安丘縣志二十五卷　（清）任周鼎修
（清）王訓纂　清康熙十五年(1676)刻本
二冊

370000－1541－0006768　671.25/453

[康熙]諸城縣志十二卷　（清）卞穎修
（清）王勷等纂　清康熙十二年(1673)刻本
五冊　存九卷(一至九)

370000－1541－0006769　671.25/453＝1

[乾隆]諸城縣志四十六卷　（清）宮懋讓修
（清）吳文藻纂　清乾隆二十九年(1764)刻本
八冊

370000－1541－0006770　671.25/453＝2

[乾隆]諸城縣志四十六卷　（清）宮懋讓修
（清）吳文藻纂　清乾隆二十九年(1764)刻本
八冊

370000－1541－0006771　671.25/453＝3

[道光]諸城縣續志二十三卷　（清）劉光斗修

（清）朱學海纂　清道光十四年(1834)刻本
四冊

370000－1541－0006772　671.25/453＝4

[道光]諸城縣續志二十三卷　（清）劉光斗修
（清）朱學海纂　清道光十四年(1834)刻本
四冊

370000－1541－0006773　671.25/455

[光緒]日照縣志十二卷首一卷　（清）陳懋修
（清）張庭詩　（清）李堉纂　清光緒十二年
(1886)刻本　四冊

370000－1541－0006774　671.25/455＝1

[光緒]日照縣志十二卷首一卷　（清）陳懋修
（清）張庭詩　（清）李堉纂　清光緒十二年
(1886)刻本　二冊　存五卷(八至十二)

370000－1541－0006775　671.25/455＝2

[康熙]日照縣志十二卷　（清）楊士雄修
（清）丁時纂　（清）成永健續纂　清康熙十二
年(1673)刻五十四年(1715)成永健增刻本
五冊

370000－1541－0006776　671.25/465

[嘉慶]昌樂縣志三十二卷首一卷　（清）魏禮
焯修　（清）閻學夏等纂　清嘉慶十四年
(1809)刻本　六冊

370000－1541－0006777　671.25/465＝1

[嘉慶]昌樂縣志三十二卷首一卷　（清）魏禮
焯修　（清）閻學夏等纂　清嘉慶十四年
(1809)刻本　六冊

370000－1541－0006778　671.25/465＝2

[嘉慶]昌樂縣志三十二卷首一卷　（清）魏禮
焯修　（清）閻學夏等纂　清嘉慶十四年
(1809)刻本　六冊

370000－1541－0006779　671.25/465＝3

[嘉慶]昌樂縣志三十二卷首一卷　（清）魏禮
焯修　（清）閻學夏等纂　清嘉慶十四年
(1809)刻本　六冊

370000－1541－0006780　671.25/465＝4

[光緒]昌邑縣續志八卷　（清）陳嘉楷修

（清）韓天衢纂　清光緒三十三年（1907）刻本
六冊

370000 – 1541 – 0006781　671.25/465 = 5
[乾隆]昌邑縣志八卷　（清）周來邰纂修　清
乾隆七年(1742)刻本　四冊

370000 – 1541 – 0006782　671.25/505
[康熙]新修萊蕪縣志十卷首一卷　（清）鍾國
義纂修　清康熙十二年(1673)刻本　五冊

370000 – 1541 – 0006783　671.25/505 = 1
[康熙]新修萊蕪縣志十卷首一卷　（清）鍾國
義纂修　清康熙十二年(1673)刻本　四冊

370000 – 1541 – 0006784　671.25/527
[光緒]莘縣志十卷　（清）張朝瑋修　（清）
孔廣海纂　清光緒十三年(1887)刻本　六冊

370000 – 1541 – 0006785　671.25/527 = 1
[光緒]莘縣志十卷　（清）張朝瑋修　（清）
孔廣海纂　清光緒十三年(1887)刻本　六冊

370000 – 1541 – 0006786　671.25/527 = 2
莘縣鄉土志不分卷　孔廣文纂修　清宣統元
年(1909)石印本　一冊

370000 – 1541 – 0006787　671.25/644
[乾隆]高苑縣志十卷　（清）張耀璧纂修　清
乾隆二十三年(1758)刻本　二冊

370000 – 1541 – 0006788　671.25/644 = 1
[乾隆]高苑縣志十卷　（清）張耀璧纂修　清
乾隆二十三年(1758)刻本　二冊

370000 – 1541 – 0006789　671.25/658
[道光]章邱縣志十六卷首一卷末一卷　（清）
曹楙堅修　（清）吳璋纂　清道光十三年
(1833)刻本　八冊

370000 – 1541 – 0006790　671.25/658 = 1
章邱縣鄉土志二卷　（清）楊學淵修　（清）李
洪鈺等纂　清光緒三十三年(1907)石印本
二冊

370000 – 1541 – 0006791　671.25/661
[道光]商河縣志八卷首一卷　（清）龔廷煌等
纂修　清道光十六年(1836)刻本　八冊

370000 – 1541 – 0006792　671.25/661 = 1
[道光]商河縣志八卷首一卷　（清）龔廷煌等
纂修　清道光十六年(1836)刻本　八冊

370000 – 1541 – 0006793　671.25/669
[咸豐]慶雲縣志三卷首一卷末一卷　（清）戴
絧孫修　（清）崔光笏纂　清咸豐四年(1854)
刻本　三冊

370000 – 1541 – 0006794　671.25/677
[道光]文登縣志十卷　（清）蔡培　（清）歐
文修　（清）林汝謨纂　清道光十九年(1839)
刻本　四冊

370000 – 1541 – 0006795　671.25/701
[光緒]寧陽縣志二十四卷首一卷　（清）高陞
榮修　（清）黃恩彤纂　清光緒五年(1879)刻
本　十二冊

370000 – 1541 – 0006796　671.25/701 = 1
[光緒]寧陽縣志二十四卷首一卷　（清）高陞
榮修　（清）黃恩彤纂　（清）陳文顯續纂修
清光緒十三年(1887)刻本　十二冊

370000 – 1541 – 0006797　671.25/751
[萬曆]汶上縣志八卷　（明）栗可仕修
（明）王命新纂　明萬曆三十六年(1608)刻清
康熙五十六年(1717)補刻本　二冊

370000 – 1541 – 0006798　671.25/751 = 1
[萬曆]汶上縣志八卷　（明）栗可仕修
（明）王命新纂　明萬曆三十六年(1608)刻清
康熙五十六年(1717)補刻本　二冊

370000 – 1541 – 0006799　671.25/751 = 2
[康熙]續修汶上縣志六卷　（清）聞元炅纂修
清康熙五十六年(1717)刻本　二冊

370000 – 1541 – 0006800　671.25/751 = 3
[康熙]續修汶上縣志六卷　（清）聞元炅纂修
清康熙五十六年(1717)刻本　二冊

370000 – 1541 – 0006801　671.25/751 = 4
[康熙]濱州志八卷首一卷　（清）楊容盛修
（清）杜曠纂　清康熙四十年(1701)刻本　四
冊

370000－1541－0006802　671.25/753

[宣統]濮州志八卷首一卷　高士英修　榮相鼎纂　清宣統元年(1909)刻本　八冊

370000－1541－0006803　671.25/755＝1

[乾隆]淄川縣志八卷首一卷　(清)張鳴鐸修　(清)張廷寀等纂　清乾隆四十一年(1776)刻本　八冊

370000－1541－0006804　671.25/755＝2

[乾隆]淄川縣志八卷首一卷　(清)張鳴鐸修　(清)張廷寀等纂　清乾隆四十一年(1776)刻本　八冊

370000－1541－0006805　671.25/811

[道光]滕縣志十四卷首一卷　(清)王政修　(清)王庸立　(清)黃來麟纂　清道光二十六年(1846)刻本　八冊

370000－1541－0006806　671.25/811＝1

[道光]重修膠州志四十卷　(清)張同聲修　(清)李圖纂　清道光二十五年(1845)刻本　八冊

370000－1541－0006807　671.25/811＝2

[道光]重修膠州志四十卷　(清)張同聲修　(清)李圖纂　清道光二十五年(1845)刻本　八冊

370000－1541－0006808　671.25/811＝3

[道光]重修膠州志四十卷　(清)張同聲修　(清)李圖纂　清道光二十五年(1845)刻本　八冊

370000－1541－0006809　671.25/811＝4

[道光]重修膠州志四十卷　(清)張同聲修　(清)李圖纂　清道光二十五年(1845)刻本　八冊

370000－1541－0006810　671.25/842

鄒縣鄉土志不分卷　(清)胡煒纂修　清光緒三十三年(1907)山東國文報館石印本　一冊

370000－1541－0006811　671.25/987

[乾隆]金鄉縣志二十卷　(清)王天秀修　(清)孫巽纂　清乾隆三十三年(1768)刻本　四冊

370000－1541－0006812　671.25/987＝1

[咸豐]金鄉縣志略十二卷首一卷　(清)李疊纂修　清同治元年(1862)刻本　四冊

370000－1541－0006813　671.28/125

新泰縣鄉土志不分卷　(清)湯宗幹纂修　清光緒三十四年(1908)濟南慈濟印刷所石印本　一冊

370000－1541－0006814　671.3/827

豫乘識小錄不分卷　(清)朱雲錦撰　清同治十二年(1873)多文齋刻本　一冊

370000－1541－0006815　671.34/101＝2

[康熙]開封府志四十卷　(清)管竭忠修　(清)張沐纂　清康熙三十四年(1695)刻本　十二冊

370000－1541－0006816　671.34/236

[嘉慶]南陽府志六卷　(清)孔傳金纂修　清嘉慶十二年(1807)刻本　十二冊

370000－1541－0006817　671.34/382

[乾隆]陳州府志三十卷首一卷　(清)崔應階修　(清)姚之琅纂　清乾隆十一年(1746)刻本　二十冊

370000－1541－0006818　671.34/658

[乾隆]彰德府志三十二卷首一卷　(清)盧崧修　(清)江大鍵纂　清乾隆五十二年(1787)刻本　二十四冊

370000－1541－0006819　671.34/682

[康熙]懷慶府志十八卷　(清)劉維世修　(清)蕭瑞苞　(清)喬騰鳳等纂　清康熙三十四年(1695)刻本　十四冊

370000－1541－0006820　671.34/682＝1

[乾隆]懷慶府志三十二卷首一卷　(清)唐侍陛修　(清)布顏　(清)杜琮纂　清乾隆五十四年(1789)刻本　十六冊

370000－1541－0006821　671.34/718

[乾隆]河南府志一百十六卷首一卷　(清)施誠修　(清)童鈺　(清)裴希純纂　清乾隆四

十四年(1779)刻本 三十二冊

370000 - 1541 - 0006822 671.34/756
[嘉慶]汝寧府志三十卷首一卷 (清)德昌修 (清)王增纂 清嘉慶元年(1796)刻本 十六冊

370000 - 1541 - 0006823 671.34/868
[乾隆]歸德府志三十六卷首一卷 (清)陳錫輅等修 (清)查岐昌纂 清光緒十九年(1893)歸德府署刻本 十冊

370000 - 1541 - 0006824 671.34/943
[乾隆]衛輝府志五十三卷首一卷末一卷 (清)德昌修 (清)徐朗齋纂 清乾隆五十三年(1788)刻本 二十四冊

370000 - 1541 - 0006825 671.35/101
[乾隆]祥符縣志二十二卷 (清)魯曾煜修 (清)張淑載纂 清乾隆四年(1739)刻本 十二冊

370000 - 1541 - 0006826 671.35/101 = 1
[光緒]祥符縣志二十四卷首一卷 (清)黃舒昺修 (清)沈傳義等纂 清光緒二十四年(1898)刻本 二十冊

370000 - 1541 - 0006827 671.35/105
[乾隆]杞縣志二十四卷 (清)周璣纂修 清乾隆五十三年(1788)刻本 十二冊

370000 - 1541 - 0006828 671.35/107
[乾隆]通許縣志十卷 (清)阮龍光修 (清)邵自祐纂 清乾隆三十五年(1770)刻本 六冊

370000 - 1541 - 0006829 671.35/109
[道光]尉氏縣志二十卷首一卷 (清)劉厚滋 (清)沈淮修 (清)王觀潮纂 清道光十一年(1831)刻本 八冊

370000 - 1541 - 0006830 671.35/113
[道光]鄢陵縣志十八卷 (清)何鄂聯修 (清)洪符孫纂 清道光十三年(1833)刻本 八冊

370000 - 1541 - 0006831 671.35/115

[同治]中牟縣志十二卷首一卷末一卷 (清)吳若烺修 (清)路春林纂 清同治九年(1870)刻本 六冊

370000 - 1541 - 0006832 671.35/119
[道光]禹州志二十六卷續志二卷 (清)朱煒修 (清)姚椿纂 (清)宮國勳續修 (清)楊景純等續纂 清道光十五年(1835)刻同治九年(1870)增刻本 十三冊

370000 - 1541 - 0006833 671.35/121
[嘉慶]密縣志十六卷首一卷 (清)景綸修 (清)謝增纂 清嘉慶二十二年(1817)密縣縣署刻本 四冊

370000 - 1541 - 0006834 671.35/123
[光緒]鹿邑縣志十六卷首一卷 (清)蔣師轍修 (清)于滄瀾 (清)馬家彥纂 清光緒二十二年(1896)刻本 六冊

370000 - 1541 - 0006835 671.35/127
[康熙]寧陵縣志十二卷首一卷 (清)王圖寧修 (清)王肇棟纂 清光緒十九年(1893)刻本 四冊

370000 - 1541 - 0006836 671.35/127 = 2
[宣統]寧陵縣志十二卷首一卷末一卷 蕭濟南修 呂敬直 史冠軍纂 清宣統三年(1911)刻本 八冊

370000 - 1541 - 0006837 671.35/129 = 2
鹿邑縣圖十卷首一卷末一卷 (清)王壽仁繪 清光緒二十二年(1896)刻本 一冊

370000 - 1541 - 0006838 671.35/137
[光緒]續修睢州志十二卷首一卷 (清)王枚纂修 清光緒十八年(1892)刻本 八冊

370000 - 1541 - 0006839 671.35/141
[康熙]考城縣志四卷 (清)李國亮修 (清)王貫三等纂 清康熙三十七年(1698)刻本 四冊

370000 - 1541 - 0006840 671.35/143
[乾隆]柘城縣志十八卷首一卷 (清)李志魯纂修 清乾隆三十八年(1773)刻本 八冊

329

370000 – 1541 – 0006841　671.35/145

[道光]淮寧縣志二十七卷　（清）永銘修
（清）趙任之　（清）吳純夫纂　清道光六年
(1826)文昌宮刻本　十二冊

370000 – 1541 – 0006842　671.35/149

[乾隆]西華縣志十四卷首一卷　（清）宋恂修
（清）于大猷纂　清乾隆十九年(1754)刻本
六冊

370000 – 1541 – 0006843　671.35/151

[乾隆]項城縣志十卷首一卷　（清）韓儀修
（清）張延福纂　清乾隆十一年(1746)刻本
六冊

370000 – 1541 – 0006844　671.35/155

[道光]太康縣志八卷　（清）戴鳳翔修
（清）高崧等纂　清道光八年(1828)刻本　八
冊

370000 – 1541 – 0006845　671.35/157

[光緒]扶溝縣志十六卷首一卷　（清）熊燦修
（清）張文楷纂　清光緒十九年(1893)大程
書院刻本　八冊

370000 – 1541 – 0006846　671.35/159

[道光]許州志十六卷首一卷　（清）蕭元吉修
（清）李堯觀纂　清道光十八年(1838)刻本
十二冊

370000 – 1541 – 0006847　671.35/161

[順治]臨潁縣志八卷　（清）李馥先修
（清）吳中奇纂　清順治十七年(1660)刻本
六冊

370000 – 1541 – 0006848　671.35/163

[乾隆]襄城縣志十卷首一卷　（清）汪運正纂
修　清乾隆十一年(1746)刻本　十冊

370000 – 1541 – 0006849　671.35/165

[乾隆]鄢城縣志十八卷　（清）傅豫纂修　清
乾隆十九年(1754)刻本　六冊

370000 – 1541 – 0006850　671.35/167

[乾隆]長葛縣志十卷　（清）阮景咸修
（清）李秀生等纂　清乾隆十三年(1748)其順

堂刻本　四冊

370000 – 1541 – 0006851　671.35/169

[乾隆]鄭州志十二卷首一卷　（清）張鉞修
（清）毛汝誌纂　清乾隆十三年(1748)刻本
六冊

370000 – 1541 – 0006852　671.35/173

[康熙]河陰縣志四卷　（清）申奇彩等修
（清）毛泰徵等纂　清康熙三十年(1691)刻本
四冊

370000 – 1541 – 0006853　671.35/181

[順治]封丘縣志九卷首一卷　（清）余縉修
（清）李嵩陽纂　清順治十六年(1659)刻本
八冊

370000 – 1541 – 0006854　671.35/201

[乾隆]汲縣志十四卷首一卷末一卷　（清）徐
汝瓚纂修　清乾隆二十年(1755)刻本　六冊

370000 – 1541 – 0006855　671.35/203

[道光]武陟縣志三十六卷　（清）王榮陞修
（清）方履籛纂　清道光九年(1829)刻本　八
冊

370000 – 1541 – 0006856　671.35/205

[嘉慶]安陽縣志二十八卷首一卷　（清）貴泰
修　（清）武穆淳纂　清嘉慶二十四年(1819)
刻本　十冊

370000 – 1541 – 0006857　671.35/207

[乾隆]湯陰縣志十卷　（清）楊世達纂修　清
乾隆三年(1738)刻本　四冊

370000 – 1541 – 0006858　671.35/211

[乾隆]林縣志十卷首一卷末一卷　（清）楊潮
觀纂修　清乾隆十七年(1752)林縣黃華書院
刻本　四冊

370000 – 1541 – 0006859　671.35/213

[光緒]內黃縣志十九卷首一卷　（清）陳桂芬
修　（清）陳熙春纂　清光緒十八年(1892)刻
本　八冊

370000 – 1541 – 0006860　671.35/221

[乾隆]獲嘉縣志十六卷首一卷　（清）吳喬齡

纂修　清乾隆二十一年(1756)刻本　六冊

370000－1541－0006861　671.35/223

[順治]淇縣志十卷圖考一卷　(清)王謙吉
(清)王南國修　(清)白龍躍　(清)葛漢忠
纂　清順治十七年(1660)刻本　二冊

370000－1541－0006862　671.35/225

[乾隆]輝縣志十二卷首一卷末一卷　(清)文
兆奭修　(清)楊喜榮　(清)王楷纂　清乾隆
二十二年(1757)刻本　九冊

370000－1541－0006863　671.35/225 = 1

[道光]輝縣志二十卷首一卷末一卷　(清)周
際華修　(清)戴銘纂　清道光十五年(1835)
刻本　八冊

370000－1541－0006864　671.35/229

[嘉慶]濬縣志二十二卷附補遺金石錄二卷
(清)熊象階修　(清)武穆淳纂　清嘉慶六年
(1801)刻本　六冊

370000－1541－0006865　671.35/231

[同治]滑縣志十二卷　(清)姚錕修　(清)
徐光第纂　清同治六年(1867)刻本　八冊

370000－1541－0006866　671.35/235

[道光]泌陽縣志十二卷首一卷　(清)倪明進
修　(清)栗郆纂　清道光八年(1828)刻本
六冊

370000－1541－0006867　671.35/235 = 1

[道光]河內縣志三十六卷　(清)袁通修
(清)方履籛　(清)吳育纂　清道光五年
(1825)刻本　十冊

370000－1541－0006868　671.35/236

[光緒]南陽縣志十二卷首一卷　(清)潘守廉
修　(清)張嘉謀等纂　清光緒三十年(1904)
刻本　八冊

370000－1541－0006869　671.35/241

[乾隆]原武縣志十卷　(清)吳文炘修
(清)何遠纂　清乾隆十二年(1747)原武縣署
刻本　五冊

370000－1541－0006870　671.35/247

[乾隆]溫縣志十二卷首一卷　(清)王其華修
(清)苗於京纂　清乾隆二十四年(1759)刻
本　四冊

370000－1541－0006871　671.35/301 = 2

[嘉慶]洛陽縣志六十卷　(清)魏襄修
(清)陸繼輅纂　清嘉慶十三年(1808)刻本
九冊　存二十卷(五至十、三十至三十四、四
十六至五十四)

370000－1541－0006872　671.35/303

[乾隆]重修直隸陝州志二十卷首一卷　(清)
龔崧林修　(清)楊建章纂　清乾隆十二年
(1747)刻本　十一冊

370000－1541－0006873　671.35/305

[乾隆]偃師縣志三十卷首一卷　(清)湯毓倬
修　(清)孫星衍　(清)武億纂　清乾隆五十
四年(1789)刻本　十六冊

370000－1541－0006874　671.35/311

[光緒]宜陽縣志十六卷　(清)謝應起修
(清)劉占卿　(清)龔文明纂　清光緒七年
(1881)宜陽縣署刻本　八冊

370000－1541－0006875　671.35/313

[乾隆]登封縣志三十二卷　(清)陸繼萼修
(清)洪亮吉纂　清乾隆五十三年(1788)刻本
八冊

370000－1541－0006876　671.35/313 = 1

[乾隆]登封縣志三十二卷　(清)陸繼萼修
(清)洪亮吉纂　清乾隆五十三年(1788)刻本
八冊

370000－1541－0006877　671.35/313 = 2

[光緒]蘭谿縣志八卷首一卷　(清)秦簀等修
(清)唐壬森纂　清光緒十三年(1887)刻本
十冊

370000－1541－0006878　671.35/319

[嘉慶]澠池縣志十六卷　(清)甘揚聲修
(清)劉文運纂　清嘉慶十五年(1810)刻本
八冊

370000－1541－0006879　671.35/321

[光緒]嵩縣志三十卷首一卷 (清)康基淵原本 (清)龔文明增修 (清)陳煥如增纂 清光緒三十二年(1906)刻本 四冊

370000－1541－0006880 671.35/323
[光緒]重修靈寶縣志八卷 (清)周淦 (清)方胙勳修 (清)高錦榮 (清)李鏡江纂 清光緒二年(1876)刻本 八冊

370000－1541－0006881 671.35/329
[道光]汝州全志十卷首一卷 (清)白明義修 (清)趙林成纂 清道光二十年(1840)汝州州署刻本 十冊

370000－1541－0006882 671.35/333
[咸豐]郟縣志十二卷 (清)姜篪修 (清)郭景泰纂 清咸豐九年(1859)刻本 六冊

370000－1541－0006883 671.35/337
[道光]重修伊陽縣志六卷首一卷末一卷 (清)馬九功修 (清)張道超纂 清道光十八年(1838)刻本 六冊

370000－1541－0006884 671.35/357
[乾隆]孟縣志十卷 (清)仇汝瑚修 (清)馮敏昌纂 清乾隆五十五年(1790)刻本 十冊

370000－1541－0006885 671.35/359
[嘉慶]范縣志四卷 (清)唐晟纂修 清光緒三十三年(1907)國文報館石印本 四冊

370000－1541－0006886 671.35/359＝1
[光緒]范縣志續編一卷 (清)楊沂修 (清)杜均平纂 清光緒三十四年(1908)國文報館石印本 一冊

370000－1541－0006887 671.35/359＝2
[光緒]范縣志續編一卷 (清)楊沂修 (清)杜均平纂 清光緒三十四年(1908)國文報館石印本 一冊

370000－1541－0006888 671.35/407
[光緒]鎮平縣志六卷 (清)吳聯元纂修 清光緒二年(1876)刻本 四冊

370000－1541－0006889 671.35/409
[乾隆]唐縣志十卷 (清)黃文蓮修 (清)吳泰來纂 清乾隆五十二年(1787)刻本 四冊

370000－1541－0006890 671.35/410
[嘉慶]長垣縣志十六卷 (清)李于垣修 (清)楊元錫纂 清嘉慶十五年(1810)刻本 十二冊

370000－1541－0006891 671.35/413
[乾隆]桐柏縣志八卷首一卷 (清)鞏敬緒修 (清)李南暉纂 清乾隆十八年(1753)刻本 四冊

370000－1541－0006892 671.35/415
[乾隆]鄧州志二十四卷首一卷末一卷 (清)蔣先祖修 (清)姚之琅纂 清乾隆二十年(1755)刻本 七冊

370000－1541－0006893 671.35/417
[康熙]內鄉縣志十二卷 (清)竇鼎望原本 (清)張福永增修 清康熙五十一年(1712)增刻本 八冊

370000－1541－0006894 671.35/419
[乾隆]新野縣志九卷首一卷 (清)徐金位纂修 清乾隆十九年(1754)刻本 四冊

370000－1541－0006895 671.35/421
[乾隆]裕州志六卷 (清)董學禮纂修 (清)宋名立續纂修 清康熙五十四年(1715)刻本 四冊

370000－1541－0006896 671.35/423
[道光]舞陽縣志十二卷 (清)王德瑛纂修 清道光十五年(1835)刻本 四冊

370000－1541－0006897 671.35/425
[同治]葉縣志十卷首一卷附錄一卷 (清)歐陽霖 (清)杜鶴慈修 (清)倉景恬 (清)胡廷楨纂 清同治十一年(1872)刻本 八冊

370000－1541－0006898 671.35/427
[康熙]汝陽縣志十卷 (清)丘天英纂修 清康熙二十九年(1690)刻本 八冊

370000－1541－0006899 671.35/429

[乾隆]陽武縣志十二卷 （清）談諟曾纂修
清乾隆十年(1745)刻本 六冊

370000－1541－0006900 671.35/429＝1
[嘉慶]正陽縣志十卷 （清）彭良弼修
（清）呂元瀬纂 （清）楊德容續纂修 清嘉慶
元年(1796)刻本 四冊

370000－1541－0006901 671.35/433
[乾隆]新蔡縣志十卷 （清）莫璽章修
（清）王增纂 清乾隆六十年(1795)刻本 四
冊

370000－1541－0006902 671.35/435
[康熙]西平縣志十卷 （清）沈萊纂修
（清）李弘植續纂修 清康熙三十一年(1692)
刻後印本 四冊

370000－1541－0006903 671.35/435＝1
[咸豐]淅川廳志四卷 （清）徐光第纂修 清
咸豐十一年(1861)刻本 四冊

370000－1541－0006904 671.35/437
[乾隆]遂平縣志十六卷 （清）金忠濟修
（清）祝暘等纂 清乾隆二十四年(1759)刻本
四冊

370000－1541－0006905 671.35/439
[乾隆]確山縣志四卷 （清）周之瑚修
（清）嚴克嶧纂 清乾隆十一年(1746)刻本
四冊

370000－1541－0006906 671.35/441
[乾隆]羅山縣志八卷 （清）葛荃修 （清）
李之杜 （清）謝寶樹纂 清乾隆十一年
(1746)刻本 六冊

370000－1541－0006907 671.35/445
[乾隆]光山縣志三十二卷首一卷 （清）楊殿
梓修 （清）錢時雍纂 清乾隆五十一年
(1786)刻本 十二冊

370000－1541－0006908 671.35/449
[乾隆]重修固始縣志二十六卷首一卷 （清）
謝聘修 （清）洪亮吉纂 清乾隆五十一年
(1786)刻本 十六冊

370000－1541－0006909 671.35/451
[嘉慶]息縣志八卷首一卷 （清）劉光輝修
（清）任鎮及纂 清嘉慶四年(1799)刻本 八
冊

370000－1541－0006910 671.35/453
[康熙]商城縣志八卷 （清）許全學纂修 清
康熙二十九年(1690)刻本 四冊

370000－1541－0006911 671.35/653
光緒永城縣志三十八卷首一卷 （清）岳廷楷
修 （清）胡贊采 （清）呂永輝纂 清光緒二
十九年(1903)刻本 六冊 缺十卷(十七至
二十一、三十四至三十八)

370000－1541－0006912 671.35/747
[乾隆]沈邱縣志十二卷 （清）何源洙修
（清）魯之璠纂 清乾隆十一年(1746)刻本
六冊

370000－1541－0006913 671.35/751
[乾隆]濟源縣志十六卷首一卷末一卷 （清）
蕭應植纂修 清乾隆二十六年(1761)刻本
六冊

370000－1541－0006914 671.35/751＝1
[嘉慶]續濟源縣志十二卷 （清）何荇芳修
（清）衛慶悰等纂 清嘉慶十八年(1813)刻本
四冊

370000－1541－0006915 671.35/753
[乾隆]濮州志六卷 （清）邵世昌修 （清）
柴揆纂 清乾隆二十年(1755)濮州州署刻本
六冊

370000－1541－0006916 671.35/813
宋東京考二十卷 （清）周城撰 清乾隆二十
七年(1762)六有堂刻本 四冊

370000－1541－0006917 671.35/914
[乾隆]信陽州志十二卷首一卷 （清）張鉞修
（清）萬侯纂 清乾隆十四年(1749)刻本
八冊

370000－1541－0006918 671.4/582
[乾隆]山西志輯要十卷首一卷 （清）雅德修

（清）汪本直纂　清乾隆四十五年（1780）刻本　十二冊

370000－1541－0006919　671.40/309

[光緒]山西通志一百八十四卷　（清）曾國荃修　（清）王軒纂　清光緒十八年（1892）刻本　八十八冊

370000－1541－0006920　671.40/880

[雍正]山西通志二百三十卷　（清）覺羅石麟修　（清）儲大文纂　清雍正十二年（1734）刻本　一百冊

370000－1541－0006921　671.40/880＝1

[雍正]山西通志二百三十卷　（清）覺羅石麟修　（清）儲大文纂　清雍正十二年（1734）刻本　十冊　存十四卷（二百十七至二百三十）

370000－1541－0006922　671.44/756

[乾隆]汾州府志三十四卷首一卷　（清）孫和相修　（清）戴震纂　清乾隆三十六年（1771）刻本　十六冊

370000－1541－0006923　671.45/101

[道光]陽曲縣志十六卷　（清）李培謙修（清）閻士驤　（清）鄭起昌纂　清道光二十三年（1843）刻本　十冊

370000－1541－0006924　671.45/101＝1

[康熙]陽曲縣志十四卷首一卷　（清）戴夢熊修　（清）李方蓁　（清）李方芃纂　清康熙二十一年（1682）刻本　一冊　存三卷（二至四）

370000－1541－0006925　671.45/103

[道光]太原縣志十八卷　（清）員佩蘭修（清）楊國泰纂　清道光六年（1826）刻本　六冊

370000－1541－0006926　671.45/105

[同治]榆次縣志十六卷末一卷　（清）俞世銓修　（清）王平格纂　清同治二年（1863）永興齋刻本　七冊

370000－1541－0006927　671.45/105＝1

[光緒]祁縣志十六卷　（清）劉發岐修（清）李芬纂　清光緒八年（1882）刻本　六冊

存九卷（五至六、九至十五）

370000－1541－0006928　671.45/107

[乾隆]太谷縣志八卷　（清）郭晉修　（清）管粵秀纂　清乾隆六十年（1795）刻本　八冊

370000－1541－0006929　671.45/107＝1

[咸豐]太谷縣志八卷首一卷末一卷　（清）章青選　（清）汪和修　（清）章嗣衡纂　清咸豐五年（1855）刻本　八冊

370000－1541－0006930　671.45/113

[光緒]文水縣志十二卷首一卷末一卷　（清）范啟墊修　（清）陰步霞纂　清光緒九年（1883）刻本　六冊

370000－1541－0006931　671.45/123

[光緒]岢嵐州志十二卷　（清）吳光熊修（清）史文炳纂　清光緒十年（1884）刻本　四冊

370000－1541－0006932　671.45/125

[乾隆]汾陽縣志十四卷首一卷　（清）李文起修　（清）戴震纂　清乾隆三十七年（1772）刻本　七冊

370000－1541－0006933　671.45/127

[乾隆]孝義縣志二十卷　（清）鄧必安修（清）鄧常纂　清乾隆三十五年（1770）抄本　八冊

370000－1541－0006934　671.45/131

[嘉慶]介休縣志十四卷　（清）徐品山（清）陸元鏸纂修　清嘉慶二十四年（1819）刻本　八冊

370000－1541－0006935　671.45/143

[乾隆]長治縣志二十八卷首一卷　（清）吳九齡修　（清）蔡履豫纂　清乾隆二十八年（1763）榮暉堂刻本　十冊

370000－1541－0006936　671.45/143＝1

[光緒]長治縣志八卷首一卷　（清）李楨（清）馬鑑修　（清）楊篤纂　清光緒二十年（1894）刻本　十冊

370000－1541－0006937　671.45/151

[光緒]潞城縣志四卷首一卷　（清）崔曉然修
（清）楊篤纂　清光緒十一年(1885)刻本
八冊

370000－1541－0006938　671.45/159

[乾隆]鳳臺縣志二十卷首一卷　（清）林荔修
（清）姚學甲纂　清乾隆四十九年(1784)刻
本　十冊

370000－1541－0006939　671.45/177

[雍正]沁源縣志十卷首一卷　（清）韓瑛纂修
（清）王廷搶續纂修　清雍正八年(1730)刻
本　四冊

370000－1541－0006940　671.45/185

[光緒]盂縣志二十二卷首一卷　（清）張嵐奇
（清）劉鴻逵修　（清）武纘緒纂　清光緒七
年(1881)刻本　十一冊

370000－1541－0006941　671.45/187

[光緒]壽陽縣志十三卷首一卷　（清）白昶修
（清）張嘉言纂　清光緒八年(1882)刻本
六冊

370000－1541－0006942　671.45/201

[道光]大同縣志二十卷首一卷末一卷　（清）
黎中輔纂修　清道光十年(1830)刻本　八冊

370000－1541－0006943　671.45/203

[光緒]代州志十二卷首一卷　（清）俞廉三修
（清）楊篤纂　清光緒八年(1882)刻本　六
冊

370000－1541－0006944　671.45/213

[乾隆]廣靈縣志十卷首一卷末一卷　（清）郭
磊纂修　清乾隆十九年(1754)刻本　六冊

370000－1541－0006945　671.45/217

[乾隆]渾源州志十卷　（清）桂敬順纂修　清
乾隆二十八年(1763)刻本　五冊

370000－1541－0006946　671.45/237

[光緒]忻州志四十二卷　（清）方戊昌修
（清）方淵如纂　清光緒六年(1880)刻本　八
冊

370000－1541－0006947　671.45/239

[雍正]定襄縣志八卷　（清）王時炯原本
（清）王會隆續纂修　清康熙五十一年(1712)
刻雍正五年(1727)增刻本　八冊

370000－1541－0006948　671.45/239＝2

[光緒]定襄縣補志十三卷　（清）鄭繼修修
（清）邢澍田纂　清光緒六年(1880)刻本　八
冊

370000－1541－0006949　671.45/243

[乾隆]五臺縣志八卷　（清）王秉韜纂修　清
乾隆四十五年(1780)刻本　四冊

370000－1541－0006950　671.45/245

[光緒]續修崞縣志八卷　（清）趙冠卿
（清）龍朝言修　（清）潘肯堂纂　清光緒八年
(1882)刻本　八冊

370000－1541－0006951　671.45/247

[光緒]繁峙縣志四卷首一卷　（清）何才价修
（清）楊篤纂　清光緒七年(1881)刻本　四
冊

370000－1541－0006952　671.45/251

[同治]河曲縣志八卷　（清）金福增修
（清）張兆魁　（清）金鍾彥纂　清同治十一年
(1872)刻本　十冊

370000－1541－0006953　671.45/282

[乾隆]榆次縣志十四卷　（清）張天澤修
（清）錢之青纂　清乾隆十三年(1748)思風堂
刻本　五冊

370000－1541－0006954　671.45/315

[光緒]翼城縣志二十八卷　（清）王耀章等纂
修　清光緒七年(1881)刻本　八冊

370000－1541－0006955　671.45/317

[道光]太平縣志十六卷首一卷　（清）李炳彥
修　（清）梁棲鸞纂　清道光五年(1825)刻本
八冊

370000－1541－0006956　671.45/317＝1

[光緒]太平縣志十四卷首一卷　（清）勞文慶
（清）朱光綏修　（清）婁道南纂　清光緒八
年(1882)刻本　十冊

370000 - 1541 - 0006957　671.45/323

[光緒]永濟縣志二十四卷　（清）李榮和
（清）劉鍾麟修　（清）胡仰廷纂　清光緒十二
年(1886)刻本　十四冊

370000 - 1541 - 0006958　671.45/325

[乾隆]臨晉縣志八卷　（清）王正茂纂修　清
乾隆三十八年(1773)刻本　四冊

370000 - 1541 - 0006959　671.45/329

[光緒]榮河縣志十四卷首一卷　（清）馬鑑
（清）王希濂修　（清）尋鑾煒纂　清光緒七年
(1881)刻本　六冊

370000 - 1541 - 0006960　671.45/335

[乾隆]虞鄉縣志十二卷　（清）周大儒修
（清）尚雲章等纂　清乾隆五十四年(1789)刻
本　四冊

370000 - 1541 - 0006961　671.45/343

[光緒]平遙縣志十二卷　（清）恩端修
（清）武達材　（清）王舒萼纂　清光緒八年
(1882)刻本　八冊

370000 - 1541 - 0006962　671.45/343 = 1

[光緒]平遙縣志十二卷　　（清）恩端修
（清）武達材　（清）王舒萼纂　清光緒八年
(1882)刻本　八冊

370000 - 1541 - 0006963　671.45/343 = 2

[乾隆]平定州志十卷圖一卷　（清）金明源纂
修　清乾隆五十五年(1790)湧雲樓刻本　三
冊　存三卷(三至四、八)

370000 - 1541 - 0006964　671.45/354

[光緒]太谷縣志八卷首一卷末一卷　（清）恩
浚修　（清）王效尊纂　清光緒十二年(1886)
鳳山書院刻本　八冊

370000 - 1541 - 0006965　671.45/359

[嘉慶]靈石縣志十二卷　（清）王志瀜修
（清）黃憲臣纂　清嘉慶二十二年(1817)刻本
八冊

370000 - 1541 - 0006966　671.45/361

[道光]趙城縣志三十七卷首一卷　（清）楊延

亮纂修　清道光七年(1827)刻本　六冊

370000 - 1541 - 0006967　671.45/398

[康熙]隰州志二十四卷　（清）錢以塏纂修
清康熙四十八年(1709)抄本　三冊

370000 - 1541 - 0006968　671.45/425 = 1

[乾隆]臨汾縣志十卷首一卷末一卷　（清）高
嶠等修　（清）呂濬等纂　清乾隆四十四年
(1779)刻本　一冊　存三卷(二至四)

370000 - 1541 - 0006969　671.45/627

[光緒]汾陽縣志十四卷首一卷　（清）方家駒
修　（清）王文員纂　清光緒十年(1884)刻本
十冊

370000 - 1541 - 0006970　671.45/739

[光緒]渾源州續志十卷　（清）賀澍恩修
（清）程繢　（清）姚德馨纂　清光緒七年
(1881)刻本　六冊

370000 - 1541 - 0006971　671.45/756

[咸豐]汾陽縣志十四卷首一卷　（清）周貽繶
（清）曹文錦修　（清）霍慶姚纂　清咸豐元
年(1851)汾陽縣署刻本　八冊

370000 - 1541 - 0006972　671.45/756 = 1

[光緒]汾陽縣志十四卷首一卷　（清）方家駒
修　（清）王文員纂　清光緒十年(1884)刻本
六冊　存九卷(二至十)

370000 - 1541 - 0006973　671.45/838

[道光]繁峙縣志六卷　（清）吳其均纂修　清
道光十六年(1836)刻本　六冊

370000 - 1541 - 0006974　671.45/855

台州日記不分卷(清光緒元年至八年)　（清）
徐士鑾撰　清抄本　八冊

370000 - 1541 - 0006975　671.45/880

[乾隆]興縣志十八卷　（清）程雲原本
（清）藍山增纂　清光緒六年(1880)藩州張啓
蘊永興齋刻本　六冊

370000 - 1541 - 0006976　671.45/915

[乾隆]直隸代州志六卷　（清）吳重光纂修
清乾隆四十九年(1784)代州州署刻本　六冊

370000－1541－0006977　671.45/991

[乾隆]介休縣志十四卷　（清）王謀文纂修
清乾隆三十五年(1770)刻本　　八冊

370000－1541－0006978　671.5/343

[光緒]直隸絳州志二十卷首一卷　（清）李煥
揚修　（清）張于鑄纂　清光緒五年(1879)絳
州州署刻本　　五冊　存九卷(十二至二十)

370000－1541－0006979　671.5/397

[道光]陝西志輯要六卷首一卷　（清）王志沂
輯　清道光七年(1827)賜書堂刻本　　九冊

370000－1541－0006980　671.5/397＝1

[道光]陝西志輯要六卷首一卷　（清）王志沂
輯　清道光七年(1827)賜書堂刻本　　九冊

370000－1541－0006981　671.50/740

[雍正]陝西通志一百卷首一卷　（清）劉於義
修　（清）沈青崖纂　清雍正十三年(1735)刻
本　　九十九冊　　缺一卷(九十八)

370000－1541－0006982　671.50/740＝1

[雍正]陝西通志一百卷首一卷　（清）劉於義
修　（清）沈青崖纂　清雍正十三年(1735)刻
本　　九十冊　　缺十一卷(二、六、八、十六、三
十九、四十六至四十九、七十一、九十八)

370000－1541－0006983　671.54/161

[乾隆]鳳翔府志十二卷首一卷　（清）達靈阿
修　（清）周方炯纂　清乾隆三十一年(1766)
刻本　　十二冊

370000－1541－0006984　671.54/301

[道光]榆林府志五十卷首一卷　（清）李熙齡
纂修　清道光二十一年(1841)刻本　　十二冊

370000－1541－0006985　671.54/426

[咸豐]同州府志三十四卷首二卷文徵錄三卷
　（清）李恩繼　（清）文廉修　（清）蔣湘南
纂　清咸豐二年(1852)刻本　　二十四冊

370000－1541－0006986　671.54/426＝1

[光緒]同州府續志十六卷首一卷　（清）饒應
祺修　（清）馬先登纂　清光緒七年(1881)刻
本　　六冊

370000－1541－0006987　671.54/697

[熙寧]長安志二十卷圖三卷　（宋）宋敏求纂
　（元）李好文纂圖　清乾隆四十九年(1784)
靈巖山館刻本　　五冊

370000－1541－0006988　671.54/697＝2

[熙寧]長安志二十卷圖三卷　（宋）宋敏求纂
　（元）李好文纂圖　清光緒十七年(1891)長
沙思賢講舍刻本　　五冊

370000－1541－0006989　671.55/103

[康熙]咸寧縣志八卷　（清）黃家鼎修
（清）陳大生纂　清康熙七年(1668)刻本　　四
冊

370000－1541－0006990　671.55/103＝1

[嘉慶]長安縣志三十六卷　（清）張聰賢修
（清）董曾臣纂　清嘉慶二十年(1815)刻本
六冊

370000－1541－0006991　671.55/103＝2

[嘉慶]咸寧縣志二十六卷　（清）高廷法
（清）沈琮修　（清）陸耀通　（清）董祐誠纂
　清嘉慶二十四年(1819)刻本　　八冊

370000－1541－0006992　671.55/105

[乾隆]咸陽縣志二十二卷首一卷　（清）臧應
桐纂修　清乾隆十六年(1751)刻本　　四冊

370000－1541－0006993　671.55/107

[乾隆]興平縣志二十五卷　（清）顧聲雷修
（清）張塤纂　清乾隆四十四年(1779)刻本
六冊

370000－1541－0006994　671.55/107＝1

興平縣鄉土志六卷　（清）張元際纂　清光緒
三十三年(1907)木活字印本　　六冊

370000－1541－0006995　671.55/109

[乾隆]臨潼縣志九卷圖一卷　（清）史傳遠纂
修　清乾隆四十一年(1776)刻本　　六冊

370000－1541－0006996　671.55/111

[嘉靖]高陵縣志七卷　（明）呂柟纂修　清光
緒十年(1884)刻本　　四冊

370000－1541－0006997　671.55/113

337

[乾隆]鄠縣新志六卷　（清）汪以誠修
（清）孫景烈纂　清乾隆四十二年(1777)刻本
　四冊

370000－1541－0006998　671.55/115
[光緒]藍田縣志十六卷文徵錄四卷　（清）呂
懋勛修　（清）袁廷俊纂　清光緒元年(1875)
刻本　　五冊

370000－1541－0006999　671.55/115＝1
[道光]輞川志六卷　（清）胡元焕纂　清道光
十七年(1837)刻本　　一冊

370000－1541－0007000　671.55/117
[宣統]重修涇陽縣志十六卷　（清）宋伯魯修
　（清）周斯億纂　清宣統三年(1911)天津華
新印書局鉛印本　四冊

370000－1541－0007001　671.55/119
[光緒]三原縣新志八卷　（清）焦雲龍修
（清）賀瑞麟纂　清光緒六年(1880)刻本　四
冊

370000－1541－0007002　671.55/123
[道光]重輯渭南縣志十八卷　（清）何耿繩修
　（清）姚景衡纂　清道光九年(1829)刻本
六冊

370000－1541－0007003　671.55/125
[光緒]富平縣志稿十卷首一卷　樊增祥修
（清）劉鉌　（清）譚麐纂　清光緒十七年
(1891)刻本　　十冊

370000－1541－0007004　671.55/127
[乾隆]醴泉縣志十四卷　（清）蔣騏昌修
（清）孫星衍纂　清乾隆四十九年(1784)刻本
　四冊

370000－1541－0007005　671.55/131
[嘉靖]耀州志十一卷　　（明）李廷寶修
（明）喬世寧纂　清乾隆二十七年(1762)刻本
　二冊

370000－1541－0007006　671.55/131＝1
[乾隆]續耀州志十一卷　（清）汪灝修
（清）鍾麟書纂　清乾隆二十七年(1762)刻本

二冊　存十卷(一至十)

370000－1541－0007007　671.55/133
[光緒]大荔縣續志十二卷大荔縣續志足徵錄
四卷　（清）周銘旂修　（清）陳兆焕續纂　清
光緒十一年(1885)馮翊書院刻本　六冊

370000－1541－0007008　671.55/135
[乾隆]朝邑縣志十一卷首一卷　（清）金嘉琰
　（清）朱廷模修　（清）錢坫纂　清乾隆四十
五年(1780)朝邑縣署刻本　四冊

370000－1541－0007009　671.55/135＝1
[乾隆]朝邑縣志十一卷首一卷　（清）金嘉琰
　（清）朱廷模修　（清）錢坫纂　清乾隆四十
五年(1780)朝邑縣署刻本　五冊

370000－1541－0007010　671.55/135＝2
[正德]朝邑縣志二卷　（明）王道修　　（明）
韓邦靖纂　清康熙五十一年(1712)刻本　一
冊

370000－1541－0007011　671.55/135＝3
[萬曆]續朝邑縣志八卷　（明）王學模修
（明）郭實纂　清康熙五十一年(1712)刻本
二冊

370000－1541－0007012　671.55/135＝4
[康熙]朝邑縣後志八卷　　（清）王兆鰲修
（清）王鵬翼纂　清康熙五十一年(1712)刻本
　三冊

370000－1541－0007013　671.55/139
[乾隆]郃陽縣全志四卷　（清）席奉乾修
（清）孫景烈纂　清乾隆三十四年(1769)刻本
　四冊

370000－1541－0007014　671.55/141
[乾隆]澄城縣志二十卷　　（清）戴治修
（清）洪亮吉　（清）孫星衍纂　清乾隆四十九
年(1784)刻本　　四冊

370000－1541－0007015　671.55/141＝2
[嘉靖]澄城縣志二卷　　（明）徐效賢修
（明）石道立纂　　[順治]澄城縣志二卷附北征
文鈔一卷北征詩鈔一卷　（清）路世美增修

清咸豐元年(1851)刻本　四冊

370000－1541－0007016　671.55/143

[乾隆]白水縣志四卷首一卷　(清)梁善長纂修　清乾隆十九年(1754)刻本　四冊

370000－1541－0007017　671.55/145

[乾隆]韓城縣志十六卷首一卷　(清)傅應奎修　(清)錢坫纂　清乾隆四十九年(1784)刻本　七冊

370000－1541－0007018　671.55/147

[萬曆]華陰縣志九卷　(明)王九疇修　(明)張毓翰纂　明萬曆刻清康熙增刻本　二冊

370000－1541－0007019　671.55/149

[康熙]潼關志三卷　(清)唐咨伯修　(清)楊端本纂　清康熙二十四年(1685)刻本　四冊

370000－1541－0007020　671.55/149＝1

[康熙]潼關志三卷　(清)唐咨伯修　(清)楊端本纂　清康熙二十四年(1685)刻本　四冊

370000－1541－0007021　671.55/151

[隆慶]華州志二十四卷　(明)李可久修　(明)張光孝纂　清光緒八年(1882)刻本　四冊

370000－1541－0007022　671.55/151＝1

[康熙]續華州志四卷　(清)劉遇奇修　(清)馮昌奕纂　清光緒八年(1882)吳炳南刻本　四冊

370000－1541－0007023　671.55/151＝2

[乾隆]再續華州志十二卷　(清)汪以誠修　(清)史尊纂　清光緒八年(1882)吳炳南刻本　二冊

370000－1541－0007024　671.55/151＝3

[光緒]三續華州志十二卷　(清)吳炳南修　(清)劉域纂　清光緒八年(1882)吳炳南刻本　六冊

370000－1541－0007025　671.55/153

[乾隆]直隸商州志十四卷首一卷　(清)王如玖纂修　清乾隆九年(1744)刻本　十冊

370000－1541－0007026　671.55/153＝1

商州直隸州鄉土志不分卷　(清)□□撰　清末抄本　一冊　存下半部分

370000－1541－0007027　671.55/155

[乾隆]蒲城縣志十五卷　(清)張心鏡修　(清)吳泰來纂　清乾隆四十七年(1782)刻本　六冊

370000－1541－0007028　671.55/157

[乾隆]雒南縣志十二卷　(清)范啟源修　(清)薛韞纂　清乾隆十一年(1746)刻本　四冊

370000－1541－0007029　671.55/161

[乾隆]鳳翔縣志八卷首一卷　(清)羅鰲修　(清)周方炯　(清)劉震纂　清乾隆三十二年(1767)刻本　八冊

370000－1541－0007030　671.55/163

[光緒]岐山縣志十八卷　(清)張殿元修　(清)胡昇猷纂　清光緒十年(1884)刻本　四冊

370000－1541－0007031　671.55/165

[乾隆]寶雞縣志十六卷　(清)鄧夢琴修　(清)董詔纂　清乾隆五十年(1785)刻本　四冊

370000－1541－0007032　671.55/167

[乾隆]扶風縣志十八卷首一卷　(清)熊家振修　(清)張塤纂　清乾隆四十四年(1779)刻本　四冊

370000－1541－0007033　671.55/167＝1

[嘉慶]扶風縣志十八卷　(清)宋世犖修　(清)吳鵬翔纂　清嘉慶二十三年(1818)刻本　四冊

370000－1541－0007034　671.55/169

[宣統]郿縣志十八卷　沈錫榮纂修　清宣統元年(1909)陝西圖書館鉛印本　四冊

370000－1541－0007035　671.55/171

[光緒]麟遊縣新志草十卷　（清）彭洵纂修
清光緒九年(1883)刻本　四冊

370000－1541－0007036　671.55/173
[道光]重修汧陽縣志十二卷首一卷　（清）羅
白璧纂修　清道光二十一年(1841)刻本　四
冊

370000－1541－0007037　671.55/173＝1
[道光]重修汧陽縣志十二卷首一卷　（清）羅
白璧纂修　清道光二十一年(1841)刻本　四
冊

370000－1541－0007038　671.55/175
[康熙]隴州志八卷首一卷　（清）羅彰彝纂修
清康熙五十二年(1713)刻本　二冊

370000－1541－0007039　671.55/175＝1
[乾隆]隴州續志八卷首一卷末一卷　（清）吳
炳纂修　清乾隆三十一年(1766)刻本　四冊

370000－1541－0007040　671.55/181
[乾隆]淳化縣志三十卷　（清）萬廷樹修
（清）洪亮吉纂　清乾隆四十九年(1784)刻本
四冊

370000－1541－0007041　671.55/181＝1
[乾隆]淳化縣志三十卷　（清）萬廷樹修
（清）洪亮吉纂　清乾隆四十九年(1784)刻本
一冊　存十二卷(一至十二)

370000－1541－0007042　671.55/183
[乾隆]長武縣志十二卷　（清）樊士鋒修
（清）洪亮吉　（清）李泰交纂　清乾隆四十八
年(1783)刻本　四冊

370000－1541－0007043　671.55/187
[嘉慶]續武功縣志五卷　（清）王森文修
（清）張樹勳纂　清嘉慶十九年(1814)綠野書
院刻本　四冊

370000－1541－0007044　671.55/187＝1
[光緒]武功縣續志五卷　（清）安巨國修
（清）張世英纂　清光緒十四年(1888)武功縣
署刻本　二冊

370000－1541－0007045　671.55/187＝2

[正德]武功縣志三卷首一卷　（明）康海纂
（清）孫景烈校注　清光緒二十年(1894)海昌
許氏刻本　一冊

370000－1541－0007046　671.55/187＝3
[正德]武功縣志三卷首一卷　（明）康海纂
（清）孫景烈校注　清乾隆二十六年(1761)長
白瑪星阿刻本　二冊

370000－1541－0007047　671.55/187＝4
[正德]武功縣志三卷首一卷　（明）康海纂
（清）孫景烈校注　清光緒十三年(1887)得月
簃刻本　一冊

370000－1541－0007048　671.55/187＝5
[正德]武功縣志三卷首一卷　（明）康海纂
（清）孫景烈校注　清光緒十三年(1887)得月
簃刻本　一冊

370000－1541－0007049　671.55/189
[乾隆]永壽縣志十卷首一卷　（清）蔣基修
（清）王開沃纂　清乾隆五十六年(1791)刻本
四冊

370000－1541－0007050　671.55/203
[乾隆]赤城縣志八卷首一卷　（清）孟思誼修
（清）張曾炳纂　（清）黃紹七續纂　清乾隆
十三年(1748)赤城縣署刻二十四年(1759)增
刻本　四冊

370000－1541－0007051　671.55/203＝1
[道光]襄城縣志十一卷　（清）光朝魁纂修
清抄本　四冊

370000－1541－0007052　671.55/205
[康熙]城固縣志十卷　（清）王穆纂修　清康
熙五十六年(1717)刻本　四冊

370000－1541－0007053　671.55/207
[光緒]洋縣志八卷　（清）張鵬翼纂修　清光
緒二十四年(1898)成都李嘉績青門寓廬刻本
四冊

370000－1541－0007054　671.55/211
[光緒]寧羌州志五卷　（清）馬毓華修
（清）鄭書香　（清）曹良模纂　清光緒十四年

（1888）寧羌州署刻本　五冊

370000－1541－0007055　671.55/215

[道光]重修略陽縣志四卷新續一卷　（清）譚瑀修　（清）黎成德纂　清光緒三十年（1904）刻本　五冊

370000－1541－0007056　671.55/217

[光緒]佛坪廳志二卷首一卷　（清）劉煐纂修　清光緒九年（1883）刻本　一冊

370000－1541－0007057　671.55/219

[光緒]定遠廳志二十六卷首一卷末一卷（清）余修鳳纂修　清光緒五年（1879）刻本六冊

370000－1541－0007058　671.55/221

[道光]留壩廳志十卷附足徵錄四卷　（清）蔣湘南修　（清）賀仲瑊纂　清道光二十二年（1842）刻本　四冊

370000－1541－0007059　671.55/223

[嘉慶]漢陰廳志十卷首一卷　（清）錢鶴年修（清）董詔纂　清嘉慶二十三年（1818）刻本六冊

370000－1541－0007060　671.55/227

[嘉慶]安康縣志二十卷　（清）鄭謙修（清）王森文纂　清咸豐三年（1853）刻本　四冊

370000－1541－0007061　671.55/229

[光緒]續修平利縣志十四卷　（清）楊孝寬修（清）李聯芳纂　清光緒二十二年（1896）刻本　四冊

370000－1541－0007062　671.55/233

[光緒]洵陽縣志十四卷　（清）劉德全修（清）郭焱昌　（清）姜善繼纂　清光緒二十八年（1902）刻本　四冊

370000－1541－0007063　671.55/235

[正德]朝邑縣志二卷　（明）王道修　（明）韓邦靖纂　清康熙五十一年（1712）刻同義會印本　一冊

370000－1541－0007064　671.55/235＝1

[正德]朝邑縣志二卷　（明）王道修　（明）韓邦靖纂　清西悅生堂抄本　一冊

370000－1541－0007065　671.55/235＝2

[萬曆]續朝邑縣志八卷　（明）王學模修（明）郭實纂　清康熙五十一年（1712）刻本二冊

370000－1541－0007066　671.55/235＝3

[萬曆]續朝邑縣志八卷　（明）王學模修（明）郭實纂　清康熙五十一年（1712）刻同義文會印本　二冊

370000－1541－0007067　671.55/235＝4

[康熙]朝邑縣後志八卷　（清）王兆鰲修（清）王鵬翼纂　清康熙五十一年（1712）刻同義文會印本　三冊

370000－1541－0007068　671.55/235＝5

[康熙]朝邑縣後志八卷　（清）王兆鰲修（清）王鵬翼纂　清康熙五十一年（1712）刻本三冊

370000－1541－0007069　671.55/235＝6

[乾隆]朝邑縣志十一卷首一卷　（清）金嘉琰（清）朱廷模修　（清）錢坫纂　清乾隆四十五年（1780）刻同義文會印本　三冊

370000－1541－0007070　671.55/235＝7

咸豐初朝邑縣志三卷附志例一卷志例後錄一卷　（清）李元春纂修　清光緒七年（1881）同義文會刻本　二冊

370000－1541－0007071　671.55/235＝8

咸豐初朝邑縣志三卷附志例一卷志例後錄一卷　（清）李元春纂修　清光緒七年（1881）同義文會刻本　二冊

370000－1541－0007072　671.55/235＝9

[道光]三志合編七卷　（清）黃本驥輯　清道光二十七年（1847）三長物齋刻三長物齋叢書本　一冊

370000－1541－0007073　671.55/235＝10

[道光]三志合編七卷　（清）黃本驥輯　清道光二十七年（1847）三長物齋刻三長物齋叢書

本 一冊

370000－1541－0007074　671.55/235＝11
[光緒]白河縣志十三卷　（清）顧騄修
（清）王賢輔　（清）李宗麟纂　清光緒十九年
（1893）刻本　四冊

370000－1541－0007075　671.55/237
[道光]紫陽縣志八卷首一卷　（清）陳僅
（清）吳純修　（清）楊家坤　（清）曹學易纂
清道光二十三年（1843）刻光緒八年（1882）
北平吳世澤增刻本　四冊

370000－1541－0007076　671.55/239
[道光]石泉縣志四卷　（清）舒鈞纂修　清道
光二十九年（1849）刻本　二冊

370000－1541－0007077　671.55/249
[光緒]鳳縣志十卷首一卷　（清）朱子春修
（清）段澍霖纂　清光緒十八年（1892）鳳縣縣
署刻本　四冊

370000－1541－0007078　671.55/309
[嘉慶]葭州志二卷　（清）高珣修　（清）龔
玉麟纂　清嘉慶十四年（1809）刻本　二冊

370000－1541－0007079　671.55/313
[光緒]沔縣志四卷　（清）孫銘鐘　（清）羅
桂銘修　（清）彭齡纂　清光緒九年（1883）刻
本　四冊

370000－1541－0007080　671.55/327
[光緒]靖邊志稿四卷　（清）丁錫奎修
（清）白翰章　（清）辛居乾纂　清光緒二十五
年（1899）刻本　四冊

370000－1541－0007081　671.55/331
[光緒]米脂縣志十二卷　（清）潘松修
（清）高照煦纂　清光緒三十三年（1907）公記
印刷局鉛印本　四冊

370000－1541－0007082　671.55/339
[嘉慶]洛川縣志二十卷首一卷　（清）劉毓秀
修　（清）賈構纂　清嘉慶十一年（1806）刻本
　四冊

370000－1541－0007083　671.55/343

[雍正]宜君縣志不分卷　（清）查遴纂修
（清）沈華訂正　清雍正十年（1732）刻本　二
冊

370000－1541－0007084　671.55/359
春明夢餘錄七十卷　（清）孫承澤撰　清光緒
八年（1882）古香齋刻本　二十四冊

370000－1541－0007085　671.55/669
[順治]麟遊縣志五卷　（清）吳汝爲修
（清）劉元泰纂　（清）范光曦續修　（清）羅
魁續纂　清順治十四年（1657）刻康熙四十七
年（1708）增刻本　二冊

370000－1541－0007086　671.55/735＝1
[乾隆]涇陽縣志十卷　（清）葛晨纂修　清乾
隆四十三年（1778）刻本　三冊

370000－1541－0007087　671.55/820
[光緒]乾州志稿十四卷首一卷別錄四卷補遺
一卷　（清）周銘旂纂修　清光緒十年（1884）
乾陽書院刻本　六冊

370000－1541－0007088　671.6/704
[光緒]甘肅新通志一百卷首五卷　升允　長
庚修　安維峻纂　清宣統元年（1909）石印本
　一冊　存一卷（二十七）

370000－1541－0007089　671.6/795
[乾隆]甘肅通志五十卷首一卷　（清）許容等
修　（清）李迪纂　清乾隆元年（1736）刻本
三十五冊

370000－1541－0007090　671.61/308
[乾隆]五涼考治六德集全志五卷　（清）張之
濬等纂修　清乾隆十四年（1749）刻本　五冊

370000－1541－0007091　671.61/308＝1
[乾隆]五涼考治六德集全志五卷　（清）張之
濬等纂修　清乾隆十四年（1749）刻本　六冊

370000－1541－0007092　671.64/101＝1
[道光]蘭州府志十二卷首一卷　（清）陳士禎
修　（清）涂鴻儀纂　清道光十三年（1833）刻
本　六冊　存九卷（二至十）

370000－1541－0007093　671.65/102

[嘉靖]秦安縣志九卷 (明)胡纘宗纂 清抄本 四冊

370000－1541－0007094 671.65/102＝1

[光緒]秦州直隸州新志二十四卷首一卷 (清)余澤春 (清)匡翼之修 (清)王權 (清)任其昌纂 清光緒十五年(1889)隴南書院刻本 二十四冊

370000－1541－0007095 671.65/102＝2

[乾隆]直隸秦州新志十二卷首一卷末一卷 (清)費廷珍修 (清)胡釴纂 清乾隆二十九年(1764)刻本 十四冊

370000－1541－0007096 671.65/196

[嘉靖]秦州志三十卷 (明)胡纘宗纂 明刻本 一冊 存二卷(一至二)

370000－1541－0007097 671.65/227

[乾隆]成縣新志四卷 (清)黃泳修 (清)汪于雍纂 清乾隆十七年(1752)刻本 四冊

370000－1541－0007098 671.65/405

[道光]重修鎮番縣志十卷首一卷 (清)許協修 (清)謝集成纂 清道光五年(1825)刻本 五冊

370000－1541－0007099 671.65/426

[宣統]新修固原直隸州志不分卷 王學伊修 錫麒纂 清宣統元年(1909)寶文堂刻朱墨套印本 二冊 缺一冊(二)

370000－1541－0007100 671.65/554

[道光]敦煌縣志七卷首一卷 (清)蘇履吉修 (清)曾誠纂 清道光十一年(1831)刻本 四冊

370000－1541－0007101 671.65/871

[乾隆]皋蘭縣志二十卷 (清)吳鼎新修 (清)黃建中纂 清乾隆四十三年(1778)刻本 四冊

370000－1541－0007102 671.75/659

[康熙]龍門縣志十六卷 (清)章焞纂修 清康熙五十一年(1712)刻本 二冊 存八卷(四至八、十四至十六)

370000－1541－0007103 672.1/324

[乾隆]江南通志二百卷首四卷 (清)尹繼善等修 (清)黃之雋等纂 清乾隆尊經閣刻本 六十冊

370000－1541－0007104 672.1/324＝1

[乾隆]江南通志二百卷首四卷 (清)尹繼善等修 (清)黃之雋等纂 清乾隆元年(1736)刻本 八十冊

370000－1541－0007105 672.1/486

重修滬游雜記四卷 (清)葛元煦撰 清光緒十四年(1888)鉛印本 一冊 存二卷(一至二)

370000－1541－0007106 672.1/531

滬游雜記四卷 (清)葛元煦撰 清光緒二年(1876)葛氏嘯園刻本 四冊

370000－1541－0007107 672.1/535

雲間據目抄五卷 (明)范濂撰 清光緒三十三年(1907)鉛印本 一冊

370000－1541－0007108 672.1/582

山東全省考古輿圖一卷 (清)任道鎔撰 清光緒八年(1882)刻本 一冊

370000－1541－0007109 672.1/946

潤上草堂紀略一卷 (清)徐達源編 清嘉慶十四年(1809)孚遠草堂刻本 一冊

370000－1541－0007110 672.11/719

江蘇全省輿圖 (清)鄧華熙修 (清)諸可寶纂 清光緒二十一年(1895)江南書局刻本 三冊

370000－1541－0007111 672.14/205

[嘉慶]松江府志八十四卷首二卷圖一卷 (清)宋如林修 (清)莫晉 (清)孫星衍纂 清嘉慶二十四年(1819)刻本 四十冊

370000－1541－0007112 672.14/205＝1

[嘉慶]松江府志八十四卷首二卷圖一卷 (清)宋如林修 (清)莫晉 (清)孫星衍纂 清嘉慶二十四年(1819)刻本 四十冊

370000－1541－0007113 672.14/282

[光緒]松江府續志四十卷首一卷　（清）博潤
修　（清）姚光發　（清）張雲望纂　清光緒十
年（1884）刻本　二十四冊

370000－1541－0007114　672.14/282＝1

[光緒]松江府續志四十卷首一卷　（清）博潤
修　（清）姚光發　（清）張雲望纂　清光緒十
年（1884）刻本　二十八冊

370000－1541－0007115　672.14/282＝2

[光緒]松江府續志四十卷首一卷　（清）博潤
修　（清）姚光發　（清）張雲望纂　清光緒十
年（1884）刻本　二十四冊

370000－1541－0007116　672.14/299

[同治]續纂揚州府志二十四卷　（清）方濬頤
修　（清）晏端書等纂　清同治十三年（1874）
刻本　八冊

370000－1541－0007117　672.14/299＝1

[同治]續纂揚州府志二十四卷　（清）方濬頤
修　（清）晏端書等纂　清同治十三年（1874）
刻本　八冊

370000－1541－0007118　672.14/413

[嘉慶]重修揚州府志七十二卷首一卷　（清）
阿克當阿修　（清）姚文田等纂　清嘉慶十五
年（1810）刻本　三十二冊

370000－1541－0007119　672.14/413＝2

[嘉慶]重修揚州府志七十二卷首一卷　（清）
阿克當阿修　（清）姚文田等纂　清嘉慶十五
年（1810）刻本　十六冊

370000－1541－0007120　672.14/436

[光緒]淮安府志四十卷首一卷　（清）孫雲錦
等修　（清）吳昆田　（清）高延第纂　清光緒
十年（1884）刻本　十六冊

370000－1541－0007121　672.14/502

[紹定]吳郡志五十卷　（宋）范成大纂
(宋)汪泰亨等增訂　明末虞山毛氏汲古閣刻
本　二十冊

370000－1541－0007122　672.14/502＝1

[紹定]吳郡志五十卷　（宋）范成大纂

(宋)汪泰亨等增訂　清光緒十五年（1889）上
海鴻文書局石印本　一冊　存十五卷（二十
六至四十）

370000－1541－0007123　672.14/554

[乾隆]蘇州府志八十卷首一卷　（清）雅爾哈
善　（清）傅椿修　（清）習寯　（清）王峻纂
清乾隆十三年（1748）刻本　三十二冊

370000－1541－0007124　672.14/554＝1

[道光]蘇州府志一百五十卷首十卷　（清）宋
如林修　（清）潘世璜　（清）石韞玉纂　清道
光四年（1824）刻本　五十六冊　存一百四十
卷（一至一百三十、首十卷）

370000－1541－0007125　672.14/554＝2

[同治]蘇州府志一百五十卷首三卷　（清）李
銘皖等修　（清）馮桂芬纂　清光緒八年
（1882）江蘇書局刻本　八十冊

370000－1541－0007126　672.14/554＝3

[同治]蘇州府志一百五十卷首三卷　（清）李
銘皖等修　（清）馮桂芬纂　清光緒八年
（1882）江蘇書局刻本　八十冊

370000－1541－0007127　672.14/596

[康熙]常州府志三十八卷首一卷　（清）于琨
修　（清）陳玉璂纂　清光緒十二年（1886）木
活字印本　十六冊　存三十二卷（七至三十
八）

370000－1541－0007128　672.14/710

廣陵通典十卷　（清）汪中撰　清道光三年
（1823）刻本　一冊

370000－1541－0007129　672.14/710＝1

廣陵通典十卷　（清）汪中撰　清同治八年
（1869）揚州書局刻本　二冊

370000－1541－0007130　672.14/719

[嘉慶]重刊江寧府志五十六卷首一卷校勘記
一卷　（清）呂燕昭修　（清）姚鼐纂　清光緒
六年（1880）刻本　十二冊

370000－1541－0007131　672.14/719＝1

[嘉慶]重刊江寧府志五十六卷首一卷校勘記

一卷 （清）呂燕昭修 （清）姚鼐纂 清光緒六年(1880)刻本 十二冊

370000－1541－0007132 672.14/719＝2

[光緒]續纂江寧府志十五卷首一卷勘誤一卷 （清）蔣啟勳 （清）趙佑宸修 （清）汪士鐸纂 清光緒六年(1880)刻本 十二冊

370000－1541－0007133 672.14/719＝3

[光緒]續纂江寧府志十五卷首一卷勘誤一卷 （清）蔣啟勳 （清）趙佑宸修 （清）汪士鐸纂 清光緒六年(1880)刻本 十二冊

370000－1541－0007134 672.14/719＝4

[光緒]續纂江寧府志十五卷首一卷勘誤一卷 （清）蔣啟勳 （清）趙佑宸修 （清）汪士鐸纂 清光緒六年(1880)刻本 十二冊

370000－1541－0007135 672.14/719＝5

[康熙]江寧府志三十四卷 （清）陳開虞纂修 清康熙七年(1668)刻本 八冊 存十七卷（十八至三十四）

370000－1541－0007136 672.14/880

[弘治]重刊興化府志五十四卷 （明）陳效修 （明）周瑛 （明）黃仲昭纂 清同治十年(1871)林慶貽刻本 二十四冊

370000－1541－0007137 672.14/951

同治徐州府志二十五卷 （清）吳世熊 （清）朱忻修 （清）劉庠 （清）方駿謨纂 清同治十三年(1874)刻本 十六冊

370000－1541－0007138 672.15/101＝1

[同治]泰興縣志二十六卷首一卷末一卷 (清）楊激雲修 （清）顧曾烜纂 清光緒十二年(1886)刻本 十冊

370000－1541－0007139 672.15/101＝2

[崇禎]泰州志十卷圖一卷 （明）李自滋修 (明）劉萬春纂 清抄本 十一冊

370000－1541－0007140 672.15/103

秣陵集六卷圖考一卷 （清）陳文述撰 清道光二年(1822)刻本 三冊

370000－1541－0007141 672.15/103＝1

秣陵集六卷 （清）陳文述撰 清光緒十年(1884)淮南書局刻本 三冊

370000－1541－0007142 672.15/103＝2

秣陵集六卷 （清）陳文述撰 清光緒十年(1884)淮南書局刻本 三冊

370000－1541－0007143 672.15/103＝4

[景定]建康志五十卷 （宋）馬光祖修 (宋）周應合纂 清嘉慶六年(1801)刻本 十二冊

370000－1541－0007144 672.15/103＝5

[道光]武進陽湖縣合志三十六卷首一卷 (清）孫琬 （清）王德茂修 （清）李兆洛 (清）周儀暐纂 清光緒十二年(1886)木活字印本 三十冊

370000－1541－0007145 672.15/103＝6

[光緒]武陽志餘十二卷首一卷附武陽團練紀實二卷 （清）莊毓鋐 （清）陸鼎翰纂修 清光緒十四年(1888)木活字印本 十六冊

370000－1541－0007146 672.15/103＝7

武陽官書錄二卷 （清）武陽志書局輯 清光緒六年(1880)武陽志書局刻本 一冊

370000－1541－0007147 672.15/105

同治上江兩縣志二十九卷首一卷 （清）莫祥芝 （清）甘紹盤修 （清）汪士鐸纂 清同治十三年(1874)刻本 十四冊

370000－1541－0007148 672.15/105＝1

同治上江兩縣志二十九卷首一卷 （清）莫祥芝 （清）甘紹盤修 （清）汪士鐸纂 清同治十三年(1874)刻本 十二冊

370000－1541－0007149 672.15/107

[光緒]溧水縣志二十二卷首一卷 （清）傅觀光修 （清）丁維誠纂 清光緒九年(1883)刻本 十二冊

370000－1541－0007150 672.15/112

[道光]泰州志三十六卷首一卷 （清）王有慶等修 （清）陳世鎔等纂 清道光七年(1827)刻本 十二冊

345

370000－1541－0007151　672.15/113

[光緒]六合縣志八卷附錄一卷　（清）謝延庚
（清）呂憲秋修　（清）賀廷壽　（清）唐毓
和纂　清光緒十年（1884）刻本　十冊

370000－1541－0007152　672.15/119

[光緒]丹陽縣志三十六卷首一卷　（清）劉誥
（清）淩焯修　（清）徐錫麟　（清）姜聲霈
纂　清光緒十一年（1885）鳴鳳書院刻本　十
六冊

370000－1541－0007153　672.15/123

[嘉慶]溧陽縣志十六卷　（清）李景嶧
（清）陳鴻壽修　（清）史炳　（清）史津纂
清光緒二十二年（1896）刻本　十冊

370000－1541－0007154　672.15/123＝1

[嘉慶]溧陽縣志十六卷　（清）李景嶧
（清）陳鴻壽修　（清）史炳　（清）史津纂
清光緒二十二年（1896）刻本　十八冊

370000－1541－0007155　672.15/123＝2

[光緒]溧陽縣續志十六卷續補一卷　（清）朱
畯等修　馮煦等纂　清光緒二十五年（1899）
木活字印本　八冊

370000－1541－0007156　672.15/127

[康熙]開沙志二卷　（清）王錫極輯　（清）
丁時需增修　清宣統三年（1911）鉛印本　二
冊

370000－1541－0007157　672.15/137

[嘉慶]東臺縣志四十卷　（清）周右修
（清）蔡復午　（清）吳文祥纂　清嘉慶二十二
年（1817）刻本　十冊

370000－1541－0007158　672.15/203＝1

[同治]上海縣志二十二卷圖說一卷敘錄一卷
（清）應寶時等修　（清）俞樾　（清）方宗
誠纂　清同治十一年（1872）刻本　十六冊

370000－1541－0007159　672.15/203＝2

[同治]上海縣志二十二卷圖說一卷敘錄一卷
（清）應寶時等修　（清）俞樾　（清）方宗
誠纂　清同治十一年（1871）刻本　十六冊

370000－1541－0007160　672.15/205

[光緒]華亭縣志二十四卷首一卷末一卷
（清）楊開第修　（清）姚光發纂　清光緒五年
（1879）刻本　十冊

370000－1541－0007161　672.15/205＝1

[光緒]重輯楓涇小志十卷首一卷　（清）曹相
駿輯　（清）許光墉增輯　清光緒十七年
（1891）鉛印本　八冊

370000－1541－0007162　672.15/205＝2

[光緒]婁縣續志二十卷　（清）汪坤厚
（清）程其玨修　（清）張雲望等纂　清光緒五
年（1879）刻本　六冊

370000－1541－0007163　672.15/205＝3

[乾隆]婁縣志三十卷首二卷　（清）謝庭薰修
（清）陸錫熊纂　清乾隆五十一年（1786）刻
本　六冊

370000－1541－0007164　672.15/205＝4

[紹熙]雲間志三卷　（宋）楊潛撰　清嘉慶十
九年（1814）華亭沈氏古倪園刻本　四冊

370000－1541－0007165　672.15/205＝5

[紹熙]雲間志三卷　（宋）楊潛撰　清嘉慶十
九年（1814）華亭沈氏古倪園刻本　二冊

370000－1541－0007166　672.15/211

[光緒]重修奉賢縣志二十卷首一卷末一卷
（清）韓佩金修　（清）張文虎纂　清光緒四年
（1878）志書局刻本　六冊

370000－1541－0007167　672.15/213

[光緒]金山縣志三十卷首一卷　（清）龔寶琦
（清）崔廷鏞修　（清）黃厚本纂　清光緒四
年（1878）刻本　八冊

370000－1541－0007168　672.15/215

[光緒]川沙廳志十四卷首一卷補遺一卷
（清）陳方瀛修　（清）俞樾纂　清光緒五年
（1879）刻本　六冊

370000－1541－0007169　672.15/217＝2

彙刻太倉舊志五種　繆朝荃輯　清宣統元年
（1909）刻本　八冊

370000－1541－0007170　　672.15/219＝1

[光緒]嘉定縣志三十二卷首一卷附一卷
（清）程其珏修　（清）楊震福纂　清光緒七年
(1881)尊經閣刻本　十六冊

370000－1541－0007171　　672.15/221

[光緒]寶山縣志十四卷首一卷　（清）梁蒲貴
　（清）吳康壽修　（清）朱延射　（清）潘履
祥纂　清光緒八年(1882)學海書院刻本　八
冊

370000－1541－0007172　　672.15/221＝1

[光緒]寶山縣志十四卷首一卷　（清）梁蒲貴
　（清）吳康壽修　（清）朱延射　（清）潘履
祥纂　清光緒八年(1882)學海書院刻本　八
冊

370000－1541－0007173　　672.15/227

[光緒]海門廳圖志二十卷首一卷　（清）俞麟
年等修　（清）周家祿纂　清光緒二十六年
(1900)刻本　四冊

370000－1541－0007174　　672.15/236

[光緒]南匯縣志二十二卷首一卷末一卷
（清）金福曾修　（清）張文虎纂　清光緒三十
一年(1905)刻本　十二冊

370000－1541－0007175　　672.15/236＝1

金陵先正言行錄六卷　陳作霖述　清光緒至
宣統江楚書局刻本　一冊

370000－1541－0007176　　672.15/265

[康熙]文安縣志八卷　（清）楊朝麟修
(清)胡澇纂　清康熙四十二年(1703)刻本
八冊

370000－1541－0007177　　672.15/299

[雍正]揚州府志四十卷　（清）尹會一修
(清)程夢星等纂　清雍正十一年(1733)刻本
四十冊

370000－1541－0007178　　672.15/299＝1

北湖小志六卷　（清）焦循撰　清嘉慶十三年
(1808)刻本　二冊

370000－1541－0007179　　672.15/307

[光緒]吳江縣續志四十卷首一卷　（清）金福
曾修　（清）熊其英纂　清光緒五年(1879)吳
江刻本　八冊

370000－1541－0007180　　672.15/309

[光緒]武進陽湖縣志三十卷首一卷　（清）王
其淦　（清）吳康壽修　（清）湯成烈纂　清光
緒五年(1879)刻本　二十冊

370000－1541－0007181　　672.15/311

[光緒]無錫金匱縣志四十卷首一卷附編六卷
　（清）裴大中　（清）倪咸生修　（清）秦緗
業纂　清光緒七年(1881)刻本　二十冊

370000－1541－0007182　　672.15/313

[嘉慶]新修荊溪縣志四卷首一卷　（清）唐仲
冕修　（清）寧楷纂　清嘉慶二年(1797)刻本
　二冊

370000－1541－0007183　　672.15/313＝1

[嘉慶]重刊荊溪縣志四卷首一卷　（清）唐仲
冕修　（清）寧楷纂　清光緒八年(1882)刻本
　二冊

370000－1541－0007184　　672.15/313＝2

[嘉慶]增修宜興縣舊志十卷首一卷末一卷
(清)李先榮原本　（清）阮升基增修　（清）
寧楷增纂　清同治八年(1869)木活字印本
十冊

370000－1541－0007185　　672.15/313＝3

[嘉慶]重刊宜興縣志四卷首一卷　（清）阮升
基修　（清）寧楷纂　[嘉慶]重刊宜興縣舊志
十卷首一卷末一卷　（清）李先榮原本　（清）
阮升基增修　（清）寧楷增纂　清光緒八年
(1882)刻本　十二冊

370000－1541－0007186　　672.15/313＝4

[道光]重刊續纂宜荊縣志十卷首一卷　（清）
顧名　（清）龔潤森修　（清）吳德旋纂　清道
光二十年(1840)刻本　四冊

370000－1541－0007187　　672.15/313＝5

[光緒]宜興荊谿縣新志十卷首一卷末一卷
(清)施惠修　（清）吳景牆纂　清光緒八年
(1882)刻本　八冊

370000－1541－0007188　672.15/315

[光緒]江陰縣志三十卷首一卷　（清）盧思誠修　（清）季念詒纂　清光緒四年(1878)刻本　二十冊

370000－1541－0007189　672.15/315＝1

[光緒]江陰縣志三十卷首一卷　（清）盧思誠修　（清）季念詒纂　清光緒四年(1878)刻本　二十冊

370000－1541－0007190　672.15/319

[乾隆]直隸通州志二十二卷　（清）王繼祖修　（清）夏之蓉纂　清乾隆二十年(1755)刻本　十六冊

370000－1541－0007191　672.15/319＝1

[光緒]通州直隸州志十六卷首一卷末一卷訂訛一卷　（清）梁悅馨　（清）莫祥芝修　（清）季念詒　（清）沈鎤纂　清光緒元年(1875)刻本　十六冊

370000－1541－0007192　672.15/319＝2

[光緒]通州直隸州志十六卷首一卷末一卷訂訛一卷　（清）梁悅馨　（清）莫祥芝修　（清）季念詒　（清）沈鎤纂　清光緒元年(1875)刻本　十六冊

370000－1541－0007193　672.15/343

[道光]平望志十八卷首一卷　（清）翁廣平纂　[光緒]平望續志十二卷　（清）黃兆楏纂　清光緒十二年(1886)刻本　八冊　存十三卷（平望志一至三、七至十二,首一卷,平望續志八至十）

370000－1541－0007194　672.15/398

五鄉忠義錄不分卷　（清）卞士元編　清光緒三十三年(1907)刻本　一冊

370000－1541－0007195　672.15/401

光緒丙子清河縣志二十六卷　（清）胡裕燕修　（清）吳昆田　（清）魯賁纂　清光緒三年(1877)刻本　六冊

370000－1541－0007196　672.15/403

[乾隆]山陽志遺四卷　（清）吳玉搢纂　清抄本　二冊

370000－1541－0007197　672.15/403＝1

[同治]山陽縣志二十一卷　（清）張兆棟　（清）孫雲修　（清）何紹基　（清）丁晏纂　清同治十二年(1873)刻本　八冊

370000－1541－0007198　672.15/403＝2

[同治]山陽縣志二十一卷　（清）張兆棟　（清）孫雲修　（清）何紹基　（清）丁晏纂　清同治十二年(1873)刻本　十二冊

370000－1541－0007199　672.15/409

[光緒]阜寧縣志二十四卷首一卷　（清）阮本焱修　（清）陳肇初　（清）殷自芳纂　清光緒十二年(1886)刻本　十冊

370000－1541－0007200　672.15/410

[康熙]長洲縣志二十二卷　（清）祝聖培修　（清）蔡方炳　（清）歸聖脈纂　清康熙二十三年(1684)刻本　十二冊

370000－1541－0007201　672.15/411

[光緒]鹽城縣志十七卷首一卷　（清）劉崇照修　（清）陳玉樹　（清）龍繼棟纂　清光緒二十一年(1895)刻本　八冊

370000－1541－0007202　672.15/413

[乾隆]江都縣志三十二卷　（清）五格　（清）黃湘纂修　清光緒七年(1881)江都縣署刻本　十二冊

370000－1541－0007203　672.15/413＝1

甘棠小志四卷首一卷末一卷　（清）董醇纂　清咸豐五年(1855)荻芬書屋刻本　四冊

370000－1541－0007204　672.15/413＝2

[光緒]江都縣續志三十卷首一卷　（清）謝延庚修　（清）劉壽曾纂　清光緒十年(1884)刻本　八冊

370000－1541－0007205　672.15/413＝3

[光緒]增修甘泉縣志二十四卷首一卷圖一卷　（清）徐成敗等修　（清）陳浩恩等纂　清光緒七年(1881)木活字印本　二十冊

370000－1541－0007206　672.15/413＝4

[嘉慶]江都縣續志十二卷首一卷　（清）王逢

源修 （清）李保泰纂 清光緒七年(1881)江都縣署刻本 四冊

370000 – 1541 – 0007207 672.15/423

[光緒]再續高郵州志八卷首一卷 （清）龔定瀛修 （清）夏子鍚纂 清光緒九年(1883)刻本 八冊

370000 – 1541 – 0007208 672.15/423＝1

[道光]續增高郵州志六卷首一卷 （清）左輝春等纂修 清道光二十三年(1843)刻本 六冊

370000 – 1541 – 0007209 672.15/425＝1

寶應圖經六卷首二卷 （清）劉寶楠撰 清光緒九年(1883)淮南書局刻本 四冊

370000 – 1541 – 0007210 672.15/425＝3

[道光]重修寶應縣志二十八卷首一卷 （清）孟毓蘭修 （清）喬載繇等纂 清道光二十年(1840)湯氏沐華堂刻本 八冊

370000 – 1541 – 0007211 672.15/436＝1

[道光]光福志十二卷首一卷 （清）徐傅編 清抄本 六冊

370000 – 1541 – 0007212 672.15/436＝2

吳門補乘十卷 （清）錢思元纂 清道光十年(1830)刻本 五冊

370000 – 1541 – 0007213 672.15/436＝3

[乾隆]吳郡甫里志二十四卷首一卷 （清）彭方周修 （清）顧時鴻纂 清乾隆三十年(1765)吳郡張若遷刻本 四冊

370000 – 1541 – 0007214 672.15/438＝1

[嘉慶]黎里志十六卷首一卷 （清）徐達源纂輯 清嘉慶十年(1805)禊湖書院刻本 十冊

370000 – 1541 – 0007215 672.15/438＝2

分湖小識六卷 （清）柳樹芳輯 清道光二十七年(1847)勝谿草堂刻本 二冊

370000 – 1541 – 0007216 672.15/438＝3

分湖小識六卷 （清）柳樹芳輯 清道光二十七年(1847)勝谿草堂刻本 二冊

370000 – 1541 – 0007217 672.15/438＝4

[光緒]黎里續志十六卷首一卷 （清）蔡丙圻纂修 清光緒二十四年(1898)禊湖書院刻本 六冊

370000 – 1541 – 0007218 672.15/482

[光緒]羅店鎮志八卷 （清）王樹棻修 （清）潘履祥纂 清光緒十五年(1889)鉛印本 五冊

370000 – 1541 – 0007219 672.15/486

瀛壖雜志六卷 （清）王韜撰 清光緒元年(1875)刻本 二冊

370000 – 1541 – 0007220 672.15/486＝1

瀛壖雜志六卷 （清）王韜撰 清光緒元年(1875)刻本 二冊

370000 – 1541 – 0007221 672.15/486＝2

同治上江兩縣志二十九卷首一卷 （清）莫祥芝 （清）甘紹盤修 （清）汪士鐸等纂 清光緒二年(1876)刻本 十二冊

370000 – 1541 – 0007222 672.15/486＝3

[同治]上海縣志札記六卷 （清）秦榮光撰 清光緒二十八年(1902)松江振華德記印書館鉛印本 六冊

370000 – 1541 – 0007223 672.15/501

[道光]銅山縣志二十四卷首一卷 （清）崔志元修 （清）劉彥儒 （清）孫運錦纂 清道光十年(1830)刻本 十二冊

370000 – 1541 – 0007224 672.15/503

[光緒]豐縣志十六卷首一卷 （清）姚鴻杰纂修 清光緒二十年(1894)刻本 四冊 存十一卷(一、五至九、十三至十六,首一卷)

370000 – 1541 – 0007225 672.15/511

[咸豐]邳州志二十卷首一卷 （清）董用威 （清）馬軼群修 （清）魯一同纂 清咸豐元年(1851)刻本 四冊

370000 – 1541 – 0007226 672.15/511＝1

[咸豐]邳州志二十卷首一卷 （清）董用威 （清）馬軼群修 （清）魯一同纂 清咸豐元年(1851)刻本 四冊

349

370000－1541－0007227　672.15/513

[同治]宿遷縣志十九卷　（清）李德溥
（清）游春澤修　（清）方駿謨纂　清同治十三
年(1874)淮安張淦泉刻本　六冊

370000－1541－0007228　672.15/515

[光緒]睢寧縣志稿十八卷　（清）侯紹瀛修
（清）丁顯纂　清光緒十三年(1887)刻本　六
冊

370000－1541－0007229　672.15/517

[嘉慶]海州直隸州志三十二卷首一卷　（清）
唐仲冕　（清）師承祖修　（清）汪梅鼎纂　清
嘉慶十六年(1811)海州州署刻本　十二冊

370000－1541－0007230　672.15/523

光緒贛榆縣志十八卷附校補　（清）王豫熙修
（清）王文炳　張謇纂　清光緒十四年
(1888)刻本　四冊

370000－1541－0007231　672.15/523 ＝ 1

光緒贛榆縣志十八卷附校補　（清）王豫熙修
（清）王文炳　張謇纂　清光緒十四年
(1888)刻本　四冊

370000－1541－0007232　672.15/523 ＝ 2

光緒贛榆縣志十八卷附校補　（清）王豫熙修
（清）王文炳　張謇纂　清光緒十四年
(1888)刻本　四冊

370000－1541－0007233　672.15/582

[光緒]崑新兩縣續修合志五十二卷首一卷末
一卷　（清）金吳瀾　（清）李福沂修　（清）
汪堃　（清）朱成熙纂　清光緒六年(1880)敦
善堂刻本　二十四冊

370000－1541－0007234　672.15/582 ＝ 1

[光緒]崇明縣志十八卷　（清）林達泉等修
（清）李聯琇　（清）葉裕仁纂　清光緒七年
(1881)刻本　十二冊

370000－1541－0007235　672.15/596

[光緒]常昭合志稿四十八卷首一卷末一卷
（清）鄭鍾祥　（清）張瀛修　（清）龐鴻文纂
清光緒三十年(1904)木活字印本　十六冊

370000－1541－0007236　672.15/596 ＝ 1

[乾隆]常昭合志十二卷首一卷校勘記一卷
（清）王錦　（清）楊繼熊修　（清）言如泗纂
清光緒二十四年(1898)木活字印本　十四
冊

370000－1541－0007237　672.15/596 ＝ 2

[道光]琴川三志補記十三卷　（清）黃廷鑑撰
清光緒二十四年(1898)刻本　四冊　存八
卷(一至八)

370000－1541－0007238　672.15/596 ＝ 3

[道光]琴川三志補記十三卷　（清）黃廷鑑撰
清光緒二十四年(1898)刻本　四冊　存八
卷(一至八)

370000－1541－0007239　672.15/110

[嘉慶]干巷志六卷首一卷　（清）朱棟撰　清
嘉慶六年(1801)柘湖丁氏種松山房刻民國二
十二年(1933)印本　二冊

370000－1541－0007240　672.15/646

[嘉慶]高郵州志十二卷首一卷　（清）楊宜崙
修　（清）夏之蓉　（清）沈之本纂　（清）馮
馨增修　清嘉慶十九年(1814)刻本　二十四
冊

370000－1541－0007241　672.15/646 ＝ 1

[光緒]高淳縣志二十八卷首一卷　（清）楊福
鼎修　（清）陳嘉謀纂　清光緒七年(1881)刻
本　十冊

370000－1541－0007242　672.15/686

[光緒]寶山縣志十四卷首一卷　（清）梁蒲貴
（清）吳康壽修　（清）朱延射　（清）潘履
祥纂　清光緒八年(1882)學海書院刻本　八
冊

370000－1541－0007243　672.15/700

[嘉慶]重刊宜興縣志四卷首一卷　（清）阮升
基修　（清）寧楷纂　清光緒八年(1882)刻本
四冊

370000－1541－0007244　672.15/719

[道光]江陰縣志二十八卷首一卷　（清）陳廷
恩修　（清）李兆洛纂　清道光二十年(1840)

刻本　七冊

370000－1541－0007245　672.15/755＝1

石亭記事不分卷　（清）丁晏撰　清道光二十八年(1848)刻本　一冊

370000－1541－0007246　672.15/816

[光緒]周莊鎮志六卷首一卷　（清）陶煦纂修　清光緒八年(1882)刻本　五冊

370000－1541－0007247　672.15/823

[光緒]丹徒縣志六十卷首四卷　（清）何紹章　（清）馮壽鏡修　（清）呂耀斗纂　清光緒五年(1879)刻本　三十二冊

370000－1541－0007248　672.15/824＝1

錫金識小錄十二卷　（清）黃印輯　清光緒二十二年(1896)刻本　六冊

370000－1541－0007249　672.15/824＝2

[康熙]梅里志四卷首一卷　（清）吳存禮編　清道光四年(1824)無錫泰伯廟西院刻本　四冊

370000－1541－0007250　672.15/841＝1

[光緒]續纂句容縣志二十卷首一卷末一卷　(清)張紹棠修　(清)蕭穆纂　清光緒三十年(1904)刻本　二十冊

370000－1541－0007251　672.15/842

[乾隆]句容縣志十卷首一卷末一卷斠勘記略一卷　（清）曹襲先纂修　清光緒二十六年(1900)句容楊世沅刻本　八冊

370000－1541－0007252　672.15/856

[光緒]青浦縣志三十卷首二卷末一卷　（清）汪祖綬修　（清）熊其英纂　清光緒五年(1879)尊經閣刻本　十二冊

370000－1541－0007253　672.15/880＝1

[咸豐]重修興化縣志十卷　（清）梁園棣修　(清)鄭之僑　（清）趙彥俞纂　清咸豐二年(1852)刻本　十六冊

370000－1541－0007254　672.15/937

徐州府銅山縣鄉土志不分卷　（清）袁國鈞　(清)楊世楨編　清光緒三十年(1904)刻本

一冊

370000－1541－0007255　672.15/987＝1

[光緒]金壇縣志十六卷首一卷　（清）夏宗彝修　（清）汪國鳳等纂　清光緒十一年(1885)活字印本　十二冊

370000－1541－0007256　672.15/987＝2

金匱縣輿地全圖附金匱縣斗則簡明冊二卷　(清)華湛恩編　（清）華鴻模續編　清光緒三十四年(1908)鵝湖華存裕堂義莊石印本　六冊

370000－1541－0007257　672.15/987＝3

金陵瑣志五種續二種　陳作霖輯　清光緒十一年(1885)江寧陳氏可園刻本　五冊

370000－1541－0007258　672.15/993

[道光]如皋縣續志十二卷　（清）范仕義修　(清)吳鎧纂　清道光十七年(1837)刻本　二冊

370000－1541－0007259　672.15/993＝1

[道光]如皋縣續志十二卷　（清）范仕義修　(清)吳鎧纂　清道光十七年(1837)刻本　二冊

370000－1541－0007260　672.15/993＝2

[嘉慶]如皋縣志二十四卷　（清）楊受廷　(清)左元鎮修　（清）馬汝舟　（清）江大鍵纂　清嘉慶十三年(1808)刻本　十冊

370000－1541－0007261　672.15/993＝3

[同治]如皋縣續志十六卷　（清）周際霖　(清)胡維藩修　（清）周頊　（清）吳開陽纂　清同治十二年(1873)刻本　六冊

370000－1541－0007262　672.15/993＝4

[同治]如皋縣續志十六卷　（清）周際霖　(清)胡維藩修　（清）周頊　（清）吳開陽纂　清同治十二年(1873)刻本　六冊

370000－1541－0007263　672.15/993＝5

[乾隆]如皋縣志三十二卷　（清）鄭見龍修　(清)周植纂　清乾隆十五年(1750)刻本　八

351

冊

370000－1541－0007264　672.16/492

金山志十卷　（清）盧見曾纂　續金山志二卷
（清）釋秋崖續纂　清光緒二十七年（1901）
刻本　六冊

370000－1541－0007265　672.17/698

滄浪小志二卷　（清）宋犖編　清光緒十年
（1884）江蘇書局刻本　一冊

370000－1541－0007266　672.18/573

同治宿遷縣志十九卷　（清）李德溥　（清）游
春澤修　（清）方駿謨纂　清同治十三年
（1874）淮安張淦泉刻本　六冊

370000－1541－0007267　672.19/184

練川名人畫象四卷續編三卷　（清）程祖慶編
清道光二十四年（1844）程氏刻本　八冊

370000－1541－0007268　672.19/273

洛陽伽藍記五卷　（北魏）楊衒之撰　清道光
十三年（1833）刻本　二冊

370000－1541－0007269　672.19/273＝1

洛陽伽藍記五卷附一卷　（北魏）楊衒之撰
清光緒二十九年（1903）說劍齋刻本　一冊

370000－1541－0007270　672.19/372

湘城訪古錄十七卷首一卷　陳運溶撰　清光
緒二十年（1894）刻本　六冊

370000－1541－0007271　672.19/438

[乾隆]震澤縣志三十八卷首一卷　（清）陳和
志修　（清）倪師孟　（清）沈彤纂　清光緒十
九年（1893）吳郡徐元圃刻本　八冊

370000－1541－0007272　672.19/554

中吳紀聞六卷　（宋）龔明之撰　清宣統元年
（1909）刻朱印彙刻太倉舊志五種本　二冊

370000－1541－0007273　672.19/664

廣陵事略七卷　（清）姚文田撰　清嘉慶十七
年（1812）歸安姚氏開封節院刻本　四冊

370000－1541－0007274　672.19/903

名山勝槩記四十八卷附錄十一種　（明）何鏜
輯　明刻本　九十六冊

370000－1541－0007275　672.2/723

石柱記五卷　（唐）顏真卿撰　（清）鄭元慶箋
釋　清康熙四十一年（1702）歸安鄭氏魚計亭
刻本　一冊

370000－1541－0007276　672.2/743

[光緒]重修安徽通志三百五十卷後附補遺十
卷　（清）吳坤修等修　（清）何紹基　（清）
楊沂孫纂　清光緒四年（1878）馮焌刻七年
（1881）增刻本　一百二十冊

370000－1541－0007277　672.2/743＝1

[光緒]重修安徽通志三百五十卷後附補遺十
卷　（清）吳坤修等修　（清）何紹基　（清）
楊沂孫纂　清光緒四年（1878）馮焌刻本　一
百二十冊

370000－1541－0007278　672.2/743＝2

[光緒]重修安徽通志三百五十卷後附補遺十
卷　（清）吳坤修等修　（清）何紹基　（清）
楊沂孫纂　清光緒四年（1878）馮焌刻本　一
百二十冊

370000－1541－0007279　672.21/290

皖志便覽六卷　（清）李應珏撰　清光緒二十
四年（1898）官紙印刷局鉛印本　二冊

370000－1541－0007280　672.23/704

安徽輿圖表說十卷　（清）□□纂修　清光緒
二十二年（1896）石印本　三冊

370000－1541－0007281　672.24/677

[光緒]續修廬州府志一百卷補遺一卷　（清）
黃雲修　（清）林之望　（清）汪宗沂纂　清光
緒十一年（1885）刻本　四十八冊

370000－1541－0007282　672.24/677＝1

[光緒]續修廬州府志一百卷補遺一卷　（清）
黃雲修　（清）林之望　（清）汪宗沂纂　清光
緒十一年（1885）刻本　四十八冊

370000－1541－0007283　672.24/701

[嘉慶]寧國府志三十六卷首一卷末一卷
（清）魯銓　（清）鍾英修　（清）洪亮吉
（清）施晉纂　清嘉慶二十年（1815）刻本　三
十二冊

370000 – 1541 – 0007284　672.24/823

光緒鳳陽府志二十一卷　馮煦修　魏家驊等纂　（清）張德霈續纂修　清光緒三十四年(1908)木活字印本　二十四冊

370000 – 1541 – 0007285　672.24/823 = 1

[光緒]鳳陽縣志十六卷首一卷　（清）于萬培原本　（清）謝永泰續修　（清）王汝琛續纂　清光緒十三年(1887)刻本　九冊　存十五卷（一至七、九至十六）

370000 – 1541 – 0007286　672.24/944 = 2

[康熙]徽州府志十八卷圖一卷　（清）丁廷楗等修　（清）趙吉士纂　清康熙三十八年(1699)徽州萬青閣刻本　十二冊

370000 – 1541 – 0007287　672.25/105

[同治]祁門縣志三十六卷首一卷　（清）周溶修　（清）汪韻珊纂　清同治十二年(1873)刻本　十二冊

370000 – 1541 – 0007288　672.25/123

[乾隆]歷陽典錄三十四卷附補編六卷　（清）陳廷桂纂　清同治六年(1867)歷陽和州官舍刻本　十二冊

370000 – 1541 – 0007289　672.25/182 = 1

[光緒]壽州志三十六卷首一卷末一卷　（清）曾道唯　（清）王萬牲修　（清）葛蔭南等纂　清光緒十六年(1890)木活字印本　十六冊

370000 – 1541 – 0007290　672.25/211

[淳熙]新安志十卷　（宋）羅願撰　清光緒十四年(1888)黟縣李氏刻本　四冊

370000 – 1541 – 0007291　672.25/211 = 1

[淳熙]新安志十卷　（宋）羅願撰　清光緒十四年(1888)黟縣李氏刻本　四冊

370000 – 1541 – 0007292　672.25/211 = 2

[淳熙]新安志十卷　（宋）羅願撰　清光緒十四年(1888)黟縣李氏刻本　四冊

370000 – 1541 – 0007293　672.25/213

[嘉慶]黟縣志十六卷首一卷續志一卷　（清）吳甸華修　（清）程汝翼　（清）俞正燮纂　（清）呂子珏續修　（清）詹錫齡續纂　清同治十年(1871)刻本　十六冊

370000 – 1541 – 0007294　672.25/213 = 1

[同治]黟縣三志十六卷首一卷末一卷　（清）謝永泰修　（清）程鴻詔等纂　清同治十年(1871)黟縣縣署刻本　十六冊

370000 – 1541 – 0007295　672.25/313

[光緒]宿州志三十六卷　（清）何慶釗修　（清）丁遜之　（清）吳振聲纂　清光緒十五年(1889)金陵柏以聰碧山堂刻本　十六冊

370000 – 1541 – 0007296　672.25/319

[乾隆]太和縣志八卷　（清）成兆豫修　（清）吳中最　（清）洪朝元纂　清乾隆十六年(1751)刻本　四冊

370000 – 1541 – 0007297　672.25/333

[同治]盱眙縣志六卷藝文志一卷　（清）崔秀春　（清）方家藩修　（清）傅紹曾纂　清同治十二年(1873)盱眙縣署刻本　四冊

370000 – 1541 – 0007298　672.25/339

[光緒]滁州志十卷首一卷末一卷　（清）熊祖詒等纂修　清光緒二十三年(1897)金陵湯明林木活字印本　十冊

370000 – 1541 – 0007299　672.25/507

[同治]續蕭縣志十八卷首一卷　（清）顧景濂修　（清）尹耕雲　（清）段廣瀛纂　清光緒元年(1875)刻本　六冊

370000 – 1541 – 0007300　672.25/738

[光緒]泗虹合志十九卷　（清）方瑞蘭修　（清）江殿颺　（清）許湘甲纂　清光緒十四年(1888)刻本　七冊

370000 – 1541 – 0007301　672.28/533

淮壖小記四卷　（清）范以煦撰　清咸豐五年(1855)刻本　二冊

370000 – 1541 – 0007302　672.28/533 = 1

淮壖小記四卷　（清）范以煦撰　清咸豐五年(1855)刻本　二冊

370000 – 1541 – 0007303　672.3/269

平浙紀略十六卷 （清）秦緗業 （清）陳鍾英撰 清同治十三年(1874)浙江書局刻本 四冊

370000－1541－0007304 672.3/290

浙志便覽十卷 （清）李應珏撰 清光緒二十二年(1896)刻本 四冊

370000－1541－0007305 672.3/710

湖雅九卷湖蠶述四卷 （清）汪曰楨撰 清光緒六年(1880)刻本 三冊

370000－1541－0007306 672.3/724

[雍正]浙江通志(水利海防)十四卷 （清）李衛 （清）嵇曾筠修 （清）沈翼機 （清）傅王露纂 清光緒五年(1879)墨潤堂刻本 六冊

370000－1541－0007307 672.3/782

[雍正]浙江通志二百八十卷首三卷 （清）李衛 （清）嵇曾筠修 （清）沈翼機 （清）傅王露纂 清乾隆元年(1736)刻本 一百二十冊

370000－1541－0007308 672.3/782＝1

[雍正]敕修浙江通志二百八十卷首三卷 （清）李衛 （清）嵇曾筠修 （清）沈翼機 （清）傅王露纂 清光緒二十五年(1899)浙江書局刻本 一百二十冊

370000－1541－0007309 672.31/482

宋元四明六志六種附二種 （清）徐時棟輯校 清咸豐四年(1854)甬上徐氏煙嶼樓刻本 二十冊

370000－1541－0007310 672.33/324

谿上遺聞集錄十卷別錄二卷 （清）尹元煒編 清道光二十八年(1848)抱珠樓刻本 二冊

370000－1541－0007311 672.34/101

[雍正]寧波府志三十六卷首一卷 （清）曹秉仁修 （清）萬經等纂 清雍正十年(1732)刻本 十六冊

370000－1541－0007312 672.34/184

[道光]嘉興府志六十卷首三卷 （清）于尚齡纂修 清道光二十年(1840)刻本 九十一冊

370000－1541－0007313 672.34/184＝1

[光緒]嘉興府志八十八卷首二卷 （清）許瑤光修 （清）吳仰賢纂 清光緒四年(1878)鴛湖書院刻本 四十八冊

370000－1541－0007314 672.34/401

永嘉郡記一卷 （南朝宋）鄭緝之撰 清光緒四年(1878)瑞安孫詒讓刻本 一冊

370000－1541－0007315 672.34/429

[光緒]嚴州府志三十八卷首一卷 （清）吳士進修 （清）吳世榮纂 清光緒八年(1882)嚴州刻本 二十八冊

370000－1541－0007316 672.34/499

[光緒]處州府志三十卷雜志一卷 （清）潘紹詒修 （清）周榮椿纂 清光緒三年(1877)刻本 二十八冊

370000－1541－0007317 672.34/701

[雍正]寧波府志三十六卷首一卷 （清）曹秉仁修 （清）萬經等纂 清雍正十年(1732)刻本 十六冊

370000－1541－0007318 672.34/701＝2

[雍正]寧波府志三十六卷首一卷 （清）曹秉仁修 （清）萬經等纂 清道光二十六年(1846)寧波介祉堂刻本 十六冊

370000－1541－0007319 672.34/723

[同治]湖州府志九十六卷首一卷 （清）宗源瀚等修 （清）周學濬等纂 清同治十三年(1874)愛山書院刻本 四十冊

370000－1541－0007320 672.34/855＝1

[康熙]台州府志十八卷首一卷 （清）鮑復泰修 （清）馮甦纂 清康熙二十二年(1683)靜鎮堂刻本 十八冊

370000－1541－0007321 672.34/943

[康熙]衢州府志四十卷首一卷 （清）楊廷望纂修 清光緒八年(1882)安陸劉國光刻本 十二冊

370000－1541－0007322 672.34/987

[康熙]金華府志三十卷 （清）張蓋修
(清)沈麟趾等纂 清康熙二十二年(1683)刻
本 十二冊

370000－1541－0007323 672.35/101
[光緒]奉化縣志四十卷首一卷 （清）李前泮
修 （清）張美翊纂 清光緒三十二年(1906)
刻本 十二冊

370000－1541－0007324 672.35/101＝1
[光緒]分疆錄十二卷首一卷 （清）林鶚纂
(清)林用霖續纂 清光緒五年(1879)林氏望
山堂刻本 六冊

370000－1541－0007325 672.35/103
[萬曆]錢塘縣志十紀 （明）聶心湯纂修 清
光緒十九年(1893)錢塘丁氏刻武林掌故叢編
本 六冊

370000－1541－0007326 672.35/103＝1
[嘉靖]仁和縣志十四卷 （明）沈朝宣纂修
清光緒十九年(1893)錢塘丁氏刻武林掌故叢
編本 十冊

370000－1541－0007327 672.35/111
咸淳臨安志一百卷 （宋）潛說友纂修 清道
光十年(1830)錢塘汪氏振綺堂刻本 二十四
冊

370000－1541－0007328 672.35/111＝1
[乾道]臨安志十五卷 （宋）周淙纂修 清抄
本 二冊

370000－1541－0007329 672.35/111＝2
[乾道]臨安志十五卷 （宋）周淙纂修 弟子
職集解一卷 （清）莊述祖撰 清光緒四年
(1878)會稽章氏刻本 一冊

370000－1541－0007330 672.35/111＝3
[乾道]臨安志十五卷 （宋）周淙纂修 清光
緒二十年(1894)刻本 一冊

370000－1541－0007331 672.35/111＝4
[乾隆]臨安縣志四卷 （清）趙民治修
(清)許琳等纂 清乾隆二十四年(1759)刻本
二冊 存二卷(二、四)

370000－1541－0007332 672.35/119＝2
[光緒]嘉興縣志三十七卷首二卷末一卷
(清)趙惟崳修 （清）石中玉 （清）吳受福
纂 清光緒三十四年(1908)刻本 二十四冊

370000－1541－0007333 672.35/121
[光緒]重修嘉善縣志三十六卷 江峰青修
(清)顧福仁纂 清光緒二十年(1894)刻本
十六冊

370000－1541－0007334 672.35/129
[光緒]桐鄉縣志二十四卷首四卷附楊園淵源
錄四卷 （清）嚴辰纂修 清光緒十三年
(1887)蘇州陶漱藝齋刻本 二十四冊

370000－1541－0007335 672.35/129＝1
[光緒]桐鄉縣志二十四卷首四卷附楊園淵源
錄四卷 （清）嚴辰纂修 清光緒十三年
(1887)蘇州陶漱藝齋刻本 二十四冊

370000－1541－0007336 672.35/131
吳興記一卷 （南朝宋）山謙之撰 繆荃孫輯
清光緒六年(1880)刻本 一冊

370000－1541－0007337 672.35/131＝1
[光緒]烏程縣志三十六卷 （清）潘玉璿修
(清)周學濬等纂 清光緒七年(1881)刻本
十二冊

370000－1541－0007338 672.35/133
[同治]長興縣志三十二卷 （清）趙定邦等修
(清)周學濬等纂 清同治十三年(1874)長
興趙定邦刻本 十六冊

370000－1541－0007339 672.35/175
[乾隆]鄞縣志三十卷首一卷 （清）錢維喬修
(清)錢大昕纂 清乾隆五十三年(1788)刻
本 十冊

370000－1541－0007340 672.35/175＝1
[同治]鄞縣志七十五卷 （清）戴枚修
(清)董沛纂 清光緒三年(1877)刻本 三十
四冊

370000－1541－0007341 672.35/175＝2
[同治]鄞縣志七十五卷 （清）戴枚修

(清)董沛纂　清光緒三年(1877)刻本　三十四册

370000－1541－0007342　672.35/175＝3

[咸豐]鄞縣志三十二卷首一卷　(清)張銑修　(清)周道遵纂　清咸豐六年(1856)刻本十六册

370000－1541－0007343　672.35/184＝1

[宣統]續修楓涇小志十卷首一卷　(清)程兼善纂　清宣統三年(1911)鉛印本　四册

370000－1541－0007344　672.35/205

[光緒]剡源鄉志二十四卷首一卷　(清)趙需濤纂修　清光緒二十七年(1901)剡源趙氏剡曲草堂木活字印本　六册

370000－1541－0007345　672.35/208

[嘉定]赤城志四十卷　(宋)陳耆卿纂　清道光元年(1821)臨海宋氏刻本　六册

370000－1541－0007346　672.35/213＝2

[光緒]定海廳志三十卷首一卷　(清)史致馴等修　(清)陳重威等纂　清光緒十年(1884)定海廳署刻二十八年(1902)補刻本　十册

370000－1541－0007347　672.35/219

[光緒]諸暨縣志六十一卷首一卷　(清)陳遹聲修　(清)蔣鴻藻纂　清宣統三年(1911)刻本　十八册

370000－1541－0007348　672.35/219＝1

[光緒]諸暨縣志六十一卷首一卷　(清)陳遹聲修　(清)蔣鴻藻纂　清宣統三年(1911)刻本　十八册

370000－1541－0007349　672.35/223

[光緒]上虞縣志四十八卷首一卷末一卷　(清)唐煦春修　(清)朱士黻纂　清光緒十七年(1891)上虞唐煦春刻本　二十册

370000－1541－0007350　672.35/225

[同治]嵊縣志二十六卷首一卷末一卷　(清)嚴思忠修　(清)蔡以瑺纂　清同治九年(1870)刻本　十二册

370000－1541－0007351　672.35/229

[康熙]臨海縣志十五卷首一卷　(清)洪若皋纂修　清康熙二十二年(1683)刻本　八册

370000－1541－0007352　672.35/231

[咸豐]黃巖志四十卷首一卷　(清)曾元澄修　(清)姜文衡　(清)盧錫疇纂　清咸豐八年(1858)刻本　八册

370000－1541－0007353　672.35/235

光緒仙居志二十四卷首一卷仙居集二十四卷　(清)王壽頤　(清)潘紀恩修　(清)王棻　(清)李仲昭纂　清光緒二十年(1894)木活字印本　十八册

370000－1541－0007354　672.35/236

南潯鎮志四十卷首一卷　(清)汪曰楨纂修　清同治二年(1863)汪曰楨刻本　八册　存三十二卷(一至三十二)

370000－1541－0007355　672.35/239

[嘉慶]太平縣志十八卷首一卷　(清)慶霖修　(清)戚學標纂　清光緒二十二年(1896)刻本　十册

370000－1541－0007356　672.35/239＝1

[光緒]太平續志十八卷首一卷　(清)陳汝霖修　(清)王棻纂　清光緒二十二年(1896)刻本　八册

370000－1541－0007357　672.35/271

[光緒]梅里志十八卷　(清)楊謙纂　(清)李富孫補輯　(清)余楙續補　清光緒三年(1877)刻本　六册

370000－1541－0007358　672.35/292

[康熙]天台縣志十五卷首一卷　(清)李德耀　(清)黃執中纂修　清康熙二十三年(1684)刻本　一册　存二卷(三至四)

370000－1541－0007359　672.35/303＝1

[康熙]龍游縣志十二卷首一卷　(清)盧燦修　(清)余恂等纂　清光緒八年(1882)龍游余氏刻本　六册

370000－1541－0007360　672.35/305

[同治]江山縣志十二卷首一卷末一卷　(清)

王彬修　（清）朱寶慈纂　清同治十二年(1873)文溪書院刻本　八冊

370000－1541－0007361　672.35/305＝1

[同治]江山縣志十二卷首一卷末一卷　（清）王彬修　（清）朱寶慈纂　清同治十二年(1873)文溪書院刻本　八冊

370000－1541－0007362　672.35/307

[光緒]常山縣志六十八卷首一卷末一卷　（清）李瑞鍾修　（清）朱昌泰纂　清光緒十二年(1886)刻本　十二冊

370000－1541－0007363　672.35/323

[宣統]建德縣志二十卷首一卷　張贊巽　張翊六修　周學銘纂　清宣統二年(1910)湖北官刷印局鉛印本　十冊

370000－1541－0007364　672.35/323＝1

[宣統]建德縣志二十卷首一卷　張贊巽　張翊六修　周學銘纂　清宣統二年(1910)湖北官刷印局鉛印本　十冊

370000－1541－0007365　672.35/323＝2

[宣統]建德縣志二十卷首一卷　張贊巽　張翊六修　周學銘纂　清宣統二年(1910)湖北官刷印局鉛印本　十冊

370000－1541－0007366　672.35/343

當湖外志八卷續志八卷附當湖忠義紀略一卷　（清）馬承昭輯　清光緒元年(1875)刻本　四冊

370000－1541－0007367　672.35/343＝1

[光緒]平湖縣志二十五卷首一卷末一卷　（清）彭潤章修　（清）葉廉鍔纂　清光緒十二年(1886)刻本　十三冊

370000－1541－0007368　672.35/343＝2

[光緒]平湖縣志二十五卷首一卷末一卷　（清）彭潤章修　（清）葉廉鍔纂　清光緒十二年(1886)刻本　十三冊

370000－1541－0007369　672.35/343＝3

[光緒]平湖縣志二十五卷首一卷末一卷　（清）彭潤章修　（清）葉廉鍔纂　清光緒十二

年(1886)刻本　十一冊

370000－1541－0007370　672.35/343＝4

[乾隆]平陽縣志二十卷首一卷　（清）徐恕修　（清）孫謙　（清）張南英纂　清乾隆二十五年(1760)平陽縣署刻本　八冊

370000－1541－0007371　672.35/350

[光緒]石門縣志十一卷首一卷　（清）余麗元等纂修　清光緒五年(1879)傳貽書院刻本　十二冊

370000－1541－0007372　672.35/401

[光緒]永嘉縣志三十八卷首一卷　（清）孫寶琳修　（清）王棻　（清）孫詒讓纂　清光緒八年(1882)刻本　二十八冊

370000－1541－0007373　672.35/405

[光緒]青田縣志十八卷首一卷　（清）雷銑修　（清）王棻纂　清光緒二年(1876)刻本　十四冊

370000－1541－0007374　672.35/407

[光緒]縉雲縣志十六卷首一卷末一卷　（清）何乃容修　（清）潘樹棠纂　清光緒七年(1881)刻本　十二冊

370000－1541－0007375　672.35/409

[光緒]松陽縣志十二卷首一卷　（清）支恒椿修　（清）丁鳳章等纂　清光緒元年(1875)刻本　六冊

370000－1541－0007376　672.35/410

[光緒]長興志拾遺二卷　（清）朱鎮生撰　清光緒二十三年(1897)刻本　一冊

370000－1541－0007377　672.35/423

[嘉慶]瑞安縣志十卷首一卷　（清）張德標修　（清）王殿金　（清）黃徵義纂　清嘉慶十三年(1808)刻本　八冊

370000－1541－0007378　672.35/429＝1

[淳熙]嚴州圖經八卷　（宋）陳公亮修　(宋)劉文富纂　清光緒二十二年(1896)桐廬袁昶刻漸西村舍彙刊本　二冊

370000－1541－0007379　672.35/431

[光緒]玉環廳志十五卷首一卷續增一卷
(清)胥壽榮修　(清)杜冠英纂　(清)胡鍾
駿續增　清光緒六年(1880)刻十四年(1888)
增刻本　八冊

370000－1541－0007380　672.35/431＝1

[光緒]玉環廳志十五卷首一卷　(清)胥壽榮
修　(清)杜冠英纂　清光緒六年(1880)刻本
八冊

370000－1541－0007381　672.35/466

[同治]景寧縣志十四卷首一卷末一卷　(清)
周杰修　(清)嚴用光等纂　清同治十二年
(1873)刻本　八冊

370000－1541－0007382　672.35/466＝1

[同治]景寧縣志十四卷首一卷末一卷　(清)
周杰修　(清)嚴用光等纂　清同治十二年
(1873)刻本　八冊

370000－1541－0007383　672.35/486

[光緒]上虞縣志校續五十卷首一卷末一卷
(清)儲家藻修　(清)徐致靖纂　清光緒二十
五年(1899)刻本　二十冊

370000－1541－0007384　672.35/545

明州繫年錄七卷　(清)董沛撰　清光緒四年
(1878)鄞縣蔡氏刻本　三冊

370000－1541－0007385　672.35/582＝1

吳興記一卷　(南朝宋)山謙之纂　繆荃孫輯
清光緒十七年(1891)江陰繆氏雲自在龕刻
本　一冊

370000－1541－0007386　672.35/629

[嘉慶]於潛縣志十六卷首一卷末一卷　(清)
蔣光弼等修　(清)張燮　(清)李江纂　清嘉
慶十七年(1812)木活字印本　八冊

370000－1541－0007387　672.35/653＝1

[道光]永康縣志十二卷首一卷　(清)廖重機
等修　(清)應曙霞等纂　清道光十七年
(1837)刻本　八冊

370000－1541－0007388　672.35/667

[光緒]唐棲志二十卷附錄四卷　(清)王同纂

修　清光緒十六年(1890)刻本　六冊

370000－1541－0007389　672.35/688

[光緒]富陽縣志二十四卷首一卷　汪文炳修
蔣敬時等纂　清光緒三十二年(1906)刻本
十六冊

370000－1541－0007390　672.35/688＝1

[光緒]宣平縣志二十卷首一卷　(清)皮樹棠
纂修　清光緒四年(1878)刻本　八冊

370000－1541－0007391　672.35/689

[康熙]定海縣志八卷　(清)繆燧修　(清)
陳琯等纂　清康熙五十四年(1715)刻本　八
冊

370000－1541－0007392　672.35/723

湖墅小志四卷　(清)高鵬年纂　清光緒二十
二年(1896)石印本　二冊

370000－1541－0007393　672.35/751

[光緒]淳安縣志十六卷首一卷　(清)劉世寧
原纂　(清)李詩續修　清光緒十年(1884)淳
安縣署刻本　八冊

370000－1541－0007394　672.35/752

[嘉靖]海寧縣志九卷首一卷附錄一卷　(明)
蔡完修　(明)董穀纂　清光緒二十四年
(1898)海寧許仁沐刻本　二冊

370000－1541－0007395　672.35/752＝1

海寧縣志略一卷　(清)范驤纂　清光緒八年
(1882)海寧錢保塘清風室刻清風室叢刊本
一冊

370000－1541－0007396　672.35/752＝2

[嘉慶]硤川續志二十卷　(清)王德浩纂
(清)王簡可輯　(清)曹宗載編　清嘉慶十七
年(1812)刻本　一冊　存三卷(四至六)

370000－1541－0007397　672.35/761

[光緒]慈谿縣志五十六卷附編一卷　(清)楊
泰亨　(清)馮可鏞纂修　清光緒二十五年
(1899)德潤書院刻本　二十四冊

370000－1541－0007398　672.35/761＝1

[雍正]慈谿縣志十六卷　(清)楊正筍修

(清)馮鴻模等纂　清雍正八年(1730)刻乾隆三年(1738)增刻本　八冊

370000－1541－0007399　672.35/763

剡録十卷　(宋)高似孫撰　清同治九年(1870)刻本　二冊

370000－1541－0007400　672.35/855

台州外書二十卷　(清)戚學標纂　清嘉慶四年(1799)刻本　六冊

370000－1541－0007401　672.35/860

[道光]縉雲縣志十八卷首一卷　(清)湯成烈修　(清)尹希伊　(清)余偉纂　清道光二十九年(1849)刻本　十冊

370000－1541－0007402　672.35/860＝1

[乾隆]縉雲縣志八卷　(清)令狐亦岱修　(清)沈鹿鳴纂　清乾隆三十二年(1767)刻本　四冊

370000－1541－0007403　672.35/873＝1

[光緒]樂清縣志十六卷首一卷　(清)李登雲　(清)錢寶鎔修　(清)陳坤纂　清光緒二十七年(1901)郭博古齋刻本　十六冊

370000－1541－0007404　672.35/873＝3

[道光]樂清縣志十六卷首一卷　(清)劉榮玠修　(清)鮑作雨　(清)張振夔纂　清道光十四年(1834)刻本　一冊　存一卷(四)

370000－1541－0007405　672.35/939＝1

[光緒]鎮海縣志四十卷　(清)于萬川修　(清)俞樾纂　清光緒五年(1879)鯤池書院刻本　十六冊

370000－1541－0007406　672.35/940

[光緒]餘姚縣志二十七卷首一卷末一卷　(清)周炳麟修　(清)邵友濂纂　清光緒二十五年(1899)刻本　十六冊

370000－1541－0007407　672.35/940＝1

[光緒]餘姚縣志二十七卷首一卷末一卷　(清)周炳麟修　(清)邵友濂纂　清光緒二十五年(1899)刻本　十六冊

370000－1541－0007408　672.35/940＝2

[光緒]餘姚縣志二十七卷首一卷末一卷　(清)周炳麟修　(清)邵友濂纂　清光緒二十五年(1899)刻本　十六冊

370000－1541－0007409　672.35/942

[康熙]德清縣志十卷　(清)侯元棐修　(清)王振孫纂　清康熙十二年(1673)刻本　四冊

370000－1541－0007410　672.35/987

[康熙]金華縣志十卷　(清)趙泰牲修　(清)張羽中纂　清康熙三十四年(1695)刻本　六冊

370000－1541－0007411　672.36/375

兩浙防護錄　(清)阮元輯　清光緒十五年(1889)浙江書局刻本　二冊

370000－1541－0007412　672.36/375＝2

兩浙防護錄　(清)阮元輯　清會稽董氏取斯家塾木活字印本　四冊

370000－1541－0007413　672.38/985

句餘土音三卷附甬上族望表二卷　(清)全祖望撰　清嘉慶十九年(1814)刻本　二冊

370000－1541－0007414　672.38/985＝2

句餘土音三卷　(清)全祖望撰　清宣統三年(1911)上海國學扶輪社鉛印本　一冊

370000－1541－0007415　672.39/112

會稽三賦四卷　(宋)王十朋撰　(宋)南逢吉注　清同治十二年(1873)會稽章氏刻本　二冊

370000－1541－0007416　672.4/153

[康熙]西江志二百六卷圖一卷　(清)白潢修　(清)查慎行等纂　清康熙六十年(1721)刻本　一冊　存三卷(一百二十至一百二十二)

370000－1541－0007417　672.41/290

[光緒]江西通志一百八十卷首五卷　(清)劉坤一等修　(清)趙之謙等纂　清光緒七年(1881)刻本　一百二十冊

370000－1541－0007418　672.41/290＝1

[光緒]江西通志一百八十卷首五卷　(清)劉

坤一等修　（清）趙之謙等纂　清光緒七年
(1881)刻本　一百二十冊

370000 – 1541 – 0007419　672.41/290 = 2
[光緒]江西通志一百八十卷首五卷　（清）劉
坤一等修　（清）趙之謙等纂　清光緒七年
(1881)刻本　一百二十冊

370000 – 1541 – 0007420　672.43/885
江西全省輿圖十四卷首一卷　（清）劉坤一等
編繪　清同治七年(1868)刻本　一冊

370000 – 1541 – 0007421　672.44/236
[同治]南昌府志六十六卷首一卷末一卷
(清)許應鑅　（清）王之藩修　（清）曾作舟
　（清）杜防纂　清同治十二年(1873)刻本
四十冊

370000 – 1541 – 0007422　672.44/301
[雍正]撫州府志四十五卷首一卷　（清）羅復
晉修　（清）李茹旻等纂　清雍正七年(1729)
刻本　二十七冊

370000 – 1541 – 0007423　672.44/658
[同治]贛州府志七十八卷首一卷　（清）魏瀛
修　（清）魯琪光等纂　清同治十二年(1873)
刻本　四十冊

370000 – 1541 – 0007424　672.44/664
[乾隆]廣信府志二十六卷首一卷　（清）連柱
纂修　清乾隆四十八年(1783)刻本　二十冊

370000 – 1541 – 0007425　672.44/664 = 1
[同治]廣信府志十二卷首一卷補遺一卷
(清)蔣繼洙纂修　清同治十二年(1873)刻本
　十冊　存三卷(七、九、十二)

370000 – 1541 – 0007426　672.44/854
[同治]九江府志五十四卷首一卷末一卷
(清)達春布修　（清）黃鳳樓　（清）歐陽燾
纂　清同治十三年(1874)刻本　二十四冊

370000 – 1541 – 0007427　672.45/107
[同治]進賢縣志二十五卷首一卷　（清）江璧
等修　（清）胡景辰等纂　清同治十年(1871)
刻本　十六冊

370000 – 1541 – 0007428　672.45/112
番郡璅錄四卷附饒郡道古編一卷　（清）王朝
槩纂　清同治九年(1870)木活字印本　五冊

370000 – 1541 – 0007429　672.45/113
[同治]南豐縣志四十六卷首一卷末一卷
(清)柏春修　（清）魯琪光等纂　清同治十年
(1871)刻本　二十冊　存三十八卷(一至三
十七、首一卷)

370000 – 1541 – 0007430　672.45/133
[同治]上饒縣志二十六卷首一卷　（清）王恩
溥修　（清）李樹藩等纂　清同治九年(1870)
刻本　二十冊

370000 – 1541 – 0007431　672.45/225
[同治]清江縣志十卷首一卷　（清）潘懿
(清)胡湛修　（清）朱孫詒纂　清同治九年
(1870)刻本　十冊

370000 – 1541 – 0007432　672.45/229
[同治]新喻縣志十六卷首一卷　（清）文聚奎
　（清）祥安修　（清）吳增達纂　清同治十二
年(1873)瀛洲書院刻本　二十冊

370000 – 1541 – 0007433　672.45/239
[同治]高安縣志二十八卷首一卷　（清）孫家
鐸修　（清）熊松之纂　清同治十年(1871)刻
本　二十冊

370000 – 1541 – 0007434　672.45/303
[同治]雩都縣志十六卷首一卷　（清）王穎修
　（清）何戴仁　（清）洪霖纂　清光緒二十九
年(1903)刻本　十二冊

370000 – 1541 – 0007435　672.45/423
[道光]樂平縣志十二卷首一卷末一卷　（清）
孫爾修修　（清）黃華璧　（清）汪葆泰纂　清
道光七年(1827)刻本　十冊

370000 – 1541 – 0007436　672.45/425
[同治]臨川縣志五十四卷首一卷末一卷
(清)童範儼修　（清）陳慶齡等纂　清同治九
年(1870)臨川縣學尊經閣刻本　三十六冊

370000 – 1541 – 0007437　672.45/529

[同治]萍鄉縣志十卷首一卷　（清）錫榮
（清）王明璠修　（清）熊清河纂　清同治十一
年(1872)刻本　八冊

370000－1541－0007438　672.45/798
[同治]鄱陽縣志二十四卷　（清）陳志培修
（清）王廷鑑等纂　清同治十年(1871)刻本
十一冊

370000－1541－0007439　672.45/962
[同治]廣豐縣志十卷首一卷　（清）雙全等修
（清）顧蘭生等纂　清同治十一年(1872)刻
本　十冊

370000－1541－0007440　672.5/340
荊州記三卷　（南朝宋）盛宏之撰　曹元忠輯
清光緒十九年(1893)刻本　一冊

370000－1541－0007441　672.5/382
[嘉慶]湖北通志一百卷首五卷　（清）吳熊光
（清）吳烜修　（清）陳詩　（清）張承寵纂
清嘉慶九年(1804)刻本　六十四冊

370000－1541－0007442　672.54/169
[光緒]黃州府志四十卷首一卷　（清）英啟修
（清）鄧琛等纂　清光緒十年(1884)刻本
三十二冊

370000－1541－0007443　672.54/169＝1
[光緒]黃州府志拾遺六卷　（清）沈志堅纂
清宣統二年(1910)鉛印本　二冊

370000－1541－0007444　672.54/432
[同治]鄖陽志八卷首一卷　（清）吳葆儀修
（清）王嚴恭纂　清同治九年(1870)鄖山書院
刻本　十二冊

370000－1541－0007445　672.54/432＝1
[嘉慶]鄖陽志十卷首一卷　（清）王正常修
（清）謝攀雲纂　清嘉慶二年(1797)鄖山書院
刻本　六冊

370000－1541－0007446　672.54/503
[光緒]荊州府志八十卷首一卷　（清）倪文蔚
（清）蔣銘勳修　（清）顧嘉蘅　（清）李廷
鈺纂　清光緒六年(1880)刻本　三十二冊

370000－1541－0007447　672.54/628
[同治]增修施南府志三十卷首一卷　（清）松
林　（清）周慶榕修　（清）何遠鑒等纂　清同
治十年(1871)南郡書院刻本　十四冊

370000－1541－0007448　672.54/629
[乾隆]襄陽府志四十卷首一卷　（清）陳鍔纂
修　清乾隆二十五年(1760)刻本　十六冊

370000－1541－0007449　672.54/700
[同治]宜昌府志十六卷首一卷　（清）聶光鑾
修　（清）王伯心　（清）雷春沼纂　清同治五
年(1866)刻本　十八冊

370000－1541－0007450　672.54/942
[光緒]德安府志二十卷首一卷末一卷　（清）
賡音布修　（清）劉國光纂　清光緒十四年
(1888)刻本　二十冊

370000－1541－0007451　672.55/101
[同治]江夏縣志八卷首一卷　（清）王庭楨修
（清）彭崧毓纂　清同治八年(1869)刻本
十冊

370000－1541－0007452　672.55/101＝1
[同治]江夏縣志八卷首一卷　（清）王庭楨修
（清）彭崧毓纂　清同治八年(1869)刻本
一冊　存一卷(二)

370000－1541－0007453　672.55/107
[同治]蒲圻縣志八卷　（清）顧際熙等修
（清）文元音等纂　清同治五年(1866)朝陽書
院刻本　八冊

370000－1541－0007454　672.55/135
[光緒]黃岡縣志二十四卷首一卷　（清）戴昌
言修　（清）劉恭冕纂　清光緒八年(1882)刻
本　二十四冊

370000－1541－0007455　672.55/139
[光緒]黃梅縣志四十卷首一卷　（清）覃瀚元
（清）袁瓚修　（清）宛名昌等纂　清光緒二
年(1876)刻本　十二冊

370000－1541－0007456　672.55/157
[同治]應山縣志三十六卷首一卷末一卷

(清)劉宗元等修　(清)吳天錫纂　清同治十年(1871)刻本　十五冊　缺一卷(末一卷)

370000－1541－0007457　672.55/159

[光緒]應城縣志十四卷首一卷　(清)羅緗　(清)陳豪修　(清)王承禧纂　清光緒八年(1882)蒲陽書院刻本　八冊

370000－1541－0007458　672.55/201

[同治]襄陽縣志七卷首一卷　(清)楊宗時修　(清)崔淦纂　(清)吳耀斗續修　(清)李士彬續纂　清同治十三年(1874)刻本　八冊

370000－1541－0007459　672.55/203

[同治]鍾祥縣志二十卷　(清)許光曙　(清)孫福海纂修　清同治六年(1867)刻本　十冊

370000－1541－0007460　672.55/205

[光緒]京山縣志二十七卷首一卷　(清)沈星標等修　(清)曾憲德　(清)秦有鍠纂　清光緒八年(1882)刻本　十六冊

370000－1541－0007461　672.55/210

[光緒]孝感縣志二十四卷續補一卷　(清)朱希白修　(清)沈用增纂　清光緒九年(1883)刻本　十二冊

370000－1541－0007462　672.55/211

[同治]荊門直隸州志十二卷首一卷　(清)恩榮修　(清)張圻纂　清同治七年(1868)明倫堂刻本　十六冊

370000－1541－0007463　672.55/213

[同治]當陽縣志十八卷首一卷末一卷　(清)阮恩光修　(清)王柏心纂　清同治五年(1866)刻本　十冊

370000－1541－0007464　672.55/213＝1

[同治]穀城縣志八卷　(清)承印修　(清)蔣海澄　(清)黃定鏞纂　清同治六年(1867)刻本　八冊

370000－1541－0007465　672.55/225

[光緒]光化縣志八卷首一卷　(清)鍾桐山修　(清)段映斗纂　清光緒十年(1884)刻本　八冊

370000－1541－0007466　672.55/227

[光緒]續輯均州志十六卷首一卷　(清)馬雲龍　(清)湯炳塈修　(清)賈洪詔纂　清光緒十年(1884)均州志局刻本　八冊

370000－1541－0007467　672.55/229

[同治]鄖縣志十卷首一卷　(清)定熙修　(清)崔誥等纂　清同治五年(1866)文昌宮刻本　八冊

370000－1541－0007468　672.55/253

[同治]枝江縣志二十卷首一卷　(清)查子庚修　(清)熊文瀾纂　清同治五年(1866)刻本　八冊

370000－1541－0007469　672.55/301

[同治]續修東湖縣志三十卷　(清)金大鏞修　(清)王柏心纂　清同治三年(1864)奎星樓刻本　十冊

370000－1541－0007470　672.55/303

[光緒]續修江陵縣志六十五卷首一卷　(清)蒯正昌修　(清)胡九皋等纂　清光緒二年(1876)賓興館刻本　二十四冊

370000－1541－0007471　672.55/319

[同治]興山縣志十卷首一卷　(清)伍繼勛修　(清)范德煒纂　清同治四年(1865)刻本　六冊

370000－1541－0007472　672.55/331

[同治]建始縣志八卷首一卷　(清)熊啟詠纂修　清同治五年(1866)刻本　四冊

370000－1541－0007473　672.55/333

[光緒]利川縣志十四卷首一卷　(清)黃世崇纂修　清光緒二十年(1894)鍾靈書院刻本　二冊

370000－1541－0007474　672.6/723

[嘉慶]湖南通志二百十九卷首三卷末六卷　(清)巴哈布等修　(清)王煦等纂　清嘉慶二十五年(1820)刻本　三十三冊　存九十八卷(十九至二十三、三十三至三十九、八十六至

一百三、一百七至一百九、一百三十五至一百五十五、一百七十五至一百七十七、一百八十五至二百十九,末六卷)

370000－1541－0007475　672.6/723 = 1

[光緒]湖南通志二百八十八卷首八卷末十九卷　(清)李瀚章修　(清)曾國荃等纂　清光緒十一年(1885)湖南府學宮尊經閣刻本　一百六十六冊

370000－1541－0007476　672.6/723 = 2

[光緒]湖南通志二百八十八卷首八卷末十九卷　(清)李瀚章修　(清)曾國荃等纂　清光緒十一年(1885)湖南府學宮尊經閣刻本　一百六十八冊

370000－1541－0007477　672.6/723 = 3

湖南方物志十卷　(清)黃本驥編　清道光二十六年(1846)知敬學齋刻本　二冊

370000－1541－0007478　672.6/723 = 4

湖南方物志十卷　(清)黃本驥編　清道光二十六年(1846)知敬學齋刻本　二冊

370000－1541－0007479　672.65/103

[同治]長沙縣志三十六卷首一卷　(清)劉采邦等修　(清)張廷珂等纂　清同治十年(1871)刻本　二十冊

370000－1541－0007480　672.65/103 = 1

[光緒]善化縣志三十四卷首一卷　(清)吳兆熙等修　(清)張先掄等纂　清光緒三年(1877)刻本　二十冊

370000－1541－0007481　672.65/105

[光緒]湘陰縣圖志三十四卷首一卷末一卷　(清)郭嵩燾纂修　清光緒六年(1880)湘陰縣志局刻本　十四冊

370000－1541－0007482　672.65/107

[同治]瀏陽縣志二十四卷　(清)王汝惺修　(清)鄒燉杰等纂　清同治十二年(1873)刻本　十二冊

370000－1541－0007483　672.65/115

[同治]益陽縣志二十五卷首一卷　(清)姚念

楊　(清)呂懋恒修　(清)趙裴哲纂　清同治十三年(1874)刻本　十六冊

370000－1541－0007484　672.65/123

[嘉慶]茶陵州志二十三卷首一卷　(清)趙國宣修　(清)彭康纂　清嘉慶十八年(1813)刻本　八冊

370000－1541－0007485　672.65/201

[同治]衡陽縣志十二卷　(清)羅慶薌等修　(清)彭玉麟等纂　清同治十三年(1874)刻本　七冊

370000－1541－0007486　672.65/219

[光緒]道州志十二卷首一卷　(清)李鏡蓉　(清)盛賡修　(清)許清源　(清)洪廷揆纂　清光緒三年(1877)刻本　八冊

370000－1541－0007487　672.65/225

[同治]江華縣志十二卷首一卷　(清)劉華邦修　(清)唐爲煌等纂　清同治九年(1870)刻本　六冊

370000－1541－0007488　672.65/241

[同治]桂陽直隸州志二十七卷首一卷　(清)王敔灝修　王闓運纂　清同治七年(1868)桂陽州署刻本　十三冊

370000－1541－0007489　672.65/241 = 1

[同治]桂陽直隸州志二十七卷首一卷　(清)王敔灝修　王闓運纂　清同治七年(1868)桂陽州署刻本　十三冊

370000－1541－0007490　672.65/301

[同治]武陵縣志四十八卷　(清)恽世臨修　(清)陳啟邁纂　清同治二年(1863)武陵縣署刻本　十二冊

370000－1541－0007491　672.65/303

[光緒]巴陵縣志六十三卷附洞庭集十八卷　(清)姚詩德　(清)鄭桂星修　(清)杜貴墀纂　清光緒十七年(1891)刻本　十六冊

370000－1541－0007492　672.65/305

[同治]平江縣志五十五卷首二卷末一卷　(清)張培仁修　(清)李元度纂　清光緒元年

363

(1875)天岳書院刻本　十六冊

370000－1541－0007493　672.65/329
[光緒]邵陽縣志十卷　(清)諸垣修　(清)黃文琛纂　清光緒二年至三年(1876－1877)刻本　六冊

370000－1541－0007494　672.65/329＝1
邵陽縣鄉土志四卷首一卷　(清)陳吳萃等修　(清)姚炳奎纂　清光緒三十三年(1907)刻本　四冊

370000－1541－0007495　672.65/439
[光緒]光州志十二卷首一卷　(清)楊修田修　(清)馬珮玖纂　清光緒十三年(1887)刻本　十七冊

370000－1541－0007496　672.65/724
[同治]湘鄉縣志二十三卷首一卷末一卷　(清)齊德五等修　(清)黃楷盛纂　清同治十三年(1874)刻本　二十四冊

370000－1541－0007497　672.65/724＝1
[光緒]湘潭縣志十二卷　(清)陳嘉榆等修　王闓運等纂　清光緒十五年(1889)刻本　十冊

370000－1541－0007498　672.65/761＝2
[同治]續修慈利縣志十四卷首一卷　(清)稽有慶　(清)蔣恩澍修　(清)魏湘纂　清同治八年(1869)尊經閣刻本　十四冊

370000－1541－0007499　672.7/295
[雍正]四川通志四十七卷首一卷　(清)黃廷桂等修　(清)張晉生等纂　清雍正十一年(1733)刻本　二冊　存二卷(十一至十二)

370000－1541－0007500　672.7/482
蜀典十二卷　(清)張澍編　清光緒刻本　二冊

370000－1541－0007501　672.7/482＝1
[康熙]四川總志三十六卷　(清)蔡毓榮等修　(清)錢受祺等纂　清康熙十二年(1673)刻本　一冊　存六卷(五至九、十三)

370000－1541－0007502　672.71/596

[嘉慶]四川通志二百四卷首二十二卷　(清)常明等修　(清)楊芳燦　(清)譚光祜纂　清嘉慶二十一年(1816)四川督署刻本　一百六十冊

370000－1541－0007503　672.74/154
[乾隆]雅州府志十六卷　(清)曹掄彬修　(清)曹掄翰纂　清嘉慶十六年(1811)刻本　十六冊

370000－1541－0007504　672.74/184
[同治]嘉定府志四十八卷首一卷　(清)文良等修　(清)陳堯采等纂　清同治三年(1864)刻本　十六冊

370000－1541－0007505　672.74/751
[光緒]新修潼川府志三十卷　(清)阿麟修　(清)王龍勳等纂　清光緒二十三年(1897)刻本　十六冊

370000－1541－0007506　672.74/761＝2
[道光]虁州府志三十六卷首一卷　(清)恩成修　(清)劉德銓纂　清光緒十七年(1891)刻本　二十四冊

370000－1541－0007507　672.74/912
[道光]保寧府志六十二卷　(清)黎學錦　(清)徐雙桂修　(清)史觀纂　清道光元年(1821)刻本　十六冊

370000－1541－0007508　672.75/117
[道光]新都縣志十八卷首一卷　(清)張奉書修　(清)張懷洵纂　清道光二十四年(1844)刻本　十二冊

370000－1541－0007509　672.75/127
[光緒]增修灌縣志十四卷首一卷　(清)莊思恒修　(清)鄭珶山纂　清光緒十二年(1886)刻本　十冊

370000－1541－0007510　672.75/130
光緒井研志四十二卷首一卷　(清)葉桂年等修　(清)吳嘉謨等纂　清光緒二十六年(1900)井研縣署刻本　十二冊

370000－1541－0007511　672.75/160

[嘉慶]巫山縣志不分卷 （清）王圻纂修 清
抄本 三冊

370000－1541－0007512 672.75/183＝1
[光緒]重修彭縣志十三卷首一卷末一卷
（清）張龍甲修 （清）呂調陽纂 清光緒四年
(1878)彭縣縣署刻本 十冊

370000－1541－0007513 672.75/235
[同治]增修萬縣志三十六卷首一卷 （清）王
玉鯨 （清）張琴修 （清）范泰衡纂 清同治
五年(1866)萬縣萬川書院刻本 十二冊

370000－1541－0007514 672.75/239
[光緒]大寧縣志八卷首一卷 （清）高維嶽修
（清）魏遠猷等纂 清光緒十一年(1885)刻
本 八冊

370000－1541－0007515 672.75/257
[光緒]酆都縣志四卷首一卷典禮備考八卷
(清)田秀栗 （清）徐濬鏞修 （清）徐昌緒
纂 （清）蔣履泰增纂 清光緒十九年(1893)
刻本 八冊

370000－1541－0007516 672.75/267
[光緒]秀山縣志十四卷首一卷 （清）王壽松
修 （清）李稽勳等纂 清光緒十八年(1892)
刻本 四冊

370000－1541－0007517 672.75/280
[咸豐]重修梓潼縣志六卷 （清）張香海修
(清)楊曦等纂 清咸豐八年(1858)刻本 六
冊

370000－1541－0007518 672.75/325
[乾隆]巴縣志十七卷首一卷 （清）王爾鑑修
（清）王世沿纂 清嘉慶二十五年(1820)刻
本 十二冊

370000－1541－0007519 672.75/339
[嘉慶]成都縣志六卷首一卷 （清）王泰雲等
修 （清）衷以壎纂 清嘉慶二十一年(1816)
刻本 六冊

370000－1541－0007520 672.75/341
[嘉慶]威遠縣志六卷 （清）陳汝秋纂修 清

嘉慶十八年(1813)刻本 五冊

370000－1541－0007521 672.75/346
[同治]重修成都縣志十六卷首一卷末一卷
(清)李玉宣修 （清）衷興鑑纂 清同治十二
年(1873)成都縣署刻本 五冊 存五卷(一、
十、十四、十六,首一卷)

370000－1541－0007522 672.75/346＝1
[嘉慶]夾江縣志十二卷首一卷 （清）王佐修
（清）涂崧等纂 清嘉慶十八年(1813)刻本
四冊

370000－1541－0007523 672.75/407
[乾隆]富順縣志五卷首一卷 （清）段玉裁
(清)李芝纂修 清光緒八年(1882)刻本 五
冊

370000－1541－0007524 672.75/454＝1
[道光]中江縣新志八卷首一卷 （清）楊霈修
（清）李福源 （清）范泰衡纂 清同治五年
(1866)刻本 七冊

370000－1541－0007525 672.75/455
[道光]忠州直隸州志八卷首一卷 （清）吳友
篪修 （清）熊履青纂 清道光六年(1826)刻
本 八冊

370000－1541－0007526 672.75/482
[嘉慶]羅江縣志三十六卷 （清）李桂林修
(清)鄧林等纂 清同治四年(1865)刻本 六
冊

370000－1541－0007527 672.75/502
[嘉慶]華陽縣志四十四卷首一卷 （清）吳鞏
（清）董淳修 （清）潘時彤等纂 清嘉慶二
十一年(1816)刻本 十六冊

370000－1541－0007528 672.75/566
[光緒]蓬州志十五卷 （清）方旭修 （清）
張禮杰等纂 清光緒二十三年(1897)刻本
三冊

370000－1541－0007529 672.75/593
[宣統]峨眉縣志續志十卷圖一卷 （清）李錦成
修 （清）朱榮邦纂 清宣統三年(1911)刻本

八冊

370000－1541－0007530　672.75/593＝1

[宣統]峨眉縣續志十卷圖一卷　(清)李錦成修　(清)朱榮邦纂　清宣統三年(1911)刻本　九冊

370000－1541－0007531　672.75/628

[光緒]施南府志續編十卷　(清)王庭楨(清)李謙修　(清)雷春沼　(清)尹壽衡纂　清光緒十年(1884)刻本　四冊

370000－1541－0007532　672.75/656＝1

新津縣鄉土志二卷　(清)祿勳纂修　清宣統元年(1909)新津縣署鉛印本　一冊

370000－1541－0007533　672.75/656＝2

[同治]新繁縣志十六卷首一卷　(清)張文珍(清)李應觀修　(清)楊益豫等纂　清同治十二年(1873)新繁縣署刻本　八冊

370000－1541－0007534　672.75/700

[嘉慶]宜賓縣志五十四卷首一卷　(清)劉元熙修　(清)李世芳等纂　清嘉慶十七年(1812)刻本　四冊

370000－1541－0007535　672.75/720＝2

[光緒]洪雅縣志十二卷首一卷　(清)郭世棻修　(清)鄧敏修等纂　清光緒十年(1884)刻本　五冊

370000－1541－0007536　672.75/721

[嘉慶]漢州志四十卷首一卷末一卷　(清)黃道孚修　(清)侯肇元　(清)張懷泗纂　清嘉慶十七年(1812)刻本　十二冊

370000－1541－0007537　672.75/738

[嘉慶]溫江縣志三十六卷首一卷　(清)李紹祖等修　(清)徐文貫　(清)車西纂　清嘉慶二十年(1815)刻本　六冊

370000－1541－0007538　672.75/739＝1

灌縣鄉土志二卷　(清)鍾文虎修　(清)徐昱(清)高履和纂　清光緒三十三年(1907)刻本　一冊

370000－1541－0007539　672.75/751＝1

[嘉慶]汶志紀略四卷　(清)李錫書纂修　清嘉慶十年(1805)刻本　四冊

370000－1541－0007540　672.75/762

[道光]榮縣志三十八卷　(清)王培荀等纂修　清道光二十五年(1845)刻本　七冊

370000－1541－0007541　672.75/838

新繁縣鄉土志十卷　(清)余慎纂　清光緒三十三年(1907)鉛印本　二冊　存九卷(一至九)

370000－1541－0007542　672.75/873＝1

[道光]樂至縣志十六卷首一卷　(清)裴顯忠修　(清)劉碩輔纂　清道光二十年(1840)刻同治八年(1869)補刻本　四冊

370000－1541－0007543　672.75/942＝1

[道光]德陽縣新志十二卷首一卷末一卷(清)裴顯忠修　(清)劉碩輔纂　清光緒三十一年(1905)刻本　八冊

370000－1541－0007544　672.75/949

[道光]南部縣志三十卷首一卷　(清)王瑞慶(清)李澍修　(清)徐暢達　(清)李咸若纂　清道光二十九年(1849)刻本　十冊

370000－1541－0007545　672.75/988＝1

[光緒]續修敘永永寧廳合志五十四卷首一卷　(清)鄧元鏸修　(清)萬慎纂　清光緒三十四年(1908)鉛印本　九冊　存三十六卷(十五至五十)

370000－1541－0007546　672.77/627

蜀學篇二卷　(清)方守道輯　清光緒十四年(1888)成都尊經書局刻本　二冊

370000－1541－0007547　672.78/171

茅亭客話十卷　(宋)黃休復撰　清光緒江陰繆氏刻本　一冊

370000－1541－0007548　672.78/482

隴蜀餘聞不分卷　(清)王士禛撰　清刻本一冊

370000－1541－0007549　673.1/377

[道光]重纂福建通志二百七十八卷首六卷

(清)孫爾準等修　(清)陳壽祺纂　(清)程
祖洛等續修　(清)魏敬中續纂　清同治七年
至十年(1868－1871)刻本　一百八十冊

370000－1541－0007550　673.1/377＝1
[道光]重纂福建通志二百七十八卷首六卷
(清)孫爾準等修　(清)陳壽祺纂　(清)程
祖洛等續修　(清)魏敬中續纂　清同治七年
至十年(1868－1871)刻本　一百三十一冊

370000－1541－0007551　673.11/456
[萬曆]閩都記三十三卷　(明)王應山撰　清
道光十一年(1831)求放心齋刻本　三冊

370000－1541－0007552　673.14/871
[乾隆]泉州府志七十六卷首一卷　(清)懷蔭
布修　(清)黃任　(清)郭賡武纂　清光緒八
年(1882)泉州學署刻本　四十八冊

370000－1541－0007553　673.14/922
[乾隆]延平府志四十六卷首一卷　(清)傅爾
泰修　(清)陶元藻纂　清乾隆三十年(1765)
刻同治十二年(1873)徐震耀增修本　二十四
冊

370000－1541－0007554　673.15/103
六朝事迹編類十四卷　(宋)張敦頤撰　清光
緒十三年(1887)寶章閣刻本　四冊

370000－1541－0007555　673.15/104
[乾隆]福清縣志二十卷　(清)饒安鼎
(清)邵應龍修　(清)林昂　(清)李修卿纂
清光緒二十四年(1898)刻本　十二冊

370000－1541－0007556　673.15/167
[寶祐]仙溪志四卷　(宋)趙與泌修　(宋)
黃巖孫纂　(元)黃真仲重訂　清抄本　四冊

370000－1541－0007557　673.15/221
[乾隆]永春州志十六卷首一卷　(清)鄭一崧
修　(清)顏璹等纂　清乾隆五十二年(1787)
刻本　十二冊

370000－1541－0007558　673.15/290
重修木蘭陂集一卷　(清)李泌等撰　清乾隆
刻本　一冊

370000－1541－0007559　673.15/410
[同治]長樂縣志二十卷首一卷　(清)彭光藻
(清)王家駒修　(清)楊希閔　(清)黃見
三纂　清同治八年(1869)刻本　二十冊

370000－1541－0007560　673.15/456
[萬曆]閩都記三十三卷　(明)王應山撰　清
道光十一年(1831)求放心齋刻本　六冊

370000－1541－0007561　673.15/456＝1
[萬曆]閩都記三十三卷　(明)王應山撰　清
道光十一年(1831)求放心齋刻本　六冊

370000－1541－0007562　673.15/456＝2
[萬曆]閩都記三十三卷　(明)王應山纂　清
道光十一年(1831)求放心齋刻本　六冊

370000－1541－0007563　673.15/701
[康熙]寧化縣志七卷　(清)祝文郁修
(清)李世熊纂　清同治八年(1869)蔣澤沅刻
本　八冊

370000－1541－0007564　673.15/701＝1
[康熙]寧化縣志七卷　(清)祝文郁修
(清)李世熊纂　清同治八年(1869)蔣澤沅刻
本　八冊

370000－1541－0007565　673.15/752
[乾隆]海澄縣志二十四卷首一卷　(清)陳瑛
等修　(清)葉廷推等纂　清乾隆二十七年
(1762)刻本　八冊

370000－1541－0007566　673.15/984
[光緒]續修浦城縣志四十二卷首一卷　(清)
翁天祐　(清)呂渭英修　(清)翁昭泰纂　清
光緒二十六年(1900)南浦書院刻本　二十冊

370000－1541－0007567　673.18/628
閩雜記十二卷　(清)施鴻保輯　清光緒四年
(1878)上海申報館鉛印本　四冊

370000－1541－0007568　673.19/337
[道光]廈門志十六卷　(清)周凱纂修　清道
光十九年(1839)玉屏書院刻本　十二冊

370000－1541－0007569　673.24/537
[乾隆]臺灣府志二十五卷首一卷　(清)六十

七 (清)范咸纂 清乾隆十二年(1747)刻本
十二册

370000－1541－0007570 673.25/111
[同治]淡水廳志十六卷 (清)陳培桂修 清
同治十年(1871)淡水廳署刻本 八册

370000－1541－0007571 673.28/820
渡海輿記一卷 (清)郁永河撰 清末蔣子貞
藍格抄本 夢禪批點 一册

370000－1541－0007572 673.3/313
廣東輿地全圖不分卷 張人駿編 清光緒二
十三年(1897)廣州石經堂刻本 二册

370000－1541－0007573 673.3/375
[道光]廣東通志三百三十四卷首一卷 (清)
阮元修 (清)陳昌齊纂 清道光二年(1822)
廣東督署刻本 一百册

370000－1541－0007574 673.31/372
嶺南叢述六十卷 (清)鄧淳纂 清道光十年
(1830)色香俱古室刻本 十六册

370000－1541－0007575 673.31/375
[道光]廣東通志三百三十四卷首一卷 (清)
阮元修 (清)陳昌齊纂 清同治三年(1864)
廣東督署刻本 一百二十册

370000－1541－0007576 673.31/765
嶺南即事二集一卷四集一卷五集一卷七集一
卷九集一卷十集一卷 (清)□□撰 清光緒
十六年(1890)粵東以文堂刻本 六册

370000－1541－0007577 673.34/320
[道光]肇慶府志二十二卷首一卷 (清)屠英
等修 (清)胡森等纂 清光緒二年(1876)刻
本 二十二册

370000－1541－0007578 673.34/723
[乾隆]潮州府志四十二卷首一卷 (清)周碩
勳纂修 清光緒十年(1884)保安總局刻本
二十五册

370000－1541－0007579 673.34/723＝1
[順治]潮州府志十二卷 (清)吳穎纂修 清
抄本 十册

370000－1541－0007580 673.35/100
[嘉慶]三水縣志十六卷首一卷 (清)李友榕
等修 (清)鄧雲龍等纂 清嘉慶二十四年
(1819)刻本 八册

370000－1541－0007581 673.35/103
[同治]番禺縣志五十四卷首一卷 (清)李福
泰修 (清)史澄 (清)何若瑤纂 清同治十
年(1871)月光齋刻本 十六册

370000－1541－0007582 673.35/105
[宣統]南海縣志二十六卷末一卷 (清)鄭蒅
等修 (清)桂坫等纂 清宣統三年(1911)刻
本 十六册

370000－1541－0007583 673.35/105＝1
[同治]南海縣志二十六卷首一卷 (清)鄭夢
玉修 (清)梁紹獻纂 清同治八年(1869)刻
本 十二册

370000－1541－0007584 673.35/107
[咸豐]順德縣志三十二卷 (清)郭汝誠修
(清)馮奉初纂 清咸豐三年(1853)刻本 十
六册

370000－1541－0007585 673.35/180＝2
[嘉慶]增城縣志二十卷首一卷末一卷 (清)
趙俊修 (清)李寶中 (清)黃應桂纂 清嘉
慶十五年(1810)刻本 六册 存十二卷(三
至十、十三、十七至十八,首一卷)

370000－1541－0007586 673.35/201
[光緒]曲江縣志十六卷 (清)張希京修
(清)歐樾華纂 清光緒元年(1875)曲江縣署
刻本 八册

370000－1541－0007587 673.35/201＝1
[光緒]曲江縣志十六卷 (清)張希京修
(清)歐樾華纂 清光緒元年(1875)曲江縣署
刻本 八册

370000－1541－0007588 673.35/285＝1
[嘉慶]澄海縣志二十六卷首一卷 (清)李書
吉等纂修 清嘉慶二十年(1815)刻本 八册

370000－1541－0007589 673.35/305

[乾隆]歸善縣志十八卷首一卷附一卷　（清）章壽彭修　（清）陸飛纂　清乾隆四十八年(1783)刻本　八冊

370000－1541－0007590　673.35/419

[道光]陽江縣志八卷　（清）李澐修　（清）區啟科等纂　（清）李應均續修　（清）胡瑃續纂　清道光二年(1822)刻本　六冊　存四卷（一至四）

370000－1541－0007591　673.35/918

羊城古鈔八卷　（清）仇池石輯　清嘉慶十一年(1806)廣東大賚堂刻本　五冊

370000－1541－0007592　673.38/754

廣東新語二十八卷　（清）屈大均撰　清康熙水天閣刻本　十二冊

370000－1541－0007593　673.38/754 ＝1

廣東新語二十八卷　（清）屈大均撰　清康熙水天閣刻本　十冊

370000－1541－0007594　673.39/208

赤溪雜志二卷　金武祥撰　清光緒十七年(1891)江陰金氏刻粟香室叢書本　一冊

370000－1541－0007595　673.39/753

澳門記略二卷　（清）印光任　（清）張汝霖纂　清光緒六年(1880)上海刻本　二冊

370000－1541－0007596　673.40/182

[嘉慶]廣西通志二百七十九卷首一卷　（清）謝啟昆修　（清）胡虔纂　清光緒十七年(1891)桂垣書局刻本　八十冊

370000－1541－0007597　673.47/311

粵西筆述一卷　（清）張祥河輯　清光緒二十二年(1896)桂林蔣存遠堂刻本　一冊

370000－1541－0007598　673.47/994

[道光]連山綏猺廳志一卷　（清）姚柬之輯　清道光刻本　一冊

370000－1541－0007599　673.50/59 ＝1

[光緒]雲南通志二百四十二卷首四卷　（清）岑毓英修　（清）陳燦纂　清光緒二十年(1894)刻本　二百十九冊

370000－1541－0007600　673.50/593

[光緒]雲南通志二百四十二卷首四卷　（清）岑毓英修　（清）陳燦纂　清光緒二十年(1894)刻本　二百二十冊

370000－1541－0007601　673.50/593 ＝2

[康熙]雲南府志二十六卷　（清）張毓碧修　（清）謝儼纂　清康熙三十五年(1696)刻本　二十冊　缺二卷(二十三、二十六)

370000－1541－0007602　673.50/801

[光緒]續雲南通志稿一百九十四卷首六卷　（清）王韶文修　（清）唐炯等纂　清光緒二十七年(1901)刻本　一百冊

370000－1541－0007603　673.50/801 ＝1

[光緒]續雲南通志稿一百九十四卷首六卷　（清）王韶文修　（清）唐炯等纂　清光緒二十七年(1901)刻本　一百冊

370000－1541－0007604　673.51/333

全滇紀要不分卷　雲南課吏館纂修　清光緒三十一年(1905)雲南課吏館鉛印本　十冊

370000－1541－0007605　673.51/333 ＝1

全滇紀要不分卷　雲南課吏館纂修　清光緒三十一年(1905)雲南課吏館鉛印本　十冊

370000－1541－0007606　673.52/115

[道光]雲南備徵志二十一卷　（清）王崧纂　清道光十一年(1831)雲南志局刻本　三十二冊

370000－1541－0007607　673.52/920

滇雲歷年傳十二卷　（清）倪蛻輯　清道光二十六年(1846)昆明倪氏刻本　十冊

370000－1541－0007608　673.55/101

[道光]昆明縣志十卷　（清）戴絅孫纂修　清光緒二十七年(1901)刻本　六冊

370000－1541－0007609　673.55/102

[乾隆]彌勒州志二十七卷首一卷　（清）秦仁　（清）王緯修　（清）伍士玠纂　（清）傅騰蛟等續纂修　清抄本　一冊

370000－1541－0007610　673.55/103

[光緒]雲南武定直隸州志六卷 （清）郭懷禮撰 清末抄稀見孤本方志本 六冊

370000－1541－0007611 673.55/107

[光緒]呈貢縣志八卷 （清）朱若功修 （清）戴天賜纂 （清）李明鏊續修 （清）李蔚文續纂 清抄本 十二冊

370000－1541－0007612 673.55/110

[康熙]祿豐縣志四卷 （清）劉自唐纂修 清抄本 四冊

370000－1541－0007613 673.55/333

[雍正]雲龍州志十二卷首一卷 （清）陳希芳修 （清）胡禹謨纂 清雍正刻本 四冊

370000－1541－0007614 673.55/350＝1

[乾隆]石屏州志八卷 （清）管學宣纂修 清乾隆二十四年(1759)刻本 八冊

370000－1541－0007615 673.55/482

[康熙]羅平州志四卷 （清）黃德巽修 （清）胡承灝等纂 清抄本 四冊

370000－1541－0007616 673.55/798

[康熙]通海縣志八卷 （清）魏藎臣修 （清）闞禎兆纂 清抄本 四冊

370000－1541－0007617 673.60/455

[乾隆]貴州通志四十六卷首一卷 （清）鄂爾泰 （清）張廣泗修 （清）靖道謨 （清）杜詮纂 清乾隆六年(1741)刻本 二十四冊

370000－1541－0007618 673.61/856

黔志四種十八卷 （清）熊湛英輯 清光緒十五年(1889)貴陽熊湛英刻本 六冊

370000－1541－0007619 673.64/133

[道光]遵義府志四十八卷首一卷 （清）平翰修 （清）鄭珍纂 清道光二十一年(1841)刻本 三十冊

370000－1541－0007620 673.68/290

黔記四卷 （清）李宗昉撰 清刻本 一冊

370000－1541－0007621 674/376

欽定滿洲源流考二十卷 （清）阿桂 （清）于敏中修 （清）麟喜 （清）呈麟纂 清乾隆四

十二年(1777)刻本 八冊

370000－1541－0007622 674.023/440

東三省沿革表六卷 吳廷燮編 清宣統元年(1909)退耕堂刻本 六冊

370000－1541－0007623 674.14/340

[乾隆]欽定盛京通志一百三十卷首一卷 （清）阿桂修 （清）劉謹之 （清）程維岳纂 清乾隆四十九年(1784)武英殿刻本 六十四冊

370000－1541－0007624 674.14/340＝1

[乾隆]欽定盛京通志一百三十卷首一卷 （清）阿桂修 （清）劉謹之 （清）程維岳纂 清乾隆四十九年(1784)武英殿刻本 六十四冊

370000－1541－0007625 674.14/340＝2

[乾隆]欽定盛京通志三十二卷圖一卷 （清）汪由敦等修 清乾隆武英殿刻本 十四冊

370000－1541－0007626 674.14/340＝3

[乾隆]盛京通志四十八卷首一卷 （清）呂耀曾 （清）王河 （清）宋筠修 （清）魏樞等纂 清乾隆元年(1736)內府刻本 二十冊

370000－1541－0007627 674.15/101

[宣統]承德縣志書 （清）都林布修 （清）李巨源 （清）李守常纂 （清）金正元續修 （清）張子瀛 （清）聞鵬齡續纂 清宣統二年(1910)奉天作新石印局石印本 二冊

370000－1541－0007628 674.15/317

[光緒]奉化縣志十四卷補遺一卷 （清）錢開震修 （清）陳文焯纂 清光緒十一年(1885)奉化縣衙刻本 四冊

370000－1541－0007629 674.15/340

盛京典制備考八卷 （清）崇厚編 清光緒四年(1878)盛京衙署刻本 六冊

370000－1541－0007630 674.2/516

吉林外記十卷 （清）薩英額撰 清光緒二十一年(1895)漸西村舍刻本 二冊

370000－1541－0007631 674.2/516＝1

370

吉林外記十卷　（清）薩英額撰　清光緒二十一年(1895)漸西村舍刻本　二冊

370000－1541－0007632　674.20/410
[光緒]吉林通志一百二十二卷圖一卷　（清）長順　（清）訥欽修　（清）李桂林　（清）顧雲纂　清光緒二十二年(1896)刻本　四十九冊

370000－1541－0007633　674.235/516
吉林外記十卷　（清）薩英額撰　清光緒二十一年(1895)漸西村舍刻本　四冊

370000－1541－0007634　674.25/410
長白彙徵錄八卷首一卷　（清）張鳳臺修（清）劉龍光纂　清宣統二年(1910)鉛印本四冊

370000－1541－0007635　674.25/410＝1
長白彙徵錄八卷首一卷　（清）張鳳臺修（清）劉龍光纂　清宣統二年(1910)鉛印本四冊

370000－1541－0007636　674.3/146
東三省輿地圖說一卷條陳十六事一卷查看俄員勘辦鐵路稟一卷　（清）曹廷杰編　清光緒著易堂鉛印本　一冊

370000－1541－0007637　674.3/484＝1
[嘉慶]黑龍江外記八卷　（清）西清纂修　清光緒桐廬袁氏漸西村舍刻漸西村舍彙刊本二冊

370000－1541－0007638　674.3/484＝2
[嘉慶]黑龍江外記八卷　（清）西清纂修　清光緒桐廬袁氏漸西村舍刻漸西村舍彙刊本二冊

370000－1541－0007639　674.35/517
卜魁城賦一卷　（清）英和撰　清光緒九年(1883)華陽王秉恩元尚居刻本　一冊

370000－1541－0007640　676/160
西域紀要八卷外附一卷　（清）管玉明輯　清道光六年(1826)刻本　二冊　缺一卷(外附一卷)

370000－1541－0007641　676.1/104
志異選編四卷　（清）福慶撰　清乾隆三十年(1765)刻本　一冊

370000－1541－0007642　676.1/481
[乾隆]回疆志四卷　（清）蘇爾德纂修　清抄本　四冊

370000－1541－0007643　676.1/680
[乾隆]欽定皇輿西域圖志四十八卷首四卷（清）傅恒修　（清）褚廷璋纂　（清）英廉等續纂修　清光緒鉛印本　二十四冊

370000－1541－0007644　676.10/106
[道光]欽定新疆識略十二卷首一卷　（清）松筠纂修　清道光元年(1821)武英殿修書處刻本　十冊

370000－1541－0007645　676.10/277
新疆外藩紀略四卷　（清）七十一撰　清乾隆四十一年(1776)刻本　一冊

370000－1541－0007646　676.11/105
西陲要略四卷　（清）祁韻士輯　清光緒八年(1882)總理衙門鉛印本　二冊

370000－1541－0007647　676.11/105＝1
西陲要略四卷　（清）祁韻士輯　清光緒四年(1878)同文館鉛印本　四冊

370000－1541－0007648　676.11/105＝2
西陲要略四卷　（清）祁韻士輯　清道光十七年(1837)筠淥山房刻本　二冊

370000－1541－0007649　676.11/153
西域記八卷　（清）七十一撰　清嘉慶十九年(1814)刻本　二冊

370000－1541－0007650　676.17/946
新疆賦一卷　（清）徐松撰　清刻本　一冊

370000－1541－0007651　676.17/946＝1
新疆賦一卷　（清）徐松撰　清刻本　一冊

370000－1541－0007652　676.17/946＝2
新疆賦一卷　（清）徐松撰　清末石印本　一冊

370000－1541－0007653　676.17/946 ＝ 3

新疆賦一卷　（清）徐松撰　清光緒八年至九年(1882－1883)華陽王氏元尚居刻本　一冊

370000－1541－0007654　676.6/153

[嘉慶]衛藏通志十六卷首一卷　（清）和琳纂修　清光緒二十二年(1896)桐廬袁昶漸西村舍刻漸西村舍彙刊本　八冊

370000－1541－0007655　676.6/153 ＝ 1

[光緒]西藏圖考八卷首一卷　（清）黃沛翹纂修　清光緒二十三年(1897)刻本　佚名批點並跋　四冊

370000－1541－0007656　676.6/153 ＝ 2

[光緒]西藏圖考八卷首一卷　（清）黃沛翹纂修　清光緒十七年(1891)讀我書齋刻本　四冊

370000－1541－0007657　676.6/295

西域聞見錄八卷　（清）七十一撰　清抄本　二冊

370000－1541－0007658　676.6/295 ＝ 1

西域聞見錄八卷　（清）七十一撰　清刻本　一冊

370000－1541－0007659　676.6/295 ＝ 2

西域瑣談四卷　（清）七十一撰　清抄本　一冊

370000－1541－0007660　676.6/994

西藏圖說　（清）松筠纂修　清道光刻本　一冊

370000－1541－0007661　676.62/994

籌藏芻議一卷　姚錫光撰　清光緒三十四年(1908)京師厲齋鉛印本　一冊

370000－1541－0007662　676.65/414

衛藏圖識四卷蠻語一卷　（清）馬揭修　（清）盛繩祖纂　清乾隆五十七年(1792)刻本　四冊

370000－1541－0007663　676.68/298

西藏考一卷　（清）□□撰　清刻本　一冊

370000－1541－0007664　678.291/791

教案奏議彙編八卷　（清）程宗裕編　清光緒二十七年(1901)上海書局石印本　六冊

370000－1541－0007665　680.661/582

西藏通覽　（日本）山縣初男撰　四川西藏研究會編譯　清宣統元年(1909)四川西藏研究會鉛印本　四冊

370000－1541－0007666　681.1/144

日下尊聞錄五卷　（清）曹鴻勛等錄　清光緒十七年(1891)同文書局石印本　一冊

370000－1541－0007667　681.1/266

都門彙纂　（清）楊士安撰　（清）李靜山增補　菊部群英一卷　（清）小游仙客撰　清光緒五年(1879)京都儒雅堂刻本　九冊

370000－1541－0007668　681.1/266 ＝ 1

都門彙纂　（清）楊士安撰　（清）李靜山增補　增補菊部群英一卷群英續集一卷　（清）糜月樓主撰　清光緒十四年(1888)刻本　六冊

370000－1541－0007669　681.1/266 ＝ 2

都門彙纂　（清）楊靜亭（楊士安）編　菊部群英一卷　（清）小游仙客撰　清光緒十四年(1888)刻本　四冊

370000－1541－0007670　681.1/301

杭州八旗駐防營志略二十五卷　（清）張大昌輯　清刻本　六冊

370000－1541－0007671　681.1/311

六朝事迹編類二卷　（宋）張敦頤撰　明刻古今逸史本　二冊

370000－1541－0007672　681.1/433

宸垣識略十六卷　（清）吳長元輯　清乾隆五十三年(1788)池北草堂刻本　八冊

370000－1541－0007673　681.1/433 ＝ 2

宸垣識略十六卷　（清）吳長元輯　清光緒二年(1876)刻本　八冊

370000－1541－0007674　681.1/688

燕京歲時記一卷　（清）富察敦崇編　清光緒三十二年(1906)刻本　一冊

370000－1541－0007675　681.1/705

欽定日下舊聞考一百六十卷譯語總目一卷
(清)朱彝尊原輯　(清)于敏中等修　(清)
竇光鼐等纂　清乾隆武英殿刻本　四十八冊

370000－1541－0007676　681.1/834
日下舊聞四十二卷　(清)朱彝尊輯　清康熙
二十七年(1688)六峰閣刻本　二十冊

370000－1541－0007677　681.1/834＝1
日下舊聞四十二卷　(清)朱彝尊輯　清康熙
二十七年(1688)六峰閣刻本　十六冊

370000－1541－0007678　681.1/834＝2
日下舊聞四十二卷　(清)朱彝尊纂　清康熙
二十七年(1688)六峰閣刻本　二十冊

370000－1541－0007679　681.1/906
金陵歷代建置表不分卷　(清)傅春官撰　清
光緒二十三年(1897)江寧傅氏晦齋刻朱印本
　一冊

370000－1541－0007680　681.23/270
歷代輿地沿革險要圖　楊守敬　饒敦秩撰
清光緒三十二年(1906)楊氏觀海堂刻本　二
十六冊

370000－1541－0007681　681.23/270＝2
歷代輿地沿革險要圖　楊守敬　饒敦秩撰
清光緒五年(1879)東湖饒氏刻朱墨套印本
一冊

370000－1541－0007682　681.27/571
滇緬劃界圖說不分卷　(清)薛福成撰　清光
緒二十八年(1902)無錫傳經樓刻本　一冊

370000－1541－0007683　681.27/932
中俄界約劃注七卷首一卷　錢恂撰　清光緒
二十年(1894)蘇城謝文翰齋刻本　二冊

370000－1541－0007684　681.5/106
[道光]欽定新疆識略十二卷首一卷　(清)松
筠纂修　清道光元年(1821)武英殿修書處刻
本　十冊

370000－1541－0007685　681.5/106＝1
[道光]欽定新疆識略十二卷首一卷　(清)松
筠纂修　清道光元年(1821)武英殿修書處刻
本　十冊

370000－1541－0007686　681.5/146
東北邊防輯要二卷　(清)曹廷杰撰　清光緒
著易堂鉛印本　一冊

370000－1541－0007687　681.5/291
邊疆簡覽三卷　(清)李慎儒撰　清光緒二十
八年(1902)退思軒石印本　一冊

370000－1541－0007688　681.5/291＝1
邊疆簡覽三卷　(清)李慎儒撰　清光緒二十
八年(1902)退思軒石印本　一冊

370000－1541－0007689　681.5/429
苗防備覽二十二卷　(清)嚴如熤編　清道光
二十三年(1843)紹義堂刻本　五冊

370000－1541－0007690　681.5/530
三省入藏程站紀一卷　(清)范壽金編　清光
緒三十三年(1907)石印本　一冊

370000－1541－0007691　681.515/429
三省邊防備覽十四卷　(清)嚴如熤輯　清道
光二年(1822)刻本　六冊

370000－1541－0007692　681.515/429＝1
三省邊防備覽十四卷　(清)嚴如熤輯　清道
光二年(1822)刻本　八冊

370000－1541－0007693　681.52/242
粵閩巡視紀略六卷　(清)杜臻撰　清末南海
孔氏嶽雪樓抄本　三冊

370000－1541－0007694　681.523/566
浙東籌防錄四卷　(清)薛福成纂　清光緒十
三年(1887)無錫薛氏刻本　四冊

370000－1541－0007695　681.523/566＝1
浙東籌防錄四卷　(清)薛福成纂　清光緒十
三年(1887)無錫薛氏刻本　四冊

370000－1541－0007696　681.57/171
皇朝沿海圖說一卷　(清)黃維煊撰　清光緒
七年(1881)石印本　一冊

370000－1541－0007697　681.57/219
籌海圖編十三卷　(明)胡宗憲撰　明天啓四

年(1624)胡維極刻本　十冊

370000－1541－0007698　681.57/219＝1

籌海圖編十三卷　（明）胡宗憲撰　明天啓四年(1624)胡維極刻本　八冊

370000－1541－0007699　681.57/377

中國江海險要圖志二十二卷首一卷補編五卷　（英國）海軍海圖官局編　陳壽彭譯　清光緒二十七年(1901)經世文社石印本　十冊

370000－1541－0007700　681.57/737

七省海疆圖說一卷　清抄本　一冊

370000－1541－0007701　681.57/938

籌海蠡言一卷澡雪堂詩鈔一卷綿江別話一卷澡雪堂聯語一卷　（清）鍾體志撰　清光緒二十年(1894)灌城刻本　一冊

370000－1541－0007702　681.58/433

黔語二卷　（清）吳振棫纂　清咸豐四年(1854)錢塘吳氏刻本　一冊

370000－1541－0007703　682/115

水經注四十卷首一卷附錄二卷　（漢）桑欽撰　（北魏）酈道元注　王先謙校　清光緒十八年(1892)長沙王氏思賢講舍刻本　丁山跋　八冊

370000－1541－0007704　682/115＝1

水經注四十卷首一卷附錄二卷　（漢）桑欽撰　（北魏）酈道元注　王先謙校　清光緒十八年(1892)長沙王氏思賢講舍刻本　九冊　存二十五卷(十八至四十、附錄二卷)

370000－1541－0007705　682/115＝2

水經注四十卷首一卷附錄二卷　（漢）桑欽撰　（北魏）酈道元注　王先謙校　清光緒十八年(1892)長沙王氏思賢講舍刻本　十六冊

370000－1541－0007706　682/115＝3

水經注四十卷首一卷附錄二卷　（漢）桑欽撰　（北魏）酈道元注　王先謙校　清光緒二十三年(1897)新化三味書室刻本　十六冊

370000－1541－0007707　682/151

水經注箋刊誤十二卷　（清）趙一清撰　水經

釋地八卷　（清）孔繼涵撰　水經注圖說殘稿四卷　（清）董祐誠撰　今水經一卷　（清）黃宗羲撰　清光緒六年(1880)會稽章氏刻本　十冊

370000－1541－0007708　682/152

水經注四十卷補遺一卷附錄二卷　（漢）桑欽撰　（北魏）酈道元注　（清）全祖望校　清宣統元年(1909)無錫薛氏刻本　十四冊

370000－1541－0007709　682/152＝1

水經注四十卷補遺一卷附錄二卷　（漢）桑欽撰　（北魏）酈道元注　（清）全祖望校　清宣統元年(1909)無錫薛氏刻本　十六冊

370000－1541－0007710　682/152＝2

水經注四十卷補遺一卷附錄二卷　（漢）桑欽撰　（北魏）酈道元注　（清）全祖望校　清宣統元年(1909)無錫薛氏刻本　十二冊

370000－1541－0007711　682/152＝3

水經注四十卷首一卷　（北魏）酈道元撰　清刻本　十六冊

370000－1541－0007712　682/152＝4

水經注四十卷　（北魏）酈道元撰　清刻本　二十四冊

370000－1541－0007713　682/152＝6

水經注不分卷　（漢）桑欽撰　（北魏）酈道元注　（清）戴震校　句股割圓記三卷　（清）戴震撰　清乾隆曲阜孔氏微波榭刻本　二十八冊

370000－1541－0007714　682/152＝7

水經注不分卷　（漢）桑欽撰　（北魏）酈道元注　（清）戴震校　清乾隆曲阜孔氏微波榭刻本　八冊

370000－1541－0007715　682/662＝1

水道提綱二十八卷　（清）齊召南編錄　清光緒五年(1879)宏達堂刻本　六冊

370000－1541－0007716　682/662＝2

水道提綱二十八卷　（清）齊召南編錄　清光緒四年(1878)津門徐士鑾霞城精舍刻本　八

冊

370000－1541－0007717　682/906

禹貢說斷四卷　（宋）傅寅撰　清武英殿木活字印本　三冊

370000－1541－0007718　682.11/112

畿輔安瀾志五十六卷　（清）王履泰纂　清光緒二十年(1894)刻本　三十冊

370000－1541－0007719　682.11/119

河北采風錄四卷　（清）王鳳生撰　清道光六年(1826)刻本　四冊

370000－1541－0007720　682.12/157

泰山道里記不分卷　（清）聶鈫撰　清光緒四年(1878)雨山堂刻本　一冊

370000－1541－0007721　682.12/157＝1

泰山道里記不分卷　（清）聶鈫撰　清光緒四年(1878)雨山堂刻本　一冊

370000－1541－0007722　682.2/764

東南水利略六卷　（清）凌介禧撰　清道光十三年(1833)蕊珠仙館刻本　六冊

370000－1541－0007723　682.21/271

京口山水志十八卷首一卷末一卷　（清）楊棨撰　清鎮江善化書局刻本　六冊

370000－1541－0007724　682.21/271＝1

京口山水志十八卷首一卷末一卷　（清）楊棨撰　清宣統三年(1911)鉛印本　四冊

370000－1541－0007725　682.21/411

莫愁湖志六卷首一卷　（清）馬士圖輯　清光緒八年(1882)刻本　二冊

370000－1541－0007726　682.23/327

湖山便覽十二卷　（清）翟灝　（清）翟瀚輯　清乾隆三十年(1765)刻本　四冊

370000－1541－0007727　682.23/486

上虞塘工紀略二卷續一卷三續一卷　（清）連仲愚纂　清光緒四年(1878)敬睦堂刻本　一冊

370000－1541－0007728　682.23/582

續浚南湖圖志不分卷　（清）浙江官書局修　清光緒三十三年(1907)浙江官書局刻本　一冊

370000－1541－0007729　682.26/112

浯溪考二卷　（清）王士禛撰　清康熙四十年(1701)刻本　一冊

370000－1541－0007730　682.27/196

水經注釋四十卷首一卷附錄二卷　（漢）桑欽撰　（北魏）酈道元注　（清）趙一清釋　清乾隆五十九年(1794)趙氏小山堂刻本　十八冊

370000－1541－0007731　682.27/196＝2

水經注釋四十卷首一卷附錄二卷水經注箋刊誤十二卷　（漢）桑欽撰　（北魏）酈道元注　（清）趙一清釋　清光緒六年(1880)蛟川張氏花雨樓刻本　十六冊

370000－1541－0007732　682.27/196＝3

水經注釋四十卷首一卷附錄二卷水經注箋刊誤十二卷　（漢）桑欽撰　（北魏）酈道元注　（清）趙一清釋　清光緒六年(1880)蛟川張氏花雨樓刻本　二十冊

370000－1541－0007733　682.27/196＝4

水經注釋四十卷首一卷附錄二卷水經注箋刊誤十二卷　（漢）桑欽撰　（北魏）酈道元注　（清）趙一清釋　清光緒六年(1880)蛟川張氏花雨樓刻本　二十冊

370000－1541－0007734　682.27/196＝5

水經注釋四十卷首一卷附錄二卷水經注箋刊誤十二卷　（漢）桑欽撰　（北魏）酈道元注　（清）趙一清釋　清光緒六年(1880)蛟川張氏花雨樓刻本　十冊

370000－1541－0007735　682.27/196＝6

水經注釋四十卷首一卷附錄二卷　（漢）桑欽撰　（北魏）酈道元注　（清）趙一清釋　清光緒六年(1880)會稽章氏刻本　十四冊

370000－1541－0007736　682.61/946

西域水道記五卷漢書西域傳補注二卷新疆賦一卷　（清）徐松撰　清刻本　七冊

370000－1541－0007737　682.61/946＝1

西域水道記五卷　（清）徐松撰　清刻本　四冊

370000－1541－0007738　682.61/946＝2

西域水道記五卷　（清）徐松撰　清刻本　五冊

370000－1541－0007739　682.61/946＝3

西域水道記五卷　（清）徐松撰　清光緒十九年(1893)寶善書局石印本　五冊

370000－1541－0007740　682.8/152＝2

水經注匯校四十卷首一卷附錄二卷　（北魏）酈道元撰　（清）楊希閔校　清光緒七年(1881)福州刻本　十二冊

370000－1541－0007741　682.8/152＝3

水經注匯校四十卷首一卷附錄二卷　（北魏）酈道元撰　（清）楊希閔校　清光緒七年(1881)福州刻本　十冊

370000－1541－0007742　682.8/152＝4

水經注匯校四十卷首一卷附錄二卷　（北魏）酈道元撰　（清）楊希閔校　清光緒七年(1881)福州刻本　二十四冊

370000－1541－0007743　682.8/152＝5

水經注四十卷　（北魏）酈道元撰　清乾隆武英殿木活字印武英殿聚珍版書本　十冊

370000－1541－0007744　682.8/169

今水經不分卷　（清）黃宗羲撰　清光緒二十二年(1896)新化三味堂刻本　二冊

370000－1541－0007745　682.8/271＝1

水經注疏要刪四十卷　楊守敬撰　清光緒三十一年(1905)宜都楊氏觀海堂刻本　八冊

370000－1541－0007746　682.8/271＝2

水經注疏要刪四十卷　楊守敬撰　清光緒三十一年(1905)宜都楊氏觀海堂刻本　八冊

370000－1541－0007747　682.8/271＝3

水經注疏要刪四十卷補遺四十卷　楊守敬撰　清光緒三十一年(1905)宜都楊氏觀海堂刻本　十二冊

370000－1541－0007748　682.8/271＝4

水經注圖四十卷補一卷　楊守敬輯　清光緒三十一年(1905)宜都楊氏觀海堂刻本　八冊

370000－1541－0007749　682.8/285

永定河志三十二卷附錄一卷　（清）李逢亨纂　清嘉慶二十年(1815)刻本　四冊　存九卷（二十四至三十二）

370000－1541－0007750　682.8/374

水經注四十卷　（漢）桑欽撰　（北魏）酈道元注　清乾隆十八年(1753)黃晟槐蔭草堂刻本　六冊

370000－1541－0007751　682.8/374＝2

水經注四十卷　（漢）桑欽撰　（北魏）酈道元注　清康熙五十三年(1714)項氏群玉書堂刻本　六冊

370000－1541－0007752　682.8/374＝4

水經二卷　（漢）桑欽撰　清初刻本　一冊

370000－1541－0007753　682.8/377

水經注西南諸水考三卷弧三角平視法一卷摹印述一卷　（清）陳澧撰　清刻本　一冊

370000－1541－0007754　682.8/382

漢書地理志水道圖說七卷附考正德清胡氏禹貢圖　（清）陳澧撰　清道光二十八年(1848)刻本　二冊

370000－1541－0007755　682.8/433

今水經注四卷　（清）吳承志撰　清稿本　一冊

370000－1541－0007756　682.8/623

補水經注洛水涇水武陵五溪考一卷　（清）謝鍾英撰　開方用表簡術一卷　（清）程之驥撰　清江陰南菁書院刻南菁書院叢書本　一冊

370000－1541－0007757　682.8/707

水經注圖一卷附錄一卷　（清）汪士鐸撰　清咸豐十一年(1861)刻本　丁山跋　一冊

370000－1541－0007758　682.8/707＝1

水經注圖一卷附錄一卷　（清）汪士鐸撰　清咸豐十一年(1861)刻本　一冊

370000 – 1541 – 0007759　682.8/707 = 2

水經注圖一卷附錄一卷　（清）汪士鐸撰　清咸豐十一年(1861)刻本　一冊

370000 – 1541 – 0007760　682.8/720

三渠九河考不分卷　（清）孫彤撰　清刻本　一冊

370000 – 1541 – 0007761　682.8/720 = 1

漢志水道考證不分卷　（清）洪頤煊撰　清刻本　一冊

370000 – 1541 – 0007762　682.8/832

水經注箋四十卷　（明）朱謀㙔撰　明萬曆四十三年(1615)李長庚刻本　佚名批　十二冊

370000 – 1541 – 0007763　682.8/832 = 1

水經注箋四十卷　（明）朱謀㙔撰　明萬曆四十三年(1615)李長庚刻本　十二冊

370000 – 1541 – 0007764　682.814/418

長江圖說十二卷首一卷　（清）馬徵麟撰　清同治十年(1871)湖北崇文書局刻本　三冊存五卷(九至十二、首一卷)

370000 – 1541 – 0007765　682.82/176

治河奏績書四卷　（清）靳輔撰　清抄本　四冊

370000 – 1541 – 0007766　682.82/382

河防述言不分卷　（清）陳潢撰　（清）張靄生編　清抄本　一冊

370000 – 1541 – 0007767　682.82/888

歷代黃河變遷圖考四卷　（清）劉鶚撰　清光緒十九年(1893)袖海山房石印本　四冊

370000 – 1541 – 0007768　682.82/920

三省黃河全圖　易順鼎等纂　顧潮等測繪　清光緒十六年(1890)上海鴻文書局石印本　五冊

370000 – 1541 – 0007769　682.84/395

山東運河備覽十二卷圖一卷　（清）陸燿纂　清同治十年(1871)運河道庫刻本　六冊

370000 – 1541 – 0007770　682.84/395 = 1

山東運河備覽十二卷圖一卷　（清）陸燿纂清乾隆四十一年(1776)切問齋刻本　六冊

370000 – 1541 – 0007771　682.84/834

運河圖說不分卷　（清）朱偉卿撰　清彩繪稿本　一冊

370000 – 1541 – 0007772　682.88/327

湖山便覽十二卷　（清）翟灝　（清）翟瀚輯清光緒元年(1875)杭州王氏槐蔭堂刻本　六冊

370000 – 1541 – 0007773　682.88/327 = 1

湖山便覽十二卷　（清）翟灝　（清）翟瀚輯清光緒元年(1875)杭州王氏槐蔭堂刻本　六冊

370000 – 1541 – 0007774　682.88/730

西湖志纂十五卷首一卷末一卷　（清）梁詩正纂　（清）沈德潛　（清）傅王露輯　清乾隆二十七年(1762)賜經堂刻本　五冊

370000 – 1541 – 0007775　682.88/730 = 1

西湖志纂十五卷首一卷末一卷　（清）梁詩正纂　（清）沈德潛　（清）傅王露輯　清乾隆二十七年(1762)賜經堂刻本　四冊

370000 – 1541 – 0007776　682.88/730 = 2

西湖志纂十五卷首一卷末一卷　（清）梁詩正纂　（清）沈德潛　（清）傅王露輯　清乾隆二十七年(1762)賜經堂刻本　六冊

370000 – 1541 – 0007777　682.88/984

[康熙]具區志十六卷　（清）翁澍撰　清康熙二十八年(1689)刻本　十二冊

370000 – 1541 – 0007778　682.88/987

太湖備考十六卷首一卷　（清）金友理撰　**湖程紀略一卷**　（清）吳曾撰　清乾隆十五年(1750)藝蘭小圃刻本　六冊

370000 – 1541 – 0007779　682.88/987 = 1

太湖備考十六卷首一卷　（清）金友理撰　**湖程紀略一卷**　（清）吳曾撰　清乾隆十五年(1750)藝蘭小圃刻本　十二冊

370000 – 1541 – 0007780　682.9/503

荊州萬城隄志十卷首一卷末一卷　（清）倪文

蔚纂修　清光緒二年(1876)刻本　六冊

370000－1541－0007781　683.12/112

靈巖志六卷　(清)王弘任等編　清康熙刻本
四冊

370000－1541－0007782　683.12/164＝2

嶗山藝文志一卷　(清)黃肇顎纂　清抄本
一冊

370000－1541－0007783　683.12/285

五峰山志二卷　(清)李桐　(清)邵承照纂
清光緒二十一年(1895)邵承照刻本　二冊

370000－1541－0007784　683.12/502

華嶽志八卷首一卷　(清)李榕纂　清道光十
一年(1831)刻光緒三十年(1904)補刻本　四
冊

370000－1541－0007785　683.12/502＝1

華嶽志八卷首一卷　(清)李榕纂　清道光十
一年(1831)刻光緒三十年(1904)補刻本　四
冊

370000－1541－0007786　683.12/511＝1

泰山小史不分卷　(明)蕭協中撰　清乾隆五
十四年(1789)泰山宋思仁刻本　一冊

370000－1541－0007787　683.12/511＝2

泰山小史不分卷　(明)蕭協中撰　清乾隆五
十四年(1789)泰山宋思仁刻本　一冊

370000－1541－0007788　683.12/752

五蓮山志五卷　(清)釋海霆編　(清)王咸炤
批選　清康熙萬松禪林刻乾隆二十二年
(1757)增刻本　二冊

370000－1541－0007789　683.12/752＝1

五蓮山志五卷　(清)釋海霆編　(清)王咸炤
批選　清康熙萬松禪林刻乾隆二十二年
(1757)增刻本　二冊

370000－1541－0007790　683.12/752＝2

五蓮山志五卷　(清)釋海霆編　(清)王咸炤
批選　清康熙萬松禪林刻乾隆二十二年
(1757)增刻本　二冊

370000－1541－0007791　683.12/987

泰山志二十卷　(清)金榮纂　清嘉慶刻本
十冊

370000－1541－0007792　683.12/987＝1

泰山志二十卷　(清)金榮纂　清嘉慶刻本
十冊

370000－1541－0007793　683.13/466

說嵩三十二卷　(清)景日昣撰　清康熙六十
年(1721)嶽生堂刻本　十冊

370000－1541－0007794　683.13/504

嵩山志二十卷首一卷　(清)葉封　(清)焦賁
亨輯　清康熙十八年(1679)刻本　五冊

370000－1541－0007795　683.13/753

洛陽龍門志不分卷　(清)路朝霖撰　清光緒
十三年(1887)萬縣刻本　二冊

370000－1541－0007796　683.21/481

慧山記四卷首一卷　(明)邵寶　(明)釋圓顯
輯　清咸豐七年(1857)二泉書院刻本　四冊

370000－1541－0007797　683.21/481＝1

慧山記四卷首一卷續編三卷首一卷　(明)邵
寶　(明)釋圓顯輯　(清)邵涵初續輯　清咸
豐七年(1857)二泉書院刻本　六冊

370000－1541－0007798　683.21/521

京口三山志三種　(清)吳雲輯　清同治四年
(1865)月圓人壽室刻本　二十六冊

370000－1541－0007799　683.21/651

焦山志二十六卷首一卷續志八卷　(清)吳雲
輯　(清)陳任暘續輯　清同治四年(1865)刻
本　十冊

370000－1541－0007800　683.21/651＝1

焦山志二十六卷首一卷續志八卷　(清)吳雲
輯　(清)陳任暘續輯　清同治四年(1865)刻
本　十冊

370000－1541－0007801　683.21/651＝2

焦山志二十六卷首一卷續志八卷　(清)吳雲
輯　(清)陳任暘續輯　清同治四年(1865)刻
本　十冊

370000－1541－0007802　683.21/719

天平山禁山碑文不分卷　清刻本　一冊

370000－1541－0007803　683.23/440

石鐘山志十六卷首一卷　(清)李成謀　(清)
丁義方輯　(清)方宗誠　(清)胡傳釗校訂
清光緒九年(1883)聽濤眺雨軒刻本　八冊

370000－1541－0007804　683.23/440＝1

石鐘山志十六卷首一卷　(清)李成謀　(清)
丁義方輯　(清)方宗誠　(清)胡傳釗校訂
清光緒九年(1883)聽濤眺雨軒刻本　八冊

370000－1541－0007805　683.23/987

金蓋山志四卷首一卷附志略一卷　(清)李宗
蓮編　清光緒二十二年(1896)陽湖古書隱樓
刻本　二冊

370000－1541－0007806　683.24/781

廬山志十五卷首一卷　(清)毛德琦纂　清康
熙五十九年(1720)順德堂刻本　十六冊

370000－1541－0007807　683.24/781＝1

廬山志十五卷首一卷　(清)毛德琦纂　清康
熙五十九年(1720)順德堂刻同治十年(1871)
補刻本　十六冊

370000－1541－0007808　683.26/380

南嶽總勝集三卷　(宋)陳田夫撰　清光緒三
十二年(1906)長沙葉德輝刻本　三冊

370000－1541－0007809　683.26/648

南嶽志八卷　(清)高自位編　(清)曠敏本輯
　清乾隆十八年(1753)開雲樓刻本　六冊

370000－1541－0007810　683.26/982

衡嶽志八卷續刻附錄一卷　(明)鄧雲霄
(明)曾鳳儀撰　明萬曆四十年(1612)刻本
八冊

370000－1541－0007811　683.27/377

蜀水考四卷　(清)陳登龍撰　(清)朱錫穀補
注　(清)陳一津分疏　清光緒五年(1879)綿
竹楊氏清泉精舍刻本　二冊

370000－1541－0007812　683.27/502

華銀山志十八卷首一卷　(清)釋虎溪編　清
同治三年(1864)刻本　四冊

370000－1541－0007813　683.27/593＝1

峨山圖說二卷首一卷　(清)黃錫燾　(清)黃
綏芙　(清)譚鍾嶽編繪　清光緒十七年
(1891)成都會文堂鉛印本　二冊

370000－1541－0007814　683.31/854

九峰志四卷　(清)陳祚康　(清)魏杰輯　清
同治刻本　一冊

370000－1541－0007815　683.33/160

五山志林八卷　(清)羅天尺撰　清道光三十
年(1850)廣東粵雅堂刻本　三冊

370000－1541－0007816　683.33/477

鼎湖山志八卷首一卷　(清)丁易修　(清)釋
成鷲纂　清康熙刻本　四冊

370000－1541－0007817　683.7/290

萬山綱目二十一卷　(清)李誠纂　清光緒二
十六年(1900)長沙刻本　十冊

370000－1541－0007818　683.7/380

湖上青山集不分卷　(清)陳時撰　清光緒十
五年(1889)九峰居刻本　一冊

370000－1541－0007819　684/292

忠武祠墓志七卷首一卷末一卷　(清)李復心
輯　清同治五年(1866)刻本　四冊

370000－1541－0007820　684/292＝1

忠武祠墓志七卷首一卷末一卷　(清)李復心
輯　清道光三年(1823)刻本　四冊

370000－1541－0007821　684/482

臥龍崗志二卷　(清)羅景纂　清康熙五十一
年(1712)刻本　二冊

370000－1541－0007822　684.012/384

闕里志二十四卷　(明)陳鎬撰　(清)孔胤植
補　清刻本　十冊

370000－1541－0007823　684.013/236

臥龍崗志二卷　(清)羅景纂　清康熙五十一
年(1712)刻本　二冊

370000－1541－0007824　684.02/707

龍井見聞錄十卷　(清)汪孟鋗纂　清光緒十
年(1884)錢塘嘉惠堂刻本　四冊

370000 – 1541 – 0007825　684.021/333

雲臺志不分卷　（明）顧□纂　清乾隆東海王
獻猷抄本　一冊

370000 – 1541 – 0007826　684.021/824

錫山景物略十卷　（清）王永積輯　清刻本
五冊

370000 – 1541 – 0007827　684.023/153

西湖佳話古今遺蹟十六卷首一卷　題（清）墨
浪子輯　清康熙金陵王衙刻彩色套印本　八
冊

370000 – 1541 – 0007828　684.023/153 = 1

西湖志四十八卷　（清）李衛等修　（清）傅王
露纂　清光緒四年（1878）浙江書局刻本　二
十冊

370000 – 1541 – 0007829　684.023/153 = 2

西湖志四十八卷　（清）李衛等修　（清）傅王
露纂　清雍正十三年（1735）兩浙鹽驛道庫刻
本　二十冊

370000 – 1541 – 0007830　684.023/153 = 3

西湖志四十八卷　（清）李衛等修　（清）傅王
露纂　清雍正十三年（1735）兩浙鹽驛道庫刻
本　二十冊

370000 – 1541 – 0007831　684.023/153 = 4

西湖志四十八卷　（清）李衛等修　（清）傅王
露纂　清雍正十三年（1735）兩浙鹽驛道庫刻
本　二十冊

370000 – 1541 – 0007832　684.023/153 = 5

西湖遊覽志二十四卷志餘二十六卷　（明）田
汝成撰　清光緒二十二年（1896）錢塘丁氏嘉
惠堂刻本　十六冊

370000 – 1541 – 0007833　684.023/440

吳興合璧四卷首一卷　（清）陳文煜編　清乾
隆五十二年（1787）刻本　一冊

370000 – 1541 – 0007834　684.027/482

蜀中名勝記三十卷　（明）曹學佺撰　清宣統
二年（1910）四川官印局刻本　十冊

370000 – 1541 – 0007835　684.027/482 = 1

蜀中名勝記三十卷　（明）曹學佺撰　清宣統
二年（1910）四川官印局刻本　十冊

370000 – 1541 – 0007836　684.1/107

潭柘山岫雲寺志一卷　（清）神穆德纂　續刊
潭柘山志一卷　（清）釋義庵續輯　清乾隆四
年（1739）刻光緒續刻本　二冊

370000 – 1541 – 0007837　684.1/306

龍興祥符戒壇寺志十二卷　（清）張大昌輯
清光緒十九年（1893）錢塘丁氏嘉惠堂刻本
三冊

370000 – 1541 – 0007838　684.1/454

重修昭覺寺志八卷　（清）釋中恂修　（清）羅
用霖纂　清光緒二十二年（1896）四川昭覺寺
刻本　四冊

370000 – 1541 – 0007839　684.1/883

湯陰精忠廟志十卷　（清）張應登編　清雍正
十三年（1735）湯陰刻本　六冊

370000 – 1541 – 0007840　684.1014/376

清凉山志十卷　（明）釋鎮澄撰　清乾隆二十
年（1755）刻本　四冊

370000 – 1541 – 0007841　684.1021/838

江南蘇州府報恩講寺志不分卷　（清）釋敏曦
集　清光緒二十五年（1899）蘇州報恩寺刻本
一冊

370000 – 1541 – 0007842　684.125/285

玉泉山志六卷首一卷　（清）李順軒修　（清）
栗引之纂　（清）李元才續修　清光緒十一年
（1885）當陽刻本　四冊

370000 – 1541 – 0007843　684.214/201

平山堂圖志十卷　（清）趙之壁編　清光緒九
年（1883）歐陽利見刻本　四冊

370000 – 1541 – 0007844　684.3/160

五畝園小志題詠合刻四種四卷　（清）謝家福
輯　清光緒十六年（1890）蘇城徐文藝齋刻本
一冊

370000 – 1541 – 0007845　684.3/160 = 1

五畝園小志題詠合刻四種四卷　（清）謝家福

輯　清光緒十六年(1890)蘇城徐文藝齋刻本
　　三冊

370000－1541－0007846　684.4/484
西湖佳話古今遺蹟十六卷　題(清)墨浪子輯
　　清大文堂刻本　六冊

370000－1541－0007847　684.6/112
禁扁五卷　　(元)王士點撰　清康熙曹寅棟亭
刻本　一冊

370000－1541－0007848　684.68/451
東野志二卷　(明)呂化舜輯　(清)孔衍治增
輯　(清)黏本盛補輯　清康熙刻乾隆補刻本
　　四冊

370000－1541－0007849　684.7/545
鳳臺祇蔼筆記五卷　(清)董恂撰　清同治九
年(1870)刻本　一冊

370000－1541－0007850　684.8/127
德藏寺志八卷　(清)張雲錦撰　清乾隆十四
年(1749)刻本　一冊

370000－1541－0007851　684.8/144
曹江孝女廟志八卷首一卷末一卷　(清)金廷
棟編　清光緒八年(1882)五社公所刻本　四
冊

370000－1541－0007852　684.8/337
增修雲林寺志八卷　(清)厲鶚等撰　**續修雲**
林寺志八卷　(清)沈鑅彪纂　清光緒十四年
(1888)錢塘丁氏嘉惠堂刻本　五冊

370000－1541－0007853　684.8/600
鶴林寺志一卷　(明)釋明賢纂　清宣統元年
(1909)刻本　一冊

370000－1541－0007854　684.8/712
汪王廟志略不分卷　汪文炳輯　清光緒三十
一年(1905)刻本　一冊

370000－1541－0007855　684.9/337
湖船錄不分卷　(清)厲鶚撰　清道光二十七
年(1847)錢塘汪氏振綺堂刻本　一冊

370000－1541－0007856　685/964
天下郡國利病書一百二十卷　(清)顧炎武撰

清光緒五年(1879)蜀南桐華書屋薛氏家塾
刻本　五十冊

370000－1541－0007857　685/964＝1
天下郡國利病書一百二十卷　(清)顧炎武撰
　　清光緒五年(1879)蜀南桐華書屋薛氏家塾
刻本　五十冊

370000－1541－0007858　685/964＝2
天下郡國利病書一百二十卷　(清)顧炎武撰
　　清光緒五年(1879)蜀南桐華書屋薛氏家塾
刻本　五十六冊

370000－1541－0007859　685/964＝3
天下郡國利病書一百二十卷　(清)顧炎武撰
　　清光緒二十七年(1901)上海圖書集成局鉛
印本　七冊　存三十卷(九十一至一百二十)

370000－1541－0007860　685/964＝4
天下郡國利病書一百二十卷　(清)顧炎武撰
　　清光緒二十七年(1901)上海圖書集成局鉛
印本　二十七冊　存一百十六卷(一至三十
九、四十四至一百二十)

370000－1541－0007861　685/964＝5
天下郡國利病書一百二十卷　(清)顧炎武撰
　　清光緒慎記書莊石印本　二十四冊　存八
十九卷(一至二十六、五十八至一百二十)

370000－1541－0007862　689/362
永嘉聞見錄二卷　(清)孫同元撰　清光緒十
四年(1888)刻本　二冊

370000－1541－0007863　689/366
顏山雜記四卷　(清)孫廷銓撰　清康熙五年
(1666)刻本　二冊

370000－1541－0007864　689/366＝1
南征紀略二卷　(清)孫廷銓纂　清順治刻本
　　二冊

370000－1541－0007865　689/377
江漢叢談二卷　(明)陳士元纂　清光緒八年
(1882)板橋書屋刻本　二冊

370000－1541－0007866　689/664
赤雅二卷　(明)鄺露撰　清乾隆三十四年

(1769)歙縣知不足齋刻本 一冊

370000－1541－0007867 689.23/164
北隅掌錄二卷 （清）黃士珣撰 清道光二十
五年(1845)錢塘汪氏振綺堂刻本 二冊

370000－1541－0007868 689.23/164＝1
北隅掌錄二卷 （清）黃士珣撰 清道光二十
五年(1845)錢塘汪氏振綺堂刻本 一冊

370000－1541－0007869 689.23/164＝2
北隅掌錄二卷 （清）黃士珣撰 清光緒七年
(1881)錢塘丁氏刻本 二冊

370000－1541－0007870 689.34/311
粵西筆述一卷 （清）張祥河輯 清道光二十
五年(1845)刻本 二冊

370000－1541－0007871 690/124
示我周行三卷 （清）鶴和堂輯 清天德堂刻
本 二冊

370000－1541－0007872 690/311
宦海浮沉錄不分卷 （清）張心泰撰 清光緒
三十二年(1906)夢梅仙館刻本 一冊

370000－1541－0007873 690/357
西行紀程二卷 （清）孟傳鑄撰 清宣統二年
(1910)綠野堂鉛印本 一冊

370000－1541－0007874 690/359
南遊記一卷 （清）孫嘉淦撰 清道光二十四
年(1844)刻朱墨套印本 一冊

370000－1541－0007875 690/399
辛卯侍行記六卷 陶保廉撰 清光緒二十三
年(1897)養樹山房刻本 六冊

370000－1541－0007876 690/399＝1
辛卯侍行記六卷 陶保廉撰 清光緒二十三
年(1897)養樹山房刻本 六冊

370000－1541－0007877 690/399＝2
北征紀行集二卷 （清）陶塤撰 清刻本 一
冊

370000－1541－0007878 690/399＝3
游志續編一卷 （明）陶宗儀撰 清光緒十二

年(1886)新陽趙氏刻本 二冊

370000－1541－0007879 690/458
湟中行紀不分卷 （清）闞普通武撰 清光緒
三十年(1904)刻豹隱山房叢集本 二冊

370000－1541－0007880 690/754
遂初堂遊記不分卷 （清）潘耒撰 清抄本
二冊

370000－1541－0007881 690.024/669
鴻雪因緣圖記三集 （清）麟慶撰 清光緒十
二年(1886)上海同文書局石印本 三冊

370000－1541－0007882 690.3/476
明季稗史彙編十六種二十七卷 （清）留雲居
士輯 清光緒北京琉璃廠留雲居士木活字印
本 一冊 存四種(江南聞見錄、粵游見聞、
賜姓始末、兩廣紀略)

370000－1541－0007883 690.55/257
滇軺紀程一卷荷戈紀程一卷政書蒐遺一卷
（清）林則徐撰 清光緒三年(1877)宣南寓齋
刻本 一冊

370000－1541－0007884 691.25/229
[光緒]寧津縣志十二卷首一卷 （清）祝嘉庸
修 （清）吳潯源纂 清光緒二十六年(1900)
刻本 八冊

370000－1541－0007885 691.5/285
代耕堂叢書 （清）李嘉續輯 清光緒潞河李
氏代耕堂刻本 六冊

370000－1541－0007886 691.5/285＝1
榆塞紀行錄四卷 （清）李嘉續纂 清光緒十
二年(1886)潞河李氏代耕堂刻本 一冊

370000－1541－0007887 692.7/164
聽蕉雨樓外集不分卷 （清）黃勤業撰 清咸
豐元年(1851)刻本 二冊

370000－1541－0007888 692.7/167
蜀遊日記一卷(清道光六年正月六日至四月
三日) （清）黃勤業撰 清稿本 一冊

370000－1541－0007889 692.7/292
蜀道紀遊二卷 （清）李德淦撰 清嘉慶十三

年(1808)學修堂刻本　二冊

370000－1541－0007890　692.7/399

蜀輶日記四卷(清嘉慶十五年五月十五日至
十一月二十二日)　(清)陶澍撰　清道光四
年(1824)刻本　四冊

370000－1541－0007891　693.3/278

楚庭稗珠錄六卷　(清)檀萃錄　(清)黃燾編
　清乾隆三十八年(1773)刻本　二冊

370000－1541－0007892　694/589

滿洲旅行記二卷　(日本)小越平隆撰　(清)
克齋譯　清光緒二十八年(1902)上海廣智書
局鉛印本　二冊

370000－1541－0007893　702/311＝2

國朝畫徵錄三卷　(清)張庚撰　清光緒十三
年(1887)上海掃葉山房刻本　一冊

370000－1541－0007894　704.7/103

金石三跋十卷　(清)武億撰　(清)武穆淳編
　清乾隆五十五年(1790)刻本　五冊

370000－1541－0007895　704.7/103＝1

金石三跋十卷　(清)武億撰　(清)武穆淳編
　清乾隆五十五年(1790)刻本　六冊

370000－1541－0007896　710/290

朔方備乘札記一卷　(清)李文田撰　清光緒
二十三年(1897)會稽施氏鄒鄭學廬刻本　一
冊

370000－1541－0007897　710/313

四述奇十六卷　(清)張德彝撰　清光緒十三
年(1887)上海著易堂鉛印本　八冊

370000－1541－0007898　710/803

海國圖志一百卷　(清)魏源撰　海國圖志續
集二十五卷　(朝鮮)鄧鏗撰　清光緒二十一
年(1895)上海積山書局石印本　十六冊

370000－1541－0007899　710/803＝1

海國圖志一百卷　(清)魏源撰　海國圖志續
集二十五卷　(朝鮮)鄧鏗撰　清光緒二十一
年(1895)上海書局石印本　十六冊

370000－1541－0007900　710/803＝2

海國圖志五十卷　(清)魏源撰　清道光二十
四年(1844)古微堂木活字印本　二十冊

370000－1541－0007901　710/803＝3

海國圖志五十卷　(清)魏源撰　清道光二十
四年(1844)古微堂木活字印本　十八冊

370000－1541－0007902　710/803＝4

海國圖志一百卷　(清)魏源撰　清光緒二年
(1876)平慶涇固道署刻本　二十四冊

370000－1541－0007903　710/953

瀛環志略十卷　(清)徐繼畬撰　清同治十二
年(1873)揆雲樓刻本　六冊

370000－1541－0007904　710/953＝1

瀛環志略十卷　(清)徐繼畬撰　清同治十二
年(1873)揆雲樓刻本　六冊

370000－1541－0007905　710/953＝2

瀛環志略十卷　(清)徐繼畬撰　清光緒二十
一年(1895)上海寶文局石印本　四冊

370000－1541－0007906　711/224

古史探源二卷　(英國)克羅德撰　(清)任廷
旭譯述　清光緒二十五年(1899)上海廣學會
鉛印本　一冊

370000－1541－0007907　711/288

萬國通史前編十卷　(英國)李思倫白撰　蔡
爾康述　清光緒二十六年(1900)上海廣學會
鉛印本　二冊

370000－1541－0007908　711/311

萬國新史大事表十八卷　(清)張之洞編　清
光緒二十五年(1899)上海圖書集成印書局鉛
印本　十六冊

370000－1541－0007909　711/458

五洲列國志彙六十三種　(清)閔萃祥編　清
光緒二十八年(1902)麗澤學會石印本　三十
二冊

370000－1541－0007910　711/483

萬國史記十九卷　(日本)岡本監輔撰　清光
緒二十三年(1897)上海六先書局鉛印本　四
冊

370000－1541－0007911　711/483 ＝2

萬國史記十九卷　（日本）岡本監輔撰　清光緒二十一年(1895)讀有用書齋石印本　九冊

370000－1541－0007912　711/621

萬國通鑑四卷附圖一卷　（美國）謝衛樓撰　清光緒八年(1882)刻本　六冊

370000－1541－0007913　711/621＝1

萬國通鑑四卷附圖一卷　（美國）謝衛樓撰　清光緒八年(1882)刻本　五冊

370000－1541－0007914　712/282

世界近世史一百卷　（日本）松平康國撰　中國國民叢書社譯述　清光緒二十八年(1902)上海商務印書館鉛印本　一冊

370000－1541－0007915　712.4/380

時事新編初集六卷　（清）陳耀卿編　清光緒二十一年(1895)鉛印本　六冊

370000－1541－0007916　712.82/436

泰西新史攬要二十四卷　（英國）馬懇西撰　（英國）李提摩太譯　清光緒二十一年(1895)上海美華書館鉛印本　八冊

370000－1541－0007917　713/313

八述奇二十卷　張德彝撰　清光緒三十四年(1908)石印本　二十冊

370000－1541－0007918　715.4/380

時事新編初集六卷　（清）陳耀卿編　清光緒二十一年(1895)鉛印本　六冊

370000－1541－0007919　716/212

地理略說不分卷　（美國）戴集撰　清光緒二十六年(1900)上海美華書館鉛印本　一冊

370000－1541－0007920　716/212＝1

地理略說不分卷　（美國）戴集撰　清光緒二十二年(1896)上海美華書館鉛印本　一冊

370000－1541－0007921　716/311

新譯列國歲計政要三編　（清）傅運森等譯纂　清光緒二十七年(1901)上海海上譯社鉛印本　十冊　缺二冊(一、四)

370000－1541－0007922　716/384

萬國輿圖一卷　（清）陳兆桐繪　清光緒十二年(1886)上海同文書局石印本　一冊

370000－1541－0007923　716/416

中外輿地彙鈔十四卷　（清）馬冠群輯　清光緒二十年(1894)蘇州文瑞樓石印本　四冊

370000－1541－0007924　716/511

五洲述略四卷　（清）蕭應椿撰　清光緒二十八年(1902)紫藤花館鉛印本　五冊　存四卷(一下至四)

370000－1541－0007925　716/916

世界地圖　清末石印本　一冊

370000－1541－0007926　716/916＝1

海國圖志六十卷　（清）魏源撰　清道光二十七年(1847)揚州古微堂刻本　一冊　存一卷(三)

370000－1541－0007927　716/943

列國地說二卷　（美國）衛羅氏譯撰　（清）金向敷述錄　清光緒二十七年(1901)上海美華書館鉛印本　二冊

370000－1541－0007928　716/953

瀛環志略十卷　（清）徐繼畬撰　清道光三十年(1850)紅杏山房刻本　六冊

370000－1541－0007929　716/953＝1

瀛環志略十卷　（清）徐繼畬撰　清光緒二十四年(1898)新化三味書屋刻本　六冊

370000－1541－0007930　716.04/247

瀛環譯音異名記十二卷　（清）杜宗預撰　清光緒六年(1880)湖北鄂城刻本　六冊

370000－1541－0007931　718.5/747

各國時事類編十八卷　（清）沈純粹撰　清光緒二十一年(1895)上海書局石印本　六冊

370000－1541－0007932　719/115

海客日譚六卷　（清）王芝撰　清光緒十一年(1885)湖南湘遠書局刻本　四冊

370000－1541－0007933　719/158

西學考略二卷　（美國）丁韙良撰　清光緒九年(1883)同文館鉛印本　二冊

370000－1541－0007934　719/285

環遊世界新錄四卷　（清）李圭撰　清光緒三年(1877)刻本　四冊

370000－1541－0007935　719/290

日遊瑣識不分卷　李寶洤撰　清光緒三十二年(1906)漢口新印書館鉛印本　一冊

370000－1541－0007936　719/401

初使泰西記四卷　（清）志剛撰　（清）宜垕編　清光緒三年(1877)避熱窩刻本　四冊

370000－1541－0007937　719/679

海國勝遊草一卷乘查筆記一卷　（清）斌椿撰　清同治七年(1868)刻本　二冊

370000－1541－0007938　719/679＝1

海國勝遊草一卷天外歸帆草一卷　（清）斌椿撰　清光緒十六年(1890)刻本　一冊

370000－1541－0007939　719/679＝2

乘查筆記一卷　（清）斌椿撰　清同治八年(1869)刻本　一冊

370000－1541－0007940　719/679＝3

各國日記彙編不分卷　（清）萬選樓主人輯　清光緒二十二年(1896)上海書局石印本　二冊

370000－1541－0007941　719/906

遊歷圖經餘記十五卷　（清）傅雲龍撰　清光緒十五年(1889)鉛印實學叢書本　四冊

370000－1541－0007942　719.6/628

斐洲遊記二卷　（英國）施登萊書　虛白齋主譯　清光緒二十六年(1900)上海中西書室鉛印本　一冊

370000－1541－0007943　730/160

日本議會史七卷　（日本）工藤武重撰　汪有齡譯　清光緒三十年(1904)通州翰墨林書局鉛印本　七冊

370000－1541－0007944　730/311

東西洋考十二卷　（明）張燮撰　清光緒二十二年(1896)長沙刻本　四冊

370000－1541－0007945　730/311＝1

東西洋考十二卷　（明）張燮撰　清光緒十四年(1888)長沙惜陰書局刻本　四冊

370000－1541－0007946　730/374

東洋史要二卷　樊炳清編　清光緒二十五年(1899)上海中西書局石印本　四冊

370000－1541－0007947　730/384

海國聞見錄不分卷　（清）陳倫炯撰　清紅格抄本　一冊

370000－1541－0007948　730.4/392

日俄關係測論　（清）陸軍部編譯局編　清宣統元年(1909)北京陸軍部編譯局鉛印本　二冊

370000－1541－0007949　731.1/119

日本源流考二十二卷　王先謙撰　清光緒二十八年(1902)刻本　十冊

370000－1541－0007950　731.1/550

日本歷史二卷　（日本）萩野由之撰　（清）劉大猷譯　清光緒二十七年(1901)上海教育世界社石印本　四冊

370000－1541－0007951　731.14/350

日本新史攬要六卷　（日本）石村貞一編　(清)游瀛主人譯　清光緒二十五年(1899)石印本　六冊

370000－1541－0007952　731.19/433

丙午扶桑遊記三卷　吳蔭培撰　清光緒刻本　一冊

370000－1541－0007953　731.2/180

日本維新三十年史十二編　（日本）博文館編　清光緒二十八年(1902)上海廣智書局鉛印本　六冊

370000－1541－0007954　731.271/483

大日本中興先覺志二卷　（日本）岡本監輔撰　清光緒二十七年(1901)開導社刻本　二冊

370000－1541－0007955　731.271/483＝1

大日本中興先覺志二卷　（日本）岡本監輔撰　清光緒二十七年(1901)開導社刻本　二冊

370000－1541－0007956　731.271/911

海防臆測二卷 （日本）古賀煜撰 清光緒二十三年(1897)善化畢氏刻本 二冊

370000－1541－0007957 731.31/172
日本國志四十卷首一卷 （清）黃遵憲編 清光緒二十七年(1901)上海書局石印本 十冊

370000－1541－0007958 731.31/172＝1
日本國志四十卷首一卷 （清）黃遵憲編 清光緒二十四年(1898)浙江書局刻本 六冊

370000－1541－0007959 731.31/172＝2
日本國志四十卷首一卷 （清）黃遵憲編 清光緒二十四年(1898)浙江書局刻本 九冊

370000－1541－0007960 731.4/132
日本外史二十二卷 （日本）賴襄撰 清光緒二十八年(1902)文賢閣石印本 八冊

370000－1541－0007961 731.51/471
異域錄不分卷 （清）圖理琛撰 清雍正二年(1724)刻本 一冊

370000－1541－0007962 731.6/172
日本國志四十卷首一卷 （清）黃遵憲編 清光緒二十四年(1898)浙江書局刻本 十冊

370000－1541－0007963 731.6/906
遊歷日本圖經三十卷 （清）傅雲龍撰 清光緒十五年(1889)排印籑喜廬所著書本 十六冊

370000－1541－0007964 731.7/454
琉球地理小志一卷補遺一卷 （日本）中根淑撰 姚文棟譯 清光緒九年(1883)刻本 一冊

370000－1541－0007965 731.9/117
談瀛錄三卷 （清）王之春撰 清光緒六年(1880)上洋文藝齋刻本 二冊

370000－1541－0007966 731.9/820
乙巳東瀛遊記一卷 （清）周錫璋撰 清光緒三十一年(1905)上海鉛印本 一冊

370000－1541－0007967 731.9/892
東瀛雜俎四卷 （清）劉先登編 （日本）宅野潔校正 清光緒三十二年(1906)大公石印館

石印本 二冊

370000－1541－0007968 732.11/153
韓國沿革史二卷 （日本）西村豐原撰 （清）王履康 （清）寧漢編 清光緒二十八年(1902)申江鉛印燕胎芝館叢書本 一冊

370000－1541－0007969 732.11/566
東藩紀要十二卷補錄一卷 （清）薛培榕編 清光緒八年(1882)鉛印本 四冊

370000－1541－0007970 732.124/500
朝鮮近世史二卷 （日本）林泰輔編 劉世珩校譯 清光緒九年(1883)鴻寶書局石印五洲儀編譯時務叢書本 二冊

370000－1541－0007971 732.15/818＝2
奧簃朝鮮三種 （清）周家祿撰 清光緒二十五年(1899)廬江吳保初刻本 一冊

370000－1541－0007972 732.16/290
朝鮮地理小志不分卷 （朝鮮）清華山人撰 （清）江景桂譯纂 清光緒十一年(1885)鉛印本 一冊

370000－1541－0007973 732.21/718
蒙古史二卷 （日本）河野元三撰 （清）歐陽瑞驊譯 清宣統三年(1911)江南圖書館鉛印本 二冊

370000－1541－0007974 732.21/718＝1
蒙古史二卷 （日本）河野元三述 （清）歐陽瑞驊譯 清宣統三年(1911)江南圖書館鉛印本 二冊

370000－1541－0007975 733.1/291
瀛寰新志十卷 （清）李慎儒撰 清光緒二十八年(1902)退思軒石印本 六冊

370000－1541－0007976 733.17/172
日本國志四十卷 （清）黃遵憲編 清光緒二十四年(1898)刻本 十冊

370000－1541－0007977 733.17/172＝1
日本國志四十卷首一卷 （清）黃遵憲編 清光緒二十七年(1901)上海書局石印本 十冊

370000－1541－0007978 733.17/172＝3

日本國志四十卷首一卷　（清）黃遵憲編　清光緒二十四年（1898）上海圖書集成印書局鉛印本　八冊

370000－1541－0007979　733.19/382

東遊日記一卷　（清）陳鴻年撰　清光緒三十三年（1907）官書局鉛印本　一冊

370000－1541－0007980　733.19/526

東遊日記一卷（清光緒二十九年二月九日至六月六日）　（清）蔣黼撰　清光緒刻本　一冊

370000－1541－0007981　733.27/285

臺灣外記三十卷　（清）江日昇撰　清光緒四年（1878）上海申報館鉛印本　六冊

370000－1541－0007982　733.71/915

印度史攬要三卷　（英國）亨德偉良撰　（清）任廷旭譯　清光緒二十七年（1901）上海美華書館鉛印本　二冊　存二卷（上、中）

370000－1541－0007983　735.11/500

土耳機史四卷首編一卷　（日本）北村三郎編述　趙必振譯　清光緒二十八年（1902）上海廣智書局鉛印本　一冊

370000－1541－0007984　737.19/438

南行日記一卷（清光緒七年六月二十四日至八月二十三日）　（清）吳廣霈撰　清光緒七年（1881）彀園鉛印本　一冊

370000－1541－0007985　737.5/915

大英治理印度新政考六卷　（英國）亨德偉良撰　（清）任保羅譯　清光緒三十年（1904）上海商務印書館鉛印本　六冊

370000－1541－0007986　737.5/915＝1

大英治理印度新政考六卷　（英國）亨德偉良撰　（清）任保羅譯　清光緒三十年（1904）上海商務印書館鉛印本　六冊

370000－1541－0007987　738.089/177

東南海島圖經一卷檀香山群島志擬稿一卷澳大利亞洲志一卷　（清）張美翊述　（清）世增譯　清光緒二十三年（1897）王氏小方壺齋鉛印本　一冊

370000－1541－0007988　738.114/298

綏緬紀事不分卷　（清）□□撰　清抄本　二冊

370000－1541－0007989　738.3/795

安南志略十九卷首一卷　（元）黎崱編　清光緒十年（1884）上海樂善堂鉛印本　四冊

370000－1541－0007990　738.3/795＝1

安南志略十九卷首一卷　（元）黎崱編　清光緒十年（1884）上海樂善堂鉛印本　四冊

370000－1541－0007991　738.3/795＝3

安南志略十九卷首一卷　（元）黎崱編　清光緒十年（1884）上海樂善堂鉛印本　四冊

370000－1541－0007992　738.31/946

越南輯略二卷　（清）徐延旭編　清光緒四年（1878）梧州郡署刻本　二冊

370000－1541－0007993　738.989/292

新嘉坡風土記一卷　（清）李鍾玨撰　清光緒刻本　一冊

370000－1541－0007994　739.51/880

爪哇志一卷附新志一卷蘇門答拉志一卷附新志一卷　（清）學部編譯圖書局編　清光緒三十三年（1907）學部編譯圖書局鉛印本　一冊

370000－1541－0007995　739.51/880＝1

爪哇志一卷附新志一卷蘇門答拉志一卷附新志一卷　（清）學部編譯圖書局編　清光緒三十三年（1907）學部編譯圖書局鉛印本　一冊

370000－1541－0007996　740.1/132

五洲史略　（英國）賴白奇撰　（英國）李提摩太修輯　清光緒三十年（1904）上海廣學會鉛印本　一冊

370000－1541－0007997　740.1/154

泰西十八周史攬要十八卷　（英國）雅各偉德撰　（英國）季理斐成章譯　（清）李鼎星編　清光緒二十八年（1902）上海廣學會鉛印本　六冊

370000－1541－0007998　740.1/556

387

泰西新史攬要二十四卷 （英國）馬懇西撰
（英國）李提摩太譯　清光緒二十八年（1902）
上海商務印書館鉛印本　七冊

370000－1541－0007999　740.1/556＝1

泰西新史攬要二十四卷 （英國）馬懇西撰
（英國）李提摩太譯　清光緒二十二年（1896）
三味堂刻本　三冊　存七卷（一至七）

370000－1541－0008000　740.1/556＝2

節本泰西新史攬要八卷 （英國）李提摩太譯
　周慶雲節錄　清光緒二十七年（1901）夢坡
室刻本　二冊

370000－1541－0008001　740.1/686

泰西民族文明史 （法國）賽奴巴撰　（清）沈
是中　（清）俞子彝譯　清光緒二十九年
（1903）上海商務印書館鉛印歷史叢書第二集
第四編本　一冊

370000－1541－0008002　740.14/144

萬國通史前編十卷 （英國）李思倫白撰　蔡
爾康述　清光緒二十六年（1900）上海廣學會
鉛印本　十冊

370000－1541－0008003　740.14/144＝1

萬國通史前編十卷 （英國）李思倫白撰　蔡
爾康述　清光緒二十六年（1900）上海廣學會
鉛印本　十冊

370000－1541－0008004　740.14/144＝2

萬國通史三編十卷 （英國）李思倫白撰
（清）曹曾涵述　清光緒三十一年（1905）上海
廣學會鉛印本　十冊

370000－1541－0008005　740.14/144＝3

萬國通史三編十卷 （英國）李思倫白撰
（清）曹曾涵述　清光緒三十一年（1905）上海
廣學會鉛印本　十冊

370000－1541－0008006　740.14/144＝4

萬國通史續編十卷 （英國）李思倫白撰
（清）曹曾涵述　清光緒三十年（1904）上海廣
學會鉛印本　十冊

370000－1541－0008007　740.211/374

希臘史 （日本）桑原啟一纂　中國國民叢書
社譯　清光緒二十九年（1903）上海商務印書
館鉛印歷史叢書第一集第五編本　一冊

370000－1541－0008008　740.22/863

羅馬志略十三卷 （□）□□撰　清光緒二十
四年（1898）石印本　一冊

370000－1541－0008009　740.2298/117

**道西齋日記二卷（清光緒十三年三月至五月
二十四日）** （清）王詠霓撰　清光緒十八年
（1892）上洋鴻寶齋石印本　一冊

370000－1541－0008010　740.24/311

普法戰紀十四卷 （清）張宗良口譯　（清）王
韜輯撰　清同治十二年（1873）中華印務總局
鉛印本　八冊

370000－1541－0008011　740.24/311＝1

普法戰紀十四卷 （清）張宗良口譯　（清）王
韜輯撰　清同治十二年（1873）中華印務總局
鉛印本　八冊

370000－1541－0008012　740.24/311＝2

普法戰紀二十卷 （清）張宗良口譯　（清）王
韜輯撰　清光緒二十一年（1895）吳郡王氏弢
園鉛印本　十冊

370000－1541－0008013　740.24/311＝3

普法戰紀二十卷 （清）張宗良口譯　（清）王
韜輯撰　清光緒二十一年（1895）吳郡王氏弢
園鉛印本　十冊

370000－1541－0008014　740.243/502

近世史略 上海廣學會編　清光緒三十年
（1904）上海美華書館鉛印本　一冊

370000－1541－0008015　740.26/994

續西國近事彙編二十八卷 （清）鍾天緯編
清光緒八年至二十三年（1882－1897）石印本
　二十八冊

370000－1541－0008016　740.26/994＝1

西國近事彙編三十六卷 （美國）金楷理等譯
　（清）姚棻等筆述　清光緒二十三年（1897）
慎記書莊石印本　十二冊

370000－1541－0008017　740.9/892

越事備考案略二卷　劉名譽輯　清光緒二十一年(1895)桂林劉氏刻本　二冊

370000－1541－0008018　741.1/411

英國立憲沿革紀略　(英國)馬林譯　(清)李玉書述　清光緒三十四年(1908)上海美華書館鉛印本　一冊

370000－1541－0008019　741.1/520

大英國志八卷　(英國)慕維廉譯　清咸豐六年(1856)上海墨海書院刻本　二冊

370000－1541－0008020　741.1/520＝1

大英國志八卷　(英國)慕維廉譯　清咸豐六年(1856)上海墨海書院刻本　二冊

370000－1541－0008021　741.27/372

英興記二卷首一卷末一卷　(英國)鄧理樝撰　(美國)林樂知　(清)任廷旭譯　清光緒二十四年(1898)圖書集成局鉛印本　二冊

370000－1541－0008022　741.39/325

蘇格蘭獨立史　(美國)那頓撰　商務印書館譯　清光緒二十九年(1903)上海商務印書館鉛印歷史叢書第二集第六編本　一冊

370000－1541－0008023　743.1/739

日耳曼史　(英國)沙安撰　商務印書館譯　清光緒二十九年(1903)上海商務印書館鉛印歷史叢書第二集第三編本　一冊

370000－1541－0008024　748.1/457

俄史輯譯四卷　(英國)闞斐迪譯　(清)徐景羅重譯　清光緒十四年(1888)益智書會刻本　四冊

370000－1541－0008025　748.1/457＝1

俄史輯譯四卷　(英國)闞斐迪譯　(清)徐景羅重譯　清光緒十四年(1888)益智書會刻本　四冊

370000－1541－0008026　748.6/257

俄國疆界風俗誌　(清)林則徐輯　清光緒十年(1884)五湖草廬刻本　一冊

370000－1541－0008027　748.6/257＝1

俄國疆界風俗誌　(清)林則徐輯　清光緒十年(1884)五湖草廬刻本　一冊

370000－1541－0008028　748.6/398

俄國新志八卷　(英國)陔勒低撰　(英國)傅蘭雅譯　清光緒二十七年(1901)上海書局石印本　八冊

370000－1541－0008029　748.9/518

中亞洲俄屬遊記二卷　(英國)蘭士德撰　(清)莫鎮藩譯　清光緒二十年(1894)上海時務報館石印本　二冊

370000－1541－0008030　748.9/860

俄游彙編八卷　(清)繆祐孫纂　清光緒二十一年(1895)上海江左書林石印本　四冊

370000－1541－0008031　761.2/501

埃及近世史　(日本)柴四郎撰　(清)章起謂譯　清光緒二十九年(1903)上海商務印書館鉛印歷史叢書第一集第九編本　一冊

370000－1541－0008032　766.7/880

英領開浦殖民地志附新志　(清)學部編譯圖書局編　清光緒三十四年(1908)學部編譯圖書局鉛印本　一冊

370000－1541－0008033　781/285

地球一百名人傳三卷　(英國)李提摩太譯　清光緒二十九年(1903)上海廣學會鉛印本　三冊

370000－1541－0008034　782/670

尚友錄二十二卷　(明)廖用賢編　(清)張伯瓊補輯　清光緒九年(1883)福瀛書局鉛印本　十二冊

370000－1541－0008035　782/670＝1

尚友錄二十二卷　(明)廖用賢編　(清)張伯瓊補輯　清康熙五年(1666)浙蘭五鳳樓刻本　二十二冊

370000－1541－0008036　782/670＝2

尚友錄二十二卷　(明)廖用賢編　(清)張伯瓊補輯　清康熙五年(1666)刻本　十冊

370000－1541－0008037　782/934

碑傳集一百六十卷首二卷末二卷　（清）錢儀
吉纂輯　清光緒十九年（1893）江蘇書局刻本
　六十冊

370000－1541－0008038　782/934＝1

碑傳集一百六十卷首二卷末二卷　（清）錢儀
吉纂輯　清光緒十九年（1893）江蘇書局刻本
　六十冊

370000－1541－0008039　782/934＝2

碑傳集一百六十卷首二卷末二卷　（清）錢儀
吉纂輯　清光緒十九年（1893）江蘇書局刻本
　六十冊

370000－1541－0008040　782.08/827

史傳三編五十六卷　（清）朱軾　（清）蔡世遠
輯　清同治三年（1864）刻本　二十四冊

370000－1541－0008041　782.1/292

尚史七十卷　（清）李鍇纂　清嘉慶十九年
（1814）晚香草堂刻本　三十二冊

370000－1541－0008042　782.1/313

道統錄二卷附錄一卷　（清）張伯行纂　清同
治五年（1866）福州正誼書局刻本　二冊

370000－1541－0008043　782.1/364

事編內篇八卷　（明）孫慎行輯　（明）張瑋
（明）薛寀評批　明崇禎十一年（1638）歌雪堂
刻本　六冊

370000－1541－0008044　782.1/382

江表忠略二十卷　陳澹然纂　清光緒二十六
年（1900）刻本　六冊

370000－1541－0008045　782.1/416

昇勤直公[馬佳昇寅]年譜二卷　（清）馬佳寶
琳　（清）馬佳寶珣纂　清刻本　二冊

370000－1541－0008046　782.1/427

本朝京省人物考一百十五卷　（明）過庭訓輯
　明天啓二年（1622）刻本　四冊　存十七卷
（三十至三十一、九十至一百四）

370000－1541－0008047　782.1/440

安危注四卷　（明）吳甡輯　清吳元復刻本
四冊

370000－1541－0008048　782.1/492

漁洋感舊集小傳四卷補遺一卷　（清）盧見曾
撰　清光緒四年（1878）上海淞隱閣鉛印本
一冊　存三卷（三至四、補遺一卷）

370000－1541－0008049　782.1/525

碧血錄五卷　（清）莊仲方撰　清光緒八年
（1882）上海同文書局石印本　五冊

370000－1541－0008050　782.1/754

俎豆集三十卷　（清）潘承焯編　清乾隆四十
三年（1778）刻本　十冊

370000－1541－0008051　782.1/798

北學編五卷　（清）魏一鰲輯　（清）尹會一訂
　清同治七年（1868）保定蓮池書院刻本　二
冊

370000－1541－0008052　782.1/825

文廟通考六卷首一卷　（清）牛樹梅撰　清同
治十一年（1872）浙江書局刻本　二冊

370000－1541－0008053　782.1/875

景行錄二卷　（清）張英編　（清）邊鳴珂續編
　清道光三十年（1850）李恒謙、王爲健昆明
刻本　二冊

370000－1541－0008054　782.1/932

壬癸志稿二十八卷　（清）錢寶琛輯　清光緒
六年（1880）刻本　四冊

370000－1541－0008055　782.102/440

疑年錄四卷　（清）錢大昕編　續疑年錄四卷
　（清）吳修編　清嘉慶十七年（1812）刻本
二冊

370000－1541－0008056　782.102/648

忠烈備考八卷　（清）高德泰輯　清光緒三年
（1877）刻本　七冊

370000－1541－0008057　782.102/669

重建昭忠祠爵秩姓名錄六卷附錄一卷　（清）
鹿傳霖編　清光緒三十四年（1908）刻本　六
冊

370000－1541－0008058　782.102/984

蘇齋考古錄不分卷　（清）翁方綱編　清道光

八年(1828)紅葉庵抄本　一册

370000－1541－0008059　782.104/169

廣韻注姓氏纂五卷　(清)黃富民輯　清道光四年(1824)刻本　一册

370000－1541－0008060　782.104/329

姓解三卷　(宋)邵思纂　清光緒十年(1884)遵義黎氏日本東京使署刻古逸叢書本　一册

370000－1541－0008061　782.104/348

奇姓通十四卷　(明)夏樹芳輯　明天啓三年(1623)江陰夏氏宛委堂刻本　六册

370000－1541－0008062　782.104/372

古今姓氏書辨證四十卷　(宋)鄧名世撰　清乾隆至嘉慶蘭陵孫氏刻岱南閣叢書本　八册

370000－1541－0008063　782.104/595

爵秩全覽　(清)□□編　清光緒十年(1884)刻本　二册

370000－1541－0008064　782.104/712

九史同姓名略七十二卷補遺四卷　(清)汪輝祖撰　清光緒二十三年(1897)廣雅書局刻本　十二册

370000－1541－0008065　782.104/712＝2

九史同姓名略七十二卷補遺四卷　(清)汪輝祖撰　清乾隆五十六年(1791)蕭山汪氏雙節堂刻本　十二册

370000－1541－0008066　782.104/764

古今萬姓統譜一百四十卷歷代帝王姓系統譜六卷氏族博考十四卷　(明)凌迪知輯　明萬曆刻本　三十二册

370000－1541－0008067　782.104/764＝1

古今萬姓統譜一百四十卷歷代帝王姓系統譜六卷氏族博考十四卷　(明)凌迪知輯　明萬曆刻本　三十六册　存一百四十卷(古今萬姓統譜一百四十卷)

370000－1541－0008068　782.104/764＝2

古今萬姓統譜一百四十卷歷代帝王姓系統譜六卷氏族博考十四卷　(明)凌迪知輯　明萬曆刻本　四十册

370000－1541－0008069　782.104/856

新纂氏族箋釋八卷　(清)熊峻運撰　(清)楊煌義編　清刻本　四册

370000－1541－0008070　782.104/856＝1

新纂氏族箋釋八卷　(清)熊峻運撰　(清)楊煌義編　清乾隆四年(1739)刻本　佚名批點　八册

370000－1541－0008071　782.104/856＝2

新纂氏族箋釋八卷　(清)熊峻運撰　(清)楊煌義編　清經綸堂刻本　八册

370000－1541－0008072　782.104/885

歷代同姓名錄二十三卷首一卷　(清)劉長華纂　清光緒五年(1879)黎照軒刻本　六册

370000－1541－0008073　782.107/213

人物故事類不分卷　(清)□□編　清乾隆十三年(1748)于古巢抄本　一册

370000－1541－0008074　782.11/571

新鋟評林旁訓薛湯二先生家藏酉陽挼古人物奇編十八卷首一卷　(明)薛應旂輯　(明)鄭以偉等注評　明萬曆三十七年(1609)書林余應虬刻本　十四册

370000－1541－0008075　782.11/725

人表考九卷附錄一卷　(清)梁玉繩撰　清光緒十四年(1888)廣雅書局刻本　四册

370000－1541－0008076　782.116/781

勝朝彤史拾遺記六卷　(清)毛奇齡撰　清刻西河合集本　一册

370000－1541－0008077　782.117/892

春秋列傳五卷　(明)劉節撰　明刻本　四册

370000－1541－0008078　782.12/494

漢人列傳不分卷　(清)□□撰　清抄本　一册

370000－1541－0008079　782.132/119＝2

紹陶錄二卷　(宋)王質撰　清光緒歸安陸氏刻十萬卷樓叢書本　二册

370000－1541－0008080　782.14/655

唐才子傳十卷考異一卷　(金)辛文房撰　清

嘉慶十年(1805)三間草堂刻本　二冊

370000－1541－0008081　782.15/298

京口耆舊傳九卷　(宋)□□撰　清光緒二十五年(1899)王氏刻本　二冊

370000－1541－0008082　782.15/399

草莽私乘不分卷　(明)陶宗儀輯　清光緒十五年(1889)新陽趙氏刻本　一冊

370000－1541－0008083　782.15/695

浦陽人物記二卷　(明)宋濂撰　(清)胡鳳丹校梓　清道光二十二年(1842)退補齋刻金華叢書本　二冊

370000－1541－0008084　782.16/830

皇明開國臣傳十三卷　(明)朱國禎輯　明崇禎刻本　十二冊

370000－1541－0008085　782.16/830＝1

皇明開國臣傳十三卷　(明)朱國禎輯　明崇禎刻本　六冊

370000－1541－0008086　782.16/925

欽定勝朝殉節諸臣錄十二卷首一卷　(清)舒赫德等纂　清刻本　二冊

370000－1541－0008087　782.168/144

崇禎五十宰相傳一卷　(清)曹溶撰　清宣統三年(1911)上海國學扶輪社鉛印本　一冊

370000－1541－0008088　782.168/380

留溪外傳十八卷　(清)陳鼎撰　清康熙三十七年(1698)刻本　六冊

370000－1541－0008089　839.8/311＝1

張氏全集　(清)張擴庭　(清)張葆謙　張積慶撰　清同治四年至八年(1865－1869)南皮張氏刻本暨民國稿本　七冊

370000－1541－0008090　782.17/333

國朝書人輯略十一卷首一卷　震鈞輯　清光緒三十四年(1908)金陵刻本　七冊

370000－1541－0008091　782.17/339

寶應採訪儒林文苑循吏孝友傳稿不分卷　(清)成蓉鏡輯　清光緒稿本　一冊

370000－1541－0008092　782.17/762

大清縉紳全書四卷　(清)□□編　清光緒三十三年(1907)榮錦堂刻本　四冊

370000－1541－0008093　782.17/762＝1

大清縉紳全書四卷大清中樞備覽二卷　(清)□□編　清光緒三十四年(1908)榮錦堂刻本　八冊

370000－1541－0008094　782.17/762＝2

大清縉紳全書四卷　(清)□□編　清道光二十七年(1847)炳蔚堂刻本　四冊

370000－1541－0008095　782.17/762＝3

大清縉紳全書四卷　(清)□□編　清宣統二年(1910)榮錦堂刻本　四冊

370000－1541－0008096　782.17/762＝4

大清縉紳全書四卷　(清)□□編　清光緒十六年(1890)來鹿堂刻本　四冊

370000－1541－0008097　782.17/762＝5

大清縉紳全書四卷　(清)□□編　清光緒九年(1883)榮錄堂刻本　四冊

370000－1541－0008098　782.17/762＝6

大清縉紳全書四卷大清中樞備覽二卷　(清)□□編　清光緒二十三年(1897)榮錄堂刻本　六冊

370000－1541－0008099　782.17/762＝7

大清縉紳全書四卷　(清)□□編　清光緒三十四年(1908)榮錄堂刻本　四冊

370000－1541－0008100　782.178/621

雙仙小志五卷　(清)謝祖芳撰　清刻本　四冊

370000－1541－0008101　782.2/126＝1

高僧傳初集十五卷　(南朝梁)釋慧皎撰　清光緒十年(1884)金陵刻經處刻本　四冊

370000－1541－0008102　782.2/126＝2

高僧傳初集十五卷　(南朝梁)釋慧皎撰　清光緒十年(1884)金陵刻經處刻本　四冊

370000－1541－0008103　782.2/126＝3

高僧傳初集十五卷　(南朝梁)釋慧皎撰　清

光緒十年(1884)金陵刻經處刻本　四冊

370000－1541－0008104　782.2/126＝4

高僧傳二集四十卷　（唐）釋道宣撰　清光緒十六年(1890)江北刻經處刻本　十冊

370000－1541－0008105　782.2/126＝5

高僧傳三集四十卷　（宋）釋贊寧撰　清光緒十六年(1890)江北刻經處刻本　八冊

370000－1541－0008106　782.2/183

歷代畫史彙傳十五卷　（清）彭蘊璨撰　清光緒十年(1884)金陵刻經處刻本　二十四冊

370000－1541－0008107　782.2/285

國朝先正事略六十卷　（清）李元度纂　清同治五年(1866)循陔草堂刻本　三十二冊

370000－1541－0008108　782.2/309

明發錄一卷　（清）張曜孫輯　清道光二十年(1840)陽湖張氏刻宛鄰書屋叢書本　一冊

370000－1541－0008109　782.2/311

國朝畫徵錄三卷續錄二卷　（清）張庚撰　清同治八年(1869)刻本　二冊

370000－1541－0008110　782.2/311＝3

國朝畫徵錄三卷續錄二卷　（清）張庚撰　清乾隆四年(1739)刻本　三冊

370000－1541－0008111　782.2/311＝4

國朝畫徵錄三卷續錄二卷　（清）張庚撰　清乾隆四年(1739)刻本　二冊

370000－1541－0008112　782.2/311＝5

國朝畫徵續錄二卷　（清）張庚撰　清刻本　一冊

370000－1541－0008113　782.2/311＝6

國朝畫徵續錄二卷　（清）張庚撰　清刻本　一冊

370000－1541－0008114　782.2/313＝1

國朝詩人徵略六十卷　（清）張維屏輯　清道光十年(1830)刻本　二十冊

370000－1541－0008115　782.2/313＝2

國朝詩人徵略六十卷　（清）張維屏輯　清道

光十年(1830)刻本　十冊

370000－1541－0008116　782.2/313＝3

國朝詩人徵略六十卷　（清）張維屏輯　清道光十年(1830)刻本　十二冊

370000－1541－0008117　782.2/313＝4

國朝詩人徵略六十卷　（清）張維屏輯　清道光十年(1830)刻本　十冊

370000－1541－0008118　782.2/375

疇人傳四十六卷續傳六卷三傳七卷　（清）阮元編　（清）羅士琳續編　（清）諸可寶再續編　清光緒二十二年(1896)上海璣衡堂石印本　六冊

370000－1541－0008119　782.2/375＝1

疇人傳四十六卷　（清）阮元編　清嘉慶四年(1799)揚州阮氏琅嬛仙館刻本　十冊

370000－1541－0008120　782.2/375＝2

疇人傳四十六卷　（清）阮元編　清嘉慶四年(1799)揚州阮氏琅嬛仙館刻本　十冊

370000－1541－0008121　782.2/440

昭代名人尺牘小傳二十四卷　（清）吳修輯　清光緒七年(1881)杭州亦鹵齋刻本　二冊

370000－1541－0008122　782.2/440＝1

昭代名人尺牘小傳二十四卷　（清）吳修輯　清光緒三十四年(1908)杭州西泠印社石印本　二冊

370000－1541－0008123　782.2/482＝2

列女傳補注八卷校正一卷敘錄一卷列仙傳校正二卷列仙傳讚一卷夢書一卷　（清）王照圓撰　清光緒八年(1882)順天府刻本　五冊

370000－1541－0008124　782.2/714

史外三十二卷　（清）汪有典撰　清刻本　五冊　存二十五卷(一至二十五)

370000－1541－0008125　782.2/736

玉臺畫史五卷別錄一卷　（清）湯漱玉輯　清道光十一年(1831)錢塘汪氏振綺堂刻本　三冊

370000－1541－0008126　782.2/762

逆臣傳二卷　（清）國史館纂　清琉璃廠榮錦
書坊刻本　二冊

370000－1541－0008127　782.2/772
墨香居畫識十卷　（清）馮金伯撰　清刻本
三冊　存七卷(一至七)

370000－1541－0008128　782.2/772＝1
墨香居畫識十卷　（清）馮金伯撰　清刻本
四冊

370000－1541－0008129　782.2/851
宋元以來畫人姓氏錄三十六卷　（清）魯駿編
　清刻本　二十冊

370000－1541－0008130　782.2/932
增廣尚友錄統編二十二卷　應祖錫編　清光
緒二十八年(1902)鴻寶齋石印本　十二冊

370000－1541－0008131　782.2/932＝2
增廣尚友錄統編二十二卷　應祖錫編　清光
緒二十八年(1902)鴻寶齋石印本　十二冊

370000－1541－0008132　782.2/946
小腆紀傳六十五卷補遺一卷　（清）徐鼒撰
清光緒十三年(1887)六和徐氏金陵刻本　十
八冊

370000－1541－0008133　782.21/112
海岱史略一百四十卷　（清）王馭超編　清光
緒二十三年(1897)安邱王氏刻本　二十四冊
　存一百二十七卷(一至七十五、八十九至一
百四十)

370000－1541－0008134　782.21/112＝1
海岱史略一百四十卷　（清）王馭超編　清光
緒二十三年(1897)安邱王氏刻本　二十四冊

370000－1541－0008135　782.21/112＝2
海岱史略一百四十卷　（清）王馭超編　清光
緒二十三年(1897)安邱王氏刻本　十三冊

370000－1541－0008136　782.21/112＝3
海岱史略一百四十卷　（清）王馭超編　清光
緒二十三年(1897)安邱王氏刻本　二十四冊

370000－1541－0008137　782.21/112＝4
海岱史略一百四十卷　（清）王馭超編　清光

緒二十三年(1897)安邱王氏刻本　二十四冊

370000－1541－0008138　782.21/112＝5
正氣集十卷　（清）王式輯　清宣統三年
(1911)不讀非道書齋鉛印本　四冊

370000－1541－0008139　782.21/112＝6
正氣集十卷　（清）王式輯　清宣統三年
(1911)不讀非道書齋鉛印本　四冊

370000－1541－0008140　782.21/119
張中丞事實集錄三卷首一卷　（清）王德茂編
　清光緒九年(1883)刻本　二冊

370000－1541－0008141　782.21/138
漢事會最人物志三卷　（清）惠棟撰　清光緒
二十一年(1895)元和江氏湖南使院刻本　四
冊

370000－1541－0008142　782.21/158
百將圖傳二卷　（清）丁日昌編　清同治八年
(1869)江蘇書局刻本　二冊

370000－1541－0008143　782.21/196
甌北先生[趙翼]年譜一卷　（清）姚鼐等撰
（清）趙廷俊　（清）趙廷英等校　清趙氏刻本
　一冊

370000～1541－0008144　782.21/198
武侯全書二十卷首一卷　（三國蜀）諸葛亮撰
　（清）趙承恩輯　清光緒十二年(1886)刻本
　八冊

370000－1541－0008145　782.21/285＝1
國朝先正事略六十卷　（清）李元度纂　清同
治五年(1866)循陔草堂刻本　三十二冊

370000－1541－0008146　782.21/285＝2
國朝先正事略六十卷　（清）李元度纂　清同
治五年(1866)循陔草堂刻本　二十四冊

370000－1541－0008147　782.21/285＝3
國朝先正事略六十卷　（清）李元度纂　清光
緒二十五年(1899)上海圖書集成印書局鉛印
本　八冊

370000－1541－0008148　782.21/285＝4
國朝先正事略六十卷　（清）李元度纂　清光

緒二十六年(1900)兩儀堂刻本　三十二冊

370000－1541－0008149　782.21/313
忠武誌十卷　(清)張鵬翮輯　清刻本　四冊

370000－1541－0008150　782.21/313 = 1
宋朱晦菴先生名臣言行錄前集七卷後集十四卷宋名臣言行錄續集八卷別集十三卷外集十七卷　(宋)朱熹輯　(明)張采評　明崇禎古吳陳氏刻本　二十冊

370000－1541－0008151　782.21/392
元祐黨人傳十卷　(清)陸心源纂　清光緒十年(1884)烏程潛園刻潛園總集本　五冊

370000－1541－0008152　782.21/426
貳臣傳八卷　(清)國史館纂　清咸豐四年(1854)北京榮錦書坊刻本　八冊

370000－1541－0008153　782.21/426 = 1
滿洲名臣傳四十八卷　(清)國史館纂　清咸豐四年(1854)北京榮錦書坊刻本　四十八冊

370000－1541－0008154　782.21/426 = 2
滿洲名臣傳四十八卷漢名臣傳三十二卷　(清)國史館纂　清咸豐四年(1854)北京榮錦書坊刻本　十二冊　存十一卷(滿洲名臣傳十二、十四、二十五,漢名臣傳十至十一、十六至二十一)

370000－1541－0008155　782.21/426 = 3
漢名臣傳三十二卷　(清)國史館纂　清咸豐四年(1854)北京榮錦書坊刻本　二十九冊存二十九卷(一至六、九至三十一)

370000－1541－0008156　782.21/426 = 4
漢名臣傳三十二卷　(清)國史館纂　清咸豐四年(1854)北京榮錦書坊刻本　九冊　存九卷(二十二至三十)

370000－1541－0008157　782.21/426 = 5
漢名臣傳三十二卷　(清)國史館纂　清咸豐四年(1854)北京榮錦書坊刻本　三十二冊

370000－1541－0008158　782.21/426 = 6
滿洲名臣傳四十八卷　(清)國史館纂　清咸豐四年(1854)北京榮錦書坊刻本　十九冊

缺二十五卷(九至二十五、二十七、二十九、三十一、三十四、三十七、三十九至四十一)

370000－1541－0008159　782.21/426 = 7
滿洲名臣傳四十八卷　(清)國史館纂　清咸豐四年(1854)北京榮錦書坊刻本　四十冊存四十卷(九至四十八)

370000－1541－0008160　782.21/440
吳竹如先生[廷棟]年譜不分卷　(清)方宗誠編　清光緒四年(1878)畿輔志局刻本　一冊

370000－1541－0008161　782.21/554
元朝名臣事略十五卷附校勘記一卷　(元)蘇天爵撰　鄴中記一卷　(晉)陸翽撰　清光緒二十年(1894)刻本　五冊

370000－1541－0008162　782.21/603 = 1
諸葛忠武侯[亮]年譜一卷　(清)張澍編　清末刻本　一冊

370000－1541－0008163　782.21/613
歷代名賢列女氏姓譜一百五十七卷　(清)蕭智漢纂　清嘉慶二十年(1815)刻本　一百四十四冊

370000－1541－0008164　782.21/668
茂園自撰年譜二卷霞蔭堂詩集二卷　(清)康基田撰　清道光七年(1827)刻本　一冊

370000－1541－0008165　782.21/745
沈文節公事實　(清)沈守廉輯　清光緒八年(1882)京師刻本　一冊

370000－1541－0008166　782.21/784
宋遺民錄十五卷　(明)程敏政輯　天地間集一卷宋舊宮人詩詞一卷　(宋)謝翱編　清乾隆至道光長塘鮑氏刻知不足齋叢書本　三冊

370000－1541－0008167　782.21/827
宋名臣言行錄前集十卷後集十四卷續集八卷別集二十六卷外集十七卷　(宋)朱熹纂　(宋)李幼武續纂　清道光元年(1821)洪氏歙續學堂刻本　三十六冊

370000－1541－0008168　782.21/827 = 1
宋名臣言行錄前集十卷後集十四卷續集八卷

別集二十六卷外集十七卷 （宋）朱熹纂
（宋）李幼武續纂 清同治七年(1868)臨川桂
氏刻本 十二冊

370000－1541－0008169 782.21/827＝2

宋名臣言行錄前集十卷後集十四卷續集八卷
別集二十六卷外集十七卷 （宋）朱熹纂
（宋）李幼武續纂 清同治七年(1868)臨川桂
氏刻本 十二冊

370000－1541－0008170 782.21/827＝3

宋名臣言行錄前集十卷後集十四卷續集八卷
別集二十六卷外集十七卷 （宋）朱熹纂
（宋）李幼武續纂 清同治七年(1868)臨川桂
氏刻本 十六冊

370000－1541－0008171 782.21/827＝4

歷代名臣言行錄二十四卷 （清）朱桓編 清
嘉慶二年(1797)廣東朱氏刻本 三十五冊

370000－1541－0008172 782.21/827＝5

歷代名臣言行錄二十四卷 （清）朱桓編 清
嘉慶二年(1797)蔚齋刻本 十二冊 存十卷
（一至十）

370000－1541－0008173 782.21/827＝6

歷代名臣言行錄二十四卷 （清）朱桓編 清
光緒二十四年(1898)上海掃葉山房石印本
八冊

370000－1541－0008174 782.21/827＝7

歷代名臣言行錄二十四卷 （清）朱桓編 清
光緒二十四年(1898)上海宏文閣石印本 八
冊

370000－1541－0008175 782.21/827＝8

歷代名臣傳三十五卷續編五卷 （清）朱軾
（清）蔡世遠訂 清同治三年(1864)刻本 十
六冊

370000－1541－0008176 782.21/827＝9

歷代名臣傳三十五卷續編五卷 （清）朱軾
（清）蔡世遠訂 清光緒二十三年(1897)刻本
十七冊

370000－1541－0008177 782.21/827＝10

歷代名臣傳三十五卷續編五卷 （清）朱軾
（清）蔡世遠訂 清刻本 十八冊

370000－1541－0008178 782.21/827＝11

歷代名臣傳三十五卷續編五卷 （清）朱軾
（清）蔡世遠訂 清刻本 十七冊

370000－1541－0008179 782.21/827＝12

歷代循吏傳八卷 （清）朱軾 （清）蔡世遠訂
清光緒二十三年(1897)刻本 四冊

370000－1541－0008180 782.21/829＝3

咸豐以來功臣別傳三十卷 朱孔彰撰 清光
緒二十四年(1898)元和胡氏漸學廬石印漸學
廬叢書本 六冊

370000－1541－0008181 782.21/829＝4

咸豐以來功臣別傳三十卷 朱孔彰撰 清光
緒二十四年(1898)元和胡氏漸學廬石印漸學
廬叢書本 六冊

370000－1541－0008182 782.21/883

鄂國金佗稡編二十八卷 （宋）岳珂編 清光
緒九年(1883)浙江書局刻本 六冊

370000－1541－0008183 782.21/890

明良志略不分卷 （清）劉沅撰 清同治八年
(1869)致福樓刻本 一冊

370000－1541－0008184 782.21/934

文端公［錢陳群］年譜三卷 （清）錢儀吉編
（清）錢志澄增訂 清光緒二十年(1894)刻本
二冊

370000－1541－0008185 782.22/281

柳如是事輯 （清）懷圃居士輯 清光緒二十
九年(1903)刻本 一冊

370000－1541－0008186 782.22/285

國朝賢媛類徵初編十二卷 （清）李桓輯 清
光緒十七年(1891)湘陰李氏刻本 十冊

370000－1541－0008187 782.22/714

列女傳十六卷 （漢）劉向撰 （明）汪道昆增
輯 （明）仇英繪圖 明萬曆刻清乾隆四十四
年(1779)鮑氏知不足齋印本 十二冊

370000－1541－0008188 782.22/887

列女傳補注八卷敘錄一卷校正一卷 （漢）劉向撰 （清）王照圓補注 清嘉慶十七年(1812)棲霞曬書堂刻本 四冊

370000－1541－0008189 782.22/887＝1

列女傳補注八卷 （漢）劉向撰 （清）王照圓補注 清刻本 一冊 存二卷(五至六)

370000－1541－0008190 782.22/887＝2

列女傳八卷附續傳一卷 （漢）劉向撰 清宣統二年(1910)上海會文堂石印本 四冊

370000－1541－0008191 782.22/887＝3

列仙傳校正本二卷列仙傳讚一卷夢書一卷 （漢）劉向撰 （清）王照圓輯校 清嘉慶雙蓮書屋刻本 一冊

370000－1541－0008192 782.22/888

廣列女傳二十卷 （清）劉開纂 清光緒十年(1884)俞樾刻本 六冊

370000－1541－0008193 782.22/888＝1

廣列女傳二十卷 （清）劉開纂 清光緒十年(1884)俞樾刻本 六冊

370000－1541－0008194 782.23/192

全唐詩人姓氏錄二十卷 （清）袁樹輯 清稿本 十冊

370000－1541－0008195 782.23/292

鶴徵錄八卷首一卷 （清）李集輯 （清）李富孫 （清）李遇孫續輯 鶴徵後錄十二卷首一卷 （清）李富孫輯 清嘉慶十五年(1810)嘉興李氏刻同治十一年(1872)補刻本 八冊

370000－1541－0008196 782.23/298

皇清經解姓氏考三卷續編一卷 （清）□□撰 清稿本 四冊

370000－1541－0008197 782.23/311

顧亭林先生[炎武]年譜一卷 （清）張穆撰 清道光二十四年(1844)道州何紹基刻本 一冊

370000－1541－0008198 782.23/317

聖宗集要八卷 （清）費緯祹輯 清康熙四十九年(1710)依庸堂刻本 八冊

370000－1541－0008199 782.23/422

聖賢像贊三卷 （明）呂維祺編 （清）孔憲蘭重修 清光緒四年(1878)曲阜會文堂刻本 四冊

370000－1541－0008200 782.23/422＝1

聖蹟圖 （清）孔憲蘭摹 清同治十三年(1874)刻本 一冊

370000－1541－0008201 782.23/482

船山師友記十七卷 （清）羅正鈞纂 清光緒三十三年(1907)會稽吳汝楫刻本 四冊

370000－1541－0008202 782.23/599

光緒丁酉拔貢同年錄不分卷 （清）□□編 清光緒二十三年(1897)高郵縣公署會計處抄本 一冊

370000－1541－0008203 782.23/667

學案小識十四卷首一卷末一卷 （清）唐鑑撰 清光緒十年(1884)黃膺刻本 十四冊

370000－1541－0008204 782.23/667＝1

學案小識十四卷首一卷末一卷 （清）唐鑑撰 清光緒十年(1884)黃膺刻本 十六冊

370000－1541－0008205 782.23/667＝2

學案小識十四卷首一卷末一卷 （清）唐鑑撰 清光緒十年(1884)黃膺刻本 十二冊

370000－1541－0008206 782.23/667＝3

學案小識十四卷首一卷末一卷 （清）唐鑑撰 清光緒十年(1884)黃膺刻本 七冊 缺二卷(一至二)

370000－1541－0008207 782.23/667＝4

學案小識十四卷首一卷末一卷 （清）唐鑑撰 清光緒十年(1884)黃膺刻本 十二冊

370000－1541－0008208 782.23/667＝5

學案小識十四卷首一卷末一卷 （清）唐鑑撰 清光緒十年(1884)黃膺刻本 十二冊

370000－1541－0008209 782.23/690

列朝詩傳摘鈔五卷 （清）□□摘鈔 清稿本 四冊

370000－1541－0008210 782.23/719

國朝漢學師承記八卷國朝經師經義目錄一卷
國朝宋學淵源記二卷　（清）江藩撰　清光緒
十三年(1887)萬卷書室刻本　四冊

370000－1541－0008211　782.23/719＝1

國朝漢學師承記八卷國朝經師經義目錄一卷
　（清）江藩撰　清咸豐四年(1854)南海伍氏
粵雅堂刻粵雅堂叢書本　四冊

370000－1541－0008212　782.23/719＝3

國朝宋學淵源記二卷　（清）江藩撰　清咸豐
四年(1854)南海伍氏粵雅堂刻粵雅堂叢書本
一冊

370000－1541－0008213　782.23/736

槃蓮文五卷　（清）湯紀尚撰　清光緒十年
(1884)黃膺刻本　二冊

370000－1541－0008214　782.23/736＝1

洛學編六卷　（清）湯斌輯　（清）尹會一續輯
（清）郭程先補輯　清光緒二年(1876)有不
爲齋刻本　二冊

370000－1541－0008215　782.23/736＝2

洛學編五卷乾坤兩卦解一卷　（清）湯斌輯
（清）尹會一續輯　清同治九年(1870)刻本
二冊

370000－1541－0008216　782.23/827

中興將帥別傳三十卷　朱孔彰撰　清光緒二
十五年(1899)掃葉山房石印本　六冊

370000－1541－0008217　782.23/827＝1

中興將帥別傳三十卷　朱孔彰撰　清光緒二
十三年(1897)江寧刻本　十二冊

370000－1541－0008218　782.23/827＝2

歷代名儒傳八卷　（清）朱軾　（清）蔡世遠訂
　清刻本　四冊

370000－1541－0008219　782.23/827＝3

歷代名儒傳八卷　（清）朱軾　（清）蔡世遠訂
　清刻本　四冊

370000－1541－0008220　782.23/953

兩浙名賢錄六十二卷　（明）徐象梅撰　清光
緒二十六年(1900)浙江書局刻本　六十二冊

370000－1541－0008221　782.23/953＝1

皖學編十三卷首三卷　（清）徐定文纂　清宣
統元年(1909)徐氏萬卷樓刻本　六冊

370000－1541－0008222　782.23/979

闕里述聞十四卷　（清）鄭曉如撰　清同治七
年(1868)廣州華文堂刻本　八冊

370000－1541－0008223　782.23/986

宋元學案一百卷首一卷考略一卷　（清）黃宗
羲撰　（清）黃百家纂輯　（清）全祖望修定
清光緒五年(1879)長沙寄廬刻本　四十八冊

370000－1541－0008224　782.23/986＝1

宋元學案一百卷首一卷考略一卷　（清）黃宗
羲撰　（清）黃百家纂輯　（清）全祖望修定
清光緒五年(1879)長沙寄廬刻本　四十一冊
　存八十二卷(一至八十二)

370000－1541－0008225　782.233/736

晉諸公別傳不分卷　（清）湯球輯　清同治六
年(1867)廣雅書局刻本　一冊

370000－1541－0008226　782.2379/482

己酉科山東優拔貢同年齒錄不分卷　孫寶琦
　（清）羅正鈞輯　清宣統元年(1909)石印本
二冊

370000－1541－0008227　782.2379/482＝1

己酉科山東優拔貢同年齒錄不分卷　孫寶琦
　（清）羅正鈞輯　清宣統元年(1909)石印本
二冊

370000－1541－0008228　782.24/169

國朝兩浙科名錄不分卷　（清）黃安綏編　清
咸豐七年(1857)京師琉璃廠東門龍文齋刻本
二冊

370000－1541－0008229　782.24/278

詞科掌錄十七卷附詞科餘話七卷　（清）杭世
駿輯　清乾隆仁和杭氏道古堂刻本　十二冊

370000－1541－0008230　782.24/429

述庵先生[王昶]年譜二卷　（清）嚴榮編　清
末刻本　二冊

370000－1541－0008231　782.24/554

元朝名臣事略十五卷　（元）蘇天爵撰　清光

緒十三年(1887)刻畿輔叢書本　四冊

370000 – 1541 – 0008232　782.24/554 = 1

元朝名臣事略十五卷附校勘記一卷　(元)蘇
天爵撰　清光緒二十年(1894)刻本　四冊
缺五卷(八至十二)

370000 – 1541 – 0008233　782.24/712

史姓韻編二十四卷　(清)汪輝祖輯　清光緒
二十九年(1903)上海文瀾書局石印本　八冊

370000 – 1541 – 0008234　782.24/712 = 1

史姓韻編六十四卷　(清)汪輝祖輯　清同治
九年(1870)金陵書局木活字印本　二十四冊

370000 – 1541 – 0008235　782.24/712 = 3

史姓韻編六十四卷　(清)汪輝祖輯　清同治
九年(1870)金陵書局木活字印本　二十三冊
缺二卷(三至四)

370000 – 1541 – 0008236　782.24/712 = 4

史姓韻編六十四卷　(清)汪輝祖輯　清光緒
十年(1884)慈谿耕餘樓刻本　十六冊

370000 – 1541 – 0008237　782.24/712 = 5

史姓韻編六十四卷　(清)汪輝祖輯　清乾隆
五十五年(1790)雙節堂刻本　三十二冊

370000 – 1541 – 0008238　782.24/732

玉劍尊聞十卷　(清)梁維樞撰　清順治賜麟
堂刻燕趙叢書本　十冊

370000 – 1541 – 0008239　782.24/818

歷代兩浙詞人小傳十六卷　周慶雲纂　清夢
坡室刻本　五冊

370000 – 1541 – 0008240　782.24/849

海虞畫苑略一卷補遺一卷　(清)魚翼撰　清
同治十三年(1874)虞山顧氏刻本　一冊

370000 – 1541 – 0008241　782.25/288

西漢節義傳論二卷　(清)李鄴嗣撰　**竹林答
問不分卷**　(清)陳僅撰　清光緒十一年
(1885)鄞縣郭氏金峨山館刻本　一冊

370000 – 1541 – 0008242　782.26/311

姓氏尋源四十五卷　(清)張澍撰　清道光十
八年(1838)刻本　十五冊

370000 – 1541 – 0008243　782.26/707

史外八卷　(清)汪有典撰　清同治四年
(1865)陝甘公所刻本　八冊

370000 – 1541 – 0008244　782.269/111

先儒正修錄三卷先儒齊治錄三卷　(清)于準
纂　清康熙刻本　六冊

370000 – 1541 – 0008245　782.269/934

續良吏述一卷　(清)錢儀吉撰　清光緒三年
(1877)羊城衍石齋刻衍石齋合稿本　一冊

370000 – 1541 – 0008246　782.3/169

明儒學案六十二卷　(清)黃宗羲撰　清道光
元年(1821)會稽莫氏刻本　三十六冊

370000 – 1541 – 0008247　782.39/927 = 2

疑年錄三卷　(清)錢大昕編　清刻本　二冊

370000 – 1541 – 0008248　782.6/411

桐城耆舊傳十二卷　馬其昶撰　清宣統三年
(1911)刻本　四冊　存八卷(五至十二)

370000 – 1541 – 0008249　782.611/946

大清畿輔列女傳六卷　徐世昌撰　清光緒二
十九年(1903)天津徐氏刻本　二冊

370000 – 1541 – 0008250　782.612/290

青州府志安邱張氏列傳　(清)張柏恒輯　清
道光二十三年(1843)金鄉張柏恒刻本　一冊

370000 – 1541 – 0008251　782.621/309

金陵文徵小傳彙刊　(清)張熙亭編　清光緒
二年(1876)張熙亭刻本　一冊

370000 – 1541 – 0008252　782.621/320

名宦鄉賢錄一卷　(清)陳慶涵編　清光緒十
四年(1888)都門刻本　一冊

370000 – 1541 – 0008253　782.621/503

毘陵人品記十卷　(明)毛憲編　(明)葉金輯
清刻本　四冊

370000 – 1541 – 0008254　782.621/554

吳郡名賢圖傳贊二十卷　(清)顧沅輯　清道
光九年(1829)刻本　十冊

370000 – 1541 – 0008255　782.621/653

永安耆獻狀一卷　（清）屈軼輯　清能靜居抄本　一冊

370000－1541－0008256　782.621/755

淮郡文獻志二十六卷　（明）潘塤編　清同治七年(1868)潘亮彝抄本　三十冊

370000－1541－0008257　782.622/994

桐城姚氏碑傳錄七卷補遺一卷　姚永樸編　清光緒三十二年(1906)刻本　二冊

370000－1541－0008258　782.623/212

西湖三祠明賢考略　（清）戴啟文輯　清光緒三十年(1904)刻本　二冊

370000－1541－0008259　782.623/377

東越儒林後傳一卷　（清）陳壽祺輯　清嘉慶三山陳氏刻三山陳氏藝文錄本　一冊

370000－1541－0008260　782.623/377＝1

東越儒林傳一卷東越文苑傳一卷　（清）陳壽祺輯　清嘉慶三山陳氏刻三山陳氏藝文錄本　二冊

370000－1541－0008261　782.623/380

東越文苑六卷　（明）陳鳴鶴輯　清道光十九年(1839)碧山堂刻本　二冊

370000－1541－0008262　782.623/892

越中觀感錄一卷　（清）陳錦編　清光緒九年(1883)會稽徐氏八杉齋刻本　一冊

370000－1541－0008263　782.625/326

襄陽耆舊記二卷　（晉）習鑿齒撰　清乾隆五十三年(1788)震澤任氏刻本　一冊

370000－1541－0008264　782.7/285

高密李氏世科錄不分卷　（清）李介等撰　清刻本　二冊

370000－1541－0008265　782.7/306

[山東安丘]安丘張氏家乘不分卷　（清）陳維崧等撰　（清）張貞輯　清刻本　二冊

370000－1541－0008266　782.7/311

雙山張廷尉裔不分卷　（清）張勳樞編　清稿本　一冊

春秋集義五十八卷首一卷末二卷　（清）吳鳳來撰　清乾隆五十四年(1789)浦陽吳鳳來刻本　一冊　存一卷(末下)

370000－1541－0008267　782.7/377

宗室王公功績表傳十二卷首一卷　（清）國史館編　清京都琉璃廠刻本　八冊

370000－1541－0008268　782.7/462

宗室王公功績表傳十二卷首一卷　（清）國史館編　清京都琉璃廠刻本　六冊

370000－1541－0008269　782.7/462＝2

高氏家模彙編二卷　（清）高之騤輯　清光緒二十年(1894)高密高氏刻本　二冊

370000－1541－0008270　782.7/646

文公魯齋[趙文穎]陽穀殉難事實一卷　（清）趙文龍輯　清光緒三十三年(1907)成都趙爾豐石印本　一冊

370000－1541－0008271　782.8/196

齊培芝小傳一卷　（清）齊培芝撰　清稿本　一冊

370000－1541－0008272　782.8/505

誥封一品夫人周母吳太夫人榮哀錄　沈曾植撰　清光緒三十四年(1908)石印本　一冊

370000－1541－0008273　782.8/745

扁鵲倉公傳一卷　（清）□□撰　清抄本　一冊

370000－1541－0008274　782.817/303

三遷志十二卷　（清）王特選增纂　清康熙六十一年(1722)刻本　四冊

370000－1541－0008275　782.817/357

三遷志十二卷　（清）王特選增纂　清康熙六十一年(1722)刻本　四冊

370000－1541－0008276　782.817/357＝1

重纂三遷志十卷首一卷　（清）孟廣均纂（清）陳錦　（清）孫葆田重纂　清光緒十三年(1887)山東書局刻本　六冊

370000－1541－0008277　782.817/357＝2

370000－1541－0008278　782.817/357＝3

孟志編略六卷　（清）孫葆田撰　清光緒十六年(1890)刻本　三冊

370000－1541－0008279　782.817/583

洙泗考信餘錄三卷　（清）崔述撰　清道光四年(1824)東陽縣署刻本　一冊

370000－1541－0008280　782.817/583＝1

孟子事實錄二卷　（清）崔述撰　清道光二年(1822)東陽縣署刻本　一冊

370000－1541－0008281　782.851/760

蘇米志林三卷　（明）毛晉輯　明天啓五年(1625)虞山毛氏綠君亭刻本　一冊　存一卷（米元章一卷）

370000－1541－0008282　782.8515/225

忠獻韓魏王家傳十卷　（宋）韓忠彦撰　明萬曆十五年(1587)郭樸刻本　二冊

370000－1541－0008283　782.8516/556

蘇長公外紀十二卷　（明）王世貞輯　（明）璩之璞校補　明萬曆二十二年(1594)璩氏燕石齋刻本　八冊

370000－1541－0008284　782.857/359

樊公祠錄二卷　（清）孫樹禮編　武林藏書錄三卷首一卷末一卷　（清）丁申撰　清光緒二十五年至二十六年(1899－1900)錢塘丁氏嘉惠堂刻本　三冊

370000－1541－0008285　782.86/820

忠介遺事一卷　（清）□□編　清末刻本　一冊

370000－1541－0008286　782.87/100

環遊地球新錄四卷　（清）李圭撰　清末刻本　一冊　存一卷（二）

370000－1541－0008287　782.87/112

[王汝揆]行述一卷　（清）王權等撰　清刻本　一冊

370000－1541－0008288　782.87/117

曾文正公大事記四卷　（清）王定安撰　清光緒三十一年(1905)鉛印本　一冊

370000－1541－0008289　782.87/158

張公襄理軍務記略六卷　（清）丁運樞等撰　清宣統元年(1909)石印本　六冊

370000－1541－0008290　782.87/169

東游日記一卷（清光緒二十年五月四日至七月四日）　（清）黃慶澄撰　清光緒二十年(1894)東甌詠古齋刻本　一冊

370000－1541－0008291　782.87/178

焚香山館日記一卷(清道光二十四年三月至四月)　（清）甘鴻撰　清道光二十四年(1844)稿本　一冊

370000－1541－0008292　782.87/183

志矩齋讀書圖一卷南昀續稿一卷　（清）彭定求編撰　清光緒三年(1877)刻本　一冊

370000－1541－0008293　782.87/281

災賑日記十五卷(清光緒二十四年至二十五年)　（清）柳堂撰　清光緒三十一年(1905)柳氏筆諫堂刻本　一冊　存七卷（一至七）

370000－1541－0008294　782.87/285

思痛記二卷　（清）李圭撰　清光緒六年(1880)師一齋刻本　一冊

370000－1541－0008295　782.87/290＝1

李鴻章十二章　梁啟超撰　清光緒二十七年(1901)鉛印本　一冊

370000－1541－0008296　782.87/290＝2

李鴻章十二章　梁啟超撰　清光緒二十七年(1901)鉛印本　一冊

370000－1541－0008297　782.87/290＝3

李鴻章十二章　梁啟超撰　清光緒石印本　一冊

370000－1541－0008298　782.87/292

錫山李閣學政績錄　李澍恩輯　清宣統二年(1910)吉林印書館鉛印本　一冊

370000－1541－0008299　782.87/292＝1

海城李公勤王紀略一卷　（清）朱祖懋撰　清末鉛印本　一冊

370000－1541－0008300　782.87/306

竹居先德錄一卷　張士珩等編　清光緒二十

一年(1895)竹居刻竹居甲集本　一册

370000－1541－0008301　782.87/309

三洲日記八卷(清光緒十二年二月初八至十五年十一月十三日)　(清)張蔭桓撰　清光緒三十二年(1906)上海石印本　八册

370000－1541－0008302　782.87/309＝1

三洲日記八卷(清光緒十二年二月初八至十五年十一月十三日)　(清)張蔭桓撰　清光緒三十二年(1906)上海石印本　八册

370000－1541－0008303　782.87/309＝2

三洲日記八卷(清光緒十二年二月初八至十五年十一月十三日)　(清)張蔭桓撰　清光緒三十二年(1906)上海石印本　八册

370000－1541－0008304　782.87/311＝1

張文襄幕府紀聞二卷　(清)辜鴻銘撰　清宣統二年(1910)鉛印本　二册

370000－1541－0008305　782.87/311＝2

張文襄幕府紀聞二卷　(清)辜鴻銘撰　清宣統二年(1910)鉛印本　二册

370000－1541－0008306　782.87/311＝3

新出張文襄公事略一卷　(清)聽雨樓主人編　清宣統石印本　一册

370000－1541－0008307　782.87/317

張家鼎手書日記不分卷(清同治十三年正月至光緒十一年十二月)　(清)張家鼎撰　清稿本　二十册

370000－1541－0008308　782.87/336

河海崑崙錄四卷　(清)霍景福撰　清宣統元年(1909)上海文明書局鉛印本　四册

370000－1541－0008309　782.87/375

雷塘庵主弟子記八卷　(清)張鑑等編　(清)柳興恩續編　清道光二十一年(1841)甘泉羅士琳刻咸豐儀徵阮氏嫏嬛仙館補刻本　二册

370000－1541－0008310　782.87/375＝1

雷塘庵主弟子記七卷　(清)張鑑等編　清道光二十一年(1841)甘泉羅士琳刻本　四册

370000－1541－0008311　782.87/377

奉使紀勝一卷　(清)陳階平撰　**讀史論略**(清)杜詔撰　清道光九年(1829)刻本　清裕泰跋　一册

370000－1541－0008312　782.87/380

陳將軍歸骨記不分卷　(清)尹琳基撰　清光緒十八年(1892)刻寡過未能齋雜著本　一册

370000－1541－0008313　782.87/382

水流雲在圖記二卷附題辭一卷　陳夔龍撰　清末民國初石印本　二册

370000－1541－0008314　782.87/387

景陸稡編八卷首一卷末一卷　(清)許仁沐輯　清光緒二十三年(1897)刻本　六册

370000－1541－0008315　782.87/387＝1

景陸稡編八卷首一卷末一卷　(清)許仁沐輯　清光緒二十三年(1897)刻本　六册

370000－1541－0008316　782.87/399

蜀輶日記四卷(清嘉慶十五年五月十五日至十一月二十二日)　(清)陶澍撰　清光緒七年(1881)刻本　四册

370000－1541－0008317　782.87/399＝1

蜀輶日記四卷(清嘉慶十五年五月十五日至十一月二十二日)　(清)陶澍撰　清道光四年(1824)刻本　四册

370000－1541－0008318　782.87/438＝1

南行日記一卷(清光緒七年六月二十四日至八月二十三日)　(清)吳廣霈撰　清光緒七年(1881)敩園鉛印本　一册

370000－1541－0008319　782.87/454

西太后二十章　(日本)中久喜信周撰　清末新學書會石印本　一册

370000－1541－0008320　782.87/601

復堂日記八卷(清同治二年五月至光緒十七年十一月)　(清)譚獻撰　清光緒十三年(1887)刻復堂類集本(卷七至八爲複印補配)　三册

370000－1541－0008321　782.87/648

韋斯公自敍宦游記略　(清)朱澧輯　清道光

五年(1825)刻本　一册

370000－1541－0008322　782.87/648＝1

宦游紀略二卷　（清）高廷瑤撰　清光緒九年(1883)資中官廨刻本　一册

370000－1541－0008323　782.87/648＝2

宦游紀略二卷　（清）高廷瑤撰　清光緒九年(1883)嚴錫康刻本　二册

370000－1541－0008324　782.87/667

請纓日記十卷(清光緒八年七月九日至十一年十一月)　（清）唐景崧撰　清光緒十九年(1893)臺灣布政使署刻本　五册

370000－1541－0008325　782.87/677

魯齋殉難事實一卷　（清）趙文龍編　清刻本　一册

370000－1541－0008326　782.87/684

誥授通奉大夫賞戴花翎二品銜署浙江溫處兵備道上元宗公[源瀚]行狀一卷　（清）秦寶瓚撰　清光緒石印本　一册

370000－1541－0008327　782.87/736

湯金釗列傳一卷　清末抄本　一册

370000－1541－0008328　782.87/768

馮光元行述一卷　（清）馮敦琦撰　清宣統二年(1910)石印本　一册

370000－1541－0008329　782.87/794

秋女士傳一卷　（清）□□輯　清末民國初石印本　一册

370000－1541－0008330　782.87/818

冬集紀程一卷　（清）周廣業撰　清道光二十年(1840)種松書塾刻本　一册

370000－1541－0008331　782.87/827

草間日記一卷(清道光二十二年六月一日至九月一日)　（清）朱士雲撰　清光緒三十四年(1908)丹徒陶氏刻本　一册

370000－1541－0008332　782.87/827＝1

朱可亭行述一卷　（清）朱必堦等撰　清刻本　一册

370000－1541－0008333　782.87/842

西征紀程四卷　（清）鄒代鈞撰　清光緒十七年(1891)鉛印本　二册

370000－1541－0008334　782.87/845

[管通群]行述一卷　（清）管貽藩等撰　清刻本　一册

370000－1541－0008335　782.87/850

霆軍紀略十六卷　（清）陳昌輯　清光緒八年(1882)上海申報館鉛印申報館叢書本　六册

370000－1541－0008336　782.87/938

紹興鍾吉人日記一卷(清光緒二十三年三月一日至七月二十七日)　（清）鍾吉人撰　清稿本　一册

370000－1541－0008337　782.87/964＝1

顧先生祠會祭題名一卷　（清）□□編　清宣統元年(1909)石印本　一册

370000－1541－0008338　782.87/978

敕授文林郎徵君顯考子尹府君行述一卷　（清）鄭知同撰　清宣統元年(1909)趙怡鉛印本　一册

370000－1541－0008339　782.87/982

求闕齋弟子記三十二卷　（清）王定安撰　清光緒二年(1876)都門龍文齋刻本　八册

370000－1541－0008340　782.87/982＝1

求闕齋日記類鈔二卷　（清）曾國藩撰　（清）王啟原輯　清光緒二年(1876)傳忠書局刻本　二册

370000－1541－0008341　782.87/982＝2

曾侯日記一卷(清光緒四年九月一日至五年三月二十六日)　（清）曾紀澤撰　清光緒七年(1881)申報館鉛印本　一册

370000－1541－0008342　782.87/990

蓼莪子雜識一卷　（清）俞興瑞撰　清咸豐六年(1856)平江三德堂刻本　一册

370000－1541－0008343　782.87/994

姚布政傳一卷　（清）嚴允肇撰　清道光元年(1821)刻本　一册

370000 – 1541 – 0008344　782.872/387

陸清獻公日記十卷(清順治十四年至康熙三十一年)　(清)陸隴其撰　清道光二十一年(1841)勝溪草堂刻本　四冊

370000 – 1541 – 0008345　782.872/433

萱圖諛言錄四卷　(清)汪天與等撰　清康熙五十五年(1716)松明汪氏刻本　四冊

370000 – 1541 – 0008346　782.874/288

使琉球記六卷　(清)李鼎元撰　清末抄本　六冊

370000 – 1541 – 0008347　782.874/288 = 2

使琉球記六卷　(清)李鼎元撰　清光緒上海申報館鉛印本　二冊

370000 – 1541 – 0008348　782.874/316

弘毅公衍慶錄十卷附戰功一卷行略一卷　(清)愛必達纂　清乾隆十一年(1746)刻本　三冊

370000 – 1541 – 0008349　782.876/292

李公遺事錄一卷　(清)□□編　清道光八年(1828)遠樹堂刻本　一冊

370000 – 1541 – 0008350　782.876/798

槐蔭堂自叙冊題跋　(清)魏致和輯　清道光七年(1827)文華齋刻本　二冊

370000 – 1541 – 0008351　782.876/982

曾文正公手書日記不分卷(清道光二十一年至同治十一年)　(清)曾國藩撰　清宣統元年(1909)上海中國圖書公司石印本　四十冊

370000 – 1541 – 0008352　782.876/982.2

曾文正公榮哀錄　(清)□□編　清光緒三十一年(1905)上海商務印書館鉛印本　一冊

370000 – 1541 – 0008353　782.877/153

西太后二十章　(日本)中久喜信周撰　清末鉛印本　一冊

370000 – 1541 – 0008354　782.877/258

傳忠錄一卷　(清)李雯編　清刻本　佚名批校　一冊

370000 – 1541 – 0008355　782.877/285 = 2

李剛介公傳忠錄一卷　(清)李雯編　清同治七年(1868)刻本　一冊

370000 – 1541 – 0008356　782.877/290

夢韶府君行述　(清)李文源撰　清咸豐九年(1859)刻本　一冊

370000 – 1541 – 0008357　782.877/329

半巖廬日記五卷(清道光二十三年九月九日至十二月二十八日)　(清)邵懿辰撰　清同治十年(1871)刻朱印仁和邵氏半巖廬所著書本　一冊

370000 – 1541 – 0008358　782.877/861

趨庭記述二卷　(清)經元善輯　清光緒二十三年(1897)上海刻本　二冊

370000 – 1541 – 0008359　782.877/982

求闕齋日記類鈔二卷　(清)曾國藩撰　(清)王啟原輯　清光緒二年(1876)傳忠書局刻本　四冊

370000 – 1541 – 0008360　782.878/102

王貞女事實　(清)秦際唐等輯　清光緒三十一年(1905)樊榮桂鉛印本　一冊

370000 – 1541 – 0008361　782.878/112

三省軒自述二卷　(清)王世恩撰　清光緒十一年(1885)刻本　一冊

370000 – 1541 – 0008362　782.878/117

道西齋日記二卷(清光緒十三年三月至五月二十四日)　(清)王詠霓撰　清光緒二十二年(1896)上海石印本　二冊

370000 – 1541 – 0008363　782.878/158

宜堂類編二十五卷　丁立中輯　清光緒二十六年(1900)丁氏嘉惠堂刻本　十冊

370000 – 1541 – 0008364　782.878/219

胡氏三烈合傳不分卷　(清)王琴堂編　清光緒二十八年(1902)刻本　一冊

370000 – 1541 – 0008365　782.878/228

隨軺日記一卷(清光緒十六年至十七年)　韓國鈞撰　清光緒二十五年(1899)刻本　王宗義題識　一冊

370000 – 1541 – 0008366　782.878/352

左文襄公榮哀錄不分卷　（清）□□輯　清光緒刻本　二冊

370000 – 1541 – 0008367　782.878/433

孤忠錄二卷附誄文一卷　（清）袁祖志編　清光緒十二年(1886)吳縣永凝堂刻本　三冊

370000 – 1541 – 0008368　782.878/433 = 1

孤忠錄二卷　（清）袁祖志編　清光緒十二年(1886)萬選樓刻本　王宗義題識　二冊

370000 – 1541 – 0008369　782.878/433 = 2

吳柳堂先生誄文一卷　（清）傅巖霖輯　清光緒六年(1880)刻本　二冊

370000 – 1541 – 0008370　782.878/482

羅先生事略一卷　（清）□□編　清刻本　一冊

370000 – 1541 – 0008371　782.878/526

西遊日記一卷(清光緒二十九年四月至十月)　（清）蔣煦撰　清光緒三十一年(1905)山東歷城范氏鉛印本　一冊

370000 – 1541 – 0008372　782.878/526 = 1

柘湖宦游錄四卷　（清）蔣清瑞撰　清宣統元年(1909)歸安蔣氏月河草堂刻本　一冊

370000 – 1541 – 0008373　782.878/571

出使英法義比四國日記六卷　（清）薛福成撰　清光緒石印本　三冊

370000 – 1541 – 0008374　782.878/571 = 1

出使英法義比四國日記六卷　（清）薛福成撰　清光緒十八年(1892)石印本　二冊

370000 – 1541 – 0008375　782.878/571 = 2

出使英法義比四國日記六卷　（清）薛福成撰　清光緒十八年(1892)刻本　六冊

370000 – 1541 – 0008376　782.878/571 = 3

出使日記續刻十卷　（清）薛福成撰　清光緒二十四年(1898)傳經樓刻本　十冊

370000 – 1541 – 0008377　782.878/593

岑襄勤公勛德介福圖　（清）岑春榮等輯　清光緒十七年(1891)石印本　一冊

370000 – 1541 – 0008378　782.878/869

白竹君　北京愛國報館輯　清宣統元年(1909)北京愛國報館石印本　一冊

370000 – 1541 – 0008379　782.878/882 = 1

入都日記一卷(清光緒十三年)　（清）李圭撰　清光緒刻本　一冊

370000 – 1541 – 0008380　782.878/972

乙巳考察印錫茶土日記不分卷　（清）鄭世璜撰　清光緒三十一年(1905)木活字印本　一冊

370000 – 1541 – 0008381　782.878/972 = 1

乙巳考察印錫茶土日記不分卷　（清）鄭世璜撰　清光緒三十一年(1905)木活字印本　一冊

370000 – 1541 – 0008382　782.88/394

韜厂蹈海錄四卷　徐良弼等撰　清宣統二年(1910)蘇城毛上珍鉛印本　二冊

370000 – 1541 – 0008383　782.879/190

辛亥撫新記程二卷　袁大化撰　清宣統三年(1911)商務印書館鉛印本　二冊

370000 – 1541 – 0008384　782.879/364

夔輈日記　孫海環輯　清宣統元年(1909)刻本　一冊

370000 – 1541 – 0008385　782.879/918

中國大政治家袁世凱十四章　梁紀佩撰　清宣統元年(1909)振亞社石印本　一冊

370000 – 1541 – 0008386　782.881/311

癸卯東游日記二卷　張謇撰　清光緒二十九年(1903)南通州翰墨林書局鉛印本　一冊

370000 – 1541 – 0008387　782.89/158

四川派赴東瀛遊歷閱操日記二卷(清光緒二十五年至二十六年)　（清）丁鴻臣撰　清光緒二十六年(1900)刻本　一冊

370000 – 1541 – 0008388　782.9/149

栗恭勤公[毓美]年譜二卷　（清）張壬林編　清光緒十六年(1890)磁州張氏刻本　二冊

370000 – 1541 – 0008389　782.9/158

頤志齋四譜 （清）丁晏編 清道光二十三年
(1843)刻本 一冊

370000－1541－0008390 782.9/158＝1

頤志齋四譜 （清）丁晏編 清道光二十三年
(1843)刻本 一冊

370000－1541－0008391 782.9/261

張制軍［亮基］年譜二卷附錄一卷 （清）張祖
祐編 （清）林紹年訂 清光緒三十一年
(1905)銅山張祖祐刻本 二冊

370000－1541－0008392 782.9/313

顧亭林先生［炎武］年譜一卷 （清）張穆撰
清道光二十四年(1844)刻本 一冊

370000－1541－0008393 782.9/313＝1

顧亭林先生［炎武］年譜一卷閻潛丘先生［若
璩］年譜一卷 （清）張穆撰 清道光二十四
年(1844)、二十七年(1847)壽陽祁氏刻本
二冊

370000－1541－0008394 782.9/313＝2

顧亭林先生［炎武］年譜一卷閻潛丘先生［若
璩］年譜一卷 （清）張穆撰 清道光二十四
年(1844)、二十七年(1847)壽陽祁氏刻本
二冊

370000－1541－0008395 782.9/313＝3

閻潛丘先生［若璩］年譜一卷 （清）張穆撰
清道光二十七年(1847)壽陽祁氏刻本 一冊

370000－1541－0008396 782.9/313＝4

閻潛丘先生［若璩］年譜一卷 （清）張穆撰
清道光二十七年(1847)壽陽祁氏刻本 一冊

370000－1541－0008397 782.9/313＝5

閻潛丘先生［若璩］年譜一卷 （清）張穆撰
清道光二十七年(1847)壽陽祁氏刻本 一冊

370000－1541－0008398 782.9/366

徵君孫先生［奇逢］年譜二卷 （清）湯斌等纂
清光緒十三年(1887)成都高繼善堂刻本
一冊

370000－1541－0008399 782.9/366＝1

徵君孫先生［奇逢］年譜二卷 （清）湯斌等纂

清光緒十三年(1887)成都高繼善堂刻本
二冊

370000－1541－0008400 782.9/376

阿文成公［桂］年譜三十四卷 （清）那彥成纂
清嘉慶十八年(1813)武英殿刻本 三十四
冊

370000－1541－0008401 782.9/377

海康陳清端公［璸］年譜二卷 （清）丁宗洛編
清道光六年(1826)沛上東署不負齋刻本
一冊

370000－1541－0008402 782.9/377＝1

十五家年譜叢書 （清）楊希閔編 清光緒揚
州陳履恒刻本 十六冊

370000－1541－0008403 782.9/384

鹿忠節公［善繼］年譜二卷 （清）陳鈜編 清
康熙六年(1667)尋樂堂刻本 二冊

370000－1541－0008404 782.9/436

歷代名人年譜十卷 （清）吳榮光編 清光緒
京都正文齋刻本 十冊

370000－1541－0008405 782.9/436＝1

歷代名人年譜十卷 （清）吳榮光編 清光緒
京都正文齋刻本 十冊

370000－1541－0008406 782.9/471

弇山畢公［沅］年譜一卷 （清）史善長撰 清
同治十一年(1872)太倉畢氏刻本 一冊

370000－1541－0008407 782.9/719

［安徽新安］蕭江氏分派源流一卷 （清）江榮
祖纂修 清康熙三十三年(1694)刻本 一冊

370000－1541－0008408 782.9/723

明李文正公［東陽］年譜七卷 （清）法式善纂
清嘉慶九年(1804)刻本 二冊

370000－1541－0008409 782.9/747

沈兆霖年譜二卷 （清）沈兆霖撰 清同治元
年(1862)刻本 一冊

370000－1541－0008410 782.9/754

先文恭公自訂年譜一卷 （清）潘世恩編 清
同治二年(1863)刻本 一冊

370000 – 1541 – 0008411　782.9/927

皇清敕授修職郎誥封朝議大夫顯考警石府君
[錢泰吉]年譜一卷　（清）錢應溥編　清同治
三年(1864)刻本　一冊

370000 – 1541 – 0008412　782.918/996

孟子編年四卷　（清）狄子奇撰　清光緒十三
年(1887)浙江書局刻本　一冊

370000 – 1541 – 0008413　782.932/117

右軍[王羲之]年譜一卷　（清）魯一同編　清
咸豐五年(1855)刻本　一冊

370000 – 1541 – 0008414　782.9365/673

庚子山[信]年譜一卷　（清）倪璠撰　清刻本
一冊

370000 – 1541 – 0008415　782.941/414

韓柳年譜二種八卷　（清）馬曰琯輯　清光緒
元年(1875)金陵隸釋齋刻本　二冊

370000 – 1541 – 0008416　782.951/827

朱子[熹]年譜四卷考異四卷朱子論學切要語
二卷　（清）王懋竑纂　清乾隆十七年(1752)
寶應王氏白田草堂刻本　六冊

370000 – 1541 – 0008417　782.951/827 = 1

朱子[熹]年譜四卷考異四卷朱子論學切要語
二卷　（清）王懋竑纂　清乾隆十七年(1752)
寶應王氏白田草堂刻本　四冊

370000 – 1541 – 0008418　782.951/827 = 2

朱子[熹]年譜四卷考異四卷朱子論學切要語
二卷　（清）王懋竑纂　清乾隆十七年(1752)
寶應王氏白田草堂刻本　四冊

370000 – 1541 – 0008419　782.951/827 = 3

朱子[熹]年譜四卷考異四卷朱子論學切要語
二卷　（清）王懋竑纂　清乾隆十七年(1752)
寶應王氏白田草堂刻本　四冊

370000 – 1541 – 0008420　782.951/827 = 4

朱子[熹]年譜四卷考異四卷朱子論學切要語
二卷　（清）王懋竑纂　清光緒九年(1883)武
昌書局刻本　四冊

370000 – 1541 – 0008421　782.951/827 = 5

朱子[熹]年譜四卷考異四卷朱子論學切要語
二卷　（清）王懋竑纂　清光緒九年(1883)武
昌書局刻本　四冊

370000 – 1541 – 0008422　782.9515/303

司馬溫公[光]年譜六卷　（明）馬巒撰　明萬
曆司馬露刻本　二冊

370000 – 1541 – 0008423　782.96/285

明李文正公[東陽]年譜七卷　（清）法式善撰
清嘉慶九年(1804)刻本　四冊

370000 – 1541 – 0008424　782.96/341

戚少保[繼光]年譜耆編十二卷首一卷　（明）
戚祚國等編　清道光二十七年(1847)刻光緒
四年(1878)仙遊崇勛祠補刻本　十二冊

370000 – 1541 – 0008425　782.96/382

安道公[陳瑚]年譜二卷　（清）陳溥編　清光
緒十八年(1892)太倉繆氏刻東倉書庫叢刻本
一冊

370000 – 1541 – 0008426　782.96/790

金正希先生[聲]年譜一卷　（清）程錫類編
（清）劉洪烈注　清光緒二十三年(1897)武漢
兩湖書院木活字印本　一冊

370000 – 1541 – 0008427　782.96/827

建文[朱允炆]年譜四卷　（清）趙士喆撰　清
道光二十九年(1849)味塵軒刻本　四冊

370000 – 1541 – 0008428　782.96/868

歸震川先生[有光]年譜一卷　（清）孫岱撰
清光緒六年(1880)嘉興金氏刻歸顧朱三先生
年譜合刻本　一冊

370000 – 1541 – 0008429　782.967/119

王文肅公[錫爵]年譜二卷　（明）王衡編
（清）王時敏續編　清光緒二十五年(1899)太
倉王宗愈刻本　一冊

370000 – 1541 – 0008430　782.968/359

高陽太傅孫文正公[承宗]年譜五卷　（明）孫
銓撰　（清）孫奇逢訂正　清乾隆七年(1742)
師儉堂刻本　四冊

370000 – 1541 – 0008431　782.97/119

王先謙自定年譜三卷　王先謙撰　清光緒三十四年(1908)長沙王氏刻本　三冊

370000－1541－0008432　782.97/119＝1

王船山先生[夫之]年譜二卷　(清)劉毓崧纂　清光緒十二年(1886)江南書局刻本　二冊

370000－1541－0008433　782.97/119＝2

先船山公[王夫之]年譜二卷　(清)王之春輯　清光緒十九年(1893)刻本　二冊

370000－1541－0008434　782.97/192

愚谷府君[袁守侗]年譜一卷　(清)袁鎬等述　清乾隆刻本　一冊

370000－1541－0008435　782.97/196

甌北先生[趙翼]年譜一卷　(清)□□撰　清陽湖趙氏湛貽堂刻甌北全集本　一冊

370000－1541－0008436　782.97/203

甌北先生[趙翼]年譜一卷　(清)□□纂　清陽湖趙氏湛貽堂刻甌北全集本　一冊

370000－1541－0008437　782.97/285

李桓年譜不分卷　(清)□□編　清稿本　一冊

370000－1541－0008438　782.97/313

澂懷主人自訂年譜六卷　(清)張廷玉撰　清光緒六年(1880)龐山刻本　二冊

370000－1541－0008439　782.97/372

鄧尚書[廷楨]年譜一卷　鄧邦康編　清宣統元年(1909)江浦陳氏刻本　一冊

370000－1541－0008440　782.97/464

舜山是仲明先生[鏡]年譜一卷薦舉各疏一卷　(清)張敬立編　(清)金吳瀾補注　清光緒十三年(1887)嘉興金吳瀾木活字印本　二冊

370000－1541－0008441　782.97/492

禧壽堂自訂年譜一卷　(清)盧蔭溥撰　清道光十九年(1839)德州盧氏刻本　一冊

370000－1541－0008442　782.97/526

[散樗老人自紀年譜]一卷　(清)蔣祥墀撰　清道光元年(1821)天門蔣氏刻本　一冊

370000－1541－0008443　782.97/627

隨園先生[袁枚]年譜一卷　(清)方濬師編　清稿本　一冊

370000－1541－0008444　782.97/710

病榻夢痕錄二卷附一卷　(清)汪輝祖撰　清光緒十二年(1886)山東書局刻本　三冊

370000－1541－0008445　782.97/714

汪雙池先生[紱]年譜四卷　(清)余龍光編　清同治五年(1866)沱川理源刻本　二冊

370000－1541－0008446　782.97/714＝1

汪雙池先生[紱]年譜四卷　(清)余龍光編　清同治五年(1866)沱川理源刻本　二冊

370000－1541－0008447　782.97/719

黃蕘圃先生[丕烈]年譜二卷　(清)江標輯　清光緒二十三年(1897)刻本　二冊

370000－1541－0008448　782.97/720

洪北江先生[亮吉]年譜一卷　(清)呂培等編　清光緒三年(1877)授經堂刻十五年(1889)湖北官書處印本　一冊

370000－1541－0008449　782.97/754

潘文勤公[祖蔭]年譜一卷　(清)潘祖年編　清光緒刻本　一冊

370000－1541－0008450　782.97/754＝1

潘文勤公[祖蔭]年譜一卷　(清)潘祖年編　清光緒刻本　一冊

370000－1541－0008451　782.97/765

李恕谷先生[塨]年譜五卷　(清)馮辰撰　清光緒五年(1879)定州王氏謙德堂刻畿輔叢書本　四冊

370000－1541－0008452　782.97/765＝1

李恕谷先生[塨]年譜五卷　(清)馮辰撰　清光緒五年(1879)定州王氏謙德堂刻畿輔叢書本　四冊

370000－1541－0008453　782.97/769

殷譜經侍郎自定年譜二卷　(清)殷兆鏞撰　清宣統三年(1911)吳江殷氏鉛印本　一冊

370000－1541－0008454　782.97/790

李文襄公[之芳]年譜一卷　（清）程光袓編
清康熙四十一年(1702)刻本　一冊

370000－1541－0008455　782.97/808
丹魁堂自訂年譜一卷感遇錄一卷　（清）季芝
昌撰　清咸豐十一年(1861)崇川文成堂刻本
　一冊

370000－1541－0008456　782.97/918
諫往齋年曆一卷　（清）□□撰　清光緒稿本
　一冊

370000－1541－0008457　782.97/932
頤壽老人[錢寶琛]年譜二卷　（清）錢寶琛撰
　清同治八年(1869)刻本　一冊

370000－1541－0008458　782.971/359
遊譜一卷　（清）孫奇逢撰　（清）馬爾楹
（清）孫望雅編　清順治十二年(1655)刻本
一冊

370000－1541－0008459　782.971/440
吳梅村先生[偉業]年譜四卷　（清）顧師軾編
　（清）顧思義訂　清光緒三年(1877)刻本
　一冊

370000－1541－0008460　782.972/111
如山于公[成龍]年譜二卷　（清）宋犖撰　清
道光十八年(1838)于卿保刻本　二冊

370000－1541－0008461　782.972/112
漁洋山人自撰年譜二卷　（清）王士禎撰
（清）惠棟注補　清乾隆元和惠氏紅豆齋刻本
　一冊

370000－1541－0008462　782.972/387
陸清獻公[隴其]年譜定本二卷附錄一卷
（清）吳光西編　清光緒八年(1882)廣仁堂刻
本　二冊

370000－1541－0008463　782.972/630
華野郭公[琇]年譜　（清）郭廷翼編　清道光
二十一年(1841)柳樹芳刻本　一冊

370000－1541－0008464　782.972/679
顏習齋先生[元]年譜二卷　（清）李塨纂　清
康熙六十一年(1722)刻本　二冊

370000－1541－0008465　782.972/818
周漁潢先生[起渭]年譜一卷　陳田編　清光
緒二十年(1894)聽詩齋刻陳氏叢書本　一冊

370000－1541－0008466　782.974/934
文端公[錢陳群]年譜三卷　（清）錢儀吉編
（清）錢志澄增訂　清光緒二十年(1894)刻本
　二冊

370000－1541－0008467　782.974/959
賓陽子[顧陳垿]年譜三卷　（清）顧師軾編
清抄本　清陸寶忠跋　三冊

370000－1541－0008468　782.975/285
露桐先生[李殿圖]年譜前編四卷續編三卷
（清）錢景星編　（清）李轍通續編　清嘉慶八
年(1803)高陽李氏刻本　六冊

370000－1541－0008469　782.975/888
劉武慎公[長佑]年譜三卷　（清）鄧輔綸編
清光緒二十五年(1899)鉛印本　三冊

370000－1541－0008470　782.977/112
王靖毅公[懿德]年譜二卷　（清）王家勤編
王靖毅公列傳一卷　（清）薛斯來撰　先靖毅
公行述一卷　（清）王守愚等撰　鄉會試朱卷
一卷　（清）王懿德撰　公餘瑣言一卷　（清）
王懿德輯　清同治刻本　六冊

370000－1541－0008471　782.977/951
徐宗幹年譜　（清）徐宗幹撰　清同治五年
(1866)刻本　一冊

370000－1541－0008472　782.977/982
曾文正公[國藩]年譜十二卷　（清）黎庶昌編
　清光緒二年(1876)傳忠書局刻本　三冊

370000－1541－0008473　782.978/352
左文襄公[宗棠]年譜十卷　（清）羅正鈞纂
清光緒二十三年(1897)左氏刻本　十冊

370000－1541－0008474　782.978/352＝1
左文襄公[宗棠]年譜十卷　（清）羅正鈞纂
清光緒二十三年(1897)左氏刻本　十冊

370000－1541－0008475　782.978/543
還讀我書室老人手訂年譜二卷　（清）董恂撰

清光緒刻本　二冊

370000－1541－0008476　782.98/438

歷代名人年譜十卷　（清）吳榮光編　清光緒京都晉華書局刻本　十冊

370000－1541－0008477　782.98/438＝2

歷代名人年譜十卷　（清）吳榮光編　清末天祿閣刻本　十冊

370000－1541－0008478　782.98/438＝3

歷代名人年譜十卷　（清）吳榮光撰　清光緒元年（1875）張蔭桓刻本　八冊　存八卷（一至八）

370000－1541－0008479　782.98/946

百家姓考略一卷　（明）王相注　清歙西徐氏刻本　一冊

370000－1541－0008480　782.982/254

鄭大司農[玄]蔡中郎[邕]年譜合表一卷　（清）林春溥編　清光緒九年（1883）侯官楊濬冠悔堂刻本　二冊

370000－1541－0008481　782.99/000

光緒己丑恩科鄉試十八省正副榜同年全錄　（清）□□編　清光緒十五年（1889）刻本　二冊

370000－1541－0008482　782.99/108

祖國女界文豪譜　咀雪子編　清宣統元年（1909）京華書局鉛印本　一冊

370000－1541－0008483　782.99/122

乾嘉詩壇點將錄一卷　（清）舒位撰　清光緒三十三年（1907）刻本　一冊

370000－1541－0008484　782.99/269

中州同官錄二卷　（清）□□編　清道光十二年（1832）刻本　六冊

370000－1541－0008485　782.99/288

姓氏譜纂七卷　（明）李日華輯　（明）魯重民補訂　明崇禎元年（1628）武林魯氏刻本　六冊

370000－1541－0008486　782.99/433

古今楹聯彙刻小傳　（清）吳隱輯　清光緒三

十二年（1906）杭州西泠印社刻本　二冊

370000－1541－0008487　782.99/513

歷代名賢列女氏姓譜一百五十七卷　（清）蕭智漢撰　清乾隆五十七年（1792）聽濤山房刻本　一百二冊　存一百五十一卷（一至一百五十一）

370000－1541－0008488　782.99/522

江人事四卷首一卷末一卷　（清）萬鷗輯　清咸豐二年（1852）乙藜齋刻本　四冊

370000－1541－0008489　782.99/604

四賢傳一卷　（清）□□編　清刻本　一冊

370000－1541－0008490　782.99/701

周列士傳一卷　（清）顧壽楨撰　清同治五年（1866）見素抱樸齋刻本　一冊

370000－1541－0008491　782.99/720

四洪年譜四種　（清）洪汝奎編　清宣統二年（1910）洪氏晦木齋刻朱印本　四冊

370000－1541－0008492　782.99/781

延平四先生年譜四種　（清）毛念恃編　清乾隆十年（1745）瀅陽張坦刻本　二冊

370000－1541－0008493　782.99/856

新纂氏族箋釋八卷　（清）熊峻運撰　（清）楊煌義編　清經元堂刻本　八冊

370000－1541－0008494　782.99/860

煙畫東堂四譜四種　繆荃孫編　清光緒南陵徐氏刻本　一冊

370000－1541－0008495　782.99/868

歸顧朱三先生年譜合刻三種　（清）金吳瀾輯　清光緒六年（1880）嘉興金吳瀾刻本　六冊

370000－1541－0008496　782.99/927

疑年錄四卷　（清）錢大昕撰　清同治元年（1862）王氏天壤閣刻存齋雜纂本　二冊

370000－1541－0008497　782.99/927＝1

疑年錄四卷　（清）錢大昕編　**續疑年錄四卷**　（清）吳修編　清光緒十年（1884）長沙龍氏刻本　四冊

370000 – 1541 – 0008498　782.99/927 = 2

補疑年録四卷　（清）錢椒編　清道光十八年(1838)刻本　一冊

370000 – 1541 – 0008499　782.99/927 = 3

補疑年録四卷　（清）錢椒編　清道光十八年(1838)刻本　一冊

370000 – 1541 – 0008500　782.99/927 = 4

三續疑年録十卷　（清）陸心源編　清光緒五年(1879)刻存齋雜纂本　二冊

370000 – 1541 – 0008501　782.99/927 = 5

三續疑年録十卷　（清）陸心源編　清光緒五年(1879)刻存齋雜纂本　二冊

370000 – 1541 – 0008502　782.99/927 = 6

屛守齋所編年譜五種五卷　（清）錢大昕編　清嘉慶十二年(1807)刻本　五冊

370000 – 1541 – 0008503　782.99/977

國朝名家詩鈔小傳二卷　（清）鄭方坤撰　清光緒十二年(1886)刻本　二冊

370000 – 1541 – 0008504　784/112

泰西名人事略二卷　（清）王臻善譯　清光緒二十九年(1903)鉛印本　二冊

370000 – 1541 – 0008505　789/221

帝王經世圖譜十二卷　（宋）唐仲友撰　（清）胡鳳丹校　清同治十二年(1873)退補齋刻本　五冊

370000 – 1541 – 0008506　789/259

元和姓纂十卷　（唐）林寶撰　清光緒六年(1880)金陵書局刻本　四冊

370000 – 1541 – 0008507　789/259 = 2

元和姓纂十卷　（唐）林寶撰　清光緒六年(1880)金陵書局刻本　四冊

370000 – 1541 – 0008508　789/377

春秋世族譜一卷　（清）陳厚燿撰　清光緒十二年(1886)邵武徐氏刻本　一冊

370000 – 1541 – 0008509　789/377 = 2

春秋世族譜二卷補一卷　（清）陳厚燿撰　清嘉慶五年(1800)刻本　四冊

370000 – 1541 – 0008510　789.2/117

[河北交河]王氏家乘不分卷　（清）王鳳鳴纂　（清）王敦源續纂　清光緒稿本　二冊

370000 – 1541 – 0008511　789.2/455

各省史氏通譜　（清）史硯田撰　清嘉慶十五年(1810)抄本　四冊

370000 – 1541 – 0008512　789.2/658

[浙江紹興]會稽偶山章氏家乘六卷　（清）章貽賢編　清光緒二十八年(1902)木活字印本　六冊

370000 – 1541 – 0008513　789.2/784

[安徽祁門]善和程氏仁山門支譜一卷　（清）程埴等修　清乾隆十二年(1747)木活字印本　一冊

370000 – 1541 – 0008514　789.2/784 = 1

[安徽祁門]善和程氏仁山門支譜一卷　（清）程埴等修　清乾隆十二年(1747)木活字印本　一冊

370000 – 1541 – 0008515　789.2/784 = 2

[安徽祁門]善和程氏仁山門支譜一卷　（清）程衡等修　清康熙二十一年(1682)刻本　一冊

370000 – 1541 – 0008516　789.2/822

[安徽涇縣]張香都朱氏支譜三十二卷　（清）朱琦纂修　清道光五年(1825)朱氏刻本　八冊

370000 – 1541 – 0008517　789.2/822 = 1

[安徽涇縣]張香都朱氏續修支譜三十六卷首一卷末一卷　（清）朱彝纂　清光緒三十二年(1906)刻本　十冊

370000 – 1541 – 0008518　789.2/850

新安鮑氏宗譜統系四卷　（清）□□撰　清刻本　一冊　存二卷(一至二)

370000 – 1541 – 0008519　789.2/890

[浙江紹興]水澄劉氏家譜不分卷　（明）劉宗周纂修　（清）劉篪續編　（清）劉正誼再續（清）劉大申增續　**水澄劉氏家譜直隸安肅本**

支一卷 （清）劉錫朋編 清乾隆十八年(1753)忠樂堂刻本(安肅本支一卷爲稿本) 十一冊

370000－1541－0008520 789.2/949

[安徽新安]新安徐氏宗譜十八卷 （清）徐景京等編 清乾隆三年(1738)刻本 一冊

370000－1541－0008521 789.2/949＝1

[安徽新安]新安徐氏統宗祠録十卷 （清）徐禧編 清乾隆二十三年(1758)刻本 二冊

370000－1541－0008522 790.2/290

骨董志十二卷 （清）李調元撰 清抄本 四冊

370000－1541－0008523 791/313

二銘草堂金石聚十六卷 （清）張德容撰 清同治十一年(1872)二銘草堂刻本 十二冊

370000－1541－0008524 791/313＝2

二銘草堂金石聚十六卷 （清）張德容撰 清同治十一年(1872)二銘草堂刻本 十六冊

370000－1541－0008525 791/951

前塵夢影録二卷 （清）徐康撰 清光緒二十三年(1897)刻元和江氏叢書本 一冊

370000－1541－0008526 791/951＝1

前塵夢影録二卷 （清）徐康撰 清光緒二十三年(1897)刻元和江氏叢書本 一冊

370000－1541－0008527 791.01/115

金石三例 （清）盧見曾輯 （清）王芑孫評 清光緒四年(1878)南海馮氏讀有用書齋刻朱墨套印本 四冊

370000－1541－0008528 791.01/115＝1

金石三例 （清）盧見曾輯 （清）王芑孫評 清光緒四年(1878)南海馮氏讀有用書齋刻朱墨套印本 二冊 存四卷(潘蒼厓金石例一至四)

370000－1541－0008529 791.01/754

金石三例 （清）盧見曾輯 清乾隆二十年(1755)德州盧氏雅雨堂刻本 四冊

370000－1541－0008530 791.01/754＝1

金石三例 （清）盧見曾輯 清乾隆二十年(1755)德州盧氏雅雨堂刻本 四冊

370000－1541－0008531 791.01/765

金石綜例四卷 （清）馮登府纂 清道光刻本 二冊

370000－1541－0008532 791.1/860

藝風堂金石文字目十八卷 繆荃孫藏並編 清光緒三十二年(1906)長沙王先謙刻本 八冊

370000－1541－0008533 791.1/860＝1

集古録目十卷原目一卷 （宋）歐陽棐撰 繆荃孫輯 清光緒十年(1884)江陰繆氏雲自在龕刻本 二冊

370000－1541－0008534 791.1/860＝2

集古録目十卷原目一卷 （宋）歐陽棐撰 繆荃孫輯 清光緒十年(1884)江陰繆氏雲自在龕刻本 三冊

370000－1541－0008535 791.1/860＝3

集古録目五卷 （宋）歐陽棐撰 （清）黃本驥編 清道光二十四年(1844)湘陰蔣氏刻三長物齋叢書本 一冊 存二卷(一至二)

370000－1541－0008536 791.12/471

山左金石志二十四卷 （清）畢沅 （清）阮元撰 清嘉慶二年(1797)儀徵阮元小琅嬛仙館刻本 二十四冊

370000－1541－0008537 791.12/471＝2

山左金石志二十四卷 （清）畢沅 （清）阮元撰 清嘉慶二年(1797)儀徵阮元小琅嬛仙館刻本 八冊 存十二卷(十三至二十四)

370000－1541－0008538 791.2/890

古文審八卷首一卷 （清）劉心源撰 清光緒十七年(1891)嘉魚劉氏龍江樓刻本 四冊

370000－1541－0008539 791.2/890＝1

古文審八卷首一卷 （清）劉心源撰 清光緒十七年(1891)嘉魚劉氏龍江樓刻本 四冊

370000－1541－0008540 791.2/890＝2

古文審八卷首一卷 （清）劉心源撰 清光緒

十七年(1891)嘉魚劉氏龍江樓刻本　四冊

370000 – 1541 – 0008541　791.2/985

鮚埼亭集金石跋一卷　(清)全祖望撰　清抄本　一冊

370000 – 1541 – 0008542　791.3/384

求古精舍金石圖四卷　(清)陳經輯　清嘉慶二十三年(1818)說劍樓刻本　二冊

370000 – 1541 – 0008543　791.5/482

莫高窟石室秘錄一卷　羅振玉述　清宣統元年(1909)武進董氏誦芬室鉛印本　一冊

370000 – 1541 – 0008544　791.7/117

竹雲題跋四卷虛舟題跋原三卷虛舟題跋十卷　(清)王澍撰　清光緒十年(1884)山陰宋氏懺花盦刻本　四冊

370000 – 1541 – 0008545　791.7/117 = 2

竹雲題跋四卷　(清)王澍撰　清道光二十七年(1847)廣東番禺潘氏刻海山仙館叢書本　一冊　存二卷(一至二)

370000 – 1541 – 0008546　791.7/199

金石錄三十卷　(宋)趙明誠撰　清順治七年(1650)章丘謝世箕刻　清錢坫題識　三冊

370000 – 1541 – 0008547　791.7/219

新刻古器具名二卷古器總說一卷　(明)胡文煥輯　明萬曆二十一年(1593)刻本　二冊

370000 – 1541 – 0008548　791.7/228

寶鐵齋金石文跋尾三卷　(清)韓崇撰　清光緒四年(1878)潀喜齋刻本　一冊

370000 – 1541 – 0008549　791.7/313

清儀閣題跋不分卷　(清)張廷濟撰　清光緒十九年(1893)蘇州振新書社石印本　六冊

370000 – 1541 – 0008550　791.7/313 = 2

清儀閣題跋不分卷　(清)張廷濟撰　清光緒十七年(1891)丁立誠刻　四冊

370000 – 1541 – 0008551　791.7/359

庚子銷夏記八卷　(清)孫承澤撰　清光緒十年(1884)撫州饒氏雙峰書屋刻本　三冊　存六卷(三至八)

370000 – 1541 – 0008552　791.7/543 = 3

廣川畫跋六卷　(宋)董逌撰　清光緒八年(1882)歸安陸氏刻十萬卷樓叢書本　二冊

370000 – 1541 – 0008553　791.7/627

枕經堂金石書畫題跋三卷　(清)方朔撰　清同治三年(1864)刻本　二冊　存二卷(一至二)

370000 – 1541 – 0008554　791.7/633

芳堅館題跋三卷　(清)郭尚先撰　(清)郭篯齡　(清)許祖涝輯　清刻本　二冊

370000 – 1541 – 0008555　791.7/697

文房考據不分卷　(清)□□撰　清稿本　二冊

370000 – 1541 – 0008556　791.7/730

退菴題跋二卷　(清)梁章鉅撰　清福州梁氏刻鄭氏小琳瑯館印本　一冊

370000 – 1541 – 0008557　791.7/827

曝書亭金石文字跋尾六卷　(清)朱彝尊撰　清光緒九年(1883)吳縣朱氏槐廬家塾刻本　二冊

370000 – 1541 – 0008558　792.4/438

泉幣圖說六卷　(清)吳文炳　(清)吳鷺撰　清光緒二年(1876)刻本　二冊

370000 – 1541 – 0008559　792.7/482 = 3

殷商貞卜文字考一卷　羅振玉撰　清宣統二年(1910)玉簡齋石印本　一冊

370000 – 1541 – 0008560　792.7/482 = 4

殷商貞卜文字考一卷　羅振玉撰　清宣統二年(1910)玉簡齋石印本　一冊

370000 – 1541 – 0008561　792.7/482 = 5

殷商貞卜文字考一卷　羅振玉撰　清宣統二年(1910)玉簡齋石印本　一冊

370000 – 1541 – 0008562　793/196

金石錄三十卷　(宋)趙明誠撰　清乾隆二十一年(1756)德州盧氏雅雨堂刻本　六冊

370000 – 1541 – 0008563　793/196 = 1

金石錄三十卷　(宋)趙明誠撰　清乾隆二十

一年(1756)德州盧氏雅雨堂刻本　十冊

370000－1541－0008564　793/754

金石例十卷　（元）潘昂霄撰　清光緒四年(1878)讀有用書齋刻朱墨套印本　二冊

370000－1541－0008565　793/754＝1

金石例十卷　（元）潘昂霄撰　清乾隆二十年(1755)刻本　二冊

370000－1541－0008566　793/754＝2

蒼崖先生金石例十卷札記一卷　（元）潘昂霄撰　清光緒三十四年(1908)南陵徐氏刻隨庵叢書本　二冊

370000－1541－0008567　793/772

濟南金石志四卷　（清）王鎮撰　清道光二十年(1840)濟南郡齋刻本　四冊

370000－1541－0008568　793/837

知齋吉金不分卷　（清）知齋藏　清拓本　五冊

370000－1541－0008569　793/890

奇觚室吉金文述二十卷　（清）劉心源撰　清光緒二十八年(1902)石印本　十冊

370000－1541－0008570　793.081/832

行素草堂金石叢書十六種　（清）朱記榮輯訂　清光緒十四年(1888)吳縣朱氏行素草堂刻本　十三冊　存六種六十二卷(集古錄十卷、集古錄目五卷、金石錄三十卷、廣川書跋十卷、顧氏求古錄一卷、金石錄補一至六)

370000－1541－0008571　793.081/832＝1

行素草堂金石叢書十六種　（清）朱記榮輯訂　清光緒十四年(1888)吳縣朱氏行素草堂刻本　四十冊

370000－1541－0008572　793.081/832＝2

行素草堂金石叢書十六種　（清）朱記榮輯訂　清光緒十四年(1888)吳縣朱氏行素草堂刻本　四十冊

370000－1541－0008573　793.081/832＝3

行素草堂金石叢書十六種　（清）朱記榮輯訂　清光緒十四年(1888)吳縣朱氏行素草堂刻

本　四十冊

370000－1541－0008574　793.081/832＝4

行素草堂金石叢書十六種　（清）朱記榮輯訂　清光緒十四年(1888)吳縣朱氏行素草堂刻本　八冊　存三種四十五卷(集古錄十卷、集古錄目五卷、金石錄三十卷)

370000－1541－0008575　793.081/832＝5

寰宇訪碑錄六卷　（清）孫星衍　（清）邢澍撰　清光緒十一年(1885)朱氏槐廬家塾刻本　二冊

370000－1541－0008576　793.081/832＝6

校經山房叢書二十六種　（清）朱記榮輯　清光緒三十年(1904)吳縣朱氏槐廬家塾刻本　三十二冊

370000－1541－0008577　793.081/832＝7

金石全例　（清）朱記榮輯　清光緒十四年(1888)吳縣朱氏行素草堂刻本　十六冊

370000－1541－0008578　793.1/129

金石文字辨異十二卷　（清）邢澍撰　清光緒二十九年(1903)貴池劉氏刻聚學軒叢書本　五冊

370000－1541－0008579　793.1/392

金石學錄補四卷　（清）陸心源編　清光緒十二年(1886)歸安陸氏刻存齋雜纂本　一冊

370000－1541－0008580　793.1/433

攈古錄二十卷　（清）吳式芬撰　清光緒海豐吳重憙刻本　二十冊

370000－1541－0008581　793.1/442

筠清館金石文字五卷　（清）吳榮光撰　清道光二十二年(1842)南海吳氏筠清館刻本　五冊

370000－1541－0008582　793.1/442＝1

筠清館金石文字五卷　（清）吳榮光撰　清道光二十二年(1842)南海吳氏筠清館刻本　五冊

370000－1541－0008583　793.1/772

濟南金石志四卷　（清）王鎮撰　清道光二十

年（1840）濟南郡齋刻本　八冊

370000－1541－0008584　793.1/772 = 1
濟南金石志四卷　（清）王鎮撰　清道光二十年（1840）濟南郡齋刻本　四冊

370000－1541－0008585　793.1/927
潛研堂金石文字目錄八卷　（清）錢大昕輯清嘉慶十年（1805）瞿中溶等刻本　一冊

370000－1541－0008586　793.1/927 = 1
潛研堂金石文字目錄八卷　（清）錢大昕輯清光緒十年（1884）長沙龍氏家塾刻本　一冊存四卷（五至八）

370000－1541－0008587　793.12/471
山左金石志二十四卷　（清）畢沅　（清）阮元撰　清嘉慶二年（1797）儀徵阮氏小琅嬛仙館刻本　十二冊

370000－1541－0008588　793.14/309
山右金石記十卷　（清）王軒纂　清光緒十五年（1889）刻本　十冊

370000－1541－0008589　793.2/103
偃師金石遺文記二卷　（清）武億撰　清乾隆五十三年（1788）小石山房刻本　二冊

370000－1541－0008590　793.2/103 = 1
偃師金石遺文記二卷　（清）武億撰　清乾隆五十三年（1788）小石山房刻本　四冊

370000－1541－0008591　793.2/103 = 2
偃師金石遺文記二卷　（清）武億撰　清乾隆五十三年（1788）小石山房刻本　四冊

370000－1541－0008592　793.2/112
金石萃編一百六十卷　（清）王昶撰　清嘉慶十年（1805）青浦王昶經訓堂刻同治十年（1871）青浦王氏重修本　六十四冊

370000－1541－0008593　793.2/112 = 1
金石萃編一百六十卷　（清）王昶撰　清嘉慶十年（1805）青浦王昶經訓堂刻同治十年（1871）青浦王氏重修本　六十四冊

370000－1541－0008594　793.2/112 = 2
金石萃編一百六十卷　（清）王昶撰　清嘉慶

十年（1805）青浦王昶經訓堂刻同治十年（1871）青浦王氏重修本　七十九冊　缺一卷（一百九）

370000－1541－0008595　793.2/112 = 3
金石萃編一百六十卷　（清）王昶撰　清刻本三冊　存五卷（一百十四至一百十八）

370000－1541－0008596　793.2/112 = 4
金石萃編一百六十卷　（清）王昶撰　**金石續編二十一卷首一卷**　（清）陸耀遹纂　清光緒十九年（1893）上海寶善書局石印本　二十四冊

370000－1541－0008597　793.2/112 = 5
金石萃編補略二卷　（清）王言撰　清光緒八年（1882）刻本　二冊　存六十五葉（卷一之二十八至六十一葉、卷二之三十一至六十一葉）

370000－1541－0008598　793.2/112 = 6
金石萃編補略二卷　（清）王言撰　清光緒八年（1882）刻本　二冊

370000－1541－0008599　793.2/203
金石文鈔八卷續鈔二卷　（清）趙紹祖輯　清光緒二年（1876）涇縣趙書升刻本　十冊

370000－1541－0008600　793.2/203 = 1
金石文鈔八卷續鈔二卷　（清）趙紹祖輯　清光緒二年（1876）涇縣趙書升刻民國杭州朱氏抱經堂印本　十冊

370000－1541－0008601　793.2/203 = 2
金石文鈔八卷　（清）趙紹祖輯　清光緒二年（1876）涇縣趙書升刻本　十冊

370000－1541－0008602　793.2/203 = 3
金石文鈔八卷　（清）趙紹祖輯　清嘉慶趙氏刻本　四冊

370000－1541－0008603　793.2/257
廣金石韻府五卷字略一卷　（清）林尚葵輯（清）李根校正　清康熙九年（1670）周亮工賴古堂刻朱墨套印本　六冊

370000－1541－0008604　793.2/257 = 1

廣金石韻府五卷字略一卷 （清）林尚葵輯
（清）李根校正　清康熙九年(1670)周亮工賴
古堂刻大業堂朱墨套印本　六册

370000－1541－0008605　793.2/257＝2

增廣金石韻府五卷 （清）林尚葵輯　（清）張
鳳藻增訂　清咸豐七年(1857)張鳳藻理董軒
刻本　六册

370000－1541－0008606　793.2/273

金石文字辨異補編五卷 （清）楊紹廉撰　清
光緒二十七年(1901)江西萍鄉縣署石印本
五册

370000－1541－0008607　793.2/273＝1

金石文字辨異補編五卷 （清）楊紹廉撰　清
光緒二十七年(1901)江西萍鄉縣署石印本
五册

370000－1541－0008608　793.2/273＝2

金石文字辨異補編五卷 （清）楊紹廉撰　清
光緒二十七年(1901)江西萍鄉縣署石印本
五册

370000－1541－0008609　793.2/287

摭古遺文二卷再增摭古遺文一卷 （明）李登
撰　（明）姚履旋增補　明萬曆三十一年
(1603)海陵李思謙刻本　清王懿榮跋　一册

370000－1541－0008610　793.2/288

栝蒼金石志十二卷 （清）李遇孫輯　（清）鄒
柏森校補　清同治十三年(1874)處州府署刻
本　六册

370000－1541－0008611　793.2/375

兩浙金石志十八卷補遺一卷 （清）阮元編
（清）阮福補遺　清光緒十六年(1890)浙江書
局刻本　十二册

370000－1541－0008612　793.2/375＝1

兩浙金石志十八卷補遺一卷 （清）阮元編
（清）阮福補遺　清光緒十六年(1890)浙江書
局刻本　十二册

370000－1541－0008613　793.2/429

江寧金石記八卷待訪目二卷 （清）嚴觀輯

清嘉慶九年(1804)刻本　四册

370000－1541－0008614　793.2/433

商周文拾遺不分卷 （清）吳東發撰　清嘉慶
抄本　一册

370000－1541－0008615　793.2/433＝1

金石存十五卷 （清）吳玉搢撰　清嘉慶二十
四年(1819)山陽李氏聞妙香室刻本　四册

370000－1541－0008616　793.2/433＝2

金石存十五卷 （清）吳玉搢撰　清嘉慶二十
四年(1819)山陽李氏聞妙香室刻本　四册

370000－1541－0008617　793.2/433＝3

金石存十五卷 （清）吳玉搢撰　清光緒七年
(1881)廣漢刻本　三册

370000－1541－0008618　793.2/433＝4

攈古錄金文三卷 （清）吳式芬撰　清光緒二
十一年(1895)海豐吳重憙刻本　三册

370000－1541－0008619　793.2/433＝5

攈古錄金文三卷 （清）吳式芬撰　清光緒二
十一年(1895)海豐吳重憙刻本　九册

370000－1541－0008620　793.2/433＝6

攈古錄金文三卷 （清）吳式芬撰　清光緒二
十一年(1895)海豐吳重憙刻本　九册

370000－1541－0008621　793.2/433＝7

攈古錄金文三卷 （清）吳式芬撰　清光緒二
十一年(1895)海豐吳重憙刻本　丁山批校題
跋　九册

370000－1541－0008622　793.2/433＝8

攈古錄二十卷 （清）吳式芬撰　清光緒海豐
吳重憙刻本　二十册

370000－1541－0008623　793.2/441

筠清館金石錄五卷 （清）吳榮光撰　清道光
二十二年(1842)南海吳氏筠清館刻本　五册

370000－1541－0008624　793.2/472

中州金石記五卷 （清）畢沅撰　清光緒八年
(1882)蛟川邵氏望三益齋刻本　二册

370000－1541－0008625　793.2/482

金石萃編校字記五卷　羅振玉撰　清宣統元年(1909)刻本　一冊

370000－1541－0008626　793.2/484

粵東金石略九卷首一卷附二卷　（清）翁方綱撰　清光緒十七年(1891)廣州石經堂書局石印本　四冊

370000－1541－0008627　793.2/484＝1

粵東金石略九卷首一卷附二卷　（清）翁方綱撰　清光緒十七年(1891)廣州石經堂書局石印本　四冊

370000－1541－0008628　793.2/504

二百蘭亭齋金石記不分卷　（清）吳雲撰　清咸豐六年(1856)歸安吳氏刻本　四冊

370000－1541－0008629　793.2/569

歷代鐘鼎彝器款識法帖二十卷　（宋）薛尚功輯　清嘉慶二年(1797)儀徵阮元小琅嬛仙館刻本　六冊

370000－1541－0008630　793.2/569＝1

歷代鐘鼎彝器款識法帖二十卷　（宋）薛尚功輯　清嘉慶二年(1797)儀徵阮元小琅嬛仙館刻本　四冊

370000－1541－0008631　793.2/569＝2

歷代鐘鼎彝器款識法帖二十卷　（宋）薛尚功輯　清嘉慶二年(1797)儀徵阮元小琅嬛仙館刻本　六冊

370000－1541－0008632　793.2/569＝3

歷代鐘鼎彝器款識法帖二十卷　（宋）薛尚功輯　清光緒二十九年(1903)貴池劉氏玉海堂刻本　四冊

370000－1541－0008633　793.2/569＝4

歷代鐘鼎彝器款識法帖二十卷　（宋）薛尚功輯　清光緒二十九年(1903)貴池劉氏玉海堂刻本　四冊

370000－1541－0008634　793.2/712

鐘鼎字源五卷　（清）汪立名輯　清光緒二年(1876)洞庭秦氏麟慶堂刻本　二冊

370000－1541－0008635　793.2/712＝1

鐘鼎字源五卷　（清）汪立名輯　清光緒二年(1876)洞庭秦氏麟慶堂刻本　一冊　存二卷(一至二)

370000－1541－0008636　793.2/712＝2

鐘鼎字源五卷　（清）汪立名輯　清光緒二年(1876)洞庭秦氏麟慶堂刻本　二冊

370000－1541－0008637　793.2/765

金石索十二卷　（清）馮雲鵬　（清）馮雲鵷輯　清道光元年(1821)雙桐書屋刻本　十二冊

370000－1541－0008638　793.2/765＝1

金石索十二卷　（清）馮雲鵬　（清）馮雲鵷輯　清光緒三十二年(1906)上海文新局石印本　十二冊

370000－1541－0008639　793.2/765＝2

金石索十二卷　（清）馮雲鵬　（清）馮雲鵷輯　清光緒三十二年(1906)上海文新局石印本　十二冊

370000－1541－0008640　793.2/789

秦漢瓦當文字一卷續目一卷　（清）程敦撰　清乾隆五十二年(1787)橫渠書院刻五十九年(1794)續刻本　三冊

370000－1541－0008641　793.2/789＝1

秦漢瓦當文字一卷續目一卷　（清）程敦撰　清乾隆五十二年(1787)橫渠書院刻五十九年(1794)續刻本　三冊

370000－1541－0008642　793.2/789＝2

秦漢瓦當文字一卷續目一卷　（清）程敦撰　清乾隆五十二年(1787)橫渠書院刻五十九年(1794)續刻本　三冊

370000－1541－0008643　793.2/885

海東金石苑四卷首一卷　（清）劉喜海編　清光緒七年(1881)衢州張德容二銘草堂刻本　四冊

370000－1541－0008644　793.2/885＝1

海東金石苑四卷　（清）劉喜海編　清抄本　四冊

370000－1541－0008645　793.2/949

從古堂款識學十六卷　（清）徐同柏撰　清光緒三十二年(1906)蒙學報館石印本　八冊

370000 – 1541 – 0008646　793.2/949 = 1

從古堂款識學十六卷　（清）徐同柏撰　清光緒三十二年(1906)蒙學報館石印本　八冊

370000 – 1541 – 0008647　793.2/951

隨軒金石文字九種　（清）徐渭仁撰　清道光上海徐渭仁寒木春華館刻同治七年(1868)徐允臨補刻本　四冊

370000 – 1541 – 0008648　793.2/951

隨軒金石文字九種　（清）徐渭仁撰　清道光上海徐渭仁寒木春華館刻本　四冊

370000 – 1541 – 0008649　793.2/951 = 2

隨軒金石文字九種　（清）徐渭仁撰　清道光上海徐渭仁寒木春華館刻同治七年(1868)徐允臨補刻本　一冊　存二種(周石鼓文、漢鴈足鐙)

370000 – 1541 – 0008650　793.2/951 = 3

隨軒金石文字九種　（清）徐渭仁撰　清道光上海徐渭仁寒木春華館刻同治七年(1868)徐允臨補刻本　三冊　存七種(漢沛相楊統碑、漢繁陽令楊馥碑、漢高陽令楊著碑、漢太尉楊震碑、漢圉令趙君碑、漢巴郡太守樊敏碑、大業塔盤題字)

370000 – 1541 – 0008651　793.2/984

兩漢金石記二十二卷　（清）翁方綱撰　清乾隆五十四年(1789)大興翁氏南昌使院刻本　六冊

370000 – 1541 – 0008652　793.2/984 = 1

兩漢金石記二十二卷　（清）翁方綱撰　清乾隆五十四年(1789)大興翁氏南昌使院刻本　六冊

370000 – 1541 – 0008653　793.2/984 = 2

兩漢金石記二十二卷　（清）翁方綱撰　清乾隆五十四年(1789)大興翁氏南昌使院刻本　六冊

370000 – 1541 – 0008654　793.23/375

兩浙金石志十八卷補遺一卷　（清）阮元編（清）阮福補遺　清光緒十六年(1890)浙江書局刻本　十二冊

370000 – 1541 – 0008655　793.23/375 = 1

兩浙金石志十八卷補遺一卷　（清）阮元編（清）阮福補遺　清光緒十六年(1890)浙江書局刻本　六冊　存七卷(十二至十八)

370000 – 1541 – 0008656　793.3/104

西清續鑑甲編二十卷附錄一卷　（清）王傑等編　清宣統二年(1910)上海涵芬樓石印本　二十一冊

370000 – 1541 – 0008657　793.3/104 = 1

西清續鑑甲編二十卷附錄一卷　（清）王傑等編　清宣統二年(1910)上海涵芬樓石印本　四十二冊

370000 – 1541 – 0008658　793.3/115 = 1

青箱古集續編不分卷　（清）陳介祺藏器（清）王維樸編　清拓本　四十冊

370000 – 1541 – 0008659　793.3/139

曹氏吉金圖不分卷　（清）曹奎撰　清道光十九年(1839)拓印本　二冊

370000 – 1541 – 0008660　793.3/288

吉金志存四卷　（清）李光庭輯　清咸豐九年(1859)寶坻李氏刻本　四冊

370000 – 1541 – 0008661　793.3/380 = 1

歷代鐘官圖經八卷　（清）陳萊孝撰　清道光四年(1824)葉志詵抄本　三冊

370000 – 1541 – 0008662　793.3/433

恒軒所見所藏吉金錄不分卷　（清）吳大澂輯　清光緒十一年(1885)吳縣吳氏刻本　二冊

370000 – 1541 – 0008663　793.3/433 = 1

恒軒所見所藏吉金錄不分卷　（清）吳大澂輯　清光緒十一年(1885)吳縣吳氏刻本　四冊

370000 – 1541 – 0008664　793.3/433 = 2

恒軒所見所藏吉金錄不分卷　（清）吳大澂輯　清光緒十一年(1885)吳縣吳氏刻本　二冊

370000－1541－0008665　793.3/433 ＝3
恒軒所見所藏吉金錄不分卷　（清）吳大澂輯
清光緒十一年(1885)吳縣吳氏刻本　二冊

370000－1541－0008666　793.3/444
續考古圖五卷釋文一卷　（宋）□□編　（宋）
趙九成釋　清光緒十三年(1887)歸安陸氏刻
本　二冊

370000－1541－0008667　793.3/444 ＝1
亦政堂重修考古圖十卷　（宋）呂大臨撰　清
乾隆十八年(1753)黃晟槐蔭草堂刻本　五冊

370000－1541－0008668　793.3/444 ＝2
亦政堂重修考古圖十卷　（宋）呂大臨撰　清
乾隆十八年(1753)黃晟槐蔭草堂刻本　六冊

370000－1541－0008669　793.3/444 ＝3
亦政堂重修考古圖十卷　（宋）呂大臨撰　清
乾隆十八年(1753)黃晟槐蔭草堂刻本　六冊

370000－1541－0008670　793.3/444 ＝4
亦政堂重修考古圖十卷　（宋）呂大臨撰　清
乾隆十八年(1753)黃晟槐蔭草堂刻本　一冊
存二卷(一至二)

370000－1541－0008671　793.3/526
東書堂重修宣和博古圖錄三十卷　（宋）王黼
撰　（明）蔣暘編　清乾隆十五年(1750)天都
黃晟槐蔭草堂刻本　十八冊

370000－1541－0008672　793.3/654
陶齋吉金錄八卷　（清）端方輯　清光緒三十
四年(1908)金陵石印本　五冊　存五卷(四
至八)

370000－1541－0008673　793.3/654 ＝1
陶齋吉金錄八卷　（清）端方輯　清光緒三十
四年(1908)金陵石印本　八冊

370000－1541－0008674　793.3/654 ＝2
陶齋吉金錄八卷　（清）端方輯　清光緒三十
四年(1908)金陵石印本　八冊

370000－1541－0008675　793.3/654 ＝3
陶齋吉金錄八卷　（清）端方輯　清光緒三十
四年(1908)金陵石印本　九冊

370000－1541－0008676　793.3/654 ＝4
陶齋吉金錄八卷　（清）端方輯　清光緒三十
四年(1908)金陵石印本　九冊

370000－1541－0008677　793.3/654 ＝5
陶齋吉金續錄二卷　（清）端方輯　清宣統元
年(1909)金陵石印本　一冊　存一卷(一)

370000－1541－0008678　793.3/654 ＝6
陶齋吉金續錄二卷　（清）端方輯　清宣統元
年(1909)金陵石印本　二冊

370000－1541－0008679　793.3/654 ＝7
陶齋吉金續錄二卷　（清）端方輯　清宣統元
年(1909)金陵石印本　二冊

370000－1541－0008680　793.3/863
續考古圖五卷釋文一卷　（宋）□□編　（宋）
趙九成釋　清光緒十三年(1887)歸安陸氏刻
本　二冊

370000－1541－0008681　793.3/927
十六長樂堂古器款識考四卷　（清）錢坫撰
清嘉慶元年(1796)錢氏刻本　二冊

370000－1541－0008682　793.4/212
古泉叢話三卷　（清）戴熙撰　清同治十一年
(1872)滂喜齋刻本　一冊

370000－1541－0008683　793.4/212 ＝1
古泉叢話三卷　（清）戴熙撰　清同治十一年
(1872)滂喜齋刻本　一冊

370000－1541－0008684　793.4/292
**古泉匯首集四卷元集十四卷亨集十四卷利集
十八卷貞集十四卷**　（清）李佐賢撰　清同治
三年(1864)利津李氏石泉書屋刻本　二十冊

370000－1541－0008685　793.4/292 ＝1
**古泉匯首集四卷元集十四卷亨集十四卷利集
十八卷貞集十四卷**　（清）李佐賢撰　清同治
三年(1864)利津李氏石泉書屋刻本　二十冊

370000－1541－0008686　793.4/292 ＝2
**古泉匯首集四卷元集十四卷亨集十四卷利集
十八卷貞集十四卷**　（清）李佐賢撰　清同治
三年(1864)利津李氏石泉書屋刻本　二十冊

370000 – 1541 – 0008687　793.4/292＝3

古泉匯首集四卷元集十四卷亨集十四卷利集十八卷貞集十四卷　（清）李佐賢撰　清同治三年(1864)利津李氏石泉書屋刻本　二十冊

370000 – 1541 – 0008688　793.4/292＝4

古泉匯首集四卷元集十四卷亨集十四卷利集十八卷貞集十四卷　（清）李佐賢撰　清同治三年(1864)利津李氏石泉書屋刻本　二十冊

370000 – 1541 – 0008689　793.4/292＝5

續泉說一卷　（清）李佐賢撰　清同治十三年(1874)利津李氏石泉書屋刻本　一冊

370000 – 1541 – 0008690　793.4/292＝6

續泉匯十四卷首一卷補遺二卷　（清）李佐賢（清）鮑康編　清光緒元年(1875)利津李氏石泉書屋刻本　四冊

370000 – 1541 – 0008691　793.4/309

錢志新編二十卷　（清）張崇懿輯　清道光十年(1830)古婁尹氏酌春堂刻本　六冊

370000 – 1541 – 0008692　793.4/317

巽齋所藏錢錄十二卷　（清）費錫申編　清光緒十六年(1890)刻本　四冊

370000 – 1541 – 0008693　793.4/414

貨布文字考四卷　（清）馬昂撰　清道光二十二年(1842)雲間錢氏蘭隱園刻本　二冊

370000 – 1541 – 0008694　793.4/414.2

紅藕花軒泉品九卷　（清）馬國翰輯　清刻本　四冊　存八卷(二至九)

370000 – 1541 – 0008695　793.4/433

遁庵古泉存不分卷　（清）吳隱輯　清宣統元年(1909)西泠印社拓本　八冊

370000 – 1541 – 0008696　793.4/438

泉幣圖說六卷　（清）吳文炳（清）吳鸞撰　清嘉慶五年(1800)香雪山莊刻本　二冊

370000 – 1541 – 0008697　793.4/540

述古閣董氏古泉百五十拓　董常仲藏並拓　清拓本　一冊

370000 – 1541 – 0008698　793.4/556

癖談六卷　（清）蔡雲撰　清道光七年(1827)刻本　一冊

370000 – 1541 – 0008699　793.4/556＝3

癖談六卷　（清）蔡雲撰　清光緒十一年(1885)刻本　一冊

370000 – 1541 – 0008700　793.4/648

癖泉臆說六卷　（清）高煥文撰　清光緒十三年(1887)石印本　二冊

370000 – 1541 – 0008701　793.4/681

吉金所見錄十六卷首一卷末一卷　（清）初尚齡撰　清嘉慶二十四年(1819)萊陽初氏古香書屋刻道光七年(1827)補刻本　四冊

370000 – 1541 – 0008702　793.4/681＝1

吉金所見錄十六卷首一卷末一卷　（清）初尚齡撰　清嘉慶二十四年(1819)萊陽初氏古香書屋刻道光七年(1827)補刻本　四冊

370000 – 1541 – 0008703　793.4/681＝2

吉金所見錄十六卷首一卷末一卷　（清）初尚齡撰　清嘉慶二十四年(1819)萊陽初氏古香書屋刻道光七年(1827)補刻本　四冊

370000 – 1541 – 0008704　793.4/681＝3

吉金所見錄十六卷首一卷末一卷　（清）初尚齡撰　清嘉慶二十四年(1819)萊陽初氏古香書屋刻道光七年(1827)補刻本　四冊

370000 – 1541 – 0008705　793.4/827

古金待問錄四卷錄餘一卷補遺一卷　（清）朱楓輯　清乾隆刻本　二冊

370000 – 1541 – 0008706　793.4/827＝1

古金待問錄四卷錄餘一卷補遺一卷　（清）朱楓輯　清光緒十六年(1890)常熟鮑氏後知不足齋刻本　二冊

370000 – 1541 – 0008707　793.4/827＝2

古金待問錄四卷錄餘一卷補遺一卷　（清）朱楓輯　清光緒十六年(1890)常熟鮑氏後知不足齋刻本　一冊

370000 – 1541 – 0008708　793.4/827＝3

古金待問錄四卷錄餘一卷補遺一卷　（清）朱

楓輯 清光緒十六年(1890)常熟鮑氏後知不足齋刻本 二冊

370000－1541－0008709 793.4/838

竹朋所藏古泉滙墨本不分卷 （清）李佐賢藏並拓 清拓本 七冊

370000－1541－0008710 793.4/850＝1

續泉滙十四卷首一卷補遺二卷 （清）李佐賢（清）鮑康編 清光緒元年(1875)利津李氏石泉書屋刻本 一冊 存四卷(貞集四至五、補遺二卷)

370000－1541－0008711 793.4/850＝2

續泉滙十四卷首一卷補遺二卷 （清）李佐賢（清）鮑康編 清光緒元年(1875)利津李氏石泉書屋刻本 四冊

370000－1541－0008712 793.4/850＝3

觀古閣泉說一卷 （清）鮑康撰 清同治十二年(1873)歙縣鮑康刻觀古閣叢刻本 一冊

370000－1541－0008713 793.4/850＝5

觀古閣叢刻 （清）鮑康撰 清同治至光緒歙縣鮑康觀古閣刻本 十二冊

370000－1541－0008714 793.4/850＝6

觀古閣叢稿二卷 （清）鮑康撰 清同治十二年(1873)歙縣鮑康刻觀古閣叢刻本 一冊

370000－1541－0008715 793.4/850＝7

觀古閣叢稿二卷 （清）鮑康撰 清同治十二年(1873)歙縣鮑康刻觀古閣叢刻本 一冊

370000－1541－0008716 793.4/850＝8

觀古閣叢稿三編二卷 （清）鮑康撰 清光緒二年(1876)歙縣鮑康刻觀古閣叢刻本 一冊

370000－1541－0008717 793.4/850＝9

大錢圖錄一卷 （清）鮑康輯 清光緒二年(1876)歙縣鮑康刻觀古閣叢刻本 一冊

370000－1541－0008718 793.4/859

欽定錢錄十六卷 （清）梁詩正等撰 清乾隆五十二年(1787)刻本 四冊

370000－1541－0008719 793.4/859＝1

欽定錢錄十六卷 （清）梁詩正等撰 清乾隆

五十二年(1787)刻本 四冊

370000－1541－0008720 793.4/859＝3

欽定錢錄十六卷 （清）梁詩正等撰 清光緒五年(1879)江寧李圭茹古室刻本 四冊

370000－1541－0008721 793.4/885

嘉陰簃論泉截句二卷 （清）劉喜海撰 清同治十二年(1873)歙縣鮑康刻觀古閣叢刻本 一冊

370000－1541－0008722 793.4/892

虞夏贖金釋文一卷 （清）劉師陸撰 清同治十二年(1873)歙縣鮑康刻觀古閣叢刻本 一冊

370000－1541－0008723 793.4/920

古今錢略三十二卷 （清）倪模撰 清光緒二十三年(1897)望江兩彊勉齋刻本 十六冊

370000－1541－0008724 793.4/920＝1

古今錢略三十二卷 （清）倪模撰 清光緒二十三年(1897)望江兩彊勉齋刻本 十六冊

370000－1541－0008725 793.5/115

泊如齋重修宣和博古圖錄三十卷 （宋）王黼撰 明萬曆十六年(1588)泊如齋刻本 三十冊

370000－1541－0008726 793.5/115＝1

泊如齋重修宣和博古圖錄三十卷 （宋）王黼撰 明萬曆十六年(1588)泊如齋刻本 二十一冊 存二十一卷(一、三至七、九至二十三)

370000－1541－0008727 793.5/115＝2

重刊宣和博古圖錄三十卷 （宋）王黼撰（明）蔣暘編 明萬曆二十四年(1596)鄭樸刻本 一冊 存一卷(一)

370000－1541－0008728 793.5/158＝1

淮安北門城樓金天德大鐘款識一卷 （清）丁晏撰 清道光二十四年(1844)刻本 一冊

370000－1541－0008729 793.5/348

山右金石記十卷 （清）王軒纂 清光緒十五年(1889)刻本 十冊

370000－1541－0008730 793.5/375

積古齋鐘鼎彝器款識十卷 （清）阮元編 清
嘉慶九年(1804)阮氏刻本 丁山題識 八冊

370000 - 1541 - 0008731 793.5/375 = 1

積古齋鐘鼎彝器款識十卷 （清）阮元編 清
嘉慶九年(1804)阮氏刻本 四冊

370000 - 1541 - 0008732 793.5/375 = 2

積古齋鐘鼎彝器款識十卷 （清）阮元編 清
嘉慶九年(1804)阮氏刻本 四冊

370000 - 1541 - 0008733 793.5/375 = 3

積古齋鐘鼎彝器款識十卷 （清）阮元編 清
嘉慶九年(1804)阮氏刻本 四冊

370000 - 1541 - 0008734 793.5/375 = 4

積古齋鐘鼎彝器款識十卷 （清）阮元編 清
光緒九年(1883)常熟鮑氏後知不足齋刻本
五冊

370000 - 1541 - 0008735 793.5/375 = 5

積古齋鐘鼎彝器款識十卷 （清）阮元編 清
光緒九年(1883)常熟鮑氏後知不足齋刻本
三冊

370000 - 1541 - 0008736 793.5/375 = 6

積古齋鐘鼎彝器款識十卷 （清）阮元編 清
光緒十年(1884)南遠書局刻本 四冊

370000 - 1541 - 0008737 793.5/375 = 7

兩罍軒彝器圖釋十二卷 （清）吳雲撰 清同
治十一年(1872)刻本 四冊

370000 - 1541 - 0008738 793.5/433 = 1

兩罍軒彝器圖釋十二卷 （清）吳雲撰 清同
治十一年(1872)刻本 六冊

370000 - 1541 - 0008739 793.5/433 = 2

金石錄補二十七卷 （清）葉奕苞撰 清道光
二十六年(1846)海昌宜生堂刻本 四冊

370000 - 1541 - 0008740 793.5/504

東書堂重修宣和博古圖錄三十卷 （宋）王黼
撰 （明）蔣暘編 清乾隆十五年(1750)天都

黃晟槐蔭草堂刻本 三十冊

370000 - 1541 - 0008742 793.5/526 = 1

東書堂重修宣和博古圖錄三十卷 （宋）王黼
撰 （明）蔣暘編 清乾隆十五年(1750)天都
黃晟槐蔭草堂刻本 十五冊

370000 - 1541 - 0008743 793.5/730

西清古鑑四十卷錢錄十六卷 （清）梁詩正等
編 清光緒十四年(1888)邁宋書館日本銅版
印本 二十四冊

370000 - 1541 - 0008744 793.5/754

攀古樓彝器款識不分卷 （清）潘祖蔭輯 清
同治十一年(1872)滂喜齋刻本 二冊

370000 - 1541 - 0008745 793.5/754 = 1

攀古樓彝器款識不分卷 （清）潘祖蔭輯 清
同治十一年(1872)滂喜齋刻本 二冊

370000 - 1541 - 0008746 793.5/754 = 2

攀古樓彝器款識不分卷 （清）潘祖蔭輯 清
同治十一年(1872)滂喜齋刻本 二冊

370000 - 1541 - 0008747 793.5/813

荊南萃古編不分卷 （清）周懋琦等輯 清光
緒二十年(1894)鴻寶署齋刻本 二冊

370000 - 1541 - 0008748 793.5/885

長安獲古編二卷補一卷 （清）劉喜海撰 清
光緒三十一年(1905)東武劉氏刻本 二冊

370000 - 1541 - 0008749 793.5/892

盤亭小錄一卷 （清）劉銘傳輯 清同治十二
年(1873)刻本 一冊

370000 - 1541 - 0008750 793.5/932

金塗銅塔考一卷 （清）錢泳錄 清嘉慶元年
(1796)刻本 一冊

370000 - 1541 - 0008751 793.6/103

安陽縣金石錄十二卷 （清）武億撰 清嘉慶
二十四年(1819)鐵嶺貴泰安陽刻本 四冊

370000 - 1541 - 0008752 793.6/103 = 1

安陽縣金石錄十二卷 （清）武億撰 清嘉慶
二十四年(1819)鐵嶺貴泰安陽刻本 四冊

370000 - 1541 - 0008741 793.5/526

東書堂重修宣和博古圖錄三十卷 （宋）王黼
撰 （明）蔣暘編 清乾隆十五年(1750)天都

370000－1541－0008753　793.6/654

匋齋藏石記四十四卷首一卷藏甎記二卷
（清）端方撰　清宣統元年(1909)上海商務印
書館石印本　十二冊

370000－1541－0008754　793.6/654＝1

匋齋藏石記四十四卷首一卷藏甎記二卷
（清）端方撰　清宣統元年(1909)上海商務印
書館石印本　十二冊

370000－1541－0008755　793.6/890

奇觚室吉金文述二十卷首一卷　（清）劉心源
輯　清光緒二十八年(1902)石印本　十冊

370000－1541－0008756　793.6/890＝1

奇觚室吉金文述二十卷首一卷　（清）劉心源
撰　清光緒二十八年(1902)石印本　十冊

370000－1541－0008757　793.67/125

飛鴻堂印存一卷　（清）汪啓淑編　清乾隆飛
鴻堂鈐印本　靜緣齋主人跋　一冊

370000－1541－0008758　793.67/135

齊魯古印攈一卷　（清）高慶齡輯　清末濰縣
高氏古雪書莊鈐印本　一冊

370000－1541－0008759　793.67/171＝1

歷朝史印十卷　（清）黃學圯篆刻　（清）吳叔
元釋　清道光七年(1827)楚橋書屋鈐印本
六冊

370000－1541－0008760　793.67/171＝2

歷朝史印十卷　（清）黃學圯篆刻　（清）吳叔
元釋　清道光七年(1827)楚橋書屋鈐印本
六冊

370000－1541－0008761　793.67/188

選集漢印分韻二卷續集漢印分韻二卷　（清）
袁日省撰　（清）謝景卿續撰　清嘉慶二年
(1797)、八年(1803)漱藝堂刻本　四冊

370000－1541－0008762　793.67/188＝1

選集漢印分韻二卷續集漢印分韻二卷　（清）
袁日省撰　（清）謝景卿續撰　清嘉慶二年
(1797)、八年(1803)漱藝堂刻本　四冊

370000－1541－0008763　793.67/188＝2

選集漢印分韻二卷續集漢印分韻二卷　（清）
袁日省撰　（清）謝景卿續撰　清嘉慶二年
(1797)、八年(1803)漱藝堂刻本　四冊

370000－1541－0008764　793.67/188＝3

選集漢印分韻二卷續集漢印分韻二卷　（清）
袁日省撰　（清）謝景卿續撰　清嘉慶二年
(1797)、八年(1803)漱藝堂刻本　四冊

370000－1541－0008765　793.67/364

稽庵古印箋四卷　（清）黃會源撰　清光緒保
鑄山房鈐印本　四冊

370000－1541－0008766　793.67/433

封泥考略十卷　（清）吳式芬　（清）陳介祺撰
清光緒三十年(1904)上海石印本　十冊

370000－1541－0008767　793.67/433＝1

封泥考略十卷　（清）吳式芬　（清）陳介祺撰
清光緒三十年(1904)上海石印本　十冊

370000－1541－0008768　793.67/433＝2

封泥考略十卷　（清）吳式芬　（清）陳介祺撰
清光緒三十年(1904)上海石印本　十冊

370000－1541－0008769　793.67/433＝3

封泥考略十卷　（清）吳式芬　（清）陳介祺撰
清光緒三十年(1904)上海石印本　十冊

370000－1541－0008770　793.67/433＝4

封泥考略十卷　（清）吳式芬　（清）陳介祺撰
清光緒三十年(1904)上海石印本　十冊

370000－1541－0008771　793.67/433＝5

兩罍軒印考漫存九卷　（清）吳雲纂　（清）丁
志偉補訂　清光緒七年(1881)刻本　四冊

370000－1541－0008772　793.67/863

周秦古璽不分卷　西泠印社集　清光緒二十
一年(1895)杭州西泠印社鈐印本　二冊

370000－1541－0008773　793.7/103

授堂金石續跋十四卷　（清）武億撰　清嘉慶
元年(1796)授堂刻本　六冊

370000－1541－0008774　793.7/103＝1

安陽縣金石錄十二卷　（清）武億撰　清嘉慶
二十四年(1819)鐵嶺貴泰安陽刻本　四冊

370000－1541－0008775　793.7/103 ＝2

安陽縣金石錄十二卷　（清）武億撰　清嘉慶二十四年（1819）鐵嶺貴泰安陽刻本　四冊

370000－1541－0008776　793.7/103 ＝3

授堂遺書八種　（清）武億撰　清道光二十三年（1843）偃師武氏刻本　六冊　存三種二十六卷（授堂金石文字續跋十四卷、金石三跋十卷、附錄二卷）

370000－1541－0008777　793.7/117

金石萃編一百六十卷　（清）王昶撰　清嘉慶十年（1805）青浦王昶經訓堂刻同治十年（1871）青浦王氏重修本　七十六冊

370000－1541－0008778　793.7/119

宋王復齋鐘鼎款識一卷　（宋）王厚之輯　清嘉慶七年（1802）揚州阮氏積古齋刻本　一冊

370000－1541－0008779　793.7/203

安徽金石略十卷　（清）趙紹祖纂　清光緒二十九年（1903）刻本　四冊

370000－1541－0008780　793.7/203 ＝2

安徽金石略十卷　（清）趙紹祖纂　清光緒二十九年（1903）刻本　四冊

370000－1541－0008781　793.7/212

東甌金石志十二卷　（清）戴咸弼纂　清光緒九年（1883）刻本　四冊

370000－1541－0008782　793.7/212 ＝2

東甌金石志十二卷　（清）戴咸弼纂　清光緒二年（1876）木活字印本　四冊

370000－1541－0008783　793.7/261

來齋金石刻考略三卷　（清）林侗撰　清道光二十一年（1841）上海徐渭仁刻本　四冊

370000－1541－0008784　793.7/261 ＝1

來齋金石刻考略三卷　（清）林侗撰　清道光二十一年（1841）上海徐渭仁刻本　二冊

370000－1541－0008785　793.7/288

長垣金石錄一卷　（清）李果珍撰　清稿本　一冊

370000－1541－0008786　793.7/288 ＝1

金石學錄四卷　（清）李遇孫輯　清道光二年（1822）丹徒劉氏刻本　二冊

370000－1541－0008787　793.7/288 ＝2

栝蒼金石志十二卷　（清）李遇孫輯　（清）鄒柏森校補　清道光十三年（1833）刻本　四冊

370000－1541－0008788　793.7/288 ＝3

續栝蒼金石志四卷　（清）李遇孫輯　（清）鄒柏森校補　清同治十三年（1874）處州府署刻本　一冊　存二卷（三至四）

370000－1541－0008789　793.7/309

金石契不分卷　（清）張燕昌撰　清乾隆四十三年（1778）海鹽張氏刻本　十二冊

370000－1541－0008790　793.7/309 ＝1

金石契不分卷　（清）張燕昌撰　清乾隆四十三年（1778）海鹽張氏刻本　八冊

370000－1541－0008791　793.7/362

京畿金石考二卷　（清）孫星衍撰　清道光七年（1827）抱芳閣刻本　二冊

370000－1541－0008792　793.7/362 ＝3

京畿金石考二卷　（清）孫星衍撰　清光緒十二年（1886）吳縣朱氏家塾刻槐廬叢書本　一冊

370000－1541－0008793　793.7/377

清儀閣金石題識四卷　（清）陳其榮輯　清光緒二十年（1894）石埭徐士愷觀自得齋刻本　六冊

370000－1541－0008794　793.7/391

金石續編二十一卷首一卷　（清）陸耀遹撰　清同治十三年（1874）雙白燕堂刻本　十冊

370000－1541－0008795　793.7/391 ＝2

金石續編二十一卷首一卷　（清）陸耀遹撰　清同治十三年（1874）雙白燕堂刻本　二十二冊

370000－1541－0008796　793.7/392

金石學錄補四卷　（清）陸心源撰　清光緒十二年（1886）歸安陸氏刻存齋雜纂本　一冊

370000－1541－0008797　793.7/392 ＝1

金石學錄補四卷　（清）陸心源撰　清光緒十
二年(1886)歸安陸氏刻存齋雜纂本　二冊

370000－1541－0008798　793.7/392 = 2

吳興金石記十六卷　（清）陸心源撰　清光緒
十六年(1890)刻本　四冊

370000－1541－0008799　793.7/392 = 3

金石學錄補四卷　（清）陸心源撰　清光緒十
二年(1886)歸安陸氏刻存齋雜纂本　一冊

370000－1541－0008800　793.7/392 = 4

吳興金石記十六卷　（清）陸心源撰　清光緒
十六年(1890)刻本　六冊

370000－1541－0008801　793.7/399

元季南村處士陶宗儀遺稿一卷　（明）陶宗儀
撰　清抄本　一冊

370000－1541－0008802　793.7/424

集古錄跋尾十卷　（宋）歐陽修撰　集古錄目
二卷　（宋）歐陽棐撰　清光緒十三年(1887)
朱氏槐廬刻槐廬叢書本　四冊

370000－1541－0008803　793.7/424 = 2

集古錄十卷　（宋）歐陽修撰　（明）謝啟光校
　清順治章丘謝氏刻本　四冊

370000－1541－0008804　793.7/429

鐵橋金石跋四卷　（清）嚴可均撰　清光緒貴
池劉氏刻聚學軒叢書本　一冊

370000－1541－0008805　793.7/433

二百蘭亭齋收藏金石記三卷　（清）吳雲撰
清咸豐六年(1856)刻本　四冊

370000－1541－0008806　793.7/433 = 1

攈古錄金文三卷　（清）吳式芬撰　清光緒二
十一年(1895)海豐吳重憙刻本　九冊

370000－1541－0008807　793.7/471

關中金石記八卷　（清）畢沅撰　清道光二十
七年(1847)渭邑焦氏醇敬堂刻本　六冊

370000－1541－0008808　793.7/471 = 1

關中金石記八卷　（清）畢沅撰　清乾隆四十
六年(1781)經訓堂刻本　二冊

370000－1541－0008809　793.7/471 = 2

關中金石記八卷　（清）畢沅撰　清乾隆四十
六年(1781)經訓堂刻本　三冊

370000－1541－0008810　793.7/482 = 1

周無專鼎銘考一卷晉義熙銅鼓考一卷　（清）
羅士琳撰　清抄本　一冊

370000－1541－0008811　793.7/504

周遂鼎圖款識　（清）葉志詵等撰　清刻本
一冊

370000－1541－0008812　793.7/563 = 3

歷代鐘鼎彝器款識法帖二十卷　（宋）薛尚功
輯　清抄本　四冊

370000－1541－0008813　793.7/569

歷代鐘鼎彝器款識法帖二十卷　（宋）薛尚功
輯　清光緒二十九年(1903)貴池劉氏玉海堂
刻本　四冊

370000－1541－0008814　793.7/569 = 1

歷代鐘鼎彝器款識法帖二十卷　（宋）薛尚功
輯　清光緒二十九年(1903)貴池劉氏玉海堂
刻本　四冊

370000－1541－0008815　793.7/569 = 2

歷代鐘鼎彝器款識法帖二十卷　（宋）薛尚功
輯　明抄本　十冊

370000－1541－0008816　793.7/707

十二硯齋金石過眼錄十六卷　（清）汪鋆撰
清光緒元年(1875)儀徵汪鋆刻本　八冊

370000－1541－0008817　793.7/730

退菴金石書畫題跋二十卷　（清）梁章鉅撰
清道光二十五年(1845)刻本　十二冊

370000－1541－0008818　793.7/765

金石荔　（清）馮承輝輯　清嘉慶二十三年
(1818)劉貢九刻本　一冊

370000－1541－0008819　793.7/781

關中金石文字存逸考十二卷　（清）毛鳳枝撰
　清光緒二十七年(1901)會稽顧氏江西萍鄉
縣署刻本　十二冊

370000－1541－0008820　793.7/832

敬吾心室彝器款識不分卷　（清）朱善旂輯

清光緒三十四年（1908）朱之榛石印本　二冊

370000－1541－0008821　793.7/832 = 1

敬吾心室彝器款識不分卷　（清）朱善旂輯

清光緒三十四年（1908）朱之榛石印本　二冊

370000－1541－0008822　793.7/850

金石訂例四卷　（清）鮑振方撰　清光緒十年

（1884）常熟鮑氏後知不足齋刻本　一冊

370000－1541－0008823　793.7/850 = 1

金石訂例四卷　（清）鮑振方撰　清光緒十年

（1884）常熟鮑氏後知不足齋刻本　一冊

370000－1541－0008824　793.7/850 = 2

金石訂例四卷　（清）鮑振方撰　清光緒十年

（1884）常熟鮑氏後知不足齋刻本　二冊

370000－1541－0008825　793.7/863

湖北金石存佚考二十二卷　（清）陳詩撰　清

嘉慶二十四年（1819）江漢書院刻本　八冊

370000－1541－0008826　793.7/863 = 1

湖北金石存佚考二十二卷　（清）陳詩撰　清

嘉慶二十四年（1819）江漢書院刻本　八冊

370000－1541－0008827　793.7/879

益都金石記四卷　（清）段松苓輯　清光緒九

年（1883）刻本　四冊

370000－1541－0008828　793.7/885

海東金石苑四卷　（清）劉喜海編　清光緒七

年（1881）衢州張德容二銘草堂刻本　四冊

370000－1541－0008829　793.7/885 = 1

金石續錄四卷　（清）劉青藜撰　清康熙四十

九年（1710）刻本　一冊

370000－1541－0008830　793.7/885 = 2

金石續錄四卷　（清）劉青藜撰　清康熙傳經

堂刻本　一冊

370000－1541－0008831　793.7/927

潛研堂金石文跋尾六卷續七卷又續六卷

（清）錢大昕撰　清乾隆至嘉慶刻本　三冊

370000－1541－0008832　793.7/927 = 1

潛研堂金石文跋尾又續六卷　（清）錢大昕撰

清刻本　一冊

370000－1541－0008833　793.7/951

濟寧州金石志八卷　（清）徐宗幹輯　清道光

二十五年（1845）刻本　八冊

370000－1541－0008834　793.7/984

兩漢金石記二十二卷　（清）翁方綱撰　清乾

隆五十四年（1789）大興翁氏南昌使院刻本

四冊

370000－1541－0008835　793.7/984 = 1

兩漢金石記二十二卷　（清）翁方綱撰　清乾

隆五十四年（1789）大興翁氏南昌使院刻本

十二冊

370000－1541－0008836　793.7/984 = 2

焦山鼎銘考二卷　（清）翁方綱輯　清咸豐二

年（1852）漢陽葉志詵粵東督署刻本　一冊

370000－1541－0008837　793.7/991

博古圖考不分卷　（清）□□撰　清末鴛池館

摹寫本　一冊

370000－1541－0008838　794.1/111

天下金石志十五卷附錄一卷　（明）于奕正編

清順治八年（1651）宛平于藻刻本　八冊

370000－1541－0008839　794.1/112

漢石存目二卷　（清）王懿榮纂　清光緒十五

年（1889）刻本　一冊

370000－1541－0008840　794.1/112 = 1

漢石存目二卷　（清）王懿榮纂　清光緒十五

年（1889）刻本　一冊

370000－1541－0008841　794.1/119

輿地碑記目四卷　（宋）王象之撰　清同治九

年（1870）潘氏滂喜齋刻本　二冊

370000－1541－0008842　794.1/119 = 1

輿地碑記目四卷　（宋）王象之撰　清同治九

年（1870）潘氏滂喜齋刻本　二冊

370000－1541－0008843　794.1/119 = 2

輿地碑記目四卷　（宋）王象之撰　清同治九

年（1870）潘氏滂喜齋刻本　二冊

370000－1541－0008844　794.1/281

恪靖侯盾鼻餘瀋一卷　（清）左宗棠撰　清光
緒七年(1881)刻本　一冊

370000－1541－0008845　794.1/281＝1

恪靖侯盾鼻餘瀋一卷　（清）左宗棠撰　清光
緒七年(1881)刻本　一冊

370000－1541－0008846　794.1/281＝2

恪靖侯盾鼻餘瀋一卷　（清）左宗棠撰　清光
緒七年(1881)刻本　一冊

370000－1541－0008847　794.1/324

山左北朝石存目一卷　（清）尹彭壽纂　清光
緒十八年(1892)諸城尹氏斠經室刻本　一冊

370000－1541－0008848　794.1/324＝1

山左北朝石存目一卷　（清）尹彭壽纂　清光
緒十八年(1892)諸城尹氏斠經室刻本　一冊

370000－1541－0008849　794.1/362

寰宇訪碑錄十二卷　（清）孫星衍撰　清嘉慶
七年(1802)刻本　四冊

370000－1541－0008850　794.1/362＝1

寰宇訪碑錄十二卷　（清）孫星衍撰　清光緒
十年(1884)吳縣朱記榮刻本　六冊

370000－1541－0008851　794.1/362＝3

補寰宇訪碑錄五卷失編一卷　（清）趙之謙撰
　清同治三年(1864)南匯沈氏漢石經室刻本
　一冊　存三卷(補寰宇訪碑錄四至五、失編
一卷)

370000－1541－0008852　794.1/784

吳郡金石目一卷　（清）程祖慶纂　清咸豐元
年(1851)北京琉璃廠會文齋刻本　一冊

370000－1541－0008853　794.1/840

寶刻類編八卷　（宋）□□撰　清道光十八年
(1838)臨汀十七樹梅花山館刻本　四冊

370000－1541－0008854　794.1/840＝2

寶刻類編八卷　（宋）□□撰　清道光十八年
(1838)臨汀十七樹梅花山館刻本　四冊

370000－1541－0008855　794.2/167

小蓬萊閣金石文字　（清）黃易編　清嘉慶五

年(1800)刻本　五冊

370000－1541－0008856　794.2/167＝1

小蓬萊閣金石文字　（清）黃易編　清道光十
四年(1834)刻本　五冊

370000－1541－0008857　794.2/167＝2

小蓬萊閣金石文字　（清）黃易編　清道光十
四年(1834)刻本　六冊

370000－1541－0008858　794.2/167＝3

小蓬萊閣金石文字　（清）黃易編　清道光二
十二年(1842)刻本　八冊

370000－1541－0008859　794.2/210

金薤琳琅二十卷補遺一卷　（明）都穆撰　清
乾隆四十三年(1778)汪氏刻本　四冊

370000－1541－0008860　794.2/250

越中金石記六卷　（清）杜春生編　清道光九
年(1829)詹波館刻本　五冊

370000－1541－0008861　794.2/261

望堂金石文字　楊守敬編　清光緒二年
(1876)飛青閣刻本　九冊

370000－1541－0008862　794.2/261＝1

望堂金石文字　楊守敬編　清光緒二年
(1876)飛青閣刻本　十七冊

370000－1541－0008863　794.2/525

石鼓然疑一卷　（清）莊述祖撰　清光緒八年
(1882)循陔堂刻本　一冊

370000－1541－0008864　794.2/611

石鼓文鈔二卷　（清）許容摹辨　（清）許嗣隆
音校　清抄本　二冊

370000－1541－0008865　794.2/781

關中金石文字存逸考十二卷　（清）毛鳳枝撰
　清光緒二十七年(1901)會稽顧氏江西萍鄉
縣署刻本　十二冊

370000－1541－0008866　794.23/212

東甌金石志十二卷　（清）戴咸弼纂　清光緒
九年(1883)刻本　四冊

370000－1541－0008867　794.4/433

古玉圖考 （清）吳大澂編 清光緒十五年
(1889)上海同文書局石印本 二冊

370000－1541－0008868 794.4/659
宋淳熙敕編古玉圖譜一百卷 （宋）龍大淵等
編 清乾隆四十四年(1779)江氏康山草堂刻
本 十六冊

370000－1541－0008869 794.4/885
宋淳熙敕編古玉圖譜一百卷 （宋）龍大淵等
編 清乾隆四十四年(1779)江氏康山草堂刻
本 十二冊

370000－1541－0008870 794.4/946
玉譜類編四卷 （清）徐壽基編 清光緒十五
年(1889)源陽官署刻本 四冊

370000－1541－0008871 794.5/117
禹碑五釋一卷 （清）黃樹穀輯 清雍正十年
(1732)本敬堂刻本 一冊

370000－1541－0008872 794.5/123
開母石闕銘 清拓本 一冊

370000－1541－0008873 794.5/164
隋唐石刻拾遺六卷 （清）黃本驥撰 清道光
二年(1822)關中碑林刻本 一冊

370000－1541－0008874 794.5/167
嵩洛訪碑日記一卷 （清）黃易撰 清咸豐三
年(1853)刻粵雅堂叢書本 一冊

370000－1541－0008875 794.5/186
舊拓漢湯陰令張遷碑 清拓本 清翁方綱
王宗誠 張之洞 楊守敬等跋 一冊

370000－1541－0008876 794.5/214
山右石刻叢編四十卷 （清）胡聘之編 清光
緒二十七年(1901)刻本 二十四冊

370000－1541－0008877 794.5/214＝1
山右石刻叢編四十卷 （清）胡聘之編 清光
緒二十七年(1901)刻本 六冊 存六卷(二
十一至二十六)

370000－1541－0008878 794.5/214＝2
山右石刻叢編四十卷 （清）胡聘之編 清光
緒二十七年(1901)刻本 二十冊

370000－1541－0008879 794.5/261
唐昭陵石蹟考略五卷 （清）林侗撰 清光緒
十七年(1891)徐氏觀自得齋刻本 二冊

370000－1541－0008880 794.5/261＝1
唐昭陵石蹟考略五卷 （清）林侗撰 清光緒
十七年(1891)徐氏觀自得齋刻本 二冊

370000－1541－0008881 794.5/261＝2
唐昭陵石蹟考略五卷 （清）林侗撰 清道光
四年(1824)喜聞過齋刻本 四冊

370000－1541－0008882 794.5/290＝1
遊馮氏園林小記一卷 （清）程世淳撰 清拓
本 一冊

370000－1541－0008883 794.5/313
墨妙亭碑目考二卷 （清）張鑑撰 清嘉慶二
十五年(1820)刻本 二冊

370000－1541－0008884 794.5/327
古龍潭神雨碑一卷 （清）楊祖憲撰文 （清）
翟云升書 清道光二十一年(1841)拓本 一
冊

370000－1541－0008885 794.5/359
昭陵碑考二卷 （清）孫三錫撰 清咸豐八年
(1858)刻本 六冊

370000－1541－0008886 794.5/362
京畿金石考二卷 （清）孫星衍撰 清同治至
光緒滂喜齋刻本 一冊

370000－1541－0008887 794.5/362＝1
京畿金石考二卷 （清）孫星衍撰 清光緒十
二年(1886)吳縣朱氏家塾刻槐廬叢書本 一
冊

370000－1541－0008888 794.5/370
至聖林廟碑目六卷 （清）孔昭薰撰 清光緒
十八年(1892)積學齋刻本 一冊

370000－1541－0008889 794.5/373
漢碑引經考六卷 （清）皮錫瑞撰 清光緒三
十年(1904)刻本 五冊

370000－1541－0008890 794.5/373＝1
漢碑引經考六卷 （清）皮錫瑞撰 清光緒三

十年(1904)刻本　五冊

370000－1541－0008891　794.5/472

呆谿居士縮本漢碑一卷　(清)呆谿居士編
清拓本　一冊

370000－1541－0008892　794.5/482＝1

東海廟殘碑　(清)劉鶚藏　清末上海有正書
局石印本　一冊

370000－1541－0008893　794.5/504

語石十卷　葉昌熾撰　清宣統元年(1909)蘇
城徐元圃刻蘇州振新叢書本　四冊

370000－1541－0008894　794.5/504＝1

語石十卷　葉昌熾撰　清宣統元年(1909)蘇
城徐元圃刻蘇州振新叢書本　四冊

370000－1541－0008895　794.5/648

高句麗永樂太王碑　清宣統三年(1911)拓本
四冊

370000－1541－0008896　794.5/667

宋拓王洪範碑　(唐)于敬之撰　(唐)王玄宗
書　清宣統元年(1909)石印本　一冊

370000－1541－0008897　794.5/720

隸續二十一卷　(宋)洪适撰　清乾隆四十三
年(1778)錢塘汪日秀樓松書屋刻本　八冊

370000－1541－0008898　794.5/720＝1

隸續二十一卷　(宋)洪适撰　清乾隆四十三
年(1778)錢塘汪日秀樓松書屋刻本　五冊

370000－1541－0008899　794.5/723

山左訪碑錄二卷　(清)法偉堂輯　清宣統元
年(1909)濟南國文報館石印本　二冊

370000－1541－0008900　794.5/725

誌銘廣例二卷　(清)梁玉繩撰　清光緒六年
(1880)會稽章氏刻本　一冊

370000－1541－0008901　794.5/732

金石稱例四卷　(清)梁廷柟撰　清光緒十三
年(1887)朱氏槐廬刻本　一冊

370000－1541－0008902　794.5/745

常山貞石志二十四卷　(清)沈濤撰　清道光

二十二年(1842)刻本　八冊

370000－1541－0008903　794.5/745＝1

常山貞石志二十四卷　(清)沈濤撰　清光緒
二十年(1894)靈溪精舍刻本　十冊

370000－1541－0008904　794.5/850

金石屑四卷　(清)鮑昌熙摹輯　清光緒三年
(1877)刻本　四冊

370000－1541－0008905　794.5/850＝1

金石屑四卷　(清)鮑昌熙摹輯　清光緒三年
(1877)刻本　一冊　存一卷(二)

370000－1541－0008906　794.5/890

奇觚室樂石文述二卷　(清)劉心源輯　清貴
陽陳氏刻本　丁山題識　二冊

370000－1541－0008907　794.5/901

漢碑篆額　(清)何澂輯　清光緒九年(1883)
刻本　三冊

370000－1541－0008908　794.5/984

瘞鶴銘考補一卷　(清)翁方綱撰　**山樵書外
紀一卷**　(清)張開福撰　清光緒三十四年
(1908)端方刻本　一冊

370000－1541－0008909　794.6/306

石鼓文釋存十卷補注一卷　(清)張燕昌撰
清光緒二十八年(1902)貴池劉氏刻本　一冊

370000－1541－0008910　794.6/306＝1

石鼓文釋存十卷補注一卷　(清)張燕昌撰
清光緒二十八年(1902)貴池劉氏刻本　一冊

370000－1541－0008911　794.6/306＝2

石鼓文釋存十卷補注一卷　(清)張燕昌撰
清光緒二十八年(1902)貴池劉氏刻本　一冊

370000－1541－0008912　794.6/324

石鼓文匯不分卷　(清)尹彭壽纂　清光緒諸
城尹氏來山園刻斠經室所著書本　一冊

370000－1541－0008913　794.6/680

金石圖不分卷　(清)牛運震集說　(清)褚峻
摹圖　清乾隆十年(1745)刻本　一冊

370000－1541－0008914　794.6/680＝1

金石圖不分卷　（清）牛運震集說　（清）褚峻摹圖　清乾隆十年(1745)刻本　四冊

370000－1541－0008915　794.6/680＝2

金石圖說二卷　（清）牛運震集說　（清）褚峻摹圖　劉世珩編補　清光緒二十二年(1896)貴池劉氏聚學軒刻本　四冊

370000－1541－0008916　794.6/740

石鼓文定本十卷　（清）沈梧撰　清光緒十六年(1890)古華山館刻本　四冊

370000－1541－0008917　794.6/740＝1

石鼓文定本十卷　（清）沈梧撰　清光緒十六年(1890)古華山館刻本　四冊

370000－1541－0008918　794.6/740＝2

周宣王石鼓文定本二卷　（清）劉凝述　清康熙四十四年(1705)李長祚刻本　四冊

370000－1541－0008919　794.66/119

墓銘舉例四卷　（明）王行撰　金石要例一卷　（清）黃宗羲撰　清光緒四年(1878)南海馮氏讀有用書齋刻朱墨套印本　二冊

370000－1541－0008920　794.66/680

求古精舍金石圖四卷　（清）陳經輯　清嘉慶二十三年(1818)說劍樓刻本　六冊

370000－1541－0008921　794.66/767

李靜叔自爲墓誌銘　（清）李文淵撰　（清）鄧汝勤書　（清）戴震篆蓋　清拓本　一冊

370000－1541－0008922　794.7/112

婆羅樹碑考不分卷　（清）王琛輯　清同治六年(1867)稿本　一冊

370000－1541－0008923　794.7/199

石墨鐫華八卷　（明）趙崡撰　明萬曆四十六年(1618)盩厔趙崡刻本　二冊

370000－1541－0008924　794.7/199＝1

石墨鐫華八卷　（明）趙崡撰　明萬曆四十六年(1618)盩厔趙崡刻本　四冊

370000－1541－0008925　794.7/199＝2

石墨鐫華八卷　（明）趙崡撰　明萬曆四十六年(1618)盩厔趙崡刻本　四冊

370000－1541－0008926　794.7/199＝3

石墨鐫華八卷　（明）趙崡撰　清光緒十八年(1892)刻本　四冊

370000－1541－0008927　794.7/272

函海一百六十五種　（清）李調元編　清乾隆綿州李氏萬卷樓刻本　一冊　存三種七卷（玉名詁一卷、異魚圖贊三卷、異魚圖贊補三卷）

370000－1541－0008928　794.7/288

觀妙齋藏金石文考略十六卷　（清）李光暎撰　清雍正七年(1729)嘉興李氏觀妙齋刻本　十冊

370000－1541－0008929　794.7/288＝1

觀妙齋藏金石文考略十六卷　（清）李光暎撰　清雍正七年(1729)嘉興李氏觀妙齋刻道光十七年(1837)平湖盛氏拜石山房重印本　六冊

370000－1541－0008930　794.7/375

萬縣西南山石刻記二卷　況周頤編　清光緒二十九年(1903)刻蕙風簃所著書本　一冊

370000－1541－0008931　794.7/375＝1

萬縣西南山石刻記二卷　況周頤編　清光緒二十九年(1903)刻蕙風簃所著書本　一冊

370000－1541－0008932　794.7/375＝2

華山碑考四卷　（清）阮元撰　清嘉慶十八年(1813)阮氏文選樓刻本　一冊

370000－1541－0008933　794.7/380

寶刻叢編二十卷　（宋）陳思輯　清末海豐吳式芬刻本　八冊

370000－1541－0008934　794.7/384

趙州石刻全錄三卷　（清）陳鍾祥編　清同治元年(1862)刻本　三冊

370000－1541－0008935　794.7/384＝1

趙州石刻全錄三卷　（清）陳鍾祥編　清同治元年(1862)刻本　三冊

370000－1541－0008936　794.7/418

漢碑錄文四卷　（清）馬邦玉輯　清光緒七年

（1881）刻本　四冊

370000－1541－0008937　794.7/418 ＝ 1
漢碑録文四卷　（清）馬邦玉輯　清光緒七年
（1881）刻本　四冊

370000－1541－0008938　794.7/433
九鐘精舍金石跋尾　吳士鑑撰　清宣統二年
（1910）刻本　二冊

370000－1541－0008939　794.7/433 ＝ 1
九鐘精舍金石跋尾　吳士鑑撰　清宣統二年
（1910）刻本　二冊

370000－1541－0008940　794.7/433 ＝ 2
九鐘精舍金石跋尾　吳士鑑撰　清宣統二年
（1910）刻本　二冊

370000－1541－0008941　794.7/433 ＝ 3
九鐘精舍金石跋尾　吳士鑑撰　清宣統二年
（1910）刻本　二冊

370000－1541－0008942　794.7/436
金石磚瓦拓本集珍三卷　（清）陳介祺藏拓
清拓本　三冊

370000－1541－0008943　794.7/440
漢魏六朝志墓金石例三卷唐人志墓諸例一卷
　（清）吳鎬撰　清光緒十年（1884）常熟鮑氏
後知不足齋刻本　一冊

370000－1541－0008944　794.7/440 ＝ 1
漢魏六朝志墓金石例三卷唐人志墓諸例一卷
　（清）吳鎬撰　清光緒十年（1884）常熟鮑氏
後知不足齋刻本　一冊

370000－1541－0008945　794.7/440 ＝ 2
漢魏六朝志墓金石例三卷唐人志墓諸例一卷
　（清）吳鎬撰　清光緒十年（1884）常熟鮑氏
後知不足齋刻本　一冊

370000－1541－0008946　794.7/482 ＝ 1
碑別字五卷　（清）羅振鋆輯　清光緒二十年
（1894）刻本　二冊

370000－1541－0008947　794.7/482 ＝ 2
碑別字五卷　（清）羅振鋆輯　清光緒二十年
（1894）刻本　四冊

370000－1541－0008948　794.7/482 ＝ 3
碑別字五卷　（清）羅振鋆輯　清光緒二十年
（1894）刻本　二冊

370000－1541－0008949　794.7/482 ＝ 4
碑別字五卷　（清）羅振鋆輯　清光緒二十年
（1894）刻本　二冊

370000－1541－0008950　794.7/482 ＝ 5
碑別字五卷　（清）羅振鋆輯　清光緒二十年
（1894）刻本　二冊

370000－1541－0008951　794.7/482 ＝ 7
讀碑小箋　羅振玉撰　清光緒十年（1884）唐
風樓刻本　一冊

370000－1541－0008952　794.7/504
語石十卷　葉昌熾撰　清宣統元年（1909）長
洲葉昌熾刻本　四冊

370000－1541－0008953　794.7/504 ＝ 1
語石十卷　葉昌熾撰　清宣統元年（1909）長
洲葉昌熾刻本　王崇烈　王蘭涇跋　四冊

370000－1541－0008954　794.7/504 ＝ 2
語石十卷　葉昌熾撰　清宣統元年（1909）長
洲葉昌熾刻本　四冊

370000－1541－0008955　794.7/504 ＝ 3
語石十卷　葉昌熾撰　清宣統元年（1909）長
洲葉昌熾刻本　四冊

370000－1541－0008956　794.7/504 ＝ 4
語石十卷　葉昌熾撰　清宣統元年（1909）長
洲葉昌熾刻本　四冊

370000－1541－0008957　794.7/554
蒼玉洞宋人題名考一卷　（清）□□撰　清稿
本　一冊

370000－1541－0008958　794.7/654
匋齋藏石記四十四卷首一卷藏甎記二卷
（清）端方撰　清宣統元年（1909）上海商務印
書館石印本　十二冊

370000－1541－0008959　794.7/720
平津讀碑記三續二卷　（清）洪頤煊撰　清抄
本　陳準批校　二冊

370000 – 1541 – 0008960　794.7/720 = 1

平津讀碑記八卷續一卷　（清）洪頤煊撰　清嘉慶十六年(1811)刻本　四冊

370000 – 1541 – 0008961　794.7/765

石經補考十二卷　（清）馮登府撰　清道光八年(1828)刻本　四冊

370000 – 1541 – 0008962　794.7/813

金石苑六卷　（清）劉喜海輯　清道光二十八年(1848)東武劉氏來鳳堂刻本　十二冊

370000 – 1541 – 0008963　794.7/827

漢碑徵經一卷　（清）朱百度撰　清光緒十五年(1889)廣雅書局刻本　一冊

370000 – 1541 – 0008964　794.7/827 = 1

漢碑徵經一卷　（清）朱百度撰　清光緒十五年(1889)廣雅書局刻本　一冊

370000 – 1541 – 0008965　794.7/827 = 2

宜祿堂收藏金石記六卷　（清）朱士端編　清抄本　清凌霞跋　一冊

370000 – 1541 – 0008966　794.7/880

香南精舍金石契一卷　（清）覺羅崇恩撰　清光緒二十六年(1900)石印本　一冊

370000 – 1541 – 0008967　794.7/890

漢石例六卷　（清）劉寶楠輯　清同治八年(1869)刻本　二冊

370000 – 1541 – 0008968　794.7/890 = 1

漢石例六卷　（清）劉寶楠輯　清同治八年(1869)刻本　二冊

370000 – 1541 – 0008969　794.7/890 = 2

漢石例六卷　（清）劉寶楠輯　清同治八年(1869)刻本　四冊

370000 – 1541 – 0008970　794.7/890 = 3

漢石例六卷　（清）劉寶楠輯　**金石例補二卷**　（清）郭麐撰　清光緒三年(1877)行素草堂刻行素草堂金石叢書本　一冊　存四卷(漢石例五至六、金石例補二卷)

370000 – 1541 – 0008971　794.7/977

高麗國永樂好太王碑釋文纂考一卷　鄭文焯

撰　清光緒二十六年(1900)平湖朱氏經注經齋刻本　一冊

370000 – 1541 – 0008972　794.5/271

寰宇貞石圖六卷　楊守敬輯　清末宜都楊氏飛青閣石印本　六冊

370000 – 1541 – 0008973　794.9/164

墨池堂選帖五卷　（明）章藻編　明萬曆長洲章氏拓印本　五冊

370000 – 1541 – 0008974　794.9/850

金石訂例四卷　（清）鮑振方撰　清光緒十年(1884)常熟鮑氏後知不足齋刻本　一冊

370000 – 1541 – 0008975　795.1/482

莫高窟石室秘錄一卷　羅振玉述　清宣統元年(1909)武進董氏誦芬室鉛印本　一冊

370000 – 1541 – 0008976　795.13/505

令貽堂書帖字畫瓷器等件帶濰賬一卷　（清）陳介祺撰　清稿本　一冊

370000 – 1541 – 0008977　795.2/117

淳化祕閣法帖考正十二卷　（清）王澍撰　清雍正詩鼎齋刻本　一冊　存二卷(十一至十二)

370000 – 1541 – 0008978　795.2/117 = 1

淳化祕閣法帖考正十二卷　（清）王澍撰　清雍正詩鼎齋刻本　六冊

370000 – 1541 – 0008979　795.2/946

宋閣帖釋文十卷　（清）徐朝弼集釋　清嘉慶十七年(1812)刻本　一冊

370000 – 1541 – 0008980　795.2/982

石刻鋪叙二卷　（宋）曾宏父撰　清乾隆至道光長塘鮑氏刻知不足齋叢書本　一冊

370000 – 1541 – 0008981　795.5/946

宋閣帖釋文十卷　（清）徐朝弼集釋　清嘉慶十七年(1812)刻本　一冊

370000 – 1541 – 0008982　796.1/505

吳大澂藏器目不分卷　（清）吳大澂撰　清末紅格稿本　四冊

370000－1541－0008983　796.2/433

遯盦秦漢瓦當存二卷　（清）吳隱藏編　清宣統二年(1910)杭州西泠印社拓印本　二冊

370000－1541－0008984　796.4/364

溫州古甓記一卷　（清）孫詒讓撰　清光緒六年(1880)刻本　一冊

370000－1541－0008985　796.4/392

千甓亭磚錄六卷　（清）陸心源撰　清光緒七年(1881)吳興陸氏十萬卷樓刻本　二冊

370000－1541－0008986　796.4/392＝1

千甓亭磚錄六卷　（清）陸心源撰　清光緒七年(1881)吳興陸氏十萬卷樓刻本　二冊

370000－1541－0008987　796.4/392＝2

千甓亭磚錄六卷　（清）陸心源撰　清光緒七年(1881)吳興陸氏十萬卷樓刻本　三冊

370000－1541－0008988　796.4/392＝3

千甓亭古磚圖釋二十卷　（清）陸心源輯　清光緒十七年(1891)吳興陸氏石印本　四冊

370000－1541－0008989　796.4/392＝4

千甓亭古磚圖釋二十卷　（清）陸心源輯　清光緒十七年(1891)吳興陸氏石印本　四冊

370000－1541－0008990　796.4/765

浙江磚錄四卷　（清）馮登府輯　清道光十九年(1839)刻本　四冊

370000－1541－0008991　797.13/103

偃師金石記四卷　（清）武億撰　清乾隆五十三年(1788)小石山房刻本　一冊

370000－1541－0008992　797.13/471

中州金石記五卷　（清）畢沅撰　清刻本　二冊

370000－1541－0008993　797.21/429

江寧金石記八卷待訪目二卷　（清）嚴觀輯　清宣統三年(1911)江楚編譯書局石印本　二冊

370000－1541－0008994　797.21/482＝2

淮陰金石僅存錄一卷　羅振玉錄　清末抄本　一冊

370000－1541－0008995　797.23/863

湖北金石志十四卷　張仲炘編　清刻朱印本　八冊

370000－1541－0008996　797.82/527

華氏祠墓圖考略一卷　孫鴻模撰　清宣統三年(1911)鵝湖存裕堂鉛印本　一冊

370000－1541－0008997　797.82/714

汪氏登原藏稿不分卷附錄三卷　（清）汪澤等輯　清光緒二十二年(1896)汪氏敦叙祠木活字印本　四冊

370000－1541－0008998　797.83/946

唐兩京城坊考五卷　（清）徐松撰　清道光二十八年(1848)靈石楊氏刻連筠簃叢書本　二冊

370000－1541－0008999　798.3/707

葉戲原起一卷　（清）汪師韓輯　清光緒十二年(1886)錢塘汪氏長沙刻本　一冊

370000－1541－0009000　802/621＝1

小學考五十卷　（清）謝啟昆撰　清咸豐二年(1852)樹經堂刻本　十六冊

370000－1541－0009001　802/621＝2

小學考五十卷　（清）謝啟昆撰　清咸豐二年(1852)樹經堂刻本　十六冊

370000－1541－0009002　802/621＝3

小學考五十卷　（清）謝啟昆撰　清光緒十四年(1888)浙江書局刻本　二十冊

370000－1541－0009003　802/621＝4

小學考五十卷　（清）謝啟昆撰　清光緒十四年(1888)浙江書局刻本　二十冊

370000－1541－0009004　802/621＝5

小學考五十卷　（清）謝啟昆撰　清光緒十四年(1888)浙江書局刻本　二十冊

370000－1541－0009005　802/621＝6

小學考五十卷　（清）謝啟昆撰　清光緒十四年(1888)浙江書局刻本　二十冊

370000－1541－0009006　802/621＝7

小學考五十卷　（清）謝啟昆撰　清光緒十四

年(1888)浙江書局刻本　十七冊　缺五卷
（一至五）

370000－1541－0009007　802/621＝8
小學考五十卷　（清）謝啟昆撰　清光緒十四
年(1888)浙江書局刻本　二十冊

370000－1541－0009008　802/658
小學答問一卷　章炳麟撰　清宣統元年
(1909)刻本　一冊

370000－1541－0009009　802/915
小學鉤沉十九卷　（清）任大椿撰　清嘉慶二
十二年(1817)汪廷珍刻本　二冊

370000－1541－0009010　802/915＝2
小學鉤沉十九卷　（清）任大椿撰　清光緒十
年(1884)龍氏刻本　二冊

370000－1541－0009011　802.071/938
小學彙函十四種　（清）鍾謙鈞等輯　清同治
十二年(1873)粵東書局刻古經解彙函本　三
十一冊　缺一種四卷(急就篇四卷)

370000－1541－0009012　802.071/938＝1
小學彙函十四種　（清）鍾謙鈞等輯　清同治
十二年(1873)粵東書局刻古經解彙函本　十
四冊　存三種四十卷(說文解字三十卷、大宋
重修廣韻五卷、廣韻五卷)

370000－1541－0009013　802.071/938＝2
小學彙函十四種　（清）鍾謙鈞等輯　清同治
十二年(1873)粵東書局刻古經解彙函本　二
十四冊　存十種一百三十五卷(方言十三卷、
釋名八卷、廣雅十卷、急就篇四卷、說文解字
十五卷、說文繫傳四十卷、說文解字韻譜五
卷、玉篇三十卷、大宋重修廣韻五卷、廣韻五
卷)

370000－1541－0009014　802.081/290
小學類編一卷　（清）李祖望輯　清同治十年
(1871)江都李氏半畝園刻本　八冊

370000－1541－0009015　802.081/306
澤存堂五種　（清）張士俊輯　清康熙吳郡張
士俊澤存堂刻本　十六冊

370000－1541－0009016　802.081/306＝1
澤存堂五種　（清）張士俊輯　清光緒十四年
(1888)上海蜚英館石印本　八冊

370000－1541－0009017　802.081/306＝2
澤存堂五種　（清）張士俊輯　清光緒十四年
(1888)上海蜚英館石印本　八冊

370000－1541－0009018　802.081/306＝3
澤存堂五種　（清）張士俊輯　清光緒十四年
(1888)上海蜚英館石印本　八冊

370000－1541－0009019　802.081/306＝4
澤存堂五種　（清）張士俊輯　清光緒十四年
(1888)上海蜚英館石印本　八冊

370000－1541－0009020　802.081/306＝5
澤存堂五種　（清）張士俊輯　清光緒十四年
(1888)上海蜚英館石印本　八冊

370000－1541－0009021　802.081/334
雷刻四種　（清）雷浚撰　清光緒十年(1884)
吳縣雷氏刻本　六冊

370000－1541－0009022　802.081/915＝2
小學鉤沉十九卷　（清）任大椿撰　清光緒十
年(1884)龍氏刻本　四冊

370000－1541－0009023　802.1/123
爾雅三卷　（晉）郭璞注　（唐）陸德明釋　清
同治十一年(1872)山東書局刻本　三冊

370000－1541－0009024　802.1081/653
五雅四十一卷　（明）郎奎金編　明天啟六年
(1626)武林郎氏堂策檻刻本　四冊

370000－1541－0009025　802.11/630＝1
爾雅十一卷　（晉）郭璞注　（明）金蟠訂　明
崇禎永懷堂刻本　一冊　存三卷(九至十一)

370000－1541－0009026　802.11/630＝2
爾雅三卷　（晉）郭璞注　清光緒八年(1882)
巴陵碧琳瑯館刻本　二冊

370000－1541－0009027　802.11/630＝4
爾雅注疏十一卷　（晉）郭璞撰　清同治十年
(1871)廣東書局刻本　五冊

434

370000－1541－0009028　　802.11/630＝6

爾雅三卷　（晉）郭璞注　（唐）陸德明釋　清
光緒十二年(1886)湖北官書處刻本　三冊

370000－1541－0009029　　802.11/630＝7

爾雅三卷音釋一卷　（晉）郭璞注　**爾雅經注
集證三卷**　（清）龍啟瑞撰　清光緒七年
(1881)刻本　一冊

370000－1541－0009030　　802.11/630＝8

爾雅注疏十卷　（晉）郭璞注　（宋）邢昺疏
校勘記十卷　（清）阮元撰　（清）盧宣旬摘錄
　清同治十二年(1873)江西書局刻本　六冊

370000－1541－0009031　　802.11/630＝9

爾雅注疏十卷　（晉）郭璞注　（宋）邢昺疏
校勘記十卷　（清）阮元撰　（清）盧宣旬摘錄
　清嘉慶二十年(1815)江西南昌府學刻本
二冊　存十卷(一至三、九至十，校勘記一至
三、九至十)

370000－1541－0009032　　802.112/129＝2

爾雅疏十卷　（宋）邢昺疏　清光緒四年
(1878)歸安陸氏十萬卷樓刻本　二冊

370000－1541－0009033　　802.112/209＝1

爾雅郭注義疏二十卷　（清）郝懿行撰　清末
上海鴻章書局石印本　十六冊

370000－1541－0009034　　802.112/209＝2

爾雅郭注義疏二十卷　（清）郝懿行撰　清末
上海鴻章書局石印本　十六冊

370000－1541－0009035　　802.112/209＝3

爾雅郭注義疏二十卷　（清）郝懿行撰　清末
上海鴻章書局石印本　十六冊

370000－1541－0009036　　802.112/209＝4

爾雅郭注義疏二十卷　（清）郝懿行撰　清光
緒十三年(1887)湖北官書局刻本　八冊

370000－1541－0009037　　802.112/209＝6

爾雅郭注義疏二十卷　（清）郝懿行撰　清光
緒十年(1884)榮縣蜀南閣刻本　八冊

370000－1541－0009038　　802.112/209＝7

爾雅郭注義疏二十卷　（清）郝懿行撰　清光
緒十年(1884)榮縣蜀南閣刻本　八冊

370000－1541－0009039　　802.112/209＝8

爾雅郭注義疏二十卷　（清）郝懿行撰　清同
治四年(1865)王氏刻本　八冊

370000－1541－0009040　　802.112/209＝9

爾雅郭注義疏二十卷　（清）郝懿行撰　清同
治四年(1865)王氏刻本　八冊

370000－1541－0009041　　802.112/209＝10

爾雅郭注義疏二十卷　（清）郝懿行撰　清同
治四年(1865)王氏刻本　八冊

370000－1541－0009042　　802.112/209＝11

爾雅郭注義疏二十卷　（清）郝懿行撰　清同
治四年(1865)王氏刻本　八冊

370000－1541－0009043　　802.112/329

爾雅正義二十卷　（清）邵晉涵撰　清乾隆五
十三年(1788)餘姚邵氏家塾刻本　八冊

370000－1541－0009044　　802.112/329＝1

爾雅正義二十卷　（清）邵晉涵撰　清乾隆五
十三年(1788)餘姚邵氏家塾刻本　六冊

370000－1541－0009045　　802.112/329＝2

爾雅正義二十卷　（清）邵晉涵撰　清乾隆五
十三年(1788)餘姚邵氏家塾刻本　八冊

370000－1541－0009046　　802.112/329＝3

爾雅正義二十卷　（清）邵晉涵撰　清乾隆五
十三年(1788)餘姚邵氏家塾刻本　八冊

370000－1541－0009047　　802.112/329＝4

爾雅正義二十卷　（清）邵晉涵撰　清乾隆五
十三年(1788)餘姚邵氏家塾刻本　八冊

370000－1541－0009048　　802.112/329＝5

爾雅正義二十卷　（清）邵晉涵撰　清乾隆五
十三年(1788)餘姚邵氏家塾刻本　八冊

370000－1541－0009049　　802.112/329＝6

爾雅正義二十卷　（清）邵晉涵撰　清乾隆五
十三年(1788)餘姚邵氏家塾刻本　八冊

370000－1541－0009050　　802.112/329＝7

爾雅正義二十卷　（清）邵晉涵撰　清乾隆五
十三年(1788)餘姚邵氏家塾刻本　八冊

370000－1541－0009051　802.112/329 = 8

爾雅正義二十卷　（清）邵晉涵撰　清乾隆五十三年(1788)餘姚邵氏家塾刻本　八冊

370000－1541－0009052　802.112/394

爾雅三卷　（晉）郭璞注　（唐）陸德明音釋　清嘉慶二十二年(1817)順德張青選清芬閣刻本　三冊

370000－1541－0009053　802.112/394 = 1

爾雅三卷　（晉）郭璞注　（唐）陸德明音釋　清嘉慶十一年(1806)吳縣顧廣圻思適齋刻本　三冊

370000－1541－0009054　802.112/394 = 2

爾雅三卷　（晉）郭璞注　（唐）陸德明音釋　清嘉慶十一年(1806)吳縣顧廣圻思適齋刻本　三冊

370000－1541－0009055　802.112/630 = 3

爾雅注疏十一卷　（晉）郭璞注　（宋）邢昺疏　清嘉慶十六年(1811)書業堂刻本　汪柏年批校題跋　四冊

370000－1541－0009056　802.112/630 = 5

爾雅三卷　（晉）郭璞注　（唐）陸德明音釋　清嘉慶十一年(1806)吳縣顧廣圻思適齋刻本　二冊

370000－1541－0009057　802.112/659

爾雅經注集證三卷　（清）龍啟瑞撰　清抄本　一冊

370000－1541－0009058　802.112/759

爾雅六卷　（清）姜兆錫注疏參義　清雍正十年(1732)寅清樓刻本　二冊

370000－1541－0009059　802.112/885

爾雅補注殘本一卷　（清）劉玉麐撰　清光緒十四年(1888)廣雅書局刻本　一冊

370000－1541－0009060　802.112/885 = 2

爾雅補注殘本一卷　（清）劉玉麐撰　清光緒十四年(1888)廣雅書局刻本　一冊

370000－1541－0009061　802.112/927

爾雅古義二卷　（清）錢坫撰　**爾雅集說一卷**

（清）汪柏年撰　清末抄本　二冊

370000－1541－0009062　802.112/972

爾雅鄭註三卷　（宋）鄭樵註　明末常熟毛氏汲古閣刻本　三冊

370000－1541－0009063　802.112/972 = 1

爾雅鄭註三卷　（宋）鄭樵註　清嘉慶十年(1805)虞山張氏照曠閣刻本　二冊

370000－1541－0009064　802.1123/630 = 1

爾雅三卷　（晉）郭璞注　（唐）陸德明釋　清同治十一年(1872)山東書局刻本　三冊

370000－1541－0009065　802.1123/630 = 2

爾雅三卷　（晉）郭璞注　（唐）陸德明釋　清同治十一年(1872)山東書局刻本　三冊

370000－1541－0009066　802.1123/630 = 3

爾雅三卷　（晉）郭璞注　（唐）陸德明釋　清同治十三年(1874)湖南書局刻本　三冊

370000－1541－0009067　802.1123/630 = 6

爾雅一卷附讀爾雅即題畫梅一卷　（晉）郭璞注　清光緒二十一年(1895)鄂城張世準刻本　一冊

370000－1541－0009068　802.1123/630 = 7

爾雅十九卷　王闓運集解　清光緒二十九年(1903)東洲刻本　三冊

370000－1541－0009069　802.1125/129

爾雅注疏十卷校勘記十卷　（晉）郭璞注　（宋）邢昺疏　（清）阮元撰　（清）盧宣旬摘錄　清嘉慶二十年(1815)江西南昌府學刻本　二冊　存十卷(四至八、校勘記四至八)

370000－1541－0009070　802.1125/129 = 1

爾雅注疏十一卷　（晉）郭璞注　（宋）邢昺疏　清嘉慶十六年(1811)書業堂刻本　四冊

370000－1541－0009071　802.1125/129 = 3

爾雅注疏十一卷　（晉）郭璞注　（宋）邢昺疏　清乾隆五十一年(1786)金閶書業堂刻本　六冊

370000－1541－0009072　802.1125/394

爾雅新義二十卷　（宋）陸佃撰　清咸豐三年(1853)南海伍氏粤雅堂刻粤雅堂叢書本　三

册

370000－1541－0009073　802.1125/394＝1

爾雅新義二十卷　（宋）陸佃撰　清咸豐三年(1853)南海伍氏粵雅堂刻粵雅堂叢書本　四冊

370000－1541－0009074　802.1125/394＝2

爾雅新義二十卷　（宋）陸佃撰　清乾隆抄本　十冊

370000－1541－0009075　802.1127/164

爾雅古義十二卷　（清）黃奭撰　清道光二十八年(1848)刻本　六冊

370000－1541－0009076　802.1127/164＝1

爾雅古義十二卷　（清）黃奭撰　清道光二十八年(1848)刻本　六冊

370000－1541－0009077　802.1127/209＝1

爾雅郭注義疏二十卷　（清）郝懿行撰　清光緒十三年(1887)湖北官書局刻本　八冊

370000－1541－0009078　802.1127/209＝4

爾雅郭注義疏二十卷　（清）郝懿行撰　清光緒七年(1881)刻本　八冊

370000－1541－0009079　802.1127/209＝5

爾雅郭注義疏二十卷　（清）郝懿行撰　清光緒七年(1881)刻本　七冊

370000－1541－0009080　802.1127/209＝9

爾雅郭注義疏二十卷　（清）郝懿行撰　清光緒七年(1881)刻本　八冊

370000－1541－0009081　802.1127/209－07

爾雅注疏十一卷　（晉）郭璞注　（宋）邢昺疏　清光緒二十二年(1896)書業德刻本　六冊

370000－1541－0009082　802.1127/212

爾雅郭註補正九卷　（清）戴鎣撰　清光緒十一年(1885)海陽韓氏刻本　六冊

370000－1541－0009083　802.1127/212＝1

爾雅郭註補正九卷　（清）戴鎣撰　清乾隆五十二年(1787)刻本　四冊

370000－1541－0009084　802.1127/311

爾雅注疏本正誤五卷　（清）張宗泰撰　清光緒二十六年(1900)廣雅書局刻本　二冊

370000－1541－0009085　802.1127/327

爾雅補郭二卷　（清）翟灝撰　清光緒八年(1882)卷施誃刻本　一冊

370000－1541－0009086　802.1127/429

爾雅一切註音十卷　（清）嚴萬里纂　清光緒十三年(1887)刻本　四冊

370000－1541－0009087　802.1127/429＝1

爾雅匡名二十卷　（清）嚴元照撰　清光緒十六年(1890)廣雅書局刻本　四冊

370000－1541－0009088　802.1127/429＝2

爾雅匡名二十卷　（清）嚴元照撰　清光緒十六年(1890)廣雅書局刻本　四冊

370000－1541－0009089　802.1127/504

爾雅古注斠三卷　（清）葉蕙心撰　清光緒二年(1876)半畝園刻本　二冊

370000－1541－0009090　802.1127/754

爾雅正郭三卷　（清）潘衍桐撰　清光緒十七年(1891)刻本　一冊

370000－1541－0009091　802.1127/754＝1

爾雅正郭三卷　（清）潘衍桐撰　清光緒十七年(1891)刻本　一冊

370000－1541－0009092　802.1127/754＝2

爾雅正郭三卷　（清）潘衍桐撰　清光緒十七年(1891)刻本　一冊

370000－1541－0009093　802.1127/820

爾雅訓纂不分卷　（清）周繪藻撰　清光緒百柱山房石印本　一冊

370000－1541－0009094　802.1127/953

爾雅詁二卷　（清）徐孚吉撰　清光緒十四年(1888)江陰南菁書院刻南菁書院叢書本　一冊

370000－1541－0009095　802.1127/953＝1

爾雅詁二卷　（清）徐孚吉撰　清末抄本　一冊

370000 – 1541 – 0009096　802.1153/630

爾雅音圖三卷　（晉）郭璞注　（清）姚之麟摹繪　清嘉慶六年(1801)藝學軒刻本　三冊

370000 – 1541 – 0009097　802.1153/630 = 1

爾雅音圖三卷　（晉）郭璞注　（清）姚之麟摹繪　清光緒十六年(1890)上海石印本　二冊

370000 – 1541 – 0009098　802.1153/630 = 2

爾雅音圖三卷　（晉）郭璞注　（清）姚之麟摹繪　清光緒十年(1884)上海同文書局石印本　一冊

370000 – 1541 – 0009099　802.1153/630 = 3

爾雅音圖三卷　（晉）郭璞注　（清）姚之麟摹繪　清光緒二十四年(1898)上海古香閣石印本　一冊

370000 – 1541 – 0009100　802.1153/630 = 4

爾雅音圖三卷　（晉）郭璞注　（清）姚之麟摹繪　清光緒十二年(1886)上海石印本　二冊

370000 – 1541 – 0009101　802.1153/630 = 7

爾雅圖贊一卷　（清）嚴可均撰　清光緒二十一年(1895)長沙葉氏郎園刻本　一冊

370000 – 1541 – 0009102　802.1164/387

爾雅音義二卷　（唐）陸德明撰　清刻本　二冊

370000 – 1541 – 0009103　802.1179/429

爾雅匡名二十卷　（清）嚴元照撰　清光緒十一年(1885)陸氏刻本　四冊

370000 – 1541 – 0009104　802.119/112

爾雅郭注佚存補訂二十卷　王樹枏撰　清光緒十八年(1892)資陽文莫室刻本　四冊

370000 – 1541 – 0009105　802.119/112 = 1

爾雅郭注佚存補訂二十卷　王樹枏撰　清光緒十八年(1892)資陽文莫室刻本　六冊

370000 – 1541 – 0009106　802.119/112 = 2

爾雅郭注佚存補訂二十卷　王樹枏撰　清光緒十八年(1892)資陽文莫室刻本　五冊

370000 – 1541 – 0009107　802.119/115

爾雅集解十九卷　王闓運撰　清光緒二十九

年(1903)東洲刻本　四冊

370000 – 1541 – 0009108　802.119/366

爾雅直音二卷　（清）孫倜輯　清乾隆六十年(1795)刻本　二冊

370000 – 1541 – 0009109　802.119/366 = 1

爾雅直音二卷　（清）孫倜輯　清乾隆六十年(1795)刻本　一冊

370000 – 1541 – 0009110　802.119/366 = 2

爾雅直音二卷　（清）孫倜輯　清光緒六年(1880)福山王氏天壤閣刻本　二冊

370000 – 1541 – 0009111　802.119/394

長洲陸錦燧讀爾雅日記一卷　（清）陸錦燧撰　清光緒刻學古堂日記本　二冊

370000 – 1541 – 0009112　802.119/719

爾雅小箋三卷　（清）江藩撰　清光緒十九年(1893)南陵徐氏刻鄦齋叢書本　二冊

370000 – 1541 – 0009113　802.119/813

十三經音略十二卷附錄二卷　（清）周春撰　清乾隆至嘉慶刻本　二冊　存三卷(爾雅九至十一)

370000 – 1541 – 0009114　802.119/927

爾雅釋地四篇注一卷　（清）錢坫撰　清乾隆四十六年(1781)刻本　一冊

370000 – 1541 – 0009115　802.1195/482

爾雅翼三十二卷　（宋）羅願撰　明正德十四年(1519)羅文殊刻本　八冊

370000 – 1541 – 0009116　802.1195/482 = 1

爾雅翼三十二卷　（宋）羅願撰　清刻本　六冊

370000 – 1541 – 0009117　802.1195/482 = 2

爾雅翼三十二卷　（宋）羅願撰　清嘉慶四年(1799)刻本　六冊

370000 – 1541 – 0009118　802.1195/482 = 3

爾雅翼三十二卷　（宋）羅願撰　清刻本　六冊

370000 – 1541 – 0009119　802.1195/482 = 4

爾雅翼三十二卷 （宋）羅願撰 （元）洪焱祖釋 清光緒十年(1884)刻本 六冊

370000－1541－0009120 802.1195/482＝5

爾雅翼三十二卷 （宋）羅願撰 （元）洪焱祖釋 清嘉慶十一年(1806)琴川張氏照曠閣刻本 四冊

370000－1541－0009121 802.1197/285

讀雅筆記三卷 （清）李雱撰 清嘉慶九年(1804)賜錦堂刻本 一冊

370000－1541－0009122 802.1197/285＝1

爾雅蒙求二卷 （清）李拔式撰 清嘉慶三年(1798)蟠根書屋刻本 一冊

370000－1541－0009123 802.13/115

小爾雅疏八卷 （清）王煦撰 清嘉慶五年(1800)鑿翠山莊刻本 四冊

370000－1541－0009124 802.13/115＝1

小爾雅疏八卷 （清）王煦撰 清光緒十一年(1885)邵武徐氏刻本 二冊

370000－1541－0009125 802.13/115＝2

小爾雅疏八卷 （清）王煦撰 清光緒十一年(1885)邵武徐氏刻本 二冊

370000－1541－0009126 802.13/115＝3

小爾雅疏八卷 （清）王煦撰 清光緒十一年(1885)邵武徐氏刻本 二冊

370000－1541－0009127 802.13/115＝4

小爾雅疏八卷 （清）王煦撰 清光緒十一年(1885)邵武徐氏刻本 二冊

370000－1541－0009128 802.13/216＝2

小爾雅義證十三卷 （清）胡承珙撰 清光緒貴池劉氏刻聚學軒叢書本 二冊

370000－1541－0009129 802.13/521

小爾雅疏證五卷 （清）葛其仁撰 清光緒二年(1876)歸安姚氏刻咫進齋叢書本 一冊

370000－1541－0009130 802.13/695

小爾雅訓纂六卷 （清）宋翔鳳撰 清光緒十六年(1890)廣雅書局刻本 一冊

370000－1541－0009131 802.13/695＝1

小爾雅訓纂六卷 （清）宋翔鳳撰 清光緒十六年(1890)廣雅書局刻本 一冊

370000－1541－0009132 802.15/119

釋名疏證補八卷續一卷補遺一卷附一卷 王先謙撰集 清光緒二十二年(1896)刻本 三冊

370000－1541－0009133 802.15/119＝1

釋名疏證補八卷續一卷補遺一卷附一卷 王先謙撰集 清光緒二十二年(1896)刻本 四冊

370000－1541－0009134 802.15/119＝2

釋名疏證補八卷續一卷補遺一卷附一卷 王先謙撰集 清光緒二十二年(1896)刻本 丁山批校並跋 三冊

370000－1541－0009135 802.15/119＝3

釋名疏證補八卷續一卷補遺一卷附一卷 王先謙撰集 清光緒二十二年(1896)刻本 三冊

370000－1541－0009136 802.15/306

廣雅十卷 （三國魏）張揖撰 （隋）曹憲音釋 明畢效欽刻本 二冊

370000－1541－0009137 802.15/417

諟誤四卷 （清）馬樸撰 清同治八年(1869)刻本 二冊

370000－1541－0009138 802.15/885＝3

五雅四十一卷 （明）郎奎金編 清刻本 四冊 缺一種(埤雅)

370000－1541－0009139 802.152/885

釋名疏證八卷 （清）畢沅撰 清乾隆五十四年(1789)畢氏靈巖山館刻本 二冊

370000－1541－0009140 802.152/885＝2

釋名四卷 （漢）劉熙撰 明萬曆二十年(1592)何允中刻本 一冊

370000－1541－0009141 802.152/885＝4

釋名疏證八卷 （清）畢沅撰 清乾隆五十四年(1789)畢氏靈巖山館刻本 一冊

370000 – 1541 – 0009142　802.157/112

廣雅疏證拾遺二卷　（清）王士濂撰　清光緒
二十四年(1898)高郵王氏鶴壽堂刻鶴壽堂叢
書本　二冊

370000 – 1541 – 0009143　802.157/112＝1

廣雅補疏四卷　王樹枏撰　清光緒十六年
(1890)青神文莫室刻本　一冊

370000 – 1541 – 0009144　802.157/119

廣雅疏證十卷　（清）王念孫撰　清嘉慶元年
(1796)高郵王氏刻本　十一冊

370000 – 1541 – 0009145　802.157/119＝1

廣雅疏證十卷　（清）王念孫撰　（清）王引之
述　**博雅音十卷**　（隋）曹憲撰　（清）王念孫
校　清光緒五年(1879)淮南書局刻本　八冊

370000 – 1541 – 0009146　802.157/119＝2

廣雅疏證十卷　（清）王念孫撰　（清）王引之
述　**博雅音十卷**　（隋）曹憲撰　（清）王念孫
校　清光緒五年(1879)淮南書局刻本　八冊

370000 – 1541 – 0009147　802.157/119＝3

廣雅疏證十卷　（清）王念孫撰　清光緒五年
(1879)淮南書局刻本　八冊

370000 – 1541 – 0009148　802.157/119＝4

廣雅疏證十卷　（清）王念孫撰　（清）王引之
述　**博雅音十卷**　（隋）曹憲撰　（清）王念孫
校　清光緒五年(1879)淮南書局刻本　八冊

370000 – 1541 – 0009149　802.157/119＝5

廣雅疏證十卷　（清）王念孫撰　（清）王引之
述　**博雅音十卷**　（隋）曹憲撰　（清）王念孫
校　清光緒五年(1879)淮南書局刻本　八冊

370000 – 1541 – 0009150　802.157/119＝6

廣雅疏證補正一卷　（清）王念孫撰　（清）黃
海長編　清光緒二十六年(1900)黃氏借竹宧
刻本　一冊

370000 – 1541 – 0009151　802.157/927

廣雅疏義二十卷　（清）錢大昭撰　清抄本
十二冊　存十一卷(一至十一)

370000 – 1541 – 0009152　802.16/306

博雅音十卷　（隋）曹憲撰　（清）王念孫校
清光緒二十八年(1902)千一齋刻本　一冊

370000 – 1541 – 0009153　802.16/321

萬言肆雅一卷　（清）屈曾發撰　清乾隆三十
七年(1772)豫簪堂刻本　四冊

370000 – 1541 – 0009154　802.16/348

拾雅二十卷　（清）夏味堂撰　清道光二年
(1822)高郵夏氏遂園刻本　六冊

370000 – 1541 – 0009155　802.16/348＝1

拾雅二十卷　（清）夏味堂撰　清嘉慶二十四
年(1819)高郵夏氏遂園刻本　十冊

370000 – 1541 – 0009156　802.16/348＝2

拾雅二十卷　（清）夏味堂撰　清道光二年
(1822)高郵夏氏遂園刻本　六冊

370000 – 1541 – 0009157　802.16/348＝3

拾雅二十卷　（清）夏味堂撰　清嘉慶二十四
年(1819)高郵夏氏遂園刻本　十冊

370000 – 1541 – 0009158　802.16/348＝4

拾雅二十卷　（清）夏味堂撰　清嘉慶二十四
年(1819)高郵夏氏遂園刻本　八冊

370000 – 1541 – 0009159　802.16/348＝5

拾雅二十卷　（清）夏味堂撰　清嘉慶二十四
年(1819)高郵夏氏遂園刻本　十冊

370000 – 1541 – 0009160　802.16/348＝6

拾雅二十卷　（清）夏味堂撰　清嘉慶二十四
年(1819)高郵夏氏遂園刻本　十冊

370000 – 1541 – 0009161　802.16/394

坤雅二十卷　（宋）陸佃撰　清康熙虞山顧氏
如月樓刻本　二冊

370000 – 1541 – 0009162　802.16/394＝1

坤雅二十卷　（宋）陸佃撰　清康熙虞山顧氏
如月樓刻本　四冊

370000 – 1541 – 0009163　802.16/394＝2

坤雅二十卷　（宋）陸佃撰　清康熙虞山顧氏
如月樓刻本　清張之銘批校抄補　二冊

370000 – 1541 – 0009164　802.16/394＝3

埤雅二十卷　（宋）陸佃撰　清康熙虞山顧氏
如月樓刻本　四冊

370000 – 1541 – 0009165　802.16/433

別雅五卷　（清）吳玉搢輯　清乾隆七年
(1742)新安程氏督經堂刻本　五冊

370000 – 1541 – 0009166　802.16/433 = 3

別雅五卷　（清）吳玉搢輯　清乾隆七年
(1742)新安程氏督經堂刻本　五冊

370000 – 1541 – 0009167　802.16/455

疊雅十三卷　（清）史夢蘭撰　清同治四年
(1865)止園刻止園叢書本　四冊

370000 – 1541 – 0009168　802.16/455 = 2

疊雅十三卷　（清）史夢蘭撰　清同治四年
(1865)止園刻止園叢書本　四冊

370000 – 1541 – 0009169　802.16/611

別雅訂五卷　（清）吳玉搢輯　清末抄本　一
冊

370000 – 1541 – 0009170　802.16/611 = 2

別雅訂五卷　（清）吳玉搢輯　清光緒三年
(1877)潘氏八喜齋刻本　一冊

370000 – 1541 – 0009171　802.16/628

韻雅五卷雜論一卷識餘一卷　（清）施何牧撰
清刻本　五冊

370000 – 1541 – 0009172　802.16/667

譯雅一卷附泰西君臣名號歸一圖一卷　（清）
唐詠裳撰　清光緒二十五年(1899)苦竹城刻
特健藥齋外編本　一冊

370000 – 1541 – 0009173　802.16/667 = 1

譯雅一卷附泰西君臣名號歸一圖一卷　（清）
唐詠裳撰　清光緒二十五年(1899)苦竹城刻
特健藥齋外編本　二冊

370000 – 1541 – 0009174　802.16/720

比雅十卷　（清）洪亮吉撰　清光緒五年
(1879)授經堂刻本　二冊

370000 – 1541 – 0009175　802.16/791

選雅二十卷　程先甲撰　清光緒二十八年
(1902)千一齋刻本　八冊

370000 – 1541 – 0009176　802.16/791 = 1

選雅二十卷　程先甲撰　清光緒二十八年
(1902)千一齋刻本　八冊

370000 – 1541 – 0009177　802.16/791 = 2

選雅二十卷　程先甲撰　清光緒二十八年
(1902)千一齋刻本　八冊

370000 – 1541 – 0009178　802.16/832

駢雅訓纂十六卷序目一卷　（明）朱謀㙔撰
（清）魏茂林訓纂　清道光二十五年(1845)有
不爲齋刻本　六冊

370000 – 1541 – 0009179　802.16/832 = 1

駢雅訓纂十六卷序目一卷補遺一卷　（明）朱
謀㙔撰　（清）魏茂林訓纂　清道光二十五年
(1845)有不爲齋刻咸豐元年(1851)補刻本
八冊

370000 – 1541 – 0009180　802.16/832 = 2

駢雅訓纂十六卷序目一卷　（明）朱謀㙔撰
（清）魏茂林訓纂　清同治十一年(1872)經綸
書室刻本　十冊

370000 – 1541 – 0009181　802.16/832 = 3

駢雅訓纂十六卷序目一卷　（明）朱謀㙔撰
（清）魏茂林訓纂　清同治十一年(1872)經綸
書室刻本　八冊

370000 – 1541 – 0009182　802.16/832 = 4

駢雅訓纂十六卷序目一卷　（明）朱謀㙔撰
（清）魏茂林訓纂　清光緒七年(1881)成都渝
雅齋刻本　八冊

370000 – 1541 – 0009183　802.16/832 = 5

駢雅訓纂十六卷序目一卷　（明）朱謀㙔撰
（清）魏茂林訓纂　清光緒七年(1881)成都渝
雅齋刻本　八冊

370000 – 1541 – 0009184　802.16/832 = 6

駢雅訓纂十六卷序目一卷　（明）朱謀㙔撰
（清）魏茂林訓纂　清光緒七年(1881)成都渝
雅齋刻本　六冊

370000 – 1541 – 0009185　802.16/832 = 7

駢雅訓纂十六卷序目一卷　（明）朱謀㙔撰

（清）魏茂林訓纂　清光緒七年(1881)成都渝雅齋刻本　八冊

370000－1541－0009186　802.16/832＝8
駢雅訓纂十六卷序目一卷　（明）朱謀㙔撰（清）魏茂林訓纂　清光緒七年(1881)成都渝雅齋刻本　八冊

370000－1541－0009187　802.16/832＝9
駢雅訓纂十六卷序目一卷　（明）朱謀㙔撰（清）魏茂林訓纂　清光緒十二年(1886)常熟鮑氏後知不足齋刻本　五冊

370000－1541－0009188　802.16/832＝10
駢雅訓纂十六卷序目一卷　（明）朱謀㙔撰（清）魏茂林訓纂　清末刻本　八冊

370000－1541－0009189　802.166/627
通雅五十二卷首三卷　（清）方以智輯　（清）姚文燮校訂　清康熙五年(1666)桐山姚氏浮山此藏軒刻本　十二冊

370000－1541－0009190　802.166/627＝1
通雅五十二卷首三卷　（清）方以智輯　（清）姚文燮校訂　清康熙五年(1666)桐山姚氏浮山此藏軒刻本　二十四冊

370000－1541－0009191　802.166/627＝2
通雅五十二卷首三卷　（清）方以智輯　（清）姚文燮校訂　清康熙五年(1666)桐山姚氏浮山此藏軒刻本　三十三冊

370000－1541－0009192　802.166/627＝3
通雅五十二卷首三卷　（清）方以智輯　（清）姚文燮校訂　清康熙五年(1666)桐山姚氏浮山此藏軒刻本　十六冊

370000－1541－0009193　802.166/627＝4
通雅五十二卷首三卷　（清）方以智輯　（清）姚文燮校訂　清康熙五年(1666)桐山姚氏浮山此藏軒刻本　十二冊

370000－1541－0009194　802.166/627＝5
通雅五十二卷首三卷　（清）方以智輯　（清）姚文燮校訂　清立教館刻本　十六冊

370000－1541－0009195　802.166/627＝6

通雅五十三卷首三卷　（清）方以智撰　清光緒六年(1880)桐城方氏刻本　二十冊

370000－1541－0009196　802.166/627＝7
通雅五十三卷首三卷　（清）方以智撰　清光緒六年(1880)桐城方氏刻本　一冊　存四卷（一、首三卷）

370000－1541－0009197　802.166/627＝8
通雅五十三卷首三卷　（清）方以智撰　清光緒六年(1880)桐城方氏刻本　十冊

370000－1541－0009198　802.167/321
萬言肆雅一卷　（清）屈曾發撰　清乾隆三十七年(1772)刻本　六冊

370000－1541－0009199　802.167/611＝2
別雅訂五卷　（清）吳玉搢輯　清光緒三年(1877)潘氏八喜齋刻本　一冊

370000－1541－0009200　802.1682/712
新爾雅十四卷　汪榮寶　葉瀾編　清光緒三十年(1904)刻本　二冊

370000－1541－0009201　802.17/119
禹貢正字不分卷　（清）王筠撰　清道光五年(1825)刻本　二冊

370000－1541－0009202　802.17/128
一切經音義二十五卷　（唐）釋玄應撰　**補訂新譯大方廣佛華嚴經音義二卷**　（唐）釋慧苑撰　**華嚴經音義敘錄一卷**　（清）臧庸輯　清同治八年(1869)武林張氏寶晉齋刻本　四冊

370000－1541－0009203　802.17/128＝1
一切經音義二十五卷　（唐）釋玄應撰　**補訂新譯大方廣佛華嚴經音義二卷**　（唐）釋慧苑撰　**華嚴經音義敘錄一卷**　（清）臧庸輯　清同治八年(1869)武林張氏寶晉齋刻本　二冊

370000－1541－0009204　802.17/171
增註字詁義府合按不分卷　（清）黃生撰　清光緒三年(1877)歙西黃氏刻本　四冊

370000－1541－0009205　802.17/171＝1
字詁一卷義府二卷　（清）黃生撰　（清）黃承吉述　清道光歙浦黃氏刻江州黎氏重修本

三冊

370000－1541－0009206　802.17/171＝2

字詁一卷義府二卷　（清）黃生撰　（清）黃承吉述　**字說一卷**　（清）黃承吉撰　清道光二十年(1840)儀徵劉文淇刻本　四冊

370000－1541－0009207　802.17/294

經典釋文三十卷　（唐）陸德明撰　清同治八年(1869)湖北崇文書局刻本　二冊　存四卷（十一至十四）

370000－1541－0009208　802.17/294＝2

經典釋文三十卷　（唐）陸德明撰　清同治八年(1869)湖北崇文書局刻本　十二冊

370000－1541－0009209　802.17/313

經字異同四十八卷　（清）張維屏撰　清光緒五年(1879)清泉精舍刻本　四冊

370000－1541－0009210　802.17/375

經籍籑詁一百六卷首一卷附補遺　（清）阮元撰　清嘉慶十七年(1812)揚州阮氏琅嬛仙館刻本　六十四冊

370000－1541－0009211　802.17/375＝1

經籍籑詁一百六卷首一卷附補遺　（清）阮元撰　清嘉慶十七年(1812)揚州阮氏琅嬛仙館刻本　四十八冊

370000－1541－0009212　802.17/375＝2

經籍籑詁一百六卷首一卷附補遺　（清）阮元撰　清光緒六年(1880)淮南書局刻本　四十九冊

370000－1541－0009213　802.17/375＝3

經籍籑詁一百六卷首一卷附補遺　（清）阮元撰　清光緒六年(1880)淮南書局刻本　四十八冊

370000－1541－0009214　802.17/375＝4

經籍籑詁一百六卷首一卷附補遺　（清）阮元撰　清光緒十四年(1888)上海鴻文書局石印本　十六冊

370000－1541－0009215　802.17/375＝5

經籍籑詁一百六卷首一卷新輯經籍籑詁檢韻十二卷　（清）阮元撰　清光緒二十年(1894)上海點石齋石印本　十二冊

370000－1541－0009216　802.17/375＝6

經籍籑詁五卷首一卷　（清）阮元撰　清光緒九年(1883)上海點石齋石印本　十冊

370000－1541－0009217　802.17/377

屈宋古音考一卷　（明）陳第撰　清同治二年(1863)古潭余氏明辨齋刻本　一冊

370000－1541－0009218　802.17/394

經典釋文三十卷　（唐）陸德明撰　清同治十年(1871)廣東文瀾閣刻本　十六冊

370000－1541－0009219　802.17/394＝1

經典釋文三十卷　（唐）陸德明撰　清同治八年(1869)湖北崇文書局刻本　十二冊

370000－1541－0009220　802.17/394＝2

經典釋文三十卷　（唐）陸德明撰　清同治八年(1869)湖北崇文書局刻本　十二冊

370000－1541－0009221　802.17/394＝3

經典釋文三十卷　（唐）陸德明撰　清同治十年(1871)廣東文瀾閣刻本　十二冊

370000－1541－0009222　802.17/394＝4

經典釋文三十卷　（唐）陸德明撰　清同治十年(1871)廣東文瀾閣刻本　十二冊

370000－1541－0009223　802.17/394＝7

經典釋文三十卷　（唐）陸德明撰　清康熙納蘭性德刻通志堂經解本　十二冊

370000－1541－0009224　802.17/394＝8

經典釋文三十卷　（唐）陸德明撰　清同治十年(1871)廣東文瀾閣刻本　十二冊

370000－1541－0009225　802.17/433

字說一卷　（清）吳大澂撰　清光緒刻本　一冊

370000－1541－0009226　802.17/480

班馬字類二卷　（宋）婁機撰　清光緒九年(1883)常熟鮑氏後知不足齋刻本　二冊

370000－1541－0009227　802.17/480＝1

班馬字類二卷　（宋）婁機撰　清光緒九年
(1883)常熟鮑氏後知不足齋刻本　二冊

370000－1541－0009228　802.17/480＝2

班馬字類二卷　（宋）婁機撰　清光緒九年
(1883)常熟鮑氏後知不足齋刻本　二冊

370000－1541－0009229　802.17/480＝5

班馬字類二卷　（宋）婁機撰　清光緒九年
(1883)常熟鮑氏後知不足齋刻本　二冊

370000－1541－0009230　802.17/482

重校十三經輯字十六卷　（清）羅增輯　清光
緒九年(1883)書業德記刻本　四冊

370000－1541－0009231　802.17/482＝1

重校十三經不貳字　（清）李鴻藻等編　清光
緒元年(1875)刻本　一冊

370000－1541－0009232　802.17/525

急就章考異一卷　（清）莊世驥撰　清光緒十
七年(1891)廣雅書局刻本　一冊

370000－1541－0009233　802.17/630

經冶堂解義二卷　（清）郭壇撰　清嘉慶十八
年(1813)刻本　一冊

370000－1541－0009234　802.17/661

金壺字考四十卷　（宋）釋適之撰　（清）田朝
恒增訂　清乾隆二十一年(1756)貽安堂刻本
二冊

370000－1541－0009235　802.17/745

經玩二十卷　（清）沈淑撰　清雍正三年
(1725)孝德堂刻本　四冊

370000－1541－0009236　802.17/745＝1

經玩二十卷　（清）沈淑撰　清雍正三年
(1725)孝德堂刻本　十冊

370000－1541－0009237　802.17/745＝2

經玩二十卷　（清）沈淑撰　清雍正三年
(1725)孝德堂刻本　五冊

370000－1541－0009238　802.17/745＝3

沈氏經學六種　（清）沈淑撰　清光緒八年
(1882)常熟鮑氏後知不足齋刻後知不足齋叢
書本　四冊

370000－1541－0009239　802.17/830

六書假借經徵四卷　（清）朱駿聲撰　清光緒
十八年(1892)元和朱氏金陵刻本　三冊

370000－1541－0009240　802.17/832

四書字義說略一卷　（清）朱曾武撰　清嘉慶
十二年(1807)綠玉堂刻本　一冊

370000－1541－0009241　802.17/879

群經字詁七十二卷　（清）段諤廷撰　清道光
二十九年(1849)黔陽楊氏刻本　十四冊

370000－1541－0009242　802.17/966

匡謬正俗八卷　（唐）顏師古撰　清乾隆二十
一年(1756)盧氏雅雨堂刻本　一冊

370000－1541－0009243　802.17/966＝1

匡謬正俗八卷　（唐）顏師古撰　清乾隆二十
一年(1756)盧氏雅雨堂刻本　二冊

370000－1541－0009244　802.19/209

金壺精粹不分卷　（清）郝在田編　清光緒二
年(1876)京師松竹齋刻本　二冊

370000－1541－0009245　802.19/433

辨譌一得二十卷　（清）吳巨禮輯　清道光七
年(1827)廣濟吳氏刻本　六冊

370000－1541－0009246　802.19/879

四書字詁七十八卷　（清）段諤廷撰　（清）黃
本驥編訂　清道光二十九年(1849)黔陽楊氏
刻本　二十冊

370000－1541－0009247　802.19/920

賦彙題解十卷　（清）倪建中編　清乾隆二十
三年(1758)刻本　二冊

370000－1541－0009248　802.2/112

說文廣義三卷　（清）王夫之撰　清同治四年
(1865)湘鄉曾氏金陵刻本　二冊　存二卷
(二至三)

370000－1541－0009249　802.2/119

文字蒙求二卷　（清）王筠撰　清光緒十三年
(1887)梁谿浦氏刻本　二冊

370000－1541－0009250　802.2/158

形聲類篇五卷　（清）丁履恒撰　清光緒十七

年(1891)虎林刻大亭山館叢書本　一冊

370000 – 1541 – 0009251　802.2/292

字學七種二卷 （清）李宗孔撰　清道光十三年(1833)悔不讀書齋刻本　四冊

370000 – 1541 – 0009252　802.2/292 = 1

字學七種二卷 （清）李宗孔撰　清同治十三年(1874)刻本　一冊

370000 – 1541 – 0009253　802.2/313

五經文字三卷 （唐）張參撰　清刻本　二冊　存二卷(中、下)

370000 – 1541 – 0009254　802.2/364

名原二卷 （清）孫詒讓撰　清光緒三十一年(1905)刻本　一冊

370000 – 1541 – 0009255　802.2/364 = 1

名原二卷 （清）孫詒讓撰　清光緒三十一年(1905)刻本　一冊

370000 – 1541 – 0009256　802.2/364 = 2

名原二卷 （清）孫詒讓撰　清光緒三十一年(1905)刻本　一冊

370000 – 1541 – 0009257　802.2/364 = 3

名原二卷 （清）孫詒讓撰　清光緒三十一年(1905)刻本　一冊

370000 – 1541 – 0009258　802.2/401

漢溪書法通解八卷 （清）戈守智撰　清乾隆十五年(1750)刻本　四冊

370000 – 1541 – 0009259　802.2/523

苗氏說文四種 （清）苗夔撰　清道光二十一年至咸豐元年(1841 – 1851)壽陽祁氏漢磚亭刻本　六冊

370000 – 1541 – 0009260　802.2/523 = 1

苗氏說文四種 （清）苗夔撰　清道光二十一年至咸豐元年(1841 – 1851)壽陽祁氏漢磚亭刻本　四冊

370000 – 1541 – 0009261　802.2/523 = 2

苗氏說文四種 （清）苗夔撰　清道光二十一年至咸豐元年(1841 – 1851)壽陽祁氏漢磚亭刻本　八冊

370000 – 1541 – 0009262　802.2/523 = 3

苗氏說文四種 （清）苗夔撰　清道光二十一年至咸豐元年(1841 – 1851)壽陽祁氏漢磚亭刻本　六冊

370000 – 1541 – 0009263　802.2/612

說文字原一卷 （元）周伯琦撰　清乾隆四十四年(1779)福禮堂刻本　一冊

370000 – 1541 – 0009264　802.2/670

正字通十二集三十六卷首一卷 （清）廖文英輯　清康熙十一年(1672)潭陽成萬材刻本　二十六冊

370000 – 1541 – 0009265　802.2/679

干祿字書一卷 （唐）顏元孫撰　清光緒八年(1882)常熟鮑氏後知不足齋刻後知不足齋叢書本　一冊

370000 – 1541 – 0009266　802.2/730

倉頡篇校證二卷補遺一卷 （清）梁章鉅撰　清光緒五年(1879)刻本　二冊

370000 – 1541 – 0009267　802.2/827

字學舉隅 （清）龍啟瑞編　清同治九年(1870)刻本　一冊

370000 – 1541 – 0009268　802.2/892

同音字辨四卷 （清）劉維坊輯　清道光二十九年(1849)文石閣刻本　四冊

370000 – 1541 – 0009269　802.2/898

字類標韻六卷 （清）華綱輯　（清）何承鯤重訂　清乾隆五十五年(1790)刻本　二冊

370000 – 1541 – 0009270　802.2/915

字林考逸八卷附錄一卷 （清）任大椿撰　清乾隆刻本　四冊

370000 – 1541 – 0009271　802.2/915 = 1

字林考逸八卷補一卷 （清）任大椿撰　清光緒十六年(1890)江蘇書局刻本　四冊

370000 – 1541 – 0009272　802.2/915 = 2

字林考逸八卷附錄一卷 （清）任大椿撰　清光緒十六年(1890)江蘇書局刻本　四冊

370000 – 1541 – 0009273　802.21/112

說文廣義三卷　（清）王夫之撰　清同治四年
(1865)湘鄉曾氏金陵刻本　三冊

370000－1541－0009274　802.21/119

說文解字句讀三十卷　（清）王筠撰　清同治
四年(1865)王彥侗刻本　十六冊

370000－1541－0009275　802.21/119＝1

說文韻譜校五卷　（清）王筠撰　清光緒十六
年(1890)濰縣劉氏素心琴室刻本　五冊

370000－1541－0009276　802.21/311

許學叢書五十六卷　（清）張炳翔輯　清光緒
九年(1883)張氏儀鄭廬刻本　二十四冊

370000－1541－0009277　802.21/311＝1

許學叢書五十六卷　（清）張炳翔輯　清光緒
九年(1883)張氏儀鄭廬刻本　二十二冊

370000－1541－0009278　802.21/311＝2

說文疑疑二卷　（清）孔廣居撰　清光緒九年
(1883)張氏儀鄭廬刻許學叢書本　一冊　存
一卷(下)

370000－1541－0009279　802.21/313

說文楬原二卷　（清）張行孚撰　清光緒十年
(1884)常熟鮑氏後知不足齋刻本　二冊

370000－1541－0009280　802.21/525

說文古籀疏證六卷原目一卷　（清）莊述祖撰
　清光緒二十年(1894)津郡明文堂刻本　四
冊

370000－1541－0009281　802.21/573

潛研堂說文答問疏證六卷　（清）薛傳均撰
清光緒廣雅書局刻本　二冊

370000－1541－0009282　802.21/611

說文解字篆文十五卷　（清）□□書　清稿本
　一冊　存五卷(一至五)

370000－1541－0009283　802.21/784

說文廣義十二卷　（清）程德洽輯　清康熙五
十一年(1712)成裕堂刻本　十二冊

370000－1541－0009284　802.21/784＝1

說文廣義三卷　（清）王夫之撰　清同治四年
(1865)湘鄉曾氏金陵刻本　四冊

370000－1541－0009285　802.21/951

許學叢刻二集九種　（清）許頌鼎　（清）許湘
祥輯　清光緒十三年(1887)海寧許氏古均閣
刻本　六冊

370000－1541－0009286　802.21/964

說文辨疑一卷附周秦名字解故補一卷　（清）
顧廣圻撰　清光緒二十七年(1901)貴池劉氏
刻聚學軒叢書本　一冊

370000－1541－0009287　802.211/436

說文二徐箋異十四卷　田吳炤撰　清宣統元
年(1909)石印本　二冊

370000－1541－0009288　802.211/512＝13

說文解字十五卷　（漢）許慎撰　（宋）徐鉉等
校訂　清同治十二年(1873)廣州富文齋刻本
　十冊

370000－1541－0009289　802.211/612

說文解字十五卷　（漢）許慎撰　（宋）徐鉉等
校訂　清嘉慶十七年(1812)刻本　一冊　存
四卷(九至十二)

370000－1541－0009290　802.211/612＝1

說文解字十五卷　（漢）許慎撰　（宋）徐鉉等
校訂　清初虞山毛氏汲古閣刻本　清吳廣霈
跋　八冊

370000－1541－0009291　802.211/612＝2

說文解字十五卷　（漢）許慎撰　（宋）徐鉉等
校訂　清初虞山毛氏汲古閣刻本　佚名批校
　六冊　存十一卷(一至六、九至十、十三至
十五)

370000－1541－0009292　802.211/612＝3

說文解字十五卷　（漢）許慎撰　（宋）徐鉉等
校訂　清光緒七年(1881)淮南書局刻本　四
冊

370000－1541－0009293　802.211/612＝4

說文解字十五卷　（漢）許慎撰　（宋）徐鉉等
校訂　清嘉慶十二年(1807)藤花榭刻本　四
冊

370000－1541－0009294　802.211/612＝5

說文解字十五卷　（漢）許慎撰　（宋）徐鉉等校訂　清光緒七年(1881)刻本　六冊

370000－1541－0009295　802.211/612＝6

說文解字十五卷　（漢）許慎撰　（宋）徐鉉等校訂　清同治十年(1871)刻本　十冊

370000－1541－0009296　802.211/612＝9

說文解字十五卷　（漢）許慎撰　（宋）徐鉉等校訂　清光緒七年(1881)三魚書屋刻本　五冊

370000－1541－0009297　802.211/612＝10

說文解字十五卷　（漢）許慎撰　（宋）徐鉉等校訂　清光緒七年(1881)刻本　五冊

370000－1541－0009298　802.211/612＝11

說文解字通釋四十卷校勘記三卷　（宋）徐鍇傳釋　（清）祁寯藻校勘　清同治十二年(1873)粵東書局刻小學彙函本　八冊

370000－1541－0009299　802.211/612＝12

說文解字十五卷　（漢）許慎撰　清同治二年(1863)蘇城陶昇甫刻本　三冊

370000－1541－0009300　802.211/612＝13

說文解字十五卷　（漢）許慎撰　（宋）徐鉉等校訂　清光緒十一年(1885)蕉心室刻本　八冊

370000－1541－0009301　802.211/612＝14

說文解字十五卷　（漢）許慎撰　（宋）徐鉉等校訂　清同治十二年(1873)席氏刻本　五冊

370000－1541－0009302　802.212/953

說文繫傳考異四卷附錄一卷　（清）汪憲撰　清光緒八年(1882)八杉齋刻本　二冊

370000－1541－0009303　802.212/953＝1

說文繫傳四十卷　（宋）徐鍇撰　（宋）朱翱反切　清乾隆四十七年(1782)新安汪啟淑刻本　八冊

370000－1541－0009304　802.212/953＝2

說文解字通釋四十卷　（宋）徐鍇撰　（宋）朱翱反切　清光緒九年(1883)江蘇書局刻本　八冊

370000－1541－0009305　802.212/953＝7

說文解字韻譜十卷　（宋）徐鍇撰　清同治三年(1864)吳縣馮桂芬刻本　二冊

370000－1541－0009306　802.212/953＝8

說文解字韻譜十卷　（宋）徐鍇撰　清同治三年(1864)吳縣馮桂芬刻本　四冊

370000－1541－0009307　802.212/953＝9

說文繫傳校錄三十卷　（清）王筠撰　（清）劉耀椿參訂　清咸豐七年(1857)安邱王氏刻本　四冊

370000－1541－0009308　802.212/953＝10

說文繫傳校錄三十卷　（清）王筠撰　（清）劉耀椿參訂　清咸豐七年(1857)安邱王氏刻本　一冊　存六卷(五至十)

370000－1541－0009309　802.212/953＝11

說文繫傳校錄三十卷　（清）王筠撰　（清）劉耀椿參訂　清咸豐七年(1857)安邱王氏刻本　四冊

370000－1541－0009310　802.212/953＝12

說文繫傳校錄三十卷　（清）王筠撰　（清）劉耀椿參訂　清咸豐七年(1857)安邱王氏刻本　四冊

370000－1541－0009311　802.212/953＝13

說文繫傳校錄三十卷　（清）王筠撰　（清）劉耀椿參訂　清咸豐七年(1857)安邱王氏刻本　四冊

370000－1541－0009312　802.212/953＝14

說文繫傳校錄三十卷　（清）王筠撰　（清）劉耀椿參訂　清咸豐七年(1857)安邱王氏刻本　四冊

370000－1541－0009313　802.212/953＝15

說文繫傳校錄三十卷　（清）王筠撰　（清）劉耀椿參訂　清咸豐七年(1857)安邱王氏刻本　四冊

370000－1541－0009314　802.212/953＝16

說文繫傳校錄三十卷　（清）王筠撰　（清）劉耀椿參訂　清咸豐七年(1857)安邱王氏刻本

六冊

370000－1541－0009315　802.212/953＝17
說文繫傳校錄三十卷　（清）王筠撰　（清）劉
耀椿參訂　清咸豐七年(1857)安邱王氏刻本
二冊

370000－1541－0009316　802.212/953＝18
說文繫傳校錄三十卷　（清）王筠撰　（清）劉
耀椿參訂　清同治四年(1865)刻本　三冊

370000－1541－0009317　802.212/953＝19
說文繫傳校錄三十卷　（清）王筠撰　（清）劉
耀椿參訂　清咸豐七年(1857)安邱王氏刻本
二冊

370000－1541－0009318　802.212/953＝20
說文解字繫傳四十卷附校勘記三卷　（宋）徐
鍇撰　（宋）朱翱反切　清道光十九年(1839)
祁寯藻刻本　八冊

370000－1541－0009319　802.212/953＝21
說文解字繫傳四十卷附校勘記三卷　（宋）徐
鍇撰　（宋）朱翱反切　清道光十九年(1839)
祁寯藻刻本　八冊

370000－1541－0009320　802.212/953＝22
說文解字繫傳四十卷附校勘記三卷　（宋）徐
鍇撰　（宋）朱翱反切　清道光十九年(1839)
祁寯藻刻本　八冊

370000－1541－0009321　802.212/953＝23
說文解字繫傳四十卷　（宋）徐鍇撰　（宋）朱
翱反切　清光緒元年(1875)刻本　八冊

370000－1541－0009322　802.212/953＝24
說文解字繫傳四十卷附校勘記三卷　（宋）徐
鍇傳釋　（清）祁寯藻校勘　清道光十九年
(1839)祁寯藻刻本　十冊

370000－1541－0009323　802.221/201
**說文長箋一百卷首二卷解題一卷六書長箋七
卷**　（明）趙宧光撰　明末長洲顧氏刻本　二
十四冊

370000－1541－0009324　802.221/290
字鑑五卷　（元）李文仲撰　（清）許槤訂正

清道光五年(1825)許槤孛經書塾刻本　二冊

370000－1541－0009325　802.222/112
說文廣義三卷　（清）王夫之撰　清同治四年
(1865)湘鄉曾氏金陵刻本　三冊

370000－1541－0009326　802.223/504
說文段注鈔不分卷　（清）桂馥撰　清光緒二
十八年(1902)長沙葉氏刻本　一冊

370000－1541－0009327　802.223/879
說文解字注三十二卷　（清）段玉裁撰　清乾
隆四十一年(1776)富順官廨刻本　十二冊
缺四卷(一至四)

370000－1541－0009328　802.223/879＝1
說文解字注三十二卷　（清）段玉裁撰　**說文
部目分韻一卷**　（清）陳奐撰　**說文通檢十四
卷首一卷末一卷**　（清）黎永椿編　**說文解字
注匡謬八卷**　（清）徐永慶撰　清宣統二年
(1910)上海江左書林石印本　八冊

370000－1541－0009329　802.223/879＝2
說文解字注三十二卷　（清）段玉裁撰　清同
治六年至十一年(1867－1872)錢塘吳宗麟蘇
州保息局刻本　二十冊

370000－1541－0009330　802.223/879＝3
說文解字注三十二卷　（清）段玉裁撰　清同
治六年至十一年(1867－1872)錢塘吳宗麟蘇
州保息局刻本　二十冊

370000－1541－0009331　802.223/879＝4
說文解字注三十二卷　（清）段玉裁撰　清同
治六年至十一年(1867－1872)錢塘吳宗麟蘇
州保息局刻本　一冊　存二卷(一至二)

370000－1541－0009332　802.223/879＝5
說文解字注三十二卷　（清）段玉裁撰　清同
治六年至十一年(1867－1872)錢塘吳宗麟蘇
州保息局刻本　十六冊

370000－1541－0009333　802.223/879＝6
說文解字注三十二卷　（清）段玉裁撰　清同
治十一年(1872)湖北崇文書局刻本　十冊
存十四卷(一至十四)

370000－1541－0009334　802.223/879 = 7

說文解字注三十二卷　（清）段玉裁撰　清同治十一年(1872)湖北崇文書局刻本　十一冊　存二十三卷(一至六、九至十二、十六至二十八)

370000－1541－0009335　802.223/879 = 8

說文解字注三十二卷　（清）段玉裁撰　**說文部目分韻一卷**　（清）陳奐撰　**汲古閣說文訂一卷**　（清）段玉裁撰　清同治十一年(1872)湖北崇文書局刻本　十八冊

370000－1541－0009336　802.223/879 = 9

說文解字注三十二卷　（清）段玉裁撰　清光緒三十四年(1908)上海文盛書局石印本　八冊

370000－1541－0009337　802.223/879 = 10

說文解字注三十二卷　（清）段玉裁撰　**說文部目分韻一卷**　（清）陳奐撰　**說文通檢十四卷首一卷末一卷**　（清）黎永椿編　**說文解字注匡謬八卷**　（清）徐永慶撰　清光緒十四年(1888)上海蜚英館石印本　六冊

370000－1541－0009338　802.223/879 = 21

汲古閣說文訂不分卷　（清）段玉裁撰　清同治十一年(1872)湖北崇文書局刻本　一冊

370000－1541－0009339　802.223/879 = 22

汲古閣說文訂不分卷　（清）段玉裁撰　清同治十一年(1872)湖北崇文書局刻本　一冊

370000－1541－0009340　802.223/879 = 23

汲古閣說文訂不分卷　（清）段玉裁撰　清同治十一年(1872)湖北崇文書局刻本　一冊

370000－1541－0009341　802.223/926

段氏說文注訂八卷　（清）鈕樹玉撰　清道光四年(1824)吳縣青霞齋吳學圃局刻本　二冊

370000－1541－0009342　802.223/926 = 1

段氏說文注訂八卷　（清）鈕樹玉撰　清道光四年(1824)吳縣青霞齋吳學圃局刻本　二冊

370000－1541－0009343　802.223/926 = 2

段氏說文注訂八卷　（清）鈕樹玉撰　清同治

十三年(1874)湖北崇文書局刻本　二冊

370000－1541－0009344　802.224/112

說文拈字七卷補遺一卷　（清）王玉樹撰　清光緒十九年(1893)刻本　二冊

370000－1541－0009345　802.224/112 = 1

說文拈字七卷補遺一卷　（清）王玉樹撰　清光緒十九年(1893)刻本　四冊

370000－1541－0009346　802.224/112 = 2

說文拈字七卷補遺一卷　（清）王玉樹撰　清嘉慶八年(1803)刻本　七冊

370000－1541－0009347　802.224/115

說文五翼八卷　（清）王煦撰　清嘉慶十三年(1808)上虞王氏芮鞠山莊刻本　四冊

370000－1541－0009348　802.224/115 = 1

說文五翼八卷　（清）王煦撰　清嘉慶十三年(1808)上虞王氏芮鞠山莊刻本　二冊

370000－1541－0009349　802.224/115 = 2

說文五翼八卷　（清）王煦撰　清嘉慶十三年(1808)上虞王氏芮鞠山莊刻本　二冊

370000－1541－0009350　802.224/115 = 3

說文五翼八卷　（清）王煦撰　清嘉慶十三年(1808)上虞王氏芮鞠山莊刻本　四冊

370000－1541－0009351　802.224/252

說文解字義證五十卷　（清）桂馥撰　清同治九年(1870)湖北崇文書局刻本　一冊　存二卷(二十九至三十)

370000－1541－0009352　802.224/252 = 1

說文解字義證五十卷　（清）桂馥撰　清同治九年(1870)湖北崇文書局刻本　三十二冊

370000－1541－0009353　802.224/252 = 2

說文解字義證五十卷　（清）桂馥撰　清同治九年(1870)湖北崇文書局刻本　三十一冊

370000－1541－0009354　802.224/252 = 3

說文解字義證五十卷　（清）桂馥撰　清同治九年(1870)湖北崇文書局刻本　三十二冊

370000－1541－0009355　802.224/252 = 4

說文解字義證五十卷 （清）桂馥撰 清同治
九年(1870)湖北崇文書局刻本 三十二冊

370000 - 1541 - 0009356 802.224/252 = 5

說文解字義證五十卷 （清）桂馥撰 清道光
三十年至咸豐二年(1850 - 1852)靈石楊氏刻
連筠簃叢書本 四十冊

370000 - 1541 - 0009357 802.224/252 = 6

說文解字義證五十卷 （清）桂馥撰 清道光
三十年至咸豐二年(1850 - 1852)靈石楊氏刻
連筠簃叢書本 二十四冊 缺三十七卷(一
至三十七)

370000 - 1541 - 0009358 802.224/252 = 7

說文解字義證五十卷 （清）桂馥撰 清道光
三十年至咸豐二年(1850 - 1852)靈石楊氏刻
連筠簃叢書本 七冊 存十卷(十三至十四、
二十五至二十八、三十七至三十八、四十四至
四十五)

370000 - 1541 - 0009359 802.224/252 = 8

某先生校桂注說文條辨不分卷 （清）許瀚撰
　喪禮經傳約不分卷 （清）吳卓信撰 清同
治十一年(1872)莫氏刻本 一冊

370000 - 1541 - 0009360 802.224/290

說文辨字正俗八卷 （清）李富孫撰 清嘉慶
二十一年(1816)李氏校經廎刻本 二冊

370000 - 1541 - 0009361 802.224/290 = 1

說文辨字正俗八卷 （清）李富孫撰 清嘉慶
二十一年(1816)李氏校經廎刻本 四冊

370000 - 1541 - 0009362 802.224/290 = 2

說文辨字正俗八卷 （清）李富孫撰 清嘉慶
二十一年(1816)李氏校經廎刻本 二冊

370000 - 1541 - 0009363 802.224/290 = 3

說文辨字正俗八卷 （清）李富孫撰 清嘉慶
二十一年(1816)李氏校經廎刻本 四冊

370000 - 1541 - 0009364 802.224/436

說文偏旁考二卷 （清）吳照輯 清乾隆五十
一年(1786)刻本 二冊

370000 - 1541 - 0009365 802.224/471

經典文字辨證書五卷 （清）畢沅撰 清乾隆
四十九年(1784)靈巖山館刻本 一冊 存二
卷(一至二)

370000 - 1541 - 0009366 802.224/471 = 1

經典文字辨證書五卷 （清）畢沅撰 清乾隆
四十九年(1784)靈巖山館刻本 二冊

370000 - 1541 - 0009367 802.224/522

說文凝錦錄不分卷 （清）萬光泰撰 清嘉慶
二年(1797)澤經堂刻本 一冊

370000 - 1541 - 0009368 802.224/573

說文答問疏證六卷 （清）薛傳均撰 清道光
十八年(1838)刻本 一冊

370000 - 1541 - 0009369 802.224/573 = 1

說文答問疏證六卷附說文經字考一卷第一樓
叢書附考一卷 （清）薛傳均撰 清光緒十年
(1884)鄞縣郭氏金峨山館刻本 一冊

370000 - 1541 - 0009370 802.224/573 = 2

說文答問疏證六卷附說文經字考一卷第一樓
叢書附考一卷 （清）薛傳均撰 清光緒十年
(1884)鄞縣郭氏金峨山館刻本 二冊

370000 - 1541 - 0009371 802.224/573 = 3

潛研堂說文答問疏證六卷 （清）薛傳均撰
清光緒廣雅書局刻本 一冊

370000 - 1541 - 0009372 802.224/754

說文蟲篆十四卷 （清）潘奕雋撰 清同治十
三年(1874)潘氏三松堂刻本 二冊

370000 - 1541 - 0009373 802.224/754 = 1

說文蟲篆十四卷 （清）潘奕雋撰 清同治十
三年(1874)潘氏三松堂刻本 二冊

370000 - 1541 - 0009374 802.224/926

說文解字校錄十五卷說文刊誤一卷說文玉篇
校錄一卷 （清）鈕樹玉撰 清光緒十一年
(1885)江蘇書局刻本 十四冊

370000 - 1541 - 0009375 802.224/926 = 1

說文解字校錄十五卷說文刊誤一卷說文玉篇
校錄一卷 （清）鈕樹玉撰 清光緒十一年
(1885)江蘇書局刻本 十四冊

370000 – 1541 – 0009376　802.224/926 = 2

說文解字校錄十五卷說文刊誤一卷說文玉篇校錄一卷 （清）鈕樹玉撰　清光緒十一年(1885)江蘇書局刻本　十四冊

370000 – 1541 – 0009377　802.224/926 = 3

說文解字校錄十五卷說文刊誤一卷說文玉篇校錄一卷 （清）鈕樹玉撰　清光緒十一年(1885)江蘇書局刻本　十四冊

370000 – 1541 – 0009378　802.224/926 = 4

段氏說文注訂八卷 （清）鈕樹玉撰　清同治五年(1866)廣東碧螺山館刻本　二冊

370000 – 1541 – 0009379　802.224/927

說文解字斠詮十四卷 （清）錢坫撰　清嘉慶十二年(1807)錢氏吉金樂石齋刻本　二十四冊

370000 – 1541 – 0009380　802.224/927 = 1

說文解字斠詮十四卷 （清）錢坫撰　清光緒九年(1883)淮南書局刻本　六冊

370000 – 1541 – 0009381　802.224/927 = 2

說文統釋自序一卷 （清）錢大昭撰并注　**音同義異辨一卷** （清）畢沅撰　清光緒八年(1882)鄞縣郭氏金峨山館刻本　一冊

370000 – 1541 – 0009382　802.224/927 = 3

說文統釋自序一卷 （清）錢大昭撰并注　**音同義異辨一卷** （清）畢沅撰　清光緒八年(1882)鄞縣郭氏金峨山館刻本　一冊

370000 – 1541 – 0009383　802.224/927 = 4

說文統釋自序一卷 （清）錢大昭撰并注　**音同義異辨一卷** （清）畢沅撰　清光緒八年(1882)鄞縣郭氏金峨山館刻本　一冊

370000 – 1541 – 0009384　802.224/927 = 5

說文統釋自序一卷 （清）錢大昭撰并注　**音同義異辨一卷** （清）畢沅撰　清光緒八年(1882)鄞縣郭氏金峨山館刻本　一冊

370000 – 1541 – 0009385　802.224/994

說文校議十五卷 （清）姚文田　（清）嚴可均撰　清同治十三年(1874)歸安姚覲元刻本　四冊

370000 – 1541 – 0009386　802.224/994 = 1

說文校議十五卷 （清）姚文田　（清）嚴可均撰　清同治十三年(1874)歸安姚覲元刻本　五冊

370000 – 1541 – 0009387　802.224/994 = 2

說文校議十五卷 （清）姚文田　（清）嚴可均撰　清同治十三年(1874)歸安姚覲元刻本　五冊

370000 – 1541 – 0009388　802.224/994 = 3

說文校議十五卷 （清）姚文田　（清）嚴可均撰　清同治十三年(1874)歸安姚覲元刻本　五冊

370000 – 1541 – 0009389　802.225/119

王氏說文三種 （清）王筠撰　清同治四年(1865)刻本　二十八冊

370000 – 1541 – 0009390　802.225/119 = 1

說文釋例二十卷說文繫傳校錄三十卷 （清）王筠撰　清同治四年(1865)刻本　二十冊

370000 – 1541 – 0009391　802.225/119 = 2

說文釋例二十卷說文繫傳校錄三十卷 （清）王筠撰　清同治四年(1865)刻本　十六冊

370000 – 1541 – 0009392　802.225/119 = 3

說文釋例二十卷 （清）王筠撰　清同治四年(1865)刻本　十冊

370000 – 1541 – 0009393　802.225/119 = 4

說文釋例二十卷 （清）王筠撰　清同治四年(1865)刻本　三冊　存六卷(一至六)

370000 – 1541 – 0009394　802.225/119 = 5

說文釋例二十卷 （清）王筠撰　清同治四年(1865)刻本　十冊

370000 – 1541 – 0009395　802.225/119 = 6

說文釋例二十卷 （清）王筠撰　清同治四年(1865)刻本　八冊　存十六卷(三至四、七至二十)

370000 – 1541 – 0009396　802.225/119 = 7

說文釋例二十卷 （清）王筠撰　清同治四年

(1865)刻本　二册　存四卷(十三至十四、十七至十八)

370000－1541－0009397　802.225/119＝8
說文釋例二十卷　（清）王筠撰　清同治四年(1865)刻本　十册

370000－1541－0009398　802.225/119＝9
說文釋例二十卷　（清）王筠撰　清同治四年(1865)刻本　七册　存十四卷(七至二十)

370000－1541－0009399　802.225/119＝10
說文釋例二十卷　（清）王筠撰　清同治四年(1865)刻本　十册

370000－1541－0009400　802.225/119＝11
說文釋例二十卷　（清）王筠撰　清同治四年(1865)刻本　六册　存十二卷(一至十二)

370000－1541－0009401　802.225/119＝12
說文釋例二十卷　（清）王筠撰　清同治四年(1865)刻本　十册

370000－1541－0009402　802.225/119＝13
說文釋例二十卷　（清）王筠撰　清同治四年(1865)刻本　十册

370000－1541－0009403　802.225/119＝14
說文釋例二十卷　（清）王筠撰　清同治四年(1865)刻本　八册　存十六卷(一至六、九至十、十三至二十)

370000－1541－0009404　802.225/119＝15
說文釋例二十卷　（清）王筠撰　清同治四年(1865)刻本　十册

370000－1541－0009405　802.225/119＝16
說文釋例二十卷　（清）王筠撰　清同治四年(1865)刻本　十册

370000－1541－0009406　802.225/119＝17
說文釋例二十卷　（清）王筠撰　清同治四年(1865)刻本　十册

370000－1541－0009407　802.225/119＝18
說文釋例二十卷　（清）王筠撰　清同治四年(1865)刻本　十册

370000－1541－0009408　802.225/119＝19
說文釋例二十卷　（清）王筠撰　清光緒十三年(1887)上海積山書局石印本　六册

370000－1541－0009409　802.225/119＝21
說文解字句讀三十卷　（清）王筠撰　清同治四年(1865)王彥侗刻本　十六册

370000－1541－0009410　802.225/119＝22
說文解字句讀三十卷　（清）王筠撰　清同治四年(1865)王彥侗刻本　十六册

370000－1541－0009411　802.225/119＝23
說文解字句讀三十卷　（清）王筠撰　清同治四年(1865)王彥侗刻本　十六册

370000－1541－0009412　802.225/119＝24
說文解字句讀三十卷　（清）王筠撰　清同治四年(1865)王彥侗刻本　五册　存八卷(二十三至三十)

370000－1541－0009413　802.225/119＝25
說文解字句讀三十卷　（清）王筠撰　清同治四年(1865)王彥侗刻本　五册

370000－1541－0009414　802.225/119＝26
說文解字句讀三十卷　（清）王筠撰　清同治四年(1865)王彥侗刻本　十六册

370000－1541－0009415　802.225/119＝27
說文解字句讀三十卷　（清）王筠撰　清同治四年(1865)王彥侗刻本　十六册

370000－1541－0009416　802.225/119＝28
說文解字句讀三十卷　（清）王筠撰　清同治四年(1865)王彥侗刻本　十六册

370000－1541－0009417　802.225/119＝29
說文解字句讀三十卷　（清）王筠撰　清同治四年(1865)王彥侗刻本　十六册

370000－1541－0009418　802.225/119＝30
說文解字句讀三十卷　（清）王筠撰　清同治四年(1865)王彥侗刻本　十二册

370000－1541－0009419　802.225/119＝31
說文解字句讀三十卷　（清）王筠撰　清同治四年(1865)王彥侗刻本　十五册

370000－1541－0009420　802.225/119＝32

說文解字句讀三十卷 （清）王筠撰　清同治四年(1865)王彥侗刻本　十五冊

370000－1541－0009421　802.225/119＝33

說文解字句讀三十卷 （清）王筠撰　清同治四年(1865)王彥侗刻本　十五冊

370000－1541－0009422　802.225/119＝34

說文解字句讀三十卷 （清）王筠撰　清同治四年(1865)王彥侗刻本　十冊　存二十五卷(六至三十)

370000－1541－0009423　802.225/119＝35

說文解字句讀三十卷 （清）王筠撰　清光緒八年(1882)四川尊經書局刻本　十六冊

370000－1541－0009424　802.225/119＝36

說文解字句讀三十卷 （清）王筠撰　清光緒九年(1883)成都御風樓刻本　二十冊

370000－1541－0009425　802.225/119＝37

說文解字句讀三十卷 （清）王筠撰　清同治四年(1865)王彥侗刻本　十六冊

370000－1541－0009426　802.225/119＝40

句讀補正三十卷 （清）王筠撰　清咸豐九年(1859)安邱王彥侗刻本　一冊

370000－1541－0009427　802.225/119＝41

句讀補正三十卷 （清）王筠撰　清咸豐九年(1859)安邱王彥侗刻本　一冊　存二十三卷(一至二十三)

370000－1541－0009428　802.225/119＝42

句讀補正三十卷 （清）王筠撰　清咸豐九年(1859)安邱王彥侗刻本　一冊　存二十九卷(一至二十九)

370000－1541－0009429　802.225/119＝43

釋例補正二十卷 （清）王筠撰　清刻本　一冊

370000－1541－0009430　802.225/221

說文管見三卷 （清）胡秉虔撰　清漢州受經堂刻受經堂叢書本　一冊

370000－1541－0009431　802.225/221＝3

說文管見三卷古韻論三卷 （清）胡秉虔撰　清績溪胡培翬刻本　一冊

370000－1541－0009432　802.225/313

說文發疑六卷 （清）張行孚撰　清光緒九年(1883)邠上寓廬刻本　二冊

370000－1541－0009433　802.225/313＝1

說文發疑六卷 （清）張行孚撰　清光緒九年(1883)邠上寓廬刻本　三冊

370000－1541－0009434　802.225/313＝2

說文發疑六卷 （清）張行孚撰　清光緒九年(1883)邠上寓廬刻本　三冊

370000－1541－0009435　802.225/313＝3

說文發疑七卷 （清）張行孚撰　清光緒九年(1883)邠上寓廬刻本(卷六末及卷七爲丁山抄補)　二冊

370000－1541－0009436　802.225/313＝4

說文發疑六卷 （清）張行孚撰　清光緒十年(1884)常熟鮑氏後知不足齋刻本　二冊　存四卷(一至二、五至六)

370000－1541－0009437　802.225/313＝5

說文發疑六卷 （清）張行孚撰　清光緒十年(1884)常熟鮑氏後知不足齋刻本　三冊

370000－1541－0009438　802.225/411

說文段注撰要九卷 （清）馬壽齡述　清光緒九年(1883)金陵胡氏愚園刻本　四冊

370000－1541－0009439　802.225/438

說文廣義校訂三卷 （清）吳善述撰　清同治十三年(1874)刻本　四冊

370000－1541－0009440　802.225/478

說文二徐箋異十四卷 田吳炤撰　清宣統元年(1909)石印本　二冊

370000－1541－0009441　802.225/519

仿唐寫本說文解字木部箋異一卷 （清）莫友芝撰　清同治三年(1864)刻本　一冊

370000－1541－0009442　802.225/519＝1

仿唐寫本說文解字木部箋異一卷 （清）莫友芝撰　清同治三年(1864)刻本　一冊

370000－1541－0009443　802.225/519＝2

仿唐寫本說文解字木部箋異一卷　（清）莫友芝撰　清同治三年(1864)刻本　一冊

370000－1541－0009444　802.225/605

說文述訓十四卷　（清）□□撰　清毛裝稿本　十四冊

370000－1541－0009445　802.225/745

說文古本考十四卷　（清）沈濤纂　清光緒十年(1884)吳縣滂喜齋刻本　八冊

370000－1541－0009446　802.225/820

說文廎纂十四卷　（清）周繪藻撰　（清）周紱藻輯　清光緒三十一年(1905)百柱堂石印本　一冊

370000－1541－0009447　802.225/827

說文校定本二卷　（清）朱士端撰　清光緒十年(1884)歸安姚氏刻咫進齋叢書本　一冊

370000－1541－0009448　802.225/940

文字存真二種十五卷　（清）饒炯撰　清光緒三十年(1904)資州饒氏達古軒刻本　五冊

370000－1541－0009449　802.225/948

說文解字注匡謬八卷　（清）徐承慶撰　清光緒九年(1883)歸安姚氏咫進齋刻本　四冊

370000－1541－0009450　802.225/948＝1

說文解字注匡謬八卷　（清）徐承慶撰　清光緒九年(1883)歸安姚氏咫進齋刻本　八冊

370000－1541－0009451　802.225/948＝2

說文解字注匡謬八卷　（清）徐承慶撰　清光緒九年(1883)歸安姚氏咫進齋刻本　三冊　存六卷(一至六)

370000－1541－0009452　802.225/979

說文本經答問二卷　（清）鄭知同撰　清光緒十六年(1890)廣雅書局刻本　一冊

370000－1541－0009453　802.226/458

六書通十卷　（明）閔齊伋撰　（清）畢弘述篆訂　清光緒二十一年(1895)上海鴻寶齋石印本　五冊

370000－1541－0009454　802.226/458＝1

六書通十卷　（明）閔齊伋撰　（清）畢弘述篆訂　清光緒四年(1878)繡谷留耕堂刻本　八冊

370000－1541－0009455　802.23/212

六書故三十三卷六書通釋一卷　（元）戴侗撰　清乾隆四十九年(1784)綿州李鼎元師竹齋刻本　十六冊

370000－1541－0009456　802.23/212＝1

六書故三十三卷六書通釋一卷　（元）戴侗撰　清乾隆四十九年(1784)綿州李鼎元師竹齋刻本　十六冊

370000－1541－0009457　802.23/273

六書辨通五卷六書例解一卷　（清）楊錫觀撰　清乾隆八年(1743)嘉禾瑞石軒刻本　六冊

370000－1541－0009458　802.23/288

六書系韻二十四卷首一卷檢字二卷　（清）李貞編　清光緒十六年(1890)刻本　二十六冊

370000－1541－0009459　802.23/288＝1

六書系韻二十四卷首一卷檢字二卷　（清）李貞編　清光緒十六年(1890)刻本　二十六冊

370000－1541－0009460　802.23/440

六書類纂九卷字學尋原三卷　（清）吳錦章撰　清光緒二十三年(1897)湘潭崇雅精舍、守愚齋刻本　六冊

370000－1541－0009461　802.23/471＝1

六書通摭遺十卷　（清）畢星海輯　（清）葛時徵校　清嘉慶六年(1801)基聞堂刻本　五冊

370000－1541－0009462　802.23/526

說文字原集注十六卷表一卷表說一卷　（清）蔣和撰　清乾隆五十二年(1787)刻本　四冊

370000－1541－0009463　802.23/526＝1

說文字原集注十六卷表一卷表說一卷　（清）蔣和撰　清乾隆五十二年(1787)刻本　四冊

370000－1541－0009464　802.23/646

說文字通五卷　（清）高翔麟撰　清道光十八年(1838)刻本　一冊

370000－1541－0009465　802.23/670

六書舊義一卷　廖平撰　清光緒十三年(1887)刻本　一冊

370000－1541－0009466　802.23/704
韻徵十六卷　(清)安吉纂輯　清道光十九年(1839)親仁堂刻本　六冊

370000－1541－0009467　802.23/720
六書轉注錄十卷　(清)洪亮吉撰　清光緒四年(1878)授經堂刻本　三冊

370000－1541－0009468　802.23/720＝1
六書轉注錄十卷　(清)洪亮吉撰　清光緒四年(1878)授經堂刻本　三冊

370000－1541－0009469　802.23/820
說文字原一卷　(元)周伯琦撰　明崇禎七年(1634)胡氏十竹齋刻本　一冊

370000－1541－0009470　802.23/820＝2
六書正譌五卷　(元)周伯琦撰　明崇禎七年(1634)海陽胡正言十竹齋刻本　三冊

370000－1541－0009471　802.23/820＝3
六書正譌五卷　(元)周伯琦撰　清惜古齋刻本　二冊

370000－1541－0009472　802.23/830
六書假借經徵四卷　(清)朱駿聲撰　清光緒十八年(1892)元和朱氏金陵刻本　一冊

370000－1541－0009473　802.23/904
六書分類十二卷首一卷　(清)傅世垚撰　清康熙三十八年(1699)聽松閣刻本　十六冊

370000－1541－0009474　802.24/119
說文韻譜校五卷　(清)王筠撰　清光緒歸安姚氏咫進齋刻杭州朱氏抱經堂印咫進齋叢書本　二冊

370000－1541－0009475　802.24/119＝1
說文韻譜校五卷　(清)王筠撰　清光緒十六年(1890)濰縣劉氏素心琴室刻本　五冊

370000－1541－0009476　802.24/119＝2
說文韻譜校五卷　(清)王筠撰　清光緒十六年(1890)濰縣劉氏素心琴室刻本　五冊

370000－1541－0009477　802.24/119＝3
說文韻譜校五卷　(清)王筠撰　清光緒十六年(1890)濰縣劉氏素心琴室刻本　二冊

370000－1541－0009478　802.24/119＝4
說文韻譜校五卷　(清)王筠撰　清光緒十六年(1890)濰縣劉氏素心琴室刻本　二冊

370000－1541－0009479　802.24/158
形聲類篇五卷　(清)丁履恒撰　清光緒十七年(1891)虎林刻大亭山館叢書本　一冊

370000－1541－0009480　802.24/158＝1
丁西圃先生叢書　(清)丁顯撰　清光緒十四年(1888)刻本　八冊

370000－1541－0009481　802.24/214
說文舊音補注三卷　胡玉縉撰　清光緒十三年(1887)江陰南菁書院刻本　一冊

370000－1541－0009482　802.24/221
說文字原韻表二卷　(清)胡重編　清嘉慶十六年(1811)秀水金氏月香書屋刻藕圃十種本　一冊

370000－1541－0009483　802.24/221＝1
說文字原韻表二卷　(清)胡重編　清嘉慶十六年(1811)秀水金氏月香書屋刻藕圃十種本　一冊

370000－1541－0009484　802.24/230
大明成化丁亥重刊改併五音類聚四聲篇十五卷　(金)韓道昭撰　明成化三年(1467)刻本　五冊

370000－1541－0009485　802.24/285
說文解字十二卷說文異同一卷諸家創意一卷　(漢)許慎撰　(宋)李燾重編　明萬曆二十六年(1598)陳大科刻本　十二冊

370000－1541－0009486　802.24/285＝1
重刊許氏說文解字五音韻譜十二卷　(宋)李燾撰　明刻本　十二冊

370000－1541－0009487　802.24/285＝2
重刊許氏說文解字五音韻譜十二卷　(宋)李燾撰　明刻本　佚名批　六冊

370000－1541－0009488　802.24/285＝3

重刊許氏說文解字五音韻譜十二卷 （宋）李
燾撰　明刻本　六冊

370000－1541－0009489　802.24/285＝4

重刊許氏說文解字五音韻譜十二卷 （宋）李
燾撰　明天啓七年(1627)世裕堂刻本　六冊

370000－1541－0009490　802.24/285＝5

重刊許氏說文解字五音韻譜十二卷 （宋）李
燾撰　明天啓七年(1627)世裕堂刻本　六冊

370000－1541－0009491　802.24/306

說文諧聲譜二卷 （清）張惠言撰　清十萬卷
樓抄本　一冊

370000－1541－0009492　802.24/313＝1

說文審音十六卷 （清）張行孚撰　清光緒二
十四年(1898)桐廬袁昶刻漸西村舍匯刊本
三冊

370000－1541－0009493　802.24/313＝2

說文審音十六卷 （清）張行孚撰　清光緒二
十四年(1898)桐廬袁昶刻漸西村舍匯刊本
三冊

370000－1541－0009494　802.24/341

漢學諧聲二十四卷說文補考一卷 （清）戚學
標學　清嘉慶九年(1804)刻本　八冊

370000－1541－0009495　802.24/372

許氏說文解字雙聲疊韻譜不分卷 （清）鄧廷
楨撰　清光緒九年(1883)上海同文書局石印
本　一冊

370000－1541－0009496　802.24/372＝1

許氏說文解字雙聲疊韻譜不分卷 （清）鄧廷
楨撰　清光緒九年(1883)上海同文書局石印
本　一冊

370000－1541－0009497　802.24/372＝2

許氏說文解字雙聲疊韻譜不分卷 （清）鄧廷
楨撰　清光緒九年(1883)上海同文書局石印
本　一冊

370000－1541－0009498　802.24/372＝3

許氏說文解字雙聲疊韻譜不分卷 （清）鄧廷

楨撰　清刻本　一冊

370000－1541－0009499　802.24/372＝4

許氏說文解字雙聲疊韻譜不分卷 （清）鄧廷
楨撰　清刻本　一冊

370000－1541－0009500　802.24/372＝5

許氏說文解字雙聲疊韻譜不分卷 （清）鄧廷
楨撰　清光緒七年(1881)常熟鮑氏後知不足
齋刻後知不足齋叢書初編本　一冊

370000－1541－0009501　802.24/429

說文聲類二卷 （清）嚴可均撰　清嘉慶七年
(1802)歸安二百蘭亭齋刻四錄堂類集本　一
冊

370000－1541－0009502　802.24/429＝1

說文聲類二卷 （清）嚴可均撰　清嘉慶七年
(1802)歸安二百蘭亭齋刻四錄堂類集本　一
冊

370000－1541－0009503　802.24/444

辨譌一得二十卷 （清）吳巨禮輯　清道光七
年(1827)廣濟吳氏刻本　六冊

370000－1541－0009504　802.24/471

**說文解字舊音一卷音同義異辯一卷樂遊聯唱
集二卷** （清）畢沅撰集　清乾隆四十八年
(1783)鎮洋畢氏靈巖山館刻經訓堂叢書本
一冊

370000－1541－0009505　802.24/471＝1

說文解字舊音一卷經典文字辨證書五卷
（清）畢沅撰集　清乾隆四十八年(1783)鎮洋
畢氏靈巖山館刻經訓堂叢書本　一冊

370000－1541－0009506　802.24/523＝2

說文聲訂二卷 （清）苗夔纂　清道光二十一
年(1841)壽陽祁氏刻本　二冊

370000－1541－0009507　802.24/523＝3

說文聲讀表七卷 （清）苗夔撰　清道光二十
二年(1842)理董居刻本　二冊

370000－1541－0009508　802.24/523＝4

說文聲讀表七卷 （清）苗夔纂　清道光二十
二年(1842)理董居刻本　二冊

370000 – 1541 – 0009509　802.24/523 = 5

説文聲讀表七卷　（清）苗夔纂　清同治至光緒福山王氏刻天壤閣叢書本　四册

370000 – 1541 – 0009510　802.24/523 = 6

説文聲讀表七卷　（清）苗夔纂　清同治至光緒福山王氏刻天壤閣叢書本　二册

370000 – 1541 – 0009511　802.24/523 = 7

説文聲讀表七卷　（清）苗夔纂　清同治至光緒福山王氏刻天壤閣叢書本　二册

370000 – 1541 – 0009512　802.24/606

説文分韻易知録五卷　（清）許巽行撰　清光緒五年(1879)武林任有容齋刻本　十册

370000 – 1541 – 0009513　802.24/606 = 1

説文分韻易知録五卷　（清）許巽行撰　清光緒五年(1879)武林任有容齋刻本　十册

370000 – 1541 – 0009514　802.24/818

山門新語二卷　（清）周贇撰　清光緒十九年(1893)六聲草堂刻本　二册

370000 – 1541 – 0009515　802.24/827

説文通訓定聲十八卷分部柬韻一卷説雅十九篇一卷古今韻準一卷　（清）朱駿聲輯　**允倩府君行述一卷**　朱孔彰撰　清道光三十年(1850)臨嘯閣刻同治九年(1870)補刻本　二十四册

370000 – 1541 – 0009516　802.24/827 = 1

説文通訓定聲十八卷分部柬韻一卷説雅十九篇一卷古今韻準一卷　（清）朱駿聲輯　**允倩府君行述一卷**　朱孔彰撰　清道光三十年(1850)臨嘯閣刻同治九年(1870)補刻本　二十四册　缺一卷(允倩府君行述一卷)

370000 – 1541 – 0009517　802.24/827 = 2

説文通訓定聲十八卷分部柬韻一卷説雅十九篇一卷古今韻準一卷　（清）朱駿聲輯　**允倩府君行述一卷**　朱孔彰撰　清道光三十年(1850)臨嘯閣刻同治九年(1870)補刻本　二十四册

370000 – 1541 – 0009518　802.24/827 = 3

説文通訓定聲十八卷分部柬韻一卷説雅十九篇一卷古今韻準一卷　（清）朱駿聲輯　**允倩府君行述一卷**　朱孔彰撰　清道光三十年(1850)臨嘯閣刻同治九年(1870)補刻本　二十四册

370000 – 1541 – 0009519　802.24/827 = 4

説文通訓定聲十八卷分部柬韻一卷説雅十九篇一卷古今韻準一卷　（清）朱駿聲輯　**允倩府君行述一卷**　朱孔彰撰　清道光三十年(1850)臨嘯閣刻同治九年(1870)補刻本　二十二册

370000 – 1541 – 0009520　802.24/827 = 5

説文通訓定聲十八卷分部柬韻一卷説雅十九篇一卷古今韻準一卷　（清）朱駿聲輯　**允倩府君行述一卷**　朱孔彰撰　清道光三十年(1850)臨嘯閣刻同治九年(1870)補刻本　二十八册

370000 – 1541 – 0009521　802.24/827 = 6

説文通訓定聲十八卷分部柬韻一卷説雅十九篇一卷古今韻準一卷　（清）朱駿聲輯　**允倩府君行述一卷**　朱孔彰撰　清道光三十年(1850)臨嘯閣刻同治九年(1870)補刻本　二十二册

370000 – 1541 – 0009522　802.24/827 = 7

説文通訓定聲十八卷分部柬韻一卷説雅十九篇一卷古今韻準一卷　（清）朱駿聲輯　**允倩府君行述一卷**　朱孔彰撰　清道光三十年(1850)臨嘯閣刻同治九年(1870)補刻本　二十六册　缺一卷(允倩府君行述一卷)

370000 – 1541 – 0009523　802.24/827 = 8

説文通訓定聲十八卷　（清）朱駿聲輯　清光緒十三年(1887)上海積山書局石印本　八册

370000 – 1541 – 0009524　802.24/827 = 9

説文通訓定聲十八卷　（清）朱駿聲輯　清光緒十三年(1887)上海積山書局石印本　六册　缺五卷(四至五、十至十二)

370000 – 1541 – 0009525　802.24/827 = 10

説文通訓定聲十八卷　（清）朱駿聲輯　清光

緒十三年(1887)上海積山書局石印本 八冊

370000－1541－0009526 802.24/827＝11

說文通訓定聲十八卷 （清）朱駿聲輯 清光緒十三年(1887)上海積山書局石印本 八冊

370000－1541－0009527 802.24/885

說文疊韻二卷首一卷末一卷 （清）劉熙載輯 清光緒五年(1879)刻本 一冊

370000－1541－0009528 802.24/885＝1

說文雙聲二卷 （清）劉熙載 （清）陳宗彝輯 清光緒四年(1878)興化刻本 一冊

370000－1541－0009529 802.24/885＝2

說文雙聲二卷 （清）劉熙載 （清）陳宗彝輯 清光緒四年(1878)興化刻本 一冊

370000－1541－0009530 802.24/946

樂府傳聲 （清）徐大椿撰 清末北京肇新印刷局石印本 一冊

370000－1541－0009531 802.24/953

說文解字韻譜十卷 （宋）徐鍇撰 清同治三年(1864)吳縣馮桂芬刻本 二冊

370000－1541－0009532 802.24/953＝1

說文解字韻譜十卷 （宋）徐鍇撰 清同治三年(1864)吳縣馮桂芬刻本 一冊

370000－1541－0009533 802.24/953＝2

說文解字韻譜十卷 （宋）徐鍇撰 清同治三年(1864)吳縣馮桂芬刻本 二冊

370000－1541－0009534 802.24/994

說文聲系十四卷 （清）姚文田撰 清咸豐五年(1855)廣東粵雅堂刻本 三冊

370000－1541－0009535 802.25/221＝2

說文管見三卷 （清）胡秉虔撰 清光緒貴池劉氏刻聚學軒叢書本 一冊

370000－1541－0009536 802.25/273

說文經斠十三卷補遺一卷正俗一卷 （清）楊廷瑞撰 清光緒十七年(1891)善化楊氏刻本 二冊

370000－1541－0009537 802.25/382

北溪字義節錄一卷 （宋）陳淳撰 （清）紀昀節錄 清抄本 一冊

370000－1541－0009538 802.25/606

讀說文雜識不分卷 （清）許棫撰 清光緒七年(1881)刻本 一冊

370000－1541－0009539 802.25/697

諧聲補逸十四卷 （清）宋保撰 清嘉慶八年(1803)志學堂刻本 四冊

370000－1541－0009540 802.251/329

說文解字群經正字二十八卷 （清）邵瑛撰 清嘉慶二十一年(1816)桂隱書屋刻本 八冊

370000－1541－0009541 802.251/329＝1

說文解字群經正字二十八卷 （清）邵瑛撰 清嘉慶二十一年(1816)桂隱書屋刻本 八冊

370000－1541－0009542 802.251/334

說文外編十五卷補遺一卷 （清）雷浚撰 清光緒二年(1876)刻本 四冊

370000－1541－0009543 802.251/358

說文引經證例二十四卷 （清）承培元撰 清光緒二十一年(1895)廣雅書局刻本 六冊

370000－1541－0009544 802.251/358＝1

說文引經證例二十四卷 （清）承培元撰 清光緒二十一年(1895)廣雅書局刻本 六冊

370000－1541－0009545 802.251/358＝2

說文引經證例二十四卷 （清）承培元撰 清光緒二十一年(1895)廣雅書局刻本 四冊

370000－1541－0009546 802.251/358＝3

廣潛研堂說文答問疏證八卷 （清）承培元撰 清光緒十八年(1892)廣雅書局刻本 一冊

370000－1541－0009547 802.251/377

說文引經考證八卷 （清）陳瑑撰 清同治十三年(1874)湖北崇文書局刻本 二冊

370000－1541－0009548 802.251/377＝1

說文引經考證八卷 （清）陳瑑撰 清光緒十年(1884)三益盧刻本 一冊 存二卷(一至二)

370000 – 1541 – 0009549　802.251/433

說文引經考二卷補遺一卷　(清)吳玉搢撰
清道光元年(1821)刻本　二冊

370000 – 1541 – 0009550　802.251/482

四書文字切音不分卷　(清)□□撰　清稿本
四冊

370000 – 1541 – 0009551　802.251/646

說文經典異字釋不分卷　(清)高翔麟撰　清
光緒九年(1883)吳縣萬卷樓刻本　一冊

370000 – 1541 – 0009552　802.251/781

四書五經字考十一卷　(清)毛錫繽輯　清康
熙二十四年(1685)刻本　二冊

370000 – 1541 – 0009553　802.251/827

說文假借義證二十八卷　(清)朱珔撰　清光
緒二十一年(1895)嘉樹山房刻本　二十八冊

370000 – 1541 – 0009554　802.251/927

十經文字通正書十四卷　(清)錢坫撰　清嘉
慶二年(1797)大吉樓刻本　四冊

370000 – 1541 – 0009555　802.251/927 = 1

十經文字通正書十四卷　(清)錢坫撰　清嘉
慶二年(1797)大吉樓刻本　二冊

370000 – 1541 – 0009556　802.2517/115

說文經傳同異一卷　(清)王崧翰輯　清光緒
十五年(1889)稿本　一冊

370000 – 1541 – 0009557　802.2517/281

說文引經考異十六卷　(清)柳榮宗撰　清同
治六年(1867)刻本　四冊

370000 – 1541 – 0009558　802.2517/281 = 1

說文引經考異十六卷　(清)柳榮宗撰　清咸
豐二年(1852)刻本　四冊

370000 – 1541 – 0009559　802.2517/281 = 2

說文引經考異十六卷　(清)柳榮宗撰　清咸
豐二年(1852)刻本　二冊

370000 – 1541 – 0009560　802.2517/281 = 3

說文引經考異十六卷　(清)柳榮宗撰　清同
治六年(1867)刻本　二冊

370000 – 1541 – 0009561　802.2517/334

說文外編十六卷補遺一卷　(清)雷浚撰　清
光緒二年(1876)刻本　六冊

370000 – 1541 – 0009562　802.2517/334 = 1

說文引經例辨三卷　(清)雷浚撰　清光緒八
年(1882)刻本　一冊

370000 – 1541 – 0009563　802.2517/334 = 2

說文引經例辨三卷　(清)雷浚撰　清光緒八
年(1882)刻本　一冊

370000 – 1541 – 0009564　802.2517/371

說文引經考證八卷　(清)陳瑑撰　清同治十
三年(1874)湖北崇文書局刻本　二冊

370000 – 1541 – 0009565　802.2517/377 = 2

說文引經考證八卷　(清)陳瑑撰　清光緒十
年(1884)三益廬刻本　四冊　存五卷(三至
七)

370000 – 1541 – 0009566　802.2517/635

說文經字正誼四卷　(清)郭慶藩撰　清光緒
二十年(1894)揚州郭慶藩刻本　四冊

370000 – 1541 – 0009567　802.2517/920

參校詩傳說存二卷　(清)倪紹經等輯　清光
緒十五年(1889)守經堂刻本　一冊

370000 – 1541 – 0009568　802.252/573

文選古字通疏證六卷　(清)薛傳均撰　清道
光二十一年(1841)刻本　一冊

370000 – 1541 – 0009569　802.252/573 = 1

文選古字通疏證六卷　(清)薛傳均撰　清道
光二十一年(1841)刻本　一冊

370000 – 1541 – 0009570　802.257/364 = 1

古籀拾遺三卷宋政和禮器文字考　(清)孫詒
讓撰　清光緒十四年至十六年(1888 – 1890)
刻本　二冊

370000 – 1541 – 0009571　802.257/364 = 2

古籀拾遺三卷宋政和禮器文字考　(清)孫詒
讓撰　清光緒十四年至十六年(1888 – 1890)
刻本　一冊

370000 – 1541 – 0009572　802.257/364 = 3

古籀拾遺三卷宋政和禮器文字考　（清）孫詒讓撰　清光緒十四年至十六年(1888－1890)刻本　一冊

370000－1541－0009573　802.257/364＝4

古籀拾遺三卷宋政和禮器文字考　（清）孫詒讓撰　清光緒十四年至十六年(1888－1890)刻本　二冊

370000－1541－0009574　802.257/364＝5

古籀拾遺三卷宋政和禮器文字考　（清）孫詒讓撰　清光緒十四年至十六年(1888－1890)刻本　二冊

370000－1541－0009575　802.257/433＝1

說文古籀補十四卷補遺一卷附錄一卷　（清）吳大澂撰　清光緒十年(1884)刻本　三冊

370000－1541－0009576　802.257/433＝2

說文古籀補十四卷補遺一卷附錄一卷　（清）吳大澂撰　清光緒二十四年(1898)刻本　二冊

370000－1541－0009577　802.257/433＝3

說文古籀補十四卷補遺一卷附錄一卷　（清）吳大澂撰　清光緒二十四年(1898)刻本　二冊

370000－1541－0009578　802.223/879＝11

說文解字注三十二卷　（清）段玉裁撰　說文部目分韻一卷　（清）陳奐撰　說文通檢十四卷首一卷末一卷　（清）黎永椿編　說文提要一卷　（清）陳建侯撰　清末兩宜軒石印本　八冊

370000－1541－0009579　802.25757/327

籀史二卷　（宋）翟耆年撰　清初抄本　一冊　存一卷(上)

370000－1541－0009580　802.2577/364

名原二卷　（清）孫詒讓撰　清光緒三十一年(1905)刻本　一冊

370000－1541－0009581　802.2577/364＝1

名原二卷　（清）孫詒讓撰　清光緒三十一年(1905)刻本　一冊

370000－1541－0009582　802.2577/525

說文古籀疏證六卷原目一卷　（清）莊述祖撰　清光緒二十年(1894)津郡明文堂刻本　四冊

370000－1541－0009583　802.2577/525＝1

說文古籀疏證六卷原目一卷　（清）莊述祖撰　清光緒二十年(1894)津郡明文堂刻本　四冊

370000－1541－0009584　802.2578/979

說文本經答問二卷　（清）鄭知同撰　清光緒十六年(1890)廣雅書局刻本　一冊

370000－1541－0009585　802.2587/158

重文二卷　（清）丁午輯　清光緒八年(1882)廣雅書局刻朱印本　一冊

370000－1541－0009586　802.26/119

紫薇花館小學編四卷　（清）王廷鼎編　清光緒十五年(1889)刻本　二冊

370000－1541－0009587　802.26/309

說文佚字考四卷　（清）張鳴珂撰　清光緒十三年(1887)豫章刻本　一冊

370000－1541－0009588　802.26/309＝1

說文佚字考四卷　（清）張鳴珂撰　清光緒十三年(1887)豫章刻本　一冊

370000－1541－0009589　802.26/468

字孶補二卷　（清）易鏡清輯　（清）易本烺補　清同治九年(1870)京山易氏刻本　二冊

370000－1541－0009590　802.26/468＝1

字孶補二卷　（清）易鏡清輯　（清）易本烺補　清同治九年(1870)京山易氏刻本　二冊

370000－1541－0009591　802.26/926

說文新附考六卷續考一卷　（清）鈕樹玉撰　清同治十三年(1874)湖北崇文書局刻本　二冊

370000－1541－0009592　802.26/926＝2

說文新附考六卷續考一卷　（清）鈕樹玉撰　清同治七年(1868)碧螺山館刻本　二冊

370000－1541－0009593　802.26/97＝1

說文新附考六卷 （清）鄭珍撰 清光緒九年(1883)歸安姚氏咫進齋刻本 一冊 存三卷（四至六）

370000－1541－0009594 802.26/972

說文新附考六卷 （清）鄭珍撰 清光緒七年(1881)刻本 六冊

370000－1541－0009595 802.26/972＝2

說文逸字二卷附錄一卷 （清）鄭珍撰 清光緒十年(1884)福山王氏刻天壤閣叢書本 二冊

370000－1541－0009596 802.26/972＝3

說文逸字二卷附錄一卷 （清）鄭珍撰 清末湖南經濟書堂刻本 一冊

370000－1541－0009597 802.26/972＝4

說文逸字二卷附錄一卷 （清）鄭珍撰 清咸豐八年(1858)望山堂刻本 二冊

370000－1541－0009598 802.26/972＝5

說文逸字辨證二卷 （清）李楨撰 清光緒十一年(1885)畹蘭堂刻本 二冊

370000－1541－0009599 802.26/972＝6

說文逸字辨證二卷 （清）李楨撰 清光緒十一年(1885)畹蘭堂刻本 二冊

370000－1541－0009600 802.27/119

文字蒙求四卷 （清）王筠撰 清光緒五年(1879)常熟鮑氏後知不足齋刻本 一冊

370000－1541－0009601 802.27/119＝1

文字蒙求四卷 （清）王筠撰 清光緒十三年(1887)梁谿浦氏刻本 一冊

370000－1541－0009602 802.27/119＝2

文字蒙求四卷 （清）王筠撰 清光緒十三年(1887)梁谿浦氏刻本 佚名跋 一冊

370000－1541－0009603 802.27/119＝3

文字蒙求四卷 （清）王筠撰 清道光二十六年(1846)刻本 一冊

370000－1541－0009604 802.27/119＝4

文字蒙求四卷 （清）王筠撰 清道光十八年(1838)刻本 一冊

370000－1541－0009605 802.27/119＝5

文字蒙求四卷 （清）王筠撰 清道光十八年(1838)刻本 一冊

370000－1541－0009606 802.27/119＝6

文字蒙求廣義四卷 （清）王筠撰 清光緒二十七年(1901)江楚書局刻本 五冊

370000－1541－0009607 802.27/119＝7

文字蒙求廣義四卷 （清）王筠撰 清光緒二十七年(1901)江楚書局刻本 五冊

370000－1541－0009608 802.27/119＝8

說文部首讀不分卷 （清）王筠撰 清光緒二十二年(1896)尹氏刻朱墨套印本 一冊

370000－1541－0009609 802.27/119＝9

檢說文難字不分卷 （清）王筠撰 清道光十四年(1834)刻本 一冊

370000－1541－0009610 802.27/119＝10

檢說文難字不分卷 （清）王筠撰 清道光十五年(1835)刻本 一冊

370000－1541－0009611 802.27/298

百家姓考略一卷 （明）王相注 清微城乙照齋刻本 一冊

370000－1541－0009612 802.27/298＝1

百家姓 （清）王祖光書 清光緒十四年(1888)乙照齋刻本 一冊

370000－1541－0009613 802.27/311

說文偏旁一卷 （清）張之洞輯 清光緒七年(1881)京都琉璃廠刻本 一冊

370000－1541－0009614 802.27/313

說文楬原二卷 （清）張行孚撰 清光緒十年(1884)常熟鮑氏後知不足齋刻本 一冊

370000－1541－0009615 802.27/313＝1

說文楬原二卷 （清）張行孚撰 清光緒十一年(1885)揚州刻本 一冊

370000－1541－0009616 802.27/362

倉頡篇三卷 （清）孫星衍輯 倉頡篇續本 （清）任大椿輯 倉頡篇補本二卷 （清）陶方琦輯 清光緒十六年(1890)江蘇書局刻本

二冊

370000－1541－0009617　802.27/362 ＝1
倉頡篇三卷 （清）孫星衍輯　**倉頡篇續本**
（清）任大椿輯　**倉頡篇補本二卷** （清）陶方
琦輯　清光緒十六年(1890)江蘇書局刻本
二冊

370000－1541－0009618　802.27/377
說文提要不分卷 （清）陳建侯撰　清光緒七
年(1881)瀹雅齋刻本　一冊

370000－1541－0009619　802.27/377 ＝1
說文提要不分卷 （清）陳建侯撰　清光緒元
年(1875)湖北崇文書局刻本　一冊

370000－1541－0009620　802.27/433 ＝2
字說一卷 （清）吳大澂撰　清光緒十九年
(1893)思賢講舍刻本　一冊

370000－1541－0009621　802.27/436
說文偏旁考二卷 （清）吳照輯　清乾隆五十
一年(1786)刻本　二冊

370000－1541－0009622　802.27/436 ＝1
說文字原考略六卷 （清）吳照輯　清乾隆五
十七年(1792)南昌刻本　四冊

370000－1541－0009623　802.27/455
急就篇四卷 （漢）史游撰　（唐）顏師古注
清同治刻本　二冊

370000－1541－0009624　802.27/455 ＝1
急就章考異一卷 （清）莊世驥撰　清光緒十
七年(1891)廣雅書局刻本　一冊

370000－1541－0009625　802.27/455 ＝2
急就章考異一卷 （清）莊世驥撰　清光緒十
七年(1891)廣雅書局刻本　一冊

370000－1541－0009626　802.27/730
倉頡篇校證二卷補遺一卷 （清）梁章鉅撰
清光緒五年(1879)蘇州刻本　二冊

370000－1541－0009627　802.27/754
養蒙針度五卷 （清）潘子聲編　清雍正十三
年(1735)刻本　二冊

370000－1541－0009628　802.27/795 ＝1
說文通檢六卷 （清）黎永椿編　清同治十二
年(1873)刻本　一冊

370000－1541－0009629　802.27/795 ＝2
說文通檢六卷 （清）黎永椿編　清光緒十四
年(1888)上海掃葉山房刻本　二冊

370000－1541－0009630　802.27/795 ＝3
說文通檢六卷 （清）黎永椿編　清光緒廣東
富文齋刻本　二冊

370000－1541－0009631　802.278/659
字學舉隅 （清）龍啟瑞編　清道光二十年
(1840)刻本　一冊

370000－1541－0009632　802.28/183
經韻集字析解二卷拾遺補注一卷 （清）彭良
敞集注　清道光二十四年(1844)開封府署刻
本　二冊

370000－1541－0009633　802.28/183 ＝1
經韻集字析解二卷 （清）彭良敞集注　清道
光十年(1830)濟南濼源書院刻本　一冊　存
一卷(一)

370000－1541－0009634　802.28/183 ＝2
經韻集字析解五卷 （清）彭良敞集注　清光
緒三年(1877)安康來鹿堂刻本　四冊

370000－1541－0009635　802.28/279
**會海字彙十二卷首一卷末一卷附韻法直圖一
卷韻法橫圖一卷** （明）梅膺祚撰　明萬曆四
十三年(1615)宣城梅氏刻本　二十六冊

370000－1541－0009636　802.28/279 ＝1
字彙十二集 （明）梅膺祚撰　清刻本　四冊
　存四集(丑、寅、卯、辰)

370000－1541－0009637　802.28/279 ＝2
**字彙十二集首一卷末一卷韻法直圖一卷韻法
橫圖一卷** （明）梅膺祚撰　明懷德堂刻本
十冊　缺三集一卷(子、卯、辰,首一卷)

370000－1541－0009638　802.28/279 ＝3
字彙十二集 （明）梅膺祚撰　清寶綸堂刻本
　十四冊

370000－1541－0009639　802.28/279 ＝ 4

**字彙十二集首一卷末一卷韻法直圖一卷韻法
橫圖一卷**　（明）梅膺祚撰　清刻本　十三冊

370000－1541－0009640　802.28/302

類篇十五卷　（宋）司馬光等撰　清康熙四十
五年(1706)揚州使院刻本　二十冊

370000－1541－0009641　802.28/302 ＝ 1

類篇十五卷　（宋）司馬光等撰　清康熙四十
五年(1706)揚州使院刻本　十冊　存七卷
(一至七)

370000－1541－0009642　802.28/302 ＝ 2

類篇十五卷　（宋）司馬光等撰　清康熙四十
五年(1706)揚州使院刻本　十四冊

370000－1541－0009643　802.28/302 ＝ 3

類篇十五卷　（宋）司馬光等撰　清光緒二年
(1876)川東官舍刻本　十四冊

370000－1541－0009644　802.28/302 ＝ 4

類篇十五卷　（宋）司馬光等撰　清光緒二年
(1876)川東官舍刻本　十五冊

370000－1541－0009645　802.28/352

識字書一卷　（清）左鎮編　清乾隆四十一年
(1776)映雪山房刻本　一冊

370000－1541－0009646　802.28/364

說文正字二卷　（清）孫星衍撰　清嘉慶六年
(1801)金陵藩署刻本　一冊

370000－1541－0009647　802.28/372

玉篇校刊札記　（清）鄧顯鶴撰　清咸豐元年
(1851)刻本　一冊

370000－1541－0009648　802.28/444

古今文字通釋十四卷　（清）呂世宜撰　清光
緒五年(1879)刻本　八冊

370000－1541－0009649　802.28/447

六書十二聲傳十二卷　（清）呂調陽撰　清光
緒十四年(1888)刻觀象廬叢書本　六冊

370000－1541－0009650　802.28/449

字林七卷首一卷　（清）呂忱撰　清嘉慶二十
四年(1819)面城樓刻本　二冊

370000－1541－0009651　802.28/449 ＝ 1

字林七卷首一卷　（清）呂忱撰　清嘉慶二十
四年(1819)面城樓刻本　二冊

370000－1541－0009652　802.28/455 ＝ 1

急就篇四卷　（漢）史游撰　（唐）顏師古注
清同治刻本　一冊　存二卷(一至二)

370000－1541－0009653　802.28/455 ＝ 2

急就篇四卷　（漢）史游撰　清道光七年
(1827)獨抱廬刻本　一冊

370000－1541－0009654　802.28/480

班馬字類二卷　（宋）婁機撰　清光緒九年
(1883)常熟鮑氏後知不足齋刻本　二冊

370000－1541－0009655　802.28/480 ＝ 2

班馬字類五卷　（宋）婁機撰　清光緒十七年
(1891)思賢書局刻本　二冊

370000－1541－0009656　802.28/513

文選課虛四卷　（清）杭世駿撰　清光緒十年
(1884)上海同文書局石印本　一冊

370000－1541－0009657　802.28/630

漢書古字類一卷　（清）郭夢星輯　清光緒二
十一年(1895)濰縣郭氏刻本　一冊

370000－1541－0009658　802.28/717

御定駢字類編二百四十卷　（清）張廷玉等編
清光緒十三年(1887)上海同文書局石印本
四十八冊

370000－1541－0009659　802.28/717 ＝ 1

御定駢字類編二百四十卷　（清）張廷玉等編
清光緒十三年(1887)上海同文書局石印本
四十八冊

370000－1541－0009660　802.28/717 ＝ 2

御定駢字類編二百四十卷　（清）張廷玉等編
清光緒十三年(1887)上海同文書局石印本
四十八冊

370000－1541－0009661　802.28/781 ＝ 1

說文檢字二卷補遺一卷　（清）毛謨輯　清光
緒九年(1883)歸安姚氏咫進齋刻咫進齋叢書
本　一冊

370000－1541－0009662　802.28/781＝2

說文檢字二卷 （清）毛謨輯　清嘉慶二十一年(1816)四川督學使署刻本　一冊

370000－1541－0009663　802.28/827

金石韻府五卷 （明）朱雲撰　明嘉靖十年(1531)俞顯謨刻朱藍印本　五冊

370000－1541－0009664　802.28/942

龍龕手鑑四卷 （遼）釋行均集　清光緒八年(1882)樂道齋刻本　三冊

370000－1541－0009665　802.28/962

大廣益會玉篇三十卷 （南朝梁）顧野王撰　清康熙四十三年(1704)張氏澤存堂刻本　三冊

370000－1541－0009666　802.28/962＝1

大廣益會玉篇三十卷 （南朝梁）顧野王撰　清康熙四十三年(1704)張氏澤存堂刻本　三冊

370000－1541－0009667　802.28/962＝2

大廣益會玉篇三十卷 （南朝梁）顧野王撰　清康熙四十三年(1704)張氏澤存堂刻本　三冊

370000－1541－0009668　802.28/962＝3

大廣益會玉篇三十卷 （南朝梁）顧野王撰　清康熙四十三年(1704)張氏澤存堂刻本　六冊

370000－1541－0009669　802.28/962＝4

大廣益會玉篇三十卷 （南朝梁）顧野王撰　清康熙四十三年(1704)張氏澤存堂刻本　三冊

370000－1541－0009670　802.28/962＝5

大廣益會玉篇三十卷 （南朝梁）顧野王撰　清道光三十年(1850)新化鄧顯鶴刻本　三冊

370000－1541－0009671　802.29/259

說文字辨十四卷 （清）林慶炳撰　清同治四年(1865)刻本　二冊　存十卷(一至三、八至十四)

370000－1541－0009672　802.29/468

字辨證篆十七卷 （清）易本烺撰　清同治八年(1869)京山易氏刻本　六冊

370000－1541－0009673　802.29/633

佩觿三卷 （宋）郭忠恕撰　清康熙四十九年(1710)吳郡張士俊刻本　一冊

370000－1541－0009674　802.29/633＝4

汗簡箋正七卷目錄一卷 （清）鄭珍撰　清光緒十五年(1889)廣雅書局刻本　四冊

370000－1541－0009675　802.292/712

鐘鼎字源五卷 （清）汪立名輯　清光緒二年(1876)洞庭秦氏麟慶堂刻本　一冊　存三卷(三至五)

370000－1541－0009676　802.294/144

續復古編四卷 （元）曹本撰　清光緒十二年(1886)歸安姚氏咫進齋刻朱印本　四冊

370000－1541－0009677　802.294/144＝1

續復古編四卷 （元）曹本撰　清光緒十二年(1886)歸安姚氏咫進齋刻朱印本　四冊

370000－1541－0009678　802.294/144＝2

續復古編四卷 （元）曹本撰　清光緒十二年(1886)歸安姚氏咫進齋刻朱印本　四冊

370000－1541－0009679　802.294/144＝3

續復古編四卷 （元）曹本撰　清光緒十二年(1886)歸安姚氏咫進齋刻朱印本　二冊

370000－1541－0009680　802.294/252

繆篆分韻五卷補一卷 （清）桂馥撰　清光緒歸安姚氏咫進齋刻本　二冊

370000－1541－0009681　802.294/252＝1

繆篆分韻五卷補一卷 （清）桂馥撰　清光緒歸安姚氏咫進齋刻本　四冊

370000－1541－0009682　802.294/252＝2

繆篆分韻五卷補一卷 （清）桂馥撰　清乾隆五十四年(1789)刻本　四冊

370000－1541－0009683　802.294/287

千文六書統要二卷附篆法偏旁正譌歌一卷 （明）胡正言撰　清康熙二年(1663)胡氏十竹齋刻本　四冊

370000 – 1541 – 0009684　　802.294/306

復古編二卷附錄一卷　（宋）張有撰　**曾樂軒稿一卷**　（宋）張維撰　**安陸集一卷**　（宋）張先撰　清光緒八年（1882）淮南書局刻本　六冊

370000 – 1541 – 0009685　　802.294/306 = 1

復古編二卷附錄一卷　（宋）張有撰　**曾樂軒稿一卷**　（宋）張維撰　**安陸集一卷**　（宋）張先撰　清光緒八年（1882）淮南書局刻本　一冊　存三卷（附錄一卷、曾樂軒稿一卷、安陸集一卷）

370000 – 1541 – 0009686　　802.294/306 = 2

復古編二卷附錄一卷　（宋）張有撰　**曾樂軒稿一卷**　（宋）張維撰　**安陸集一卷**　（宋）張先撰　清光緒八年（1882）淮南書局刻本　三冊

370000 – 1541 – 0009687　　802.294/306 = 3

復古編二卷附錄一卷　（宋）張有撰　清光緒十八年（1892）香山劉氏小蘇齋刻本　四冊

370000 – 1541 – 0009688　　802.294/306 = 6

佩文韻篆六卷　（清）張家慶輯　清嘉慶二年（1797）澤經堂刻本　六冊

370000 – 1541 – 0009689　　802.294/348

新集古文四聲韻五卷　（宋）夏竦撰　清乾隆四十四年（1779）新安汪氏刻本　一冊

370000 – 1541 – 0009690　　802.294/348 = 1

新集古文四聲韻五卷　（宋）夏竦撰　清乾隆四十四年（1779）新安汪氏刻本　四冊

370000 – 1541 – 0009691　　802.294/433

吳篆論語二卷　（清）吳大澂書　清光緒十二年（1886）蘇州振新書社石印本　四冊

370000 – 1541 – 0009692　　802.294/458 = 2

六書通十卷　（明）閔齊伋撰　（清）畢弘述篆訂　清乾隆六十年（1795）刻本　六冊

370000 – 1541 – 0009693　　802.294/521

復古編校正一卷附錄一卷　（清）葛鳴陽撰　清乾隆四十六年（1781）葛鳴陽刻本　一冊

370000 – 1541 – 0009694　　802.294/633

汗簡三卷　（宋）郭忠恕撰　清康熙四十二年（1703）錢塘汪氏一隅草堂刻本　二冊

370000 – 1541 – 0009695　　802.294/633 = 1

汗簡七卷　（宋）郭忠恕撰　清光緒十一年（1885）吳縣朱記榮刻本　二冊

370000 – 1541 – 0009696　　802.294/633 = 2

汗簡七卷　（宋）郭忠恕撰　清光緒十一年（1885）吳縣朱記榮刻本　三冊

370000 – 1541 – 0009697　　802.294/633 = 4

汗簡箋正七卷目錄一卷　（清）鄭珍撰　清光緒十五年（1889）廣雅書局刻本　四冊

370000 – 1541 – 0009698　　802.294/906

六書分類十二卷首一卷　（清）傅世垚撰　清乾隆五十四年（1789）聽松閣刻嘉慶元年（1796）維隅堂印本　十三冊

370000 – 1541 – 0009699　　802.294/916

篆字彙十二集　（清）佟世男編　清康熙刻本　十二冊

370000 – 1541 – 0009700　　802.295/161

隸法彙纂十卷　（清）項懷述編　清乾隆四十五年（1780）小酉山房刻本　四冊

370000 – 1541 – 0009701　　802.295/161 = 1

隸法彙纂十卷　（清）項懷述編　清乾隆四十五年（1780）小酉山房刻本　四冊

370000 – 1541 – 0009702　　802.295/161 = 2

隸法彙纂十卷　（清）項懷述編　清乾隆四十五年（1780）小酉山房刻本　四冊

370000 – 1541 – 0009703　　802.295/161 = 3

隸法彙纂十卷　（清）項懷述編　清乾隆四十五年（1780）小酉山房刻本　四冊

370000 – 1541 – 0009704　　802.295/164

汪本隸釋刊誤一卷　（清）黃丕烈撰　清嘉慶二十一年（1816）吳縣黃氏士禮居刻本　一冊

370000 – 1541 – 0009705　　802.295/290

漢隸分韻七卷　（□）□□撰　清乾隆三十七年（1772）九沙萬氏辨志堂刻本　四冊

370000－1541－0009706　802.295/324

漢隸辨體四卷　（清）尹彭壽撰　清光緒二十一年(1895)濟南尚志堂刻本　四冊

370000－1541－0009707　802.295/324＝1

漢隸辨體四卷　（清）尹彭壽撰　清光緒二十一年(1895)濟南尚志堂刻本　四冊

370000－1541－0009708　802.295/327

隸篇十五卷續十五卷再續十五卷　（清）翟云升撰　清道光十八年(1838)東萊翟氏刻本　十冊

370000－1541－0009709　802.295/327＝1

隸篇十五卷續十五卷再續十五卷　（清）翟云升撰　清道光十八年(1838)東萊翟氏刻本　十冊

370000－1541－0009710　802.295/327＝2

隸篇十五卷續十五卷再續十五卷　（清）翟云升撰　清道光十八年(1838)東萊翟氏刻本　四冊　存三十卷(續十五卷、再續十五卷)

370000－1541－0009711　802.295/327＝3

隸篇十五卷續十五卷再續十五卷　（清）翟云升撰　清道光十八年(1838)東萊翟氏刻本　二冊　存十五卷(再續十五卷)

370000－1541－0009712　802.295/327＝4

隸篇十五卷續十五卷再續十五卷　（清）翟云升撰　清道光十八年(1838)東萊翟氏刻本　十冊

370000－1541－0009713　802.295/327＝5

隸篇十五卷續十五卷再續十五卷　（清）翟云升撰　清道光十八年(1838)東萊翟氏刻本　十冊

370000－1541－0009714　802.295/327＝6

隸篇十五卷續十五卷再續十五卷　（清）翟云升撰　清道光十八年(1838)東萊翟氏刻本　十冊

370000－1541－0009715　802.295/327＝7

隸篇十五卷續十五卷再續十五卷　（清）翟云升撰　清道光十八年(1838)東萊翟氏刻本

丁山跋　十冊

370000－1541－0009716　802.295/327＝8

隸篇十五卷續十五卷再續十五卷　（清）翟云升撰　清道光十八年(1838)東萊翟氏刻本　十冊

370000－1541－0009717　802.295/327＝9

隸篇十五卷續十五卷再續十五卷　（清）翟云升撰　清道光十八年(1838)東萊翟氏刻本　十冊

370000－1541－0009718　802.295/327＝10

隸篇十五卷續十五卷再續十五卷　（清）翟云升撰　清道光十八年(1838)東萊翟氏刻本　五冊　存十一卷(隸篇一、六至十五)

370000－1541－0009719　802.295/327＝11

隸篇十五卷續十五卷再續十五卷　（清）翟云升撰　清道光十八年(1838)東萊翟氏刻本　十冊

370000－1541－0009720　802.295/476

隸篇十五卷續十五卷再續十五卷　（清）翟云升撰　清道光十八年(1838)東萊翟氏刻本　十冊

370000－1541－0009721　802.295/480

漢隸字源五卷碑目一卷　（宋）婁機撰　明末毛氏汲古閣刻本　八冊

370000－1541－0009722　802.295/480＝1

漢隸字源五卷碑目一卷　（宋）婁機撰　明末毛氏汲古閣刻本　六冊

370000－1541－0009723　802.295/480＝2

漢隸字源五卷碑目一卷　（宋）婁機撰　明末毛氏汲古閣刻本　六冊

370000－1541－0009724　802.295/480＝3

漢隸字源五卷碑目一卷　（宋）婁機撰　清光緒三年(1877)歸安姚氏咫進齋刻本　十二冊

370000－1541－0009725　802.295/480＝4

漢隸字源五卷碑目一卷　（宋）婁機撰　清光緒三年(1877)歸安姚氏咫進齋刻本　二冊

370000－1541－0009726　802.295/720

隸釋二十七卷 （宋）洪适撰　清乾隆四十二年至四十三年(1777－1778)錢塘汪日秀樓松書屋刻本　十一册

370000－1541－0009727　802.295/720＝1

隸釋二十七卷 （宋）洪适撰　清乾隆四十二年至四十三年(1777－1778)錢塘汪日秀樓松書屋刻本　六册　存二十一卷(一至二十一)

370000－1541－0009728　802.295/720＝2

隸釋二十七卷 （宋）洪适撰　清乾隆四十二年至四十三年(1777－1778)錢塘汪日秀樓松書屋刻本　六册

370000－1541－0009729　802.295/720＝3

隸釋二十七卷隸續二十一卷 （宋）洪适撰　清乾隆四十二年至四十三年(1777－1778)錢塘汪日秀樓松書屋刻本　六册　存二十七卷(隸釋二十二至二十七、隸續二十一卷)

370000－1541－0009730　802.295/720＝4

隸釋二十七卷隸續二十一卷 （宋）洪适撰　**汪本隸釋刊誤一卷** （清）黃丕烈撰　清同治十年(1871)皖南洪氏晦木齋刻本　八册

370000－1541－0009731　802.295/720＝5

隸釋二十七卷隸續二十一卷 （宋）洪适撰　**汪本隸釋刊誤一卷** （清）黃丕烈撰　清同治十年(1871)皖南洪氏晦木齋刻本　八册

370000－1541－0009732　802.295/720＝6

隸釋二十七卷隸續二十一卷 （宋）洪适撰　**汪本隸釋刊誤一卷** （清）黃丕烈撰　清同治十年(1871)皖南洪氏晦木齋刻本　八册

370000－1541－0009733　802.295/885

隸韻十卷碑目一卷考證一卷 （宋）劉球纂　清嘉慶十五年(1810)刻本　六册

370000－1541－0009734　802.295/885＝1

隸韻十卷碑目一卷考證一卷 （宋）劉球纂　清嘉慶十五年(1810)刻本　六册

370000－1541－0009735　802.295/885＝2

隸韻十卷碑目一卷考證一卷 （宋）劉球纂　清嘉慶十五年(1810)刻本　五册

370000－1541－0009736　802.295/885＝3

隸韻十卷碑目一卷考證一卷 （宋）劉球纂　清嘉慶十五年(1810)刻本　六册

370000－1541－0009737　802.295/885＝4

隸韻十卷碑目一卷考證一卷 （宋）劉球纂　清嘉慶十五年(1810)刻本　四册

370000－1541－0009738　802.295/945

御製盛京賦一卷 （清）高宗弘曆撰　清乾隆武英殿刻本　一册

370000－1541－0009739　802.295/962

隸辨八卷 （清）顧藹吉撰　清乾隆八年(1743)黃晟刻本　八册

370000－1541－0009740　802.295/962＝1

隸辨八卷 （清）顧藹吉撰　清乾隆八年(1743)黃晟刻本　八册

370000－1541－0009741　802.295/962＝2

隸辨八卷 （清）顧藹吉撰　清乾隆八年(1743)黃晟刻本　八册

370000－1541－0009742　802.295/962＝3

隸辨八卷 （清）顧藹吉撰　清乾隆八年(1743)黃晟刻本　八册

370000－1541－0009743　802.295/962＝4

隸辨八卷 （清）顧藹吉撰　清乾隆八年(1743)黃晟刻本　八册

370000－1541－0009744　802.295/962＝5

隸辨八卷 （清）顧藹吉撰　清康熙五十七年(1718)繡水項絪玉淵堂刻本　八册

370000－1541－0009745　802.295/962＝6

隸辨八卷 （清）顧藹吉撰　清康熙五十七年(1718)繡水項絪玉淵堂刻本　十六册

370000－1541－0009746　802.295/962＝7

隸辨八卷 （清）顧藹吉撰　清同治十二年(1873)聚賢齋刻本　八册

370000－1541－0009747　802.295/962＝9

隸辨八卷 （清）顧藹吉撰　清光緒十三年(1887)上海蜚英館石印本　八册

370000－1541－0009748　802.295/962＝10

隸辨八卷　（清）顧藹吉撰　清光緒十三年(1887)上海蜚英館石印本　八冊

370000－1541－0009749　802.295/962＝11

隸辨摘要二卷　（清）楚裳輯　清乾隆二十四年(1759)稿本　四冊

370000－1541－0009750　802.296/250＝2

草字彙不分卷　（清）石梁集　清光緒三十二年(1906)上海同文書局石印本　四冊

370000－1541－0009751　802.296/350＝1

草字彙約選一卷　（清）穎齋輯　清稿本　一冊

370000－1541－0009752　802.297/754

楷法溯源十四卷　（清）潘存輯　楊守敬編　清光緒三年(1877)刻本　十五冊

370000－1541－0009753　802.297/754＝1

楷法溯源十四卷　（清）潘存輯　楊守敬編　清光緒三年(1877)刻本　七冊　存九卷(一至九)

370000－1541－0009754　802.297/754＝2

楷法溯源十四卷　（清）潘存輯　楊守敬編　清光緒三年(1877)刻本　八冊

370000－1541－0009755　802.297/754＝3

楷法溯源十四卷　（清）潘存輯　楊守敬編　清光緒三年(1877)刻本　十五冊

370000－1541－0009756　802.297/892

楷體蒙求八卷　（清）劉廷玉編　清同治十年(1871)刻本　三冊　存六卷(三至八)

370000－1541－0009757　802.298/119

正字略定本不分卷　（清）王筠撰　清道光十九年(1839)刻本　一冊

370000－1541－0009758　802.298/213

古體字解一卷　（清）□□撰　清稿本　一冊

370000－1541－0009759　802.298/259

說文字辨十四卷　（清）林慶炳輯　清同治四年(1865)刻本　四冊

370000－1541－0009760　802.298/313

臨文便覽二卷　（清）張仰山編　清光緒二十五年(1899)刻本　二冊

370000－1541－0009761　802.298/313＝1

臨文便覽不分卷　（清）張仰山編　清光緒五年(1879)京都琉璃廠名德堂刻本　二冊

370000－1541－0009762　802.298/659

字學舉隅　（清）龍啟瑞編　清光緒二年(1876)刻本　一冊

370000－1541－0009763　802.298/659＝1

字學舉隅　（清）龍啟瑞編　清光緒十五年(1889)京都琉璃廠秀文齋刻本　一冊

370000－1541－0009764　802.298/659＝2

字學舉隅　（清）龍啟瑞編　清光緒二十二年(1896)慎記書莊石印本　一冊

370000－1541－0009765　802.298/659＝3

字學舉隅　（清）龍啟瑞編　清光緒二十二年(1896)慎記書莊石印本　一冊

370000－1541－0009766　802.298/659＝4

字學舉隅　（清）龍啟瑞編　清光緒二十五年(1899)北京翰寶齋刻本　一冊

370000－1541－0009767　802.298/808

字學匯海不分卷　（清）龍光甸等輯　清光緒十二年(1886)京都琉璃廠秀文齋刻本　四冊

370000－1541－0009768　802.298/808＝1

分韻字學不分卷　（清）□□撰　清光緒十二年(1886)京都琉璃廠秀文齋刻本　一冊

370000－1541－0009769　802.298/882

經字辨體八卷首一卷　（清）邱家煒撰　清光緒十一年(1885)蒲圻但氏刻本　三冊

370000－1541－0009770　802.298/882＝1

經字辨體八卷首一卷　（清）邱家煒撰　清光緒十一年(1885)蒲圻但氏刻本　一冊

370000－1541－0009771　802.298/892

同音字辨四卷　（清）劉維坊輯　清道光二十九年(1849)文石閣刻本　四冊

370000－1541－0009772　802.299/762

簡字叢錄不分卷　勞乃宣編　清光緒三十二
年(1906)金陵刻本　二冊

370000－1541－0009773　802.3/219

會海字彙十二集首一卷　(明)梅膺祚撰　清
敦化堂刻本　十三冊

370000－1541－0009774　802.3/279

字彙十二集首一卷末一卷韻法直圖一卷韻法
橫圖一卷　(明)梅膺祚撰　清乾隆七年
(1742)刻本　十四冊

370000－1541－0009775　802.3/279＝1

字彙十二集首一卷末一卷　(明)梅膺祚撰
清同治七年(1868)上洋紫文閣刻本　十四冊

370000－1541－0009776　802.3/279＝2

字彙十二集首一卷末一卷　(明)梅膺祚撰
清乾隆十七年(1752)文錦堂刻本　一冊　存
一卷(首一卷)

370000－1541－0009777　802.3/279＝3

字彙十二集首一卷末一卷　(明)梅膺祚撰
清光緒十五年(1889)善成堂刻本　十四冊

370000－1541－0009778　802.3/279＝4

字彙十二集首一卷末一卷　(明)梅膺祚撰
清光緒十五年(1889)東昌書業德記刻本　十
四冊

370000－1541－0009779　802.3/306

康熙字典十二集三十六卷總目一卷檢字一卷
辨似一卷等韻一卷備考一卷補遺一卷　(清)
張玉書等纂修　清刻本　十六冊　存十六卷
(寅集上中下、卯集上中下、申集中下、戌集
上中下、亥集上中下,備考一卷,補遺一卷)

370000－1541－0009780　802.3/306＝1

康熙字典十二集三十六卷總目一卷檢字一卷
辨似一卷等韻一卷備考一卷補遺一卷　(清)
張玉書等纂修　清刻本　二十八冊　存二十
五卷(卯集下、辰集上中下、巳集上中下、午集
上中下、未集上中下、申集上中下、酉集上中
下、戌集上中下、亥集下,備考一卷,補遺一
卷)

370000－1541－0009781　802.3/306＝2

康熙字典十二集三十六卷總目一卷檢字一卷
辨似一卷等韻一卷備考一卷補遺一卷　(清)
張玉書等纂修　清敬元堂刻本　六冊　存六
卷(丑集中下、戌集下、亥集下,等韻一卷,備
考一卷)

370000－1541－0009782　802.3/306＝3

康熙字典十二集三十六卷總目一卷檢字一卷
辨似一卷等韻一卷備考一卷補遺一卷　(清)
張玉書等纂修　清光緒二十五年(1899)上海
慎記書莊石印本　六冊

370000－1541－0009783　802.3/306＝4

康熙字典十二集三十六卷總目一卷檢字一卷
辨似一卷等韻一卷備考一卷補遺一卷　(清)
張玉書等纂修　清光緒二十五年(1899)上海
慎記書莊石印本　六冊

370000－1541－0009784　802.3/306＝5

康熙字典十二集三十六卷總目一卷檢字一卷
辨似一卷等韻一卷備考一卷補遺一卷　(清)
張玉書等纂修　清光緒三十年(1904)上海錦
章圖書局石印本　六冊

370000－1541－0009785　802.3/306＝6

康熙字典十二集三十六卷總目一卷檢字一卷
辨似一卷等韻一卷備考一卷補遺一卷　(清)
張玉書等纂修　清刻本　四十冊

370000－1541－0009786　802.3/306＝7

康熙字典十二集三十六卷總目一卷檢字一卷
辨似一卷等韻一卷備考一卷補遺一卷　(清)
張玉書等纂修　清光緒元年(1875)湖北崇文
書局刻本　十三冊　存十三卷(子集上中下、
丑集上中下、寅集上中下、卯集上中,總目一
卷,等韻一卷)

370000－1541－0009787　802.3/306＝8

康熙字典十二集三十六卷總目一卷檢字一卷
辨似一卷等韻一卷備考一卷補遺一卷　(清)
張玉書等纂修　清光緒二十八年(1902)上海
同文書局石印本　六冊

370000－1541－0009788　802.3/306＝9

康熙字典十二集三十六卷總目一卷檢字一卷
辨似一卷等韻一卷備考一卷補遺一卷　（清）
張玉書等纂修　清刻本　一冊　存一集(戌
集)

370000－1541－0009789　802.3/306＝10
康熙字典十二集三十六卷總目一卷檢字一卷
辨似一卷等韻一卷備考一卷補遺一卷　（清）
張玉書等纂修　清道光七年(1827)刻本　四
十冊

370000－1541－0009790　802.3/306＝11
康熙字典十二集三十六卷總目一卷檢字一卷
辨似一卷等韻一卷備考一卷補遺一卷　（清）
張玉書等纂修　清道光七年(1827)刻本　二
十七冊　缺七卷(卯上下、未上下、酉中、戌
下、亥中)

370000－1541－0009791　802.3/306＝12
康熙字典十二集三十六卷總目一卷檢字一卷
辨似一卷等韻一卷備考一卷補遺一卷　（清）
張玉書等纂修　清道光七年(1827)刻本　十
五冊　存十三卷(子集上、丑集上、寅集中、卯
集中、辰集上中下、巳集中、午集上、申集上
中、酉集下、戌集中)

370000－1541－0009792　802.3/306＝13
康熙字典十二集三十六卷總目一卷檢字一卷
辨似一卷等韻一卷備考一卷補遺一卷　（清）
張玉書等纂修　清道光七年(1827)刻本　四
十冊

370000－1541－0009793　802.3/306＝14
康熙字典十二集三十六卷總目一卷檢字一卷
辨似一卷等韻一卷備考一卷補遺一卷　（清）
張玉書等纂修　清道光七年(1827)刻本　三
十四冊　缺六卷(卯下、辰上中、午上中下)

370000－1541－0009794　802.3/306＝15
康熙字典十二集三十六卷總目一卷檢字一卷
辨似一卷等韻一卷備考一卷補遺一卷　（清）
張玉書等纂修　清刻本　三十六冊

370000－1541－0009795　802.3/306＝16
康熙字典十二集三十六卷總目一卷檢字一卷

辨似一卷等韻一卷備考一卷補遺一卷　（清）
張玉書等纂修　清末上海錦章圖書局石印本
　十二冊

370000－1541－0009796　802.3/306＝17
康熙字典十二集三十六卷總目一卷檢字一卷
辨似一卷等韻一卷備考一卷補遺一卷　（清）
張玉書等纂修　清末石印本　十四冊　存十
四卷(寅集下、卯集上下、巳集下、午集下、未
集上、戌集上中下、亥集上中下,備考一卷,補
遺一卷)

370000－1541－0009797　802.3/306＝18
康熙字典十二集三十六卷總目一卷檢字一卷
辨似一卷等韻一卷備考一卷補遺一卷　（清）
張玉書等纂修　清末石印本　十二冊　存十
二卷(子集中、丑集中下、寅集上、卯集上下、
巳集上、午集中、未集上下、申集下、酉集中)

370000－1541－0009798　802.3/306＝19
康熙字典十二集三十六卷總目一卷檢字一卷
辨似一卷等韻一卷備考一卷補遺一卷　（清）
張玉書等纂修　清光緒三十三年(1907)上海
鴻文書局石印本　六冊

370000－1541－0009799　802.3/306＝20
康熙字典十二集三十六卷總目一卷檢字一卷
辨似一卷等韻一卷備考一卷補遺一卷　（清）
張玉書等纂修　清刻本　十三冊　存十二卷
(子集上下、卯集下、辰集上下、巳集中、申集
中下、酉集上中下、亥集上)

370000－1541－0009800　802.3/306＝21
康熙字典十二集三十六卷總目一卷檢字一卷
辨似一卷等韻一卷備考一卷補遺一卷　（清）
張玉書等纂修　清刻本　二冊　存二卷(寅
集中、酉集下)

370000－1541－0009801　802.3/306＝23
字典考證十二集　（清)奕繪等輯　清愛日堂
刻本　八冊

370000－1541－0009802　802.3/306＝24
字典考證十二集　（清)奕繪等輯　清道光十
一年(1831)刻本　八冊

370000－1541－0009803　802.3/377

古俗字略七卷　（明）陳士元撰　清道光十三年(1833)上海吳玉坪刻本　二冊

370000－1541－0009804　802.3/486

五車韻府不分卷　（英國）莫里森撰　清光緒五年(1879)上海點石齋石印本　一冊

370000－1541－0009805　802.3/486＝2

五車韻府不分卷　（英國）莫里森撰　清光緒三十三年(1907)上海點石齋石印本　四冊

370000－1541－0009806　802.3/736

精刻海若湯先生校訂音釋五侯鯖字海二十卷四書五經難字一卷首一卷　（明）湯顯祖撰　明末潭陽蕭騰鴻刻本　十二冊

370000－1541－0009807　802.3/885

澄衷蒙學堂字課圖說四卷　（清）劉樹屏撰　清光緒二十九年(1903)蘇州澄衷學堂石印本　十四冊

370000－1541－0009808　802.39/298

數詞類編不分卷　（清）□□輯　清抄本　六冊

370000－1541－0009809　802.39/483

兩漢韻珠十卷　（清）吳章澧編　清光緒十八年(1892)刻本　十冊

370000－1541－0009810　802.4/119

異同韻辨五卷補遺一卷續補遺一卷　（清）王籛輯　清光緒十三年(1887)槐蔭堂刻本　六冊

370000－1541－0009811　802.4/119＝1

異同韻辨五卷補遺一卷續補遺一卷　（清）王籛輯　清光緒十三年(1887)槐蔭堂刻本　六冊

370000－1541－0009812　802.4/212

聲韻考四卷　（清）戴震撰　清道光十六年(1836)西湖樓刻本　一冊

370000－1541－0009813　802.4/214

古今中外音韻通例不分卷　（清）胡垣撰　清光緒十四年(1888)刻本　四冊

370000－1541－0009814　802.4/214＝1

古今中外音韻通例不分卷　（清）胡垣撰　清光緒十四年(1888)刻本　四冊

370000－1541－0009815　802.4/290

李氏音鑑六卷　（清）李汝珍撰　清嘉慶十五年(1810)寶善堂刻本　四冊

370000－1541－0009816　802.4/290＝2

李氏音鑑六卷　（清）李汝珍撰　清嘉慶十五年(1810)寶善堂刻本　四冊

370000－1541－0009817　802.4/290＝3

李氏音鑑六卷　（清）李汝珍撰　清同治七年(1868)木樨山房刻本　四冊

370000－1541－0009818　802.4/298

字音考異一卷　（清）□□撰　清光緒八年(1882)北平懿文齋刻本　一冊

370000－1541－0009819　802.4/298＝1

字音考異一卷　（清）□□撰　清光緒八年(1882)北平懿文齋刻本　一冊

370000－1541－0009820　802.4/298＝2

字音考異一卷　（清）□□撰　清光緒八年(1882)北平懿文齋刻本　一冊

370000－1541－0009821　802.4/348

三百篇原聲七卷　（清）夏味堂編　清嘉慶十二年(1807)楳華書屋刻本　一冊

370000－1541－0009822　802.4/362

唐寫本唐韻殘卷　（唐）孫愐撰　清光緒三十四年(1908)上海國粹學報館石印本　一冊

370000－1541－0009823　802.4/433

韻補五卷附錄一卷　（宋）吳棫撰　清道光二十八年(1848)靈石楊氏刻連筠簃叢書本　二冊

370000－1541－0009824　802.4/433＝1

韻補五卷附錄一卷　（宋）吳棫撰　清光緒九年(1883)邵武徐氏刻本　二冊

370000－1541－0009825　802.4/440

韻略易通二卷　（明）蘭茂撰　明末寶旭齋刻本　一冊

370000 – 1541 – 0009826　802.4/525

聲韻易如四卷首一卷　（清）莊瑤輯　清道光二十三年(1843)留有餘齋刻本　二冊

370000 – 1541 – 0009827　802.4/712

空谷傳聲一卷　（清）汪鋆撰　清光緒八年(1882)南京李光明莊刻本　一冊

370000 – 1541 – 0009828　802.4/719

楚辭韻讀一卷　（清）江有誥撰　清嘉慶二十四年(1819)刻本　一冊

370000 – 1541 – 0009829　802.4/762

等韻一得內篇一卷外篇一卷　勞乃宣撰　清光緒二十四年(1898)吳橋官廨刻本　二冊

370000 – 1541 – 0009830　802.4/781

古今通韻十二卷　（清）毛奇齡撰　清康熙二十四年(1685)刻本　六冊

370000 – 1541 – 0009831　802.4/824 = 3

五方元音五卷　（清）樊騰鳳撰　（清）年希堯增補　清光緒十年(1884)京都隆福寺寶書堂刻本　一冊

370000 – 1541 – 0009832　802.4/994

四聲易知錄四卷　（清）姚文田輯　清嘉慶十七年(1812)刻本　二冊

370000 – 1541 – 0009833　802.4/994 = 1

四聲易知錄四卷　（清）姚文田輯　清嘉慶十七年(1812)刻本　二冊

370000 – 1541 – 0009834　802.4/994 = 2

古音諧八卷首一卷　（清）姚文田輯　清道光二十五年(1845)歸安姚氏刻清末蘇州振新書社印本　六冊

370000 – 1541 – 0009835　802.4088/158

韻學蠡言舉要五卷　（清）丁顯撰　清光緒二十六年(1900)刻本　三冊

370000 – 1541 – 0009836　802.4088/719

江氏音學十書十二卷　（清）江有誥撰　清嘉慶至道光江氏刻本　八冊

370000 – 1541 – 0009837　802.4088/964

音論三卷　（清）顧炎武撰　清康熙六年

(1667)山陽張氏符山堂刻顧氏音學五書本二冊

370000 – 1541 – 0009838　802.4088/964 = 1

音學五書三十八卷　（清）顧炎武撰　清光緒十一年(1885)湘陰郭氏岵瞻堂刻本　十一冊

370000 – 1541 – 0009839　802.4088/964 = 2

音學五書三十八卷　（清）顧炎武撰　清光緒十一年(1885)四明觀稼樓刻本　十二冊

370000 – 1541 – 0009840　802.4088/964 = 3

音學五書三十八卷　（清）顧炎武撰　清光緒十六年(1890)思賢講舍刻本　十四冊

370000 – 1541 – 0009841　802.4088/964 = 4

音學五書三十八卷　（清）顧炎武撰　清光緒十六年(1890)思賢講舍刻本　十二冊

370000 – 1541 – 0009842　802.41/180

古音類表九卷　（清）傅壽彤撰　清光緒二年(1876)大梁臬署刻本　四冊

370000 – 1541 – 0009843　802.41/221

古韻論三卷　（清）胡秉虔撰　清刻本　一冊

370000 – 1541 – 0009844　802.41/269

升菴韻學七種　（明）楊慎撰　清乾隆綿州李氏萬卷樓刻函海本　四冊

370000 – 1541 – 0009845　802.41/273 = 3

九經補韻五卷附錄一卷　（宋）楊伯嵒撰　清光緒十年(1884)常熟鮑氏刻本　一冊

370000 – 1541 – 0009846　802.41/309

古韻發明不分卷　（清）張畊撰　清道光六年(1826)芸心堂刻本　四冊

370000 – 1541 – 0009847　802.41/309 = 1

古韻發明不分卷　（清）張畊撰　清道光六年(1826)芸心堂刻本　五冊

370000 – 1541 – 0009848　802.41/309 = 2

古韻發明不分卷　（清）張畊撰　清道光六年(1826)芸心堂刻本　四冊

370000 – 1541 – 0009849　802.41/384

毛詩古音考五卷　（明）陳第編　清乾隆二十

七年(1762)刻本　二冊

370000－1541－0009850　802.41/384＝1

毛詩古音考五卷屈宋古音義三卷　（明）陳第編　清光緒六年(1880)武昌張氏刻本　六冊

370000－1541－0009851　802.41/384＝2

毛詩古音考五卷　（明）陳第編　清光緒六年(1880)武昌張氏刻本　四冊

370000－1541－0009852　802.41/384＝3

毛詩古音考五卷　（明）陳第編　清光緒六年(1880)武昌張氏刻本　三冊

370000－1541－0009853　802.41/433

歌麻古韻考四卷　（清）吳樹聲撰　清同治八年(1869)刻本　四冊

370000－1541－0009854　802.41/462

聲譜二卷聲說二卷　（清）時庸勱撰　清光緒十八年(1892)河南星使行臺刻本　四冊

370000－1541－0009855　802.41/538

中州全韻十九卷　（明）范善溱撰　清康熙抄本　二冊

370000－1541－0009856　802.41/616

韻考略五卷　（清）謝庭蘭撰　清光緒九年(1883)刻本　二冊

370000－1541－0009857　802.41/659

古韻通說二十卷　（清）龍啟瑞撰　清光緒九年(1883)四川尊經書局刻本　四冊

370000－1541－0009858　802.41/659＝1

古韻通說二十卷　（清）龍啟瑞撰　清光緒九年(1883)四川尊經書局刻本　四冊

370000－1541－0009859　802.41/659＝2

古韻通說二十卷　（清）龍啟瑞撰　清光緒九年(1883)四川尊經書局刻本　四冊

370000－1541－0009860　802.41/704

古韻溯原八卷　（清）安念祖　（清）華湛恩輯　清道光十九年(1839)吳門親仁堂刻本　四冊

370000－1541－0009861　802.41/719

江氏音學十書十二卷　（清）江有誥撰　清嘉慶至道光刻本　八冊

370000－1541－0009862　802.41/719＝1

先秦韻讀一卷　（清）江有誥撰　清嘉慶二十五年(1820)刻本　二冊

370000－1541－0009863　802.41/719＝3

古韻標準四卷　（清）江永編　清乾隆三十六年(1771)潮陽縣衙刻本　二冊

370000－1541－0009864　802.41/719＝4

古韻標準四卷　（清）江永編　清乾隆三十六年(1771)潮陽縣衙刻本　二冊

370000－1541－0009865　802.41/719＝5

韻歧五卷　（清）江昱撰　清光緒七年(1881)刻本　二冊

370000－1541－0009866　802.41/720

漢魏音四卷　（清）洪亮吉撰　清光緒四年(1878)宏達堂刻本　一冊

370000－1541－0009867　802.41/720＝1

漢魏音四卷　（清）洪亮吉撰　清光緒四年(1878)宏達堂刻本　一冊

370000－1541－0009868　802.41/787

毛詩音韻考四卷　（清）程以恬撰　清道光四年(1824)研經堂刻本　四冊

370000－1541－0009869　802.41/879

六書音韻表五卷　（清）段玉裁撰　清乾隆四十二年(1777)刻本　一冊

370000－1541－0009870　802.41/885

五經音韻五卷　（清）劉柏編　清刻本　一冊

370000－1541－0009871　802.41/906

古音類表九卷　（清）傅壽彤撰　清光緒二年(1876)大梁臬署刻本　二冊

370000－1541－0009872　802.41/964

詩本音十卷　（清）顧炎武撰　清康熙六年(1667)山陽張氏符山堂刻顧氏音學五書本　五冊

370000－1541－0009873　802.41/964＝1

473

枕漁韻學二種二卷　（清）顧淳撰　清光緒二十五年(1899)木活字印本　一册

370000－1541－0009874　802.41/994

古音諧八卷　（清）姚文田輯　清道光二十五年(1845)歸安姚氏刻本　六册

370000－1541－0009875　802.4175/719

江氏音學十書十二卷　（清）江有誥撰　清嘉慶至道光刻本　八册

370000－1541－0009876　802.42/112

廣韻衷譜不分卷　（清）王耕心撰　清光緒三十三年(1907)稿本　三册

370000－1541－0009877　802.42/158＝1

附釋文互註禮部韻略五卷　（宋）丁度撰　清光緒二年(1876)川東官舍刻本　五册

370000－1541－0009878　802.42/158＝2

附釋文互註禮部韻略五卷　（宋）丁度撰　清光緒二年(1876)川東官舍刻本　四册

370000－1541－0009879　802.42/158＝3

集韻十卷　（宋）丁度等修　清嘉慶十九年(1814)刻本　十册

370000－1541－0009880　802.42/158＝4

集韻十卷　（宋）丁度等修　清嘉慶十九年(1814)刻本　十册

370000－1541－0009881　802.42/158＝5

集韻十卷　（宋）丁度等修　清光緒二年(1876)歸安姚覲元川東官舍刻本　十册

370000－1541－0009882　802.42/158＝6

集韻十卷　（宋）丁度等修　清光緒二年(1876)歸安姚覲元川東官舍刻本　十册

370000－1541－0009883　802.42/273

九經補韻不分卷　（宋）楊伯嵒撰　（清）錢侗考證　清嘉慶四年(1799)刻汗筠齋叢書本　一册

370000－1541－0009884　802.42/273＝1

九經補韻不分卷　（宋）楊伯嵒撰　（清）錢侗考證　清光緒十年(1884)常熟鮑氏後知不足齋刻本　一册

370000－1541－0009885　802.42/273＝3

九經補韻不分卷　（宋）楊伯嵒撰　（清）錢侗考證　清光緒十年(1884)常熟鮑氏後知不足齋刻本　一册

370000－1541－0009886　802.42/279

韻法直圖一卷　（明）梅膺祚撰　清道光抄本　一册

370000－1541－0009887　802.42/302＝4

切韻指掌圖不分卷　（宋）司馬光撰　清嘉慶刻本　一册

370000－1541－0009888　802.42/362＝1

唐韻正二十卷　（清）顧炎武撰　清康熙六年(1667)山陽符山堂刻顧氏音學五書本　四册　存九卷(一至九)

370000－1541－0009889　802.42/362＝2

唐韻正二十卷　（清）顧炎武撰　清康熙六年(1667)山陽符山堂刻顧氏音學五書本　五册　存十四卷(一至十、十五至十八)

370000－1541－0009890　802.42/377

廣韻五卷　（宋）陳彭年等撰　清康熙六年(1667)符山堂刻本　五册

370000－1541－0009891　802.42/377＝1

廣韻五卷　（宋）陳彭年等撰　清康熙六年(1667)符山堂刻本　佚名批　五册

370000－1541－0009892　802.42/377＝2

廣韻五卷　（宋）陳彭年等撰　清康熙四十三年(1704)張士俊刻澤存堂五種本　五册

370000－1541－0009893　802.42/377＝3

廣韻五卷　（宋）陳彭年等撰　清康熙四十三年(1704)張士俊刻澤存堂五種本　二册

370000－1541－0009894　802.42/377＝4

廣韻五卷　（宋）陳彭年等撰　清康熙四十三年(1704)張士俊刻澤存堂五種本　五册

370000－1541－0009895　802.42/377＝5

廣韻五卷　（宋）陳彭年等撰　清同治十二年(1873)粵東書局刻古經解彙函本　六册

370000－1541－0009896　802.42/377＝6

廣韻五卷　（宋）陳彭年等撰　清同治十二年
(1873)粵東書局刻古經解彙函本　十冊

370000－1541－0009897　802.42/377＝7

**大宋重修廣韻五卷附廣韻校刊札記一卷玉篇
校刊札記一卷**　（宋）陳彭年等撰　（清）鄧顯
鶴述　清鄧顯鶴刻本　四冊

370000－1541－0009898　802.42/377＝8

**大宋重修廣韻五卷附廣韻校刊札記一卷玉篇
校刊札記一卷**　（宋）陳彭年等撰　（清）鄧顯
鶴述　清鄧顯鶴刻本　五冊

370000－1541－0009899　802.42/377＝9

**大宋重修廣韻五卷附廣韻校刊札記一卷玉篇
校刊札記一卷**　（宋）陳彭年等撰　（清）鄧顯
鶴述　清鄧顯鶴刻本　五冊

370000－1541－0009900　802.42/377＝10

廣韻五卷　（宋）陳彭年等撰　清光緒十年
(1884)遵義黎氏日本東京使署刻古逸叢書本
二冊

370000－1541－0009901　802.42/377＝11

廣韻五卷　（宋）陳彭年等撰　清光緒十年
(1884)遵義黎氏日本東京使署刻古逸叢書本
一冊

370000－1541－0009902　802.42/382＝2

切韻考六卷外篇三卷　（清）陳澧撰　清光緒
八年(1882)刻番禺陳氏東塾叢書本　三冊

370000－1541－0009903　802.42/627

廣韻藻六卷　（明）方夏輯　明崇禎十五年
(1642)方來刻本　五冊

370000－1541－0009904　802.42/627＝1

集韻考正十卷　（清）方成珪撰　清道光二十
六年(1846)瑞安孫氏刻本　五冊

370000－1541－0009905　802.42/627＝2

韻詁五卷補遺五卷　（清）方濬頤輯　清光緒
四年(1878)淮南書局刻本　五冊

370000－1541－0009906　802.42/627＝3

韻詁五卷補遺五卷　（清）方濬頤輯　清光緒

四年(1878)淮南書局刻本　六冊

370000－1541－0009907　802.42/879

六書音韻表二卷　（清）段玉裁撰　清同治十
一年(1872)湖北崇文書局刻本　二冊

370000－1541－0009908　802.42/951

韻譜不分卷　（清）徐瀛撰　清抄本　一冊

370000－1541－0009909　802.42/994

類篇十五卷　（宋）司馬光等撰　清光緒二年
(1876)川東官舍刻本　三十冊

370000－1541－0009910　802.43/171

**古今韻會舉要三十卷禮部韻略七音三十六母
通考一卷**　（宋）黃公紹編　（元）熊忠舉要
元刻明修本　二十冊

370000－1541－0009911　802.43/171＝1

**古今韻會舉要三十卷禮部韻略七音三十六母
通考一卷**　（宋）黃公紹編　（元）熊忠舉要
明嘉靖十五年(1536)李舜臣刻十七年(1538)
西京劉儲秀補刻本　十六冊

370000－1541－0009912　802.43/171＝2

**古今韻會舉要三十卷禮部韻略七音三十六母
通考一卷**　（宋）黃公紹編　（元）熊忠舉要
清光緒九年(1883)淮南書局刻本　十冊

370000－1541－0009913　802.43/171＝3

**古今韻會舉要三十卷禮部韻略七音三十六母
通考一卷**　（宋）黃公紹編　（元）熊忠舉要
清光緒九年(1883)淮南書局刻本　清吳廣霈
跋　十冊

370000－1541－0009914　802.43/171＝4

古今韻會舉要小補三十卷　（明）方日升撰
明萬曆三十四年(1606)周士顯刻本　十冊

370000－1541－0009915　802.43/171＝5

古今韻會舉要小補三十卷　（明）方日升撰
明萬曆三十四年(1606)周士顯刻本　十四冊

370000－1541－0009916　802.43/230＝2

**大明萬曆己丑重刊改併五音類聚四聲篇十五
卷**　（金）韓道昭撰　明萬曆二十三年(1595)
晉安芝山開元寺刻本　五冊

370000－1541－0009917　802.43/329
古今韻略五卷　(清)邵長蘅撰　清康熙三十五年(1696)宋犖刻本　五冊

370000－1541－0009918　802.43/400
新增說文韻府群玉二十卷　(元)陰時夫編　(元)陰中夫編注　清乾隆二十四年(1759)敦化堂刻本　二十冊

370000－1541－0009919　802.43/444＝1
呂子節錄四卷　(明)呂坤撰　(清)陳弘謀評輯　清刻本　一冊　存二卷(三至四)

370000－1541－0009920　802.43/45＝1
音韻日月燈六十四卷　(明)呂維祺撰　(明)呂維祜詮　明崇禎六年(1633)梅墅石渠閣刻本　六冊　存二十五卷(韻鑰一至二十五)

370000－1541－0009921　802.43/451
音韻日月燈六十四卷　(明)呂維祺撰　(明)呂維祜詮　明崇禎六年(1633)梅墅石渠閣刻本　二十冊　存五十五卷(同文鐸一至三十、韻鑰一至二十五)

370000－1541－0009922　802.43/482
四聲等子一卷附四庫銷燬抽燬書目　(□)□□撰　清光緒九年(1883)歸安姚氏刻咫進齋叢書本　一冊

370000－1541－0009923　802.43/501
古韻通八卷　(清)柴紹炳撰　清姚江朱氏刻本　八冊

370000－1541－0009924　802.43/516
韻譜本義十卷　(明)茅溱輯　明萬曆三十二年(1604)刻本　十冊

370000－1541－0009925　802.43/518
韻略匯通二卷　(明)蘭芳編　清光緒十四年(1888)成文堂刻本　一冊

370000－1541－0009926　802.43/518＝1
韻略匯通二卷　(明)蘭芳編次　清同治十三年(1874)刻本　一冊

370000－1541－0009927　802.43/873
洪武正韻十六卷　(明)樂韶鳳等撰　明隆慶元年(1567)衡藩刻本　五冊

370000－1541－0009928　802.43/873＝1
洪武正韻十六卷　(明)樂韶鳳等撰　明隆慶元年(1567)衡藩刻本　五冊

370000－1541－0009929　802.43/873＝2
洪武正韻十六卷　(明)樂韶鳳等撰　明萬曆三年(1575)司禮監刻本　五冊

370000－1541－0009930　802.43/873＝3
洪武正韻十六卷　(明)樂韶鳳等撰　明刻重修本　八冊

370000－1541－0009931　802.436/433
韻切指歸四十四卷　(明)吳遐齡纂　清道光七年(1827)刻本　二冊

370000－1541－0009932　802.44/112
佩文韻府提綱二卷　(清)王士環輯　清光緒二年(1876)成文信刻本　二冊

370000－1541－0009933　802.44/112＝1
韻學五卷末一卷　(清)王植撰　清雍正八年(1730)刻本　四冊　存四卷(一至四)

370000－1541－0009934　802.44/115
音韻闡微十八卷韻譜一卷　(清)李光地等纂　清雍正六年(1728)武英殿刻本　八冊

370000－1541－0009935　802.44/115＝1
音韻闡微十八卷韻譜一卷　(清)李光地等纂　清雍正六年(1728)武英殿刻本　八冊

370000－1541－0009936　802.44/115＝2
音韻闡微十八卷韻譜一卷　(清)李光地等纂　清雍正六年(1728)武英殿刻本　八冊

370000－1541－0009937　802.44/115＝3
音韻闡微十八卷韻譜一卷　(清)李光地等纂　清光緒七年(1881)淮南書局刻本　五冊

370000－1541－0009938　802.44/119
音韻輯要二十一卷　(清)王鵕纂　清乾隆四十九年(1784)刻本　二冊

370000－1541－0009939　802.44/156
佩文韻府一百六卷　(清)張玉書等纂　清刻

本　九十五冊

370000－1541－0009940　802.44/156＝1

佩文韻府一百六卷　（清）張玉書等纂　清康熙五十年(1711)武英殿刻本　二百冊

370000－1541－0009941　802.44/156＝2

佩文韻府一百六卷　（清）張玉書等纂　清刻本　一百五十八冊　存八十六卷(一至二十二、二十六至四十七、六十五至一百六)

370000－1541－0009942　802.44/156＝3

佩文韻府一百六卷　（清）張玉書等纂　清刻本　二十一冊　存十卷(四十八至五十三、五十八至五十九、六十三至六十四)

370000－1541－0009943　802.44/156＝4

佩文韻府一百六卷　（清）張玉書等纂　清光緒十三年(1887)上海點石齋石印本　五十冊

370000－1541－0009944　802.44/156＝5

韻府拾遺一百六卷　（清）汪灝等纂修　（清）張廷玉等校勘　清刻本　二十冊

370000－1541－0009945　802.44/156＝6

韻府拾遺一百六卷　（清）汪灝等纂修　（清）張廷玉等校勘　清刻本　二十四冊

370000－1541－0009946　802.44/156＝7

韻府拾遺一百六卷　（清）汪灝等纂修　（清）張廷玉等校勘　清刻本　十六冊

370000－1541－0009947　802.44/156＝8

韻府拾遺一百六卷　（清）汪灝等纂修　（清）張廷玉等校勘　清刻本　十冊

370000－1541－0009948　802.44/158

韻學蘯言舉要五卷　（清）丁顯撰　清光緒二十六年(1900)刻本　八冊

370000－1541－0009949　802.44/212

聲韻考四卷　（清）戴震撰　清潮陽縣署刻本　一冊

370000－1541－0009950　802.44/213

古音類表九卷　（清）傅壽彤撰　清光緒二年(1876)大梁臬署刻本　四冊

370000－1541－0009951　802.44/285

佩文廣韻匯編五卷　（清）李元祺編　清同治十一年(1872)金陵書局刻本　二冊

370000－1541－0009952　802.44/311

翻切入門簡易篇二卷　（清）張爕承撰　清同治十一年(1872)姑胥刻本　一冊

370000－1541－0009953　802.44/329

古今韻略五卷　（清）邵長蘅撰　清康熙三十五年(1696)宋犖刻本　五冊

370000－1541－0009954　802.44/329＝1

古今韻略五卷　（清）邵長蘅撰　清康熙三十五年(1696)宋犖刻本　五冊

370000－1541－0009955　802.44/329＝2

古今韻略五卷　（清）邵長蘅撰　清刻本　二冊

370000－1541－0009956　802.44/382

聲律通考十卷　（清）陳澧撰　清咸豐十年(1860)番禺陳氏刻本　二冊

370000－1541－0009957　802.44/392

選韻二卷　陸潤庠撰　清光緒十二年(1886)刻本　一冊

370000－1541－0009958　802.44/392＝1

增訂韻辨摘要不分卷　（清）徐郿撰　清光緒二十二年(1896)慎記書莊刻本　一冊

370000－1541－0009959　802.44/400

新增說文韻府群玉二十卷　（元）陰時夫編　（元）陰中夫注　清乾隆二十四年(1759)敦化堂刻本　二十冊

370000－1541－0009960　802.44/494

新刊韻學會海十六卷　（清）盧宏啓　（清）徐作林輯　清連珠山房刻本　八冊

370000－1541－0009961　802.44/502

韻籟五卷　（清）華長忠撰　清光緒十五年(1889)天津松竹齋刻本　二冊

370000－1541－0009962　802.44/505

增補十五音二卷　（清）□□編　清光緒十六年(1890)萊州藝林齋刻本　一冊

370000 – 1541 – 0009963　802.44/603

韻辨一隅八卷補遺一卷續補一卷　（清）諸玉衡撰　清刻本　四冊

370000 – 1541 – 0009964　802.44/628

韻雅五卷雜論一卷識餘一卷　（清）施何牧撰　清刻本　五冊

370000 – 1541 – 0009965　802.44/628 = 1

韻雅五卷　（清）施何牧撰　清刻本　二冊

370000 – 1541 – 0009966　802.44/659

韻府萃音十二卷　（清）龍柏撰　清嘉慶十五年(1810)蘇州醒愚閣刻本　十二冊

370000 – 1541 – 0009967　802.44/659 = 1

本韻一得二十卷　（清）龍為霖撰　清乾隆十六年(1751)蔭松堂刻本　十六冊

370000 – 1541 – 0009968　802.44/705

韻辨慎歧三卷　（清）竇長泰撰　（清）竇溎輯　清道光二十八年(1848)五桂齋刻本　四冊

370000 – 1541 – 0009969　802.44/712

今韻箋略五卷　（清）汪立名撰　清康熙三十九年(1700)刻本　四冊　存四卷(平聲二卷、上聲一卷、去聲一卷)

370000 – 1541 – 0009970　802.44/719 = 1

韻歧五卷　（清）江昱撰　清光緒七年(1881)刻本　二冊

370000 – 1541 – 0009971　802.44/719 = 3

韻歧五卷　（清）江昱撰　清光緒七年(1881)刻本　二冊

370000 – 1541 – 0009972　802.44/719 = 4

四聲切韻表一卷　（清）江永編　清乾隆三十六年(1771)恩平縣衙刻本　一冊

370000 – 1541 – 0009973　802.44/719 = 5

四聲切韻表一卷　（清）江永編　清乾隆三十六年(1771)恩平縣衙刻本　一冊

370000 – 1541 – 0009974　802.44/719 = 6

音學辨微一卷　（清）江永撰　清宣統元年(1909)國學保存會石印本　一冊

370000 – 1541 – 0009975　802.44/736

詩韻合璧五卷　（清）湯文璐編　清光緒十三年(1887)廣百宋齋鉛印本　五冊

370000 – 1541 – 0009976　802.44/736 = 1

詩韻合璧五卷　（清）湯文璐編　清光緒十三年(1887)廣百宋齋鉛印本　五冊

370000 – 1541 – 0009977　802.44/747

韻辨附文五卷　（清）沈兆霖撰　清同治十二年(1873)東川書院刻本　五冊

370000 – 1541 – 0009978　802.44/747 = 1

韻學驪珠二卷　（清）沈乘麐輯　清嘉慶元年(1796)枕流居刻本　一冊　存一卷(上)

370000 – 1541 – 0009979　802.44/754

類音八卷　（清）潘耒撰　清遂初堂刻本　佚名批　六冊

370000 – 1541 – 0009980　802.44/771

四聲切韻表補正五卷首一卷末一卷　（清）江永編　（清）汪曰楨補正　清光緒二十一年(1895)成都志古堂刻本　四冊

370000 – 1541 – 0009981　802.44/789

射聲小譜一卷　（清）程定謨編　清道光十九年(1839)詒陶閣刻光緒四年(1878)補刻本　一冊

370000 – 1541 – 0009982　802.44/810

服古堂較定詩韻輯要五卷　（明）李攀龍輯　（明）徐震注釋　明末書林李德舜刻本　二冊

370000 – 1541 – 0009983　802.44/813

佩文詩韻釋要五卷　（清）周兆基輯　（清）呂鳳岐增訂　清光緒九年(1883)山西督學使署刻本　一冊

370000 – 1541 – 0009984　802.44/859

唐韻考五卷　（清）紀容舒撰　清光緒六年(1880)定州王灝括齋刻畿輔叢書本　二冊

370000 – 1541 – 0009985　802.44/885

四音定切四卷　（清）劉熙載撰　清刻本　二冊

370000 – 1541 – 0009986　802.44/927 = 2

聲類四卷　（清）錢大昕述　清刻本　二冊

370000－1541－0009987　802.444/359

佩文韻府一百六卷　（清）張玉書等纂　清刻本　六十三冊　存七十六卷（十七至二十中、二十二中至二十七、三十四至五十二、六十至一百六）

370000－1541－0009988　802.444/359＝1

佩文韻府一百六卷　（清）張玉書等纂　清刻本　九十五冊

370000－1541－0009989　802.444/359＝2

佩文韻府一百六卷　（清）張玉書等纂　清刻本　三十三冊　存三十卷（八至九、二十二至二十六、三十四下、三十七下、四十至四十二、五十三至五十五、六十三、六十六至六十七、八十一、九十、九十三上、九十五、九十九至一百六）

370000－1541－0009990　802.447/334

韻府鉤沈五卷　（清）雷浚撰　清光緒十三年(1887)刻本　二冊

370000－1541－0009991　802.447/747

韻辨附文五卷　（清）沈兆霖撰　清同治十三年(1874)黔陽官署刻本　五冊

370000－1541－0009992　802.447/890

詩韻含英四卷　（清）劉文蔚輯　清文聚堂刻本　四冊

370000－1541－0009993　802.447/890＝1

詩韻含英四卷　（清）劉文蔚輯　清敬文堂刻本　四冊

370000－1541－0009994　802.447/890＝2

詩學含英十四卷　（清）劉文蔚輯　（清）向焄增輯　清道光十一年(1831)六有齋刻本　四冊

370000－1541－0009995　802.45/285

音韻須知二卷　（清）李宗孔輯　清康熙二十九年(1690)李氏孝經堂刻本　四冊

370000－1541－0009996　802.45/285＝1

音韻貫珠八卷　（清）賈椿齡撰　清同治十一年(1872)刻本　一冊　存一卷(書集一卷)

370000－1541－0009997　802.45/681

音韻逢源四卷　（清）裕恩撰　清道光二十年(1840)京都聚珍堂書坊刻本　四冊

370000－1541－0009998　802.45/719

江慎修音學辨微自寫本一卷　（清）江永撰　清宣統元年(1909)上海國學保存會石印本　一冊

370000－1541－0009999　802.47/762

增訂合聲簡字譜表不分卷　勞乃宣撰　清光緒三十二年(1906)勞氏江寧刻本　一冊

370000－1541－0010000　802.47/762＝1

重訂合聲簡字譜不分卷　勞乃宣撰　清光緒三十二年(1906)勞氏江寧刻本　一冊